仏教を知る本

①人と歴史

人物、仏教史

日外アソシエーツ

Guide to Books of Buddhism

vol.1 Person & History

Compiled by
Nichigai Associates, Inc.

©2009 by Nichigai Associates, Inc.
Printed in Japan

> 本書はディジタルデータでご利用いただくことができます。詳細はお問い合わせください。

●編集担当● 須藤 隆／星野 裕
カバーイラスト：浅海 亜矢子

刊行にあたって

「知る本」シリーズは、利用者のニーズに対応した細やかなテーマごとに調査の手がかりを提供するため、各冊ごとにそのテーマを知るための事項・人物・団体などのキーワードを選定し、キーワードの解説と、より深く知るための参考図書リストを提示するスタイルのブックガイドである。これまでに「大事件」「ものの歴史」「国宝」「江戸時代」「明治時代」「昭和時代」「中国」「戦国」といったテーマを扱ってきた。

今回、新たに「仏教を知る本」として、「①人と歴史」「②思想と仏典」「③仏教のかたち」の3冊を刊行する。本巻「①人と歴史」では仏教の人と歴史に関する129のテーマを掲げ、仏教を支えた人物、日本とアジアにおける仏教の歴史、仏教の研究書・辞典・事典などの参考図書6,711点を収録する。

仏教は約2500年前から存在しており、日本では最も身近なテーマであるため関連図書が多数出版されている。だがそれら出版物を体系的にまとめた図書はほとんどない。

本巻では「①人と歴史」として、まずは人物から仏教全体を見ることを主眼としている。仏教の開祖である釈迦はもちろん、空海・一休宗純などの僧侶の他、織田信長や宮澤賢治など、仏教を語る上で欠かすことのできない人物を取り上げ、関係する図書を網羅した。さらに仏教の歴史として、原始仏教や仏教伝来から神仏分離令・廃仏毀釈までをテーマとして掲げた。また仏教研究の第一歩として重要と思われる仏教関係の研究書、辞典・事典を掲載した。巻末には「仏教基礎用語集」として、本文の見出しとしては採用しなかったものの、仏教を知る上で重要な基本用語を解説した。

本書は、「仏教について（より深く）知りたい」という人のために、調査の第一歩のツールを目指して編集し、仏教を象徴するキーワードと

参考図書を選定収録した。なお、大きなテーマや著名な人物では参考図書の数が膨大になるため、そのテーマ・人物全体を扱った概説書、入手しやすい図書を中心に、主要な図書を選んで収録した。本書が仏教への理解を深めるためのツールとして、既刊の「知る本」シリーズと同様に広く活用されることを願っている。

 2009年2月

日外アソシエーツ

凡　例

1. **本書の内容**

　　本書は、仏教の人物と歴史を知るための129のテーマを設け、それぞれのテーマを解説するとともに、より深く学ぶための参考図書リストを付したものである。

2. **見出し**
   1) 全体を「仏教を支えた人々」「仏教のはじめ」「仏教の流れ」「日本の仏教の歩み」「アジアとその他の仏教」「仏教の研究書・辞典・事典」の6分野に分け、大見出しとした。必要に応じて、大見出しの下をさらにいくつかの分野に分け、分類見出しを設けた。
   2) 各分野ごとに、仏教の重要な人物、事項などを選び、テーマ見出しとした。
   3) いずれのテーマにも、その概要を示す解説を付した。

3. **参考図書リスト**
   1) それぞれのテーマについて、より深く学ぶための参考図書を示した。収録点数は6,711点である。
   2) 参考図書は、入手しやすい最近の図書を優先することとし、刊行年の新しいものから排列した。

4. **事項名索引（巻末）**

　　本文の見出し項目、その中に含まれている関連テーマなどを五十音順に排列し、その見出しの掲載頁を示した。

5. **仏教基本用語集（巻末）**

　　本文の見出しとして採用されなかった、仏教を知る上で重要な基本用語を、五十音順に排列し解説した。

目　次

仏教を支えた人々

暁烏　敏 …………………………… 1
足利 義満・足利 義政 ……………… 3
一休宗純 …………………………… 4
一　　遍 …………………………… 7
井上　円了 ………………………… 12
隠元隆琦 …………………………… 14
宇井　伯寿 ………………………… 15
叡　　尊 …………………………… 18
恵　　運 …………………………… 19
円　　珍 …………………………… 19
円　　爾 …………………………… 20
円　　仁 …………………………… 21
織田　信長 ………………………… 22
覚　　如 …………………………… 23
覚　　鑁 …………………………… 24
鑑　　真 …………………………… 26
桓武天皇 …………………………… 27
義堂　周信 ………………………… 28
行　　基 …………………………… 28
清沢　満之 ………………………… 29
空　　海 …………………………… 32
空　　也 …………………………… 46
瑩山紹瑾 …………………………… 47
契　　沖 …………………………… 48
源　　信 …………………………… 48
顕　　如 …………………………… 51
玄　　昉 …………………………… 51
虎関師錬 …………………………… 52
最　　澄 …………………………… 53
釈迦・ブッダ ……………………… 58
聖徳太子 …………………………… 71
親　　鸞 …………………………… 74
鈴木　正三 ………………………… 107
鈴木　大拙 ………………………… 111
聖明王 ……………………………… 125
雪舟等楊 …………………………… 125

沢庵宗彭 …………………………… 126
達　　磨 …………………………… 129
ダライラマ ………………………… 135
天　　海 …………………………… 142
道　　鏡 …………………………… 143
道　　元 …………………………… 144
徳　　本 …………………………… 158
南条　文雄 ………………………… 159
日　　奥 …………………………… 160
日　　蓮 …………………………… 161
日　　朗 …………………………… 184
日　　興 …………………………… 184
忍　　性 …………………………… 185
白隠慧鶴 …………………………… 185
原　　坦山 ………………………… 190
藤井　日達 ………………………… 191
鳳　　潭 …………………………… 192
法然源空 …………………………… 193
前田　慧雲 ………………………… 204
宮澤　賢治 ………………………… 207
明庵栄西 …………………………… 211
明　　恵 …………………………… 213
夢窓疎石 …………………………… 214
村上　専精 ………………………… 216
望月　信亨 ………………………… 217
祐　　天 …………………………… 218
蘭渓道隆 …………………………… 218
良　　寛 …………………………… 219
良　　源 …………………………… 229
良　　忍 …………………………… 230
蓮　　如 …………………………… 230
良　　弁 …………………………… 242

仏教のはじめ

戒　　律 …………………………… 243
修　　行 …………………………… 247

(6)

目　次

仏教の流れ

- 仏教史 …………………………249
- 大乗仏教 ………………………254
- 原始仏教 ………………………260
- 部派仏教・上座部 ……………261
- 瑜伽行派 ………………………263

日本の仏教の歩み

- 日本仏教史 ……………………264
  - 仏教伝来 ……………………295
- 飛鳥・奈良時代 ………………297
  - 神仏習合 ……………………297
  - 東大寺大仏 …………………303
  - 太子信仰 ……………………304
  - 氏寺・鎮護国家・僧尼令 …305
  - 国分寺 ………………………306
  - 南都六宗 ……………………308
- 平安時代 ………………………309
  - 比叡山 ………………………309
  - 台密 …………………………312
  - 高野山 ………………………313
  - 東密 …………………………317
  - 聖 ……………………………319
  - 僧兵 …………………………319
  - 末法思想 ……………………320
- 鎌倉時代 ………………………322
  - 鎌倉仏教 ……………………322
  - 北条氏・鎌倉五山 …………324
- 室町・安土桃山時代 …………325
  - 民衆仏教 ……………………325
  - 五山文化 ……………………326
  - 茶の湯 ………………………327
  - 安国寺・利生塔 ……………328
  - 墨跡 …………………………329
  - 立花 …………………………330
  - 天文法華の乱 ………………330
  - 一向一揆 ……………………330
- 江戸時代 ………………………334
  - 寺院法度・寺請制度・宗門人別改帳・本末制度 ……………334
  - 檀家制度 ……………………336
  - 寺社奉行 ……………………338
  - 妙好人 ………………………338
- 明治時代以降 …………………341
  - 神仏分離令と廃仏毀釈 ……341
  - 仏教運動 ……………………344

アジアとその他の仏教

- アジアの仏教 …………………347
- 中国仏教 ………………………349
- 朝鮮仏教 ………………………354
- チベット仏教・密教・ラマ教 …354
- インド仏教 ……………………367
- 仏教遺跡 ………………………368
- その他の仏教 …………………370

仏教の研究書・辞典・事典

- 仏教研究 ………………………372
- 仏教辞典・事典 ………………401
- 仏教思想・仏教教理 …………405
- インド思想 ……………………423

事項名索引 ………………………429
仏教基本用語集 …………………437

(7)

仏教を支えた人々

暁烏 敏　あけがらす　はや

明治10年（1877年）7月12日〜昭和29年（1954年）8月27日　浄土真宗大谷派の僧侶。中学時代に清沢満之の影響を受け、大学卒業後は清沢の浩々洞同人として「精神界」を編集、後に「薬王樹」「願慧」「同帰」などを創刊する。大正10年（1921年）「生くる日」を刊行した後、香草舎を主宰して「にほひくさ叢書」を多数刊行する。昭和初期より日本精神を研究し、仏教の近代化運動を行った。昭和26年（1951年）から東本願寺の宗務総長を務め、浄土真宗大谷派の革新を進めて、晩年まで信者を多く集めた。短歌、俳句、詩も多く作った。

◇皆まさに往生すべし　暁烏敏著，林暁宇編　能美　具足舎　2006.8　135p　21cm

◇わが念佛・わが命　暁烏敏著　新装版　潮文社　2006.2　295p　19cm　1500円　①4-8063-1402-1

◇わが歎異鈔―念佛の本意　中　暁烏敏著　新装版　潮文社　2005.7　341p　19cm　1500円　①4-8063-1399-8

◇賜る願い限りなく―暁烏先生に愛された田舎の人びと　林暁宇著　金沢　北國新聞社出版局　2005.4　240p　21cm　（十方叢書）　1714円　①4-8330-1421-1

◇暁烏敏先生五十回忌記念講演集　児玉暁洋他著　金沢　北國新聞社出版局　2005.3　223p　21cm　（十方叢書）　1714円　①4-8330-1418-1
　内容　今川先生と暁烏先生　明達寺七年「衆生」が転じて「諸仏」と成る　暁烏敏先生の三つの願い　「聞く」態度をきわめた人―暁烏敏小論　暁烏先生にぜひ遇いたい　念仏総長暁烏敏

◇暁烏敏の挑戦　松田章一著　金沢　北國新聞社出版局　2005.2　241p　21cm　（十方叢書）　1714円　①4-8330-1414-9

◇わが歎異鈔―念佛の本意　上　暁烏敏著　新装版　潮文社　2005.1　313p　19cm　1500円　①4-8063-1281-9

◇それで死んでも悔いなかろう―私の出遇った暁烏先生　林暁宇著　金沢　北國新聞社出版局　2004.12　209p　21cm　（十方叢書）　1714円　①4-8330-1396-7

◇浄土真宗名法話講話選集　第1巻　まことの教え　本願1　浄土真宗名法話講話選集編集委員会編　京都　同朋舎メディアプラン　2004.10　405p　23cm　①4-901339-05-2
　内容　阿弥陀仏の本願（暁烏敏著）

◇略伝暁烏敏　林暁宇編　辰口町（石川県）　具足舎　2004.5　45p　19cm　300円

◇暁烏先生と報恩講　林暁宇著　辰口町（石川県）　具足舎　2003.10　56p　19cm　300円

◇「精神主義」の求道者たち―清沢満之と暁烏敏　福島栄寿著　京都　京都光華女子大学真宗文化研究所　2003.3　249p　19cm　（光華叢書5）　非売品

◇ほんとうにしたいことがあったらそれをやれ―わが師暁烏敏の教え　林暁宇著　辰口町（石川県）　具足舎　2002.10　61p　21cm　（人はなぜ教えにあわねばならないか9）　300円

◇念仏の人暁烏敏　原田幸吉著　酒田　原田幸吉　2002.3　84p　19cm　476円

◇暁烏敏―世と共に世を超えん　下　松田章一著　〔松任〕　松任市　1998.3

416p 20cm 2000円 ①4-8330-0999-4
　　内容 第6章 蘇生のよろこび　第7章 あるが儘の魂　第8章 地球をめぐりて　第9章 生と死のうねりをなして　第10章 拝み拝まれ

◇暁烏敏―世と共に世を超えん　上　松田章一著　〔松任〕　松任市　1997.12　370p 20cm 2000円 ①4-8330-0998-6
　　内容 序章　第1章 欠陥のない坊さんに　第2章 清沢満之との邂逅　第3章 「精神主義」をかかげて　第4章 『歎異鈔』に涙して　第5章 かくして私は凋落していきつ

◇仏の世界　暁烏敏著　潮文社　1995.6　287p 19cm 1545円 ①4-8063-1288-6
　　内容 虚無の底から　尊厳なる存在の認識　肉体の彼岸　国土の摂取と荘厳

◇わが歎異鈔―念仏の本意　中　暁烏敏著　潮文社　1994.11　341p 19cm 1545円 ①4-8063-1282-7
　　内容 歎異鈔上篇　歎異鈔下篇

◇わが歎異鈔―念仏の本意　下　暁烏敏著　潮文社　1994.11　265p 19cm 1545円 ①4-8063-1283-5

◇わが歎異鈔　上　暁烏敏著　潮文社　1994.10　313p 19cm 1545円 ①4-8063-1281-9

◇わが念仏・わが命　暁烏敏著　潮文社　1993.3　295p 19cm 1500円 ①4-8063-1253-3
　　内容 仏教の根本精神　神を超えた人間　仏説無量寿経の体験者親鸞聖人　常倫を超出する者　無罪の宣言　蓮如上人език ソクラテス　衆に聞く心　老境の黎明　霊魂問答

◇正信偈の講話　暁烏敏著　京都　法蔵館　1986.12　411p 20cm 3800円 ①4-8318-8556-8

◇魂萌ゆ―暁烏敏の世界　暁烏敏著, 福島和人, 太田清史編纂　京都　真宗大谷派宗務所出版部　1986.8　236p 19cm 1200円 ①4-8341-0156-8

◇浄土真宗名法話講話選集　第1巻　まことの教え　本願1　浄土真宗名法話講話選集編集委員会編　京都　同朋舎出版　1985.12　405p 23cm ①4-8104-9090-4
　　内容 阿弥陀仏の本願 暁烏敏著

◇和讃講話集　暁烏敏　松任　涼風学舎　1984.11　2冊 22cm 全13800円

◇清沢満之全集　第5巻　石水時代（下）　暁烏敏, 西村見暁共編　京都　法蔵館　1983.1　632p 19cm

◇清沢満之全集　第4巻　石水時代（上）　暁烏敏, 西村見暁共編　京都　法蔵館　1982.9　512p 19cm

◇歎異抄講話　暁烏敏著　講談社　1981.8　607p 15cm （講談社学術文庫）　980円

◇更生の前後―虚無からの出発　暁烏敏著　潮文社　1978.2　347p 20cm 1500円

◇わが念仏・わが命　暁烏敏著　潮文社　1977.12　295p 20cm 1200円

◇暁烏敏日記　下　金沢　暁烏敏顕彰会　1977.3　864p 図 肖像　22cm

◇わが歎異鈔　下　暁烏敏著　潮文社　1977.3　265p（肖像共）　20cm　1200円

◇暁烏敏先生―この残された問い　西村見暁著　蘇陽町（熊本県）　日の宮聖徳堂　1977.2　297p 19cm

◇わが歎異鈔　上　暁烏敏著　潮文社　1977.2　313p（図・肖像共）　20cm　1200円

◇わが歎異鈔　中　暁烏敏著　潮文社　1977.2　341p（肖像共）　20cm　1200円

◇暁烏敏全集　第21～27巻, 別巻　松任町（石川県）　暁烏敏全集刊行会　1976-1978　8冊 22cm 全28巻112000円

◇暁烏敏日記　上　金沢　暁烏敏顕彰会　1976　559p 図 肖像　22cm 5000円

◇暁烏敏全集　第1～20巻　松任町（石川県）　暁烏敏全集刊行会　1975-1978　20冊 22cm 全28巻112000円

◇暁烏敏先生講話集　歴史図書社　1974　382p 肖像　20cm 3600円

◇暁烏敏伝　野本永久著　大和書房　1974　957p 図 肖像　22cm 5900円

◇暁烏文庫仏教関係図書目録　金沢　金沢大学附属図書館　1963　423p 25cm

◇暁烏敏全集　著作刊行年表　暁烏敏全集刊行会編　松任町（石川県）　香草舎　1961　219p 20cm

◇暁烏敏全集　第3部 第1-5巻　暁烏敏全集刊行会編　松任町（石川県）　香草舎　1960　5冊 20cm

◇暁烏敏全集　第2部 第1-10巻　松任町（石川県）　香草舎　1958-1959　10冊

◇十億の人に　暁烏敏著　松任町（石川県）
　香草舎　1956　127p　18cm
　[内容] 虚無の底から 他6篇
◇暁烏敏全集　第1部 第1-8巻　暁烏敏全集
　刊行会編　松任町（石川県）　香草舎
　1956-1957　8冊　20cm
◇清沢満之全集　第2巻　骸骨時代　上
　暁烏敏, 西村見暁共編　京都　法蔵館
　1955, 759p　19cm
◇清沢満之全集　第7巻　蠟扇時代　中
　暁烏敏, 西村見暁共編　京都　法蔵館
　1955　491p 図版 表　19cm
◇絶対他力　暁烏敏著　弘文堂　1954
　126p　19cm
◇歎異鈔講話　暁烏敏著　京都　平楽寺書
　店　1954　26版　610p　22cm
◇世と共に世を超えん　暁烏敏著　藤沢
　池田書店　1954　281p 図版　19cm
　（現代宗教思想全集 第1巻）
◇清沢満之全集　第1巻　建峰時代　暁烏
　敏, 西村見暁共編　京都　法蔵館　1953
　644p 図版　19cm
◇清沢満之全集　第6巻　蠟扇時代　上
　暁烏敏, 西村見暁共編　京都　法蔵館
　1953　482p 図版　19cm
◇仏教入門　暁烏敏著　東成出版社　1952
　67p　15cm　（仏教文庫 第10）
◇暁烏敏選集　第1巻　更正の前後　金沢
　仏教文化協会　1948　522p 図版　19cm

足利 義満・足利 義政　あしかが よしみつ・あしかが よしまさ

　足利義満は室町幕府3代将軍。義堂周信に師事していた義満は、応永元年（1394年）将軍職を子の義持に譲って出家し、同4年（1397年）北山第（きたやまてい）を作って禅の修行道場とした。義満の死後、義持は遺命により無窓疎石を開山として禅寺に改め、諡号にちなんで北山鹿苑寺とした。通称金閣寺は、境内にある金箔の施された楼閣による。金閣は、昭和25年（1950年）に焼失し、5年後に再建された。なお、義満は、日本史上唯一、皇位簒奪に迫った人物と言われている。
　足利義政は室町幕府8代将軍。文正2年（1467年）の応仁の乱から逃避した義政は、文明5年（1473年）に将軍職を義尚に譲り、文明15年（1483年）に相阿弥に命じて東山山荘を造り出家した。義政の死後、遺命により無窓疎石を開山として禅寺とし、諡号にちなみ慈照寺と名付けた。慈照寺は、金閣寺に対して銀閣寺と通称されている。義政は、政治には失敗したが、慈照寺東求堂（とうぐどう）同仁斎に代表される東山文化の保護者として評価が高い。

◇「京都五山禅の文化」展—足利義満六百
　年御忌記念　東京国立博物館, 九州国立
　博物館, 日本経済新聞社編　日本経済新
　聞社　2007.7　362, 23p　29cm
◇鹿苑寺と西園寺　有馬頼底監修, 鹿苑寺
　編　京都　思文閣出版　2004.4　183p
　図版21枚　31cm　3800円
　①4-7842-1190-X
◇図説日本仏教の歴史　室町時代　竹貫元
　勝編　佼成出版社　1996.10　157p
　21cm　2000円　①4-333-01752-1
　[内容] 幕府と五山　義満と義政　戦国大名と
　仏教　一向一揆　京都町衆と法華信仰　信
　長の叡山焼き打ち
◇碧冲洞叢書　第10巻（第65輯～第71輯）
　簗瀬一雄編著　京都　臨川書店　1996.2
　625p　22cm　①4-653-03184-3,
　4-653-03174-6
◇探訪日本の古寺　7　京都　2 洛東　第2
　版　小学館　1990.6　187p　27cm
　2000円　①4-09-377107-3
　[内容] 名僧列伝法然　古寺探訪（美に生きた
　義政—慈照寺〈銀閣寺〉　歴史と文学の星
　霜—南禅寺　夕陽燦然南無阿弥陀仏—知恩
　院　観音験を見する寺—清水寺　伽藍明浄
　—東福寺・泉涌寺　秀吉昂揚の日々—醍醐
　寺）　全国古寺めぐり 京都 洛東　古寺美術
　来迎図の世界　日本庶民信仰史 古代の信仰
　生活　宗派紹介 浄土宗

仏教を支えた人々

◇日本の庭園美 2 鹿苑寺金閣—義満の神仙浄土 柴田秋介撮影 集英社 1989.3 67p 31cm 2000円
①4-08-598002-5

内容 鹿苑寺金閣(撮影・柴田秋介) 金閣再見(江上泰山) 義満の金色世界(村井康彦) 庭園解説・鹿苑寺金閣(斎藤忠一) 鹿苑寺金閣庭園・実測図(野村勘治)

一休宗純 いっきゅうそうじゅん

応永元年(1394年)1月1日〜文明13年(1481年)11月21日 室町前期の臨済宗の僧。名は初め周建、のち宗純。号は一休、狂雲子。後小松天皇の皇子と伝わる。幼少時に象外集鑑らに師事し、禅の他に文芸も学ぶ。22歳の時、近江堅田の華叟宗曇(かぞうそうどん)に師事し、27歳で印可された。文明6年(1474年)後土御門天皇より大徳寺住持の拝請を受け、入寺はしなかったが大徳寺の復興に尽力して法堂や山門を新築した。堕して修禅を失いつつある禅世界に非難、抵抗して印可状を焼くなどした。一休の参禅者には能、連歌師、茶人らがいたといわれ、禅文化の基礎を築いた。

◇一休和尚大全 上 一休宗純著, 石井恭二訓読・現代文訳・解読 河出書房新社 2008.3 402p 22cm 3600円
①978-4-309-23081-8

内容 一休和尚の生涯 東海一休和尚年譜訓読文 狂雲集(贅 大陸の詩人たち 当代の禅僧 花鳥風月 号)

◇一休和尚大全 下 一休宗純著, 石井恭二訓読・現代文訳・解読 河出書房新社 2008.3 411p 22cm 3600円
①978-4-309-23082-5

内容 狂雲集(承前)(雑) 自戒集 付録1(一休宗純関連伝灯略系図 開祖下火録) 付録2(一休和尚大全白文原典(付・東海一休和尚年譜白文))

◇禅の人—逸話でみる高僧20人 西部文浄著 京都 淡交社 2008.1 303p 19cm 1600円 ①978-4-473-03449-6

内容 明庵栄西—日本臨済禅の開祖 永平道元—日本曹洞禅の開祖 蘭渓道隆—建長寺開山(渡来僧) 円爾弁円—東福寺開山 無学祖元—円覚寺開山(渡来僧) 無関普門—南禅寺開山 宗峰妙超—大徳寺開山 清拙正澄—開禅寺開山(渡来僧) 夢窓疎石—七朝国師、天竜寺開山 関山慧玄—妙心寺開山 寂室元光—永源寺開山 一休宗純—大徳寺の復興者 沢庵宗彭—東海寺開山 隠元隆琦—日本黄檗禅の開祖(渡来僧) 桃水雲渓—貧困のなかの禅 白隠慧鶴—臨済禅中興の祖師 誠拙周樗鄭—関東臨済禅の復興者〔ほか〕

◇一休とは何か 今泉淑夫著 吉川弘文館 2007.12 229p 19cm (歴史文化ライブラリー 244) 1700円

①978-4-642-05644-1

内容 一休を問う—プロローグ 一休、『維摩経』に出会う 『維摩経』の世界 森女図の世界 艶詩の世界 そこにあったこと—エピローグ

◇一休さんの般若心経 一休著, 西村惠信監修, 佐藤健三写真 小学館 2007.12 158p 15cm (小学館文庫) 571円
①978-4-09-418720-5

内容 第1部 心にしみる一休宗純禅師解釈「般若心経」現代語訳(摩訶般若波羅蜜多心経(全文) 摩訶 般若 波羅蜜多 心 ほか) 第2部 一休さんの素顔と般若の智慧(一休さんの生き方 心について考えてみる 忘れられていた「見えない世界」 真実を見る智慧 鏡のような智慧 ほか)

◇狂雲一休—仮面師の素顔 西村惠信著 四季社 2006.2 219p 19cm (チッタ叢書) 1380円 ①4-88405-356-7

◇大徳寺と一休 山田宗敏著 京都 禅文化研究所 2006.1 490p 22cm 3800円 ①4-88182-209-8

◇一休—その破戒と風狂 栗田勇著 祥伝社 2005.11 479p 20cm 2000円
①4-396-61256-7

◇禅の高僧 大森曹玄著 新装版 春秋社 2005.3 254p 20cm 1800円
①4-393-14255-1

内容 沢庵宗彭 一休宗純 白隠慧鶴 白隠と盤珪 鈴木正三 無難禅師 正受老人 抜隊得勝 夢窓疎石 大燈国師

◇仏教を歩く no.20 一休 朝日新聞社 2004.3 32p 30cm (週刊朝日百科)

仏教を支えた人々

◇一休さんの般若心経提唱　牛込覚心著　国書刊行会　2003.8　244p　20cm　2300円　④4-336-04565-8
　内容　一休さんの般若心経提唱―原文(摩訶般若波羅蜜多心経　観自在菩薩。　行深般若波羅蜜多時。　照見五蘊皆空。ほか)　一休さんの般若心経提唱―随想・解説(経題の提唱　宇宙の法則　いろいろな意味を持つ「大」の一字　白隠禅師の「衆生本来仏なり」ほか)

◇一休和尚全集　第3巻　自戒集・一休年譜　一休著,平野宗浄監修　平野宗浄訳注　春秋社　2003.6　508p　22cm　9000円　④4-393-14103-2
　内容　東海一休和尚年譜　自戒集　開祖下火録　狂雲集補遺

◇一休さん一〇〇話―話の泉　牛込覚心著　国書刊行会　2003.1　254p　20cm　1900円　④4-336-04508-9
　内容　「一休」という名前(父と母　禅(五山)文学の全盛期　剃髪　天415の詩才　一七歳の決意ほか)　一休道歌一〇〇首(雨降らば降れ、風吹かば吹け　輪廻転生の源泉のこと　極道は指をつめ、仏道は肘を切る　こころはんにゃ(心般若)　五臓六腑に染みわたる　ほか)

◇一休のすべて　水上勉著　河出書房新社　2002.6　416p　22cm　(水上勉自選仏教文学全集2)　3800円　④4-309-62152-X
　内容　一休　一休文芸私抄　一休を歩く

◇狂と遊に生きる―一休・良寛　久保田展弘著　中央公論新社　2000.6　270p　20cm　(仏教を生きる12)　1600円　④4-12-490162-3
　内容　一休―格闘する風狂(内乱の時代に　教えの外にある禅　巷の地獄・巷の禅　虚実を超えた愛)　良寛―遊戯する行乞の人(苦悩するやさしさ　行乞者の眼　人恋しき歌びと)

◇一休和尚全集　第4巻　一休仮名法語集　一休著,平野宗浄監修　飯塚大展訳注　春秋社　2000.5　351p　22cm　8000円　④4-393-14104-0
　内容　一休骸骨　一休水鏡　一休和尚法語　阿弥陀裸物語　仏鬼軍　般若心経抄図会　参考資料(一休法利はなし　三本対照表(幻中草画・一休水鏡・一休骸骨))

◇名僧列伝　1　紀野一義著　講談社　1999.8　265p　15cm　(講談社学術文庫)　820円　④4-06-159389-7
　内容　明恵　道元　夢窓疎石　一休宗純　沢庵宗彭

◇一休と禅　平野宗浄著　春秋社　1998.11　361p　22cm　8000円　④4-393-14107-5
　内容　1　一休と禅(一休　一休和尚の名の由来　一休と般若心経　ほか)　2　大灯国師と日本禅(大灯国師―その生涯と禅風　大灯国師下語の研究　大灯国師破壊尊宿夜話の研究　ほか)　3　臨済禅と中国禅(臨済禅を考える　南泉と臨済―自由という言葉をめぐって　南泉と趙州　ほか)

◇一休和尚年譜　2　今泉淑夫校注　平凡社　1998.10　300,12p　18cm　(東洋文庫)　2700円　④4-582-80642-2
　内容　享徳三年(一四五四)甲戌条　康正元年(一四五五)乙亥条　康正二年(一四五六)丙子条　長禄元年(一四五七)丁丑条　長禄二年(一四五八)戊寅条　長禄三年(一四五九)己卯条　寛正元年(一四六〇)庚辰条　寛正二年(一四六一)辛巳条　寛正三年(一四六二)壬午条　寛正四年(一四六三)癸未条〔ほか〕

◇一休和尚年譜　1　今泉淑夫校注　平凡社　1998.9　342p　18cm　(東洋文庫)　2700円　④4-582-80641-4

◇中世禅林の異端者――一休宗純とその文学　高文漢述,国際日本文化研究センター編　京都　国際日本文化研究センター　1998.9　108p　21cm　(日文研フォーラム　第104回)

◇一休宗純の研究　中本環著　笠間書院　1998.2　306p　22cm　(笠間叢書310)　7767円　④4-305-10310-9

◇一休道歌―三十一文字の法の歌　一休著,禅文化研究所編注　京都　禅文化研究所　1997.12　320p　19cm　1900円　④4-88182-122-9
　内容　1　一休和尚法語　2　一休骸骨　3　水鏡　4　二人比丘尼　5　一休法のはなし　6　一休咄　7　続一休咄　8　一休諸国物語　9　一休関東咄　10　一休諸国物語図会　11　一休和尚往生道歌百首　12　一休諸国物語図会拾遺　13　一休可笑記　14　一休蜷川狂歌問答　15　一休蜷川続編狂歌問答　16　一休御一代記図会　17　田舎一休狂歌噺　18　一休道歌評釈　19　杉楊枝　20　拾遺

◇一休和尚全集　第2巻　狂雲集　下　一休宗純著,平野宗浄監修　蔭木英雄訳注　春秋社　1997.11　417p　22cm　8000円

◇蓮如と一休　田代俊孝著　京都　法藏館　1997.9　58p　19cm　571円　①4-8318-8648-3
　[内容]蓮如上人について　見玉尼の往生　白骨の御文　病患を楽しむ　後鳥羽上皇の「無常講式」　常住の国　生死不如意　一休の「骸骨」　ここを去ること遠からず　心は浄土に遊ぶ　幸せの青い鳥　一休と森女　蓮如上人と女性　執心のこころをやめて

◇一休和尚全集　第1巻　狂雲集　上　一休宗純著, 平野宗浄監修　平野宗浄訳注　春秋社　1997.7　597p　22cm　8000円　①4-393-14101-6

◇一休和尚全集　別巻　一休墨跡　一休著, 平野宗浄監修, 寺山旦中編著　蔭木英雄訳注　春秋社　1997.7　119p　31cm　18000円　①4-393-14106-7

◇一休　水上勉著　改版　中央公論社　1997.5　474p　15cm　（中公文庫）　933円　①4-12-202853-1

◇日本の奇僧・快僧　今井雅晴著　講談社　1995.11　224p　18cm　（講談社現代新書）　650円　①4-06-149277-2
　[内容]プロローグ　知的アウトサイダーとしての僧侶　1　道鏡—恋人は女帝　2　西行—放浪50年、桜のなかの死　3　文覚—生まれついての反逆児　4　親鸞—結婚こそ極楽への近道　5　日蓮—弾圧こそ正しさの証　6　一遍—捨てよ、捨てよ捨てよ　7　尊雲（護良親王）—大僧正から征夷大将軍へ　8　一休—天下の破戒僧　9　快川—心頭を滅却すれば火も自ら涼し　10　天海—超長寿の黒衣の宰相　エピローグ—僧侶と日本人

◇一休の詩と生きざま　船木満洲夫著　近代文芸社　1995.6　141p　20cm　1500円　①4-7733-4398-2

◇一休—風狂に生きる　鎌田茂雄著　広済堂出版　1995.3　296p　18cm　（Refresh life series）　1000円　①4-331-00683-2
　[内容]第1章　生いたち　第2章　道を求めて　第3章　遊行と放浪　第4章　痛憤と寂寥　第5章　生命の歓喜　第6章　一休の思想　第7章　一休の歌　第8章　一休こばなし

◇日本仏教の創造者たち　ひろさちや著　新潮社　1994.8　224p　20cm　（新潮選書）　1000円　①4-10-600463-1
　[内容]第1章　禅と浄土—親鸞と道元をめぐって　第2章　異なった選択—比較宗教家論　第3章　日本の仏教者群像（空海—日本仏教の行方を定めた天才　西行—聖と俗の間で　法然—おおらかさと曖昧さ　親鸞—自己と闘った男　一休—風狂に生きた孤高の禅者　富永仲基—薄幸のヒューマニスト　良寛—娑婆世界に遊ぶ禅　一茶—自意識過剰人の諦観）　第4章　名僧高僧かく語りき

◇一休—応仁の乱を生きた禅僧　武田鏡村著　新人物往来社　1994.6　235p　19cm　1800円　①4-404-02111-9
　[内容]はじめに　一休と日野富子　出生の謎—後小松天皇の皇胤説を追う　一休と天皇—足利義満の皇位簒奪計画と一休　出家と修行—反骨にみちた一休の青春　一休の悟り—無位の真人を求めて　乱世前夜の一休—後花園天皇誕生の背景　「狂雲集」から読む応仁の乱　日野富子・森女と一休

◇一休—狂雲集　一休著, 柳田聖山著　講談社　1994.5　443p　20cm　（禅入門7）　3800円　①4-06-250207-0
　[内容]『狂雲集』をどう読むか（テキストの問題　禅と文学　一休には印可状がなかった　情事の意味　方法の成否を問いたい）　現代語訳　狂雲集（純蔵主の章—又は歌の生涯　瞎驢の章—又は納敗詩抄　夢閨の章—又は孤児の色歌　狂雲の章—又は詩と現実のはざま）

◇禅門の異流—盤珪・正三・良寛・一休　秋月竜珉著　筑摩書房　1992.2　362p　19cm　（筑摩叢書363）　2600円　①4-480-01363-6
　[内容]不生の仏心の説法・盤珪禅師語録　二王禅と在家仏法・正三道人『驢鞍橋』　わが詩は詩にあらず・良寛禅師詩集　風狂の禅と詩と・一休禅師『狂雲集』

◇仏教と日本人　ひろさちや著　徳間書店　1990.4　285p　16cm　（徳間文庫）　460円　①4-19-599061-0
　[内容]第1章　名僧の生き方に学ぶ（いま、なぜ空海か　教行信証—「愚禿」親鸞の「闘いの書」　道元禅師の肖像—その生涯と思想　一休—「風狂」に生きた「孤高」の禅者）　第2章　「空」の神髄（「智慧の経典」が説く「空」の哲学　「空」と「諸法実相」　空と空と空）　第3章　生き方としての仏教（宗教音痴の日本人　死でなくて生、されど死　お念仏のちから　仏教と女性と現代と　ほとけを信じて生きる　戒—絶望の呻き　"ほとけの子"の教育　教育は投資ではない　殴られる仏道修行　精神的腹八分目主義　病人としての生き方　2つの「無常」）　第4章　ことばの森をあゆむ（宗教の語句散策　名僧の

仏教を支えた人々

ことばを読む）

◇禅の名僧列伝　藤原東演著　佼成出版社　1990.1　269p　20cm　(仏教文化選書)　1800円　①4-333-01404-2
　内容　1 不均斉(白隠慧鶴　雪舟等楊　鈴木正三)　2 簡素(明庵栄西　関山慧玄　鉄眼道光)　3 枯高(永平道元　道鏡慧端　至道無難)　4 自然(寂室元光　桃水雲渓　山本玄峰)　5 幽玄(蘭渓道隆　宗峰妙超　雲居希膺)　6 脱俗(一休宗純　大愚良寛　仙涯義梵)　7 静寂(盤珪永琢　沢庵宗彭　抜隊得勝)

◇一休を歩く　水上勉著　日本放送出版協会　1988.2　208p　21cm　1500円　①4-14-008563-0
　内容　1 生誕地付近―嵯峨野　2 求法、求師の道―京都　3 蒼顔放浪―京都　4 大死一番―大津　5 湖国の蘇生―堅田　6 湖岸夜座―堅田　7 華叟靭晦―湖北　8 隠棲の師弟―堅田　9 泉南に遊ぶ―堺　10 風狂街頭禅―堺　11 破戒無慙―豊中　12 鬼門の関に住す―譲羽　13 森女邂逅―住吉　14 上苑美人の森―田辺　15 冬の秋焉―田辺

◇一休・正三・白隠―高僧私記　水上勉著　筑摩書房　1987.7　245p　15cm　(ちくま文庫)　440円　①4-480-02150-7
　内容　一休のこと　鈴木正三　白隠

◇大乗仏典―中国・日本篇　第26巻　一休・良寛　柳田聖山訳　中央公論社　1987.6　637p　20cm　3800円　①4-12-402646-3

◇一休　稲垣真美著　成美堂出版　1987.4　206p　19cm　(物語と史蹟をたずねて)　900円　①4-415-06562-7
　内容　天皇の後裔　南北朝の分裂と終焉　臨済の安国寺に入る　前将軍義満と対決　入水に到る煩悶　一休の僧号を許される　闇夜に鴉の声をきく　師の大小便を手で拭う　養叟のこと　風狂人として　人妻に拒まれる　後小松帝と印可状　禅境をいく　弟子たちのこと　応仁の乱を避けて　森女との交わり　柳は緑、花は紅

◇一休―逸話でつづる生涯　安藤英男著　鈴木出版　1985.11　286p　20cm　1500円　①4-7902-1005-7

◇一休の紫衣―楽中・楽外の談義　古田紹欽著　実業之日本社　1984.12　244p　18cm　1000円

◇一休宗純　平野宗浄著　名著普及会　1981.5　107p　24cm　2000円

◇一休―「狂雲集」の世界　柳田聖山著　京都　人文書院　1980.9　250p　20cm　1700円

◇一休―風狂の精神　西田正好著　講談社　1977.5　197p　18cm　(講談社現代新書)　390円

◇人間一休―天衣無縫の悟道とその生涯　村田太平著　潮文社　1976.4　266p　図　18cm　(潮文社新書)　580円

◇一休―物語百話　安藤英男著　日貿出版社　1976　292p　図　19cm　980円

◇一休存在のエロチシズム　永田耕衣著　神戸　コーベブックス　1976　47p　22cm　3500円

◇狂雲集・狂雲詩集・自戒集　一休著, 校註：中本環　現代思潮社　1976　452p　22cm　(新撰日本古典文庫 5)　4800円

◇風狂子一休―その知られざる生涯　小野嘉夫著　文一出版　1976　298, 6p　図　19cm　1300円

◇一休―行雲流水の人　真下五一著　国書刊行会　1975　249p　19cm　950円

◇一休　富士正晴著　筑摩書房　1975　231p　19cm　(日本詩人選 27)　1400円

◇名僧列伝 1　禅者 1　紀野一義著　文芸春秋　1973　234p　20cm　750円
　内容　明恵、道元、夢窓、一休、沢庵

◇一休―乱世に生きた禅者　市川白弦著　日本放送出版協会　1970　225p　19cm　(NHKブックス)　340円

◇人間一休―天衣無縫な悟道とその生涯　村田太平著　潮文社　1963　266p　図版　18cm

◇笑ひながら修養になる一休珍問答集　赤木健著　河野書店　1952　240p　19cm

一遍　いっぺん

延応元年(1239年)2月15日～正応2年(1289年)8月23日　鎌倉中期の僧。時宗の開祖。遊行上人ともいう。法名は初め随縁、のち智真、一遍房。昭和15年(1940年)に贈られた諡号は証誠大師。建長2年(1250年)筑前大宰府の浄土宗西山派聖

達に師事。12年間に渡る念仏修行をし、文永8年（1271年）信濃善光寺に参籠して霊感を得、念仏往生を悟る。四天王寺で念仏勧進の願を立てた後、建治元年（1275年）高野山を経て熊野本宮で同権現の霊告を受けて、他力念仏の真意を感得する。名を一遍と改め、現在のお札にあたる賦算（ふさん）に「南無阿弥陀仏決定（けつじょう）往生六十万人」と記し、全国を行脚しながらこの賦算を人々に配った。一遍は捨て聖の生活に徹し、一所不住の旅に終わったが、これを「遊行」と呼ぶ。また、空也の遺風とされる踊り念仏を盛んに行ない、民衆信仰に大きな影響を与えた。摂津和田岬の観音堂（後の真光寺）で没した。なお時宗は、一遍が門下の僧尼を時衆と呼んだことによるが、教団名が時宗となるのは、室町末期ころ。

◇「生死」と仏教—名僧の生涯に学ぶ「生きる意味」　瓜生中著　佼成出版社　2007.3　228p　19cm　1400円
①978-4-333-02270-0
[内容]第1章 最澄の生涯　第2章 空海の生涯　第3章 法然の生涯　第4章 親鸞の生涯　第5章 道元の生涯　第6章 日蓮の生涯　第7章 一遍の生涯　第8章 一休の生涯

◇往生極楽のはなし　小堀光詮、ひろさちや著　佼成出版社　2006.9　217p　20cm　1600円　①4-333-02231-2
[内容]プロローグ 往生極楽院の阿弥陀仏　第1章 平安時代の極楽浄土の教え　第2章 恵心僧都源信と『往生要集』　第3章 末法時代の到来　第4章 極楽世界から来た法然上人　第5章 「非僧非俗」に生きた親鸞聖人　第6章 すべてを捨てた一遍上人　対談 往生を願いつつ「人間らしく」生きる（小堀光詮・ひろさちや）

◇一遍の語録をよむ　梅谷繁樹著　日本放送出版協会　2005.9　349p　16cm　（NHKライブラリー 198）　1020円
①4-14-084198-2
[内容]一遍上人の生涯と法語　善光寺参詣と十一不二頌　山岳修行、名刹巡礼と熊野本宮の神託　九州遊行と信州のおどり念仏　とぎ澄ます浄土法門　捨聖の掟　一遍さんの和讃と和歌　「百利口語」と捨聖の法語　消息法語　名号と心　名号が名号を聞き、念仏が念仏を申す　一遍さんの往生

◇一遍上人語録　一遍著,藤原正校註　一穂社　2004.12　166p　21cm　（名著/古典籍文庫）　2400円　①4-86181-000-0

◇一遍の語録をよむ　下　梅谷繁樹著　日本放送出版協会　2004.10　185p　21cm　（NHKシリーズ）　850円
①4-14-910521-9

◇一遍の語録をよむ　上　梅谷繁樹著　日本放送出版協会　2004.4　169p　21cm　（NHK宗教の時間）　850円
①4-14-910520-0

◇一遍—遊行の捨聖　今井雅晴著　吉川弘文館　2004.3　195p　20cm　（日本の名僧 11）　2600円　①4-642-07855-X
[内容]私の一遍　1 一遍の魅力　2 一遍の生涯—念仏と遊行の聖者　3 念仏が念仏を申す信仰—阿弥陀仏と名号　4 日本全土への遊行と賦算—捨聖と呼ばれた意味・時衆を引き連れた意味　5 踊り念仏の開始と展開——遍と時衆におけるその意義　6 神祇信仰の重み—神社と寺院　7 絵巻物のなかの一遍—『一遍聖絵』に見る一遍の遊行　8 現代に生きる一遍

◇鎌倉新仏教　邉見陽一著　日本文学館　2004.3　210p　19cm　1200円
①4-7765-0214-3
[内容]1 法然の人と思想(法然の生涯　法然の思想)　2 親鸞の人と思想(親鸞の生涯　親鸞の思想)　3 一遍の人と思想(一遍の生涯　一遍の思想)　4 道元の人と思想(道元の生涯　道元の思想)　5 日蓮の人と思想(日蓮の生涯　日蓮の思想)

◇仏教を歩く　no.12　一遍　朝日新聞社　2004.1　32p　30cm　（週刊朝日百科）　533円

◇南無阿弥陀仏—付・心偈　柳宗悦著　岩波書店　2003.1　342p　15cm　（岩波文庫）　700円　①4-00-331694-0
[内容]念仏の仏教　三部経　沙門法蔵　阿弥陀仏　第十八願　念仏　他力　凡夫　六字　西方　一念多念　廻向不廻向　来迎不来迎　往生　行と信　自力と他力　僧と非僧と捨聖　仮名法語

◇仏道の創造者　紀野一義編　アートデイズ　2003.1　269p　20cm　1600円　①4-900708-96-8
[内容]最澄(伝教大師)—能く行ひ能く言ふは国の宝なり。　空海(弘法大師)—其れ仏法

遙かにあらず、心中にして即ち近し。 法然―ただ一向に念仏すべし。 栄西―大いなる哉、心や。 親鸞―親鸞は弟子一人も持たず候。 道元―さとりとは、まどひなきものと知るべし。 日蓮―臨終の事を習ふて後に他の事を学ぶべし。 一遍―生ぜしも一人なり。死するも一人なり。 蓮如―悪凡夫の、弥陀をたのむ一念にて仏になるこそ不思議よ。 白隠―第一に死の字を参究し玉ふべし。

◇道元・一遍・良寛―日本人のこころ 栗田勇著 増補新装版 春秋社 2002.6 240p 20cm 1800円 ⓘ4-393-13635-7
[内容] 道元禅師との出逢い(眠られぬ夜に 正法の人 ほか) 一遍上人の念仏(混沌たる情念のなかで 二度の出家 ほか) 良寛さんのこころ("良寛さん"と"良寛"のあいだ 修行する良寛 ほか) 放下、捨てゝこそ、任運―結びにかえて 付 奥の細道の芭蕉(「みちのく」の旅の始まり―白河の関 能因、西行、一遍の足跡 ほか)

◇鎌倉の仏教とその先駆者たち 清田義英著 藤沢 江ノ電沿線新聞社 2001.12 144p 19cm 1300円 ⓘ4-900247-02-2
[内容] 1 鎌倉の仏教 2 栄西 3 道元 4 叡尊・忍性 5 日蓮 6 良忠 7 一遍

◇名僧列伝 4 紀野一義著 講談社 2001.9 326p 15cm (講談社学術文庫) 960円 ⓘ4-06-159513-X
[内容] 一遍 蓮如 元政 弁栄聖者

◇一遍上人全集 橘俊道、梅谷繁樹訳 新装版 春秋社 2001.7 333, 59p 23cm 7000円 ⓘ4-393-17502-6
[内容] 一遍聖絵 付 遊行上人縁起絵 播州法語集 補遺

◇一遍聖人と聖絵 高野修著 岩田書院 2001.6 139p 19cm 1000円 ⓘ4-87294-211-6
[内容] 1 道を求めて 2 遊行の旅 3 ひとりはひとり 4 身を観ずれば水の泡 5 旅ごろも 6 南無阿弥陀仏に成り果てぬ

◇捨ててこそ生きる――一遍遊行上人 栗田勇著 日本放送出版協会 2001.5 221p 22cm 2800円 ⓘ4-14-080610-5
[内容] 第1部 聖と俗の間を生きる(遊行する人々の跡を訪ねて 空也上人・西行法師・一遍上人を流れる心 ほか) 第2部 『十一不二』の思想の実践(弥陀の正覚と衆生の往生は一体である 一つは宇宙全体であり、宇宙全体は一つである ほか) 第3部 踊り念仏――一遍思想の神髄(名号(南無阿弥陀仏)そのものが浄土の実現である 念々臨終なり、念々往生なり ほか) 第4部「白木の念仏」を生きる(時々刻々を臨終と思い名号を称えよ 俗の権威に屈せず念仏のあり方を示す ほか)

◇一遍聖 大橋俊雄著 講談社 2001.4 335p 15cm (講談社学術文庫) 1050円 ⓘ4-06-159480-X
[内容] 序章 一遍聖の行動と思想を知るために 第1章 一遍の教えの手だて 第2章 民衆の求めに応じて 第3章 浄土の教えを求めて 第4章 苦難を越えて 第5章 政権の所在地鎌倉と京で 第6章 捨聖に徹した最後の遊行 第7章 教団の成立 第8章 藤沢に道場を建立

◇一遍―癒しへの漂泊 畑山博著 学陽書房 2000.12 301p 19cm 1700円 ⓘ4-313-85138-0
[内容] 1章 古里高縄は神秘の土地だった 2章 折しも中世バブル崩壊の時期 3章 出家は大きな回り道 4章 本当の他力本願とは 5章 妻子と別れて 6章 とつぜんの刺客 7章 風になる。ただ風になる 8章 人妻の心も傾く 9章 踊る踊る世界は踊る 10章 奥州遊行 11章 今や天下の大集団 12章 京都大凱旋 13章 近づく死期 14章 浄土の向こう

◇一遍の宗教とその変容 金井清光著 岩田書院 2000.12 431p 22cm 9900円 ⓘ4-87294-189-6
[内容] 宗教絵巻としての『一遍聖絵』 『一遍聖絵』巻一の太宰府と清水 一遍・真教の初賦算 賦算札・御影札・勧進札 山陽道の時衆史 九州時衆新考五題 近世時宗の研究について 近世外様藩の遊行上人送迎 近世城下町の遊行上人送迎 近世時宗寺院の遊行上人送迎 当麻派近世遊行の一史料 近世諸地方の遊行上人送迎史料リスト 新発見の時衆画像二軸 新発見の一遍版画像二種 時衆資料採訪録

◇一遍上人―旅の思索者 栗田勇著 新潮社 2000.10 359p 15cm (新潮文庫) 552円 ⓘ4-10-125131-2

◇一遍と中世の時衆 今井雅晴著 大蔵出版 2000.3 302p 22cm 7000円 ⓘ4-8043-1049-5
[内容] 第1章 一遍と時衆の信仰 第2章 時衆と他宗派との交流 第3章 時衆と武将たち 第4章 時衆と芸能 第5章 時衆の変質―中世から近世へ

◇親鸞と一遍 竹村牧男著 京都 法藏館 1999.8 300p 20cm 2800円

①4-8318-8140-6
　内容 序章 親鸞と一遍の浄土教　第1章 浄土教とは何か　第2章 親鸞の救い　第3章 一遍の救い　第4章 親鸞と還相　第5章 一遍の還相　終章 浄土教と現代

◇捨聖一遍　今井雅晴著　吉川弘文館　1999.3　216p　19cm　（歴史文化ライブラリー 61）　1700円　①4-642-05461-8
　内容 聖と極楽の世界　一遍の修行　捨聖一遍　捨聖の集団　踊り念仏と鎌倉入り　充実した布教の旅　一遍の入滅

◇一遍——放浪する時衆の祖　今井雅晴著　三省堂　1997.11　204p　20cm　（歴史と個性）　1900円　①4-385-35783-8
　内容 第1章 鎌倉の世紀（庶民と生活　仏教界の新しい動き　女性と歌と舞）　第2章 一遍の修行と布教（一遍の誕生と修行　俗世間の生活と再出家　捨聖の遊行 ほか）　第3章 遊行と念仏と踊り念仏（遊行と「遊ぶ」　念仏と歌声　踊り念仏）　第4章 一遍の後継者たち（時衆教団の確立　一遍信仰と伝説のはじまり　時衆の尼のゆくえ）

◇一遍その鮮烈な生涯　望月宏二著　大阪朝日カルチャーセンター（製作）　1997.7　305p　19cm

◇果てしなき旅—捨てひじり一遍　越智通敏著　松山　愛媛県文化振興財団　1997.1　312p　18cm　（えひめブックス）　1000円

◇一遍智真の宗教論　渡辺喜勝著　岩田書院　1996.9　314p　22cm　8137円　①4-900697-60-5

◇一遍と時衆　石田善人著　京都　法藏館　1996.5　245p　22cm　5500円　①4-8318-7492-2

◇捨聖・一遍上人　梅谷繁樹著　講談社　1995.12　213p　18cm　（講談社現代新書）　650円　①4-06-149281-0
　内容 序章 捨聖の風貌　第1章 模索の中の遊行　第2章 おどり念仏—遊行の盛行　第3章 一遍と女人往生　第4章 一遍と和歌・和讃　第5章 一遍の臨終　第6章 一遍の法語を読む　終章 一遍寂後の時宗

◇時代を変えた祖師たち—親鸞、道元から蓮如まで　百瀬明治著　清流出版　1995.11　212p　20cm　1800円　①4-916028-18-X
　内容 第1章 末法の仏教観—説話の中の聖たち　第2章 親鸞と恵信尼—お互いを観音の化身と信じて　第3章 道元—苦行専心の道

第4章 日蓮—「雑草的」たくましさの魅力　第5章 一遍—凡夫の苦悩を生きた行者　第6章 蓮如—宗界の織田信長

◇日本の奇僧・快僧　今井雅晴著　講談社　1995.11　224p　18cm　（講談社現代新書）　650円　①4-06-149277-2
　内容 プロローグ 知的アウトサイダーとしての僧侶　1 道鏡—恋人は女帝　2 西行—放浪50年、桜のなかの死　3 文覚—生まれついての反逆児　4 親鸞—結婚こそ極楽への近道　5 日蓮—弾圧こそ正しさの証　6 一遍—捨てよ、捨てよ捨てよ　7 尊雲（護良親王）—大僧正から征夷大将軍へ　8 一休—天下の破戒僧　9 快川—心頭を滅却すれば火も自ら涼し　10 天海—超長寿の黒衣の宰相　エピローグ—僧侶と日本人

◇念仏と禅——一遍・道元・良寛　越智通敏著　松山　一遍会　1994.4　440p　21cm　（一遍会双書 16）　1500円

◇浄土仏教の思想　第11巻　証空　一遍　梶山雄一ほか編　上田良準著、大橋俊雄著　講談社　1992.3　411p　20cm　4300円　①4-06-192581-4
　内容 証空—白木の念仏（西山上人証空の生涯　証空の浄土仏教　証空の門流）　一遍—遊行と賦算と踊念仏（一遍智真の生涯　一遍智真の教え　一遍智真滅後の教団）

◇一遍・日本的なるものをめぐって　梅谷繁樹ほか著　春秋社　1991.10　247p　20cm　2200円　①4-393-17522-0
　内容 第1章 一遍・その生涯　第2章 遊行漂泊者・一遍　第3章 仏教者・一遍　第4章 一遍的なるもの・その展望

◇一遍入門　大橋俊雄著　春秋社　1991.7　268p　20cm　2400円　①4-393-17521-2
　内容 第1章 光を求めて（民衆の求めるもの　教団をささえるもの）　第2章 一遍の宗教が生まれるまで（浄土の教えを受けて　布教をささえる論理）　第3章 布教化益の旅（爆発的人気をかちえて　ひたすら化益に　最後の旅）　第4章 一遍滅後の教団（時衆教団の成立　時衆道場の建立と教団の粛正　時宗十二流の動向）

◇南無阿弥陀仏　柳宗悦著　岩波書店　1991.6　342p　19cm　（ワイド版岩波文庫）　1100円　①4-00-007038-X

◇柳宗悦宗教選集　第3巻　南無阿弥陀仏・一遍上人　春秋社　1990.12　303p　20cm　2600円　①4-393-20619-3
　内容 1 南無阿弥陀仏　2 一遍上人　3 美の法門

◇一遍—生きざまと思想 越智通敏著 松山 一遍会 1990.9 281p 19cm （一遍会双書 第15集） 1500円
◇一遍上人の念仏思想と時衆—橘俊道先生遺稿集 橘俊道著 藤沢 橘俊道先生遺稿集刊行会 1990.4 379p 22cm
◇道元・一遍・良寛—日本人のこころ 栗田勇著 春秋社 1990.1 216p 20cm 1400円 ④4-393-13622-5
　内容 道元禅師との出逢い（眠られぬ夜に 正法の人 青春の弧独のなかで 雪中の梅華 遊行の求道者 永遠のいま 正法眼蔵を生きる） 一遍上人の念仏（混沌たる情念のなかで 2度の出家 熊野成道・念仏賦算 六字の名号 踊躍歓喜するこころ 捨て果てて） 良寛さんのこころ（"良寛さん"と"良寛"のあいだ 修行する良寛 大愚・正法眼蔵との出逢い 騰々たる任運 菩薩行 死・自然そのもののなかに） 放下、捨ててこそ、任運―結びにかえて
◇一遍上人全集 橘俊道, 梅谷繁樹著 春秋社 1989.11 333, 59p 23cm 6000円 ④4-393-17501-8
◇一遍辞典 今井雅晴編 東京堂出版 1989.9 332p 20cm 3600円 ④4-490-10265-8
◇一遍の跡をたずねて 一遍会編 松山 一遍生誕750年・没後700年記念事業会 1989.7 241p 19cm 1500円
◇禅と日本人 栗田勇著 河出書房新社 1989.6 229p 20cm 1900円 ④4-309-00540-3
　内容 名僧との出逢い 一遍上人から道元禅師へ―天台本覚論をめぐって 旅の思索者―一遍上人 誓願寺の周辺―一遍上人とばさら大名京極道誉 西行から一遍へ―吉野・熊野より 日本人と禅 禅の風景 禅と茶の湯 茶の湯と座の思想 座の思想について―歌あわせ物あわせと茶 なぜ、いま、マンダラなのか 神護寺の影 私の名僧図十選 自分と出逢う 言葉とともに 雪月花・花鳥風月 良寛の素朴と寡黙 寺泊にて わたしと芭蕉 赤城山柴雲洞の尼僧 川の傍にて―矢田部六人衆殉教碑 即身の山 妙好人について
◇一遍上人と遊行の寺 富永航平著 大阪 朱鷺書房 1988.11 240p 19cm 1200円 ④4-88602-112-3
　内容 一遍の風景 当麻山無量光寺（神奈川県相模原市） 満光山来迎寺（神奈川県鎌倉市） 岩蔵山光触寺（神奈川県鎌倉市） 冬嶺山松秀寺（東京都港区） 神田山日輪寺（東京都台東区）〔ほか〕
◇一遍 大橋俊雄著 吉川弘文館 1988.10 238p 19cm （人物叢書 新装版） 1700円 ④4-642-05132-5
　内容 第1 おいたち 第2 道を求めて 第3 遊行回国―みちのくをめざして 第4 遊行回国―鎌倉入りをこばまれて 第5 遊行回国―洛を中心に西に南に 第6 遊行回国―ふるさとをさして 第7 一遍滅後の教団 河野家系譜 遊行系譜 略年譜
◇一遍上人ものがたり 金井清光著 東京美術 1988.6 216p 19cm （東京美術選書 65） 1200円 ④4-8087-0505-2
　内容 1 一遍上人の教え（ナムアミダブツの意味 人間だれでもみな仏 信じなくともよい 死んだらどうなるか 墓はいらない） 2 一遍上人の生涯 3 一遍上人ゆかりの地 4 一遍上人ゆかりの年中行事 5 一遍上人に親しむために 6 全国の時宗のお寺
◇一遍 栗田勇編 京都 法蔵館 1987.2 203p 21cm （思想読本） 1500円 ④4-8318-2007-5
　内容 至高の思索者との出逢い（栗田勇） この人・一遍（唐木順三） 僧と非僧と捨聖（柳宗悦） 一遍上人の念仏（古田紹欽） 一遍数学の実存的特質（河野憲善） 時衆の思想史的考察―その時間論を中心として（奥山春雄） 一遍聖の思想（浅山円祥） 一遍上人（瀬戸内寂聴） 小説・蒙古来たる（海音寺潮五郎） 生ぜしもひとりなり（紀野一義） 一遍聖人と遊行寺（橘俊道） 一遍と伊予（越智通敏） 一遍の風土（足助威男） 鼎談 聖の群れ（島津忠夫 村井康彦 守屋毅） 一遍一特に遊行国の意味するもの（井上光貞） 一遍上人にあらわれた庶民性（堀一郎） 一遍の和歌と連歌（金井清光） 一遍滅後の時衆教団（大橋俊雄） 現代語訳 播州法語集（栗田勇）
◇高僧伝 10 一遍―大地を往く 松原泰道, 平川彰編 鎌田茂雄著 集英社 1985.10 259p 20cm 1400円 ④4-08-187010-1
◇一遍上人語録 智真著, 大橋俊雄校注 岩波書店 1985.5 224p 15cm （岩波文庫） 400円
◇南無阿弥陀佛・一遍上人 柳宗悦著 春秋社 1985.4（第11刷） 221, 8p 19cm （柳宗悦・宗教選集 第4巻）
◇一遍上人遊行（近畿・阿波・淡路ほか）の跡 嵯峨山善祐著 〔徳島〕〔嵯峨山

善祐〕〔1985〕 234p 19cm （土御門天皇シリーズ） 500円

◇日本仏教宗史論集 第10巻 一遍上人と時宗 橘俊道,今井雅晴編 吉川弘文館 1984.12 401p 22cm 5800円
①4-642-06750-7

◇現代に生きる空海・最澄・空也・一遍 岩波光次編 教育出版センター 1984.11 200p 20cm （サンシャインカルチャー14） 1500円 ①4-7632-5813-3

◇一遍──念仏の旅人 越智通敏著 松山 一遍会 1984.9 220p 19cm （一遍会双書 第9集） 1500円

◇一遍語録を読む 金井清光,梅谷繁樹著 京都 法蔵館 1984.9 244p 20cm （法蔵選書 30） 1800円

◇名僧列伝 4 念仏者と唱題者 2 紀野一義著 角川書店 1983.5 280p 15cm （角川文庫） 340円
内容 一遍.蓮如.元政.弁栄聖者

◇一遍 大橋俊雄著 吉川弘文館 1983.2 238p 18cm （人物叢書 183） 1300円

◇岩手県時宗略史──一遍上人と代々遊行上人の軌跡 司東真雄著 石鳥谷町（岩手県） 時宗岩手第一教区 1983 71p 19cm 500円

◇一遍上人語録捨て果てて 坂村真民著 大蔵出版 1981.11 238p 19cm （新仏典シリーズ） 1500円
①4-8043-2501-1

◇一遍教学と時衆史の研究 河野憲善著 東洋文化出版 1981.9 347p 22cm 5400円

◇大日本仏教全書 第66冊 一遍上人語録─外四部 仏書刊行会編纂 名著普及会 1981.9 478p 24cm 10000円

◇日本仏教の心 9 一遍上人と遊行寺 日本仏教研究所編 寺沼琢明著 ぎょうせい 1981.8 204p 29cm 5000円

◇一遍と時衆 浅山円祥著 松山 一遍会 1980.6 204p 19cm 1500円

◇8人の祖師たち──最澄・空海・栄西・法然・親鸞・道元・日蓮・一遍 水書坊編 水書坊 1980.6 291p 18cm （ナムブック） 800円

◇一遍と時宗教団 大橋俊雄著 〔東村山〕 教育社 1978.10 272p 18cm （教育社歴史新書） 600円

◇名僧列伝 4 念仏者と唱題者 2 紀野一義著 文芸春秋 1978.10 293p 20cm 1000円
内容 一遍.蓮如.元政.弁栄聖者

◇一遍のことば 橘俊道著 雄山閣出版 1978.7 234p 19cm （カルチャーブックス 25） 800円

◇一遍──遊行の跡を訪ねて 越智通敏著 松山 愛媛文化双書刊行会 1978.4 227p 19cm （愛媛文化双書 30） 1200円

◇一遍ひじり絵──遊行念仏者の生涯 現代語訳 橘俊道著 山喜房仏書林 1978.3 207p 22cm 3500円

◇一遍上人──旅の思索者 栗田勇著 新潮社 1977.9 263p 図 22cm 2300円

◇一遍上人語録新講 古川雅山著 松山 雅山洞 1977.9 447p 19cm 3000円

◇一遍と時衆教団 金井清光著 角川書店 1975 557p 図 22cm 9800円

◇若き日の一遍 足助威男著 緑地社 1975 190p 20cm 1000円

◇捨聖一遍さん──一遍入門 足助威男著 緑地社 1973 150p 肖像 19cm 800円

◇一遍──その行動と思想 大橋俊雄著 評論社 1971 248p 図 19cm （日本人の行動と思想 14） 690円

◇意訳一遍上人語録法語 石田文昭著 山喜房仏書林 1964 85p 図版 18cm

◇一遍上人語録─付・播州法語集 遊行尊光校訂,武田賢善編 京都 永田文昌堂 1961 249p 19cm

◇証誠大師一遍上人 佐々木安隆著 松山 拓川学園 1960 187p 図版 19cm

井上 円了　いのうえ えんりょう

安政5年（1858年）2月4日～大正8年（1919年）6月6日　浄土真宗大谷派の出身。

仏教を支えた人々

京都東本願寺に学び、明治18年（1885年）東大哲学科を卒業。明治19年（1886年）「真理金針」、翌年「仏教活論序編」を刊行し、明治政府の宗教政策で混乱している日本仏教界に警鐘を鳴らした。同年東京本郷に哲学館（現東洋大学）を創設。明治27年（1894年）初めて「東洋哲学」という表現を用いて東洋哲学会を設立。精力的に執筆活動を続け、仏教と東洋哲学の啓蒙に努めた。明治36年（1903年）哲学堂を建設し四聖をまつった。その半生を社会教育に捧げた。

◇井上円了選集　第14巻　井上円了著, 井上円了記念学術センター編　東洋大学　1998.3　480p　22cm

◇井上円了選集　第15巻　井上円了著, 井上円了記念学術センター編　東洋大学　1998.3　553, 48p　22cm

◇井上円了選集　第12巻　井上円了記念学術センター編　東洋大学　1997.3　592p　22cm

◇井上円了選集　第13巻　井上円了記念学術センター編　東洋大学　1997.3　561p　22cm

◇井上円了選集　第11巻　井上円了記念学術センター編　東洋大学　1992.3　547p　22cm
　内容　倫理通論.倫理摘要.日本倫理学案.忠孝活論.勅語玄義.教育総論.教育宗教関係論. 解説　井上円了の倫理学　田島孝著. 井上円了の日本倫理学　末木剛博著. 井上円了における教育と宗教の関係をめぐって　中村哲也著

◇井上円了選集　第8巻　井上円了記念学術センター編　東洋大学　1991.3　598p　22cm
　内容　宗教新論.日本政教論.比較宗教学.宗教学講義.宗教制度.宗教哲学. 解説　河波昌著

◇井上円了選集　第9巻　井上円了記念学術センター編　東洋大学　1991.3　439p　22cm
　内容　心理摘要.通信教授心理学.東洋心理学. 解説　恩田彰著

◇井上円了選集　第10巻　井上円了記念学術センター編　東洋大学　1991.3　403p　22cm
　内容　仏教心理学.心理療法.活用自在新記憶術. 解説　恩田彰著

◇井上円了選集　第6巻　井上円了選集編集等委員会編　東洋大学　1990.4　411p　22cm
　内容　日本仏教.真宗哲学序論.禅宗哲学序論.日宗哲学序論. 解説　田村晃祐著

◇井上円了選集　第7巻　井上円了選集編集等委員会編　東洋大学　1990.4　711p　22cm
　内容　純正哲学講義.仏教哲学.印度哲学綱要.仏教理科.破唯物論. 解説　清水乞著

◇井上円了選集　第4巻　井上円了選集編集等委員会編　東洋大学　1990.3　560p　22cm
　内容　仏教活論本論.活仏教. 解説　森章司著

◇井上円了選集　第5巻　井上円了選集編集等委員会編　東洋大学　1990.3　491p　22cm
　内容　仏教通観.仏教大意.大乗哲学. 井上円了の仏教観・社会観　金岡秀友著. 解説　菅沼晃著

◇仏教活論入学　井上円了著, 仏教学懇談会編　群書　1983.12　301p　19cm　2900円

◇新校仏教心理学　井上円了著, 太田治校注　群書　1982.9　185p　19cm　2300円

◇井上円了研究　資料集　第3冊　円了講話集―復刻版　井上円了講述　東洋大学井上円了研究会第三部会　1982.3　374p　21cm

◇明治仏教の思潮―井上円了の事績　宮本正尊著　佼成出版社　1975　297p　20cm　1500円

◇大日本寺院総覧　堀由蔵編　名著刊行会　1974　2冊　22cm　全25000円

◇現代仏教名著全集　第1巻　仏教の諸問題　中村元, 増谷文雄, J.M.北川編　隆文館　1971　594p　22cm　2800円
　内容　出定後語（富永仲基）精神主義の諸編（清沢満之）仏教活論（井上円了）

◇現代日本思想大系　第7　仏教　吉田久一編　筑摩書房　1965　430p　20cm
　内容　解説　仏教思想の近代化（吉田久一）近代仏教思想の系譜　三条教則批判建白書（島地黙雷）仏教活論序論（井上円了）わが信念（清沢満之）精神主義（清沢満之）仏教の位置（姉崎正治）伝統と革新　仏法と世法（福

13

深）社会思想の開眼　社会変革途上の新興仏教（妹尾義郎）　立正安国（藤井日達）　付：新興宗教の思想　大本神論（出口なお）　生活指導原理としての價値論（牧口常三郎）　著者略歴・著作・参考文献，仏教関係略年表

田行誡）三条愚弁（福田行誡）仏教統一論第一編大綱論余論（村上専精）宗門の維新（田中智学）受苦と随喜と尊重（金子大栄）近代信仰の種々相　一遍上人（柳宗悦）東洋的無（久松真一）禅（久松真一）法蔵菩薩（曽我量

隠元隆琦　いんげんりゅうき

文禄元年（1592年）11月4日～延宝元年（1673年）4月3日　江戸初期に来日した臨済宗の明僧。日本黄檗宗の開祖。黄檗山万福寺で教科活動をし、承応3年（1654年）長崎興福寺の逸然らの招きにより明より来日。長崎崇福寺、摂津普門寺に住す。万治元年（1658年）後水尾天皇の帰依を受け、将軍徳川家綱に拝謁し、幕府より山城宇治に土地を与えられて寛文3年（1663年）黄檗山万福寺を開いた。建築、風習、儀礼作法などを明朝にならった。日本の曹洞宗・臨済宗双方が指導を受け、日本禅宗の復興に大きく寄与した。

◇禅の人―逸話でみる高僧20人　西部文浄著　京都　淡交社　2008.1　303p　19cm　1600円　①978-4-473-03449-6
　内容　明庵栄西―日本臨済禅の開祖　永平道元―日本曹洞禅の開祖　蘭渓道隆―建長寺開山（渡来僧）　円爾弁円―東福寺開山　無学祖元―円覚寺開山（渡来僧）　関普門―南禅寺開山　宗峰妙超―大徳寺開山　清拙正澄―開禅寺開山（渡来僧）　夢窓疎石―七朝国師、天竜寺開山　関山慧玄―妙心寺開山　寂室元光―永源寺開山　一休宗純―大徳寺の復興者　沢庵宗彭―東海寺開山　隠元隆琦―日本黄檗禅の開祖（渡来僧）　桃水雲渓―貧困のなかの禅　白隠慧鶴―臨済禅中興の祖師　誠拙周男鄕―関東臨済禅の復興者〔ほか〕

◇初期黄檗派の僧たち　木村得玄著　春秋社　2007.7　292p　22cm　2500円　①978-4-393-17705-1
　内容　隠元隆琦　即非如一　慧林性機　独湛性瑩　悦山道宗　悦峰道章　大眉性善　龍渓性潜　独照性円　独本性源　提宗慧全　鉄牛道機　慧極道明　湖音道海　鉄眼道光　了翁道覚　梅嶺道雪

◇名僧・高僧を描く　佛教美術研究会編著　秀作社出版　2005.7　110p　27cm　（秀作佛教美術 no.6）　2800円　①4-88265-371-0
　内容　巻頭カラー　開祖像の名作（空海　最澄　ほか）　第1章　名僧・高僧を描く（栄西・隠元・良寛を描く　最澄・法然・一休・法具を描く）　第2章　近代における名僧・高僧画（日蓮上人龍之口法難図（狩野探幽）　元三大師慈恵大僧正真像（狩野芳崖）ほか）　第3章　祖師の生涯・名僧高僧の肖像（祖師の生涯　名僧・高僧の肖像）　第4章　高僧伝絵（東征伝絵（鑑真上人）　弘法大師伝絵　法然上人伝絵　親鸞聖人伝絵　一遍上人伝絵）

◇仏教を歩く no.25　隠元・白隠　朝日新聞社　2004.4　32p　30cm　（週刊朝日百科）　533円

◇隠元禅師年譜―現代語訳　南源性派著，木村得玄訳　春秋社　2002.9　223p　22cm　5000円　①4-393-17702-9
　内容　黄檗開山普照国師（隠元禅師）年譜（現代語訳）　黄檗開山普照国師年譜（原文・書き下し文）

◇隠元禅師逸話選　禅文化研究所編著　京都　禅文化研究所　1999.4　216p　19cm　1800円　①4-88182-146-6
　内容　国師篇（青少年時代　出家と修行時代　古黄檗住山　ほか）　付記1　隠元の念仏　付記2　隠元の伝来品　付記3　隠元禅師略年譜　法孫篇

◇隠元禅師年譜　能仁晃道編著　京都　禅文化研究所　1999.3　450, 12p　22cm　7000円　①4-88182-129-6
　内容　隠元禅師の生涯（青少年時代　出家と修行時代　古黄檗住山　ほか）　本編（黄檗開山普照国師年譜　黄檗隠元禅師年譜）　付録（塔銘　行実　黄檗開山隠元老和尚末後事実）

◇隠元　平久保章著　吉川弘文館　1989.3　289p　19cm　（人物叢書　新装版）　1800円　①4-642-05148-1
　内容　第1　出家と嗣法　第2　古黄檗在住　第3　東渡と長崎在住　第4　普門寺在住　第5　新黄檗在住　第6　僧俗接化　第7　終焉　第8　毀

誉褒貶　第9 法系　黄檗山歴代略系譜　略年譜
◇隠元全集―新纂校訂　平久保章編　開明書院　1979.10　12冊（別冊とも）　23cm　全75000円
◇隠元・木庵・即非　高橋竹迷著　国書刊行会　1978.4　198p　22cm　（叢書『禅』14）　3300円
◇隠元　平久保章著　吉川弘文館　1962　289p　18cm　（人物叢書 日本歴史学会編）

宇井 伯寿　ういはくじゅ

明治15年（1882年）6月1日〜昭和38年（1963年）7月14日　インド哲学者、仏教学者。東京帝大卒。曹洞宗大学、慶大などの講師の後、大正2年（1913年）からドイツ、イギリスに留学。帰国後東京帝大文学部講師、大正12年（1923年）東北帝大教授。昭和5年（1930年）東京帝大教授。昭和6年（1931年）著書「印度哲学研究」により学士院賞を受賞。昭和18年（1943年）定年退官後も名古屋大専任講師、東洋大、日大、高野山大、大正大、東京文理大、早大、学習院大などで教鞭をとった。昭和28年（1953年）インド哲学研究の開拓、発展に努めた功労により文化勲章受章。

◇禪と文化　井上哲次郎, 宇井伯壽, 鈴木大拙監修　春陽堂書店　2004.3　285p　19cm　（禅の講座 第6巻）　4500円　Ⓘ4-394-90306-8
　内容　禅と日本文化　禅と文芸　禅と武士道　茶と禅　俳句と禅　禅宗の建築と庭園　禅宗の仏像　禅僧及禅的人物の参禅逸話（六）

◇禪の概要　井上哲次郎, 宇井伯壽, 鈴木大拙監修　春陽堂書店　2004.3　352p　19cm　（禅の講座 第1巻）　4500円　Ⓘ4-394-90301-7
　内容　禅の宗旨　禅の心理学　禅の論理学　禅の伝燈　禅宗一覧　禅僧及禅的人物の参禅逸話（一）

◇禪の公案と問答　井上哲次郎, 宇井伯壽, 鈴木大拙監修　春陽堂書店　2004.3　383p　19cm　（禅の講座 第3巻）　4500円　Ⓘ4-394-90303-3
　内容　禅の公案（公案とは何ぞや　公案の起源 ほか）　公案の見方と解き方（趙州四門　恵超問仏 ほか）　現代語訳対照 禅の問答集（禅問答第一類（法身の公案）　禅問答第二類（機関の公案）ほか）　禅僧及禅的人物の参禅逸話（三）（沢菴宗彭　鉄眼禅師 ほか）

◇禪の書　井上哲次郎, 宇井伯壽, 鈴木大拙監修　春陽堂書店　2004.3　499p　19cm　（禅の講座 第4巻）　4500円　Ⓘ4-394-90304-1
　内容　禅籍概論　信心銘　六祖壇経　証道歌　参同契　宝鏡三昧　臨済録　碧巖集　従容録　十牛図〔ほか〕

◇禪の本義　井上哲次郎, 宇井伯壽, 鈴木大拙監修　春陽堂書店　2004.3　384p　19cm　（禅の講座 第2巻）　4500円　Ⓘ4-394-90302-5
　内容　禅宗の信仰　看話禅　黙照禅　野狐禅　悟の心境　坐禅の仕方　禅僧及禅的人物の逸話（二）

◇禪的生活　井上哲次郎, 宇井伯壽, 鈴木大拙監修　春陽堂書店　2004.3　377p　19cm　（禅の講座 第5巻）　4500円　Ⓘ4-394-90305-X
　内容　禅の生活　禅的経済生活　雲水生活　禅の処世道　家庭の禅　西洋人の見たる禅　禅僧及禅的人物の参禅逸話（五）

◇禅源諸詮集都序　圭峯宗密撰述, 宇井伯寿訳註　岩波書店　1994.3　307p　15cm　（岩波文庫）　620円　Ⓘ4-00-333391-8

◇大乗起信論　宇井伯寿, 高崎直道訳注　岩波書店　1994.1　312p　15cm　（岩波文庫）　620円　Ⓘ4-00-333081-1
　内容　大乗起信論（原文・読み下し）（序文　正宗分　流通分）　大乗への信心を起こさせる書（大乗起信論、現代語訳）（本書述作の動機〈因縁分〉　主題―大乗とは何か〈立義分〉　詳細な解説〈解釈分〉　信心の修行〈修行信心分〉　修行の勧めと修行の効果〈勧修利益分〉）

◇宇井伯寿訳註禅籍集成　宇井伯寿訳註〔岩波文庫拡大版〕　岩波書店　1990.11　5冊（セット）　19cm　22000円

ⓤ4-00-209031-0
内容 1 大乗起信論　2 黄檗山断際禅師 伝心法要　3 慧海禅師撰 頓悟要門　4 圭峯宗密撰述 禅源諸詮集都序　5 道元禅師撰 宝慶記

◇安慧護法 唯識三十頌釈論　宇井伯寿著　岩波書店　1990.3　364, 62p　21cm　（大乗仏教研究 5）　3800円
ⓤ4-00-008785-1
内容 唯識三十頌安慧釈、護法釈　唯識三十頌安慧釈について　唯識三十頌の翻訳及び注記　重要術語の意味

◇四訳対照 唯識二十論研究　宇井伯寿著　岩波書店　1990.3　240, 21p　21cm　（大乗仏教研究 4）　2800円
ⓤ4-00-008784-3
内容 第1 四訳対照唯識二十論　第2 唯識二十頌　第3 唯識論序　第4 唯識二十論註記　第5 本論に於ける唯識説

◇釈道安研究　宇井伯寿著　岩波書店　1990.3　214, 8p　21cm　（大乗仏教研究 8）　2400円　ⓤ4-00-008788-6
内容 第1章 道安伝（出生と幼時　学業時代　仏図との関係　教化時代　襄陽に於ける道安　長安時代　道安の入寂　道安の弟子）　第2章 道安の著作（道地経序　陰入経序　安般注序　人本欲生経序　了本生死経序　十二門経序　大十二門経序　十法句義経序　比丘大戒序　鼻奈耶序　道行経序　合放光光讃随略解序　摩訶鉢羅若波羅蜜経抄序〔ほか〕）

◇陳那著作の研究　宇井伯寿著　岩波書店　1990.3　360, 14p　21cm　（大乗仏教研究 7）　3500円　ⓤ4-00-008787-8
内容 第1 観所縁論　第2 解捲論　第3 取因仮設論　第4 仏母般若波羅蜜多円集要義論　第5 観総相頌及び三分説

◇大乗荘厳経論研究　宇井伯寿著　岩波書店　1990.3　637, 166p　21cm　（大乗仏教研究 3）　6400円
内容 序論（著者と訳者及び訳文　学説一班）　大乗荘厳経論シナ択、和訳

◇大乗仏典の研究　宇井伯寿著　岩波書店　1990.3　927, 110p　21cm　（大乗仏教研究 1）　8000円　ⓤ4-00-008781-9
内容 第1部 金剛般若経和訳（金剛経の梵本、漢訳、其の他　撰破具としての金剛石）　第2部 金剛般若経釈論研究（解題　金剛般若経釈論の内容　金剛般若経の合糅国訳　金剛般若波羅蜜経論の合糅国訳　金剛般若経頌　金剛般若波羅蜜経破取著不壊仮名論国訳）　第3部 雑録（弥勒菩薩と弥勒論師　荘厳経論並びに中辺論の著者問題　六門教授習定論　成唯識宝生論研究　菩薩、仏の音訳について　鳩摩羅什法師大義　仏国記に在する音訳語の字音）

◇宝性論研究　宇井伯寿著　岩波書店　1990.3　665, 60p　21cm　（大乗仏教研究 6）　5800円　ⓤ4-00-008786-X
内容 究竟一乗宝性論研究（本論の品目と本頌　本論の註釈的研究　本論引用の諸経論他の経論との関係）　梵文邦訳 宝性分別大乗究竟要義論（三宝品　如来蔵品　菩提品　功徳品　仏業品）

◇瑜伽論研究　宇井伯寿著　岩波書店　1990.3　406, 19　21cm　（大乗仏教研究 2）　3800円　ⓤ4-00-008782-7
内容 訳出と梵本、チベット訳　瑜伽論の組織　瑜伽論研究の跡付け　瑜伽師地論の梵名　瑜伽論の傳来　菩薩地と大乗荘厳経論　菩薩地桂決択分と解深密経　三性三無性　声聞地決択分と無種性　瑜伽論の立場　諸識論序　阿頼耶識の在する場所　阿頼耶識存在の論証　阿頼耶識の働き　末那識　16種の異論　惑業苦〔ほか〕

◇インド哲学から仏教へ　宇井伯寿著　岩波書店　1976　566p　肖像　22cm　5500円

◇宇井伯寿著作選集　第4巻　三論解題.国訳中論.中之頌―梵文邦訳　大東出版社　1971.9　75, 261, 65p　22cm

◇宇井伯寿著作選集　第5巻　国訳百論.国訳十二門論.空の論理　大東出版社　1971.9　128, 48, 125p　22cm

◇訳経史研究　宇井伯寿著　岩波書店　1971　552p　22cm　3800円

◇西域仏典の研究―敦煌逸書簡訳　宇井伯寿著　岩波書店　1969　416p　22cm　2500円

◇宇井伯寿著作選集　第7巻　仏教哲学の根本問題.仏教経典史　大東出版社　1968.2　196, 204p　22cm

◇宇井伯寿著作選集　第6巻　唯心の実践.縁起と業.信仰仏教　大東出版社　1967.11　209, 42, 84p　22cm

◇宇井伯寿著作選集　第3巻　仏教思潮論　大東出版社　1967.3　492p　22cm

◇宇井伯寿著作選集　第2巻　シナ仏教史.日本仏教史.大乗起信論　大東出版社　1966.10　201, 54, 123p　22cm

◇宇井伯寿著作選集　第1巻　仏教論理学　大東出版社　1966.7　337，16p　22cm
◇摂大乗論研究　宇井伯寿著　岩波書店　1966　2冊（別冊共）　22cm　3000円
◇禅宗史研究　〔第1〕　宇井伯寿著　岩波書店　1966 3刷　528p　22cm　1700円
　内容　達摩と慧可及び其諸弟子，牛頭法融と其伝統，五祖弘忍の法嗣，五祖門下の念仏禅，荷沢宗の盛衰，北宗禅の人々と教説，馬祖道一と石頭希遷，北宗残簡．解説（玉城康四郎）
◇禅宗史研究　第2　宇井伯寿著　岩波書店　1966　545p　22cm　1700円
◇禅宗史研究　第3　宇井伯寿著　岩波書店　1966　526p　22cm　1700円
◇仏教思想研究　宇井伯寿著　岩波書店　1966　733p　22cm　2300円
◇宝慶記　道元撰，宇井伯寿訳註　岩波書店　1964　118p　15cm　（岩波文庫）
◇大乗仏典の研究　宇井伯寿著　岩波書店　1963　927，110p　22cm
◇仏教思想の基礎　宇井伯寿著　大東出版社　1963　450p　22cm
◇仏教汎論　宇井伯寿著　岩波書店　1962　1132，76p　22cm
◇大乗荘厳経論研究　宇井伯寿著　岩波書店　1961　623，166p　22cm
◇菩薩地索引―梵漢対照　宇井伯寿編　西蔵大蔵経研究会　1961　592p　22cm
◇宝性論研究　宇井伯寿著　岩波書店　1959　654，60p　22cm
◇国訳一切経　和漢撰述第51　諸宗部第8　宇井伯寿，朝比奈宗源訳　大東出版社　1958　291p　22cm
◇陳那著作の研究　宇井伯寿著　岩波書店　1958　345p　22cm
◇瑜伽論研究　宇井伯寿著　岩波書店　1958　377，20p　22cm
◇仏教経典史　宇井伯寿著　東成出版社　1957　204p　22cm
◇釈道安研究　宇井伯寿著　岩波書店　1956　201p（附共）　22cm
◇仏教辞典　宇井伯寿監修，蓮沢成淳等編　東成出版社　1953　1148p　19cm
◇唯識二十論研究―四訳対照　宇井伯寿著　岩波書店　1953　249p　22cm
◇唯識三十頌釈論―安慧護法　宇井伯寿著　岩波書店　1952　413p　22cm
◇印度哲学と仏教の諸問題―宇井伯寿博士還暦記念論文集　宮本正尊等編　岩波書店　1951　566p　図版　22cm
　内容　一遍上人の名号思想と其の性格（浅山円祥）法華経長者窮子の譬喩に就いて（池田澄達）大般涅槃経三巻本の在り方に就いて（石川海浄）ラーマーヌヂャ派の「古師」について（川原徹山）妄念論（上田義文）月称「入中観論」第1章訳註（笠松単伝）如来蔵思想の発達に就ての一考察（勝又俊教）ハイツカとヘーツカ（金倉円照）ボロブドゥル塔研究序説（久野芳隆）サルヴァ・ウパニシャット・サーラーSarvopanisatsara（坂井尚夫）小乗仏教に於ける善悪の基準（坂本幸男）吠檀多に於けるヴィシヌ系思想の概観（桜井善晃）霊弁の華厳経論に就いて（佐藤泰舜）華厳の性起に就いて（玉城康四郎）〔ほか〕
◇日本仏教概史　宇井伯寿著　岩波書店　1951　274p　19cm
◇仏教思想の基礎　宇井伯寿著　東成出版社　1951　450p　22cm
◇東洋の論理　宇井伯寿著　青山書院　1950　356p　22cm
◇東洋の論理　宇井伯寿著　青山書院　1950　370p　22cm
◇仏教汎論　上巻　宇井伯寿著　再版　岩波書店　1949　549p　22cm
◇仏教汎論　下巻　宇井伯寿著　再版　岩波書店　1949　684p　22cm
◇信仰仏教　宇井伯寿著　要書房　1948　133p　19cm
◇信仰仏教　宇井伯寿著　要書房　1948　133p　19cm
◇仏教思想の基礎　宇井伯寿著　再版　大東出版社　1948　450p　21cm
◇仏教思想の基礎　宇井伯寿著　再版　大東出版社　1948　450p　22cm
◇仏教思想論集　第1　仏と吾々　無の思想系統論的研究　宇井伯寿著，川田熊太郎著　三省堂　1948　182，25p　22cm
◇仏教思潮論　宇井伯寿著　喜久屋書店　1948　378p　22cm
◇仏教思潮論　宇井伯寿著　喜久屋書店　1948　378p　31cm

仏教を支えた人々

◇仏教汎論　下巻　宇井伯寿著　岩波書店
　1948　684p　22cm
◇仏教汎論　上,下巻　宇井伯寿著　岩波
　書店　1948-49　2冊　22cm
◇大乗起信論　宇井伯寿訳註　岩波書店
　1947　148p　15cm　（岩波文庫1305）

◇仏教哲学の根本問題　宇井伯寿著　大東
　出版社　1947　177p　22cm
◇仏教哲学の根本問題　宇井伯寿著　大東
　出版社　1947　177p　21cm
◇仏教汎論　宇井伯寿著　岩波書店
　1947-1949　2冊　22cm

叡尊　えいそん

建仁元年（1201年）5月～正応3年（1290年）8月25日　鎌倉時代の律宗僧。興福寺の学僧慶玄の子。11歳で醍醐寺叡賢について密教を学ぶが、戒律の重要性を感じて東大寺に入り南山律を学ぶ。嘉禎元年（1235年）西大寺に入る。暦仁1年（1238年）、東大寺大仏殿で戒師からではなく仏と菩薩から直接受戒する。西大寺を基に真言律宗の道を開くとともに、荒廃していた同寺の再興に努めた。また社会救済につくし、生前に、彼より菩薩戒を受けた者6万6千余名、戒経を講ずること1万余回、飢餓者を救うこと1万余回といわれる。

◇叡尊・忍性─持戒の聖者　松尾剛次編
　吉川弘文館　2004.12　222p　20cm
　（日本の名僧10）　2600円
　①4-642-07854-1
　[内容]1 叡尊・忍性の魅力　2 叡尊の生涯　3 戒律復興運動　4 叡尊の舎利信仰と宝珠法の美術　5 忍性の生涯　6 叡尊・忍性教団の考古学　7 忍性伝の諸問題
◇興正菩薩叡尊　奈良国立博物館編　〔奈良〕　奈良国立博物館　2001.11　47p　30cm
◇感身学正記─西大寺叡尊の自伝　1　叡尊著,細川涼一訳注　平凡社　1999.12　367p　18cm　（東洋文庫）　2900円
　①4-582-80664-3
　[内容]建仁元年（1201）一歳　建仁二年（1202）～建永元年（1206）二～六歳　承元元年（1207）七歳　承元二年（1208）八歳　承元三年（1209）九歳　承元四年（1210）十歳　建暦元年（1211）十一歳　建暦二年（1212）十二歳　建保元年（1213）十三歳　建保二年（1214）十四歳〔ほか〕
◇叡尊─ふるさと郡山が生んだ傑僧　大和郡山市教育委員会編　大和郡山　大和郡山市教育委員会　1999.11　22p　30cm　（こおりやま歴史フォーラム資料 第5回）
◇宗教者の原点─異貌の僧との対話　久保田展弘著　新人物往来社　1995.7　286p　20cm　2800円　①4-404-02238-7
　[内容]役行者─生命エネルギーを体現した修験者　能除仙─海からやって来た異界の苦行者　義淵─聖俗の間に立つ皺面の呪術者　行基─菩薩になった社会事業の先駆者　道鏡─王権に触れた山岳修行者　空也─死者と生者を癒した阿弥陀仏　重源─南無阿弥陀仏と名のった勧進聖　叡尊─釈尊へ回帰した貧民救済の菩薩　覚鑁─懺悔に生きた真言念仏の行者　明恵─夢想に生きた無耳の法師〔ほか〕

◇叡尊・忍性　和島芳男著　吉川弘文館　1988.2　215p　19cm　（人物叢書 新装版）　1500円　①4-642-05106-6
　[内容]序章 末法の世　第1 西大寺叡尊（戒律の復興　関東下向　西大寺流の発展　晩年の名望）　第2 極楽寺忍性（その出家と東下　極楽寺の興隆　諸寺の経営　晩年の顕栄）　結語 持戒の宗教
◇西大寺叡尊伝記集成　京都　法蔵館　1977.10　474p　図版22枚　22cm　7500円
◇叡尊・忍性　和島芳男著　吉川弘文館　1959　215p　図版　18cm　（人物叢書 日本歴史学会編）
◇西大寺叡尊伝記集成　奈良国立文化財研究所編　〔京都〕　大谷出版社　1956　474p　図版22枚　22cm　（奈良国立文化財研究所史料 第2冊）
　[内容]金剛仏寺叡尊感身学正記（西大寺蔵）関東往還前記（金沢文庫蔵）関東往還記（尊経閣文庫蔵）西大勅諡興正菩薩行実年譜（西

18

仏教を支えた人々

大寺蔵）西大寺勅諡興正菩薩行実年譜附録（西大寺蔵）洛西葉室山浄住寺開山興正菩薩畧年譜（宮内庁蔵）西大寺叡尊遷化之記（極楽寺蔵）南都西大寺興正菩薩伝（律苑僧宝伝巻第12所収）南都西大寺睿尊伝（東国高僧伝巻第10所収）興正菩薩伝（群書類従巻第69所収）和州西大寺沙門叡尊伝（本朝高僧伝巻第59所収）附録(327-441p）：西大寺愛染明王像納入文書 他18篇. 解題(445-470p)

恵運
えうん

延暦17年（798年）～貞観11年（869年）9月23日 平安前期の真言宗の僧。東大寺泰基・薬師寺中継について法相宗を学ぶ。東寺の実慧により天真言宗に転じる。承和9年（842年）唐商人李氏の船で渡航し、青龍寺の義真和尚から灌頂を受ける。在唐6年の後、承和14年（847年）帰国して密教経軌180巻を献じる。同時に請来した五大虚蔵菩薩像は、東寺に現存する。嘉祥元年（848年）皇太后宮藤原順子発願の安祥寺を建立。貞観6年（864年）少僧都に昇る。貞観11年（869年）東大寺務に任ぜられる。平安期に唐へ行き、仏教などを学んだ8名の宗教家「入唐八家」の一人。

＊　＊　＊

◇皇太后の山寺—山科安祥寺の創建と古代山林寺院　上原真人編　京都　柳原出版　2007.3　313p　22cm　6000円
①978-4-8409-5017-6
[内容]序論 古代山林寺院研究と山科安祥寺　第1部 安祥寺成立の歴史的背景（近江京・平安京と山科　太皇太后藤原順子の後見山階陵　平安京周辺の山林寺院と安祥寺　安祥寺開祖恵運の渡海—九世紀の東アジア交流　宮廷女性の仏教信仰—御願寺建立の史的意義）　第2部 安祥寺文物の世界（安祥寺伽藍の復原「安祥寺資財帳」の成立　安祥寺と当土刀欄　安祥寺の仏教彫刻をめぐる諸問題—創建期彫像の国際性と新奇性の問題を中心にして　唐時代の石灯籠—中国から見た安祥寺蟠龍石柱）

◇大日本仏教全書　第96巻　目録部 2　鈴木学術財団編　鈴木学術財団　1972　308p　27cm　10000円

円珍
えんちん

弘仁5年（814年）3月15日～寛平3年（891年）10月29日　平安前期の天台宗の僧。諡号は智証大師。母は空海の姪にあたる。15歳で延暦寺義真の弟子となる。仁寿3年（853年）唐に留学し、主に密教を学んで天安2年（858年）帰国。彼がもたらした典籍は、1000巻に及んだ。大友氏の要請で、貞観元年（859年）近江国三井園城寺に移り、延暦寺の別院とする。貞観10年（868年）天台座主となり、延暦寺の発展と台密の完成に努力した。

◇台密思想形成の研究　水上文義著　春秋社　2008.8　699, 13, 15p　22cm　18000円　①978-4-393-11272-4
[内容]第1篇 仏身論に見る円密一致思想の形成（初期日本天台における仏身論の源流と展開　慈覚大師円仁の仏身論　智証大師円珍の仏身論　五大院安然の仏身論）　第2篇 中世日本天台「偽疑書」に見る円密一致思想—『蓮華三昧経』とその周縁（『蓮華三昧経』と『本覚讃』の概要　安然以前に『蓮華三昧経』を「引用」した文献の検討　伝・良助親王撰『与願金剛地蔵菩薩秘記』考—もうひとつの『蓮華三昧経』　『蓮華三昧経』の基礎的考察　良助親王の神道説をめぐって）　第3篇 台密の教相と事相（台密事相とその伝承—三種悉地法を中心に　法華曼荼羅と円密一致思想の「曼荼羅」　『書写山真言書』について　台蜜における『瑜祇経』の解釈と伝承〔ほか〕

◇天台仏教と平安朝文人　後藤昭雄著　吉川弘文館　2002.1　225p　19cm　（歴史文化ライブラリー 133）　1700円
①4-642-05533-9
[内容]漢詩文と仏教—プロローグ　最澄　円珍　良源　橘在列＝尊敬—出家した文人（一）　慶滋保胤＝寂心—出家した文人（二）　性空　勧学会　讃

◇最澄とその門流　佐伯有清著　吉川弘文館　1993.10　324p　20cm　2500円
①4-642-07405-8
[内容]一字・一語からの発見　1 最澄をめぐる諸問題　2 円仁・円珍と周辺の人びと　3 円珍の入唐と蔵書目録

◇智証大師円珍　小林隆彰著　大阪　東方

19

出版　1990.11　224p　20cm　1800円
①4-88591-254-7
　内容　第1章 智証大師伝（比叡山へ　入唐　天台座主　三井寺）　第2章 天台密教と智証大師（密教の流れと修行　智証大師が生きた時代　智証大師と関わった人びと）　智証大師年譜

◇智証大師円珍の研究　小山田和夫著　吉川弘文館　1990.11　262, 8p　22cm　4900円　①4-642-02247-3
　内容　第1部 円珍の幼年・修行時代と天台教団　第2部 円仁と円珍　第3部 円珍関係の文書　第4部 比叡山と円珍

◇円珍　佐伯有清著　吉川弘文館　1990.7　308p　19cm　（人物叢書 新装版）　1860円　①4-642-05192-9
　内容　入唐以前　入唐準備　入唐行歴　帰国以後　渉猟経典

◇智証大師伝の研究　佐伯有清著　吉川弘文館　1989.11　500, 9p　22cm　9500円　①4-642-02240-6
　内容　第1章 円珍の家系図　第2章 円珍の同族意識　第3章 円珍と藤原良房と良相　第4章 円珍と円載と日本新院　第5章 円珍伝の諸本　第6章 円珍伝の校訂と注解　第7章 円仁の家系図　第8章 円珍書状の史的背景　補章 東寺所蔵の円珍和尚伝

◇智証大師研究　『智証大師研究』編集委員会編　京都　同朋舎出版　1989.10　1178, 65p　22cm　25750円
①4-8104-0820-5

◇入唐求法巡礼行記の研究　小野勝年著　京都　法蔵館　1989.4　4冊　22cm　全39140円　①4-8318-7543-0

◇入唐求法行歴の研究―智証大師円珍篇　下　小野勝年著　京都　法蔵館　1983.4　p257〜532, 21, 19p　22cm　7500円

◇入唐求法行歴の研究―智証大師円珍篇　上　小野勝年著　京都　法蔵館　1982.5　255p 図版15枚　22cm　7500円

◇智証大師全集　園城寺編　京都　同朋舎　1978.2　3冊　23cm　各6000円

◇知証大師全集　第1, 2　円珍著, 高楠順次郎, 望月信亨共編　京都　世界聖典刊行協会　1949　2冊　21cm

◇知証大師全集　第3　高楠順次郎, 望月信亨共編　京都　世界聖典刊行協会　1949　424p　21cm

円爾
えんに

建仁2年（1202年）10月15日〜弘安3年（1280年）10月17日

鎌倉中・後期の臨済宗の僧で京都東福寺開山。日本最初の国師号を得た人で聖一国師と称す。5歳で久能山にのぼり、8歳の時園城寺で剃髪、東大寺で受戒。禅・密教を学んだ後、嘉禎元年（1235年）入宋し、径山の無準師範に師事。仁治2年（1241年）帰国後は博多に崇福寺、承天寺、肥前に水上寺などを開いた。寛元元年（1243年）九条道家の招きで京都に東福寺を開き、後嵯峨天皇の帰依を受け、執権北条時頼に禅戒を授けた。禅宗の興隆に大きな役割を果たした。

＊　　＊　　＊

◇禅の人―逸話でみる高僧20人　西部文浄著　京都　淡交社　2008.1　303p　19cm　1600円　①978-4-473-03449-6
　内容　明庵栄西―日本臨済禅の開祖　永平道元―日本曹洞禅の開祖　蘭渓道隆―建長寺開山（渡来僧）　円爾弁円―東福寺開山　無学祖元―円覚寺開山（渡来僧）　無関普門―南禅寺開山　宗峰妙超―大徳寺開山　清拙正澄―開禅寺開山（渡来僧）　夢窓疎石―七朝国師、天竜寺開山　関山慧玄―妙心寺開山　寂室元光―永源寺開山　一休宗純―大徳寺の復興者　沢庵宗彭―東海寺開山　隠元隆琦―日本黄檗禅の開祖（渡来僧）　桃水雲渓―貧困のなかの禅　白隠慧鶴―臨済禅中興の祖師　誠拙周樗―関東臨済禅の復興者〔ほか〕

◇臨済宗史　玉村竹二著　春秋社　1991.1　435, 12p　20cm　6000円
①4-393-14802-9
　内容　教団篇（聖一国師円爾　聖一派について　仏光派について　正続院について　夢窓派の京都進出　一山一寧―山内派について　ほか）　制度篇（五山叢林の十方住持制度について　塔頭について　本末関係について　禅僧の称号について　鹿苑僧録について　蔭涼軒および蔭涼職について　ほか）

◇禅の芸文を考える　古田紹欽著　春秋社　1989.5　222p　20cm　2200円
①4-393-13621-7
　内容　序　禅―その歴史を今に　禅と茶のあいだ　「墨蹟」私観　「喫茶往来」を読む　「茶の湯は禅宗なり」の源流を辿って　田中与四郎から利休居士まで　利休の茶会記から―古渓宗陳の「春風一陣」の墨蹟に関連して　「不審菴」の3文字　五山と林下　円爾

の禅とその門派法脈　この書に学ぶ―『夢中問答』のこと　一休宗純を考える　海北友松筆・沢菴宗彭賛「達磨図」に寄せて　寒山と良寛　仏教と文学―芭蕉と良寛との間　俳諧僧丈草の貪欲さと脱酒と　白隠の禅とその芸術を考える

◇禅宗の諸問題　今枝愛真編　雄山閣　1979.12　390p　22cm　4800円
　内容　円爾と蘭渓道隆の交渉―往復書簡を通して見たる一考察　今枝愛真著．中国禅宗成立以前の一史料―『続高僧伝』習禅篇所収者の伝記一覧表　吉田道興著．初期禅宗受容と比叡山　船岡誠著．道元の勧進について―観音導利院僧堂勧進疏の史料的価値　菅原昭英著．法燈国師伝説考―一遍上人の参禅説をめぐって　今井雅晴著．曹洞宗寂円派の歴史的性格　石川力山著．室町幕府の最初の遣明使について―『雲門一曲』の紹介をかねて　村井章介著．世阿弥と禅宗　大友泰司著．寒巌義伊嗣承異説をめぐる諸問題　中山成二著．地方武士団の曹洞宗受容について　山本世紀著．禅宗の教団運営と輪住制―加賀仏陀寺・越前竜沢寺の場合　広瀬良弘著．〔ほか〕

円仁
えんにん

延暦13年（794年）～貞観6年（864年）1月14日　平安初期の天台宗の僧．諡号は貞観8年（866年）に贈られた慈覚大師．下野国大慈寺広智の弟子となり、15歳で延暦寺最澄の弟子となる．弘仁7年（816年）東大寺で受戒、翌8年（817年）最澄より伝法灌頂を受ける．遣唐使に加わり、承和5年（838年）渡航、6年間唐に滞在して密教を学ぶ．同14年（847年）帰国して経典類802巻を請来する．翌年、延暦寺の伝灯大法師（ほっし）となり、斉衡元年（854年）延暦寺座主となる．座主の公称の始めといわれる．天台密教の根本道場として法華総持院を建立するなど、天台宗の発展の基礎を築くとともに、天台声明の原点となる不断念仏など様々な仏事法会を始める．朝題目夕念仏の修行は、円仁から始まった．

◇円仁慈覚大師の足跡を訪ねて―今よみがえる唐代中国の旅　ヴァージニア・史代・阿南著，小池晴子訳　ランダムハウス講談社　2007.10　245p　21cm　3800円　①978-4-270-00263-6
　内容　円仁と遣唐使節団、唐国に到着　揚州に滞在する　運搬船で楚州へ　黄金を渡って海州から乳山へ　赤山の新羅人による庇護と助言　蓬莱で通行許可証を待つ　円仁青州府で歓迎される　禮泉寺から黄河への行路　唐代の道南宮から曲陽へ　太行山脈を越えて　古代の道と宿泊施設「普通院」　五台山での円仁(1)「竹林寺」　五台山での円仁(2)高僧との出会い　五台山での円仁(3)五台山巡礼　五台山を後にする　円仁の通った太原への道　太原府で盂蘭盆会を巡る　汾河に沿って続く旅　長安での円仁(1)経典と儀式を学ぶ　長安での円仁(2)国際都市の宗教儀式　長安での円仁(3)廃仏毀釈　迫害を逃れて長安を脱出　帰国の船で円仁を探す　円仁の帰還

◇慈覚大師円仁とその名宝　NHKプロモーション編　NHKプロモーション　2007.4　222p　30cm

◇大日本佛教全書　第43巻　金剛頂大教王経疏　蘇悉地羯羅経略疏　仏書刊行会編纂　圓仁撰　大法輪閣　2007.1　460p　22cm　8400円　①978-4-8046-1687-2

◇天台入唐入宋僧の事跡研究　齊藤圓眞著　山喜房佛書林　2006.12　1冊　22cm　13000円　①4-7963-0194-1

◇片栗の華―私の中の円仁　松林浄蓉著　日置町（山口県）　浄土真宗本願寺派西光寺　2005.10　234p　19cm　1300円

◇慈覚大師・等海法印・高慶大師―寺史照顧（圓通寺開山と中興）　佐藤貞文著　栃木　円通寺　2002.8　125p　21cm

◇円仁求法の旅　玉城妙子著　講談社　2000.4　222p　19cm　1800円　①4-06-210173-4
　内容　大陸へ　旅立ち　求法の道　無念の船出　赤山へ　赤山神と法花院　神仙思想と山東半島　五台山へ　五台山の御来光　円仁、竹林寺と大華厳寺へ〔ほか〕

◇円仁唐代中国への旅―『入唐求法巡礼行記』の研究　エドウィン・O・ライシャワー著，田村完誓訳　講談社　1999.6　529p　15cm　（講談社学術文庫）　1400円　①4-06-159379-X

◇中国五台山竹林寺の研究―円仁（慈覚大

師)の足跡を訪ねて　斎藤忠著　第一書房　1998.6　183p　27cm　19000円　①4-8042-0141-6

◇慈覚大師　円仁　成島行雄作, 蛭田充画　京都　京都新聞社　1994.5　286p　21cm　1500円　①4-7638-0349-2

◇マルコ・ポーロを超えた男―慈覚大師円仁の旅　松原哲明著　佼成出版社　1993.5　281p　図版16枚　22cm　1800円　①4-333-01643-6

内容　1 比叡山のエリート　2 苦難の海を越えて　3 求法を果たせぬ苦悩　42カ月間の五台山巡礼　5 長安での求法と会昌の廃仏　6 帰国後の弘法活動

◇入唐求法巡礼行記　円仁著, 深谷憲一訳　中央公論社　1990.11　731p　16cm　(中公文庫)　1300円　①4-12-201755-6

◇円仁　佐伯有清著　吉川弘文館　1989.3　311p　19cm　(人物叢書 新装版)　1900円　①4-642-05158-9

内容　入唐以前(円仁の誕生と出自　広智とその周辺　最澄の膝下で　最澄示寂後の円仁)　入唐求法(請益僧拝命　入唐前の制誡　3度目の渡海と上陸　揚州府への道　揚州にて　留住の決意　赤山法華院と張宝高　五台山への旅　五台山巡礼　長安にて　帰国までの長い旅)　顕揚大戒(入京と帰山　灌頂と授戒　著作と供養の始修　円仁の死去)　慈覚大師伝説(慈覚大師伝説の諸相　立石寺と慈覚大師伝説　慈覚大師と東北)　円仁の家系図　略年譜　参考文献　円仁の入唐巡礼略地図

◇慈覚大師伝の研究　佐伯有清著　吉川弘文館　1986.5　381, 8p　22cm　7500円　①4-642-02205-8

内容　慈覚大師伝と菅原道真　慈覚大師伝の基礎研究　慈覚大師伝の校訂と注解　慈覚大師の師広智菩薩　叡山大師伝にみえる外護の檀越

◇比叡山開創―最澄と円仁　山野上純夫著　大阪　朱鷺書房　1986.3　246p　19cm　1200円

内容　一番星・最澄(虚空蔵尾　近江国分寺　一乗止観院　比叡山寺　客星・空海　大唐天台山　本覚門・始覚門　比叡山寺　宮中金光明会　下僧最澄　山城・乙訓寺　再び高雄山寺　糟粕・瓦礫　権教・実教　照于一隅　巨星残影)　二番星・円仁(俗姓壬生　横川開創　揚州開元寺　文登県赤山村　赤山法華院　五台山大華厳寺　長安城春明門　長楽坂頭惜別　赤山法華院再見　乳山長准浦　灌頂会始修　理同事ereas　東塔無動寺谷　葛川明王院　法印大和尚　限りなき星座)

◇入唐求法巡礼行記　2　円仁著, 足立喜六訳注, 塩入良道補注　平凡社　1985.2　335p　18cm　(東洋文庫 442)　2400円　①4-582-80442-X

◇円仁唐代中国への旅　E.O.ライシャワー著, 田村完誓訳　原書房　1984.12　318, 18p　22cm　4800円　①4-562-01531-4

◇慈覚大師　山田恵諦著　第一書房　1979.3　317p　19cm　1800円

◇慈覚大師　雨宮義人著　宇都宮　下野新聞社　1978.6　312p　19cm　(下野人物シリーズ 1)　980円

◇入唐求法巡礼行記　第1　円仁著, 足立喜六訳注, 塩入良道補注　平凡社　1970　334p　図版　18cm　(東洋文庫 157)　450円

◇叡山の新風―山家学生式〈最澄〉入唐求法巡礼行記〈円仁〉　壬生台舜著　筑摩書房　1967　275p　図版　20cm　(日本の仏教 第3巻)　480円

◇三千院本慈覚大師伝　小野勝年編訳　神戸　五典書院　1967　89p　23cm　(五典叢書 第1冊)

◇慈覚大師研究　福井康順編　天台学会　1964　813p　図版　22cm

◇世界史上の円仁―唐代中国への旅　E.O.ライシャワー著, 田村完誓訳　実業之日本社　1963　318p　図版　22cm

◇慈覚大師伝　本多綱祐編著　大津　天台宗教学部　1962　142p　図版　18cm

織田　信長　おだ のぶなが

　天文3年(1534年)5月〜天正10年(1582年)6月2日　信長は、足利義昭を奉じて入洛するが、義昭と不和になり、義昭が武田・浅井・毛利ら武将の他に本願寺、延暦寺を反信長勢力として組織したため、元亀2年(1871年)延暦寺を焼き討ちし、天正2年(1874年)〜8年(1580年)に一向一揆と本願寺を討ち畿内を掌握する。仏

教勢力を一掃した信長は、天正10年（1582年）、中国攻めの豊臣秀吉の救援に向かう途中、京都本能寺で明智光秀に襲われて自刃した。なお、京都市営地下鉄烏丸線の工事に伴う発掘調査で、義昭の居館として信長が建てた旧二条城跡から、濠の石垣構築の用材に使われた石仏・五輪塔・庭石・石灯籠などが発見された。現在、西京区の竹林公園に旧二条城発掘石造物として保存されている。

◇本能寺と信長　藤井学著　京都　思文閣出版　2003.1　264p　20cm　2200円　①4-7842-1134-9
◇南蛮―信長・秀吉・家康のみた東西交流特別展　岐阜市歴史博物館編〔岐阜〕南蛮実行委員会　2003　128p　30cm
◇蓮如と信長　山折哲雄著　PHP研究所　2002.10　289p　15cm　（PHP文庫）533円　①4-569-57815-2
◇親鸞と本願寺一族―父と子の葛藤　今井雅晴著　雄山閣出版　1999.8　228p　20cm　2500円　①4-639-01621-2
　内容　1 親鸞と善鸞・如信―鎌倉時代（親鸞―因果応報　長男善鸞―善絶はあったのか？孫・如信―祖父と父の緩衝地帯）　2 覚如と存覚・従覚―鎌倉時代末期～南北朝時代（覚如―本願寺の創立　長男存覚―門徒との共存　次男従覚―父と兄の間を取り持つ）　3 蓮如と順如・実如―室町時代～戦国時代（蓮如―大教団への発展　長男順如―第一の後継者　五男実如―第二の後継者）　4 顕如と教如・准如―戦国時代末期～江戸時代初期（顕如―織田信長との十年戦争　長男教如―偽装の「義絶」？　三男准如―本願寺教団の再びの発展）
◇信長とその武将たち―特別展　岐阜市歴史博物館編　岐阜　岐阜市歴史博物館　1998　120p　30cm
◇蓮如と信長　山折哲雄著　PHP研究所　1997.12　277p　20cm　1429円　①4-569-55897-6
◇密教呪術と権力者―貴族と天皇を支配した修法　武光誠著　ネスコ　1994.5　230p　19cm　1400円　①4-89036-872-8
　内容　第1章 超人をめざし大宇宙と一体化する秘教　第2章 日本における密教のはじまり　第3章 密教の金権体質と藤原政権　第4章 政争に利用された密教の修法　第5章 密教の呪力が貴族を支配する　第6章 人を殺すための呪詛をはじめた密教勢力　第7章 呪術から武力へ　第8章 新仏教対密教　第9章 南北朝動乱で衰える密教勢力　第10章 信長の比叡山焼き打ちと密教勢力の終焉

◇日本仏教史之研究　正篇下　辻善之助著　岩波書店　1991.7　288p　21cm　（日本仏教史研究　第2巻）　5500円　①4-00-008722-3
　内容　9 足利尊氏の信仰　10 夢窓国師　11 安国寺利生塔考　12 戦国時代の仏教　13 織田信長と仏教　14 安土宗論の真相　15 慶長13年浄土日蓮宗論について　16 史学上より観たる日光廟　17 一糸和尚と朝幕関係　18 沢庵和尚と将軍家光
◇真宗の風景―北陸一揆から石山合戦へ　北国新聞社編　京都　同朋舎出版　1990.10　230p　21cm　2500円　①4-8104-0912-0
　内容　北越一揆　豊かな実り生んだ門徒の国　北陸の闇を照らした蓮如　宗教と政治―私の蓮如観　一向一揆と信長　報恩講の日、先達の心を思う
◇教如流転―戦国新発掘東本願寺開祖の不屈　宮部一三著　池田町（岐阜県）　教如上人奉賛会　1986.10　237p　20cm　1500円　①4-7947-0142-X
　内容　1 信長上洛への道　2 信長と本願寺教団の対決　3 大坂退城　4 教如籠城　5 流浪の教如　6 教如と秀吉　7 関ケ原合戦と教如遭難　8 教如と湯次方　9 誓願寺古文書　10 顕教踊り　11 東西本願寺の分立
◇続真宗大系　第16巻　真宗典籍刊行会編　国書刊行会　1976　320p　図　22cm　4500円
　内容　顕如上人文書,信長と媾和及び退城に関する文書,鷺森日記,貝塚日記,宇野新蔵覚書,重要日記抜書,日野一流系図,大谷一流諸家分脈系図,下間家系図,真宗帯佩記1巻（慧琳撰）御寺法随聞記1巻（暁悟述）

覚 如
かくにょ

文永7年（1271年）12月28日～正平6年（1351年）1月19日

鎌倉中・後期の浄土真宗の僧。親鸞の曾孫。本願寺創建者。諱は宗昭。幼少から諸宗義を学ぶ。

如信（親鸞の孫）より他力法門を受けたといわれる。御影堂の留守職をめぐって父の異父弟唯善と争い、裁判に勝って、延慶3年（1310年）留守職に就任。御影堂を本願寺と改め、法然、親鸞、如信の法脈と留守職の継承をもって、真宗教団の統一を図った。

　　　　　　＊　　　　＊　　　　＊

◇親鸞の家族と門弟　今井雅晴著　京都　法藏館　2002.7　210p　20cm　1800円　①4-8318-7482-5
　内容　親鸞と恵信尼―京都時代と関東時代について妻の立場から　親鸞と善鸞―関東に送られた息子の立場から　親鸞と如信―親しい孫の立場から　親鸞と門弟―真仏・顕智・性信・順信の生活の立場から　親鸞と唯円―『歎異抄』の立場から　親鸞と覚如―教団形成をめざす子孫の立場から

◇親鸞・覚如・蓮如　千葉乗隆著　京都　法藏館　2001.9　472p　22cm　（千葉乗隆著作集　第1巻）　9800円　①4-8318-3361-4
　内容　1 親鸞（親鸞の生涯）　2 覚如（覚如―『慕帰絵』とその作者）　3 蓮如（いまなぜ蓮如か　蓮如の生涯　蓮如裏書の種々相　蓮如のイコノクラスム）

◇親鸞と本願寺一族―父と子の葛藤　今井雅晴著　雄山閣出版　1999.8　228p　20cm　2500円　①4-639-01621-2
　内容　1 親鸞と善鸞・如信―鎌倉時代（親鸞―因果応報　長男善鸞―善ーはあったのか？　孫・如信―祖父と父の緩衝地帯）　2 覚如と存覚・従覚―鎌倉時代末期～南北朝時代（覚如―本願寺の創立　長男存覚―門徒との共存　次男従覚―父と兄の間を取り持つ）　3 蓮如と順如・実如―室町時代～戦国時代（蓮如―大教団への発展　長男順如―第一の後継者　五男実如―第二の後継者）　4 顕如・

教如・准如―戦国時代末期～江戸時代初期（顕如―織田信長との十年戦争　長男教如―偽装の「義絶」？　三男准如―本願寺教団の再びの発展）

◇新鸞　覚如　才市　新保哲著　京都　晃洋書房　1992.3　231,7p　22cm　2900円　①4-7710-0561-3

◇ものがたり本願寺　東沢真静著　京都　法藏館　1989.8　81p　21cm　650円　①4-8318-2306-6
　内容　親鸞聖人の御往生　本廟創立　覚如上人　東国門弟の願い　本願寺の公称　御影堂と本堂のこと　大谷破却　蓮如上人御往生　山科本願寺焼亡　石山本願寺城　東本願寺の設立　西本願寺の代々〔ほか〕

◇覚如　重松明久著　吉川弘文館　1987.5　255p　19cm　（人物叢書　新装版）　1500円　①4-642-05075-2
　内容　生いたち　修学時代　覚恵と大谷廟堂　廟堂の留守をめぐる紛争　留守職就任　本願寺の創建　三代伝持　著作と思想　文藻　存覚義絶　存覚義絶の理由　覚如と真宗系他派教団　存覚の義絶解除　終焉

◇覚如上人　宇野円空編　国書刊行会　1987.2　693p　22cm　8800円
　内容　教行信証大意　結城令聞著.　口伝鈔　佐藤哲英著.　執持鈔　真木智英著.　願々鈔　富井隆信著.　最要鈔　藤井恵照著.　本願鈔　柘植信秀著.　改邪鈔　西光義遵著.　出世元意　高峯了州著.　御伝鈔　中沢見明著.　報恩講式文　須田智嘉子著.　拾遺古徳伝―法然上人御一代記　吉田竜英著.　最須敬重絵詞・慕帰絵詞　土屋詮教著.　安心決定鈔　遠山諦観著

◇覚如　重松明久著　吉川弘文館　1964　255p　図版　18cm　（人物叢書　日本歴史学会編）

覚鑁　かくばん

　嘉保2年（1095年）〜康治2年（1144年）12月12日　平安後期の真言宗の僧。東密伝法院流、真義真言宗の派祖。諱は宗昭。正覚房と号し、鑁上人、密厳尊者と称す。諡号は興教大師。13歳で仁和寺寛助（かんじょ）の弟子となり、密教灌頂を受ける。鳥羽上皇の帰依を受け、長承元年（1132年）高野山に大伝法院・密厳院を創建し、金剛峯寺座主を兼ねる。翌年、院宣により、園城寺で台密の灌頂を、醍醐寺、勧修寺から小野流の受法を受け東密と台密を統合し、伝法院流を開き、高野山を東寺の支配から独立させた。保延6年（1140年）、東寺と金剛峯寺衆徒に反対され、根来山に移り、円明寺で没した。

◇仏教を歩く　no.21　覚鑁と「真言密教」　朝日新聞社　2004.3　32p　30cm　（週

刊朝日百科） 533円

◇興教大師覚鑁聖人年譜 上（白河院政期） 苫米地誠一著 ノンブル 2002.12 492p 21×30cm Ⓘ4-931117-70-8

◇興教大師覚鑁聖人年譜 下（鳥羽院政期） 苫米地誠一著 ノンブル 2002.12 492p 21×30cm Ⓘ4-931117-70-8

◇KAKUBAN SHONIN—The Life and Works of Kogyo Daishi ヘンドリック・ファン・デル・フェーレ著 ノンブル 1998.7 240p 21cm 4000円 Ⓘ4-931117-25-2

[内容] Introduction Japan before the Heian period. 1 Kakuban's birth and family. 2 The ascent of Mount Kōya. 3 The search for sponsors. 4 Initiations. 5 Practice of silence. 6 Building the new temple complex. 7 The schism. 8 The works of Kakuban.

◇即身成仏への情熱—覚鑁上人伝 ヘンドリック・ファン・デル・フェーレ著, 高橋尚夫監修, 木村秀明, 白石凌海訳 ノンブル 1998.7 328p 22cm 3200円 Ⓘ4-931117-24-4

[内容] 平安時代以前の日本 平安時代 平安仏教 最澄の天台宗 空海の真言宗 平安時代における仏教の発展 阿弥陀信仰の発展 覚鑁の誕生と家系 幼年時代 上京〔ほか〕

◇興教大師覺鑁寫本集成 興教大師覺鑁著, 興教大師八百五十年御遠忌記念出版教学篇編纂委員会編 京都 法藏館 1997.6-12 4冊 19×27cm 全110000円 Ⓘ4-8318-5141-8

◇密教瞑想の研究—興教大師覚鑁の阿字観 北尾隆心著 大阪 東方出版 1996.11 230p 22cm 3800円 Ⓘ4-88591-463-9

[内容] 第1部 研究編（興教大師に見る阿字と阿字観の構造 興教大師の阿字観 興教大師作『阿字観』） 第2部 資料編（興教大師著作の中の「阿字」 興教大師の阿字観次第新資料 持明院本・勧修寺本『阿字観』）

◇根来要書—覚鑁基礎史料集成 総本山醍醐寺編 東京美術 1994.5 118, 19p 31cm 10300円 Ⓘ4-8087-0606-7

◇興教大師著作全集 第6巻 雑部 興教大師八百五十年御遠忌記念出版編纂委員会編纂 真言宗豊山派宗務所興教大師八百五十年御遠忌記念事業委員会 1994.3 1冊 23cm 非売品

◇興教大師著作全集 第2巻 教相部 2 興教大師八百五十年御遠忌記念出版編纂委員会編纂 真言宗豊山派宗務所興教大師八百五十年御遠忌記念事業委員会 1993.6 1冊 23cm 非売品

◇興教大師著作全集 第4巻 事相部 2 興教大師八百五十年御遠忌記念出版編纂委員会編纂 真言宗豊山派宗務所興教大師八百五十年御遠忌記念事業委員会 1993.2 1冊 23cm 非売品

◇興教大師覚鑁研究—興教大師八百五十年御遠忌記念論集 興教大師研究論集編集委員会編 春秋社 1992.12 1132p 23cm 11000円 Ⓘ4-393-17232-9

[内容] 第1篇 興教大師の思想 第2篇 興教大師の信と行 第3篇 興教大師の著作研究 第4篇 興教大師と浄土思想 第5篇 興教大師をめぐる歴史的研究 第6篇 興教大師と現代

◇興教大師著作全集 第3巻 事相部 1 興教大師八百五十年御遠忌記念出版編纂委員会編纂 真言宗豊山派宗務所興教大師八百五十年御遠忌記念事業委員会 1992.11 1冊 23cm 非売品

◇興教大師の生涯と思想 勝又俊教著 山喜房仏書林 1992.9 183p 21cm 1800円 Ⓘ4-7963-0310-3

◇覚鑁の研究 櫛田良洪著 吉川弘文館 1992.6 490p 22cm 7800円 Ⓘ4-642-02015-2

[内容] 第1章 覚鑁と寛助との関係 第2章 覚鑁教学と済暹教学 第3章 覚鑁と実範との交渉について 第4章 覚鑁と求聞持法について 第5章 覚鑁と大伝法院をめぐる諸問題 第6章 覚鑁の諸流遍学について 第7章 覚鑁の無言行 第8章 晩年の覚鑁 第9章 覚鑁の伝燈

◇興教大師、覚鑁上人八五〇年御遠忌・記念布教誌—興教大師を偲び総本山長谷寺参りと私の体験 戸田清幸著 〔米沢〕〔戸田清幸〕 1992.6 24p 26cm

◇興教大師著作全集 第1巻 教相部 1 興教大師八百五十年御遠忌記念出版編纂委員会編纂 真言宗豊山派宗務所興教大師八百五十年御遠忌記念事業委員会 1992.4 1冊 23cm 非売品

◇興教大師覚鑁上人入門—その歩まれた道 福田亮成著 ノンブル 1990.6 90p 19cm Ⓘ4-931117-09-0

◇興教大師伝記史料全集 三浦章夫編 ピ

タカ　1977.6　3冊　22cm　全28000円
◇興教大師撰述集　宮坂宥勝編注　山喜房仏書林　1977.3　2冊　22cm　各7500円
◇覚鑁の研究　櫛田良洪著　吉川弘文館　1975　490p　図　22cm　7000円
◇興教大師伝　那須政隆著　国書刊行会　1974　203p　肖像　22cm　1500円

鑑真　がんじん

持統2年(688年)～天平宝字7年(763年)5月6日　唐の揚州大明寺で律を講じ「授戒の大師」と称せられる高僧。日本の律宗の開祖。遣唐使に伴って入唐した留学僧栄叡、普照らの要請にこたえ、5度の渡航失敗やそれによる失明にもめげず天平勝宝5年(753年)に日本へ到来。翌年、平城京へ入り、東大寺に戒壇を設けて授戒の作法を伝えた。天平宝字2年(758年)、孝謙天皇から大和上の称号を授与され、翌年、「唐律招提」の額を掲げて唐招提寺のもとを開いた。天平宝字7年(763年)に、新田部(にいたべ)親王旧邸を授かって同寺の基礎を作り、そこに住したが、同年病没した。鑑真は仏像、華厳・天台・戒律の経典を請来(しょうらい)した他に、薬や書聖王羲之・献之父子の真蹟や建築技術をも伝えて、日本文化に大きな貢献をした。

◇鑑真―転生への旅立ち　山本巌著、伊東昌一郎写真　福岡　書肆侃侃房　2007.8　142p　20cm　1429円　Ⓘ978-4-902108-57-6
◇鑑真は日中友好のかがり火―百折不撓の聖人鑑真の背景と影響　山田昌夫著〔立川〕　西武新聞社　2006.10　261p　20cm　1810円　Ⓘ4-901103-99-7
　内容　第1章　鑑真和上―百折不撓―どんな苦難にあってもやり遂げる不屈の精神　第2章　尊敬され続ける鑑真　第3章　鑑真和上の時代の遣唐使たち　第4章　古今の書物にみる鑑真和上　第5章　鑑真和上の情熱に導かれて―情熱が人々を呼び起こす「鑑真国際マラソン」
◇鑑真幻影―薩摩坊津・遣唐使船・肥前鹿瀬津　中村明蔵著　鹿児島　南方新社　2005.2　216p　19cm　1800円　Ⓘ4-86124-040-9
　内容　第1章　南九州と遣唐使船(遣唐使概略　七世紀の遣唐使船　ほか)　第2章　鑑真一行の行程(問題いろいろ　中国大陸から九州本土・大宰府へ　ほか)　第3章　肥前鹿瀬津に上陸したのか(嘉瀬川下流域　上陸記念碑建立　ほか)　第4章　薩摩坊津と遣唐使船(坊津をめぐるナゾ　坊津・一乗院は古代に確認できるか　ほか)
◇鑑真和上―私の如是我聞　遠藤證圓著　文芸社　2004.2　333p　20cm　1800円　Ⓘ4-8355-7062-6
◇鑑真と大仏建立　桜井信夫文　フレーベル館　2004.1　48p　27cm　(あるいて知ろう！歴史にんげん物語2)　2900円　Ⓘ4-577-02786-0
◇仏教を歩く　no.14　鑑真　朝日新聞社　2004.1　32p　30cm　(週刊朝日百科)　533円
◇おん目の雫ぬぐはばや―鑑真和上新伝　王勇著　農山漁村文化協会　2002.12　206p　22cm　(図説・中国文化百華第3巻)　3048円　Ⓘ4-540-02044-7
◇鑒真大和上伝之研究　安藤更生著　平凡社　1994.11　381,14p　図版25枚　27cm　21000円　Ⓘ4-582-73502-9
◇風月同天―唐招提寺閑話　遠藤証円著　毎日新聞社　1991.11　253p　20cm　1500円　Ⓘ4-620-30825-0
　内容　1章　鑑真和上を仰ぐ　2章　僧医、薬王としての鑑真和上　3章　鑑真和上の航跡をたどる　4章　鑑真和上のふるさとに想う　5章　唐招提寺に安居して　6章　七夕さまから天神さままで　7章　お釈迦さまへの敬慕　8章　夢馴せる西域
◇大乗仏典―中国・日本篇　第16巻　聖徳太子・鑑真　高崎直道編　中央公論社　1990.11　511p　20cm　4600円　Ⓘ4-12-402636-6
　内容　勝鬘経義疏　唐大和上東征伝
◇鑑真　安藤更生著　吉川弘文館　1989.2　252p　19cm　(人物叢書　新装版)　1600

円 ①4-642-05144-9
　内容 在唐時代(出生と出家　唐の宗教界における鑑真の活動とその位置　栄叡と普照の入唐　栄叡・普照の渡日招請と鑑真の決意 ほか)　来日以後(日本到着　唐招提寺創建　大和上寂後の唐招提寺 ほか)　略年譜
◇鑑真　汪向栄著, 今枝二郎訳　五月書房　1980.6　206p　20cm　1600円
◇唐大和上東征伝―鑑真和尚東渡記　日本語中国語現代語訳　淡海三船著, 海野昇雄, 郭人奇訳　福島　鑑真和上を慕う会　1980.3　84p　26cm　非売品
◇鑑真と唐招提寺を訪ねる旅　太陽社　1978.12　174p　28cm　(Sun mook no.4)　1800円
◇鑑真　杉山二郎著　三彩社　1977.8　89p 図17枚　22cm　(東洋美術選書)　980円
◇鑑真―その戒律思想　石田瑞麿著　大蔵出版　1974　346p 図 地図　20cm　(大蔵選書)　1500円
◇鑑真　杉山二郎著　三彩社　1971 図17枚 89p　22cm　(東洋美術選書)　580円
◇鑑真和上　安藤更生著　吉川弘文館　1967　252p 図版　18cm　(人物叢書 日本歴史学会編)　330円
◇鑑真　安藤更生著　改訂版　美術出版社　1963　222p 図版　19cm
◇鑑真和上―円寂一二〇〇年記念　安藤更生, 亀井勝一郎編　春秋社　1963　229p 図版　22cm
　内容 記念論文集 鑑真和上円寂一千二百年(趙樸初二) 鑑真和上在日の時代(宮川寅雄) 鑑真和上円寂一二百年記念への献辞(向達) 鑑真和上過海の動機とその伝戒(福井康順) 唐招提寺金堂と中国唐代の建築(梁思成) 鑑真和上の来朝と唐招寺の彫刻(町田甲一) 鑑真和上像(町田甲一) 鑑真大和上将来の薬品(渡辺武) 奉讃詩歌集 鑑真和上讃歌(土岐善麿) 長歌並に短歌(亀井勝一郎) 短歌十首(会津八一) 短歌十五首(吉野秀雄) 詩―満江紅・記念鑑真(郭沫若) 詩七言絶句(郭沫若) 詩(趙樸初) 現代語訳東征伝(淡海三船原作 安藤更生訳註) 付録:鑑真和上東征図, 鑑真和上についての交献抄(宮川寅雄編) 鑑真和上年譜
◇鑑真大和上伝之研究　安藤更生著　平凡社　1960　381p 図版29枚　27cm
◇鑑真　安藤更生著　美術出版社　1958　225p 図版　19cm
◇鑑真―その思想と生涯　石田瑞麿著　大蔵出版　1958　198p 図版 地図　19cm

桓武天皇
かんむてんのう

天平9年(737年)～大同元年(806年)3月17日
　奈良後期の仏教界は、道鏡に象徴されるように、世俗化と政教の混交が進んでいた。道鏡とその守護者称徳天皇の失脚後、光仁、桓武天皇父子によって政教界の粛正が行われた。延暦13年(794年)平安京へ遷都を行い、人心一新を図った。遷都は、政教を分離し、南都の仏教勢力を排除するためといわれ、平安京に建立する寺院数に制限を設け、仏教との距離をとった。

　　　＊　　　＊　　　＊

◇律令国家仏教の研究　本郷真紹著　京都　法藏館　2005.3　333, 11p　22cm　6600円 ①4-8318-7465-5
　内容 第1篇 律令国家仏教の特質(古代寺院の機能　律令国家と僧尼集団―国家仏教から教団仏教へ)　第2篇 天平仏教の史的意義(国家仏教と宮廷仏教―宮廷女性の役割　天平期の神仏関係と王権　『元興寺縁起』の再検討―仏教公伝戊午年説をめぐって　古代北陸の宗教文化と交流)　第3篇 奈良末・平安初期の展開(宝亀年間に於ける僧綱の変容　内供奉十禅師の成立と天台宗　光仁・桓武朝の国家と仏教―早良親王と大安寺・東大寺)　第4篇 律令国家仏教の成立と展開
◇最澄―天台仏教の思想　渡辺凱一著　近代文芸社　1995.7　196p　20cm　1500円　①4-7733-4214-5
　内容 最澄と道元　叡山の若き隠遁者　知頴の生涯　天台仏教の思想　『法華経』の世界　桓武帝と最澄　海を渡る最澄　南都仏教との対決　一向大乗戒壇への夢
◇日本古代寺院史の研究　堅田修著　京都　法藏館　1991.3　210p　22cm　6200円　①4-8318-7340-3
　内容 第1章 初期の寺院(渡来氏族の仏教と造寺―鞍作氏と秦氏について　平群氏とその造寺)　第2章 律令国家における寺院(大安寺の草創　奈良朝藤原氏の仏教と造寺　桓武天皇の梵釈寺)　第3章 王朝国家体制における寺院(藤原道長の浄妙寺　藤原宗忠の造寺　仏教説話にあらわれた寺院―今昔物語集を中心として)　第4章 小仏堂の成立と展開(阿弥陀堂の変遷―その存立形態・規模・

宗教的機能　八角堂―その成立と性格　六角堂の性格―大谷廟堂を手がかりとして）
◇最澄瞑想　梅原猛著　佼成出版社　1987.6　221p　20cm　1300円
①4-333-01299-6
[内容]第1章 桓武帝と最澄　第2章 たたかう最澄　第3章 法華の真実　第4章 戒律と教育　第5章 日本文化と最澄

◇仏教史学論集　二葉博士還暦記念会編　京都　永田文昌堂　1977.1　609p 肖像　22cm　8000円

義堂 周信
ぎどうしゅうしん

正中2年（1325年）閏1月16日～元中5年（1388年）4月4日

室町時代の臨済宗の五山文学僧。義堂は号で、空華（くうげ）道人と称す。夢窓疎石に参禅した後その法をつぐ。建仁寺龍山徳見に文芸を学ぶ。足利基氏に招かれて鎌倉円覚寺の住持となり報恩寺を開く。天授5年（1379年）足利義満の招きで上洛し参禅指導などを行った後、建仁寺、南禅寺に住し、義満に厚遇される。絶海中津と共に五山文学の双璧と称される。

　　　　＊　　　＊　　　＊　　　＊

◇大日本佛教全書　第143巻　貞和類聚祖苑聯芳集　新撰貞和集　仏書刊行会編纂　義堂周信撰　大法輪閣　2007.1　482p　22cm　8600円　①978-4-8046-1787-9

◇禅と文学　柳田聖山編集・解説　ぺりかん社　1997.4　403p　20cm　（叢書禅と日本文化 第4巻）　3700円＋税
①4-8315-0803-9
[内容]能と狂言の時代（加藤周一）　禅と五山文学（玉村竹二）　義堂周信（寺田透）　「槐安国語」を読みて―「著語」文学の将来などについきて（鈴木大拙）　杜甫と禅（朝魚尚）　幽玄論―特に能における（久松真一）　禅語つれづれ（入矢義高）　寒山詩（西谷啓治）　越後獅子講話（柴山全慶）　止観的美意識の生成（三崎義泉）　禅と英文学―俳句をどうよむか（ブライス）

行 基
ぎょうき

天智7年（668年）～天平勝宝元年（749年）2月2日　高志才智の子。出家して道昭・義淵らに学んだ後、民間布教をしつつ道路や灌漑設備の建設など社会事業を進めるが、養老元年（717年）以降、この活動は農民らを惑わすとして何度も弾圧された。しかし、天平15年（743年）東大寺大仏造営に際し、彼の高い民間布教の力を公認し勧進の大役を命じた。天平17年（745年）大僧正に任ぜられたが、大仏完成を見ずに没した。彼の社会貢献の故に生前から、行基菩薩と称された。なお、この「菩薩」は仏教の菩薩ではなく、讃称と言われる。

◇喜光寺―行基終焉の古刹　山田法胤著　京都　柳原出版　2007.4　127p　19cm　1000円　①978-4-8409-7048-8

◇行基伝承を歩く　根本誠二著　岩田書院　2005.9　220p　19cm　2800円
①4-87294-394-5

◇行基―民衆の導者　速水侑編　吉川弘文館　2004.4　212p　20cm　（日本の名僧2）　2600円　①4-642-07846-0
[内容]1 行基の魅力　2 行基の生涯　3 行基と律令国家　4 行基集団と女性たち　5 行基と知識結　6 行基と霊異神験　7 語り伝えられる行基

◇仏教を歩く　no.17　行基と「東大寺」　朝日新聞社　2004.2　32p　30cm　（週刊朝日百科）　533円

◇行基の構築と救済―平成15年度特別展　大阪府立狭山池博物館編　大阪狭山　大阪府立狭山池博物館　2003.10　78p　30cm　（大阪府立狭山池博物館図録5）

◇行基の考古学　摂河泉古代寺院研究会編　塙書房　2002.6　144p　27cm　5000円
①4-8273-1176-5

◇説話の森の仏教者　根本誠二著　そうよう　2000.7　182p　19cm　1900円
①4-7938-0163-3
[内容]第1章 説話の森の住人　第2章 説話の森の原像　第3章 「森」の一樹　第4章 「森」を往来する人々　第5章 「説話の森」から「山」へ

◇へんろ人列伝―行基菩薩より中司茂兵衛まで　喜代吉榮德著　新居浜　海王舎　1999.6　293p　20cm　3000円

◇行基菩薩―千二百五十年御遠忌記念誌　奈良　行基菩薩ゆかりの寺院　1998.11　72p　26cm

◇行基―生涯・事跡と菩薩信仰　没一二五〇年記念特別展　堺市博物館編　堺　堺市博物館　1998.10　124p　30cm

◇日本奇僧伝　宮元啓一著　筑摩書房　1998.10　253p　15cm　（ちくま学芸文庫）　900円　④4-480-08443-6
　内容　異能の人（役小角　行基　陽勝　仙人群像）　反骨の人（玄賓　性空　叡実　増賀　西行）　隠逸の人（空也　教信　理満　千観　平等　東聖　徳一と行空）

◇行基事典　井上薫編　国書刊行会　1997.7　2冊（別冊とも）　22cm　全18000円　④4-336-03967-4

◇日本最大の狭山池と天平の僧行基―第3回狭山池フォーラム　大阪狭山市教育委員会編　大阪狭山　狭山池フォーラム実行委員会　1996.10　53p　30cm

◇行基説話の生成と展開　米山孝子著　勉誠社　1996.6　262p　22cm　7725円　④4-585-03038-7

◇天平の僧行基―異能僧をめぐる土地と人々　千田稔著　中央公論社　1994.3　218p　18cm　（中公新書）　720円　④4-12-101178-3
　内容　1 菅原寺―行基入滅　2 家原寺のあたり―行基の原風景　3 飛鳥へ―出家と修行　4 禁圧の風景―行基は呪術者だったか　5 都鄙周遊―道・水路・橋　6 池溝開発と四十九院―したたかな宗教者　7 遷都と大仏建立―異能の人

◇行基と狭山池―特別展　大阪狭山市立郷土資料館編　大阪狭山　大阪狭山市立郷土資料館　1993.10　39p　26cm

◇行基と古代仏教　中井真孝著　京都　永田文昌堂　1991.7　321p　20cm　2500円

◇奈良仏教と行基伝承の展開　根本誠二著　雄山閣出版　1991.6　268p　22cm　5000円　④4-639-01038-9
　内容　第1章 奈良仏教者の世界　第2章 奈良仏教の戒律　第3章 奈良仏教の僧侶像　第4章 奈良仏教の増原と知識　第5章 行基とその集団の形成　第6章 行基伝承の形成　第7章 行基伝承の展開

◇宝光院―聖武天皇勅願行基菩薩開基真弓山長弓寺　生駒　宝光院　1991.3　94p　19cm

◇行基　井上薫著　吉川弘文館　1987.9　236p　19cm　（人物叢書 新装版）　1600円　④4-642-05091-4
　内容　第1 家系と氏族的環境　第2 民間伝道と池溝開発　第3 平城京造営と布施屋設置　第4 弾圧とその後　第5 恭仁京の造営　第6 紫香楽の大仏造営　第7 東大寺の建立　第8 四十九院と布施屋　追記 大野寺土塔について　略年譜

◇行基と律令国家　吉田靖雄著　吉川弘文館　1987.1　325, 15p　20cm　（古代史研究選書）　2800円　④4-642-02162-0
　内容　第1 行基の出自　第2 出家と修行　第3 山林修行と三階教との出会い　第4 思索と試行の生活　第5 養老元年の抑圧　第6 養老期の仏教統制　第7 退却と進出　第8 行基の思想　補論 行基の弟子について

◇行基菩薩―摂津・播磨に於けるその事蹟　故福原会下山人講演　福原会下山人述, 長福寺考古資料館編　神戸　長福寺考古資料館　1984.8　27, 191p　21cm

◇行基　井上薫著　吉川弘文館　1959　232p 図版 地図　18cm　（人物叢書 日本歴史学会編）

◇日本仏教思想の展開―人とその思想　家永三郎編　京都　平楽寺書店　1956　341p　表　19cm
　内容　行基と鑑真（井上薫）他14篇

清沢　満之　きよさわ まんし

　文久3年(1863年)6月26日～明治36年(1903年)6月6日　浄土真宗大谷派の学僧で、仏教の近代化と親鸞教学の再確立をはかった。東本願寺育英学校から東京帝大文科大学に進み、フェノロサからヘーゲル哲学を学ぶ。同年結婚して愛知県大浜の大谷派西方寺住職となり、清沢姓を継ぐ。同寺で禁欲生活を体験するが、病に倒れ療養生活を送る中で、他力信仰の境地を得た。明治29年(1896年)東本

願寺寺務の改新をはかるが失敗し、翌年除名される。明治32年（1899年）僧籍が回復するも、翌年東京本郷に浩々洞を開き、雑誌「精神界」を発刊して精神主義運動を展開した。同年東京に移転した真宗大学（現大谷大学）の初代学監に就任。清沢の目指した近代的な仏教の確立は、青年僧らの賛同をよび、大谷派の教学運動と教団のその後に与えた影響は大きかった。

◇在床懺悔録―現代語訳　清沢満之著, 藤田正勝訳　京都　法藏館　2007.3　123p　20cm　1600円　⒤978-4-8318-7695-9

◇清沢満之と歎異抄　続　延塚知道著　京都　文栄堂書店　2005.12　84p　19cm　762円　⒤4-89243-702-6

◇現代親鸞教学の先覚者たち―清沢満之・曾我量深・金子大栄・安田理深・蓬茨祖運・西田幾多郎・河上肇・三木清　西山邦彦著　京都　法藏館　2005.11　281p　20cm　3300円　⒤4-8318-7693-3

◇わが信念―現代語訳　清沢満之著, 藤田正勝訳　京都　法藏館　2005.10　212p　20cm　2000円　⒤4-8318-7696-8
　内容　現代語訳　原文

◇清沢満之その思想の軌跡　神戸和麿著　京都　法藏館　2005.3　279p　20cm　2200円　⒤4-8318-7697-6
　内容　清沢満之に学ぶ: 清沢満之の精神主義. 清沢満之の名号論. 乗托妙用の自己. 清沢満之の宗教的信念. 清沢満之の念仏観. 宗教的道徳（俗諦）と普通道徳の交渉. 信念の歩み（清沢満之の生涯）師なり、友たり: 親鸞における人間学. 『我が信念』を読みて（金子大榮）考. 無碍の光明. 今の私と学生. 随想. 我が信念. 資料・清沢満之の言葉

◇精神主義―現代語訳　清沢満之著, 藤田正勝訳　京都　法藏館　2004.10　209p　20cm　1900円　⒤4-8318-7850-2

◇清沢満之―生涯と思想　教学研究所編　京都　真宗大谷派宗務所出版部　2004.3　162p　21cm　1200円　⒤4-8341-0314-5

◇清沢満之と哲学　今村仁司著　岩波書店　2004.3　522, 5p　22cm　7800円　⒤4-00-022533-2

◇清沢満之全集　第9巻　信念の交流―書簡　清沢満之著, 大谷大学編　岩波書店　2003.7　542p　22cm　5200円　⒤4-00-092559-8

◇他力門哲学骸骨―現代語訳　清沢満之著, 藤田正勝訳　京都　法藏館　2003.7　230p　20cm　2000円　⒤4-8318-7849-9

　内容　宗教　無限　有限・無限　根本の矛盾　有限の外に無限がある　自力と他力の二門　（有限は無我である）　因縁所生　自覚の統一　開発（活動）〔ほか〕

◇清沢満之全集　第8巻　信念の歩み―日記　清沢満之著, 大谷大学編　岩波書店　2003.6　498p　22cm　4800円　⒤4-00-092558-X

◇清沢満之全集　第7巻　仏教の革新　清沢満之著, 大谷大学編　岩波書店　2003.5　418p　22cm　4800円　⒤4-00-092557-1
　内容　1 教団の改革（雑誌『教界時言』所収論文　教団への願い）　2 教育の改革（真宗大学の学生へ　真宗中学の生徒へ　教育演説集　教育論集）

◇清沢満之の思想　今村仁司著　京都　人文書院　2003.5　242p　20cm　2200円　⒤4-409-41074-1

◇清沢満之全集　第6巻　精神主義　清沢満之著, 大谷大学編　岩波書店　2003.4　415p　22cm　4800円　⒤4-00-092556-3

◇清沢満之全集　第5巻　西洋哲学史講義　清沢満之著, 大谷大学編　岩波書店　2003.3　451p　22cm　4800円　⒤4-00-092555-5

◇「精神主義」の求道者たち―清沢満之と暁烏敏　福島栄寿著　京都　京都光華女子大学真宗文化研究所　2003.3　249p　19cm　（光華叢書 5）　非売品

◇清沢満之全集　第4巻　哲学史研究　清沢満之著, 大谷大学編　岩波書店　2003.2　384p　22cm　4800円　⒤4-00-092554-7

◇清沢満之全集　第3巻　哲学論集　清沢満之著, 大谷大学編　岩波書店　2003.1　378p　22cm　4800円　⒤4-00-092553-9

◇清沢満之全集　第2巻　他力門哲学　清沢満之著, 大谷大学編　岩波書店　2002.12　431p　22cm　4800円　⒤4-00-092552-0

仏教を支えた人々

◇清沢満之全集　第1巻　宗教哲学　清沢満之著, 大谷大学編　岩波書店　2002.11　437p　22cm　4800円　⓵4-00-092551-2
　内容　1 宗教哲学骸骨（『宗教哲学骸骨』　宗教哲学骸骨自筆書入　仏教 ほか）　2 宗教哲学（宗教心を論ず　宗教哲学講義（『教学誌』所載）　宗教哲学（真宗大学寮明治二十四年度講義））　3 宗教哲学初稿（宗教哲学端緒　霊魂内容論・開発論　善悪応報論 ほか）

◇清沢満之に学ぶ生と死　田代俊孝著　京都　法藏館　2002.11　31p　18cm　（伝道シリーズ10）　190円　⓵4-8318-2170-5

◇清沢満之に学ぶ—現代を真宗に生きる　児玉暁洋著　国立　樹心社　2002.7　308p　20cm　2600円　⓵4-434-02251-2
　内容　1 新しい人間の誕生　2 念仏者清沢満之—精神主義とは何か　3 精神としてのいのち—清沢満之の生命観　4 清沢満之の念仏—近代日本に発現した念仏　5 未来を開く人・清沢満之—福沢諭吉の啓蒙思想を参照しつつ　6 本願史の中の清沢満之—縁起と本願

◇清沢満之—その人と思想　藤田正勝, 安冨信哉編　京都　法藏館　2002.5　294p　20cm　2800円　⓵4-8318-7859-6

◇現代語訳　宗教哲学骸骨　清沢満之著, 藤田正勝訳　京都　法藏館　2002.5　146p　19cm　1500円　⓵4-8318-7860-X
　内容　現代語訳（宗教と学問　有限・無限　霊魂論　生成・発展論　善悪論　心の平安と徳の修得）　原文（宗教と学問　有限無限　霊魂論　転化論　善悪論　安心修徳）

◇「他力」を生きる—清沢満之の求道と福沢諭吉の実学精神　延塚知道著　筑摩書房　2001.6　244p　20cm　1800円　⓵4-480-84256-X

◇父と娘の清沢満之　亀井鑛著　大法輪閣　2001.6　309p　19cm　2100円　⓵4-8046-1173-8

◇清沢満之の語録—現代語訳　清沢満之原著, 今村仁司編訳　岩波書店　2001.1　490p　15cm　（岩波現代文庫　学術）　1400円　⓵4-00-600043-X

◇他力救済の大道—清沢満之文集 現代語訳　清沢満之著, 本多弘之編　四街道　草光舎　2000.10　187p　19cm　1800円　⓵4-7952-8716-3

◇清沢満之の生と死　神戸和麿著　京都　法藏館　2000.7　206p　19cm　1500円　⓵4-8318-7858-8
　内容　1 清沢満之の生と死（精神主義の提唱　死生観—清沢満之と正岡子規　真宗の僧伽を求めて—清沢満之に学ぶ）　2 悪人は救われるか（提婆達多と阿闍世　仏陀と現代社会）　3 現代の課題を親鸞に問う（現代と親鸞—本願力　『歎異抄』と現代　蓮如上人の「念仏僧伽」への志願　親鸞の往生思想—正定聚の機）

◇満之研究　1　角谷道仁著　碧南　原生社　1999.9　229p　21cm　1905円

◇清沢満之と個の思想　安冨信哉著　京都　法藏館　1999.5　309p　22cm　8800円　⓵4-8318-7857-X

◇他力信仰の本質—親鸞・蓮如・満之　加藤智見著　国書刊行会　1997.8　236p　19cm　1800円　⓵4-336-03999-2
　内容　第1章 信仰の諸形態（はじめに　未開社会の信仰　神道の信仰 ほか）　第2章 親鸞の信仰（信仰への道　親鸞の他力信仰の特徴　他力信仰の中でどう生きたか）　第3章 蓮如の信仰（信仰への道　蓮如の他力信仰の特徴　他力信仰の中でどう生きたか）　第4章 清沢満之の信仰（信仰への道　満之の他力信仰の特徴　他力信仰の中でどう生きたか）

◇検証清沢満之批判　久木幸男著　京都　法藏館　1995.6　221p　22cm　3800円　⓵4-8318-7834-0

◇清沢文集　清沢満之著　岩波書店　1995.3　226p　15cm　（岩波文庫）　520円　⓵4-00-331271-6
　内容　第1篇 精神主義　第2篇 信念　第3篇 有限無限録　第4篇 臘扇記

◇清沢満之—伝記・清沢満之　観照社編　大空社　1994.5　294, 8, 5p　22cm　（伝記叢書　144）　9000円　⓵4-87236-443-0

◇親鸞の鉱脈—清沢満之　本多弘之著　四街道　草光舎　1992.7　317p　20cm　2400円　⓵4-7952-8281-1

◇親鸞の鉱脈—清沢満之　本多弘之著　四街道　草光舎　1992.7　317p　19cm　2400円　⓵4-7952-1521-9
　内容　仏教の学び　処世の立脚地　救済と自覚　他力の救済　思想信念の核　宗教的信念の必須条件　宗教と倫理　自重と自尊　神秘と合理を超えて　不安に立つ

◇資料清沢満之　講演篇　福嶋寛隆, 赤松徹真編　京都　同朋舎出版　1991.3　528p　22cm　20000円

◇資料清沢満之　資料篇　福嶋寛隆, 赤松徹真編　京都　同朋舎出版　1991.3　612p　22cm　20000円
①4-8104-0909-0
◇資料清沢満之　論文篇　福嶋寛隆, 赤松徹真編　京都　同朋舎出版　1991.3　662p　22cm　20000円
①4-8104-0910-4
◇清沢満之　吉田久一著　吉川弘文館　1986.4　267p　19cm　（人物叢書　新装版）　1500円　①4-642-05035-3
◇日本の名著　43　清沢満之・鈴木大拙　橋本峰雄責任編集　中央公論社　1984.10　509p　18cm　（中公バックス）　1200円　①4-12-400433-8
　内容　精神と霊性―仏教近代化の二典型　橋本峰雄著. 宗教哲学骸骨・在床懺悔録・教界時言（抄）・精神主義・精神講話（抄）　清沢満之著. 日本的霊性　鈴木大拙著. 年譜：p499〜503
◇他力の救済―清沢満之師「他力の救済」について　曽我量深述　再版　京都　文明堂　1983.12　143p　19cm
①4-89256-281-5
◇清沢満之全集　第5巻　暁烏敏, 西村見暁共編　京都　法蔵館　1983.1　632p　19cm
◇清沢満之全集　第4巻　暁烏敏, 西村見暁共編　京都　法蔵館　1982.9　512p　19cm
◇評伝清沢満之　脇本平也著　京都　法蔵館　1982.4　243p　20cm　（法蔵選書　12）　1600円
◇我、他力の救済を念ずるとき―清沢満之に学ぶ　大河内了悟, 寺川俊昭講述　京都　東本願寺出版部　1980.9　193p　19cm　（同朋選書）
◇定本清沢満之文集　松原祐善, 寺川俊昭編　京都　法蔵館　1979.10　488p　20cm　3500円
◇定本清澤満之文集　清澤満之著, 松原祐善, 寺川俊昭編　京都　法蔵館　1979.10　（5刷：2000.10）　488p　20cm　8900円
①4-8318-8501-0
◇清沢先生の世界―清沢満之の思想と信念について　金子大栄述　京都　文明堂　1977.2　122p　肖像　19cm　450円
◇他力の救済―清沢満之先生　曽我量深著, 編者：清沢満之先生に学ぶ会　京都　文明堂　1973　143p　肖像　19cm　600円
◇清沢満之の精神主義　教学研究所編　京都　東本願寺出版部　1963.1（第3刷：1996.7）　31p　21cm　①4-8341-0022-7
◇清沢満之先生のことば―生誕百年記念出版　清沢満之著, 大河内了悟, 佐々木蓮麿共編　京都　永田文昌堂　1963　100p　図版　15cm
◇精神主義―清沢満之文集　清沢満之著, 西村見暁編　京都　法蔵館　1963　503p　図版　19cm
◇清沢満之　吉田久一著　吉川弘文館　1961　267p　図版　18cm　（人物叢書　日本歴史学会編）
◇清沢満之の研究　京都　教化研究所　1957　456, 40, 10p　図版　22cm
◇清沢満之全集　第2巻　骸骨時代　上　暁烏敏, 西村見暁共編　京都　法蔵館　1955　759p　19cm
◇清沢満之全集　第7巻　蠟扇時代　中　暁烏敏, 西村見暁共編　京都　法蔵館　1955　491p　図版　表　19cm
◇清沢満之全集　第1巻　建峰時代　暁烏敏, 西村見暁共編　京都　法蔵館　1953　644p　図版　19cm
◇清沢満之全集　第6巻　蠟扇時代　上　暁烏敏, 西村見暁共編　京都　法蔵館　1953　482p　図版　19cm
◇わが信念―病床にある友へ　清沢満之著　弘文堂　1952　78p　15cm　（アテネ文庫　第189）
◇清沢満之先生　西村見暁著　京都　法蔵館　1951　362p　図版　32cm

空海　くうかい

宝亀5年（774年）6月15日〜承和2年（835年）3月21日　真言宗の開祖。延喜21年（921年）醍醐天皇から弘法大師の諡号が贈られた。15歳で上京し、叔父阿刀大足

に師事する。18歳で大学に入り儒学を学ぶが中退し、阿波国大滝岳や土佐国室戸岬などで修行。延暦16年(797年)「三教指帰(さんごうしいき)」を著し、儒教・道教・仏教の優劣を論じて仏教が最良の教えとした。延暦23年(804年)最澄らと共に入唐し、青龍寺の恵果から密教を余さず授けられ、大同1年(806年)帰朝。平城天皇に「御請来目録」を献上する。大同4年(809年)入京を許され、高雄山寺に住した。同年、最澄が経典の借覧を請うて、交友が始まるが、弘仁7年(816年)には、密教の立場の相違などから決裂した。この年、高野山を下賜されて金剛峯寺を開き、また弘仁14年(823年)平安京に東寺(教王護国寺)を給され真言密教の根本道場とした。天長4年(827年)大僧都となる。翌5年(828年)日本初の一般向け教育機関である綜芸種智院を創設。書道・漢詩文にも優れ、嵯峨天皇、橘逸勢(たちばなのはやなり)と並び三筆の一人に数えられ「風信帖」「三十帖策子」などの自筆書蹟が残る。

◇弘法さんかわら版―弘法大師の生涯と覚王山　大塚耕平著　大法輪閣　2008.12　206p　19cm　1200円
①978-4-8046-1277-5
内容 1章 弘法大師の生涯(幼少期の空海　恵果和尚との運命の出会い ほか)　2章 覚王山の「弘法さん」(お釈迦さまの別名「覚王」　覚王山日泰寺誕生 ほか)　3章 仏像いろいろ(観世音菩薩　虚空蔵菩薩 ほか)　4章 覚王山の名刹(尋盛寺　相応寺 ほか)

◇空海の企て―密教儀礼と国のかたち　山折哲雄著　角川学芸出版　2008.11　246p　19cm　(角川選書 437)　1500円
①978-4-04-703437-2
内容 空海の「密教コード」　玄昉・道鏡につながる空海　坂口安吾の小説『道鏡』　性差から自由だった女帝　皇位継承と「カリスマ原理」　霊肉二元の感覚、心身一元の思考　幻惑の詩人、豪胆の冒険家、空海　「御修法」という治療儀礼　天皇の生命危機をどう回避してきたか　神仏協同の天皇・国家鎮護システムの危機　「統治」のための詩文の道　『三教指帰』、青年空海のさ迷える自画像　空海の創見―「即身成仏」「加持」「入我我入」　「手」と「声」―即身成仏のための両輪　国家との「入我我入」　真言院の座標　不動明王を中心にすえた真言院の堂内荘厳　密教コードとしての「摂関政治」　新嘗祭・大嘗祭の「神道コード」　三百五十年の「平安」時代と「国のかたち」

◇空海「秘蔵宝鑰」をよむ―心の秘宝を開く鍵　下　福田亮成著　日本放送出版協会　2008.10　158p　21cm　(NHKシリーズ)　850円　①978-4-14-910665-6

◇空海をめぐる人物日本密教史　正木晃著　春秋社　2008.10　295p　19cm　2200円
①978-4-393-17281-0

内容 第1章 空海以前―役行者・玄昉・道鏡(黎明　役行者―民衆レヴェルの密教、修験道の開祖　奈良密教 ほか)　第2章 空海―日本密教の創造者(若き日の謎　秘法の実践　密教の本場、唐へ渡る ほか)　第3章 空海以後―台密と東密の展開(空海を継ぐ人々　中世の密教僧　近世・近代の密教僧)

◇弘法大師空海―その全生涯と思想　長盛順二著　東京図書出版会　2008.8　258p　20cm　1500円　①978-4-86223-261-8
内容 1 空海の出自、少年時代　2 空海の青年時代　3 空白の七年　4 異例の乗船、唐都長安へ　5 豊饒の留学(虚しく往きて実ちて帰る)　6 沈黙の滞留、待望の入京　7 空海、真言宣布の法幢を掲ぐ　8 三面六臂の活躍の後、隠棲を志す　9 出定後語、再び三面六臂の活躍、そして兜率天へ旅立つ　10 付録 空海の思想

◇弘法大師伝承と史実―絵伝を読み解く　武内孝善著　大阪　朱鷺書房　2008.7　304p　図版8p　21cm　2800円
①978-4-88602-200-4
内容 第1章 ご誕生と若き日の修行　第2章 入唐求法　第3章 大師の書とその霊宝　第4章 高野山の開創　第5章 入定信仰　第6章 大師伝説と絵伝の成立

◇大野寺ゆかりの空海建立十四か寺　大塚唯士著　歴研　2008.5　111p　21cm　(歴研選書)　1200円
①978-4-903991-12-2

◇空海「秘蔵宝鑰」をよむ―心の秘宝を開く鍵　上　福田亮成著　日本放送出版協会　2008.4　157p　21cm　(NHKシリーズ)　850円　①978-4-14-910664-9

◇空海の思想的展開の研究　藤井淳著　トランスビュー　2008.2　715, 39p　22cm

12000円 ①978-4-901510-58-5
 内容 空海の伝記と著作(空海の伝記 奈良仏教・平安初期仏教について 空海の著作について―年代と真偽問題) 空海の思想とその背景(顕と密―空海における顕密概念の形成と玄叡の顕密概念 法身説法 阿字本不生 即身成仏思想 空海と言尽意論) 十住心教判と奈良・平安初期仏教(空海の著作に見られる十住心思想の萌芽 三輪・法相に対する位置づけの変化―『二教論』から『十住心論』へ 第八住心・天台宗の位置づけとその到達点 空海の真理観―奈良・平安初期における日本華厳教学との対比から) 結論および今後の課題

◇空海密教の宇宙―その哲学を読み解く 宮坂宥勝著 大法輪閣 2008.1 351p 20cm 2800円 ①978-4-8046-1264-5
 内容 第1章 秘密の蔵を開く 第2章 空海密教の宇宙 第3章 曼荼羅と法身大日如来 第4章 金剛界曼荼羅と空海密教 第5章 胎蔵曼荼羅と空海密教 第6章 空海密教を生きる

◇空海とヨガ密教 小林良彰著 学習研究社 2007.11 235p 20cm 1800円 ①978-4-05-403577-5
 内容 第1章 母系空海論 第2章 入唐求法の真相 第3章 インド神秘主義の系譜 第4章 密教修法の効験 第5章 初期真言教団の実態 第6章 真言宗発展の真実 第7章 奥義「ヨガ密教」

◇空海「三教指帰」 空海著,加藤純隆,加藤精一訳 角川学芸出版 2007.9 185p 15cm (角川文庫) 667円 ①978-4-04-407202-5
 内容 序章 この書物を書いた理由 第1章 亀毛先生の主張 第2章 虚亡隠士の主張 第3章 仮名乞児の主張 原文訓み下し 弘法大師空海略伝

◇空海の哲学『マンダラ』―すべての生物と共に生きる願いの「場」 北尾克三郎著 プロスパー企画 2007.6 124p 19cm 1000円 ①978-4-86180-023-8
 内容 1 マンダラとは何か―基本的な仕組み(その意味 何ぜ、二つのタイプがあるのか 四種類の表現手法) 2 マンダラの骨格(マンダラの理念 いのちのちから「如来」 いのちのすがたとはたらき「菩薩」 ほか) 3 マンダラ世界の展開―「金剛界マンダラ」モデル(「いのちの存在」(生存力) 「衣食住と社会性」(生活力) 「かたちづくり―理念と技術」(事業力) ほか)

◇三教指帰講義 坂田光全述 高野町(和歌山県) 高野山出版社 2007.4 500p

22cm 14000円 ①978-4-87527-051-5
◇謎の空海―誰もがわかる空海入門 三田誠広著 河出書房新社 2007.1 222p 19cm 1400円 ①978-4-309-23077-1
 内容 謎に満ちた空海の生涯 まずは神武天皇の話から 空海は天才少年だった なぜ大学に入れたのか 儒教を捨てて仏教を求める 進化する久遠仏 遣唐船に乗り込むまで 藤原北家とのつながり 遣唐使とともに長安に渡る 恵果から伝法灌頂を受ける 即身成仏とは何か 影絵芝居の世界 阿字観で宇宙を観想する 薬子の変を鎮める 最澄との対立 空海とは何ものだったのか

◇空海の本―密教最大の聖者の実像と伝説を探る 学習研究社 2006.12 218p 21cm (New sight mook) 1300円 ①4-05-604562-3

◇弘法大師空海論考―研究と評論 加藤精一著 春秋社 2006.11 273p 22cm 8000円 ①4-393-17229-9
 内容 1 研究篇(真言密教における相承と展開 忠孝問答と十四問答 弘法大師はなぜ『華厳経開題』を著作されなかったのか 第九極無自性心の設定と『大疏第三重』―相承と展開の成果を探る 法身は一仏か多仏か―『金光明経』をめぐる真言と法相の懸隔 ほか) 2 評論篇(真言密教研究の近代化について 司馬遼太郎の文学と仏教―『空海の風景』をめぐって 弘法大師と外国人との交渉 弘法大師抜きの密教は断じて真言宗に非ず 私の同行二人 ほか)

◇空海と真言宗―知れば知るほど 宮坂宥洪監修 実業之日本社 2006.8 265p 19cm 1500円 ①4-408-32316-0
 内容 第1章 空海の生涯と真言宗の発展(天才的な密教僧の生まれ変わり 神童として幼少年期を送る ほか) 第2章 真言宗の教義と儀礼(密教は仏教よりも古くに興った 空海が伝えたのは正純な密教 ほか) 第3章 日常のお勤めと葬儀・法事のしきたり(家庭の仏壇は信仰のよりどころ どんな仏壇を、どこに安置するか ほか) 第4章 真言宗の主な本山(金剛峯寺 善通寺 ほか) 第5章 毎日のお勤めで読みたい経典(真言宗の読誦経典 『般若心経』 ほか)

◇弘法大師空海の研究 武内孝善著 吉川弘文館 2006.2 577, 20p 22cm 13000円 ①4-642-02448-4
 内容 第1部 空海の誕生年次と家系(空海の誕生年次 空海の出自―讃岐国佐伯直؜裔 ほか) 第2部 空海の入唐求法(入唐の目的 空

海の出家と入唐 ほか) 第3部 最澄との交友と訣別(空海と最澄の交友—訣別にいたる過程を中心に 乙訓寺別当補任説をめぐって ほか) 第4部 高野山の開創(高野山の開創とその意義 高野山の開創と丹生津比売命 ほか)

◇空海―世界的思想としての密教 河出書房新社 2006.1 191p 21cm (Kawade道の手帖) 1500円 ①4-309-74008-1
[内容]空海入門—曼荼羅を生きる インタヴュー(中沢新一—最後の空海、未来の空海 前田英樹—潜在性のマテリアリスト) 論考(空海の「存源之意」とは何か—「空海とサンスクリット」再考 空海、本覚、恩恵のみ) 空海論集成(意味分節理論と空海—真言密教の言語哲学的可能性を探る 真言密教の比較思想史的考察 ほか) 対談 司馬遼太郎・福永光司—経国の大業 明治の空海(景教碑の選者アダムに就て 文学上における弘法大師 ほか)

◇弘法大師空海と唐代密教—弘法大師入唐千二百年記念論文集 静慈圓編著 京都 法藏館 2005.12 279p 22cm 6500円 ①4-8318-7688-7

◇空海名言辞典 近藤堯寛編 高野町(和歌山県) 高野山出版社 2005.11 401p 18cm ①4-87527-048-8

◇吽字義—現代語訳 福田亮成著 ノンブル 2005.7 230p 22cm (弘法大師に聞くシリーズ 7) 5500円 ①4-931117-96-1
[内容]1(吽字の字相 字相と字義)2 吽字の字義(訶字の実義 阿字の実義 旋陀羅尼門の実義 十住心における実義 ほか)

◇最澄と空海—日本人の心のふるさと 梅原猛著 小学館 2005.6 365p 15cm (小学館文庫) 638円 ①4-09-405623-8
[内容]1部 たたかう求道者、最澄(最澄瞑想 最澄と天台本覚思想) 2部 万能の天才、空海(空海の再発見—密教の幻惑 人間弘法大師を説く十章)

◇空海の『十住心論』を読む 岡野守也著 大法輪閣 2005.3 350p 20cm 2600円 ①4-8046-1217-3
[内容]序章 空海の軌跡—略伝 第1章 『十住心論』の全体像—空海コスモロジーの概要 第2章 仏教以前—欲望から道徳・宗教へ 第3章 小乗仏教—自己の苦しみの克服 第4章 大乗仏教への目覚め—菩薩の修行と空の体得 第5章 大乗仏教から密教へ—マンダラ・コスモロジーへの道

◇空海コレクション 2 空海著, 宮坂宥勝監修, 頼富本宏, 北尾隆心, 真保龍敞訳注 筑摩書房 2004.11 485p 15cm (ちくま学芸文庫) 1500円 ①4-480-08762-1
[内容]即身成仏義 声字実相義 吽字義 般若心経秘鍵 請来目録

◇空海コレクション 1 空海著, 宮坂宥勝監修, 頼富本宏訳注 筑摩書房 2004.10 417p 15cm (ちくま学芸文庫) 1400円 ①4-480-08761-3
[内容]秘蔵宝鑰 弁顕密二教論

◇空海の話 和歌山 わかやま絵本の会 2004.7 52p 21cm (郷土絵本 no.72) 650円

◇空海と霊界めぐり伝説 上垣外憲一著 角川書店 2004.6 241p 19cm (角川選書 363) 1600円 ①4-04-703363-4
[内容]第1章 小野篁の地獄往来(六道珍皇寺 海を渡る使節と超能力 現世の業績から異界の支配能力へ ほか) 第2章 空海の観想世界(霊界への想像力 空海の生誕地 空海の伝える真言祖師の奇瑞譚 ほか) 第3章 修法と観想の隆盛(密教による救済 宮中に於ける御修法 修法合戦 ほか)

◇傍訳弘法大師空海 事相篇 第3巻 空海著, 宮坂宥勝監修, 小峰彌彦編著 四季社 2004.4 271p 22cm 16000円 ①4-88405-227-7

◇空海と密教のかたち—研究発表と座談会 京都 仏教美術研究上野記念財団助成研究会 2004.3 35, 6p 図版6p 30cm (仏教美術研究上野記念財団助成研究会報告書 第31冊)

◇傍訳弘法大師空海 事相篇 第4巻 空海著, 宮坂宥勝監修, 小峰智行, 田中悠文編著 四季社 2004.3 332p 22cm 16000円 ①4-88405-228-5
[内容]建立曼荼羅次第法. 念持真言理観啓白文. 金剛頂経一字頂輪王儀軌義. 梵字悉曇字母並釈義

◇空海の思想と文化—小野塚幾澄博士古稀記念論文集 上 大正大学真言学豊山研究室小野塚幾澄博士古稀記念論文集刊行会編 ノンブル 2004.1 19, 570p 22cm ①4-931117-81-3

◇空海の思想と文化—小野塚幾澄博士古稀記念論文集 下 大正大学真言学豊山研

仏教を支えた人々

究室小野塚幾澄博士古稀記念論文集刊行会編　ノンブル　2004.1　595p　22cm
①4-931117-81-3

◇傍訳弘法大師空海　事相篇　第1巻　空海著, 宮坂宥勝監修, 大澤聖寛, 北川真寛, 佐々木大樹, 佐藤正伸, 土居夏樹編著　四季社　2003.12　332p　22cm　16000円
①4-88405-225-0

◇空海―密教の聖者　高木訷元, 岡村圭真編　吉川弘文館　2003.11　243p　20cm　（日本の名僧 4）　2600円
①4-642-07848-7
内容　私の空海　1 空海の魅力　2 空海の出家と入唐―槐林から山林への軌跡　3 密教の受法と流布―山林優婆塞から密教の聖者へ　4 大真言から小真言へ―『文鏡秘府論』の構成　5 即身成仏への道―文字とマンダラ　6 即身成仏の世界観―根源性と調和　7 衆生救済の理念と実際―二利円満と四恩抜済　8 空海の芸術観　9 現代に生きる空海―大師信仰に生きる

◇空海と中国文化　岸田知子著　大修館書店　2003.11　193p　19cm　（あじあブックス 55）　1600円　①4-469-23196-7
内容　1 青年空海の学んだもの　2 青年空海の著作―『聾瞽指帰』　3 空海の渡唐　4 空海のおみやげ　5 空海と書　6 空海の詩　7 空海の作った辞書―『篆隷万象名義』　8 詩文創作の手引き書―『文鏡秘府論』　9 空海がもたらしたもの

◇傍訳弘法大師空海　事相篇　第2巻　空海著, 小峰彌彦, 山本匠一郎編著, 宮坂宥勝監修　四季社　2003.11　260p　22cm　16000円　①4-88405-226-9

◇空海入唐―虚しく往きて実ちて帰らん　飯島太千雄著　日本経済新聞社　2003.10　302p　20cm　2200円　①4-532-12381-X

◇空海論註―秘密曼荼羅十住心論覚え書　角谷道仁編著　碧南　原生社　2003.10　623p　21cm　2860円

◇弘法大師空海・人と書　木本南邨著　大阪　朱鷺書房　2003.10　195p　21cm　2300円　①4-88602-188-3
内容　第1章 日本書道史概説―平安時代まで（漢字の伝来　飛鳥時代 ほか）　第2章 最澄と三筆（最澄・人と書　嵯峨天皇・人と書 ほか）　第3章 空海の生涯（出生から大学中退, 出家 ほか）　第4章 空海の学書・書論（空海の書の本質　空海と『書譜』）　第5章 空海の書（晋唐書法系の真蹟　飛白・雑体書 ほか）

◇図解雑学空海　頼富本宏監修　ナツメ社　2003.10　223p　19cm　1300円
①4-8163-3593-5
内容　第1章 伝説的異能の人　第2章 超人, 空海の誕生　第3章 波濤を超えて…　第4章 真言宗を開く　第5章 空海伝説　第6章 荘厳な密教世界　第7章 宇宙をのみ込んだ空海　第8章 今なお生き続ける弘法大師

◇空海―生涯と思想　宮坂宥勝著　筑摩書房　2003.9　297p　15cm　（ちくま学芸文庫）　1100円　①4-480-08780-X
内容　1 空海の生涯と思想（日本仏教史上における空海　空海の生涯と思想　空海の教え　空海と最澄―その思想と交流の軌跡　現代思想史上の空海　綜合の天才・空海　空海の思想と現代）　2 文化人としての空海（空海の軌跡―『弘法大師行状絵詞』にそって　恵果との周遇　空海とその temple 周遇　空海の教育理想）　3 空海の著作を読む（空海の名著『秘蔵宝鑰』について　永遠への飛翔　空海の言葉をたどって　空海の密教用語について）　4 空海の聖地（霊場・高野山　空海と四国の聖地）

◇空海の「ことば」の世界　村上保壽著　大阪　東方出版　2003.9　244p　22cm　2800円　①4-88591-860-X
内容　第1部 「開題」を読む―教学的世界（『開題』に見る真言宗学の意識　一切如来をめぐる問題　法身説法の思想とその変遷　加持の概念と加持祈禱　三昧耶と入我我入の概念）　第2部 「ことば」と曼荼羅―思想的世界（『吽字義』の俯瞰的考察　声字実相と六塵の文字　真言と曼荼羅　即身と曼荼羅の思想）

◇声字実相義に学ぶ―弘法大師空海　池口惠觀著　高野町（和歌山県）　高野山出版社　2003.8　286p　20cm　（如來の声字を求めて v.1）　1470円
①4-87527-028-3

◇三教指帰―ほか　空海著, 福永光司訳　中央公論新社　2003.5　27, 362p　18cm　（中公クラシックス）　1500円
①4-12-160052-5
内容　三教指帰　文鏡秘府論・序

◇空海要語辞典　2　福田亮成編　山喜房佛書林　2003.3　151, 267p　22cm　9000円　①4-7963-0895-4

◇三教指帰　空海著, 宮坂宥勝編著　四季社　2003.1　302p　22cm　（傍訳弘法大師空海）　16000円　①4-88405-182-3

◇弘法大師・空海を読む―即身成仏義・弁顕密二教論・般若心経秘鍵・三昧耶戒序 加藤精一訳著 大法輪閣 2002.12 269p 20cm 2400円 ⓘ4-8046-1191-6
　内容 第1章『即身成仏義』を読む―大日如来と私たちの関係　第2章『弁顕密二教論』を読む―顕教と密教の間　第3章『般若心経秘鍵』を読む―『般若心経』は密教経典であり、マンダラである　第4章『三昧耶戒序』を読む―真言密教の戒律とは

◇弘法大師墨蹟聚集―書の曼荼羅世界　第7帙　弘法大師筆, 真言宗各派総本山会監修, 弘法大師墨蹟聚集刊行会編　京都　弘法大師墨蹟聚集刊行会　2002.11　3冊　37cm

◇空海のことばと芸術　真鍋俊照著　日本放送出版協会　2002.10　253p　16cm（NHKライブラリー）　870円 ⓘ4-14-084154-0
　内容 弘法大師空海の生涯　空間と書道　三密と六大体大説　密厳国土の世界　香り・生け花・音楽　高野山開創　高野山曼荼羅行　『御請来目録』にみる密教芸術　彩色・線・かたち　躍動する仏たち〔ほか〕

◇声字実相義―現代語訳　福田亮成著　ノンブル　2002.9　156p　22cm（弘法大師に聞くシリーズ6）　4600円 ⓘ4-931117-65-1
　内容 1 叙意　2 釈名体義(釈名―題名の解釈　体義の解釈　内外の文字の相について)　3 最後の問答

◇秘密曼荼羅十住心論　4　空海著, 宮坂宥勝編著　四季社　2002.8　535p　22cm（傍訳弘法大師空海）　16000円 ⓘ4-88405-112-2

◇弁顕密二教論　空海著, 佐藤隆賢編著　四季社　2002.7　280p　22cm（傍訳弘法大師空海）　ⓘ4-88405-151-3

◇空海の詩　阿部龍樹著　春秋社　2002.6　198p　20cm　1800円 ⓘ4-393-17277-9
　内容 1 空海の詩(後夜に仏法僧鳥を聞く　秋の日神泉苑を観る　過因の詩　ほか)　2 空海の生涯(若き日の問いと苦悩　山に入る(発心)　仏教の選択　ほか)　3 結んで開く(秘密瑜伽　自己と自我　秘密三摩耶　ほか)

◇秘密曼荼羅十住心論　3　空海著, 宮坂宥勝編著　四季社　2002.6　452p　22cm（傍訳弘法大師空海）　16000円 ⓘ4-88405-111-4

◇般若心経秘鍵　吽字義　空海著, 宮坂宥勝編著　四季社　2002.5　259p　22cm（傍訳弘法大師空海）　16000円 ⓘ4-88405-131-9

◇空海・心の眼をひらく―弘法大師の生涯と密教　松長有慶著　大法輪閣　2002.3　270p　20cm　2200円 ⓘ4-8046-1182-7
　内容 人間と聖者―史実と伝説　俗世から山林へ　入唐求法　密教を伝えた祖師たち　対立するもの、一なるもの　曼荼羅とはなにか　密教の宣布　顕教と密教　社会へのはたらきかけ　方便を究竟とす　自然に帰る　永遠への飛翔

◇弘法大師空海読本　本田不二雄著　原書房　2002.3　300p　21cm　1500円 ⓘ4-562-03479-3
　内容 1 四国(神人誕生　密一乗の教主)　2 京都(密厳国家への道)　3 高野山(空海＝弘法大師の秘密)

◇即身成仏義　声字実相義　空海著, 宮坂宥勝編著　四季社　2002.3　287p　22cm（傍訳弘法大師空海）　16000円 ⓘ4-88405-123-8

◇弘法大師墨蹟聚集―書の曼荼羅世界　第6帙　弘法大師筆, 真言宗各派総本山会監修, 弘法大師墨蹟聚集刊行会編　京都　弘法大師墨蹟聚集刊行会　2002.2　3冊　37cm

◇秘密曼荼羅十住心論　2　空海著, 宮坂宥勝編著　四季社　2002.1　444p　22cm（傍訳弘法大師空海）　16000円 ⓘ4-88405-110-6

◇あなただけの弘法大師空海　松長有慶監修, 立松和平, 武内孝善著　小学館　2001.12　126p　26cm　2800円 ⓘ4-09-387315-1
　内容 第1章 修行時代(ご誕生　子供の頃　四天王の守護　ほか)　第2章 求法の旅(嵐の中、唐に渡る　大陸に上陸する　長安にはいる　ほか)　第3章 世を照らす(三鈷杵を投げる　帰ってきた空海さん　聖徳太子と会う　ほか)

◇秘密曼荼羅十住心論　1　空海著, 宮坂宥勝編著　四季社　2001.12　412p　22cm（傍訳弘法大師空海）　ⓘ4-88405-109-2

◇弘法大師が出会った人々　福田亮成著　山喜房佛書林　2001.6　218, 6p　22cm　3300円 ⓘ4-7963-0298-0
　内容 阿刀大足―最初の学問の先生　一の沙門―回心の先導者　藤原葛野麿―入唐の大使　永忠和尚―唐土の先輩日本僧　恵果和尚―密教の大阿闍梨　般若三蔵―インドの

訳経僧　橘逸勢―親友の協力者　解書先生―唐土の書道の大家　高階真人―帰国の助力者　田小弐―最初の供養の依頼者〔ほか〕

◇弘法大師墨蹟聚集―書の曼荼羅世界　第5帙　弘法大師筆, 真言宗各派総本山会監修, 弘法大師墨蹟聚集刊行会編　京都　弘法大師墨蹟聚集刊行会　2001.6　3冊　37cm

◇弘法大師空海全集　第8巻　研究編　弘法大師空海全集編輯委員会編　筑摩書房　2001.6　457, 259p　21cm　9800円　①4-480-77008-9
　内容　空海僧都伝・大僧都空海伝　御遺告（二十五箇条）　菩提心論　主要伝記資料解題・年譜　撰述書の諸本と注釈書一覧　研究文献目録

◇性霊集　下　空海著, 宮坂宥勝編著　四季社　2001.6　338p　22cm　（傍訳弘法大師空海）　16000円　①4-88405-076-2

◇弘法大師空海全集　第7巻　詩文篇　弘法大師空海全集編輯委員会編　筑摩書房　2001.5　586p　21cm　9500円　①4-480-77007-0
　内容　高野雑筆集　拾遺雑集　篆隷万象名義

◇弘法大師空海全集　第6巻　詩文篇　弘法大師空海全集編輯委員会編　筑摩書房　2001.4　808p　21cm　9800円　①4-480-77006-2
　内容　三教指帰　聾瞽指帰　遍照発揮性霊集

◇性霊集　中　空海著, 宮坂宥勝編著　四季社　2001.4　494p　22cm　（傍訳弘法大師空海）　16000円　①4-88405-075-4

◇弘法大師墨蹟聚集―書の曼荼羅世界　第4帙　弘法大師筆, 真言宗各派総本山会監修, 弘法大師墨蹟聚集刊行会編　京都　弘法大師墨蹟聚集刊行会　2001.3　3冊　19×37cm

◇弘法大師空海全集　第5巻　詩文篇　弘法大師空海全集編輯委員会編　筑摩書房　2001.3　1132, 91p　21cm　13000円　①4-480-77005-4
　内容　文鏡秘府論（天巻　地巻―論体勢等　東巻―論対　南巻―論文意　西巻―論病　北巻―論対風）　文筆眼心抄（声韻　調四声譜　調声　八種韻　六義ほか）

◇性霊集　上　空海著, 宮坂宥勝編著　四季社　2001.3　408p　22cm　（傍訳弘法大師空海）　16000円　①4-88405-074-6

◇弘法大師空海全集　第4巻　実践篇　弘法大師空海全集編輯委員会編　筑摩書房　2001.2　471p　21cm　9000円　①4-480-77004-6
　内容　秘蔵記　五部陀羅尼問答讃宗秘論　三昧耶戒序　秘密三昧耶戒儀　平城天皇灌頂文　遺誡（弘仁の遺誡）　建立曼荼羅次第法　念持真言理観啓白文　金剛頂経一字頂輪王儀軌音義　梵字悉曇字母并釈義

◇弘法大師空海全集　第3巻　思想篇　弘法大師空海全集編輯委員会編　筑摩書房　2001.1　719p　21cm　9800円　①4-480-77003-8
　内容　大日経開題（法界浄心）　大日経開題（衆生狂迷）　大日経略開題（今釈此経）　大日経開題（大毘盧遮那）　大日経問題（隆崇頂不見）　大日経問題（三密法輪）　大日経開題（関以受自楽）　金剛頂経開題　教王経開題　理趣経開題（弟子帰命）〔ほか〕

◇弘法大師空海全集　第2巻　思想篇2　空海著, 弘法大師空海全集編輯委員会編　筑摩書房　2000.12　625p　21cm　9500円　①4-480-77002-X
　内容　秘蔵宝鑰　弁顕密二教論　即身成仏義　声字実相義　吽字義　般若心経秘鍵　秘密曼荼羅教付法伝　真言付法伝　請来目録　真言宗所学経律論目録

◇釈尊になった空海　松澤浩隆著　文芸社　2000.12　366p　20cm　1500円　①4-8355-0140-3
　内容　第1章 空海の一生　第2章 仏教史の概略（仏教誕生から密教まで　空海が学んだ中期密教 ほか）　第3章 研究者の姿勢（立場の影響　空海批判に見られる誤解）　第4章 司馬遼太郎氏の著作姿勢（『空海の風景』は小説か？　司馬氏の資料の扱い方）　第5章 空海の実像（空海の出自　阿刀氏と玄昉 ほか）

◇弘法大師墨蹟聚集―書の曼荼羅世界　第3帙　弘法大師筆, 真言宗各派総本山会監修, 弘法大師墨蹟聚集刊行会編　京都　弘法大師墨蹟聚集刊行会　2000.11　3冊　19×37cm

◇弘法大師空海全集　1　思想篇　空海著, 弘法大師空海全集編輯委員会編　筑摩書房　2000.11　756p　23×17cm　9800円　①4-480-77001-1
　内容　秘密曼荼羅十住心論（異生羝羊住心第一　愚童持斎住心第二　嬰童無畏住心第三　唯蘊無我住心第四　抜業因種住心第五　他縁大乗住心第六　覚心不生住心第七　一道無為住心第八　極無自性住心第九　秘密荘厳住心第十）

◇弘法大師墨蹟聚集―書の曼荼羅世界　第2帙　弘法大師筆, 真言宗各派総本山会監修, 弘法大師墨蹟聚集刊行会編　京都　弘法大師墨蹟聚集刊行会　2000.6　4冊　18×22cm

◇秘蔵宝鑰　上巻　空海著, 宮坂宥勝編著　四季社　2000.5　381p　22cm　（傍訳弘法大師空海）　⓪4-88405-026-6

◇秘蔵宝鑰　下巻　空海著, 宮坂宥勝編著　四季社　2000.5　325p　22cm　（傍訳弘法大師空海）　⓪4-88405-027-4

◇講本弘法大師著作集　弘法大師著, 勝又俊教編修　山喜房佛書林　2000.2　225p　21cm　1900円　⓪4-7963-1104-1

◇弘法大師墨蹟聚集―書の曼荼羅世界　第1帙　弘法大師筆, 真言宗各派総本山会監修, 弘法大師墨蹟聚集刊行会編　京都　弘法大師墨蹟聚集刊行会　1999.11　3冊　37cm

◇空海辞典　金岡秀友編　新装版　東京堂出版　1999.9　29, 266p　19cm　2200円　⓪4-490-10530-4

◇弘法大師のすべて　大法輪閣編集部編　増補改訂版　大法輪閣　1999.8　261p　19cm　（大法輪選書）　1500円　⓪4-8046-5025-3
　　内容　第1篇 絵で見る弘法大師の一生　第2篇 弘法大師の生涯と教え　第3篇 弘法大師の周辺　第4篇 弘法大師の信仰　第5篇 弘法大師と現代

◇三昧耶戒序・秘密三昧耶仏戒儀―現代語訳　福田亮成著　ノンブル　1999.8　198p　22cm　（弘法大師に聞くシリーズ　4）　5400円　⓪4-931117-36-8
　　内容　A 三昧耶戒序（教えの種々相　三昧耶戒とは　戒と四恩）　B 秘密三昧耶仏戒儀（菩提心の発相　菩提心発起の理由　三昧耶戒の構造）

◇空海―長安遍路 空白の日々を探る　小野稔著　桑名　蒼岳舎　1999.6　260p　19cm　1500円　⓪4-7952-4696-3
　　内容　第1章 空海長安（西安）逍遙記　第2章 道教三話　第3章 空海見聞录　第4章 日中残酷自慢　第5章 中国よいとこ（北の海のスープ　オロチョンの娘　黄河の話　承徳と寺院　鶴に国境はない　月は日本も中国も同じ　ガマグチ伝来）

◇弘法大師とその宗教　菊池寛著　新版　大東出版社　1999.6　230p　20cm　1900円　⓪4-500-00654-0

◇空海と最澄の手紙　高木訷元著　京都　法藏館　1999.5　286p　22cm　3200円　⓪4-8318-8100-7
　　内容　第1章 空海の手紙集成―『高野雑筆集』　第2章 空海の手紙　第3章 最澄の手紙　第4章 手紙にみる交友の軌跡（空海の生誕と出家　空海・最澄の入唐と密教受法　空海と最澄の交友）

◇弘法大師の救済論―密教における霊と輪廻　村上保壽著　高野町（和歌山県）　高野山出版社　1999.3　103p　19cm　1000円　⓪4-87527-012-7

◇空海入門　加藤精一著　大蔵出版　1999.1　228p　20cm　2400円　⓪4-8043-3047-X
　　内容　第1章 空海の生涯（青年期と入唐　思想の形成期―四十代　円熟期と社会活動）　第2章 著作と思想（著作の全容　『秘蔵宝鑰』について　大乗から密教へ）　第3章 空海と現代（空海の生きかた―引きずられない人　空海思想の今日的意義　空海の宗教観―人生と宗教と　ほか）

◇高野山, 超人・空海の謎―真言密教と末法思想の源流とは　百瀬明治著　祥伝社　1999.1　354p　16cm　（祥伝社文庫）　638円　⓪4-396-31110-9

◇最澄と空海―日本仏教思想の誕生　立川武蔵著　講談社　1998.12　270p　19cm　（講談社選書メチエ　145）　1600円　⓪4-06-258145-0
　　内容　第1章 源泉としてのインド仏教　第2章 中国―仏教のメタモルフォーゼ　第3章 最澄―日本仏教の転換　第4章 天台実相論　第5章 一念三千の哲学　第6章 最澄と天台の世界観　第7章 空海―密教の導入者　第8章 密教行者としての空海―虚空蔵求聞持法　第9章 空海のマンダラ理論　第10章 空海と密教の世界観

◇世紀末を救う超人「弘法大師・空海」　青山央著　アクア出版　1998.12　251p　19cm　1500円　⓪4-900156-24-8
　　内容　第1章 空海密教へのプロローグ　第2章 超人空海の生涯とその謎　第3章 空海奇跡の謎に迫る　第4章 "弘法の筆"からみた奇跡　第5章 弘法大師とその伝説を検証　第6章 全国の弘法大師伝説

◇超人空海―真言密教の秘儀で中世日本を席捲する 図説神秘の世界　世界文化社　1998.9　162p　26cm　（ビッグマンスペ

◇空海のミステリー——真言密教のヴェールを剥ぐ　佐藤任著　出帆新社　1998.6　282, 9p　20cm　3000円　ⓘ4-915497-35-6
[内容]第1章 空海の謎を解く鍵　第2章『大日経』を解く　第3章 虚空蔵求聞持法　第4章 虚空蔵・鉱山・冶金　第5章 嵯峨天皇と空海——煉丹術　第6章 東寺と稲荷・狐　第7章 おわりに——酒船石と空海

◇空海要語辞典　1　福田亮成編　山喜房佛書林　1998.6　376, 142p　22cm　9000円　ⓘ4-7963-0893-8

◇秘蔵宝鑰——密教への階梯 現代語訳　福田亮成著　改版　ノンブル　1998.2　398p　22cm　(弘法大師に聞くシリーズ 2)　9700円　ⓘ4-931117-15-5

◇空海入門　ひろさちや著　中央公論社　1998.1　222p　16cm　(中公文庫)　476円　ⓘ4-12-203041-2

◇最澄と空海——交友の軌跡　佐伯有清著　吉川弘文館　1998.1　339p　22cm　3100円　ⓘ4-642-07742-1
[内容]1 大同・弘仁の交の最澄と空海　2 高雄山寺での最澄と空海　3 空海との交友と決別　4 徳一との論争とその時代　5 『顕戒論』撰述の前後

◇空海入門——弘仁のモダニスト　竹内信夫著　筑摩書房　1997.5　238p　18cm　(ちくま新書)　660円　ⓘ4-480-05707-2
[内容]序章 始まりとしての高野山　第1章 空海の原景　第2章 空海前半生の軌跡　第3章 『請来目録』という作品　第4章 弘仁のモダニズム　終章 再び始まりとしての高野山へ

◇空海——生涯とその周辺　高木訷元著　吉川弘文館　1997.4　268p　20cm　2884円　ⓘ4-642-07732-4
[内容]1 若き日の空海　2 出家入唐　3 虚往実帰——真言の受法　4 韜黙の禅思　5 高雄山寺での両部灌頂　6 真言宣布への歩み　7 曼荼羅壇場の建立　8 兜率への道　『高野雑筆集』と唐僧義空——あとがきにかえて

◇弘法大師空海の研究　那須政隆著　京都法藏館　1997.4　460p　22cm　(那須政隆著作集 第3巻)　ⓘ4-8318-3500-5

◇定本弘法大師全集　第6巻　弘法大師著, 密教文化研究所弘法大師著作研究会編纂　高野町(和歌山県)　密教文化研究所　1997.3　481, 298p　22cm

◇定本弘法大師全集　第10巻　密教文化研究所弘法大師著作研究会編纂　高野町(和歌山県)　密教文化研究所　1997.3　656, 29p　22cm

◇空海密教　羽毛田義人著, 阿部竜一訳　春秋社　1996.9　208p　20cm　2060円　ⓘ4-393-17273-6
[内容]第1部 空海の生涯(成長期　転機　出家と求法　師恵果和尚との出会い　試練　名望　高雄山寺の灌頂　高野山の開創　東寺時代　高野山への帰還)　第2部 空海の思想(顕教と密教　空海の密教の教理と実践)

◇定本弘法大師全集　第8巻　弘法大師著, 密教文化研究所弘法大師著作研究会編纂　高野町(和歌山県)　密教文化研究所　1996.9　447p　22cm

◇生命の海〈空海〉　宮坂宥勝, 梅原猛著　角川書店　1996.6　365p　15cm　(角川文庫)　800円　ⓘ4-04-198509-9
[内容]第1部 秘密の世界(空海の生涯　密教とは　曼荼羅の世界　人間精神の発展　自己を完成する　密教のシンボリズム　密教をめぐって)　第2部 密教の再発見　第3部 死の哲学から生の哲学へ(偉大なる矛盾の人生　生命の秘密と知恵の秘密)

◇定本弘法大師全集　首巻　密教文化研究所弘法大師著作研究会編纂　高野町(和歌山県)　密教文化研究所　1996.1　112p　22cm

◇定本弘法大師全集　第9巻　弘法大師著, 密教文化研究所弘法大師著作研究会編纂　高野町(和歌山県)　密教文化研究所　1995.11　764p　22cm

◇お大師さんの教えと御生涯　蓮生善隆著　善通寺　蓮生善隆　1995.10　182p　19cm

◇空海——いずれも仏ならざるはなし　金岡秀友著　広済堂出版　1995.8　304p　18cm　(Refresh life series)　1000円　ⓘ4-331-00695-6
[内容]第1章 空海の修行と学問　第2章 空海の生涯　第3章 空海の思想　第4章 空海の流れ

◇定本弘法大師全集　第4巻　弘法大師著, 密教文化研究所弘法大師著作研究会編纂　高野町(和歌山県)　密教文化研究所　1995.2　505p　22cm
[内容]大日経開題　金剛頂経開題　教王経開題　理趣経開題　真実経文句　実相般若

経答釈　仁王経開題　法華経開題　法華経釈　法華経密号　梵網経開題　最勝王経開題　金勝王経秘密伽他　金剛般若波羅蜜経開題　一切経開題　釈論指事

◇空海の思想　八田幸雄著　大阪　東方出版　1994.11　285p　20cm　2575円　①4-88591-413-2
[内容]第1編 空海の思想（幅広い教養　虚空蔵求聞持の法　『三教指帰』ほか）第2編 空海の真言教学の基礎となるもの（即身成仏を説く『理趣経』　修行法の基礎となる「十八道」　金剛頂宗（密教）の教理を完成する『理趣釈』）

◇空海の足跡　五来重著　角川書店　1994.10　213p　19cm　（角川選書 252）　1200円　①4-04-703252-2
[内容]1 高野山の風土　2 空海の世界　3 弘法大師信仰

◇空海関係図書目録　香川県立図書館編　高松　香川県立図書館　1994.3　136p　26cm

◇定本弘法大師全集　第3巻　弘法大師著, 密教文化研究所弘法大師著作研究会編纂　高野町（和歌山県）　密教文化研究所　1994.3　382p　22cm
[内容]般若心経秘鍵　即身成佛義　聲字實相義　吽字義釋　辯顯密二教論　秘蔵寶鑰

◇定本弘法大師全集　第2巻　弘法大師著, 密教文化研究所弘法大師著作研究会編纂　高野町（和歌山県）　密教文化研究所　1993.11　375p　22cm
[内容]秘密曼荼羅十住心論

◇沙門空海　渡辺照宏, 宮坂宥勝著　筑摩書房　1993.5　324p　15cm　（ちくま学芸文庫）　1100円　①4-480-08056-2
[内容]第1章 生きている空海　第2章 幼少年時代　第3章 三教指帰の述作　第4章 入唐まで—20代の空海　第5章 唐における空海　第6章 帰国後、何をしたか　第7章 高雄山時代　第8章 高野山の開創　第9章 東寺の経営　第10章 社会的活動　第11章 教団と弟子たち　第12章 文筆活動　第13章 高野山における入定　第14章 日本仏教史より見た空海

◇空海思想の形成　吉田宏晢著　春秋社　1993.2　572, 26, 24p　23cm　25000円　①4-393-17272-8
[内容]序論　第1部『大日経』住心品研究（菩提心の規定　菩提心の展開　住心品をめぐる蔵漢註釈の解釈の異同について　ブッダ

グヒヤの具縁品解釈　住心品における大乗的なものと密教的なもの　一行の思想　『大日経』と空海教学）　第2部 大乗仏教の諸思想と空海の思想（中観仏教の思想と空海教学　瑜伽行唯識と『大日経』　瑜伽行唯識から密教へ—智の概念の転換をめぐって　本覚思想と空海教学　『大乗起信論』と空海　『釈摩訶衍論』と空海教学　華厳思想と空海教学　不空の密教と空海　即心成仏と即身成仏）　第3部 空海思想の諸特相（真言密教における善の概念　空海の解脱観　六大縁起論　即身成仏の思想—空海とツォンカパの対比〔ほか〕

◇定本弘法大師全集　第5巻　弘法大師著, 密教文化研究所弘法大師著作研究会編纂　高野町（和歌山県）　密教文化研究所　1993.1　390p　22cm
[内容]三昧耶戒序　太上天皇灌頂文　五部陀羅尼問答偈讃宗秘論　念持真言理觀啓白文　梵字悉曇字母并釋義

◇空海曼荼羅　宮坂宥勝著　京都　法蔵館　1992.11　284p　22cm　3200円　①4-8318-8058-2
[内容]1 密教の軌跡（密教の歴史的意義　インド・中国密教の軌跡　日本密教の軌跡）　2 空海密教（空海の生涯と密教　空海密教の世界性）　3 空海展望（不動尊信仰と空海　空海と覚鑁　密教における不二思想再検）　不動護摩の記録

◇空海　上山春平著　朝日新聞社　1992.10　331p　19cm　（朝日選書 461）　1300円　①4-02-259561-2
[内容]1 空海論の視点　2 空海伝の基本問題　3 空海と最澄　4 空海伝の基本資料

◇三教指帰注集　釈成安注　京都　大谷大学　1992.10　207p　27cm

◇『三教指帰注集』の研究—大谷大学図書館蔵　佐藤義寛著　京都　大谷大学　1992.10　517p　27cm

◇空海上人のあらまし—真言宗宗祖弘法大師　戸田清幸著　〔米沢〕　〔戸田清幸〕　1992.9　22p　26cm

◇定本弘法大師全集　第7巻　弘法大師著, 密教文化研究所弘法大師著作研究会編纂　高野町（和歌山県）　密教文化研究所　1992.6　503p　22cm
[内容]聾瞽指帰　三教指帰　高野雑筆集　拾遺性霊集

◇弘法大師—異国に学んだ先駆者　今枝二郎著　五月書房　1992.5　278p　20cm

2400円　①4-7727-0170-2
　内容　弘法大師における中国思想―『三教指帰』出典について　弘法大師留学の青龍寺　弘法大師と中国の文学　弘法大師の足跡を訪ねて　三教の史跡探訪　弘法大師と中国の書法

◇性霊集一字索引　静慈円編　大阪　東方出版　1991.9　412p　26cm　28000円　①4-88591-271-7

◇定本弘法大師全集　第1巻　弘法大師著，密教文化研究所弘法大師著作研究会編纂　高野町（和歌山県）　密教文化研究所　1991.7　275p　22cm
　内容　御請来目録　真言宗所學経律論目録　秘密漫荼羅教付法傳　真言付法傳

◇空海書韻　榊莫山著　美術公論社　1991.3　223p　19cm　2100円　①4-89330-109-8
　内容　水銀の鉱山　山河慟哭　渡唐の船旅　長安の日日　求法　空海の立腹　槇ノ尾山暮らし　空海書韻　最澄との亀裂　空海山へ帰る

◇空海と錬金術―金属史観による考察　佐藤任著　東京書籍　1991.1　390p　20cm　2600円　①4-487-75300-7
　内容　第1章 空海の風格　第2章 虚空蔵求聞持法　第3章 空海の時代の世界科学史の背景　第4章 嵯峨天皇と空海―煉丹術　第5章 虚空蔵・鉱山・冶金　第6章 東寺と稲荷・狐　第7章 弘法大師伝説と産鉄族伝承

◇私度僧空海　宮崎忍勝著　河出書房新社　1991.1　278p　20cm　2400円　①4-309-22191-2
　内容　第1章 讃岐の真魚―空海誕生　第2章 爰に一の沙門あり―修学と出家　第3章 膠漆の執友たり―若き私度僧・空海　第4章 待つこと久し―入唐求法とその前後　第5章 停滞する水は腐敗する―帰朝後の空海と最澄　第6章 われ永く山に帰らん―入滅と、滅後の空海　補章 山に遊びて仙を慕う―密教と道教の周辺　弘法大師略年譜

◇空海入門―本源への回帰　高木訷元著　京都　法蔵館　1990.9　270p　20cm　2800円　①4-8318-8057-4
　内容　1 その生涯（長安へ―弘法大師空海の前半生　長安から―入唐求法の請来品　帰国ののち―書簡にみる生涯の断面　思索の軌跡―弘法大師空海の著作）　2 その人間像（書簡にみる弘法大師空海の人間像　伝教大師と弘法大師の交渉）　3 その思想（弘法大師空海の教学と現代的意義　教育はどうあるべきか―その教育理念　菩薩道とは―その社会福祉観　いのちの道―弘法大師空海の遺誡）　4 現代へのメッセージ（本源への回帰―21世紀への共存の指針）

◇空海　沢田ふじ子著　京都　淡交社　1990.6　151p　19cm　（京都・宗祖の旅）　880円　①4-473-01140-2
　内容　1 空海の生涯と教え（空海の信仰と誕生　出京と仏教への開眼　謎の七年間　入唐の辛苦と正統密教の伝授　空海と嵯峨天皇、最澄との離反　高野山と東寺）　2 京都・空海の旅　3 京都の真言寺院

◇文化史上より見たる弘法大師伝　守山聖真著　国書刊行会　1990.6　1121p　22cm　11000円　①4-336-00236-3

◇弘法大師空海伝　加藤精一著　春秋社　1989.6　273p　20cm　2100円　①4-393-17218-3
　内容　序章 時代の概観　第1章 弘法大師の前半生（『三教指帰』の製作まで）　第2章 嵯峨天皇時代の大師（嵯峨天皇と弘法大師との交渉　高野山の開創）　第3章 東寺時代の大師（東寺の勅賜以来　大僧都任命以後）　第4章 大師の著作と思想（大師の著作活動『秘蔵宝鑰』の梗概）　第5章 隠棲時代と御入定（隠棲時代　御入定及びそれ以後）　弘法大師略年譜

◇空海の肖像　橋豊著　七月堂　1989.1　243p　20cm　2000円

◇空海―人と書　春名好重著　京都　淡交社　1988.3　253, 9p　21cm　2000円　①4-473-01034-1
　内容　空海の時代　佐伯氏・阿刀氏　生い立ち　空海の出家　空海の入唐　嵯峨天皇と空海　最澄と空海　神護寺　教王護国寺　東大寺　綜芸種智院　空海の詩文と書　空海の書の系譜　空海の書と最澄の書　弘法にも筆の誤り　空海と修円　空海と近衛家煕　空海と昭乗　空海の書と後世の書　空海の書と現代の書〔ほか〕

◇空海の人生　中橋健著　恒文社　1987.7　357p　20cm　2800円　①4-7704-0666-5
　内容　第1章 生い立ち　第2章 仏との出会い　第3章 なぜ出家したか　第4章 謎の7年　第5章 入唐求法　第6章 帰国　第7章 飛躍の時代　第8章 伽藍建立　第9章 大衆の中の空海　第10章 晩年　第11章 入定

◇空海入唐の足跡―推考　村上春次著〔松山〕　一遍会　1987.3　364p　20cm　（一遍会双書　第12集）　2800円

◇伝教大師（でんぎょうだいし）巡礼　瀬戸

仏教を支えた人々

内寂聴著　講談社　1987.3　258p　15cm　（講談社文庫）　380円　①4-06-183946-2

◇空海伝説の形成と高野山―入定伝説の形成と高野山納骨の発生　白井優子著　同成社　1986.12　458p　22cm　12000円　①4-88621-042-2
[内容]第1部 入定伝説の形成（史料となるおもな弘法大師空海伝　初期空海伝説と真言宗―地方布教を中心に　紀伊国高野山と丹生born神―11世紀初頭の高野山の動向と伊賀郡の豪族　入定伝説の形成―11世紀初頭の空海伝説について）　第2部 空海伝説の拡大―真言宗と関連して（雨僧正仁海と空海入定伝説　空海伝説の地域的展開）　第3部 空海入定伝説の展開―高野山納骨霊場（伝説からみた院政期高野山の変遷　経塚造営の変質と霊場―永久2年高野山奥之院尼法薬の経塚について　高野山霊場と納骨の発生―院政期貴族社会の葬礼に関して）

◇弘法大師空海全集　第5巻　弘法大師空海全集編輯委員会編　筑摩書房　1986.9　1132, 91p　22cm　11000円　①4-480-77005-4
[内容]詩文篇1 文鏡秘府論・文筆眼心抄　興膳宏訳注．解説　興膳宏著

◇最澄か空海か―こころを拓く選択　寺林峻著　経済界　1986.9　201p　20cm　（Ryu selection）　1300円　①4-7667-8019-1
[内容]1章 誕生―時代といのち　2章 修練―人と自然　3章 求法―水平線と垂線　4章 伝道―厳格と寛容　5章 道場―比叡山と高野山　6章 開宗―孤高と大衆　7章 遺教―一隅と無限

◇空海　高松　空海記念碑建立実行委員会　1986.3　289p 図版10枚　27cm　非売品

◇最澄・空海　渡辺照宏, 宮坂宥勝ほか訳・注　筑摩書房　1986.3　422p　20cm　（日本の仏教思想）　1800円　①4-480-84156-3
[内容]解説 最澄 空海の思想（渡辺照宏）　最澄集　山家学生式　伝教大師消息（抄）　空海集（三教指帰　秘蔵宝鑰　高野雑筆集（抄））

◇『吽字義』の解説　那須政隆著　成田新勝寺成田山仏教研究所　1985.10　209p〔27〕枚　21cm　1500円

◇弘法大師の教えと生涯　福田亮成著　八王子　大本山高尾山薬王院　1985.10　266p　20cm　①4-931117-02-3

◇弘法大師空海全集　第8巻　弘法大師空海全集編輯委員会編　筑摩書房　1985.9　457, 259p　22cm　6800円
[内容]研究篇 空海僧都伝・大僧都空海伝 真保竜敞訳注．御遺告 二十五箇条 遠藤祐純訳注．菩提心論 福田亮成訳注．解説 真保竜敞ほか編．主要伝記資料解題・年譜．選述書の諸本と注釈書一覧．研究文献目録

◇信濃の弘法伝説　真言宗豊山派長野県仏教青年会編　長野　風景社　1985.8　94p　19×22cm　1500円

◇お大師さま―管長法話集　阿部野竜正編　大阪　東方出版　1985.7　208p　19cm　1200円

◇即身成仏義　空海著, 金岡秀友訳・解説　太陽出版　1985.7　219p　20cm　1700円　①4-88469-062-1

◇弘法大師伝記集覧　三浦章夫編　増補2版　密教文化研究所編纂　〔高野町（和歌山県）〕　密教文化研究所　1985.3　1145, 58p　22cm　10000円

◇弘法大師と密教の文化―弘法大師御入定千百五十年記念論文集　高野山大学密教研究会編　高野町（和歌山県）　密教研究会　1985.3　484p　23cm
[内容]弘法大師の密教 那須政隆著 ほか27編

◇空海の人生―弘法大師伝　中橋健著　高松　空海の人生刊行会　1984.12　405p　19cm　3000円

◇空海を解く―その思想と背景 IBM四国空海シンポジウム　上山春平, 森浩一編　徳間書店　1984.10　319p　20cm　2000円　①4-19-222985-4

◇弘法大師空海　毎日新聞社　1984.10　254p　38cm　40000円

◇弘法大師空海全集　第7巻　弘法大師空海全集編輯委員会編　筑摩書房　1984.8　586p　22cm　6200円

◇空海入唐　趙樸初ほか著　京都　美乃美　1984.7　164p　22cm　2700円

◇空海―生涯と思想　宮坂宥勝著　筑摩書房　1984.6　247p　20cm　1300円

◇大宇宙のドラマ―空海・その人と教え　金岡秀友ほか著　鈴木出版　1984.6　251p　19cm　（まいとりぃ選書）　1350円　①4-7902-2002-8

43

仏教を支えた人々

◇空海─物語と史蹟をたずねて　八尋舜右著　成美堂出版　1984.5　222p　19cm　900円　①4-415-06551-1
◇空海─火輪の時空　西宮紘著　朝日出版社　1984.5　465p　22cm　4500円
◇弘法大師空海全集　第4巻　弘法大師空海全集編輯委員会編　筑摩書房　1984.5　471p　22cm　5600円
　内容　実践篇　秘蔵記　勝又俊教訳注. 五部陀羅尼問答偈讃宗秘論　村岡空訳注. 三昧耶戒序・秘密三昧耶仏戒儀・平城天皇灌頂文　遠藤祐純訳注. 遺誡（弘仁の遺誡）真保龍敞訳注. 建立曼荼羅次第法　真鍋俊照訳注. 念持真言理観啓白文　真保龍敞訳注. 金剛頂経一字頂輪王儀軌音義・梵字悉曇字母并釈義　布施浄慧訳注. 解説
◇超人空海の奇跡─弘法大師伝説と密教の謎　青山央著　サンデー社　1984.4　230p　18cm　780円　①4-88203-024-1
◇秘蔵宝鑰─口語訳　弘法大師著, 加藤純隆訳著　世界聖典刊行協会　1984.4　319p　22cm　3500円　①4-88110-032-7
◇空海入門─いま光彩を放つ"まず飛び込め"の方法　ひろさちや著　祥伝社　1984.3　216p　18cm　（ノン・ブック）680円　①4-396-10230-5
◇空海百話─弘法大師　佐伯泉澄著　大阪　東方出版　1984.3　250p　18cm　980円
◇弘法大師空海　河出書房新社　1984.3　222p　21cm　（河出人物読本）980円
◇弘法大師空海全集　第3巻　弘法大師空海全集編輯委員会編　筑摩書房　1984.3　719p　22cm　6400円
　内容　思想篇3 大日経開題（法界浄心）吉田宏晢訳注 ほか27編. 解説　吉田宏晢ほか著
◇弘法大師と現代　真言宗智山派御遠忌記念出版編纂委員会編　筑摩書房　1984.3　695, 74p　22cm　7800円
　内容　弘法大師の思想の比較思想史的考察　中村元著 ほか47編
◇弘法大師空海全集　第2巻　弘法大師空海全集編輯委員会編　筑摩書房　1983.12　625p　22cm　6000円
　内容　秘蔵宝鑰　宮坂宥勝訳注. 弁顕密二教論　佐藤隆賢訳注. 即身成仏義・声字実相義　松本照敬訳注. 吽字義　小野塚幾澄訳注. 般若心経秘鍵　松本照敬訳注. 秘密曼荼羅教付法伝・真言付法伝　宮崎忍勝訳注. 請来目録・真言宗所学経律論目録　真保龍敞訳注. 解説

◇弘法大師空海全集　第1巻　弘法大師空海全集編輯委員会編　筑摩書房　1983.11　756p　22cm　6400円
　内容　秘密曼荼羅十住心論. 解説　宮坂宥勝
◇弘法大師著作全集　第1巻　空海著, 勝又俊教編修　修訂版　山喜房仏書林　1983.7　594, 68p　19cm　5000円
　内容　弁顕密二教論.即身成仏義.声字実相義.吽字義.般若心経秘鍵.秘蔵宝鑰.秘密曼荼羅十住心論. 解説　勝又俊教著
◇弘法大師伝絵巻　梅津次郎編集　角川書店　1983.6　151, 61, 6p　35cm　35000円
◇弘法大師のすべて　『大法輪』編集部編　大法輪閣　1983.6　220p　19cm　（大法輪選書）980円　①4-8046-5011-3
◇空海─人その軌跡─歴史シンポジウム3　上山春平ほか述, 愛媛県文化振興財団編　松山　愛媛県文化振興財団　1983.3　218p　19cm　（財団図書4）900円
◇空海上人伝─弘法大師の生涯と著作　山本智教著　大阪　朱鷺書房　1983.1　209p　19cm　980円
◇日本名僧論集　第3巻　空海　和多秀乗, 高木訷元編　吉川弘文館　1982.12　456p　22cm　5800円
　内容　序論 弘法大師の思想と生涯─特に遍照発揮性霊集を中心として　中野義照著. 奈良時代仏教の密教的性格　堀池春峰著. 古代仏教における山林修行とその意義─特に自然智宗をめぐって　薗田香融著. 高野山と丹生社について　和多昭夫著. 恵果阿闍梨との出逢い　岡村圭真著. 空海の戒と付法について　高木訷元著. 空海と最澄の交際について・空海と最澄の決別について　赤松俊秀著. 最澄と空海─弘仁7年から同12年にいたる時期を中心に　川崎庸之著. 空海の引用文の特質・理と智　松長有慶著. 御請来目録　高木訷元著. 顕密対弁思想の展開─その類型的考察　勝又俊教著. 空海思想のリアリズム　玉城康四郎著〔ほか〕
◇《声字実相義》の解説　那須政隆著　成田　新勝寺成田山仏教研究所　1982.11　133p　21cm　1000円
◇弘法大師空海　弘法大師空海刊行会編　高松　弘法大師空海刊行会　1982.8　258p　29cm　12000円
◇空海─思想読本　宮坂宥勝編　京都　法蔵館　1982.6　216p　21cm　1200円

仏教を支えた人々

◇弘法大師物語―苦難と栄光の御生涯と大師信仰　新居祐政著　大阪　朱鷺書房　1982.5　227p　19cm　980円

◇弘法大師入定説話の研究　松本昭著　六興出版　1982.1　345p　22cm　7000円

◇空海の研究　櫛田良洪著　山喜房仏書林　1981.10　440, 25p　22cm　8500円

◇空海　上山春平著　朝日新聞社　1981.9　331p　20cm　（朝日評伝選24）　1400円

◇弘法大師伝　2版　〔高野町（和歌山県）〕総本山金剛峯寺弘法大師御入定千百五十年御遠忌大法会事務局　1981.6　709, 8p　図版12枚　23cm

◇入定留身―大師の生涯　三井英光著　京都　法蔵館　1981.5　187p　20cm　1600円

◇弘法大師の書簡　高木訷元著　京都　法蔵館　1981.4　374p　19cm　2800円

◇弘法大師の思想とその源流　勝又俊教著　山喜房仏書林　1981.3　348, 27p　22cm　3800円

◇弘法大師著作全集　第3巻　空海著, 勝又俊教編集　山喜房仏書林　1981.2　688, 92p　19cm　5000円
　内容　三教指帰.聾瞽指帰.遍照発揮性霊集.高野雑筆集.拾遺雑集.解説

◇空海―密教への道　中島尚志著　三一書房　1980.10　234p　20cm　1800円

◇空海の軌跡　佐和隆研著　京都　法蔵館　1980.2　267p　図版20枚　22cm　2900円

◇空海の思想について　梅原猛著　講談社　1980.1　130p　15cm　（講談社学術文庫）　380円

◇空海辞典　金岡秀友編　東京堂出版　1979.2　266p　19cm　2200円

◇弘法大師全集　密教文化研究所編　京都　同朋舎　1978.11　8冊　22cm　全56000円
　内容　首巻　弘法大師全集総目次.空海僧都傳.大僧都空海傳.贈大僧正空海和上傳記.弘法大師御伝.大師御行状集記.弘法大師御傳.高野大師御広傳.弘法大師行化記　第1輯　巻第1～巻第4増補　第2輯　巻第5～巻第7　第3輯　巻第8～巻第10　第4輯　巻第11～巻第13　第5輯　巻第14～巻第15附録　第6輯　篆隷万象名義　第7輯　索引

◇弘法大師研究　中野義照編　吉川弘文館　1978.3　447p　22cm　6000円

◇弘法大師伝全集　長谷宝秀編集　ピタカ　1977.1-3　10冊　22cm　各5800円

◇弘法大師の出家宣言書―三教指帰　本文と訳注　弘法大師著, 堀内寛仁校訂・訳注　高野町（和歌山県）　高野山大学出版部　1976.6　2冊　22cm

◇弘法大師伝説集　第3巻　斎藤昭俊編著　国書刊行会　1976　292, 15p　20cm　2500円

◇弘法大師伝説集　第1-2巻　斎藤昭俊編著　国書刊行会　1976　2冊　19cm　2000円, 2500円

◇弘法大師と日本文化　栂尾密道編　国書刊行会　1976　635p　22cm　5800円

◇秘蔵宝鑰講義　高井観海著　名著出版　1976　256p　22cm　（大蔵経講座24）　3000円

◇弘法大師伝説集　斎藤昭俊編著　仏教民俗学会　1974　297p　19cm　2000円

◇弘法大師著作全集　第3巻　弘法大師著, 勝又俊教編修　山喜房佛書林　1973.3　（第8刷：1997.1）　688, 92p　19cm　6000円　④4-7963-1103-3
　内容　三教指帰　聾瞽指帰　遍照発揮性霊集　高野雑筆集　拾遺雑集　解説

◇空海の軌跡　佐和隆研著　毎日新聞社　1973　269p（図共）　22cm　1500円

◇弘法大師行状絵巻―東寺本　重文　東寺記念出版委員会編　京都　八宝堂　1973　はり込み図41枚　解説64p　32×48cm（解説　30cm）　20000円

◇弘法大師空海―密教と日本人　和歌森太郎編著　京都　雄渾社　1973　361p　19cm　850円
　内容　総論・空海（和歌森太郎）大師信仰と日本人―弘法大師伝説（宮田登）巡礼の世界と日本人（中尾堯）優婆塞仏教と空海（村岡空）密教の世界と空海（村岡空）空海を語る（井上靖等）

◇弘法大師空海　山本智教編　講談社　1973　383p（図共）　35cm　26000円

◇文化史上より見たる弘法大師伝　守山聖真著　国書刊行会　1973　1121p　肖像　22cm　6800円

◇弘法大師著作全集　第2巻　空海著, 勝又俊教編　山喜房仏書林　1970　716, 92p

45

仏教を支えた人々

19cm　2000円

◇弘法大師伝記集覧　三浦章夫編　増補再版　密教文化研究所編　高野町（和歌山県）　密教文化研究所　1970　1143, 58p　図　肖像　地図　22cm

◇弘法大師著作全集　第1巻　空海著, 勝又俊教編　山喜房仏書林　1968　594, 68p　19cm　2000円
[内容] 弁顕密二教論, 即身成仏義, 声字実相義, 吽字義, 般若心経秘鍵, 秘蔵宝鑰, 秘密曼荼羅十住心論

◇仏教の思想　第9巻　生命の海〈空海〉塚本善隆等編　宮坂宥勝, 梅原猛著　角川書店　1968　310p　図版　20cm

◇弘法大師の詩と宗教—随想集　宮崎忍勝著　高野山町（和歌山県）　高野山出版社　1967　226p　図版　18cm　300円

◇沙門空海　渡辺照宏, 宮坂宥勝著　筑摩書房　1967　285p　図版　19cm　（筑摩叢書）　580円

◇新・弘法大師伝　宮崎忍勝著　大法輪閣

1967　360p　図版　19cm　600円

◇人間の種々相—秘蔵宝鑰『空海』宮坂宥勝著　筑摩書房　1967　284p　図版　20cm　（日本の仏教　第4巻）　480円

◇永遠の書像　空海編　平山観月著　有朋堂　1965　578p　図版　22cm

◇弘法大師の生涯と思想　大山公淳著　改訂版　高野町（和歌山県）　大山教授古稀記念出版会　1965　256p　図版　19cm

◇弘法大師関係文献目録　高野山大学図書館編　高野町（和歌山県）　森の会叢書出版部　1960　94p　25cm　（森の会叢書）

◇秘密曼荼羅十住心論　空海著, 勝又俊教訳註　明治書院　1954　356, 38p　19cm

◇弘法大師御伝記　蓮生観善著　9版　京都　永田文昌堂　1952　104p　図版　19cm

◇三教指帰　弘法大師著, 加藤精神訳註　7版　岩波書店　1948　140p　15cm　（岩波文庫）

空也　くうや

延喜3年（903年）〜天禄3年（972年）9月1日1　平安中期の民間浄土教の僧。出自は不詳。諸国を遊歴しつつ、20余歳で尾張国国分寺で出家し、自ら空也と称した。天慶元年（938年）京にもどり、念仏を唱えながら乞食をし、仏事を行って民衆に念仏を広めたので、市聖（いちのひじり）、あるいは阿弥陀聖と称され、浄土教信仰が庶民に広まる契機を作った。応和3年（963年）鴨川の東岸に仏殿を作り、供養を行った。この仏殿をもとに西光寺（後の六波羅蜜寺）が創建され、同寺で没した。

◇権者の化現—天神・空也・法然　今堀太逸著　京都　佛教大学通信教育部　2006.9　300p　20cm　（佛教大学鷹陵文化叢書15）　2300円　①4-7842-1321-X
[内容] 第1部「天神」—日本国の災害と道真の霊（日本太政威徳天と道賢　醍醐天皇不予と清涼殿霹靂　北野廟堂の創建—鎮国と衆生天守護　北の天満宮の神罰と霊験—『北野天神縁起』の成立　日本国の災害と善神捨国—日蓮と『選択集』）　第2部「空也」—六波羅蜜寺の信仰と空也（六波羅蜜寺と道俗貴賤　空也の生涯と活動　極楽往生—勧進と結縁　念仏の祖師空也）　第3部「法然」—浄土宗の布教と法然伝（女人教化譚の成立　老病と臨終の絵解き—東国布教と女性）

◇空也—浄土の聖者　伊藤唯真編　吉川弘文館　2005.1　225p　20cm　（日本の名僧5）　2600円　①4-642-07849-5
[内容] 1 空也の魅力—軸足を民衆に置く　2 空也の生涯—沙弥を貫く　3 天暦造像と応和の大般若供養会—社会・国家の変化と、交流・呼応の場としての講会の創始　4 空也の浄土教史上の地位　5 六波羅蜜寺と市聖空也　6 伝承のなかの空也像—霊験教化譚・踊念仏・大福茶・空也僧など　7 空也・空也僧と葬送—三昧聖研究の視点から　8 現代に生きる空也

◇阿弥陀聖空也—念仏を始めた平安僧　石井義長著　講談社　2003.11　246p　19cm　（講談社選書メチエ285）　1600円　①4-06-258285-6
[内容] 1 念仏の祖師の開いた安心の道　2 謎

◇空也上人の研究―その行業と思想　石井義長著　京都　法藏館　2002.1　801, 15p　22cm　16000円　⓪4-8318-6054-9

　内容　第1部 日本浄土教の萌芽と空也研究の現状(浄土の思想とインドにおける浄土教の成立　中国における浄土教の展開　日本浄土教の萌芽　ほか)　第2部 空也上人の生涯(空也の名について　『空也上人誄』の校訂　空也の出自について　ほか)　第3部 空也の仏教思想(発心求道　空也仏教の性格とその念仏の系譜　空也の遺したもの　ほか)

◇日本奇僧伝　宮元啓一著　筑摩書房　1998.10　253p　15cm　(ちくま学芸文庫)　900円　⓪4-480-08443-6

　内容　異能の人(役小角　行基　陽勝　仙人群像)　反骨の人(玄賓　性空　叡実　増賀　西行)　隠逸の人(空也　教信　理満　千観　平等　東聖　徳一と行空)

◇現代に生きる空海・最澄・空也・一遍　岩波光次編　教育出版センター　1984.11　200p　20cm　(サンシャインカルチャー14)　1500円　⓪4-7632-5813-3

◇空也　堀一郎著　吉川弘文館　1963　204p　図版　18cm　(人物叢書)

瑩山紹瑾　けいざんじょうきん

文永5年(1268年)10月8日〜正中2年(1325年)8月15日　鎌倉後期の曹洞宗の僧。瑩山は号。諡号は仏慈禅師、弘徳円明国師、常済大師。8歳で永平寺に入り、弘安3年(1280年)孤雲懐奘(こううんえじょう)について得度。懐奘の没後、徹通義介(てつうぎかい)について学び、臨済禅の兼密禅風も学び、比叡山で天台教学も修める。加賀大乗寺2世となり、文保元年(1317年)能登永光寺を開創、その前後に、加賀浄住寺、能登光孝寺、放生寺を開山。元亨元年(1321年)能登に総持寺を開く。同年、勅額を賜り、翌年には紫衣の出世の道場と認められる綸旨を受けた。曹洞宗中興の祖といわれ、高祖道元に対し太祖と称された。

◇瑩山禅師「伝光録」にきく　窪田慈雲著　春秋社　2003.12　456p　20cm　4000円　⓪4-393-15228-X

　内容　釈迦牟尼仏　摩訶迦葉尊者　阿難陀尊者　商那和修尊者　提多迦尊者　弥遮迦尊者　婆須密多尊者　仏陀難提尊者　伏駄密多尊者〔ほか〕

◇瑩山　瑩山原著, 飯田利行編訳　国書刊行会　2002.5　260p　23cm　(現代語訳洞門禅文学集)　6500円　⓪4-336-04352-3

　内容　瑩山和尚伝光録訳(抜粋)(第一祖摩訶迦葉　第二十八祖(中国初祖)菩提達磨　第三十祖(中国三祖)鑑智僧璨　第三十一祖(中国四祖)大医道信　第三十三祖(中国六祖)大鑑慧能　第三十五祖(中国八祖)石頭希遷　第三十八祖(中国十一祖)洞山悟本　第四十四祖(中国十七祖)投子義青　ほか)

◇瑩山紹瑾の生涯―曹洞宗太祖・常済大師高祖道元の衣鉢を弘布した名僧　百瀬明治著　毎日新聞社　2002.5　254p　20cm　1800円　⓪4-620-31569-9

　内容　序章 禅の入口　第1章 観音堂の御子　第2章 永平寺に参ず　第3章 自力弁道か他力易行か　第4章 雲のごとく水に似たり　第5章 義介より伝法す　第6章 峨山の入門　第7章『伝光録』の提唱　第8章 永光寺を開創する　第9章 霊夢と総持祖院　第10章 限りなき霊苗

◇太祖瑩山禅師　東隆真著　国書刊行会　1996.9　819, 24p　22cm　12000円　⓪4-336-03869-4

　内容　道元禅師と明智優婆夷をめぐって　悲母・懐観大姉　越前の国・多禰の観音　鳩婆羅樹の神、白山の氏子　徹通義介禅師　孤雲懐奘禅師　永平寺僧団とその周辺　達磨宗について　寂円禅師　修行の遍歴について〔ほか〕

◇瑩山禅　第12巻　瑩祖補遺講解, 総説, 総索引　光地英学ほか編　山喜房仏書林　1994.4　244, 133p　22cm　8755円　⓪4-7963-1412-1

　内容　1 御撰述(伝光録　信心銘拈提　坐禅用心記　三根坐禅説　瑩山清規　洞谷記　十種勅問　教授文　秘密正法眼蔵　報恩録)　2 修証論　3 諸問題(両祖　瑩山と密教　五老峰　総持寺　弟子群)　4 瑩禅讃仰

◇瑩山禅　第10巻　瑩山法語, 語録, 真筆類

◇等講解　光地英学, 松田文雄, 新井勝龍編　山喜房佛書林　1991.12　333p　22cm
①4-7963-1410-5

◇瑩山禅　第11巻　明峯・峨山法語講解, 論文　光地英学ほか編　山喜房仏書林　1991.2　314p　22cm　7725円

◇瑩山禅　第9巻　坐禅用心記・十種勅問・教授戒文等講解　光地英学ほか編　山喜房仏書林　1990.8　352p　22cm　7725円

◇瑩山禅　第8巻　洞谷記講解　光地英学ほか編　山喜房仏書林　1989.7　397p　22cm　7725円

◇瑩山禅　第7巻　瑩山清規講解　下　光地英学ほか編　山喜房仏書林　1988.6　316p　22cm　7500円

◇瑩山禅　第6巻　瑩山清規講解　上　光地英学ほか編　山喜房仏書林　1988.3　300p　22cm　7500円

◇瑩山禅　第4巻　伝光録講解　4　光地英学ほか編　山喜房仏書林　1987.5　398p　22cm　7500円

◇瑩山禅　第2巻　伝光録講解　2　光地英学ほか編　山喜房仏書林　1985.12　359p　22cm　7500円

◇瑩山禅　第1巻　伝光録講解　1　光地英学ほか編　山喜房仏書林　1985.3　365p　22cm　7500円

◇人間瑩山　佐橋法龍著　第2版　春秋社　1979.6　348, 11p　19cm　1800円

◇日本の禅語録　第5巻　瑩山　田島柏堂著　講談社　1978.4　374p　20cm　1800円

◇瑩山—日本曹洞宗の母胎瑩山紹瑾の人と思想　佐橋法竜著　相川書房　1975　353p　図　19cm　1250円

◇瑩山和尚清規　紹瑾著　仙台　大法界閣書店　1974　57丁　25cm

◇瑩山禅師研究—瑩山禅師六百五十回大遠忌記念論文集　瑩山禅師奉讃刊行会　1974　1190p　図　22cm

◇瑩山禅師清規　紹瑾著, 訓註・解説：東隆真, 監修・校閲：鏡島元隆　仙台　大法界閣書店　1974　272, 19p　図　22cm

契沖
けいちゅう

寛永17年(1640年)～元禄14年(1701年)1月25日　江戸前期の真言宗の僧。近世古典研究の祖。11歳で大坂妙法寺丰定について出家、高野山で修行し阿闍梨となり、大坂曼荼羅院に住す。このころ、下河辺長流との交友で影響を受け、古典研究の道に入る。元禄3年(1690年)徳川光圀の依頼により「万葉代匠記」を著す。古典の記載を客観的に研究する実証的、文献学的な方法を確立し、国学勃興の先駆となった。この古典研究法は本居宣長に継承された。

源信
げんしん

天慶5年(942年)～寛仁元年(101年)6月10日　平安中期の天台宗の僧。卜部正親の子。比叡山で良源に師事して顕密二教を学ぶ。学才に秀でていたが、英名をさけ、天禄年中(970～973年)には、横川(よかわ)の恵心院にこもり、著作と修行に精進した。これにより、「恵心僧都」とよばれた。永観元年(983年)母の臨終をみとり、翌年頃より「往生要集」の執筆を始め、寛和元年(985年)に完成した。後に同書は宋商人に託されて宋の人々から尊崇をうけた。当時、延暦寺が世俗化をたどる一方で、空也(903～972年)が念仏を広めて、公家らの浄土信仰が起こり始めた時期であり、「往生要集」は浄土信仰のよりどころとなる著作となった。称名念仏すること20億遍にも及ぶといわれ、来迎図の創始者ともされている。

◇往生要集　上　源信著, 石田瑞麿訳注　岩波書店　2008.8　402p　15cm　(岩波文庫)　900円　①4-00-333161-3
内容　大文第一　厭離穢土(地獄　餓鬼道　ほか)　大文第二　欣求浄土(聖衆来迎の楽　蓮

華初開の楽 ほか） 大文第三 極楽の証拠（十方に対す 兜率に対す） 大文第四 正修念仏（礼拝門 讃歎門 ほか） 大文第五 助念の方法（方処供具 修行の相貌 ほか）

◇往生要集 下 源信著, 石田瑞麿訳注 岩波書店 2008.8 297p 15cm （岩波文庫） 700円 ①4-00-333162-1

内容 大文第六 別時念仏（尋常の別行 臨終の行儀） 大文第七 念仏の利益（滅罪生善 冥得護持 ほか） 大文第八 念仏の証拠 大文第九 往生の諸行（諸経を明す 惣じて諸業を結ぶ） 大文第十 問答料簡（極楽の依正 往生の階位 ほか）

◇源信とパウロ―『往生要集』と『書簡』における神秘主義の比較 高見伊三男著 横浜 春風社 2007.10 231p 21cm 3200円 ①978-4-86110-123-6

内容 序論 神秘主義とは何か（神秘主義の本質 東西神秘主義における相似と相異） 第1部 源信（日本仏教史における『往生要集』の位置 『往生要集』における念仏と見仏 ほか） 第2部 パウロ（キリスト教史における『パウロ書簡』の位置 『パウロ書簡』における神秘体験と神秘主義 ほか） 第3部 両者の比較（両書の比較） 結論（要約、結論および展望）

◇国宝六道繪―『往生要集』の世界 絵解き台本 後編 林雅彦監修・編 京都 方丈堂出版 2007.10 77p 19cm 15000円 ①978-4-89480-135-6

◇国宝六道繪―『往生要集』の世界 絵解き台本 前編 林雅彦監修・編 京都 方丈堂出版 2007.7 62p 19cm 15000円 ①978-4-89480-134-9

◇大日本佛教全書 第31巻 往生要集―外二十四部 仏書刊行会編纂 大法輪閣 2007.1 405p 22cm 7800円 ①978-4-8046-1675-9

◇大日本佛教全書 第32巻 一乗要決―外十四部 仏書刊行会編纂 源信撰 大法輪閣 2007.1 430p 22cm 8000円 ①978-4-8046-1676-6

◇大日本佛教全書 第33巻 妙行心要集―外十七部 仏書刊行会編纂 大法輪閣 2007.1 380p 22cm 7600円 ①978-4-8046-1677-3

◇源信―往生極楽の教行は濁世末代の目足 小原仁著 京都 ミネルヴァ書房 2006.3 304, 16p 20cm （ミネルヴァ日本評伝選） 3000円 ①4-623-04594-3

内容 第1章 源信の伝記 第2章 申し子誕生 第3章 学窓の日々 第4章 極楽へのいざない 第5章 往生極楽の教と行 第6章 大陸仏教へのまなざし 第7章 叡山の指南 第8章 棺を蓋うて事定まる

◇往生要集 源信著, 花山信勝訳註 一穂社 2004.12 565p 21cm （名著／古典籍文庫） 6800円 ①4-86181-010-8

◇往生要集―最明寺本 索引篇 源信著, 築島裕, 坂詰力治, 後藤剛編 汲古書院 2003.9 723p 23cm 20000円 ①4-7629-3284-1

◇傍訳浄土思想系譜全書 10 往生要集 5 池田勇諦, 瓜生津隆真, 神戸和麿監修 源信僧都原著, 花山勝友傍訳 四季社 2003.5 271p 22cm 12000円 ①4-88405-206-4

◇傍訳浄土思想系譜全書 9 往生要集 4 池田勇諦, 瓜生津隆真, 神戸和麿監修 源信僧都原著, 花山勝友傍訳 四季社 2003.4 342p 22cm 12000円 ①4-88405-181-5

◇傍訳浄土思想系譜全書 8 往生要集 3 池田勇諦, 瓜生津隆真, 神戸和麿監修 源信僧都原著, 花山勝友傍訳 四季社 2003.3 371p 22cm 12000円 ①4-88405-180-7

◇傍訳浄土思想系譜全書 7 往生要集 2 池田勇諦, 瓜生津隆真, 神戸和麿監修 源信僧都原著, 花山勝友傍訳 四季社 2003.2 344p 22cm 12000円 ①4-88405-179-3

◇傍訳浄土思想系譜全書 6 往生要集 1 池田勇諦, 瓜生津隆真, 神戸和麿監修 源信僧都原著, 花山勝友傍訳 四季社 2003.1 459p 22cm 12000円 ①4-88405-178-5

◇往生要集 上 源信著, 石田瑞麿訳注 岩波書店 2001.10 402p 19cm （ワイド版岩波文庫） 1400円 ①4-00-007145-9

内容 巻上（厭離穢土 欣求浄土 極楽の証拠 正修念仏） 巻中（助念の方法）

◇往生要集 下 源信著, 石田瑞麿訳注 岩波書店 2001.10 297p 19cm （ワイド版岩波文庫） 1200円 ①4-00-007146-7

内容 巻中（別時念仏） 巻下（念仏の利益 念仏の証拠 往生の諸行 問答料簡）

仏教を支えた人々

◇「仮名書き絵入り往生要集」の成立と展開―研究篇・資料篇　西田直樹編著　大阪　和泉書院　2001.4　563p　27cm　（研究叢書 264）　30000円
①4-7576-0085-2

◇妙音院了祥述「正信念佛偈聞書」の研究　源空・源信篇　濱田耕生著　京都　自照社出版　2000.5　232p　23cm　10000円
①4-921029-14-8

◇『往生要集絵巻』詞章と絵の研究　西田直樹著　大阪　和泉書院　2000.2　706p　22cm　（研究叢書 242）　22000円
①4-7576-0027-5

◇往生要集―地獄のすがた・念仏の系譜　石上善應著　日本放送出版協会　1998.7　231p　16cm　（NHKライブラリー）　870円　①4-14-084084-6
[内容]第1章 愚かなる者　第2章 厭離穢土　第3章 地獄のすがた　第4章 地獄は存在する　第5章 修羅と餓鬼　第6章 人間とは　第7章 欣求浄土　第8章 願いをもつ　第9章 懺悔　第10章 平生の念仏　第11章 臨終の行儀　第12章 念仏往生

◇地獄と浄土　山折哲雄著　徳間書店　1998.1　267p　16cm　（徳間文庫）　514円　①4-19-890828-1
[内容]里への行脚―空也　浄土の観想―源信　平安貴族と地獄　親鸞の罪意識

◇往生要集　中村元著　岩波書店　1996.9　294p　16cm　（同時代ライブラリー 281）　1100円　①4-00-260281-8

◇往生要集　上　源信著, 石田瑞麿訳註　岩波書店　1994.9　402p　19cm　（ワイド版岩波文庫）　1300円
①4-00-007145-9
[内容]大文第一 厭離穢土　大文第二 欣求浄土　大文第三 極楽の証拠　大文第四 正修念仏

◇往生要集　下　源信著, 石田瑞麿訳註　岩波書店　1994.9　297p　19cm　（ワイド版岩波文庫）　1000円
①4-00-007146-7
[内容]大文第六 別時念仏　大文第七 念仏の利益　大文第八 念仏の証拠　大文第九 往生の諸行　大文第十 問答料管　末文書管

◇往生要集　上　源信著, 石田瑞麿訳注　岩波書店　1992.10　402p　15cm　（岩波文庫）　720円　①4-00-333161-3

◇往生要集　下　源信著, 石田瑞麿訳注　岩波書店　1992.10　297p　15cm　（岩波文庫）　620円　①4-00-333162-1

◇往生要集綱要　北畠典生著　京都　永田文昌堂　1992.7　298p　22cm　6500円

◇往生要集―最明寺本　訳文篇　源信著, 築島裕ほか編　汲古書院　1992.3　454p　23cm　15000円

◇恵心僧都絵詞伝　沙門法竜著　隆文館　1989.4　3冊　27cm　全15450円
①4-89747-308-X

◇源信　速水侑著　吉川弘文館　1988.12　284p　19cm　（人物叢書 新装版）　1700円　①4-642-05157-0

◇往生要集―最明寺本　影印篇　源信著, 築島裕ほか編　汲古書院　1988.6　638p　27cm　14000円

◇往生要集　恵心著稿　賢美閣（発売）　1987.9　176p　18cm　1800円

◇往生要集研究　往生要集研究会編　京都　永田文昌堂　1987.8　748, 34p　22cm　8500円

◇『往生要集』断簡―高野山西南院蔵　西崎亨編著　大阪　和泉書院　1986.5　195p　22cm　（影印叢書 8）　5000円
①4-87088-197-7

◇往生要集の研究　福原蓮月著　京都　永田文昌堂　1985.11　736, 32p　22cm　15000円

◇源信僧都より法然上人へそして親鸞聖人へ　草опр文秀著　京都　文栄堂書店　1983.9　252p　18cm　1200円

◇往生要集　中村元著　岩波書店　1983.5　294p　20cm　（古典を読む 5）　1800円

◇恵心和歌集讃仰　八木昊恵著　京都　永田文昌堂　1978.10　186, 22p　19cm　1200円

◇往生要集の文化史的研究　藤井智海著　京都　平楽寺書店　1978.7　242p　22cm　4500円

◇極楽浄土への誘い―『往生要集』の場合　石田瑞麿著　評論社　1976　236p　図　19cm　（日本人の行動と思想 35）　1200円

◇往生要集　源信著, 花山勝友訳　徳間書店　1972　733p　20cm　2800円

◇恵心僧都全集　比叡山専修院, 叡山学院

編　京都　思文閣　1971　5冊　23cm　25000円
◇往生要集に聞く　八木昊恵著　教育新潮社　1969　336p　19cm　1000円
◇悲しき者の救い—往生要集〈源信〉石田瑞麿著　筑摩書房　1967　263p　図版　20cm　（日本の仏教　第5巻）　480円
◇往生要集—日本浄土教の夜明け　第2　源信著, 石田瑞麿訳　平凡社　1964　374p　図版　18cm　（東洋文庫）

◇往生要集—日本浄土教の夜明け　第1　源信著, 石田瑞麿訳　平凡社　1963　382p　18cm　（東洋文庫）
◇恵心教学の基礎的研究　八木昊恵著　京都　永田文昌堂　1962　678, 50p　22cm
◇往生要集　源信著, 花山信勝訳註　岩波書店　1949 2刷　565p　15cm　（岩波文庫）
◇往生要集　源信著, 花山信勝訳註　岩波書店　1949　565p　15cm　（岩波文庫　2992-2996）

顕如　けんにょ

天文12年(1543年)1月6日〜文禄元年(1592年)11月24日　安土桃山期の浄土真宗の僧。本願寺11世。天文23年(1554年)父証如の死により11世を継ぐ。永禄2年(1559年)正親町天皇の詔によって本願寺は世襲門跡となり、翌年院家補任をゆるされる。元亀元年(1570年)織田信長と石山合戦を展開し、天正8年(1580年)和睦した後、石山を去って紀伊国鷺森に移る。豊臣秀吉政権では、和泉貝塚の天満に移り、天正13年(1585年)大僧正となる。秀吉に本願寺の京都移転を命じられ、文禄元年(1592年)京都七条堀川に移った。これが大谷派（東）本願寺の起源。没後に子の教如が跡を継ぐが、秀吉はこれを排して准如をたてたため退隠。教如はその後、徳川家康により寺地を与えられて、分派した。

◇親鸞と本願寺一族—父と子の葛藤　今井雅晴著　雄山閣出版　1999.8　228p　20cm　2500円　④4-639-01621-2
内容　1 親鸞と善鸞・如信—鎌倉時代（親鸞—因果応報　長男善鸞—善絶はあったのか？　孫・如信—祖父と父の緩衝地帯）　2 覚如と存覚・従覚—鎌倉時代末期〜南北朝時代（覚如—本願寺の創立　長男存覚—門徒との共存　次男従覚—父と兄の間を取り持つ）　3 蓮如と順如・実如—室町時代〜戦国時代（蓮如—大教団への発展　長男順如—第一の後継者　五男実如—第二の後継者）　4 顕如と教如・准如—戦国時代末期〜江戸時代初期（顕如—織田信長との十年戦争　長男教如—偽装の「義絶」？　三男准如—本願寺教団の再びの発展）
◇火焔浄土—顕如上人伝　津本陽著　角川書店　1995.2　231p　15cm　（角川文庫）　430円　④4-04-171309-9
◇如春尼の生涯—本願寺第11代顕如宗主夫人　籠谷真智子著　京都　晃洋書房　1991.11　88p　19cm　1000円　④4-7710-0567-2
◇顕如上人ものがたり　千葉乗隆著　京都

本願寺出版社　1991.4　179p　19cm　④4-89416-527-9
◇火焔浄土—顕如上人伝　津本陽著　角川書店　1991.3　224p　20cm　1100円　④4-04-872631-5
◇真宗史の諸研究　谷下一夢著　増補　京都　同朋舎　1977.2　2冊（補遺共）　22cm　全12800円

玄昉　げんぼう

(生年不詳)〜天平18年(746年)
唐に19年間留学して、智周に師事し玄宗皇帝に学業を認められる。日本に仏像、経典5千巻余を請来した。聖武天皇により僧正となり、宮廷内の内道場を中心に僧侶の政治的進出の道を開いた。天平12年(740年)に藤原広嗣が玄昉を除こうと乱をおこし、翌年九州筑紫の観世音寺造営に派遣され、天平18年(746年)大宰府で没した。

＊　　＊　　＊

◇空海の企て—密教儀礼と国のかたち　山

仏教を支えた人々

折哲雄著　角川学芸出版　2008.11
246p　19cm　（角川選書 437）　1500円
①978-4-04-703437-2
[内容]空海の「密教コード」　玄昉・道鏡につながる空海　坂口安吾の小説『道鏡』　性差から自由だった女帝　皇位継承と「カリスマ原理」　霊肉二元の感覚、心身一元の思考　幻惑の詩人、豪胆の冒険家、空海　「御修法」という治療儀礼　天皇の生命危機をどう回避してきたか　神仏協同の天皇・国家鎮護システムの危機　「統治」のための詩文の道　「三教指帰」、青年空海のさ迷える自画像　空海の創見─「即身成仏」「加持」「入我我入」「手」と「声」─即身成仏のための両輪　国家との「入我我入」　真言院の座標　不動明王を中心にすえた真言院の堂内荘厳　密教コードとしての「摂関政治」　新嘗祭・大嘗祭の「神道コード」　三百五十年の「平安」時代と「国のかたち」

◇空海をめぐる人物日本密教史　正木晃著
春秋社　2008.10　295p　19cm　2200円
①978-4-393-17281-0
[内容]第1章　空海以前─役行者・玄昉・道鏡（黎明　役行者─民衆レベルの密教、修験道の開祖　奈良密教　ほか）　第2章　空海─日本密教の創造者（若き日の謎　秘法の実践　密教の本場、唐へ渡る　ほか）　第3章　空海以後─台密と東密の展開（空海を継ぐ人々　中世の密教僧　近世・近代の密教僧）

◇奈良時代の僧侶と社会　根本誠二著　雄山閣出版　1999.1　232, 10p　22cm　4500円　①4-639-01577-1
[内容]第1章 奈良仏教者の内的世界（沙弥・尼と比丘・尼　師僧と弟子僧　奈良仏教者と知識結）　第2章 奈良仏教者の内と外（奈良仏教者と貴族層　玄昉の内と外　道鏡の内と外）　第3章 奈良仏教者と奈良仏教者の変容（行基と大仏　行基と智光）

◇論集奈良仏教　第3巻　奈良時代の僧侶と社会　根本誠二編　雄山閣出版　1994.4　324p　22cm　4800円
①4-639-01196-2
[内容]1 奈良仏教者論（奈良時代の政治と道徳　大宝、養老年間における僧綱の機能について　古代における僧位）　2 僧尼令と戒律（告密規定論序説─僧尼令・賊盗律・闘訟律を中心として　行信厭魅事件における法の運用　東大寺法進の教学に successful 大安寺道璿の註梵網経について　日本古代の戒律受容─善珠『本願薬師経鈔』をめぐって　『扶桑略記』と授戒）　3 僧伝論（玄昉法師の死─寧楽仏教史考覚書　漆部直伊波と染屋時忠─良弁伝研究の一助として　行基と古代天皇制─行基の霊異神験と天皇カリスマの危機　行基菩薩門弟雑考─大僧正記に就て　資料紹介『行基菩薩講式』─解説と翻刻）　4 解説

虎関師錬　こかんしれん

弘安元年（1278年）4月16日〜正平元年（1346年）7月24日　鎌倉末期の臨済宗聖一派の五山文学僧。虎関は字。諡号は本覚国師。8歳で臨済宗聖一派東山湛照に学び、東山の没後は南禅寺の規庵祖円、円覚寺の桃渓徳悟、建仁寺の無隠円範に師事。特に建長寺の一山一寧に師事して、学芸も密教も学んで幅広い教養を持ち、多くの著書を執筆して五山文学流行の先駆者とされる。晩年は、東福寺の海蔵院に退き、海蔵和尚と称された。

◇日本高僧傳要文抄　元亨釋書　宗性編、虎關師錬著　吉川弘文館　2007.6　92, 454, 26p　27cm　（國史大系 新訂増補 第31巻）　13000円　①978-4-642-04033-4

◇日本高僧傳要文抄　元亨釋書　宗性編、黒板勝美編輯、虎関師錬著、黒板勝美編輯　新装版　吉川弘文館　2000.5　92, 454, 26p　23cm　（國史大系 新訂増補第31巻）　7600円　①4-642-00334-7

◇本覺国師虎関師錬禅師　今泉淑夫、早苗憲生編著　京都　東福寺派海蔵院
1995.6　277p　22cm　5000円
①4-88182-110-5

◇大乗仏典─中国・日本篇　第25巻　無住・虎関　三木紀人、山田昭全訳　中央公論社　1989.12　396p　20cm　4200円
①4-12-402645-5
[内容]沙石集　雑談集　聖財集　詩集　元亨釈書・序　病論儀

◇元亨釈書　虎関師錬原著, 今浜通隆訳〔東村山〕　教育社　1980.10　249p　18cm　（教育社新書）　700円

52

仏教を支えた人々

◇日本大蔵経　第10巻　経蔵部　方等部章疏5　鈴木学術財団編　増補改訂　鈴木学術財団　1973　353p　27cm　13500円

最澄　さいちょう

神護景雲元年(767年)8月18日～弘仁13年(822年)6月26日　日本天台宗の祖。諡号は伝教大師を貞観8年(866年)に賜う(日本で最初の大師号)。12歳で近江国分寺の大国師行表の弟子となり、得度して最澄と名乗る。19歳から12年間比叡山で修行した後、延暦21年(802年)に、桓武天皇の勅によって山城高雄山寺で、奈良仏教を超える天台の立場を説いた。延暦23年(804年)唐に渡り、8か月余の短期間に天台山で円密禅戒の四宗を相承。帰朝後の延暦25年(806年)、勅許により日本天台宗を開いた。しかし、強力な援護者の桓武天皇が同年崩御すると、以後多難となる。真言密教も究めるため空海に請うて教えを受けたが、弟子泰範の問題などから空海とは疎遠となった。その後死去するまで、旧南都六宗との思想的対立と、比叡山に大乗戒壇を独立させることにすべてを費やし、戒壇設立は許可を得られぬまま没した(大乗戒壇の建立は死後7日後に勅許された)。

◇傳教大師の聖迹―九州を辿り仰ぐ　山下亮孝著　佐世保　山下亮孝　2007.9　176p　22cm　非売品
◇伝教大師最澄の寺を歩く　比叡山延暦寺監修　JTBパブリッシング　2007.4　127p　21cm　(楽学ブックス)　1600円　①978-4-533-06708-2
◇「生死」と仏教―名僧の生涯に学ぶ「生きる意味」　瓜生中著　佼成出版社　2007.3　228p　19cm　1400円　①978-4-333-02270-0
　内容　第1章　最澄の生涯　第2章　空海の生涯　第3章　法然の生涯　第4章　親鸞の生涯　第5章　道元の生涯　第6章　日蓮の生涯　第7章　一遍の生涯　第8章　一休の生涯
◇伝教大師と日本の心　村田昇著　彦根　サンライズ出版　2006.11　208p　19cm　1600円　①4-88325-313-9
◇伝教大師最澄―世界平和の祈り　一隅を照す是れ国宝　叡南覺範監修、山本覚雄文、村上正画　善本社　2006.10　45p　17×17cm　(歴史絵本)　1000円　①4-7939-0438-6
◇伝教大師の生涯と教え　天台宗教学振興委員会, 多田孝正編　大正大学出版会(発売)　2006.10　200p　18cm　(大正大学まんだらライブラリー7)　724円　①4-924297-40-2
　内容　第1章　伝教大師の生涯と思想　第2章　法華経と天台の教え　第3章　叡山仏教の展開　第4章　伝教大師の目指した仏教　第5章　伝教大師の心を現代に生かす　第6章　伝教大師のことば
◇法華経と宗祖・高僧たち―日本仏教の真髄を読む　松原泰道著　佼成出版社　2005.9　178p　20cm　1600円　①4-333-02162-6
　内容　プロローグ　法華経思想の特徴と日本仏教の流れ　聖徳太子　伝教大師最澄　弘法大師空海　恵心僧都源信　聖応大師良忍　法然上人　親鸞聖人　栄西禅師　道元禅師　日蓮聖人　白隠禅師　良寛和尚
◇最澄と空海―日本人の心のふるさと　梅原猛著　小学館　2005.6　365p　15cm　(小学館文庫)　638円　①4-09-405623-8
　内容　1部　たたかう求道者、最澄(最澄瞑想　最澄と天台本覚思想)　2部　万能の天才、空海(空海の再発見―密教の幻惑　人間弘法大師を説く十章)
◇仏教入門―名僧たちが辿りついた目ざめへの路　松原泰道著　祥伝社　2004.12　284p　16cm　(祥伝社黄金文庫)　571円　①4-396-31365-9
　内容　1　釈尊―仏教の元祖　2　聖徳太子―日本仏教の祖　3　最澄―天台宗開祖　4　空海―真言宗開祖　5　法然―浄土宗開祖　6　親鸞―浄土真宗開祖　7　道元―曹洞宗開祖　8　日蓮―日蓮宗開祖　9　白隠―臨済宗中興の祖
◇ひろさちやの「最澄」を読む　ひろさちや著　佼成出版社　2004.11　217p　19cm　1400円　①4-333-02115-4
　内容　第1章　われ衆生と共に歩まん　第2章　天台開宗へ　第3章　一乗仏教　第4章　最澄

53

◇最澄再考―日本仏教の光源　上原雅文著　ぺりかん社　2004.10　278p　22cm　3800円　Ⓘ4-8315-1086-6
　内容　第1章 戒律思想史上の最澄　第2章 比叡山に籠もる最澄　第3章 新たな国家仏教体制への考案　第4章「山家学生式」　第5章 仏菩薩という目的　第6章"速成"的方法の創出―「山家学生式」の思想的根拠　第7章 霊山浄土の釈迦仏

◇最澄―山家の大師　大久保良峻編　吉川弘文館　2004.6　212p　20cm　（日本の名僧 3）　2600円　Ⓘ4-642-07847-9
　内容　1 最澄の魅力　2 比叡山―学山開創　3 異境へ―出帆と受法　4 最澄の教学―天台教学と密教　5 帰朝後の活動　6 徳一との法華権実論争　7 最澄の戒律観　8 最澄の残したもの

◇開祖物語　百瀬明治著　たちばな出版　2004.5　379p　16cm　（タチバナ教養文庫）　1300円　Ⓘ4-8133-1816-9
　内容　第1章 空海―永遠に生きる万能の超人（新時代の息吹き　仏教への覚醒 ほか）　第2章 最澄―求法の王道を歩む（宗教界の巨峰山に登る ほか）　第3章 親鸞―苦悩の果ての歓喜（乱世と末法　清僧親鸞 ほか）　第4章 道元―身心脱落の軌跡（無常に思いをひそめて　大陸仏教への憧れ ほか）　第5章 日蓮―不退転の『法華経』行者（日蓮の足跡　生涯を決めた疑念 ほか）

◇伝教大師の生涯と思想　木内堯央著　春秋社　2004.3　222p　20cm　1800円　Ⓘ4-393-17163-2

◇仏教を歩く　no.2　最澄　朝日新聞社　2003.10　32p　30cm　（週刊朝日百科）　533円

◇仏道の創造者　紀野一義編　アートデイズ　2003.1　269p　20cm　1600円　Ⓘ4-900708-96-8
　内容　最澄（伝教大師）―能く行い能く言ふは国の宝なり。　空海（弘法大師）―其れ仏法遙かにあらず、心中にして即ち近し。　法然―ただ一向に念仏すべし。　栄西―大なる哉、心や。　親鸞―親鸞は弟子一人も持たず候。　道元―さとりとは、まどひなきものと知るべし。　日蓮―臨終の事を習ふて後に他の事を学ぶべし。　一遍―生きしも一人なり。死するも一人なり。　蓮如―悪凡夫の、弥陀をたのむ一念にて仏になるこそ不思議よ。　白隠―第一に死の字を参究し玉ふべし。

◇照千一隅論攷―伝教大師最澄の真意を問う　木村周照編著　青史出版　2002.11　331p　22cm　7000円　Ⓘ4-921145-16-4

◇梅原猛著作集　9　三人の祖師―最澄・空海・親鸞　梅原猛著　小学館　2002.6　710p　20cm　4800円　Ⓘ4-09-677109-0
　内容　第1部 仏教伝来（求法の道〈東洋篇　日本篇〉　日本仏教の創成―最澄以前）　第2部 最澄（最澄瞑想　最澄と天台本覚思想）　第3部 空海（空海の再発見―密教の幻惑　人間弘法大師を説く十章）　第4部 親鸞（親鸞は日本人の精神的「故郷」である　『歎異抄』と本願寺教団　思索の人・親鸞と実践の人・蓮如）　第5部 歎異抄を読む（梅原猛の『歎異抄』入門　誤解された『歎異抄』）現代語訳『歎異抄』

◇傳教大師傳記　非際著　川崎　観行院　2000.9　147p　27cm

◇悲願に生きる―最澄　木内堯央著　中央公論新社　2000.9　254p　20cm　（仏教を生きる 6）　1600円　Ⓘ4-12-490156-9

◇空海と最澄の手紙　高木訷元著　京都　法藏館　1999.5　286p　22cm　3200円　Ⓘ4-8318-8100-7
　内容　第1章 空海の手紙集成―『高野雑筆集』　第2章 空海の手紙　第3章 最澄の手紙　第4章 手紙にみる交友の軌跡（空海の生誕と出家　空海・最澄の入唐と密教受法　空海と最澄の交友）

◇西行から最澄へ―日本文化と仏教思想　栗田勇著　岩波書店　1999.3　245p　20cm　2300円　Ⓘ4-00-000904-4

◇光つたえよ―伝教大師のみ心とともに歩んだ道　小堀光詮著　鈴木出版　1999.3　237p　20cm　1500円　Ⓘ4-7902-1094-4
　内容　第1部 伝教大師の教え（『願文』の精神　入唐天台宗の公認大乗戒壇院建立　比叡山の人材育成　大乗仏教における戒律の精神）　第2部 わたしの歩んできた道（少年時代　観音さまの教え　中学時代　比叡山へ登る　軍隊生活　再び比叡山へ　三千院へ　病気との共生）

◇最澄と空海―日本仏教思想の誕生　立川武蔵著　講談社　1998.12　270p　19cm　（講談社選書メチエ 145）　1600円　Ⓘ4-06-258145-0
　内容　第1章 源泉としてのインド仏教　第2章 中国―仏教のメタモルフォーゼ　第3章 最澄―日本仏教の転換　第4章 天台実相論

第5章 一念三千の哲学　第6章 最澄と天台の世界観　第7章 空海—密教の導入者　第8章 密教行者としての空海—虚空蔵求聞持法　第9章 空海のマンダラ理論　第10章 空海と密教の世界観

◇最澄と空海—交友の軌跡　佐伯有清著　吉川弘文館　1998.1　339p　20cm　3100円　①4-642-07742-1
[内容]1 大同・弘仁の交の最澄と空海　2 高雄山寺での最澄と空海　3 空海との交友と決別　4 徳一との論争とその時代　5 『顕戒論』撰述の前後

◇天台の流伝—智顗から最澄へ　藤善真澄, 王勇著　山川出版社　1997.5　272, 3p　20cm　1714円　①4-634-60470-1
[内容]総論 仏教の東漸　第1編 海西の法竜 智者大師（華頂峰に立つ影　有為転変　師と弟子　江南春秋　隋の建国と智顗ほか）　第2編 海東の巨星 伝教大師（慧思の転生伝説　鑑真渡日のなぞ　渡来僧の種まき　天台宗開眼　いざ渡唐の旅へ　ほか）

◇最澄—天台仏教の思想　渡辺凱一著　近代文芸社　1995.7　196p　20cm　1500円　①4-7733-4214-5
[内容]最澄と道元　叡山の若き隠遁者　知顗の生涯　天台仏教の思想　『法華経』の世界　桓武帝と最澄　海を渡る最澄　南都仏教との対決　一向大乗戒壇への夢

◇最澄と天台本覚思想—日本精神史序説　栗田勇著　作品社　1994.9　257p　20cm　2200円　①4-87893-208-2
[内容]一遍・道元をつらぬくもの　『願文』にみられる本覚思想の萌芽　『大乗起信論』における本覚の意味　秘伝面授の意義　『本覚讚』と『註本覚讚』について　最澄の足跡　天台本覚思想の流れ　日本人の精神の基盤　『末法灯明記』における歴史と機　日本芸道と草木国土悉皆成仏　西行と明恵の言語と自然　日本精神史の本流へ

◇最澄の生涯　ひろさちや原作, 辰巳ヨシヒロ漫画　鈴木出版　1994.9　153p　22cm　（仏教コミックス 77）　1200円　①4-7902-1931-3

◇最澄—だれでも仏になれる　由木義文著　広済堂出版　1994.8　246p　18cm　（Refresh life series）　1000円　①4-331-00655-7
[内容]第1章 日本の繁栄と最澄　第2章 理想を求めて　第3章 一切経書写と道忠　第4章 『法華経』の講説　第5章 入唐求法の旅　第6章 天台宗の公認　第7章 空海と最澄　第8章 九州・東国への旅　第9章 徳一との大論争　第10章 菩薩僧養成と戒壇設立

◇若き日の最澄とその時代　佐伯有清著　吉川弘文館　1994.6　302p　20cm　2369円　①4-642-07424-4
[内容]1 最澄と先師たち　2 得度と山林修行への道　3 山林修行と願文　4 天台への憧憬　5 一切経の書写と講経　6 最澄の入唐請益

◇最澄とその門流　佐伯有清著　吉川弘文館　1993.10　324p　20cm　2500円　①4-642-07405-8
[内容]一字・一語からの発見　1 最澄をめぐる諸問題　2 円仁・円珍と周辺の人びと　3 円珍の入唐と蔵書目録

◇七人の高僧列伝—熱く強く生きた男たち　松原哲明著　三修社　1993.9　276p　20cm　1700円　①4-384-02221-2
[内容]最澄——隅を照らす　空海—生まれ生まれ生まれて生のはじめに暗く　法然—ただ一向に念仏すべし　栄西—大いなるかな心や　親鸞—善人なおもて往生をとぐ、いはんや悪人をや　道元—自己をならう　日蓮—われ日本の柱とならん

◇伝教大師伝の研究　佐伯有清著　吉川弘文館　1992.10　602, 16p　22cm　（日本史学研究叢書）　10000円　①4-642-02260-0
[内容]第1章 最澄の誕生年　第2章 最澄伝の成立　第3章 最澄伝の諸写本　第4章 叡山大師伝の校訂と注解

◇一乗思想の展開—聖徳太子・伝教・親鸞　松見得忍著　京都 平楽寺書店　1992.6　136p　20cm　2060円　①4-8313-1004-2

◇伝教大師著作解説　渡辺守順著　大津 叡山学院　1992.3　205p　21cm　1000円

◇最澄を歩く　菊池東太写真, 吉沢健吉文　佼成出版社　1992.2　158p　21cm　（写真紀行日本の祖師）　2000円　①4-333-01549-9
[内容]比叡山仏教と伝教大師の精神　カラー 最澄を歩く　解説 最澄を歩く（中国天台と『法華経』　生涯と足跡　最澄の弟子たち　比叡山と鎌倉の祖師たち　「願文」にみる精神の純潔　『山家学生式』の教育論　国宝としての菩薩僧　現代に生きる最澄の精神）

◇最澄教学の研究　田村晃祐著　春秋社　1992.2　590, 16, 8p　23cm　20000円　①4-393-11179-6

◇原典日本仏教の思想 2 最澄 安藤俊雄, 薗田香融校注 岩波書店 1991.4 515p 22cm 4400円
　内容 顕戒論.顕戒論を上るの表.顕戒論縁起.山家学生式.守護国界章巻上の下.沢権実論.願文. 解説 最澄とその思想 薗田香融著

◇最澄 最澄著, 安藤俊雄, 薗田香融校注 岩波書店 1991.4 515p 21cm （原点 日本仏教の思想 2） 4400円 ①4-00-009022-4
　内容 顕戒論 顕戒論を上るの表 顕戒論縁起 山家学生式 守護国界章巻上の下 決権実論 願文 解説 最澄とその思想

◇最澄 百瀬明治著 京都 淡交社 1990.5 143p 19cm （京都・宗祖の旅） 880円 ①4-473-01139-9
　内容 最澄の生涯と教え（奈良仏教から平安・鎌倉新仏教へ 人智をこえた存在の感得者 最澄の誕生 奈良朝体制の崩壊 比叡籠山 12年への道 『願文』 天台宗、法華経に帰す 不滅の燈明 ほか） 京都・最澄の旅 （霊峰、比叡山 延暦寺根本中堂 東塔・西塔・横川 無動寺谷の千日回峰 平安京大極殿跡 高雄山神護寺 長岡京・乙訓寺 最澄の眠る場所） 天台宗の寺々（妙法院 青蓮院 三千院 曼殊院 毘沙門堂 聖護院 実相院 赤山禅院 園城寺（三井寺） 西教寺 滋賀院）

◇最澄の世界 永井路子エッセイ, 加藤栄司解説 佼成出版社 1990.2 235p 20cm （仏典を知る） 1850円 ①4-333-01466-2
　内容 エッセイ・最澄との出会い 最澄の名句 最澄を知るキーワード（戒 一乗 天台 法華経 道心 止観 山林 学生 一隅 四種三昧） 最澄を知る小事典（最澄の肖像 生涯と足跡 最澄の思想と行動 最澄をめぐる人々 最澄の著作 和歌・漢詩 消息 最澄の伝記 さまざまな最澄像 天台宗の歴史 天台宗の修験 天台宗と神道 天台宗と民間信仰 天台宗の名僧 天台宗の古刹・名刹 天台宗の儀礼 天台宗の行事）

◇三人の祖師—最澄・空海・親鸞 梅原猛著 佼成出版社 1989.10 259p 20cm （仏教文化選書） 1650円 ①4-333-01400-X

◇開祖物語—仏教の道を開いた超人たち 百瀬明治著 PHP研究所 1989.5 317p 15cm （PHP文庫） 480円 ①4-569-56203-5
　内容 第1章 空海—永遠に生きる万能の超人 第2章 最澄—求法の王道を歩む 第3章 親鸞—苦悩の果ての歓喜 第4章 道元—身心脱落の軌跡 第5章 日蓮—不退転の『法華経』行者

◇法華経と伝教大師 山田恵諦著 増補 第一書房 1988.5 387p 22cm 3000円

◇最澄 田村晃祐著 吉川弘文館 1988.2 274p 19cm （人物叢書 新装版） 1800円 ①4-642-05119-8
　内容 第1 生誕と出家 第2 比叡山での学問・修行 第3 高雄山寺での講経 第4 唐への留学 第5 天台宗の公認 第6 空海との関係 第7 九州・東国歴訪 第8 徳一との論争 第9 天台僧養成制度設立の運動 第10 最澄滅後の教団

◇伝灯—最澄と叡山 比叡山開創一千二百年記念史鑑 比叡山開創一千二百年記念写真集刊行会 1988.2 3冊 43cm 全70000円

◇最澄と天台仏教 読売新聞社 1987.12 173p 30×22cm 2000円 ①4-643-87098-2
　内容 述我之志—我が志を述べよ 天台の至宝 比叡山・堂塔伽藍の美 最澄の生涯と思想 行の世界 二千日回峰満行讃談 現代語訳 最澄のことば 最澄の著作 天台宗の密教 天台仏教の教え 日本天台の思想 叡山の教育 インタビュー 作家・永井路子さんに聞くわが最澄の旅 天台宗寺院巡拝 戒壇院本尊の復活 法華経を読む 天台宗高僧列伝 歴史の中の日本天台 天台宗の民俗行事 天台宗たずねある記 天台宗がわかる20のQ&A

◇伝教大師最澄の研究 仲尾俊博著 京都 永田文昌堂 1987.7 293, 14p 22cm 6000円

◇最澄のこころ 壬生台舜著 大蔵出版 1987.6 234p 19cm （日本仏教のこころ） 1500円 ①4-8043-5706-8
　内容 1 最澄の誕生 2 最澄の受戒 3 山修山学 4 唐代中国への旅 5 天台宗の公認 6 空海との交友 7 日本における新仏教道徳の提唱 8 大乗菩薩戒—仏子戒 9 再び『学生式』の承認を叫ぶ 10 最澄の晩年 11 最澄のこころ

◇最澄百話—伝教大師 渡辺守順著 大阪 東方出版 1987.6 225p 18cm 980円

◇最澄瞑想 梅原猛著 佼成出版社 1987.6 221p 20cm 1300円

仏教を支えた人々

④4-333-01299-6
[内容]第1章 桓武帝と最澄 第2章 たたかう最澄 第3章 法華の真実 第4章 戒律と教育 第5章 日本文化と最澄

◇伝教大師 最澄百話 渡辺守順著 大阪東方出版 1987.6 225p 18×12cm （仏教百話シリーズ 7） 980円
[内容]第1章 誕生と出家 第2章 登山と修行 第3章 入唐求法の旅 第4章 天台の開宗 第5章 学生式と顕戒論 第6章 遺誡と臨終

◇最澄を辿る 永井路子著 講談社 1987.5 188p 22cm 1900円
④4-06-203058-6
[内容]第1章 湧雲（山と湖の世界にて 沙弥最澄都に行く 廃都に佇ちつつも） 第2章 行雲（比叡の日々 跳梁する悪霊たち 魂の邂逅 天台山への道） 第3章 朔風（不運の扉を開く 歓喜そして苦悩 東国体験の深みの中で） 第4章 懐風（飛翔のとき—『山家学生式』 わが一生きわまる） 伝教大師を仰いで（清原恵光）

◇伝教大師（でんぎょうだいし）巡礼 瀬戸内寂聴著 講談社 1987.3 258p 15cm （講談社文庫） 380円
④4-06-183946-2

◇最澄か空海か—こころを拓く選択 寺林峻著 経済界 1986.9 201p 20cm （Ryu selection） 1300円
④4-7667-8019-1
[内容]1章 誕生—時代といのち 2章 修練—人と自然 3章 求法—水平線と垂線 4章 伝道—厳格と寛容 5章 道場—比叡山と高野山 6章 開宗—孤高と大衆 7章 遺教——隅と無限

◇最澄・空海 渡辺照宏編, 宮坂宥勝ほか訳・注 筑摩書房 1986.3 422p 20cm （日本の仏教思想） 1800円
④4-480-84156-3
[内容]解説 最澄 空海の思想（渡辺照宏） 最澄集（願文 山家学生式 伝教大師消息（抄）） 空海集（三教指帰 秘蔵宝鑰 高野雑筆集（抄））

◇比叡山開創—最澄と円仁 山野上純夫著 大阪 朱鷺書房 1986.3 246p 19cm 1200円
[内容]一番星・最澄（虚空蔵尾 近江国分寺 一乗止観院 比叡山寺 客星・空海 大唐天台山 本覚門・始覚門 比叡山寺 宮中金光明会 下僧最澄 山城・乙訓寺 再び高雄山寺 糟粕・瓦礫 権教・実教 照于一隅 巨星残影） 二番星・円仁（俗姓壬生

横川開創 揚州開元寺 文登県赤山村 赤山法華院 五台山大華厳寺 長安城春明門 長楽坂頭惜別 赤山法華院再見 乳山長淮浦 灌頂会始修 理同事勝 東塔無動寺谷 葛川明王院 法印大和尚 限りなき星座）

◇高僧伝 3 最澄—天に応える 松原泰道, 平川彰編 平川彰著 集英社 1985.12 267p 20cm 1400円
④4-08-187003-9

◇最澄のことば 田村晃祐著 雄山閣出版 1985.6 221p 20cm 1500円
④4-639-00495-8

◇国の宝を育てる—最澄・その人と教え 木内堯央ほか著 鈴木出版 1984.6 252p 19cm （まいとりぃ選書） 1350円 ④4-7902-2001-X

◇伝教大師研究 別巻 天台学会編 早稲田大学出版部 1980.10 774p 22cm 22000円
[内容]伝教大師の教判について 池山一切円著 ほか30編. 伝教大師関連年表・伝教大師遺蹟誌・伝教大師研究文献目録：p593～768

◇傳教大師研究 天台學會編輯 復刊 天台學會 1980.10 1冊 22cm

◇「山家学生式」序説 仲尾俊博著 京都 永田文昌堂 1980.7 529, 9p 22cm 9500円

◇最澄辞典 田村晃祐編 東京堂出版 1979.7 315p 19cm 2200円

◇最澄と天台教団 木内堯央著 〔東村山〕 教育社 1978.10 208p 18cm （教育社歴史新書） 600円

◇山家学生式新釈 佐々木憲徳著 ピタカ 1978.8 706p 22cm 9500円

◇伝教大師最澄のこころと生涯 渡辺守順著 雄山閣出版 1977.11 202p 図 19cm 800円

◇伝教大師の生涯と思想 木内央著 第三文明社 1976 200p 18cm （レグルス文庫 56） 480円

◇伝教大師全集 最澄著, 比叡山専修院附属叡山学院編 世界聖典刊行協会 1975 5冊 22cm 全30000円

◇伝教大師研究 天台学会編 早稲田大学出版部 1973 1589p 図 肖像 22cm 15000円

◇法華経と伝教大師 山田恵諦著 第一書

房　1973　373p　図　22cm　2800円
◇叡山の新風―山家学生式〈最澄〉入唐求法巡礼行記〈円仁〉　壬生台舜著　筑摩書房　1967　275p　図版　20cm　（日本の仏教　第3巻）　480円

◇伝教大師　浅井円道著　京都　平楽寺書店　1958　100p　18cm　（法華新書）
◇伝教大師研究資料目録・伝教大師研究上の諸問題　渡辺守順著　八日市　渡辺守順　1956　60p　25cm　（伝教大師研究報告書　第4号）

釈迦・ブッダ　しゃか・ぶっだ

〔釈迦〕仏教の開祖。誕生年は異説が多く、日本では前463～383年説が広く認められている。釈迦は、パーリ語のサーキヤを漢字で音写したもので部族名を指し、名はゴータマ・シダールタという。古来、釈迦牟尼（サーキヤ族出身の聖者、覚者）の通称として使われ、日本では釈尊の尊称も多用される。釈迦は人生の苦悶から29歳で出家し、断食や不眠などの苦行を続けたが得るものがなかった。釈迦35歳のとき、苦行をやめ、ブッダガヤーの菩提樹の木陰で瞑想し悟りを得る（成道じょうどう）。悟りを得た釈迦は、苦行を共にした修行者5人に最初の説法を行い（初転法輪しょてんぽうりん）、彼らは釈迦の弟子となった。その後、釈迦は、80歳で没するまで東インドの各地を布教して回り（遊行ゆぎょう）、急速に仏教を拡大させた。なお、釈迦のなきがらは火葬にふされ遺骨（舎利しゃり）は8つに分けられた。その一部がタイ王室から日本に伝えられ、大正7年（1918年）に名古屋市の日泰寺に分骨された。

〔ブッダ〕仏または仏陀と音写され、覚者などと意訳される。意味は、目覚めた人、悟りを得た人をいう。古代インドのバラモン教、ジャイナ教の聖者（しょうじゃ）もブッダとよばれたが、後に仏教用語として釈迦を指す言葉になった。如来（にょらい）も同意語で、修行を完成した人をいい、ブッダの呼称と同様に当時のインドの宗教全般で使われていた。仏教では、あらゆる存在の真の姿（真如しんにょ）を体現して現れ（来る）、衆生（命ある全てのもの）を教え導くことをいい、釈迦を指した。後に阿弥陀、薬師、大日などの如来が現れた。

◇いま、釈迦のことば　瀬戸内寂聴著　朝日新聞出版　2008.4　197p　19cm　1300円　①978-4-02-330278-5
　内容「殺してはならぬ」「怨みは永遠に尽きないのか」「命は永遠ではないからこそ尊い」「この世は、はかないもの」「心がすべての根源にある」「死の脅威を逃れるには」「身をつつしみ心を整える」「愚か者として生きる」「愛は苦しみを生む」「花のように清く生きる」〔ほか〕
◇原始仏教聖典資料による釈尊伝の研究　13　基礎研究篇　4　森章司, 金子芳夫著　中央学術研究所　2008.3　212p　30cm　（中央学術研究所紀要　モノグラフ篇　no.13）
　内容「仏を上首とするサンガ」と「仏弟子を上首とするサンガ」/森章司.「釈尊のサンガ」論/森章司著.　パーリ仏典に見るjanapadaとrattha/森章司, 金子芳夫著

◇スーパー仏教入門　小宮光二著　ピースオブライフ出版　2008.2　198p　18cm　1400円　①978-4-434-11571-4
　内容第1部　探求　第2部　悟り　第3部　教え　第4部　未来へ
◇お釈迦さまとともに―ダンマパダの世界　桐谷征一著　日蓮宗新聞社　2007.9　255p　18cm　（さだるま新書15）　836円　①978-4-89045-213-2
◇ブッダとイエス・キリスト　リチャード・H.ドラモンド著, 八木誠一, 田中友敏訳　京都　法藏館　2007.7　272p　20cm　2600円　①978-4-8318-1057-1
　内容第1部　ゴータマ・ブッダ（ゴータマ・ブッダの背景　ゴータマの生涯　ゴータマ・ブッダの教え）　第2部　キリストであるイエス（イエスの背景　キリストの宇宙的背景　イエスの公生涯と活動　イエスの教えキリストとしてのイエスの事業）　第3部　個人として、

また宇宙的存在として見たブッダとキリスト（自然観と人間観　女性と子供　僧団と教会　世界観と宇宙観　犠牲の精神と十字架の神秘）

◇原始仏教聖典資料による釈尊伝の研究12（資料集篇6）　岩井昌悟, 本澤綱夫, カタプンニョー比丘編　中央学術研究所　2007.4　170p　30cm（中央学術研究所紀要 モノグラフ篇 no.12）

内容　Visakha migaramata関係資料/岩井昌悟, 本澤綱夫, カタプンニョー比丘 編

◇ブッダの旅―カラー版　丸山勇著　岩波書店　2007.4　206p 図版2枚　18cm（岩波新書）1000円　①978-4-00-431072-3

内容　序章 ブッダ活躍の舞台　第1章 誕生から出家まで　第2章 悟りをひらく―苦行と成道　第3章 伝道の旅　第4章 最後の旅―涅槃への道　解説 ゴータマ・ブッダ―その人と思想

◇漢訳仏伝研究　河野訓著　伊勢　皇學館大学出版部　2007.3　276p　22cm　4000円　①978-4-87644-138-9

◇仰法幢―釈尊・七高僧・宗祖の生涯とその教え　豊原大成編著, 本願寺津村別院 編　大阪　本願寺津村別院　2007.3　682p　22cm　8000円　①978-4-903858-09-8

◇伝記ブッダ　吉田恒著　大阪　出版文化社　2007.2　341p　19cm　1500円　①978-4-88338-357-3

◇原始仏教聖典資料による釈尊伝の研究11（個別研究篇3）　森章司, 本澤綱夫, 岩井昌悟著　中央学術研究所　2006.10　150p　30cm（中央学術研究所紀要 モノグラフ篇 no.11）

内容　提婆達多（Devadatta）の研究/森章司, 本澤綱夫 著

◇釈迦と女とこの世の苦　瀬戸内寂聴著　日本放送出版協会　2006.10　221p　16cm（NHKライブラリー 212）830円　①4-14-084212-1

内容　釈迦の生母―マーヤー　夫に蒸発された妻―ヤソーダラー　乳粥の布施―スジャーター　尼僧第一号―マハーパジャーパティー　渇愛の犠牲者―ウッパラヴァンナー　殺人鬼の悲劇―サーヴァッティーの女たち　悪女、聖女を焼き殺す―ウデーナ王の二人の王妃　すべてを失った女―パターチャーラー　強盗の夫を殺した女―パッダー　許されない恋―プラクリティ　王舎城の親殺し―ヴェーデーヒー　遊女の布施―アンパパーリー

◇ブッダは、なぜ子を捨てたか　山折哲雄著　集英社　2006.7　222p　18cm（集英社新書）680円　①4-08-720351-4

内容　第1章 ブッダは、なぜ家を出たのか（「家出」にはじまる 理想の人生 ほか）　第2章 ブッダは、なぜ子を捨てたか（シャカも、捨て子同然であった　親を失った子どもに未来はあるか ほか）　第3章 ブッダの思想の真髄とは、どのようなものであったか（わが骨にかかずらうな　アーナンダの裏切り ほか）　第4章 ブッダの教えは、日本へどのように広まったか（アジアの周辺の国々へ　旅をする僧たち ほか）　第5章 ブッダは今、どこにいるのか（ブッダの姿をさがして　今なら死ねるか ほか）

◇ブッダに帰れ！―友愛と非暴力の教え　道明寺龍雲著　本の泉社　2006.6　174p　19cm　1429円　①4-88023-944-5

内容　「ブッダの教え」の要約　仏教は東洋の思想か？　「慈悲」について　「僧（サンガ）」について　「三宝」について　「法」について　『伝道の宣言』『マッリカー』「ブッダ・最後の旅」「仏教伝来」「中道」の教え　「政教分離」の教え　「欲望」について　現世利益とは？　イエスは「ブッダの教え」を知っていたか？

◇もう一度学びたいブッダの教え　田上太秀監修　西東社　2006.5　255p　21cm　1400円　①4-7916-1370-8

内容　序章 ブッダ基礎知識―覚りを開いたブッダが教えを広めたことから仏教が始まった　第1章 覚りへの道―恵まれた環境を捨て王子は6年間の苦行すえ覚りを開く　第2章 伝道の旅路―みずからの得た覚りを伝える45年にわたるブッダの布教の旅　第3章 ブッダの教え―輪廻を脱した涅槃の境地へ導くブッダの教えとその実践方法　第4章 教えの継承―ブッダの入滅後に教団は分裂し大乗仏教と密教が新たに誕生した　第5章 仏教の伝播―仏教発祥の地インドから世界じゅうに広まったブッダの教え

◇この人を見よ―ブッダ・ゴータマの生涯　増谷文雄名著選　ゴータマの弟子たち―増谷文雄名著選　増谷文雄著　佼成出版社　2006.2　629p　22cm　3700円　①4-333-02193-6

内容　この人を見よ―ブッダ・ゴータマの生涯　ブッダ・ゴータマの弟子たち

◇ブッダは何を教えたのか―人生の智慧、自分らしく生きるヒント　ひろさちや著

仏教を支えた人々

日本文芸社　2006.1　247p　18cm　（パンドラ新書33）　838円
①4-537-25350-9
|内容|第1部 ブッダの問題提起（ゴータマ・シッダールタという思想家　「老」「病」「死」への問題意識）　第2部 ブッダの解決方法（ゴータマ・シッダールタの覚醒　悟りにいたるまでの道筋　なにものにも縛られずに「生きる」ということ）　第3部 ブッダとしての生き方（心を解き放つブッダの教え　縁起のメカニズムを知る　いまを大切に生きるということ）

◇ゴータマ・ブッダ考　並川孝儀著　大蔵出版　2005.12　237p　22cm　2800円
①4-8043-0563-7
|内容|第1章 ブッダとは（ブッダと呼称されていた仏弟子たち　仏弟子たちとブッダの宗教的特性　ブッダの救済性）　第2章 ゴータマ・ブッダの死と涅槃の変質（涅槃の語義　涅槃と煩悩　涅槃―生と死　二つの涅槃―有余依涅槃と無余依涅槃）　第3章 原始仏教にみられる輪廻思想―ゴータマ・ブッダの輪廻観（最古層の韻文資料における輪廻の表現　古層の韻文資料における輪廻の表現）〔ほか〕

◇ブッダの教え―初期経典をたどって　アンドレ・バロー著,富樫瓔子訳　大東出版社　2005.11　376,12p　20cm　3200円　①4-500-00705-9

◇お釈迦さま　大阪市仏教会大阪青少年教化協議会著,松田妙子絵　大阪　星湖舎　2005.10　23p　22×31cm　1000円
①4-921142-82-3

◇シャカ　油野誠一作　福音館書店　2005.9　46p　31cm　1500円
①4-8340-2130-0

◇新釈尊伝　渡辺照宏著　筑摩書房　2005.8　512,15p　15cm　（ちくま学芸文庫）　1500円　①4-480-08928-4
|内容|前世の物語　仏陀の生誕　太子の入城　太子の環境　太子の教育　太子の結婚　太子の瞑想　太子の出城　出城直後の太子ボサツの宗教体験〔ほか〕

◇図説地図とあらすじで読むブッダの教え　高瀬広居監修　青春出版社　2005.8　95p　26cm　1080円　①4-413-00794-8
|内容|第1部 ブッダの生涯（ブッダの世界　ブッダの誕生　ブッダの出家　ブッダの伝道　ブッダの入滅）　第2部 ブッダの教え（ブッダの教え　ブッダ入滅後の仏教）

◇ブッダの生涯　安田治樹著,大村次郷写真　河出書房新社　2005.8　147p　15cm　（河出文庫）　650円
①4-309-40755-2
|内容|釈尊誕生（シャーキャ族　生誕の時 ほか）　道を求めて（師を訪ねる　苦行六年 ほか）　布教の旅（ヤシャの出家　カーシャパ三兄弟の帰仏 ほか）　最後の旅（ガンジス渡河　ヴァイシャーリー滞在 ほか）

◇原始仏教聖典資料による釈尊伝の研究10（個別研究篇2）　森章司,本澤綱夫,岩井昌悟,中島克久著　中央学術研究所　2005.4　267p　30cm　（中央学術研究所紀要　モノグラフ篇 no.10）
|内容|Mahapajapati Gotamiの生涯と比丘尼サンガの形成（森章司,本澤綱夫著）　原始仏教聖典における釈尊の雨安居記事（岩井昌悟著）　本縁部経典に見られる年齢記事一覧（中島克久著）

◇釈尊の生涯と教え　仏教読本編纂委員会編　第2版　京都　浄土宗　2005.3（第19刷）　60p　21cm　（仏教読本 v.1）

◇菩提樹青葉の悟り　磯野伊佐夫著　創栄出版　2004.12　192p　19cm　1600円
①4-434-05233-0
|内容|第1章 釈尊の奥悟の波紋（釈尊の五眼　末法の法流　釈尊の一生）　第2章 王宮生活と小さな悟り（釈尊の誕生　城内の修行　城内の小さな悟り　天宮の迷い　出城の決心　月光樹下の涙）　第3章 釈尊の成道と真理（苦行と聖女　ネーランジャラー川の奇跡　菩提樹青葉の悟り　釈尊二千五百年目の真実）　第4章 釈尊の救済と真実（あなたは今日からお釈迦さま　真理にふれて）

◇人間ブッダの生き方―迷いを断ち切る「悟り」の教え　高瀬広居著　角川書店　2004.10　271p　18cm　（角川oneテーマ21）　781円　①4-04-704175-0
|内容|プロローグ 釈迦菩薩の世界　第1部 求道の人ゴータマ・シッダールタ　第2部 永遠の覚者ブッダ―人類は救われた　第3部 仏法は広まる　第4部 ブッダ最後の旅―偉大な死と不滅の仏法　第5部 現代に生きる釈尊―人間ブッダの教訓　現代日本人へのエピローグ―あとがきにかえて

◇人間釈迦の正心　金田正見編著　八王子　仏教寺院静安寺出版部　2004.9　122p　19cm　600円

◇ブッダ―この世で一番美しいものがたり　立松和平著　PHP研究所　2004.8　260p　20cm　1500円　①4-569-63684-5
|内容|第1章 ゴータマとして生まれたブッダ

第2章 出家してからのゴータマ　第3章 ゴータマはさとりを開きブッダとなった　第4章 説法という大いなる道を歩きだしたブッダ　第5章 あらゆる人に真理を説くブッダ　第6章 社会の中で大きな存在となった仏教　第7章 自分の認識を語りつづけるブッダ　第8章 自分の死を予言したブッダ　第9章 最後の旅へ出たブッダ

◇ブッダとそのダンマ　B.R.アンベードカル著, 山際素男訳　光文社　2004.8　430p　18cm　（光文社新書）　1000円　①4-334-03265-6
　内容　第1部 シッダールタ・ガウタマ＝ボーディサッタはいかにしてブッダとなったか　第2部 伝導の第一歩　第3部 ブッダは何を教えたのか　第4部 宗教とダンマ　第5部 サンガ　第6部 釈尊とその同時代人　第7部 最後の旅　第8部 シッダールタ・ガウタマという人間

◇仏陀を歩く—誕生から涅槃への道　白石凌海著　講談社　2004.8　262p　19cm　（講談社選書メチエ 307）　1600円　①4-06-258307-0
　内容　第1章 ルンビニーの標石　第2章 ゴータマの居城カピラ城　第3章 道を求めて王舎城へ　第4章 成道の地ブッダ・ガヤー　第5章 初転法輪の地サールナート　第6章 雨安居の地シュラーヴァスティー　第7章 ヴァイシャーリーで涅槃を告げる　第8章 コーサンビーに寄進された精舎〔ほか〕

◇釈迦物語　ひろさちや著　大正大学出版会（発売）　2004.7　262p　18cm　（大正大学まんだらライブラリー 1）　724円　①4-924297-23-2
　内容　王舎城に来た沙門　無憂樹の花の下で若き日のシッダールタ太子　苦行から中道へ　「悪魔よ、汝は敗れたり」　梵天による三度の懇願　はじめて法輪を転ず　「青年よ、ここに来るがよい」　「伝道の旅に出よ」　ビンビサーラ王との再会〔ほか〕

◇原始仏教聖典資料による釈尊伝の研究 9（個別研究篇 1）　中央学術研究所　2004.5　211p　30cm　（中央学術研究所紀要 モノグラフ篇 no.9）
　内容　摩訶迦葉（Mahakassapa）の研究（森章司, 本澤綱夫著）　「半座を分かつ」伝承について（岩井昌悟著）　古典インド法典類の年齢記事資料（中島克久著）

◇原始仏教聖典資料による釈尊伝の研究 8（資料集篇 5）　中央学術研究所　2004.3　501p　30cm　（中央学術研究所紀要 モノグラフ篇 no.8）
　内容　原始仏教聖典の仏在処・説処一覧．コーサラ国篇（資料集2-3）（金子芳夫編）

◇西藏傳譯佛所行讃　寺本婉雅著　出雲崎町（新潟県）　うしお書店　2004.2　1冊　22cm　（寺本婉雅著作選集 第2巻）

◇ゴータマ先生の幸福論—都市社会的な視点と地球環境的な視点から　間瀬大二郎著　雲母書房　2004.1　246p　19cm　1700円　①4-87672-156-4
　内容　第1章 ゴータマ・ブッダの原点を伝えるもの　第2章 古代自由思想の開花期とゴータマ先生　第3章 幸せに生きる道を追求したゴータマ先生の生涯　第4章 ゴータマ先生の人間探求における基本認識　第5章 ゴータマ先生の幸福論　第6章 現代における幸福への新たな道

◇始まりはインドから　上村勝彦著　筑摩書房　2004.1　276p　20cm　2400円　①4-480-81462-0

◇おしゃかさま 6　かがやくたびじ　豊原大成文, 小西恒光絵　京都　自照社出版　2003.11　60p　21cm　952円　①4-921029-28-8

◇原始仏教聖典資料による釈尊伝の研究 7（基礎研究篇 3）　中央学術研究所　2003.11　155p　30cm　（中央学術研究所紀要 モノグラフ篇 no.7）
　内容　原始仏教聖典におけるバラモン修行者（森章司著）　『仏教十二遊経』の仏伝伝承（岩井昌悟著）

◇ブッダ—生涯と教え　ヴェロニック・クロンベ著, 今枝由郎訳　大東出版社　2003.11　223p　20cm　2200円　①4-500-00693-1

◇釈尊をいかに観るか　前田惠學著　山喜房佛書林　2003.9　458, 15p　22cm　（前田惠學集 第1巻）　8500円　①4-7963-0138-0

◇釈尊の生涯　中村元著　平凡社　2003.9　244p　16cm　（平凡社ライブラリー）　1000円　①4-582-76478-9
　内容　第1章 誕生　第2章 若き日　第3章 求道　第4章 真理を悟る　第5章 真理を説く　第6章 有力信徒の帰依　第7章 晩年

◇おしゃかさま 5　さまざまなじけん　豊原大成文, 小西恒光絵　京都　自照社出版　2003.5　63p　21cm　952円　①4-921029-27-X

◇釈迦と仏弟子たち—特別展図録　神奈川

県立金沢文庫編　横浜　神奈川県立金沢文庫　2003.4　48p　30cm

◇釈尊最後の旅と死―涅槃経を読みとく　松原泰道著　祥伝社　2003.4　266p　20cm　1600円　①4-396-61184-6
[内容]序章 私の老病死―齢九十五にして、釈尊の老いと死を見つめる（"九死に一生"を繰り返した私の人生　私を生かしてくれた"大いなる意志"ほか）　1章 釈尊の涅槃―その"死"が、私たちに語りかけているもの（私の心を揺さぶった『涅槃交響曲』　さまざまな『涅槃経』ほか）　2章 釈尊の晩年を襲った三つの悲劇―そのとき釈尊は、どのように身を処したか（釈迦族と、生国の滅亡　提婆達多の反逆 ほか）　3章 釈尊の死出の旅路―最後の最後まで説きつづけた仏のこころとは（阿闍世王からの使者　老いに立ち向かう釈尊 ほか）　4章 甦る釈尊の教えと誓い―人間を救済できるものは、人間しかいない（「如来常住」―釈尊は今も生きている〔ほか〕

◇釈迦と十人の弟子たち　中村晋也著　河出書房新社　2003.3　197p　20cm　1800円　①4-309-23071-7
[内容]老いもまた人生。ブッダと呼ばれた人の生涯（インドは広い。すごく古い、すごく新しい。はるかな昔、八十歳のお釈迦様が最後の旅へと歩み出された霊鷲山の道を、いま、私が歩く。　お釈迦様の生誕の物語は、私の子供のころの花御堂の誕生仏とともに記憶のお顔に、きりっと張りのある肉付きの像。お釈迦様の像は、どんなに自分を奮いたたせても私には刻めない。百歩、千歩譲って考えても、わずかな可能性は苦行の釈迦像しかない。ほか）　私の造像。面魂を顔に、歩んできた道を背によみがえる先達。釈迦十大弟子の生き方　釈迦十大弟子制作ダイアリー

◇釈尊生涯と教え　京都　真宗大谷派宗務所出版部　2003.3　136p　21cm　500円　①4-8341-0295-5

◇釈迦の説話に耳を澄ませてみませんか―何ものにもこだわらず心穏やかに生きるために　菅沼晃著　河出書房新社　2003.2　217p　18cm　（Kawade夢新書）　667円　①4-309-50261-X
[内容]「執着」の説話―あなたはなぜそんなに自分にこだわるのか　「怨憎」の説話―人を憎む心はあなた自身をも不幸にする　「老・死」の説話―避けられない苦しみとどう向き合うか　「無常」の説話―何をよるべとして日々を生きればいいのか　「自心」の説話―自分の生き方をいま真剣に見つめているか　「共生」の説話―人は誰もみなひとりでは生きられない

◇涙の先に―お釈迦さまのまなざし　袖山榮輝著, 浄土宗出版室編　京都　浄土宗　2002.12　79p　19cm　（なむブックス17）　300円　①4-88363-817-0

◇原始仏教聖典資料による釈尊伝の研究　6　中央学術研究所　2002.10　272p　30cm　（中央学術研究所紀要 モノグラフ篇 no.6）

◇原始仏教聖典資料による釈尊伝の研究　5　中央学術研究所　2002.5　214p　30cm　（中央学術研究所紀要 モノグラフ篇 no.5）

◇釈迦と女とこの世の苦　瀬戸内寂聴著　日本放送出版協会　2002.5　267p　20cm　1400円　①4-14-080695-8
[内容]釈迦の生母―マーヤー　夫に蒸発された妻―ヤソーダラー　乳粥の布施―スジャーター　尼僧第一号―マハーパジャーパティー　渇愛の犠牲者―ウッパラヴァンナー　殺人鬼の悲劇―サーヴァッティーの女たち　悪女、聖女を焼き殺す―ウデーナ王の二人の王妃　すべてを失った女―パターチャーラー　強盗の夫を殺した女―パッダー　許されない恋―プラクリティ　王舎城の親殺し―ヴェーデーヒー　遊女の布施―アンバパーリー

◇お釈迦様物語　若林隆光著, 若林隆壽編　中山書房仏書林　2002.4　109p　19cm　480円　①4-89097-065-7

◇ブッダの人生哲学―「正しく生きる」ということ　田上太秀著　講談社　2002.2　234p　19cm　（講談社選書メチエ 233）　1500円　①4-06-258233-3
[内容]第1章 豪奢を捨て清貧を選んだゴータマ　第2章 縁起のダルマを覚り、八正道を説く　第3章 縁りて生滅する理法を説く　第4章 中道が生きるためのダルマ　第5章 ブッダが説いた日常倫理　第6章 人生の舞台を考える　第7章 法数でよむ世間

◇原始仏教聖典資料による釈尊伝の研究　4　中央学術研究所　2001.12　289p　30cm　（中央学術研究所紀要 モノグラフ篇 no.4）

◇荷車を曳くブッダ―仏教成立の歴史的前提　フォーラム・サンガ編著　杉並けやき出版　2001.12　254p　19cm　1500円　①4-434-01410-2
[内容]1 その実像―ブッダとはいかなる人物

か?（ブッダが現れたのは人間がはじめて欲望にめざめた時代だった ブッダらによる人間精神の組織化への努力が古代インドの高度成長を支えた ブッダの『縁起』と荘子の『道』にはあい通じるところが多い ブッダのヴァルナ批判の背景には彼や弟子たちの出生の秘密があった ほか） 2 その思想―ブッダならどう考えたか?（人生の不条理を解決するにはバラモンと縁起の二つの道がある ブッダは、彼の『欲望段階説』においてソフトの重要性を指摘した ブッダの『欲望論』は恐るべき『欲望実現法』でもある ブッダは『勧善懲悪』を説かなかった ほか）

◇よくわかるブッダ―釈迦80年の生涯 松原哲明著 チクマ秀版社 2001.12 126p 16cm （チクマの実学文庫） 600円 ①4-8050-0386-3

内容 第1章 自己を見つめる目（仏教の祖、ブッダ 苦しみを超える生き方を求めて） 第2章 悟りに至る道（修行するシッダールタ ついに悟りをひらく 苦のとらえ方と苦を消滅させる生き方） 第3章 人々を導く教え（ブッダの教えが人々の心をとらえる ブッダに会い、生き方を変える人たち ブッダ教団と最後の旅）

◇ブッダ―知れば知るほど 奈良康明監修 実業之日本社 2001.7 261p 19cm 1400円 ①4-408-39479-3

内容 第1章 ブッダ・偉大なる生涯 第2章 ブッダが説いた「生きる道」 第3章 ブッダに導かれた人びと 第4章 これだけは知りたい―ブッダ・七つの謎 第5章 ブッダ亡きあとの仏教―ブッダ観の変容と仏教の展開 第6章 ブッダをめぐる女性たち

◇おしゃかさま 2 さとりとはじめてのおしえをとく 豊原大成文,小西恒光絵 京都 自照社出版 2001.4 64p 21cm 952円 ①4-921029-24-5

◇悩みの消し方―ブッダとサルトルで学ぶ「人生苦」のしくみ 久保博正著 ダイヤモンド社 2001.3 218p 20cm 1500円 ①4-478-73203-5

◇ブッダの生涯 中村元著 岩波書店 2001.3 206p 20cm （仏典をよむ 1） 1800円 ①4-00-026621-7

内容 第1回 ブッダの生涯―『スッタニパータ』(1) 第2回 ブッダのことば―「スッタニパータ」(2) 第3回 悪魔の誘惑―『サンユッタ・ニカーヤ』(1) 第4回 生きる心がまえ―『サンユッタ・ニカーヤ』(2) 第5回 ブッダ最後の旅―『大パリニッバーナ経』

解説

◇ブッダvs.ニーチェ 湯田豊著 大東出版社 2001.2 267p 20cm 1700円 ①4-500-00665-6

◇ブッダ・釈尊とは―生涯・教えと仏教各派の考え方 大法輪閣編集部編 大法輪閣 2001.2 252p 19cm 1900円 ①4-8046-4201-3

内容 第1部 釈尊の生涯と教え（釈尊の生涯（悟りを開くまで 悟りを開いてからの歩み） 今も生きる真理の言葉 釈尊のお人柄 世俗に生きる人々への教え ほか） 第2部 仏教各派の釈尊観（釈尊観の流れ―初期仏教から大乗仏教へ 天台宗―久遠の本仏との一体感 真言宗―大日如来の体現者 浄土教―浄土への道を示す仏 ほか） 第3部 釈尊とその周辺（墓地にとどまる釈尊―その聖性 原始仏教の出家生活）

◇ブッダは歩むブッダは語る―ほんとうの釈尊の姿そして宗教のあり方を問う 友岡雅弥著 第三文明社 2001.1 222p 19cm 1300円 ①4-476-03239-7

内容 第1部 ブッダと出会う―ブッダと弟子たちの対話（軽やかに生きる 殺人者アングリマーラ 悲哀とともに生きる 苦悩の声を命の全体で聴く 子を亡くした母の奇蹟 ほか） 第2部 ブッダは語る―ブッダの思想の歴史的意味（ブッダが見たもの 傲りは恐怖する ブッダ儀式を否定する 内なる火を燃やせ 善への飛躍―ブッダの出家を巡って ほか）

◇釈迦とイエス ひろさちや著 新潮社 2000.11 230p 20cm （新潮選書） 1100円 ①4-10-600594-8

内容 第1章 孤独 第2章 放棄 第3章 選択 第4章 自覚 第5章 迫害 第6章 奇蹟

◇中世仏伝集 京都 臨川書店 2000.11 517, 18p 23cm （真福寺善本叢刊 第5巻（仏法部 4）） 14800円 ①4-653-03477-X, 4-653-03466-4

◇お釈迦さま誕生 奈良国立博物館,仏教美術協会編 〔奈良〕 仏教美術協会 2000.9 34p 30cm （親と子のギャラリー）

◇原始仏教聖典資料による釈尊伝の研究 3 中央学術研究所 2000.9 232p 30cm （中央学術研究所紀要 モノグラフ篇 no.3）

◇原始仏教聖典資料による釈尊伝の研究 2 中央学術研究所 2000.7 232p

30cm （中央学術研究所紀要 モノグラフ篇 no.2）

◇人間ブッダ　田上太秀著　第三文明社　2000.3　172p　18cm　（レグルス文庫231）　800円　①4-476-01231-0
[内容]1 仏教とはなにか　2 釈尊の生い立ち　3 ブッダになった釈尊　4 初めて説いた教えはなにか　5 釈尊を慕った人々　6 釈尊は生きている　7 衆縁和合の世界　8 世界は膨張している　9 善悪の心は作られる　10 私がいちばん愛しい　11 平和な世界を実現する法　12 お経は編纂・創作された　13 迷いの世界はどこか　14 だれでもブッダになれる

◇人間ブッダ―生あるものは滅する　安江幸三著　文芸社　2000.3　207p　19cm　1100円　①4-88737-989-7
[内容]カースト制　バラモンたちの堕落　ブッダの誕生　出家を決意する　マガダ王と会う　師を求める　苦行をする　悟りを開く　最初の説教　ヤサの出家〔ほか〕

◇ブッダとは誰か　高尾利数著　柏書房　2000.3　222p　20cm　2000円　①4-7601-1854-3
[内容]序 あらかじめ誤解された日本仏教―その数奇な歴史　1 ゴータマ・ブッダの実像―その人と思想　2 人生を四つの局面から見ると―四法印を学ぶ　3 学らぎへ至る道の歩き方―四諦八正道の実践　4 新時代の哲学―今なお革命的・普遍的な申し立て

◇安らぎへの道　長谷弥三男著　〔金沢〕〔長谷弥三男〕　2000.2　215p　19cm　非売品

◇ブッダの悟り33の物語　菅沼晃著　京都　法藏館　1999.12　243,10p　20cm　2200円　①4-8318-2299-X
[内容]1 悟りへの道程　2 悟りから初めての説法へ　3 出家のすすめ　4 真理とは何か　5 修行僧たちへ　6 在家の人たちへ　7 入滅までの物語

◇新釈尊物語　ひろさちや著　中央公論新社　1999.10　246p　16cm　（中公文庫）　533円　①4-12-203523-6
[内容]第1章 シッダッタ太子の青春―妻を捨て、子を捨て、家を出るまで　第2章 ゴータマ沙門の放浪―二十九歳で出家し、三十五歳で真理にめざめる　第3章 法を説き闘う釈尊―鹿野苑の小さな学校と五人の弟子　第4章 釈尊とその弟子―いわれなき迫害に耐えて伝道する　第5章 釈尊入滅―世は無常、怠ることなく努力せよ

◇お釈迦さまの話―誕生から悟りまで　つづき佳子作画, 鎌田茂雄監修　いんなあとりっぷ社　1999.8　66p　26cm　（親子で読むマンガ仏教シリーズ 1）　①4-266-00046-4

◇原始仏教聖典資料による釈尊伝の研究　1　中央学術研究所　1999.7　207p　30cm　（中央学術研究所紀要 モノグラフ篇 no.1）

◇大聖釈尊―その大偉徳力　光地英学著　山喜房佛書林　1999.7　317p　22cm　5800円　①4-7963-0798-2

◇祈りのブッダ―救いのことばと癒しのかたち　奈良康明文, 松本栄一写真　日本放送出版協会　1999.6　135p　22cm　2000円　①4-14-080438-6
[内容]1章 ブッダの大地―真理を観るとき、苦悩は遠ざかる。　2章 南伝仏教の世界―ブッダを讃えよ。聖なる智慧のことばを聴け。　3章 菩薩の道―ブッダの威力を信じよ。ブッダは限りのない慈悲の光である。　4章 曼陀羅の宇宙―一切は空である。すべてを空の相において視よ。

◇ゴータマ・ブッダ　羽矢辰夫著　春秋社　1999.5　229p　20cm　1900円　①4-393-13297-1
[内容]ルンビニーでの出来事　ヤソーダラーとの別れ　スジャーターの供養　ブッダガヤーの目覚め　ブラフマー神の勧め　サールナートの説法　サンガの形成　パーリ語の経典　クシナーラーへの旅路　ベールヴァ村の雨季　チュンダの食事　アーナンダの悲しみ

◇宗祖のこころ―特別仏教講座より 釈尊を讃えて　仏教伝道協会　1999.5　175p　19cm

◇慈悲―仏陀の教え　バガヴァン述　サティアサイ出版協会　1999.5　116p　19cm　1000円　①4-916138-33-3

◇釈尊と十大弟子　ひろさちや著　学陽書房　1999.4　246p　15cm　（人物文庫）　660円　①4-313-75078-9

◇釈尊のこころ―特別仏教講座より 釈尊を讃えて　仏教伝道協会　1999.4　175p　19cm

◇釈尊の道―その生涯と教え　小山一行著　修訂改版　山喜房佛書林　1999.4　130p　21cm　1200円　①4-7963-0041-4

◇人間仏陀―仏跡・足跡と思想　吉元信行

著　改訂増補版　京都　文栄堂書店　1999.4　326,10p　19cm

◇ブッダ―真理に生きた聖者　大角修著　PHP研究所　1999.4　247p　19cm　1250円　①4-569-60562-1
　内容　第1章　シッダールタ―勝利を手にいれる者(光の王子　シャカ国とその時代　ほか)　第2章　ブッダ―真理に生きる者(ボーディ(さとり)　伝道の旅へ　ほか)　第3章　さまざまな教え―経典のことば(人生のことば　阿弥陀仏の光　ほか)　第4章　永遠のブッダ―仏塔建立(最後の旅　大いなる入滅　ほか)

◇ブッダ―伝統的釈迦像の虚構と真実　宮元啓一著　光文社　1998.8　197p　16cm　(光文社文庫)　495円　①4-334-72670-4
　内容　第1部　ブッダ観の移り変わり(ブッダ観の移り変わり)　第2部　ゴータマ・ブッダ謎事典(人間ブッダ編　その成道後編　その教え編　その最後編)

◇ブッダの人と思想　中村元,田辺祥二著　日本放送出版協会　1998.7　204p　19cm　(NHKブックス)　970円　①4-14-001835-6
　内容　第1章　自らその意を浄める　第2章　悪魔との対話　第3章　不死の門は開かれた　第4章　法輪を転ず　第5章　この身は泡沫のごとし　第6章　一切にわがものなし　第7章　生きものたちに幸いあれ　第8章　善き友とともに　第9章　空飛ぶ鳥に迹なし　第10章　仏に帰依す　第11章　安らぎの境地　第12章　自らを灯とせよ

◇仏陀の生涯―『仏所行讃』を読む　平川彰著　春秋社　1998.3　236p　20cm　(新・興福寺仏教文化講座3)　2000円　①4-393-13293-9
　内容　1誕生　2憂悩　3出家　4苦行　5成道　6教化　7入滅

◇釈迦の読み方―彼は何を悟り、何を語ったか　ひろさちや著　祥伝社　1998.1　250p　16cm　(ノン・ポシェット)　533円　①4-396-31090-0
　内容　プロローグ　「釈迦の教え」の生かし方　1章　なぜ、戒律が必要なのか―「持戒」　2章　「政治」の世界と「反政治」の世界―「出家」　3章　「こだわり」を捨てる方法―「縁起」　4章　ゆったりと生きる悦び―「中道」　5章　苦悩からの脱出―「四諦」　6章　あきらめの哲学―「忍辱」　エピローグ　「釈迦仏教」と「仏陀仏教」

◇釈尊　舟橋一哉著　新装版　京都　法藏館　1998.1　154p　19cm　1500円　①4-8318-8132-5
　内容　前編　釈尊の生涯(釈尊という称号　降誕　宮廷の生活　出家　成道　ほか)　後編　釈尊の教説―根本仏教の教理(総説―ものは思いようということ　縁起―もちつもたれつということ　真空より妙有へ―否定より肯定へ)

◇この人を見よ―ブッダ・ゴータマの生涯　増谷文雄著　社会思想社　1997.7　358p　15cm　(現代教養文庫)　840円　①4-390-11614-2
　内容　ヒマーラヤの山麓にて　青年ゴータマの憂愁　青年ゴータマの出家　菩提樹下のさとり　正覚者の孤独　最初の説法　多くの人々の幸福のために　人間遊行の第一歩　ふたたび王舎城にて　竹林精舎と祇園精舎の成立〔ほか〕

◇釈尊のおしえ　川崎信定著　中山書房仏書林　1997.6　124p　19cm　1000円　①4-89097-030-4

◇釈尊の歴史的実像　磯部隆著　岡山　大学教育出版　1997.4　174p　22cm　2200円　①4-88730-205-3
　内容　第1章　出家の真相　第2章　内省　第3章　苦行の意味　第4章　さとり　第5章　さとりの帰結　第6章　説教

◇「釈尊伝」講話　太田清史著　京都　光華女子大学・短期大学真宗文化研究所　1997.3　263p　19cm　(光華叢書2)　非売品

◇わかりやすい『仏陀』の心―その一生、修行とかがやき　松尾静明著　広島　三宝社　〔1997〕　70p　26cm　(心を編む双書)

◇大事因縁物語　福井設了訳　青山町(三重県)　金性寺　1996.12　456p　22cm　①4-947721-01-4

◇ブッダの言葉　マルク・ドゥ・スメト編,中沢新一,小幡一雄訳　紀伊國屋書店　1996.12　47p　22cm　(コレクション〈知慧の手帖〉)　1200円　①4-314-00739-7

◇図説ブッダ　安田治樹編,大村次郷撮影　河出書房新社　1996.8　127p　22cm　1800円　①4-309-72557-0
　内容　釈尊の生涯(釈尊誕生　道を求めて　布教の旅　最後の旅)　仏教の美術(仏教美術のはじまり　仏像の創始)

◇ブッダを語る　前田専学著　日本放送出版協会　1996.5　380p　16cm　（NHKライブラリー 26）　1100円　①4-14-084026-9

内容　第1章 智慧のあけぼの　第2章 思想奔流の時代　第3章 人間ゴータマの誕生と苦悩　第4章 道を求める　第5章 真理への目覚め　第6章 初めて法を説く　第7章 ブッダの基本的立場　第8章 人間を観る　第9章 法を生きる　第10章 仏弟子群像　第11章 ブッダ最期の旅　補章 経典へのてびき

◇釈尊の道―その生涯と教え　小山一行著　修訂第16刷　山喜房佛書林　1996.2　116p　21cm　1200円　①4-7963-0041-4

◇釈尊のインド　菅原篤著　筑摩書房　1996.1　220p　19cm　（こころの本）　1600円　①4-480-84240-3

内容　1 お釈迦さまの故郷へ　2 釈尊の誕生地ルンビニー　3 カピラ城の太子　4 太子釈尊の旅立ち　5 苦闘する沙門釈尊　6 仏陀の路を往く

◇手塚治虫のブッダ―どうしたら救われるか実践講座　講談社　1995.11　209p　19cm　1200円　①4-06-207837-6

内容　1 人々は新しい教えを求めた　2 ブッダについて　3 人間の不安と苦しみ　4 どうしたら救われるか実践講座

◇新釈尊伝　片岡博雄著　近代文芸社　1995.4　138p　20cm　1200円　①4-7733-4181-5

内容　仏陀とは何か、仏教とは何か　ジャータカ物語　王子としての誕生　誕生詩　アシタ仙人の予言　当時のインド社会　当時の宗教界　王子の生活　農耕祭の出来事　結婚と悩み〔ほか〕

◇ブッダの生涯　ジャン・ボワスリエ著，富樫瓔子訳　大阪　創元社　1995.2　210p　18cm　（「知の再発見」双書 45）　1400円　①4-422-21095-5

内容　第1章 ブッダの時代　第2章 菩薩―ブッダの前身　第3章 悟りとはじめての説法　第4章 布教と遍歴　第5章 入滅　第6章 ブッダ入滅後の布教

◇釈迦のことば　菅沼晃著　雄山閣出版　1994.12　209,7p　19cm　1980円　①4-639-00606-3

内容　第1部 釈迦のことば　第2部 釈迦の生涯とその思想（悟りをもとめて　真理を追求せよ　みずからを島とせよ）

◇シャカムニの生涯―ボロブドゥル遺跡のレリーフに見る　溝口史郎著　丸善　1994.6　168p　19cm　（丸善ブックス 2）　1500円　①4-621-06002-3

内容　ボロブドゥル遺跡のレリーフで見るシャカムニの生涯　（ボサツは、人間の世界に生まれることを決意した。　ボサツは、母マーヤー妃から太子として生まれた。　太子は、王宮から抜け出して出家し、修行を始めた。　太子は、悟りを開いてブッダとなり、説法を始めた。）　シャカムニの説法の内容

◇釈迦の秘密―大乗仏教の世界性　赤間剛著　三一書房　1994.1　182p　20cm　1700円　①4-380-94207-4

内容　序章 三島由紀夫の死と仏教論　第1章 釈迦誕生と修行時代の謎　第2章 大いなる悟りとは何か　第3章 説法への決意と原始仏教教団　第4章 釈迦はいかにして入滅したか　第5章 釈迦とイエス　第6章 釈迦とマルクス　第7章 現代に生きる仏教―大乗仏教への展開　終章 仏教による世界革命

◇お釈迦さま略伝と父母恩重経の注釈　戸田清幸著　〔米沢〕　〔戸田清幸〕　1993.10　35p　26cm　（布教資料 第6号）

◇仏教伝来　東洋篇　梅原猛ほか著　プレジデント社　1992.11　272p　20cm　1500円　①4-8334-1467-8

内容　求法の道―東洋篇　釈迦 瞑想の末「涅槃」に達す　十大弟子とその布教　竜樹と大乗思想の完成　鳩摩羅什 経論を翻訳す　法顕 十四年余のインド求法の大旅行　玄奘三蔵と大唐西域記　達磨はなぜ東へ行ったか　仏教伝来・東洋篇「関連年譜」

◇釈尊伝―新仏所行讚物語　望月海淑著　宝文館出版　1992.4　234p　19cm　1700円　①4-8320-1394-7

内容　第1章 ご誕生をめぐって　第2章 苦悩と迷いと　第3章 揺らぐ心　第4章 出家の道　第5章 城内外での嘆きと説得　第6章 道を求めて　第7章 覚りへの道　第8章 覚りを開く　第9章 法輪を転ぜられる　第10章 教化の旅　第11章 故郷と祇園精舎で　第12章 釈尊をめぐる人々　第13章 毘舎離での教え　第14章 涅槃への旅　第15章 大般涅槃　第16章 御舎利の分配

◇ゴータマ・ブッダ―釈尊伝　中村元著　京都　法蔵館　1992.3　350,26p　20cm　3800円　①4-8318-7351-9

◇釈迦の真言―悩みから悟りへ　マンガ　桑田二郎著　コミックス　1992.3　222p　20cm　（講談社コミックス）　1200円

仏教を支えた人々

①4-06-313343-5
内容 釈迦生誕　幼年時代　出家への道　天界の神々　仏陀としての覚醒

◇ああ、お釈迦さま　小池俊章ほか著　京都　探究社　1991.11　147p　20cm　1000円　①4-88483-281-7

◇ブッダ入門　中村元著　春秋社　1991.9　221p　20cm　（仏教・入門シリーズ）　1700円　①4-393-13252-1
内容 第1章 誕生（家系と風土　釈尊の誕生）　第2章 若き日（幼き日々　若き日の苦悩　結婚　出家）　第3章 求道とさとり（釈尊とマガダ国王ビンビサーラ　道を求めて　真理をさとる）　第4章 真理を説く（説法の決意　釈尊の説いたこと　伝道の旅へ）第5章 最後の旅（釈尊とヴァッジ族の七つの法　終わりなき旅路　最後の説法）

◇大いなる幻影―釈尊の伝記と仏跡紀行　沢井信順著　松山　ひぎり出版　1991.5　284p　19cm　1339円

◇釈尊探訪―新説シャカの生涯　渡辺貞男著　金沢　北国新聞社　1990.11　302p　20cm　2000円　①4-8330-0714-2

◇お釈迦さま百科　大法輪編集部編　大法輪閣　1990.10　246p　19cm　（大法輪選書 23）　1300円　①4-8046-5023-7
内容 第1章 お釈迦さま―誕生から入滅まで（いつ、どこで生まれたか　釈尊の過去世　当時の社会環境　ほか）　第2章 お釈迦さまへの信仰（シンボル化されたお釈迦さま　仏像の始まり　お釈迦さまの32相　ほか）　第3章 お釈迦さまの十大弟子（仏教の核心を体得した舎利弗　母を餓鬼の苦しみから救った日連　仏弟子の筆頭に位した摩訶迦葉　ほか）

◇仏陀―その生き方と教え　シュリ・サティア・サイババ述編, 比良竜虎編　シュリ・サティア・サイ・センター日本支部　1990.10　86p　19cm　1000円　①4-87661-144-0
内容 1 世界の聖者たち　2 人を変える愛の力　3 仏陀とマハラジャ　4 仏陀―法（ダルマの伝説）　5 仏陀の教えたこと　6 仏陀―目覚めた知性　7 無執着　8 仏陀―僧伽―法　9 不動心　10 良き人々との交わり　11 物乞いの鉢　12 アヒムサ（非暴力）―最高の法　13 全ては移ろい行く　14 仏教の出現　15 仏陀プールニマ（満月祭）

◇シルクロードの仏たち―図説釈尊伝　山田樹人著　里文出版　1990.7　373p　22cm　2800円　①4-947546-42-5
内容 1 釈尊の誕生以前　2 太子の時代　3 修行の時代　4 仏陀釈尊と布教　5 涅槃への旅立　6 寂滅後の仏教　7 前生の物語（ジャータカ）

◇仏教の源流―釈尊の生涯とインド仏跡をたずねて　加藤茂著　世界書院　1990.7　286p　22cm　3605円

◇ゴータマ・ブッダ　早島鏡正著　講談社　1990.4　462p　15cm　（講談社学術文庫）　1000円　①4-06-158922-9
内容 1 ゴータマ・ブッダの思想（日本人とゴータマ・ブッダ　南方仏教とゴータマ・ブッダ　アリヤン文化とゴータマ・ブッダ　ゴータマ・ブッダの根本教説　道の体系としての仏教）　2 ゴータマ・ブッダの生涯（ゴータマ・ブッダ出現とその背景―六師外道　生いたち　出家前後　成道と説法　晩年）　3 ゴータマ・ブッダの教説（『聖求経』『ダンマパダ』『スッタニパータ』『縁起法頌』『涅槃経』『一日賢人偈』『最初の説法』『無我相経』『マールンキヤ小経』『七処』『空の小経』『空の大経』『清浄道論』）　4 ゴータマ・ブッダ滅後の仏教（部派仏教　『ミリンダ王の問い』におけるブッダ観　大乗仏教　ゴータマ・ブッダの思想と現代的意義）

◇釈尊と十大弟子　ひろさちや著　徳間書店　1990.4　220p　16cm　（徳間文庫）　400円　①4-19-599064-5
内容 第1章 釈迦の生涯（王舎城の沙門　無憂樹の花の下で　われは中道を行く　悪魔よ、汝は敗れたり　鹿の棲む苑　仏教の小さな学校　すべては燃えている　拡大する教団　帰り来た太子　提婆達多の反逆　汝、よく耐え忍べ　涅槃への旅　沙羅の樹の下で）　第2章 釈尊の十大弟子（真理のわかり方―舎利弗　伝統的な聖者―目連　純潔の求道者―摩訶迦葉　人を動かすことば―阿那律　屋根のない小屋―須菩提　懺悔のこころ―富楼那　辺境からの求法者―迦旃延　もう一つの生き方―優波離　実子なるが故に… ほか）

◇ブッダとその弟子-89の物語　菅沼晃著　京都　法蔵館　1990.4　239, 17p　20cm　2300円　①4-8318-2300-7
内容 第1章 ブッダ、前生の物語　第2章 ブッダ、生い立ちと修行の物語　第3章 ブッダ布教と行脚　第4章 ブッダの晩年と入滅　第5章 仏弟子たちの物語　第6章 女性と尼僧の話　第7章 王たちの物語　第8章 その後の仏教者たち

◇ブッダの生涯　小林正典, 三友量順著　新潮社　1990.3　119p　22cm　（とんぼ

の本）　1300円　①4-10-601981-7
　　内容　1 インドの大地・人々　2 釈尊の時代　3 ブッダの生涯　仏跡を訪ねる人のために
◇インド仏教文化入門　阿部慈園著　東京書籍　1989.10　202p　19cm　1200円　①4-487-75246-9
　　内容　第1章 ゴータマ・ブッダの生涯（懐妊と誕生　成長と結婚　出家と苦行　大悟と伝道　教団成立と2大精舎　10大弟子とデーヴァダッタ　入滅と舎利八分）　第2章 ブッダの教説から仏典へ（ブッタの教説　仏典の成立　文学としての仏典　ジャータカに見る智慧問答）　第3章 衣食住のインド仏教学（ブッダは何を着ておられたか？　糞掃衣とは何か？　原始仏教の衣服観　ブッダは何を食べられたか？　節量食のすすめ　肉食と菜食の問題　酒と薬　ブッダはどこに住まれたか？　住の頭陀支と禅定─パーリ陀支中の住支と禅定　マハーカッサパの住と禅定　仏教僧の住居の種々相）
◇おシャカさまの悟り　ひろさちや原作，芝城太郎漫画　鈴木出版　1989.10　153p　22cm　（仏教コミックス 2）　1030円　①4-7902-1992-5
　　内容　1 出家　2 マガダ国　3 苦行　4 悟り　5 布教の旅
◇釈尊の生涯と思想　水野弘元著　佼成出版社　1989.5　292p　20cm　（仏教文化選書）　1850円　①4-333-01394-1
　　内容　釈尊の誕生（仏教とその背景　釈尊の出生から出家まで　釈尊の修行とさとり　最初の説法と教化開始）　釈尊の教え（教団の発足と教化活動　四諦の法門　仏教教団の拡大　釈尊の故郷訪問）　釈尊の布教（出家と在家の仏教教団　マガタからアンガへ　仏教とジャイナ教　祇園精舎の建立　コーサンビー国を中心として）　釈尊の救い（仏法と世法　仏教者のあり方　神通奇蹟　おおいなる入滅）　経典の成立（法宝の結集）
◇釈尊と生きた女性たち　ひろさちや著　鈴木出版　1989.4　217p　20cm　1545円　①4-7902-1025-1
　　内容　摩耶夫人　偉大なる人の母　ケーマー　美しい比丘尼　マハーパジャーパティー　初めての尼僧　キサーゴータミー　死者のいない家を捜して　イシダーシー　悲しい過去の告白　ヤソーダラー　釈尊の妻の嘆き　蓮華色比丘尼　「家」を捨て、愛欲を超えて　パッダー・カピラーニー　純潔を守った夫婦　スンダリー　悪だくみの報い　韋提希夫人　息子に復讐された母の苦悩　ウッタラー　慈悲のこころの証　シリマー　美しい遊女の屍体

スジャーター　乳粥の布施　ナンダー　老醜の真実を悟る〔ほか〕
◇新釈尊物語　ひろさちや著　新塔社　1989.3　245p　20cm　1200円
◇ニルヴァーナ・ロードの風景─釈尊最後の旅　中村元編著，石川響画　東京書籍　1988.9　95p　22×31cm　3800円　①4-487-75192-6
　　内容　旅立ちまで　最後の旅　一生の回顧　釈尊の臨終
◇お釈迦様の話─片側得業記　片側観叡著　〔鳴門〕　〔片側観叡〕　1988.8　31p　19cm
◇仏陀観　日本仏教学会編　京都　平楽寺書店　1988.8　440, 89p　22cm　8000円
◇釈尊との対話　奈良康明著　日本放送出版協会　1988.7　211p　19cm　（NHKブックス 554）　750円　①4-14-001554-3
　　内容　第1章 なぜ釈尊との対話か　第2章 激動の時代　第3章 若き日　第4章 修行　第5章 降魔　第6章 悟り　第7章 教化　第8章 釈尊と業思想　第9章 わが身に引きあてる─生活実践　第10章 遊行から定住へ─教団論　第11章 最後の旅
◇仏菩薩由来縁起集　真継義太郎編　日本仏教新聞社　1987.7　1冊　24cm　（賢美閣経本シリーズ）　1000円
◇釈尊　江目達雄著　山形　迎接寺　1987.4　131p　19cm
◇釈尊の過去世物語─本生経　平川彰著　筑摩書房　1987.3　267p　19cm　（仏教選書）　1800円　①4-480-84175-X
◇ブッダとそのダンマ　B.R.アンベードカル著，山際素男訳　三一書房　1987.3　433p　20cm　2800円
◇釈迦とその弟子たち　奈良康明述，日本放送協会編　日本放送出版協会　1987.1　150p　21cm　（NHK市民大学）　350円
◇ブッダ・チャリタ─仏陀への讃歌　アシヴァゴーシャ著，杉浦義朗訳　富山　桂書房　1986.12　429p　20cm　3000円
◇釈迦のことば　菅沼晃著　雄山閣出版　1986.10　209, 6p　20cm　1500円　①4-639-00606-3
　　内容　第1部 釈迦のことば　第2部 釈迦の生涯とその思想（悟りをもとめて　真理を追求せよ　みずからを島とせよ）
◇釈尊と死後の問題　伊藤古鑑著　国書刊

行会　1986.10　93, 22, 27p　22cm
2500円
◇釈尊の生涯　ひろさちや著　中山書房仏書林　1986.8　93p　18cm　(まや文庫1)　500円
◇仏陀の風景―永遠の教えを求めて　山田法胤著　奈良　フジタ　1986.6　221p　18cm　1200円　①4-89349-037-0
　内容　大いなる死　仏陀の遺産　経典物語　仏陀のおいたち　苦行時代　悪魔との闘い　仏陀の悟り
◇釈迦伝文献目録　竹内啓二編　柏　モラロジー研究所研究部　1986.3　175, 4p　25cm　(研究ノート no.155)
◇ゴータマ・ブッダ―釈尊の生涯　中村元著　春秋社　1985.12(第9刷)　578, 29p　20cm　(中村元選集 第11巻)
◇日本の仏者　梅原猛ほか著, 高崎哲学堂設立の会編　高崎　高崎哲学堂設立の会　1985.12　238p　19cm　1300円
◇人間・釈迦　高橋信次著　改訂版　三宝出版　1985.12-1986.6　4冊　18cm　各730円　①4-87928-004-6
　内容　1 偉大なる悟り 2 集い来たる縁生の弟子たち 3 ブッタ・サンガーの生活 4 カピラの人びとの目覚め
◇釈尊観　日本仏教学会編　京都　平楽寺書店　1985.9　479, 89p　22cm　8500円
◇釈尊の生涯　水野弘元著　春秋社　1985.6　318, 8p　20cm　2000円
◇この人を見よ―ブッダ・ゴータマの生涯　増谷文雄著　講談社　1985.5　312p　15cm　(講談社文庫)　420円　①4-06-183513-0
◇仏陀の風景　三田誠広文, 田村仁写真　講談社　1985.3　96p　22cm　2000円　①4-06-201421-1
◇いま、釈迦に学ぶ生き方―百万人のブッダ、出てこないか　ひろさちや著　徳間書店　1985.2　268p　18cm　(Tokuma books)　720円　①4-19-503049-8
◇釈迦仏陀本紀　富永半次郎著　〔富永半次郎『正覚に就いて―釈尊の仏教』刊行会〕　1984.12　109p　22cm　非売品
◇地に悩める釈迦―仏教聖典　友松諦道著　すずき出版　1984.10　263p　20cm　1500円　①4-7902-1004-9

◇仏教の源流―インド　長尾雅人著　大阪　大阪書籍　1984.10　232p　19cm　(朝日カルチャーブックス 39)　1200円　①4-7548-1039-2
◇釈尊の生涯　豊原大成著　京都　法蔵館　1984.9　70p　21cm　400円
◇釈迦の名言108の知恵―今日を生き、明日への希望を開く指針　松濤弘道著　日本文芸社　1984.4　262p　19cm　980円　①4-537-00879-2
◇仏様―インド紀行　沢井武三著　京都　沢井武三　1984　47p　21cm
◇釈迦の読み方―彼は何を悟り、何を語ったか　増原良彦著　祥伝社　1982.12　216p　18cm　(ノン・ブック)　680円
◇釈迦のことば　菅沼晃著　雄山閣出版　1982.1　209p　19cm　(カルチャーブックス 17)　880円　①4-639-00125-8, 4-639-00062-6
◇釈尊と十大弟子　ひろさちや著　京都　法蔵館　1981.10　245p　20cm　1800円
◇三世乃光―釈尊伝　皓月宗顕尼著, 木南卓一校訂　〔大阪〕　〔木南卓一〕　1980.10　369p　22cm
◇お釈迦さまの伝記　仏教説話文学全集刊行会編　隆文館　1979.4　391p　20cm　1300円
◇釈尊のさとり　増谷文雄著　講談社　1979.2　90p　15cm　(講談社学術文庫)　200円
◇釈尊の悟り　増谷文雄著　富山　富山県教育委員会　1978.1　69p　19cm　(精神開発叢書 53)　非売品
◇人間・釈迦　4　カピラの人びとの目覚め　高橋信次著　三宝出版　1976.12　251p　18cm　600円
◇インド巡礼―釈尊の生涯をたどる　二橋進著　八雲書房　1976.10　328p(図共)　19cm　1500円
◇釈尊をめぐる女性たち―仏教女性物語　渡辺照宏著　新版　大法輪閣　1976　314p　19cm　1100円
◇釈尊物語　中川日史著　京都　平楽寺書店　1976　80p　肖像　19cm　700円
◇釈尊物語　ひろさちや著　平凡社　1976　143p　18cm　(平凡社カラー新書)

69

550円
◇釈尊―その行動と思想　宮坂宥勝著　評論社　1975　336p 図　19cm（東洋人の行動と思想1）　1700円
◇釈尊の人と思想　増谷文雄, 中村元, 奈良康明編　日本放送出版協会　1975　2冊　18cm　各650円
◇人間釈尊の探求―人生の幸福とは何か　中村元著　産報　1975　255p　18cm（サンポウ・ブックス）　580円
◇釈尊の生涯―ガンダハーラ石彫にみる　山本晃紹著　宇部　華林文庫　1974　180p（図共）　22cm　3000円
◇釈迦―生涯とその弟子　高下恵子　京都　百華苑　1973　974, 12p 図　19cm　3500円
◇私の釈尊観　池田大作著　文芸春秋　1973　276p 肖像　20cm　650円
◇ゴータマ・ブッダ―釈尊伝　中村元著　増補　京都　法蔵館　1972　338, 26p　20cm　1200円
◇釈尊　前田恵学著　山喜房仏書林　1972　216p 図　20cm　950円
◇釈尊の生涯　水野弘元著　増補版　春秋社　1972　318, 8p　20cm（現代人の仏教・仏典1）　750円
◇仏陀　オルデンブルグ著, 三並良訳　国書刊行会　1972　498p 肖像　22cm　3800円
◇釈迦涅槃の伝説年紀について　園正造著〔京都〕〔京都府立大学〕〔1971〕　15p　26cm
◇仏陀釈尊伝　蓬茨祖運著　京都　東本願寺出版部　1970　269p　18cm（真宗カリキュラム資料1）　250円
◇仏陀　塚本啓祥著　教育新潮社　1969　215p 図版　18cm（フリドブックス）　330円
◇仏陀―その生涯と思想　増谷文雄著　角川書店　1969　295p　19cm（角川選書）
◇この人を見よ―ブッダ・ゴータマの生涯　増谷文雄著　講談社　1968　316p　20cm　590円
◇釈迦牟尼伝　成川文雅著　鷺の宮書房　1968　190p　19cm　400円

◇釈迦　副島正光著　清水書院　1967　180p 図版　19cm（センチュリーブックス）　200円
◇新釈尊伝　渡辺照宏著　大法輪閣　1966　490p　19cm　680円
◇大いなる悟り―柳話的釈尊伝　山路閑古著　佼成出版社　1965　323p（図版共）19cm
◇シャカ　馬場昌平著　牧書店　1965　166p 図版　18cm（世界思想家全書）
◇釈迦　武者小路実篤著　東都書房　1965　334p　18cm
◇釈迦　大類純著　三一書房　1961　211p 図版 地図　18cm（三一新書）
◇釈迦の生涯　成川文雅著　宝文館　1961　187p　19cm（聖人叢書）
◇釈尊の生涯　水野弘元著　春秋社　1960　297p　19cm（現代人の仏教・仏典　第1）
◇釈尊　舟橋一哉著　改訂版　京都　大谷出版社　1959 2版　154p 図版　19cm
◇或る日の釈尊　友松円諦著　真理運動本部　1958.3　53,〔9〕p　18cm（仏教新書　第6集）
◇ゴータマ・ブッダ―釈尊伝　中村元著　京都　法蔵館　1958　338p　19cm（東方双書　第5）
◇西蔵仏画釈尊伝　多田等観編　チベット文化宣揚会　1958　図版35枚 解説39p　35cm
◇仏陀―その生涯と思想　増谷文雄著　角川書店　1956　192p　18cm（角川新書）
◇釈尊　舟橋一哉著　京都　大谷出版社　1955　144p 図版　18cm（大谷選書）
◇釈尊とその思想　中村瑞隆著　京都　平楽寺書店　1955　121p　18cm（法華新書）
◇釈尊とそのおしえ　浄土真宗本願寺派学校連合会編　京都　百華苑　1954 5版　96p 地図　22cm
◇釈尊御一代記図絵―全　好花堂野亭著, 前北斎卍老人画　3版　京都　永田文昌堂　1952　364p　19cm
◇写真で見る釈尊伝―その遺蹟　写真・選述・編集：鈴木重吉　春秋社　1951　112p　31cm　4500円

◇釈迦とイエス　古川碓悟著　敬文堂　1950序　209p　19cm

◇釈迦　金倉円照著　生活社　1946　31p　19cm　（日本叢書　第90）

> ## 聖徳太子　しょうとくたいし
> 敏達3年（574年）～推古30年（622年）2月22日　聖徳太子は、用明天皇の子で、叔母推古天皇の摂政として、蘇我氏と共に政治を行う。太子は高句麗僧慧慈に仏教を学び、仏教興隆の詔を発して法興寺を始め四天王寺、法隆寺など7か寺を建立した。

◇伊那谷の仏教絵画―聖徳太子絵伝と真宗の宝を集めて　飯田市美術博物館編　飯田　飯田市美術博物館　〔2008〕　48p　30cm

◇聖徳太子の寺を歩く―太子ゆかりの三十三ヵ寺めぐり　南谷恵敬監修，林豊著，沖宏治写真　JTBパブリッシング　2007.10　152p　21cm　（楽学ブックス）　1600円　①978-4-533-06871-3

◇聖徳太子に祈る―消された一族の女たち　米陀黎子著　新人物往来社　2007.6　171p　20cm　1800円　①978-4-404-03475-5

◇いのちに関する5つのレクチャー　仁愛大学宗教教育研究センター編，宮城顗，長谷正當，石田慶和，田代俊孝，蓑輪秀邦著　京都　法藏館　2007.3　185p　19cm　1800円　①978-4-8318-2416-5
内容　1 いのちはなぜ尊いのか（宮城しずか）（高校生の質問から　"顔"が見えない社会 ほか）　2 無量寿としてのいのちと信（長谷正當）（無限の肯定　生命を考察する諸次元 ほか）　3 『歎異抄』と私―最後の講義（石田慶和）（インディファレントな世界と宗教　親鸞思想の普遍性を見る ほか）　4 死から学ぶ生の意味（田代俊孝）（仏教の問い直しから　老・病・死の苦に対して ほか）　5 いのちの輝き―和国の教主と呼ばれた聖徳太子の生涯に学ぶ（蓑輪秀邦）（和国の教主　太子の悲しみ ほか）

◇聖徳太子と飛鳥仏教　曾根正人著　吉川弘文館　2007.3　208p　19cm　（歴史文化ライブラリー 228）　1700円　①978-4-642-05628-1
内容　飛鳥仏教への招待―プロローグ　飛鳥仏教史の課題　仏教の誕生と流伝　仏教公伝　推古朝の仏教と厩戸皇子　奈良仏教への道

◇大日本佛教全書　第112巻　聖徳太子伝叢書　仏書刊行会編纂　大法輪閣　2007.1　486p　22cm　8600円　①978-4-8046-1756-5
内容　上宮皇太子菩薩傳/思託撰．ほか

◇聖徳太子絵像・絵伝・木像　信仰の造形的表現研究委員会編　京都　同朋舎メディアプラン　2006.4（第2刷）　342p　37cm　（真宗重宝聚英　第7巻）　①4-86236-010-6

◇仏・法・僧をうやまって生きる―聖徳太子と『口伝鈔』の教えから　梯實圓，久堀弘義著　京都　自照社出版　2005.11　88p　19cm　800円　①4-921029-76-8

◇聖徳太子と国宝法隆寺展　愛媛県美術館，愛媛新聞社，兵庫県立歴史博物館，神戸新聞社編　〔松山〕　愛媛県美術館　2005.8　223p　30cm

◇仏教の中のユダヤ文化―聖書から見た釈迦の教えと聖徳太子伝説　久保有政著　学習研究社　2005.6　343p　18cm　（Mu super mystery books）　950円　①4-05-402744-X
内容　第1章 仏教の発祥に見る『聖書』の影響（仏教とは何か　世界の諸宗教には系統がある ほか）　第2章 シルクロードにおける仏教とユダヤ人（中国にも来た使徒トマス　1世紀に中国に入ったキリスト教 ほか）　第3章 日本仏教の祖「聖徳太子」とキリスト伝説（仏教徒の秘策　仏教受容か排斥か ほか）　第4章 日本仏教の深層に刻まれたユダヤ文化（日本の国教となった仏教　江戸時代には聖徳太子は評判が悪かった ほか）

◇聖徳太子の仏法　佐藤正英著　講談社　2004.6　242p　18cm　（講談社現代新書）　720円　①4-06-149722-7

◇聖徳太子と仏教伝来　三田村信行文　フレーベル館　2004.1　48p　27cm　（あるいて知ろう！歴史にんげん物語 1）

2900円　①4-577-02785-2
　　内容　ふしぎなゆめ　四天王にちかう　理想にもえて　和をもって…　日いずる国の天子　斑鳩寺を建てる　さいごのことば　人物しらべ―聖徳太子と同時代の人びと　たずねてみよう！歴史の舞台

◇仏教を歩く　no.13　聖徳太子　朝日新聞社　2004.1　32p　30cm　（週刊朝日百科）　533円

◇古代東アジアの国家と仏教　田村圓澄著　吉川弘文館　2002.11　275, 32p　22cm　8000円　①4-642-02384-4
　　内容　1 古代朝鮮と仏教（新羅文武王と仏教　大唐学問僧の帰国と蘇我氏の滅亡　ほか）　2 日本古代の神と仏（宇佐八幡の仏教帰依　香春の神と香春岳　ほか）　3 廐戸王・聖徳太子・法隆寺（「聖徳太子伝」の虚と実　新羅と廐戸王、新羅と聖徳太子　ほか）　4 大宰府の諸問題（大宰府の職掌の二元性　新城・存問使・表文　ほか）

◇隠された聖徳太子の世界―復元・幻の天寿国　大橋一章, 谷口雅一著　日本放送出版協会　2002.2　205p　22cm　1900円　①4-14-080666-4

◇聖徳太子の寺を歩く―太子ゆかりの三十三ヵ寺めぐり　南谷恵敬監修, 林豊著, 沖宏治写真　JTB　2001.11　152p　21cm　（JTBキャンブックス）　1600円　①4-533-04021-7

◇石川三十三所の古寺と観音―聖徳太子御廟と地域信仰　平成13年度企画展図録　太子町立竹内街道歴史資料館編　太子町（大阪府）　太子町立竹内街道歴史資料館　2001.9　48p　26cm

◇叡福寺縁起と境内古絵図―聖徳太子廟の香花寺　平成12年度企画展図録　太子町立竹内街道歴史資料館編　太子町（大阪府）　太子町立竹内街道歴史資料館　2000.9　35p　26cm

◇叡福寺の縁起・霊宝目録と境内地図―聖徳太子御廟の香花寺　太子町（大阪府）　太子町立竹内街道歴史資料館　2000.3　211p　26cm　（太子町立竹内街道歴史資料館調査報告　第2集）

◇聖徳太子の伝承―イメージの再生と信仰　藤井由紀子著　吉川弘文館　1999.8　215p　19cm　2300円　①4-642-07759-6
　　内容　生まれかわる聖徳太子（観音菩薩としての聖徳太子　救世主としての聖徳太子

慶政・顕真と中世の法隆寺（慶政が再生した太子イメージ　顕真が再生した調子丸イメージ）　聖徳太子と親鸞（六角堂の如意輪観音　親鸞と「女犯偈」）　比叡山の大乗仏教世界（天台宗と慧思禅師後身伝承　聖徳太子霊廟の創出）

◇聖徳太子と日本人の宗教心　古田紹欽著　春秋社　1999.5　204p　20cm　2000円　①4-393-11901-0
　　内容　1 聖徳太子の十七条憲法を読む　2 日本人の宗教意識　3 教育の中の拈華微笑　4 日本の仏教文化の淵源

◇以和為貴―聖徳太子の信仰と思想　滝藤尊教著　善本社　1998.10　262p　19cm　1500円　①4-7939-0384-3
　　内容　第1部 聖徳太子とその治世　第2部 十七条憲法とその背景　第3部 生命永遠の思想　第4部 勝鬘経義疏　第5部 法華義疏　第6部 維摩経義疏　第7部 太子精神の継承　第8部 企業に生きる太子精神

◇中村元選集―決定版　別巻6　聖徳太子―日本の思想2　中村元著　春秋社　1998.7　355, 11p　20cm　4700円　①4-393-31238-4

◇聖徳太子と玉虫厨子―現代に問う飛鳥仏教　石田尚豊著　東京美術　1998.2　315p 図版11枚　22cm　3800円　①4-8087-0648-2
　　内容　第1部 玉虫厨子は語る（捨身飼虎図供養図　施身聞偈図　須弥山図　霊鷲山図　宮殿部と本尊）　第2部 聖徳太子とその時代（太子をめぐる飛鳥仏教　飛鳥仏教基本史料）　第3部 聖徳太子の思想と現代的意義（飛鳥仏教思想　玉虫厨子絵の三つの問い　飛鳥仏教の現代的意義）

◇聖徳太子の研究―その仏教と政治思想　大野達之助著　吉川弘文館　1996.10　346, 6p　21cm　5665円　①4-642-02042-X
　　内容　第1章 推古朝の仏教　第2章 三経義疏と聖徳太子の学問　第3章 聖徳太子の政治とアショーカ王の政治　追補 太子信仰の展開

◇木造聖徳太子孝養像修理報告書―本証寺蔵　安城市教育委員会編　安城　安城市教育委員会　1994.3　84p　30cm

◇聖徳太子　第6巻　伽藍雲に連らなりて　池田理代子作・画　創隆社　1993.10　200p　20cm　1000円　①4-88176-085-8

◇物語日本の歴史―その時代を見た人が語る　第1巻　聖徳太子と仏教　笠原一男

編　木耳社　1993.9　206p　20cm　1500円　①4-8393-7553-4
[内容] 1 仏教伝来と聖徳太子　2 大化の改新　3 壬申の乱　4 律令国家の繁栄のなかで　5 青丹よし奈良の都　6 崩れゆく律令国家　7 仏教の盛隆

◇日本仏教の人間尊重論―聖徳太子憲法十七条　小方道憲著　前橋　煥乎堂　1993.8　243p　20cm　1500円　①4-87352-028-2

◇仏教の歴史　日本1　ひろさちや原作, 阿部高明漫画　鈴木出版　1993.4　153p　22cm　（仏教コミックス 72）　1200円　①4-7902-1949-6
[内容] 1 仏教伝来　2 日本仏教の祖聖徳太子　3 南都に咲いた仏教　4 真の仏教を求めて

◇原典日本仏教の思想　1　聖徳太子　家永三郎ほか校注　岩波書店　1991.3　592p　22cm　4800円　①4-00-009021-6
[内容] 憲法十七条　勝鬘経義疏　上宮聖徳法王帝説

◇聖徳太子日本仏教の祖　ひろさちや原作, 芝城太郎漫画　鈴木出版　1991.1　153p　22cm　（仏教コミックス 76）　1030円　①4-7902-1976-3
[内容] 1 和をもって貴しとなす　2 あつく三宝を敬え　3 一大乗　4 凡夫のみ　5 太子ありき　ひろさちやのまんだら漫歩録―凡夫の知恵・ほとけの知慧

◇探訪日本の古寺　11　奈良　2 斑鳩・当麻　第2版　小学館　1990.7　179p　27cm　2000円　①4-09-377111-1
[内容] 法隆寺　中宮寺　法起寺　法輪寺　額安寺　慈光院　松尾寺　当麻寺　百済寺　石光寺　長弓寺　宝山寺（生駒聖天）　金勝寺　千光寺　金剛山寺（矢田寺）　朝護孫子寺（信貴山）　名僧列伝　聖徳太子　古寺探訪（聖徳太子の人間思想―法隆寺　斑鳩の里人たち―法隆寺　塔に舞う風―法起寺・法輪寺・中宮寺　地獄のお地蔵さん―金剛山寺〈矢田寺〉　夕陽輝く西方浄土―当麻寺　ごりやく祈願―宝山寺・朝護孫子寺）　全国古寺めぐり　奈良　斑鳩・当麻　古寺美術　飛鳥・白鳳の仏　特集 神と仏　日本庶民信仰史　近世の信仰生活

◇論集日本仏教史　第1巻　飛鳥時代　川岸宏教編　雄山閣出版　1989.5　393p　22cm　6000円　①4-639-00852-X, 4-639-00552-0
[内容] 1 仏教の流伝と仏教文化の形成（飛鳥時代概観　仏教東漸の国際的環境　仏教摂取の過程と意義　聖徳太子の仏教　思想・文化としての仏教）　2 飛鳥時代における仏教の諸問題（飛鳥時代における神と仏　天寿国繡帳と飛鳥仏教　『勝鬘経』の受容　『維摩経義疏』の成立について　飛鳥仏教と政治　中央豪族の仏教受容とその史的意義　白鳳期地方寺院論　飛鳥時代の造像銘）

◇聖徳太子への鎮魂―天寿国繡帳残照　大橋一章著　グラフ社　1987.11　236p　19cm　1800円　①4-7662-0163-9

◇聖徳太子―再建法隆寺の謎　上原和著　講談社　1987.3　215p　15cm　（講談社学術文庫）　580円　①4-06-158782-X
[内容] 序 不死鳥の寺・法隆寺　1 法隆寺の創建　2 斑鳩（いかるが）と太子コロニーの誕生　3 法隆寺の再建　4 太子の信仰と芸術　付1 法隆寺に謎は存在するか　付2 ひとりの古代知識人の運命

◇聖徳太子のこころ　金治勇著　大蔵出版　1986.10　249p　19cm　（日本仏教のこころ）　1500円　①4-8043-5701-7
[内容] 第1編 聖徳太子とその生涯（日本民族のあこがれ　聖徳太子の尊号とその意味　人格の輝き　昏迷の時代　日本の夜明け　日月輝を失う　上宮王家族滅の悲劇）　第2編 聖徳太子のこころ（聖徳太子の悲願　聖徳太子のご遺語　憲法十七条のこころ　憲法十七条とその注釈　三経義疏のこころ）

◇海外視点・日本の歴史　3　聖徳太子と飛鳥仏教　土田直鎮, 黛弘道編　ぎょうせい　1986.9　163p　27cm　2800円　①4-324-00257-6

◇聖徳太子　富永半次郎述, 宮田俊彦ほか編　富永半次郎『正覚に就いて―釈尊の仏教』刊行会　1985.10　272p　22cm　非売品

◇日本仏教宗史論集　第1巻　聖徳太子と飛鳥仏教　田村円澄, 川岸宏教編　吉川弘文館　1985.10　482p　22cm　5800円　①4-642-06741-8

◇法隆寺史料集成　4　法隆寺昭和資財帳編纂所編　ワコー美術出版　1985.10　143p　28cm　11000円　①4-948731-09-9, 4-948731-23-4
[内容] 聖徳太子伝私記. 解説 高田良信著

◇高僧伝　2　聖徳太子―和を以てなす　松原泰道, 平川彰編　花山勝友著　集英社　1985.8　267p　20cm　1400円　①4-08-187002-0

◇日本仏教の心　11　聖徳太子と大安寺

◇日本仏教研究所編　河野清晃著　ぎょうせい　1984.5　204p　29cm　5000円
◇日本仏教の心　1　聖徳太子と法隆寺　日本仏教研究所編　間中定泉著　ぎょうせい　1984.3　181p　29cm　5000円
◇日本仏教の心　10　聖徳太子と叡福寺　日本仏教研究所編　近藤本昇著　ぎょうせい　1983.5　182p　29cm　5000円
◇日本仏教の心　2　聖徳太子と四天王寺　日本仏教研究所編　出口常順著　ぎょうせい　1981.12　212p　29cm　5000円
◇聖徳太子　1　仏教の勝利　梅原猛著　小学館　1980.3　358p　20cm　1200円
◇大日本仏教全書　第112冊　聖徳太子伝叢書　仏書刊行会編纂　名著普及会　1979.8　486p　24cm
◇聖徳太子──仏教伝来と法隆寺　ムロタニツネ象まんが　学習研究社　1978.12　148p　23cm　（図解まんが日本史）　580円
◇聖徳太子尊像聚成　石田茂作著　講談社　1976　2冊（図版編共）　35cm　全56000円
◇法華弘通之大士──観世音菩薩 聖徳太子真蹟解説　望月一憲著　第一書房　1976　44p（図共）　21cm　880円
◇法華経と聖徳太子　望月一憲著　第一書房　1975.12　271p　22cm
◇聖徳太子和讃　金治勇注解　大阪　聖徳太子会　1974　126p図　19cm　750円
◇聖徳太子と親鸞　美濃芳雄著　京都　永田文昌堂　1973　287p　19cm　900円
◇親鸞聖人の聖徳太子奉讃　白井成允述　大阪　聖徳太子会　1973　138p　18cm　500円
◇聖徳太子と聖徳太子信仰　小倉豊文著　増訂　京都　綜芸舎　1972　126, 74p図　22cm　1800円
◇聖徳太子一千三百年御法事記録　附録〔太子町（大阪府）〕　磯長山叡福寺　1971　24丁　26cm　非売品
◇聖徳太子一千三百年御法事記録〔太子町（大阪府）〕　磯長御廟所叡福寺　1971　4冊　26cm　非売品
◇聖徳太子と親鸞聖人　金子大栄著　大阪　聖徳太子会　1971　255p　19cm　700円
◇聖徳太子の研究──その仏教と政治思想　大野達之助著　吉川弘文館　1970　329, 6p図版　22cm　2000円
◇聖徳太子絵伝　奈良国立博物館編　奈良　奈良国立博物館　1969　340p（図版共）　35cm
◇聖徳太子傳暦摘解──太子信仰と親鸞聖人　小島叡成述, 安居事務所編　京都　安居事務所　1965.7　98p　21cm
◇聖徳太子の浄土観　金治勇著　大阪　聖徳太子会　1965　126p　19cm　（聖徳太子会シリーズ　4）
◇聖徳太子研究　日本仏教学会編　京都　平楽寺書店　1964　309p図版　22cm
  内容　太子仏教の特質（玉城康四郎）聖徳太子における政治と仏教（田村円澄）国家と仏教──国家仏教への一考察（山内舜雄）聖徳太子の国土観（中川善教）四天王信仰について（平岡定海）聖徳太子の仏舎利信仰と四天王寺式伽藍様式（奥田慈応）聖徳太子の空観（田中順照）聖徳太子と法華経（横超慧日）維摩経義疏撰述の意図──特に国民の教育上の聖典たらしめんとするものとして（西義雄）太子所持法華経の伝記と実際（兜木正亨）伝教大師の「帰心聖徳宮」の意味（池山一切円）慈覚大師円仁における聖徳太子像（勝ón隆信）四天王寺と天台浄土教（伊藤真徹）日蓮聖人の遺文に見る聖徳太子（松木本興）〔ほか〕
◇聖徳太子教学の研究　金治勇著　大阪　聖徳太子会　1962　634p　22cm

親鸞　しんらん

承安3年（1173年）4月1日～弘長2年（1263年）11月28日　鎌倉前・中期の僧。浄土真宗の宗祖。明治9年（1976年）に贈られた諡号は見真大師。自らは愚禿（ぐとく）親鸞と称した。養和元年（1181年）9歳で、天台宗青蓮院の慈円のもとで出家。その後、比叡山で20年に及ぶ修行をする。建仁元年（1201年）修行では安心（あんじん）を得られず、山を降りて京の六角堂に参籠し、聖徳太子の夢告により法然を訪ね、専修念仏の教えに帰衣してその門下となる。承元元年（1207年）専修念

仏が弾圧を受け、法然は土佐へ、親鸞は越後に流される（承元の法難）。この時、非僧非俗を宣言して、愚禿と名のり妻帯した。建保2年（1214年）関東に移住して、農民や下層武士らを中心に布教活動に専念。60歳を過ぎた嘉禎2年（1236年）頃に帰洛した。自らの思想を表す消息（しょうそこ）による布教活動を行なった。

◇帰敬式を受ける—親鸞聖人の僧伽に帰敬す　池田勇諦著, 真宗大谷派宗務所出版部編　京都　真宗大谷派宗務所出版部　2008.6　47p　18cm　（東本願寺伝道ブックス 63）　250円　①978-4-8341-0390-8

◇親鸞聖人と承元の法難　梯實圓, 瓜生津隆真, 中西智海著, 芦屋仏教会館編　京都　自照社出版　2008.6　96p　19cm　800円　①978-4-903858-21-0

◇面白いほどよくわかる親鸞—人間の弱さを救う他力思想を読み解く　菊村紀彦監修, 田中治郎著　日本文芸社　2008.5　253p　19cm　（学校で教えない教科書）　1400円　①978-4-537-25586-7
　内容　第1章 親鸞の教えを現代から読み解く（現代の末法を救う存在は　エゴイズムが世界を覆うほか）　第2章 苦難と激動の日々—親鸞の前半生（末法の世に生を受ける　幼少から出家に至るまで ほか）　第3章 静かなる思索の日々—親鸞の後半生（越後に流された親鸞　非僧非俗の生活を送る ほか）　第4章 高遠深遠な親鸞の思想を読む（阿弥陀仏聖道門と浄土門 ほか）　第5章 親鸞に連なる七高僧の系譜（龍樹　天親 ほか）

◇親鸞と如信　今井雅晴著　京都　自照社出版　2008.4　178p　20cm　1800円　①978-4-903858-17-3

◇親鸞の遺言—妻・稔子への手紙　私家版　粟谷正春著　〔北広島町（広島県）〕〔粟谷正春〕　2008.4　277p　21cm

◇親鸞のこころ—永遠の命を生きる　梅原猛著　小学館　2008.1　221p　15cm　（小学館文庫）　476円　①978-4-09-408241-8
　内容　1部 親鸞のこころ（師と弟子　深い懺悔の宗教詩人　親鸞思想の真髄「二種廻向」）　2部 時代を拓いた求道者たち（泰澄—白山に神と仏の化現を見る　良源—日本精神の転換点に立つ　覚鑁—空海を究め独自の密教世界を拓く　世阿弥の能—「鵺」について）

◇親鸞の生涯と教え　鎌田宗雲著　京都　法藏館　2007.12　202p　20cm　2000円　①978-4-8318-2157-7
　内容　第1章 求道の人—親鸞の生涯（不思議な人　日野氏系図　親鸞伝記　親鸞系図　念仏がとどく　ただ念仏して　念仏の遺産　念仏の息）　第2章 親鸞への視点（聖徳太子と親鸞　海と親鸞　転と転入と転成）　第3章 浄土真宗の教え（阿弥陀仏と釈尊　仏に成る　逆謗の除粘　已造と未造　往相回向と観相回向　観相回向の意義　名号が大行であることの理解　信心の十二の嘆名　信心をより深く理解する　浄土真宗の現世利益）

◇親鸞の仏教と宗教弾圧—なぜ親鸞は『教行信証』を著したのか　藤場俊基著　明石書店　2007.12　210p　20cm　1800円　①978-4-7503-2687-0
　内容　第1講（講義の見通し　いわゆる「後序」の記述の配列順　記述される出来事と執筆時期との関係 ほか）　第2講（なぜ『大集経』を書写・挿入したのか　言葉の多義性　世俗権力と宗教的権威 ほか）　第3講（いつでも・どこでも・誰にでも　到達から出発への視点転換　無上の大乗）

◇越後の親鸞聖人　大場厚順著, 真宗大谷派宗務所出版部編　京都　真宗大谷派宗務所出版部　2007.10　67p　18cm　（東本願寺伝道ブックス 60）　250円　①978-4-8341-0380-9

◇親鸞をよむ　山折哲雄著　岩波書店　2007.10　215p　18cm　（岩波新書）　700円　①978-4-00-431096-9
　内容　序章 ひとりで立つ親鸞　第1章 歩く親鸞、書く親鸞—ブッダとともに　第2章 町のなか、村のなかの親鸞—道元とともに　第3章 海にむかう親鸞—日蓮とともに　第4章 弟子の目に映った親鸞—唯円と清沢満之　第5章 カミについて考える親鸞—神祇不拝　第6章 親鸞をよむ—日本思想史のもっとも戦慄すべき瞬間　第7章 恵信尼にきく—日本思想史の背後に隠されていた「あま・ゑしん」の素顔

◇創造哲学の源流「人間親鸞」　石丸元康著　彩図社　2007.10　190p　20cm　1400円　①978-4-88392-615-2
　内容　第1章 人生創造哲学（歓喜の人生　心眼を磨く　天運を拓く　創造無限）　第2章 人間親鸞（比叡山　救はれる道はないか　耳四郎　親鸞の結婚　吉水禅房の崩壊　流人親鸞

◇親鸞の浄土　山折哲雄著　アートデイズ　2007.8　194p　20cm　1600円
①978-4-86119-097-1
内容 1章 越後の海　2章 常陸の山　3章 親鸞における「弟子捨て」　4章 京都と思想的成熟　5章 法然を超える親鸞　6章 『歎異抄』と親鸞の隔たり　7章 宗教にとっての「悪」—悪人正機説をめぐっての　8章 親鸞の「法」　9章 親鸞の「往生」—往相と還相　10章 親鸞の「自然法爾」

◇親鸞物語—泥中の蓮花　西原祐治著　大阪　朱鷺書房　2007.8　269p　19cm　1500円　①978-4-88602-199-1
内容 親鸞誕生　文覚流罪　親鸞得度　明恵の出家　比叡山での修行　筑前との出会い　文覚との問答　下山のとき　法然房源空のもとで　『選択本願念仏集』の書写　賜りたる信　明恵と出会う　親鸞流罪となる　伝道の旅　三部経千回読誦の発願　平太郎の帰依　弁円の涙　『顕浄土真実教行証文類』を顕す　一切経校合　東国との別れ　唯円との対話　平太郎の来訪　如信との語らい　道元との対話　善鸞義絶　親鸞示寂

◇親鸞聖人御消息—浄土真宗聖典 現代語版　恵信尼消息—浄土真宗聖典 現代語版　親鸞著,恵信尼著,教学伝道研究センター編纂　〔京都〕　浄土真宗本願寺派　2007.7　219p　19cm　1000円　①978-4-89416-263-1
内容 親鸞聖人御消息　恵信尼消息

◇親鸞聖人眞蹟集成　第10巻 補遺　親鸞著,赤松俊秀,藤島達朗,宮崎圓遵,平松令三編　増補/平松令三,名畑崇編　京都　法藏館　2007.7　449,6p　22cm
①978-4-8318-4990-8, 978-4-8318-4980-9
内容 安城御影(東本願寺蔵).　唯信鈔(専修寺蔵 信證本).　唯信鈔文意(専修寺蔵 正月二十七日本).　唯信鈔(明安寺蔵).　唯信鈔(断簡)(上正寺蔵ほか)

◇親鸞聖人の信心と念佛　梯實圓著　京都　自照社出版　2007.7　322p　20cm　2000円　①978-4-903858-06-7

◇図説あらすじで読む親鸞の教え　加藤智見著　青春出版社　2007.7　95p　26cm　1080円　①978-4-413-00896-9
内容 第1部 親鸞の生涯(いま、なぜ親鸞なのか　誕生と比叡山での苦悩　法然のもとへ　越後へ　東国常陸へ　晩年を生きる)　第2部 親鸞の教え(親鸞の教え　いまに伝えられる教えとその拡がり)

◇親鸞の生命観—縁起の生命倫理学　鍋島直樹著　京都　法藏館　2007.5　488p　22cm　6300円　①978-4-8318-2417-2

◇ゐなかの人々と親鸞　松野純孝著,真宗大谷派宗務所出版部編　京都　真宗大谷派宗務所出版部　2007.4　98p　18cm　(東本願寺伝道ブックス 57)　250円
①978-4-8341-0365-6

◇親鸞・普遍への道—中世の真実　阿満利麿著　筑摩書房　2007.4　342p　15cm　(ちくま学芸文庫)　1200円
①978-4-480-09053-9
内容 序章 柳田國男と真宗　第1章 忌みの風土と専修念仏の誕生　第2章 宿業から煩悩へ　第3章 幻想としての浄土　第4章 仮の認識　終章 中世の真実

◇総説親鸞傳繪　後編　日下無倫著　横浜　英徳社　2007.4　p257-467　21cm　4500円　①978-4-903693-01-9

◇無垢生親鸞聖人　梅津香八洲著　創栄出版　2007.4　199p　19cm　1200円
①978-4-434-10392-6
内容 1 親鸞様の生涯—七百年前と現在そして全体像　2 パウロ様の生涯　3 阿難様について　4 親鸞様の書簡を拝読する前に　5 親鸞様の書簡　6 親鸞様のお言葉　7 親鸞様の世界　8 カール・グスタフ・ユングの生涯　9 親鸞様のご自証「山」　10 無意識と意識の分離　11 親鸞様からいただいたもの

◇親鸞　1　西山邦彦著　京都　法藏館　2007.3　518p　22cm　14000円
①978-4-8318-4117-9

◇親鸞　2　西山邦彦著　京都　法藏館　2007.3　519p　22cm　14000円
①978-4-8318-4118-6

◇親鸞　3　西山邦彦著　京都　法藏館　2007.3　508p　22cm　14000円
①978-4-8318-4119-3

◇親鸞聖人眞蹟集成　第3巻 三帖和讃　浄土三経往生文類　親鸞著,赤松俊秀,藤島達朗,宮崎圓遵,平松令三編　増補/平松令三,名畑崇編　京都　法藏館　2007.3　390p　22cm
①978-4-8318-4983-0, 978-4-8318-4980-9

◇親鸞の信仰と思想—真宗・われらの大地　小野蓮明著　京都　法藏館　2007.2　322p　22cm　3400円
①978-4-8318-3287-0

◇総説親鸞傳繪　前編　日下無倫著　横浜　英徳社　2007.2　255p　21cm　4500円

◇大系真宗史料　伝記編3　近世親鸞伝
　真宗史料刊行会編　京都　法藏館
　2007.1　478p　22cm　10000円
　⑪978-4-8318-5053-9

◇方法としての親鸞/仏教　「親鸞」研究
　会編　京都　永田文昌堂　2007.1　309p
　20cm　2300円　⑪978-4-8162-4134-5

◇親鸞聖人伝絵　信仰の造形的表現研究委
　員会編　京都　同朋舎メディアプラン
　2006.12(第2刷)　255p　37cm　(真宗重
　宝聚英 第5巻)　⑪4-86236-008-4

◇お念仏はひとつご信心もひとつ―法然聖
　人と親鸞聖人のみ教えから　梯實圓、天
　岸淨圓著　京都　自照社出版　2006.11
　87p　19cm　800円　⑪4-921029-94-6

◇親鸞聖人眞蹟集成　第9巻　名号　見聞
　集　断簡　親鸞著、赤松俊秀、藤島達朗、
　宮崎圓遵、平松令三編　増補/平松令三、
　名畑崇編　京都　法藏館　2006.11
　391p　22cm　⑪4-8318-4989-8、
　978-4-8318-4980-9
　内容　名号影像讃銘(本派本願寺蔵ほか)．見
　聞集(高田派専修寺蔵)．大般涅槃經要文・
　業報差別經文(高田派専修寺蔵)．信微上人
　御釋(本派本願寺蔵)．烏龍山御并屠児寶藏
　傳(本派本願寺蔵)．四十八願文(断簡)(大
　阪市慈雲寺蔵ほか)．皇太子聖徳奉讃(断簡)
　(京都市光照寺蔵ほか)．その他．宗祖御筆
　蹟集(影寫本)．(大谷大学蔵)

◇親鸞聖人と『教行信証』の世界　田代俊
　孝著　京都　法藏館　2006.11　55p
　21cm　500円　⑪4-8318-2148-9

◇増谷文雄名著選　2　増谷文雄著　佼成
　出版社　2006.11　607p　22cm　3700円
　⑪4-333-02241-X
　内容　親鸞の生涯　歎異抄　親鸞の思想　附
　録(親鸞と『歎異抄』関係文献解説　親鸞と
　『歎異抄』関係年譜　関東における親鸞関係
　地図)

◇親鸞聖人御消息　霊山勝海著　京都　本
　願寺出版社　2006.10　250p　22cm
　(聖典セミナー)　3200円
　⑪4-89416-863-4
　内容　『親鸞聖人御消息』はどのような聖典
　か　有念無念の事―親鸞聖人御消息第一通
　(末灯鈔第一通)　笠間の念仏者の疑問にこ
　たえて―親鸞聖人御消息第六通(末灯鈔第
　二通)　自然法爾の事―親鸞聖人御消息第十
　四通(末灯鈔第五通)　有阿弥陀仏へご返事
―親鸞聖人御消息第二十六通(末灯鈔第十二
通)　一念・多念のあらそひ―親鸞聖人御消
息第四十一通(御消息集広本八通略本三通)
信心まことなる人―親鸞聖人御消息第二十
通(末灯鈔第七通)　造悪無慚の異義を誡め
る―親鸞聖人御消息第二通(末灯鈔第二十
通)　慈信房義絶懇知―親鸞聖人御消息第二
十八通(御消息集広本十通略本五通)　臨終
の善悪を申さず―親鸞聖人御消息第十六通
(末灯鈔第六通)〔ほか〕

◇親鸞の仏・浄土―その科学との間　中村
　介英著　〔彦根〕　中村商家保存館
　2006.10　234p　22cm　非売品

◇新編歴史のなかの親鸞　二葉憲香、松尾
　博仁共著、福嶋寛隆編　京都　永田文昌
　堂　2006.9　372p　20cm　2800円
　⑪4-8162-4133-7

◇親鸞聖人眞蹟集成　第8巻　唯信抄　唯
　信抄文意　親鸞著、赤松俊秀、藤島達朗、
　宮崎圓遵、平松令三編　聖覚著　増補/平
　松令三、名畑崇編　京都　法藏館
　2006.9　398p　22cm　⑪4-8318-4988-X、
　978-4-8318-4980-9
　内容　唯信抄(西本願寺蔵)．唯信抄(表紙・
　巻頭・巻末)(専修寺蔵　信證本)．唯信抄(専
　修寺蔵　ひらかな本)．唯信抄(断簡)(高山別
　院蔵ほか)．唯信抄文意(専修寺蔵　正月十一
　日本)．唯信抄文意(表紙・巻頭・巻末)(専
　修寺蔵　正月二十七日本)

◇目からウロコの親鸞聖人と浄土真宗　山
　崎龍明監修　学習研究社　2006.9　255p
　20cm　(わたしの家の宗教シリーズ)
　1500円　⑪4-05-403170-6
　内容　1絵伝と節談説教でたどる親鸞聖人の
　生涯　2浄土真宗の経典　3親鸞聖人の教
　えと言葉　4寺院と人物でたどる浄土真宗
　の歩み　5絵伝と節談説教でたどる蓮如上
　人の生涯　6蓮如上人の御文章(御文)を読
　む　7浄土真宗の信心と生活　8浄土真宗
　の名刹と親鸞聖人ゆかりの寺

◇親鸞　倉田百三著　中央公論新社
　2006.8　275p　15cm　(中公文庫
　BIBLIO)　876円　⑪4-12-204728-5
　内容　いろはにほへと　反逆の血　法のひこ
　ばえ　黒髪落つ　若い学徒として　なやみ
　の饗宴　寒月と龍女　あやめも分かぬ　通
　ひ百夜　遇い難き人〔ほか〕

◇親鸞聖人絵像・絵伝・木像　信仰の造形
　的表現研究委員会編　京都　同朋舎メ
　ディアプラン　2006.8(第2刷)　299p
　37cm　(真宗重宝聚英　第4巻)

◇よくわかる！親鸞—なぜ、"悪人こそ救われる"のか？　今井雅晴監修,内海準二著　PHP研究所　2006.8　223p　19cm（雑学3分間ビジュアル図解シリーズ）1200円　①4-569-64790-1
　内容　第1部 親鸞が親鸞である理由（親鸞とは誰か　親鸞が生まれた時代　親鸞の一生　親鸞の人物像 ほか）　第2部 親鸞の教えを読み解く（親鸞の幸福観とは？　親鸞の教えたこと　親鸞の宗教観とは？　親鸞の道徳観とは？　ほか）

◇親鸞と浄土真宗—知れば知るほど　山崎龍明監修　実業之日本社　2006.7　257p　19cm　1500円　①4-408-32312-8
　内容　第1章 親鸞の生涯と浄土真宗の成立と発展　第2章 浄土真宗の教えと聖典　第3章 浄土真宗門徒のしきたりと暮らし　第4章 浄土真宗の代表的な寺院　第5章 お経を称え　親鸞こぼれ話

◇親鸞聖人眞蹟集成　第7巻　観経・阿弥陀経集註　浄土論註　親鸞著,赤松俊秀,藤島達朗,宮崎圓遵,平松令三編　曇鸞撰述　増補/平松令三,名畑崇 編　京都　法藏館　2006.6　420p　22cm　①4-8318-4987-1, 978-4-8318-4980-9

◇親鸞読み解き事典　林智康,相馬一意,嵩満也,岡村喜史,安藤章仁,山本浩信編著　柏書房　2006.5　384,13p　20cm　3200円　①4-7601-2902-2
　内容　序 今なぜ親鸞なのか　第1部 親鸞と出会う　第2部 親鸞ゆかりの地を歩く　第3部 親鸞の世界への広がり　第4部 親鸞関係用語集　附録 参考資料

◇親鸞聖人眞蹟集成　第4巻　尊号真像銘文　一念多念文意　書簡　親鸞著,赤松俊秀,藤島達朗,宮崎圓遵,平松令三編　増補/平松令三,名畑崇 編　京都　法藏館　2006.3　457p　22cm　①4-8318-4984-7, 978-4-8318-4980-9

◇親鸞教の歴史ドラマ—忘れえぬ著者たち　島田克美著　ライフリサーチプレス　2006.3　230p　19cm　2000円　①4-906472-84-2

◇親鸞聖人伝　今田法雄著　京都　永田文昌堂　2006.2　365p　22cm　5524円　①4-8162-3159-5

◇親鸞聖人眞蹟集成　第6巻　西方指南抄下　親鸞著,赤松俊秀,藤島達朗,宮崎圓遵,平松令三編　増補/平松令三,名畑崇 編　京都　法藏館　2006.1　p529-945　22cm　①4-8318-4986-3, 978-4-8318-4980-9

◇親鸞の告白　梅原猛著　小学館　2006.1　333p　15cm　（小学館文庫）　619円　①4-09-405624-6
　内容　1 極楽浄土から還ってきた親鸞　2 親鸞は日本人の精神的「故郷」である　3『歎異抄』と本願寺教団　4 思索の人・親鸞と実践の人・蓮如　5『歎異抄』はなぜ現代人を惹きつけるのか　付 梅原猛の現代語訳『歎異抄』

◇神様の功徳を引き出す本—親鸞上人の生きざまに学ぶ　深見東州著　たちばな出版　2005.11　104p　19cm　1000円　①4-8133-1907-6
　内容　親鸞と日蓮は、どちらが過激か？　親鸞と日蓮の志　百日間の大祈願　死の予告を受けた親鸞上人　悩み事は神様に投げろ　神仏総力を担っている親鸞と日蓮　神仏の功徳を引き出す法則　弘法大師、白隠禅師に学べ　とりあえずの目標を立てよ　守護霊を動かす方法〔ほか〕

◇親鸞聖人眞蹟集成　第5巻　西方指南抄上　親鸞著,赤松俊秀,藤島達朗,宮崎圓遵,平松令三編　増補/平松令三,名畑崇 編　京都　法藏館　2005.11　528p　22cm　①4-8318-4985-5, 978-4-8318-4980-9

◇親鸞の念仏　岡亮二著　京都　法藏館　2005.11　243p　22cm　5700円　①4-8318-7694-1
　内容　念仏に生きる：念仏に生きる．なぜいま念仏か．名ばかりの僧．生きることと死ぬこと．親鸞聖人の他力思想

◇親鸞聖人眞蹟集成　第2巻　教行信證下　親鸞著,赤松俊秀,藤島達朗,宮崎圓遵,平松令三編　増補/平松令三,名畑崇 編　京都　法藏館　2005.10　p395-717　22cm　①4-8318-4982-0, 978-4-8318-4980-9

◇親鸞の生涯と思想　平松令三著　吉川弘文館　2005.8　319,5p　22cm　7500円　①4-642-02842-0
　内容　第1部 親鸞とその家族の問題（親鸞誕生と当時の日本　親鸞の妻玉日実在説への疑問 ほか）　第2部 東国二十年の伝道の中から（草創期の親鸞教団をめぐる諸学説　親鸞教団の地縁性について—親鸞の念仏が東国に根付かなかった理由 ほか）　第3部 親

鸞著作の思想的理解と書誌学的分析（眼を凝らして見る国宝三帖和讃　聖覚の『唯信鈔』と親鸞への毀誉褒貶―平雅行・松本史朗両氏への反論 ほか）　第4部　親鸞真蹟をめぐる筆跡研究の成果（親鸞筆跡研究の光と影　親鸞真蹟名号四幅にまつわる思い出と問題点 ほか）

◇新しい親鸞　武田定光著　雲母書房　2005.7　244p　20cm　1800円　①4-87672-182-3
内容　序　新しい親鸞とは何か（「新しい」ということ　親鸞を目的地ではなく出発点とする ほか）　1「教」の部―如来の自己否定としての身体性（「宗教」って何だろう？　親鸞の決断 ほか）　2「行」の部―親鸞の「他力」観（いつでも性・どこでも性・だれでも性HOW TOが法然・親鸞を弾圧した ほか）　3「信」の部―「無」という否定媒介（信心について　親鸞の本願文解釈 ほか）　4「証」の部―還相の時間論（南無阿弥陀仏って何だ？「分かる」と「分からない」 ほか）

◇親鸞聖人眞蹟集成　第1巻　教行信證上　親鸞著，赤松俊秀，藤島達朗，宮崎圓遵，平松令三編　増補/平松令三，名畑崇編　京都　法藏館　2005.7　394p　22cm　①4-8318-4981-2

◇親鸞の思想―宗教心理学の視点から　寺川幽芳著　京都　法藏館　2005.7　387p　22cm　5600円　①4-8318-3286-3
内容　1　宗教経験の心理学的考察（「起信」の構造　真宗篤信者にみる宗教的人間像　真宗篤信者の社会的態度について　妙好人の回心経験をめぐって）　2　親鸞の人格形成と宗教意識（浄土真宗における師資相承の一考察　親鸞の宗教的人格形成と聖徳太子　親鸞における宗教意識の成熟と夢）　3　親鸞の求道と家族観（「非僧非俗」の系譜　親鸞のライフサイクルと人間関係　親鸞における親子の問題　親鸞の家族法）　5　現代真宗伝道の基底（日本浄土教の画期をめぐって　宗教的対話―宗教的カウンセリングの可能性をめぐって　親鸞における対面的人間関係―相談伝道の視座から　仏教的支援活動とカウンセリング）

◇親鸞聖人の信念―野に立つ仏者　寺川俊昭著　京都　法藏館　2005.6　121p　19cm　1200円　①4-8318-8928-8
内容　親鸞聖人の人間像（親鸞聖人の御遠忌を迎えるにあたって　吉川英治さんの励まし　宗門の外に教えを広げるために ほか）　親鸞聖人の人生を支えた人たち（群萌と凡小　孤独の寂しさ　親鸞聖人を支えた四人の人 ほか）　親鸞聖人の信念（親鸞聖人の初心　念仏者は無礙の一道なり　真宗興隆の大祖源空法師 ほか）

◇親鸞　2　善く信ぜよ　山折哲雄原案，バロン吉元画　ホーム社　2005.5　379p　15cm　（ホーム社漫画文庫）　762円　①4-8342-7335-0
内容　魂魄の章　円光の章　羅漢の章　愛河の章　示現の章

◇本願の研究―特に親鸞聖人の本願論を中心として　五十嵐大策著　京都　永田文昌堂　2005.4　295p　22cm　6000円　①4-8162-3155-2

◇親鸞仏教の宗教力―悲痛な現代を生きる〈安楽論〉中村了權著　春秋社　2005.2　234p　20cm　1800円　①4-393-16604-3
内容　第1章　生死無常に目覚める　第2章　親鸞仏教の社会観　第3章　ブッダ・親鸞の慈悲の宗教　第4章　人間中心主義を悲嘆する懺悔の宗教　第5章　慈悲の宗教の生命観　第6章　親鸞仏教の人間観と念仏生活　第7章　自我・我欲中心主義を超える親鸞仏教　第8章　自然法爾に生きる本願の宗教　第9章　宗教的いのちを生きる南無阿弥陀仏の世界　第10章　慈悲の宗教の光景

◇妻恵信尼からみた親鸞―「恵信尼消息」を読む　下　山崎龍明著　日本放送出版協会　2005.1　162p　21cm　（NHKシリーズ）　760円　①4-14-910525-1

◇親鸞聖人「和讃」入門―その詩にみる人間と教え　山崎龍明著　大法輪閣　2004.12　342p　19cm　2100円　①4-8046-1214-9
内容　第1章　信仰のダイナミズム　第2章　五濁の時代と三つの宝　第3章　光りにであう私たち　第4章　「よきひと」と大海を渡る　第5章　私の中のなにかが変る　第6章　人間回復の道　第7章　誰でも救われていく　第8章　解放の人生　第9章　人間への深い洞察　第10章　時代と人間にふさわしい教え

◇宗祖親鸞聖人に遇う　古田和弘著　京都　真宗大谷派宗務所出版部（東本願寺出版部）　2004.11　87p　18cm　（東本願寺伝道ブックス　49）　250円　①4-8341-0328-5

◇親鸞―決定版　吉本隆明著　新装版　春秋社　2004.11　379p　21cm　2500円　①4-393-33137-0
内容　1『最後の親鸞』（最後の親鸞　和讃―親鸞和讃の特異性　ある親鸞　親鸞伝説　教

理上の親鸞） 2『最後の親鸞』以後（親鸞論註 親鸞における言葉） 3 親鸞論考（和讃—その源流 興福寺奏状のこと 親鸞の一念多念 絵になる親鸞・絵にならない親鸞 『一言芳談』について）

◇親鸞〈ことば〉の思想 出雲路修著 岩波書店 2004.11 180p 20cm 2800円 ①4-00-023405-6
　内容 第1部「ことば」の思想（「仏」から「ことば」へ—親鸞の論理　「ことば」とわれわれ—蓮如の表現） 第2部 親鸞の思想と表現（「本願」—「仏」・「ことば」・われわれ　「出世」—「仏」と「ことば」　「称名」—「ことば」としての「仏」　「浄土」—「仏」とわれわれ　「還相」としての「往相」—「仏」からわれわれへ）

◇親鸞聖人のご信心をおもう—恵信尼さまのお手紙より 梯實圓, 久堀弘義著 京都 自照社出版 2004.11 103p 19cm 800円　①4-921029-66-0

◇妻恵信尼からみた親鸞—「恵信尼消息」を読む 上 山崎龍明著 日本放送出版協会 2004.10 173p 21cm （NHKシリーズ） 760円　①4-14-910524-3

◇（入門）よくわかる親鸞 武田鏡村著 日本実業出版社 2004.10 221,3p 19cm 1400円　①4-534-03796-1
　内容 第1章 若き日の親鸞と修行の日々　第2章 比叡山から法然のもとへ　第3章 専修念仏の道とふりかかる法難　第4章 流罪地・越後の親鸞　第5章 越後から新天地・関東へ　第6章 関東での親鸞・布教の実態　第7章 念仏布教と鎌倉幕府の弾圧　第8章 晩年の親鸞—布教にかける信念　第9章 親鸞の教えについて知ろう

◇親鸞紀行—茗荷が赤い実をつけた 円山義一著 七尾 生生会 2004.9 376p 23cm 1905円

◇親鸞と「他力」 浅井勉著 岡崎 歴人社 2004.9 231p 19cm 1300円　①4-9901337-3-0

◇日蓮と親鸞 中本征利著 京都 人文書院 2004.9 383p 22cm 2800円　①4-409-41077-6
　内容 第1章 時代と人　第2章 縁起無我から般若空へ　第3章 生ける仏陀を求めて—菩薩と法身　第4章 眼に見える仏様—浄土教の世界　第5章 大いなる時—法華経との対話　第6章 大和の仏—仏教伝来　第7章 親鸞、我は仏なり　第8章 日蓮、我は仏なり　第9章 親鸞/日蓮

◇親鸞と恵信尼 今井雅晴著 京都 自照社出版 2004.8 199p 20cm 1600円　①4-921029-62-8
　内容 第1章 親鸞と六角堂の夢告—平安・鎌倉時代の社会から考える（六角堂の夢告　時代背景から見た夢告） 第2章 京都の恵信尼（恵信尼の迷い　恵信尼の生まれと三善氏 ほか） 第3章 関東の恵信尼（常陸国下妻での夢　女性の経済的自立 ほか） 第4章 越後の恵信尼（恵信尼の越後移住　恵信尼と家族の住所 ほか） 第5章 中世の巫女・遊女・尼—女性の宗教的役割（巫女の宗教的役割　遊女の宗教的役割 ほか）

◇親鸞に人の生き方を学ぶ—「他力」と「浄土の思想」がよくわかる本 山崎龍明著 中経出版 2004.8 206p 19cm 1400円　①4-8061-2063-4
　内容 プロローグ 親鸞という仏教者は存在しなかった？　第1章 親鸞の最期から生きる意味を学ぶ　第2章 「私」とは何者なのか　第3章 親鸞の人間観を学ぶ　第4章 他力・開かれた人生を生きる　第5章 浄土はこの世からはじまる　第6章 人々の心をとらえた『歎異抄』の魅力　エピローグ 若者と宗教をめぐって

◇親鸞と道元の同異相 芳澤鶴彦著 文芸社 2004.7 275p 19cm 1500円　①4-8355-7610-1

◇ブッダと親鸞—教えに生きる 一楽真ほか著, 真宗大谷派宗務所出版部編 京都 真宗大谷派宗務所出版部（東本願寺出版部） 2004.7 142p 21cm 1000円　①4-8341-0323-4

◇親鸞と浄土教 信楽峻麿著 京都 法藏館 2004.6 416p 22cm 10000円　①4-8318-4140-4
　内容 1 キリスト教と浄土教（宗教多元主義と浄土教　キリスト教と真宗学—明治真宗教学史の一断層） 2 浄土教思想（阿弥陀仏論　浄土　世親の浄土論　善導—その生涯と著作と思想　法然浄土教と親鸞浄土教—その仏道と人間理解をめぐって） 3 親鸞の思想（親鸞における釈迦仏と弥陀仏—『無量寿経』を真実教とする根拠　親鸞における名号本尊の思想　親鸞における還相廻向の思想　親鸞における国王不礼の思想—宗教における政治の問題） 4 真宗教団史（近代真宗教団の社会的動向　真宗における聖典削除の問題）

◇親鸞の思想構造 上田義文著 新装 春秋社 2004.6 218p 20cm 2500円　①4-393-16603-5

[内容]前篇 親鸞の思想の体系的構造(体系的構造の四つの面　「教行信証」という書名の問題　摂取不捨―転ず 他力 弥陀の本願は逆悪を摂取する―宗教と道徳 「時」の思想 不退の位 真実と方便)　後篇 主要概念の個別的考察(「往生」の思想 仏教における「転換」の思想 ゴードン・D カウフマン教授の問いを縁として 懺悔道としての哲学と親鸞)

◇親鸞の生と死―デス・エデュケーションの立場から　田代俊孝著 増補新版 京都　法藏館　2004.6　424p　22cm　4300円　①4-8318-8000-0
　[内容]生命のモノ化と死のタブー視 仏教の興起と死苦の認識 無生無滅の浄土教的展開 臨終来迎思想と死の受容 死苦の普遍的解決の萌芽 生死出離の浄土教的展開―「選択」と「唯信」 如来と念仏 現生における死の超越 生死出離の実存的展開 生死の迷いと方便 現生における死の受容と超越の種々相

◇ああ、親鸞さま―ご生涯に学ぶ三十二章　波佐間正己著　京都　探究社　2004.5　129p　20cm　1000円　①4-88483-708-8

◇開祖物語　百瀬明治著　たちばな出版　2004.5　379p　16cm　(タチバナ教養文庫)　1300円　①4-8133-1816-9
　[内容]第1章 空海―永遠に生きる万能の超人(新時代の息吹き 仏教への覚醒 ほか)　第2章 最澄―求法の王道を歩む(宗教界の巨峰山に登る ほか)　第3章 親鸞―苦悩の果ての歓喜(乱世と末法 清僧親鸞 ほか)　第4章 道元―身心脱落の軌跡(無常に思いをひそめて 大陸仏教への憧れ ほか)　第5章 日蓮―不退転の『法華経』行者(日蓮の足跡 生涯を決めた疑念 ほか)

◇親鸞―新潟親鸞学会紀要　創刊号　新潟親鸞学会編　新潟　新潟日報事業社　2004.5　139p　21cm　1048円　①4-86132-049-6
　[内容]1 浄土真宗と近代の思想家たち―思想家としての曽我量深(哲学を志して 宗教的エネルギーの象徴 ほか)　2 浄土真宗と近代の思想家たち―三願転入と三心釈をめぐって(テーマ選択の動機 浄土真宗のエートス ほか)　3 浄土真宗と近代の思想家たち―内観と聞思(両眼人 越後から世界へ ほか)　親鸞の教え残したもの(宗教というもの 後序から ほか)

◇親鸞と大乗仏教―大谷大学最終講義「大乗の中の至極」　小川一乗著　京都　法藏館　2004.5　77p　19cm　1000円

①4-8318-8694-7
　[内容]大乗の中の至極 近代仏教学 ラモートの問い 山口益先生の仏教学 本願に学ぶ 智慧について 釈尊の往生論 再生への願望 仏国土への往生 往生の目的と手段 〔ほか〕

◇図解雑学親鸞　仙波芳一著　ナツメ社　2004.4　221p　19cm　1400円　①4-8163-3679-6
　[内容]第1章 出家と破天荒の肉食妻帯　第2章 同門の友人との大論争　第3章 浄土教の広まりと過酷な弾圧　第4章 関東でたゆまぬ布教　第5章 嵐止まぬ晩年の京都　第6章 親鸞は何を教えたのか

◇鎌倉佛教―親鸞・道元・日蓮　戸頃重基著　中央公論新社　2004.2　203p　21cm　(中公文庫ワイド版)　3300円　①4-12-551494-1

◇親鸞―信の念仏者　草野顕之編　吉川弘文館　2004.2　207p　20cm　(日本の名僧 8)　2600円　①4-642-07852-5
　[内容]1 親鸞の魅力　2 親鸞の生涯とその伝記　3 親鸞の信心・門弟の信仰―阿弥陀信仰と太子信仰　4 史実と伝承の親鸞像　5 親鸞思想の革新性　6 親鸞と女性　7 近代日本の親鸞―清沢満之と「精神主義」と『歎異抄』と　8 現代と親鸞

◇親鸞・信の構造　安冨信哉著　京都　法藏館　2004.2　207p　20cm　2000円　①4-8318-8952-0
　[内容]序章 親鸞の教学・思想・人間像　第1章 テキストとしての「浄土三部経」　第2章 浄土教と神話　第3章 仏弟子阿難―『大無量寿経』試考　第4章 海の論理―想像力と信仰　第5章 夢告と回心―親鸞の夢体験　第6章 宿業―その論理と倫理　第7章 親鸞における恩寵と責任の概念　補論 パスカルの回心をめぐって

◇いのちを生きる―法然上人と親鸞聖人のみ教え　浅井成海著　京都　法藏館　2004.1　205p　20cm　1900円　①4-8318-8676-9
　[内容]1 阿弥陀さまの願い(光の中にありて 「姥捨て山」の伝説 遠く宿縁をよろこべ ほか)　2 法然上人と親鸞聖人のみ教え(法然上人と『選択集』 賜わりたる信心 愚者になりて往生す ほか)　3 「いのち」を生きる(受くるのみなる母の愛 道徳はいくつになるぞ 「いのち」を見つめて ほか)

◇真宗寺院由緒書と親鸞伝　塩谷菊美著　京都　法藏館　2004.1　284p　22cm

7600円 ①4-8318-7477-9
[内容] 1 由緒書の型と表現(真宗門徒の結集原理―由緒書から蓮如期を見る 「開基」と「二世」の関係 由緒書における「型」の成立) 2 由緒書と近世親鸞伝(信濃国塩崎康楽寺の親鸞伝作成活動 信濃国布野長命寺伝の成立―旅と出版の時代の「由緒」について) 付論 古河善兵衛による康善寺「再興」について

◇親鸞の教え 橘香恵著 彦根 サンライズ出版 2003.12 200p 19cm 1500円 ①4-88325-246-9
[内容] 宗教 宗教感情 仏教の本質 如来 さとりとは何か 仏の救済 救いとは何か 浄土真宗 他力本願 念仏の教え〔ほか〕

◇親鸞聖人の一乗思想 高田慈昭著 京都 永田文昌堂 2003.11 369p 22cm 7000円 ①4-8162-3154-4

◇仏教を歩く no.5 親鸞 朝日新聞社 2003.11 32p 30cm (週刊朝日百科) 533円

◇仏の願いに遇う―真実の行と親鸞聖人の教え 梯實圓, 久堀弘義著 京都 自照社出版 2003.11 102p 19cm 800円 ①4-921029-53-9

◇親鸞とその思想 信楽峻麿著 京都 法藏館 2003.10 182p 20cm 1600円 ①4-8318-8674-2
[内容] 現代社会と親鸞の思想(宗教と時代社会 現代の社会状況 ほか) 現代真宗真偽論―まことの真宗とうその真宗(阿弥陀仏は実体的存在か象徴的存在か 真宗信心は一元論か二元論か ほか) 親鸞と蓮如(親鸞思想の特性―蓮如との対比において 蓮如における真宗理解の特性 ほか) 真宗信心の社会性(西本願寺伝統教学における信心の社会性 真宗信心の基本的意義 ほか)

◇親鸞思想 古田武彦著 明石書店 2003.9 1068p 20cm (古田武彦著作集 親鸞・思想史研究編 2) 9800円 ①4-7503-1780-2
[内容] 親鸞研究の方法(史料批判の方法について―建長二年文書(三夢記)をめぐって 親鸞研究の方法論的基礎―理論及び実際的根本問題について 家永第三次訴訟と親鸞の奏状) 親鸞思想―その史料批判(親鸞の思想 史料の研究) 『親鸞思想』をめぐって(親鸞研究の根本問題―三つの提起 三願回転の史料批判―二葉憲香氏の反論に答える 親鸞思想の史料批判―再び二葉憲香氏に答える ほか) 新・親鸞の史料批判―建長二年文書(「三夢記」)の信憑性に関し、山田論文に答える 新・「親鸞伝絵」の史料批判―平松令三氏に答える

◇親鸞聖人の宗教批判―ほんとうの宗教をみる眼 稲城選恵著 京都 永田文昌堂 2003.8 56p 19cm 600円 ①4-8162-6173-7

◇法然と親鸞―はじめて見たつる思想 佐々木正著 青土社 2003.8 262p 20cm 2400円 ①4-7917-6055-7
[内容] 第1章 黎明としての法然 第2章 疾駆する親鸞 第3章 思想のコラボレーション 第4章 流罪の原景 第5章 弟子の魂 第6章 衣鉢を継ぐ

◇親鸞と浄土真宗 今井雅晴著 吉川弘文館 2003.7 265, 8p 22cm 6500円 ①4-642-02827-7
[内容] 第1章 親鸞と恵信尼(親鸞の六角堂の夢告 恵信尼の出自と京都での結婚 恵信尼の下妻での夢の意味 恵信尼晩年の越後での生活と信仰) 第2章 親鸞とその子孫(善鸞の立場 信蓮房と不断念仏 唯善と山伏覚如と唯円) 第3章 親鸞の一族と諸門徒(成然と幸島門徒 蓮如と戦国時代の北関東の門徒 如信の子孫と大網門徒)

◇法然と親鸞―その教義の継承と展開 浅井成海編 京都 永田文昌堂 2003.7 484, 124p 22cm (六角会館研究シリーズ 2) 6000円 ①4-8162-3035-1
[内容] 法然教義より親鸞教義への継承と展開(浅井成海著) 法然門下に見る曇鸞教学の受容(殿内恒著) 親鸞教学の思想構造と本覚思想(河智義邦著) 法然と親鸞の教説の歴史的意義(高山秀嗣著) 法然浄土教における「菩提心」について(常光香誓著) 法然における諸行と念仏(清水谷正尊著) 浄土三部経とその境界(能島覚著) 聖覚と親鸞(龍口恭子著) 隆覚教学における生因三願観について(福井智行著) 法然と親鸞の三心釈の展開(中臣至著) 法然と親鸞における歓喜について(芝原弘記著) 法然と親鸞における五念門観の研究(佐々木義之著) 親鸞教学における法然不回向義の受容(城弘教著) 滅罪と除障の研究(村上信哉著)〔ほか〕

◇親鸞の価値哲学 山崎教正著 京都 永田文昌堂 2003.6 209p 22cm 5000円 ①4-8162-3153-6

◇法然と親鸞―『一枚起請文』『歎異鈔』を語る 倉田百三著 大東出版社 2003.6 320p 20cm 2300円 ①4-500-00690-7

仏教を支えた人々

◇よくわかる親鸞―乱世を生きぬく歎異抄の智慧　山崎龍明著　チクマ秀版社　2003.6　126p　16cm　（チクマの実学文庫）　950円　④4-8050-0415-0
　内容　上篇　法然――一枚起請文（内容一般　法然の生涯（その時代的背景）　一枚起請文講評）　下篇　親鸞―歎異鈔（内容一般　親鸞聖人の生涯　歎異鈔講評）

　内容　第1章　自己への問い（救いはどこに　道とのでん遇い　ほか）　第2章　教えの解放（仏法は誰のものか　浄土真宗の名のり―僧に非ず、俗に非ず）　第3章　私のいのちにめざめる（問いふたたび―越後から関東へ　この真実、いかに生きるか　ほか）　第4章　歎異抄を学ぶ（歎異抄の世界　親鸞の言葉と教え）

◇今だから…親鸞　青山央著　アクア出版　2003.4　231p　19cm　1200円　④4-900156-28-0
　内容　第1章　今、なぜ親鸞か（愚者だから救われる　見事なバランス感覚の「愚禿親鸞」ほか）　第2章　仏教救いの軌跡―奈良仏教、平安仏教、そして鎌倉仏教から新宗教時代へ（日本は神国？仏教国？　最後に笑った天台教学　ほか）　第3章　親鸞の軌跡（乱世の不安を抱えて出生、そして比叡の道　謎にみちた求道者時代　ほか）　第4章　末法の世を救う親鸞思想（末法の世とは　無常のニヒリズム　ほか）　第5章　日本人の「あの世」を鎌倉仏教祖師に探る（「あの世」はあるか、「極楽」はあるか　法然における来世観　ほか）　付録　即成仏教教団の教えダイジェスト

◇ひろさちやの「親鸞」を読む　ひろさちや著　佼成出版社　2003.4　212p　19cm　1400円　④4-333-02006-9
　内容　第1章　なんだっていい　第2章　人間の無力さの自覚　第3章　非僧非俗という生き方　第4章　阿弥陀仏とは何か？　第5章　称えられないお念仏　第6章　報恩感謝の念仏

◇ユダヤ・キリスト・イスラーム・親鸞　狐野利久著　京都　法藏館　2003.4　241p　19cm　2000円　④4-8318-2054-7
　内容　序　啓示宗教と浄土真宗　第1章　一とゼロの違い　第2章　神の名を唱えること（すなわち称名）について　第3章　神（阿弥陀如来）の属性について　第4章　偶像の禁止　第5章　啓示と本願　第6章　信仰（信心）の具体的行為　第7章　現世と来世　第8章　最後の審判

◇親鸞　石井恭二著　河出書房新社　2003.3　267p　20cm　2000円　④4-309-24282-0
　内容　1　法然　2　仏教と密教、および時代の社会相　3　親鸞（女犯　流罪　帰洛　造悪無碍　唯円　横超　『教行信証』　蓮如と『歎異抄』　『歎異抄』中の親鸞語録　悪人正機と法然への訣別）

◇仏教と芸能―親鸞聖人伝・妙好人伝・文楽　土井順一著, 林智康, 西野由紀編　京都　永田文昌堂　2003.1　375p　22cm　7500円　④4-8162-1134-9

◇生かされて生きるいのち―親鸞聖人と他力の教え　梯實圓, 久堀弘義著　京都　自照社出版　2002.11　96p　19cm　800円　④4-921029-41-5

◇親鸞物語―真理と宗教　林太郎著　東銀座出版社　2002.10　259p　19cm　1524円　④4-89469-055-1

◇最後の親鸞　吉本隆明著　筑摩書房　2002.9　238p　15cm　（ちくま学芸文庫）　1000円　④4-480-08709-5
　内容　最後の親鸞　和讃―親鸞和讃の特異性　ある親鸞　親鸞伝説　教理上の親鸞　永遠と現在―親鸞の語録から

◇イエスと親鸞　八木雄二著　講談社　2002.7　235p　19cm　（講談社選書メチエ）　1500円　④4-06-258245-7
　内容　第1章　なぜ、今イエスと親鸞か　第2章　ユダヤ教の伝承　第3章　イエスの教え　第4章　親鸞の教え　第5章　幸福とは何か

◇写真で読む親鸞の生涯　麻田慶雲著　京都　法藏館　2002.7　107p　30cm　3200円　④4-8318-8682-3
　内容　親鸞さまの御影　親鸞さまの家系　親鸞さまの里　親鸞さまの出家　比叡山時代　親鸞さまの旅　吉水時代　越後時代　関東時代　晩年、京都時代

◇親鸞―人と思想　古田武彦著　明石書店　2002.7　519p　20cm　（古田武彦著作集　親鸞・思想史研究編 1）　7500円　④4-7503-1588-5
　内容　親鸞と出会う　親鸞―人と思想　親鸞伝をめぐって　書評　神の運命―歴史の導くところへ　歎異抄の本質―流罪記録の『眼睛』について

◇親鸞研究―『教行信証』『歎異抄』　小林利裕著　近代文芸社　2002.7　250p　22cm　4500円　④4-7733-6999-X
　内容　教行信証（摂取不捨（序・教巻）　大行（行巻）　一声称念（行巻）　大信（信巻）　誹謗正法（信巻）　必至滅度（証巻）ほか）　歎異抄（悪人成仏　本願に相応して）

◇親鸞聖人御消息講読　五十嵐大策著　京

都　永田文昌堂　2002.7　443p　22cm　9800円　①4-8162-3544-2

◇親鸞の家族と門弟　今井雅晴著　京都　法藏館　2002.7　210p　20cm　1800円　①4-8318-7482-5

[内容] 親鸞と恵信尼―京都時代と関東時代について妻の立場から　親鸞と善鸞―関東に送られた息子の立場から　親鸞と如信―親しい孫の立場から　親鸞と門弟―真仏・顕智・性信・順信の生活の立場から　親鸞と唯円―『歎異抄』の立場から　親鸞と覚如―教団形成をめざす子孫の立場から

◇親鸞の思想構造―比較宗教の立場から　釈徹宗著　京都　法藏館　2002.7　249p　22cm　5800円　①4-8318-8127-9

[内容] 第1章 比較宗教思想序説　第2章 法然による仏教構造の解体―再構築　第3章 一遍における日本浄土仏教の展開　第4章 親鸞の思想構造　第5章 キェルケゴールの立脚点　第6章 親鸞とキェルケゴール　補論 比較思想における文化資源と人格資源

◇梅原猛著作集　9　三人の祖師―最澄・空海・親鸞　梅原猛著　小学館　2002.6　710p　20cm　4800円　①4-09-677109-0

[内容] 第1部 仏教伝来(求法の道(東洋篇　日本篇)　日本仏教の創成―最澄以前)　第2部 最澄(最澄瞑想　最澄と天台本覚思想)　第3部 空海(空海の再発見―密教の幻惑　人間弘法大師を説く十章)　第4部 親鸞(親鸞は日本人の精神的「故郷」である　『歎異抄』と本願寺教団　思索の人・親鸞と実践の人・蓮如)　第5部 歎異抄を読む(梅原猛の『歎異抄』入門　誤解された『歎異抄』)　現代語訳『歎異抄』

◇親鸞思想の研究　龍谷大学真宗学会編　京都　永田文昌堂　2002.6　494p　22cm　(真宗学論叢 7)　7000円　①4-8162-3034-3

[内容] 親鸞における信の構造(岡亮二著)　往生論註における阿弥陀仏論(山田行雄著)　親鸞聖人の悲歎に表れる伝道的立場(徳永道雄著)　親鸞の現世利益観(浅井成海著)　親鸞の宗教的人格形成と聖徳太子(寺川幽芳著)　親鸞における「十方衆生」の意味(矢田了章著)　教行信証の哲学(武田龍精著)　親鸞と華厳経(大田利生著)　『教行信証』と『尊号真像銘文』(林智康著)　「信文類」逆謗除取釈についての一考察(内藤知康著)　真宗伝道論の研究(川添泰信著)　親鸞教学における伝道の今日的課題と可能性(深川宣暢著)　親鸞における生死の現実(鍋島直樹著)　六字釈の一考察(杉岡孝紀著)　親鸞の善知識観(武田晋著)〔ほか〕

◇親鸞書簡集―現代の聖典 全四十三通　親鸞著, 細川行信, 村上宗博, 足立幸子著　京都　法藏館　2002.6　210p　21cm　2200円　①4-8318-4046-7

[内容] いやおんなのこと　来迎は諸行往生にあり　護念坊のたよりに　方々よりの御こころざし　この明教坊ののぼられて　御ふみたびたびまいらせ　善知識をおろかにおもい　なによりも聖教のおしえ　まずよろずの仏・菩薩を　ふみかきてまいらせそうろう〔ほか〕

◇親鸞聖人のお手紙　細川行信著　京都　自照社出版　2002.3　75p　19cm　800円　①4-921029-36-9

◇阿伽羅華―私の中の親鸞聖人　松林浄蓉著　日置町(山口県)　浄土真宗本願寺派西光寺　2002.1　148p　21cm　950円

◇わたしひとりの親鸞　古田武彦著　明石書店　2002.1　465p　20cm　(古田武彦著作集 親鸞・思想史研究編 3)　6800円　①4-7503-1530-3

[内容] わたしの親鸞(タブーへの挑戦　わたしの親鸞　親鸞の生涯を貫いたもの　わたしの第二条　現代の危機・混迷と親鸞　親鸞思想の母国―東国仏教をめぐって)　わたしひとりの親鸞(わたしひとりの親鸞　親鸞思想の秘密をめぐって　現代との接点を求めて)

◇親鸞思想と七高僧　石田瑞麿著　新装版再版　大蔵出版　2001.12　267p　19cm　3200円　①4-8043-3057-7

◇親鸞聖人法話対応検索事典　池田勇諦, 神戸和麿, 渡邉晃純監修　四季社　2001.11　248p　22cm　(傍訳親鸞聖人著作全集 別巻)　①4-88405-092-4

◇真宗親鸞・蓮如現代名言法話文書伝道全書　浅井成海, 池田勇諦, 神戸和麿, 早島鏡正監修　四季社　2001.9　388p　27cm　①4-88405-097-5

◇親鸞・覚如・蓮如　千葉乗隆著　京都　法藏館　2001.9　472p　22cm　(千葉乗隆著作集 第1巻)　9800円　①4-8318-3361-4

[内容] 1 親鸞(親鸞の生涯)　2 覚如(覚如―『慕帰絵』とその作者)　3 蓮如(いまなぜ蓮如か　蓮如の生涯　蓮如裏書の種々相　蓮如のイコノクラスム)

◇親鸞辞典　菊村紀彦編　新装版　東京堂

出版 2001.9 248p 19cm 2200円 ①4-490-10582-7

◇親鸞―悪の思想 伊藤益著 集英社 2001.8 220p 18cm （集英社新書） 660円 ①4-08-720102-3
内容 序章 悪への視座 第1章 思想史のなかの親鸞 第2章 悪人正機の説 第3章「信」の構造 第4章 悲憐 結章 悪の比較論

◇親鸞と歎異抄入門―その心の遍歴と他力の教え 大法輪閣編集部編 大法輪閣 2001.8 271p 19cm 2000円 ①4-8046-4203-X
内容 第1部 日本仏教の中の親鸞（親鸞誕生と当時の日本 親鸞と浄土真宗 今、親鸞に学ぶもの） 第2部 親鸞の生涯と心の遍歴（絶望と出会い 流罪で得たもの 悪人こそ正機と説く ほか） 第3部 歎異抄入門（歎異抄の構成と読み方 念仏申さんとおもいたつ心 本願の念仏に生きる ほか）

◇名僧列伝 3 紀野一義著 講談社 2001.8 296p 15cm （講談社学術文庫） 920円 ①4-06-159392-7
内容 西行（西行の出自 運命の美女待賢門院璋子 ほか） 源信（平安時代の念仏 恵心僧都の生い立ち ほか） 親鸞（地獄は一定すみか 激動 ほか） 日蓮（代表的日本人 静かで根強い出発 ほか）

◇親鸞全集 別巻 親鸞著, 石田瑞麿訳 新装 春秋社 2001.7 183, 56, 16p 23cm 4000円 ①4-393-16025-8
内容 歎異抄 執持鈔 口伝鈔 改邪鈔 恵信尼消息

◇親鸞 下 愚者の念仏 畑龍英著 春秋社 2001.6 293p 19cm 1800円 ①4-393-16213-7
内容 上越の愚禿 下越白河庄 伝統と己証 三願回転入 教信沙弥定 顕浄土真実 大悲伝普化

◇親鸞全集 第3巻 親鸞著, 石田瑞麿訳 新装 春秋社 2001.6 257, 41p 23cm 5000円 ①4-393-16023-1
内容 浄土文類聚鈔 入出二門偈頌 愚禿鈔 四十八誓願 浄土三経往生文類（略本 広本） 如来二種廻向文 尊号真像銘文（略本 広本） 弥陀如来名号徳 善導和尚言

◇親鸞全集 第4巻 親鸞著, 石田瑞麿訳 新装 春秋社 2001.6 p261-610, 46, 32p 23cm 5000円 ①4-393-16024-X
内容 唯信抄文意 一念多念文意 末灯鈔 親鸞聖人御消息集 御消息集善性本 親鸞

聖人血脈文集 真蹟・古写消息 浄土和讃 浄土高僧和讃 正像末法和讃 皇太子聖徳奉讃 大日本国粟散王聖徳太子奉讃

◇親鸞全集 第1巻 親鸞著, 石田瑞麿訳 新装 春秋社 2001.5 254, 40p 23cm 5000円 ①4-393-16021-5
内容 総序 教巻 行巻 信巻

◇親鸞全集 第2巻 親鸞著, 石田瑞麿訳 新装 春秋社 2001.5 p257-498, 33, 43p 23cm 5000円 ①4-393-16022-3
内容 証巻 真仏土巻 化身土巻

◇親鸞とその時代 平雅行著 京都 法藏館 2001.5 220p 20cm 1800円 ①4-8318-7484-1
内容 専修念仏とその時代 日本の女性と仏教 親鸞と女犯偈 親鸞の善人悪人観 嘉禄の法難と聖覚・親鸞

◇親鸞 上 放埓の系譜 畑龍英著 春秋社 2001.4 265p 19cm 1800円 ①4-393-16211-0
内容 日野の八講 放埓の系譜 新鸞の出生 揺籃へ逆風 天下大動乱 青蓮院入室

◇親鸞さまの求道 信楽峻麿著 京都 法藏館 2001.4 31p 18cm （伝道シリーズ 4） 190円 ①4-8318-2164-0

◇親鸞の生涯 松本章男著 学習研究社 2001.2 321p 15cm （学研M文庫） 620円 ①4-05-901041-3
内容 第1章 柞の林に囲まれた集落 第2章 九歳剃髪 第3章 修行の山・比叡山 第4章 三つの夢告 第5章 妻をもうけて念仏を申せ 第6章 吉水の師のもとで 第7章 上越時代と恵信 第8章 自信教人信 第9章『歎異抄』と『教行信証』の背景 第10章 火宅無常の世界

◇法然親鸞思想論 松本史朗著 大蔵出版 2001.2 696p 22cm 10000円 ①4-8043-0547-5
内容 第1章 選択本願念仏説と悪人正因説―平雅行氏の所論をめぐって（選択本願念仏説について 念仏観の転換について ほか） 第2章 法然浄土教の思想的意義―袴谷憲昭氏の解釈について（他力主義について 指方立相説と如来蔵思想について ほか） 第3章『捨子問答』と『後世物語』―親鸞思想の研究（一）（両文献の序論的説明 両文献の対照と解説 ほか） 第4章『唯信鈔』について―親鸞思想の研究（二）（『唯信鈔』の著作について 『唯信鈔』の"信心正因"説 ほか）

◇親鸞聖人と念仏の輝き 川添泰信著 京

都　永田文昌堂　2000.12　118p　19cm　1000円　ⓐ4-8162-6153-2

◇親鸞入門―その生涯と教えの深さ　前田專学,山崎龍明編　京都　永田文昌堂　2000.12　139p　19cm　1200円　ⓐ4-8162-6154-0

◇親鸞聖人とその門流　千葉乗隆著　四季社　2000.11　330p　22cm　ⓐ4-88405-050-9

◇親鸞と妙好人の信心　楠恭著,津田和良監修　青森　曾田秀明　2000.11　110p　22cm　1000円

◇親鸞の見た世界　北畠知量著　増補　高文堂出版社　2000.11　198p　19cm　1905円　ⓐ4-7707-0659-6
　内容　通夜式での心構え　焼香　初盆　ある相談　ダイヤル法話　年忌について　年忌を勤める　諸仏について　たたっておる　宗教は何の役にたつか　宗教とは　仏さんて、何ですか。　仏教と精神科学　悟り　浄土真宗の刃　浄土に往生する　補論「真宗教学者のソクラテス観について」

◇親鸞の「消息」に学ぶ　森山義雄著　京都　永田文昌堂　2000.9　63p　19cm　800円　ⓐ4-8162-6152-4

◇親鸞の信の深層―三願転入の文を読み解く　平野修著　京都　法藏館　2000.9　106p　19cm　952円　ⓐ4-8318-8653-X
　内容　三願転入の文の意味(親鸞聖人を知る手がかり　愚禿釈親鸞の名告り　真の仏弟子の自覚ほか)　修道的人間の歩み(天親菩薩の『浄土論』　仏に対する勝手な思いこみ　阿弥陀如来のはたらきかけに気づく　ほか)　往生による仏道の完成(三つの往生　親鸞聖人が関東の人たちに送られた書物　いなかの人々へ　ほか)

◇親鸞聖人ものがたり　千葉乗隆著　京都　本願寺出版社　2000.8　297p　19cm　1200円　ⓐ4-89416-873-1

◇親鸞とその妻の手紙　親鸞,恵信尼原著,石田瑞麿著　新装　春秋社　2000.8　287p　20cm　1800円　ⓐ4-393-16016-9
　内容　未灯鈔　親鸞聖人御消息集　御消息集(善性本)　親鸞聖人血脈文集　真蹟・古写消息　恵信尼消息

◇親鸞と蓮如の世界　今井雅晴著　〔土浦〕　筑波書林　2000.7　164p　19cm　1400円　ⓐ4-900725-99-4

◇親鸞聖人と念仏の教え　林智康著　京都

永田文昌堂　2000.6　150p　19cm　ⓐ4-8162-6150-8

◇パウロ・親鸞・イエス・禅　八木誠一著　増補新版　京都　法藏館　2000.5　323p　20cm　2800円　ⓐ4-8318-1052-5
　内容　序章　日本における仏教とキリスト教の対話の現況　第1章　パウロと親鸞　第2章　親鸞　第3章　イエス　第4章　禅　増補　宗教的「行」(実践)論への展開

◇親鸞・道元・日蓮―末世の開祖たち　新人物往来社　2000.4　231p　26cm　(別冊歴史読本)　1800円　ⓐ4-404-02742-7

◇親鸞と真宗絵伝　小山正文著　京都　法藏館　2000.3　546p　22cm　13000円　ⓐ4-8318-7485-X
　内容　1　親鸞の行実(絵伝に画かれた幼少時代の親鸞　南都の親鸞伝説　ほか)　2　親鸞の撰述(親鸞撰述の『浄土和讃』　『西方指南抄』中本をめぐって―二つの小さな発見　ほか)　3　真宗と絵伝(法然絵伝と真宗　『拾遺古徳伝絵』の成立と展開　ほか)　4　太子と真宗(親鸞見写の廟崛偈　覚如本『聖徳奉讃』と『太子奉讃』―その奥書をめぐってほか)

◇信に生きる―親鸞　阿満利麿著　中央公論新社　2000.2　254p　20cm　(仏教を生きる 9)　1600円　ⓐ4-12-490159-3

◇親鸞―決定版　吉本隆明著　春秋社　1999.12　379p　21cm　2500円　ⓐ4-393-33184-2
　内容　法然と親鸞―"決定版"のために　1　『最後の親鸞』(最後の親鸞　和讃―親鸞和讃の特異性　ある親鸞　ほか)　2　『最後の親鸞』以後(親鸞論註　親鸞における言葉)　3　親鸞論考(和讃―その源流　興福寺奏状のこと　親鸞の一念多念　ほか)

◇親鸞聖人―愚禿と名のった仏者　寺川俊昭著　改訂版　京都　真宗大谷派宗務所出版部　1999.10(第3刷)　174p　19cm　(同朋選書 5)　1143円　ⓐ4-8341-0188-6

◇親鸞と人間解放の思想　鈴木祥蔵著　明石書店　1999.9　150p　21cm　1200円　ⓐ4-7503-1197-9
　内容　序章　私と仏教との出会い　第1章　解放思想の源流としての親鸞(解放思想の源流とは　「世間」からの脱出　僧に非ず、俗に非ずして)　第2章　人間が「人間」になるとき(人間の本性と教育　「形而上学的人間把握」の克服　人間主体の回復の問題)

◇親鸞と一遍　竹村牧男著　京都　法藏館

1999.8　300p　20cm　2800円
ⓈB4-8318-8140-6
[内容]序章 親鸞と一遍の浄土教　第1章 浄土教とは何か　第2章 親鸞の救い　第3章 一遍の救い　第4章 親鸞と還相　第5章 一遍の還相　終章 浄土教と現代

◇親鸞と本願寺一族―父と子の葛藤　今井雅晴著　雄山閣出版　1999.8　228p　20cm　2500円　ⓈB4-639-01621-2
[内容]1 親鸞と善鸞・如信―鎌倉時代(親鸞―因果応報　長男善鸞―善絶はあったのか?　孫・如信―祖父と父の緩衝地帯)　2 覚如と存覚・従覚―鎌倉時代末期～南北朝時代(覚如―本願寺の創立　長男存覚―門徒との共存　次男従覚―父と兄の間を取り持つ)　3 蓮如と順如・実如―室町時代～戦国時代(蓮如―大教団への発展　長男順如―第一の後継者　五男実如―第二の後継者)　4 顕如と教如・准如―戦国時代末期～江戸時代初期(顕如―織田信長との十年戦争　長男教如―偽装の「義絶」?　三男准如―本願寺教団の再びの発展)

◇親鸞　梯實圓著　大法輪閣　1999.7　250p　20cm　(精読・仏教の言葉)　2500円　ⓈB4-8046-4102-5
[内容]1 親鸞の生涯　2 主要著作　3 親鸞の言葉に学ぶ(『歎異抄』の言葉　『三帖和讃』の言葉　和語聖教の言葉　『教行証文類』の言葉)

◇〈親鸞〉を読む―原生としての親鸞　角谷道仁著　碧南　原生社　1999.7　168p　21cm　1905円

◇親鸞がわかる。　朝日新聞社　1999.5　176p　26cm　(アエラムック no.49)　1050円　ⓈB4-02-274099-X

◇親鸞と東国門徒　今井雅晴著　吉川弘文館　1999.3　249,16p　22cm　5500円　ⓈB4-642-02773-4

◇親鸞入門　佐藤正英著　筑摩書房　1998.10　229p　18cm　(ちくま新書)　660円　ⓈB4-480-05776-5
[内容]第1章 菩薩僧　第2章 回心　第3章 念仏者　第4章 流罪　第5章 非僧非俗　第6章 稲田草庵の日々　第7章 『教行信証』の世界　第8章 帰京

◇仏陀のエネルギー―ヨーロッパに生きる親鸞の心　妙珠・アグネス著,村石恵照訳　教育新潮社　1998.10　157p　19cm　(伝道新書 20)　1800円　ⓈB4-7633-0003-2

◇歴史のなかの親鸞　二葉憲香,松尾博仁,福嶋寛隆共著　京都　永田文昌堂　1998.10　285p　20cm　2400円　ⓈB4-8162-4131-0

◇親鸞―宗教言語の革命者　デニス・ヒロタ著　京都　法藏館　1998.8　266p　20cm　3000円　ⓈB4-8318-8135-X
[内容]第1章 浄土仏教との「対話的」関わり方　第2章 親鸞の言語観　第3章 宗教的転換の契機　第4章 念仏行者の言葉　第5章 親鸞思想と解釈　第6章 親鸞の和讃・一遍の和歌―仏法を説く著作者としての意識　終章 念仏行者の創造的活動

◇親鸞とその家族　今井雅晴著　京都　自照社出版　1998.8　228p　19cm　1500円　ⓈB4-921029-06-7

◇親鸞と道元―自力か、他力か　ひろさちや著　徳間書店　1998.8　270p　16cm　(徳間文庫)　533円　ⓈB4-19-890953-9

◇親鸞聖人と本願寺の歩み　福間光超著　京都　永田文昌堂　1998.7　308p　20cm　2500円　ⓈB4-8162-4130-2

◇親鸞のあしあと―生涯と旧跡紀行　新妻久郎著　大阪　朱鷺書房　1998.7　310p　19cm　1800円　ⓈB4-88602-314-2
[内容]1 誕生　2 出家・修行　3 回心・結婚　4 越後下向　5 越後への配流　6 妻の故郷　7 関東移住　8 布教　9 帰洛　10 苦悩　11 往生・荼毘・廟所

◇親鸞の華厳　中村薫著　京都　法藏館　1998.7　242p　20cm　2800円　ⓈB4-8318-8136-8
[内容]1 親鸞の華厳(親鸞の華厳　『教行信証』と『華厳経』)　2 華厳の浄土(『華厳経』における童子について　「入法界品」における善知識について)

◇親鸞の宗教　田中教照著　山喜房佛書林　1998.7　178p　19cm　1400円　ⓈB4-7963-0498-3

◇親鸞和語聖教の研究　龍谷大学真宗学会編　京都　永田文昌堂　1998.6　440p　22cm　(真宗学論叢 5)　6000円　ⓈB4-8162-3031-9

◇親鸞　平松令三著　吉川弘文館　1998.4　229p　19cm　(歴史文化ライブラリー 37)　1700円　ⓈB4-642-05437-5
[内容]素顔の親鸞を求めて　出家と比叡山　六角堂夢想と法然との出会い　法然門下の時代　越後から関東へ越えて二十年　帰洛

◇親鸞のいいたかったこと 小山一行著 改訂版 山喜房佛書林 1998.4 203p 19cm 1400円 ④4-7963-0499-1

◇親鸞と浄土教義の研究 浅野教信著 京都 永田文昌堂 1998.3 523p 22cm 12000円 ④4-8162-3149-8

◇親鸞の宗教改革―共同体 安田理深著 彌生書房 1998.2 206p 20cm （安田理深講義集5） 2300円 ④4-8415-0750-7
内容 1 日本プロテスタント―教団と教学（法然と親鸞の出あい 法然と親鸞の宗教改革 『教行信証』の事業 親鸞の信仰批判 法蔵菩薩の本願 僧伽の意義） 2 帰依三宝（僧伽ということ 外道と聖道への批判 『教行信証』と三宝）

◇悩め、人間よ―親鸞、空海、日蓮、隠された人間像 山折哲雄著 ネスコ 1997.11 253p 20cm 1600円 ④4-89036-959-7
内容 1 書の森林に迷う（「久隔帖」と「風信帖」―最澄と空海 筆跡の変化は心の変化―日蓮の題目本尊 一人二役の精神世界―一休宗純 ほか） 2 悩んだまま生きる（先駆者の自覚と献身―最澄 密教による国家略奪のたくらみ―空海 自然、政治と対決した十九年―鎌倉の日蓮 ほか） 3 坐りながら考える（エジプトの砂漠のまんなかに坐る 聖徳太子の坐り方 親鸞の法、道元の法 ほか）

◇親鸞―その人と思想 菊村紀彦著 新版 社会思想社 1997.10 238p 15cm （現代教養文庫） 560円 ④4-390-11620-7

◇親鸞和讃―信心をうたう 坂東性純著 日本放送出版協会 1997.10 381p 16cm （NHKライブラリー） 1070円 ④4-14-084063-3
内容 序章 親鸞の生涯と著作 第1章 仏の徳を讃歎する歌 第2章 阿弥陀仏の徳をたたえる 第3章 阿弥陀の誓願 第4章 罪深き衆生の救われる道 第5章 無限の果を生み続ける 第6章 浄土へ往く道・還る道 第7章 感謝の心・懺悔の心 第8章 末法の世にともされる灯 第9章 真実信心を得る 第10章 如来大悲に身をまかせて

◇親鸞とその妻 筆内幸子著 国書刊行会 1997.9 207p 20cm 1800円 ④4-336-03998-4

の理由と京の生活 苦悩の晩年

◇親鸞 笠原一男著 講談社 1997.7 250p 15cm （講談社学術文庫） 740円 ④4-06-159288-2
内容 序論 第1章 鎌倉仏教はなぜ生まれたか 第2章 他力の念仏後親鸞 第3章 越後における流人親鸞 第4章 関東の親鸞 第5章 親鸞教団の形成と弾圧 第6章 慈信坊善鸞の背信と義絶 第7章 親鸞の往生とその後の真宗 第8章 親鸞における行動と思想

◇親鸞―絶望を希望に変えた思想 今井雅晴著 日本実業出版社 1997.7 235p 19cm 1300円 ④4-534-02647-1
内容 プロローグ いまも輝き続ける親鸞の魅力 第1章 親鸞の人と信仰 第2章 親鸞の門弟たち 第3章 浄土真宗の発展と展開 第4章 江戸時代の社会と親鸞 第5章 現代社会と親鸞

◇親鸞始記―隠された真実を読み解く 佐々木正著 筑摩書房 1997.7 237p 20cm 2200円 ④4-480-84244-6
内容 第1章 史実の森 第2章 記憶の場所 第3章 思想の源泉 補遺 『正明伝』の史料価値 伝説解読への視座 『正明伝』の現在 親鸞聖人正明伝）

◇親鸞を尋ねて 麻田慶雲著 東峰書房 1997.6 463p 27cm 2700円 ④4-88592-036-1

◇親鸞・群萌の救い―その時代と思想 富沢久雄著 鎌ヶ谷 白石書店 1997.6 254p 19cm 1800円 ④4-7866-0286-8
内容 第1章 専修念仏の時代背景 第2章 法然と親鸞の出遇い 第3章 親鸞の"悪人正機" 第4章 親鸞の他力の理念と実践 第5章 人間性の解放をめざした親鸞の往生観 第6章 親鸞の思想の転機と慚愧のこころ 第7章 弾圧・迫害にたいする不屈の強靱性 第8章 新しい仏道者、人間親鸞（まとめにかえて）

◇愚禿親鸞の実像 畑龍英著 教育新潮社 1997.4 408p 19cm 4300円

◇親鸞の核心をさぐる―徹底討議 佐藤正英ほか著 増補新版 青土社 1997.4 353p 20cm 2400円 ④4-7917-5527-8
内容 1 親鸞の風景（死と浄土（梅原猛 佐藤正英） 親鸞の実像をもとめて（五来重 佐藤正英）） 2 親鸞の理路（親鸞の「信」と「不信」（吉本隆明 佐藤正英） 親鸞における悪と善（吉本隆明 佐藤正英）） 3 親鸞と衆生（『歎異抄』における生と「信」（大谷暢順 佐藤正英） 民衆の中の親鸞（広瀬杲 佐藤正英））

◇龍樹・親鸞ノート 三枝充悳著 増補新

◇版　京都　法藏館　1997.3　428, 12p　20cm　5000円　⓪4-8318-7147-8
[内容]第1部 龍樹ノート　第2部 親鸞ノート　第3部 中観研究ノート　付論「初期大乗仏教とくにナーガールジュナ（龍樹）の認識論「縁起」と「一即一切」」

◇親鸞聖人絵伝　平松令三著　京都　本願寺出版社　1997.2　316p　22cm　（聖典セミナー）　3107円　⓪4-89416-868-5

◇絶望と歓喜〈親鸞〉増谷文雄, 梅原猛著　角川書店　1996.10　404p　15cm　（角川文庫）　800円　⓪4-04-198510-2
[内容]第1部 親鸞の思想（親鸞の生涯　親鸞の著作　親鸞の思想）　第2部 法然と親鸞（増谷文雄　梅原猛）　第3部 親鸞と『教行信証』（愚禿親鸞の人生　『教行信証』の思想）

◇親鸞からの手紙を読み解く　河田光夫著　明石書店　1996.7　244p　20cm　2884円　⓪4-7503-0827-7
[内容]第1講「念仏弾圧の中で」（一）聞思洞寄り合い談義 一九九二・三・二一　第2講「念仏弾圧の中で」（二）聞思洞寄り合い談義 一九九二・六・二一　第3講「弾圧される者の誇り」―聞思洞寄り合い談義 一九九二・九・二十　第4講「息子善鸞への疑惑」―聞思洞寄り合い談義 一九九二・一二・一九

◇親鸞聖人御真筆名号・五願文解題　小山正文著　京都　教行社出版　1996.7　107p　30cm

◇親鸞思想―その史料批判　古田武彦著　明石書店　1996.6　723p　22cm　9785円　⓪4-7503-0817-X
[内容]第1篇 親鸞の思想（若き親鸞の思想　親鸞の中心思想―三願転入の論理　親鸞生涯の思想）　第2篇 資料の研究（消息文・文集　歎異抄　教行信証　建長の連署と親鸞の事書―二十四輩文書の真作性）

◇親鸞―物語と史蹟をたずねて　童門冬二著　成美堂出版　1996.5　301p　16cm　（成美文庫）　560円　⓪4-415-06440-X
[内容]出生　出家　堂僧　性欲　夢告　源平の盛衰　法然　弥陀の本願　吉水　七箇条起請〔ほか〕

◇『親鸞聖人伝絵』講話　細川行信著　京都　光華女子大学・短期大学真宗文化研究所　1996.3　309p　19cm　（光華叢書1）　非売品

◇親鸞―仏教無我伝承の実現　二葉憲香著　京都　永田文昌堂　1996.1　304p　20cm　2500円　⓪4-8162-4123-X

◇親鸞と生きる―信の群像　亀井鉱著　大法輪閣　1996.1　279p　19cm　1800円　⓪4-8046-1122-3

◇親鸞―不知火よりのことづて　吉本隆明ほか著　平凡社　1995.11　209p　16cm　（平凡社ライブラリー）　780円　⓪4-582-76126-7
[内容]親鸞論（吉本隆明）　親鸞とドストエフスキイ（桶谷秀昭）　名残りの世（石牟礼道子）

◇時代を変えた祖師たち―親鸞、道元から蓮如まで　百瀬明治著　清流出版　1995.11　212p　20cm　1800円　⓪4-916028-18-X
[内容]第1章 末法の仏教観―説話の中の聖たち　第2章 親鸞と恵信尼―お互いを観音の化身と信じて　第3章 道元―苦行専心の道　第4章 日蓮―「雑草的」たくましさの魅力　第5章 一遍―凡夫の苦悩を生きた行者　第6章 蓮如―宗教界の織田信長

◇親鸞の生涯　松本章男著　大法輪閣　1995.10　266p　19cm　2300円　⓪4-8046-1120-7
[内容]1 柞の林に囲まれた集落　2 九歳剃髪　3 修行の山・比叡山　4 三つの夢告　5 妻をもうけて念仏を申せ　6 吉水の師のもとで　7 上越時代と恵信　8 自信教人信　9『歎異抄』と『教行信証』の背景　10 火宅無常の世界

◇早島鏡正著作集　第6巻　親鸞入門　早島鏡正著, 早島鏡正著作集刊行会編　世界聖典刊行協会　1995.7　356p　19cm　3592円　⓪4-88110-116-1

◇河田光夫著作集　第1巻　親鸞の思想と被差別民　明石書店　1995.5　321p　20cm　3800円　⓪4-7503-0705-X
[内容]親鸞と被差別民　親鸞と海夫　親鸞と「犬神人」　親鸞と屠児往生説話　親鸞と女性　親鸞と狩人　親鸞と鋳物師―念仏集団を支えたもの　親鸞と商人

◇なぜ念仏なのか―親鸞聖人の二つの出会い　池田勇諦著　名古屋　真宗大谷派名古屋別院教務部　1995.3　41p　19cm　（東別院伝道叢書20）　300円　⓪4-915774-14-7

◇親鸞像　松崎健一郎著　砂子屋書房　1995.2　199p　20cm　1942円　⓪4-7904-0422-6

◇親鸞のことば　菊村紀彦著　雄山閣出版　1994.12　211p　19cm　1980円　⓪4-639-00332-3

| 仏教を支えた人々

　　内容　第1部 浄土の思想　第2部 親鸞聖人のことば（念仏と地獄　愛欲の海・名利の山　浄土の情景　迷信　氷の彫刻　死と煩悩　無量寿と光明　弟子の存在　廻向の往相・還相　信心と信仰　ほか）

◇親鸞の仏教―中西智海先生還暦記念論文集　中西智海先生還暦記念論文集刊行会編　京都　永田文昌堂　1994.12　827, 40p　22cm　20600円
　　内容　親鸞の現世観と浄土観　中西智海著　ほか44編. 付：中西智海略歴及び著作目録

◇親鸞―他力本願への道　花山勝友著　広済堂出版　1994.9　279p　18cm　(Refresh life series)　1000円　④4-331-00659-X
　　内容　まえがき　「南無阿弥陀仏」は、ありがとう　第1章 法然との出会い　第2章 後鳥羽上皇の弾圧　第3章 流刑の越後にて「阿弥陀仏の慈悲」　第4章 関東の布教活動と弟子たち　第5章 親鸞、京都での晩年　あとがき　なぜ人は宗教を求めるのか

◇晩年の親鸞　細川巌著　京都　法蔵館　1994.9　211p　19cm　1800円　④4-8318-8065-5

◇日本仏教の創造者たち　ひろさちや著　新潮社　1994.8　224p　20cm　(新潮選書)　1000円　④4-10-600463-1
　　内容　第1章 禅と浄土―親鸞と道元をめぐって　第2章 異なった選択―比較宗教家論　第3章 日本の仏教者群像（空海―日本仏教の行方を定めた天才　西行―聖と俗の間で　法然―おおらかさと曖昧さ　親鸞―自己と闘った男　一休―風狂に生きた孤高の禅者　富永仲基―薄倖のヒューマニスト　良寛―娑婆世界に遊ぶ禅　一茶―自意識過剰人の諦観）　第4章 名僧高僧かく語りき

◇越後の親鸞―史跡と伝説の旅　大場厚順著　新潟　新潟日報事業社　1994.6　116p　21cm　1500円　④4-88862-500-X

◇親鸞　野間宏著　岩波書店　1994.6　214p　20cm　(岩波新書)　1600円　④4-00-003851-6

◇親鸞の足跡とその旅　山崎常孝著　MBC21　1994.5　157p　22cm　非売品　④4-8064-0409-8

◇親鸞―変容のドラマトゥルギー　水戸浩文著　京都　永田文昌堂　1994.3　181p　20cm　1500円　④4-8162-6314-4

◇親鸞聖人之浄土真宗心得　土江重雄著　日本図書刊行会　1993.12　26p　20cm　1000円　④4-7733-2460-0
　　内容　正信偈の中身　聞其名号信心歓喜乃至一念　念仏と信心　信心と往生浄土　光明名号の因縁と云うあり　三願転入に就いて　自然法爾

◇親鸞の信のダイナミックス―往還二種回向の仏道　寺川俊昭著　四街道　草光舎　1993.12　364p　20cm　3500円　④4-7952-1524-3
　　内容　序章 信念のダイナミックス　第1章 二種回向の恩徳　第2章 回向する願心　第3章 往相の回向　第4章 願生浄土　第5章 二種回向についての種々の見解　第6章 還相の回向

◇親鸞のダイナミズム　大峯顯著　京都　法蔵館　1993.12　228p　20cm　2200円　④4-8318-8063-9
　　内容　親鸞―日本教を超えるダイナミズム　宗教―本質と可能性を問い直す　生命―仏教の立場から考える　教―親鸞が発見した真理　信―歎異抄の核心をさぐる　浄土―生命環流のコスモロジー

◇親鸞の宿業観―歎異抄十三条を読む　広瀬杲著　京都　法蔵館　1993.11　195p　20cm　2200円　④4-8318-7830-8

◇日本仏教人名辞典―コンパクト版　斎藤昭俊, 成瀬良徳編著　新人物往来社　1993.11　494p　20cm　3800円　④4-404-02044-9

◇親鸞の思想構造　上田義文著　春秋社　1993.10　218p　20cm　2500円　④4-393-16602-7

◇はじめての親鸞　本多弘之著　増補新版　四街道　草光舎　1993.9　262p　20cm　2400円　④4-7952-1523-5
　　内容　宗教ということ　本願の宗教　釈迦と阿弥陀―二尊教　み名について―方便法身　親鸞という人　愚禿の名のり　深信について　信ずるということ―易行難信　末法の自覚　ほんとうの利益　法灯をかかげて―仏法の現代的意義

◇親鸞聖人伝説　野々村智剣著, 仏教文化研究会編　京都　探究社　1993.7　207p　19cm　(ほのぼのブックス)　1500円　④4-88483-339-2

◇親鸞―何が人を強くするのか　紀野一義著　三笠書房　1993.4　254p　15cm　(知的生きかた文庫)　480円　④4-8379-0571-4
　　内容　はじめに　親鸞とは何者か　第1章 信

じて生きる　第2章 闇の中を生きる　第3章 おのれと戦いながら生きる　第4章 迷いながら生きる　第5章 やるべきことをやり遂げて生きる　あとがき いくさ人・親鸞と私

◇日蓮論・法然と親鸞　木下尚江著，鈴木範久編　教文館 1993.4 400p 19cm（木下尚江全集 第8巻）5768円 ⓉISBN 4-7642-2068-7
内容 日蓮論　法然と親鸞

◇越後で生まれた宗祖親鸞—思推による海の宗教　草間文秀著　上越 北越出版 1993.3 109p 22cm 1554円

◇三つの髻　円日成道著　2版　京都 本願寺出版社 1993.1 113p 19cm（親鸞さまと歩む道 1）ⓉISBN 4-89416-750-6

◇親鸞と蓮如　朝日新聞社 1992.9 176p 29cm 2400円　ⓉISBN 4-02-258519-6
内容 1 親鸞—慈愛と本願の道　2 蓮如—強靱なる念仏者　3 真宗入門—人類の未来を開く他力思想

◇親鸞書簡の研究　多屋頼俊著　京都 法蔵館 1992.7 305p 22cm（多屋頼俊著作集 第3巻）9000円 ⓉISBN 4-8318-3723-7

◇親鸞の鉱脈—清沢満之　本多弘之著　四街道 草光舎 1992.7 317p 19cm 2400円　ⓉISBN 4-7952-1521-9
内容 仏教の学び　処世の立脚地　救済と自覚　他力の救済　思想信念の核　宗教的信念の必須条件　宗教と倫理　自重と自尊　神秘と合理を超えて　不安に立つ

◇一乗思想の展開—聖徳太子・伝教・親鸞　松見得忍著　京都 平楽寺書店 1992.6 136p 20cm 2060円　ⓉISBN 4-8313-1004-2

◇親鸞入門—念仏のダイナミズム　児玉浩憲著　京都 法蔵館 1992.6 279p 20cm 2400円　ⓉISBN 4-8318-8594-0
内容 1 宇宙の法に身をひたす—歓喜について　2 ワラつかむお祈り合戦—利益について　3 伝統から純成分を抽出—選択について　4 万物を貫く公理に到達—智恵について　5 科学もいま空の境地に——一如について　6 心身のストレスが最少—涅槃について　7 救いの情報伝える意欲—慈悲について　8 諸仏を生み出す想像力—方便について　9 仮説を絞り体験で実証—本願について　10 計らい去れば法の領域—浄土について　11 進化の果て空の呼び名—念仏について　12 ぱっと抜けたトンネル—回心について　13 壮大なエネルギー循環—無常について　14 因と縁が働いて仮の姿—無我について　15 浄土を借景に人生完走—不退について〔ほか〕

◇親鸞のこころ—現代に生きる　中条貞夫編訳　東京堂出版 1992.6 234p 19cm 1500円　ⓉISBN 4-490-20197-4
内容 話の部（耳の底に残るもの）讃歌の部（限りない光、限りない命　高僧をたたえる　今、生きる）文の部（浄土〈浄らかな国〉自然）

◇越後と親鸞・恵信尼の足跡　平野団三著　第3次改訂　上越 柿村書店 1992.5 306, 37p 22cm

◇新鸞 覚如 才市　新保哲著　京都 晃洋書房 1992.3 231, 7p 22cm 2900円　ⓉISBN 4-7710-0561-3

◇親鸞の生涯・幸せの一本道　笠原一男著　川崎 信行寺 1992.3 157p 22cm 2500円　ⓉISBN 4-8027-0114-4
内容 はじめに いま、なぜ親鸞か　1 親鸞誕生の前夜（激動の時代　鎌倉仏教の誕生　専修念仏と法然）2 煩悩に苦しむ親鸞（煩悩をまとった仏・親鸞　京の巷の親鸞）3 念仏の救いを説く親鸞（親鸞の悪人正機　念仏の発展と弾圧　越後の親鸞）4 親鸞の関東布教（関東への旅　布教こそ親鸞のいのち　念仏のひろがり　親鸞と本願ぼこり）5 親鸞と政治権力（親鸞と念仏の弾圧）6 親鸞の極楽往生（晩年の親鸞　親鸞と善鸞）

◇親鸞聖人の太子信仰の研究　武田賢寿著　名古屋 文光堂書店 1992.1 316p 22cm

◇親鸞の核心をさぐる—徹底討議　佐藤正英ほか著　青土社 1992.1 329p 20cm 2400円　ⓉISBN 4-7917-5140-X
内容 1 親鸞の風景（死と浄土　親鸞の実像をもとめて）2 親鸞の理路（親鸞の〈信〉と〈不信〉　親鸞における悪と善）3 親鸞と衆生（『歎異抄』における生と〈信〉　民衆の中の親鸞）

◇親鸞聖人と人生—生死と浄土　普賢晃寿著　京都 永田文昌堂 1991.12 277p 20cm 2500円

◇志田延義エッセイシリーズ　2 大乗仏教の至極親鸞　至文堂 1991.8 136p 20cm 2300円　ⓉISBN 4-7843-0104-6

◇親鸞聖人　宮井義雄著　春秋社 1991.6 486, 11p 22cm 8900円　ⓉISBN 4-393-16703-1
内容 第1章 生い立ち　第2章 胎動の時代

第3章 出家登山　第4章 吉水入室　第5章 越後配流　第6章 東国の布教　第7章 原始真宗門従の風景　第8章 草稿本教行信証の撰述過程　第9章 帰洛の晩年　第10章 封建倫理との対顕　第11章 静かな臨終

◇民衆の中の親鸞　平野修著　京都　真宗大谷派宗務所出版部　1991.4　190p　19cm　（同朋選書18）　④4-8341-0202-5

◇原典日本仏教の思想 6 親鸞　星野元豊ほか校注　岩波書店　1990.12　592p　22cm　4600円　④4-00-009026-7
　内容 教行信証

◇親鸞と恵信尼　新保哲著　京都　晃洋書房　1990.11　188, 7p　22cm　2200円　④4-7710-0494-3
　内容 第1章 親鸞聖人の布教と足跡　第2章 親鸞の念仏功徳について　第3章 恵信尼　第4章『安心決定鈔』における願行観　第5章『親鸞聖人御一代記』にみる親鸞像　第6章『御伝鈔』にみる布教の特色

◇親鸞のコスモロジー　大峯顕著　京都　法蔵館　1990.11　225p　20cm　2200円　④4-8318-8042-6
　内容 1 生死を超えて—ほんとうの救いとは（生死を超える自然の道　人間の願いと仏の願い　親鸞のコスモロジー）　2 名号の宇宙—親鸞の念仏とは何か（人間と言葉　名号の宇宙　芭蕉と親鸞）

◇親鸞　沢田ふじ子著　京都　淡交社　1990.10　149p　19cm　（京都・宗祖の旅）　880円　④4-473-01143-7
　内容 1 親鸞の生涯と教え　2 京都・親鸞の旅　3 京都・親鸞有縁の寺院

◇親鸞・真宗思想史研究　重松明久著　京都　法蔵館　1990.10　446p　22cm　12000円　④4-8318-7891-X

◇親鸞の世界　ひろさちやエッセイ, 竹村牧男解説文　佼成出版社　1990.5　237p　20cm　（仏典を知る）　1850円　④4-333-01467-0
　内容 エッセイ・親鸞とわたし　親鸞の名句　親鸞を知るキーワード（阿弥陀仏　浄土　非僧非俗　悪人正機　念仏　信心為本　深心　現生正定聚　往相回向・還相回向　自然法爾）　親鸞を知る小事典（親鸞の肖像　親鸞の生涯と足跡　親鸞の思想と行動　親鸞をめぐる人々　親鸞の著作　親鸞の和讃　親鸞の名号と真蹟　さまざまな親鸞像　浄土真宗の歴史　浄土真宗と諸宗教　親鸞の伝記　浄土真宗の名僧　親鸞ゆかりの寺と浄土真宗の古刹・名刹　浄土真宗の儀礼・行事）　読書案内　親鸞年表

◇親鸞における信の研究　上巻　信楽峻麿著　京都　永田文昌堂　1990.3　416, 35p　22cm　8000円

◇親鸞における信の研究　下巻　信楽峻麿著　京都　永田文昌堂　1990.3　899, 35p　22cm　10000円

◇親鸞の宗教　梅原猛述, 富山県民生涯学習カレッジ編　富山　富山県民生涯学習カレッジ　1990.3　57p　19cm　（県民カレッジ叢書17）　非売品

◇親鸞の妻・恵信尼　菊村紀彦, 仁科竜共著　新装増補版　雄山閣出版　1990.3　221p　22cm　（雄山閣books 4）　2500円　④4-639-00013-8
　内容 第1章 その夫親鸞の行動　第2章 堂僧としての親鸞　第3章 念仏断罪の嵐　第4章 女性の往生・成仏　第5章 性と戒律　第6章 性と妻帯の問題　第7章 親鸞の妻は何人か　第8章 その妻・恵信尼の謎　第9章 出会いの時をもとめて　第10章 親鸞と善鸞・親子義絶の真疑（付・善鸞義絶状全文）　第11章 恵信尼の信仰と生活　恵信尼の手紙〈全〉　参考文献集　親鸞・恵信尼関係年表

◇関東の親鸞—自信教人信への旅　武田鏡村著　三一書房　1990.2　217p　20cm　1600円　④4-380-90204-8
　内容 第1章 なぜ関東をめざしたか—長野・善光寺の謎　第2章 親鸞は「旅の思想家」だった—下総の謎　第3章 念仏者は無礙の一道なり—下妻・筑波の謎　第4章 自ら信じ、人に教えて信ぜしむる—鹿島から奥郡への謎　第5章『教行信証』成立事情と関東の20年—笠間から高田への謎

◇親鸞・自然の浄土　遠山諦虔著　法蔵館　1990.2　229p　20cm　1800円　④4-8318-8574-6
　内容「自然の浄土」のイメージ性について　「こと」としての自然—「自然法爾」の場合　東洋思想における自然と浄土の問題　自然と因果性—比較思想論的考察　親鸞と哲学—現代思想の場におけるディゾルブ

◇聖書と親鸞の読み方—解放の神学と運動の教学　ルベン・アビト, 玉光順正著　明石書店　1989.12　213p　19cm　1880円
　内容 聖書を読む（聖典の実践的読み方　仏教における人間解放　宗教における「個」と「社会」の接点）　親鸞を読む（運動としての親鸞　真宗として、解放の神学から何を学ぶのか　死刑廃止のために）　対談 解放の

神学と運動の教学
◇親鸞のふるさと　新いばらきタイムス社事業部編　改訂　水戸　新いばらきタイムス社　1989.11　134p　30cm　3000円
◇三人の祖師―最澄・空海・親鸞　梅原猛著　佼成出版社　1989.10　259p　20cm　（仏教文化選書）　1650円
①4-333-01400-X
◇親鸞の生と死―デス・エデュケーションの立場から　田代俊孝著　京都　法藏館　1989.9　273p　22cm　3000円
①4-8318-7889-8
[内容]序章 生命のモノ化と死のタブー視　第1章 仏教の興起と死苦の認識　第2章 無生無滅の浄土教的展開　第3章 臨終来迎思想と死の受容　第4章 死苦の普遍的解決の萌芽　第5章 現生における死の超越　第6章 生死出離の実存的展開　第7章 現生における死の受容と超越の種々相　結章 仏教とデス・エデュケーション（"いのち"の教育）　付章 事例で見る「真宗」デスメデュケーション
◇親鸞百言百話―開祖のこころと素顔　花山勝友著　PHP研究所　1989.9　220p　18cm　（PHP business library）　750円
①4-569-52576-8
[内容]聖典に出会った喜び　往生したのちに再び戻ってくる　本当の教えは『大経』の中にある　念仏こそが大行である　称名こそが正しき業　大乗こそが仏乗なり　出身は藤原氏　得度は9歳の春　得度名は範宴　親鸞夢告　親鸞は阿弥陀の化身　越後滞在のこと〔ほか〕
◇信じて愛して―親鸞と恵信　松田良夫著　京都　法藏館　1989.8　276p　19cm　2000円　①4-8318-8571-1
[内容]めぐり会い　帰郷　とひたの牧場　信じて愛して
◇親鸞聖人のお言葉―教行信証より九十二文　板倉耕整著　京都　同朋舎出版　1989.8　169p　19cm　1200円
①4-8104-0786-1
◇親鸞聖人のことば―わかりやすい名言名句　村上速水, 内藤知康著　京都　法藏館　1989.7　224p　19cm　1500円
①4-8318-2312-0
[内容]教行信証　和讃　和語聖教・消息　歎異抄
◇親鸞大系　歴史篇第1巻　真宗成立の歴史的背景　柏原祐泉, 黒田俊雄, 平松令三監修　京都　法藏館　1989.7　505p　22cm　①4-8318-4600-7
◇親鸞大系　歴史篇第7巻　蓮如の生涯　柏原祐泉, 黒田俊雄, 平松令三監修　京都　法藏館　1989.7　606p　22cm
①4-8318-4600-7
◇親鸞大系　歴史篇第8巻　戦国期の真宗教団　柏原祐泉, 黒田俊雄, 平松令三監修　京都　法藏館　1989.7　506p　22cm
①4-8318-4600-7
◇親鸞大系　歴史篇第9巻　近世の真宗　柏原祐泉, 黒田俊雄, 平松令三監修　京都　法藏館　1989.7　613p　22cm
①4-8318-4600-7
◇親鸞大系　歴史篇第11巻　教団の課題　柏原祐泉, 黒田俊雄, 平松令三監修　京都　法藏館　1989.7　664p　22cm
①4-8318-4600-7
◇親鸞大系　思想篇第13巻　比較思想　信楽峻麿ほか監修　京都　法藏館　1989.7　489p　22cm　①4-8318-4600-7
◇親鸞大系　別巻　真宗関係文献目録　浅野教信, 細川行信監修　京都　法藏館　1989.7　304, 26p　22cm
①4-8318-4600-7
◇親鸞聖人と蓮如上人　稲城選恵著　教育新潮社　1989.4　208p　19cm　（伝道新書 10）　2060円
◇親鸞大系　歴史篇第4巻　親鸞撰述研究　柏原祐泉, 黒田俊雄, 平松令三監修　京都　法藏館　1989.4　607p　22cm
①4-8318-4600-7
◇親鸞大系　歴史篇第6巻　教団の展開　柏原祐泉, 黒田俊雄, 平松令三監修　京都　法藏館　1989.4　468p　22cm
①4-8318-4600-7
◇親鸞大系　思想篇第11巻　人間観　信楽峻麿ほか監修　京都　法藏館　1989.4　473p　22cm　①4-8318-4600-7
◇親鸞大系　思想篇第12巻　倫理実践思想　信楽峻麿ほか監修　京都　法藏館　1989.4　524p　22cm　①4-8318-4600-7
◇はじめての親鸞　本多弘之著　聖文舎　1989.4　205p　20cm　1700円
①4-7922-0125-X
[内容]宗教ということ　本願の宗教　釈迦と阿弥陀（二尊教）　み名について（方便法身）　親鸞という人　愚禿の名のり　深信について　信じるということ（易行難信）　末法の

仏教を支えた人々

　　自覚　ほんとうの利益
◇本願寺親鸞聖人伝絵─照願寺蔵　覚如著、浄賀画　本願寺親鸞聖人伝絵刊行会　1989.4　133p　34cm　30900円
　Ⓘ4-8046-9001-8
◇悪人親鸞　寺尾五郎著　徳間書店　1989.3　314p　16cm　（徳間文庫）　500円　Ⓘ4-19-598723-7
　内容　第1章 中世の革命と鎌倉仏教　第2章 親鸞の思想の革命性　第3章 闘う親鸞と思想の深化　第4章 下克上から一向一揆へ
◇親鸞大系　歴史篇 第5巻　教団の成立　柏原祐泉,黒田俊雄,平松令三監修　京都　法藏館　1989.1　486p　22cm
　Ⓘ4-8318-4600-7
◇親鸞大系　思想篇 第8巻　行信　信楽峻麿ほか監修　京都　法藏館　1989.1　562p　22cm　Ⓘ4-8318-4600-7
◇親鸞大系　思想篇 第9巻　証 1　信楽峻麿ほか監修　京都　法藏館　1989.1　484p　22cm　Ⓘ4-8318-4600-7
◇親鸞大系　思想篇 第10巻　証 2　信楽峻麿ほか監修　京都　法藏館　1989.1　474p　22cm　Ⓘ4-8318-4600-7
◇親鸞大系　歴史篇 第10巻　近代の真宗　柏原祐泉,黒田俊雄,平松令三監修　京都　法藏館　1989.1　470p　22cm
　Ⓘ4-8318-4600-7
◇親鸞に学ぶ　紀野一義著　日本放送出版協会　1988.12　202p　18cm　650円
　Ⓘ4-14-018030-7
　内容　第1章 流され人の譜　第2章 生い立ちと出家　第3章 師と弟子　第4章 逆境の中で　第5章 化身の人・恵信尼　第6章 危難を乗りこえて　第7章 悪人こそ往生する　第8章 すんなり自然なお念仏　終わりの章 親鸞の死
◇宗祖聖人親鸞─生涯とその教え　宮城顗著　京都　真宗大谷派宗務所出版部　1988.11　2冊　21cm　各1500円
　Ⓘ4-8341-0181-9
◇親鸞　京都　法藏館　1988.11　226p　23cm　1300円　Ⓘ4-8318-0251-0
　内容　すえとをりたる慈悲心（梅原猛）　帰りなんいざ─親鸞のたたずむ風色（山折哲雄）　日本仏教と戒律─最澄から親鸞へ（上山春平）　親鸞における「言葉」（大峯顕）　親鸞の夢─仏教の父性原理と母性原理（河合隼雄）〔ほか〕

◇親鸞大系　歴史篇 第2巻　親鸞の生涯 1　柏原祐泉,黒田俊雄,平松令三監修　京都　法藏館　1988.10　499p　22cm
　Ⓘ4-8318-4600-7
◇親鸞大系　歴史篇 第3巻　親鸞の生涯 2　柏原祐泉,黒田俊雄,平松令三監修　京都　法藏館　1988.10　486p　22cm
　Ⓘ4-8318-4600-7
◇親鸞大系　思想篇 第5巻　行　信楽峻麿ほか監修　京都　法藏館　1988.10　509p　22cm　Ⓘ4-8318-4600-7
◇親鸞大系　思想篇 第6巻　信 1　信楽峻麿ほか監修　京都　法藏館　1988.10　510p　22cm　Ⓘ4-8318-4600-7
◇親鸞大系　思想篇 第7巻　信 2　信楽峻麿ほか監修　京都　法藏館　1988.10　521p　22cm　Ⓘ4-8318-4600-7
◇親鸞聖人と越後　東城時文著　四街道　東城時文　1988.8　190p　19cm
◇恵信尼から見た親鸞　菊村紀彦著　鈴木出版　1988.7　237p　20cm　1500円
　Ⓘ4-7902-1019-7
　内容　第1部 恵信尼その人と心　第2部 恵信尼から見た親鸞（親鸞とその妻　女性に関する親鸞の夢　親鸞・蓮如から見た女性　関東での恵信尼　晩年の恵信尼　女性を語る恵信尼）　第3部 恵信尼の手紙（原文と意訳）　第4部 歌劇「親鸞」（4幕7場）
◇親鸞大系　思想篇 第1巻　浄土　信楽峻麿ほか監修　京都　法藏館　1988.7　457p　22cm　Ⓘ4-8318-4600-7
◇親鸞大系　思想篇 第2巻　阿弥陀仏　信楽峻麿ほか監修　京都　法藏館　1988.7　489p　22cm　Ⓘ4-8318-4600-7
◇親鸞大系　思想篇 第3巻　本願・廻向　信楽峻麿ほか監修　京都　法藏館　1988.7　510p　22cm　Ⓘ4-8318-4600-7
◇親鸞大系　思想篇 第4巻　教　信楽峻麿ほか監修　京都　法藏館　1988.7　449p　22cm　Ⓘ4-8318-4600-7
◇親鸞伝新考　萩山深諦著　京都　法藏館　1988.7　166p　22cm　3200円
　Ⓘ4-8318-7888-X
◇親鸞の批判精神─浄土真宗入門講座　浅野教信著　京都　永田文昌堂　1988.7　215p　19cm　1500円
◇親鸞─名号よび声　加茂仰順著　京都

永田文昌堂　1988.6　367p　19cm
2500円

◇親鸞真蹟の研究　平松令三著　京都　法蔵館　1988.4　259p　22cm　7200円
①4-8318-7887-1

◇親鸞の教え―教行信証「総序」に聞く　神戸和麿ほか共著　京都　同朋舎出版　1988.4　334p　22cm　2000円
①4-8104-0674-1

◇親鸞―歎異抄の人生論　岩倉政治著　京都　法蔵館　1988.3　201p　20cm　2200円　①4-8318-8562-2

◇親鸞　三国連太郎著　京都　法蔵館　1987.12　334p　21cm　1900円
①4-8318-8033-7

◇親鸞聖人伝絵―御伝鈔に学ぶ　高松信英, 野田晋著, 真宗大谷派宗務所出版部編　京都　真宗大谷派宗務所出版部　1987.12　152p　21cm　1500円　①4-8341-0164-9

◇宗教とは―親鸞聖人の教え　広瀬杲述　京都　真宗大谷派宗務所出版部　1987.11　54p　18cm　（東本願寺伝道ブックス）　150円　①4-8341-0060-X

◇親鸞―御名を聞く　加茂仰順著　京都　永田文昌堂　1987.11　399p　19cm
2700円

◇親鸞聖人伝絵詞篇　西円寺等外述, 瓜生等勝編著　美禰　西円寺　1987.11　192p　図版14枚　21cm

◇親鸞聖人と浄土真宗　中西智海著　京都　永田文昌堂　1987.9　272p　20cm　1800円

◇浄土真宗現代法話大系　第1巻　親鸞―真実の宗教　京都　同朋舎出版　1987.9　480p　23cm　①4-8104-9083-1

◇浄土真宗現代法話大系　第2巻　親鸞の教え―浄土真宗　京都　同朋舎出版　1987.9　330p　23cm　①4-8104-9083-1

◇浄土真宗現代法話大系　第16巻　親鸞の著作　6　京都　同朋舎出版　1987.9　447p　23cm　①4-8104-9083-1

◇親鸞100話　武田鏡村著　立風書房　1987.8　232p　20cm　1300円
①4-651-75014-1
内容　第1章 出家と修行（9歳～29歳）　第2章 念仏との出会いと弾圧（29歳～35歳）　第3章 流罪行（35歳）　第4章 配所での出来事（35歳～42歳）　第5章 関東をめざして（42歳頃）　第6章 稲田の草庵にて（42歳～50歳）　第7章 念仏布教の時代（50歳～60歳）　第8章 帰洛の途中で（60歳～66歳頃）　第9章 帰洛から入滅まで（66歳頃～90歳）

◇親鸞〈信の世界〉加茂仰順著　京都　永田文昌堂　1987.7　437p　19cm
3000円

◇浄土真宗現代法話大系　第11巻　親鸞の著作　1　京都　同朋舎出版　1987.7　457p　23cm　①4-8104-9083-1

◇浄土真宗現代法話大系　第15巻　親鸞の著作　5　和讃2　京都　同朋舎出版　1987.7　467p　23cm　①4-8104-9083-1

◇浄土真宗現代法話大系　第25巻　現代と親鸞　3　京都　同朋舎出版　1987.7　282p　23cm　①4-8104-9083-1

◇親鸞　真継伸彦著　朝日新聞社　1987.4　226p　19cm　（朝日選書 327）　860円
①4-02-259427-6
内容　第1章 親鸞に何を学ぶか　第2章 信心の確立―「よきひと」との出会い　第3章 信心の展開―みずから信じ人に教えて信ぜしむ　第4章 信心の迫害と堕落―聖と俗のはざまで　結び 信心の復活　『歎異抄』全訳

◇親鸞・道元・日蓮―その人と思想　菊村紀彦著　大和書房　1987.4　280p　20cm　2500円　①4-479-70017-X
内容　第1章 親鸞（日野の里　酸鼻な都　比叡山　六角堂　吉水　京洛　越後　上野佐貫　常陸稲田　京洛五条西洞院　押小路南万里小路東）　第2章 道元（都の人　比叡山　建仁寺　入宋　天童山　深草　越前永平寺　鎌倉）　第3章 日蓮（安房小湊　清澄山　鎌倉　比叡山　旭の森　松葉ケ谷　伊豆伊東　小松原　佐渡　身延　池上）

◇浄土真宗現代法話大系　第13巻　親鸞の著作　3　京都　同朋舎出版　1987.4　526p　23cm　①4-8104-9083-1

◇親鸞の謎　武田鏡村著　コスカ出版　1987.3　249p　19cm　1200円
①4-87651-006-7
内容　1章 出生・出家の謎（日野家系図の謎「父」日野有範　親鸞の「母」の謎）　2章 若き日の親鸞（青蓮院・慈円　比叡山での修行生活）　3章 六角堂参籠の謎（太子信仰との出会い）　4章 法然門下の親鸞（一念往生の念仏思想　親鸞の改名の謎）　5章 「念仏弾圧」の謎（興福寺の念仏批判　覚如の法然・親鸞伝　なぜ流罪になったのか）　6章 流

地・越後の親鸞　7章 恵信尼の謎　8章 念仏聖・親鸞

◇浄土真宗現代法話大系　第7巻　宗祖親鸞　京都　同朋舎出版　1987.2　344p　23cm　⑪4-8104-9083-1

◇浄土真宗現代法話大系　第12巻　親鸞の著作　2　京都　同朋舎出版　1987.2　632p　23cm　⑪4-8104-9083-1

◇親鸞全集　別巻　石田瑞麿訳　春秋社　1987.1　183, 56, 16p　23cm　3500円　⑪4-393-16015-0
　内容 歎異抄　執持鈔　口伝鈔　改邪鈔　恵信尼消息

◇親鸞の思想と七高僧　長石武夫著　法政大学出版局　1987.1　455p　19cm　3800円
　内容 1 七高僧（龍樹菩薩　天親菩薩　曇鸞和尚　道綽禅師　善導禅師　源信大師　源空聖人）　2 親鸞聖人（生涯と遍歴　親鸞の著述　親鸞の思想　親鸞が七高僧より継承したもの）

◇越後の親鸞—その足跡と愚禿の実像　武田鏡村著　恒文社　1986.12　253p　19cm　1600円　⑪4-7704-0646-0
　内容 第1章 親鸞の流罪　第2章 親不知から越後国府へ　第3章 法然門下の親鸞　第4章 上越の親鸞（直江津国府の親鸞像　覚善と安養寺の周辺　性宗寺の「笠嶋国府」の謎　浄興寺と井上善性の門流　善光寺如来信仰と親鸞）　第5章 下越の親鸞（「悪人正機」説の背景　鳥屋野が親鸞解明のキーワード　逆竹伝説にみる親鸞の布教姿勢　繋框伝説にみる親鸞の「聖」性　阿賀野川流域にみる親鸞の行跡　弥彦周辺の親鸞の足跡）　第6章 恵信尼の越後（恵信尼と玉日姫の存在　恵信尼の五重塔と比丘尼墓）

◇親鸞入門問答事典　菊村紀彦著　大和書房　1986.11　227p　20cm　1800円　⑪4-479-70015-3
　内容 第1章 親鸞の生涯　第2章 親鸞の思想　第3章 親鸞と現代　第4章 親鸞の著作　第5章 親鸞関係資料

◇親鸞の生涯　豊原大成著　京都　法蔵館　1986.11　80p　21cm　500円　⑪4-8318-2305-8

◇浄土真宗現代法話大系　第14巻　親鸞の著作　4 和讃 1　京都　同朋舎出版　1986.10　553p　23cm　⑪4-8104-9083-1

◇親鸞と浄土教—信楽峻麿教授還暦記念論集　信楽峻麿教授還暦記念論集刊行会編　京都　永田文昌堂　1986.9　650, 150p　22cm　13000円
　内容 親鸞における信と時　信楽峻麿著　ほか29編．付：信楽峻麿略年譜・著作目録

◇宮崎円遵著作集　第2巻　親鸞の研究　下　宮崎円遵著作集編集委員会編　千葉乗隆編集・解説　京都　思文閣出版　1986.8　411p　22cm　6200円　⑪4-7842-0450-4

◇親鸞全集　第4巻　石田瑞麿訳　春秋社　1986.7　p259〜610, 46, 32p　23cm　5000円　⑪4-393-16014-2
　内容 唯信抄文意　一念多念文意　末燈鈔　親鸞聖人御消息集　御消息集—善性本　親鸞聖人血脈文集　真蹟・古写消息　浄土和讃　浄土高僧和讃　正像末法和讃　皇太子聖徳奉讃　大日本国粟散王聖徳太子奉讃

◇親鸞の世界—正信と念仏　雲藤義道著　教育新潮社　1986.6　155p　19cm　（伝道新書 4）　1800円

◇愚禿親鸞　曽我量深著　彌生書房　1986.3　214p　19cm　（曽我量深講義集 第11巻）　1800円
　内容 如来と本願　真実の救済　本願と浄土　浄土真宗の僧伽　現在の仏　本願の実践　親鸞聖人の御言葉　末法の燈炬　超世の本願　愚禿親鸞　我と汝　九十九人の盲人　大衆を総理して一切無碍ならん　仏弟子の自覚　汝よくこの語をたもて

◇親鸞と道元　遊亀教授著　講談社　1986.3　253p　20cm　1500円　⑪4-06-202639-2
　内容 第1章 これ人に遇うなり—啐啄の迅機　第2章 『歎異抄』と『随聞記』　第3章 『教行信証』と『正法眼蔵』　第4章 下降の論理　第5章 超越の問題　第6章 菩薩道の人間学　おわりに—異なった人間像

◇曽我量深講義集　第11巻　愚禿親鸞　弥生書房　1986.3　214p　20cm　1800円

◇宮崎円遵著作集　第1巻　親鸞の研究　上　宮崎円遵著作集編集委員会編　千葉乗隆編集・解説　京都　思文閣出版　1986.3　448p　22cm　6200円　⑪4-7842-0413-X

◇親鸞のいいたかったこと　小山一行, 田中教照著　講談社　1986.1　205p　19cm　（もんじゅ選書 12）　1000円　⑪4-06-192260-2

◇親鸞の思想と生涯—親鸞をけがす歎異鈔

林田茂雄著　白石書店　1986.1　218p　19cm　1500円

◇親鸞　親鸞著,増谷文雄編・訳・注　筑摩書房　1985.12　401p　20cm　（日本の仏教思想）　1800円

◇高僧伝　7　親鸞―大迷大悟の人　松原泰道,平川彰編　山崎正一著　集英社　1985.11　275p　20cm　1400円　④4-08-187007-1

◇親鸞忍苦の九十年　寺田弥吉著　太陽出版　1985.11　256p　20cm　1800円　④4-88469-065-6

◇親鸞思想の歴史的展開　高橋事久著　京都　永田文昌堂　1985.10　246p　22cm　3800円

◇親鸞の時代　菊村紀彦著　河出書房新社　1985.9　292p　15cm　（河出文庫）　520円　④4-309-47079-3

◇親鸞　赤松俊秀著　吉川弘文館　1985.6　371p　19cm　（人物叢書 新装版）　1800円　④4-642-05003-5

◇親鸞全集　第2巻　石田瑞麿訳　春秋社　1985.6　p257～498, 33, 43p　23cm　5000円
　内容　証巻.真仏土巻.化身土巻

◇親鸞全集　第1巻　石田瑞麿訳　春秋社　1985.5　254, 40p　23cm　5000円
　内容　教行信証 総序.教巻.行巻.信巻

◇親鸞全集　第3巻　石田瑞麿訳　春秋社　1985.4　257, 41p　23cm　5000円
　内容　和漢篇 浄土文類聚鈔.入出二門偈頌.愚禿鈔.四十八誓願.浄土三経往生文類―略本・広本.如来二種廻向文.尊号真像銘文―略本・広本.弥陀如来名号徳.善導和尚言

◇日本仏教宗史論集　第6巻　親鸞聖人と真宗　千葉乗隆,幡谷明編　吉川弘文館　1985.4　457p　22cm　5800円　④4-642-06746-9

◇親鸞―自然と他力の思想　新泉社編集部編　新泉社　1985.2　192p　22cm　1600円

◇親鸞と真宗　読売新聞社　1985.2　174p　29cm　2000円　④4-643-41480-4

◇親鸞―その念仏と恩思想　新保哲著　吉川弘文館　1985.1　242p　20cm　2000円　④4-642-07197-0

◇親鸞　河出書房新社　1985.1　257p　21cm　（河出人物読本）　1000円　④4-309-70406-9

◇親鸞三つの顔　亀井鉱著　柏樹社　1984.12　245p　20cm　1600円

◇親鸞聖人の研究―その精神分析学的管見　福田杲正著　京都　百華苑　1984.11　526, 34p　22cm　8500円

◇親鸞の哲学　寺田弥吉著　新版　太陽出版　1984.11　241p　20cm　1800円　④4-88469-060-5

◇なぜ親鸞なのか―笠原初二遺稿集　笠原初二著,滝沢克己編　京都　法蔵館　1984.11　220p　19cm　1300円

◇親鸞―不知火よりのことづて　吉本隆明ほか著　日本エディタースクール出版部　1984.10　165p　20cm　1200円

◇親鸞聖人と七高僧の教え　日野振作著　京都　永田文昌堂　1984.9　637, 8p　20cm　4500円

◇親鸞の語録を読む　市川良哉著　京都　永田文昌堂　1984.9　255p　20cm　1800円

◇親鸞のすべて　二葉憲香編　新人物往来社　1984.9　293p　20cm　2000円

◇親鸞の哲学と信仰　寺田弥吉著　雪華社　1984.9　282p　20cm　1600円　④4-7928-0104-4

◇親鸞全集―現代語訳　2　教行信証　下　真継伸彦訳　京都　法蔵館　1984.6　272p　20cm　1800円

◇親鸞遺芳　宮崎円遵著　京都　同朋舎出版　1984.5　164p　23cm　4000円　④4-8104-0409-9

◇最後の親鸞　吉本隆明著　増補新版　春秋社　1984.4　227, 89p　21cm　2000円

◇親鸞―悪人の浄土　中島尚志著　三一書房　1984.4　239p　20cm　1800円

◇乱世の人間像―親鸞と蓮如　笠原一男述,日本放送協会編　日本放送出版協会　1984.4　145p　21cm　（NHK市民大学）

◇親鸞〈信〉―本願の念仏　加茂仰順著　京都　永田文昌堂　1984.3　481p　19cm　3200円

◇親鸞と浄土　星野元豊著　三一書房　1984.1　208p　20cm　1300円

◇親鸞聖人と五智　花ケ前盛明著　〔上越

〔花ケ前盛明〕　1983.11　71p　21cm
◇親鸞全集—現代語訳　1　教行信証　上　真継伸彦訳　京都　法蔵館　1983.11　305p　20cm　1800円
◇親鸞の仏教史観—曽我量深先生還暦記念講演　曽我量深述, 真宗大谷派宗務所出版部編　京都　真宗大谷派宗務所出版部　1983.11　150p　19cm
◇史上之親鸞　中沢見明著　京都　法蔵館　1983.9　246, 29p　22cm　4500円
◇親鸞からの射程—宗教・平和・国家　樹心の会編　京都　永田文昌堂　1983.9　243p　20cm　（樹心叢書 1）　1700円
◇親鸞伝絵随釈　野田晋著　朝日町（富山県）　改観寺　1983.9　295p　22cm
◇親鸞思想研究—殊に宗学の思想体系成立基盤として　加茂仰順著　京都　永田文昌堂　1983.8　686, 19, 5p　22cm　13000円
◇親鸞聖人御旧跡巡拝誌　東海篇・拾遺篇　高下恵著　京都　百華苑　1983.7　261p　19cm　2500円
◇本願寺聖人親鸞伝絵私記　宮崎円遵著　京都　永田文昌堂　1983.7　78p　21cm　800円
◇龍樹・親鸞ノート　三枝充悳著　京都　法蔵館　1983.7　372, 12p　20cm　4800円
◇親鸞全集—現代語訳　4　和讃・書簡　真継伸彦訳　京都　法蔵館　1983.6　332p　20cm　1800円
◇親鸞とその浄土教　アルフレッド・ブルーム著, 藤沢正徳ほか共訳　京都　永田文昌堂　1983.6　176p　21cm　1200円
◇親鸞とその妻の手紙　親鸞, 恵信尼原著, 石田瑞麿著　春秋社　1983.6　287p　20cm　1600円
◇親鸞聖人とその周辺　宮崎円遵著　京都　百華苑　1983.5　194p　19cm　1500円
◇宗祖親鸞聖人—座談　6　第5章について　真宗教学研究所編　京都　真宗大谷派出版部　1983.4　135p　21cm
◇親鸞の世界—信の領解　加茂仰順著　京都　永田文昌堂　1983.4　392p　19cm　2700円

◇親鸞聖人の歩まれた道　龍谷大学宗教部編　京都　龍谷大学宗教部　1983.3　253p　19cm　（りゅうこくブックス 3）
◇親鸞聖人の世界　龍谷大学宗教部編　京都　永田文昌堂　1983.3　257p　19cm　（りゅうこくブックス 2）　1500円
◇親鸞聖人の世界　龍谷大学宗教部編　京都　龍谷大学宗教部　1983.3　257p　19cm　（りゅうこくブックス 2）
◇親鸞聖人のつねのおおせ　長川一雄著, 東本願寺出版部編　京都　東本願寺出版部　1983.3　60p　18cm　（東本願寺伝道ブックス 8）　150円
◇親鸞伝説と旧跡—二十四輩順拝図会常陸・下総編　釈了貞著, 鈴木常光解説　土浦　筑波書林　1983.3　121p　18cm　（ふるさと文庫）　580円
◇親鸞全集—現代語訳　3　宗義・註釈　真継伸彦訳　京都　法蔵館　1982.12　299p　20cm　1800円
◇親鸞の大地—曽我量深随聞日録　津曲淳三著　弥生書房　1982.12　315p　20cm　1800円
◇親鸞全集—現代語訳　5　言行・伝記　真継伸彦訳　京都　法蔵館　1982.7　253p　20cm　1600円
◇親鸞と東国　園部公一著　流山　崙書房　1982.6　116p　18cm　（ふるさと文庫）　680円
◇親鸞—思想読本　吉本隆明編　京都　法蔵館　1982.4　248p　21cm　1200円
◇親鸞とその弟子　石田瑞麿著　京都　法蔵館　1981.10　262p　20cm　（法蔵選書 7）　1600円
◇苦悩の親鸞—その思想と信仰の軌跡　石田瑞麿著　有斐閣　1981.9　277p　19cm　（有斐閣選書）　1500円
①4-641-02222-4
◇宗祖親鸞聖人—座談　4　第3章について　真宗教学研究所編　京都　真宗大谷派出版部　1981.9　82p　22cm
◇宗祖親鸞聖人—座談　5　第4章について　真宗教学研究所編　京都　真宗大谷派出版部　1981.9　121p　22cm
◇親鸞の思想と無我の問題　藤井外輿著　東洋出版　1981.9　280p　22cm　3500円

◇愚禿の聖者—親鸞の生涯を偲びて　細川行信著　京都　文明堂　1981.8　124p　19cm　850円
◇ひとつの親鸞　折原脩三著　研文出版　1981.8　323p　22cm　2800円
◇最後の親鸞　吉本隆明著　増補　春秋社　1981.7　227p　20cm　1900円
◇親鸞の旅　新月通正著　京都　法蔵館　1981.7　235p　20cm　1800円
◇親鸞聖人と恵信尼公文書　早島鏡正著　再版　京都　文明堂　1981.4　97p　19cm　①4-89256-291-2
◇親鸞の思想と生涯—親鸞をけがす歎異鈔　林田茂雄著　白石書店　1981.3　220p　20cm　1500円
◇定本親鸞聖人全集　第1巻　教行信証　親鸞聖人全集刊行会編　京都　法蔵館　1981.2　431, 83p　18cm　3500円
◇親鸞の妻・恵信尼　菊村紀彦, 仁科龍共著　雄山閣出版　1981.1　215p　22cm　(雄山閣books 4)　2000円　①4-639-00013-8
◇親鸞はいかに生きたか　森竜吉編　講談社　1980.12　379p　15cm　(講談社学術文庫)　780円
◇親鸞という人　米沢英雄, 久保瀬暁明述, 東本願寺出版部編　京都　東本願寺出版部　1980.11　65p　18cm　(東本願寺伝道ブックス 1)
◇愚禿と名のった仏者—親鸞聖人　寺川俊昭著　京都　東本願寺出版部　1980.10　151p　19cm　(同朋選書 5)
◇現世を救う不滅の親鸞—真の親鸞教学の確立のために　大草秋剣著　京都　文明堂　1980.10　139p　19cm　1100円
◇宗祖親鸞聖人—座談　1　序文について　真宗教学研究所編　京都　真宗大谷派出版部　1980.9　50p　21cm　(同朋の会テキスト　副読本)
◇宗祖親鸞聖人—座談　2　第1章について　真宗教学研究所編　京都　真宗大谷派出版部　1980.9　96p　21cm　(同朋の会テキスト　副読本)
◇親鸞聖人と五智　花ケ前盛明著　〔上越〕〔花ケ前盛明〕　1980.5　47p　22cm
◇日本を創った人びと　8　親鸞—鎌倉仏教の形成と展開　日本文化の会編集　高木豊著　平凡社　1980.1　82p　29cm　1600円
◇親鸞—親鸞講義　増谷文雄, 遠藤周作著　朝日出版社　1979.10　241p　19cm　(Lecture books)　960円
◇心に灯はともる—親鸞聖人のお手紙　永森文秀著　金沢　北国出版社　1979.9　239p　19cm　980円
◇定本親鸞聖人全集　第4巻　言行篇　親鸞聖人全集刊行会編　京都　法蔵館　1979.5　1冊　18cm　3500円
内容　言行篇(1)　歎異鈔.執持鈔.口伝鈔.改邪鈔.いや女譲状. 言行篇(1)解説. 言行篇(2) 本願寺聖人伝絵・善信聖人親鸞伝絵・善信聖人伝絵・報恩講式 覚如撰. 報恩講私記延書 蓮如撰. 歎徳文 存覚撰. 嘆徳文延書・御俗姓 蓮如撰. 親鸞夢記. 言行篇(2)解説
◇定本親鸞聖人全集　第6巻　写伝篇　親鸞聖人全集刊行会編　京都　法蔵館　1979.5　1冊　18cm　3500円
内容　写伝篇(1)　選択集　仮字本. 写伝篇(1)解説. 写伝篇(2)　三部経大意.唯信鈔.一念多念分別事.自力他力事.後世語聞書.見聞集.涅槃経.大般涅槃経要文.信徳上人御釈.烏竜山師并居児宝蔵伝.経釈要文(二尊大悲本懐)三骨一廟伝.真蹟拾遺. 写伝篇(2)解説
◇定本親鸞聖人全集　第7巻　註釈篇　親鸞聖人全集刊行会編　京都　法蔵館　1979.5　1冊　18cm　3500円
内容　註釈篇(1)　観無量寿経集註　表書.阿弥陀経集註　表書. 註釈篇(2)　観無量寿経集註　裏書. 阿弥陀経集註　裏書. 注釈篇解説
◇定本親鸞聖人全集　第8巻　加点篇　上　親鸞聖人全集刊行会編　京都　法蔵館　1979.5　1冊　18cm　3500円
内容　加点篇(1)　仏説無量寿経延書.仏説観無量寿経延書.二河譬喩延書.往生要集伝. 加点篇(1)解説. 加点篇(2)　浄土論註　無量寿経優婆提舎願生偈註　加点篇(2)解説
◇定本親鸞聖人全集　第9巻　加点篇　下　親鸞聖人全集刊行会編　京都　法蔵館　1979.5　1冊　18cm　3500円
内容　加点篇(3)　観経玄義分.観経序分義.観経定善義.観経散善義. 加点篇(4)　法事讃.観念法門.往生礼讃.般舟讃. 加点篇(3)・(4)解説
◇定本親鸞聖人全集　第2巻　和讃・漢文篇　親鸞聖人全集刊行会編　京都　法蔵館　1978.12　1冊　18cm　3500円

仏教を支えた人々

内容 和讃篇 浄土和讃.浄土高僧和讃.正像末法和讃.三帖和讃文明開板本.皇太子聖徳奉讃.大日本国粟散王聖徳太子奉讃.和讃拾遺. 和讃篇解説. 漢文篇 愚禿鈔（顕智書写本）愚禿鈔（存覚書写本）入出二門偈頌.浄土文類聚鈔.四十八誓願.九願文. 漢文篇解説

◇宗祖親鸞聖人　真宗教学研究所編　京都　真宗大谷派出版部　1978.9　75p　19cm

◇親鸞―自然と他力の思想　伝統と現代編集部編　伝統と現代　1978.8　192p　21cm　900円

◇親鸞書簡集　真継伸彦編訳　徳間書店　1978.5　226p　20cm　1700円

◇親鸞の生涯　井関保著　桜楓社　1978.5　174p　19cm　1600円

◇法然と親鸞　石田瑞麿著　武蔵野　秋山書店　1978.5　260p　19cm　（秋山叢書）　1500円

◇親鸞と蓮如―その行動と思想　笠原一男著　評論社　1978.4　302p　19cm　（日本人の行動と思想 40）　1500円

◇親鸞辞典　菊村紀彦編　東京堂出版　1978.1　248p　19cm　2200円

◇親鸞の思想　石田慶和著　京都　法蔵館　1978.1　292p　20cm　2200円

◇親鸞の信と念仏　岡亮二著　京都　永田文昌堂　1977.11　370p　19cm　2300円

◇法然と親鸞の信仰　下 歎異鈔を中心として　倉田百三著　講談社　1977.7　209p　15cm　（講談社学術文庫）　300円

◇親鸞と共同体の論理　戸田省二郎著　京都　永田文昌堂　1977.6　279p　19cm　1800円

◇法然と親鸞の信仰　上 一枚起請文を中心として　倉田百三著　講談社　1977.6　165p　15cm　（講談社学術文庫）　260円

◇親鸞聖人の仏教　江部鴨村著　大法輪閣　1977.3　263p　18cm　1200円

◇親鸞―ひとつの異端　山崎龍明著　京都　百華苑　1976.6　150p　19cm　400円

◇永遠の親鸞―金子大栄のことば　金子大栄著, 菊村紀彦編　雄山閣出版　1976　222p　肖像　19cm　（カルチャーブックス）　680円

◇最後の親鸞　吉本隆明著　春秋社　1976　155p　肖像　21cm　1800円

◇親鸞思想と七高僧　石田瑞麿著　大蔵出版　1976　267p　20cm　（大蔵選書 18）　1600円

◇親鸞聖人の教えと行動―現実の救い　三木照国著　京都　永田文昌堂　1976　97p　19cm　400円

◇現代語訳親鸞全集　第4集　伝記　講談社　1975　421p　図　18cm　1700円

内容 親鸞の伝記について（宮崎円遵）現代語訳 本願寺聖人親鸞伝絵（御伝鈔）（山岡荘八訳）報恩講式（花岡大学訳）嘆徳文（花岡大学訳）三河念仏相承記（多田裕計訳）解説 伝記について 親鸞在世の時代と社会（赤松俊秀）親鸞の誕生と家系（中沢見明）出家の動機と世相（藤原猶雪）叡山における親鸞（佐藤哲英）越後配流時代の親鸞（梅原隆章）東国における親鸞（笠原一男）回心の時期について（舘熙道）帰洛後の親鸞一家（松野純孝）その後の関東教団と善鸞の異議（藤島達朗）親鸞の入滅から覚如まで（里内徹之介）原文注釈 本願寺聖人親鸞伝絵（御伝鈔）（禿氏祐祥）親鸞聖人正統伝（生桑完明）〔ほか〕

◇現代語訳親鸞全集　第5集　讃歌　講談社　1975　411p　図　18cm　1700円

内容 親鸞の和讃と偈頌（小野清一郎）現代語訳 正信念仏偈（大鹿卓）浄土和讃（藪田義雄）高僧和讃（長田恒雄）正像末和讃（大木惇夫）入出二門偈頌（吉野秀雄）聖徳太子奉讃（今官一）解説 讃歌について 教行信証と和讃（名畑応順）高僧和讃と七祖共通の思想的基盤（高峯了州）親鸞と末法について（山田竜城）親鸞の太子信仰について（花山信勝）愚禿悲嘆と罪の意識（中村元）親鸞の浄土観（曽我量深）親鸞の現世利益（稲城選恵）原文注釈 正信念仏偈（篠田竜雄）三帖和讃（多屋頼俊）入出二門偈頌（山本正文）皇太子聖徳奉讃（生桑完明）

◇現代語訳親鸞全集　第6集　教行信証 1　講談社　1975　395p　図　19cm　1700円

内容 顕浄土真実教行証文類について（結城令聞）現代語訳―教行信証1―顕浄土真実教行証文類序（青野季吉）顕浄土真実教文類1（教巻）（青野季吉）顕浄土真実行文類2（行巻）（本多顕彰）解説1 撰述について 撰述の時期について（宮崎円遵）撰述の経過について（笠原一男）解説2 教巻について 教の性格と真実教の意味（白井成允）諸仏の称名と衆生の念仏（神子上恵竜）解説3 行巻について 大行について（稲葉秀賢）称名と救い（川上清吉）名号について（足利浄円）不回向の行（池本重臣）名号の父と光明の母（星野元豊）行の一念（小野清一郎）本願一乗（加藤

仏眼）信行から行信へ（鈴木宗忠）〔ほか〕

◇現代語訳親鸞全集　第7集　教行信証　2　講談社　1975　419p　図　18cm　1700円
　内容　現代語訳　顕浄土真実信文類序・3（信巻）（結城令聞訳）顕浄土真実証文類4（証巻）（西村冏次）解説1　信巻について　念仏と信心（藤秀璻）さとりとすくい（原随園）はからい心と真実の心（福原一夾）二種深信（金子大栄）三心と一心（大江淳誠）信の一念について（坂東環城）菩提心（利井興弘）真の仏弟子（梅原真隆）如来の祈り（藤原凌雪）解説2　証巻について　浄土と涅槃（正親含英）還相のすがた（源哲勝）智慧・慈悲・方便（星野元豊）念仏と禅（阿部正雄）原文注釈―教行信証2－顕浄土真実信文類序（大江淳誠）顕浄土真実信文類3（信巻）（大江淳誠）顕浄土真実証文類4（証巻）（宮本正尊）

◇現代語訳親鸞全集　第8集　教行信証　3　講談社　1975　417p　図　肖像　19cm　1700円

◇現代語訳親鸞全集　第9集　先学　講談社　1975　421p　図　18cm　1700円
　内容　親鸞の先学たち（増谷文雄）現代語訳　往生浄土論（江部鴨村）往生礼讃（抄）（中野駿太郎）往生要集（抄）（小川鳳彦）選択本願念仏集（抄）（寺内大吉）西方指南鈔（抄）（海音寺潮五郎）解説1　浄土教について　阿弥陀仏について（羽渓了諦）日本浄土教成立の背景（家永三郎）法然門下に於ける親鸞教理の特色（石田充之）解説2　先学人物論　竜樹・天親（平川彰）菩提流支・曇鸞（白川良純）道綽・善導（小笠原宣秀）空也・教信・源信（菊地勇次郎）聖光・証空（田村円澄）聖覚・隆覚（薗田香融）〔ほか〕

◇現代語訳親鸞全集　第10集　研究　講談社　1975　438p　図　肖像　19cm　1700円
　内容　親鸞研究について（三枝博音）わが信念（清沢満之）田原のお園（富士川游）親鸞（三木清）親鸞と宗教改革（服部之総）親鸞の人間観と自由観（佐野学）親鸞における「時」の問題（西谷啓治）日本思想における親鸞（務台理作）キリスト教と浄土真宗（井上智勇）歴史の意識と横超（唐木順三）キェルケゴールと親鸞（寺田弥吉）真実の浄土と方便の化土（林田茂雄）異安心の本質とその歴史性（本間唯一）親鸞教と教育（唐沢富太郎）即得往生義について（雲藤義道）親鸞の倫理（遊亀教授）親鸞と戒律（西本竜山）非僧非俗について（雲村賢淳）日本文学史上に於ける親鸞（橘純孝）親鸞筆蹟の研究（小川貫弌）〔ほか〕

◇親鸞　真継伸彦著　朝日新聞社　1975　215p　20cm　（朝日評伝選6）　1100円

◇現代語訳親鸞全集　第1集　語録　講談社　1974　375p　図　肖像　18cm
　内容　親鸞の語録について（亀井勝一郎）現代語訳　歎異鈔（今東光訳）口伝鈔（外村繁訳）執持鈔（辻亮一訳）改邪鈔（青江舜二郎訳）解説1　語録について　歎異抄の著作についての問題（多屋頼俊）歎異のこころと異端派（梅原真隆）「歎異抄」と法然（増谷文雄）執持鈔・口伝鈔・改邪鈔（禿氏祐祥）解説2　歎異鈔の中心問題　学問と信仰（谷川徹三）宿業について（岩倉政治）無礙の一道（稲津紀三）誓願不思議と名号不思議ということ（岡邦俊）「悪人正機」について（千輪慧）自然とはからい（林田茂雄）廻心について（アイドマン）本願ほこり（川上清吉）原文注釈　歎異鈔（藤秀璻等）

◇現代語訳親鸞全集　第2集　書簡　講談社　1974　403p　図　肖像　18cm　1700円
　内容　親鸞の書簡について（赤松俊秀）現代語訳　末燈鈔（野間宏等訳）御消息集（書簡集）（藤原審爾、外村繁訳）拾遺御消息集（真蹟書簡）（今官一、小谷剛訳）恵信尼文書（恵信尼書簡）（円地文子、町田トシコ訳）血脈文集（知切光歳訳）解説1　親鸞とその周辺　親鸞とその妻（二葉憲香）親鸞とその子供たち（石田瑞麿）親鸞の弟子たち（知切光歳）親鸞聖人門弟の地理的分布（藤原猶雪）書簡にみえる門弟とその門徒の動向（津本了学）とひたのまき（あまえしんのありか）（松野純孝）越後に帰住した恵信尼（谷下一夢）解説2　書簡の諸問題　念仏者質疑の種々相（山下正尊）諸仏とひとしということ（田中久夫）〔ほか〕

◇現代語訳親鸞全集　第3集　短篇　講談社　1974　413p　図　肖像　18cm　1700円
　内容　親鸞の短篇作品について（名畑応順）現代語訳　浄土文類聚鈔（石上玄一郎訳）浄土三経往生文類（知切光歳訳）尊号真像銘文（岩倉政治訳）一念多念文意（三角寛訳）唯信鈔文意（若杉慧訳）往相廻向還相廻向文類（山本和夫訳）解説　短篇作品について　親鸞と三部経（横超慧日）教行信証と浄土文類聚鈔の関係（桐渓順忍）親鸞の仏教観について（工藤成性）廻向について（福島政雄）念仏より信念へ（井上善右エ門）原文注釈　浄土文類聚鈔（佐々木玄智）愚禿鈔（桐渓順忍）浄土三経往生文類（松原祐善）尊号真像銘文（石田充之）一念多念文意（池本重臣）唯信鈔文意（山本仏骨）往相廻向還相廻向文類（雲村賢淳）弥陀如来名号徳（藤原幸章）

◇親鸞聖人真蹟集成　第2巻　教行信証　下　編集：赤松俊秀等　京都　法蔵館

1974　708p　図　22cm　12000円
◇親鸞聖人真蹟集成　第3巻　三帖和讃・浄土三経往生文類　編集：赤松俊秀等　京都　法蔵館　1974　378p　図　22cm　12000円
◇親鸞聖人真蹟集成　第4巻　尊号真像銘文・一念多念文意・書簡　編集：赤松俊秀等　京都　法蔵館　1974　446p　図　22cm　12000円
◇親鸞聖人真蹟集成　第8巻　唯信抄、唯信抄文意　編集：赤松俊秀等　京都　法蔵館　1974　376p　図　22cm　9800円
◇親鸞聖人真蹟集成　第9巻　名号・見聞集・断簡　編集：赤松俊秀等　京都　法蔵館　1974　375p　図　22cm　9800円
◇わが親鸞　紀野一義著　京都　PHP研究所　1974　239p　20cm　980円
◇親鸞聖人真蹟集成　第7巻　観経・阿弥陀経集註.浄土論註　赤松俊秀ほか編集　京都　法蔵館　1973.7　416p　22cm
◇定本親鸞聖人全集　第5巻　輯録篇　親鸞聖人全集刊行会編　京都　法蔵館　1973.6　442, 42p　18cm
　内容　西方指南抄.上宮太子御記. 輯録篇解説
◇佐々木月樵全集　3　親鸞聖人伝　国書刊行会　1973　756p　19cm　3800円
　内容　親鸞聖人伝, 親鸞伝絵記
◇親鸞―物語と史蹟をたずねて　童門冬二著　成美堂出版　1973　220p　19cm　600円
◇親鸞―その思想史　森竜吉著　三一書房　1973　247p　18cm　（三一新書）
◇親鸞　野間宏著　岩波書店　1973　214p　18cm　（岩波新書）　180円
◇親鸞―煩悩具足のほとけ　笠原一男著　日本放送出版協会　1973　235p　19cm　（NHKブックス）　450円
◇親鸞―人間性の再発見　千葉乗隆著　清水書院　1973　180p　図　肖像　20cm　（Century books）　430円
◇親鸞を紀行する　村上五朗著　新人物往来社　1973　213p　図　20cm　850円
◇親鸞聖人　宮崎円遵, 藤島達朗, 平松令三編　徳間書店　1973　275p（図・肖像共）　21cm　1000円
◇親鸞聖人真蹟集成　第1巻　教行信証　上　編集：赤松俊秀等　京都　法蔵館　1973　394p　図　22cm
◇親鸞聖人真蹟集成　第5巻　西方指南抄　上　編集：赤松俊秀等　京都　法蔵館　1973　528p　図　22cm
◇親鸞聖人真蹟集成　第6巻　西方指南抄　下　編集：赤松俊秀等　京都　法蔵館　1973　931p　図　22cm　12000円
◇親鸞聖人と五智　花ケ前盛明著　上越　居多神社　1973　41p　22cm
◇親鸞入門　真下五一著　日本文芸社　1973　286p　18cm　（ダルマ・ブックス）　500円
◇親鸞の開眼　松野純孝著　産報　1973　334p　図像　19cm　（Sanpô-People's）　1200円
◇親鸞の寺々　知切光歳著　春秋社　1973　300p　図　地図　19cm　850円
◇親鸞のふるさと―二十四輩と茨城の遺跡　水戸　新いばらきタイムス社　1973　120p（おもに図）　31cm　2000円
◇歴史のなかの親鸞　西本願寺教学振興委員会編　筑摩書房　1973　233p　図　20cm
◇悪人親鸞―人間解放の思想と一向一揆　寺尾五郎著　徳間書店　1972　275p　21cm　980円
◇越後と親鸞・恵信尼の足跡　平野団三著　増補・改訂　上越　柿村書店　1972　308, 41p　図　22cm　2000円
◇親鸞とその弟子　石田瑞麿著, 編集：毎日新聞社「重要文化財」委員会　毎日新聞社　1972　199p（図共）　31cm　5000円
◇親鸞の世界　金子大栄著　徳間書店　1972　221p　20cm　890円
◇親鸞の世界　続　金子大栄著　徳間書店　1972　214p　20cm　890円
◇越後親鸞と恵信尼　国府教区編集委員会編　京都　永田文昌堂　1971　459p　19cm　1700円
◇越後と親鸞・恵信尼の足跡　平野団三著　上越　柿村書店　1971　288, 43p　図　22cm
◇親鸞―その行動と思想　松野純孝著　評論社　1971　334p　肖像　19cm　（日本人の行動と思想2）　790円

◇親鸞入門—真実の生を求めて　早島鏡正著　講談社　1971　225p　18cm　（講談社現代新書）　250円
◇親鸞の世界　唐沢富太郎著　京都　法蔵館　1971　263, 9p　20cm　750円
◇親鸞聖人行實　教学研究所編　改訂　京都　眞宗大谷派宗務所出版部　1970.4（5刷：1991.6）　208, 43p　22cm　①4-8341-0076-6
◇親鸞　古田武彦著　清水書院　1970　250p 図版　19cm　（センチュリーブックス）　250円
◇親鸞聖人撰述の研究　生桑完明著　京都　法蔵館　1970　357p 図版　22cm　3200円
　内容　親鸞聖人の生涯と撰述、高田伝来の『教行証』真本について、和讃の諸問題、親鸞聖人の御消息について、尊号真像銘文に関連する問題、西方指南抄について、専修寺法宝物.解説
◇親鸞聖人全集—定本　第6巻　写伝篇　親鸞聖人全集刊行会編　京都　法蔵館　1970　1冊 図版　19cm　1500円
　内容　写伝篇第1 選択集 仮字本.写伝篇第2 三部経大意、唯信鈔、一念多念分別事、自力他力事、後世語聞書、見聞集、涅槃経、大般涅槃経要文、信微上人御釈、烏竜山師并屠児宝蔵伝、経釈要文（二尊大悲本懐）、三骨一廟文、真蹟拾遺
◇親鸞聖人全集—定本　第7巻　註釈篇　親鸞聖人全集刊行会編　京都　法蔵館　1970　177, 71p 図版　19cm　1500円
　内容　註釈篇第1 観無量寿経集註 表書、阿弥陀経集註 表書.註釈篇第2 観無量寿経集註 裏書、阿弥陀経集註 裏書
◇親鸞聖人全集—定本　別冊　研究ノート　親鸞聖人全集刊行会編　京都　法蔵館　1970　142p　19cm
　内容　「教行信証」の校異について（稲葉秀賢）親鸞聖人の三経観（石田充之）和讃の諸本（生桑完明）いわゆる帖外和讃について（生桑完明）宗祖の漢文撰述について（安井広度）現代人と親鸞聖人（大原性実）親鸞聖人御消息集について（宮崎円遵）親鸞の足跡をたずねて（千葉乗隆）親鸞夢記偈文の真筆発見（生桑完明）宗祖御筆蹟について（宮崎円遵）高田専修寺の真筆雑感（平松令三）「伝絵」雑感（藤島達朗）親鸞門侶交名牒の成立と諸本考証（栗原行信）西方指南抄について（生桑完明）『選択集』暦応本の左訓について（宮崎円遵）

『観阿弥陀経集註』について（小川貫弌）高田山所蔵存覚手写本『観阿弥陀役集註』について（川瀬和敬）〔ほか〕
◇親鸞聖人行実　家永三郎編　新訂版　京都　法蔵館　1969　153p　20cm　750円
◇親鸞聖人全集—定本　第1巻　教行信証　第1　親鸞聖人全集刊行会編　京都　法蔵館　1969　431, 83p 図版　19cm　1500円
◇親鸞聖人全集—定本　第2巻　和讃・漢文篇　親鸞聖人全集刊行会編　京都　法蔵館　1969　223, 23p 図版　19cm　1500円
　内容　和讃篇 浄土和讃、浄土高僧和讃、正像末法和讃、三帖和讃文明開板本、皇太子聖徳奉讃、大日本国粟散王聖徳太子奉讃、和讃拾遺.漢文篇 愚禿鈔顕智書写本、愚禿鈔在覚書写本、入門二門偈頌、浄土文類聚鈔、四十八誓願、九願文
◇親鸞聖人全集—定本　第3巻　和文・書簡篇　親鸞聖人全集刊行会編　京都　法蔵館　1969　259, 15, 20p 図版　19cm　1500円
　内容　和文篇 浄土三経往生文類（略本）、浄土三経往生文類（広本）、尊号真像銘文（略本）、尊号真像銘文（広本）、一念多念文意、唯信鈔文意（専修寺本）、唯信鈔文意（光徳寺本）、如来二種廻向文、弥陀如来名号徳、善導和尚言.書簡篇 真蹟書簡、古写書簡、末燈鈔、親鸞聖人御消息集、御消息集善性本、親鸞聖人血脈文集、恵信尼書簡
◇親鸞聖人全集—定本　第4巻　言行篇　親鸞聖人全集刊行会編　京都　法蔵館　1969　1冊　19cm　1500円
　内容　言行篇第1 歎異鈔、執持鈔、口伝鈔、改邪鈔、いや女壌状.言行篇第2 本願寺人伝絵、善信聖人親鸞伝絵、善信望人絵、報恩講式、報恩講私記延書、歎徳文、嘆徳文延書、御俗姓、親鸞夢記
◇親鸞聖人全集—定本　第5巻　輯録篇　親鸞聖人全集刊行会編　京都　法蔵館　1969　442, 42p 図版　19cm　1500円
　内容　輯録篇第1 西方指南抄 上本、上末、中本、中末.輯録篇第2 西方指南抄 下本、下末、上宮太子御記
◇親鸞聖人全集—定本　第8巻　加点篇 上　親鸞聖人全集刊行会編　京都　法蔵館　1969　1冊　19cm　1500円
　内容　加点篇第1 仏説無量寿経延書、仏説観無量寿経延書、二河譬喩延書、往生要集云.加

仏教を支えた人々

点篇第2 無量寿経優婆提舎願生偈註

◇親鸞聖人全集―定本　第9巻　加点篇 下　親鸞聖人全集刊行会編　京都　法蔵館　1969　1冊　19cm　1500円
　内容　観経玄義分,観経序分義,観経定善義,観経散善義,法事讃,観念法門,往生礼讃,般舟讃

◇親鸞忍苦の九十年　寺田弥吉著　太陽出版　1969　256p　19cm　（親鸞選書）600円

◇親鸞の求めたもの―人間性の問題―雲藤義道集　雲藤義道著　教育新潮社　1969　260p　図版　19cm　（現代真宗名講話全集 26）　800円

◇親鸞―その生涯とこころ　菊村紀彦著　社会思想社　1968　269p　図版　15cm　（現代教養文庫）

◇親鸞伝の研究　宮地廓慧著　京都　百華苑　1968　290p　図版　22cm　1700円

◇親鸞とその妻の手紙　親鸞,慧信尼原著,石田瑞麿著　春秋社　1968　287p　図版　20cm　780円

◇親鸞読本―その人間像の追求　村上速水著　京都　百華苑　1968　196p　図版　19cm　350円

◇親鸞の歩んだ道―藤原凌雪集　藤原凌雪著　教育新潮社　1968　255p　図版　19cm　（現代真宗名講話全集 22）　600円

◇鎌倉仏教―親鸞と道元と日蓮　戸頃重基著　中央公論社　1967　191p　18cm　（中公新書）　200円

◇親鸞―その宗教的実存　佐古純一郎著　教文館　1967　245p　19cm　460円

◇親鸞聖人を仰いで　福島政雄著　京都　百華苑　1967　200p　図版　19cm　（仏教文化研究会双書 2）　450円

◇親鸞ノート　服部之総著　福村出版　1967　2冊　450-600円

◇不滅の親鸞　小野清一郎著　京都　百華苑　1967　159p　図版　19cm　（仏教文化研究会双書 3）　400円

◇親鸞聖人著作用語索引　教行信証の部　龍谷大学真宗学会編纂　京都　龍谷大学真宗学会研究室　1966.3（7刷：1988.7）584p　27cm　12000円

◇現代人の親鸞聖典　現代人の親鸞聖典編集委員会編　築地聖典刊行会　1966 6版　294p　18cm　450円

◇親鸞聖人著作用語索引　教行信証の部　京都　竜谷大学真宗学会　1966　574p　27cm　5500円

◇親鸞　唐沢富太郎著　牧書店　1965　172p　図版　18cm　（世界思想家全書）280円

◇親鸞研究ノート　笠原一男著　図書新聞社　1965　276p　図版　26cm

◇親鸞聖人と恵信尼のことば　安井広度編　京都　法蔵館　1964　84p　図版　19cm

◇親鸞聖人の求道と信仰　池本重臣著　京都　百華苑　1964　137p　19cm

◇親鸞著作全集　金子大栄編　京都　法蔵館　1964　697,94p　19cm

◇親鸞の世界　東本願寺出版部編　京都　東本願寺出版部　1964　319p　図版　19cm
　内容　親鸞の世界 座談会（鈴木大拙,金子大栄,曽我量深,西谷啓治）記念講演 浄土の機縁（金子大栄）信に死し願に生きよ（曽我量深）本願の根元（鈴木大拙）

◇親鸞はなにを説いたか―桐渓順忍集　桐渓順忍著　教育新潮社　1964　290p　図版　19cm　（昭和仏教全集 第8部 1）600円

◇親鸞　笠原一男著　筑摩書房　1963　202p　図版　18cm　（グリーンベルト・シリーズ）

◇親鸞への道　香春建一著　京都　永田文昌堂　1963　186p　図版　19cm

◇親鸞聖人の他力論　西谷順誓著　京都　百華苑　1963　130p　19cm

◇親鸞の哲学と信仰　寺田弥吉著　雪華社　1963　282p　20cm

◇親鸞と茨城　寺崎義雄編　〔新利根村（茨城県稲敷郡）〕　茨城県文化財保存会　1962.3　146p（おもに図）　22cm　非売品

◇親鸞聖人論集　名畑応順著　京都　法蔵館　1962　202p　19cm

◇親鸞の研究　二葉憲香著　京都　百華苑　1962　387,26p　図版　22cm

◇親鸞の言葉―歎異抄 現代語釈の試み　稲垣俊夫訳　光宣会　1962　89p　22cm

◇親鸞の宗教　宮井義雄著　京都　法蔵館

◇親鸞　赤松俊秀著　吉川弘文館　1961　371p 図版　18cm　(人物叢書　第65 日本歴史学会編)
◇親鸞―その思想史　森竜吉著　京都　三一書房　1961　247p　18cm　(三一新書)
◇親鸞　岩本月洲著　安浦町(広島県)　真人会　1961　292p　19cm
◇親鸞聖人　大谷大学編　京都　真宗大谷派宗務所　1961　479p(図版共)　22cm
◇親鸞聖人全集　〔第2〕　教行信証　第2　親鸞聖人全集編集同人編　親鸞聖人全集刊行会　1961　206, 83p 図版　18cm
◇親鸞聖人全集　〔第6〕　書簡篇　親鸞聖人全集編集同人編　親鸞聖人全集刊行会　1961　259, 15p 図版　18cm
　内容 真蹟書簡,古写書簡,末灯鈔2巻,親鸞聖人御消息集(略本)御消息集善性本,親鸞聖人血脈文集,恵信尼書簡
◇親鸞聖人全集　〔第10〕　写伝篇　第2　親鸞聖人全集編集同人編　親鸞聖人全集刊行会　1961　275, 35p 図版　18cm
◇親鸞聖人の教学と伝記　真宗連合学会編　京都　百華苑　1961　331p 図版　22cm
　内容 教行信証の問題 廻向論(金子大栄)　行文類の法(大江淳誠)　叡山浄土教の展開と親鸞聖人(佐藤哲英)　信巻の中心問題(稲葉秀賢)　信の一念(安井広度)　親鸞教学における証果論の伝統と己証(大原性実)　親鸞聖人の阿弥陀仏観(高千穂徹乗)　観経小経の教意(正親含英)　親鸞上人撰述解題(藤原幸章)　真宗学研究の回顧と展望(村上速水,信楽峻麿)　伝記の問題 親鸞聖人の幼時と家系(禿氏祐祥)　叡山・吉水時代の考察(山上正尊)　越後・関東時代について(赤松俊秀)　晩年時代の考察(生桑完明等)
◇親鸞聖人の御生涯と民衆教団―宗祖聖人七百回御遠忌記念　山本四方著　金沢　山本四方　1961　112p　20cm
◇親鸞の世界―親鸞の宗教的人間像　唐沢富太郎著　京都　法蔵館　1961　263p　19cm
◇親鸞のはらわた―並に御遺言法語　井上義光著　増補版　竹原　少林窟道場　1961 2版　142p 図版　18cm　(少林窟叢書 第1巻)
◇親鸞聖人研究―七百回忌記念　京都　竜谷学会　1960　646p 図版　22cm
◇親鸞聖人行実　新訂　京都　教学研究所　1960　208, 43p 図版　22cm
◇親鸞聖人全集　〔第16〕　加点篇　第2　親鸞聖人全集編集同人編　親鸞聖人全集刊行会　1960　209, 30p 図版　18cm
◇親鸞聖人全集　〔第17〕　加点篇　第3　親鸞聖人全集編集同人編　親鸞聖人全集刊行会　1960　265, 43p 図版　18cm
◇親鸞聖人伝　高下恵著　京都　百華苑　1960　170p 図版　15cm
◇親鸞の史跡と伝説　細川行信著　京都　あそか書林　1960　105p 図版　19cm
◇新しい親鸞伝　寺田弥吉著　京都　永田文昌堂　1959　330p　19cm
◇親鸞―その生涯と思想の展開過程　松野純孝著　三省堂　1959　502p 図版　22cm
◇親鸞―その生涯と思想　増谷文雄著　日本書房　1959　324p 図版　20cm　(現代伝記全集 第11)
◇親鸞聖人全集　〔第7〕　言行篇　第1　親鸞聖人全集編集同人編　親鸞聖人全集刊行会　1959　217p 図版　18cm
　内容 歎異鈔,執持鈔,口伝鈔,改邪鈔,いや女譲状
◇親鸞聖人全集　〔第12〕　註釈篇　第2　親鸞聖人全集編集同人編　親鸞聖人全集刊行会　1959　177, 71p 図版　18cm
　内容 観無量寿経集註(裏書)　阿弥陀経集註(裏書)
◇親鸞聖人全集　〔第14〕　輯録篇　第2　親鸞聖人全集編集同人編　親鸞聖人全集刊行会　1959　442, 42p 図版　18cm
　内容 西方指南鈔 下, 上宮太子御記
◇親鸞聖人全集　〔第18〕　加点篇　第4　親鸞聖人全集編集同人編　親鸞聖人全集刊行会　1959　287, 60p 図版　18cm
　内容 法事讃,観念法門,往生礼讃,船舟讃
◇しんらん全集―現代語訳　第6巻　教行信証　第1　普通社　1959　272p　19cm
　内容 顕浄土真実教行証文類―序・数巻・行巻
◇しんらん全集―現代語訳　第7巻　教行信証　第2　普通社　1959　283p　19cm
　内容 顕浄土真実教行証文類―信巻・証巻
◇しんらん全集―現代語訳　第8巻　教行

信証　第3　普通社　1959　290p　19cm
　内容　顕浄土真実教行証文類―真仏土巻・化身土巻
◇入門しんらん―新しき親鸞発見のために　外村繁著　普通社　1959　258p　18cm
◇不滅の親鸞像　藤原凌雪著　京都　百華苑　1959　140p　19cm
◇法然と親鸞　増谷文雄著　在家仏教協会　1959　241p　18cm
　内容　法然と親鸞　他4篇
◇親鸞聖人全集　〔第1〕　教行信証　第1　親鸞聖人全集編集同人編　親鸞聖人全集刊行会　1958　223p　図版　18cm
◇親鸞聖人全集　〔第9〕　写伝篇　第1　親鸞聖人全集編集同人編　親鸞聖人全集刊行会　1958　228p　図版　18cm
◇親鸞聖人全集　〔第11〕　註釈篇　第1　親鸞聖人全集編集同人編　親鸞聖人全集刊行会　1958　265p　図版　18cm
　内容　観無量寿経集註、阿弥陀経集註
◇親鸞聖人全集　〔第15〕　加点篇　第1　親鸞聖人全集編集同人編　親鸞聖人全集刊行会　1958　236p　図版　18cm
　内容　仏説無量寿経延書、仏説観無量寿経延書、二河譬喩延書、往生要集云
◇親鸞聖人の肖像と讃文　山本仏骨著　京都　永田文昌堂　1958　133p　図版　19cm
◇しんらん全集―現代語訳　第1巻　伝記篇　普通社　1958　288p　図版　19cm
◇しんらん全集―現代語訳　第2巻　書簡篇　普通社　1958　295p　図版　19cm
◇しんらん全集―現代語訳　第3巻　語録篇　普通社　1958　2版　286p　図版　19cm
◇しんらん全集―現代語訳　第4巻　讃歌篇　普通社　1958　288p　図版　19cm
◇しんらん全集―現代語訳　第5巻　小部篇　普通社　1958　302p　図版　19cm
◇しんらん全集―現代語訳　第9巻　先学篇　普通社　1958　280p　図版　19cm
◇しんらん全集―現代語訳　第10巻　研究篇　普通社　1958　291p　図版　19cm
◇総説親鸞伝絵　日下無倫著　京都　史籍刊行会　1958　468p　図版　22cm
◇親鸞―歎異抄の人生論　岩倉政治著　京都　法蔵館　1957　171p　18cm　（法蔵新書）
◇親鸞聖人全集　〔第3〕　和讃篇　親鸞聖人全集編集同人編　改訂版　親鸞聖人全集刊行会　1957　316p　図版　18cm
　内容　浄土和讃、浄土高僧和讃、正像末法和讃、三帖和讃文明開板本、皇太子聖徳奉讃、大日本国粟散王聖徳太子奉讃、和讃拾遺
◇親鸞聖人全集　〔第8〕　言行篇　第2　親鸞聖人全集編集同人編　親鸞聖人全集刊行会　1957　251p　図版　18cm
　内容　本願寺聖人伝絵―東本願寺本（覚如）善信聖人親鸞伝絵―専修寺本（覚如）善信聖人絵―西本願寺本（覚如）報恩講式（覚如）報恩講私記延書（蓮如）歓徳文（存覚）嘆徳文延書（蓮如）御俗姓（蓮如）親鸞夢記
◇親鸞聖人全集　〔第13〕　輯録篇　第1　親鸞聖人全集編集同人編　親鸞聖人全集刊行会　1957　218p　図版　18cm
◇親鸞聖人全集　〔第4-5〕　親鸞聖人全集編集同人編　親鸞聖人全集刊行会　1957　2冊　図版　18cm
◇親鸞と東国農民　笠原一男著　山川出版社　1957　403p　図版　22cm
◇親鸞教と新宗教　川上清吉著　京都　百華苑　1957　145p　19cm
◇晩年の親鸞　福島政雄著　京都　永田文昌堂　1957　124p　図版　18cm　（永田新書）
◇法悦の親鸞―晩年の親鸞聖人　法話　杉山義昭著　京都　あそか書林　1957　117p　図版　19cm
◇親鸞　林田茂雄著　京都　三一書房　1956　217p　18cm　（三一新書）
◇親鸞―現代に生きるその精神の系譜　安部大悟著　大阪　六月社　1956　226p　19cm
◇親鸞とその門弟　宮崎円遵著　京都　永田文昌堂　1956　265p　19cm
◇親鸞・道元・日蓮　増谷文雄著　至文堂　1956　182p　図版　19cm　（日本歴史新書）
◇親鸞の詩と書簡　長田恒雄著　在家仏教協会　1956　332p　図版　18cm
◇親鸞聖人　稲葉秀賢著　京都　大谷出版社　1955　163p　19cm　（大谷選書）
◇親鸞聖人全集　〔第3〕　和讃篇　親鸞

聖人全集編集同人編　親鸞聖人全集刊行会　1955　316p 図版　18cm
　内容　浄土和讃,浄土高僧和讃,正像末法和讃,皇太子聖徳奉讃,大日本国粟散王聖徳太子奉讃,和讃拾遺
◇親鸞書簡集―口語訳　続編　御消息集　親鸞著,石田瑞磨訳　大蔵出版　1955　87p 図版　19cm
◇親鸞聖人伝絵の研究―本願寺聖人伝絵証註序説　藤原猶雪著　京都　法蔵館　1954　264p　22cm
◇親鸞聖人物語　甲斐静也著　京都　百華苑　1954　217p 図版　19cm
◇親鸞　亀井勝一郎著　創元社　1953　190p 図版　15cm　(創元文庫 D 第53)
◇親鸞に生きる　藤原凌雪著　京都　永田文昌堂　1953　129p　19cm
◇親鸞の世界―親鸞の宗教的人間像　唐沢富太郎著　再版　弘文堂　1953　237p　19cm
◇親鸞の本心　谷口雅春著　日本教文社　1953　342p　19cm
◇実存哲学と親鸞　千輪慧著　大蔵出版　1953　100p　19cm
◇聖親鸞の宗教改革　石田充之著　京都　永田文昌堂　1953　114p　19cm　(自照選書 第11集)
◇親鸞書簡集―末の世のともしび 口語訳　石田瑞磨訳　大蔵出版　1952　106p 図版 地図　18cm
◇親鸞とその妻　安井広度著　真宗典籍刊行会　1952　164p　19cm　(親鸞叢書)
◇親鸞聖人御消息　親鸞著,秋葉暁滴編　白雲山房　1951　図版22枚 解説25p　19×27cm
◇親鸞伝の諸問題　梅原隆章著　京都　顕真学苑　1951　427p　19cm
◇愚禿親鸞　知切光歳著　西荻書店　1950　259p　19cm
◇親鸞　亀井勝一郎著　創元社　1950　221p　19cm　(創元選書 第192)
◇親鸞その生涯と宗教　平野止夫著　潮文閣　1950　290p　19cm
◇親鸞ノート　服部之総著　福村書店　1950　195p　19cm
◇親鸞ノート　続　服部之総著　福村書店　1950　296p 図版　19cm
◇親鸞聖人　水戸愛川著　京都　法蔵館　1949　86p　19cm
◇親鸞聖人の生涯と信仰　佐々木円梁著　京都　百華苑　1949　365p　19cm
◇親鸞と宗教　大野達之助著　北隆館　1949　282p　22cm
◇親鸞と倫理　遊亀教授著　京都　百華苑　1949　203p　19cm
◇親鸞と蓮如　佐野学著　京都　丁子屋書店　1949　222p　19cm
◇親鸞の生涯とその体験―宗教史の具現相としての真宗素描　鈴木宗忠著　明治書院　1949　318p　19cm
◇親鸞の哲学　寺田弥吉著　宗高書房　1949　280p　19cm
◇親鸞の仏教史観　曽我量深著　京都　丁子屋書店　1949　176p　19cm
◇愚禿譜―親鸞とその歴史的背景　川上清吉著　惇信堂　1948　554p 図版　19cm
◇親鸞聖人とその宗教　大原性実著　札幌　北方出版社　1948　130p　18cm　(顕真叢書 6)
◇親鸞とその教団　山田文昭著　京都　法蔵館　1948　224p　21cm
◇親鸞ノート　服部之総著　国土社　1948　222p　19cm
◇親鸞教の研究　金子大栄著　京都　全人社　1948　263p　21cm
◇親鸞　亀井勝一郎著　京都　百華苑　1947　235p　19cm
◇親鸞とその宗教　平野止夫著　弘学社　1946　290p　19cm

鈴木 正三　すずき しょうさん
天正7年(1579年)1月10日～明暦元年(1655年)6月25日　江戸前期の独創的な

仏教を支えた人々

仏教思想家。正三は俗名だが出家後も用いた。関ヶ原、大坂冬の陣で武功をたて、島原の乱後の天草で、キリスト教の影響排除に尽力し、寺院を30数か寺建立する。元和元年（1615年）三河国賀茂郡に領地を与えられたが、禅僧と親交があり、同年42歳で出家した。世俗的な職業に生きる努力の中に仏教の修行が実現されていると説き、庶民のためにかな書きで著作を行なった。宗派的な関係ははっきりしていない。

◇鈴木正三～その人と心──豊田市郷土資料館特別展　豊田市郷土資料館編　豊田　豊田市教育委員会　2005.6　123p　30cm

◇鈴木正三の生涯と思想　神谷満雄著　豊田　鈴木正三没後350年記念事業実行委員会　2005.6　70p　21cm

◇禅の高僧　大森曹玄著　新装版　春秋社　2005.3　254p　20cm　1800円　①4-393-14255-1
　内容　沢庵宗彭　一休宗純　白隠慧鶴　白隠と盤珪　鈴木正三　無難禅師　正受老人　抜隊得勝　夢窓疎石　大燈国師

◇仏教的生き方200のヒント──こだわりを捨て、生と死を見つめる200の名言　松濤弘道著　日本文芸社　2004.11　253p　19cm　1200円　①4-537-25242-1
　内容　第1章 生きているのは何のため？──つまずきは人生の出発点（誓いを立てる　品格を保つほか）　第2章 一人立ちに活路を見いだす──自分をよく見つめる（臨機応変の対処──法然・和語燈録　逆縁を生かす──一糸文守・稲門宝蔵集 ほか）　第3章 なかよく暮らす秘訣とは──共に生きる素晴らしさ（救いを得られぬ人々・親鸞・尊号真像銘文　恨みをなくす──法然・勅修御伝 ほか）　第4章 生き甲斐のある人生とは──輝かしい未来のために（よき応答とは──禅門宝訓集　ひとを立てる──万松・従容録 ほか）　第5章 悔いのない人生を生きる──大自然に自分を投げこむ（見捨てない──寒山・寒山詩　仕事のなかに悟りあり──鈴木正三・万民徳用 ほか）

◇慚愧の精神史──「もうひとつの恥」の構造と展開　池見澄隆著　京都　佛教大学通信教育部　2004.9　220p　20cm　（佛教大学鷹陵文化叢書 11）　1900円　①4-7842-1209-6
　内容　古代（『日本霊異記』──慚愧の精神・初発　『法華験記』──冥界体験　『今昔物語集』──慚愧譚の変容）　中世（『方丈記』──心身感覚・世間感覚　『正法眼蔵随聞記』──名聞・冥照　『雑談集』──理念と情念）　近世（鈴木正三・仮名法語──儒と仏）　附論（山上憶良「沈痾自哀の文」考　悪死譚考）

◇反故集　鈴木正三著　豊田　豊田市鈴木正三顕彰会　2003.3　36, 38丁　26cm

◇流離の仏教者たち　水上勉著　河出書房新社　2002.9　353p　22cm　（水上勉自選仏教文学全集 5）　3500円　①4-309-62155-4
　内容　沢庵　破鞋──雪門玄松の生涯　鈴木正三　白隠

◇鈴木正三──現代に生きる勤勉の精神　神谷満雄著　PHP研究所　2001.5　348, 7p　15cm　（PHP文庫）　762円　①4-569-57556-0

◇名僧列伝　2　紀野一義著　講談社　1999.12　311p　15cm　（講談社学術文庫）　920円　①4-06-159391-9
　内容　良寛（雪と花と　土佐の良寛　サッ、サッという草鞋の音 ほか）　盤珪（網干の龍門寺　網干の少年盤珪　明徳を追求する ほか）　鈴木正三（勇猛剛強の生涯　癖のある師と弟子　戦international僧 ほか）　白隠（大灯の影　南無地獄大菩薩　巖頭和尚はまめ息災 ほか）

◇鈴木正三──日本型勤勉思想の源流　堀出一郎著　〔柏〕　麗澤大学出版会　1999.5　48p　21cm　（Reitaku booklet）　400円　①4-89205-421-6

◇賢者の条件──禅僧は時代をどう生きたか　鎌田茂雄著　春秋社　1998.7　225p　20cm　2000円　①4-393-13294-7
　内容　1 まじめ派の極意──鎌倉時代（禅宗の独立宣言──明庵栄西　形から入る──道元希玄 ほか）　2 わが道をゆく──南北朝・室町時代（孤高に生きる──夢窓疎石　毎日が一生──大智 ほか）　3 賢者か奇人か──江戸時代前期（無欲、無一物──沢庵宗彭　欲をたいらげる──鈴木正三 ほか）　4 個性派登場──江戸時代中後期・明治時代（大悟してノイローゼに──白隠慧鶴　自らの安逸を求めず──誠拙周樗 ほか）

◇驢鞍橋　下　鈴木正三著　豊田　豊田市鈴木正三顕彰会　1998.5　57丁　26cm

◇驢鞍橋　中　鈴木正三著　豊田　豊田市

108

仏教を支えた人々

鈴木正三顕彰会　1996.3　51丁　26cm
◇鈴木正三―現代に生きる勤勉と禁欲の精神　神谷満雄著　東洋経済新報社　1995.12　276,5p　20cm　1800円　①4-492-06086-3
◇鈴木正三という人―その生き方と思想、宗教、文芸　神谷満雄著　豊田　鈴木正三顕彰実行委員会　1995.12　84,11p　19cm　非売品
◇鈴木正三の思想とその生涯　神谷満雄著　豊田　鈴木正三顕彰実行委員会　1995.12　276,5p　20cm　非売品
◇驢鞍橋　上　鈴木正三著　豊田　豊田市鈴木正三顕彰会　1995.5　63丁　26cm
◇鈴木正三―「職業即仏行」を説く禅者　鳥居祖道著　八重岳書房　1995.3　223p　19cm　1200円　①4-8412-2168-9
◇坐禅が私を放さない―求道記　小林大二著　竜源社　1994.7　236p　20cm　2500円　①4-7952-0411-X
内容 1 いのちの流浪(チャンギー刑務所の餓鬼と仏　心意識の迷路　悟りを求めて妄想と格闘　森本省念老師と苧坂火龍老師の老婆心　小乗から大乗の道へ　鈴木正三道人の二王禅　大灯国師の御遺誡)　2 恩師の法乳(内山興正老師との邂逅　正法眼蔵味読会「御いのち抄」と折り紙　内山老師と法句詩夫婦禅哉)　3 いのちのうた・パート2
◇国文東方仏教叢書　第2輯　第1巻　法語部　上　鷲尾順敬編纂　名著普及会　1991.10　544p　20cm　①4-89551-573-7
内容 法語・邪正問答鈔 明恵高弁者. 広疑瑞決集 敬西房信瑞者. 大応国師法語 南浦紹明著. 大灯国師法語 宗峰妙超者. 霊山和尚法語 微鈔義亨著. 紙衣膳 広関師練者. 月菴法語 月菴宗光著. 禅方便. 空豁聞書 空豁著. 蓮如上人御物語次第　蓮悟兼縁著. 栄玄聞書 栄玄著. 勧修念仏記　一条兼良著. 麓草分・石平山聞書　鈴木正三者
◇国文東方仏教叢書　第2輯　第7巻　文芸部　鷲尾順敬編纂　名著普及会　1991.10　620p　20cm　①4-89551-579-6
内容 小説六種 上野君消息.魔仏一如絵詞.玉藻草紙.月日のさうし.道成寺物語.二人比丘尼　鈴木正三者. 戯曲五種 阿弥陀胸割.釈迦八相記.念仏往生記・用明天皇職人鑑・おくめ粂之助高野万年草　巣林子者. 歌謡 讃歌教化.法隆寺縁起白拍子　重懐著. 空也僧鉢扣歌 空也, 普明著. 延年連事追舞式.大風流.小風流.連事.開口. 明恵上人歌集.一遍上人和歌.

沢庵和尚詠歌抄.葛城百首 似雲著.丈草発句集 蝶夢編. 李由句集.浪化上人発句集 野鶴編. 千代尼句集・俳諧松の声 既白編
◇大乗仏典―中国・日本篇　第29巻　仮名法語　坂東性純編　中央公論社　1991.10　590p　20cm　4600円　①4-12-402649-8
内容 御文　蓮如上人御一代記聞書　谷響集　あみたはだか物語　念仏草紙　往生要歌并後序　宝鏡窟記　安心ほこりたい記
◇名僧・悟りの言葉　由木義文著　PHP研究所　1990.5　196p　20cm　1300円　①4-569-52751-5
内容 第1部 苦難に負けない人生(良寛―花の如く、蝶の如く、淡々と生きよ　蓮如―五度の結婚、波乱に富む生きざま　親鸞―自分の醜さを知っている愚禿　日蓮―迫害もものともせず、信念の人生　道元―仏でも修行せねばならぬのか)　第2部 民衆に大道を示す(空海―宇宙の摂理を説く偉人　最澄―乱世こそ菩薩の道　一遍―修羅場の中もまた夢の世界　源信―地獄・極楽を知りて救われん　法然―貧窮困乏の者とともに救われん)　第3部 世の無常を知る(鈴木正三―大空に差別なし、異色の武家出身の僧　明恵―人としていかにあるべきか　無難―世の無常を感じ、52歳で出家　鉄眼―喜怒哀楽の虚妄を断たん)
◇禅の名僧列伝　藤原東演著　佼成出版社　1990.1　269p　20cm　（仏教文化選書）　1800円　①4-333-01404-2
内容 1 不均斉(白隠慧鶴　雪舟等楊　鈴木正三)　2 簡素(明菴栄西　関山慧玄　鉄眼道光)　3 枯高(永平道元　道鏡慧端　至道無難)　4 自然(寂室元光　桃水雲渓　山本玄峰)　5 幽玄(蘭渓道隆　宗峰妙超　雲居希膺)　6 脱俗(一休宗純　大愚良寛　仙涯義梵)　7 静寂(盤珪永琢　沢庵宗彭　抜隊得勝)
◇麓草分―新刻　鈴木正三著　豊田　豊田市鈴木正三顕彰会　〔1990〕　40丁　26cm
◇女性のための仏教入門―女は仏になれないのか。　立花真紀著　PHP研究所　1989.11　222p　19cm　（New intellect 3）　1000円　①4-569-52601-2
内容 経典に登場してくる女性たち(女は仏に成れない？　「変成男子」の出典を求めて　仏に成った龍王の娘　天女が舎利弗をからかった話　仏教における新しい女性像の誕生)　教祖・開祖の女性観(ポスト・モダンの女性仏教を求めて　釈尊とイエス・キリ

ストの女性観　道元禅師はフェミニズム仏教の先駆者？　日蓮聖人と女性たち　親鸞と恵信尼にみる結婚論・家庭論）　釈尊の教えをたどる（仏教の原点　「釈尊の教え」）　現代を生きる女性仏教（シンデレラ・コンプレックスと女性の主体性論　女性の職業論と鈴木正三の在家仏教　科学にロマンを求めて　毎日の生活の只中で味わう仏法―盤珪禅師の説法）

◇宗教的人間　藤吉慈海著　大東出版社　1989.7　311p　20cm　3000円
①4-500-00558-7
内容　宗教的人間（鈴木大拙と沢木興道　西田天香と久松真一　鈴木正三と椎尾弁匡　颯田本真尼と寺森教山尼　白隠慧鶴と仙厓義梵）　愛楽仏法味（ただ仏と仏　晩年の久松真一先生　良忠上人七百回御遠忌　鎌倉の大仏さま　教育者の宗教的反省　家康公御神忌法要　心茶会創立45周年　白秋の詩に見る仏教的なもの　一尼僧の力　お浄土に白き蓮華も咲きぬべし ほか）　鎌倉春秋（古沢芳吉のこと　啐啄同時　須賀隆賢先生　尼衆学校の思い出　薫風自南来　ポーラさんのこと　真島豹吉の生涯　禅と浄土教　抱石庵賦　久松先生献茶会　ほか）

◇禅と浄土教　藤吉慈海著　講談社　1989.4　268p　15cm　（講談社学術文庫）　700円　①4-06-158871-0
内容　序章　仏教的人間の生き方　第1章　宗教体験としての禅と浄土教　第2章　宗教的実践としての禅と念仏　第3章　禅と念仏との間　第4章　禅と念仏との邂逅　第5章　禅浄双修論　付録　鈴木正三の念仏観

◇自己修養のすすめ　赤根祥道著　三笠書房　1989.3　273p　15cm　（知的生きかた文庫）　440円　①4-8379-0305-3
内容　第1章　大物になる男の人生修業―道元禅の極意に学ぶ　第2章　心身不動の胆力を養う―栄西禅の極意に学ぶ　第3章　人生は忍耐、精進の道を歩む―明恵禅の極意に学ぶ　第4章　自分の人生にゆるぎない「信念」をもつ―妙超禅の極意に学ぶ　第5章　チャンスをつかむ心のもち方―夢窓禅の極意に学ぶ　第6章　一生をかけて「いい顔」をつくれ―一休禅の極意に学ぶ　第7章　男の器量をつくる心の鍛練―沢庵禅の極意に学ぶ　第8章　知力・体力・気力を錬る―正三禅の極意に学ぶ　第9章　苦境を乗り越える底力をつける―白隠禅の極意に学ぶ　第10章　人生の基本がわかる人間は強い―良寛禅の極意に学ぶ

◇禅とは何か―それは達磨から始まった　水上勉著　新潮社　1988.6　296p　19cm　（新潮選書）　900円
①4-10-600345-7
内容　第1章　それは達磨から始まった　第2章　臨済禅を築いた祖師たち（鎌倉五山と京都五山　大応国師の「日常心是道」　大燈国師五条橋下の20年　関山慧玄と妙心寺）　第3章　反時代者道元希玄の生き方（長翁如浄に至る曹洞山脈　『正法眼蔵』の厳しい道）　第4章　曹洞大教団の誕生　第5章　一休宗純の風狂破戒　第6章　三河武士鈴木正三の場合　第7章　沢庵宗彭体制内からの視線　第8章　雲渓桃水と白隠禅師の自由自在　第9章　日本禅の沈滞を破る明国からの波（盤珪永琢を刺激した明僧　隠元隆琦の禅と念仏との合体）　第10章　大愚良寛「無住の住」の生涯　終章　民衆が純禅を支える

◇鈴木正三道人全集　鈴木鉄心校訂・編　8版　山喜房仏書林　1988.3　427p　22cm　4000円

◇鈴木正三道人全集　鈴木鉄心編　第8版　山喜房佛書林　1988.3　427p　21cm　4000円
内容　第1部　伝記集（石平道人行業記　石平道人行業記弁疑　石平道人四相　恩真禅寺鐘銘并序　恩真寺過去帳序記　鈴木氏系譜　鈴木正三の研究）　第2部　著作及拾遺集（盲安杖　万民徳用　麓草分　二人比丘尼　念仏草紙　破吉利支丹　驢鞍橋　反故集　七仏略戒）　第3部　附録　第4部　因果物語

◇盲安杖　鈴木正三著　豊田　豊田市鈴木正三顕彰会　〔1988〕　30丁　26cm

◇禅僧の遺偈　古田紹欽著　春秋社　1987.12　230p　20cm　1500円
①4-393-14607-7
内容　一休宗純　養叟宗頤　春浦宗煕　古岳宗亘　大林宗套　東陽英朝　快川紹喜　春屋宗園　古渓宗陳　江月宗玩　沢庵宗彭　清岩宗渭　愚堂東寔　大愚宗築　鈴木正三　雲居希膺　鉄眼道光　月舟宗胡　雲渓桃水　正受老人　白隠慧鶴　斯経慧梁　月船禅慧　誠拙周樗〔ほか〕

◇禅門逸話選　中　禅文化研究所編著　京都　禅文化研究所　1987.12　338p　19cm　2800円　①4-88182-068-0
内容　宗峰妙超　関山慧玄　至道無難　大綱宗彦　笠屋旧室　瑩山紹瑾　栄西　白隠慧鶴　白隠門下の居士大姉など　遂翁元盧　久我環渓　鈴木正三　鉄文道樹　義堂昌碩　日置黙仙　原担山　快川紹喜　蘭山正隆　蘭陵越宗　牧宗宗寿　霊源慧桃　豊田毒湛　羅山元磨　柳生宗矩　卍山道白　春péng妙葩　雪村友梅　千宗旦　梅天明　あり

仏教を支えた人々

がたや与一兵衛　佐々助三郎　卍庵　香川景樹　海州楚棟　西郷南洲　勝海舟　塚原卜伝　越渓守謙　伊達自得　淡海狂僧　橋本独山　今北洪川　歌女　智教尼　山岡鉄舟　二宮尊徳　黙伝宗璞　坂上宗詮　釈宗演　西山禾山　渡辺南隠

◇一休・正三・白隠─高僧私記　水上勉著　筑摩書房　1987.7　245p　15cm　（ちくま文庫）　440円　①4-480-02150-7

内容 一休のこと　鈴木正三　白隠

◇曹洞宗　今枝愛真編　小学館　1986.6　318p　19cm　（宗派別日本の仏教・人と教え 7）　1200円　①4-09-581007-6

内容 総論　坐禅のすすめ─曹洞宗の成立と発展（今枝愛真）　道元─心うつう『正法眼蔵』（瀬戸内寂聴）　瑩山と峨山─教団発展のいしずえ（今枝愛真）　鈴木正三─俗世の職業人に禅を説く（水上勉）　月舟と卍山─「道元に還れ！」（鏡島元隆）　良寛─『正法眼蔵』を生きる（栗田勇）　曹洞宗小事典

◇萬民徳用　鈴木正三著　豊田　豊田市鈴木正三顕彰会　〔1986〕　19丁　26cm

◇鈴木正三─今に生きるその足跡　鈴木正三顕彰会編　改訂版　足助町（愛知県）　鈴木正三顕彰会　1984.3　164p　21cm　1300円

◇鈴木正三─今に生きるその足跡　鈴木正三顕彰会編　足助町（愛知県）　鈴木正三顕彰会　1983.10　164p　21cm

◇名僧列伝 2　禅者 2　紀野一義著　角川書店　1983.2　268p　15cm　（角川文庫）　340円

内容 良寛.盤珪.鈴木正三.白隠

◇鈴木正三　藤吉慈海著　名著普及会　1982.3　104p　24cm　2300円

◇近世日本の批判的精神　中村元著　春秋社　1981.3（第4刷）　314p　20cm　（中村元選集 第7巻）

◇日本の禅語録　第14巻　正三　藤吉慈海著　講談社　1977.12　373p　図　肖像　20cm　1800円

◇鈴木正三道人全集　鈴木鉄心編　山喜房仏書林　1975　427p　図　22cm　3500円

◇良寛正三白隠　水上勉著　秋田書店　1975　238p　20cm　1200円

◇曹洞宗全書　続 第9巻　法語・歌頌　曹洞宗全書刊行会　1974　894p　図　22cm

◇鈴木正三道人全集　鈴木鉄心編　山喜房仏書林　1962　352p　図版　22cm

◇驢鞍橋　鈴木正三著　岩波書店　1948　254p　15cm　（岩波文庫）

鈴木 大拙　すずき だいせつ

　明治3年（1870年）10月18日～昭和41年（1966年）7月12日　仏教哲学者。本名は貞太郎。東京専門学校、東京帝大に進む。明治24年（1891年）鎌倉・円覚寺の今北洪川、釈宗演に師事して、大拙の道号を受ける。明治30年（1897年）から明治42年（1909年）までアメリカ、ヨーロッパに留学し、仏教書を英訳して仏教思想を欧米に広める。帰国後、学習院大学教授となり、大正10年（1921年）真宗大谷大学教授に就任。同大で英文仏教雑誌「イースターン・ブディスト」を創刊。昭和9年（1934年）文学博士となり、以後国際的に活躍し、昭和24年（1949年）から10年間、ハワイ大学などで仏教哲学を講じる。昭和24年（1949年）学士院会員となり、また文化勲章、朝日文化賞、第1回タゴール生誕百年賞を受賞した。

◇禅とは何か　鈴木大拙著　新版　角川学芸出版　2008.12　266p　15cm　（角川ソフィア文庫）　705円　①978-4-04-407602-3

内容 第1回 宗教経験としての禅（宗教経験とは何か　何を仏教生活というか　仏教の基本的諸概念　証三菩提を目的とする禅　心理学から見た禅）　第2回 仏教における禅の位置（宗教経験の諸要素　宗教経験の諸型　宗教としての仏教　楞伽経大意（主として本経と禅宗との史的および内容的関係）　神秘主義としての禅）

◇禅による生活　鈴木大拙著, 小堀宗柏訳　新装版　春秋社　2008.6　270p　19cm

（禅ライブラリー）　1500円
ⓘ978-4-393-14275-2
[内容]1　禅による生活　2　概観　3　悟り　4　悟りへの道　5　公案

◇禅仏教入門　鈴木大拙著,増原良彦訳　新装版　春秋社　2008.6　189p　19cm　（禅ライブラリー）　1400円
ⓘ978-4-393-14276-9
[内容]1　はじめに　2　禅とは何か？　3　禅は虚無的か？　4　非論理的の禅　5　禅—高次の肯定　6　禅の日常性　7　悟り　8　公案　9　禅堂と雲水の生活

◇禅問答と悟り　鈴木大拙著　新装版　春秋社　2008.6　232p　19cm　（禅ライブラリー）　1400円　ⓘ978-4-393-14274-5
[内容]1　禅の問答　2　悟り　3　禅経験の研究について

◇日本的霊性　鈴木大拙著,橋本峰雄校注　中央公論新社　2008.3　383p　18cm　（中公クラシックス J36）　1700円
ⓘ978-4-12-160102-5

◇日本的霊性　鈴木大拙著　新版　大東出版社　2008.2　322p　19cm　2000円
ⓘ978-4-500-00725-7

◇無心ということ　鈴木大拙著　角川学芸出版　2007.9　239p　15cm　（角川文庫）　705円　ⓘ978-4-04-407601-6

◇鈴木大拙の言葉—世界人としての日本人　大熊玄著　朝文社　2007.7　228p　19cm　2100円　ⓘ978-4-88695-200-4

◇禅—鈴木大拙—没後40年—　北國新聞社編集局編　〔金沢〕　時鐘舎　2006.11　237p　18cm　（時鐘舎新書）　838円
ⓘ4-8330-1509-9

◇長生きをした貞太郎—禅を広めた鈴木大拙　かつおきんや文,かみでしんや絵　金沢　北國新聞社　2006.11　43p　30cm　（ふるさと偉人絵本館 1）　1714円　ⓘ4-8330-1503-X

◇大拙禅を語る—世界を感動させた三つの英語講演　鈴木大拙著,重松宗育監修・日本語訳　アートデイズ　2006.9　115,84p　22cm　2381円　ⓘ4-86119-066-5
[内容]禅の哲学について—ウェルズリー大学講演—一九五八年三月十日　キリスト教と仏教—アメリカン・ブディスト・アカデミー講演—一九五七年三月九日　浄土真宗と禅宗—アメリカン・ブディスト・アカデミー講演—一九五七年三月十六日　D・T・スズキの英語講演——一九五〇年代、ビート世代との関わり（重松宗育）

◇追想鈴木大拙—没後四十年記念寄稿集　金子務編　〔出版地不明〕　鈴木大拙没後四十年記念事業実行委員会　2006.6　405p　21cm　2000円

◇鈴木大拙—没後40年　松ヶ岡文庫編　河出書房新社　2006.5　191p　21cm　（Kawade道の手帖）　1500円
ⓘ4-309-74011-1

◇禅と日本文化—対訳　鈴木大拙著,北川桃雄訳　講談社インターナショナル　2005.12　238p　22cm　1800円
ⓘ4-7700-4026-1

◇相貌と風貌—鈴木大拙写真集　上田閑照,岡村美穂子著　京都　禅文化研究所　2005.11　166p　27cm　5000円
ⓘ4-88182-208-X

◇鈴木大拙—大拙の言葉　浅見洋監修,大熊玄著　金沢　金沢市国際文化課　2005.3　167p　19cm　（はじめての思想家シリーズ 2）

◇鈴木大拙研究基礎資料　桐田清秀編著　鎌倉　松ヶ丘文庫　2005.3　227,199,20p　21cm　（財団法人松ヶ丘文庫叢書　第2）　3000円

◇西田幾多郎宛鈴木大拙書簡—億劫相別れて須臾も離れず　鈴木大拙,西田幾多郎著,西村惠信編　岩波書店　2004.8　230p　20cm　3000円　ⓘ4-00-024229-6

◇禅学入門　鈴木大拙著　講談社　2004.7　211p　15cm　（講談社学術文庫）　800円
ⓘ4-06-159668-3

◇鈴木大拙　秋月龍珉著　講談社　2004.4　266p　15cm　（講談社学術文庫）　900円
ⓘ4-06-159655-1

◇禪と文化　井上哲次郎,宇井伯壽,鈴木大拙監修　春陽堂書店　2004.3　285p　19cm　（禅の講座　第6巻）　4500円
ⓘ4-394-90306-8
[内容]禅と日本文化　禅と文芸　禅と武士道　茶と禅　俳句と禅　禅宗の建築と庭園　禅宗の仏像　禅僧及禅的人物の参禅逸話（六）

◇禪の概要　井上哲次郎,宇井伯壽,鈴木大拙監修　春陽堂書店　2004.3　352p　19cm　（禅の講座　第1巻）　4500円
ⓘ4-394-90301-7
[内容]禅の宗旨　禅の心理学　禅の論理学

◇禪の公案と問答　井上哲次郎, 宇井伯壽, 鈴木大拙監修　春陽堂書店　2004.3　383p　19cm　(禅の講座 第3巻)　4500円　①4-394-90303-3

　内容　禅の公案(公案とは何ぞや　公案の起源 ほか)　公案の見方と解き方(趙州四門 恵超問仏 ほか)　現代語訳対照 禅の問答集(禅問答第一類(法身の公案)　禅問答第二類(機関の公案) ほか)　禅僧及禅的人物の参禅逸話(一)

　禅の伝燈　禅宗一覧　禅僧及禅的人物の参禅逸話(一)

◇禪の書　井上哲次郎, 宇井伯壽, 鈴木大拙監修　春陽堂書店　2004.3　499p　19cm　(禅の講座 第4巻)　4500円　①4-394-90304-1

　内容　禅籍概論　信心銘　六祖壇経　証道歌　参同契　宝鏡三昧　臨済録　碧巌集　従容録　十牛図〔ほか〕

◇禪の本義　井上哲次郎, 宇井伯壽, 鈴木大拙監修　春陽堂書店　2004.3　384p　19cm　(禅の講座 第2巻)　4500円　①4-394-90302-5

　内容　禅宗の信仰　看話禅　黙照禅　野狐禅　悟の心境　坐禅の仕方　禅僧及禅的人物の逸話(二)

◇禪的生活　井上哲次郎, 宇井伯壽, 鈴木大拙監修　春陽堂書店　2004.3　377p　19cm　(禅の講座 第5巻)　4500円　①4-394-90305-X

　内容　禅の生活　禅的経済生活　雲水生活　禅の処世道　家庭の禅　西洋人の見たる禅　禅僧及禅的人物の参禅逸話(五)

◇神秘主義―キリスト教と仏教　鈴木大拙著, 坂東性純, 清水守拙訳　岩波書店　2004.2　310p　20cm　4500円　①4-00-023390-4

　内容　1マイスター・エックハルトと仏教　2仏教哲学の基盤　3"一刹那"とさとり　4永遠の光の中に生きる　5輪廻について　6十字架とさとり　7このまま　8「南無阿弥陀仏」についての覚え書　9蓮如の「御文(章)」　10才市の手記より

◇大乗仏教概論　鈴木大拙著, 佐々木閑訳　岩波書店　2004.1　437p　20cm　6300円　①4-00-023759-4

　内容　序論　仏教の一般的特性　大乗仏教の歴史的性格　思索的大乗仏教(実践と思索　知識の分類 ほか)　実践的仏教(法身　三身説(仏教の三位一体説) ほか)　付録　大乗賛歌

◇鈴木大拙全集　第40巻　鈴木大拙著, 久松真一, 山口益, 古田紹欽編　増補新版　岩波書店　2003.12　273, 246p　22cm　11000円　①4-00-092310-2

◇禅学への道　鈴木大拙著, 坂本弘訳　アートデイズ　2003.10　170, 140p　22cm　2500円　①4-86119-012-6

◇盤珪禅師語録―附・行業記　鈴木大拙編校　岩波書店　2003.6　294p　19cm　(ワイド版岩波文庫)　1200円　①4-00-007111-4

　内容　語録篇(盤珪佛智弘済禅師御示聞書　佛智弘済禅師法語(祖仁逸山編　追補)　補遺贅語―山堂智常編　ほか)　行業篇(大法正眼国師盤珪琢大和尚行業曲記―山堂智常編　再住妙心開山特賜佛智弘済禅師行業略記―祖仁逸山編　正眼国師逸事状―湛然編)

◇鈴木大拙全集　第39巻　鈴木大拙著, 久松真一, 山口益, 古田紹欽編　増補新版　岩波書店　2003.3　451, 10p　22cm　9400円　①4-00-092309-9

◇鈴木大拙全集　第38巻　鈴木大拙著, 久松真一, 山口益, 古田紹欽編　増補新版　岩波書店　2003.2　614p　22cm　9800円　①4-00-092308-0

◇鈴木大拙全集　第36巻　鈴木大拙著, 久松真一, 山口益, 古田紹欽編　増補新版　岩波書店　2003.1　673p　22cm　10000円　①4-00-092306-4

◇禅と日本文化　鈴木大拙著, 北川桃雄訳　改版　岩波書店　2003.1　196p　18cm　(岩波新書)　700円　①4-00-400020-3

　内容　第1章 禅の予備知識　第2章 禅と美術　第3章 禅と武士　第4章 禅と剣道　第5章 禅と儒教　第6章 禅と茶道　第7章 禅と俳句

◇鈴木大拙全集　第37巻　鈴木大拙著, 久松真一, 山口益, 古田紹欽編　増補新版　岩波書店　2002.10　452p　22cm　7300円　①4-00-092307-2

◇鈴木大拙全集　第35巻　鈴木大拙著, 久松真一, 山口益, 古田紹欽編　増補新版　岩波書店　2002.8　548p　22cm　8400円　①4-00-092305-6

　内容　序跋文篇　雑篇　問答篇　草稿篇

◇鈴木大拙全集　第34巻　鈴木大拙著, 久松真一, 山口益, 古田紹欽編　増補新版　岩波書店　2002.7　498p　22cm　8400円　①4-00-092304-8

◇鈴木大拙全集　第33巻　鈴木大拙著，久松真一，山口益，古田紹欽編　増補新版　岩波書店　2002.6　427p　22cm　7300円　⓪4-00-092303-X

◇鈴木大拙全集　第32巻　鈴木大拙著，久松真一，山口益，古田紹欽編　増補新版　岩波書店　2002.5　515p　22cm　8400円　⓪4-00-092302-1

◇鈴木大拙全集　第31巻　鈴木大拙著，久松真一，山口益，古田紹欽編　増補新版　岩波書店　2002.4　529p　22cm　8400円　⓪4-00-092301-3

◇鈴木大拙全集　第30巻　鈴木大拙著，久松真一，山口益，古田紹欽編　増補新版　岩波書店　2002.3　592p　22cm　8400円　⓪4-00-092300-5

◇鈴木大拙とは誰か　上田閑照，岡村美穂子編　岩波書店　2002.3　369p　15cm　(岩波現代文庫 学術)　1100円　⓪4-00-600080-4

◇鈴木大拙全集　第29巻　鈴木大拙著，久松真一，山口益，古田紹欽編　増補新版　岩波書店　2002.2　565p　22cm　8000円　⓪4-00-092299-8

◇鈴木大拙全集　第28巻　鈴木大拙著，久松真一，山口益，古田紹欽編　増補新版　岩波書店　2002.1　494p　22cm　8000円　⓪4-00-092298-X

◇鈴木大拙全集　第27巻　鈴木大拙著，久松真一，山口益，古田紹欽編　増補新版　岩波書店　2001.12　648p　22cm　8400円　⓪4-00-092297-1

◇鈴木大拙全集　第26巻　鈴木大拙著，久松真一，山口益，古田紹欽編　増補新版　岩波書店　2001.11　547p　22cm　8000円　⓪4-00-092296-3
　[内容]因果の小車　翻訳小篇　支那仏教印象記　今北洪川　古代中国哲学史　私の履歴書

◇鈴木大拙全集　第25巻　鈴木大拙著，久松真一，山口益，古田紹欽編　増補新版　岩波書店　2001.10　591p　22cm　8400円　⓪4-00-092295-5
　[内容]神智と神愛(スエデンボルグ著，鈴木大拙訳)　仏陀の福音(ポール・ケーラス著，鈴木大拙訳)　阿弥陀仏(ポール・ケーラス著，鈴木大拙訳)

◇鈴木大拙全集　第24巻　鈴木大拙著，久松真一，山口益，古田紹欽編　増補新版　岩波書店　2001.9　580p　22cm　8400円　⓪4-00-092294-7
　[内容]スエデンボルグ．新エルサレムとその教説．神慮論

◇鈴木大拙全集　第23巻　鈴木大拙著，久松真一，山口益，古田紹欽編　増補新版　岩波書店　2001.8　563p　22cm　8400円　⓪4-00-092293-9
　[内容]新宗教論　天界と地獄

◇鈴木大拙全集　第22巻　鈴木大拙著，久松真一，山口益，古田紹欽編　増補新版　岩波書店　2001.7　393p　22cm　7300円　⓪4-00-092292-0
　[内容]宗教入門　信仰　禅問答　キリスト教と仏教　自由と云ふことについて　人間は悲しむ　現代における華厳思想の意義　人間完成と自主・自由

◇鈴木大拙の人と学問　春秋社　2001.7　278p　20cm　(鈴木大拙禅選集 新版 新装版 別巻)　2300円　⓪4-393-14272-1

◇激動期明治の高僧今北洪川　鈴木大拙著　春秋社　2001.6　319p　20cm　(鈴木大拙禅選集 新版 新装版 第10巻)　2000円　⓪4-393-14270-5

◇鈴木大拙全集　第21巻　鈴木大拙著，久松真一，山口益，古田紹欽編　増補新版　岩波書店　2001.6　437p　22cm　7700円　⓪4-00-092291-2
　[内容]宗教と近代人　東洋と西洋　よみがへる東洋

◇禅の見方・禅の修行　鈴木大拙著　春秋社　2001.6　236p　20cm　(鈴木大拙禅選集 新版 新装版 第9巻)　2000円　⓪4-393-14269-1
　[内容]1 禅とは何か(禅の見方について　禅とは何か ほか)　2 禅と安心(禅と念仏　悟道と安心決定 ほか)　3 禅の修行(禅堂における作務教育　行脚の意義について ほか)　4 近代生活における禅堂の意義

◇真宗入門　鈴木大拙著，佐藤平訳　新装版　春秋社　2001.5　151p　20cm　1500円　⓪4-393-16210-2
　[内容]第1章 限りなき慈悲(親鸞の宗教経験　アミダの教え ほか)　第2章 内なる自己のさとり(アミダの誓願　至心になること ほか)　第3章 絶対の信(科学者の知　五感を超えるもの ほか)　第4章 ありのまま(自力と他力　自力を超えて ほか)　第5章 妙好人(妙好人とは　日本語と霊性 ほか)

◇鈴木大拙全集　第20巻　鈴木大拙著, 久松真一, 山口益, 古田紹欽編　増補新版　岩波書店　2001.5　429p　22cm　7300円　①4-00-092290-4
　内容　東洋の心　東洋的な見方　大拙つれづれ草
◇禅とは何か　鈴木大拙著　春秋社　2001.5　259p　19cm　（鈴木大拙禅選集 新版 新装版　第8巻）　2000円　①4-393-14268-3
◇禅仏教入門　鈴木大拙著, 増原良彦訳　春秋社　2001.5　189p　20cm　（鈴木大拙禅選集 新版 新装版　第7巻）　2000円　①4-393-14267-5
　内容　1 はじめに　2 禅とは何か？　3 禅は虚無的か？　4 非論理の禅　5 禅―高次の肯定　6 禅の日常性　7 悟り　8 公案　9 禅堂と雲水の生活
◇鈴木大拙全集　第19巻　鈴木大拙著, 久松真一, 山口益, 古田紹欽編　増補新版　岩波書店　2001.4　645p　22cm　8000円　①4-00-092289-0
　内容　文化と宗教　随筆禅
◇禅百題　鈴木大拙著　春秋社　2001.4　234p　20cm　（鈴木大拙禅選集 新版 新装版　第5巻）　2000円　①4-393-14265-9
◇禅堂の修行と生活　禅の世界　鈴木大拙著　春秋社　2001.4　306p　20cm　（鈴木大拙禅選集 新版 新装版　第6巻）　2000円　①4-393-14266-7
　内容　禅堂の修行と生活（入衆　没我　作務　陰徳 ほか）　禅の世界（一真実の世界）（いろいろな世界　白い牛乳と曲がった腕　限られた世界　価値の多様性 ほか）
◇金剛経の禅/禅への道　鈴木大拙著　春秋社　2001.3　308p　20cm　（鈴木大拙禅選集 新版 新装版　第4巻）　2000円　①4-393-14264-0
◇鈴木大拙全集　第18巻　鈴木大拙著, 久松真一, 山口益, 古田紹欽編　増補新版　岩波書店　2001.3　408p　22cm　7300円　①4-00-092288-2
　内容　禅の諸問題　禅の第一義　静坐のすゝめ
◇禅による生活　鈴木大拙著, 小堀宗柏訳　春秋社　2001.3　270p　20cm　（鈴木大拙禅選集 新版 新装版　第3巻）　2000円　①4-393-14263-2
◇鈴木大拙全集　第17巻　鈴木大拙著, 久松真一, 山口益, 古田紹欽編　増補新版　岩波書店　2001.2　478p　22cm　7800円　①4-00-092287-4
　内容　向上の鉄槌　百醜千拙　禅堂生活
◇禅の思想　鈴木大拙著　春秋社　2001.2　285p　20cm　（鈴木大拙禅選集 新版 新装版　第1巻）　2000円　①4-393-14261-6
◇禅問答と悟り　鈴木大拙著　春秋社　2001.2　232p　20cm　（鈴木大拙禅選集 新版 新装版　第2巻）　2000円　①4-393-14262-4
　内容　1 禅の問答　2 悟り　3 禅経験の研究について
◇鈴木大拙全集　第16巻　鈴木大拙著, 久松真一, 山口益, 古田紹欽編　増補新版　岩波書店　2001.1　545p　22cm　8000円　①4-00-092286-6
　内容　一真実の世界　禅の研究　禅の立場から
◇鈴木大拙全集　第15巻　鈴木大拙著, 久松真一, 山口益, 古田紹欽編　増補新版　岩波書店　2000.12　433p　22cm　7700円　①4-00-092285-8
　内容　一禅者の思索　禅百題　禅一撥
◇鈴木大拙全集　第14巻　鈴木大拙著, 久松真一, 山口益, 古田紹欽編　増補新版　岩波書店　2000.11　513p　22cm　7800円　①4-00-092284-X
　内容　禅とは何ぞや　禅学への道　禅
◇鈴木大拙全集　第13巻　鈴木大拙著, 久松真一, 山口益, 古田紹欽編　増補新版　岩波書店　2000.10　521p　22cm　7800円　①4-00-092283-1
　内容　禅の思想　禅への道　禅問答と悟り
◇鈴木大拙全集　第12巻　鈴木大拙著, 久松真一, 山口益, 古田紹欽編　増補新版　岩波書店　2000.9　478p　22cm　7400円　①4-00-092282-3
　内容　禅の研究　禅による生活
◇禅と念仏の心理学的基礎　鈴木大拙著　新版　大東出版社　2000.9　236p　19cm　1500円　①4-500-00662-1
◇禅の諸問題　鈴木大拙著　新版　大東出版社　2000.9　278p　19cm　1500円　①4-500-00661-3
◇無心ということ　鈴木大拙著　新版　大東出版社　2000.9　221p　19cm　1500円　①4-500-00660-5

◇鈴木大拙全集　第10巻　鈴木大拙著, 久松真一, 山口益, 古田紹欽編　増補新版　岩波書店　2000.8　432p　22cm　7300円　⊕4-00-092280-7
　内容　宗教経験の事実　妙好人　宗教経験に就きて　宗教入門

◇鈴木大拙全集　第9巻　鈴木大拙著, 久松真一, 山口益, 古田紹欽編　増補新版　岩波書店　2000.7　425p　22cm　7300円　⊕4-00-092279-3
　内容　霊性的日本の建設　国家と宗教　自主的に考へる　青年に与ふ　戦争―人間生存―仏教

◇鈴木大拙全集　第6巻　鈴木大拙著, 久松真一, 山口益, 古田紹欽編　増補新版　岩波書店　2000.6　437p　22cm　7300円　⊕4-00-092276-9
　内容　浄土系思想論　わが浄土観　わが真宗観　真宗概論

◇鈴木大拙全集　第5巻　鈴木大拙著, 久松真一, 山口益, 古田紹欽編　増補新版　岩波書店　2000.5　562p　22cm　8000円　⊕4-00-092275-0

◇鈴木大拙全集　第4巻　鈴木大拙著, 久松真一, 山口益, 古田紹欽編　増補新版　岩波書店　2000.4　399p　22cm　7000円　⊕4-00-092274-2

◇鈴木大拙全集　第3巻　鈴木大拙著, 久松真一, 山口益, 古田紹欽編　増補新版　岩波書店　2000.3　565p　22cm　8000円　⊕4-00-092273-4

◇鈴木大拙全集　第2巻　鈴木大拙著, 久松真一, 山口益, 古田紹欽編　増補新版　岩波書店　2000.2　460p　22cm　7300円　⊕4-00-092272-6

◇鈴木大拙全集　第1巻　鈴木大拙著, 久松真一, 山口益, 古田紹欽編　増補新版　岩波書店　2000.1　495p　22cm　6900円　⊕4-00-092271-8

◇浄土系思想論―ワイド版　鈴木大拙著　新装版　京都　法藏館　1999.11　372, 12p　22cm　7600円　⊕4-8318-7115-X
　内容　真宗管見　極楽と娑婆―『無量寿経』を読みて　浄土観・名号・禅　浄土観続稿―『浄土論註』を読みて　他力の信心について―『教行信証』を読みて　我観浄土と名号（浄土論　名号論）

◇鈴木大拙全集　第7巻　鈴木大拙著, 久松真一, 山口益, 古田紹欽編　増補新版　岩波書店　1999.11　445p　22cm　6800円　⊕4-00-092277-7
　内容　仏教の大意　仏教道徳　無心といふこと　東洋的一

◇鈴木大拙全集　第11巻　鈴木大拙著, 久松真一, 山口益, 古田紹欽編　増補新版　岩波書店　1999.11　485p　22cm　6900円　⊕4-00-092281-5
　内容　禅と日本文化　続禅と日本文化　日本仏教

◇妙好人浅原才市集　浅原才市著, 鈴木大拙編著　新装版　春秋社　1999.11　465, 56p　23cm　9500円　⊕4-393-16705-8

◇鈴木大拙全集　第8巻　鈴木大拙著, 久松真一, 山口益, 古田紹欽編　増補新版　岩波書店　1999.10　423p　22cm　6600円　⊕4-00-092278-5
　内容　日本的霊性　日本の霊性化

◇鈴木大拙全集　月報―1-18　岩波書店　1999.10-2001.3　1冊　19cm

◇大拙の風景―鈴木大拙とは誰か　岡村美穂子, 上田閑照著　京都　燈影舎　1999.6　396p　19cm　（燈影撰書　30）　3000円　⊕4-924520-43-8

◇禅とは何か　鈴木大拙著　改版　角川書店　1999.3　257p　15cm　（角川文庫）　540円　⊕4-04-300401-X
　内容　第1回　宗教経験としての禅（宗教経験とは何か　何を仏教生活というか　仏教の基本的諸概念　証三菩提を目的とする禅　心理学から見た禅）　第2回　仏教における禅の位置（宗教経験の諸要素　宗教経験の諸型　宗教としての仏教　楞伽経大意（主として本経と禅宗との史的および内容的関係）　神秘主義としての禅）

◇思い出の小箱から―鈴木大拙のこと　岡村美穂子, 上田閑照著　京都　一燈園燈影舎　1997.4　209p　19cm　（燈影撰書　29）　2000円　⊕4-924520-42-X
　内容　鈴木大拙先生の思い出　東洋と西洋の真の理解者―人類の行末に深い危機感　妙用　"死人"大拙　生死の陰影―岡村美穂子さんに聞く　鈴木大拙とは誰か―『回想　鈴木大拙』に寄せて　禅と世界―「大拙なる存在」　対談　臨済録を語る　鈴木大拙先生のこと―あとがきに代えて

◇絶対無と場所―鈴木禅学と西田哲学　秋月龍珉著　青土社　1996.12　462p　20cm　3400円　⊕4-7917-5504-9

◇東洋の心　鈴木大拙著　新装新版　春秋社　1996.5　208p　20cm　1854円
㉠4-393-13603-9
内容　東洋の心　東洋思想の特殊性　東洋の考え方　時間と永遠の問題　刹那と永遠　視野を開拓せよ　禅と欧米の人々―さとり叩けよ開かれん　組織と人間　自由について　自由と宗教　人間尊重の根底にあるもの

◇仏教の大意　鈴木大拙著　京都　法蔵館　1995.8　126p　20cm　1500円
㉠4-8318-7111-7

◇大叔父・鈴木大拙からの手紙　林田久美野編著　京都　法蔵館　1995.7　253p　22cm　3200円　㉠4-8318-8069-8
内容　第1章「大拙と私」以前　第2章 保護者大拙　第3章 京都の屋根の下　第4章 北鎌倉の山の上　第5章 大拙の臨終　大拙書簡集

◇鈴木大拙の原風景　西村恵信著　大蔵出版　1993.9　341p　22cm　4800円
㉠4-8043-2513-1
内容　1 鈴木大拙の原風景(逆境と宗教性の胎動　心友山本良吉のこと　初めての旅、そして上京　禅僧とはこういうものか　近代の禅者釈宗演との邂逅 ほか）　2 大拙小論（鈴木大拙における個人と世界　明治青年僧たちの気骨　ポール・ケーラスの宗教思想　上向く「大拙」下向く「寸心」　老博士の涙 ほか）

◇盤珪禅師語録　鈴木大拙編校　岩波書店　1993.9　294p　19cm　(ワイド版岩波文庫)　1000円　㉠4-00-007111-4
内容　語録篇（盤珪仏智弘済禅師御示聞書　仏智弘済禅師法語　補遺　贅語　手簡　和歌漢詩）　行業篇（大法正眼国師盤珪琢大和尚行業曲記　再住妙心開山特賜仏智弘済禅師行業略記　正眼国師逸事状）

◇鈴木大拙―その人とその思想　古田紹欽著　春秋社　1993.6　202p　20cm　2000円　㉠4-393-14610-7
内容　大拙先生―思想・行動を禅者漸源に比する　鈴木大拙先生の生涯的歩みと学問的歩みの意義　Daisetz T.Suzukiにおける禅と念仏との接点　『浄土系思想論』の成立の前後―鈴木大拙と大谷文学　鈴木大拙の妙好人への志向　松ケ岡文庫の建つまで　鈴木大拙とトインビー　明治・大正・昭和の三代の業績　鈴木大拙を語る―こころをよむ

◇世界の禅者―鈴木大拙の生涯　秋月竜珉著　岩波書店　1992.11　321p　16cm（同時代ライブラリー 129）　950円
㉠4-00-260129-3
内容　第1部 鈴木大拙の生涯―鈴木禅学の成立のころまで（百万石の城下に生まれる　父・天山鈴木柔氏のこと　母・鈴木増女のこと　石川県専門学校　四高を中退して小学教師に　早稲田から東大選科へ　最初の参禅に失敗する　鎌倉円覚寺に参禅　至誠の人・今北洪川　恩師・釈宗演　渡米するまで　見性〈ひじ、外に曲らず〉　ラサールの十年　白人の参禅の嚆矢　ビアトリス夫人のこと　帰国、学習院教授となる　学習院の十年　鈴木禅学の成立）　第2部 鈴木大拙の書簡―鈴木大拙から秋月龍珉へ

◇鈴木大拙禅選集　別巻　鈴木大拙の人と学問　新版　春秋社　1992.7　278p　20cm　2200円　㉠4-393-14242-X
内容　我々の思想史における大拙博士の位置　日本思想史上における大拙先生の業績　禅と鈴木大拙　人間と神・実存と禅　大拙先生の生涯的歩みと学問的歩みの意義　学習院教授時代の鈴木先生　鈴木大拙居士―その絶対他力論について　大谷大学時代の鈴木大拙　鈴木大拙翁　鈴木大拙先生のこと　一度驢度馬　アメリカ遊学中における大拙先生の書簡　也風流庵自伝

◇鈴木大拙禅選集　第11巻　東洋的な見方　新版　春秋社　1992.5　226p　20cm　2200円　㉠4-393-14241-1
内容　東洋思想の不二性　東洋「哲学」について　現代世界と禅の精神　東洋学者の使命　自由・空・只今　このままということ　東西雑感　「妙」について　人間本来の自由と創造性をのばそう　『荘子』の一節―機械化と創造性との対立への一つの示唆　東洋的なるもの―幽玄な民族の心理　東洋文化の根底にあるもの　近ごろの考え一項　日本人の心

◇鈴木大拙禅選集　第10巻　今北洪川―激動期明治の高僧　新版　春秋社　1992.3　319p　20cm　2200円　㉠4-393-14240-3
内容　第1編 禅界の巨匠、洪川老師（50年前の思い出　老師の生立と修行時代　老師の出世　老師の為人　老師と釈宗演）　第2章 老師の思想（読書　キリスト教と仏教―直線論と環旋論　神道雑録　禅録提唱　禅道修行　憂宗の赤心　教義解説　一般説法　和歌90首）　第3編 洪川老師伝

◇鈴木大拙禅選集　第9巻　禅の見方・禅の修行　新版　春秋社　1991.11　236p　20cm　2200円　㉠4-393-14239-X

◇鈴木大拙禅選集 第8巻 禅とは何か 新版 春秋社 1991.9 259p 20cm 2000円 ⓒ4-393-14238-1
　内容 第1回 宗教経験としての禅(宗教経験とは何か 何を仏教生活というか 仏教の基本的諸概念 証三菩提を目的とする禅 心理学から見た禅) 第2回 仏教における禅の位置(宗教経験の諸要素 宗教経験の諸型 宗教としての仏教 『楞伽経』大意―主としてその禅宗との史的および内容的関係 神秘主義としての禅 西洋文化と鈴木大拙博士―「禅とは何か」の解説として

◇鈴木大拙禅選集 第7巻 禅仏教入門 新版 春秋社 1991.7 189p 20cm 2000円 ⓒ4-393-14237-3
　内容 禅とは何か? 禅は虚無的か? 非論理の禅 禅―高次の肯定 禅の日常性 悟り 公案 禅堂と雲水の生活

◇鈴木大拙禅選集 第6巻 禅堂の修行と生活・禅の世界 新版 春秋社 1991.5 306p 20cm 2000円 ⓒ4-393-14236-5
　内容 禅堂の修行と生活(入衆 没我 作務 陰徳 祈りと報恩 参禅弁道) 禅の世界―真実の世界

◇浄土系思想論 鈴木大拙著 京都 法蔵館 1991.3 327,12p 20cm 3300円 ⓒ4-8318-7114-1
　内容 真宗管見 極楽と娑婆 『無量寿経』を読みて 浄土観・名号・禅 浄土観続稿『浄土論註』を読みて 他力の信心につきて 『教行信証』を読みて 我観浄土と名号

◇鈴木大拙禅選集 第5巻 禅百題 新版 春秋社 1991.3 234p 20cm 2000円 ⓒ4-393-14235-7
　内容 禅と日常生活 坐禅 身と心 禅問答の端的 行と学 四大(身)と仏性(心) 無知の知 知と用―獅子弄得 叉手而立 道得は道不得 観音行 禅の超絶性と漢文学 化竜の杖子 「槐安国語」 「這箇」 相即相入〔ほか〕

◇鈴木大拙禅選集 第4巻 金剛経の禅・禅への道 新版 春秋社 1991.1 308p 20cm 2000円 ⓒ4-393-14234-9
　内容 金剛経の禅(般若即非の論理 応無所住而生其心 三世心不可得 禅観観) 禅への道(誤解の2、3 宗教とは何か? 矛盾・悩みの禅的解消法 禅は究竟の「人格」を見る 趙州の三転語 生と死 至善にとどまる禅 誓願行の禅 禅経験の学的説明について)

◇大拙と幾多郎 森清著 朝日新聞社 1991.1 329p 19cm (朝日選書 417) 1200円 ⓒ4-02-259517-5

◇鈴木大拙禅選集 第3巻 禅による生活 新版 春秋社 1990.11 270p 20cm 2000円 ⓒ4-393-14233-0
　内容 1 禅による生活 2 概観 3 悟り 4 悟りへの道 5 公案

◇鈴木大拙禅選集 第2巻 禅問答と悟り 新版 春秋社 1990.10 232p 20cm 2000円 ⓒ4-393-14232-2
　内容 禅の問答 悟り 禅経験の研究について

◇禅の知恵・人生の知恵―鈴木大拙に学ぶ 志村武著 三笠書房 1990.10 248p 15cm (知的生きかた文庫) 450円 ⓒ4-8379-0412-2
　内容 第1章 どう生きれば心も体も満たされるか 第2章 過去の自分をどう殺すか、どう生きるか 第3章 逆境を人生への意欲に変える賢い生きかた 第4章 人の運命は何によって変わるか 第5章 「一日の知恵」の実行が人生の迷いを断ち切る!

◇東洋的一 鈴木大拙著 新版 大東出版社 1990.10 224p 20cm 2200円 ⓒ4-500-00566-8

◇鈴木大拙禅選集 第1巻 禅の思想 新版 春秋社 1990.9 285p 20cm 2000円 ⓒ4-393-14231-4
　内容 第1編 禅思想(無知の知―無分別の分別) 第2編 禅行為(無功用の行為―無作の作) 第3編 禅問答

◇盤珪禅師説法 鈴木大拙解説, 古田紹欽校訂 新版 大東出版社 1990.2 165p 20cm 1800円 ⓒ4-500-00563-3
　内容 不生禅の特徴につきて 大法正眼国師法語 仏智弘済禅師法語 盤珪国師説法 特賜仏智弘済禅師盤珪和尚行業記 盤珪大和尚紀年略録 新版に寄せて

◇宗教経験の事実 鈴木大拙著 新版 大東出版社 1990.1 180p 20cm 1800円 ⓒ4-500-00562-5
　内容 宗教の2義 無限と有限との対峙 宗教的反省 宗教意識の覚醒 宗教と哲学 浄土系の入信 庄松の入信径路 論理と宗教経験 信意識の内容 信者吉兵衛の入信径路 絶対憑依感の自覚 此の自覚は不思議そのもの 内から起るもの 仕様のないものと絶対一者 無と有 花咲き月出づ

「殿裏底」 学問と信心体験 ウブの白木学者と信者との問答 子守唄 痛処に針を刺す 宗教を生きるものと語るもの 空手で行って空手で帰る 示談・相談 看話 宗教的自覚とそれを起す方法・手段の種々相 宗教的生活の積極性 道徳と宗教 宗教人には悲劇なし 物心2元論 乗馬の技術 飛行機 誠に徹す 力と対抗意識 宗教的世界観 鎌倉時代と大地 自主的・批判的 科学と伝統を統一するもの 庄松の世界 積極的発展 参考 庄松言行録

◇韶州曹渓山六祖師壇経 鈴木大拙編 岩波書店 1990.1 69,50,72p 25cm 26000円 ①4-00-009835-7

◇鈴木大拙の世界 鈴木大拙著 京都 一灯園灯影舎 1989.11 192p 19cm （灯影撰書15） 1800円 ①4-924520-30-6
 内容 東洋的なもの 再び東洋的なるものについて 東洋学者の使命 東西雑感 東洋「哲学」について 東洋思想の不二性 自由・空・只今 このままと伝うこと 安心―禅と真 只麼と自爾 一無位の真人 平常心是道

◇鈴木大拙未公開書簡 井上禅定,禅文化研究所編 京都 禅文化研究所 1989.7 2冊（別冊とも） 22cm 7000円 ①4-88182-075-3

◇禅とは何か 鈴木大拙著 〔改版〕 角川書店 1989.6 232p 15cm （角川文庫） 480円 ①4-04-300401-X
 内容 第1回 宗教経験としての禅（宗教経験とは何か 何を仏教生活というか 仏教の基本的諸概念 証三菩提を目的とする禅 心理学から見た禅） 第2回 仏教における禅の位置（宗教経験の諸要素 宗教経験の諸型 宗教としての仏教 楞伽経大意 神秘主義としての禅）

◇禅思想史研究 第4 鈴木大拙著 岩波書店 1987.12 403p 22cm 3000円 ①4-00-001183-9

◇禅思想史研究 第3 鈴木大拙著 岩波書店 1987.11 563p 22cm 3700円 ①4-00-001182-0
 内容 慧能示寂直後の禅思想 研究文献（北宗五方便 神会録 頓悟無生般若頌 禅門経 ほか） 臨済の基本思想

◇禅思想史研究 第2 鈴木大拙著 岩波書店 1987.10 458p 22cm 3400円 ①4-00-001181-2
 内容 第1篇 達摩禅とその思想的背景 第2篇 達摩遺文2篇につきて 第3篇 道信の禅思想 第4篇 弘忍禅 第5篇 六祖壇経、慧能及慧能禅につきて 第6篇 慧能以後の禅 第7篇 敦煌出土本中、禅に関する文献7種につきて

◇禅 鈴木大拙著,工藤澄子訳 筑摩書房 1987.9 219p 15cm （ちくま文庫） 440円 ①4-480-02157-4
 内容 第1章 禅 第2章 悟り 第3章 禅の意味 第4章 禅と仏教一般との関係 第5章 禅指導の実際的方法 第6章 実存主義・実用主義と禅 第7章 愛と力

◇禅思想史研究 第1 鈴木大拙著 岩波書店 1987.9 495p 22cm 3500円 ①4-00-001180-4
 内容 不生禅概観 日本禅における三つの思想類型 悟りと悟る慧能以後における悟るの道 不生禅と白隠禅 日本における公案禅の伝統 盤珪禅の再叙 附 盤珪の不生禅

◇一禅者の思索 鈴木大拙著 講談社 1987.6 228p 15cm （講談社学術文庫） 680円 ①4-06-158792-7
 内容 その1（無明と世界友好 最高の精神的理想 人間性の半面 物の両面性と矛盾性 大地と宗教） その2（禅堂の思い出 禅僧生活 現代における達摩壁観の意義 行脚の意義に就いて） その3（超個我に生きる信仰の確立 生物愛護 水仙 衆生無辺誓願度）

◇真人鈴木大拙 岩倉政治著 京都 法蔵館 1986.5 208p 20cm 2500円

◇鈴木大拙真宗入門 佐藤平訳 春秋社 1983.6 152p 20cm 1300円

◇鈴木大拙全集 第32巻 書翰2 附追補.自叙伝.年譜.著作目録 岩波書店 1983.5 584p 22cm 3800円

◇鈴木大拙全集 第31巻 雑集5.補遺5.書翰1 岩波書店 1983.4 676p 22cm 3800円

◇鈴木大拙全集 第30巻 雑集4 補遺4 附追補 岩波書店 1983.3 664p 22cm 3800円

◇鈴木大拙全集 第29巻 雑集3.補遺3.支那仏教印象記 岩波書店 1983.2 622p 22cm 3800円

◇鈴木大拙全集 第28巻 雑集2.補遺2.附追補 岩波書店 1983.1 733p 22cm 3800円

◇鈴木大拙全集 第27巻 講演集2.雑集

仏教を支えた人々

1.補遺1　岩波書店　1982.12　639p　22cm　3800円

◇鈴木大拙全集　第26巻　今北洪川.講演集1　岩波書店　1982.11　643p　22cm　3800円

◇鈴木大拙全集　第25巻　神智と神愛　仏陀の福音・阿弥陀仏　スエデンボルグ著、鈴木大拙訳、ポール・ケーラス著、鈴木大拙訳　岩波書店　1982.10　591p　22cm　3800円

◇鈴木大拙全集　第24巻　スエデンボルグ.新エルサレムとその教説.神慮論　岩波書店　1982.9　578p　22cm　3500円

◇鈴木大拙全集　第23巻　新宗教論.天界と地獄　岩波書店　1982.8　562p　22cm　3500円

◇鈴木大拙全集　第22巻　宗教論集.宗教と現代生活.宗教とは何ぞや.少し「宗教」を説く.仏教の核心　岩波書店　1982.7　392p　22cm　3200円

◇鈴木大拙全集　第21巻　宗教と近代人.東洋と西洋.よみがへる東洋　岩波書店　1982.6　435p　22cm　3200円

◇鈴木大拙全集　第20巻　東洋の心.東洋的な見方.大拙つれづれ草　岩波書店　1982.5　428p　22cm　3200円

◇鈴木大拙全集　第19巻　文化と宗教.禅随筆　岩波書店　1982.4　644p　22cm　3800円

◇鈴木大拙全集　第18巻　禅の諸問題.禅の第一義.静坐のすゝめ　岩波書店　1982.3　407p　22cm　3200円

◇鈴木大拙全集　第17巻　向上の鉄槌・百醜千拙・禅堂生活　岩波書店　1982.2　477p　22cm　3200円

◇鈴木大拙全集　第16巻　一真実の世界.禅の研究.禅の立場から　1982.1　543p　22cm　3500円

◇鈴木大拙全集　第15巻　一禅者の思索.禅百題.禅一拶　岩波書店　1981.12　429p　22cm　3200円

◇鈴木大拙全集　第14巻　禅とは何ぞや.禅学への道.禅　岩波書店　1981.11　508p　22cm　3500円

◇鈴木大拙全集　第13巻　禅の思想.禅への道.禅問答と悟り　岩波書店　1981.10　520p　22cm　3500円

◇鈴木大拙全集　第12巻　禅の研究.禅による生活　岩波書店　1981.9　473p　22cm　3200円

◇鈴木大拙全集　第11巻　禅と日本文化.続禅と日本文化.日本仏教　岩波書店　1981.8　484p　22cm　3200円

◇鈴木大拙全集　第10巻　宗教経験の事実.妙好人.宗教経験に就きて.宗教入門　岩波書店　1981.7　431p　22cm　3200円

◇鈴木大拙全集　第9巻　霊性的日本の建設.国家と宗教（昭和22年3月）国家と宗教（昭和23年9月）自主的に考へる.青年に与ふ.戦争―人間生存―仏教　岩波書店　1981.6　424p　22cm　3200円

◇鈴木大拙全集　第8巻　日本的霊性.日本の霊性化　岩波書店　1981.5　422p　22cm　3200円

◇鈴木大拙全集　第7巻　仏教の大意.仏教道徳.無心といふこと.東洋的一　岩波書店　1981.4　444p　22cm　3200円

◇鈴木大拙全集　第6巻　浄土系思想論.わが浄土観.わが真宗観.真宗概論　岩波書店　1981.3　434p　22cm　3200円

◇鈴木大拙全集　第5巻　般若経の哲学と宗教.華厳の研究.金剛経の禅.楞伽経.楞伽経研究序論　岩波書店　1981.2　559p　22cm　3500円

◇鈴木大拙全集　第4巻　禅思想史研究　第4　禅と念仏の心理学的基礎　岩波書店　1981.1　403p　22cm　3200円

◇鈴木大拙全集　第3巻　禅思想史研究　第3　臨済の基本思想　岩波書店　1980.12　563p　22cm　3500円

◇鈴木大拙全集　第2巻　禅思想史研究　第2　達摩から慧能に至る　岩波書店　1980.11　458p　22cm　3200円

◇鈴木大拙全集　第1巻　禅思想史研究　第1　盤珪の不生禅　岩波書店　1980.10　494p　22cm　3200円

◇秋月龍珉著作集　7　鈴木禅学入門　三一書房　1978.10　283p　20cm　1800円

◇秋月龍珉著作集　6　人類の教師・鈴木大拙　三一書房　1978.9　300p　20cm　1800円

◇秋月龍珉著作集　8　鈴木禅学と西田哲

学の接点　三一書房　1978.7　283p　20cm　1800円
◇浄土系思想論　鈴木大拙著　第3版　京都　法蔵館　1978.4　372, 12p　20cm　2500円
◇東洋の心　鈴木大拙著　春秋社　1976　208p　肖像　20cm　1300円
◇妙好人　鈴木大拙著　京都　法蔵館　1976　293p　肖像　20cm　2200円
◇激動期明治の高僧今北洪川　鈴木大拙著　春秋社　1975.2　258p　19cm　（鈴木大拙禅選集 新装版 第10巻）
◇金剛経の禅　禅への道　鈴木大拙著　春秋社　1975.2　222p　19cm　（鈴木大拙禅選集 新装版 第4巻）①4-393-14214-4
◇鈴木大拙の人と学問　鈴木大拙ほか著　春秋社　1975.2　198p　19cm　（鈴木大拙禅選集 新装版 別巻）
◇禅とは何か　鈴木大拙著　春秋社　1975.2　192p　19cm　（鈴木大拙禅選集 新装版 第8巻）①4-393-14218-7
◇禅による生活　鈴木大拙著　春秋社　1975.2　182p　19cm　（鈴木大拙禅選集 新装版 第3巻）①4-393-14213-6
◇禅の思想　鈴木大拙著　春秋社　1975.2　201p　19cm　（鈴木大拙禅選集 新装版 第1巻）①4-393-14211-X
◇禅の見方・禅の修行　鈴木大拙著　春秋社　1975.2　171p　19cm　（鈴木大拙禅選集 新装版 第9巻）①4-393-14219-5
◇禅百題　鈴木大拙著　春秋社　1975.2　166p　19cm　（鈴木大拙禅選集 新装版 第5巻）
◇禅仏教入門　鈴木大拙著, 増原良彦訳　春秋社　1975.2　138p　19cm　（鈴木大拙禅選集 新装版 第7巻）
◇禅問答と悟り　鈴木大拙著　春秋社　1975.2　164p　19cm　（鈴木大拙禅選集 新装版 第2巻）
◇禅堂の修行と生活　禅の世界　鈴木大拙著　春秋社　1975.2　190p　図版22枚　19cm　（鈴木大拙禅選集 新装版 第6巻）①4-393-14216-0
◇回想鈴木大拙　西谷啓治編　春秋社　1975　452p　肖像16枚　20cm　2800円
◇青春の鈴木大拙―菩薩道の原点を求めて

志村武編著　佼成出版社　1973　310p　図　肖像　19cm　850円
◇対話・人間いかに生くべきか　鈴木大拙著, 古田紹欽編　社会思想社　1973　215p　15cm　（現代教養文庫）
◇鈴木大拙坐談集　第3巻　現代人と宗教　読売新聞　1972　313p　肖像　20cm　850円
◇鈴木大拙坐談集　第4巻　弥陀の本願　読売新聞社　1972　337p　肖像　20cm　850円
◇鈴木大拙坐談集　第5巻　禅の世界　読売新聞社　1972　284p　図　20cm　850円
◇日本的霊性　鈴木大拙著　岩波書店　1972　276, 10p　15cm　（岩波文庫）150円
◇鈴木禅学と西田哲学　秋月竜珉著　春秋社　1971　300p　22cm　1800円
◇鈴木大拙―人と思想　久松真一, 山口益, 古田紹欽編　岩波書店　1971　542p　図　肖像　20cm　1000円
◇鈴木大拙坐談集　第1巻　人間の智慧　読売新聞社　1971　302p　肖像　20cm　850円
◇鈴木大拙坐談集　第2巻　東洋と西洋　読売新聞社　1971　324p　肖像　20cm　850円
◇鈴木大拙全集　別巻1　補遺1　岩波書店　1971　648p　図　22cm　1300円
◇鈴木大拙全集　別巻2　補遺2　岩波書店　1971　612p　図　22cm　1300円
◇禅　鈴木大拙著, 工藤澄子訳　筑摩書房　1971　225p　19cm　（筑摩教養選 11）
◇仏教の大意　鈴木大拙著　京都　法蔵館　1971　136p　20cm　390円
◇鈴木大拙全集　第11巻　禅と日本文化, 続禅と日本文化, 日本仏教　岩波書店　1970　484p　図版　22cm　1300円
◇鈴木大拙全集　第20巻　東洋の心, 東洋的な見方, 大拙つれづれ草　岩波書店　1970　428p　図版　22cm　1300円
◇鈴木大拙全集　第22巻　宗教論集, 宗教と現代生活, 宗教とは何ぞや, 少し「宗教」を説く, 仏教の核心　岩波書店　1970　392p　図版　22cm　1300円

◇鈴木大拙全集　第25巻　神智と神愛, 仏陀の福音, 阿弥陀仏　岩波書店　1970　591p 図版　22cm　1300円
◇鈴木大拙全集　第26巻　今北洪川, 講演集第1　岩波書店　1970　643p 図版　22cm　1300円
◇鈴木大拙全集　第27巻　講演集第2, 雑集第1　岩波書店　1970　519p 図版　22cm　1300円
◇鈴木大拙全集　第28巻　雑集第2　岩波書店　1970　598p 図版　22cm　1300円
◇鈴木大拙全集　第29巻　雑集第3, 書翰第1　岩波書店　1970　677p 図版　22cm　1300円
◇鈴木大拙全集　第30巻　書翰2, 支那仏教印象記, 自叙伝, 年譜, 著作目録（和文・欧文）　岩波書店　1970　669p 図版　22cm　1300円
◇鈴木大拙全集　第10巻　宗教経験の事実, 妙好人, 宗教経験に就きて, 宗教入門　岩波書店　1969　431p 図版　22cm　1300円
◇鈴木大拙全集　第12巻　禅の研究, 禅による生活　岩波書店　1969　473p 図版　22cm
◇鈴木大拙全集　第13巻　禅の思想, 禅への道, 禅問答と悟り　岩波書店　1969　520p 図版　22cm　1300円
◇鈴木大拙全集　第14巻　禅とは何ぞや, 禅学への道, 禅　岩波書店　1969　508p 図版　22cm　1300円
◇鈴木大拙全集　第15巻　一禅者の思索, 禅百題, 禅一撥　岩波書店　1969　429p 図版　22cm　1300円
◇鈴木大拙全集　第16巻　真実の世界, 禅の研究, 禅の立場から　岩波書店　1969　543p 図版　22cm　1300円
◇鈴木大拙全集　第17巻　向上の鉄槌, 百醜千拙, 禅堂生活　岩波書店　1969　477p 図版　22cm　1300円
◇鈴木大拙全集　第18巻　禅の諸問題, 禅の第一義, 静坐のすゝめ　岩波書店　1969　407p 図版　22cm　1300円
◇鈴木大拙全集　第19巻　文化と宗教, 随筆禅　岩波書店　1969　644p 図版　22cm　1300円

◇鈴木大拙全集　第21巻　宗教と近代人, 東洋と西洋, よみがえる東洋　岩波書店　1969　435p 図版　22cm　1300円
◇鈴木大拙全集　第23巻　新宗教論, 天界と地獄　岩波書店　1969　562p 図版　22cm　1300円
◇鈴木大拙全集　第24巻　スエンデンボルグ, 新エルサレムとその教説, 神慮論　岩波書店　1969　578p 図版　22cm　1300円
◇鈴木大拙全集　第1巻　禅思想史研究　第1　盤珪の不生禅　岩波書店　1968　494p 図版　22cm　1300円
◇鈴木大拙全集　第2巻　禅思想史研究　第2　岩波書店　1968　457p 図版　22cm　1300円
◇鈴木大拙全集　第3巻　禅思想史研究　第3　臨済の基本思想　岩波書店　1968　563p 図版　22cm　1300円
◇鈴木大拙全集　第4巻　禅思想史研究　第4　禅と念仏の心理学的基礎　岩波書店　1968　403p 図版　22cm　1300円
◇鈴木大拙全集　第5巻　般若経の哲学と宗教, 華厳の研究, 金剛経の禅, 楞伽経, 楞伽経研究序論　岩波書店　1968　559p 図版　22cm　1300円
◇鈴木大拙全集　第6巻　浄土系思想論, わが浄土観, わが真宗観, 真宗概論　岩波書店　1968　434p 図版　22cm　1300円
◇鈴木大拙全集　第7巻　仏教の大意, 仏教道徳, 無心といふこと, 東洋的一　岩波書店　1968　444p 図版　22cm　1300円
◇鈴木大拙全集　第8巻　日本的霊性, 日本の霊性化　岩波書店　1968　422p 図版　22cm　1300円
◇鈴木大拙全集　第9巻　霊性的日本の建設, 国家と宗教, 自主的に考へる, 青年に与ふ, 戦争―人間生存―仏教　岩波書店　1968　424p 図版　22cm　1300円
◇浄土系思想論　鈴木大拙著　京都　法蔵館　1967　475p 図版　22cm　1500円
◇鈴木大拙随聞記　志村武著　日本放送出版協会　1967　273p 図版　19cm　380円
◇鈴木大拙の言葉と思想　秋月竜珉著　講談社　1967　223p 18cm　（講談社現代

新書） 240円
◇禅とは何か 鈴木大拙著 改版 角川書店 1967 232p 15cm （角川文庫） 100円
◇禅についての対話 鈴木大拙等著, 工藤澄子訳 筑摩書房 1967 193p 18cm （グリーンベルト・シリーズ） 280円
◇対話人間いかに生くべきか 鈴木大拙著, 古田紹欽編 社会思想社 1967 214p 図版 19cm 380円
◇妙好人浅原才市集 鈴木大拙編著 春秋社 1967 465,56p 図版 23cm 2800円
◇無心といふこと 鈴木大拙著 改版 角川書店 1967 216p 15cm （角川文庫） 100円
◇大拙つれづれ草 鈴木大拙著 読売新聞社 1966 229p 図版 19cm 500円
◇禅 鈴木大拙著, 工藤澄子訳 筑摩書房 1965 225p 18cm （グリーンベルト・シリーズ）
◇東洋の心 鈴木大拙著 春秋社 1965 208p 図版 20cm
◇鈴木大拙・続禅選集 第1巻 禅仏教入門 春秋社 1964 138p 18cm
◇鈴木大拙・続禅選集 第4巻 激動期明治の高僧今北洪川 春秋社 1963 241p 図版 18cm
◇鈴木大拙・続禅選集 第5巻 東洋的な見方 春秋社 1963 163p 18cm
◇鈴木大拙・続禅選集 第2巻 禅とは何か 春秋社 1962 192p 18cm
◇鈴木大拙・続禅選集 第3巻 禅の見方, 禅の修行 春秋社 1962 173p 18cm
◇鈴木大拙・禅選集 別巻 鈴木大拙の人と学問 春秋社 1961 198p 図版 19cm
　内容 我々の思想史における大拙博士の位置（下村寅太郎）日本思想史上における大拙博士の業績（務台理作）禅と鈴木大拙（R・H・ブライス著 増原良彦訳）人間と神・実存と禅（山屋三郎）鈴木大拙先生の生涯の歩みと学問的歩みの意義（古田紹欽）学習院教授時代の鈴木大拙先生（松方三郎）鈴木大拙居士―その絶対他力論について（犬養健）大谷大学時代の鈴木大拙（岩倉政治）鈴木大拙翁（唐木順三）鈴木大拙先生のこと（辻双明）度驢度馬（久松真一）アメリカ遊学中におけ
る大拙先生の書簡（井上禅定）也風流庵自伝（鈴木大拙）鈴木大拙年譜・著作目録
◇仏教と文化―鈴木大拙博士頌寿記念論文集 鈴木大拙博士頌寿記念会編 鈴木学術財団 1960.10 263,266p 27cm
◇鈴木大拙・禅選集 第1巻 禅の思想 春秋社 1960 201p 18cm
◇鈴木大拙・禅選集 第2巻 禅問答と悟り 春秋社 1960 164p 18cm
◇鈴木大拙・禅選集 第3巻 禅による生活 春秋社 1960 182p 18cm
◇鈴木大拙・禅選集 第4巻 金剛経の禅, 禅への道 春秋社 1960 222p 19cm
◇鈴木大拙・禅選集 第5巻 禅百題 春秋社 1960 166p 18cm
◇鈴木大拙・禅選集 第6巻 禅堂の修行と生活, 禅の世界 春秋社 1960 190p 図版22枚 19cm
◇禅と精神分析 鈴木大拙, E.フロム, R.デマルティーノ共著, 小堀宗柏等訳 東京創元社 1960 313p 19cm （現代社会科学叢書）
　内容 禅仏教に関する講演（鈴木大拙著, 小堀宗柏訳）精神分析学と禅仏教（エーリッヒ・フロム著 佐藤幸治, 豊村左知訳）人間の状況と禅仏教（リチャード・デマルティーノ著 阿部正雄訳）
◇鈴木大拙選集 追巻 第5巻 宗教と現代生活 春秋社 1958 226p 図版 19cm
　内容 極東文化史上における仏教思想の役割 他12篇
◇鈴木大拙選集 追巻 第1巻 日本仏教―禅と浄土教 春秋社 1957 226p 図版 19cm
　内容 日本仏教の底を流れるもの, 日本人の世界観, 仏教における浄土教理の発達, 学僧の見た真宗, 妙好人の真宗, 正三禅の特色, 日本人における生死観の発展, 歎異鈔を読む, 日本的霊性的なるもの
◇鈴木大拙選集 追巻 第2巻 禅による生活 春秋社 1957 242p 図版 19cm
◇鈴木大拙選集 追巻 第3巻 禅の研究 春秋社 1957 286,16p 図版 19cm
◇鈴木大拙選集 追巻 第4巻 禅の諸問題 春秋社 1956 290p 図版 19cm
　内容 禅の本質に関する序論 他12篇
◇鈴木大拙英文著作集―日本版 第3 華

厳の研究　杉平顗智訳　京都　法蔵館　1955　228p　22cm
◇仏教哲学・仏教道徳　鈴木大拙著　春秋社　1955　175p　図版　19cm
◇無心といふこと　鈴木大拙著　角川書店　1955　224p　15cm　（角川文庫）
◇鈴木大拙選集　続 第1巻　浄土系思想論　春秋社　1954　314p　図版　19cm
◇鈴木大拙選集　続 第8巻　宗教論続集　春秋社　1954　337p　図版　19cm
　　内容 宗教と近代人,東洋と西洋
◇禅とは何か　鈴木大拙著　角川書店　1954　226p　15cm　（角川文庫）
◇よみがえる東洋　鈴木大拙著　読売新聞社　1954　220p　図版　19cm
◇鈴木大拙選集　続 第2巻　臨済の基本思想　春秋社　1953　282p　図版　19cm
◇鈴木大拙選集　続 第3巻　禅と念仏の心理学的基礎　春秋社　1953　230p　図版　19cm
◇鈴木大拙選集　続 第4巻　春秋社　1953　309p　図版　19cm
　　内容 第1篇 霊性的日本の建設,第2篇 日本的霊性の自覚について,附録武人禅
◇鈴木大拙選集　続 第5巻　文化と宗教　春秋社　1953　230p　図版　19cm
◇鈴木大拙選集　続 第6巻　禅と生活,生活評論　春秋社　1953　311p　図版　19cm
◇鈴木大拙選集　続 第7巻　禅百題,禅一撈　春秋社　1953　311p　図版　19cm
◇禅とは何か　鈴木大拙著　創元社　1953　231p　図版　15cm　（創元文庫 D 第64）
◇仏教の大意　鈴木大拙著　京都　法蔵館　1953　136p　19cm
◇宗教の根本疑点について　鈴木大拙著　東成出版社　1952　77p　19cm
◇鈴木大拙選集　第1巻　日本的霊性　春秋社　1952　385p　図版　19cm
◇鈴木大拙選集　第2巻　禅の思想　春秋社　1952　260p　図版　19cm
◇鈴木大拙選集　第3巻　禅の世界（一真実の世界）　春秋社　1952　262p　図版　19cm
◇鈴木大拙選集　第4巻　盤珪の不生禅―禅経験の研究序説　春秋社　1952　178p　図版　19cm
◇鈴木大拙選集　第5巻　宗教経験の事実,真宗管見　春秋社　1952　223p　図版　19cm
◇鈴木大拙選集　第6巻　妙好人　春秋社　1952　231p　図版　19cm
◇鈴木大拙選集　第7巻　禅問答と悟り　春秋社　1952　221p　図版　19cm
　　内容 禅の問答,悟り,禅経験の研究につきて
◇鈴木大拙選集　第8巻　宗教論集　春秋社　1952　233p　図版　19cm
　　内容 宗教入門,宗教の文化否定性,信仰,日本的霊性的なるもの,キリスト教と仏教,自由といふことについて,人間は悲しむ,現代に於ける華厳思想の意義,人間完成と自主・自由
◇鈴木大拙選集　第9巻　禅と日本文化　禅と日本文化 続　春秋社　1952　348p　図版　19cm
◇鈴木大拙選集　第10巻　無心といふこと　春秋社　1952　232p　図版　19cm
◇鈴木大拙選集　第11巻　仏教の大意,仏教生活と受動性　春秋社　1952　202p　図版　19cm
◇鈴木大拙選集　第12巻　禅堂の修行と生活　春秋社　1952　141p　図版　19cm
◇鈴木大拙選集　第13巻　青年に与ふ,自主的に考える　春秋社　1952　147p　図版　19cm
◇禅百題　鈴木大拙著　東成出版社　1951　284p　19cm
◇禅思想史研究　第2　達摩から慧能に至る　鈴木大拙著　岩波書店　1951　484p　22cm
◇無心といふこと　鈴木大拙著　創元社　1951　223p　図版　15cm　（創元文庫 D 第8）
◇禅と日本文化　鈴木大拙著,北川桃雄訳　7版　岩波書店　1950　196p　18cm　（岩波新書）
◇日本仏教の底を流れるもの　鈴木大拙著,楠恭訳　京都　大谷出版社　1950　256p　図版　19cm
　　内容 日本仏教の底を流れるもの 他4篇. 附録：妙好人浅原才市の歌130首
◇無心といふこと　鈴木大拙著　大東出版

社　1950　254p　19cm
◇鈴木大拙英文著作集―日本版　第1-2
　京都　法蔵館　1949-1950　2冊　22cm
　[内容]　第1 禅学への道(坂本弘訳) 第2 般若経の哲学と宗教(杉平顗智訳)
◇鈴木大拙選集　第1巻　大東出版社
　1949　290p 図版　19cm
◇禅と日本文化　続　鈴木大拙著, 北川桃雄訳　3版　岩波書店　1949　214p　18×11cm　(岩波新書　第94)
◇禅の論攷―鈴木大拙博士喜寿紀念論文集　久松真一編　岩波書店　1949　290p　22cm
　[内容]　正宗国師の宗旨と息耕録開筵普説(朝比奈宗源),南陽慧忠の心経註疏(宇井伯寿),白隠禅の看話に就て(柴山全慶),禅的人格の自由性(柴野恭堂),自戒集に就て(古田紹欽),禅の将来性に就て(長与善郎),禅と美(柳宗悦),狂信(市川白弦),信仰の論理(柳田謙十郎),幽玄論(久松真一)
◇仏教とキリスト教　鈴木大拙著　京都　法蔵館　1949　82p　19cm
◇妙好人　鈴木大拙著　京都　大谷出版社　1949　401p 図版　19cm
◇臨済の基本思想―臨済録における「人」思想の研究　鈴木大拙著　中央公論社　1949　243p　22cm
◇宗教と文化　鈴木大拙著　金沢　仏教文化協会　1948　102p　19cm　(仏教文化叢書　第4輯)
◇浄土系思想論　鈴木大拙著　3版　京都　法蔵館　1948　470p　22cm
◇禅一拶―これは「禅百題」の姉妹篇である　鈴木大拙著　竜吟社　1948　132p　15cm
◇禅と日本文化　鈴木大拙著, 北川桃雄訳　6版　岩波書店　1948　196p　17cm　(岩波新書　第75)
◇禅と日本文化　鈴木大拙著, 北川桃雄訳

岩波書店　1948　196p　17cm　(岩波新書 75)
◇禅の思想　鈴木大拙著　再版　清水書店　1948　240p　18cm
◇禅の思想　鈴木大拙著　清水書店　1948　240p　19cm
◇禅堂生活　鈴木大拙著　大蔵出版　1948　226p　19cm
◇驢鞍橋　鈴木正三著, 鈴木大拙校訂　岩波書店　1948　254p　15cm　(岩波文庫 3767-3769)
◇宗教と生活　鈴木大拙著　大蔵出版　1947　340p　19cm
◇日本の霊性化　鈴木大拙著　京都　法蔵館　1947　202p　21cm
◇仏教の大意　鈴木大拙著　京都　法蔵館　1947　136p　19cm
◇今北洪川　鈴木大拙著　雄山閣　1946　274p　19cm
◇霊性的日本の建設　鈴木大拙著　大東出版社　1946　296p　22cm
◇燉煌出土積翠軒本絶観論　鈴木大拙編, 古田紹欽校　弘文堂　1945　37p　26cm

聖明王
せいめいおう

(生年不詳)～554年
　百済の国王で聖王とも称される。「上宮(じょうぐう)聖徳法王帝説」「元興寺伽藍流記(るき)資財帳」「日本書紀」によれば、6世紀初めに聖明王から金銅仏像、経典などが日本へ伝えられ、これが仏教伝来とされている。王は、高句麗と数度の戦いの後、新羅との戦いに敗れて戦死した。

雪舟等楊
せっしゅうとうよう

　応永27年(1420年)～(没年不詳)　室町期の禅僧画家。諱は等楊。京都相国寺で春林周藤に師事して禅を修行、賓客の接待役である知客(しか)の地位にあったといわれる。元の禅僧楚石梵琦の書から雪舟の号を得た。30歳代後半になって周防国の大名・大内家を頼って山口に移り、同地に雲谷庵を開いて画業に専念。応仁元年(1467年)大内家による遣明船で渡明し、天童山景徳禅寺首座の職を得

仏教を支えた人々

125

仏教を支えた人々

た。文明元年（1469年）帰国後、豊後に画楼を作り、石見・美濃など各地を巡り作画した。如拙・周文を画の師とあおいだ。

◇仏教を歩く no.26 雪舟利休 朝日新聞社 2004.4 32p 30cm （週刊朝日百科） 533円

◇やさしく読み解く日本絵画―雪舟から広重まで 前田恭二著 新潮社 2003.8 159p 21cm （とんぼの本） 1400円 ①4-10-602106-4

◇日本絵画の表情 第1巻 雪舟から幕末まで 細野正信著 山種総合研究所 1996.3 275p 21cm 2300円

◇日本の名僧100人 中嶋繁雄著 河出書房新社 1993.3 309p 15cm （河出文庫） 680円 ①4-309-47245-1
　[内容]第1部 中国伝来の時代 第2部 新仏教興隆の時代 第3部 乱世布教の時代 第4部 庶民仏教の時代 第5部 仏教革新の時代

◇日本水墨名品図譜 第3巻 雪舟と友松 海老根聰郎ほか編 河合正朝編 毎日新聞社 1992.12 211p 36cm 28000円 ①4-620-80303-0

◇名僧百人一話―古寺名刹百物語 2 駒敏郎ほか著 青人社 1992.9 203p 21cm 1500円 ①4-88296-106-7
　[内容]穢土と浄土 名僧百人一話 古寺名刹百物語 時代の焦点（寺院と庭園 美しき仏たち―時代と様式の流れ 仏教と文学 遊行・漂泊と仏教思想 日常語となった仏教用語）

◇週刊アーティスト・ジャパン―分冊百科シリーズ日本絵画の巨匠たち その生涯と作品と創造の源 創刊号～第15号 同朋舎出版 1992.2～5 14冊（合本1冊） 31cm 各600円

◇禅の名僧列伝 藤原東演著 佼成出版社 1990.1 269p 20cm （仏教文化選書） 1800円 ①4-333-01404-2

　[内容]1 不均斉（白隠慧鶴 雪舟等楊 鈴木正三） 2 簡素（明庵栄西 関山慧玄 鉄眼道光） 3 枯高（永平道元 道鏡慧端 至道無難） 4 自然（寂室元光 桃水雲渓 山本玄峰） 5 幽玄（蘭渓道隆 宗峰妙超 雲居希膺） 6 脱俗（一休宗純 大愚良寛 仙涯義梵） 7 静寂（盤珪永琢 沢庵宗彭 抜隊得勝）

◇図解初めての禅―禅の世界、禅語、坐禅から、禅寺めぐり、禅宗宗派ガイドまで ひろさちや編著 主婦と生活社 1989.11 223p 21cm 1500円 ①4-391-11202-7
　[内容]第1章 禅の世界―禅の魅力はここにある 第2章 坐禅―これが禅の第1歩 第3章 禅の歴史―それは釈迦から始まった 第4章 禅僧のプロフィール―なぜか型破りの名僧が多い（道元 栄西 隠元 夢窓 白隠 一休 沢庵 良寛 雪舟） 第5章 禅語・禅問答――言一句に禅がある 第6章 禅寺めぐり―名刹ベスト52 第7章 禅の修行―ひと目でわかる雲水の生活 第8章 禅と食べもの―身をきよめる精進料理あれこれ 第9章 禅宗宗派ガイド―知っておきたい宗派の特徴

◇日本美術絵画全集 第4巻 雪舟 中村渓男著 集英社 1976 147p（図共） 40cm 4600円

◇水墨美術大系 第7巻 雪舟・雪村 田中一松,中村渓男著 講談社 1973 211p（図共） 43cm 14000円

◇日本の名画 1 雪舟等楊 中島純司編著 講談社 1973 28p（おもに図） 36cm 450円

◇日本の名画―原色版 第1期 1-6 平凡社 1956 6冊（合本） 32cm
　[内容]1 雪舟（熊谷宣夫解説） 2 歌麿（近藤市太郎解説） 3 等伯（土居次義解説） 4 蕪村（鈴木進解説） 5 宗達（山根有三解説） 6 北斎（菊地貞夫解説）

沢庵宗彭　たくあんそうほう

天正元年（1573年）12月1日～正保2年（1645年）12月11日　江戸初期の臨済宗の僧。号は沢庵。10歳で浄土宗昌念寺に入った後、臨済宗に転じて、勝福寺の希先秀先、宗鏡寺の薫甫紹仲、大徳寺の春屋宗園らに師事。堺の陽春寺の一凍和沢庵の道号を受け、慶長14年（1609年）大徳寺の住持となるが三日で辞退し南宗寺に帰った。寛永6年（1629年）幕府の宗教政策に抵抗し、紫衣事件で出羽上山に

126

流されたが、後に許されて江戸広徳寺に移り、さらに大徳寺に戻った。徳川家光の帰依を受けて品川に東海寺を創建。

◇禅の人―逸話でみる高僧20人　西部文浄著　京都　淡交社　2008.1　303p　19cm　1600円　①978-4-473-03449-6
　内容　明庵栄西―日本臨済禅の開祖　永平道元―日本曹洞禅の開祖　蘭渓道隆―建長寺開山（渡来僧）　円爾弁円―東福寺開山　無学祖元―円覚寺開山（渡来僧）　無関普門―南禅寺開山　宗峰妙超―大徳寺開山　清拙正澄―開禅寺開山（渡来僧）　夢窓疎石―七朝国師、天竜寺開山　関山慧玄―妙心寺開山　寂室元光―永源寺開山　一休宗純―大徳寺の復興者　沢庵宗彭―東海寺開山　隠元隆琦―日本黄檗禅の開祖（渡来僧）　桃水雲渓―貧困のなかの禅　白隠慧鶴―臨済禅中興の祖師　誠拙周男鄒―関東臨済禅の復興者〔ほか〕

◇沢庵和尚名言集　沢庵著, 伊福吉部隆著　慧文社　2007.4　127p　22cm　5000円　①978-4-905849-70-4
　内容　もののはじめ　返答　記誦の学　有義無義　楽を問う　名所旧蹟　名聞　おづるな　烏鳶の卵　心の城郭〔ほか〕

◇沢庵和尚心にしみる88話　牛込覚心編著　国書刊行会　2003.3　254p　20cm　1900円　①4-336-04526-7

◇沢庵和尚全集　第1巻　日本図書センター　2001.11　1冊　22cm
　①4-8205-7966-5, 4-8205-7965-7

◇沢庵和尚全集　第2巻　日本図書センター　2001.11　1冊　22cm
　①4-8205-7967-3, 4-8205-7965-7
　内容　萬松語録　語録拾遺　碧巖九十偈　安心法門　上中下三字説　理氣差別論　泉南寓居記　南宗寺法度　中興法度　雜纂　詠歌大概音義

◇沢庵和尚全集　第3巻　日本図書センター　2001.11　1冊　22cm
　①4-8205-7968-1, 4-8205-7965-7
　内容　東海百首　庵百首　夢百首　梅花百首　山姥五十首和歌　東海和歌集　謫居千首　東關紀行　鎌倉遊覽記　木曾路紀行　東海道之記

◇沢庵和尚全集　第4巻　日本図書センター　2001.11　744p　22cm
　①4-8205-7969-X, 4-8205-7965-7
　内容　書簡集

◇沢庵和尚全集　第5巻　日本図書センター　2001.11　1冊　22cm
　①4-8205-7970-3, 4-8205-7965-7
　内容　東海夜話　玲瓏集　結縄集　不動智神妙録　太阿記　醫説　骨董録　旅枕

◇沢庵和尚全集　第6巻　日本図書センター　2001.11　1冊　22cm
　①4-8205-7971-1, 4-8205-7965-7
　内容　龍山二師遺稿　東海和尚紀年録　金湯抄　東海寺役者書上　東海寺輪番　南宗寺歴世略譜　萬松祖録

◇心と身体の鍛練法―沢庵に学ぶ　鎌田茂雄著　春秋社　2000.12　226p　20cm　2000円　①4-393-31266-X

◇沢庵禅師逸話選　禅文化研究所編著　京都　禅文化研究所　1998.5　220p　19cm　1800円　①4-88182-126-1
　内容　行状篇（戦乱の時代　浄土宗に出家　改衣帰禅　ほか）　逸事篇（出生の伝説　出家の因縁　坊主は乞食なり　ほか）　不動智神明録（無明住地煩悩　諸仏不動智　間、髪を容れず　ほか）

◇沢庵この一言―沢庵さんとつきあえば今日から人生の達人！　船地慧著　成星出版　1996.10　170p　19cm　1262円　①4-916008-23-5
　内容　一の巻　ものの見よう（義のある欲は無欲よりすぐれる　金銀は義のためにこそ使うべし　ほか）　二の巻　心の有りよう（上等の楽とは、苦もなく楽もないこと　足るこ とを知るは極楽　ほか）　三の巻　天のことわり（天の理法に従えば成功する　自然に従えば力はいらない　ほか）　完の巻　遺訓（ただ口をつぐんで死ぬばかりなり　門外の人家を移して遠く火災を避けること　ほか）

◇沢庵―とらわれない心　松原泰道著　広済堂出版　1995.12　308p　18cm　(Refresh life series)　1000円　①4-331-00716-2
　内容　第1章　沢庵の修行　第2章　紫衣事件　第3章　沢庵と宗矩と家光　第4章　執われないこころ　第5章　人間関係のありかた　第6章　日常生活の智慧

◇たくあん―修羅を翔ける禅僧・沢庵　船地慧著　こびあん書房　1994.8　954p　21cm　13000円　①4-87558-088-6

◇沢庵―不動智神妙録・太阿記・玲瓏集　沢庵著,市川白弦著　講談社 1994.6　172p　20cm　（禅入門 8）　2300円
①4-06-250208-9
内容　沢庵における剣と禅　現代語訳　不動智神妙録・太阿記・玲瓏集

◇沢庵和尚　ひろさちや原作, 荘司としお漫画　鈴木出版　1992.7　153p　22cm　（仏教コミックス 93）　1200円
①4-7902-1959-3
内容　沢庵和尚と将軍家光　修行の時代　沢庵と崇伝　上山のくらし　悲願達成

◇沢庵　矢野宗深著　2版　但東町（兵庫県）　仏教プロジェクトセンター　1990.7　167p　19cm　1200円

◇禅の名僧列伝　藤原東演著　佼成出版社　1990.1　269p　20cm　（仏教文化選書）　1800円　①4-333-01404-2
内容　1 不均斉（白隠慧鶴　雪舟等楊　鈴木正三）　2 簡素（明庵栄西　関山慧玄　鉄眼道光）　3 枯高（永平道元　道鏡慧端　至道無難）　4 自然（寂室元光　桃水雲渓　山本玄峰）　5 幽玄（蘭渓道隆　宗峰妙超　雲居希膺）　6 脱俗（一休宗純　大愚良寛　仙涯義梵）　7 静寂（盤珪永琢　沢庵宗彭　抜隊得勝）

◇大徳寺禅語録集成　第5巻　細田喝堂ほか編　京都　法蔵館　1989.12　427p　32cm
内容　解題　平野宗浄著．明暗双双集　沢庵宗彭著．欠伸稿　江月宗玩著．竜岳和尚偈頌　竜岳宗劉著．清巌宗渭語録　清巌宗渭著．禅海宗俊語録　禅海宗俊著．雪庵和尚語録・碧叢爛柴片　雪庵宗主著．琢玄宗璋語録　琢玄宗璋著

◇もっと孤独にもっと自由に　沢庵　鎌田茂雄著　講談社　1989.11　206p　18cm　（こんな生き方）　1100円
①4-06-193064-8
内容　乱世の武士の子　戦乱の世に青年沢庵は何をみたか　反骨の人　沢庵が宗矩に教えた平和の心　人生は夢か　生きることと死ぬこと

◇沢庵―徳川家光に慕われた名僧　船岡誠著　中央公論社　1988.5　209p　18cm　（中公新書）　520円　①4-12-100878-2
内容　1 沢庵の生涯（出石から京都へ　悟後の修行と諸寺の再建　紫衣事件と流罪　家光の信任）　2 沢庵禅の世界（日常性の禅　主体的自己の確立　辞世「夢」の意味）

◇禅の心剣の極意―沢庵の「不動智神妙録」に学ぶ　鎌田茂雄著　柏樹社　1987.2　216p　20cm　1600円

◇江戸の名僧沢庵宗彭　東京都品川区立品川歴史館編　品川区立品川歴史館　1986.11　58p　26cm

◇禅の心 剣の極意―沢庵の「不動智神妙録」に学ぶ　鎌田茂雄著　柏樹社　1986.9　216p　19cm　1600円
内容　序章 沢庵の禅と武道　第1章 とどまらない心　第2章 動いて動かず　第3章 石火の機　第4章 心の置きどころ　第5章 今日今時を過ごさず　終章 心と身体は一体不二

◇無韻筆録―山本辰一遺稿集　山本辰一著〔山本辰一〕　1985.7　263p　22cm　非売品
内容　高野山赤不動尊図の製作年代と作者の研究．九州日田の森家と画僧五岳．英一蝶の洋画論―浮絵の起源．珠光の茶の湯精神．池大雅に関する考察．沢庵和尚に関する考察．菊池容斎の作画精神．宇喜多一蕙の揮灑精神．丸山応挙に関する考察．松花堂昭乗に関する考察．吉野太夫の感情精神美

◇沢庵・江月とその時代　堺市博物館編〔堺〕　堺市博物館　1983.10　155p　26cm

◇禅の古典　7　不動智神妙録・太阿記　沢庵原著, 市川白弦著　講談社　1982.10　172p　18cm　580円　①4-06-180087-6

◇近世禅僧伝　1　沢庵和尚年譜　荻須純道著　京都　思文閣出版　1982.7　265p　22cm　5400円

◇死んで生きよ―沢庵―剣禅一如の極意　尾関宗園著　徳間書店　1981.9　235p　18cm　（Tokuma books）　700円

◇日本の禅語録　第13巻　沢庵　市川白弦著　講談社　1978.8　382p　20cm　1800円

◇不動智神妙録　沢庵宗彭著, 池田諭訳　徳間書店　1970　205p 図版　20cm　800円

◇沢庵と一糸〔酒田〕〔本間美術館〕　1963　58p（おもに図版）　13cm　（名作展図録）

◇沢庵　古田紹欽著　小山書店　1949　32p　15cm　（美術入門叢書 国立博物館編）

◇天下の老僧沢庵　伊藤康安著　学習社　1946　150p　18cm　（学習社文庫）

達磨 だるま

　6世紀ころ　達磨は略称、原名はボーディダルマ。漢字訳が菩提達磨で、菩提達摩とも書く。経歴、事績の多くが不明だが、6世紀初頭に中国で禅を広めたといわれる。達磨の禅は、壁に向かって坐禅する壁観の実践が特徴であり、九年間壁に向かって坐禅修行をしたので、壁観婆羅門(へきかんばらもん)とよばれたという。達磨は中国禅宗の祖とされ、唐の代宗(だいそう)から円覚大師と諡号された。なお、江戸期に達磨を福神として達磨人形が作られ、七転び八起きの縁起物になった。

◇光を伝えた人々―従容録ものがたり　青山俊董著　春秋社　2008.12　216p　19cm　1700円　①978-4-393-15332-1
　内容　よき人の歩かれたあとかたを尋ねて―はしがきにかえて　天地の姿が教えや宗教の原点―第一則・世尊陞座　大空のように障りなく―第二則・達磨廓然　のぼせをさげてみよう　出る息入る息が語る言葉を聞け―第三則・東印請祖　今ここに生命をかける―第四則・世尊指地　一つの春をいただいてそれぞれの花を咲かせる　当り前のことの他に仏法はない―第五則・青原米価　「花は咲いたら散る」ことに気づく―第六則・馬祖白黒　言葉の無力と言葉の力と〔ほか〕

◇従容録―禅の心髄　安谷白雲著　新装版　春秋社　2008.6　542p　22cm　4500円　①978-4-393-15330-7
　内容　世尊陞座　達磨廓然　東印請祖　世尊指地　青原米価　馬祖白黒　薬山陞座　百丈野狐　南泉斬猫　台山婆子〔ほか〕

◇〈無常のいのち〉を生きる　河野太通著　春秋社　2007.12　226p　20cm　1800円　①978-4-393-14413-8
　内容　1(南山の毒蛇　見ざる、聞かざる、言わざる　猫のことは猫にまかせよ　達磨の安心―不安を解消する)　2(嘘をつくな、泥棒するな　憲法9条をこころの中に　南冥に想う　憎しみをもたらす　一つの不動の霊性的領域たれ)　3(忍び難きを忍び、太平を開け　天性・求道利他の人　墨蹟のこころに学ぶ　主人公、めざめているか　無常のいのちを生きる)　4(「不二一如」を生きる　いつまでもあると思うな親と金)

◇日本にのこる達磨伝説　藤田琢司著　京都　禅文化研究所　2007.11　243p　19cm　1700円　①978-4-88182-229-6
　内容　オーソドックスな達磨の伝記　達磨、碁を打つ老僧に出会う　達磨、論語のにおいを嗅ぐ　達磨、手足を失う　達磨、まぶたを切り落とす―茶のはじまり　達磨、前歯を打ち折られる　達磨、日本に渡来する　達磨が日本に来た理由　達磨、松島の風景を眺める　達磨、聖徳太子と和歌を交わす　達磨は観音の化身？文殊の化身？　達磨、栄西禅師として誕生する　達磨、動物に変身する　達磨、出羽の国におもむく　達磨の袈裟―法隆寺献納宝物　二つの達磨忌

◇臨済録をめぐる断章―自己確立の方法　西村惠信著　京都　禅文化研究所　2006.11　280p　20cm　2300円　①4-88182-214-4
　内容　第1章　達磨から臨済へ　第2章『臨済録』の周辺　第3章　人間臨済の誕生　第4章　機鋒峻烈の家風　第5章　説法の舞台　第6章　臨済の教育法　第7章　仏を殺し、祖を殺すか　第8章　真仏のありか　第9章　随処に主となれ　エピローグ―臨済禅と現代

◇まんが大乗仏教―中国編　塚本啓祥監修、瓜生中脚本、芝城太郎作画　佼成出版社　2006.9　246p　22cm　1524円　①4-333-02216-9
　内容　仏教伝来　格義仏教　道安の来朝　鳩摩羅什の招聘　国家による仏教の保護と破仏・廬山の慧遠　菩提達磨と慧可　禅宗の系譜　玄奘三蔵　訳経・四大翻訳家　諸宗派の成立と発展　華厳宗　天台宗　密教の伝播と系譜　浄土教の隆盛

◇死病を生に転換した異僧盤珪　大井満著　新装版　春秋社　2005.12　254p　20cm　1600円　①4-393-13724-8
　内容　網干への道　結制の朝　毒蜘蛛　浜田の里　都の乞食　野中の庵　達磨の奇跡　労咳　漂う梅の香　悪い刺戟　梁川の見神　絶対と相対　不正の説法　理屈抜き

◇曹洞宗近世墨蹟集成　清水琢道編著　四季社　2005.11　319p　27cm　18000円　①4-88405-346-X

[内容]月桂立乗―布袋画賛　然室与廊―達磨自画賛　鈴木正三―南無大強精進勇猛佛　月舟宗胡―圓相画賛　雲山愚白―本明性圓尼姉画賛　月澗義光―三社託宣書幅　徳翁良高―圓相画賛　卍山道白―釈迦開光法語　月坡道印―七言偈頌　蔵山良機―月舟和尚詩〔ほか〕

◇30ポイントで読み解く「禅の思想」―なぜ座るのか、どんな世界が開けるのか
　長尾剛著　PHP研究所　2005.9　251p　15cm　（PHP文庫）　514円
　①4-569-66444-X
　[内容]仏教の中の禅　達磨の悟り　禅の四つのキーワード　心の苦しみ、その正体　禅の象徴『十牛図』　日本に入ってきた経緯　日本臨済宗のパイオニア・栄西　日本曹洞宗のパイオニア・道元　北条一門の心の支えだった無学　臨済宗黄金時代を築いた夢窓の功罪〔ほか〕

◇図解雑学禅　中尾良信著　ナツメ社　2005.6　255p　19cm　1400円
　①4-8163-3939-6
　[内容]第1章 インドの禅と禅の基本概念　第2章 禅の衣食住　第3章 日常会話の中の禅　第4章 中国の禅宗　第5章 日本禅宗の歴史　第6章 禅問答はなにを言いたい？　第7章 禅僧は個性の固まり　第8章 これも禅寺、あれも禅寺

◇日本禅宗の伝説と歴史　中尾良信著　吉川弘文館　2005.5　207p　19cm　（歴史文化ライブラリー 189）　1700円
　①4-642-05589-4
　[内容]中国禅宗の流れ―プロローグ　日本仏教と禅宗の出会い　栄西は禅僧か天台僧か　栄西を脅かすライバルたち　栄西の弟子とその門流　道元僧団の構成メンバー　日本禅宗の性格―エピローグ

◇花のありか―禅話集　西村惠信著　ノンブル社　2005.3　245p　20cm　2300円
　①4-931117-94-5
　[内容]1 己事究明の道を行く　2 白隠和尚の修行と悟り　3 良寛さんと詩　4 謳うも舞うも法の声　5 仏教の勘どころ　6 開眼から瞑目へ　7 花のありか　8 禅僧の死生観　9 禅宗とは何か　10 禅―無明解脱の道　11 沢庵和尚の面目

◇禅とその周辺学の研究―竹貫元勝博士還暦記念論文集　竹貫元勝博士還暦記念論文集刊行会編　京都　永田文昌堂　2005.1　905p　23cm　20000円
　①4-8162-1018-0

◇禅僧たちの「あるがまま」に生きる知恵　松原哲明著　講談社　2004.10　205p　18cm　（講談社＋α新書）　838円
　①4-06-272283-6
　[内容]第1章 臨済禅師の『臨済録』（臨済義玄の禅　中国禅は達磨から始まった ほか）　第2章 六祖慧能禅師（慧能の禅　慧能禅師の因縁由来 ほか）　第3章 馬祖道一禅師（馬祖道一の禅　坐るだけでは仏になれない ほか）　第4章 白隠禅師と『夜船閑話』（白隠慧鶴の禅　ある日の悟りとその後の苦しみ ほか）

◇図解雑学道元　中野東禅著　ナツメ社　2004.9　255p　19cm　1400円
　①4-8163-3740-7
　[内容]第1章 身心を捨ててゆく（空という精神世界に遊ぶ―禅仏教の魅力　体も心で無心になる―達磨が中国に禅を伝える ほか）　第2章 正師との出会い（船中で待機している間の出来事―阿育王山の老典座に会う　あの老典座が訪ねてきてくれた―修行とは一から十まで ほか）　第3章 求める人々との出会い（帰国後、建仁寺に帰るまで―九州から京都へ　道元は日本に何を伝えたのか―空手で日本へ帰る ほか）　第4章 深化する道元の教え（貴族の日記に記録が残されている―日本最初の本格的な僧堂が開かれる　懐奘、興聖寺最初の首座に任命される―道元に代わって懐奘が説法を行う）〔ほか〕

◇マンガ「禅」入門　中野東禅監修, 吉祥寺一矢, 八劔ヒロキ作画　講談社　2004.9　269p　16cm　（講談社＋α文庫）　724円　①4-06-256879-9
　[内容]禅問答って何？　心は持ってこられるか？―達磨安心　罪はどこに？―罪不可得　仏に帰依するといいことがあるか？―達磨廓然　〇とは何のことか？―南泉忠国師をたずねる　かわらを磨くと鏡になるか？―南岳磨せん　犬に仏性はあるか？―趙州狗子　「尽十方世界は一顆の明珠」とは何のことか？―玄沙一顆明珠　お経を三千回読んで何が得られるか？―六祖心迷法華転　自分が生まれてくる前は？―香厳撃竹〔ほか〕

◇ほっとする禅語70　続　野田大燈監修, 杉谷みどり文, 石飛博光書　二玄社　2004.3　157p　19cm　1000円
　①4-544-05128-2
　[内容]1 美しく生きる（光陰如矢―宇宙の中のあなたの一生　真玉泥中異―マイペースで輝こう ほか）　2 自分を見抜く（不識―知る必要もない　雲収山岳青―自分がはっきり見えてくる ほか）　3 どうしたらラクになれるか（達磨安心―不安のモト　花謝樹無影―蕾の季節はおとなしく ほか）　4 もう

一度、あたりまえのことから(いろは―修行の最初と最後に 挨拶―自分から ほか) 5 毎日が新鮮になる(元気―あなたの元気は順調ですか 歩々是道場―地球のどこでも修行はできる ほか)

◇心にのこる禅の名話 佐藤俊明著 大法輪閣 2004.1 217p 19cm 1800円 ⓘ4-8046-1203-3
内容 前編 禅とはなにか(今、なぜ禅か―禅への誘い 達磨と慧可の出会い 六祖・慧能の物語 南泉斬猫 ほか) 後編 禅僧の逸話(一休と裂裟の話 沢庵の「剣禅の極意」 雲居と天狗 天狗に腕をさわらせた月舟 ほか)

◇瑩山禅師「伝光録」にきく 窪田慈雲著 春秋社 2003.12 456p 20cm 4000円 ⓘ4-393-15228-X
内容 釈迦牟尼仏 摩訶迦葉尊者 阿難陀尊者 商那和修尊者 提多迦尊者 弥遮迦尊者 婆須密多尊者 仏陀難提尊者 伏駄密多尊者〔ほか〕

◇臨済宗 松原泰道著 大法輪閣 2003.10 246p 19cm (わが家の宗教 読む聞く唱えるCDブック) 1800円 ⓘ4-8046-6015-1
内容 第1章 禅の系譜(釈尊・大迦葉・阿難・達磨・慧可・慧能) 第2章 禅の思想(教外別伝 不立文字 ほか) 第3章 禅と坐禅(臨済禅とは 禅のこころ ほか) 第4章 臨済宗(宗祖臨済義玄の伝記 臨済の思想と教え ほか) 第5章 臨済宗檀信徒の生活(「坐禅和讃」に聞く 「菩薩願行文」を読む ほか)

◇達磨大師の功徳 菅野運四郎著 文藝書房 2003.7 116p 20cm 1300円 ⓘ4-89477-150-0

◇禅学研究の諸相―田中良昭博士古稀記念論集 田中良昭博士古稀記念論集刊行会編 大東出版社 2003.3 583,114p 22cm 20000円 ⓘ4-500-00686-9

◇中国禅僧列伝―禅語をうんだ名問答 田中博美著 京都 淡交社 2003.2 255p 19cm 1800円 ⓘ4-473-01957-8
内容 第1章 禅が若かった頃(初祖達磨から六祖慧能まで 六祖慧能以降の系譜 ほか) 第2章 馬祖道一とその弟子たち(馬祖道一 ほか) 第3章 臨済宗と曹洞宗の始祖たち(臨済義玄とその分身普化 洞山良价とそのに弟子 ほか) 第4章 『碧巌録』のなかに活きる禅僧たち(霊雲志勤とと香厳智閑 龍牙居遁と香林澄遠 ほか)

◇瑩山 瑩山原著, 飯田利行編訳 国書刊行会 2002.5 260p 23cm (現代語訳洞門禅文学集) 6500円 ⓘ4-336-04352-3
内容 瑩山和尚伝光録訳(抜粋)(第一祖摩訶迦葉 第二十八祖(中国初祖)菩提達磨 第三十祖(中国三祖)鑑智僧璨 第三十一祖(中国四祖)大医道信 第三十三祖(中国六祖)大鑑慧能 第三十五祖(中国八祖)石頭希遷 第三十八祖(中国十一祖)洞山悟本 第四十四祖(中国十七祖)投子義青 ほか)

◇仏教とは何か 水上勉著 河出書房新社 2002.5 352p 22cm (水上勉自選仏教文学全集 1) 3500円 ⓘ4-309-62151-1
内容 「般若心経」を読む 禅とは何か―それは達磨から始まった 「禅の道」紀行

◇正法眼蔵・行持 下 道元原著, 安良岡康作全訳注 講談社 2002.2 446p 15cm (講談社学術文庫) 1300円 ⓘ4-06-159529-6
内容 菩提達磨章(真丹初祖の西来東土は、般若多羅尊者の教勅なり) 神光慧可章(真丹第二祖、大祖、正宗普覚大師は) 石頭希遷章(石頭大師は、草庵を大石にむすびて、石上に坐禅す) 大医道信章(第三十一祖、大医禅師は、十四歳のそのかみ、三祖大師をみしよう) 長慶慧稜章(長慶の慧稜和尚は、雪峯下の尊宿なり) 芙蓉道楷章(芙蓉山の楷祖、もはら、行持見成の本源なり) 後馬祖道一章(洪州江西開元寺大寂禅師、諱道一、漢州十方県の人なり) 大満弘忍章(第三十二祖、大満禅師は、黄梅人なり) 天道如浄章(先師、天童和尚は、越上人事なり) 行持の総括(しづかにおもふべし。一生、いくばくにあらず)〔ほか〕

◇懐奘・大智 懐奘,大智原著,飯田利行編訳 国書刊行会 2001.7 280p 23cm (現代語訳洞門禅文学集) 6500円 ⓘ4-336-04354-X
内容 光明蔵三昧 大智偈頌(仏誕生(仏誕生) 仏成道(仏成道) 仏涅槃(仏涅槃) 出山相(出山の相) 達磨(達磨) 魚籃(魚籃) ほか)

◇達磨大師の余韻 菅野運四郎著 文藝書房 2000.1 170p 20cm 1400円 ⓘ4-89477-050-4

◇日本に来た達磨 久野昭著 南窓社 1998.10 157p 22cm 2800円 ⓘ4-8165-0230-0
内容 達磨、聖徳太子に会う 達磨、両手両足を失う 達磨、七転八起を説く

◇禅の心髄従容録 安谷白雲著 新装版 春秋社 1998.9 542p 22cm 4500円 ⓘ4-393-15316-2

仏教を支えた人々

◇マンガ禅の思想　蔡志忠作画，和田武司訳，野末陳平監修　講談社　1998.6　323p　16cm　（講談社＋α文庫）　780円
①4-06-256270-7
　[内容]『禅の思想』について　禅の知恵（禅とは　波の目ざめ　茶一杯の禅理　無の境地ほか）　禅をつくった人々（達磨和尚と禅の誕生　禅を集大成した六祖慧能　教えは他人に請うな　ほか）

◇達磨大師の生涯　菅野運四郎著　文藝書房　1998.3　213p　20cm　1700円
①4-938791-77-3

◇ダルマ　柳田聖山著　講談社　1998.1　441p　15cm　（講談社学術文庫）　980円
①4-06-159313-7
　[内容]1 一つのダルマ像（敦煌文書の発見　鈴木大拙と初期禅宗史　二つの民俗）　2 ダルマの伝記（ダルマの来た道　日本に来ていたダルマ　日本達磨宗は何を説いたか　ほか）　3 ダルマの思想　4 ダルマと現代（碑文の時代　新しいダルマ像　『達磨多羅禅経』　日本とチベットへの新しい波紋）

◇道元さんの安楽説法―「正法眼蔵」を読み解く　中山正和著　浩気社　1997.12　261p　20cm　1800円　①4-906664-04-0
　[内容]第1章 ものみな来りて我を証するのこと―「現成公案」の巻　第2章 全身を使って考えるのこと―「全機」の巻　第3章 持って生まれた「知慧」に気づくのこと―「仏性」の巻　第4章 達磨さんの「知慧」のこと―「弁道話」の巻　第5章 般若心経のこと―「摩訶般若波羅密」の巻　第6章 死のうは一定のこと―「生死」の巻　第7章 道元さんの「悟り」談義―「有時」の巻

◇禅とは何か　古田紹欽著　日本放送出版協会　1996.12　233p　16cm　（NHKライブラリー　47）　874円
①4-14-084047-1
　[内容]第1章 心即仏　第2章 初期中国の禅　第3章 達磨禅の成立　第4章 達磨禅の発展　第5章 禅宗の成立　第6章『六祖壇経』をめぐって　第7章 禅の正と傍　第8章 唐代の禅　第9章 宋代の禅　第10章 初期日本の禅　第11章 栄西と道元　第12章 禅の日本的展開

◇達摩の語録―二入四行論　柳田聖山著　筑摩書房　1996.12　336, 15p　15cm　（ちくま学芸文庫）　1150円
①4-480-08309-X

◇無門関の話―無の道　藤本治著　春秋社　1996.9　194p　20cm　1854円
①4-393-14385-X
　[内容]無門関の話（犬の仏性　因果の働き　天地は一指　達磨のひげ　ほか）　人生（付）寒山詩抄（自力の限界・人生　死もよろこび・生死　心の世界・坐思　可能性の限界・有極　ほか）

◇碧巌の話―無の道　藤本治著　春秋社　1996.8　213p　20cm　1854円
①4-393-14386-8
　[内容]わしは知らん―（達磨）廓然無聖　言えば離れる―（趙州）至道無難　千年の仏、一日の仏―（馬祖）馬大師不安　雪上に霜を加える―（徳山）　宇宙は米粒の大きさ―（雪峰）雪峰尽大地　日々是れ好日―（雲門）日々好日　馬の耳に風―（法眼）慧超、仏を問う　殺活自在―（翠岩）夏末、衆に示す　大道は無門―（趙州）趙州の四門　説明にならぬ―（睦州）掠虚頭の漢〔ほか〕

◇五灯会元鈔講話―中国禅界の巨匠たち　芳賀洞然著　京都　淡交社　1996.5　565p　22cm　5800円　①4-473-01476-2
　[内容]菩提達磨と二祖慧可　六祖会下の巨匠たち　馬祖とその弟子　青原行思とその法系　黄檗希運とその周辺　臨済義玄と『臨済録』　曹洞宗の成立〔ほか〕

◇達磨入門―この生きざまを見よ　松浦英文著　潮文社　1996.2　226p　18cm　（Chobunsha live）　780円

◇茶席の禅語　下　西部文浄著　橘出版　1994.5　304p　16cm　（タチバナ教養文庫）　980円　①4-88692-402-6
　[内容]禅語解説（白雲断処家山妙　紫羅帳裏撒真珠　行到水窮処坐看雲起時　江碧鳥逾白山青花欲然　曲終人不見江上数峰青　ほか）　画題解説（維摩居士　虎渓三笑　三教、三酸、三聖吸酢　芦葉達磨　面壁達磨　ほか）

◇ボーディダルマ　和尚著, スワミ・アナンド・ソパン訳　めるくまーる　1994.5　700p　20cm　2884円　①4-8397-0079-6
　[内容]求めないことが至福　内なる存在への旅　この本性がすなわちブッダ　ブッダは無益な修業をしない　〈あるがまま〉が人の本性　言葉を越えた理解　あなた自身の権利　過ちを犯す自由　死者は血を流さない　心のなかにいないこと　心こそ最大の敵〔ほか〕

◇こころの大地　瀬上敏雄著　春秋社　1994.3　238p　20cm　1957円
①4-393-13316-1

仏教を支えた人々

[内容] 1 ともしび抄（泥中の蓮　ある身障青年　ある一つの死　未来に浄土を ほか）　2 明珠抄（故郷の山に向かいて　母の文化　教如菊てふ花ありき ほか）　3 香風抄（うしろを見る眼　こころに涙を ほか）　4 映画抄（『達磨はなぜ東へ行ったのか』　『乳泉村の子』　昭和十八年の二つの映画）

◇だるまさんの"アイ"　塩沢邦彦著　リーベル出版　1994.2　142p　19cm　1545円　④4-89798-321-5
　[内容] 達磨大師　だるまさん

◇達磨の研究　関口真大著　岩波書店　1994.2　370, 21p　21cm　4200円　④4-00-001266-5
　[内容] 第1章 禅の思想と達磨　第2章 達磨伝の研究　第3章 達磨伝の構成とその素材　第4章 達磨伝と達磨論　第5章 達磨の本領　第6章 達磨と禅宗

◇入門仏教史―釈尊から現代までの2500年　山野上純夫著　大阪　朱鷺書房　1993.12　273p　19cm　1648円　④4-88602-164-6
　[内容] 第1章 釈尊の時代（釈尊はいつ誕生したか　釈尊の成道　釈尊の悟り　釈尊の説法　釈尊教団の分裂　悲劇をめぐるナゾ　釈尊の涅槃）　第2章 仏教の発展（"釈尊後"の仏教　部派仏教　大乗仏教　密教の誕生　仏まんだら）　第3章 中国に根づく（シルクロード　鳩摩羅什と法顕　菩提達磨　"教相判釈"の時代　玄奘の旅、十七年　密教、中国を通過　仏教が生んだ王朝　タイ仏教に学ぶ）　第4章 "仏教国"日本（聖徳太子の時代　平安仏教　末法思想と浄土教信仰　鎌倉仏教の祖師　寺請制度　平成危機―二十一世紀をどう迎えるか）

◇悟りと発見―釈迦の説法から直観の構造を科学する　中山正和著　PHP研究所　1993.1　277p　20cm　（PHPブライテスト）　1800円　④4-569-53853-3
　[内容] 序章「逆説」的仏典解釈法　第1章 仏陀が語る"悟り"の本質　第2章 仏陀の「問題解決学」　第3章 悟りを開く為の基礎知識（十二因縁説）　第4章「衆生を救う」三乗の教え　第5章 創造性開発の注意点　第6章 達磨禅から創造力開発を探る　第7章 維摩経から「真理」をつかむ　第8章 時空世界と仏教哲学

◇仏教伝来　東洋篇　梅原猛ほか著　プレジデント社　1992.11　272p　20cm　1500円　④4-8334-1467-8
　[内容] 求法の道―東洋篇　釈迦 瞑想の末「涅槃」に達す　十大弟子とその生涯　竜樹と大乗思想の完成　鳩摩羅什 経論を翻訳す　法顕 十四年余のインド求法の大旅行　玄奘三蔵と大唐西域記　達磨はなぜ東へ行ったか　仏教伝来・東洋篇「関連年譜」

◇禅の達人たち―禅問答・碧巌録を読む　立花大敬著　潮文社　1991.5　261p　20cm　1400円　④4-8063-1220-7
　[内容] カラリと開いて聖もなし（達磨廓然無聖）　知らぬ（趙州至道無難）　病む仏（馬大祖不安）　世界はあわつぶ一ツ（雪峯尽大地）　御破算で願いましては（雲門日日好日）　仏がないのが仏（法眼慧超問仏）　損に損を重ねる（翠巌夏末示衆）　さあ入れ！（趙州四門）〔ほか〕

◇不安の根を断つ―禅の名著「碧巌録」に学ぶ　赤根祥道著　経林書房　1991.5　275p　19cm　1800円　④4-7673-0374-5
　[内容] 第1章 仏にも執われるな　第2章 自己を深く掘り下げる　第3章 一切の差別を超脱する　第4章 肩の力を抜け　第5章 無理なことはするな　第6章 人生わが道を行け　第7章 一塵の中に仏を見る　第8章 心をどこにも留めるな　第9章 仏の光明の中に生きる　第10章 仏はわが心にあり

◇心の師―人生は七転八起 達磨大師の実践「二入四行論」　松原哲明著　新装改訂版　千曲秀版社　1990.9　197p　18cm　880円　④4-8050-0182-8
　[内容] 第1章 ダルマ人生のすすめ―根を下ろして生きる　第2章 人生を豊かに生きる二つの考え方―達磨大師の「二入四行論」　第3章 感動の出会いと人生―使命とは、命を使って生きること　第4章 日々を新鮮に過ごす二つの実践―写経・巡礼の方法

◇マンガ 禅入門―悟りへの道　白取春彦作, 篠崎佳久子画　サンマーク出版　1990.3　253p　19cm　1010円　④4-7631-8329-X
　[内容] 第1章 禅師―達磨と慧能　第2章 禅師―栄西と道元　第3章 禅の実践　第4章 公案禅　第5章 禅芸術

◇禅入門――一番わかりやすい　ひろさちや著　三笠書房　1989.10　251p　15cm　（知的生きかた文庫）　450円　④4-8379-0345-2
　[内容] 1 禅は「生きるための知恵」である　2 名僧に学ぶ「禅の心」―何ものにもこだわらない精神を創る！（釈尊　菩提達磨　六祖慧能　馬祖道一　大珠慧海　龐居士　南泉普願　趙従諗　倶胝和尚　臨済義玄　五祖法演　希玄道元　一休宗純　盤珪永琢　白

133

仏教を支えた人々

隠慧鶴　大愚良寛）　3 今、この時をどう生きるか

◇達磨を生活る―正法眼蔵葛藤を語る　武井哲応著　開山堂出版　1989.8　162p　20cm　1600円　⓪4-906331-01-7

◇禅の心がわかる本―僧たちの生きざまから禅の精神を探る　熊沢道竜著　日本文芸社　1989.7　254p　19cm　1100円　⓪4-537-02145-4
内容 9年間の坐禅（菩提達磨）　みずから臂を絶つ（二祖慧可）　米つき男のさとり（六祖慧能）　磚を磨いて鏡にする（南岳懐譲）　いきなり鼻をひねった師匠（馬祖道一）　一日作さざれば一日食わず（百丈懐海）　魏々堂々（黄檗希運）〔ほか〕

◇心豊かに生きる本―名僧の禅語録に学ぶ　公方俊良著　日新報道　1989.5　211p　19cm　1030円　⓪4-8174-0217-2
内容 1 視野をもっと広げよ　2 つまらない「こだわり」をなくせ　3 さらに図太く生きよ　4 自分が主役、気位を高くもて　5 どーんとヤル気を押し出せ　6 グズグズ理屈をこねるな　7 心を切り換えろ　8 知恵を絞り出せ　9 人を率いる魅力をもて　10 気力をみなぎらせよ

◇禅の芸文を考える　古田紹欽著　春秋社　1989.5　222p　20cm　2200円　⓪4-393-13621-7
内容 序 禅―その歴史を今に　禅と茶のあいだ　「墨蹟」私観　『喫茶往来』を読む　「茶の湯は禅宗なり」の源流を辿って　田中与四郎から利休居士まで　利休の茶会記から―古渓宗陳の「春風一陣」の墨蹟に関連して　「不審菴」の3文字　五山と林下　円爾の禅とその門派法脈　この書に学ぶ―『夢中問答』のこと　一休宗純を考える　海北友松筆・沢菴宗彭賛「達磨図」に寄せて　寒山と良寛　仏教と文学―芭蕉と良寛との間　俳諧僧丈草の貪欲さと脱洒と　白隠の禅とその芸術を考える

◇良寛語釈大智偈頌訳　飯田利行著　大法輪閣　1988.9　283p　22cm　3300円　⓪4-8046-1085-5
内容 前篇（仏誕生　仏成道3首　仏涅槃　出山相　達磨　魚籃　ほか）　後篇（大智禅師略伝と『大智偈頌』とのかかわり　良寛語釈大智偈頌について　森哲四郎翁略歴）

◇インド再発見―日本に生きるインドの古代文化　前田行貴著　奈良　フジタ　1988.7　240p　19cm　1700円　⓪4-89349-171-7

内容 仏蹟巡礼の先駆者達　日印文化交流の再認識　稲の栽培に成功した釈迦族　お経の原典"マイトレヤ・スートラ"　仏塔のルーツ　仏像のルーツ　印章のルーツとその意義　日本に伝承された梵語・悉曇文字　"片カナと平がな"の由来　"沈黙の悟り"を伝えた達磨（摩）　日本に来たインド人第一号法道仙人　京都の祇園祭　奈良の鹿野苑　宮中舞楽の婆羅舞と猿公ハヌマーン　蓮華とその思想　梅檀は双葉より芳しくない　木綿と更紗　紅茶の道　日本に伝承されたインドの神々

◇禅とは何か―それは達磨から始まった　水上勉著　新潮社　1988.6　296p　19cm　（新潮選書）　900円　⓪4-10-600345-7
内容 第1章 それは達磨から始まった　第2章 臨済禅を築いた祖師たち（鎌倉五山と京都五山　大応国師の「日常心是道」　大燈国師五条橋下の20年　関山慧玄と妙心寺）　第3章 反時代者道元希玄の生き方（長翁如浄に至る曹洞山脈　『正法眼蔵』の厳しい道）　第4章 曹洞大教団の誕生　第5章 一休宗純の風狂破戒　第6章 三河武士鈴木正三の場合　第7章 沢庵宗彭体制内からの視線　第8章 雲渓桃水と白隠禅師の自由自在　第9章 日本禅の沈滞を破る明国からの波（盤珪永琢を刺激した明僧　隠元隆琦の禅と念仏との合体）　第10章 大愚良寛「無住の住」の生涯　終章 民衆が純禅を支える

◇心眼をひらく　稲葉心田著　春秋社　1986.10　271p　20cm　1800円　⓪4-393-14368-X
内容 第1章 一人の自覚（心眼をひらく　一無位の真人　不二のこころ　一人の自覚　雪峯尺大地　本来の面目）　第2章 禅のこころ（達磨大師に学ぶ　国泰寺開山禅師の高徳を仰ぐ　趙州の石橋　祖師西来意　再建利生塔発願　新始めの式　難民慰問行）　第3章 衆生無辺誓願度

◇新纂大日本続蔵経　第63巻　国書刊行会　1986.7　786p　27cm　11500円
内容 菩提達磨大師略弁大乗入道四行観　菩提達磨説　ほか42編

◇達磨相承一心戒儀軌　鎌倉　松ケ岡文庫　1986.3　1冊（丁付なし）　26cm　（松ケ岡文庫復刊叢書　第1）

◇君よ心の師をもて―人生の道を開く指南書　達磨大師の実践「二入四行論」　松原哲明著，真崎守画　千曲秀版社　1984.9　192p　18cm　（チクマ新書）　850円　⓪4-8050-0069-4

134

◇達磨禅108の知恵—安心立命・無心に生きる道　赤根祥道著　日本文芸社　1983.10　262p　19cm　950円
①4-537-00875-X
◇曹洞宗選書　第10巻　法話篇　祖師忌の部　曹洞宗選書刊行会編　桜井秀雄編　京都　同朋舎出版　1982.6　275p　23cm
内容　達磨忌説教.達磨忌法話 新井石禅著. 達磨忌(十月)高田道見著. 達磨忌説教 竹中脩道著. 達磨忌説教 矢原雲昇著. 達磨忌の布教 江川太柳著. 達磨忌説教 安藤文英著. 高祖御遠忌説教.永平忌(九月)高田道見著. 高祖忌説教 熊沢泰禅著. 高祖大師報恩説教 藤田俊訓著. 高祖大師の話.太祖法要法話.太祖忌説教 保坂真哉著. 太祖降誕に因みて 山本富實著. 太祖報恩会説教 藤原順晃著. 太祖大師の話.二つの月—峨山紹碩禅師の話.両祖報恩忌法話 新井石禅著. 両祖忌の布教・両祖忌説教 石附賢道著
◇達磨と陽明　忽滑谷快天著　国書刊行会　1977.7　286p　22cm　(叢書『禅』4)　3800円
◇達磨と其諸相　木戸忠太郎著　村田書店　1977.2　882, 29p　27cm　22000円
◇金沢文庫資料全書　仏典　第1巻　禅籍篇　横浜　神奈川県立金沢文庫　1974　290p図　27cm
内容　達磨和尚観心破相論,明州大梅山常禅師語録,香厳頌,禅苑清規,冶父川老金剛若頌,正法眼蔵,坐禅儀,見性成仏論,成等正覚論并永安僧堂記,法門大綱(百丈禅師広説),正法眼蔵打聞,禅宗法語。総説・解題(鏡島元隆,河村孝道,石井修道)
◇慈雲尊者全集　首巻—第7輯　飲光著,長谷宝秀編　京都　思文閣　1974　8冊　23cm　全110000円
◇曹洞宗全書　注解4　曹洞宗全書刊行会　1972　722p　22cm
◇達摩大師の研究　関口真大著　春秋社　1969　494, 28p 図版　22cm　2500円
◇達磨の研究　関口真大著　岩波書店　1967　370p　22cm　1200円
◇達摩大師の思想と達摩禅の形成—新資料による思想史的基礎研究　達摩大師の研究　関口真大著　彰国社　1957　476, 28p 図版　22cm

ダライラマ

17世紀中期以降、チベットの元首になったデプン寺の住職名であり、観音の化身とされる最高の活仏(かつぶつ)。現在のダライラマ14世(1935年〜)は、中国と対立し、1959年以後インドに亡命中。ダライはモンゴル語の大海、ラマはチベット語の高徳の僧の意味で、ダライラマ3世が、16世紀中期にモンゴルのアルタ・ハーンから贈られた称号が始まり。

◇ダライ・ラマ 未来への希望—来日講演集　ダライ・ラマ14世テンジン・ギャツォ著, マリア・リンチェン訳　大蔵出版　2008.10　211p　19cm　1900円
①978-4-8043-3069-3
内容　二十一世紀を担う日本の子供たちへのメッセージ　意義ある人生と教育とは　現代社会と精神的価値　信ずる心と平和　普遍的な責任感—私が旅する理由　宗教と調和　仏教の基礎—『般若心経』からカマラシーラ『修習次第』へ
◇ダライ・ラマゾクチェン入門　ダライ・ラマ14世テンジン・ギャツォ著, 宮坂宥洪訳　新装版　春秋社　2008.8　331, 9p　20cm　2800円　①978-4-393-13376-7
◇ダライ・ラマ平和のために今できること　ダライ・ラマ14世著, 北川知子訳　ダイヤモンド社　2008.8　118p　20cm　1200円　①978-4-478-00626-9
◇ダライ・ラマ瞑想入門—至福への道　ダライ・ラマ14世テンジン・ギャツォ著, ゲシェー・ソナム・ギャルツェン・ゴンタ監訳, 鈴木樹代子訳　新装版　春秋社　2008.8　303p　20cm　2500円
①978-4-393-13377-4
◇知識ゼロからのダライ・ラマ入門　長田幸康著　幻冬舎　2008.8　173p　21cm　(幻冬舎の実用書 芽がでるシリーズ)　1300円　①978-4-344-90127-8
内容　第1章 入門編 そもそも「ダライ・ラ

マ」って、どんな人？　第2章　ヒマラヤに咲いた蓮華―ダライ・ラマを生んだチベットと仏教　第3章　農家の四男坊からチベットの法王へ―ダライ・ラマの半生　第4章　袈裟をまとった狼―亡命の地で闘い続けて半世紀　第5章　世界を癒すスピリチュアル・リーダー―「愛と非暴力」のパワー　第6章　人間、ダライ・ダマの素顔―世界中が心酔する理由

◇ダライ・ラマ「死の謎」を説く　ダライ・ラマ述　角川学芸出版　2008.7　215p　15cm　（角川文庫）　743円　①978-4-04-408901-6

◇ダライ・ラマ愛と非暴力　ダライ・ラマ14世テンジン・ギャツォ著, 三浦順子訳　普及版　春秋社　2008.6　318p　19cm　1500円　①978-4-393-13367-5

◇聖ツォンカパ伝　石濱裕美子, 福田洋一著　大東出版社　2008.2　299p　22cm　3800円　①978-4-500-00726-4
[内容]第1部『私の目指したことは素晴らしい』（ツォンカパ＝ロサンタクパ著）（帰敬偈　諸師について仏教の様々な教えを学ぶ　ほか）　第2部『偉大なる聖師ツォンカパの素晴らしき未曾有のご事績、信仰入門』（ケドゥプジェ＝ゲレクペルサンボ著）（幼少期出家　ほか）　第3部『宝のごとく貴き師の秘密の伝記、宝石の穂』（ケドゥプジェ＝ゲレクペルサンボ著）（師ウマパ伝　ウマパを介しての文殊との対話　ほか）　第4部『尊者ツォンカパの大いなる伝記の補遺、善説拾遺』（トクデンパ＝ジャムペルギャムツォ著）（生地と父母について　父の夢　ほか）　第5部『主ラマ様、偉大なるツォンカパのご事績を描いたタンカ』（ツォンカパの前世　誕生と少年期　ほか）

◇ダライ・ラマ365日を生きる智慧　ダライ・ラマ14世テンジン・ギャツォ著, レーヌカ・シン編, 谷口富士夫訳　新装版　春秋社　2007.11　221, 7p　19cm　1700円　①978-4-393-13361-3

◇ダライ・ラマハートフル・メッセージ　ダライ・ラマ14世テンジン・ギャツォ著, 鈴木樹代子訳　春秋社　2007.11　141p　16cm　1200円　①978-4-393-13360-6

◇多田等観全文集―チベット仏教と文化　多田等観著, 今枝由郎監修・編集　白水社　2007.9　395, 27p　20cm　6200円　①978-4-560-03047-9
[内容]第1章　一般　第2章　仏教・ボン教　第3章　大蔵経　第4章　歴史　第5章　旅行・地誌　第6章　風俗・習慣・食べ物　第7章　人物　第8章　書評　第9章　回顧　第10章　英文論文

◇ヒューマン・バリュー―人間の本当の値打ちとは　ダライ・ラマ著, 宮坂宥洪編訳, マリア・リンツェン原訳　四季社　2007.7　127p　19cm　（チッタ叢書）　1280円　①978-4-88405-527-1
[内容]第1章　やさしい心―健康と幸福の鍵（日本人の可能性について　私も悪しき感情を持っています　すばらしい人間の素質　ほか）　第2章　慈悲―仏教徒からの世界平和と人権救済のメッセージ（同じ釈尊の弟子として　どんな生物でも苦しみたくない　嫉妬をなくしていく　ほか）　質疑応答（守護霊は存在するか―仏教徒なら気にすることはありません　人生の選択に迷ったときは一心の平安に努めてください　どうして人は人を殺すのか―育て方次第だったのではないでしょうか　ほか）

◇目覚めよ仏教！―ダライ・ラマとの対話　上田紀行著　日本放送出版協会　2007.6　230p　図版12枚　19cm　（NHKブックス　1087）　1070円　①978-4-14-091087-0
[内容]序章　ダラムサラへの道　第1章　仏教は役にたつのか　第2章　慈悲をもって怒れ　第3章　愛と執着　第4章　目覚めよ日本仏教！　対談を終えて

◇抱くことば　ダライ・ラマ14世テンジン・ギャツォ著, グレート・ザ・歌舞伎町写真　イースト・プレス　2006.11　159p　18cm　1200円　①4-87257-740-X

◇ダライ・ラマが語る般若心経　ダライ・ラマ述, 大谷幸三文　角川学芸出版　2006.11　178p　21cm　2286円　①4-04-621093-1

◇14人のダライ・ラマ―その生涯と思想　上　グレン・H.ムリン著, 田崎國彦, 渡邉郁子, クンチョック・シタル訳　春秋社　2006.10　604p　22cm　6800円　①4-393-13725-6
[内容]序章　ダライ・ラマ一世以前の転生譜―観音と観音の化身の連なり　第1章　ダライ・ラマ一世―「ダライ・ラマ転生譜」のはじまり　第2章　ダライ・ラマ二世―確立された「転生の連なり」　第3章　ダライ・ラマ三世―ギャムツォからダライへ　第4章　ダライ・ラマ四世―チンギス・ハンの子孫　第5章　ダライ・ラマ五世―ダライ・ラマ政権と近代チベットの誕生

◇14人のダライ・ラマ―その生涯と思想　下　グレン・H.ムリン著, 田崎國彦, 渡邉

郁子, クンチョック・シタル訳　春秋社　2006.10　565, 97p　22cm　7000円　ⓘ4-393-13726-4
[内容]第6章 ダライ・ラマ六世―チベット人の永遠の恋人　第7章 ダライ・ラマ七世―学僧、密教の修行者、転輪聖王として　第8章 ダライ・ラマ八世―簡素な僧侶として　第9章 ダライ・ラマ九世～十二世―静かなる時代　第10章 ダライ・ラマ十三世―学僧、密教の修行者、改革の政治家として　第11章 ダライ・ラマ十四世―インド亡命からノーベル賞受賞まで　エピローグ―乗り越えられた予言、実現された予言　付録

◇ダライ・ラマの言葉―聞き書き　松本榮一著　日本放送出版協会　2006.10　245p　18cm　（生活人新書 194）　740円　ⓘ4-14-088194-1

◇思いやり　ダライ・ラマ14世テンジン・ギャツォ著, マリア・リンチェン訳　サンマーク出版　2006.9　110p　19cm　1200円　ⓘ4-7631-9721-5

◇ダライ・ラマとパンチェン・ラマ　イザベル・ヒルトン著, 三浦順子訳　ランダムハウス講談社　2006.9　461p　15cm　950円　ⓘ4-270-10054-0

◇思いやりのある生活　ダライ・ラマ十四世テンジン・ギャムツォ述, 沼尻由起子訳　光文社　2006.3　168p　16cm　（知恵の森文庫）　552円　ⓘ4-334-78414-3

◇素顔のダライ・ラマ　ダライ・ラマ14世テンジン・ギャツォ, ビクター・チャン著, 牧内玲子訳　春秋社　2006.3　274p　20cm　2200円　ⓘ4-393-13722-1
[内容]プラハ城でのテレパシー　フー・マンチューの顎ひげ　胸壁の上の二人の僧侶　ロンドンデリーの男　臍下の炎　最も利他的な人間　ゴムアヒルと数学　因陀羅網の珠玉　寝室のライフル　黄金色の僧衣　ボードガヤーの韓国人学者　目に見えない陽性のエネルギー　粘土を作るように　スペース・ヨギのできるまで　白い凧がはためく　サインされない何枚かの写真　自分勝手な仏たち　ブルーベリーの冷たさ　BBCを瞑想する　洗練された心、穏やかな心

◇ダライ・ラマ法王の実践幸福論　ダライ・ラマ14世原案, ロスアルトス・スタディー・グループ編著, ペマ・ギャルポ訳　あ・うん　2005.5　149p　21cm　1300円　ⓘ4-901318-30-6

◇ダライ・ラマ死と向きあう智慧　ダライ・ラマ14世テンジン・ギャツォ著, ジェフリー・ホプキンス編, ハーディング祥子訳　地湧社　2004.10　249p　20cm　2400円　ⓘ4-88503-179-6

◇ダライ・ラマの般若心経　大谷幸三文, 菊地和男写真　ジェネオンエンタテインメント　2004.9　160p　26cm　3800円　ⓘ4-89452-832-0
[内容]序章 観音菩薩の化身、ダライ・ラマに学ぶ般若心経（呪文のような「漢訳」般若心経　仏陀自身の解釈も時々で異なる ほか）　第1章 ダライ・ラマと読み解く「悟りへの智慧」（なぜ人は「悟る」必要があるのか　輪廻を決定するカルマには優先順位がある ほか）　第2章 般若心経の真髄、「空」とは何か（中国語で読んで陥る誤ったイメージ　「空」が先か？「0」が先か？ ほか）　第3章 悟りに到る実践法（すべてが克服され、究極の涅槃に至る　衆生の救済のため、この世に止まる菩薩たち ほか）

◇ダライ・ラマ―その知られざる真実　ジル・ヴァン・グラスドルフ著, 鈴木敏弘訳　河出書房新社　2004.6　574p　20cm　2800円　ⓘ4-309-24315-0

◇ダライ・ラマ慈悲の力―来日講演集　ダライ・ラマ14世テンジン・ギャツォ著, マリア・リンチェン訳　春秋社　2004.6　227p　20cm　1700円　ⓘ4-393-13348-X
[内容]慈悲の力（同じ人間として　若者へ、未来へ向けて ほか）　日常生活の中の慈悲　科学と仏教の対話　『般若心経』の教え（釈尊とその弟子たち　『般若心経』の教え　仏教へのいざない（仏教とその歴史　縁起の見解 ほか）

◇Love？愛ってなんだろう　ダライ・ラマ14世テンジン・ギャツォ著, マリア・リンチェン同時通訳　マーブルトロン　2004.4　111p　19cm　（Marble books）　1600円　ⓘ4-12-390066-6

◇ダライ・ラマ般若心経入門　ダライ・ラマ14世テンジン・ギャツォ著, トゥプテン・ジンパ編, 宮坂宥洪訳　春秋社　2004.3　221, 3p　20cm　1900円　ⓘ4-393-13344-7
[内容]第1部 仏教の立場（内的な成長の探求　現代世界の宗教　仏教の基本　大きな乗り物　苦しみからの開放）　第2部『般若心経』の解説（『般若心経』の本文（訳）　始まりの言葉　菩薩の道に入る　無我をめぐる問題　空性の解釈　正しい見解を育てる　果の獲得）　第3部 菩薩の道（菩提心を起こす）

◇幸せに生きるために―ダライ・ラマが語る15の教え　ダライ・ラマ著, 塩原通緒訳　角川春樹事務所　2003.7　157p　20cm　1800円　Ⓘ4-7584-1013-5
　内容　セントラル・パーク, ニューヨーク市, 一九九九年八月十五日　幸せになりたい　瞑想から始めよう　物質世界と非物質世界　カルマのしくみ　煩悩を乗り越える　広大行と甚深行：道程の二つの側面　あわれみの心を育てる　あわれみについての瞑想　偏りのない心を養う　菩提心にいたる二つの道　心を一点に集中させる　奢摩他の九段階　智慧―空とは何か　究極の悟りの境地　菩提心を発する

◇ダライ・ラマ大乗の瞑想法　ダライ・ラマ14世テンジン・ギャツォ, クンチョック・シタル監訳, 鈴木樹代子訳, 齋藤保高原典訳　春秋社　2003.7　269p　20cm　2800円　Ⓘ4-393-13338-2
　内容　序章　瞑想の大切さ　第1章　心とは何か　第2章　心の準備―心を変化させる　第3章　慈悲　第4章　平等心―菩提心を成就する修行　第5章　苦しみの本質を知る　第6章　智慧　第7章　二種の瞑想（止と観）に共通する前行　第8章　集中の瞑想（止）　第9章　深い洞察の瞑想（観）を成就する　第10章　方便と智慧の一体化　『修習次第』(中編)原典訳

◇ダライ・ラマゾクチェン入門　ダライ・ラマ14世テンジン・ギャツォ著, 宮坂宥洪訳　春秋社　2003.5　331,9p　20cm　2800円　Ⓘ4-393-13340-4
　内容　第1部　ゾクチェンの「土台・道・果」について（清浄なるヴィジョン　灌頂の意味　ほか）　第2部　要点を突く三つの言葉（ゾクチェンの行程　束縛からの解脱　ほか）　第3部　ゾクチェンと仏法（四つの聖なる真理（四聖諦）　四つの印（四法印）　ほか）　第4部　すべての乗の頂点（純粋な動機　伝統的なアプローチ）　付録　悟りの真髄としての慈悲

◇幸福と平和への助言　ダライラマ著, 今枝由郎訳　トランスビュー　2003.3　204p　20cm　2000円　Ⓘ4-901510-12-6
　内容　1 さまざまな年齢の人に（若者に　成人に　ほか）　2 さまざまな状況の人に（男女に　家庭生活を営む人に　ほか）　3 さまざまな職業の人に（政治家に　法曹界の人に　ほか）　4 危機的な心境の人に（幸せな人に　不幸な人に　ほか）　5 よりよい精神生活のために（信者に　無宗教の人に　ほか）

◇ダライ・ラマ怒りを癒す　ダライ・ラマ十四世テンジン・ギャツォ著, 三浦順子訳　講談社　2003.3　269p　20cm　1900円　Ⓘ4-06-210518-7
　内容　第1講　菩薩への道　第2講　怒りの源をさぐる　第3講　苦の本質　第4講　怒りとカルマ　第5講　大切なものが傷つけられたとき　第6講　嫉妬の心を断つ　第7講　他者に敬意を払う　第8講　チベット仏教の顕教・密教の全体像

◇ダライ・ラマ, 生命と経済を語る　ダライ・ラマ, ファビアン・ウァキ著, 中沢新一, 鷲尾翠訳　角川書店　2003.3　254p　20cm　1600円　Ⓘ4-04-791440-1

◇ダライ・ラマ〈心〉の修行　ダライ・ラマ14世テンジン・ギャツォ著, マリア・リンチェン訳　春秋社　2002.12　255p　20cm　2000円　Ⓘ4-393-13342-0
　内容　さとりへ導く三つの心―『修行道の三要素』（仏教について　縁起について　ほか）　『修行道の三要素（ラムツォナムスム）』本文（偈頌）　ダライ・ラマ法王歓迎レセプションでのスピーチ　菩薩としての生き方―『入菩薩行論』第八章禅定（修行について　縁起について　ほか）　『入菩薩行論』読解（心の置き所　菩薩心を育む）

◇叡智の鏡―チベット密教・ゾクチェン入門　ナムカイ・ノルブ著, 永沢哲訳　大法輪閣　2002.9　230p　20cm　2300円　Ⓘ4-8046-1187-8
　内容　第1部　見解（すべての現象の真実のありよう　顕教と密教　ゾクチェン―自然解脱の道　ほか）　第2部　血脈（ロンデ　埋蔵教―伝授の甦り）　第3部　修行（師匠と弟子　三つの聖なる原理　死の教え）

◇チベット仏教の神髄　チベット・ハウス編, 小林秀英訳　日中出版　2002.3　427p　19cm　4200円　Ⓘ4-8175-1255-5
　内容　1 四つの執着からの解脱―キャブゴン・サキャ・ティチェン・リンポチェ師による講義（教えを受けるために　前行―最初の修行　ほか）　2 四種の観法―キャブジェ・ヨンズィンリン・リンポチェ師の講義（師僧を仏陀と観ずる観法　輪廻の世界を捨離する観法　ほか）　3 覚者の心の宝―キャブジェ・ディンゴ・ケンツェ・リンポチェ師の講義（仏法の実践　堕落した時代の錯誤　ほか）　4 瞑想による安らぎと悟り―キャブジェ・カルー・リンポチェ師の講義（心の本質　チベット仏教の教え　ほか）

◇ダライ・ラマ至高なる道　ダライ・ラマ14世テンジン・ギャツォ著, 谷口富士夫訳　春秋社　2001.11　251p　20cm　2300円　Ⓘ4-393-13339-0

◇チベット わが祖国—ダライ・ラマ自叙伝 ダライ・ラマ著, 木村肥佐生訳 改版 中央公論新社 2001.11 437p 16cm （中公文庫） 1048円 ⓘ4-12-203938-X
◇ダライ・ラマ幸福になる心 ダライ・ラマ14世テンジン・ギャツォ著, 山際素男訳 春秋社 2001.9 211p 20cm 1800円 ⓘ4-393-13336-6
◇ダライ・ラマ智慧の眼をひらく ダライ・ラマ14世テンジン・ギャツォ著, 菅沼晃訳 春秋社 2001.7 257, 17p 20cm 2500円 ⓘ4-393-13335-8
◇ダライ・ラマ自伝 ダライ・ラマ著, 山際素男訳 文藝春秋 2001.6 436p 16cm （文春文庫） 552円 ⓘ4-16-765109-2
内容 白蓮を持つ人 獅子の玉座 侵略—嵐の到来 南へ避難 共産主義中国 ネール氏の拒絶 亡命を決意 絶望の年 十万の難民 僧衣を着た狼 "魔術と神秘"について チベットからの便り 平和への提言 普遍的責任と善意
◇ダライ・ラマ365日を生きる智慧 ダライ・ラマ14世テンジン・ギャツォ著, レーヌカ・シン編, 谷口富士夫訳 春秋社 2001.4 221, 7p 20cm 1800円 ⓘ4-393-13331-5
◇チベット仏教世界の歴史的研究 石濱裕美子著 東方書店 2001.2 383p 22cm 6000円 ⓘ4-497-20103-1
内容 序論 チベット仏教世界の王権像の原型 第1章 パクパの仏教思想に基づいたフビライの王権像 第2章 『アルタン＝ハン伝』に見る一七世紀モンゴルの歴史認識 第3章 ダライラマ五世の権威確立に菩薩王思想が果した役割 第4章 ダライラマがモンゴル王侯に授与した称号の意味と評価〔ほか〕
◇ダライ・ラマの密教入門—秘密の時輪タントラ灌頂を公開する ダライ・ラマ十四世テンジン・ギャムツォ著, 石濱裕美子訳 光文社 2001.1 297p 16cm （知恵の森文庫） 571円 ⓘ4-334-78071-7
◇ダライ・ラマ智慧と慈悲—来日講演集 ダライ・ラマ14世テンジン・ギャツォ著, マリア・リンチェン訳 春秋社 2000.12 258p 20cm 1800円 ⓘ4-393-13332-3
内容 智慧と慈悲—仏教の最も大切な二つの教え（宗教について 仏教とはどのようなものか 苦しみについて ほか） 自然との共生を求めて 環境と人間—新しい生き方を求めて 人間の幸福について
◇ダライ・ラマが語る—母なる地球の子もたちへ ダライ・ラマ14世, ジャン＝クロード・カリエール著, 新谷淳一訳 紀伊國屋書店 2000.7 286p 20cm 2400円 ⓘ4-314-00874-1
◇幸福論 ダライ・ラマ14世テンジン・ギャツォ著, 塩原通緒訳 角川春樹事務所 2000.6 285p 20cm 2300円 ⓘ4-89456-190-5
◇ダライ・ラマの仏教入門—心は死を超えて存続する ダライ・ラマ十四世テンジン・ギャムツォ著, 石濱裕美子訳 光文社 2000.6 226p 16cm （知恵の森文庫） 495円 ⓘ4-334-78005-9
内容 序章 一切の苦しみから解かれるために 第1章 縁起と空の思想—人はなぜ輪廻するのか 第2章 「悟り」への道—菩薩の慈悲心の実践 第3章 「仏陀の境地」へ—空を悟る意識 第4章 生死の意味—心は死を超えて存続する
◇ダライ・ラマ愛と非暴力 ダライ・ラマ14世テンジン・ギャツォ著, 三浦順子訳 新装版 春秋社 2000.5 318p 20cm 2000円 ⓘ4-393-13330-7
内容 1 自由と平和のために（国家を超えて世界平和への道 ほか） 2 自己と他者を超えて（心の輝き 内なる変容 ほか） 3 チベットの神々（聖なる音 チベットの神々 ほか） 4 仏教精神の源へ（チベットの宝 四つの聖なる真理 ほか）
◇活仏たちのチベット—ダライ・ラマとカルマパ 田中公明著 春秋社 2000.4 210p 19cm 1700円 ⓘ4-393-13278-5
◇ダライ・ラマこころの育て方 ダライ・ラマ14世, ハワード・C.カトラー著, 今井幹晴訳 求龍堂 2000.4 341p 20cm 2200円 ⓘ4-7630-0013-6
◇ダライ・ラマ平和を語る ルイーゼ・リンザー著, 中澤英雄訳 京都 人文書院 2000.4 165p 19cm 1300円 ⓘ4-409-41071-7
◇ダライ・ラマ死をみつめる心 ダライ・ラマ14世テンジン・ギャツォ著, ハーディング祥子訳 春秋社 1999.10 241p 20cm 2300円 ⓘ4-393-13324-2
◇ダライ・ラマ日々の瞑想 ダライ・ラマ十四世テンジン・ギャツォ著, 三浦順子訳 講談社 1999.10 253p 20cm

1900円　⑭4-06-208723-5
[内容]第1章 日々の生き方と心がまえ　第2章 修行の道　第3章 初心者向けの瞑想法　第4章 仏教の全体像　第5章 智慧を見いだす　第6章 悟りへの道　補遺 初心者向きのやさしい密教瞑想法

◇ダライ・ラマ他者と共に生きる　ダライ・ラマ14世テンジン・ギャツォ著, 田崎國彦, 渡邉郁子訳　春秋社　1999.7　371p　20cm　2900円　⑭4-393-13323-4
[内容]第1章 すべては動機から　第2章「心の訓練」の歴史と特質　第3章 瞑想の実修　第4章 人間に生まれて　第5章 菩提心を起こすために　第6章 悟ることを証人に誓う　第7章 逆境を順境に転化する　第8章 空性を了解する智慧

◇ダライ・ラマ「死の謎」を説く　14世ダライ・ラマ著　徳間書店　1999.3　235p　16cm　（徳間文庫）　495円　⑭4-19-891068-5

◇チベット家族の肖像―ダライ・ラマ十四世の母　ヤンツォム・ドマ著, ペマ・ギャルポ監修, 青木真理訳　近代文芸社　1998.11　223p　20cm　1500円　⑭4-7733-6369-X

◇ダライ・ラマ、イエスを語る　ダライ・ラマ著, 中沢新一訳　角川書店　1998.5　341p　20cm　（角川21世紀叢書 1）　1600円　⑭4-04-791294-8
[内容]第1章 調和への願い　第2章 あなたの敵を愛しなさい　第3章 山上の垂訓―八福　第4章 平等心　第5章 神の国　第6章 変容　第7章 伝道　第8章 信仰　第9章 復活 キリスト教を理解するために　キリスト教用語集　仏教を理解するために　仏教用語集

◇ダライ・ラマ生き方の探究　ダライ・ラマ14世テンジン・ギャツォ著, ゲシェー・ソナム・ギャルツェン・ゴンタ, 藤田省吾共訳　春秋社　1997.10　293p　20cm　2500円　⑭4-393-13320-X

◇ダライ・ラマ瞑想入門―至福への道　ダライ・ラマ14世テンジン・ギャツォ著, ゲシェー・ソナム・ギャルツェン・ゴンタ監訳, 鈴木樹代子訳　春秋社　1997.8　303p　20cm　2500円　⑭4-393-13319-6
[内容]第1章 序論（概論　菩提道次第の起源）　第2章 前行（瞑想を行ないやすい環境を整える　心の準備 ほか）　第3章 瞑想（上師を正しく信頼し、よりどころとする　人間の可能性に気づく ほか）

◇瞑想と悟り―チベット仏教の教え　ダライ・ラマ十四世著, 柴田裕之訳　日本放送出版協会　1997.7　229p　20cm　1500円　⑭4-14-080278-2
[内容]第1章 教え　第2章 師　第3章 機会　第4章 死　第5章 転生　第6章 帰依　第7章 カルマ　第8章 四聖諦　第9章 理想の菩薩像　第10章 菩薩行

◇宇宙のダルマ　ダライ・ラマ十四世著, 永沢哲訳　角川書店　1996.11　230p　20cm　1400円　⑭4-04-791255-7
[内容]1 顕教のおしえ（乗物の分類　初転法輪　第二転法輪：空の教え ほか）　2 利他的なものの見方と生き方（利他主義の利益　内なる敵を知る　怒りと憎しみの克服 ほか）　3 密教のおしえ（密教の特徴　タントラの分類　灌頂：力の伝達 ほか）

◇ダライ・ラマの仏教哲学講義―苦しみから菩提へ　ダライ・ラマ十四世テンジン・ギャツォ著, 福田洋一訳　大東出版社　1996.7　296p　20cm　2500円　⑭4-500-00627-3
[内容]第1章 仏教における論理的思考の重要性　第2章 輪廻における生存の状況―真の苦しみ　第3章 苦しみの真の起源　第4章 苦しみの消滅と仏陀になる可能性　第5章 仏教の修行体系　第6章 利他の精神　第7章 仏教の哲学的見解

◇ダライ・ラマの密教入門―秘密の時輪タントラ灌頂を公開する　ダライ・ラマ十四世テンジン・ギャムツォ著, 石浜裕美子訳　光文社　1995.12　283p　20cm　1700円　⑭4-334-97112-1

◇空と縁起―人間はひとりでは生きられない　十四世ダライ・ラマ著, 大谷幸三訳　京都　同朋舎出版　1995.10　199p　20cm　1800円　⑭4-8104-2244-5
[内容]第1章 人生と生き方について　第2章 死と正しい死に方　第3章 感情を統御する方法　第4章 与えること、受け入れること　第5章 相互依存、相互関連、実存の法則　第6章 真の人間性の獲得に向けて

◇私たちのゆくえ―心のはしらを探して　ダライ・ラマ14世著, ペマ・ギャルポ監訳　ベストセラーズ　1995.10　239p　20cm　（ワニの選書）　1200円　⑭4-584-19121-2
[内容]幸福になるための根本原理　現代人と宗教の因果律　仏教を正しく理解する　チベット仏教の修行方法　世界平和への人間的アプローチ

◇日本の宗教　ペマ・ギャルポ著　総合法令出版　1995.8　274p　18cm　(Horei hard books)　1200円　①4-89346-473-6
[内容]はじめに　宗教のこころ　第1章　私にとっての宗教とは何か　第2章　日本人の宗教観について思うこと　第3章　チベット仏教と『死者の書』　第4章　"活仏"ダライ・ラマ法王の系譜　第5章　一四世ダライ・ラマ法王と私　第6章　「瞑想」の本当の意味　第7章　カルト宗教を考える　第8章　宗教の真の価値を見直そう　むすび　宗教はどこへ行く

◇心と生命—〈心の諸科学〉をめぐるダライ・ラマとの対話　徹底討議　ダライ・ラマ述, フランシスコ・J.ヴァレーラ, ジェレミー・W.ヘイワード編著, 山口泰司, 山口菜生子訳　青土社　1995.6　345, 9p　20cm　2400円　①4-7917-5382-8

◇ダライ・ラマの仏教入門—心は死を超えて存続する　ダライ・ラマ十四世テンジン・ギャムツォ著, 石浜裕美子訳　光文社　1995.1　226p　20cm　1700円　①4-334-97096-6
[内容]序章　一切の苦しみから解かれるために　第1章　縁起と空の思想—人はなぜ輪廻するのか　第2章　「悟り」への道—菩薩の慈悲心の実践　第3章　「仏陀の境地」へ—空を悟る意識　第4章　生死の意味—心は死を超えて存続する

◇ダライ・ラマ「死の謎」を説く—輪廻転生—生命の不可思議　14世ダライ・ラマ著　クレスト社　1994.7　235p　20cm　1800円　①4-87712-017-3
[内容]第1章　「死」とは何か〔古い衣服を着替えるがごとし〕　第2章　輪廻転生の法則〔来世, 人は何に生まれ変わるのか〕　第3章　カルマの法則〔どうすれば, 煩悩から解放されるか〕　第4章　愛と慈愛, そして性愛〔なぜ, 愛は憎しみへと変わるのか〕　第5章　欲望について〔快楽と至福の喜びはどう違うのか〕　第6章　宇宙の法則〔大宇宙の真実が語りかけるもの〕　第7章　「知」と「心」の融合〔求めつづけることの大切さ〕

◇ダライ・ラマ慈悲の教え　ダライ・ラマ14世法王テンジン・ギャツォ著, 山際素男訳　ダライ・ラマ法王日本代表部事務所　1994.7　17p　21cm

◇ダライ・ラマ法王の愛—里親制度の現実　ダライ・ラマ法王とチベット難民の子供達　助安由吉著・監修　エイト社　1993.5　238p　19cm　1000円　①4-87164-228-3

[内容]チベットとダライ・ラマ法王　ダライ・ラマ語録　ダライ・ラマの教育基本理念　「チベット教育庁」　里親制度〔ほか〕

◇ダライ・ラマ平和の哲学　ダライ・ラマ14世法王テンジン・ギャツォ著, 斎藤厳, 斎藤保高訳, 斎藤保高編　改訂版　ダライ・ラマ法王日本代表部事務所　1992.7　85p　21cm

◇ダライ・ラマ自伝　十四世ダライ・ラマ著, 山際素男訳　文芸春秋　1992.1　336p　20cm　2200円　①4-16-345720-8
[内容]第1章　白蓮を持つ人　第2章　獅子の玉座　第3章　侵略—嵐の到来　第4章　南へ避難　第5章　共産主義中国　第6章　ネール氏の拒絶　第7章　亡命を決意　第8章　絶望の年　第9章　10万の難民　第10章　僧衣を着た狼　第11章　東から西へ　第12章　"魔術と神秘"について　第13章　ティベットからの便り　第14章　平和への提言　第15章　普遍的責任と善意

◇ダライ・ラマ平和の哲学　ダライ・ラマ14世法王テンジン・ギャツォ著, 斎藤厳, 斎藤保高訳, 斎藤保高編　ダライ・ラマ法王日本代表部事務所　1992.1　84p　21cm

◇チベットの報告　2　イッポリト・デシデリ著, フィリッポ・デ・フィリッピ編, 薬師義美訳　平凡社　1992.1　349p　18cm　(東洋文庫 543)　2884円　①4-582-80543-4
[内容]第3篇　チベットに広く流布する宗教の, 誤謬と特異性について　第4篇　宣教師がどのようにしてラサをあとにし, 他の布教区をたずねてヨーロッパに帰還したか　付録　チベットとそこへの旅行の報告

◇ダライ・ラマ　山折哲雄文, 松本栄一写真　河出書房新社　1991.11　109p　27cm　2900円　①4-309-22209-9
[内容]行脚する聖者, ダライ・ラマ　ダライ・ラマの言葉（宗教者の仕事　真実を見る目　優しい人　苦痛からの解放　人間社会　死　無知を取り除く　知を得る努力　自由に生きる　真実の愛　思考の質　他人を大事にする心　心の幸せ　出会い）　チベット回想（ダラムサラ1975—侍医長イシ・トンデェンムスリー1976—ミセス・タリンの思い　ガントック1983—シッキム国の消滅　ダラムサラ1989—ダライ・ラマ謁見　ブッダガヤ1989—転生を信ずる人びと）

◇愛と非暴力—ダライ・ラマ仏教講演集　ダライ・ラマ十四世著, 三浦順子訳　春

仏教を支えた人々

秋社　1990.4　318p　20cm　1800円
①4-393-13311-0
[内容]1 自由と平和のために　2 自己と他者を超えて　3 チベットの神々　4 仏教精神の源へ

◇素顔のダライ・ラマ14世　藤田弘基撮影、ペマ・ギャルポ、神崎宣武文　ぎょうせい　1989.12　125p　30cm　2800円
①4-324-02071-X
[内容]知恵の海ダライ・ラマ法王とチベット人　ダライ・ラマ14世とチベット文化　祖国・チベット　来日されたダライ・ラマ法王　欧州議会に於けるダライ・ラマ演説　ノーベル平和賞受賞に関する第14世ダライ・ラマ法王の所感　ダライ・ラマ法王―略年譜

◇チベットわが祖国―ダライ・ラマ自叙伝　ダライ・ラマ著、木村肥佐生訳　中央公論社　1989.9　464p　16cm　（中公文庫）　660円　①4-12-201649-5
[内容]農夫の息子　悟りを求めて　心の平和　隣人・中国　侵略　共産中国との出会い　弾圧のもとで　インド巡礼の旅　決起　ラサの危機　脱出　亡命、海外流浪へ　現在と将来

◇智慧の眼　第十四世ダライ・ラマ著、菅沼晃訳　けいせい出版　1988.4　324,14p　20cm　2500円　①4-87444-366-4
[内容]知慧の眼を開く（法ダルマ　再生　二つの真理―真諦と俗諦　五つの集り・十二の領域・十八の要素　ブッダのことばの三つの収集〔三蔵〕　三蔵の実践・三学〈1〉最高の徳行の実践　三蔵の実践〈2〉最高の禅定の実践　三種の実践〈3〉最高の知慧の実践　さとりへの道　ブッダの身体と徳性）空の哲学　チベット仏教の歴史

◇ダライ・ラマの超能力　三浦聖竜裕雅著　廣済堂出版　1986.9　221p　18cm　（広済堂ブックス）　680円
①4-331-00399-X
[内容]第1章 ダライ・ラマの死と再生のドラマ　第2章 ダライ・ラマの超能力の秘密を探る　第3章 シャンバラ王国とダライ・ラマ　第4章 サーペントパワーとダライ・ラマ　付 ダライ・ラマの会得した実践法の要約

◇チベットわが祖国―ダライ・ラマ自叙伝　ダライ・ラマ著、木村肥佐生訳・註　武蔵野　亜細亜大学アジア研究所　1986.1　361p　22cm　1800円

◇仏教のこころ―ダライ・ラマ法話集　第14世ダライ・ラマ著, ペマ・ギャルポ, 椎名潤訳　講談社　1984.5　250p　20cm　1200円　①4-06-201282-0

◇密教―チベット仏教の世界　藤田弘基撮影　ぎょうせい　1983.1　225p　47cm　100000円

◇この悲劇の国、わがチベット―ダライ・ラマ自伝　第14世ダライ・ラマ著, 日高一輝訳　蒼洋社　1979.3　306p　19cm　（蒼洋社選書2）　1400円

◇チベット仏教の概要　ダライ・ラマ著, 日高一輝訳　チベット文化研究会　1978.1　28p　18cm　（チベット文化シリーズ2）

天海　てんかい

天文5年（1536？年）1月1日～寛永20年（1643年）10月2日　江戸初期の天台宗の僧。諡号は慈眼大師。会津高田で出家し、比叡山、園城寺、南都で天台、華厳、禅、密教などを学び次第に名声を高めた。常陸国江戸崎不動院、武蔵川越の喜多院の住持となって関東天台の拡大に寄与した。慶長12年（1607年）、徳川家康と会見してより側近となり、延暦寺の復興に尽力して、比叡山探題、大僧正となる。家康が死去すると、家康の遺骸を久能山から日光山に改葬し、東照宮を建立。さらに秀忠、家光の帰依を受け、江戸上野忍ケ岡に東叡山寛永寺を開創した。幕府の政治に参与し、朝廷からも厚い帰依をうけた。日本最初の一切経（天海版）を刊行するなどの業績もある。

◇天海・崇伝―政界の導者　圭室文雄編　吉川弘文館　2004.7　241p　20cm　（日本の名僧15）　2600円　①4-642-07859-2
[内容]天海（天海の魅力　天海の生涯　山王一実神道と天海　徳川家康の葬儀と天海の役割　東叡山寛永寺の成立と展開　東照宮信仰の広がり　将軍の墓　「天海」を読む）崇伝（崇伝の魅力　崇伝の生涯　法度の起草―寺院法度・禁中並公家諸法度・武家諸法

度　伴天連追放令の起草　外交官としての崇伝―異国日記を中心として　林下禅の隆盛　崇伝と大坂の陣　紫衣勅許事件）

◇仏教を歩く　no.22　天海と「江戸仏教」　朝日新聞社　2004.3　32p　30cm　（週刊朝日百科）　533円

◇日本仏教34の鍵　大久保良峻ほか編著　春秋社　2003.5　299p　19cm　1800円　①4-393-13508-3
  内容 1 古代篇（仏教伝来と聖徳太子　経典の伝来と写経 ほか）　2 中世篇（神仏習合論　新仏教と顕密体制論 ほか）　3 近世篇（幕藩体制と仏教　天海と日光東照宮 ほか）　4 近代篇（神仏分離　肉食妻帯 ほか）

◇日本の奇僧・快僧　今井雅晴著　講談社　1995.11　224p　18cm　（講談社現代新書）　650円　①4-06-149277-2
  内容 プロローグ 知的アウトサイダーとしての僧侶　1 道鏡―恋人は女帝　2 西行―放浪50年、桜のなかの死　3 文覚―生まれついての反逆児　4 親鸞―結婚こそ極楽への近道　5 日蓮―弾圧こそ正しさの証　6 一遍―捨てよ、捨てよ捨てよ　7 尊雲（護良親王）―大僧正から征夷大将軍へ　8 一休―天下の破戒僧　9 快川―心頭を滅却すれば火も自ら涼し　10 天海―超長寿の黒衣の宰相　エピローグ―僧侶と日本人

◇国文東方仏教叢書　第2輯　第4巻　消息部　鷲尾順敬編纂　名著普及会　1991.10　552p　20cm　①4-89551-576-1
  内容 法然上人消息.親鸞聖人御消息集.親鸞聖人消息.末灯鈔 従覚著.恵信尼消息.一遍上人消息.日像上人消息.日輪上人消息.抜隊和尚消息集.日陣上人消息集.顕如上人消息.教如上人消息.奥師消息集.天海僧正消息集.沢庵和尚書翰集

◇高僧―その人と教え　木内堯央ほか著　大正大学出版部　1983.3　205p　20cm　（大正大学選書 6）　1500円
  内容 最澄・空海―開かれたさとりへの道　木内堯央著．源信・法然―浄土への道　大谷旭雄著．慈円と明恵―心の世界　山田昭全著．天海と隆光　林亮勝著．慈雲・雲照―正法へのめざめ　佐藤隆賢著．付：参考文献

道　鏡
どうきょう

（生年不詳）～宝亀3年（772年）4月7日
義淵に師事し法相を学ぶ。天平宝字6年（762年）頃、孝謙上皇の信頼を得た道教をめぐり上皇と淳仁天皇が対立。これに乗じて政界に進出。大臣禅師から称徳天皇の即位によって太政大臣禅師となった後、法王の位につき権勢をふるった。神護景雲3年（769年）宇佐八幡宮の神託を理由に皇位をうばおうと画策するが、和気清麻呂らに阻止されて失敗。翌年称徳天皇が没すると、皇太子白壁王（光仁天皇）により造下野薬師寺別当に左遷され、同地で没した。

＊　＊　＊

◇空海をめぐる人物日本密教史　正木晃著　春秋社　2008.10　295p　19cm　2200円　①978-4-393-17281-0
  内容 第1章 空海以前―役行者・玄昉・道鏡（黎明　役行者―民衆レヴェルの密教、修験道の開祖　奈良密教 ほか）　第2章 空海―日本密教の創造者（若き日の謎　秘法の実践　密教の本場、唐へ渡る ほか）　第3章 空海以後―台密と東密の展開（空海を継ぐ人々　中世の密教僧　近世・近代の密教僧）

◇天平期の僧侶と天皇―僧道鏡試論　根本誠二著　岩田書院　2003.10　174p　19cm　2000円　①4-87294-293-0

◇説話の森の仏教者　根本誠二著　そうよう　2000.7　182p　19cm　1900円　①4-7938-0163-3
  内容 第1章 説話の森の住人　第2章 説話の森の原像　第3章「森」の一樹　第4章「森」を往来する人々　第5章「説話の森」から「山」へ

◇日本の奇僧・快僧　今井雅晴著　講談社　1995.11　224p　18cm　（講談社現代新書）　650円　①4-06-149277-2
  内容 プロローグ 知的アウトサイダーとしての僧侶　1 道鏡―恋人は女帝　2 西行―放浪50年、桜のなかの死　3 文覚―生まれついての反逆児　4 親鸞―結婚こそ極楽への近道　5 日蓮―弾圧こそ正しさの証　6 一遍―捨てよ、捨てよ捨てよ　7 尊雲（護良親王）―大僧正から征夷大将軍へ　8 一休―天下の破戒僧　9 快川―心頭を滅却すれば火も自ら涼し　10 天海―超長寿の黒衣の宰相　エピローグ―僧侶と日本人

◇宗教者の原点―異貌の僧との対話　久保田展弘著　新人物往来社　1995.7　286p　20cm　2800円　①4-404-02238-7
  内容 役行者―生命エネルギーを体現した修験者　能除仙―海からやって来た異界の苦行者　義淵―聖俗の間に立つ皺面の呪術者　行基―菩薩になった社会事業の先駆者　道鏡―王権に触れた山岳修行者　空也―死者と生者を癒した阿弥陀聖　重源―南無阿弥

143

陀仏と名のった勧進聖　叡尊―釈尊へ回帰した貧民救済の菩薩　覚鑁―懺悔に生きた真言念仏の行者　明恵―夢想に生きた無耳の法師〔ほか〕

◇禅の名僧列伝　藤原東演著　佼成出版社　1990.1　269p　20cm　（仏教文化選書）1800円　①4-333-01404-2

内容 1 不均斉（白隠慧鶴　雪舟等楊　鈴木正三）　2 簡素（明庵栄西　関山慧玄　鉄眼道光）　3 枯高（永平道元　道鏡慧端　至道無難）　4 自然（寂室元光　桃水雲渓　山本玄峰）　5 幽玄（蘭渓道隆　宗峰妙超　雲居希膺）　6 脱俗（一休宗純　大愚良寛　仙涯義梵）　7 静寂（盤珪永琢　沢庵宗彭　抜隊得勝）

◇道鏡　横田健一著　〔新装版〕　吉川弘文館　1988.12　275p　19cm　（人物叢書）　1800円　①4-642-05138-4

内容 1 道鏡はなぜ問題となるか　2 道鏡登場の花道　3 河内の里　4 葛木山　5 人と愛情と性格　6 道鏡の政治　7 八幡の神託　8 晩年の道鏡　藤原氏系図　皇室系図　略年譜　参考文献　河内弓削地方略図

┌─────────────────────────────────────┐
│ 道元　どうげん
│
│ 　正治2年（1200年）1月2日～建長5年（1253年）8月28日　鎌倉中期の日本曹洞宗の開祖。孝明天皇から贈られた諡号は仏東国師、明治11年（1878年）に贈られた諡号は承陽大師。諱は希玄。終世禅僧の道号を持たず、永平道元は通称。久我通親の子で、幼少時に両親と死別。建保元年（1213年）、14歳で天台座主公円について得度受戒し、仏法房道元と称した。その後比叡山をおり、園城寺、建仁寺で学び、貞応2年（1223年）明庵栄西の弟子明全とともに宋に渡る。5年間滞在して曹洞禅を学んで帰国し、一時建仁寺に入る。比叡山の迫害を恐れ、天福元年（1233年）宇治深草に移り、興聖寺を開いて「正法眼蔵」を撰述する。嘉禎2年（1236年）、同寺に日本で初めて高床の坐牀を配した僧堂を建て、禅修行道場とした。この頃、坐禅を中心とするきびしい修行に基づく日本曹洞宗を実質的に立宗する。しかし、寛元元年（1243年）比叡山の徒により同寺が破壊されたため越前に移り、翌年に大仏寺を建て、寛元4年（1246年）寺名を永平寺に改めて、修行道場とした。
└─────────────────────────────────────┘

◇道元禅師における修証の問題　山内舜雄著　慶友社　2008.4　533p　22cm　18000円　①978-4-87449-062-4

内容 「仏性」の問題から「修証」の問題へ―本書撰述の目的　序論　本書撰述の再検討と本証妙修の宗学論争の展開（「仏性」の問題から「修証」の問題へ移るプロセスの再検証　「仏性」と「修証」とのさらなる関係究明について　「本証妙修」をめぐる宗学論争とその後の展望）　本論『続』及び『第三正法眼蔵聞書抄の研究』における「修証」の再考察（『続正法眼蔵聞書抄の研究』―「仏向上」の巻における「修証」の再考察　『続正法眼蔵聞書抄の研究』―「行持」の巻における「修証」の再考察　『続正法眼蔵聞書抄の研究』―「有時」の巻における「修証」の再考察　『第三正法眼蔵聞書抄の研究』―「身心学道」の巻における「修証」の再考察〔ほか〕）

◇坐禅ひとすじ―永平寺の礎をつくった禅僧たち　角田泰隆著　角川学芸出版　2008.2　254p　15cm　（角川文庫）　629円　①978-4-04-407901-7

内容 第1章　黎明（師、如浄禅師との別れ　明全和尚と入宋する時のこと（回想）ほか）　第2章　興隆（懐奘、道元禅師を訪ねる　十六歳の義介の動揺　ほか）　第3章　誓願（道元禅師、鎌倉へ行く　義介、道元禅師不在の永平寺をまもる　ほか）　第4章　継承（懐奘禅師と義介、師弟の礼をとる　義介、嗣書を拝見するほか）　第5章　躍進（八歳の少年、永平寺に入門する　義介禅師の夢　ほか）　道元禅師が教える生きる智慧

◇仏教新世紀―鎌倉の祖師たち　塚本善隆、石田瑞麿、玉城康四郎、紀野一義著　中央公論新社　2008.2　455p　18cm　（中公クラシックス・コメンタリィ）　2600円　①978-4-12-003911-9

内容 鎌倉新仏教の創始者とその批判者―法然と明恵　真実の信心―親鸞　道元思想の展望　海の思想家―日蓮

◇禅の人―逸話でみる高僧20人　西部文浄

著　京都　淡交社　2008.1　303p　19cm　1600円　Ⓘ978-4-473-03449-6
　内容　明庵栄西―日本臨済禅の開祖　永平道元―日本曹洞禅の開祖　蘭渓道隆―建長寺開山（渡来僧）　円爾弁円―東福寺開山　無学祖元―円覚寺開山（渡来僧）　無関普門―南禅寺開山　宗峰妙超―大徳寺開山　清拙正澄―開禅寺開山（渡来僧）　夢窓疎石―七朝国師、天竜寺開山　関山慧玄―妙心寺開山　寂室元光―永源寺開山　一休宗純―大徳寺の復興者　沢庵宗彭―東海寺開山　隠元隆琦―日本黄檗禅の開祖（渡来僧）　桃水雲渓―貧困のなかの禅　白隠慧鶴―臨済禅中興の祖師　誠拙周樗―関東臨済禅の復興者〔ほか〕

◇道元禅師全集―原文対照現代語訳　第14巻　語録　道元述　伊藤秀憲、角田泰隆、石井修道訳註　春秋社　2007.12　442p　22cm　6800円　Ⓘ978-4-393-15034-4
　内容　普勧坐禅儀撰述由来　普勧坐禅儀　永平初祖学道用心集　真字『正法眼蔵』

◇山が動いている―道元禅師入門　山田健二郎著　〔大阪〕　かんぽうサービス　2007.8　420p　21cm　2857円　Ⓘ978-4-900277-98-4

◇道元禅師の寺を歩く　JTBパブリッシング　2007.7　128p　21cm　（楽学ブックス）　1600円　Ⓘ978-4-533-06783-9

◇道元禅師における仏性の問題　山内舜雄著　慶友社　2007.3　512p　22cm　18000円　Ⓘ978-4-87449-060-0
　内容　「因果」の問題から「仏性」の問題へ―本書撰述の目的　序論（道元禅の近代化過程と「仏性」をめぐる諸問題　天台義における仏性常住論―中古天台における『涅槃経』の取扱について　天台義における性徳と修徳について）　本論『続正法眼蔵開書渉』「仏性」の巻における仏性義の再考察（「仏性」第一段の再考察　「仏性」第二段の再考察　「仏性」第三段の再考察　「仏性」第四段の再考察　「仏性」第五段の再考察）

◇道元禅師全集―原文対照現代語訳　第3巻　正法眼蔵3　道元述　水野弥穂子訳註　春秋社　2006.10　324p　22cm　5000円　Ⓘ4-393-15023-6
　内容　古鏡　有時　授記　全機　都機　画餅　渓声山色　仏向上事　夢中説夢　礼拝得髄　山水経　看経

◇凡俗がよむ道元偈頌全評釈　藤木英雄著　大蔵出版　2006.10　222p　22cm　3800円　Ⓘ4-8043-3065-8

◇道元「小参・法語・普勧坐禅儀」　道元述, 大谷哲夫全訳注　講談社　2006.6　333p　15cm　（講談社学術文庫）　1050円　Ⓘ4-06-159768-X
　内容　1普勧坐禅儀　2小参（結夏の小参　解夏の小参　冬至の小参　除夜の小参）　3法語（浮生の名利、ただ刹那にあり　大道もとより名字なし　転身、いまだ這裏を離れず　教家道う「是法不可示、言辞相寂滅」　永嘉云く「河海に遊び、山川を渉って…」ほか）

◇目からウロコの道元と禅宗　佐々木俊道監修　学習研究社　2006.3　223p　20cm　（わたしの家の宗教シリーズ）　1500円　Ⓘ4-05-402987-6
　内容　1 雲水たちの修行を追う　2 エピソードでたどる禅宗の歩み　3 絵伝でたどる道元禅師の生涯　4 現代に生きる道元禅師の教え　5 道元禅師の漢詩で味わう『永平広録』より　6 寺院と人物でたどる日本の禅宗の歩み　7 禅宗と日本の文化　8 五山文学 禅僧の漢詩を読む　9 禅宗の勤行と修行―その心と実践　10 全国の禅宗寺院ガイド

◇道元―自己・時間・世界はどのように成立するのか　頼住光子著　日本放送出版協会　2005.11　126p　19cm　（シリーズ・哲学のエッセンス）　1000円　Ⓘ4-14-009328-5
　内容　第1章 真理と言葉（道元における二種の言語　真理をどう表現するか ほか）　第2章 言葉と空（主観の構図―「一水四見」「空」について）　第3章 自己と世界（「青山常運歩」とはどのような事態か　自己と全体世界との関係）　第4章 「さとり」と修行（「同時成道」について　「修証一等」とは何か ほか）　第5章 時・自己・存在（「有時」について　自己と時 ほか）

◇名僧たちの教え―日本仏教の世界　山折哲雄, 末木文美士編著　朝日新聞社　2005.9　317, 4p　19cm　（朝日選書784）　1400円　Ⓘ4-02-259884-0
　内容　第1章 仏教伝来とその広がり―飛鳥・奈良時代　第2章 密教の隆盛―平安時代　第3章 民衆に広がる仏教―鎌倉時代　第4章 権力に抗する仏教―室町・安土桃山時代　第5章 幕藩体制の中の仏教―江戸時代　第6章 新しい仏教をめざして―明治以降

◇曹洞宗　大谷哲夫監修　改訂新版　世界文化社　2005.7　238p　21cm　（よくわかる仏事の本）　1500円　Ⓘ4-418-05407-3

[内容]第1章 道元禅師の生涯と曹洞宗の歴史　第2章 曹洞宗の本尊と教義　第3章 両大本山と年中行事　第4章 日常のおつとめと作法　第5章 坐禅　第6章 読誦するおもな経典　第7章 葬儀のしきたり　第8章 法事　第9章 納骨とお墓　第10章 弔問・会葬の心得

◇道元禅を生きる　南澤道人著, 養老孟司, 波平恵美子, 奈良康明対談　四季社　2005.4　264p　19cm　1780円　①4-88405-315-X
　　[内容]第1部 道元禅を生きる(身体と精神―人間・自然・教育(養老孟司)　僧侶の育成と永平寺(波平恵美子)　大遠忌を終えて(奈良康明))　第2部 永平寺の風光(道元禅師を語る　ご存じですか永平寺　弘法大師と道元禅師の教え　道元禅師のお示しに思うこと　法語抄　追悼文二篇)

◇道元「永平広録・上堂」選　道元述, 大谷哲夫著　講談社　2005.2　289p　15cm　(講談社学術文庫)　1050円　①4-06-159698-5
　　[内容]巻頭の上堂二題　開炉の上堂　冬至の上堂　臘八成道の上堂　断臂会の上堂　歳旦(朝)の上堂　正月十五日の上堂　涅槃会の上堂　鎌倉より帰山しての上堂　釈尊降誕会の上堂〔ほか〕

◇仏教入門―名僧たちが辿りついた目ざめへの路　松原泰道著　祥伝社　2004.12　284p　16cm　(祥伝社黄金文庫)　571円　①4-396-31365-9
　　[内容]1 釈尊―仏教の元祖　2 聖徳太子―日本仏教の祖　3 最澄―天台宗開祖　4 空海―真言宗開祖　5 法然―浄土宗開祖　6 親鸞―浄土真宗開祖　7 道元―曹洞宗開祖　8 日蓮―日蓮宗開祖　9 白隠―臨済宗中興の祖

◇図解雑学道元　中野東禅著　ナツメ社　2004.9　255p　19cm　1400円　①4-8163-3740-7
　　[内容]第1章 身心を捨ててゆく(空という精神世界に遊ぶ　禅仏教の魅力　体と心で無心になる―達磨が中国に禅を伝える　ほか)　第2章 正師との出会い(船中で待機している間の出来事―阿育王山の老典座に会う　あの老典座が訪ねてきてくれた―修行とは一から十まで　ほか)　第3章 求める人々との出会い(帰国後、建仁寺に帰るまで―九州から京都へ　道元は日本に何を伝えたのか―空手で日本へ帰る　ほか)　第4章 深化する道元の教え(貴族の日記に記録が残されている―日本最初の本格的な僧堂が開かれる　懐弉、興聖寺最初の首座に任命される―道元に代わって懐弉が説法を行う)〔ほか〕

◇親鸞と道元の同異相　芳澤鶴彦著　文芸社　2004.7　275p　19cm　1500円　①4-8355-7610-1

◇開祖物語　百瀬明治著　たちばな出版　2004.5　379p　16cm　(タチバナ教養文庫)　1300円　①4-8133-1816-9
　　[内容]第1章 空海―永遠に生きる万能の超人(新時代の息吹き　仏教への覚醒　ほか)　第2章 最澄―求法の王道を歩む(宗教界の巨峰山に登る　ほか)　第3章 親鸞―苦悩の果ての歓喜(乱世と末法　清僧親鸞　ほか)　第4章 道元―身心脱落の軌跡(無常に思いをひそめて　大陸仏教への憧れ　ほか)　第5章 日蓮―不退転の『法華経』行者(日蓮の足跡　生涯を決めた疑念　ほか)

◇道元禅師全集―原文対照現代語訳　第2巻　正法眼蔵　2　道元述　水野弥穂子訳注　春秋社　2004.4　303p　22cm　5000円　①4-393-15022-8
　　[内容]第11 坐禅儀　第12 坐禅箴　第13 海印三昧　第14 空華　第15 光明　第16 行持上　第16 行持下　第17 恁麼　第18 観音

◇鎌倉新仏教　邉見陽一著　日本文学館　2004.3　210p　19cm　1200円　①4-7765-0214-3
　　[内容]1 法然の人と思想(法然の生涯　法然の思想)　2 親鸞の人と思想(親鸞の生涯　親鸞の思想)　3 一遍の人と思想(一遍の生涯　一遍の思想)　4 道元の人と思想(道元の生涯　道元の思想)　5 日蓮の人と思想(日蓮の生涯　日蓮の思想)

◇道元のコスモロジー―『正法眼蔵』の核心　岡野守也著　大法輪閣　2004.3　342p　20cm　2500円　①4-8046-1204-1
　　[内容]序章 道元とその時代　第1章 道元コスモロジーの確立―「一顆明珠」の巻を中心に　第2章 道元倫理学の完成―「諸悪莫作」の巻　第3章 道元の死生学―「全機」の巻を中心に　第4章 全肯定の思想―「諸法実相」の巻

◇鎌倉佛教―親鸞・道元・日蓮　戸頃重基著　中央公論新社　2004.2　203p　21cm　(中公文庫ワイド版)　3300円　①4-12-551494-1

◇道元の跫音　倉橋羊村著　北溟社　2004.2　239p　20cm　2500円　①4-89448-447-1

◇道元―孤高の禅師　中尾良信編　吉川弘文館　2003.12　226p　20cm　(日本の名僧 9)　2600円　①4-642-07853-3

内容 1 孤高の意味するもの　2 比叡山で生れた日本の禅宗と道元の仏法　3 道元の出逢いと仏法　4 中国の禅宗と道元の仏法　5 道元の清規―修行生活のマニュアルへの批判　6 なぜ『正法眼蔵』は仮名書きで遺されたか　7 道元と現代思想　8 自己をならう「因果」

◇仏教を歩く　no.3　道元　朝日新聞社　2003.11　32p　30cm　（週刊朝日百科）　533円

◇道元禅師全集―原文対照現代語訳　第16巻　宝慶記　正法眼蔵随聞記　道元述　伊藤秀憲, 東隆眞訳註　春秋社　2003.8　335p　22cm　5800円　④4-393-15036-8
　内容 宝慶記　正法眼蔵随聞記

◇道元禅師と修証義―その生涯と教えに学ぶ　大法輪閣編集部編　大法輪閣　2003.6　253p　19cm　1900円　④4-8046-1196-7
　内容 前編 道元禅師の生涯―絵入り『道元禅師伝』（誕生と少年時代　得度出家から入宋へ　中国で正師に会う　大悟し、中国より帰る　興聖寺から永平寺へ ほか）　後編 道元禅師の教え―『修証義』に生き方を学ぶ（総序　懺悔滅罪　受戒入位　発願利生　行持報恩）

◇道元禅師学道用心集講話―東洋の道の真諦　白田劫石著　市川　人間禅教団　2003.5　299p　22cm　3200円

◇道元を語る　伊藤玄二郎編　鎌倉　かまくら春秋社　2003.4　247p　20cm　1600円　④4-7740-0228-3
　内容 永平寺紀行（高田宏）　道元のここがおもしろい（村上光彦）　「今ココニ」生きる（中野孝次）　「色即是空」の風景この五十年（柳田邦男）　有時するということ（玄侑宗久）　万物無常（池田清彦）　梅花力とは何か（中西進）　現代人は面を洗って出直そう（養老孟司）　暮らしこそ基本（中村桂子）　「典座教訓」のはなし（辰巳芳子）〔ほか〕

◇禅のすすめ―道元のことば　角田泰隆著　日本放送出版協会　2003.3　284p　16cm　（NHKライブラリー）　970円　④4-14-084159-1
　内容 道を求めて　中国留学　如浄に学ぶ　仏法を広める　正伝の仏法ひとすじに　空手還郷　只管打坐　無所得・無所求・無所悟　修証一等　行持道環　大修業　道得　自己を習う　三界唯心　夢中説夢　諸悪莫作　有事〔ほか〕

◇仏道の創造者　紀野一義編　アートデイズ　2003.1　269p　20cm　1600円　④4-900708-96-8
　内容 最澄（伝教大師）―能く行ひ能く言ふは国の宝なり。　空海（弘法大師）―其れ仏法遙かにあらず、心中にして即ち近し。　法然―ただ一向に念仏すべし。　栄西―大いなる哉、心や。　親鸞―親鸞は弟子一人も持たず候。　道元―さとりとは、まどひなきものと知るべし。　日蓮―臨終の事を習ふて後に他の事を学ぶべし。　一遍―生ぜしも一人なり。死するも一人なり。　蓮如―悪凡夫の、弥陀をたのむ一念にて仏になるこそ不思議なる。　白隠―第一に死の字を参究し玉ふべし。

◇日本人魂のデザイナー―親鸞・道元・日蓮　本間俊太郎著　心泉社　2002.12　326p　19cm　1400円　④4-916109-43-0
　内容 第1章 悪人観と信の情熱―親鸞の洞察（親鸞の時代とその生涯　『歎異抄』を読む）　第2章 零次元の無我―道元のめざしたもの（禅と道元の一生　『正法眼蔵』を読む）　第3章 日蓮―仏国土の如来使（日蓮の一生、天台復興の志　日蓮の思索とその流れ）　第4章 まとめ・親鸞、道元、日蓮の共通性と差異

◇鎌倉佛教―親鸞・道元・日蓮　戸頃重基著　中央公論新社　2002.11　203p　16cm　（中公文庫）　781円　④4-12-204126-0
　内容 1 日本仏教の夜明け（古代仏教の終焉　末法悪世に生きて ほか）　2 信仰の証を求めて（自力と他力と共力　念仏の救いについて ほか）　3 さとりと愛欲の相剋（人生の恩愛をめぐって　業から自由へ ほか）　4 法灯のゆくえ（浄土教の夢と現実　本願寺教団の末路 ほか）

◇道元「禅」とは何か―「正法眼蔵随聞記」入門　第6巻　遠藤誠, 紀野一義著　現代書館　2002.11　286p　20cm　2800円　④4-7684-6842-X
　内容 濁った眼をした人間の意見など無視しろ　お釈迦さまも同じ人間だった　死ぬまでに使うカネと寿命はきまっている　金持ちで尊敬されたやつはいない　人徳は金では買えない　よく聞き、見て、行なえ　分からなかったら真似てみよ　戦闘者紀野少尉の戦陣訓　海中に竜門というところあり　慈悲なきに似たれども　学道の人、己の身をかえりみよ　よく聞き、静かに考えよ　中世的日本人たれ　問うべきことは問い、言うべきことは言う　一日絶食しても死なぬ　凡人にも苦労がある　ひとの話は素直に聞け

◇ひろさちやの「道元」を読む　ひろさち

や著　佼成出版社　2002.11　220p　19cm　1400円　ⓘ4-333-01984-2
[内容]第1章 なぜ修行しなければならないのか(なぜ修行しなければならないのか　プロとアマ ほか)　第2章「いま・ここ・われ」を楽しむ(最澄と空海　ユーザーの論理 ほか)　第3章 わが身を心をもはなちわするる(拈華微笑の公案　一人でも半人でも ほか)　第4章 布施とはむさぼらないこと(八大人覚　渇愛はかぎりなく膨らんでいく ほか)

◇道元禅師全集—原文対照現代語訳　第1巻　正法眼蔵　1　道元述　水野弥穂子訳註　春秋社　2002.10　312p　22cm　5000円　ⓘ4-393-15021-X
[内容]第1 現成公案　第2 摩訶般若波羅蜜　第3 仏性　第4 身心学道　第5 即心是仏　第6 行仏威儀　第7 一顆明珠　第8 心不可得　第9 古仏心　第10 大悟

◇道元と曹洞宗—北陸「禅の道」　金沢　北國新聞社　2002.9　144p　26cm　2200円　ⓘ4-8330-1258-8
[内容]道元の励まし(立松和平)　只管打坐への道—道元禅師の生涯　法統を継いで—教線の拡大　ゆかりの古刹探訪(曹洞第一の道場・大本山永平寺　中国人僧寂円の宝慶寺　現代に生きる出家道場・大乗寺　教線拡大の原点・永光寺　奥能登からの飛躍・総持寺祖院　技術の粋集めた大伽藍・瑞龍寺　関東に移った大本山総持寺)　永平寺に平成の寺宝—日本を代表する日本画家2氏が襖絵献納

◇道元と曹洞宗—北陸「禅の道」　福井　福井新聞社　2002.9　144p　26cm　2200円　ⓘ4-938833-39-5

◇道元・一遍・良寛—日本人のこころ　栗田勇著　増補新装版　春秋社　2002.6　240p　20cm　1800円　ⓘ4-393-13635-7
[内容]道元禅師との出逢い(眠られぬ夜に　正法の人 ほか)　一遍上人の念仏(混沌たる情念のなかで　二度の出家 ほか)　良寛さんのこころ("良寛さん"と"良寛"のあいだ　修行する良寛 ほか)　放下、捨てこそ、任運—結びにかえて　付 奥の細道の芭蕉(「みちのく」の旅の始まり—白河の関　能因、西行、一遍の足跡 ほか)

◇道元禅師旧蹟紀行　小倉玄照著　増補改訂版　誠信書房　2002.6　407p　22cm　4500円　ⓘ4-414-10117-4
[内容]誕生寺—信仰上の誕生地　木幡の山荘—歴史上の誕生地　京都国際ホテル・京都御苑・関白屋敷跡—父と母と祖父母に関わる地　高尾寺—発心の寺　横川—落髪の地　比叡山延暦寺—得度と修学の地　三井寺—公胤僧正の寺　建仁寺—栄西禅師の寺　博多と坊の津—入宋船出の地　天童山・阿育王山・天台山など—中国の祖蹟〔ほか〕

◇新道元禅師伝研究　中世古祥道著　国書刊行会　2002.5　296p　22cm　7800円　ⓘ4-336-04426-0
[内容]第1章 幼少時代　第2章 建仁寺時代　第3章 入宋時代　第4章 深草時代　第5章 越前時代　第6章 雑篇

◇永平の風—道元の生涯　大谷哲夫著　文芸社　2001.10　541p　21cm　1800円　ⓘ4-8355-3017-9
[内容]第1章 花(乱世に誕生　母の死 ほか)　第2章 ほととぎす(海を越えて　天童山へ ほか)　第3章 月(夜明け前　達磨の僧、来る ほか)　第4章 雪(越前へ　永平の地 ほか)

◇道元「禅」とは何か—「正法眼蔵随聞記」入門　第5巻　遠藤誠著　現代書館　2001.9　286p　20cm　2800円　ⓘ4-7684-6810-1
[内容]世間の評判などクソくらえ　ただ坐るダイアモンドと石ころは等価値である　親子がベタベタすると百害あって一利ない　文句を言ってくれる人のいる人は幸せである　松本智津夫も赤ん坊の時は悪人でなかった　縁を自分で選ぶ　病いは気から　人から何か言われても気にするな　ご利益を求めるな　反対給付をのぞむな　悟りを開きたいと思うな　食えなかったら食うな　貧乏人の身になってみろ　本を読むな

◇道元の読み方—今を生き切る哲学—『正法眼蔵』栗田勇著　祥伝社　2001.7　321p　16cm（祥伝社黄金文庫）　571円　ⓘ4-396-31260-1

◇道元の考えたこと　田上太秀著　講談社　2001.6　282p　15cm（講談社学術文庫）　900円　ⓘ4-06-159487-7
[内容]坐禅への信仰　礼拝への信仰　滅罪の信仰　宿善の信仰　出家至上の信仰　輪廻業報の信仰　坐禅が供養の信仰　女身は不成仏の信仰　行儀作法の制定　恩愛を超えた信仰

◇道元の世界—現代に問いかける禅　奈良康明編著　日本放送出版協会　2001.6　251p　20cm　1600円　ⓘ4-14-080597-8
[内容]第1章 道元の道　第2章 道元の思想—その基本にあるもの　第3章 現代に問いかける禅(道元と現代社会　身心の健康と坐禅 ほか)　第4章 禅が結ぶ世界(北米に広がる禅　宗教における「対話」は可能か—禅と

◇道元　道元原著, 飯田利行編訳　国書刊行会　2001.5　244p　23cm　（現代語訳・洞門禅文学集）　6500円　ⓣ4-336-04351-5
　[内容] 定本山水経（『正法眼蔵』第二十九）　宝慶記　偈頌　付　久我龍胆の賦
◇道元の漢詩―永平広録私抄　菊地良一著　足利　足利工業大学総合研究センター　2000.12　766p　22cm　15000円　ⓣ4-9900749-1-2
◇道元　松原泰道著　アートデイズ　2000.10　362p　20cm　1800円　ⓣ4-900708-70-4
　[内容] 第1章 教義への疑念　第2章 正師如浄に出会う　第3章 如浄の教えと道元の新しい悟境　第4章 最高の哲学書『正法眼蔵』　第5章 坐禅の宗教　第6章 禅と食生活―「典座教訓」を読む　第7章 日常を律する「威儀即仏法」　第8章 山川草木の説法を聞くこころ　第9章 道元と「法華経」　第10章 過去七仏の教え　第11章 道元の死生観　第12章 仏道をならうとは自己をならうなり
◇道元「禅」とは何か―「正法眼蔵随聞記」入門　第4巻　遠藤誠著　現代書館　2000.10　310p　20cm　2800円　ⓣ4-7684-6785-7
　[内容] 自分のことしか考えないやつとはつき合わない　真理のために死ぬ　善悪とは何か　明日はない　心のすき間をうめる　雨もり万歳　食えなんだら食うな　子どもや人を叱る法　永遠の世界に身をまかせる　カネとモノを追いかけるとロクなことが起きない〔ほか〕
◇道元禅師物語―人生は道場なり　赤根祥道著　新装版　大阪　東方出版　2000.10　302p　19cm　1500円　ⓣ4-88591-687-9
　[内容] 幼い心に無常を想う―やさしく美しい母と別れて　叡山で深刻な疑問に出あう―即身成仏と修行の必要を考えて　真実の仏法を求める―宋の天童山への旅に　宋の禅風にふれる―貧を学んでこそ　如浄禅師の法を嗣ぐ―正伝の仏法をもって　ここに道元あり―只管打坐、それだけを　何にもならない坐禅をめざす―はからいを捨てて　一滴の水にうつす―自己をみつめて　生きる力をつかめ―生死をあきらかに　当代下劣の人を相手にせず―玉を磨いてこそ　光陰を空くするな―善縁に近づいて　山を愛する―純粋な坐禅だけを　人生は道場なり―命ある限り

◇孤高に生きる―道元　沖本克己著　中央公論新社　2000.8　238p　20cm　（仏教を生きる 10）　1600円　ⓣ4-12-490160-7
◇道元禅師全集―原文対照現代語訳　第13巻　永平広録 4　永平語録　道元述　鏡島元隆訳註　春秋社　2000.6　283p　22cm　5600円　ⓣ4-393-15033-3
　[内容] 道元和尚広録第十（玄和尚真賛　自賛玄和尚偈頌）　永平元禅師語録（元禅師初住本京宇治県興聖禅寺語録　開闢次住越州吉祥山永平寺語録　小参　法語（示禅人）ほか）
◇親鸞・道元・日蓮―末世の開祖たち　新人物往来社　2000.4　231p　26cm　（別冊歴史読本）　1800円　ⓣ4-404-02742-7
◇道元思想の展開　倉澤幸久著　春秋社　2000.3　351p　20cm　3500円　ⓣ4-393-15224-7
　[内容] 第1章 坐禅と身心脱落―道元の前期の思想（一）　第2章 仏向上事―道元の前期の思想（二）　第3章『正法眼蔵現成公案』の考察―道元の前期の思想（三）　第4章 七十五巻本『正法眼蔵』の世界―道元の中期の思想　第5章 十二巻本『正法眼蔵』の世界―道元の後期の思想
◇道元禅師全集―原文対照現代語訳　第12巻　永平広録 3　道元述　鏡島元隆訳註　春秋社　2000.2　307p　22cm　5600円　ⓣ4-393-15032-5
　[内容] 道元和尚広録第七（永平禅寺語録）　道元和尚広録第八（越州永平寺玄和尚小参法語　普勧坐禅儀）　道元和尚広録第九（玄和尚語古）
◇道元と中国禅思想　何燕生著　京都　法藏館　2000.1　345, 37p　22cm　13000円　ⓣ4-8318-7634-8
　[内容] 第1部 道元の人と著作（道元の生涯をめぐる諸問題　迷途・覚路・夢中―道元における禅思想の形成　道元の著作について）　第2部 道元における中国禅思想の理解（道元と如浄（如浄の生涯と『如浄語録』について　『如浄続語録』の真偽をめぐって　修証思想の異同をめぐって）　彫文喪徳と琢磨増輝―道元における宏智理解について　道元の仏性論 ほか）
◇道元禅師全集―原文対照現代語訳　第11巻　永平広録 2　道元述　鏡島元隆訳註　春秋社　1999.12　286p　22cm　5600円　ⓣ4-393-15031-7
　[内容] 道元和尚広録第四―永平禅寺語録　道元和尚広録第五―永平禅寺語録　道元和尚広録第六―永平禅寺語録

◇道元禅師全集―原文対照現代語訳　第10巻　永平広録　1　道元述　鏡島元隆訳註　春秋社　1999.10　317p　22cm　5600円　①4-393-15030-9
　内容　道元和尚広録(開闢本京宇治郡興聖禅寺語録　開闢越州吉祥山大仏寺語録　永平禅寺語録)

◇道元禅師の慕古―古佛の生きざま今に　小倉玄照著　国書刊行会　1999.10　253p　20cm　2500円　①4-336-04193-8

◇道元入門　角田泰隆著　大蔵出版　1999.10　236p　20cm　2400円　①4-8043-3052-6
　内容　第1章道元の生涯(誕生から出家・修学　中国留学　帰郷　京都での道元　ほか)　第2章道元の思想(ただ坐る―坐禅の仏法　真理を表現する―道得の仏法　遙かなる道を生きる―行持道環の仏法　道元の修行観)　第3章道元と現代(道元と葬式仏教　道元思想の現代的意義)

◇道元辞典　菅沼晃編　新装版　東京堂出版　1999.9　24,271p　19cm　2200円　①4-490-10529-0
　内容　道元の生涯　道元辞典　参考文献　道元年表　中国禅宗史関係地図

◇名僧列伝　1　紀野一義著　講談社　1999.8　265p　15cm　(講談社学術文庫)　820円　①4-06-159389-7
　内容　明恵　道元　夢窓疎石　一休宗純　沢庵宗彭

◇道元「禅」とは何か―「正法眼蔵随聞記」入門　第3巻　遠藤誠著　現代書館　1999.7　302p　20cm　2800円　①4-7684-6754-7
　内容　百尺竿頭、一歩を進めよ　在家より俗物の出家　一生は夢の如し　清貧の哲学　昇進を望むな　ボロ家で結構　貧乏が一番よい　人のいい所だけをもらえ　三宝を敬う　何も求めるな〔ほか〕

◇道元思想の本質―道元禅師の垂語参究　五十嵐卓三著　国書刊行会　1999.4　378,5p　22cm　3800円　①4-336-04124-5

◇道元禅研究　伊藤秀憲著　大蔵出版　1998.12　710p　22cm　24000円　①4-8043-0541-6

◇道元の風　陽羅義光著　国書刊行会　1998.11　238p　19cm　1800円　①4-336-04120-2
　内容　母の愛情と願い　幼い少年の黄金時代　母の死―遺された写経　無常を見る　雪降りつづく母の三回忌　「道元」の誕生　叡山での失望　「歳月、人を待たず」―鴨長明入寂　栄西禅師に初相見　灯を求めて遁世者となる〔ほか〕

◇親鸞と道元―自力か、他力か　ひろさちや著　徳間書店　1998.8　270p　16cm　(徳間文庫)　533円　①4-19-890953-9

◇道元禅がよくわかる本―Q&Aで説く禅のこころ・生きる知恵　大本山永平寺大遠忌局編　PHP研究所　1998.8　235p　18cm　(PHP business library New life)　857円　①4-569-60237-1
　内容　第1章道元禅は現代人を癒すか　第2章道元禅は現代でも行なわれているか　第3章道元禅師はどんな人だったのか　第4章道元禅は現代に通用するか　第5章道元禅は暮らしを再生できるか　第6章道元禅は未来を拓くか

◇道元―正法眼蔵の言語ゲーム　春日佑芳著　新装版　ぺりかん社　1998.6　272,6p　20cm　2600円　①4-8315-0845-4
　内容　1　行ずれば証その中にあり　2　身心一如　3　諸法実相　4　将錯就錯　5　我逢我〔ほか〕

◇道元禅師伝研究　正　中世古祥道著　国書刊行会　1997.10　432p　22cm　10000円　①4-336-00349-1
　内容　序章道元禅師の諸公について　第1章幼少時代　第2章叡山時代　第3章建仁寺修学時代　第4章入宋　第5章中国時代　第6章建仁寺留錫時代　第7章深草時代　第8章越前時代　終章大涅槃

◇道元禅師伝研究　続　中世古祥道著　国書刊行会　1997.10　486,38p　22cm　13000円　①4-336-03980-1
　内容　第1章幼少時代　第2章建仁寺時代　第3章入宋・帰還時代　第4章深草時代　第5章越前時代　第6章外編

◇道元禅師　鏡島元隆著　春秋社　1997.9　205p　20cm　2200円　①4-393-15223-9
　内容　第1章宗教者道元禅師　第2章道元禅師の思想―悟りの仏法から願の仏法へ　第3章只管打坐の仏法　第4章七十五巻本『眼蔵』と十二巻本『眼蔵』　第5章道元禅師の生涯

◇古仏のまなび〈道元〉　高崎直道、梅原猛著　角川書店　1997.2　382p　15cm　(角川文庫)　824円　①4-04-198511-0
　内容　第1部無窮の仏行(禅と思想　道元の

仏教を支えた人々

生涯　仏法の正伝　現成公案）第2部『正法眼蔵』の背景─対談（高崎直道　梅原猛）第3部　道元の人生と思想（アウトサイダー道元　倫理と神秘とのあいだ）

◇道元　下　玉城康四郎著　春秋社　1996.12　585, 14p　22cm　7210円　④4-393-15222-0
　内容　第3部　比較思想上の道元（言語表現と全人格的思惟の比較思想　分析心理学と道元の全人格性　生理学上のホメオスタシスと道元の主体性）　第4部　道元思想の課題的展望（仏道者道元の死闘─「私」の苦闘　道元の仏とは何か　道元仏道の目指すもの）

◇道元　上　玉城康四郎著　春秋社　1996.11　435, 7p　22cm　6180円　④4-393-15221-2
　内容　第1部　道元思想の総括的展望（仏教思想史上における道元　真理の体現者・道元　道元思想の展望）　第2部　道元思想の諸問題（道元の冥想的世界　道元の時間論　道元の悪　道元の確実性）

◇無の道正法眼蔵の話　藤本治著　春秋社　1996.10　240p　20cm　2060円　④4-393-14387-6
　内容　弁道話の話　現成公案の話　即心是仏の話　谿声山色の話　諸悪莫作の話　有時の話　仏性の話　海印三昧の話　観音の話　柏樹子の話　身心学道の話　夢中説夢の話　空華の話　四摂法の話　仏道の話

◇道元　倉橋羊村著　沖積舎　1996.8　246p　19cm　（ちゅうせき叢書）　2300円　④4-8060-4054-1
　内容　はじめに　旅立ち　単伝　父母の風土　『永平広録』　「空華」　渡宋　尋師訪道　風鐸鳴る　山水万里　空手還郷　深草閑居　興聖寺春秋　「有時」　「生死」　風雲動く　雪三尺　鎌倉教化　「時間論」への新視点

◇道元禅の実相─『正法眼蔵』釈義　田中晃著　京都　晃洋書房　1995.12　392p　20cm　4000円　④4-7710-0807-8
　内容　大悟　海印三昧　空華　光明　恁麼　観音　全機　都機　諸悪莫作　無情説法　発菩提心（発無上心）　生死　いま道元・親鸞に学ぶもの─傲れる人本主義の反省

◇時代を変えた祖師たち─親鸞，道元から蓮如まで　百瀬明治著　清流出版　1995.11　212p　20cm　1800円　④4-916028-18-X
　内容　第1章　末法の仏教観─説話の中の聖たち　第2章　親鸞と恵信尼─お互いを観音の化身と信じて　第3章　道元─苦行専心の道　第4章　日蓮─「雑草的」たくましさの魅力　第5章　一遍─凡夫の苦悩を生きた行者　第6章　蓮如─宗教界の織田信長

◇道元思想大系　22　別巻　道元関係研究文献年表・総目次　熊本英人責任編集　京都　同朋舎出版　1995.11　264p　23cm

◇道元思想大系　中尾良信編　京都　同朋舎出版　1995.9　21冊（セット）　21cm　248000円　④4-8104-9138-2

◇道元禅師の人間像　水野弥穂子著　岩波書店　1995.5　217p　19cm　（岩波セミナーブックス　50）　1900円　④4-00-004220-3

◇道元和尚広録　上　道元述, 寺田透著訳　筑摩書房　1995.3　485p　22cm　24000円　④4-480-84150-4

◇道元和尚広録　下　道元述, 寺田透著訳　筑摩書房　1995.3　501p　22cm　24000円　④4-480-84151-2

◇道元禅師語録　大久保道舟訳註　岩波書店　1995.3　234p　15cm　（岩波文庫）　520円　④4-00-333195-8

◇道元禅師詩偈集─洞上句中玄　村上信道編著　大阪　青山社　1995.1　219p　27cm　8800円　④4-916012-34-8

◇京都周辺における道元禅師─前半生とその宗門　守屋茂著　京都　同朋舎出版　1994.9　478p　22cm　18000円　④4-8104-2040-X
　内容　道元の出生・出家　道元と叡山教学　道元の坐禅　深草・興聖寺の諸問題　宇治・興聖寺の諸問題　道元禅師研究の一側面

◇親鸞と道元─自力か，他力か　ひろさちや著　徳間書店　1994.9　237p　20cm　1500円　④4-19-860166-6

◇道元禅師の話　里見弴著　岩波書店　1994.8　305p　15cm　（岩波文庫）　570円　④4-00-310607-5
　内容　敢行と断念と　七百年　縦棒上の点　横棒上の点　誕生幼時　母の死受戒　教学時代　参禅入宋　正師の鉗鎚　深草隠棲　当処永平

◇道元─正法眼蔵・永平広録　道元, 鏡島元隆著　講談社　1994.4　435p　20cm　（禅入門　2）　3800円　④4-06-250202-X
　内容　道元─人と思想（道元の略伝　『正法眼蔵』の語義　『正法眼蔵』の説示の方法　只

151

管打坐の教え　宗教者道元禅師　ほか）　現代語訳　正法眼蔵・永平広録

◇念仏と禅——一遍・道元・良寛　越智通敏著　松山　一遍会　1994.4　440p　21cm　（一遍会双書 16）　1500円

◇宗祖としての道元禅師　衛藤即応著　岩波書店　1994.2　380p　21cm　4300円　④4-00-002934-7
　　内容　第1章 序論（仏教の発達と宗派）　第2章 道元禅師と其の時代　第3章 栄西禅師（道元禅師の先駆として）　第4章 空手還郷　第5章 正伝の仏法　第6章 正伝の仏法と禅　第7章 面授嗣法　第8章 高祖と太祖　第9章 礼拝の宗教

◇道元禅師とその宗風　鏡島元隆著　春秋社　1994.2　307, 12p　22cm　6386円　④4-393-15105-4
　　内容　道元思想の展望　『修証義』をめぐる本尊観の展開　道元禅師の引用燈史・語録について　本証妙修覚え書　十二巻本『正法眼蔵』について　『正法眼蔵八大人覚』奥書私見　続『永平広録』考　真字『正法眼蔵』をめぐる諸問題　十二巻本『正法眼蔵』の位置づけ　悟りの仏法から願の仏法へ　宗教者道元禅師　最晩年の道元禅師　志猶存　駒沢生活五十一年　「同事」のこころ

◇日本仏教人名辞典——コンパクト版　斎藤昭俊, 成瀬良徳編著　新人物往来社　1993.11　494p　20cm　3800円　④4-404-02044-9

◇七人の高僧列伝——熱く強く生きた男たち　松原哲明著　三修社　1993.9　276p　20cm　1700円　④4-384-02221-2
　　内容　最澄——一隅を照らす　空海——生まれ生まれ生まれて生のはじめに暗く　法然——ただ一向に念仏すべし　栄西——大いなるかな心や　親鸞——善人なをもて往生をとぐ、いはんや悪人をや　道元——自己をならう　日蓮——われ日本の柱とならん

◇道元思想のあゆみ　1　鎌倉時代　曹洞宗宗学研究所編　吉川弘文館　1993.7　478p　22cm　④4-642-01317-2

◇道元思想のあゆみ　2　南北朝・室町時代　曹洞宗宗学研究所編　吉川弘文館　1993.7　521p　22cm　④4-642-01318-0

◇道元思想のあゆみ　3　江戸時代　曹洞宗宗学研究所編　吉川弘文館　1993.7　578p　22cm　④4-642-01319-9

◇道元禅の世界　第2巻　田中晃著　山喜房仏書林　1993.4　450p　19cm　5800円　④4-7963-0642-0

◇道元禅の研究　新本豊三著　改訂　山喜房仏書林　1993.1　320, 9p　22cm　7800円　④4-7963-0601-3

◇道元禅師全集　第2巻　鈴木格禅ほか編，河村孝道校註　春秋社　1993.1　721p　20cm　7900円　④4-393-15012-0
　　内容　正法眼蔵 下．道元禅師著述略年譜：p655～660．解題

◇道元——その探求と悟りの足跡　和尚講話, スワミ・アンタール・ガータサンサ訳　和尚エンタープライズジャパン　1992.10　472p　20cm　（OEJ books）　2500円　④4-900612-12-X

◇道元——正法眼蔵の言語ゲーム　春日佑芳著　ぺりかん社　1992.2　272, 6p　20cm　2600円　④4-8315-0541-2
　　内容　1 行ずれば証その中にあり　2 身心一如　3 諸法実相　4 将錯就錯　5 我逢我　6 罣礙・不罣礙　7 空と無仏性　8 悉有は仏性　9 生死去来

◇道元　竹内道雄著　新稿版　吉川弘文館　1992.2　331p　19cm　（人物叢書 新装版）　1980円　④4-642-05195-3
　　内容　第1 おいたち　第2 求法の志　第3 身心脱落　第4 弘法救生　第5 1箇半箇の接得　第6 寂後の僧団

◇道元と仏教——十二巻本『正法眼蔵』の道元　袴谷憲昭著　大蔵出版　1992.2　334p　22cm　4800円　④4-8043-0522-X
　　内容　序論 道元再検討の意義　第1部 道元と般若（知慧と無知　道元の変化　禅宗の体質因果と知慧）　第2部 道元と12巻本（75巻本『正法眼蔵』編纂説再考　道元と本覚思想　「仏性」巻撰述事情考　12巻本『正法眼蔵』と懺悔の問題　深信因果と本覚思想）

◇道元とゆかりの高僧——その肖像と書　大野市歴史民俗資料館編　大野　大野市歴史民俗資料館　1991.8　36p　23×26cm

◇道元禅の成立史的研究　石井修道著　大蔵出版　1991.8　810p　22cm　15450円　④4-8043-1022-3

◇道元の世界　山折哲雄エッセイ, 小笠原由紀夫解説　佼成出版社　1991.7　237p　20cm　（仏典を知る）　1850円　④4-333-01470-0

◇道元「禅」とは何か——「正法眼蔵随聞記」入門　第2巻　遠藤誠著　現代書館　1991.7　299p　19cm　2575円

◇原典日本仏教の思想 8 道元 寺田透、水野弥穂子校注 岩波書店 1991.1 632p 22cm 4800円 ①4-00-009028-3
　内容 正法眼蔵 解説（道元における分裂「道元」上下巻の本文作成を終えて）道元禅師略年譜

◇道元禅師全集 第1巻 鈴木格禅ほか編、河村孝道校註 春秋社 1991.1 516p 20cm 6200円 ①4-393-15011-2
　内容 正法眼蔵 上. 道元禅師著述略年譜：p511〜516

◇原典日本仏教の思想 7 道元 寺田透、水野弥穂子校注 岩波書店 1990.12 589p 22cm 4600円 ①4-00-009027-5
　内容 正法眼蔵

◇時代を拓く道元禅師の仏法——正法眼蔵随聞記の解釈と解説 酒井源次著 長野 銀河書房 1990.12 331p 21cm 3800円
　内容 1 正法眼蔵随聞記の説法のあり方 2 解釈と解説

◇道元 百瀬明治著 京都 淡交社 1990.11 149p 19cm （京都・宗祖の旅） 880円 ①4-473-01144-5
　内容 1 道元の生涯と教え（道元の出生 無常に思いをひそめ 末法思想と最後の審判 出家への道 ほか） 2 京都・道元の旅（木幡山荘跡と誕生寺 比叡山横川 建仁寺 安養院跡と欣浄寺 興聖寺 六波羅蜜寺 示寂の地） 付録（道元略年表 宗派と宗祖 各寺院の住所と交通） 地図（京都市内略図 比叡山略図 道元禅師中国遍歴図）

◇道元禅師語録 鏡島元隆著 講談社 1990.10 244p 15cm （講談社学術文庫） 700円 ①4-06-158944-X
　内容 1 元禅師が初めて本京宇治県興聖寺に住する語録 2 開闢の次、越州吉祥山永平寺に住する語録 3 小参 4 法語 5 普勧坐禅儀 6 坐禅箴 7 自賛 8 偈頌

◇道元禅師四宝集 西嶋和夫編 金沢文庫 1990.9 232p 21cm 3200円 ①4-87339-039-7
　内容 普勧坐禅儀 永平初祖学道用心集 宝慶記 真字正法眼蔵 真字正法眼蔵関連法系図

◇道元 倉橋羊村著 講談社 1990.4 246p 20cm 1600円 ①4-06-204540-0
　内容 旅立ち 単伝 父母の風土 『永平広録』「空華」 渡宋 尋師訪道 風鐸鳴る 山水万里 空手還郷 深草閑居 興聖

寺春秋 「有時」「生死」 風雲動く 雪三尺 鎌倉教化

◇道元禅師全集 第7巻 鈴木格禅ほか編・校註 春秋社 1990.2 405p 20cm 4300円 ①4-393-15017-1
　内容 宝慶記 正法眼蔵随聞記 道元禅師和歌集 御遺言記録 舎利相伝記 参禅学道法語 大仏寺本尊自作起請文 証悟戒行法語 発願文 永平寺三箇霊瑞記 入宋祈願文〔ほか〕

◇禅の名僧列伝 藤原東演著 佼成出版社 1990.1 269p 20cm （仏教文化選書） 1800円 ①4-333-01404-2
　内容 1 不均斉（白隠慧鶴 雪舟等楊 鈴木正三） 2 簡素（明庵栄西 関山慧玄 鉄眼道光） 3 枯高（永平道元 道鏡慧端 至道無難） 4 自然（寂室元光 桃水雲渓 山本玄峰） 5 幽玄（蘭渓道隆 宗峰妙超 雲居希膺） 6 脱俗（一休宗純 大愚良寛 仙涯義梵） 7 静寂（盤珪永琢 沢庵宗彭 抜隊得勝）

◇道元・一遍・良寛——日本人のこころ 栗田勇著 春秋社 1990.1 216p 20cm 1400円 ①4-393-13622-5
　内容 道元禅師との出逢い（眠られぬ夜に 正法の人 青春の孤独のなかで 雪中の梅華 遊行の求道者 永遠のいま 正法眼蔵を生きる） 一遍上人の念仏（混沌たる情念のなかで 2度の出家 熊野成道・念仏賦算 六字の名号 踊躍歓喜することろ 捨て果てて） 良寛さんのこころ（"良寛さん"と"良寛"のあいだ 修行する良寛 大愚・正法眼蔵との出逢い 騰々たる任運 菩薩行 死・自然そのもののなかに） 放下、捨ててこそ、任運—結びにかえて

◇道元学の揺籃 池田魯参著 大蔵出版 1990.1 317p 20cm 3296円 ①4-8043-2504-2
　内容 序章 道元入門 1章 道元の「入宋伝法」 2章 道元の嗣法観 3章 道元の菩薩戒 4章 道元の趙宋天台学 5章 道元の本覚思想批判 6章 道元の『般若心経』解釈 7章 道元の『法華経』観 8章 道元の授記思想 9章 道元の臨終観 終章 パラダイムの意匠

◇道元禅師と仏道 上 西嶋和夫著 金沢文庫 1989.11 174p 18cm （仏道講話 3） 1100円 ①4-87339-022-2
　内容 1 道元禅師のお人柄 2 誕生・出家・渡航 3 中国からの帰国 4 著作・布教・死去 5 特記すべきこと 6 道元禅師の著作（『真字正法眼蔵』『宝慶記』『普勧坐禅儀』

『学道用心集』　『正法眼蔵』

◇道元禅師と仏道　下　西嶋和夫著　金沢文庫　1989.11　209p　18cm　(仏道講話 3)　1100円　①4-87339-023-0
[内容] 6 道元思想の著作(『正法眼蔵』『永平清規』『永平広録』)　7 道元禅師の実践哲学　8 道元禅師と日本仏教

◇道元百言百話―開祖のこころと素顔　秋月竜珉著　PHP研究所　1989.11　220p　18cm　(PHP business library)　750円　①4-569-52600-4

◇禅入門――一番わかりやすい　ひろさちや著　三笠書房　1989.10　251p　15cm　(知的生きかた文庫)　450円　①4-8379-0345-2
[内容] 1 禅は「生きるための知恵」である　2 名僧に学ぶ「禅の心」―何ものにもこだわらない精神を創る！(釈尊　菩提達磨　六祖慧能　馬祖道一　大珠慧海　龐居士　南泉普願　趙従諗　倶胝和尚　臨済義玄　五祖法演　希玄道元　一休宗純　盤珪永琢　白隠慧鶴　大愚良寛)　3 今、この時をどう生きるか

◇道元禅師全集　上巻　大久保道舟編　京都　臨川書店　1989.10　850p　27cm　①4-653-01924-X, 4-653-01923-1
[内容] 結集第1 宗意 上 正法眼蔵. 解題

◇道元禅師全集　下巻　大久保道舟編　京都　臨川書店　1989.10　2冊(別冊とも)　27cm　①4-653-01925-8, 4-653-01923-1
[内容] 結集第1 宗意 下 普勧坐禅儀ほか43編. 解題

◇道元入門　武田鏡村著　ぱる出版　1989.10　237p　20cm　1650円　①4-89386-028-3
[内容] 第1章 宿命を超える道―無常と意志の間で　第2章 求法への道―栄西・明全との出会い　第3章 自己を確立する道―禅を求める中国の旅　第4章 悟りへの道―身心脱落の悟境　第5章 生死を超える道―只管打坐の思想　終章 道元思想の原風景―生死無常の超克

◇道元禅入門　赤根祥道著　興陽館書店　1989.10　238p　18cm　750円
[内容] 一切の執着を捨てる　正筋に随って修行する　今生の命は衆に施す　身心を調えて前進する　下根劣智でも志を燃やす　財宝を貪る心を鎮める　自分を仏法に浸す　一切を天運に任せる　善縁に会って幸せをつくる　人生は只管打坐の道場である

◇道元禅師全集　第5巻　鈴木格禅ほか編・校註　春秋社　1989.9　309p　20cm　4120円　①4-393-15015-5
[内容] 語録(普勧坐禅儀撰述由来　普勧坐禅儀　(付)普勧坐禅儀 天福本　永平初祖学道用心集　(付)学道用心十則　永平元禅師語録　正法眼蔵)

◇道元の見た宇宙　岩田慶治著　新版　青土社　1989.7　325p　20cm　1900円　①4-7917-5029-2
[内容] 第1章『正法眼蔵』を読むとき　第2章 道元の言葉　第3章 道元の時空　第4章 道元の宇宙　第5章 道元と現代文明

◇開祖物語―仏教の道を開いた超人たち　百瀬明治著　PHP研究所　1989.5　317p　15cm　(PHP文庫)　480円　①4-569-56203-5
[内容] 第1章 空海―永遠に生きる万能の超人　第2章 最澄―求法の王道を歩む　第3章 親鸞―苦悩の果ての歓喜　第4章 道元―身心脱落の軌跡　第5章 日蓮―不退転の『法華経』行者

◇道元禅師全集　第6巻　鈴木格禅ほか編, 小坂機融, 鈴木格禅校註　春秋社　1989.1　245p　20cm　3500円　①4-393-15016-3
[内容] 清規(典座教訓　赴粥飯法　吉祥山永平寺衆寮箴規　対大己五夏闍梨法　日本国越前永平寺知事清規)　戒法・嗣書(仏祖正伝菩薩戒作法　出家略作法　仏祖正伝菩薩戒教授戒文　仏祖正伝菩薩戒教授文〈別本〉嗣書図　授理観戒脈　授覚心戒脈)

◇道元禅師全集　第4巻　鈴木格禅ほか編, 鏡島元隆校註　春秋社　1988.12　329p　20cm　4000円　①4-393-15014-7
[内容] 道元和尚広録第6 永平寺師語録　道元和尚広録第7 永平寺師語録　道元和尚広録第8 越州永平寺玄和尚小参　道元和尚広録第9 玄和尚頌古　道元和尚広録第10 玄和尚真賛・自賛并偈頌

◇道元　上　水野弥穂子著　筑摩書房　1988.10　362p　19cm　(日本の仏典 7)　2600円　①4-480-33107-7
[内容] 現成公案第一　摩訶般若波羅蜜第二　仏性第三　身心学道第四　即心是仏第五　行仏威儀第六　一顆明珠第七　心不可得第八　古仏心第九　大悟第十　仏灯仏祖法系略図

◇道元禅師伝の研究　大久保道舟著　修訂増補　名著普及会　1988.8　563, 20p　22cm　15000円　①4-89551-323-8

◇道元の思想―『正法眼蔵』の論理構造　春日佑芳著　〔新装版〕　ぺりかん社　1988.7　286p　19cm　2000円
内容 道元の思想と叢林の行（道元の疑問『真如観』の論理構造　道元の思想　叢林の行）　イメージと行動（悪の意味　言葉の意味）　道元論覚書（平常の行　親密世界の現成　親密世界の脱落　身現仏性　無仏性　尽界飛空）　道元とヴィトゲンシュタイン

◇道元禅師全集　第3巻　鈴木格禅ほか編，鏡島元隆校註　春秋社　1988.4　283p　20cm　3800円　①4-393-15013-9
内容 開闢本京宇治郡興聖禅寺語録　開闢越州吉祥山大仏寺語録　永平寺語録

◇道元のこころ　田上太秀著　大蔵出版　1987.12　190p　19cm　（日本仏教のこころ）　1400円　①4-8043-5707-6
内容 第1章 学道について　第2章 求道心について　第3章 仏祖の行履に従う　第4章 仏教について　第5章 仏祖について　第6章 礼拝に生きる　第7章 懺悔と滅罪について　第8章 菩薩行について　第9章 さとりについて　第10章 生死について　第11章 修行生活（行持）について　第12章 出家について

◇道元禅師のお袈裟―正法眼蔵・袈裟功徳を読み解く　水野弥穂子著　柏樹社　1987.12　190p　19cm　1800円
内容 序 正伝の袈裟を求めて　正法眼蔵第三 袈裟功徳（袈裟はふるくより解脱服と称ず　袈裟ハ言ク三衣有り　袈裟はこれ諸仏の恭敬帰衣しましますところなり　諸仏の袈裟の体色量　竜樹祖師日ク　袈裟を裁縫するに　おほよそ袈裟は、仏弟子の標幟なり）

◇道元の宗教―『修証義』の読み方・考え方　田上太秀著　渓水社　1987.6　183p　19cm　（北辰堂仏教選書 1）　1800円　①4-89287-180-X
内容 修証義について　修証義現代語訳　道元の宗教―『修証義』の読み方・考え方（懺悔と罪滅ぼし　戒への誓いと仲間入り　誓いと救済　戒の実行と報告）　修証義原文

◇沙門道元　教行信証の哲学　和辻哲郎著，武内義範著　隆文館　1987.5　171p　21cm　（現代仏教名著全集普及版）　2000円　①4-89747-306-3
内容 沙門道元（序言　道元の修行時代　説法開始　修行の方法と目的　親鸞の慈悲と道元の慈悲　道徳への関心　社会問題との関係　芸術への非難　道元の「真理」）　教行信証の哲学（教行信証への通路　三願転入の問題　第十九願の解明　第二十願の解明）

◇親鸞・道元・日蓮―その人と思想　菊村紀彦著　大和書房　1987.4　280p　20cm　2500円　①4-479-70017-X
内容 第1章 親鸞（日野の里　酸鼻な都　比叡山　六角堂　吉水　京洛　越後　上野佐貫　常陸稲田　京洛五条西洞院　押小路南万里小路東）　第2章 道元（都の人　比叡山　建仁寺　入宋　天童山　深草　越前永平寺　鎌倉）　第3章 日蓮（安房小湊　清澄山　鎌倉　比叡山　旭の森　松葉ケ谷　伊豆伊東　小松原　佐渡　身延　池上）

◇新・高僧伝―熱く強く生きた男たち　松原哲明著　出版開発社　1986.9　276p　20cm　1600円　①4-87968-022-2
内容 最澄―一隅を照らす　空海―生まれ生まれ生まれて生のはじめに暗く　法然―ただ一向に念仏すべし　栄西―大いなるかな心や　親鸞―善人なおもて往生をとぐ、いはんや悪人をや　道元―自己をならう　日蓮―われ日本の柱とならん

◇道元禅師四宝集　西嶋和夫編　井田両国堂　1986.9　208p　22cm　非売品

◇親鸞道元日蓮はどう生きたか―時代と対決した反逆者たち　池田諭著　大和書房　1986.6　254p　20cm　1700円　①4-479-70013-7
内容 序章 3人の反逆者　第1章 親鸞　第2章 道元　第3章 日蓮　終章 釈迦とマルクス

◇道元を読む　森本和夫著　春秋社　1986.8　259p　20cm　1600円　①4-393-15203-4
内容 "読む"ということ　何から始めるか　初心者とは何か　山水経の読み取りへ　日本人と自然　わが山水経体験　わかる禅問答　悟りと文学　坐禅事始め　考えないで考える　宇宙ぜんたい、わが体　自己が自己を見る鏡　日常生活と悟り　流れる時と永遠の今　終りなき終り

◇道元「禅」とは何か―「正法眼蔵随聞記」入門　遠藤誠著　現代書館　1986.8　314p　19cm　2300円
内容 仏教史及びそこにおける随聞記の位置　偶像崇拝の否定　我執　雑学　人を叱る法　ただ、する　口論の仕方　無常迅速・生死事大　他を救うということ　百尺竿頭一歩を進めよ　命を惜しむな　思い切ること　学道の人、衣糧を煩うことなかれ　猥談について　善き行ないのむくい　人から訴訟の代理を頼まれたらどうするか　かたちと中味　捨てること　善いことをし悪いことをするな　人を救うとはどういうことか　人

の言うことを気にするな

◇良寛さんと道元禅師—生きる極意　板橋興宗者　光雲社　1986.4　260p　20cm　1500円
　内容　道は単純でまっすぐがいい　「無駄」を堂々とやれる人　良寛さん　道元禅師　洞然として明白なり—迷いと悟り

◇親鸞と道元　遊亀教授著　講談社　1986.3　253p　20cm　1500円　①4-06-202639-2
　内容　第1章　これ人に遇うなり—啐啄の迅機　第2章　『歎異抄』と『随聞記』　第3章　『教行信証』と『正法眼蔵』　第4章　下降の論理　第5章　超越の問題　第6章　菩薩道の人間学　おわりに—異なった人間像

◇道元　玉城康四郎編、西尾実、水野弥穂子訳・注　筑摩書房　1986.1　400p　20cm　（日本の仏教思想）　1800円

◇道元禅師物語　赤根祥道著　大阪　東方出版　1986.1　302p　19cm　1300円

◇日本の仏者　高崎哲学堂設立の会編　高崎　高崎哲学堂設立の会　1985.12　238p　19cm　1300円
　内容　聖徳太子（梅原猛）　聖徳太子再論（梅原猛）　最澄と空海（上山春平）　空海の思想（上山春平）　『歎異抄』から見た親鸞（笠原一男）　蓮如—乱世を生きる（笠原一男）　日蓮—法に生きた如来使（紀野一義）　道元—一寸座れば一寸の仏（紀野一義）

◇道元のいいたかったこと　田上太秀著　講談社　1985.11　221p　19cm　（もんじゅ選書1）　1000円　①4-06-192251-3

◇道元の世界　有福孝岳著　大阪　大阪書籍　1985.10　363p　19cm　（朝日カルチャーブックス49）　1400円　①4-7548-1049-X

◇高僧伝　8　道元—自己をならう　松原泰道、平川彰編　松原泰道著　集英社　1985.6　269p　20cm　1400円　①4-08-187008-X

◇日本仏教宗史論集　第8巻　道元禅師と曹洞宗　河村孝道、石川力山編　吉川弘文館　1985.6　447p　22cm　5800円　①4-642-06748-5

◇道元禅師とその周辺　鏡島元隆著　大東出版社　1985.4　325,45p　22cm　（学術叢書・禅仏教）　7000円　①4-500-00481-5

◇道元の見た宇宙　岩田慶治著　青土社　1985.4　324p　20cm　1600円

◇現代に生きる法然・栄西・親鸞・道元・日蓮　岩波光次編　教育出版センター　1984.11　217p　20cm　（サンシャインカルチャー13）　1500円　①4-7632-5812-5

◇道元の読み方—今を生き切る哲学—『正法眼蔵』栗田勇著　祥伝社　1984.11　272p　18cm　（ノン・ブック）　700円　①4-396-10242-9

◇雲のごとく水のごとく—道元・その人と教え　奈良康明ほか著　鈴木出版　1984.10　267p　19cm　（まいとりぃ選書）　1400円　①4-7902-2005-2

◇道元　角家文雄編著　学文社　1984.3　136p　21cm　1300円　①4-7620-0143-0

◇日本の名著　7　道元　玉城康四郎責任編集　中央公論社　1983.8　476p　18cm　（中公バックス）　1200円
　内容　道元思想の展望　玉城康四郎著．正法眼蔵（抄）年譜：p473〜476

◇禅の世界—道元禅師と永平寺　読売新聞社　1983.5　174p　29cm　2000円

◇道元—その思想と教育　加藤健一著　吉川弘文館　1983.4　339p　20cm　2800円

◇道元—思想読本　柳田聖山編　京都　法蔵館　1982.11　232p　21cm　1200円　①4-8318-2003-2

◇道元を読む　森本和夫著　春秋社　1982.9　259p　19cm　（春秋選書）　1500円

◇道元の思想—『正法眼蔵』の論理構造　春日佑芳著　増補版　ぺりかん社　1982.5　286p　20cm　1800円

◇道元小事典　東隆真著　春秋社　1982.2　271,12p　22cm　2500円

◇道元のこころ—言葉と実践を通して　高橋賢陳著　有斐閣　1981.8　204p　18cm　（有斐閣新書）　580円

◇講座道元　7　現代思想と道元　鏡島元隆、玉城康四郎編集　春秋社　1981.4　276p　22cm　2000円

◇日本の禅語録　第2巻　道元　寺田透著　講談社　1981.1　493p　20cm　1800円

◇道元と『正法眼蔵随聞記』船岡誠著　評

仏教を支えた人々

◇論社　1980.12　236p　19cm　（日本人の行動と思想 23）　1500円
◇講座道元　3　道元の著作　鏡島元隆,玉城康四郎編集　春秋社　1980.11　254p　22cm　2000円
◇道元禅師研究　伊藤慶道著　名著普及会　1980.10　372p　22cm　8000円
◇講座道元　4　道元思想の特徴　鏡島元隆,玉城康四郎編集　春秋社　1980.9　215p　22cm　2000円
◇道元禅師旧蹟紀行　小倉玄照著　誠信書房　1980.9　360p　22cm　3800円
◇講座道元　6　仏教教学と道元　鏡島元隆,玉城康四郎編集　春秋社　1980.6　215p　22cm　2000円
◇8人の祖師たち─最澄・空海・栄西・法然・親鸞・道元・日蓮・一遍　水書坊編　水書坊　1980.6　291p　18cm　（ナムブック）　800円
◇講座道元　2　道元禅の歴史　鏡島元隆,玉城康四郎編集　春秋社　1980.2　191p　22cm　2000円
◇道元─その思想と行実　高橋新吉著　宝文館出版　1979.12　213p　19cm　（宝文館叢書）　1100円
◇講座道元　1　道元の生涯と思想　鏡島元隆,玉城康四郎編集　春秋社　1979.11　222p　22cm　2000円
◇人間道元　佐橋法龍著　第2版　春秋社　1979.5　302p　19cm　1200円
◇道元禅師伝研究　中世古祥道著　国書刊行会　1979.1　432,20p　22cm　7000円
◇道元　山折哲雄著　清水書院　1978.9　219p　19cm　（Century books）　400円
◇道元のことば　柴田道賢著　雄山閣出版　1978.7　247p　19cm　（カルチャーブックス 23）　800円
◇道元の教説─その総合解釈　高橋賢陳著　理想社　1978.3　301p　22cm　3500円
◇道元辞典　菅沼晃編　東京堂出版　1977.11　271p　図　肖像　19cm　2200円
◇道元禅師　荒井諦禅著　国書刊行会　1977.7　202p　22cm　（叢書『禅』6）　3300円
◇道元─坐禅ひとすじの沙門　今枝愛真著　日本放送出版協会　1976　211p　19cm　（NHKブックス）　600円
◇道元の思想─『正法眼蔵』の論理構造　春日佑芳著　ぺりかん社　1976　261p　20cm　1600円
◇道元─その生涯とこころ　菊村紀彦著　社会思想社　1974　207p　15cm　（現代教養文庫）　240円
◇こころの道元─若さに贈る禅入門　佐橋法竜著　講談社　1973　228p　18cm　390円
◇道元─無師独悟の季節　中島尚志著　三一書房　1973　216p　18cm　（三一新書）　390円
◇名僧列伝　1　禅者　1　紀野一義著　文芸春秋　1973　234p　20cm　750円
　内容　明恵, 道元, 夢窓, 一休, 沢庵
◇親鸞道元日蓮─三人の反逆者にみる動乱期の思想　池田諭著　産報　1972　273p　図　肖像　19cm　（SanpôPeople's）　680円
◇道元とその弟子　今枝愛真著　毎日新聞社　1972　202p（図共）　31cm　5000円
◇道元　圭室諦成著　新人物往来社　1971　270p　20cm　850円
◇臨済と道元　増谷文雄著　春秋社　1971　190p　20cm　500円
◇道元─その行動と思想　今枝愛真著　評論社　1970　242p　図版　19cm　（日本人の行動と思想 3）　590円
◇道元禅師全集　下巻　大久保道舟編　筑摩書房　1970　2冊（別冊共）　27cm　別冊共26000円
◇道元入門─生の充実を求めるために　秋月竜珉著　講談社　1970　225p　18cm　（講談社現代新書）　250円
◇人間道元　佐橋法竜著　春秋社　1970　289p　20cm　750円
◇道元─その思想と行実　高橋新吉著　宝文館出版　1969　213p　20cm　450円
◇道元禅師全集　上巻　大久保道舟編　筑摩書房　1969　850p　図版　27cm　28000円
　内容　結集 第1 宗意 上 正法眼蔵
◇仏祖正伝の道─正法眼蔵〈道元〉増谷文雄著　筑摩書房　1967　257p　図版　20cm　（日本の仏教 第10巻）　480円

157

仏教を支えた人々

◇道元禅師伝の研究　大久保道舟著　修訂増補版　筑摩書房　1966　563, 20p 図版　23cm　2400円
◇道元文庫目録　福井　福井大学附属図書館　1966　20p　25cm
◇道元禅師の引用経典・語録の研究　鏡島元隆著　木耳社　1965　268p　22cm
◇道元の研究　秋山範二著　改訂版　名古屋　黎明書房　1965　426p　22cm
◇道元はなにを説いたか―佐藤達玄集　佐藤達玄著　教育新潮社　1965　265p 図版　19cm　（昭和仏教全集　第8部 3）　600円
◇道元禅師の生涯　高橋新吉著　宝文館　1963　213p　19cm
◇道元　竹内道雄著　吉川弘文館　1962　360p 図版　18cm　（人物叢書　日本歴史学会編）
◇道元の生涯―永平寺の開祖　佐藤達玄著　東京信友社　1962　237p　19cm　（センチュリィブックス）
◇道元禅師とその門流　鏡島元隆著　誠信書房　1961　289p　22cm
◇現代思想から見た道元の実践哲学―平等と愛と自由の源泉として　高橋賢陳著　理想社　1959　211p　19cm
◇親鸞・道元・日蓮　増谷文雄著　至文堂　1956　182p 図版　19cm　（日本歴史新書）
◇日本の聖まんだら　第2集　知切光歳著　大蔵出版　1956　286p　19cm
　内容　道元禅師，筑前の正助，西有穆山，釈雲照，織田得能，近角常観，九条武子
◇教育者としての道元　岩本秀雅著　京都　平楽寺書店　1955　181p 図版　19cm
◇道元禅師伝の研究　大久保道舟著　岩波書店　1953　583p 図版　22cm
◇道元禅師の話　里見弴著　岩波書店　1953　276p　19cm
◇宗祖としての道元禅師　衛藤即応著　再版　岩波書店　1949　380p　22cm
◇日本仏教の創建者　森竜吉編　京都　大雅堂　1949　268p　19cm
　内容　得一・最澄・空海（三枝博音），法然・親鸞（藤谷俊雄），道元・栄西（前田一良），日蓮（森竜吉），蓮如（服部之総）
◇道元禪師傳　成田芳髄著　名古屋　交友社　1948.7　56p　18cm

徳本　とくほん

　宝暦8年（1758年）～文政元年（1818年）10月6日　江戸後期の浄土宗の僧。号は名蓮社（みょうれんじゃ）号誉称阿。木食上人として知られる。天明4年（1784年）出家し，紀伊国各地に草庵を結び苦行念仏した。長髪のまま高声で念仏を誦し，「阿弥陀経」の句読しか学ばず，おのずから念仏の教義を究めたという。その足跡は関東・信越・北陸にまで及び，道歌や説法聞書などを用いて庶民の教化に努めた。享和3年（1803年）京都の鹿ケ谷法然院で異相を改め，江戸に下って，小石川伝通院智厳について宗戒両脈を相承。文化11年（1814年）増上寺典海の要請に応じ，小石川に再興された一行院の中興開山となる。入寂後は同院に葬られた。

◇念仏行者と地域社会―民衆のなかの徳本上人　西海賢二著　大河書房　2008.5　194p　22cm　2800円
　①978-4-902417-18-0
◇法然浄土教とその周縁　坤　大谷旭雄著　山喜房佛書林　2007.7　1106p　22cm
　①978-4-7963-0449-8
◇国文東方仏教叢書　第2輯　第5巻　伝記部　鷲尾順敬編纂　名著普及会　1991.1　584p　20cm　①4-89551-577-X
　内容　真言伝　栄海著．解脱上人伝．隆寛律師略伝．浄土上人絵詞伝．国阿上人絵伝　相阿著．日什上人自伝　日什著．蓮如上人御若年の砌の事．蓮如上人御往生の奇瑞条々．桃水和尚伝賛．面山瑞方著．大梅和尚年譜　玄芳著．盤珪和尚行業略記　逸山祖仁著．徳本行者伝・慧澄和上略伝　行誡著
◇浄土宗選集　第16巻　法話篇　講話　浄土宗選集編集委員会編　京都　同朋舎出

版 1984.12 393p 23cm
[内容] 当麻曼荼羅略讃 神谷大周著. 言葉の末 徳本著. 浄土宗日常勤行の話 香月乗光著. 宗祖の皮髄 山崎弁栄著. 解題 吉田哲雄ほか著

◇徳本行者全集 第6巻 研究篇 戸松啓真ほか編 山喜房仏書林 1980.2 618, 2p 22cm 8500円

◇一枚起請文 源空述, 徳本書 〔和歌山〕〔紀三井寺法輪堂〕 〔1980〕 1枚 28×41cm

◇徳本行者全集 第5巻 戸松啓真ほか編 山喜房仏書林 1979.2 496, 4p 22cm 12000円
[内容] 徳本行者伝.徳本上人伝.紀伊国日高山念仏行者徳本道入略由来記.徳本行者入来日記.滋賀日野澄禅寺資料.和歌山秦野家資料.請待日記.徳本上人請待日記.徳本上人和讃并雑書.徳本行者絵巻.財部往生寺資料.大阪茨木極楽寺資料.兵庫徳本寺資料.兵庫小林家資料.和歌山南部新福寺資料.大阪徳本院資料.和歌山宮原西方寺資料.和歌山無量光寺資料.浄土宗全書所収行者関係資料

◇徳本行者全集 第4巻 戸松啓真ほか編 山喜房仏書林 1978.3 512p 22cm 9500円
[内容] 徳本上人勝尾山勧誡聞書 中.徳本行者説法聞書 上.徳本行者御説法聞書.徳本行者御化益聞書.徳本上人加州勧誡聞書 上.徳本上人御化益.徳本上人勧誡聞書 上.徳本行者

日課勧誡聞書.徳本上人勧誡聞書 下.徳本上人勧誡聞書.徳本性仏上人行状記.徳本上人念仏状記.徳本上人行業記.徳本上人行状和讃.徳本上人詠歌諺註.徳本上人言葉の末.白隠禅師施行歌・徳本行者念仏往生之歌.徳本行者語.徳本行者法語.徳本行者伝附録法弟小伝

◇徳本行者全集 第3巻 戸松啓真等編 山喜房仏書林 1977.3 552, 3p 図 22cm 12500円
[内容] 信州上州応請摂化日鑑, 法脈並俗系図, 御肖像記, 天暁山規約, 尼衆規約, 七回忌之記, 十三回忌, 弟子連名略記, 弟子尼衆略記, 遺事并摂化道場目録, 徳本行者伝櫃目録

◇徳本行者全集 第2巻 戸松啓真等編 山喜房仏書林 1976 562, 3p 図 22cm 11000円
[内容] 御廟実記9, 関東摂化講中名号記10, 紀陽日記11, 下総・伊豆・相模化益略日記11, 美濃化益記12, 因縁往生伝13,14,15,16, 雑記17, 信州・野州・越州・武州名号石記18, 言葉のもと19

◇徳本行者全集 第1巻 戸松啓真等編 山喜房仏書林 1975 532p 図 22cm 8500円
[内容] 関東摂化蓮華勝会1, 下総・下野・上野・武蔵蓮華勝会2, 関東摂化蓮華勝会3, 関東摂化蓮華勝会4, 日課授与名号識5, 摂化往生伝6, 観化記7, 庵室地形手伝記8

◇念仏大行者徳本上人伝 井上豊太郎著 御坊 起雲閣 1958 87p 18cm

南条 文雄　なんじょう ぶんゆう

嘉永2年(1849年)5月12日〜昭和2年(1927年)11月9日　梵語学者。明治5年(1872年)東本願寺役員となる。明治9年(1876年)梵語学研究のため渡英し、オックスフォード大のマックス・ミューラーに師事。明治16年(1883年)出版の英訳「大明三蔵聖教(しょうぎょう)目録」として、現在も世界の東洋学研究に活用されている。明治17年(1884年)帰国後東京大谷教校教授、明治18年(1885年)東京帝大梵語学講師。真宗大学教授を経て、明治36年(1903年)真宗大学学監、大正3〜12年(1914〜23年)大谷大学長を務めた。

◇南條文雄著作選集　第10巻　南條文雄著, 佐々木教悟, 長崎法潤, 木村宣彰監修・編　出雲崎町(新潟県)　うしお書店 2003.9 1冊 22cm

◇南條文雄著作選集　第6巻　南條文雄著, 佐々木教悟, 長崎法潤, 木村宣彰監修・編 出雲崎町(新潟県)　うしお書店　2003.7 362p 22cm

◇南條文雄著作選集　第9巻　南條文雄著, 佐々木教悟, 長崎法潤, 木村宣彰監修・編 出雲崎町(新潟県)　うしお書店 2003.4 1冊 22cm

◇南條文雄著作選集　第8巻　南條文雄著, 佐々木教悟, 長崎法潤, 木村宣彰監修・編 出雲崎町(新潟県)　うしお書店 2003.2 1冊 22cm

仏教を支えた人々

◇南條文雄著作選集　第7巻　南條文雄著,佐々木教悟,長崎法潤,木村宣彰監修・編　出雲崎町(新潟県)　うしお書店　2002.8　304, 50p　22cm

◇南條文雄著作選集　第1巻　南條文雄著,佐々木教悟,長崎法潤,木村宣彰監修・編　出雲崎町(新潟県)　うしお書店　2002.5　346p　22cm

◇南條文雄著作選集　第5巻　南條文雄著,佐々木教悟,長崎法潤,木村宣彰監修・編　出雲崎町(新潟県)　うしお書店　2002.3　170, 244, 427p　22cm

◇南條文雄著作選集　第4巻　南條文雄著,佐々木教悟,長崎法潤,木村宣彰監修・編　出雲崎町(新潟県)　うしお書店　2001.12　1冊　22cm

◇南條文雄著作選集　第3巻　南條文雄著,佐々木教悟,長崎法潤,木村宣彰監修・編　出雲崎町(新潟県)　うしお書店　2001.10　298, 426p　22cm

◇南條文雄著作選集　第2巻　南條文雄著,佐々木教悟,長崎法潤,木村宣彰監修・編　出雲崎町(新潟県)　うしお書店　2001.9　222p　22cm

◇南条文雄自叙伝—伝記・南条文雄　大空社　1993.9　1冊　22cm　(伝記叢書 127)　4000円　①4-87236-426-0

◇懐旧録—サンスクリット事始め　南条文雄著　平凡社　1979.8　337p　18cm　(東洋文庫 259)　1200円

◇大明三蔵聖教目録—附補正索引　南条文雄著　開明書院　1977.6　1冊　29cm　7500円

◇真宗全書　第66巻　妻木直良編　国書刊行会　1976　528p　22cm　4700円
　内容　七高僧伝(玄智)　七祖伝衍繹篇8巻(玄智)　正統伝後集4巻(良空)　厳如宗主履歴大谷派講者列伝碑文集1巻(南条文雄編)　古徳事蹟伝1巻(著者未詳)　先哲遺事3巻(玄妙)　竜谷講主伝1巻(宗朗)　浄土真宗僧宝伝6巻(海蔵)

◇新編真宗全書　史伝編 4　新編真宗全書刊行会編　京都　思文閣　1975　576p　図　23cm
　内容　浄土真宗七高祖伝(玄智編)　浄土真宗七祖伝衍繹篇(玄智)　正統伝後集(良空)　光闡百首(顕誓)　今古独語(顕誓)　顕誓願解之訴状(顕誓)　厳如宗主履歴大谷派講者列伝碑文集(南条文雄編)　古徳事蹟伝，先哲遺事(玄妙)　竜谷講主伝(宗朗撰)　浄土真宗僧宝伝(海蔵)

◇大日本仏教全書　第69巻　史伝部 8　鈴木学術財団編　鈴木学術財団　1972　278p　27cm　10000円
　内容　大谷本願寺由緒通鑑5巻, 鷺森旧事記1巻, 厳如宗主履歴大谷派講者列伝碑文集1巻(南条文雄編)　扶桑寄帰往生伝2巻(性瑩独湛輯)　本朝僧宝伝2巻, 延宝伝燈録40巻(自巻1至巻24)(師蠻撰)

◇新訳法華経—梵漢対照　大谷大学尋源会編，南条文雄，泉芳璟共訳　訂正版　京都　平楽寺書店　1959　4刷　532p　図版　22cm

日奥
にちおう

永禄8年(1565年)6月8日〜寛永7年(1630年)3月10日

　江戸初期の日蓮宗の僧。不受不施派の開祖。仏性院と号す。京都妙覚寺日典に入門し、文禄元年(1592年)法をつぐ。同4年(1595年)豊臣秀吉が東山大仏殿千僧供養会の出仕を命じた際、法華信者でない秀吉の供養は、不受不施の宗制によりできないと拒否、妙覚寺を退出して丹波小泉に隠遁。慶長4年(1599年)徳川家康による供養会にも出席しなかったため、大坂城中で日紹、日統らとの対論を命じられて負け、対馬へ流される。慶長17年(1612年)ようやく赦免となるが、寛永7年(1630年)身延山側の日乾らと池上側の日奥・日樹らの対立が激化し、幕府は両者を対論させて、不受不施を敗論として対馬に流罪としたが、日奥はすでに没しており、「死後の流罪」といわれた。

　　　＊　　　＊　　　＊

◇日親・日奥—反骨の導師　寺尾英智,北村行遠編　吉川弘文館　2004.9　214p　20cm　(日本の名僧 14)　2600円　①4-642-07858-4
　内容　日親(日親の魅力　日親の生涯—伝道の旅にいきた導師　仏法の聖者と受難—正統と異端の論理　日親がみた東国の「郷村」社会—『折伏正義抄』の世界を読む　町衆と日親)　日奥(日奥の魅力　日奥の生涯　なぜ不受不施義を貫いたのか　大仏千僧供養会と京都日蓮教団　仏法か王法か)

◇守護正義論　日奥著, 日蓮宗不受不施派研究所編　御津町(岡山県)　日蓮宗不受

不施派研究所　2000.12　42p　26cm　非売品
◇日蓮宗史料　13　横浜　法華ジャーナル　1987.6　397,394p　25cm　9000円
Ⓘ4-938450-91-7
[内容]万代亀鏡録 下・万代亀鏡録附録 日奥著（万代亀鏡録刊行会昭和8年刊）
◇庶民と歩んだ僧たち　中尾堯編著　東京書籍　1986.10　264p　19cm　（日本人の仏教 8）　1500円
[内容]1 庶民仏教の元祖（行基　役小角　空也　性空　教信）　2 もう一つの鎌倉仏教（重源　貞慶　叡尊　忍性　無住）　3 乱世に生きた僧（一休　蓮如　日親）　4 民間の聖者（日奥　公慶　良寛　木食僧）　5 僧尼の群像
◇万代亀鏡録　日奥著，釈日正編　出版科学研究所　1982.10　3冊　27cm　全35000円
◇歴史の京都　3　学者と僧侶　京都　淡交社　1970　274,8p（図共）　20cm　680円
[内容]学者と僧侶（奈良本辰也）菅原道真（中村真一郎）吉田兼倶（上田正昭）伊藤仁斎（楢林忠男）石田梅岩（加藤秀俊）新宮凉庭（師岡佑行）最澄（宮坂宥勝）親鸞（橋本峰雄）明恵（佐古純一郎）夢窓疎石（辻晋堂）日奥（藤井学）

日蓮　にちれん

貞応元年（1222年）～弘安5年（1282年）10月13日　鎌倉中期の僧。日蓮宗の宗祖。立正大師と称し、宗門の通称は、「御祖師（おそし）様」。12歳の時に故郷の清澄寺道善房により学問を修める。16歳で出家し是聖房蓮長と改名して、比叡山、南都などに遊学する。しかし仏教界や社会状況に疑問を持ち、「法華経」だけが仏の真の教えと確信する。建長5年（1253年）再び清澄寺に戻り日蓮宗を開宗。しかし法華経信仰を主張しながら、他宗派を痛烈に批判して浄土教徒らと対立したため、鎌倉に逃れて布教活動を展開。ここでも他宗を邪法として批判し、法華経の採用を求めて幕府に「立正安国論」を上呈。さらに元寇に際して、再度上程したため、幕府から弾圧され、文永8年（1271年）佐渡に流罪となる。その後、許されて鎌倉に戻り、たびたび、幕府に法華経への帰依を求めるがはたせず、鎌倉を去って身延山に隠棲。療養のために常陸に向かう途中の武蔵国池上郷で没した。

◇日蓮聖人略伝　相澤宏明著　展転社　2008.12　92p　18cm　1000円
Ⓘ978-4-88656-329-3
[内容]田中智学先生の登場　山川智応先生の立場　里見岸雄先生の立場　誕生と清澄入山および叡山勉学と鎌倉へ進出　予言の書『立正安国論』を建白　草庵の焼き討ち　伊豆への島流し　故郷で法難に遭う　現実味をました蒙古襲来　良観との対決〔ほか〕
◇日蓮は偽者―南無妙法蓮華経は絵に描いた餅　太陽の終焉―地球温暖化の本当の原因　上行日弘著　文芸社　2008.8　154p　19cm　1200円
Ⓘ978-4-286-05031-7
[内容]日蓮は偽者―南無妙法蓮華経は絵に描いた餅（日蓮の偽装　確信犯・日蓮　妙法五字を附属　白法隠没の時　濁悪世末法の時代　教典に説かれる七難）　太陽の終焉―地球温暖化の本当の原因（五濁悪世の世　釈迦仏法の期限　法華経誹謗の罪　顕説法華経の更新）
◇日蓮聖人の立宗　大橋邦正著　真世界社　2008.7　356p　21cm　1500円
◇魂に火をつけろ―日蓮聖人のご生涯元祖化導記現代語訳　功刀貞如著　地人館　2008.6　167p　22cm　2000円
Ⓘ978-4-7954-0221-8
[内容]元祖化導記・上（後堀河院の事　父母の御事　御登山の事　御出家の事　ほか）　元祖化導記・下（佐渡の国への流罪の事　相州と佐渡の間は遠路である事　佐渡の国中の謗法の者が僉議の事　北国の諸宗の群集の事　ほか）
◇日蓮聖人の法華信仰の特異性を考える　増田宇広著　嬉野　虚空庵　2008.2　97p　19cm
◇仏教新世紀―鎌倉の祖師たち　塚本善隆,

石田瑞麿, 玉城康四郎, 紀野一義著　中央公論新社　2008.2　455p　18cm　(中公クラシックス・コメンタリィ)　2600円　①978-4-12-003911-9
　内容　鎌倉新仏教の創始者とその批判者—法然と明恵　真実の信心—親鸞　道元思想の展望　海の思想家—日蓮

◇日蓮聖人の霊跡を巡る—『立正安国』聖人が求めたものとは　堀内基光著　富士吉田　堀内浩庵会　2007.9　150p　20cm　非売品

◇日蓮聖人と法華仏教—上田本昌博士喜寿記念論文集　上田本昌博士喜寿記念論文集刊行会編　大東出版社　2007.2　611p　22cm　19000円　①978-4-500-00719-6
　内容　日蓮聖人初期の題目受持勧奨について　立正安国論「実乗の一善」をどう受けとめるか　祖書に見る祈禱の原理(その一)—祈禱清規(＝祈禱必習祖書精要十七条)提唱　志ざしの法門　日蓮聖人書簡の執筆目的についての統計　日蓮研究に関する方法論的試論と戦後日蓮研究史—宗教学・倫理学等、その他の分野の諸研究点描　日蓮遺文の釈尊本生譚　日蓮聖人の曼荼羅本尊に印された信仰の跡　身延山久遠寺所蔵仏涅槃図について　日蓮遺文『日妙聖人御書』の古写本と真蹟—身延文庫所蔵写本の紹介　近世における身延山信仰と地域—身延山上の山丈六堂内釈迦像胎内文書の分析　身延山声明に関する一考察　心性院日遠の著作と教学思想について—『法華経大意』を中心として〔ほか〕

◇実説日蓮聖人物がたり　山川智應著　復刻版　さいたま　はちす文庫　2007.1　142p　19cm

◇読んで書いて心が安らぐ日蓮の言葉　安中尚史監修, 饗庭栖鶴書　ワニブックス　2007.1　127p　26cm　(あなたの人生を変える偉人の言葉シリーズ)　1300円　①4-8470-1698-X
　内容　今なお受け継がれる日蓮の生き方　立正安国論　開目抄　観心本尊抄　日蓮の手紙

◇日蓮と神祇　佐々木馨著　京都　法藏館　2006.12　152p　20cm　1600円　①4-8318-7471-X
　内容　第1章　日蓮と法華経(佐前の日蓮と法華経—出家と修学を中心に　佐中・佐後の日蓮と法華経—法華経世界の構築)　第2章　日蓮と神祇(神祇との出会い　神祇観の変遷について)　第3章　法華経と神祇(法華経世界と神祇—日蓮の承久の変観を中心に　日蓮の神祇観の特質)

◇書簡にみる日蓮心の交流　北川前肇著　日本放送出版協会　2006.4　267p　16cm　(NHKライブラリー　206)　920円　①4-14-084206-7
　内容　「死」を迎えるにあたって—南条兵衛七郎へ　死者と生者とのつながり—父南条氏と子息時光　子を亡くした母への慰め—故南条兵衛七郎の妻へ　悲母への追慕—富木常忍へ　亡兄への孝養—曾谷二郎入道法蓮へ　夫の「死」を見つめて—岡宮の妙法尼へ　夫婦の死別—佐渡の千日尼へ　盂蘭盆行事の意義—治部房の祖母へ　亡き師への報恩—清澄寺の浄顕房・義浄房へ　心のたから(財)を第一に生きる—四条金吾へ〔ほか〕

◇日蓮自伝考—人、そしてこころざし　山中講一郎著　水声社　2006.4　397p　20cm　2800円　①4-89176-576-3
　内容　日蓮伝と「御振舞抄」　「立正安国論」とこころ　弟子への呼びかけ　「侍所」でのたたかい　草庵を襲うあらし　八幡への諫暁　竜口であったこと　依智の星下り　佐渡塚原に立つ　五義と十如是　塚原での問答　「開目抄」のこころ　佐渡の人々　「鎌倉へ打ち入りぬ」　弟子たちに問う　結びの章

◇目からウロコの日蓮と日蓮宗　小松邦彰監修　学習研究社　2006.2　223p　20cm　(わたしの家の宗教シリーズ)　1500円　①4-05-402986-8
　内容　1　絵伝でたどる日蓮聖人の生涯　2　法華経に説かれていること　3　日本人と法華経の関わり　4　日蓮宗の教えと信仰　5　寺院と人物でたどる日蓮宗の歩み　6　日蓮宗の勤行—その心と実践　7　全国の寺院霊跡ガイド

◇釈尊と日蓮の女性観　植木雅俊著　論創社　2005.11　336p　22cm　2500円　①4-8460-0311-6
　内容　第1部　検証・仏教は女性差別の宗教か?(仏教は女性蔑視の宗教か?　釈尊の公平な女性観　『テーリーガーター』の溌剌とした女性像　ヒンドゥー社会の偏った女性観ほか)　第2部　男性原理・女性原理で読む日蓮(日蓮の男性観、女性観　男性原理と女性原理の本迹　「二求両願」に見る男性観、女性観　提婆と竜女の成仏は一体　ほか)

◇日蓮大聖人と最蓮房　北林芳典著　改訂版　報恩社　2005.11　3冊(セット)　19cm　6000円　①4-902059-05-3
　内容　師弟不二の契約(陀羅尼　発願　悟達

法華経の伝来　三国四師　真の法華経の行者　一念三千法門　地涌の菩薩の涌出　寿量品文底秘沈の大法　人法一箇の御本尊　ほか）　註解

◇図解雑学日蓮　藤井寛清著　ナツメ社　2005.7　239p　19cm　1400円　①4-8163-3945-0
[内容]第1章 日蓮誕生　第2章 稚児から出家者へ　第3章 諸国遊学　第4章 法を広める者　第5章 現世に仏国土を　第6章 日蓮は泣かねども涙ひまなし　第7章 佐渡の日蓮（佐渡期）　第8章 身延の日蓮　第9章 池上の日蓮　第10章 日蓮以後の日蓮教団　第11章 法華経とは？

◇書簡からみた日蓮　北川前肇著　日本放送出版協会　2005.4　222p　21cm　（NHKシリーズ）　760円　①4-14-910560-X

◇日蓮上人文抄　日蓮著, 姉崎正治校註　一穂社　2004.12　232p　21cm　（名著/古典籍文庫）　3200円　①4-86181-002-7

◇日蓮とその思想　佐々木馨著　京都　平楽寺書店　2004.12　480p　22cm　5700円　①4-8313-1084-0

◇日蓮聖人と真言教学　浅井圓道著　山喜房佛書林　2004.11　264, 80p　22cm　（浅井圓道選集 第3巻）　10000円　①4-7963-0162-3
[内容]即身成仏論の成立と展開　法華経のなかの「増上慢」　悪の克服　日蓮の弘法大師観　親鸞私観　永観考　大日経疏の中の法華教学　守護国家論と摧邪集師聞管見　舜統院真迢の日蓮義批判の概要　優陀那和尚の宗学する態度

◇日蓮聖人の教義──一名『妙宗大意』田中智学著　新組復刊　真世界社　2004.11　745p 図版17枚　22cm　8000円　①4-89302-149-4
[内容]第1篇 総要　第2篇 教判　第3篇 宗旨　第4篇 信行　第5篇 史伝　第6篇 雑要

◇日蓮伝再考　1（伝説の長夜を照らす）山中講一郎著　報恩社　2004.10　406, 6p　20cm　2800円　①4-902059-04-5
[内容]第1章 妙の浦の伝説──日蓮の誕生地「かたうみ」はどこか　第2章 貫名重忠の伝説──日蓮の父親はどんな人か　第3章 虚空蔵菩薩の伝説──虚空蔵菩薩の意味はなにか　第4章 旭の森の伝説──立教開示とは何だったのか　第5章 諸仏坊の伝説──どこで何が語られたのか　第6章 東条景信の伝説──立教開示の波紋と日蓮の攻勢　第7章 東条御厨の伝説──「領家」とは誰か　第8章 小松原の伝説──東条松原法難の意味とは　第9章 松葉が谷の伝説──鎌倉における日蓮の動き　第10章 「立正安国論」の伝説──「立正安国論」の影響とは　第11章 伊豆伊東の伝説──追い詰められていた幕府要人

◇日蓮と親鸞　中本征利著　京都　人文書院　2004.9　383p　22cm　2800円　①4-409-41077-6
[内容]第1章 時代と人　第2章 縁起無我から般若空へ　第3章 生ける仏陀を求めて──菩薩と法身　第4章 眼に見える仏様──浄土教の世界　第5章 大いなる時──法華経との対話　第6章 大和の仏──仏教伝来　第7章 親鸞、我は仏なり　第8章 日蓮、我は仏なり　第9章 親鸞/日蓮

◇日蓮聖人遺文大講座　第11巻　身延期御書 3　小林一郎著, 久保田正文増補　日新出版　2004.8　268p　21cm　4500円　①4-8173-0224-0
[内容]一谷入道御書　妙一尼御前御消息　三三蔵祈雨事　浄蓮房御書　大学三郎殿御書　高橋入道殿御返事　乙御前御消息　単衣鈔　太田入道殿御返事　観心本尊得意鈔　強仁状御返事　清澄寺大衆中

◇日蓮聖人遺文大講座　第12巻　身延期御書 4　小林一郎著, 久保田正文増補　日新出版　2004.8　321p　21cm　5200円　①4-8173-0225-9
[内容]富木尼御前御書　忘持経事　南条殿御返事　四条金吾殿御返事　四条金吾釈迦仏供養事　曽谷殿御返事　四条金吾殿御返事　四信五品鈔　乗明聖人御返事　富木殿御書　兵衛志殿御返事　本尊問答鈔　太田殿女房御返事

◇日蓮聖人の法華曼荼羅　中尾堯著　京都　臨川書店　2004.8　254p　20cm　2400円　①4-653-03946-1
[内容]第1章 法華経信仰の大曼荼羅図　第2章 曼荼羅本尊の信仰と礼拝　第3章 預言と治罰の書──『立正安国論』　第4章 法華経世界の望見──『観心本尊抄』　第5章 法華経の真実と浄土　第6章 国と聖人の受難　第7章 危機に瀕する神国

◇ひろさちやの「日蓮」を読む　ひろさちや著　佼成出版社　2004.7　188p　19cm　1400円　①4-333-02075-1
[内容]第1章 末法時代の教え　第2章 「南無妙法蓮華経」　第3章 『立正安国論』　第4章 法難　第5章 諸法実相を生きる　第6章 身延──霊山浄土での説法

163

仏教を支えた人々

◇開祖物語　百瀬明治著　たちばな出版　2004.5　379p　16cm　（タチバナ教養文庫）　1300円　①4-8133-1816-9
　内容　第1章 空海―永遠に生きる万能の超人（新時代の息吹き　仏教への覚醒 ほか）　第2章 最澄―求法の王道を歩む（宗教界の巨峰山に登る ほか）　第3章 親鸞―苦悩の果ての歓喜（乱世と末法　清僧親鸞 ほか）　第4章 道元―身心脱落の軌跡（無常に思いをひそめて　大陸仏教への憧れ ほか）　第5章 日蓮―不退転の『法華経』行者（日蓮の足跡　生涯を決めた疑念 ほか）

◇日蓮聖人遺文大講座　第10巻　身延期御書　2　小林一郎著，久保田正文増補　日新出版　2004.5　333p　21cm　5200円　①4-8173-0183-X
　内容　曽谷入道殿許御書　兄弟鈔　法蓮鈔

◇日蓮聖人研究　第1巻　山川智應著　普及版　さいたま　はちす文庫　2004.5　525p　図版12枚　21cm　非売品

◇日蓮聖人研究　第2巻　山川智應著　普及版　さいたま　はちす文庫　2004.5　562p　図版13枚　21cm　非売品

◇日蓮聖人のご真蹟　中尾堯著　京都　臨川書店　2004.5　262p　20cm　2400円　①4-653-03942-9
　内容　第1章 日蓮聖人の素描（六十年の生涯　遙かなる回想 ほか）　第2章 ご真蹟は物語る（ご真蹟とは何か　はじめての書状 ほか）　第3章 信仰の確言（問いと答え　よろこびと苦しみ ほか）　第4章 信仰の試練と救い（佐渡の試練　供養の返礼と功徳 ほか）　第5章 信仰の研鑽（法華経の学習　経典の抜き書き ほか）

◇日蓮と佐渡　田中圭一著　新版　平安出版　2004.3　322p　20cm　2800円　①4-902059-02-9
　内容　第1章 佐渡配流　第2章 塚原配所考　第3章 阿仏房　第4章 一谷入道　第5章 国府入道　第6章 中興入道　第7章 赦免、そして鎌倉へ　第8章「聖地」の形成　結び　日蓮と佐渡の国人

◇日蓮の説いた故事・説話　若江賢三, 小林正博共著　第三文明社　2004.3　279p　19cm　1400円　①4-476-06194-X
　内容　インド編（三衣一鉢　阿闍世王 提婆達多　第六天の魔王 ほか）　中国編（義農の世・唐虞の国　堯と舜　智人は起を知り蛇は自ら蛇を識る ほか）　日本編（武内宿禰・若宮　的立の大臣　崇峻天皇 ほか）

◇鎌倉佛教―親鸞・道元・日蓮　戸頃重基著　中央公論新社　2004.2　203p　21cm　（中公文庫ワイド版）　3300円　①4-12-551494-1

◇日蓮―法華の行者　佐々木馨著　吉川弘文館　2004.1　201p　20cm　（日本の名僧 12）　2600円　①4-642-07856-8
　内容　私の日蓮　1 日蓮の魅力―現代を考える道標　2 日蓮の生涯―波乱万丈の行者　3 予言思想と蒙古襲来　4 日蓮と「日本国」　5 情報伝達と門弟創出　6 救いの構造　7 罪意識と使命感　8「文字マンダラ」＝光と言葉のシンボリズム

◇日蓮と元の襲来　森下研文　フレーベル館　2004.1　48p　27cm　（あるいて知ろう！歴史にんげん物語 4）　2900円　①4-577-02788-7

◇日蓮―われ日本の柱とならむ　佐藤弘夫著　京都　ミネルヴァ書房　2003.12　342, 9p　20cm　（ミネルヴァ日本評伝選）　2500円　①4-623-03958-7
　内容　第1章 立教開宗への道（誕生　清澄入寺 ほか）　第2章 立正安国の思想（鎌倉へ上る　『守護国家論』の念仏批判 ほか）　第3章 蒙古襲来と日蓮（安国論提出の余波　法華経の行者の自覚 ほか）　第4章 佐渡の開眼（文永八年の法難　教団壊滅 ほか）　第5章 身延の日々（身延入山　蒙古の来襲 ほか）

◇日蓮聖人讃仰諸論考・抄　1　高山樗牛著　静岡　龍華寺　2003.12　69p　21cm　（日蓮宗新聞社基礎テキストシリーズ 1）　①4-89045-400-4

◇日蓮聖人注法華経の研究　関戸堯海著　山喜房佛書林　2003.11　475, 41p　22cm　15000円　①4-7963-0683-8

◇日蓮聖人遺文辞典　教学篇　索引　立正大学日蓮教学研究所編纂　身延町（山梨県）　身延山久遠寺　2003.10　106p　26cm　非売品

◇日蓮聖人遺文辞典　教学篇　立正大学日蓮教学研究所編　身延町（山梨県）　身延山久遠寺　2003.10　1292, 22p　27cm　非売品

◇御書に現れたる日蓮大聖人　佐藤慈豊編著　覆刻版　鎌倉　興門資料刊行会　2003.7　1冊　21cm　5200円　①4-901305-46-8

◇日蓮仏教論―その基調をなすもの　渡辺宝陽著　春秋社　2003.6　399, 21p

仏教を支えた人々

22cm 9500円 ①4-393-17333-3
　[内容]第1章 初期日蓮仏教の課題　第2章『開目抄』『観心本尊抄』の一断面　第3章 日蓮仏教における釈尊帰命　第4章 日蓮仏教の一念三千論　第5章 日蓮仏教における証悟と救済　付論 日蓮仏教をめぐる諸問題

◇日蓮大聖人御書講義　別巻　御書講義録刊行会編著　聖教新聞社　2003.5　408, 16p 22cm　1619円
　[内容]富士一跡門徒存知の事　五人所破抄　日興遺誡置文　美作房御返事　原殿御返事

◇日蓮聖人とお弟子たちの歴史を訪ねて—日蓮宗本山めぐり　日蓮宗全国本山会企画・監修　日蓮宗新聞社　2003.4　265p 21cm　3000円　①4-89045-158-7

◇日蓮聖人譬喩要文集　青山社編集部編　茨木　青山社　2003.4　346, 28p 19cm　4600円　①4-88414-036-2

◇日蓮大聖人御書講義　第18巻 下　御書講義録刊行会編著　聖教新聞社　2003.3　349, 11p 22cm
　[内容]乗明聖人御返事（金珠女御書）　大田殿女房御返事（八寒地獄事）　太田左衛門尉御返事（方便寿量肝心事）　大田殿女房御返事　慈覚大師事　三大秘法稟承事（三大秘法抄）

◇日蓮大聖人御書講義　第18巻下　三大秘法稟承事 他五編　御書講義録刊行会編著　聖教新聞社　2003.3　349, 11p 21cm　1524円　①4-412-01221-2
　[内容]乗明聖人御返事（金珠女御書）　大田殿女房御返事（八寒地獄事）　太田左衛門尉御返事（方便寿量肝心事）　大田殿女房御返事　慈覚大師事　三大秘法稟承事（三大秘法抄）

◇日蓮的あまりに日蓮的な　福神研究所編　太田出版　2003.2　280p 19cm　（福神叢書）　2800円　①4-87233-722-0
　[内容]鼎談・「日蓮」研究の現在—『研究年報日蓮とその教団』から今日まで　『研究年報日蓮とその教団』発刊の頃　日蓮初期思想の問題点—高木豊『増補改訂日蓮—その行動と思想—』によせて　書評・高木豊著『増補改訂日蓮—その行動と思想—』　立正安国論をめぐって　日蓮と鎌倉政権をめぐって　四箇格言の意味・日蓮と念仏　四箇格言をめぐって・日蓮と禅　四箇格言をめぐって・真言宗　四箇格言と日蓮聖人　四箇格言をめぐって・律と日蓮聖人　中世仏教史研究の歩み　日蓮聖人の実像を求めて　日蓮宗の仏界縁起論覚え書　摂折論をめぐって　教義学論ノート—ヨーロッパ学と仏教思想のかかわりについて　法華経における蓮華不染喩をめぐって

◇仏道の創造者　紀野一義編　アートデイズ　2003.1　269p 20cm　1600円　①4-900708-96-8
　[内容]最澄（伝教大師）—能く行い能く言ふは国の宝なり。　空海（弘法大師）—其れ仏法遙かにあらず、心中にして即ち近し。　法然—ただ一向に念仏すべし。　栄西—大いなる哉、心や。　親鸞—親鸞は弟子一人も持たず候。　道元—さとりとは、まどひなきものと知るべし。　日蓮—臨終の事を習ふて後に他の事を学ぶべし。　一遍—生ぜしも一人なり。死するも一人なり。　蓮如—悪凡夫の、弥陀をたのむ一念にて仏になるこそ不思議よ。　白隠—第一に死の字を参究し玉ふべし。

◇日本人魂のデザイナー—親鸞・道元・日蓮　本間俊太郎著　心泉社　2002.12　326p 19cm　1400円　①4-916109-43-0
　[内容]第1章 悪人観と信の情熱—親鸞の洞察（親鸞の時代とその生涯　『歎異抄』を読む）　第2章 零次元の無我—道元のめざしたもの（禅と道元の一生　『正法眼蔵』を読む）　第3章 日蓮—仏国土の如来使（日蓮の一生、天台復興の志　日蓮の思索とその流れ）　第4章 まとめ・親鸞、道元、日蓮の共通性と差異

◇鎌倉佛教—親鸞・道元・日蓮　戸頃重基著　中央公論新社　2002.11　203p 16cm　（中公文庫）　781円　①4-12-204126-0
　[内容]1 日本仏教の夜明け（古代仏教の終焉　末法悪世に生きて ほか）　2 信仰の証を求めて（自力と他力と共力　念仏の救いについて ほか）　3 さとりと愛欲の相剋（人生の恩愛をめぐって　業から自由へ ほか）　4 法灯のゆくえ（浄土教の夢と現実　本願寺教団の末路 ほか）

◇日蓮大聖人御書講義　第12巻 下　御書講義録刊行会編著　聖教新聞社　2002.11　459, 23p 22cm　1619円　①4-412-01210-7

◇南無大聖日蓮　富谷日震著　覆刻版　鎌倉　興門資料刊行会　2002.7　32p 21cm 3300円　①4-901305-23-9

◇日蓮—その行動と思想　高木豊著　増補改訂　太田出版　2002.7　327p 19cm　2800円　①4-87233-687-9
　[内容]1 日蓮の思想の形成—若き日蓮　2 日蓮の宗教活動—鎌倉の日蓮　3 日蓮の宗教と思想—佐渡の日蓮　4 日蓮の宗教と社会—身延の日蓮　"二人の日蓮"改稿　『立正

165

仏教を支えた人々

『安国論』再読

◇日蓮大聖人御書講義　第12巻 中　御書講義録刊行会編著　聖教新聞社　2002.7　480, 26p 22cm 1714円
　①4-412-01195-X

◇日蓮聖人とはいかなる人か──早わかり15章　日蓮聖人門下ネットワーク編　展転社　2002.4　117p 18cm 600円
　①4-88656-210-8
　内容　生涯　立志　開宗　立正安国論　法難　上行菩薩　身延　著作　書簡　門下　予言　ユーモア　理想　滅後の歴史　不滅の命　刊行の辞

◇日蓮と鎌倉文化　川添昭二著　京都　平楽寺書店　2002.4　361p 22cm 4500円　①4-8313-1062-X

◇南無日蓮大聖人　土屋日柱著　覆刻版　鎌倉　興門資料刊行会　2002.3　314p 19cm 7000円　①4-901305-17-4

◇日蓮大聖人「四箇の格言」要文集　山根一順編著　〔富士宮〕石之坊　2002.3　508p 21cm 2000円

◇日蓮聖人と法華経　田村芳朗著　大阪　東方出版　2001.12　227p 18cm （法華シリーズ8）　900円　①4-88591-752-2
　内容　1 法華経と日蓮聖人──法華経に生きた人びと（法華経概観　法華経の成立と流伝　最澄の法華信仰　法華経と日本文化　法華経の生死観　法華経の浄土観　日蓮聖人の人生暦と著述　日蓮聖人の直弟子と篤信の檀越　つらぬかれた法華信仰　法華殉教のびと）　2 日蓮聖人遺文講座（正法の確立をめざして　南無妙法蓮華経の意味　永遠なる生命のいぶき　一乗の妙法と久遠の本仏　人生の支柱と宇宙の実相　織りなす十界まんだら　人生の苦難と信仰の喜び　愛の喜びと別れの悲しみ　日蓮に殉じ法華に生きる）

◇日蓮聖人の人間像　石川教張著　大蔵出版　2001.12　354p 20cm 3800円
　①4-8043-3058-5
　内容　1 誕生と求道　2 立正安国の実践　3 題目布教　4 諫暁と法難　5 仏使の精神　6 身延の法華経の行者　7 入滅

◇日蓮大聖人御書講義　第13巻　御書講義録刊行会編著　聖教新聞社　2001.12　380, 12p 22cm 1619円
　①4-412-01175-0
　内容　三論宗御書　十宗判名の事　五行御書　浄土九品の事　四十九院申状　滝泉寺申状

◇あなただけの日蓮聖人　渡辺宝陽監修, 立松和平, 渡辺宝陽, 安中尚史著　小学館　2001.11　126p 26cm 2800円
　①4-09-387314-3
　内容　第1章 求道と遍歴（その時代　御誕生　出家 ほか）　第2章 開教と苦難（唱題開教　法華経の行者　法難 ほか）　第3章 如来使の自覚（上行菩薩の生まれ変わり　月に語る弟子を思う ほか）

◇日蓮　中尾堯著　吉川弘文館　2001.11　221p 19cm （歴史文化ライブラリー130）　1700円　①4-642-05530-4
　内容　日蓮の実像を求めて──プロローグ　日蓮の系譜と修学（東海の風光──日蓮の出生　文筆の家──その系譜 ほか）　予言と法難（法華題目の創唱　立正安国論 ほか）　佐渡と身延の日々（佐渡配流の旅　鎌倉に続く佐渡の受難 ほか）　予言と法難の果てに──エピローグ

◇日蓮の軌跡──未来への確信　蓮澄陽著　文芸社　2001.10　275p 19cm 1000円　①4-8355-2541-8
　内容　闘諍の世界（辺国の夜空に星が光る　立教開宗　松葉ヶ谷法難（草庵焼討）ほか）　聖界（悟りの世界）（塚原三昧堂　塚原問答　日蓮門弟への弾圧 ほか）　伝教の世界（平頼綱への諫言　身延隠棲の決意　書簡と伝教）

◇日蓮誕生論──聖なる物語の構造分析　大久保雅行著　山喜房佛書林　2001.9　257p 21cm 3900円　①4-7963-0728-1
　内容　序章 聖なる物語の構造　第1章 日蓮の養父母　第2章 生誕の年代と場所　第3章 生誕伝承の批判　第4章 出自・階層再考　第5章 親族と誕生本質論　付録 親鸞および日蓮の悪人解放思想

◇名僧列伝　3　紀野一義著　講談社　2001.8　296p 15cm （講談社学術文庫）　920円　①4-06-159392-7
　内容　西行（西行の出自　運命の美女待賢門院璋子 ほか）　源信（平安時代の念仏　恵心僧都の生い立ち ほか）　親鸞（地獄は一定すみか　激動 ほか）　日蓮（代表的日本人　静かで根強い出発 ほか）

◇御真蹟に見る日蓮聖人の手紙作法　寺尾英智講述　日達法縁達門会　2001.7　50p 26cm　（達門会新春研修会速記録第8号）

◇正統天皇と日蓮──ついに明かされる王仏冥合の真実　小野寺直著　いしずえ　2001.7　238p 22cm 1905円
　①4-900747-34-3

◇日蓮大聖人御書講義　第12巻 上　御書講義録刊行会編著　聖教新聞社　2001.7　429, 13p　22cm　1619円　ⓘ4-412-01164-X
[内容] 一代五時図（五時のうち爾前四時を図示す　法華・涅槃時について経を引き図示する　浄土教の系譜を図示す ほか）　一代五時図（五時のうち爾前四時を図示す　第五時のうち、法華涅槃時を図示す）　一代五時鶏図（竜樹の大論の説を示す　五時のうち爾前四時を図示す　第五・法華涅槃時を図示す ほか）

◇日蓮聖人の信仰　窪田哲城著　増補　山喜房佛書林　2001.6　350p　19cm　2500円　ⓘ4-7963-0732-X

◇日蓮の涙―その思想と実践　牛尾日秀著　福岡　海鳥社　2001.6　346p　20cm　2200円　ⓘ4-87415-351-8
[内容] 潮騒の子　武都の風景　比叡の嵐　立宗の曙光　国家諫暁　炎と水と　帰郷の試練　不惜身命　佐渡遠流　身延入山　西山の残照

◇日蓮がわかる本　ひろさちや監修　主婦と生活社　2001.5　270p　21cm　（生活シリーズ）　1500円　ⓘ4-391-61234-8

◇日蓮聖人の世界―図録　日蓮聖人の世界展制作委員会編　池田　日蓮聖人の世界展実行委員会　2001.5　159p　30cm

◇日蓮大聖人正附法日興聖人・正伝燈日代聖人―関連詳細年表　安藤宰編　アピカル・プランズ（製作）　2001.4　88p　15×21cm　2000円

◇人間日蓮　石川教張著　愛蔵版　アールズ出版　2001.4　702p　19cm　3800円　ⓘ4-901226-17-7
[内容] 身の浮雲　海の子　立願　報恩者への道　智者遍歴　立教開宗　鎌倉法戦　立正安国　草庵焼打ち　伊豆の風濤〔ほか〕

◇日蓮　石川教張著　大法輪閣　2001.3　221p　20cm　（精読・仏教の言葉）　2400円　ⓘ4-8046-4103-3
[内容] 1 日蓮、生涯を語る（出身　報恩の願い　立教開宗 ほか）　2 主な著作　3 日蓮の言葉に聞く（暮らしの中の信心　仏の道をゆく　ふるまい、心がまえ ほか）　4 一文一句選

◇日蓮聖人の生涯―歴史と伝説　堀内天嶺画集　堀内天嶺原画, 尾谷卓一解説　水曜社　2001.3　80p　24×26cm　2000円　ⓘ4-88065-019-6

◇日蓮・心の旅―不安の時代、彼はどんな未来を見たのか いまの時代に生きる「生の哲学」を求めて　熊谷一乗著　祥伝社　2001.2　216p　18cm　（ノン・ブック）　838円　ⓘ4-396-10417-0
[内容] 序章 日蓮への私の旅―私にとって法華経とは何だったのか　第1章 闇夜にたどる日蓮への道―「民が子にて候」が意味するもの　第2章 いうにいかいなき凡夫なれども―私にとってのギリシャ哲学、神、そして法華経　第3章 身近に、ひたすら分かりやすく―胸中の宝、日蓮が言いたかったこと　第4章 浄土を外に求めるな、ここが浄土だ―私の第二次世界大戦の記憶と、鎌倉の日蓮　第5章 日蓮はどんな未来を信じたのか―「法華経ゆえの涙」とは、どういう意味か　第6章 今の時代に生きる「生の哲学」を求めて―ついに聞き入れられなかった蒙古襲来の予言

◇日蓮大聖人御書講義　第18巻 上　御書講義録刊行会編著　聖教新聞社　2001.1　410, 13p　22cm　1619円　ⓘ4-412-01121-6
[内容] 大田乗明について　金吾殿御返事（大師講御書）　転重軽受法門　大田殿許御書（天台真言勝劣事）　太田殿女房御返事（即身成仏抄）　太田入道殿御返事（業病能治事）

◇日蓮と蒙古大襲来　小和田哲男監修　主婦と生活社　2001.1　237p　21cm　（生活シリーズ）　1500円　ⓘ4-391-61172-4

◇日蓮大聖人年譜　日蓮大聖人年譜編纂委員会編　第三文明社　2000.11　237p　20cm　1300円　ⓘ4-476-06151-6

◇日蓮入門―現世を撃つ思想　末木文美士著　筑摩書房　2000.7　221p　18cm　（ちくま新書）　660円　ⓘ4-480-05855-9
[内容] 1 日蓮を読むために（日蓮への接近　生涯と著作 ほか）　2 神話と事実（自ら紡ぐ神話―『種種御振舞御書』　個へ向けられた語りかけ―消息類）　3 闘う仏教者（宗教と政治―『立正安国論』　念仏批判の根拠―『守護国家論』）　4 内省と自覚（佐渡流罪　受難の正当化―『開目抄』 ほか）　5 理想と現実（身延隠棲　未来に賭ける理想―『三大秘法抄』 ほか）

◇類纂日蓮聖人遺文集―平成版　日蓮著, 櫻井智堅監修　鎌倉　本化妙宗聯盟　2000.6　2028p　22cm　非売品

◇日蓮聖人の本懐―日蓮正宗・創価学会批判　窪田哲城著　増補版3刷　富津　法性寺顕本法華仏国会　2000.5　208p

22cm 4000円 ⓘ4-7963-0733-8
◇親鸞・道元・日蓮—末世の開祖たち 新人物往来社 2000.4 231p 26cm (別冊歴史読本) 1800円 ⓘ4-404-02742-7
◇日蓮涙ひまなし 濱勝之著 〔横浜〕霊元妙音会 2000.4 208p 21cm
◇日蓮聖人の生涯 第3巻 久遠のひかり 石川教張著 水書坊 1999.11 452p 20cm 3600円 ⓘ4-943843-86-7
  内容 1 共生の精神 2 命みつめて 3 羽と身 4 同一の苦 5 慈悲燦々
◇日蓮聖人の生涯 第2巻 佐渡の風光 石川教張著 水書坊 1999.9 477p 20cm 3600円 ⓘ4-943843-85-9
  内容 1 佐渡の風雪 2 仏使の誓願 3 信心の絆 4 本尊の世界 5 三度目の諫め 6 身延山 7 亡国の嵐
◇日蓮—現世往生の意味 尾崎綱賀著 世界書院 1999.8 283p 22cm 3900円 ⓘ4-7927-9071-9
  内容 第1章 誕生から修行時代 第2章『法華経』布教と受難 第3章 伊豆流罪と小松原の刃難 第4章 蒙古来牒と竜口法難 第5章 佐渡流罪—教学の体系化 第6章 身延隠棲と蒙古の襲来 終章 日蓮の入滅と彼の後継者たち
◇日蓮聖人と天台宗 浅井圓道著 山喜房佛書林 1999.7 431p 22cm (浅井圓道選集 第2巻) 12000円 ⓘ4-7963-0083-X
◇日蓮聖人の生涯 第1巻 誓願に生きる 石川教張著 水書坊 1999.7 413p 20cm 3600円 ⓘ4-943843-84-0
  内容 1 報恩の願い 2 法華経との出あいと開教 3 立正安国の諫め 4 伊豆法難 5 小松原の刃難 6 増上慢との対決 7 龍の口頸の座
◇日蓮の思想構造 佐々木馨著 吉川弘文館 1999.7 269, 11p 22cm 6500円 ⓘ4-642-02777-5
  内容 序 研究史の概観と本書の課題 第1部 日蓮の弾圧と鎌倉幕府(日蓮の弾圧背景 日蓮と幕府の思想対決) 第2部「法華経世界」の内なる構築(日蓮の思想構造—「法華経世界」の母型 日蓮と外典・外道 日蓮と文学「法華経世界」と史話活用) 第3部「法華経世界」の外なる拡勢(日蓮の描く日本仏教史 「法華経世界」と日本 結語—中世仏教史上の日蓮)
◇日蓮大聖人御書講義 第11巻 御書講義

録刊行会編著 聖教新聞社 1999.6 445, 12p 22cm 1524円 ⓘ4-412-01000-7
  内容 小乗小仏要文(小乗の経と仏を図示する 爾前・迹門を迹仏の小乗とする文証 法華経本門こそ真の大乗との文証を挙げる 迹仏と迹仏果を図示する) 日月の事 和漢王代記(中国の伝説上の帝王と王朝を示す 中国史上初の王朝・殷と周を図示す 秦・漢の時代と仏教の伝来を示す 魏・晋の時代と諸経典の到来を示す ほか)
◇日蓮大聖人の生涯を歩く 佐藤弘夫, 小林正博, 小島信泰著 第三文明社 1999.4 205p 19cm 1300円 ⓘ4-476-06144-3
  内容 第1章 安房・下総 第2章 諸国遊学 第3章 鎌倉から佐渡へ 第4章 身延から池上へ
◇日蓮とその教団 高木豊, 冠賢一編 吉川弘文館 1999.3 543p 22cm 14000円 ⓘ4-642-02775-0
  内容 日蓮遺文書誌の諸問題(日蓮遺文『録外御書』の書誌学的考察 「某殿御返事」(折紙)の位置とその伝来—新発見の日蓮真蹟書状をめぐって 日蓮遺文『諫暁八幡抄』の曽存真蹟 ほか) 日蓮教学の諸問題(法華円教と一念三千 執権北条氏と『立正安国論』 転換点としての佐渡—台密批判との関連において ほか) 日蓮教団の諸問題(直弟による日蓮聖人の尊称 重須談所の教育史的考察 古版の身延山図 ほか)
◇日蓮とその時代 川添昭二著 山喜房佛書林 1999.3 430p 22cm 12000円 ⓘ4-7963-0676-5
◇日蓮聖人の観心論 庵谷行亨著 山喜房佛書林 1999.2 317, 25p 22cm 12000円 ⓘ4-7963-0675-7
◇日蓮の一念三千論 平塚昭著 杉並けやき出版 1999.1 88p 19cm ⓘ4-921051-16-X
◇日蓮大聖人の生きた法門—独一本門の仏法体系へのご案内 伊藝益道著 創栄出版 1998.10 584p 22cm 4571円 ⓘ4-7952-4738-2
  内容 総論(宗教で人々を救ったことはない 略説、独一本門の仏法体系) 本論(本因妙抄の興起 法華玄義七面の決 文句七面の決 ほか) 終論(これでも成仏できるのか 終わりに因んで)
◇日蓮聖人の手紙—現代語訳 1 日蓮原著, 石川教張編著 新装版 国書刊行会 1998.9 302p 19cm (日蓮聖人遺文現

◇日蓮聖人の手紙―現代語訳 2 日蓮原著, 石川教張編著 新装版 国書刊行会 1998.9 233p 19cm （日蓮聖人遺文現代語訳選集 2） ①4-336-04103-2

◇日蓮聖人のこころと法華経の真髄 中山雅城著 文芸社 1998.7 123p 19cm 1200円 ①4-88737-115-2
　内容 法華経と日蓮 仏教伝来について 日蓮宗について 法華経とその教義・内容について 五綱教判について 仏性について 先祖供養について 女人成仏について 人間の在り方及び法華経信者・行者の人生訓について 悟り（覚り・解り）について〔ほか〕

◇日蓮聖人と女人の食供養 目黒きよ著 講談社出版サービスセンター 1998.5 279p 20cm 2000円 ①4-87601-437-X

◇日蓮聖人の三大誓願 田中智學述 真世界社 1998.5 203p 19cm 1714円 ①4-89302-143-5

◇日蓮聖人のこころ―生命の輝き 庵谷行亨著 日蓮宗新聞社 1998.4 242p 19cm 2000円 ①4-89045-126-9

◇日蓮大聖人の思想と生涯 佐藤弘夫, 小林正博, 小島信泰著 第三文明社 1997.12 307, 20p 19cm 1600円 ①4-476-06126-5
　内容 日蓮大聖人―その生涯と思想 誕生から清澄入山へ 出家・修学時代 立教開宗 立教開宗時の宗教的立場の諸問題 鎌倉における布教と「立正安国論」上奏への道 国主諫暁 松葉ケ谷の法難と伊豆流罪 小松原の法難から竜の口の法難へ 竜の口の法難〔ほか〕

◇悩め、人間よ―親鸞、空海、日蓮、隠された人間像 山折哲雄著 ネスコ 1997.11 253p 20cm 1600円 ①4-89036-959-7
　内容 1 昏の森林に迷う（「久隔帖」と「風信帖」―最澄と空海 筆跡の変化は心の変化―日蓮の題目本尊 一人二役の精神世界――休宗純 ほか） 2 悩んだまま生きる（先駆者の自覚と転身―最澄 密教による国家略奪のたくらみ―空海 自然、政治と対決した十九年―鎌倉の日蓮 ほか） 3 坐りながら考える（エジプトの砂漠のまんなかに坐る 聖徳太子の坐り方 親鸞の法、道元の法 ほか）

◇日蓮とその弟子 宮崎英修著 京都 平楽寺書店 1997.11 344, 16p 20cm 2800円 ①4-8313-1038-7
　内容 第1部 日蓮の生涯と宗教（求道者日蓮 法華宗の成立 佐渡の日蓮 ほか） 第2部 日蓮の継承（弟子たちと門流の形成 諫暁活動の継承 宗論による発揮 ほか）

◇日蓮と阿佛房考 杉本保雄著 〔多摩〕 杉本保雄 1997.9 20p 21cm 非売品

◇日蓮の情熱 ひろさちや原作, 横山まさみち漫画 鈴木出版 1997.9 153p 22cm （仏教コミックス 89） 1165円 ①4-7902-1895-3

◇永遠のいのち〈日蓮〉 紀野一義, 梅原猛著 角川書店 1997.6 347p 15cm （角川文庫） 800円 ①4-04-198512-9
　内容 第1部 典型的日本人日蓮（この本を読んでくださる人々に 安房から鎌倉へ 神々にうながされる者 流人の国佐渡へ 佐渡御書 即身成仏） 第2部 日蓮の思想と行動（紀野一義 梅原猛） 第3部 日蓮の人生と思想（価値復興者日蓮 価値創造者日蓮）

◇日蓮大聖人御書講義 第3巻 下 御書講義録刊行会編著 聖教新聞社 1997.6 424, 16p 22cm 1476円
　内容 真言諸宗違目 真言見聞 蓮盛抄

◇日蓮大聖人御書講義 第3巻（下） 御書講義録刊行会編著 聖教新聞社 1997.6 424p 21cm 1476円 ①4-412-00852-5
　内容 真言諸宗違目（門下に流罪赦免の運動を禁ずる 真言等の諸宗の誤りを略して挙げる ほか） 真言見聞（真言が亡国・堕獄の因なるを示す 謗法が堕獄の業因なるを明かす ほか） 蓮盛抄（禅宗の根本の教えを破る 迦葉への付嘱の真意を明かす ほか）

◇日蓮―物語と史蹟をたずねて 田下豪著 成美堂出版 1997.3 318p 16cm （成美文庫） 560円 ①4-415-06465-5
　内容 時代の申し子 末世からの脱皮 出家・その周辺 修学への旅立ち 上行菩薩の発見 南無妙法蓮華経 行者としての道 日月と蓮華のごとく 覇府鎌倉への進出 迫害と布教の日々〔ほか〕

◇日蓮聖人教学の探求 浅井圓道著 山喜房佛書林 1997.3 298, 7p 22cm （浅井圓道選集 第1巻） 8500円 ①4-7963-0082-1
　内容 五義判の形成過程の考察―五義の発表まで 日蓮聖人の教学形成と法然教学との関連 日蓮聖人における人間観―末法思想と一念三千 大般涅槃経と日蓮聖人―五義判について 三大秘法の順序について 本

尊論の展開　日蓮聖人の仏身論の特徴　日蓮聖人における仏勅と誓願　日蓮教学における生死問題　法華経と立正安国〔ほか〕

◇日蓮聖人真蹟の形態と伝来　寺尾英智著　雄山閣出版　1997.3　380p　22cm　9700円　①4-639-01434-1
　内容　第1章 日蓮曼荼羅本尊の形態と伝来　第2章 諸本寺における日蓮真蹟遺文の伝来　第3章 日蓮真蹟遺文の形態と伝来　第4章 日蓮真蹟曾存遺文の復元　第5章 聖教目録の基礎的研究―日祐『本尊聖教録』について

◇日蓮聖人・日蓮教団史研究文献目録　立正大学日蓮教学研究所　立正大学日蓮教学研究所　1997.3　85p　21cm　非売品

◇日蓮聖人遺文研究　第3巻　岡元錬城著　山喜房仏書林　1996.12　762p　22cm　22660円　①4-7963-0760-5

◇日蓮大聖人の「御書」をよむ　上（法門編）　小林正博著　第三文明社　1996.9　308p　19cm　1500円　①4-476-06114-1
　内容　第1章 重要法門への理解を深める19編　第2章 法華経第一を知る27編　第3章 門下育成の図録を読む12編　第4章 権威権力との対決姿勢に学ぶ20編　第5章 一念三千と凡夫即極の法門にせまる18編

◇日蓮聖人全集　第2巻　宗義 2　渡辺宝陽, 小松邦彰編　渡辺宝陽, 関戸堯海訳　春秋社　1996.6　577, 10p　23cm　8755円　①4-393-17322-8
　内容　十章鈔.寺泊御書.八宗違目鈔.開目抄.富木殿御返事.真言諸宗違目.観心本尊抄.観心本尊抄副状.顕仏未来記.富木殿御返事.波木井三郎殿御返事.小乗大乗分別鈔.其中衆生御身.法華取要抄.立正観鈔.立正観鈔送状.三沢鈔.始聞仏乗義.富木入道殿御返事.本尊問答抄.富木入道殿御返事.諸経与法華経難易事.三大秘法禀承事.解題.参考文献：p561～567

◇日蓮大聖人御書講義　第3巻 上　御書講義録刊行会編著　聖教新聞社　1996.5　352, 8p　22cm　1400円　①4-412-00775-8
　内容　法華真言勝劣事（真言宗と天台密教の主張を挙げる　空海の立論の誤りを挙げる ほか）　真言七重勝劣事（法華と大日の七重の勝劣を示す　中国・日本の人師の判教挙げる ほか）　真言天台勝劣事（真言宗の依る経論を挙げる　法華経が大日経に七八重勝るを示す ほか）

◇日蓮の生涯　ひろさちや原作, 本山一城漫画　鈴木出版　1996.3　153p　22cm（仏教コミックス 83）　1200円　①4-7902-1913-5

◇日蓮聖人遺文大講座　第9巻　身延期御書 1　小林一郎著, 久保田正文増補　日新出版　1996.1　272p　22cm　4800円　①4-8173-0176-7

◇時代を変えた祖師たち―親鸞、道元から蓮如まで　百瀬明治著　清流出版　1995.11　212p　20cm　1800円　①4-916028-18-X
　内容　第1章 末法の仏教観―説話の中の聖たち　第2章 親鸞と恵信尼―お互いを観音の化身と信じて　第3章 道元―苦行専心の道　第4章 日蓮―「雑草的」たくましさの魅力　第5章 一遍―凡夫の苦悩を生きた行者　第6章 蓮如―宗教界の織田信長

◇日蓮大聖人御書講義　第1巻 下　守護国家論 3　御書講義録刊行会編著　聖教新聞社　1995.11　364, 12p　22cm　1400円

◇日蓮大聖人御書講義　第1巻下　御書講義録刊行会編著　聖教新聞社　1995.11　364, 12p　21cm　1400円　①4-412-00710-3
　内容　守護国家論（誹法者対治の証文を挙げる　涅槃・梵網の役割の違いを明かす　積極的に誹法を責むべきを明かす　善知識・正法に値い難きを示す　人身受け難く仏法に値い難きを示す ほか）

◇日本の奇僧・快僧　今井雅晴著　講談社　1995.11　224p　18cm（講談社現代新書）　650円　①4-06-149277-2
　内容　プロローグ 知的アウトサイダーとしての僧侶　1 道鏡―恋人は女帝　2 西行―放浪50年、桜のなかの死　3 文覚―生まれついての反逆児　4 親鸞―結婚こそ極楽への近道　5 日蓮―弾圧こそ正しさの証　6 一遍―捨てよ、捨てよ捨てよ　7 尊雲（護良親王）―大僧正から征夷大将軍へ　8 一休―天下の破戒僧　9 快川―心頭を滅却すれば火も自ら涼し　10 天海―超長寿の黒衣の宰相　エピローグ 僧侶と日本人

◇日蓮―民衆と歩んだ不屈の改革者　紀野一義著　広済堂出版　1995.10　301p　18cm（Refresh life series）　1000円　①4-331-00697-2
　内容　第1章 代表的日本人　第2章 鎌倉の旋風　第3章 暗殺　第4章 中世的日本人　第5章 日蓮の消息　第6章 最後の旅へ

◇御書にみる日蓮大聖人の御生涯　聖教新聞社教学解説部著　第三文明社　1995.9　228p　19cm　1300円　⓵4-476-06101-X
[内容]第1章 御生誕から佐渡まで　第2章 佐渡時代　第3章 三度目の諫暁と身延入山　第4章 他国侵逼の難　第5章 令法久住と弟子の育成　第6章 熱原の法難と御入滅

◇日蓮聖人全集　第6巻 信徒 1　渡辺宝陽, 小松邦彰編　北川前肇, 原慎定訳　春秋社　1995.8　327, 14p　23cm　6180円　⓵4-393-17326-0
[内容]富木殿御返事　問注得意鈔　富木殿御消息　土木殿御返事　富木殿御返事　御衣並単衣御書　尊霊御菩提御書　忘持経事道場神守護事　鼠入鹿事〔ほか〕

◇日蓮聖人の足跡巡拝　石井潤一編　〔石井潤一〕　1995.7-1996.1　2冊　26～26×37cm

◇日蓮大聖人御書講義　第2巻 下　御書講義録刊行会編著　聖教新聞社　1995.4　398, 10p　22cm　1400円
[内容]念仏無間地獄抄　当世念仏者無間地獄事　題目弥陀名号勝劣事　法華浄土問答抄

◇日蓮大聖人御書講義　第2巻下　御書講義録刊行会編　聖教新聞社　1995.4　398, 10p　21cm　1400円　⓵4-412-00691-3
[内容]念仏無間地獄抄　当世念仏者無間地獄事　題目弥陀名号勝劣事　法華浄土問答抄

◇日蓮大聖人御書講義　第2巻 上　御書講義録刊行会編著　聖教新聞社　1994.11　348, 12p　22cm　1400円
[内容]災難対治抄 正元2年.念仏者・追放せしむる宣旨・御教書・五篇に集列する勘文状 正元元年

◇日蓮大聖人御書講義　第2巻・上　御書講義録刊行会編著　聖教新聞社　1994.11　348, 12p　21cm　1400円　⓵4-412-00665-4
[内容]災難対治抄　念仏者・追放せしむる宣旨・御教書・五篇に集列する勘文状

◇日蓮大聖人ゆかりの地を歩く―鎌倉・伊豆・竜の口・依智・佐渡　鎌倉遺跡研究会編　第三文明社　1994.10　246p　19cm　1500円　⓵4-476-06092-7

◇訂訛日蓮聖人伝　倉沢啓樹著　近代文芸社　1994.7　548p　22cm　3000円　⓵4-7733-2780-4
[内容]1 年譜　2 誕生より出家まで　3 青年

僧蓮長から日蓮への成熟　4 本化菩薩の自覚から地下の上行へ　5 三度の直諫肯かずば去る　6 撰時鈔　7 報恩鈔　8 三世諸仏総勘文教相廃立　9 結前生後の大訓　10 四信五品鈔の妙訣　11 結論

◇日蓮聖人全集　第3巻 宗義 3　渡辺宝陽, 小松邦彰編　庵谷行亨訳　春秋社　1994.7　447, 17p　23cm　7725円　⓵4-393-17323-6
[内容]報恩鈔　報恩鈔送文　一代聖教大意　教機時国鈔　顕謗法鈔　南条兵衛七郎殿御書　曽谷入道殿許御書　諸宗問答鈔　法華浄土問答鈔　曽谷入道殿御書〔ほか〕

◇日蓮聖人御本尊の話　窪田哲城著　山喜房仏書林　1994.5　138p　21cm　3914円　⓵4-7963-0740-0

◇日蓮さまは心の平和の大導師―赤子に乳を飲ませるように　松本光華著　京都中外印刷出版　1994.5　82p　19×18cm（民話風法華経童話 その30 完）　1030円　⓵4-88648-046-2

◇日蓮大聖人御書講義　第1巻 中　御書講義録刊行会編著　聖教新聞社　1994.2　348, 10p　22cm　1400円

◇日蓮聖人の本尊　清水梁山述, 岡本一乗記　隆文館　1993.12　485p　22cm　7500円　⓵4-89747-320-9
[内容]第1編 judging門　第2編 観心門　第3編 本論　附録（観心本尊抄科段　観心本尊抄開題　日蓮宗の名称について―聖祖の御遺誨　清水梁山師のことども）

◇日蓮聖人の身延山　功刀貞如著　大東出版社　1993.11　200p　20cm　2000円　⓵4-500-00596-X

◇日本仏教人名辞典―コンパクト版　斎藤昭俊, 成瀬良徳編著　新人物往来社　1993.11　494p　20cm　3800円　⓵4-404-02044-9

◇日蓮大聖人御書講義　第22巻　御書講義録刊行会編著　聖教新聞社　1993.10　379, 5p　22cm　1400円
[内容]四条金吾女房御書（安楽産福子御書）月満御前御書（月満誕生御書）四条金吾殿御書（盂蘭盆出来御書）四条金吾殿御消息（竜口御書）同生同名御書.四条金吾殿御返事（煩悩即菩提御書）四条金吾殿御返事（梵音声御書）経王御前御書（経王誕生御書）経王殿御返事

◇やさしい教学―日蓮大聖人と門下の人々　聖教新聞教学解説部編　聖教新聞社

1993.10　254p　19cm　800円
①4-412-00614-X

◇七人の高僧列伝—熱く強く生きた男たち
松原哲明著　三修社　1993.9　276p
20cm　1700円　①4-384-02221-2
内容 最澄——隅を照らす　空海—生まれ生まれ生まれて生のはじめに暗く　法然—ただ一向に念仏すべし　栄西—大いなるかな心や　親鸞—善人なおもて往生をとぐ、いはんや悪人をや　道元—自己をならう　日蓮—われ日本の柱とならん

◇日蓮聖人遺文研究　第2巻　岡元錬城著
山喜房佛書林　1993.9　587p　22cm
18000円　①4-7963-0759-1

◇日蓮聖人正伝　本多日生著　統一団
1993.8　453p　20cm　2500円

◇日蓮聖人全集　第5巻　聖伝・弟子　渡辺宝陽, 小松邦彰編　冠賢一訳　春秋社
1993.7　379, 10p　23cm　6000円
①4-393-17325-2
内容 不動・愛染感見記　ほか53編. 参考文献：p365～370

◇日蓮大聖人御書講義　第4巻　下　御書講義録刊行会編　聖教新聞社　1993.7
431, 7p　22cm　1500円
内容 「十一通御書」について. 宿屋入道への御状.北条時宗への御状.宿屋左衛門光則への御状.平左衛門尉頼綱への御状.北条弥源太への御状.建長寺道隆への御状.極楽寺良観への御状.大仏殿別当への御状.寿福寺への御状.浄光明寺への御状.多宝寺への御状.長楽寺への御状.弟子檀那中への御状.問注得意抄.行敏御返事.行敏訴状御会通.一昨日御書.強仁状御返事

◇日蓮聖人信行日課　日蓮著, 日蓮宗護法伝道部編　春秋社　1993.4　137p
19cm　1000円　①4-393-17331-7
内容 発心　釈迦仏　法華経　日蓮聖人　信心　生死　修行　日蓮聖人略年譜

◇日蓮大聖人自伝　玉井日礼著　大和たまいらぼ　1993.4　497, 14p　21cm
5150円　①4-88636-064-5
内容 第1章　宗旨建立（出胎　遊学時代　立宗宣言　法戦の展開）　第2章　国家諫暁（最初の国家諫暁　法難重畳　再度の国家諫暁）　第3章　発迹顕本（発迹顕本　佐渡流謫　重要御書の撰述　三たび国家諫暁）　第4章　身延入山（身延入山　蒙古襲来　門下の受難　教義の確立）　第5章　出世の本懐（出世の本懐　再び蒙古襲来　付嘱と入滅　身延離山）

◇日蓮聖人全集　第4巻　信行　渡辺宝陽, 小松邦彰編　上田本昌訳　春秋社
1993.3　403, 14p　23cm　6000円
①4-393-17324-4
内容 唱法華題目鈔　薬王品得意抄　法華題目鈔　善無畏鈔　祈禱鈔　諸法実相鈔　如説修行鈔　木絵二像開眼之事　宝軽法重事　事理供養御書　四信五品鈔　上野殿御返事　富木殿御書　崇峻天皇御書　上野殿御返事　上野殿御返事　檀越某御返事　日女御前御返事　妙法尼御前御返事　千日尼御前御返事　九郎太郎殿御返事　随自意御書　上野殿御書　大田殿女房御返事　盂蘭盆御書　上野殿母尼御前御返事　法華証明鈔

◇日蓮聖人の教えと現代社会　庵谷行亨著
山喜房仏書林　1993.3　220p　19cm
1800円

◇日蓮大聖人　御書要文索引　東洋哲学研究所編　聖教新聞社　1993.3　907, 53p
21cm　3200円　①4-412-00577-1

◇日蓮聖人の宗教世界　庵谷行亨著　山喜房仏書林　1993.2　218p　19cm　1800円　①4-7963-0715-X

◇日蓮大聖人御書講義　第1巻　上　御書講義録刊行会編　聖教新聞社　1993.2
336, 9p　22cm　1400円

◇日蓮の本—末法の世を撃つ法華経の予言
学習研究社　1993.2　231p　21cm
（New sight mook）　1000円

◇日蓮聖人全集　第7巻　信徒　2　渡辺宝陽, 小松邦彰編　今成元昭訳　春秋社
1992.12　341, 26p　23cm　5500円
①4-393-17327-9
内容 上野殿御返事　ほか85編. 対告衆一覧. 参考文献：p325～330

◇日蓮聖人遺文研究　第1巻　岡元錬城著
山喜房仏書林　1992.10　529p　22cm
15000円　①4-7963-0758-3

◇日蓮聖人全集　第1巻　宗義　1　渡辺宝陽, 小松邦彰編　小松邦彰訳　春秋社
1992.10　485, 19p　23cm　6500円
①4-393-17321-X
内容 守護国家論　災難興起由来　災難対治鈔　立正安国論　安国論副状　安国論御勘由来　宿屋入道再御状　安国論奥書　故最明寺入道見参御書　金吾殿御返事　安国論送状　夢想御書　合戦在眼前御書　顕立正意抄　神国王御書　撰時抄　強仁状御返事　諫暁八幡抄

仏教を支えた人々

◇日蓮大聖人御書講義　第4巻 上　御書講義録刊行会編　聖教新聞社　1992.9　338, 7p　22cm　1300円
　内容　八宗違目抄.早勝問答

◇日蓮大聖人御書講義　第4巻 上　御書講義録刊行会編　聖教新聞社　1992.9　338, 7p　21cm　1300円
　内容　八宗違目抄　早勝問答

◇日蓮聖人佐渡霊跡研究―橘鶴堂文庫　橘正隆著　畑野町（新潟県）　新潟県立佐渡農業高等学校　1992.7　573p　22cm

◇日蓮聖人の不可思議体験　竜門寺文蔵著　大蔵出版　1992.6　198p　20cm　2200円　④4-8043-2511-5
　内容　第1部 日蓮聖人の不可思議体験（ある不可思議な出来事　火の玉・ひとだま・雷　「光物」の肯定・否定諸説　「光物」の正体　「光物」創作説　「光物出現」は真実だった）法華経からみた「光物」の意味　近代歴史学と竜口法難

◇日蓮文集　兜木正亨校注　岩波書店　1992.6　376p　15cm　（岩波文庫）　670円　④4-00-333051-X

◇日蓮聖人女性への手紙　永田美穂著, 日蓮宗新聞社編　日蓮宗新聞社　1992.3　201p　18cm　（さだるま新書 11）　850円　④4-89045-211-7

◇日蓮大聖人御書講義　十八円満抄　御書講義録刊行会編著　聖教新聞社　1992.1　254p　15cm　（聖教文庫）　360円

◇日蓮大聖人御書講義―十八円満抄　御書講義録刊行会編著　聖教新聞社　1992.1　254p　15cm　（聖教文庫）　360円
　内容　第1章 十八円満法門の出処と名目を挙ぐ　第2章 十八円満の意義について　第3章 蓮の体を明かすに四義を挙げる　第4章 蓮の宗を釈し蓮の六つの勝能を明かす　第5章 蓮の用・教の義を釈す　第6章 総説の五重玄を略説し二種あるを明かす　第7章 仏意の五重玄を明かす　第8章 情機の五重玄を説く　第9章 天真独朗の止観と一念三千との関係示す　第10章 天真独朗の止観は末法に不適なるを明かす　第11章 末法における正行と助行を明かす　第12章 天台宗の義も妙法五字に帰すを明かす

◇日蓮聖人の生涯――一代記と遺文と教義　成川文雅著　新版　共栄書房　1991.11　283p　19cm　1800円　④4-7634-1011-3
　内容　1 日蓮聖人の生涯　2 対訳 日蓮聖人の遺文抄　3 よりよき信仰者となるために　日蓮聖人の生涯 年表

◇日蓮大聖人御書講義―諸法実相抄　御書講義録刊行会編　聖教新聞社　1991.10　342p　15cm　（聖教文庫 172）　480円
　内容　祈禱抄　祈禮経送状　諸法実相抄

◇日蓮聖人のものがたり世界　インド篇　石川教張著　国書刊行会　1991.9　224p　19cm　1900円　④4-336-03260-2

◇日蓮大聖人御書講義　第5巻 下　御書講義録刊行会編　聖教新聞社　1991.7　598, 16p　22cm　1600円
　内容　十如是事.一念三千法門.十法界事.爾前二乗菩薩不作仏事.十法界明果抄

◇日蓮大聖人の正義―本門の本尊論　高橋麦洲著　みくに書房　1991.7　304p　19cm　1750円　④4-943850-42-1

◇日蓮聖人遺文　高佐貫長編纂　改訂第5版　行道文庫　1991.4　1577p　16cm　④4-906567-02-9

◇日蓮聖人の人間学　石川教張著　大蔵出版　1991.4　354p　20cm　3800円　④4-8043-2506-9
　内容　1 誕生と求道　2 立正安国の実践　3 題目布教　4 錬暁と法難　5 仏使の精神　6 身延の法華経の行者　7 入滅

◇日蓮聖人―その生涯と教え　日蓮宗新聞社編　日蓮宗新聞社　1991.3　206p　18cm　（さだるま新書 9）　850円　④4-89045-209-5

◇日蓮聖人名言集―心の宝塔　日蓮宗現代宗教研究所編　隆文館　1990.12　249p　19cm　1800円　④4-89747-313-6
　内容　第1章 人の心・信ずる心　第2章 信仰と生活　第3章 いのちの輝き　第4章 社会と人生　第5章 法華経に生きる　第6章 恩を報ずるとき　第7章 誓願の人生　第8章 学びそして努力する

◇日蓮大聖人御書講義―曽谷教信篇　3　御書講義録刊行会編　聖教新聞社　1990.9　218p　15cm　（聖教文庫）　340円
　内容　曽谷殿御返事―輪陀王御書（供養を謝し功徳の大なるを示す　法華経の題目こそ眼目と明かす　輪陀王の故事を引いて釈す　弘法の法華誹謗を明かす　妙法受持の者に諸天の守護　ほか）　曽谷二郎入道御返事（法華経の文を引き「其人」釈す　一切衆生一業の所以を説く　三大師の悪を挙げる　三

173

仏教を支えた人々

◇日蓮　藤井寛清著　京都　淡交社　1990.8　158p　19cm　（京都・宗祖の旅）　880円　ⓒ4-473-01145-3
　内容　1 日蓮の生涯と教え（誕生と出家　法華経を見出す　法華経流布　法難　佐渡の日蓮　身延の日蓮）　2 京都の日蓮教団　3 京都・日蓮ゆかりの寺々

◇日蓮聖人の御手紙―真蹟対照現代語訳　第1巻　富木常忍篇　岡元錬城編著　大阪　東方出版　1990.8　206p　27cm　8000円　ⓒ4-88591-245-8
　内容　止観第五之事御消息　問注得意鈔　安国論送状　土木殿御消息　御衣並単位御書〔ほか〕

◇日蓮聖人の御手紙―真蹟対照現代語訳　第2巻　弟子・檀越篇　岡元錬城編著　大阪　東方出版　1990.8　254p　27cm　8000円　ⓒ4-88591-246-6
　内容　諸人御返事　聖人御難事　五人土籠御書　両人御中御書　弁殿御消息　越後公御房御返事　智妙房御返事　覚性房御返事　覚性御房御返事　筍御書　霖雨御書　転重軽受法門　乗明聖人御返事　乗明上人御返事　慈覚大師事　檀越某御返事　中務左衛門尉御返事　上野殿御返事　法華証明鈔　兵衛志殿御返事　十字御書　内記左近入道殿御返事

◇日蓮聖人の御手紙―真蹟対照現代語訳　第3巻　女性篇　岡元錬城編著　大阪　東方出版　1990.8　220p　27cm　8000円　ⓒ4-88591-247-4
　内容　妙一尼御返事　妙一尼御前消息　弁殿尼御前御書　乙御前御書　国府尼御書　こう入道御殿御返事　千日尼御前御返事　千日尼御返事　盂蘭盆御書　大田降女房御返事　兵衛志殿女房御返事　桟敷女房御返事

◇日蓮の手紙　渡辺宝陽編著　筑摩書房　1990.7　197p　19cm　（こころの本）　1650円
　内容　土木殿御返事　日妙聖人御書　可延定業御書　新尼御前御返事　妙心尼御前御返事　富木尼御前御書　忘持経事　事理供養御書　崇峻天皇御書　兵衛志殿御返事　諸人御返事　檀越某御返事　盂蘭盆御書　妙法尼御前御返事　上野殿母尼御前御返事　波木井殿御報

◇佐渡の順徳院と日蓮　山本修之助著　真野町（新潟県）　佐渡郷土文化の会　1990.5　1冊　19cm　1200円
　内容　順徳天皇佐渡の御遺跡．佐渡伝説順徳院物語．日蓮聖人と佐渡．佐渡の日蓮伝承

◇日蓮大聖人御書講義―曽谷教信篇　2　御書講義録刊行会編　聖教新聞社　1990.5　359p　15cm　（聖教文庫）　480円
　内容　法蓮抄―父子成仏抄（法華経の行者誹謗の罪報を明かす　提婆達多の実例を挙げ末代の法華経の行者誹謗の罪を明かす　法華行者を賛嘆する福徳を説くほか）　曽谷殿御返事―成仏用心抄（成仏の道は法華経にある事を明かす　妙法五字が成仏の大法なるを明かす　付嘱の総別二義を明かす　謗法呵責なくば成仏難きを示すほか）　曽谷入道殿御返事―如是我聞事（「如是我聞」の4字の重要性を示す　諸経の題目の勝劣浅深を示す　法華経が諸経に超過していることを示す　法華経の行者の功徳と用心を明かすほか）

◇日蓮・その人と思想　里見岸雄著　錦正社　1990.4　438p　22cm　3090円　ⓒ4-7646-0226-1

◇日蓮百言百話―開祖のこころと素顔　渡辺宝陽著　PHP研究所　1990.3　220p　18cm　（PHP business library）　750円　ⓒ4-569-52663-2

◇法華経のおしえ日蓮のおしえ　勝呂信静著　大東出版社　1989.10　263p　20cm　（大東名著選17）　1900円　ⓒ4-500-00517-X
　内容　第1部 法華経のおしえ（大乗仏教と経典の成立　法華経の梗概と思想の特色　法華経の真理観―一乗妙法　法華経の一乗思想―仏乗と菩薩乗との関係について　久遠実成の本仏について　法華経の菩薩観　法華経の成仏思想―二種の成仏観）　第2部 日蓮のおしえ（日蓮聖人における「開会」の思想の展開　日蓮聖人思想の理解し難い理由　日蓮聖人の思想形成―とくに法華経観と国家観に関して　日蓮聖人の国家観　本尊論　法華経信仰における報恩　日蓮宗）

◇挫折をこえて日蓮　今成元昭著　講談社　1989.8　229p　18cm　（こんな生き方）　1100円　ⓒ4-06-193061-3
　内容　片田舎の漁師の子　正しい教えを説くことを決断　「立正安国論」を書いて、政治の改革を迫る　この世は釈迦如来の治めるところ　たたかれるごとに深まった信仰　挫折をこえて　フェミニスト日蓮　最後の手紙―人間日蓮

仏教を支えた人々

◇日蓮大聖人御書講義―檀越某御返事　御書講義録刊行会編　聖教新聞社　1989.8　203p　15cm　（聖教文庫）　300円
[内容]檀越某御返事　法衣書　慧日天照御書　釈迦御所領御書　大果報御書　除病御書　根露枝枯御書　南無御書　題目功徳御書　大悪大善御書　来臨曇華御書　常楽我浄御書　帰伏正法御書　現世無間御書　衣食御書　釈迦如来御書　破信堕悪御書　断簡について

◇日蓮百話　高橋勇夫著　大阪　東方出版　1989.7　284p　18cm　1236円　①4-88591-224-5
[内容]世皆正に背き、人悉く悪に帰す。汝早く信仰の寸心を改めて速かに実乗の一善に帰せよ。懺悔すれども懺悔の後に重ねて此罪を作れば後の懺悔には此罪きえがたし。心あらん人は後世をこそ思いさだむべきにて候へ。釈迦如来は此等衆生には親なり、師なり、主なり、されば日蓮は日本第一の法華経の行者なり。それ仏道に入る根本は信をもて本とす。仏法の中に法華経ばかりこそ正直の御経にておわします。今生にかかる重苦に値候へば地獄の苦しみつときえて、日蓮は明日佐渡の国へまかるなり。仏になる道は必ず身命をすつるほどの事ありてこそ仏にはなり候らめ。総じて日蓮が弟子檀那等、…生死一大事の血脈とは云うなり。信人の血脈なくんば法華経を持つとも無益なり。〔ほか〕

◇日蓮大聖人の仏法―折伏理論解説書　浅井昭衞著　日蓮正宗顕正会　1989.6　214p　22cm

◇開祖物語―仏教の道を開いた超人たち　百瀬明治著　PHP研究所　1989.5　317p　15cm　（PHP文庫）　480円　①4-569-56203-5
[内容]第1章　空海―永遠に生きる万能の超人　第2章　最澄―求法の王道を歩む　第3章　親鸞―苦悩の果ての歓喜　第4章　道元―身心脱落の軌跡　第5章　日蓮―不退転の『法華経』行者

◇日蓮大聖人御書講義　破良観等御書　御書講義録刊行会編著　聖教新聞社　1989.5　256p　15cm　（聖教文庫）　360円

◇日蓮大聖人御書講義　破良観等御書　御書講義録刊行会編　聖教新聞社　1989.5　256p　15cm　（聖教文庫）　360円
[内容]諸人御returnees事　小蒙古御書　さだしげ殿御返事　霖雨御書　玄性房御返事　智妙房御返事（八幡天上由来）　十住毘婆娑論尋出御書　武蔵殿御消息　破良観等御書

◇日蓮聖人の歩まれた道　市川智康著　改訂版　水書坊　1989.4　237p　19cm　1300円　①4-943843-47-6
[内容]房総の巻（誕生寺―生誕ゆかりの寺　妙蓮寺―両親をまつる両親閣　ほか）　鎌倉の巻（横須賀から鎌倉まで　竜本寺―米ヶ浜の祖師　安立寺―船中問答の霊跡　ほか）　近畿の巻（浄土院―伝教大師御廟　定光院―叡山遊学12年の地　ほか）　伊豆の巻（蓮着寺―伊豆配流の地　蓮慶寺―船守弥三郎ゆかりの地　ほか）　富士の巻（富士山経ヶ岳―法華経を埋経　実相寺―一切経の閲覧　ほか）　佐渡の巻（竜ノ口から依知への道　星降りの霊跡　ほか）　身延の巻（法船寺―お手引地蔵常唱院―竹ノ下の霊跡　ほか）　池上の巻（池上への道―日蓮聖人の最後の旅　本国寺―お葉つきいちょう　ほか）

◇日蓮の佐渡越後―遺跡巡りの旅　本間守拙著　新潟　新潟日報事業社出版部　1989.4　163p　21cm　1650円　①4-88862-371-6

◇日蓮の霊言―今、一切の宗派を超えて　善川三朗著　潮文社　1989.4　229p　19cm　1009円　①4-8063-1145-6

◇日蓮大聖人御書講義　第10巻　下　御書講義録刊行会編著　聖教新聞社　1989.3　398, 10p　22cm
[内容]諫暁八幡抄　二乗作仏事

◇日蓮聖人大事典　石川教張, 河村孝照編　国書刊行会　1988.10　826p　23cm　6800円

◇日蓮大聖人御書講義　第10巻　上　御書講義録刊行会編著　聖教新聞社　1988.10　351, 10p　22cm
[内容]三世諸仏総勘文教相廃立

◇日蓮の原点　第1　生涯篇　飯島貫実著　山喜房仏書林　1988.9　307p　19cm　2600円

◇祖師伝研究　久保日参著　日本図書刊行会　1988.7　265p　22cm　3500円　①4-89607-749-0
[内容]前篇　祖伝小研究（日蓮聖人の生誕の時処身分等に就いて　小松原法難前後の事に関して　遺文に表われる滝口法難と時刻に就いて　日蓮の身延入山に関して　日蓮上人と塩　雪と日蓮大聖人　日蓮聖人の諡号）後篇　祖伝書研究（日朝の元祖化導記に就いて　本圀寺本註画讚に就いて　元祖略伝の研究

175

仏教を支えた人々

紹介「岸暉画日蓮大上人絵詞伝」附篇 祖書研究その他(南条兵衛七郎殿御書の宛名に関し 金吾殿御返事の系年を論ず 日蓮聖人が観られた伝教大師の功績 宝地房証真の研究 鯖江市平等会寺蔵史料一覧 小浜本境寺蔵史料記録一覧 拙文の成稿年時)

◇日蓮聖人正伝 鈴木一成編著 京都 平楽寺書店 1988.7 316p 19cm

◇日蓮 渡辺宝陽,小松邦彰著 筑摩書房 1988.1 636p 19cm (日本の仏典 9) 3600円 ⓘ4-480-33109-3

◇立正大師日蓮 法華経信仰界 1987.10 872p 20cm 8000円

◇日蓮大聖人御書講義 新池御書 御書講義録刊行会編著 聖教新聞社 1987.9 198p 15cm (聖教文庫) 300円

◇日蓮大聖人御書講義―新池御書 御書講義録刊行会編 聖教新聞社 1987.9 198p 15cm (聖教文庫) 300円
内容 浄蓮房御書 新池殿御消息(法華経随自意書) 新池御書

◇日蓮聖人伝記全集 10 本化高祖年録 深見要言輯 横浜 法華ジャーナル 1987.8 484p 22cm 5800円 ⓘ4-89383-001-5

◇日蓮大聖人御書講義―盂蘭盆御書 御書講義録刊行会編 聖教新聞社 1987.6 172p 15cm (聖教文庫) 300円
内容 妙法比丘尼御前御返事 内房女房御返事(白馬白鳥御書) 治部房御返事 盂蘭盆御書(治部房祖母への書)

◇永遠の人間像―日蓮聖人 森田卓三著 展転社 1987.5 62p 19cm 700円 ⓘ4-88656-031-8

◇富士と日蓮大聖人 松岡裕治著 〔仙台〕 暁洲舎 1987.5 66p 22cm

◇親鸞・道元・日蓮―その人と思想 菊村紀彦著 大和書房 1987.4 280p 20cm 2500円 ⓘ4-479-70017-X
内容 第1章 親鸞(日野の里 酸鼻な都 比叡山 六角堂 吉水 京洛 越後 上野佐貫 常陸稲田 京洛五条西洞院 押小路南万里小路東) 第2章 道元(都の人 比叡山 建仁寺 入宋 天童山 深草 越前永平寺 鎌倉) 第3章 日蓮(安房小湊 清澄山 鎌倉 比叡山 旭の森 松葉ケ谷 伊豆伊東 小松原 佐渡 身延 池上)

◇日蓮聖人の宗教 小西隆正著 山喜房仏書林 1987.4 268p 22cm 4500円

◇日蓮聖人の世界―御本尊入門考 渡辺信勝著 横浜 法華ジャーナル 1987.4 154p 22cm 1300円

◇日蓮 田村芳朗編 京都 法蔵館 1987.2 196p 21cm (思想読本) 1500円 ⓘ4-8318-2006-7
内容 求道者日蓮(宮崎英修) 佐渡の日蓮(新月通正) 日蓮と千日尼(武者小路実篤) 佐渡から身延へ(姉崎正治) 日蓮簡の文学性(今成元昭) 日蓮上人の知られざる横顔(紀野一義) 日蓮の思想(坂本幸男) 代表的日本人(内村鑑三) 日蓮の信仰と性格(矢内原忠雄) 対談 日蓮認識の諸問題(上原専禄 田村芳朗) 価値創造者日蓮(梅原猛) 親鸞と日蓮―2人をめぐる二つのこと(高木豊) 日蓮の国家観―とくに法国相関の両義性について(戸頃重基) 法華堂建立勧進文(宮沢賢治) 日蓮は泣かねども(大熊信行) 日蓮のポピュラリテ(佐木秋夫) 日蓮の書(榊莫山) 精神医学から見た日蓮(小西輝夫) 日蓮の手紙(浅井円道)

◇日蓮聖人小伝 高橋智遍著 5版 鎌倉 師子王学会出版部 1987.2 1256p 図版65枚 22cm

◇日蓮大聖人御書講義 妙法尼御前御返事 御書講義録刊行会編 聖教新聞社 1987.2 247p 15cm (聖教文庫) 320円

◇日蓮大聖人御書講義―妙法尼御前御返事 御書講義録刊行会編 聖教新聞社 1987.2 247p 15cm (聖教文庫) 320円
内容 妙法尼御前御返事(一句肝心事) 妙法尼御前御返事(臨終一大事) 妙法比丘尼御返事(亡夫追悼御書)

◇日蓮大聖人御書全集―大石寺版 堀日亨編 創価学会 1987.1 2冊 24cm 各3000円

◇日蓮のことば 渡辺宝陽著 雄山閣出版 1987.1 217p 20cm 1500円 ⓘ4-639-00621-7
内容 第1部 日蓮聖人のことば 第2部 日蓮聖人の信仰と思想(立正安国の思想 法華経の実践 生活のなかの教え 自伝的回顧)

◇日蓮大聖人御書全集 上 堀日亨編〔拡大版〕 創価学会 1987.1 1冊 25×19cm 3000円

◇日蓮大聖人御書全集 下 堀日亨編〔拡大版〕 創価学会 1987.1 1冊 25×19cm 3000円

◇日蓮書簡集　池田諭編訳　大和書房　1986.12　246p　20cm　2000円　④4-479-70016-1
　[内容]指導者論　意見具申の心得　人間観察法　忘れてはならぬもの（人間の価値）　戦略論　論争の心構え　真の愛国とは　戦争と平和　生きることの厳しさ　自己に真の誇りを　変革期に処するには　夫婦・親子・兄弟・師弟について　人間日蓮

◇日蓮大聖人御書講義　三沢抄　御書講義録刊行会編　聖教新聞社　1986.11　217p　15cm　（聖教文庫）　300円

◇新・高僧伝—熱く強く生きた男たち　松原哲明著　出版開発社　1986.9　276p　20cm　1600円　④4-87968-022-2
　[内容]最澄——隅を照らす　空海—生まれ生まれ生まれて生のはじめに暗く　法然—ただ一向に念仏すべし　栄西—大いなるかな心や　親鸞—善人なおもて往生をとぐ、いはんや悪人をや　道元—自己をならう　日蓮—われ日本の柱とならん

◇親鸞道元日蓮はどう生きたか—時代と対決した反逆者たち　池田諭著　大和書房　1986.8　254p　20cm　1700円　④4-479-70013-7
　[内容]序章3人の反逆者　第1章　親鸞　第2章　道元　第3章　日蓮　終章　釈迦とマルクス

◇日蓮大聖人御書講義　三三蔵祈雨事　御書講義録刊行会編　聖教新聞社　1986.8　224p　15cm　（聖教文庫）　300円

◇日蓮大聖人用字集　川澄勲編　岡山　臥竜山房　1986.8　224, 68p　21cm

◇現代人の宗教　1　親鸞と日蓮—教典その心と読み方　丸山照雄, 宗正元編, 丸山照雄, 渡辺宝陽著　御茶の水書房　1986.7　236p　20cm　1500円　④4-275-00684-4
　[内容]日本宗教の代表的教典について—概説と諸宗教の教典を読む立場　歎異抄　その心と読み方　立正安国論　その心と読み方

◇日蓮聖人の信仰　窪田哲城著　山喜房仏書林　1986.5　350p　18cm　1200円

◇にちれんさま　柴田連著　日蓮宗新聞社　1986.4　62p　26cm　500円

◇日蓮聖人・日蓮教団史研究雑誌論集目録—明治元年～昭和60年　高橋謙祐編　日蓮宗宗務院　1986.3　124p　21cm　非売品

◇日蓮の信心観　茂田井教亨著　佼成出版社　1986.3　239p　20cm　2200円　④4-333-01208-2

◇日蓮　田村芳朗編, 浅井円道ほか訳・注　筑摩書房　1986.2　400p　20cm　（日本の仏教思想）　1800円　④4-480-84154-7
　[内容]守護国家論　開目鈔　観心本尊抄　書簡（法華題目鈔　土木殿御返事　五人土籠御書　富木殿御書　こう入道殿御返事　妙一尼御前消息　国府尼御前御書　富木尼御前御書　檀越某御返事　上野殿母尼御前御返事　上野殿母御前御返事　四条金吾殿御返事　波木井殿御報）

◇日蓮に出会う　中野孝次ほか著　旺文社　1986.2　342p　22cm　1800円　④4-01-071405-0
　[内容]第1章　日蓮に迫る（日蓮の人間像　苦難の中の日蓮　日蓮とその弟子　宮沢賢治と日蓮主義　日蓮の思想）第2章　日蓮を語る（不受不施から見た日蓮—寛容と非寛容のはざまで）第3章　評伝（不退転の『法華経』行者）

◇日蓮と法華経信仰　読売新聞社　1985.12　174p　29cm　2000円　④4-643-41620-3

◇日蓮のいいたかったこと　渡辺宝陽, 北川前肇著　講談社　1985.12　242p　19cm　（もんじゅ選書8）　1000円　④4-06-192258-0

◇日蓮聖人—目でみる祖師伝　渡辺宝陽文, 内藤正敏写真　講談社　1985.11　97p　22cm　2000円　④4-06-202120-X

◇日蓮　大野達之助著　吉川弘文館　1985.10　243p　19cm　（人物叢書　新装版）　1500円　④4-642-05015-9

◇日蓮聖人のものがたり世界　石川教張著　国書刊行会　1985.8　2冊　19cm　1400, 1800円

◇高僧伝　9　日蓮—不退転の心　松原泰道, 平川彰編　金岡秀友著　集英社　1985.7　267p　20cm　1400円　④4-08-187009-8

◇日蓮聖人遺文辞典　歴史篇　立正大学日蓮教学研究所編纂　身延町（山梨県）　久遠寺　1985.5　2冊（別冊とも）　27cm　非売品

◇日蓮聖人の本懐—日蓮正宗創価学会批判　窪田哲城著　増補版　富津　法性寺顕本法華仏国会　1985.4　201p　22cm　2500円

◇日蓮大聖人の御遺命—本門戒壇と日目上人　小野寺直著　〔横浜〕　日目上人御

◇正伝刊行会　1985.1　285p　22cm
◇現代に生きる法然・栄西・親鸞・道元・日蓮　岩波光次編　教育出版センター　1984.11　217p　20cm　（サンシャインカルチャー 13）　1500円　④4-7632-5812-5
◇日蓮大聖人御書講義　第34巻　御書講義録刊行会編　聖教新聞社　1984.11　372,6p　22cm　1200円
◇挑戦する苦しみ喜び―日蓮・その人と教え　渡辺宝陽ほか著　鈴木出版　1984.10　259p　19cm　（まいとりぃ選書）　1400円　④4-7902-2006-0
◇日蓮と蒙古襲来　川添昭二著　清水書院　1984.9　226p　18cm　（清水新書）　480円　④4-389-44002-0
◇日蓮大聖人御書講義　富木常忍篇 4　御書講義録刊行会編　聖教新聞社　1984.8　227p　15cm　（聖教文庫）　280円
◇日蓮―その人と心　茂田井教亨著　春秋社　1984.6　270p　20cm　1800円
◇日蓮の人間観　上　茂田井教亨著　佼成出版社　1984.4　381p　20cm　2000円　④4-333-01141-8
◇日蓮大聖人御書講義　第38巻　御書講義録刊行会編　聖教新聞社　1984.3　379,8p　22cm　1200円
◇日蓮大聖人御書講義　富木常忍篇 3　御書講義録刊行会編　聖教新聞社　1984.3　222p　15cm　（聖教文庫）　280円
◇日蓮―新しい仏教をひらく　田中正雄まんが　学習研究社　1984.1　148p　23cm　（学研まんが人物日本史）　680円　④4-05-100541-0
◇日蓮大聖人御書講義　第37巻　御書講義録刊行会編　聖教新聞社　1983.11　381,7p　22cm　1200円
◇立正大師日蓮聖人は　寺島智昭著　法華経信仰会　1983.11　160p　19cm　非売品
◇外から見た日蓮　新月通正著　大阪　東方出版　1983.10　244p　19cm　1200円
◇日蓮―女性への手紙　永田美穂著　暁書房　1983.10　270p　18cm　880円　④4-900032-23-9
◇日蓮大聖人御書講義　第36巻　御書講義録刊行会編　聖教新聞社　1983.9　390,10p　22cm　1200円
◇日本の名著　8　日蓮　紀野一義責任編集　中央公論社　1983.8　526p　18cm　（中公バックス）　1200円
内容　海の思想家日蓮　紀野一義著．立正安国論．四恩鈔．教機時国鈔．薬王品得意抄．寺泊御書．消息1．開目抄．如来滅後五五百歳始観心本尊抄．佐渡御書．諸法実相鈔．如説修行鈔．消息2．種種御振舞御書．撰時抄．消息3．年譜：p518－519
◇日蓮大聖人御書講義　富木常忍篇 2　御書講義録刊行会編　聖教新聞社　1983.6　221p　15cm　（聖教文庫）　320円
◇日蓮聖人大事典　石川教張, 河村孝照編　国書刊行会　1983.4　826p　27cm　28000円
◇日蓮大聖人御書講義　富木常忍篇 1　御書講義録刊行会編　聖教新聞社　1983.3　297p　15cm　（聖教文庫）　400円
◇法華経の行者日蓮　姉崎正治著　講談社　1983.1　601p　15cm　（講談社学術文庫）　1200円　④4-06-158596-7
◇日蓮論―行動者の思想　中島尚志著　三一書房　1982.11　225p　20cm　1800円
◇日蓮聖人における法華仏教の展開　上田本昌著　京都　平楽寺書店　1982.10　463, 14p　22cm　7500円
◇日本名僧論集　第9巻　日蓮　中尾堯, 渡辺宝陽編　吉川弘文館　1982.10　444p　22cm　5800円
◇鎌倉の弘法者―日蓮―その行動の軌跡　清田義英著　敬文堂　1982.9　98p　19cm　850円
◇日蓮聖人の救済観　上田本昌著　国際情報社　1982.9　239p　19cm　1200円　④4-89322-160-4
◇日蓮聖人　山川智應著　京都　法藏館　1982.3　305p　20cm　2600円
◇日蓮大聖人御書講義　第16巻　御書講義録刊行会編著　聖教新聞社　1982.2（13刷：1996.7）　455, 9p　22cm　1553円　④4-412-00065-6
◇日蓮―物語と史蹟をたずねて　田下豪著　成美堂出版　1981.11　224p　19cm　900円　④4-415-06545-7
◇日蓮聖人略伝　三浦成雄著　大阪　東方

◇日蓮大聖人御真蹟　第1部　御本尊集　片岡随喜集，山中喜八編　千葉　立正安国会　1981.10　図版125枚　62cm　500000円

◇日蓮大聖人御真蹟　第2部　御聖教類　片岡随喜集，山中喜八編　千葉　立正安国会　1981.10　22冊48軸　30×53cm　2475000円

◇日蓮大聖人御真蹟目録―随喜居士謹集　片岡善蔵編　千葉　立正安国会　1981.10　851p　20cm　10000円

◇日蓮大聖人正伝　富士宮　大石寺　1981.10　483,33p　22cm　非売品

◇日蓮大聖人註画讃　岩橋春樹，山田泰弘編　角川書店　1981.9　119,50,4p　31cm　17000円

◇日蓮大聖人の歩まれた道―その生涯と足跡をたずねて　市川智康著　水書坊　1981.9　237p　19cm　1200円　Ⓘ4-943843-17-4

◇日蓮仮名書簡研究・総索引―富木・四条・南条氏編　飯塚浩編著　教育出版センター　1981.8　160p　22cm　（資料叢書8）

◇日蓮聖人遺文百話　高橋勇夫著　東方出版　1981.8　284p　18cm　1200円

◇日蓮の行法観―その思想と生涯　茂田井教亨著　佼成出版社　1981.8　320p　20cm　2000円　Ⓘ4-333-01033-0

◇青葉のしずく―日蓮聖人小伝　新月通正著　朝日ソノラマ　1981.6　222p　18cm　750円

◇日蓮聖人事蹟事典　中尾堯編　雄山閣出版　1981.5　207p　20cm　2000円　Ⓘ4-639-00056-1

◇日蓮とその教団―研究年報　第4集（1979年）　高木豊ほか編　京都　平楽寺書店　1981.4　168p　21cm

◇法華経と日蓮大聖人の教義　小西隆正著　山喜房仏書林　1981.4　204p　22cm　3800円

◇日蓮大聖人とともに　日蓮聖人第七百遠忌報恩奉行実行委員会編　大阪　日蓮宗大阪市宗務所　1980.10　143p　26cm

◇宝剣日蓮大聖人の教義―本尊問題を軸として　川島清秀著　山喜房仏書林　1980.10　500p　22cm　9500円

◇日蓮―房総における宗派と文化　千葉県郷土史研究連絡協議会編　千秋社　1980.9　355p　22cm　（郷土研叢書2）　3700円

◇日蓮大聖人御書講義　阿仏房篇　下　御書講義録刊行会編　聖教新聞社　1980.8　206p　15cm　（聖教文庫）　280円

◇日蓮大聖人の法理―真実の仏法を知るために　大村浩二編　聖教新聞社　1980.8　141p　18cm　（創価学会青年思想シリーズ）　250円

◇日蓮大聖人御書講義　阿仏房篇　上　御書講義録刊行会編　聖教新聞社　1980.6　144p　15cm　（聖教文庫）　260円

◇8人の祖師たち―最澄・空海・栄西・法然・親鸞・道元・日蓮・一遍　水書坊編　水書坊　1980.6　291p　18cm　（ナムブック）　800円

◇日蓮大聖人自伝　安立行編著　たまいらぼ　1980.4　497p　20cm　4800円

◇日蓮の旅　新月通正著　朝日ソノラマ　1980.4　300p　20cm　1800円

◇日蓮聖人と鎌倉　村野宣忠著　水書坊　1979.12　227p　19cm　1800円

◇日蓮大聖人御書講義　当体義抄　御書講義録刊行会編　聖教新聞社　1979.10　261p　15cm　（聖教文庫）　320円

◇日蓮大聖人御書講義　顕仏未来記　御書講義録刊行会編　聖教新聞社　1979.8　129p　15cm　（聖教文庫）　200円

◇日蓮大聖人御書講義―如説修行抄　御書講義録刊行会編著　聖教新聞社　1979.6　156p　15cm　（聖教文庫）　200円

◇日蓮聖人遺文の文章・語法研究　山上、泉著　増補改訂版　ピタカ　1979.5　630p　22cm　9500円

◇日蓮大聖人御書講義　池上兄弟篇　御書講義録刊行会編著　聖教新聞社　1979.4　2冊　15cm　（聖教文庫）　260円,300円

◇日蓮の謎―激動の今日に甦る"生の哲学"　百瀬明治著　祥伝社　1979.4　231p　18cm　（ノン・ブック）　650円

◇日蓮聖人の宗教人格の展開　高橋祐玄著

◇鎌倉　師子王学会出版部　1978.7　376p　20cm　2000円
◇日蓮辞典　宮崎英修編　東京堂出版　1978.7　341p　19cm　2200円
◇白亀の報恩―日蓮さまの説話ものがたり　石川康明著　ピタカ　1978.6　244p　21cm　2000円
◇日蓮大聖人御書講義・四恩抄　御書講義録刊行会編　聖教新聞社　1978.6　229p　15cm　（聖教文庫）　240円
◇法華経の行者日蓮　姉崎正治著　隆文館　1978.6　348p　22cm　3000円
◇日蓮聖人自叙伝　宇都宮日綱著　横浜法華ジャーナル　1978.5　459p　22cm　10000円
◇日蓮とその教団―研究年報　第3集（1978年）　高木豊ほか編　京都　平楽寺書店　1978.4　176p　21cm
◇日蓮大聖人御書講義・種種御振舞御書　御書講義録刊行会編　聖教新聞社　1978.3　302p　15cm　（聖教文庫）　320円
◇立正大師日蓮人―立正大学と日蓮聖人　久保田正文著　立正大学父兄会　1978.3　149p　19cm　非売品
◇日蓮聖人真蹟集成　第10巻　本尊集　京都　法蔵館　1977.12　図版123枚　39cm　19000円
◇日蓮聖人註法華経　加藤日源，加藤文淵編輯　ピタカ　1977.11　3冊　23cm　全32000円
◇日蓮聖人―久遠の唱導師　日蓮聖人七百御遠忌記念　岡元錬城著　法華ジャーナル　1977.10　668p　図版80p　22cm　4500円
◇日蓮聖人真蹟集成　第5巻　御書 5.花押集　京都　法蔵館　1977.10　383p　19×27cm　19000円
◇日蓮聖人真蹟集成　第6巻　写本・抄本　京都　法蔵館　1977.8　373p　19×27cm
◇名僧列伝 3　念仏者と唱題者 1　紀野一義著　文芸春秋　1977.8　259p　20cm　1000円
　内容　西行，源信，親鸞，日蓮
◇日蓮聖人真蹟集成　第7巻　注法華経―表　京都　法蔵館　1977.6　256p　図

19×27cm　18000円
◇日蓮聖人真蹟集成　第4巻　御書 4　京都　法蔵館　1977.5　376p　図　19×27cm　18000円
◇日蓮聖人の法華経　笹川義孝著　山喜房仏書林　1977.4　290p　18cm　（仏教選書）　1300円
◇日蓮とその教団―研究年報　第2集（1977年）　高木豊ほか編　京都　平楽寺書店　1977.4　230p　21cm
◇日蓮大聖人御書講義　四条金吾編 7　御書講義録刊行会編　聖教新聞社　1977.3　224p　15cm　（聖教文庫）　240円
◇日蓮大聖人御書講義　四条金吾篇 6　御書講義録刊行会編　聖教新聞社　1977.2　234p　15cm　（聖教文庫）　240円
◇日蓮聖人真蹟集成　第3巻　御書 3　京都　法蔵館　1977.1　337p　図　19×27cm　19000円
◇日蓮聖人全影　日蓮聖人七百遠忌奉讃会　1977　3冊（別冊とも）　30×43cm　全250000円
◇法華経と日蓮聖人　久保田正文著　第一書房　1976.12　558p　22cm
◇傑僧日蓮　原田三夫著　新月社　1976.11　318p　図　18cm　1000円
◇日蓮聖人真蹟集成　第8巻　注法華経―裏　京都　法蔵館　1976.11　236p　図　19×27cm　19000円
◇鎌倉と日蓮大聖人　鎌倉遺跡研究会編　新人物往来社　1976　391p　図　20cm　2500円
◇日蓮聖人御真蹟大集　山川智応編，稲葉与八，山川百男増補　国書刊行会　1976　19冊　35cm　全288000円
◇日蓮聖人真蹟集成　第1巻　京都　法蔵館　1976　290p　図　19×27cm　18000円
◇日蓮聖人真蹟集成　第2巻　京都　法蔵館　1976　306p　図　19×27cm　19000円
◇日蓮聖人真蹟集成　第9巻　京都　法蔵館　1976　281p　図　19×27cm　19000円
◇日蓮聖人の手紙―現代語訳　日蓮著，石川康明編著　国書刊行会　1976　2冊

19cm （日蓮聖人遺文現代語訳選集 1, 2） 1800円

◇日蓮大聖人御書辞典　創価学会教学部編　聖教新聞社　1976　1137, 53, 2p　22cm　3000円

◇日蓮―殉教の如来像　田村芳朗著　日本放送出版協会　1975　221p　19cm（NHKブックス）　600円

◇日蓮深密伝　西村九郎右衛門編　下関　防長史料出版社　1975　44丁　18cm

◇日蓮大聖人御書全集―新編　創価学会　1975　1619, 22, 17p 図　19cm

◇日蓮の伝記と思想　日蓮宗現代宗教研究所編　隆文館　1975　263p　20cm　1300円

　内容　伝記篇―日蓮の一生（石川康明等）思想篇―魂のしるし（近江幸正等）著作篇―日蓮著作のこころ（平元義雄等）日蓮のことばに聞く（三谷会祥等）日蓮理解のすすめ（長谷川正徳等）

◇日蓮聖人遺文講座　第7巻　観心本尊抄　田中応舟著　船橋　斯人会出版部　1974　446p 図　22cm　4200円

◇日蓮聖人註画讃―横山重氏所蔵元和元刻本　日澄著, 解題：冠賢一　勉誠社　1974　232p（図共）　27cm　6000円

◇日蓮大聖人御真蹟御本尊集　発願集成：片岡随喜居士, 山中喜八編　千葉　立正安国会　1974　図127枚　22cm

◇編年体日蓮大聖人御書　創価学会教学部編　創価学会　1973　1775, 44, 13p　19cm　3000円

◇講座日蓮 1　日蓮と法華経　編集：田村芳朗, 宮崎英修　春秋社　1972　265p　22cm　1000円

　内容　日蓮思想の源流 日蓮の思想的背景（坂本幸男）法華経の成立 大乗仏教と経典の成立（勝呂信静）法華経の位置（中村瑞隆）法華経の成立過程（中村瑞隆）法華経の原典と訳本（塚本啓祥）法華経の思想 真理観―一乗妙法（勝呂信静）宇宙観―諸法実相（田村芳朗）生命論―久遠本仏（田村芳朗）実践論―菩薩行道（塚本啓祥）法華経の伝承 インドにおける伝承（塚本啓祥）中国における伝承―法華経観の諸相（田村芳朗）中国における伝承―天台の法華経観（日比宣正）日本における伝承―最澄と法華経（浅井円道）日本における伝承―日蓮と法華経（茂田井教亨）法華経と日本文化 法華経と文学（上田本昌）

〔ほか〕

◇講座日蓮 2　日蓮の生涯と思想　編集：田村芳朗, 宮崎英修　春秋社　1972　239p　22cm　1000円

　内容　日蓮とその時代 日蓮とその時代（藤谷俊雄）日蓮の生涯 青春の遍歴（冠賢一）弘通の日々（冠賢一）流謫の星霜（高木豊）隠栖の明暮れ（高木豊）日蓮の門弟 門弟の静態（高木豊）門弟の動態（高木豊）日蓮の遺文 日蓮遺文の考究（宮崎英修）日蓮遺文の解題（宮崎英修）日蓮の思想 日蓮聖人の思想―立正安国論・開目抄・観心本尊抄を中心に（茂田井教亨）日蓮の思想（増谷文雄）日蓮の人物 日蓮聖人の人間像（渡辺宝陽）手紙に現われた日蓮の人間像（梅原猛）

◇講座日蓮 3　日蓮信仰の歴史　編集：田村芳朗, 宮崎英修　春秋社　1972　245p　22cm　1000円

◇講座日蓮 4　日本近代と日蓮主義　編集：田村芳朗, 宮崎英修　春秋社　1972　262p　22cm　1000円

　内容　近代日本の歩みと日蓮主義 近代日本の歩みと日蓮主義（田村芳朗）ナショナリズムと日蓮主義 日蓮の国家観―とくに法国相関の両義性について（戸頃重基）日蓮思想におけるナショナルな心情と呪性（山折哲雄）田中智学（渡辺宝陽）本多日生（渡辺宝陽）石原莞爾（中濃教篤）革命思想と日蓮主義 日蓮と国家および革命（佐木秋夫）テロと日蓮主義の関係―北一輝・大川周明・井上日召（戸頃重基）妹尾義郎（中濃教篤）近代における日蓮観 日蓮観の諸相（茂田井教亨）高山樗牛の日蓮観（田村芳朗）宮沢賢治と日蓮（紀野一義）キリスト者の日蓮観（高木豊）日蓮系の新宗教運動 法華系新興教団―その体質と問題点（梅原正紀）〔ほか〕

◇親鸞道元日蓮―三人の反逆者にみる動乱期の思想　池田諭著　産報　1972　273p 図 肖像　19cm　（SanpôPeople's）680円

◇日蓮聖人研究　宮崎英修, 茂田井教亨編　京都　平楽寺書店　1972　582, 27p 図　22cm　4500円

　内容　遺文における「法華経」の語義について（宮崎英修）日蓮の色心不二論への比較哲学的視覚（戸頃重基）開目抄における実存と実践（茂田井教亨）日蓮聖人の宗教における「謗法」の意義（渡辺宝陽）日蓮聖人の国家観（勝呂信静）日蓮聖人の日本天台史観について（浅井円道）日蓮聖人の源信観（小松邦彰）日蓮聖人の慈悲（上田本昌）人間観の問題（小林智昭）鎌倉新仏教と日蓮思想（田

村芳朗）日蓮宗教の基底と鎌倉政権論（相葉伸）日蓮と文永の役（川添昭二）日蓮にみる現世利益信仰―持経者的伝統との訣別（池上尊義）日蓮聖人の消息の文体（片岡了）日蓮聖人遺文の国語学的研究―国語資料としてのご遺文から（春日正三）〔ほか〕

◇日蓮聖人と諸人供養　中村錬敬著　京都　平楽寺書店　1972　279p 図　22cm　2800円

◇日蓮大聖人御書講義　第22巻　御書講義録刊行会編　創価学会　1972　379,5p　22cm　540円

◇日蓮大聖人御書全集　創価学会　1972　2冊　18cm　各1200円

◇如来法王使日蓮聖人　井上清純述　井上清純先生遺著刊行会　1971.1　514p　22cm　非売品

◇日蓮―その生涯とこころ　菊村紀彦著　社会思想社　1971　240p　15cm　（現代教養文庫）

◇日蓮―その思想・行動と蒙古襲来　川添昭二著　清水書院　1971　226p 図　19cm　（センチュリーブックス）

◇日蓮とその弟子　宮崎英修著　毎日新聞社　1971　193p（図共）　31cm　5000円

◇日蓮大聖人御書講義　第31巻　御書講義録刊行会編著　聖教新聞社　1970.10（第30刷：2003.5）　546,8p　22cm　1619円　①4-412-00061-3

◇日蓮―その行動と思想　高木豊著　評論社　1970　280p 図版　19cm　（日本人の行動と思想 4）　690円

◇日蓮　中島尚志著　三一書房　1970　226p　18cm　（三一新書）　320円

◇日蓮聖人遺文講座　第6巻　撰時鈔　田中応舟著　本聖堂　1970　416p　22cm　1500円

◇日蓮聖人の事観論　笹川義孝著　山喜房仏書林　1970　229p 図版　19cm　950円

◇日蓮とその弟子たち―不毛の現代に甦える感動のロマン　島村喬著　波書房　1970　290p　19cm　560円

◇日蓮聖人遺文大講座　第4巻　撰時抄,報恩抄,報恩抄送文　小林一郎著,久保田正文増補　日新出版　1969　671p 図版　22cm　2400円

◇日蓮聖人と佐渡　山本修之助著　改版　真野町（新潟県）　阿仏房妙宣寺　1969　90p 図　18cm　450円

◇日蓮聖人遺文―昭和定本　第4巻　立正大学宗学研究所編　身延町（山梨県）　総本山身延久遠寺　1968　2873-3019,306p　19cm　非売

◇日蓮聖人御真跡―現存　〔第13〕　建治部　第2　山川智応編　京都　日蓮聖人御真跡刊行会　1968　69枚　29×34cm　非売

◇日蓮聖人の三大誓願　田中智学述　改版　真世界社　1968　204p　19cm　620円

◇日蓮大聖人御書講義　第7巻　御書講義編纂委員会編　創価学会　1968　489p 図版　22cm　480円

◇日蓮文集　兜木正亨校注　岩波書店　1968　376p　15cm　（岩波文庫）　200円

◇鎌倉仏教―親鸞と道元と日蓮　戸頃重基著　中央公論社　1967　191p　18cm　（中公新書）　200円

◇大石寺蔵日蓮大聖人御真筆聚　富士宮　大石寺　1967　8巻　35cm　非売

◇日蓮―書簡を通してみる人と思想　増谷文雄著　筑摩書房　1967　234p　19cm　（筑摩叢書）　450円

◇日蓮―その生涯と思想　久保田正文著　講談社　1967　208p　18cm　（講談社現代新書）　220円

◇日蓮聖人遺文　加藤文雅編　山喜房仏書林　1967　2115,206,138p 図版　18cm

◇日蓮聖人御伝　久保田正文著　大法輪閣　1967　405p 図版　19cm　700円

◇日蓮聖人の実現の宗教―目標教義としての本門戒壇　山川智応著　浄妙全集刊行会　1967　518p 図版　19cm　2000円

◇日蓮大聖人御真蹟対照録　随喜居士謹集　千葉　立正安国会　1967-1968　3冊　16×21cm

◇日蓮大聖人と倶に―室住一妙集　室住一妙著　教育新潮社　1967　262p（図版共）　19cm　（昭和仏教全集 第3部 13）　600円

◇史料からみた日蓮の正体　田村栄太郎著　雄山閣出版　1966　228p　22cm　980円

◇日蓮聖人御真跡―現存　〔第11〕　文永

部　第2　保田妙本寺蔵等　山川智応編　京都　日蓮聖人御真跡刊行会　1966　59枚　29×34cm　非売
◇日蓮聖人の生涯――一代記と遺文抄　成川文雅著　共栄書房　1966　206p　19cm　380円
◇日蓮聖人の本懐―日蓮正宗創価学会批判　窪田哲城著　富津町(千葉県)　法性寺　1966　134p　図版　19cm　250円
◇日蓮書簡に聞く　茂田井教亨著　教育新潮社　1966　291p　19cm　700円
◇日蓮という人―その虚像と実像　戸頃重基著　至誠堂　1966　244p　18cm　(至誠堂新書)　290円
◇日蓮聖人御消息要集　平楽寺書店編集部編　京都　平楽寺書店　1965.11(第2刷：1999.5)　138p　19cm　④4-8313-0201-5
◇日蓮聖人遺文の文献学的研究　鈴木一成著　山喜房佛書林　1965.4(第3刷：1990.5)　494,5p　22cm　④4-7963-0721-4
◇日蓮聖人遺文の文献学的研究　鈴木一成著　山喜房仏書林　1965　494p　22cm
◇日蓮聖人の真意と四個格言の考察　小宮賢孝著　真理探求会　1965　61p　18cm　(人生読本 巻2)
◇日蓮とその門弟―宗教社会史の研究　高木豊著　弘文堂　1965　312p　22cm
◇日蓮聖人御遺文講義　第19巻　索引篇　日本仏書刊行会　1964　121p　図版　22cm
◇日蓮聖人御遺文六大部疏　井上清純述　誠文堂新光社　1964　882p　図版　22cm
◇日蓮聖人と耶蘇基督　山川智応著　浄妙全集刊行会　1964　225p　図版　19cm
◇日蓮大士真実伝―正版　小川泰堂編述, 小川雪夫修校　錦正社　1964　302p(図版共)　19cm
◇義類結集日蓮聖人遺文抄　山川智応編　義類抄刊行会　1963　172,15p　18cm　300円
◇日蓮聖人の生涯　竹内成行著　山喜房仏書林　1963　224p　図版　18cm
◇日蓮書簡集　池田諭編訳　経営思潮研究会　1963　253p　20cm
◇日蓮・その人と思想　里見岸雄著　増訂新版　錦正社　1963　485p　図版　22cm
◇日蓮聖人小伝　高橋智遍著　信人社　1962　1230p　図版　22cm
◇日蓮大士真実伝　小川泰堂著　京都　平楽寺書店　1962 2版　442p　19cm
◇日蓮の歩んだ道　宮尾しげを著　第二書房　1962　194p　19cm
◇日蓮正宗　聖教新聞社　1961　図版63p　29cm
◇日蓮・その生涯と足跡―日蓮聖人の正しい見方　小川雪夫著　錦正社　1961　374p　図版　19cm
◇富士―日蓮大聖人御伝　巻の1　柿沼広澄著　上野村(静岡県富士郡)　堀米日淳　1961　223p　18cm
◇日蓮・その人と思想　里見岸雄著　錦正社　1960　400p　22cm
◇日蓮大聖人とその教え　山峯淳著　大日蓮編集室　1960 4版　239p　図版　19cm
◇日蓮　大野達之助著　吉川弘文館　1958　241p　図版　18cm　(人物叢書　第6 日本歴史学会編)
◇日蓮聖人御遺文講義　第13-18巻　日蓮聖人遺文研究会　1958　6冊　22cm
◇日蓮―折伏主義　相葉伸著　弘文堂　1957　183p　19cm　(アテネ新書)
◇現存日蓮聖人御真跡　〔第9〕　撰時抄第3　日蓮筆, 山川智応編　京都　日蓮聖人御真跡刊行会　1956　59枚　34×29cm
◇親鸞・道元・日蓮　増谷文雄著　至文堂　1956　182p　図版　19cm　(日本歴史新書)
◇法華経と日蓮聖人　兜木正亨著　京都　平楽寺書店　1956　103p　18cm　(法華新書)
◇現存日蓮聖人御真跡　〔第8〕　撰時抄第2　日蓮筆, 山川智応編　京都　日蓮聖人御真跡刊行会　1955　51枚　34×30cm
◇日蓮聖人とその思想　執行海秀著　京都　平楽寺書店　1955　99p　18cm　(法華新書)
◇日蓮聖人の書簡　茂田井教亨著　京都　平楽寺書店　1955　125p　18cm　(法華新書)

◇現存日蓮聖人御真跡 〔第7〕 撰時抄第1 日蓮著, 山川智応編 京都 日蓮聖人御真跡刊行会 1954 34枚 34×30cm

◇聖語—日蓮聖人のお言葉 日蓮著, 井上義澄編註 仏教聖語宣布会 1954 276p 図版 19cm

◇日蓮大聖人御書全集 堀日亨編 創価学会 1954 2版 1619p 図版 18cm

◇現存日蓮聖人御真跡 〔第5-6〕 日蓮著, 山川智応編 京都 日蓮聖人御真跡刊行会 1952 2冊 34×29cm

◇日蓮大士真実伝 小川泰堂著 万有社 1952 254p 19cm

◇日蓮大聖人とその教え 山峯淳著 高風館 1952 195p 図版 19cm

◇現存日蓮聖人御真跡 〔第4〕 建治部第1 日蓮書, 山川智応編 京都 日蓮聖人御真跡刊行会 1951 図版58丁 30×34cm

◇日蓮大士真実伝—日蓮上人御一代記 絵入 小川泰堂著 3版 京都 永田文昌堂 1951 366p 19cm

◇現存日蓮聖人御真跡 〔第2〕 観心本尊抄 日蓮著, 山川智応編 京都 日蓮聖人御真跡刊行会 1950 18丁 33×54cm

◇現存日蓮聖人御真跡 〔第3〕 文永部第1 日蓮書, 山川智応編 京都 日蓮聖人御真跡刊行会 1950 図版65丁 30×34cm

◇現存日蓮聖人御真跡 〔第1〕 弘安部第1 日蓮書, 山川智応編 京都 日蓮聖人御真跡刊行会 1949 2冊(附共) 30×34cm

日朗
にちろう

寛元3年(1245年)4月8日〜元応2年(1320年)1月21日

鎌倉後期の日蓮宗の僧。日蓮の高弟六僧の一人。筑後房、大国阿闍梨と号す。幼少のころ叔父の日昭に導かれて日蓮に師事。日蓮に常に付き従い、文永8年(1271年)「竜口法難」に際して捕えられる。その後は鎌倉を中心に布教活動を行い、弘安5年(1282年)日蓮の臨終にあたり、釈迦立像、「立正安国論」、赦免状を譲られた。鎌倉比企谷に法華堂(後の妙本寺)を建立し、また武蔵池上本門寺や下総平賀の本土寺を開創した。この妙本寺、本門寺を一寺とし、ここを中心に関東の布教活動を展開した。門弟の育成にも努め、「朗門の九鳳」と称される九老僧を輩出し、宗門の主流として発展していく。

日興
にっこう

寛元4年(1246年)3月8日〜元弘3年(1333年)2月7日

鎌倉後期の日蓮宗の僧。伯耆房、白蓮阿闍梨と号す。日蓮の高弟六僧の一人。駿河天台宗四十九院で修行後、14歳で日蓮に入門し、駿河、甲斐、伊豆などで布教活動を行う。日蓮没後、日向と共に身延山にいたが、門下指導のことなどで対立したため身延山を去り、富士大石寺を創建し、重須(おもす)に本門寺を開いた。

＊　＊　＊

◇日興上人正伝 富谷日震著 鎌倉 興門資料刊行会 2003.9 127p 21cm 5200円 ①4-901305-50-6

◇日興上人略傳 鈴木日露著 覆刻版 鎌倉 興門資料刊行会 2003.6 1冊 21cm 3400円 ①4-901305-44-1

◇日蓮大聖人御書講義 別巻 御書講義録刊行会編著 聖教新聞社 2003.5 408, 16p 22cm 1619円
[内容] 富士一跡門徒存知の事　五人所破抄　日興遺誡置文　美作房御返事　原殿御返事

◇日興上人身延離山史 堀日亨著 覆刻版 鎌倉 興門資料刊行会 2002.2 212p 18cm 6200円 ①4-901305-16-6

◇甲州の生める教傑白蓮日興 富谷日震著 覆刻版 鎌倉 興門資料刊行会 2001.7 24, 14p 21cm 2100円 ①4-901305-09-3

◇日蓮大聖人正附法日興聖人・正伝燈日代聖人—関連詳細年表 安藤宰編 アピカル・プランズ(製作) 2001.4 88p 15×21cm 2000円

◇弘安二年大曼荼羅と日興師 松本佐蔵著 覆刻版 鎌倉 興門資料刊行会 2001.1 73, 7p 22cm 3500円 ①4-901305-02-6

◇日興上人御本尊集 日興上人御本尊集編

仏教を支えた人々

纂委員会編纂　岡山　興風談所　1996.3
395p　27cm
◇日興上人全集　日興上人全集編纂委員会
編纂　岡山　興風談所　1996.3　584,
28p　22cm
◇富士日興上人身延離山の研究　早川達道
著　3版　横浜　法華ジャーナル
1986.4　231p　22cm　2800円

Ⓘ4-938450-86-0
◇日興上人・日目上人正伝　富士宮　大石
寺　1982.12　515p　22cm
◇富士日興上人詳伝　堀日亨著　創価学会
1963　882p　図版　22cm
◇日興上人身延離山史　富士学林研究科著
第2版　富士宮　日蓮正宗布教会
1962.5　157p　19cm

忍性　にんしょう

建保5年（1217年）7月16日～嘉元元年（1303年）7月12日　鎌倉末期の真言律宗の僧。社会救済活動をした僧として有名。伴貞行の子。16歳で母と死別後、額安寺で出家し、翌年、東大寺で受戒。その後、西大寺叡尊の弟子となり、病僧や貧者を救済する。建長4年（1252年）常陸清涼院で律を広め、弘長元年（1261年）鎌倉に入り、北条氏の請いで光泉寺や極楽寺などを開く。永仁元年（1293年）東大寺大勧進職、翌年四天王寺別当となり、悲田院・敬田院を建立して病貧者の救済、道路や橋の建設など広く社会事業を行った。極楽寺で没したが、当時のひとから医王如来と称され、後醍醐天皇は忍性菩薩の号を贈った。

◇叡尊・忍性―持戒の聖者　松尾剛次編
吉川弘文館　2004.12　222p　20cm
（日本の名僧 10）　2600円
Ⓘ4-642-07854-1
内容 1 叡尊・忍性の魅力　2 叡尊の生涯　3 戒律復興運動　4 叡尊の舎利信仰と宝珠法の美術　5 忍性の生涯　6 叡尊・忍性教団の考古学　7 忍性伝の諸問題
◇忍性―慈悲ニ過ギタ　松尾剛次著　京都　ミネルヴァ書房　2004.11　222, 8p　20cm　（ミネルヴァ日本評伝選）　2400円　Ⓘ4-623-04150-6
内容 第1章 骨蔵器に秘められた謎―都市奈良と忍性（額安寺と忍性　竹林寺と忍性 ほか）　第2章 香取の海―常陸三村寺と忍性（関東での足どり　三村寺の位置付け ほか）　第3章 生身の菩薩―都市鎌倉と忍性（極楽寺入寺以前　極楽寺入寺 ほか）　第4章 勧進僧忍性―忍性の活動の展開（忍性ゆかりの諸寺院　諸国国分寺の復興 ほか）
◇鎌倉の仏教とその先駆者たち　清田義英著　藤沢　江ノ電沿線新聞社　2001.12

144p　19cm　1300円　Ⓘ4-900247-02-2
内容 1 鎌倉の仏教　2 栄西　3 道元　4 叡尊・忍性　5 日蓮　6 良忠　7 一遍
◇叡尊・忍性　和島芳男著　吉川弘文館
1988.2　215p　19cm　（人物叢書 新装版）　1500円　Ⓘ4-642-05106-6
内容 序章 末法の世　第1 西大寺叡尊　（戒律の復興　関東下向　西大寺流の発展　晩年の名望）　第2 極楽寺忍性（その出家と東下　極楽寺の興隆　諸寺の経営　晩年の顕栄）　結語 持戒の宗教
◇三国因縁地蔵菩薩霊験記　第4　真鍋広済解説　古典文庫　1964　254p　17cm
（古典文庫 第208冊）　非売
◇三国因縁地蔵菩薩霊験記　第1-3　真鍋広済解説　古典文庫　1964　3冊　17cm
（古典文庫 第201, 203, 206冊）
◇叡尊・忍性　和島芳男著　吉川弘文館
1959　215p　図版　18cm　（人物叢書 日本歴史学会編）

白隠慧鶴　はくいんえかく

貞享2年（1685年）12月25日～明和5年（1769年）12月11日　江戸中期の臨済宗の僧。禅の中興の祖と称され、近世の禅を大成しその禅を白隠禅という。号は白隠、別に鵠林。駿河国松蔭寺の単嶺祖伝について出家。沼津大聖寺、美濃瑞雲

寺、越後英巌寺などを歴参した後、信濃国の飯山正受庵慧端に会って修行を積み、その法をついだ。享保3年(1718年)妙心寺第一座となる。その後は松蔭寺を中心に活動しつつ、三島竜沢寺などを開創。公案を簡素にして体系化し、禅の大衆化をはかった。また、庶民に対して、分かりやすい禅画、墨跡を多く残しその数1万点といわれる。

◇白隠禅師の不思議な世界　芳澤勝弘著　ウェッジ　2008.7　183p　19cm　（ウェッジ選書）　1400円　ⓘ978-4-86310-026-8
　内容　第1部 禅と禅画─白隠とその禅画をめぐって（禅と室町文化　江戸時代と白隠の出現　「おふじさん霞の小袖ぬがしやんせ」　「この絵は達磨の絵にあらず」　ほか）　第2部 鼎談・現代に問いかける禅（われわれは世界をどうとらえるか─白隠の禅画をめぐって　共同体へのフィードバックとしての"悟り"─インタープリター白隠の業績　納得のシステム─「心を覚むるに不可得」　禅が現代に問いかけるもの）

◇禅の人─逸話でみる高僧20人　西部文浄著　京都　淡交社　2008.1　303p　19cm　1600円　ⓘ978-4-473-03449-6
　内容　明庵栄西─日本臨済禅の開祖　永平道元─日本曹洞禅の開祖　蘭渓道隆─建長寺開山（渡来僧）　円爾弁円─東福寺開山　無学祖元─円覚寺開山（渡来僧）　無関普門─南禅寺開山　宗峰妙超─大徳寺開山　清拙正澄─開禅寺開山（渡来僧）　夢窓疎石─七朝国師、天竜寺開山　関山慧玄─妙心寺開山　寂室元光─永源寺開山　一休宗純─大徳寺の復興者　沢庵宗彭─東海寺開山　隠元隆琦─日本黄檗禅の開祖（渡来僧）　桃水雲渓─貧民のなかの禅　白隠慧鶴─臨済禅中興の祖師　誠拙周男蠅─関東臨済禅の復興者〔ほか〕

◇白隠禅師を読む─泥と蓮　坐禅和讃・毒語心経・隻手音声　沖本克己著　大法輪閣　2007.5　350p　20cm　2400円　ⓘ978-4-8046-1250-8
　内容　序章 禅宗史と白隠　第1章 著作と生涯　第2章 坐禅和讃　第3章 毒語心経　第4章 隻手音声　終章 白隠をどう理解するか

◇法華経と宗祖・高僧たち─日本仏教の真髄を読む　松原泰道著　佼成出版社　2005.9　178p　20cm　1600円　ⓘ4-333-02162-6
　内容　プロローグ 法華経思想の特徴と日本仏教の流れ　聖徳太子　伝教大師最澄　弘法大師空海　恵心僧都源信　聖応大師良忍　法然上人　親鸞聖人　栄西禅師　道元禅師　日蓮聖人　白隠禅師　良寛和尚

◇禅の高僧　大森曹玄著　新装版　春秋社　2005.3　254p　20cm　1800円　ⓘ4-393-14255-1
　内容　沢庵宗彭　一休宗純　白隠慧鶴　白隠と盤珪　鈴木正三　無難禅師　正受老人　抜隊得勝　夢窓疎石　大燈国師

◇仏教入門─名僧たちが辿りついた目ざめへの路　松原泰道著　祥伝社　2004.12　284p　16cm　（祥伝社黄金文庫）　571円　ⓘ4-396-31365-9
　内容　1 釈尊─仏教の元祖　2 聖徳太子─日本仏教の祖　3 最澄─天台宗開祖　4 空海─真言宗開祖　5 法然─浄土宗開祖　6 親鸞─浄土真宗開祖　7 道元─曹洞宗開祖　8 日蓮─日蓮宗開祖　9 白隠─臨済宗中興の祖

◇仏教を歩く　no.25　隠元・白隠　朝日新聞社　2004.4　32p　30cm　（週刊朝日百科）　533円

◇白隠禅師法語全集　別冊　総合索引　芳澤勝弘, 神野恭行, 西村惠学共編　京都　禅文化研究所　2003.2　442, 20p　20cm　2800円　ⓘ4-88182-145-8

◇仏道の創造者　紀野一義編　アートデイズ　2003.1　269p　20cm　1600円　ⓘ4-900708-96-8
　内容　最澄（伝教大師）─能く行ひ能く言ふは国の宝なり。　空海（弘法大師）─其れ仏法遙かにあらず、心に中にして即ち近し。　法然─ただ一向に念仏すべし。　栄西─大いなる哉、心や。　親鸞─親鸞は弟子一人も持たず候。　道元─さとりとは、まどひなきものと知るべし。　日蓮─臨終の事を習ふて後に他の事を学ぶべし。　一遍─生ぜしも一人なり。死するも一人なり。　蓮如─悪凡夫の、弥陀をたのむ一念にて仏になるこそ不思議よ。　白隠─第一に死の字を参究し玉ふべし。

◇流離の仏教者たち　水上勉著　河出書房新社　2002.9　353p　22cm　（水上勉自選仏教文学全集 5）　3500円　ⓘ4-309-62155-4
　内容　沢庵　破鞋─雪門玄松の生涯　鈴木正三　白隠

◇白隠禅師法語全集　第13冊　粉引歌―坐禅和讃・ちょぼくれ他　白隠慧鶴原著, 芳澤勝弘訳注, 禅文化研究所編　京都　禅文化研究所　2002.2　414p　20cm　2600円　①4-88182-143-1
　内容　お婆々どの粉引き歌　寝惚之眼覚　御洒落御前物語　安心法興利多々記　福来進女見性成仏丸方書　御代の腹鼓　大道ちよぼくれ　おたふく女郎粉引歌　施行歌〔ほか〕

◇白隠禅師法語全集　第14冊　庵原平四郎物語―他　白隠慧鶴原著, 芳澤勝弘訳注, 禅文化研究所編　京都　禅文化研究所　2002.2　250p　20cm　2300円　①4-88182-144-X
　内容　延命十句經を勧む　看病の要諦　庵原平四郎物語　病中の覺悟　親類の不和合を諌める　眼病の妙藥　死字法語

◇白隠禅師法語全集　第12冊　隻手音聲　白隠慧鶴原著, 芳澤勝弘訳注, 禅文化研究所編　京都　禅文化研究所　2001.11　392p　20cm　2500円　①4-88182-142-3
　内容　隻手音声(一名、藪柑子)(自性のありさまを見届けよ　大疑団を起こせ　ほか)　三教一致の弁(一名、藪柑子)(至善とは　至善に止まる　ほか)　宝鏡窟之記(洞窟内に現われる金色の弥陀仏　信心の深浅により異なって見える　ほか)　兎専使稿(大道の根源に徹せよ　一を以てこれを貫くべし　ほか)

◇白隠禅師の読み方―今に甦る「心と体の調和　内観法」の極意　栗田勇著　祥伝社　2001.11　290p　15cm　(祥伝社黄金文庫)　571円　①4-396-31281-4
　内容　白隠禅師と出会う―迫りくる老死へのおそれ、そして「呼吸法」　富士の麓に生まれて―白隠が生まれた風土の原風景　白隠を打ちのめした正受老人―厳しい修行と悟り、ついに白隠、病に倒れる　『夜船閑話』の内観法―江戸時代からの隠れたベストセラー『夜船閑話』　龍沢寺の秋の一日―白隠の書画から迫ってくる異様な魅力　私の不思議な体験をたずねて―現代の白幽仙人・石井幸山師　不老長寿の秘術を求めて―丹田呼吸法の聖典・『夜船閑話』のエッセンス　秘法中の秘法「軟酥の法」―「真人は踵で息をする」　私の白幽子探索の旅―はたして白幽子はフィクションか　恨みつらみが天を飛んでゆく―名僧・白隠を生んだ正受老人の教訓　白隠の禅と現代

◇白隠禅師法語全集　第11冊　假名因縁法語　布皷　白隠慧鶴原著, 芳澤勝弘訳注, 禅文化研究所編　京都　禅文化研究所　2001.6　594p　20cm　3300円　①4-88182-141-5
　内容　仮名因縁法語　布皷　諌言記

◇白隠禅師法語全集　第9冊　遠羅天釜　白隠慧鶴原著, 芳澤勝弘訳注, 禅文化研究所編　京都　禅文化研究所　2001.3　682p　20cm　3300円　①4-88182-140-7
　内容　おらでがま巻の上(鍋島摂津守への答書)　おらでがま巻の中(遠方のさる病僧への書)　おらでがま巻の下(法華宗の老尼への手紙　旧友の僧の批判に答える　遠羅天釜の跋)　おらでがま続集(念仏と公案とどちらが優れているかという問いに答える書客の非難に答える(斯経和尚による補説))　遠羅天釜　本文・注　資料『釜斯幾』鳥有道人著

◇白隠禅師法語全集　第10冊　仮名律　白隠慧鶴原著, 芳澤勝弘訳注, 禅文化研究所編　京都　禅文化研究所　2000.10　282p　20cm　2300円　①4-88182-139-3
　内容　かなむぐら　つけたり新談議(意訳)　ちりちり草(一名、仮名律つけたり辻談議)(意訳)　仮名蓆　附たり新談議(本文・注)　ちりちり草(一名、仮名蓆附たり辻談議)(本文・注)　解説　仮名蓆　附たり新談議(原本影印)　ちりちり草(原本影印)

◇新発見白隠自筆自伝書　木村俊彦編　山喜房佛書林　2000.9　180p　図版6p　22cm　2800円　①4-7963-0648-X
　内容　白隠禅師自筆自伝書解説解題(木村俊彦著)　重賞下勇士列名之端由(白隠慧鶴著)　新発見白隠自筆自伝書の研究(木村俊彦著)　白隠年譜について(陸川堆雲著)　草稿本『勅諡神機独妙禅師白隠和尚年譜』訓読(陸川堆雲著)　白隠の著述(陸川堆雲著)

◇白隠禅師法語全集　第4冊　夜船閑話　白隠慧鶴原著, 芳澤勝弘訳注, 禅文化研究所編　京都　禅文化研究所　2000.7　347p　20cm　2500円　①4-88182-138-5

◇白隠禅師―健康法と逸話　直木公彦著　43版　日本教文社　2000.5　242p　19cm　924円　①4-531-06056-3

◇白隠禅師法語全集　第8冊　さし藻草　御垣守　白隠慧鶴原著, 芳澤勝弘訳注, 禅文化研究所編　京都　禅文化研究所　2000.5　356p　20cm　2500円　①4-88182-137-7
　内容　さしもぐさ・巻の一(意訳)(松蔭寺来訪のお礼　仁政こそ第一　まず養生、次に仁政について述べる　ほか)　みかきもり(意

仏教を支えた人々

訳）（成仏を妨げるもの　来世を否定する邪見　源義家の蘇生譚　ほか）　さしもぐさ・巻の二（意訳）（伯成子高、野に隠れる　苛政は虎よりも猛し　万民の危うきを救う者はほか）　さし藻草・巻之一（本文・注）　勧発菩提心偈・附たり御垣守（本文・注）　さし藻草・巻之二（本文・注）　さし藻草・巻之一（原本影印）　勧発菩提心偈・附たり御垣守（原本影印）　さし藻草巻之二（原本影印）

◇白隠禅師法語全集　第6冊　八重葎　巻之二　白隠慧鶴原著、芳澤勝弘訳注、禅文化研究所編　京都　禅文化研究所　2000.3　348p　20cm　2500円　①4-88182-136-9
内容 やえむぐら巻の二（意訳）（八重葎巻之二　つけたり、延命十句経霊験記）　八重葎巻之二（本文・注）（八重葎巻之二　附たり延命十句経霊験記）

◇白隠禅師法語全集　第5冊　八重葎　巻之1　白隠慧鶴原著、芳澤勝弘訳注、禅文化研究所編　京都　禅文化研究所　2000.1　250p　20cm　2300円　①4-88182-135-0

◇白隠禅師法語全集　第7冊　八重葎　巻之3　白隠慧鶴原著、芳澤勝弘訳注、禅文化研究所編　京都　禅文化研究所　1999.12　410p　20cm　2500円　①4-88182-134-2
内容 やえむぐら　巻の三（意訳）（つけたり幼稚物語の序　重賞下勇士の列名のいわれ　つけたり策進幼稚物語　つけたり高山勇吉物語　勇吉物語の跋）　八重葎　巻之三（本文・注）（附たり幼稚物語りの序　重賞下勇士列名之端由　附たり策進幼稚物語　附たり高山勇吉物語　勇吉物語の跋）

◇名僧列伝　2　紀野一義著　講談社　1999.12　311p　15cm　（講談社学術文庫）　920円　①4-06-159391-9
内容 良寛（雪と花と　土佐の良寛　サッ、サッという草鞋の音　ほか）　盤珪（網干の龍門寺　網干の少年盤珪　明徳を追求する　ほか）　鈴木正三（勇猛剛強の生涯　癖のある師と弟子　戦闘的念仏　ほか）　白隠（大灯と関山　南無地獄大菩薩　巌頭和尚はまめ息災　ほか）

◇白隠禅師法語全集　第3冊　壁生草―幼稚物語　白隠慧鶴原著、芳澤勝弘訳注、禅文化研究所編　京都　禅文化研究所　1999.9　387p　20cm　2500円　①4-88182-133-4
内容 いつまでぐさ―つけたり幼稚物語（意訳）（見性なき禅者は賊僧　出家と在家は車の両輪　地獄に堕ちた遠州の娘　狐になった和尚の話　幼き頃のものがたり　日厳上人の説教　風呂に入って焦熱地獄をおそれる　北野天神への信仰　ほか）　壁生草　附幼稚物語（本文・注）

◇白隠禅師法語全集　第2冊　於仁安佐美　白隠慧鶴原著、芳澤勝弘訳注、禅文化研究所編　京都　禅文化研究所　1999.8　398p　20cm　2500円　①4-88182-132-6
内容 おにあざみ巻の上（意訳）（禅宗を荒廃させた黙照邪禅の輩　伝灯の祖師は浄土の教えなど説かず　黙照禅の批判　体を損うのが修行ではない　ほか）　おにあざみ巻の下（意訳）（寛永四年の巡錫　死字の工夫　太田道灌の辞世　歴代の武士の参禅　ほか）

◇白隠禅師法語全集　第1冊　邊鄙以知吾壁訴訟　白隠慧鶴原著、芳澤勝弘訳注、禅文化研究所編　京都　禅文化研究所　1999.5　357p　20cm　2500円　①4-88182-131-8

◇白隠禅師・中村天風―あるがままに生きる　竹内一郎著　曜曜社出版　1996.11　221p　19cm　1500円　①4-89692-140-2
内容 第1章　イメージ療法の先駆者　第2章　心が人生を創る　第3章　呼吸が身体を変える　第4章　死病を乗り越える　第5章　夜船閑話

◇謎の禅師　白隠の読み方―「息」によって心身を養う「夜船閑話」の知恵　栗田勇著　祥伝社　1995.10　291p　18cm　（ノン・ブック）　880円　①4-396-10371-9
内容 1章　白隠禅師と出会う―迫りくる老死へのおそれ、そして「呼吸法」　2章　富士の麓に生まれて―白隠が生まれた風土の原風景　3章　白隠を打ちのめした正受老人―厳しい修行と悟り、ついに白隠、病に倒れる　4章　『夜船閑話』の内観法―江戸時代からの隠れたベストセラー『夜船閑話』　5章　龍沢寺の秋の一日―白隠の書画から追ってくる異様な魅力　6章　私の不思議な体験をたずねて―現代の白幽仙人・石井幸山師　7章　不老長寿の秘術を求めて―丹田呼吸法の聖典・『夜船閑話』のエッセンス　8章　秘法中の秘法「軟酥の法」―「真人は踵で息をする」　9章　私の白幽子探索の旅―はたして白幽子はフィクションか〔ほか〕

◇白隠をよむ―その思想と行動　古田紹欽著　春秋社　1991.7　212p　20cm　2000円　①4-393-14251-9
内容 はじめに　栄西、道元から白隠に及ぶ五

百年　白隠の生涯における思考と行動（『神機独妙禅師年譜』『壁生草』）『遠羅年釜』から『夜船閑話』『宝鑑貽照』を著わす　『息耕録開筵普説』から『槐安国語』まで　『寒山詩闡提記聞』をよむ　付論 白隠の禅とその芸術

◇白隠入門―地獄を悟る　西村恵信著　京都　法蔵館　1990.11　238p　20cm　2200円　①4-8318-8043-4
内容 第1章 白隠の前半生　第2章 白隠のことばと心（菩薩の利他行　坐禅のすすめ―「坐禅和讃」　勇猛精進の道を行く　病床の友へ）『夜船閑話』私訳

◇禅の名僧列伝　藤原東演著　佼成出版社　1990.1　269p　20cm　（仏教文化選書）　1800円　①4-333-01404-2
内容 1 不均斉（白隠慧鶴　雪舟等楊　鈴木正三）2 簡素（明庵栄西　関山慧玄　鉄眼道光）3 枯高（永平道元　道鏡慧端　至道無難）4 自然（寂室元光　桃水雲渓　山本玄峰）5 幽玄（蘭渓道隆　宗峰妙超　雲居希膺）6 脱俗（一休宗純　大愚良寛　仙涯義梵）7 静寂（盤珪永琢　沢庵宗彭　抜隊得勝）

◇白隠禅師坐禅和讃を読む　河野太通著　佼成出版社　1989.11　245p　20cm　（仏教文化選書）　1650円　①4-333-01401-8
内容 1 坐禅和讃のこころ　2 迷いの闇路　3 すべてが帰するもの　4 自覚のすすめ　5 自由への飛翔　6 喜びの歌

◇一休・正三・白隠―高僧私記　水上勉著　筑摩書房　1987.7　245p　15cm　（ちくま文庫）　440円　①4-480-02150-7
内容 一休のこと　鈴木正三　白隠

◇禅の時代―栄西・夢窓・大灯・白隠　柳田聖山著　筑摩書房　1987.1　290p　19cm　（仏教選書）　1600円　①4-480-84173-5
内容 第1の章 興禅護国論〔栄西〕（仏教のふるさと　葉上の流れ　大いなるかな心や　鎌倉の新星）第2の章 夢中問答〔夢窓〕（バサラの時代　幻住の思想　あえて世間に入る）第3の章 龍宝語録〔大灯〕（20年来辛苦の人　教外別伝の立場　日本禅の胎動）第4の章 遠羅天釜〔白隠〕（江戸の新仏教　白隠誕生　500年間出の人　隻手の工夫　新しい日本禅の出発　痴聖の遊戯）

◇栄西・白隠のことば　菅沼晃著　雄山閣出版　1986.8　226p　20cm　1500円　①4-639-00584-9

内容 第1部 栄西・白隠のことば　第2部 栄西の生涯とその思想（第1節 生い立ちと修行　第2節 正法を求めて―中国留学　第3節 禅宗の独立　第4節 栄西の仏教　第5節 栄西の人間観）　第3部 白隠の生涯とその思想（第1節 日本禅の流れ　第2節 修行の時代　第3節 正受老人との出あい　第4節 求道と教化―悟後の修行　第5節 白隠の仏教）

◇白隠禅師　秋月竜珉著　講談社　1985.10　238p　18cm　（講談社現代新書）　480円　①4-06-145790-X

◇近世禅僧伝 7　白隠和尚年譜　加藤正俊著　京都　思文閣出版　1985.9　332p　22cm　6500円

◇白隠さんの絵説法　山内長三著　大法輪閣　1984.2　149p　22cm　1600円　①4-8046-1071-5

◇白隠和尚　釈瓢斎著　平河出版社　1983.3　324p　19cm　（秋月龍珉選禅書復刻シリーズ 1）　1300円

◇沙門白隠　秋山寛治著　静岡　秋山愛子　1983.2　297p　22cm

◇名僧列伝 2　禅者 2　紀野一義著　角川書店　1983.2　268p　15cm　（角川文庫）　340円
内容 良寛.盤珪.鈴木正三.白隠

◇白隠―禅とその芸術　古田紹欽著　木耳社　1978.9　214p　19cm　1200円

◇名僧列伝 2　禅者 2　紀野一義著　文芸春秋　1975　282p　20cm　1000円
内容 良寛,盤珪,鈴木正三,白隠

◇良寛正三白隠　水上勉著　秋田書店　1975　238p　20cm　1200円

◇白隠禅師坐禅和讃―聖典講義　天岫接三著　至言社　1974　385p　20cm　1600円

◇白隠禅師坐禅和讃禅話　柴山全慶著　春秋社　1974　302p 図 肖像　20cm　1500円

◇碧巌集秘抄　白隠禅師提唱　永田春雄編　至言社　1973　898, 2p 図 肖像　22cm　10000円

◇仰臥禅―白隠禅師内観の秘法による心身改造　荒井荒雄著　明玄書房　1964　230p　19cm

◇座禅和讃物語　釈大眉著　誠信書房　1964　108p 図版　19cm

◇考証白隠和尚詳伝　陸川堆雲著　山喜房仏書林　1963　580p 図版　22cm
◇白隠―禅とその芸術　古田紹欽著　二玄社　1962　168p（図版共）19cm
◇白隠禅師坐禅和讃講話　山田無文著　春秋社　1962　457p 図版　20cm
◇夜船閑話―評釈　陸川堆雲著　山喜房仏書林　1962　202p 図版　18cm
◇禅・宗教についての十五章　辻双明編　春秋社　1960　238p 19cm（Shunjūbooks）
　内容　禅と東西文明（鈴木大拙）禅についての随想（吉川英治）死と生（笠信太郎）白隠に学ぶ（古田紹欽）禅話数題（鈴木大拙）内村鑑三先生のことなど（志賀直哉）無有好醜の願（不二美の願）（柳宗悦）空虚感について（亀井勝一郎）信仰ということ（西谷啓治）仏教における人間の自覚（西谷啓治）フィヒテの宗教観（金子栄一）ヤスパースの宗教観（金子栄一）禅と西洋の人間（B.フィリップス）禅と真の自己（辻双明）禅と現実の生活（辻双明）
◇白隠禅師坐禅讃　石竜正孝著　仙台　文理図書出版社　1960　61p 図版　18cm
◇無門関提唱　山本玄峰著　大法輪閣　1960　497p 図版　22cm
◇生きる力―白隠の健康法と逸話　直木公彦著　改訂増補　竜吟社　1958　238p 図版　19cm
◇毒語心経　白隠著，柴山全慶訓註　京都　其中堂　1958　101p 図版　19cm
◇白隠―生涯と芸術　淡川康一著　京都　マリア画房　1956　14p 図版30枚（解説共）18×21cm
◇白隠の健康法と逸話　直木公彦著　日本教文社　1955　208p　18cm（教文新書第10）
◇白隠法語集　白隠慧鶴著，竹下直之等校訂　いてふ本刊行会　1953　220p 19cm
　内容　夜船閑話，遠羅天釜　上下巻，遠羅天釜続集，辺鄙以知吾　上下巻，さし藻草　巻1,2

原　坦山
はら　たんざん

文政2年（1819年）10月18日～明治25年（1892年）7月27日

明治期の曹洞宗の学僧。号は覚先，鶴巣（かくそう）。東京大学印度哲学科最初の講師。15歳で江戸に出て昌平黌などで儒学と医学を学んだが，26歳の時に出家。禅の修行を経て，明治12年（1879年）東京大学講師となり，東大におけるインド哲学最初の講師として仏教典籍などの講義を行った。

　　　　＊　　　＊　　　＊

◇遺偈・遺誡―迷いを超えた名僧最期のことば　大法輪閣編集部編　大法輪閣　1998.9　253p　19cm　1900円
　①4-8046-1146-0
　内容　平安・鎌倉・室町時代（最澄　空海　源信 ほか）　安土桃山・江戸時代（快川紹喜　沢庵宗彭　風外慧薫 ほか）　明治・大正・昭和時代（山岡鉄舟　原坦山　荻野独園 ほか）
◇大乗起信論両訳勝義講義　原坦山著　万昌院功運寺　1988.9　159p　22cm　6000円
◇原坦山和尚全集　釈悟庵編　名著普及会　1988.6　427p　22cm　15000円
　①4-89551-320-3
◇曹洞宗選書　第6巻　教義篇　対外来思想　曹洞宗選書刊行会編　桜井秀雄編　京都　同朋舎出版　1982.6　470p　23cm
◇曹洞宗選書　第15巻　講話篇　般若心経講話　曹洞宗選書刊行会編　中野東禅編　京都　同朋舎出版　1982.6　369p　23cm
◇明治仏教思想資料集成　第2巻　明治2年（1869）～明治6年（1873）　明治仏教思想資料集成編集委員会編　京都　同朋舎出版　1980.6　444p　23cm　8000円
◇日本の聖まんだら　知切光歳著　大蔵出版　1954　278p　19cm
　内容　聖者の悲劇　親鸞聖人，身心清浄　明恵上人，生きた一切経　鉄眼禅師，妙好人の華　大和の清九郎，市井の哲人　原坦山，安田講堂のいわれ　村上専精，教え子の胸に　渡辺海旭，死をみつめて　清沢満之

藤井 日達　ふじい にったつ

明治18年(1885年)8月6日～昭和60年(1985年)1月9日　日蓮宗の僧侶。日蓮宗大学卒業後、浄土宗大学院、法隆寺勧学院、建仁寺禅堂などで諸宗の教学を学ぶ。大正6年(1917年)皇居二重橋前でうちわ太鼓を鳴らして撃鼓宣令を行う。同年満州で開教の後、中国遼陽市に日本山妙法寺を開創、静岡県田子の浦に妙法寺を建立するなど各地に布教道場を開設。昭和26年(1951年)宗教者による平和憲法擁護を提唱後、宗教平和運動の指導者として活躍し、非暴力・不殺生の教えを説いた。昭和30年(1955年)からの原水禁運動には宗派をあげて参加。昭和37年(1962年)には日本宗教者平和協議会結成の中心となり、海外布教にも力を入れ世界の平和運動家とも親交があった。

◇藤井日達全集　第10巻　書簡集 5　藤井日達著　隆文館 1999.4 362p 22cm 6000円　①4-89747-330-6

◇藤井日達全集　第5巻　藁田日記　藤井日達著　隆文館 1998.9 391p 22cm 6000円　①4-89747-325-X

◇藤井日達全集　第9巻　書簡集 4　藤井日達著　隆文館 1997.11 363p 22cm 6000円　①4-89747-329-2

◇藤井日達全集　第4巻　仏蹟巡礼　藤井日達著　隆文館 1997.4 393p 22cm 6000円　①4-89747-324-1

◇藤井日達全集　第8巻　書簡集 3　藤井日達著　隆文館 1996.9 360p 22cm 5825円　①4-89747-328-4

◇藤井日達全集　第3巻　西天開教日誌　隆文館 1996.1 386p 22cm 6000円　①4-89747-323-3

◇藤井日達全集　第7巻　書簡集 2　隆文館 1995.10 379p 22cm 6000円　①4-89747-327-6

◇藤井日達全集　第6巻　書簡集 1　隆文館 1995.6 368p 22cm 6000円　①4-89747-326-8

◇藤井日達全集　第2巻　撃鼓宣令　隆文館 1994.9 422p 22cm 6000円　①4-89747-322-5
　内容　第1編 撃鼓宣令　第2編 毒鼓　第3編 身命　第4編 追悼のことば

◇藤井日達全集　第1巻　立正安国論　隆文館 1994.8 401p 22cm 6000円　①4-89747-322-5

◇立正安国論　藤井日達著　隆文館 1994.8 401p 21cm　(藤井日達全集　第1巻)　6000円　①4-89747-321-7
　内容　第1編 立正安国論　第2編 辻説法　第3編 破邪顕正　第4編 阿蘇由来記　第5章 布告　第6章 南方問題

◇わが非暴力―藤井日達自伝　藤井日達著, 山折哲雄編　春秋社 1992.5 280p 20cm 2000円　①4-393-13712-4
　内容　第1篇 試煉(生い立ち　出家の動機　法隆寺での参学と焼身　比良山での断食　北陸路の信心問答 ほか)　第2篇 激動(関東庁の妨害と日蓮宗の横槍　日本山妙法寺の誕生　富士山麓に日本山妙法寺誕生　十字街頭で辻説法 ほか)　第3篇 転身(母の死と西天開教への出立　セイロン行脚　ガンジーと対面　陸海軍へお仏舎利奉呈　満州・朝鮮伝道―敗戦 ほか)　第4篇 間華(花岡山にお仏舎利塔建立　王舎城宝塔落慶供養とオリッサ開教　シーク教徒とヒッピー族―布施の精神　非暴力思想とお仏舎利塔建設 ほか)

◇絶対否定の精神　訓覇信雄, 藤井日達著, 丸山照雄, 浅野順一編　御茶の水書房 1986.7 185p 19cm　(現代人の宗教 4)　1500円　①4-275-00687-9
　内容　日本人の「聖書」受容(浅野順一)　絶対否定の精神(訓覇信雄)　日本の仏法(藤井日達)

◇撃鼓宣令―藤井日達上人平和への歩み　写真集　「撃鼓宣令」編纂委員会編纂　柏樹社 1985.5 1冊(頁付なし) 31cm 2800円

◇一天四海皆帰妙法　日印サルボダヤ交友会 1985.1 352p 20cm

◇一天四海皆帰妙法　日印サルボダヤ交友会 1984.8 256p 20cm

◇仏教と世界平和　藤井日達著　増補改訂

版　日印サルボダヤ交友会編集部　1981.4　334p　22cm　2000円
◇仏教と世界平和　藤井日達著　日印サルボダヤ交友会編集部　1980.7　319p　22cm　非売品
◇立正安国　日本山妙法寺　1979.8　76p　31cm
◇Jawaharlal Nehru award for international understanding―藤井日達猊下ネルー国際理解賞受賞式典　日本山妙法寺　1979.2　1冊（ページ付なし）31cm
◇立春　日達述　〔日本山妙法寺〕〔1979〕　103p　31cm
◇壽量品　日本山妙法寺　1978.8　1冊（ページ付なし）　31cm
◇見寶塔　日本山妙法寺　1978.2　1冊（ページ付なし）　31cm
◇米寿記念　藤井日達猊下米寿慶祝委員会編　オフィス・セト　1972　149p 肖像　21cm　非売
◇わが非暴力―藤井日達自伝　藤井日達著　春秋社　1972　264p 図 肖像　20cm　750円
◇仏教と平和―藤井日達集　藤井日達著　教育新潮社　1966　272p 図版　19cm（昭和仏教全集　第3部 9）　600円
◇毒鼓　藤井日達著　わせだ書房　1961　410p 図版　22cm

鳳潭
ほうたん

万治2年（1659年）2月15日～元文3年（1738年）2月26日

江戸中期の華厳宗の学僧。諱は僧濬（そうしゅん）。号は幻虎（げんこ）道人、華嶺（かれい）道人。16歳で河内国法雲寺の慧極の弟子になる。元禄3年（1693年）泉湧寺恵応により受戒。中国に渡ろうとしたが国禁のためかなわず、興福寺、東大寺で華厳宗の再興に尽力する。宝永年間（1704～11年）江戸の大聖道場で華厳を講じ、諸宗の学僧と盛んに議論を行い、仏教界に刺激を与えた。享保8年（1723年）京都松尾に華厳寺を建立し、華厳の道場とした。

*　　　*　　　*

◇近現代仏教思想の研究―伝統と創造　芹川博通著　北樹出版　2008.6　383p　22cm　（芹川博通著作集　第6巻）　6000円　①978-4-7793-0145-2
内容　第1部 近代化の仏教思想（普寂の浄土教思想―『願生浄土義』を中心として　大乗非仏説論―姉崎正治と村上専精 ほか）　第2部 近現代仏教思想の諸相（厳・密一致の思想―鳳潭　正法律と十善戒―慈雲 ほか）　第3部 近代の法然論（社会主義者の法然論―木下尚江　矢吹慶輝の法然論と浄土信仰 ほか）　第4部 現代世界に発信する仏教思想（社会参加仏教　アヒンサーの思想と仏教―平和思想のいしずえ ほか）

◇やさしい禅―幸せのパワー実現法　萩野互山著　新風舎　2007.1　171p　19cm　1460円　①4-289-00746-5
内容　禅の理解　禅僧の実証物語―臨済　一休禅師・白隠・千光国師　外形で人を量る勿れ―臨済　一休禅師　一切経の虫干し―臨済　一休禅師　黙山典座の美食？―曹洞　道顕和尚　曹源の一滴水―臨済　滴水和尚　夢の戯れ―臨済　夢窓国師　八種の聴衆―黄檗　鳳潭和尚　七十年来唯一喝―臨済　独山禅師　博多の仙崖さん―臨済　仙崖和尚〔ほか〕

◇華厳思想　結城令聞著　春秋社　1999.12　609, 11p　22cm　（結城令聞著作選集　第2巻）　16000円　①4-393-11115-X
内容　1 中国仏教の歴史と思想（中国仏教の形成　隋唐時代に於ける中国的仏教成立の事情についての考察 ほか）　2 華厳の歴史と思想（「如心偈」私考　隋唐の中国の新仏教組織の一例としての『華厳法界観門』について ほか）　3 華厳五教章（『華厳五教章』がはたした歴史的意味の序説―五教章玄談の玄談　『華厳五教章』製作の本拠としての至相の教学 ほか）　4 日本唯識（相宗無表色史論　江戸時代に於ける諸宗の唯識講学とその学風 ほか）　5 日本華厳（鳳潭の華厳・真言両大乗一致の思想について　華厳鳳潭と真言宗宝林学派との論争 ほか）

◇如来蔵と大乗起信論　平川彰編　春秋社　1990.6　661p　20cm　5800円　①4-393-11149-4
内容　インド・一般論（如来蔵思想とは何か　『大乗起信論』の素材　『大乗起信論』の論理　『大乗起信論』に関する批判的覚え書　『宝性論』と『仏性論』　自性清浄心をめぐって）　中国・朝鮮篇（中国・日本における『大乗起信論』研究史　地論宗と『大乗起信論』　法蔵の『大乗起信論義記』の成立と展開　北宋仏教における『大乗起信論』　天台教学と『大乗起信論』―知礼の判釈と引用態度

法宝の真如論一端 『大乗起信論』と禅宗　新羅仏教における『大乗起信論』の意義—元暁の解釈を中心として）　日本篇(『大乗起信論』と空海　最澄と『大乗起信論』　『大乗起信論』と鳳潭)
◇大日本仏教全書　第61巻　宗論部　全　鈴木学術財団編　鈴木学術財団　1972　463p　27cm　10000円
◇大日本仏教全書　第50巻　威儀部　2　鈴木学術財団編　鈴木学術財団　1971　360p　27cm　10000円

法然源空　ほうねんげんくう

　長承2年(1133年)4月7日〜建暦2年(1212年)1月25日　平安末・鎌倉前期の僧。浄土宗の開祖であり、鎌倉新仏教の先駆者。号は法然房、黒谷上人。源空は諱。諡号は東山天皇から賜った円光大師など。9歳の時に父漆間時国が殺される。久安3年(1147年)比叡山に登り、源光・皇円に師事した後、黒谷に隠棲して叡空の弟子となる。保元元年(1156年)奈良に遊学して、南都の浄土教を学ぶ。安元元年(1175年)43歳の時に、唐の善導著「観無量寿経疏(しょ)」により念仏の道を感得し、浄土宗の教義を確立した。比叡山を下りてから次第に有名となり、帰依者九条兼実の要請で「選択本願念仏集」を著し、貴賤男女の別なく布教を行なった。このため旧仏教勢力の弾圧が強まり、承元元年(1207年)土佐へ流される(承元の法難)。許されて京へ戻ったのは79歳のときで、翌年没した。

◇法然上人の人間観　丸山博正著, 浄土宗編　〔京都〕　浄土宗　2008.9　78p　21cm　(浄土宗人権教育シリーズ 4)　600円　①978-4-88363-042-4
◇三部経釈/往生大要抄—傍訳　法然著, 水谷幸正監修, 齊藤舜健訳註　四季社　2008.6　299p　22cm　16000円　①978-4-88405-239-3
　内容　三部経釈　往生大要抄
◇法然上人ものがたり　水野善朝著, 道心会編　長野　道心会出版部　2008.5　287p　19cm　(道心叢書 第6巻)　1429円
◇善導大師と法然上人—念仏に生きる　水谷幸正著　京都　佛教大学通信教育部　2008.3　267p　20cm　(佛教大学鷹陵文化叢書 別巻)　2400円
①978-4-7842-1401-3
　内容　第1部 善導大師と法然上人(善導大師の人と思想　善導大師の本意　善導大師—懺悔の思想　善導大師に導かれて　法然上人—烏帽子もきざる男　法然上人—念仏の弘通にかけた生涯)　第2部 仏教と生活(念仏の心がまえ　念仏に生きる　いのち—生と死　南無仏と縁起観　浄土への往生　六道輪廻と地獄の思想—閻魔王の世界　「現代のことば」から　人生を決めた一言)
◇観無量寿経釈—傍訳　下　法然撰, 石上善應監修, 柴田泰山訳註　四季社　2007.12　307p　22cm　16000円　①978-4-88405-235-5
◇逆修説法—傍訳　下　法然述, 伊藤唯真監修, 真柄和人訳註　四季社　2007.11　335p　22cm　16000円　①978-4-88405-238-6
◇法然浄土教とその周縁　乾　大谷旭雄著　山喜房佛書林　2007.7　25, 434p　22cm　①978-4-7963-0449-8
　内容　南都の浄土思想：『安養集』の成立に関する諸問題．南都浄土教における善導思想受容の基礎．永観における浄土思想形成の一面．『心性罪福因縁集』と永観の密教的名号観．『心性罪福因縁集』と永観の影響．永観の念仏宗について．永観における善導観の確立．禅林寺永観の本願思想．善導浄土教と『往生拾因』．永観『往生講式』の撰時と往生思想．永観作『三時念仏観門式』について．南都における『往生要集』の受容と展開．実範『病中修行記』について．散心問答と明遍．善導『観経疏』流伝考．永観
◇法然浄土教とその周縁　坤　大谷旭雄著　山喜房佛書林　2007.7　1106p　22cm　①978-4-7963-0449-8
◇選択本願念仏集—法然の教え　法然著, 阿満利麿訳・解説　角川学芸出版　2007.5　286p　15cm　(角川文庫)　667円　①978-4-04-406801-1
　内容　標章　道綽禅師が、仏教を「聖道」と

193

「浄土」に分け、「聖道」を捨てて「浄土」に帰せよ、と説く文。 引文第一 道綽禅師の『安楽集』上には… 私釈 宗派の根拠/「浄土宗」の立場/さまざまな分類/「浄土宗」の師資相承 標章 善導和尚が浄土往生のための行を「正」・「雑」の二つに分けて、「雑」行を捨てて「正」行に帰依するように勧めている文。 引文第一 善導はその著『観経疏』の第四において… 私釈 正・雑二行の得失 引文第二 善導の『往生礼讃』は… 私釈 標章 阿弥陀如来は称名以外の行をもって往生の本願となしたまわず。ただ念仏をもって往生の本願となしたまえる、という文。 引文第一 『無量寿経』の上に…〔ほか〕

◇法然上人集　法然著　現代思潮新社　2007.3　20, 214p　16cm　（覆刻日本古典全集）　3300円　①978-4-329-02662-0

◇法然上人のお歌—咲きにほふことばの花　伊藤真宏著, 浄土宗出版編　京都　浄土宗　2007.2　79p　19cm　（なむブックス 20）　300円　①978-4-88363-029-5

◇法然上人物語—平成ふるさと発　有木太一著　〔米子〕　〔有木太一〕　2006.12　184p　19cm　1000円

◇お念仏はひとつご信心もひとつ—法然聖人と親鸞聖人のみ教えから　梯實圓, 天岸浄圓著　京都　自照社出版　2006.11　87p　19cm　800円　④4-921029-94-6

◇権者の化現—天神・空也・法然　今堀太逸著　京都　佛教大学通信教育部　2006.9　300p　20cm　（佛教大学鷹陵文化叢書 15）　2300円　④4-7842-1321-X
内容　第1部「天神」—日本国の災害と道真の霊（日本太政威徳天と道賢　醍醐天皇予と清涼殿霹靂　北野廟堂の創建—鎮七と衆生守護　北の天満宮の神罰と霊験—『北野天神縁起』の成立　日本国の災害と善神捨国と日蓮と『選択集』）　第2部「空也」—六波羅蜜寺の信仰と空也（六波羅蜜寺と道俗貴賤　空也の生涯と活動　極楽往生—勧進と結縁　念仏の祖師空也）　第3部「法然」—浄土宗の布教と法然伝（女人教化譚の成立　老病と臨終の絵解き—東国布教と女性）

◇法然—十五歳の闇　上　梅原猛著　角川学芸出版　2006.9　271p　15cm　（角川文庫）　590円　①4-04-181506-1
内容　序章　法然上人の御影を読む　第1章「法然伝」に真実を探る　第2章　法然の故郷へ　第3章　法然少年の闇　第4章　母・秦氏のこと　第5章　黒谷籠居　第6章　叡空との論争

◇法然—十五歳の闇　下　梅原猛著　角川学芸出版　2006.9　270p　15cm　（角川文庫）　590円　④4-04-181507-X
内容　第7章『往生要集』の新解釈　第8章　山を下りた法然　第9章　法然の弟子たち　第10章　流罪事件の真相　第11章『選択集』の思想

◇拾遺古徳伝絵/法然上人絵・絵像・絵伝/善導大師絵像　信仰の造形的表現研究委員会編　京都　同朋舎メディアプラン　2006.8（第2刷）　322p　37cm　（真宗重宝聚英　第6巻）　①4-86236-009-2

◇観無量寿経釈—傍訳　上　法然撰, 石上善應監修, 柴田泰山訳註　四季社　2006.4　339p　22cm　16000円　①4-88405-234-X

◇逆修説法—傍訳　上　法然述, 伊藤唯真監修, 真柄和人訳註　四季社　2006.1　362p　22cm　16000円　①4-88405-237-4

◇法然の衝撃—日本仏教のラディカル　阿満利麿著　筑摩書房　2005.11　250p　15cm　（ちくま学芸文庫）　1000円　①4-480-08949-7
内容　第1章　仏教との出会い・今　第2章　仏教との出会い・昔　第3章　法然の飛躍　第4章「この世」の生き方　第5章　神と仏　第6章　死者との連帯

◇阿弥陀経釈—傍訳　法然著, 石上善應監修, 袖山榮輝訳註　四季社　2005.8　341p　22cm　16000円　①4-88405-236-6

◇物語法然さま—ひとすじの白い道　知恩院編, 山本正廣著　京都　知恩院　2005.8　231p　18cm　590円　①4-88405-328-1

◇図解雑学法然　伊藤唯真監修, 山本博子著　ナツメ社　2005.5　287p　19cm　1500円　①4-8163-3900-0
内容　第1章　法然への誘い　第2章　誕生から出家　第3章　求道の遍歴　第4章　専修念仏への帰入　第5章　教えを受けた人びと　第6章　専修念仏の世界　第7章『選択本願念仏集』の撰述　第8章　専修念仏の弾圧　第9章　極楽に帰る　第10章　法然の遺跡を巡って

◇法然浄土教要文集　坪井俊映編　京都　平楽寺書店　2005.5　238, 62p　22cm　3800円　①4-8313-1078-6

◇法然絵伝を読む　中井真孝著　京都　佛

教大学通信教育部 2005.3 226p 20cm （佛教大学鷹陵文化叢書 12） 1800円 ①4-7842-1235-3
[内容]序章 法然絵伝の系譜（『伝法絵』の成立 『琳阿本』と『古徳伝』 『行状絵図』の制作） 第1章 法然の生涯（誕生 父の死 菩提寺への入寺と上洛 ほか） 第2章 法然をめぐる人びと（師の叡空 皇円阿闍梨のこと 仁和寺の守覚法親王 ほか）

◇法然上人行実 梶村昇編 京都 浄土宗 2005.3 180p 22cm 2600円 ①4-88363-146-X

◇法然上人のご一生 仏教読本編纂委員会編 第2版 京都 浄土宗 2005.3（第21刷） 51p 21cm （仏教読本 v.3）

◇法然新発見―『四十八巻伝』の弟子に見る法然像 高橋富雄著, 浄土宗出版編 京都 浄土宗 2005.3 212p 18cm （浄土選書 33） 900円 ①4-88363-733-6

◇法然浄土教の諸問題 続 高橋弘次著 山喜房佛書林 2005.3 534, 17p 15000円 ①4-7963-0448-7
[内容]浄土教の問題：浄土教における生命の問題. 『往生要集』における念仏と見仏. 十二光仏について 善導の浄土教：『観経疏』解題. 『観経疏』と『選択集』 法然浄土教：法然浄土教における菩提心. 観経疏と選択集. 『逆修説法』と『撰択集』. 浄土宗の信仰. 『選択集』第十六章段について. 六字名号論 二祖聖光の教学：二祖聖光における教学の二面. 『徹選択本願念仏集』解題. 徹選択集の思想. 『徹選択集』における菩薩観. 聖浄兼学の精神. 三種行儀について 法然・親鸞の浄土教の相違性：法然・親鸞の浄土教

◇法然の手紙―愛といたわりのことば 石丸晶子編訳 オンデマンド版 京都 人文書院 2005.2 252p 19cm 1900円 ①4-409-49003-6
[内容]第1部 法然の手紙（黒田の聖人への手紙 空阿弥陀仏への手紙 津戸三郎への返書 大胡の太郎実秀の妻への返書 ほか） 第2部 法然のことば（浄土宗を興こすにあたってのことば 平重衡の問いに示すことば 熊谷入道（次郎直実）に示すことば 魚食と往生についてのことば ほか）

◇往生要集詮要―傍訳 往生要集釈―傍訳 法然著, 福原隆善監修, 曽根宣雄訳註 四季社 2004.12 274p 22cm 16000円 ①4-88405-240-4

◇浄土宗略要文―傍訳 浄土初学抄―傍訳 法然著, 水谷幸正監修, 齊藤舜健訳註 四季社 2004.12 307p 22cm 16000円 ①4-88405-241-2

◇法然―念仏の聖者 中井真孝編 吉川弘文館 2004.10 253p 20cm （日本の名僧 7） 2600円 ①4-642-07851-7
[内容]私の法然 1 法然伝の系譜 2 法然浄土教の形成 3 法然における宗教体験―往生浄土と三昧発得 4 法然の『選択本願念仏集』撰述とその背景 5 法然の凡夫救済論―悪人往生 6 法然の老病と臨終の絵解き―東国布教と女性 7 法然の教化とその消息 8 中世文学から見た法然上人 9 法然像の現代化

◇法然の哀しみ 上 梅原猛著 小学館 2004.7 443p 15cm （小学館文庫） 733円 ①4-09-405621-1
[内容]序章 なぜ法然か 第1章 御影を読む 第2章 伝記が語る法然像 第3章 父時国殺害事件 第4章 布教への決意 第5章 専修念仏への道 第6章 立教開宗の宣言―三部経釈 第7章 口称念仏の選択―選択本願念仏集

◇法然の哀しみ 下 梅原猛著 小学館 2004.7 440p 15cm （小学館文庫） 733円 ①4-09-405622-X
[内容]第8章 法然の説法 第9章 法灯を継ぐもの 第10章 迫りくる危機―法難と流罪 第11章 親鸞からみた法然 第12章 悪と二種廻向 終章 阿弥陀の慈悲と勢至の智恵

◇法然とその門弟の教義研究―法然の基本教義の継承と展開 浅井成海著 京都 永田文昌堂 2004.5 625p 22cm 13000円 ①4-8162-2128-X

◇ひろさちやの「法然」を読む ひろさちや著 佼成出版社 2004.3 205p 19cm 1400円 ①4-333-02053-0
[内容]第1章『一枚起請文』 第2章 万人救済の道を探って 第3章 ただ念仏だけでいい 第4章 悪人正機 第5章 極楽浄土と南無阿弥陀仏 第6章 阿弥陀仏におまかせして

◇いのちを生きる―法然上人と親鸞聖人のみ教え 浅井成海著 京都 法藏館 2004.1 205p 20cm 1900円 ①4-8318-8676-9
[内容]1 阿弥陀さまの願い（光の中にありて「姥捨て山」の伝説 遠く宿縁をよろこべ ほか） 2 法然上人と親鸞聖人のみ教え（法然上人と『選択集』 賜わりたる信心 愚者になりて往生す ほか） 3 「いのち」を生きる（受くるのみなる母の愛 道徳はいくつ

◇法然上人絵伝講座　玉山成元, 宇高良哲著, 浄土宗出版編　京都　浄土宗　2004.1　284p 図版18枚　22cm　4000円　①4-88363-333-0

◇法然の宗教―万民救済の原理　高橋弘次著, 浄土宗出版編　京都　浄土宗　2004.1　171p　18cm　（浄土選書 32）　900円　①4-88363-732-8

◇無量寿経釈―傍訳　下　法然著, 水谷幸正監修, 齊藤舜健訳註　四季社　2003.12　255p　22cm　16000円　①4-88405-233-1

◇法然上人　浄土宗出版編　〔京都〕　浄土宗　2003.11　24p　15cm　（てらこやブックス 17）　80円　①4-88363-017-X

◇無量寿経釈―傍訳　上　法然著, 水谷幸正監修, 齋藤舜健訳註　四季社　2003.11　253p　22cm　16000円　①4-88405-232-3

◇法然と親鸞―はじめて見たつる思想　佐々木正著　青土社　2003.8　262p　20cm　2400円　①4-7917-6055-7
　内容　第1章 黎明としての法然　第2章 疾駆する親鸞　第3章 思想のコラボレーション　第4章 流罪の原景　第5章 弟子の魂　第6章 衣鉢を継ぐ

◇法然と親鸞―その教義の継承と展開　浅井成海編　京都　永田文昌堂　2003.7　484, 124p　22cm　（六角会館研究シリーズ 2）　6000円　①4-8162-3035-1
　内容　法然教義より親鸞教義への継承と展開（浅井成海著）　法然門下に見る曇鸞教学の受容（殿内恒著）　親鸞教学の思想構造と本覚思想（河智義邦著）　法然と親鸞の教説の歴史的意義（高山秀嗣著）　法然浄土教における「菩提心」について（常光香誓者）　法然における諸行と念仏（清水谷正889著）　浄土三部経とその境界（能島覚著）　聖覚と親鸞（龍口恭子著）　隆覚教学における生因三願観について（福井智行著）　法然と親鸞の三心釈の展開（中臣至著）　法然と親鸞における歓喜について（芝原弘記著）　法然と親鸞における五念門観の研究（佐々木義之著）　親鸞教学における法然不回向義の受容（城弘教著）　滅罪と除障の研究（村上信哉著）〔ほか〕

◇法然と親鸞―『一枚起請文』『歎異鈔』を語る　倉田百三著　大東出版社　2003.6　320p　20cm　2300円　①4-500-00690-7
　内容　上篇　法然―一枚起請文（内容一般　法然の生涯（その時代的背景）　一枚起請文講評）　下篇　親鸞―歎異鈔（内容一般　親鸞聖人の生涯　歎異鈔講評）

◇法然の衝撃―日本仏教のラディカル　阿満利麿著　オンデマンド版　京都　人文書院　2003.6　236p　19cm　2000円　①4-409-49001-X
　内容　第1章 仏教との出会い・今　第2章 仏教との出会い・昔　第3章 法然の飛躍　第4章 「この世」の生き方　第5章 神と仏　第6章 死者との連帯

◇法然浄土教の宗教思想　藤本淨彦著　京都　平楽寺書店　2003.3　681, 40, 18p　22cm　12000円　①4-8313-1073-5

◇追え!!法然さまのあしあと―タイムトラベル八〇〇年　野村恒道著, 浄土宗出版室編　京都　浄土宗　2003.1　77p　19cm　（なむブックス 15）　300円　①4-88363-815-4

◇法然さまのご法語に学ぼう―その教えとお人がら　袖山榮輝, 小村正孝著, 浄土宗出版室編　京都　浄土宗　2002.12　79p　19cm　（なむブックス 16）　300円　①4-88363-816-2

◇法然上人と蓮如上人　稲城選恵著　京都　永田文昌堂　2002.7　53p　19cm　700円　①4-8162-6168-0

◇法然上人絵伝　下　大橋俊雄校注　岩波書店　2002.5　302p　15cm　（岩波文庫）　760円　①4-00-333403-5

◇法然上人絵伝　上　大橋俊雄校注　岩波書店　2002.4　340p　15cm　（岩波文庫）　760円　①4-00-333402-7

◇法然上人とその門流―聖光・證空・親鸞・一遍　浄土宗総合研究所編　京都　浄土宗　2002.3　197p　19cm　（総研叢書 第2集）

◇梅原猛の授業・仏教　梅原猛著　朝日新聞社　2002.2　258p　20cm　1300円　①4-02-257710-X
　内容　なぜ宗教が必要なのだろうか　すべての文明には宗教がある　釈迦の人生と思想を考える　大乗仏教は山から町へ下りた　生活に生きる仏教の道徳　討論・人生に宗教は必要か　日本は仏教国家になった聖徳太子、行基、最澄　空海が密教をもたらした　鎌倉は新しい仏教の時代（法然と親鸞　日蓮と禅）　現代の仏教はどうなっているか　い

まこそ仏教が求められている
◇法然全集　第3巻　法然著,大橋俊雄訳　新装　春秋社　2001.7　330,6p　23cm　6000円　ⓘ4-393-17423-2
　内容　消息篇　問答篇　制誡・起請等篇
◇傍訳選択本願念仏集　下　法然著,高橋弘次監修,本庄良文,善裕昭編　四季社　2001.7　411p　22cm　16000円　ⓘ4-88405-078-9
◇法然上人のご法語　第3集(対話編)　法然著,浄土宗総合研究所編訳,阿川文正,梶村昇,高橋弘次監修　京都　浄土宗　2001.6　405,78p　22cm　3600円　ⓘ4-88363-133-8
◇法然全集　第2巻　法然著,大橋俊雄訳　新装　春秋社　2001.6　352,5p　23cm　6000円　ⓘ4-393-17422-4
　内容　逆修説法　選択本願念仏集
◇傍訳選択本願念仏集　上　法然著,高橋弘次監修,本庄良文,善裕昭編　四季社　2001.6　332p　22cm　16000円　ⓘ4-88405-077-0
◇法然全集　第1巻　法然著,大橋俊雄訳　新装　春秋社　2001.5　325,5p　23cm　6000円　ⓘ4-393-17421-6
　内容　往生要集釈　三部経大意　無量寿経釈　観無量寿経釈　阿弥陀経釈
◇法然の世紀―源平争乱の世に万民救済を説く　伊藤唯真著　京都　浄土宗　2001.3　236p　18cm　(浄土選書 30)　ⓘ4-88363-730-1
◇法然―イエスの面影をしのばせる人　井上洋治著　筑摩書房　2001.2　185p　19cm　(こころの本)　1500円　ⓘ4-480-84255-1
　内容　少年法然,求道の危機　地獄の恐怖と苦悩からの解放　浄土と神の国　子を思う母のまなざし　随喜の涙　寺院をもたぬ法然とイエス　門弟たちへ自戒自粛を求める「七箇条起請文」　諸宗教の共存・共生の原理　弟子たちから裏切られる法然とイエス　遊女・娼婦の救い　墨染の衣で生きぬく
◇法然親鸞思想論　松本史朗著　大蔵出版　2001.2　696p　22cm　10000円　ⓘ4-8043-0547-5
　内容　第1章　選択本願念仏説と悪人正因説―平雅行氏の所論をめぐって(選択本願念仏説について　念仏観の転換についてほか)　第2章　法然浄土教の思想的意義―袴谷憲昭氏の解釈について(他力主義について　指方立相説と如来蔵思想についてほか)　第3章『捨子問答』と『後世物語』―親鸞思想の研究(一)(両文献の序論的説明　両文献の対照と解説ほか)　第4章『唯信鈔』について―親鸞思想の研究(二)(『唯信鈔』の著作について　『唯信鈔』の"信心正因"説ほか)
◇法然浄土教の思想と伝歴―石川文正教授古稀記念論集　大正大学浄土学研究会編　山喜房佛書林　2001.2　645,71p　22cm　22000円　ⓘ4-7963-0031-7
◇一枚起請文あらかると　野田秀雄編著〔京都〕　見性寺　2000.10　168p　19cm　1900円　ⓘ4-921095-16-7
　内容　第1章　一枚起請文を読む　第2章　一枚起請文の成立　第3章　一枚起請文に関する講評・所見　第4章　一枚起請文の擬古文　第5章　一枚起請文の翻訳　第6章　一枚起請文をめぐるエピソード二編　第7章　一枚起請文の作曲
◇おおらかに生きる―法然　石上善應著　中央公論新社　2000.10　269p　20cm　(仏教を生きる 8)　1600円　ⓘ4-12-490158-5
　内容　1 怨みを超えて　2 人間とは　3 愚に還る　4 人生の決断　5 あるがままに―法爾の道理　6 おおらかに生きる　7 庶民の思いと念仏―『一百四十五箇条問答』から
◇法然　中里介山著　復刻版　小嶋知善,浄土宗出版室復刻版編集〔京都〕　浄土宗　2000.10　348p　19cm　ⓘ4-88363-328-4
◇浄土仏教の思想　第8巻　法然　梶山雄一ほか編　梅原猛著　講談社　2000.9　455p　20cm　4600円　ⓘ4-06-192578-4
　内容　序章　法然上人の御影を読む　第1章「法然伝」に真実を探る　第2章　法然の故郷へ　第3章　法然少年の闇　第4章　母・秦氏のこと　第5章　黒谷籠居　第6章　叡空との論争　第7章『往生要集』の新解釈　第8章　山を下りた法然　第9章　法然の弟子たち　第10章　流罪事件の真相　第11章『選択集』の思想
◇ビジュアル法然上人　仏教読本編纂委員会編　改題増補版　京都　浄土宗　2000.4　119p　21cm　ⓘ4-88363-330-6
◇仏教入門―釈尊と法然上人の教え　佛教大学仏教学科編　学術図書出版社　2000.3　274p　21cm　1700円　ⓘ4-87361-496-1
◇法然讃歌―生きるための念仏　寺内大吉

著　中央公論新社　2000.3　257p　18cm　（中公新書）　740円　①4-12-101526-6
　内容 なぜ法然房か　女人往生　経典は読める　ひじりの群れ　大仏を焼く　悪人正機　選択本願　一念義　争論を好むもの　小僧替りて死を受く〔ほか〕

◇絵・写真で見る法然上人のご生涯―『仏教読本』写真資料集　仏教読本編纂委員会編　京都　浄土宗　1999.4　99p　21cm

◇法然さまの選択本願念仏集　大角修著、浄土宗出版室編　京都　浄土宗　1999.4　20p　18cm　①4-88363-921-5

◇法然を読む―「選択本願念仏集」講義　阿満利麿著　角川書店　1999.3　202p　20cm　（角川叢書4）　2600円　①4-04-702105-9
　内容 序章 中世という時代と法然の出現　第1章 新仏教「浄土宗」の樹立　第2章 新しい救済原理と方法　第3章 どのように「信じる」のか　第4章 「諸行」論　終章 ひとえに善導による

◇法然上人のご法語　第2集（法語類編）　法然著、浄土宗総合研究所編訳、阿川文正ほか監修　京都　浄土宗　1999.3　352, 61p　22cm　①4-88363-132-X

◇法然さまと選択本願念仏集―時代が求めたもの　大橋俊雄著　京都　浄土宗　1998.12　76p　19cm　（なむブックス 11）　①4-88363-811-1

◇選択本願念佛集―復元根源正本　法然著、西山学会『選択集』研究会編　長岡京　西山浄土宗宗務所　1998.11　163p　21cm

◇法然対明恵―鎌倉仏教の宗教対決　町田宗鳳著　講談社　1998.10　232p　19cm　（講談社選書メチエ 141）　1500円　①4-06-258141-8
　内容 第1章 浮かび上がる二つの軌跡（相似形の生い立ち　乖離していく二人の軌跡　両極に立った改革思想）　第2章 明恵―「生の座標軸」（実践哲学としての華厳思想　ひたすらに愛する人　世界はありのままで美しい　末法思想の超克）　第3章 法然―「死の座標軸」（絶望の時代に投げこまれて　救いの発見　濁世の革命家）　第4章 交叉する座標軸（対決の構図　身体化する思想　重なり合う座標軸　日本仏教の再生へ）

◇光明坊蔵法然上人御一代御行状絵伝解説　井上雅芳著　福山　びんご出版　1998.8　110p　21cm　1500円

◇法然上人とお弟子たち―乱世を生きる同信の世界　梶村昇著　京都　浄土宗　1998.8　201p　18cm　（浄土選書 27）　①4-88363-727-1

◇法然と明恵―日本仏教思想史序説　袴谷憲昭著　大蔵出版　1998.7　405p　20cm　4800円　①4-8043-0538-6
　内容 第1章 二つの仏教（問題提起　往生と成仏　他力主義と自力主義　キリスト教と仏教）　第2章 二つの夢―古代から中世への日本仏教（古代から中世への社会状況　法然の夢と明恵の夢の相違　法然の夢と他力主義の革命　明恵の夢と自力主義の復活）

◇法然　大橋俊雄著　講談社　1998.4　354p　15cm　（講談社学術文庫）　1050円　①4-06-159326-9

◇法然の生涯　松本章男著　大法輪閣　1998.2　254p　19cm　2300円　①4-8046-1140-1
　内容 1 花洛を急く心あり　2 比叡の修行時代　3 乱想の凡夫　4 浄土立宗、とき来たる　5 われ聖教を見ざる日なし　6 檀越・門弟・最愛のひと　7 念仏三昧と別時念仏　8 元久・建永の法難　9 謫所は権化の栖なり　10 死なば浄土へまいりなん

◇法然上人と浄土宗　宮林昭彦著　柏　みち書房　c1998　118p　19cm　1334円　①4-944191-00-6

◇法然の念仏――一紙小消息講話　藤吉慈海著　大蔵出版　1997.12　154p　19cm　1400円　①4-8043-3044-5
　内容 序文（一紙小消息（黒田の聖人へつかわす御文）全文　『一紙小消息』について）　本文（行すくなしとても疑ふべからず　罪ふかくとも　時くだれりとても　我が身わろしとても　十方に浄土おほけれど　ほか）　法然上人とその教え

◇法然辞典　藤井正雄他編　東京堂出版　1997.8　330p　22cm　4500円　①4-490-10456-1

◇選択本願念仏集　法然著、大橋俊雄校注　岩波書店　1997.4　215p　15cm　（岩波文庫）　500円　①4-00-333401-9

◇シンポジウム・法然と親鸞　佛教大学総合研究所編　京都　法蔵館　1997.3　189p　20cm　2000円　①4-8318-8077-9
　内容 法然と親鸞　転換としての実存と仏教

—法然と親鸞　シンポジウム・法然と親鸞（法然論—基調講演（1）　親鸞論—基調講演（2）　補遺 法然と親鸞の教学について・法然と親鸞—二つの浄土教の真実　質疑応答・『醍醐法然上人伝記』『西方指南抄』『黒谷上人語燈録』の内容対応）

◇法然—世紀末の革命者　町田宗鳳著　京都　法藏館　1997.3　239p　20cm　2300円　Ⓘ4-8318-7140-0

[内容] 第1章 闇深き時代　第2章 闇から光へ　第3章 イメージの世界　第4章 創造する死　第5章 顛倒の倫理　第6章 念仏の反社会性　第7章 法然再考

◇法然上人のご法語　第1集　法然著, 浄土宗総合研究所編訳, 阿川文正ほか監修　京都　浄土宗　1997.3　243, 41p　22cm　Ⓘ4-88363-131-1

◇十人は十人ながらみな—万人を救った法然さま　高橋富雄著, 浄土宗出版室編　京都　浄土宗　1997.1　77p　19cm（なむブックス 6）　300円　Ⓘ4-88363-806-5

◇法然上人研究　第1巻　思想篇　藤堂恭俊著　山喜房佛書林　1996.8　374, 13p　21cm　8755円　Ⓘ4-7963-0432-0

[内容] 浄土宗開創期前後における法然の課題　法然の聖浄二門判と他力の用語例　法然における実践論の諸問題　法然の偏依善導と八種選択義

◇法然上人研究　第2巻　思想篇　藤堂恭俊著　山喜房仏書林　1996.8　389, 23p　22cm　9785円　Ⓘ4-7963-0433-9

[内容] 法然浄土教の実践体系とその内実　法然浄土教における念仏信仰の内実—特に法然自詠の和歌を中心として　『浄土宗大意』にみられる師弟二師の法語—法然真撰・非撰をめぐって　法然浄土教における新羅浄土教の摂取—法然浄土教に見出される宗教体験の一特徴　勢観房源智上人伝承にかかる師上人の遺文—とくに『一期物語』と『浄土随聞記』の関係を中心として〔ほか〕

◇お手紙からみる法然さま—そのお人がら　石丸晶子著, 浄土宗出版編　京都　浄土宗　1995.10　77p　19cm（なむブックス 4）　Ⓘ4-88363-804-9

◇法然の生涯　ひろさちや原作, 巴里夫漫画　鈴木出版　1995.3　153p　22cm（仏教コミックス 79）　1200円　Ⓘ4-7902-1925-9

◇法然伝と浄土宗史の研究　中井真孝著　京都　思文閣出版　1994.12　401, 24p　22cm（思文閣史学叢書）　9064円　Ⓘ4-7842-0861-5

◇法然さまってどんなひと？—そのご生涯　岩井信道著, 浄土宗出版室編　京都　浄土宗　1994.12　71p　19cm（なむブックス 1）　300円　Ⓘ4-88363-801-4

◇法然全集　別巻 2　大橋俊雄著　春秋社　1994.11　370, 8p　23cm　8755円　Ⓘ4-393-17418-6

[内容] 法然上人行状絵図

◇法然全集　別巻 1　大橋俊雄著　春秋社　1994.10　399p　23cm　8755円　Ⓘ4-393-17417-8

[内容] 法然上人伝 上

◇法然遺文の基礎的研究　中野正明著　京都　法藏館　1994.3　538, 33p　22cm　12360円　Ⓘ4-8318-7491-4

◇日本仏教人名辞典—コンパクト版　斎藤昭俊, 成瀬良徳編著　新人物往来社　1993.11　494p　20cm　3800円　Ⓘ4-404-02044-9

◇法然上人問答集　村瀬秀雄訳　小田原　常念寺　1993.11　386p　19cm　4700円

◇日蓮論・法然と親鸞　木下尚江著, 鈴木範久編　教文館　1993.4　400p　19cm（木下尚江全集 第8巻）　5768円　Ⓘ4-7642-2068-7

[内容] 日蓮論　法然と親鸞

◇法然上人伝ノート　稲垣俊夫著　通覚寺　1992.10　146, 23p　19cm

◇法然上人のご生涯とその教え　坪井俊映, 藤堂恭俊著　京都　仏教大学通信教育部　1992.10　155p　21cm　非売品

◇法然上人法語抄訳　藤井実応編, 村瀬秀雄訳　小田原　常念寺　1992.10　409p　19cm　5000円

◇欧米語の法然浄土教研究—その翻訳紹介をめぐる諸課題　藤本浄彦ほか著,「欧米諸国における法然浄土教」研究会編〔京都〕　仏教大学文学部仏教学科藤本研究室　1992.1　207p　26cm

◇浄土宗要義—他　法然上人撰述, 村瀬秀雄訳　小田原　常念寺　1991.12　400p　19cm　5000円

◇法然上人伝の成立史的研究　法然上人伝研究会編　京都　臨川書店　1991.12　3

◇法然の手紙―愛といたわりの言葉　石丸晶子編訳　京都　人文書院　1991.6　252p　20cm　1957円　①4-409-41051-2
　内容　第1部　法然の手紙（黒田の聖人への手紙　空阿弥陀仏への手紙　津戸三郎への返書　大胡の太郎実秀の妻への返書　大胡の太郎実秀への返書　北条政子への返書　九条兼実の北政所へ進ずる返書　九条兼実の問に答える返書　熊谷直実への返書　ほか）第2部　法然のことば（浄土宗を興こすにあたってのことば　平重衡の問いに示すことば　熊谷入道〈次郎直実〉に示すことば　魚食と往生についてのことば　常に仰せられたことば　流罪のとき門弟に示したことば〈抄〉　室の津の遊女に示したことば　遺跡について法蓮房に示したことば　臨終のとき門弟たちに示したことば）

◇昭和新修法然上人全集　石井教道編　京都　平楽寺書店　1991.4　1218p　23cm　15450円

◇法然法語を読む　藤吉慈海著　春秋社　1991.3　180p　20cm　1700円　①4-393-17407-0
　内容　第1章　大悲誓願　第2章　念仏にいさみある人　第3章　一枚起請文　第4章　聖如房への手紙　第5章　新しい念仏の教え　第6章　「観念の念」と「念の心を悟りて申す念仏」　第7章　三心四修　第8章　この外に奥深きことを存せば、二尊のあはれみにはづれ、本願にもれ候べし　第9章　一文不如　第10章　質問に答えて　第11章　超三業の念仏　第12章　自然法爾

◇法然の世界　松永伍一エッセイ，林淳解説　佼成出版社　1991.1　227p　20cm　（仏典を知る）　1850円　①4-333-01469-7
　内容　エッセイ　法然を見直す　法然の名句　法然を知るキーワード　法然を知る小事典

◇法然　左方郁子著　京都　淡交社　1990.9　141p　19cm　（京都・宗祖の旅）　880円　①4-473-01141-0
　内容　1　法然の生涯と教え（誕生と奇瑞伝説　比叡山へ・修行時代　43歳の回心　本願念仏の革命性　ほか）　2　京都・法然の旅（精神の軌跡を訪ねて　比叡山・西塔から東塔西谷・功徳院　ほか）　3　浄土宗の寺々　付録（法然略年表　知恩院の主要行事　浄土宗寺院のおもな行事　宗派と宗祖　ほか）　地図

◇法然　田村圓澄著　吉川弘文館　1990.7　（第2刷）　268p　19cm　（人物叢書　新装版）　①4-642-05120-1

冊　31cm　全56650円　①4-653-02248-8

◇遊びの境界―法然と親鸞　坂爪逸子著　育弓社　1990.6　197p　19cm　2060円
　内容　第1章　親鸞の「菊の刀」　第2章　人間と遊び（遊びの原型　遊びと致死性　不幸な芸術　遊びと基本的人権）　第3章　ホモ・ルーデンス―法然の生涯（法然とエンクロウジャー　法然の有用感　モラトリアム人間・法然　日本人の遊び　法然の慈悲　法然の沈黙　「南無阿弥陀仏」　ハレとケ　念仏興行一天に満たし）

◇浄土三部経講説　法然撰述，村瀬秀雄訳　小田原　常念寺　1990.5　542p　19cm　4635円

◇日本の絵巻　続3　法然上人絵伝　下　小松茂美編　中央公論社　1990.3　161p　35cm　4500円　①4-12-402883-0

◇日本の絵巻　続2　法然上人絵伝　中　小松茂美編　中央公論社　1990.2　214p　35cm　5000円　①4-12-402882-2

◇日本の絵巻　続1　法然上人絵伝　上　小松茂美編　中央公論社　1990.1　196p　35cm　5000円　①4-12-402881-4

◇法然全集　第3巻　大橋俊雄著　春秋社　1989.12　330,6p　23cm　5800円　①4-393-17413-5
　内容　消息篇　問答篇　制誡・起請等篇

◇法然全集　第2巻　大橋俊雄著　春秋社　1989.11　352,5p　23cm　5800円　①4-393-17412-7
　内容　逆修説法　選択本願念仏集

◇法然の衝撃―日本仏教のラディカル　阿満利麿著　京都　人文書院　1989.10　236p　20cm　1700円　①4-409-41044-X
　内容　仏教との出会い・今　仏教との出会い・昔　法然の飛躍　「この世」の生き方　神と仏　死者との連帯

◇法然全集　第1巻　大橋俊雄著　春秋社　1989.9　325,5p　23cm　5800円　①4-393-17411-9
　内容　往生要集釈　三部経大意　無量寿経釈　観無量寿経釈　阿弥陀経釈

◇法然入門　大橋俊雄著　春秋社　1989.9　270p　20cm　2000円　①4-393-17415-1
　内容　専修念仏の提唱　動乱の中で　怨讐を越えて　比叡山をあとにして　思想のあゆみ　専修念仏への道　教団を構成しているもの　法然教団にも弾圧の手が　法然教団にも陰影が　法然の門流にも

◇法然浄土教思想論攷　藤本浄彦著　京都

平楽寺書店　1988.11　325, 58p　22cm　6500円
◇法然と浄土教　津山郷土博物館編　津山　津山郷土博物館　1988.10　39p　26cm　（津山郷土博物館特別展図録 第1冊）
◇法然浄土―片側観叡集記　片側観叡著〔鳴門〕　〔片側観叡〕　1988.8　278p　19cm
◇法然　田村円澄著　吉川弘文館　1988.6　269p　19cm　（人物叢書 新装版）　1700円　①4-642-05120-1
　[内容]　1 はじめに　2 苦難の道　3 新しき救い　4 時機相応　5 師と門弟　6 対立　7 法難　8 魂の家郷　9 信と謗　10 法を嗣ぐ者　系図　略年譜
◇法然上人　矢吹慶輝著　矢吹法律事務所　1988.6　120p 図版26p　22cm
◇日本の仏典　3　法然―選択本願念仏集　石上善応著　筑摩書房　1988.3　325, 3p　20cm　2400円
◇法然　選択本願念仏集　石上善応著　筑摩書房　1988.3　325, 3p　19cm　（日本の仏典 3）　2400円　①4-480-33103-4
　[内容]　道綽禅師、聖道・浄土の二門を立てて、聖道を捨てて正しく浄土に帰するの文　善導和尚、正雑二行を立てて、雑行を捨てて正行に帰するの文　弥陀如来、余行を以て往生の本願となしたまわず、唯、念仏を以て往生の本願となしたまえるの文　三輩念仏往生の文　念仏利益の文〔ほか〕
◇偏依法然　西村瑞純著　福岡　梓書院　1987.12　588p　22cm　5500円　①4-87035-027-0
◇一枚起請文のこころ　藤堂恭俊著　大阪　東方出版　1987.4　228p　19cm　（知恩院浄土宗学研究所シリーズ 1）　980円
　[内容]　序の章 経典と同格視される『一枚起請文』　第1章『一枚起請文』の背景（『一枚起請文』をめぐる師と弟子　『一枚起請文』の伝承とその類本）　第2章『一枚起請文』の本意（『一枚起請文』の内容区分と題号　別解・別行者の説き行う念仏　法然上人の主唱される念仏の肝要　念仏者の上におのずから具わるもの　釈迦・弥陀二尊に誓いをたて証を請う　智者の振舞いなく、ひたすら念仏すべし　究極の意志の表明）　結びの章 未来を今に生きる『一枚起請文』
◇法然上人の教え　藤井実応著　光雲社　1987.4　264p　20cm　1600円　①4-7952-7270-0

　[内容]　1 念仏道（拝むこころ　信心をもよおすには　人生は尊い　釈尊と聖徳太子（生死の問題）　聞法の態度　念仏と生活　信と身　摂取不捨　念仏と妄念　タタリはあるか　霊魂は不滅か　夫にも念仏をすすめたい　生身のみほとけ、この本尊に入りたもう　使命　法爾の道理　老の美　念仏正受　念仏と衣食住　病気と念仏　先ず名号を称えよ　浄土の教え―念仏道）　2 一枚起請文（きしょうもん）（一枚起請文　七祖の一枚起請文）
◇法然のことば　梶村昇著　雄山閣出版　1987.2　234p　20cm　1500円　①4-639-00630-6
　[内容]　第1部 法然上人のことば　第2部 法然上人の信仰と生涯（新しい道を求めて　専修念仏　教団をささえた人々　法然上人をめぐる人々　念仏の法灯）　法然上人関係年表
◇法然の生涯　高橋良和著　京都　法蔵館　1986.11　76p　21cm　500円　①4-8318-2304-X
◇法然上人とその余光　宝田正道著　東洋文化出版　1986.10　256p　22cm　2300円　①4-88676-073-2
◇法然上人と一枚起請文―法然上人のご遺訓　藤井実応著　大東出版社　1986.9　358p　20cm　（大東名著選 13）　2500円　①4-500-00513-7
　[内容]　1 釈尊と浄土教（釈尊伝　釈尊の成道について　念仏の起源　浄土三部経　インドの祖師―竜樹菩薩／世親菩薩　中国の祖師―曇鸞大師／道綽禅師／善導大師／慧遠法師／その他の諸師　日本の祖師―聖徳太子／平安時代以前の浄土教／平安時代の浄土教／南都の浄土教／真言宗の浄土教）　2 法然上人（法然上人伝　上人の門弟　法然上人略年譜）　3 一枚起請文（鎮西相承と源智相承　奥書について　選択集と一枚起請文　小消息と一枚起請文　阿弥陀経と一枚起請文　『一枚起請文』解釈）
◇法然教学の研究　梯実円著　京都　永田文昌堂　1986.7　537p　22cm　8500円
◇高僧伝　5　法然―ひとすじの道　松原泰道, 平川彰編　藤井正雄著　集英社　1986.1　275p　20cm　1400円　①4-08-187005-5
◇法然上人のお手紙　岸信宏著, 慈香会編　大阪　東方出版　1985.11　202p　19cm　1000円
◇法然のいいたかったこと　由木義文著　講談社　1985.11　210p　19cm　（もん

仏教を支えた人々

じゅ選書 2)　1000円　①4-06-192252-1

◇法然上人の世界　藤吉慈海著　山喜房仏書林　1985.5　198p　21cm　2300円

◇日本仏教宗史論集　第5巻　法然上人と浄土宗　伊藤唯真, 玉山成元編　吉川弘文館　1985.2　431p　22cm　5800円　①4-642-06745-0

◇法然上人の思想と生涯　仏教大学編　大阪　東方出版　1984.11　188p　19cm　1000円

◇ひとりも捨てず—法然・その人と教え　石上善応ほか著　鈴木出版　1984.6　259p　19cm　(まいとりぃ選書)　1400円　①4-7902-2003-6

◇仏教入門—釈尊と法然上人の教え　仏教大学仏教学科編　大阪　東方出版　1984.5　187, 18p　21cm　1500円

◇法然上人の思想と宗教　前田聰瑞著　国書刊行会　1984.5　428p　22cm　(浄土宗学研究叢書 祖師篇)　7000円

◇今の世を生きるために—法然仏教入門　梶村昇著　京都　知恩院　1984.4　195p　18cm　350円

◇法然と浄土信仰　読売新聞社　1984.3　174p　29cm　2000円

◇法然上人一紙小消息講話　藤吉慈海著　大蔵出版　1984.2　154p　19cm　950円　①4-8043-3016-X

◇日本仏教史　別巻　法然上人伝　田村円澄著　京都　法藏館　1983.11　305, 38p　22cm　6800円

◇曽我量深講義集　第8巻　法然と親鸞　弥生書房　1983.8　221p　20cm　1800円

◇法然上人研究　第1巻　思想篇　藤堂恭俊著　山喜房仏書林　1983.8　374, 13p　22cm　7500円

◇日本の名著　5　法然　塚本善隆責任編集　中央公論社　1983.7　502p　18cm　(中公バックス)　1200円
　　内容 鎌倉新仏教の創始者とその批判者　塚本善隆著. 法然　選択本願念仏集.和語燈録.拾遺和語燈録(抄)　明恵　摧邪輪(抄)　栂尾明恵上人遺訓. 年譜:p499〜502

◇法然—思想読本　橋本峰雄編　京都　法藏館　1983.3　240p　21cm　1200円　①4-8318-2004-0

◇法然上人集　源空著, 与謝野寛ほか編纂校訂　現代思潮社　1983.1　214p　16cm　(覆刻日本古典全集)

◇近代の法然論　峰島旭雄, 芹川博通編著　みくに書房　1982.12　283p　20cm　(みくに選書)　1800円

◇法然とその時代　田村円澄著　京都　法藏館　1982.11　201p　20cm　(法藏選書 19)　1600円

◇日本名僧論集　第6巻　法然　伊藤唯真, 玉山成元編　吉川弘文館　1982.10　471p　22cm　5800円

◇法然上人をめぐる人々　稲岡覚順著・京都　浄土宗宗務庁　1982.9　216p　17cm　(浄土選書 13)

◇法然百話　梶原重道著　大阪　東方出版　1982.9　246p　18cm　950円

◇全訳法然上人勅修御伝　村瀬秀雄訳　小田原　常念寺　1982.4　846p　19cm　6800円

◇定本法然上人全集　第7巻　書簡篇　法然上人全集刊行会編　山喜房仏書林　1982.1　282, 20p　18cm　2500円

◇続日本絵巻大成　3　法然上人絵伝　下　小松茂美編　小松茂美, 神崎充晴執筆　中央公論社　1981.9　212p　36cm　25000円

◇続日本絵巻大成　2　法然上人絵伝　中　小松茂美編　小松茂美, 神崎充晴執筆　中央公論社　1981.7　246p　36cm　25000円

◇続日本絵巻大成　1　法然上人絵伝　上　小松茂美編　小松茂美, 神崎充晴執筆　中央公論社　1981.5　219p　36cm　25000円

◇結縁授戒講話　恵谷隆戒著　京都　浄土宗宗務庁　1981.3　2冊(別冊とも)　26cm

◇浄土へ—法然　額田光昌著　日本教文社　1980.11　183p　20cm　(聖者物語 8)　880円　①4-531-04048-1, 4-531-04040-6

◇8人の祖師たち—最澄・空海・栄西・法然・親鸞・道元・日蓮・一遍　水書坊編　水書坊　1980.6　291p　18cm　(ナムブック)　800円

◇法然上人御法語講話　下　藤吉慈海著　山喜房仏書林　1979.5　278p　19cm

202

①4-7963-0423-1
◇法然再発見　須賀隆賢著　隆文館　1979.2　334p　20cm　1500円
◇和訳法然上人選択集　村瀬秀雄訳　小田原　常念寺　1979.2　387p　19cm　2500円
◇法然—その生涯と教え　細川行信著　京都　法蔵館　1979.1　207p　19cm　1600円
◇選択本願念仏集　法然上人著　養老町（岐阜県）　大橋国一　1978.7　297, 32, 4p　19cm　非売品
◇法然と親鸞　石田瑞麿著　武蔵野　秋山書店　1978.5　260p　19cm　（秋山叢書）　1500円
◇法然と浄土宗教団　大橋俊雄著　〔東村山〕　教育社　1978.3　240p　18cm　（教育社歴史新書）　600円
◇法然のことば　梶村昇著　雄山閣出版　1978.2　234p　19cm　（カルチャーブックス 20）　800円
◇定本法然上人全集　第1巻　著述篇 1　法然上人全集刊行会編　山喜房仏書林　1977.11　433, 20p　18cm　2000円
◇新修日本絵巻物全集　14　法然上人絵伝　塚本善隆編集担当　角川書店　1977.7　1冊（はり込図6枚共）　37cm　20000円
◇法然と親鸞の信仰　下　歎異鈔を中心として　倉田百三著　講談社　1977.7　209p　15cm　（講談社学術文庫）　300円
◇法然と親鸞の信仰　上　一枚起請文を中心として　倉田百三著　講談社　1977.6　165p　15cm　（講談社学術文庫）　260円
◇法然上人御法語講話　上　藤吉慈海著　山喜房仏書林　1977.3　242p　19cm　1300円
◇選択集大観　藤堂祐範編　山喜房仏書林　1975　208p（図p.3-68）　30cm　（藤堂祐範著作集　上巻）　15000円
①4-7963-0404-5
[内容]大正新訂選択本願念仏集（法然）選択集之書史学的研究（藤堂祐範編）附録：選択集古版本攷（新村出）
◇法然上人研究—浄土宗開宗八百年記念　仏教大学法然上人研究会編　隆文館　1975　562p　図　21cm　6500円
◇法然仏教の研究　知恩院浄土宗学研究所編　山喜房仏書林　1975　624p　肖像　22cm　8500円
◇知恩院—法然上人伝　藤堂恭俊編著　教育新潮社　1974　223p　図　19cm　（日本のお寺シリーズ 8）　980円
◇法然上人の教え—法然浄土教の特質　坪井俊映集　坪井俊映著　教育新潮社　1974　242p　肖像　19cm　（昭和仏教全集　第4部 7）　1300円
◇法然上人の伝記と思想　恵谷隆戒篇　隆文館　1974　443p　19cm　1300円
◇法然上人法語集　1　藤吉慈海著　山喜房仏書林　1974　250p　19cm　1300円
◇法然上人登山状　源空著，常盤大定校訂，横超慧日解説　安藤康次郎　1973　54p　21cm
◇求道の法然　高橋良和編　山喜房仏書林　1972　226p　図　19cm　850円
◇法然とその門下の教学　竜谷大学真宗学会編　京都　永田文昌堂　1972　245p　22cm　（真宗学論叢 2）　2000円
　[内容]法然教学の基本的意義（石田充之）法然上人の相承論（山本仏骨）法然と親鸞—「伝承と己証」の視点から（村上速水）親鸞における念仏と信心（信楽峻麿）法然門下における念仏と諸行の扱い—助正論の研究（その2）（普賢晃寿）親鸞における「行」の研究—大行「出体釈」を中心に（岡亮二）法然の仏土観（浅井成海）親鸞書簡にあらわれた法然上人—「義なきを義とす」の教説をめぐりて（栗木義彦）法然における罪悪の問題（矢田章了）法然上人の末法観（浅野教信）法然とその門下研究著書・雑誌論文目録（紅楳英顕）
◇選択集講述　小沢勇貫著　浄土宗宗務支所　1971　272p　図　21cm
◇法然上人の生涯と思想—付 信仰の指針　津村諦堂著　明玄書房　1971　140p　22cm　750円
◇一枚起請文原本の研究　小川竜彦著　明石　「一枚起請文原本の研究」刊行会　1970　2冊　32cm　38500-110000円
◇法然—その行動と思想　大橋俊雄著　評論社　1970　240p　図版　19cm　（日本人の行動と思想 1）　590円
◇法然　梶村昇著　角川書店　1970　268p　19cm　（角川選書）　520円
◇蓮生坊絵詞　熊谷　埼玉県立熊谷図書館

仏教を支えた人々

　1970　40p（おもに図）　16×21cm
◇濁世の聖者―法然上人の生涯　平祐史著　京都　浄土宗　1968.7（第5版：1995.6）　69p　21cm
◇法然上人伝全集　前篇　本伝　井川定慶集解　増補版　井川定慶　1967 2版　1060p　22cm
◇本願念仏のえらび―選択集〈法然〉数江教一著　筑摩書房　1967　278p 図版　20cm　（日本の仏教 第6巻）　480円
◇成立史的法然上人諸伝の研究　三田全信著　京都　光念寺出版部　1966　576p 図版　表　22cm　3000円
◇法然の遺跡と伝記　細川行信著　京都　あそか書林　1966　90p 図版　19cm　250円
◇法然上人伝の成立史的研究―知恩院本法然上人行状絵図を中心として　第4巻　研究篇　法然上人伝研究会編　京都　知恩院　1965　203p　31cm　3000円
◇一枚起請文をめぐって　村瀬秀雄著　法然上人鑽仰会　1964　102p 図版　18cm
◇浄土宗祖法然上人選択本願念仏集―往生之業念仏為先　竹中信常著　大道社　1963　119p　18cm
◇法然上人伝の成立史的研究―知恩院本法然上人行状絵図を中心として　第2-3巻　法然上人伝研究会編　京都　知恩院　1962　2冊　31cm
◇絵で見る法然上人伝　大正大学浄土学研究室編　御忌記念祐天寺刊行会　1961　101p　27cm
◇法然上人　須賀隆賢著　隆文館　1961　190p 図版　19cm
◇法然上人研究―七百五十年大遠忌記念　仏教大学編　京都　平楽寺書店　1961　347, 48p 図版　22cm
◇法然上人伝全集　続篇　法然上人絵伝の研究　井川定慶著　大阪　法然上人伝全集刊行会　1961　288p　22cm
◇法然上人伝の成立史的研究―知恩院本法然上人行状絵図を中心として　第1巻　対照篇　上　法然上人伝研究会編　京都　知恩院　1961　134p 図版40枚　41cm
◇法然上人とその門下の教義　望月信亨著　京都　仏教文化研究所　1960　53p 図版　21cm
◇法然と親鸞の信仰――一枚起請文と歎異鈔　倉田百三著　春秋社　1960　230p　19cm　（SHNJŪBOOKS）
◇法然　田村円澄著　吉川弘文館　1959　270p 図版　18cm　（人物叢書 日本歴史学会編）
◇法然と親鸞　増谷文雄著　在家仏教協会　1959　241p　18cm
　内容 法然と親鸞 他4篇
◇浄土三部経概説　坪井俊映著　隆文館　1956　567, 26, 20p　22cm
◇法然　井川定慶著　大阪　六月社　1956　52p（図版, 解説共）　21cm　（写真聖伝第1集）
◇法然上人伝の研究　田村円澄著　京都　法蔵館　1956　295, 26p　22cm　（仏教文化研究所研究報告 第2）
◇昭和新修 法然上人全集　石井教道編　京都　平楽寺書店　1955.3　1218p　21cm　15450円
　内容 第1輯 教書篇　第2輯 法語類篇　第3輯 消息篇　第4輯 対話篇　第5輯 伝語篇　第6輯 制誡篇　第7輯 雑篇　第8輯 伝法然書篇
◇法然上人絵伝　芹沢銈介画, 小川竜彦編　新定版　理想社　1955　103p 図版　19cm
◇法然上人　井川定慶著　京都　総本山知恩院布教師会　1953　69p　15cm　（華頂文庫）
◇法然上人の影　椎尾弁匡著　共生会　1952.11　187p　19cm
◇法然上人御一代記―通俗絵入　大富秀賢著　再版　京都　永田文昌堂　1952　132p　19cm
◇法然上人伝全集　前篇　本伝　井川定慶集解　大阪　法然上人伝全集刊行会　1952　1005p 図版11枚　22cm

前田　慧雲　まえだ　えうん

安政4年（1857年）1月14日〜昭和5年（1930年）4月29日　浄土真宗本願寺派（西

仏教を支えた人々

本願寺)の僧で、仏教学者。19歳で西本願寺西山教校に入り、明治13年(1880年)西福寺住職となる。明治22年(1889年)大内青巒(せいらん)らと尊王奉仏大同団を結成して愛国護法運動を行い、法主大谷光瑞の侍講、真宗本願寺派の学問所主事を務める。大学林副総理を経て、明治33年(1900年)東京教務講究所長、東京帝大文科大学講師となり、哲学館(現東洋大学)などでも講義を行った。以後、高輪仏教大学教授、同学長、東洋大学長、龍谷大学長、宗学院長を歴任。近代の代表的仏教学者の一人に数えられている。

◇浄土真宗名法話講話選集 第6巻 まことの教え 信心1 浄土真宗名法話講話選集編集委員会編 京都 同朋舎メディアプラン 2004.10 581p 23cm
①4-901339-05-2
[内容]本願成就文法話(七里恒順著) 安心決定鈔法話(利井鮮妙著) 法譬縁自在法話(小泉了諦著) 信を求むる者へ(前田慧雲著)

◇浄土真宗名法話講話選集 第16巻 人の生きがい 生死1 浄土真宗名法話講話選集編集委員会編 京都 同朋舎メディアプラン 2004.10 580p 23cm
①4-901339-05-2
[内容]人の生きがい総説(浅井成海著) 生きる宗教(前田慧雲著) 生死を超える道(高光大船著) 無碍道の体現(松原致遠著) 人生生活の本義(深浦正文著)

◇浄土真宗名法話講話選集 第6巻 まことの教え 信心1 浄土真宗名法話講話選集編集委員会編 京都 同朋舎出版 1985.12 581p 23cm ①4-8104-9090-4
[内容]本願成就文法話 七里恒順著. 安心決定鈔法話 利井鮮妙著. 法譬縁自在法話 小泉了諦著. 信を求むる者へ 前田慧雲著

◇浄土真宗名法話講話選集 第16巻 人の生きがい 生死1 浄土真宗名法話講話選集編集委員会編 京都 同朋舎出版 1985.10 580p 23cm ①4-8104-9090-4
[内容]生きる宗教 前田慧雲著. 生死を超える道 高光大船著. 無碍道の体現 松原致遠著. 人生生活の本義 深浦正文著

◇真宗全書 第18巻 註疏部 選択集要津録 選択集通津録 妻木直良編 道隠著、慧雲著 国書刊行会 1980.9 516p 22cm 5700円

◇真宗叢書 第5巻 真宗叢書編輯所編 京都 臨川書店 1978.11 842, 4p 22cm
[内容]易行品閑亭記 善譲講. 龍樹願往生礼讃偈録 環中述. 浄土論啓蒙 慧海述. 往生論註籔本決 道振記. 讃阿弥陀仏偈録 慧雲説. 安楽集講録 僧樸著. 玄義分講録・序分義解・定善義集解 月珠著. 散善義唯信決 道振記. 解題

◇真宗叢書 別巻〔2〕 真宗叢書編輯所編 京都 臨川書店 1978.11 1冊 22cm
[内容]前田和上集 宗秘日鈔・親鸞宗の教義及形体・本願寺派学事史 前田慧雲著. 解題

◇新編真宗全書 史伝編10 新編真宗全書刊行会編 京都 思文閣 1977.7 630p 図 23cm
[内容]三河念仏相承日記, 祖師代々事, 高田上人代々事聞書 附代々上人聞書, 三本対照親鸞聖人門弟交名牒(山田文昭)一向専修念仏名帳, 親鸞聖人惣御門弟等交名, 一谷山記録, 元和四年御堂其他御再興ノ記, 万治四年大谷御廟引移記, 光隆寺知空追日記 2巻, 法流故実条々秘録 2巻(祐俊) 清流紀談 2巻(龍護)真宗学苑談叢(前田慧雲) 本願寺派学事史(前田慧雲)

◇新編真宗全書 史伝編9 新編真宗全書刊行会編 京都 思文閣 1977.3 497p 図 23cm
[内容]浄典目録(存覚) 聖教目録聞書(実悟) 真宗正依典籍録(一雄) 真宗録外聖教目録(知空) 仮名聖教目録(恵空) 高宮聖教目録(性海) 月筌聖教目録(月筌) 真宗法彙目録及左券(僧鎔) 蔵外法要菽麦私記(泰巖) 真宗法要蔵外諸書管窺録(僧樸) 学部必用目録(慧琳) 和語聖教目録(慧琳) 浄土真宗書目(慧琳) 浄土真宗正依経論釈偈讃法語刊定目録(随慧) 浄土真宗聖教目録(先啓) 龍谷学黌内典現存目録浄土真宗雑著部(智洞) 三巻本浄土真宗教典志 3巻(玄智) 一巻本浄土真宗教典志(玄智) 下野流高田衆教目録(秀諦) 渋谷全鑑(了道) 真宗本願寺派学匠著述目録(前田慧雲) 真宗聖教刊行年表(禿氏祐祥, 鷲尾教導) 弁道目書提要(杞憂道人) 本典六要板木買上始末記(山本与右衛門) 長西録 2巻(長西)

◇新編真宗全書 教義編12 新編真宗全書刊行会編 京都 思文閣 1976 546p 図 23cm

仏教を支えた人々

　　|内容|正信念仏偈捕彰記3巻（法霖撰）正信念仏偈開義2巻（空華説）正信念仏偈甄解3巻（道隠述）正信念仏偈報恩記2巻（道振述）正信念仏偈呉江録（慧雲述）正信念仏偈聞書（光教上人説）正信念仏偈略述（恵空説）正信念仏偈師発覆鈔4巻（普門述）

◇新編真宗全書　教義編18　新編真宗全書刊行会編　京都　思文閣　1976　475p　図　23cm
　　|内容|行信一念義（道隠述）行信一念贅語（南渓述）教証二道弁（宏遠述）行信延促（香遠述）華蔵閣八条問答（月筌述）陳善院法語（僧樸述）帰命弁問尋（道粋述）霊山師答問（功存述）棲浄斎安心注進書（誓鎧述）合明閣報告書（仰誓述）安心問答（功存述）奉命演説記（功存述）往生論遊刃記（法霖述）別時意章講解（僧樸述）吉水大師遺語訣（僧鎔述）悲嘆讃及獲得名号法語略註（僧鎔述）帖外九首和讃略註（僧鎔述）伝絵大意（僧樸談　伝瑞筆録）浄土宝網章（僧鎔述）改悔文略弁（僧鎔書）四十八首讃号広略問答（慧雲述）方便法身義（法霖述）当流安置本尊方便法身之尊形弁（法霖述）肥陽問答（法霖述）大利無上弁（法霖）〔ほか〕

◇真宗全書　第40巻　妻木直良編　国書刊行会　1975　522p　22cm　4700円
　　|内容|註疏部　正信念仏偈捕影記3巻（法霖）正信念仏偈夏炉篇3巻（仰誓）正信念仏偈評註（僧鎔）正信念仏偈開義2巻（僧鎔）正信念仏偈甄解3巻（道隠）正信念仏偈慶嘆録2巻（観道）正信念仏偈報恩記2巻（道振）正信念仏偈呉江録（慧雲）

◇新編真宗全書　教義編2　新編真宗全書刊行会編　京都　思文閣　1975　645p　図　23cm
　　|内容|大経安永録（慧雲述）大経光讃（月珠述）観経微笑記（慧雲）観無量寿経芭蕉記（曇竜）

◇新編真宗全書　教義編3　新編真宗全書刊行会編　京都　思文閣　1975　399p　図　23cm
　　|内容|観無量寿経述義（大瀛述）後出阿弥陀仏偈，後出阿弥陀偈経糠粃録（自謙集解）仏説阿弥陀経甲午記（慧雲述）阿弥陀経松江録（月珠述）非修卌阿弥陀経論（履善撰）阿弥陀因行記（慧空記誌）阿弥陀仏説林（継成西成集記）

◇新編真宗全書　新義編4　新編真宗全書刊行会編　京都　思文閣　1975　631p　図　23cm
　　|内容|十住毘婆沙論易行品講録（僧樸撰）十住毘婆沙論易行品螢明録（柔遠撰）十二礼偈敵蓋録（仰誓集）浄土論大意（慧然）往生

註服宗記（慧雲）往生論註筆記（宝雲述）

◇新編真宗全書　教義編5　新編真宗全書刊行会編　京都　思文閣　1975　622p　図　23cm
　　|内容|安楽集正錯録（道粋）安楽集義疏（僧叡述）観経玄義分丁酉録（慧雲述）観経四帖疏講録（義教）

◇新編真宗全書　教義編6　新編真宗全書刊行会編　京都　思文閣　1975　547p　図　23cm
　　|内容|法事讃刊定記（慧雲）般舟讃懐愧録（僧叡撰）観経法門略解（道振述）往生礼讃聞記（義譲説）

◇真宗全書　第3巻　妻木直良編　国書刊行会　1974　496p　22cm　4700円
　　|内容|註疏部　大経安永録12巻（慧雲）大経光讃3巻（月珠）無量寿経玄談（円澄）無量寿経顕宗疏巻7下（性海）

◇真宗全書　第4巻　妻木直良編　国書刊行会　1974　485p　22cm　4700円
　　|内容|註疏部　観経依釈6巻（義教）観経芭蕉記3巻（曇竜）観経微笑記6巻（慧雲）小経略讃2巻（慧然）

◇真宗全書　第6巻　妻木直良編　国書刊行会　1974　561p　22cm　4700円
　　|内容|註疏部　本願成就文承命録（巧便）願成就文梵漢対弁（加藤正廓）観無量寿経述義2巻（大瀛）阿弥陀経甲午記2巻（慧雲）阿弥陀経松江録（月珠）仏説阿弥陀経明煥記2巻（慧忍）修卌阿弥陀経論2巻（履善）非修卌阿弥陀経（履善）修卌阿弥陀経論（太宰春台）後出阿弥陀仏偈，後出阿弥陀仏偈経糠粃録2巻（自謙）

◇真宗全書　第10巻　妻木直良編　国書刊行会　1974　527p　22cm　4700円
　　|内容|註疏部　往生論註服宗記6巻（慧雲）往生論註原要6巻（大瀛）往生論註筆記2巻（宝雲）

◇真宗全書　第14巻　妻木直良編　国書刊行会　1974　534p　22cm　4700円
　　|内容|註疏部　観経四帖疏講録13巻（義教）観経玄義分丁酉録4巻（慧雲）

◇真宗全書　第15巻　妻木直良編　国書刊行会　1974　548p　22cm　4700円
　　|内容|註疏部　法事讃刊定記（慧雲）観念法門署解2巻（道振）往生礼讃聞記3巻（義譲）般舟讃懐愧録4巻（僧叡）

◇大日本寺院総覧　堀由蔵編　名著刊行会　1974　2冊　22cm　全25000円

◇大日本続蔵経　総目録　前田慧雲編，中

野達慧増訂　蔵経書院　1967　182p　　27cm

宮澤 賢治　みやざわ けんじ

明治29年(1896年)8月27日〜昭和8年(1933年)9月21日　詩人、童話作家、「法華経」信仰者。岩手県花巻生まれ。盛岡高等農林学校在学中に法華経を読んで熱心な日蓮宗信者となる。大正10年(1921年)浄土真宗の父を日蓮宗に改宗させようとして対立し、上京。日蓮宗伝導に携わる傍ら、詩や童話を創作。半年ほどで帰郷。以後、4年間花巻農学校教諭を務める。大正15年(1926年)羅須地人協会を設立し、若い農民に農学や芸術論を講義。昭和3年(1928年)肋膜炎を発症し、晩年のほとんどを病床で送り、37歳で夭折した。昭和6年(1931年)11月の手帳に記された「雨ニモマケズ」が有名。

◇仏教とキリスト教の中の「人間」─『歎異抄』・宮澤賢治・石牟礼道子ほか　谷口正子著　国文社　2007.9　237p　20cm　2400円　Ⓘ978-4-7720-0948-5
　内容　第1章「人間」と共生(人間の共通分母を求めて　多様性と統一　ほか)　第2章 仏教とキリスト教(仏教とキリスト教の普遍を求めて─「人間」という視座から　仏教書の中のキリスト教)　第3章 仏教的作家の中のキリスト教(文学・宗教・霊性　宮澤賢治と宗教─インカルチュレーションという視点から　ほか)　第4章 西欧と東洋の作家・宗教者が共有するもの(西田哲学とボードレールの「万物照応」『天湖』と『オーレリア』─「夢」による告発)　付録─石牟礼道子余録(『苦海浄土』の"虚構と真実"　"うさぎのいない穴"のマミちゃん　ほか)

◇仏教福祉のこころ─仏教の先達に学ぶ　新保哲著　京都　法藏館　2005.6　270p　19cm　2400円　Ⓘ4-8318-2407-0
　内容　1 宗教からみた福祉とは何か　2 『維摩経』と親鸞における福祉のこころ　3 道元における菩薩道と福祉のこころ　4 良寛をとおしてみた生命　5 妙好人才市をとおしてみた生命　6 宮沢賢治における福祉のこころ

◇日蓮仏教の社会思想的展開─近代日本の宗教的イデオロギー　松岡幹夫著　東京大学出版会　2005.3　347, 9p　22cm　6200円　Ⓘ4-13-016024-9
　内容　第1部 日蓮仏教とナショナリズム(田中智学における超国家主義の思想形成史　北一輝における信仰と社会思想の交渉)　第2部 日蓮仏教と戦争論(石原莞爾の宗教観と世界最終戦争論　妹尾義郎における戦争観の変遷とその思想的背景)　第3部 日蓮仏教と共生思想(牧口常三郎の社会思想─共生社会の理論と信仰　宮沢賢治の共生倫理観─法華経信仰と真宗信仰の相互浸透)　近代の日蓮仏教の社会思想はいかなる思想構造を有していたのか

◇響き合ういのち─金子みすゞと宮沢賢治の世界　中村薫著　京都　法藏館　2004.10　90p　19cm　(中村薫講話集5)　600円　Ⓘ4-8318-8699-8
　内容　金子みすゞとお念仏(幻の童謡詩人金子みすゞ　金子みすゞの死　ゴータマの悩み　矛盾から出発している人間　いのちはすべて平等　ほか)　宮沢賢治とお念仏(わたしは本当に真宗門徒といえるのか　賢治の悩み　あなたとの出会いを大事にしていく　そばにいる　あなたは一人ではない　ほか)

◇梅原猛、日本仏教をゆく　梅原猛著　朝日新聞社　2004.7　306, 19p　20cm　1400円　Ⓘ4-02-257928-5
　内容　1 仏教の伝来　2 神と仏の融合　3 仏教の革命　4 仏教と芸術　5 禅の展開　6 近代の仏教者

◇異空間の探求と仏教─宮沢賢治春と修羅第一集「序」文の解釈　中川秀夫著　新風舎　2003.9　141p　19cm　1100円　Ⓘ4-7974-3172-5
　内容　『春と修羅』における仏教的多重宇宙論の展開(二つの書簡の証言　「心理学的な仕事」とは何か　心象スケッチとは何か　「序文の考」とは何か「序」文解釈の試み　ほか)　『一つのメルヘン』と『銀河鉄道の夜』(ふたつの河原　『一つのメルヘン』の解釈　中原中也と死　『銀河鉄道の夜』について　ほか)　『よだかの星』覚書

◇仏教霊界通信─賢治とスウェーデンボルグの夢　瀬上正仁著　横浜　春風社　2003.8　315p　20cm　2857円

①4-921146-82-9
内容 第1章 スウェーデンボルグの実像　第2章 仏教思想とスウェーデンボルグ神学　第3章 禅仏教とスウェーデンボルグ神学　第4章 鈴木大拙とスウェーデンボルグ神学　第5章 宮沢賢治の人と思想　第6章『銀河鉄道の夜』再考　第7章『法華経』の不思議　第8章 大乗仏教と原始キリスト教　第9章 日本仏教とスウェーデンボルグ神学　第10章 空海とスウェーデンボルグ　補遺 奇書『瑞派仏教学』について

◇法華仏教文化史論叢―渡邊寶陽先生古稀記念論文集　渡邊寶陽先生古稀記念論文集刊行会編　京都　平楽寺書店　2003.3　389,286p 23cm 15000円
①4-8313-1076-X

◇宮沢賢治と浄土真宗―無明長夜の灯炬 仏者宮沢賢治と念仏者中村久子の生涯　林正文著　〔盛岡〕　熊谷印刷出版部　2003.1 146p 22cm 1429円
①4-87720-266-8

◇法華経―真理・生命・実践　田村芳朗著　中央公論新社　2002.11 215p 16cm （中公文庫）　800円　①4-12-204125-2
内容 第1章 法華経の成立（経典は仏説か　法華経の成立過程）　第2章 法華経の思想（法華経の三大思想　法華経の思想展開）　第3章 法華経と日蓮主義（近世の日蓮信奉者　近代の日蓮主義者）

◇近代日本の日蓮主義運動　大谷栄一著　京都　法藏館　2001.2 426p 22cm 6500円　①4-8318-5626-6
内容 日蓮主義とは何か　第1部 日蓮門下教団改革運動の歴史（一八八〇～一九〇〇年代）（田中智学と本多日生　日蓮門下教団改革運動の展開―それぞれの「国体」）　第2部 日蓮主義と日本国体の交渉（一九一〇年代）（国体神話との交渉　日蓮主義ネットワークと日蓮門下統合運動　第一次世界大戦と「日蓮主義の黄金時代」）　第3部 国体論的日蓮主義運動の展開（一九二〇年代）（立正大師諡号宣下と関東大震災　智学の政治進出と日米問題　国民教化運動への参加　国家と宗教）

◇宗教と政治　坂口ふみ、小林康夫、西谷修、中沢新一編　岩波書店　2000.8 213p 21cm （宗教への問い 4）　2600円　①4-00-026484-2
内容「宗教」と近代―世俗化のゆくえ　変身の時―内在光学とテオーリア　イメージの政治学　『山椒大夫』における政治/あるいは宗教離れ　二人のKと二人のS―超越者

を受信する仕方について　「宮沢賢治」の三つの鏡―宗教・文学そして政治　アンソロジー 律法・格率・弁神論

◇ブッダの夢―河合隼雄と中沢新一の対話　河合隼雄,中沢新一著　朝日新聞社　1998.2 237p 19cm 1300円
①4-02-257240-X
内容 仏教と癒し　宗教と科学は対立しない　箱庭療法の宗教性　アメリカ・インディアン神話の潜在力　善悪をこえる倫理　汎神論風夢理論のこね方

◇生きてよかった生かされて――一語一縁　田中成明著　世界聖典刊行協会　1997.12 242p 19cm （ぽんブックス 40）　1500円　①4-88110-190-0
内容 第1章「大愚に徹底して」―周利槃特　第2章「合掌は世界を変える」―常不軽菩薩　第3章「笑顔をふりまく」―大ため葉　第4章「愛語よく廻天の力あり」―良寛　第5章「共に喜び共に悲しむ」―宮沢賢治　第6章「生かそう生命」―空海　第7章「無財の七施」―雪山童子　第8章「人となる道」―熊谷次郎直実　第9章「耐え忍び清く咲く」―忍性　第10章「努力が一番」―大石順教　第11章「坐れば解ける」―明恵　第12章「自からを灯明とする」―釈尊

◇生き方としての仏教　宮坂宥勝著　京都　法藏館　1997.6 204p 20cm 2300円　①4-8318-7146-X
内容 1 生き方としての仏教（私にとっての仏教　文学と仏教―夏目漱石と宮沢賢治　世界と私をつなぐ仏教）　2 ポスト・モダンとしての仏教（近代合理主義の限界　近代合理主義を超えて　現代科学の限界）　3 生と死の仏教（なぜ死だけが問われるのか　生死の執着を超えて―空海の著作の読み方　宗教と科学　仏教を生きる―私の曼荼羅観）

◇永遠のいのち〈日蓮〉紀野一義,梅原猛著　角川書店　1997.6 347p 15cm （角川文庫）　800円　①4-04-198512-9
内容 第1部 典型的日本人日蓮（この本を読んでくださる人々に　安房から鎌倉へ　神々にうながされる者　流人の国佐渡へ　佐渡御書　即身成仏）　第2部 日蓮の思想と行動（紀野一義　梅原猛）　第3部 日蓮の人生と思想（価値復興者日蓮　価値創造者日蓮）

◇日蓮教学の諸問題―浅井円道先生古稀記念論文集　浅井円道先生古稀記念論文集刊行会編　京都　平楽寺書店　1997.2 979p 23cm 23000円＋税
①4-8313-1032-8

内容 身延山晩年に弟子へ与えられた宗祖の遺文について—弘安3年から5年を中心として　日蓮聖人と大智度論　日蓮聖人における儒教思想の1側面—『孝経』を中心として　開目抄述作由来考—「自心の疑い」を中心として　『立正安国論』にみる日蓮聖人の浄土教批判　日蓮の宗教における罪の根源性について—舎利弗の菩薩行退転を視点として　日蓮聖人はいかに『大乗涅槃経』を読まれたか　日蓮真蹟の形態をめぐる問題点—『神国王御書』について　『日蓮聖人御遷化記録』考　日蓮と徳一〔ほか〕

◇宗教詩人宮沢賢治—大乗仏教にもとづく世界観　丹治昭義著　中央公論社　1996.10　242p　18cm　（中公新書）760円　①4-12-101329-8
内容 第1部『春と修羅』の「わたくし」（詩人宮沢賢治　『春と修羅』の序　現象の発生装置　来世は存在するか　現象の立場　賢治の人間観）　第2部『雨ニモマケズ』のデクノボー（『雨ニモマケズ手帳』　『雨ニモマケズ手帳』と禅　賢治と菩薩道　常不軽菩薩　デクノボー—賢治の人生観）

◇宮沢賢治とでくのぼうの生き方—スピリチュアルな話　桑原啓善著　逗子　でくのぼう出版　1995.9　263p　19cm　1500円　①4-7952-9185-X
内容 宮沢賢治と本当の幸福　霊を見ない者は幸福にならない　人間とその霊の真理

◇仏教文学の周縁　渡辺貞麿著　大阪　和泉書院　1994.6　474p　22cm　（研究叢書149）　14420円　①4-87088-665-0
内容 第1部　説話の周辺（仏教説話と文学　教理と説話　物語精神と仏教との関連　文学における仏教的伝承　往生する人々の世界ほか）　第2部『平家物語』の周辺（『平家物語』の作者たち—盲人との関係について　『平家物語』成立の背景　『平家物語』にあらわれた浄土教　『平家物語』に於ける人間像—宗盛を中心として　『平家物語』に現われた清盛像の二面　ほか）　第3部　近代文学と仏教（芥川龍之介における宗教　鑑賞『羅生門』—芥川の泣き笑い　近代文学と仏教—宮沢賢治・芥川龍之介　子規の文章—『墨汁一滴』を中心として　文学に現われた親鸞聖人　ほか）

◇宮沢賢治の仏教　須田浅一郎著　りん書房　1993.10　122p　20cm　1000円　①4-7952-7374-X
内容 1　日蓮宗というもの　2　賢治と日蓮宗　3　仏典遍歴　4　西欧仏教学の波濤　5　パウル・ダールケは語る　6　パーリ語系仏典に向かって　7「宮沢賢治の仏教」と呼び得るもの　8　詩「不軽菩薩」の最終形について　9　詩「不軽菩薩」の収束　10　詩「不軽菩薩」の賞味　11　詩「不軽菩薩」を導いた先哲たち　12　狐の生徒の歌

◇生きる力—法華信仰の群像　小島五十人編著　鈴木出版　1992.3　229p　20cm　2000円　①4-7902-1045-6
内容 1　戦国・江戸期の法華信仰の権化たち（加藤清正—天下の豪傑の法華信仰　養珠院お万さま—戦国に咲いた法華経の花　徳川光圀—その信仰と宗教政策　大塩平八郎—天保の改革と大塩平八郎の乱）　2　近代文筆家の生活と信仰（高山樗牛—最も大いなるものは法也、信也　宮沢賢治—この"至純・質直"なる人）　3　同時代の宗教者の信仰生活（網脇龍妙自伝—救ライ施設の設立まで　藤井日達—世界平和の祈りをこめて）

◇「雨ニモマケズ」の根本思想—宮沢賢治の法華経日蓮主義　龍門寺文蔵著　大蔵出版　1991.8　198p　19cm　1800円　①4-8043-2510-7
内容 1「雨ニモマケズ」の根本思想　2『銀河鉄道の夜』とは何か　3　宮沢賢治の遺言『法華経』について　4『雨ニモマケズ手帳』の未解明箇所　5　宮沢賢治と佐藤惣之助　6　高山樗牛の日蓮讃美　7　谷崎潤一郎と日蓮聖人

◇憑霊の人間学—根源的な宗教体験としてのシャーマニズム　佐々木宏幹,鎌田東二著　青弓社　1991.5　214p　19cm　2060円
内容 憑霊とシャーマニズムの現在　シャーマニズムとは何か　「憑霊」体験とシャーマニズム文化　神話とシャーマニズム　シャーマンとしての賢治・熊楠・折口　「憑霊」の人間学　憑霊と脱魂を超えて

◇聖トポロジー—地霊の変容　鎌田東二著　河出書房新社　1990.3　265p　19cm（意識と場所 1）　2500円　①4-309-23014-8
内容 第1部「地霊」場所の変容（虹の点滅　蛇と聖地　四国の地霊たちに—ふたつのマレビト　自然の声・自然の文学—宮沢賢治における宗教と芸術と科学　神殿としての自然　伊勢の朝日と山桜花　富士のカミナリ　場所の神秘主義　聖トポロジー　縄文今昔物語　阿波邪馬台国伝説　宮古の三輪山　神ながらと少女ナウシカ　浄土と常世—天の岩戸・大王崎・奥熊野から常世・浄土へ）　第2部「神秘」意識の変容（核と宇宙船—知の全体性の再考を迫る道具　肉体現

象学序説―神秘思想と身体 チの変容 マジナイと詩―その自然哲学と医療技術 二つのチ理―ソロヴイヨフとベルジャーエフ 水神童子としての「空海」 甦る「邪教の血」―ナチズムと大本教 天気の変容 エピローグ「地霊の変容あるいは月面宇宙返り講」鏡としての月

◇ブッダの方舟 中沢新一ほか著 河出書房新社 1989.10 267p 20cm 1600円 ①4-309-23012-1
[内容] はじめに 『ブッダの方舟』というとんでもない本はいかにしてできたか 第1章 人これを邪教と言う 第2章 山の空間、山の時間 第3章 神仏うらマンダラ 第4章 超高層の宮沢賢治 エピローグ 仏教と「有」の思想

◇法華経を読む―如来と仏性の思想をもとめて 遠藤誠著 三一書房 1988.9 224p 18cm (三一新書) 650円
[内容] 第1章 法華経の成立 第2章 人間と世界と宇宙の本質 第3章 真理は弾圧される 第4章 永遠のいのち 第5章 観音 第6章 法華経と反体制運動 (鍋かむり日親 不受不施派 田中智学 北一輝 宮沢賢治 妹尾義郎)

◇信ずる心 10 仏教文学―心のふるさと 松原泰道責任編集 花岡大学著 集英社 1987.11 267p 20cm 1400円 ①4-08-192010-9
[内容] 第1章 仏教の伝来と日本文化 第2章 仏教文学の規定と系譜 第3章 「日本霊異記」の世界 第4章 「今昔物語集」あれこれ 第5章 歌僧西行と念仏の良寛 第6章 妙好人の俳人・千代尼と一茶 第7章 近代文学の中の仏教文学の略図 第8章 「蜘蛛の糸」の分析 第9章 宮沢賢治の童話 第10章 仏典童話の意図

◇鎌倉仏教への新しい視点―道元・親鸞・日蓮と現代 津田剛著 真世界社 1987.10 126p 21cm 1000円 ①4-89302-122-2
[内容] 1 鎌倉仏教への新しい視点―その世界史的意味 2 鎌倉仏教の人間学―道元・親鸞・日蓮と現代 3 明治知識人の見た日蓮―内村鑑三と姉崎正治の場合 4 大正知識人と日蓮―宮沢賢治と石原莞爾の場合 5 日蓮と近代日本を繋ぐもの―宗教改革者田中智学

◇日蓮 田村芳朗編 京都 法蔵館 1987.2 196p 21cm (思想読本) 1500円 ①4-8318-2006-7
[内容] 求道者日蓮(宮崎英修) 佐渡の日蓮(新月通正) 日蓮と千日尼(武者小路実篤) 佐渡から身延へ(姉崎正治) 日蓮書簡の文学性(今成元昭) 日蓮上人の知られざる横顔(紀野一義) 日蓮の思想(坂本幸男) 代表的日本人(内村鑑三) 日蓮の信仰と性格(矢内原忠雄) 対談 日蓮認識の諸問題(上原専禄 田村芳朗) 価値創造者日蓮(梅原猛) 親鸞と日蓮―2人をめぐる二つのこと(高木豊) 日蓮の国家観―とくに法国相関の両義性について(戸頃重基) 法華堂建立勧進文(宮沢賢治) 日蓮は泣かねども(大熊信行) 日蓮のポピュラリテ(佐木秋夫) 日蓮の書(榊莫山) 精神医学から見た日蓮(小西輝夫) 日蓮の手紙(浅井円道)

◇現代人の心と仏教 鈴木範久著 大蔵出版 1986.12 238p 19cm (日本仏教のこころ) 1500円 ①4-8043-5703-3
[内容] 第1章 さめた孤独な心(七つの淋しさ―夏目漱石 漱石と仏教) 第2章 世直しの挫折(生命の自由と解放―木下尚江 カルマ・マンダラに遊ぶ―中里介山 救いなき救い―亀井勝一郎) 第3章 ひきさかれた心(「いのち」の信徒―岡本かの子 1枚の宗教―倉田百三 信と美の門―柳宗悦) 第4章 見失われた自己(凡人浄土を歌う―相馬御風 宇宙の使者―宮沢賢治 非僧非俗の道―中勘助) 終章 現代人の心と仏教(現代人の心と仏教信仰の性格)

◇宗教再考 笠原芳光著 教文館 1986.12 243p 19cm 2000円
[内容] 1 宗教の検討(科学と宗教の接近 解体と縮合と―吉本隆明氏の宗教観 信不信をえらばず―一遍の生きかた 父母神とはなにか―新井奥邃の思想 原初的なものの発展―加藤周一氏の宗教論 小さな神の魅力―岩田慶治氏に聴く 治癒神イエスの発見―山形孝夫氏のキリスト教観 絶対は相対のなかに―明ান順三の到達点 牧師の自死―追悼高倉徹) 2 宗教の現在(結婚式と葬式―日本基督教団神戸教会の場合 鬼は内、福は一大本教の節分大祭 世界の平和と民族の安全―神戸のユダヤ教会堂 儀礼の再生―成人式におもう 不殺生と無所有の教え―神戸のジャイナ教寺院 習俗としての道教―神戸の関帝廟〔ほか〕

◇宮沢賢治と沙門良寛―北国の生んだ二人の法華者 北川省一著 現代企画室 1986.6 220p 19cm (PQ Books) 1200円
[内容] ふたりの生いたち 血のめざめ 反体制と漂泊 愚と拙 脱巣と帰巣 法華文学・山水経 『春と修羅』の世界 良寛の銀河の恋 農民の中へ 五合庵 激動前夜の農

◇日蓮に出会う　中野孝次ほか著　旺文社　1986.2　342p　22cm　1800円
①4-01-071405-0
[内容]第1章 日蓮に迫る(日蓮の人間像　苦難の中の日蓮　日蓮とその弟子　宮沢賢治と日蓮主義　日蓮の思想)第2章 日蓮を語る(不受不施から見た日蓮―寛容と非寛容のはざまで)第3章 評伝(不退転の『法華経』行者)

◇哲学と宗教―菅谷正貫先生古稀記念論文集　江川義忠編　理想社　1983.11　410p　22cm　6500円

◇近代日蓮論　丸山照雄編　朝日新聞社　1981.10　241p　19cm　(朝日選書192)　860円

◇講座日蓮　4　日本近代と日蓮主義　編集：田村芳朗, 宮崎英修　春秋社　1972　262p　22cm　1000円

◇雨ニモマケズ―宮沢賢治の生涯　浅野晃集　教育新潮社　1965　288p 図版　19cm　(昭和仏教全集 第3部 第7)

明庵栄西　みょうあんえいさい

永治元年(1141年)4月20日～建保3年(1215年)7月5日　鎌倉前期の臨済宗の禅僧。明庵は字(あざな)、別称は葉上(ようじょう)房、千光国師(法師)。初め比叡山で天台教学・台密を学ぶ。仁安3年(1168年)宋に渡って禅を学んで帰国し、台密の権威者となる。文治元年(1187年)インド仏蹟巡拝のため再び入宋するが果たせず、天台山万年寺の虚庵懐敞(こあんえしょう)に臨済禅を学んで帰国。禅の本格的な布教活動を行うが、比叡山の働きかけなどで布教が禁止となり、鎌倉に下る。鎌倉で将軍源頼家、北条政子らの帰依を受けて寿福寺を、京都でも建仁寺を建立。いずれも旧仏教との対立を避けるため、天台・密教・禅を兼ねる道場とした。その後、東大寺大勧進として大仏殿を完成させ、法勝寺九重塔の再建など、旧仏教の復興にも努めた。茶を本格的に日本に紹介したことでも知られ、「喫茶養生記」を著して茶の効用を説いた。

◇鎌倉仏教展開論　末木文美士著　トランスビュー　2008.4　318, 8p　22cm　3800円　①978-4-901510-59-2
[内容]鎌倉仏教をどう見るか　方法と概観(日本宗教史の中の仏教　鎌倉仏教の形成と展開)　鎌倉仏教の形成(本覚思想をめぐって　浄土教の思想　栄西における密と禅)　鎌倉仏教の展開(日蓮の真偽未決遺文をめぐって　密教から見た諸宗―頼瑜の諸宗観　無住の諸行並修思想　『夢中問答』にみる夢窓疎石の思想　仏教と中世神道論―神・仏・天皇論の展開)　中世から捉え返す思想史

◇禅の人―逸話でみる高僧20人　西部文浄著　京都　淡交社　2008.1　303p　19cm　1600円　①978-4-473-03449-6
[内容]明庵栄西―日本臨済禅の開祖　永平道元―日本曹洞禅の開祖　蘭渓道隆―建長寺開山(渡来僧)　円爾弁円―東福寺開山　無学祖元―円覚寺開山(渡来僧)　無関普門―南禅寺開山　宗峰妙超―大徳寺開山　清拙正澄―開禅寺開山(渡来僧)　夢窓疎石―七朝国師、天竜寺開山　関山慧玄―妙心寺開山　寂室元光―永源寺開山　一休宗純―大徳寺の復興者　沢庵宗彭―東海寺開山　隠元隆琦―日本黄檗禅の開祖(渡来僧)　桃水雲渓―貧困のなかの禅　白隠慧鶴―臨済禅中興の祖師　誠拙周男郷―関東臨済禅の復興者〔ほか〕

◇法華経と宗祖・高僧たち―日本仏教の真髄を読む　松原泰道著　佼成出版社　2005.9　178p　20cm　1600円
①4-333-02162-6
[内容]プロローグ 法華経思想の特徴と日本仏教の流れ　聖徳太子　伝教大師最澄　弘法大師空海　恵心僧都源信　聖応大師良忍　法然上人　親鸞聖人　栄西禅師　道元禅師　日蓮聖人　白隠禅師　良寛和尚

◇栄西を訪ねて―生誕地と生涯　芝村哲三著　岡山　吉備人出版　2004.5　555p　22cm　2800円　①4-86069-067-2

◇仏教を歩く　no.8　栄西　朝日新聞社　2003.12　32p　30cm　(週刊朝日百科)　533円

◇栄西ものがたり　宮脇隆平著　文芸社　2003.9　293p　19cm　1300円
①4-8355-5999-1
[内容]第1章 少年栄西　第2章 正法を求めて　第3章 参天台巡礼　第4章 比叡山を下る　第5章 再度の入宋と禅の嗣法　第6章 九州に禅風を起こす　第7章 心は日月光明の表に出づ

◇仏道の創造者　紀野一義編　アートデイズ　2003.1　269p　20cm　1600円
①4-900708-96-8
[内容]最澄（伝教大師）—能く行い能く言ふは国の宝なり。　空海（弘法大師）—其れ仏法遥かにあらず、心中にして即ち近し。　法然—ただ一向に念仏すべし。　栄西—大いなる哉、心や。　親鸞—親鸞は弟子一人も持たず候。　道元—さとりとは、まどひなきものと知るべし。　日蓮—臨終の事を習ふて後に他の事を学ぶべし。　一遍—生ぜしも一人なり。死するも一人なり。　蓮如—悪凡夫の、弥陀をたのむ一念にて仏になるこそ不思議なれ。　白隠—第一に死の字を参究し玉ふべし。

◇鎌倉の仏教とその先駆者たち　清田義英著　藤沢　江ノ電沿線新聞社　2001.12　144p　19cm　1300円　①4-900247-02-2
[内容]1 鎌倉の仏教　2 栄西　3 道元　4 叡尊・忍性　5 日蓮　6 良忠　7 一遍

◇七人の高僧列伝—熱く強く生きた男たち　松原哲明著　三修社　1993.9　276p　20cm　1700円　①4-384-02221-2
[内容]最澄—一隅を照らす　空海—生まれ生まれて生のはじめに暗く　法然—ただ一向に念仏すべし　栄西—大いなるかな心や　親鸞—善人なおもて往生をとぐ、いはんや悪人をや　道元—自己をならう　日蓮—われ日本の柱とならん

◇原典日本仏教の思想　10　明菴栄西・一休宗純　市川白弦ほか校注　岩波書店　1991.3　581p　22cm　4800円
①4-00-009030-5
[内容]興禅護国論（明菴栄西）　中正子（中巌円月）塩山和泥合水詩集（抜隊得勝）　狂雲集（一休宗純）　解説（栄西と『興禅護国論』の課題　中巌と『中正子』の思想的性格　抜隊禅の諸問題　一休とその禅思想）

◇栄西　高野澄著　京都　淡交社　1990.7　151p　19cm　（京都・宗祖の旅）　880円
①4-473-01142-9
[内容]1 栄西の生涯と教え（生い立ちと修行　臨済禅の開宗　晩年の栄西）　2 京都・臨済宗の寺院（東福寺　南禅寺　天龍寺　相国寺　大徳寺　妙心寺）

◇禅の時代—栄西・夢窓・大灯・白隠　柳田聖山著　筑摩書房　1987.1　290p　19cm　（仏教選書）　1600円
①4-480-84173-3
[内容]第1章 興禅護国論〔栄西〕（仏教のふるさと　葉上の流れ　大いなるかな心や　鎌倉の新星）　第2章 夢中問答〔夢窓〕（バサラの時代　幻住の思想　あえて世間に入る）　第3章 龍宝語録〔大灯〕（20年来辛苦の人　教外別伝の立場　日本禅の胎動）　第4の章 遠羅天釜〔白隠〕（江戸の新仏教　白隠誕生　500年間出の人　隻手の工夫　新しい日本禅の出発　痴聖の遊戯）

◇栄西　多賀宗隼著　吉川弘文館　1986.10　339p　19cm　（人物叢書 新装版）　1800円　①4-642-05054-X
[内容]第1行実（1出身・出家・修行　2入宋・第1回　3帰朝・その後　4入宋・第2回　5帰朝・九州巡錫・京都　6寿福寺・建仁寺　7東大寺・法勝寺　8『喫茶養生記』　9示寂・称号・後嗣）　第2思想（1『興禅護国論』　2『出家大綱』　3『日本仏法中興願文』『斎戒勧進文』　4禅と密　5下化衆生）

◇新・高僧伝—熱く強く生きた男たち　松原哲明著　出版開発社　1986.9　276p　20cm　1600円　①4-87968-022-2
[内容]最澄—一隅を照らす　空海—生まれ生まれて生のはじめに暗く　法然—ただ一向に念仏すべし　栄西—大いなるかな心や　親鸞—善人なおもて往生をとぐ、いはんや悪人をや　道元—自己をならう　日蓮—われ日本の柱とならん

◇栄西・白隠のことば　菅沼晃著　雄山閣出版　1986.8　226p　20cm　1500円
①4-639-00584-9
[内容]第1部 栄西・白隠のことば　第2部 栄西の生涯とその思想（第1節 生い立ちと修行　第2節 正法を求めて—中国留学　第3節 禅宗の独立　第4節 栄西の仏教　第5節 栄西の人間観）　第3部 白隠の生涯とその思想（第1節 日本禅の流れ　第2節 修行の時代　第3節 正受老人との出あい　第4節 求道と教化—悟後の修行　第5節 白隠の仏教）

◇高僧伝　6　栄西—明日を創る　松原泰道,平川彰編　平田精耕著　集英社　1985.9　267p　20cm　1400円
①4-08-187006-3

◇日本仏教宗史論集　第7巻　栄西禅師と臨済宗　平野宗浄,加藤正俊編　吉川弘文館　1985.3　453p　22cm　5800円

◇現代に生きる法然・栄西・親鸞・道元・日蓮　岩波光次編　教育出版センター　1984.11　217p　20cm　(サンシャインカルチャー 13)　1500円
④4-7632-5812-5

◇8人の祖師たち―最澄・空海・栄西・法然・親鸞・道元・日蓮・一遍　水書坊編　水書坊　1980.6　291p　18cm　(ナムブック)　800円

◇栄西禅師　木宮泰彦著　国書刊行会　1977.7　143p　22cm　(叢書『禅』5)　2800円

◇栄西の生涯　水野恭一郎著　岡山　岡山ユネスコ協会　1975　57p　図　肖像　22cm　(日本人の国際理解シリーズ 4)　非売品

◇栄西　多賀宗隼著　吉川弘文館　1965　339p　図版　18cm　(人物叢書　日本歴史学会編)

◇日本仏教の創建者　森竜吉編　京都　大雅堂　1949　268p　19cm
　内容　得一・最澄・空海(三枝博音), 法然・親鸞(藤谷俊雄), 道元・栄西(前田一良), 日蓮(森竜吉), 蓮如(服部之聡)

明恵　みょうえ

承安3年(1173年)1月8日～貞永元年(1232年)1月19日　鎌倉初期の華厳宗の僧。明恵は法号で、諱(いみな)は高弁。明恵上人と呼ばれる。平重国の子。16歳で高雄山神護寺上覚に師事して出家。華厳を景雅・聖詮に、密教を実尊・興然に、悉曇(しったん)を尊印に、禅を宋から帰朝した栄西に学ぶ。建永元年(1206年)後鳥羽上皇より栂尾山を下賜され、高山寺を開創して華厳宗興隆の道場とした。新興する浄土諸宗、特に法然に対して強く反発。戒律を守ることに厳しく、公家らの帰依をうけ、旧仏教の改革・復興に努めた。栄西が宋からもたらした茶の種を栂尾山に植え、繁殖をはかったことでも有名。

◇華厳宗沙門明恵の生涯　磯部隆著　岡山大学教育出版　2006.11　220p　22cm　2500円　④4-88730-722-5

◇恋い明恵　光岡明著　文藝春秋　2005.8　285p　20cm　1886円　④4-16-367370-9
　内容　今、なぜ明恵上人か　高山寺と森　紀州遺跡　上人とその時代　神護寺　華厳経と関係性　華厳経と重重無尽　海と小石　上人と人法二空　上人の信について〔ほか〕

◇聖地アッシジの対話―聖フランチェスコと明恵上人　河合隼雄、ヨゼフ・ピタウ著　藤原書店　2005.2　224p　19cm　2200円　④4-89434-434-3

◇栂尾山高山寺明恵上人　村上素道編著　復刻版　菊池　国際禅道場鳳儀山聖護寺護持会　2004.2　340p　図版11枚　22cm　(村上素道老師集　第3巻)　非売品

◇明恵上人の研究　野村卓美著　大阪　和泉書院　2002.2　429p　22cm　(研究叢書 281)　11000円　④4-7576-0148-4
　内容　第1部　明恵と説話　第2部　明恵―修行と著述　第3部　明恵伝記の研究　第4部　明恵と夢　第5部　資料編

◇明恵上人―愛蔵版　白洲正子著　新潮社　1999.11　229p　22cm　2700円　④4-10-310713-8
　内容　樹上座禅　薬師丸　仏眼仏母　紀州遺跡　高雄から栂尾へ　あるべきやうわ　栂尾の上人　華厳縁起　夢の記

◇名僧列伝 1　紀野一義著　講談社　1999.8　265p　15cm　(講談社学術文庫)　820円　④4-06-159389-7
　内容　明恵　道元　夢窓疎石　一休宗純　沢庵宗彭

◇法然対明恵―鎌倉仏教の宗教対決　町田宗鳳著　講談社　1998.10　232p　19cm　(講談社選書メチエ 141)　1500円　④4-06-258141-8
　内容　第1章　浮かび上がる二つの軌跡(相似形の生い立ち　乖離して二人の軌跡　両極に立った改革思想)　第2章　明恵―「生の座標軸」(実践哲学としての華厳思想　ひたすらに愛する人　世界はありのままで美しい　末法思想の超克)　第3章　法然―「死の座標軸」(絶望の時代に投げこまれて　救いの発見　濁世の革命家)　第4章　交叉する座標軸(対決の構図　身体化する思想　重なり

合う座標軸　日本仏教の再生へ）

◇法然と明恵—日本仏教思想史序説　袴谷憲昭著　大蔵出版　1998.7　405p　20cm　4800円　①4-8043-0538-6
　内容　第1章　二つの仏教（問題提起　往生と成仏　他力主義と自力主義　キリスト教と仏教）　第2章　二つの夢—古代から中世への日本仏教（古代から中世への社会状況　法然の夢と明恵の夢の相違　法然と他力主義の革命　明恵の夢と自力主義の復活）

◇明恵上人—静かで透明な生き方　紀野一義著　PHP研究所　1996.10　231p　20cm　1500円　①4-569-55295-1
　内容　第1章　白い仏さまに護られて　第2章　島へ恋文を　第3章　無欲高潔の人、明恵　第4章　明恵と夢　第5章　ごくふつうの主婦の見る心象風景　第6章　西行と明恵　第7章　けた外れの人、明恵　第8章　いつも守護されていた明恵　第9章　仏に心懐恋慕した人、明恵　第10章　明恵の死

◇明恵夢を生きる　河合隼雄著　講談社　1995.10　391p　16cm　（講談社+α文庫）　880円　①4-06-256118-2

◇明恵上人集　久保田淳、山口明穂校注　岩波書店　1994.7　310p　19cm　（ワイド版岩波文庫）　1100円　①4-00-007142-4
　内容　明恵上人歌集.明恵上人夢記.栂尾明恵上人伝記.栂尾明恵上人遺訓．解説　久保田淳

◇明恵上人集　久保田淳、山口明穂校注　岩波書店　1993.1　310p　15cm　（岩波文庫）　570円　①4-00-333261-X
　内容　明恵上人歌集　明恵上人夢記　栂尾明恵上人伝記　栂尾明恵上人遺訓

◇明恵上人　白洲正子著　講談社　1992.3　217p　15cm　（講談社文芸文庫）　880円　①4-06-196166-7

◇明恵　田中久夫著　吉川弘文館　1988.8　262p　19cm　（人物叢書　新装版）　1700円　①4-642-05126-0
　内容　1　幼少時代　2　高雄における修学　3　紀州における遍歴　4　栂尾に入る　5　晩年　6　面影　7　伝説　系譜　略年譜　主要著作目録　伝記史料　史料集　明恵消息等目録　諸同行年齢一覧

◇明恵　夢を生きる　河合隼雄著　京都京都松柏社　1987.4　311, 7p　19cm　2000円　①4-8318-7163-X
　内容　第1章　明恵と夢　第2章　明恵とその時代　第3章　母なるもの　第4章　障昇と下降　第5章　ものとこころ　第6章　明恵と女性　第7章　事事無礙

◇明恵上人資料　第3　高山寺典籍文書綜合調査団編　東京大学出版会　1987.2　782p　23cm　（高山寺資料叢書　第16冊）　24000円　①4-13-026087-1

◇三宝絵詞　明恵上人伝　源為憲著　貴重本刊行会　1984.5　444p　22cm　（日本古典文学影印叢刊17）　9800円

◇明恵上人資料　第1　高山寺典籍文書綜合調査団編　東京大学出版会　1982.3　803p　23cm　（高山寺資料叢書　第1冊）　15000円

◇明恵上人と高山寺　明恵上人と高山寺編集委員会編　京都　同朋舎出版　1981.5　547p　23cm　9800円　①4-8104-0217-7

◇明恵上人伝記　平泉洸全訳注　講談社　1980.11　316p　15cm　（講談社学術文庫）　780円

◇明恵—遍歴と夢　奥田勲著　東京大学出版会　1978.11　315, 5p　20cm　1800円

◇明恵上人資料　第2　高山寺典籍文書綜合調査団編　東京大学出版会　1978.3　1207p　23cm　（高山寺資料叢書　第7冊）　22000円

◇明恵上人　白洲正子著　新潮社　1974　209p（図共）　19cm　（新潮選書）　600円

◇名僧列伝　1　禅者　1　紀野一義著　文芸春秋　1973　234p　20cm　750円
　内容　明恵、道元、夢窓、一休、沢庵

◇栂尾高山寺明恵上人　白洲正子著　講談社　1967　235p（図版共）　22cm　980円

◇明恵　田中久夫著　吉川弘文館　1961　254p　図版　18cm　（人物叢書　第60　日本歴史学会編）

◇明恵上人　潁原退蔵著　生活社　1946　31p　18cm　（日本叢書54）

夢窓疎石　むそうそせき

建治元年（1275年）～観応2年（1351年）9月30日　鎌倉後期・南北朝時代の臨済

宗の僧。天龍寺開祖。勅号は夢想正覚心宗国師、諡号は普済・玄猷・仏統・大円。号は夢窓。木訥叟と称す。甲斐国平塩山寺空阿に学び、正応5年(1292年)東大寺で受戒。京都建仁寺の無隠円範に学んだ後、鎌倉建長寺一山一寧に師事し、高峰顕日の法をつぐ。権門に近づくことを避けたが、正中2年(1325年)上洛して後醍醐天皇に説法し、南禅寺に住す。元徳元年(1329年)北条高時に請われて円覚寺に入る。その後、足利尊氏、直義の帰依を受けて、延元4・暦応2年(1339年)天龍寺開山となる。夢窓派の祖として絶海中津など多くの弟子を持ち、日本禅宗の黄金時代を現出した。

◇禅の人―逸話でみる高僧20人　西部文浄著　京都　淡交社　2008.1　303p　19cm　1600円　①978-4-473-03449-6
　内容　明庵栄西―日本臨済禅の開祖　永平道元―日本曹洞禅の開祖　蘭渓道隆―建長寺開山（渡来僧）　円爾弁円―東福寺開山　無学祖元―円覚寺開山（渡来僧）　無関普門―南禅寺開山　宗峰妙超―大徳寺開山　清拙正澄―開禅福寺開山（渡来僧）　夢窓疎石―七朝国師、天竜寺開山　関山慧玄―妙心寺開山　寂室元光―永源寺開山　一休宗純―大徳寺の復興者　沢庵宗彭―東海寺開山　隠元隆琦―日本黄檗禅の開祖（渡来僧）　桃水雲渓―貧困のなかの禅　白隠慧鶴―臨済禅中興の祖師　誠拙周樗―関東臨済禅の復興者〔ほか〕

◇やさしい禅―幸せのパワー実現法　萩野亙山著　新風舎　2007.1　171p　19cm　1460円　①4-289-00746-5
　内容　禅の理解　禅僧の実証物語―臨済　一休禅師・白隠・千光国師　外形で人を量る勿れ―臨済　一休禅師　一切経の虫干し―臨済　一休禅師　黙山典座の美食？―曹洞　道顕和尚　道の一滴水―臨済　滴水和尚　夢の戯れ―臨済　夢窓国師　八種の聴衆―黄檗　鳳潭和尚　七十年来唯一喝―臨済　独山禅師　博多の仙崖さん―臨済　仙崖和尚〔ほか〕

◇禅の高僧　大森曹玄著　新装版　春秋社　2005.3　254p　20cm　1800円　①4-393-14255-1
　内容　沢庵宗彭　一休宗純　白隠慧鶴　白隠と盤珪　鈴木正三　無難禅師　正受老人　抜隊得勝　夢窓疎石　大燈国師

◇武家政権と禅宗―夢窓疎石を中心に　西山美香著　笠間書院　2004.4　363, 9p　22cm　8500円　①4-305-70266-5

◇仏教を歩く　no.15　夢窓疎石と「五山文化」　朝日新聞社　2004.2　32p　30cm　（週刊朝日百科）533円

◇「訓註」夢窓国師語録　佐々木容道著　春秋社　2000.10　356p　22cm　8500円　①4-393-14019-2
　内容　夢窓国師語録　序（夢窓国師　自戒刊版語　ほか）　夢窓国師語録　南禅録（瑞龍山南禅寺語録）　夢窓国師語録　天龍寺・再住天龍録（霊亀山天龍資聖禅寺語録　再住天龍資聖禅寺語録）　夢窓国師の生涯

◇夢窓国師遺芳―夢窓国師六百五十年遠諱記念　加藤正俊編著　京都　大本山天龍寺　2000.10　214p　31cm　非売品

◇名僧列伝　1　紀野一義著　講談社　1999.8　265p　15cm　（講談社学術文庫）820円　①4-06-159389-7
　内容　明恵　道元　夢窓疎石　一休宗純　沢庵宗彭

◇賢者の条件―禅僧は時代をどう生きたか　鎌田茂雄著　春秋社　1998.7　225p　20cm　2000円　①4-393-13294-7
　内容　1　まじめ派の極意―鎌倉時代（禅宗の独立宣言―明庵栄西　形から入る―道元希玄　ほか）　2　わが道をゆく―南北朝・室町時代（孤高に生きる―夢窓疎石　毎日が一生―大智　ほか）　3　賢者か奇人か―江戸時代前期（無欲、無一物―沢庵宗彭　欲をにらみあげる―鈴木正三　ほか）　4　個性派登場―江戸時代中後期・明治時代（大悟してノイローゼに―白隠慧鶴　自らの安逸を求めず―誠拙周樗　ほか）

◇夢窓国師の風光　中村文峰著, 井上博道写真　春秋社　1998.2　193p　20cm　2200円　①4-393-14253-5
　内容　国師の出生　甲州移住　禅に帰依す　鎌倉に一山国師と仏国国師を訪ねる　白庭にて悟り鎌倉を過して甲州に帰る　ふたたび鎌倉に行きまた甲州に帰る　仏国禅師を雲巌に訪ねまた甲州に帰る　虎渓に到る　虎渓を出て洛北を経て土佐に赴く　鎌倉に帰り勝寺に住ししのち泊船庵に住む〔ほか〕

◇禅茶巡礼　有馬頼底著　春秋社　1996.12　223p　20cm　1854円　①4-393-14389-2
　内容　チベット巡礼行　カンボジア巡礼行

タイ巡礼行　ブータン巡礼行　六祖大師復興の臨済寺　夢窓国師と足利一族　禅宗芸術　室町文芸サロン

◇黒衣の参謀学―歴史をあやつった11人の僧侶　武田鏡村著　徳間書店　1993.1　243p　20cm　1500円　①4-19-225073-X
[内容]第1章 情報を管理する（今川義元と雪斎―危機管理の参謀術　毛利輝元と恵瓊―情報分析の参謀術　徳川家康と崇伝―権力維持の参謀術）　第2章 リーダーを扇動する（後醍醐天皇と文観―エロスの参謀術　源頼朝と文覚―決断を促す参謀術　木曽義仲と覚明―弱者を強者にする参謀術）　第3章 対立を調整する（足利尊氏と夢窓疎石―和平をめざす参謀術　後白河法皇と重源―権力者を秤にかける参謀術　北条時頼と道元―自己管理の参謀術）　第4章 大義に生きる（柳生宗矩と沢庵―主客逆転の参謀術　西郷隆盛と月照―死して人を生かす参謀術）

◇日本仏教史之研究　正篇 下　辻善之助著　岩波書店　1991.7　288p　21cm　（日本仏教史研究 第2巻）　5500円　①4-00-008722-3
[内容]9 足利尊氏の信仰　10 夢窓国師　11 安国寺利生塔考　12 戦国時代の仏教　13 織田信長と仏教　14 安土宗論の真相　15 慶長13年浄土日蓮宗論について　16 史学上より観たる日光廟　17 一糸和尚と朝幕関係　18 沢庵和尚と将軍家光

◇夢窓国師語録　禅文化研究所編　京都大本山天竜寺天竜寺僧堂　1989.10　453, 135, 9p　27cm　28000円

◇禅の古典　4　夢窓国師語録　柳田聖山著　講談社　1983.1　219p　18cm　780円　①4-06-180084-1

◇日本の禅語録　第7巻　夢窓　柳田聖山著　講談社　1977.11　404p　図 肖像　20cm　1800円

◇国訳禅宗叢書　第1輯　第5巻　国訳禅宗叢書刊行会編　第一書房　1974.10　659p　22cm
[内容]夢窓正覺心宗普濟國師語録　永源寂室和尚語録

◇名僧列伝　1　禅者 1　紀野一義著　文芸春秋　1973　234p　20cm　750円
[内容]明恵, 道元, 夢窓, 一休, 沢庵

◇歴史の京都　3　学者と僧侶　京都 淡交社　1970　274, 8p（図共）　20cm　680円
[内容]学者と僧侶（奈良本辰也）菅原道真（中村真一郎）吉田兼倶（上田正昭）伊藤仁斎（楢林忠男）石田梅岩（加藤秀俊）新宮凉庭（師岡佑行）最澄（宮坂宥勝）親鸞（橋本峰雄）明恵（佐合純一郎）夢窓疎石（辻晋堂）日奥（藤井学）

◇夢窓国師―中世禅林主流の系譜　玉村竹二著　京都 平楽寺書店　1958　386p　19cm　（サーラ叢書 第10）

村上 専精　むらかみ せんしょう

　嘉永4年（1851年）4月2日～昭和4年（1929年）10月31日　浄土真宗大谷派の出身。旧姓は広崎。愛知県入覚寺に入り村上姓となる。京都東本願寺に学び、曹洞宗大学林、哲学館の講師を経て、明治23年（1890年）東京大谷教校長、帝大文科大学講師、浄土宗本校講師となる。明治27年（1894年）鷲尾順敬、境野黄洋とともに雑誌「仏教史林」を創刊。明治30年（1897年）「大日本仏教史」第1巻などを刊行し、日本における仏教史、特に日本仏教史の研究の基礎を築いた。明治34年（1901年）「仏教統一論」で大乗非仏説論者であると非難され僧籍を離れたが、明治44年（1911年）復籍。大正6年（1917年）東京帝国大印度哲学講座初代教授に就任。大正12年（1923年）同大名誉教授、大正15年（1926年）大谷大学長、昭和4年（1929年）真宗大学院教授となった。

◇近現代仏教思想の研究―伝統と創造　芹川博通著　北樹出版　2008.6　383p　22cm　（芹川博通著作集 第6巻）　6000円　①978-4-7793-0145-2
[内容]第1部 近代化の仏教思想（普寂の浄土教思想―『願生浄土義』を中心として　大乗非仏説論―姉崎正治と村上専精 ほか）　第2部 近現代仏教思想の諸相（厳・密一致の思想―鳳潭　正法律と十善戒―慈雲 ほか）　第3部 近代の法然論（社会主義者の法然論―木下尚江　矢吹慶輝の法然論と浄土信仰 ほか）　第4部 現代世界に発信する仏教思想（社会参

◇加仏教　アヒンサーの思想と仏教—平和思想のいしずえ　ほか）
◇佛教統一論　村上専精原著, 太田善麿新校監修　新編　群書　1997.7　604, 10, 25p 22cm 9000円　①4-7971-1508-4
◇明治維新神仏分離史料　第1　村上専精, 辻善之助, 鷲尾順敬共編　名著出版　1970　1094p 図版　22cm　6000円
◇明治維新神仏分離史料　第2　村上専精, 辻善之助, 鷲尾順敬共編　名著出版　1970　1056p 図版　22cm　6000円
◇明治維新神仏分離史料　第3　村上専精, 辻善之助, 鷲尾順敬共編　名著出版　1970　1176p 図版　22cm　6000円
◇明治維新神仏分離史料　第4　村上専精, 辻善之助, 鷲尾順敬共編　名著出版　1970　1142p 図版　22cm　6000円
◇明治維新神仏分離史料　第5　村上専精, 辻善之助, 鷲尾順敬共編　名著出版　1970　1156, 38p 図版　22cm　6000円
◇禅宗史綱　村上専精著　富山房　1946　318p 図版　22cm

望月　信亨　もちづき　しんこう

明治2年(1869年)9月24日～昭和23年(1948年)7月13日　仏教学者。旧姓松原。浄土宗学本校卒。明治26年(1893年)神戸市藤之寺に入り望月と改姓。明治32年(1899年)浄土宗高等学院教授。明治39年(1906年)「法然上人全集」、同年秋から昭和11年(1936年)までに「仏教大辞典」(全7巻)を編集刊行。明治45年(1912年)からは、高楠順次郎らと「大日本仏教全書」(全150巻)の刊行に従事した。この間、明治41年(1908年)宗教大学講師、大正15年(1926年)大正大学教授、昭和5～17年(1930～42年)同学長。昭和19年(1944年)浄土宗管長、総本山知恩院門跡となり知恩院の独立に尽力した。昭和22年(1947年)日本学士院会員。

◇浄土宗選集　第5巻　教義篇　浄土宗選集編集委員会編　京都　同朋舎出版　1985.4　445p 23cm
　内容　浄土宗概論・法然上人とその門下の教義　望月信亨著。四帖疏大意　桑門秀我著。解題　高橋弘次, 藤堂恭俊著
◇浄土宗史要　岩崎敲玄著　国書刊行会　1984.5　350p 22cm　(浄土宗学研究叢書　宗史・宗論篇)　5500円
◇浄土教概論　望月信亨著　東洋文化出版　1980.10　264, 13p 22cm　4800円
◇仏教経典成立史論　望月信亨著　京都　法蔵館　1978.8　694, 22p 22cm　8500円
◇略述浄土教理史　望月信亨著　日本図書センター　1977.2　436p 22cm　7000円
◇浄土教の研究　望月信亨著　日本図書センター　1977.1　1015p 22cm　15000円
◇浄土教の起原及発達　望月信亨著　山喜房仏書林　1972　860, 38p 22cm　6000円
◇中国浄土教理史　望月信亨著　京都　法蔵館　1964　548p 22cm
◇望月仏教大辞典　第9巻　補遺　第1　望月信亨著, 塚本善隆増訂　京都　世界聖典刊行協会　1963　569p 図版52p 27cm
◇望月仏教大辞典　第10巻　補遺　第2　望月信亨著, 塚本善隆増訂　京都　世界聖典刊行協会　1963　571-1208, 34p 図版55p 27cm
◇法然上人とその門下の教義　望月信亨著　京都　仏教文化研究所　1960　53p 図版21cm
◇望月仏教大辞典　第7巻　索引　望月信亨著, 塚本善隆増訂　京都　世界聖典刊行協会　1958 2版　192, 15, 49p 26cm
◇望月仏教大辞典　第8巻　補遺冊　望月信亨著, 塚本善隆増訂　京都　世界聖典刊行協会　1958　1冊　26cm
◇望月仏教大辞典　第6巻　大年表　望月信亨著, 塚本善隆増訂　増訂版　京都　世界聖典刊行協会　1956 4版　458p 26cm

◇望月仏教大辞典　第2巻　コーシ　望月信亨著，塚本善隆増訂　増訂版　京都　世界聖典刊行協会　1955　984p 図版30枚　26cm

◇望月仏教大辞典　第1巻　アーケ　望月信亨著，塚本善隆増訂　増訂版　京都　世界聖典刊行協会　1954　1011p 図版37枚　26cm

◇望月仏教大辞典　第3-5巻　望月信亨著，塚本善隆増訂　増訂版　京都　世界聖典刊行協会　1954　3冊　26cm

◇知証大師全集　第1, 2　円珍著，高楠順次郎，望月信亨共編　京都　世界聖典刊行協会　1949　2冊　21cm

◇知証大師全集　第3　高楠順次郎，望月信亨共編　京都　世界聖典刊行協会　1949　424p　21cm

◇天台法華宗義集　義真撰，高楠順次郎，望月信亨共編　京都　世界聖典刊行協会　1949　448p 21cm

◇仏教書籍目録　第1, 第2　高楠順次郎，望月信亨共編　再版　京都　世界聖典刊行協会　1949　2冊　22cm

◇法華三大部私記　第1　法華疏私記　巻第5-10　止観私記　巻第1-10　証真撰，高楠順次郎，望月信亨共編　京都　世界聖典刊行協会　1949　1042p 21cm

◇法華三大部復真鈔　普寂著，高楠順次郎，望月信亨共編　京都　世界聖典刊行協会　1949　536p　21cm

◇仏教経典成立史論　望月信亨著　京都　法蔵館　1946　694, 22p　22cm

祐天
ゆうてん

寛永14年（1637年）4月8日～享保3年（1718年）7月15日

江戸中期の浄土宗の高僧。号は明蓮社顕誉愚心。将軍から庶民まで生仏として尊崇された。12歳で江戸芝増上寺檀通のもとで得度し、諸寺を遊学。将軍徳川綱吉、その生母桂昌院らの帰依を受け、幕府の命により下総大巌寺、小石川伝通院などの住持を歴任し、正徳元年（1711年）増上寺36世となり、大僧正に任ぜられる。授けた名号によって集まった布施で奈良大仏殿、鎌倉大仏殿など多くの廃寺復興や修復に尽力した。晩年は江戸目黒に庵を結びそこで没し、その後、弟子祐海によって祐天寺が建立された。

＊　　＊　　＊

◇原田実の日本霊能史講座―と学会レポート　原田実講師，杉並春男聞き手　楽工社　2006.10　526p 19cm　2200円　①4-903063-05-4
[内容] 古代（卑弥呼　聖徳太子　ほか）　中世（日蓮）　近世（天草四郎　祐天　ほか）　近代（浜口熊岳　長南年恵　ほか）　現代（高橋信次　竹内てるよ　ほか）

蘭渓道隆
らんけいどうりゅう

建保元年（1213年）～弘安元年（1278年）7月24日

鎌倉期に中国から渡来した臨済宗の僧。鎌倉建長寺の開山。大覚派の祖。蘭渓は号。諡号は大覚禅師。宋で無準師範らに学んで、無明慧性の法をつぐ。寛元4年（1246年）33歳で来日し、北条時頼に請われ京都を経て鎌倉の寿福寺に入る。建長5年（1253年）建長寺の開山となる。後嵯峨上皇に招かれ、京都建仁寺に移り、寺名を建寧寺に変える。さらに北条時宗の請いで鎌倉禅興寺を開創した。晩年、讒言にあって甲斐国に配流されるが、許されて建長寺に戻った。純粋な禅である宋朝禅を、日本に定着させることに大きく貢献した。

＊　　＊　　＊

◇禅の人―逸話でみる高僧20人　西部文浄著　京都　淡交社　2008.1　303p 19cm　1600円　①978-4-473-03449-6
[内容] 明庵栄西―日本臨済禅の開祖　永平道元―日本曹洞禅の開祖　蘭渓道隆―建長寺開山（渡来僧）　円爾弁円―東福寺開山　無学祖元―円覚寺開山（渡来僧）　無関普門―南禅寺開山　宗峰妙超―大徳寺開山　清拙正澄―開禅寺開山（渡来僧）　夢窓疎石―七朝国師、天竜寺開山　関山慧玄―妙心寺開山　寂室元光―永源寺開山　一休宗純―大徳寺の復興者　沢庵宗彭―東海寺開山　隠元隆琦―日本黄檗禅の開祖（渡来僧）　桃水雲渓―貧困のなかの禅　白隠慧鶴―臨済禅中興の祖師　誠拙周樗鄭―関東臨済禅の復興者〔ほか〕

◇日本中世の禅と律　松尾剛次著　吉川弘文館　2003.10　252, 28p 22cm　7000円　①4-642-02830-7
[内容] 中世仏教史研究の歩み―官僧・遁世僧（白衣・黒衣）体制モデル　1 律宗の世界（中

仏教を支えた人々

世律僧とは何か―興福寺大乗院と西大寺末寺　叡尊の思想―釈迦信仰と悉有仏性説を中心に　夢記の一世界―好相日記と自誓受戒　西大寺叡尊像に納入された「授菩薩戒弟子交名」と「近住男女交名」）　2 禅宗の世界（渡来僧の世紀―建長寺開山蘭渓道隆　中世都市鎌倉と建長寺絵図の世界　いわゆる尾張国富田庄絵図をめぐって―絵図制作のなぞと絵図に見る宗教世界　安国寺・利生塔再考 ほか）

◇禅の名僧列伝　藤原東演著　佼成出版社
1990.1　269p　20cm　（仏教文化選書）
1800円　①4-333-01404-2
[内容]　1 不均斉（白隠慧鶴　雪舟等楊　鈴木正三）　2 簡素（明庵栄西　関山慧玄　鉄眼道光）　3 枯高（永平道元　道鏡慧端　至道無難）　4 自然（寂室元光　桃水雲渓　山本玄峰）　5 幽玄（蘭渓道隆　宗峰妙超　雲居希膺）　6 脱俗（一休宗純　大愚良寛　仙涯義梵）　7 静寂（盤珪永琢　沢庵宗彭　抜隊得勝）

良寛　りょうかん

宝暦8年（1758年）12月～天保2年（1831年2月18日年）1月6日　江戸後期の曹洞宗の僧。号は大愚。越後国名主山本氏の長男（生年は宝暦7年説もある）。家業を嫌って弟に家を譲り、越後国出雲崎尼瀬町の光照寺玄乗破了に参禅。巡錫中の備中国玉島円通寺の大忍国仙に従って出家し、曹洞禅を修めその法をつぐ。20年間ほど諸国を巡った後、郷里に帰り、国上山の五合庵に住し、晩年は島崎村木村元右衛門の邸内の小屋で老を養った。生涯にわたり寺を持たず、乞食生活を送り、子供や農民らと交わるという清貧に甘んじた。詩歌を詠み、書にも優れていた。

◇乞食僧良寛―現代に生きる　青木基次著　新装版　新潟　考古堂書店　2008.6　156p　20cm　1600円
①978-4-87499-702-4
◇良寛愛語に生きる　小山丁一著　新潟　考古堂書店　2008.6　113p　19cm　1300円　①978-4-87499-705-5
◇良寛のスローライフ　松本市壽著　日本放送出版協会　2008.6　219p　18cm　（生活人新書 257）　700円
①978-4-14-088257-3
◇良寛さま　相馬御風著, OnoShoichi, Paul Riley訳　新潟　考古堂出版　2008.6　158p　21cm　476円
①978-4-87499-704-8
[内容]　良寛さま　良寛さまと乞食　竹の子のびろ　良寛さまと犬　昼間のあんどん　月の兎　良寛さまの習字　盗人とお月さま　なぐられた良寛さま　天上大風〔ほか〕
◇良寛さんの愛語―自由訳　新井満著　新潟　考古堂書店　2008.6　70p　19cm　1400円　①978-4-87499-703-1
◇良寛修行と円通寺　岡山県良寛会編　倉敷　萌友出版　2008.5　345p　22cm　2500円　①978-4-902891-02-7
◇良寛の四季　荒井魏著　岩波書店

2008.5　207, 2p　15cm　（岩波現代文庫　社会）　900円　①978-4-00-603167-1
◇ヘタな人生論より良寛の生きかた―不安や迷いを断ち切り、心穏やかに生きるヒント　松本市壽著　河出書房新社　2008.4　263p　15cm　（河出文庫）　600円　①978-4-309-40903-0
◇良寛―新潟県人物小伝　加藤僖一著　新潟　新潟日報事業社　2008.4　103p　21cm　1000円　①978-4-86132-270-9
◇仏のモノサシ―良寛と妙好人の世界　久馬慧忠著　京都　法藏館　2007.11　115p　19cm　1500円
①978-4-8318-5645-6
[内容]　大愚良寛　妙好人　塩の澤七三郎　赤尾の道宗　因幡の源左　田原のおその　讃岐の庄松　大和の清九郎　六連島のおかる　浅原才市　良寛さま
◇埼玉を歩く良寛さん　五十嵐咲彦著〔さいたま〕　〔五十嵐咲彦〕　2007.10　128p　21cm　1000円
◇良寛の恋―炎の女貞心尼　工藤美代子著　講談社　2007.10　350p　20cm　1600円
①978-4-06-269271-7
◇ほっとする良寛さんの般若心経　加藤僖一著　二玄社　2007.9　151p　19cm

219

仏教を支えた人々

1200円　①978-4-544-05130-8
[内容]摩訶般若波羅蜜多心経　観自在菩薩行深般若波羅蜜多時　照見五蘊皆空　度一切苦厄　舎利子　色不異空空不異色　色即是空空即是色　受想行識亦復如是　舎利子是諸法空相〔ほか〕

◇良寛のきらめき―良寛をめぐる思想と文芸　池田光知著　新潟　考古堂書店　2007.6　133p　21cm　1200円　①978-4-87499-673-7

◇良寛さま　相馬御風著　新潟　バナナプロダクション　2007.4　121p　21cm　476円　①978-4-87499-675-1

◇良寛さま　続　相馬御風著　新潟　バナナプロダクション　2007.4　168p　21cm　476円　①978-4-87499-676-8

◇良寛和尚法華讃　井上義衍提唱　第3版　入間　義衍提唱録刊行会　2006.11　185p　27cm　2381円　①4-9903422-0-8

◇乞食の歌―慈愛と行動の人・良寛　櫻井浩治著　新潟　考古堂書店　2006.6　227p　19cm　1400円　①4-87499-659-4

◇良寛さんさくらんぼうがうれました―岡山県良寛会創立20周年記念誌　岡山県良寛会創立20周年記念誌編集委員会編　倉敷　岡山県良寛会　2006.5　69p　30cm

◇良寛伝　三善秀清著〔倉敷〕〔三善秀清〕2006.4　56p　22cm　500円

◇良寛さまってどんな人　谷川敏朗著　新潟　考古堂書店　2006.2　191p　21cm　1200円　①4-87499-648-5

◇座右の良寛―生きづらくなったら開いてください　松本市壽著　アートデイズ　2005.12　205p　20cm　1600円　①4-86119-044-4

◇良寛―この日この生　圓増治之著　新潟　考古堂書店　2005.11　222p　19cm　1500円　①4-87499-644-2

◇良寛禅師の真実相―人格から法相へ　長谷川洋三著　改訂版　木耳社　2005.11　357p　図版4p　20cm　3500円　①4-8393-4879-0

◇良寛への道―ことばに生きる　岡田勝明著　京都　燈影舎　2005.4　269p　19cm　2900円　①4-86094-005-9

◇良寛と維馨尼―その純愛の行方　吉井和子著　文芸社　2005.4　269p　20cm　1800円　①4-8355-8909-2

◇良寛　栗田勇著　春秋社　2005.3　461p　20cm　2500円　①4-393-13637-3

◇良寛さん一〇〇話―話の泉　松本市壽著　国書刊行会　2005.2　254p　20cm　1900円　①4-336-04673-5

◇良寛　吉本隆明著　新装版　春秋社　2004.11　237p　21cm　2000円　①4-393-33138-9

◇良寛戒語　布施一喜雄版・画・文　新装版　新潟　考古堂書店　2004.9　74p　19×26cm　（えちご草子4）　1600円　①4-87499-618-3

◇良寛―その任運の生涯　大橋毅著　新読書社　2004.8　369p　19cm　2200円　①4-7880-7054-5

◇良寛への旅　湘南企画企画・編集，羽賀康夫写真　学習研究社　2004.7　175p　22cm　2500円　①4-05-402392-4

◇良寛さんを辿る―巨人にして隣人のごとく　杉安嘉正著　新潟　考古堂書店　2004.7　321p　26cm　2800円　①4-87499-614-0

◇良寛さんの会話術「戒語」　大倉ゆたか編　横浜　白竜社　2004.7　190p　18cm　1200円　①4-939134-23-7

◇良寛さん生涯の知己　村上博男著　新潟　考古堂書店　2004.6　315p　20cm　1800円　①4-87499-607-8

◇いま，そこにいる良寛　北川フラム編，ニューにいがた振興機構，表参道・新潟館ネスパス監修　現代企画室　2004.5　381p　22cm　2800円　①4-7738-0403-3
[内容]エッセイ・詩：良寛さん（吉増剛造著ほか）　講演・対談：良寛の和歌について（大岡信述）　良寛の意味（早坂暁述）　禅僧としての良寛（石山修武，佐藤健述）　良寛の風土（新井満，藤沢周述）　花は無心にして蝶をまねく（松原泰道述）　良寛の短歌と俳句（岡井隆，小林恭二述）　良寛と貞心尼（関川夏央，工藤美代子述）　良寛，こころの背景（清水邦夫，真野響子述）　良寛エピソードの考察について（小島寅雄，谷川敏郎述）

◇憶在圓通時―第21回全国良寛会玉島大会記念誌　倉敷　岡山県良寛会　2004.5　92p　30cm

◇乞食僧良寛―差別に抗した自由人　青木基次著　象山社　2004.5　157p　20cm

◇つれづれに良寛余話　江端一郎著　新潟　考古堂書店　2004.5　155p　22cm　1800円　①4-87499-612-4

◇良寛修行の寺円通寺縁起と良寛遺墨解説　5版　倉敷　円通寺　2004.5　16p　23cm

◇良寛は佛なり　久馬慧忠著　文芸社　2004.5　153p　19cm　1300円　①4-8355-7389-7

◇来たるべき良寛　茂木光春著　文芸社　2004.4　237p　20cm　1500円　①4-8355-7272-6

◇ヘタな人生論より良寛の生きざま　松本市壽著　河出書房新社　2004.4　222p　20cm　1500円　①4-309-01623-5

◇良寛を歩く一休を歩く　水上勉著　日本放送出版協会　2004.4　317p　16cm　（NHKライブラリー）　970円　①4-14-084182-6

◇良寛天真―騰々天真に任す　小山丁一著　新潟　考古堂書店　2004.4　107p　19cm　1200円　①4-87499-605-1

◇良寛さま―スローライフを先取りした人生　松本市壽著　グラフ社　2004.3　190p　19cm　1200円　①4-7662-0802-1

◇良寛という生きかた　松本市壽著　中央公論新社　2003.12　270p　20cm　2000円　①4-12-003478-X

◇仏教を歩く　no.7　良寛　朝日新聞社　2003.11　32p　30cm　（週刊朝日百科）　533円

◇良寛和尚逸話選　禅文化研究所編著　第2版　京都　禅文化研究所　2003.8　219p　19cm　1800円　①4-88182-189-X
　内容　良寛禅師奇話(解良栄重著)　良寛伝(松嶋北渚著)　口伝篇

◇良寛の「法華讃」を読む　本間勲著　新潟　考古堂書店（製作）　2003.8　151p　26cm　1500円　①4-87499-996-4

◇良寛さん―お母さんと子どものための絵本　「良寛さん」制作実行委員会絵、國保徳丸文,加藤僖一監修　名古屋　KTC中央出版　2003.6　55p　19×27cm　1400円　①4-87758-311-4

◇良寛の生涯 その心　松本市壽著　新潟　考古堂書店　2003.5　238p　19cm　1800円　①4-87499-989-1

◇私の良寛讃　森正隆著　新潟　考古堂書店　2003.5　247p　19cm　2000円　①4-87499-993-X

◇良寛酒ほがひ―寂寥と優游　伊藤宏見編　文化書房博文社　2003.2　323p　19cm　（良寛会シリーズ　第8冊）　2800円　①4-8301-0989-0

◇良寛のひとり遊び―中国の禅者たちを友として　中西久味著　新潟　新潟日報事業社　2003.2　70p　21cm　（ブックレット新潟大学 10）　1000円　①4-88862-955-2

◇良寛へ歩く　小林新一文・写真　二玄社　2002.12　173p　26cm　2800円　①4-544-02039-5

◇良寛の精神世界と文学―大愚良寛の研究　橋本幹子著　新潟　考古堂書店　2002.12　448p　20cm　2000円　①4-87499-983-2

◇良寛の世界　渡部豊治著　秋田　秋田文化出版　2002.10　328p　22cm　1905円　①4-87022-441-0

◇良寛への道―良寛を学ぶ人のために　大島晃著　新潟　考古堂書店　2002.9　436p　22cm　2500円　①4-87499-979-4

◇良寛文献総目録　谷川敏朗編　象山社　2002.9　506p　22cm　10000円　①4-87978-014-6

◇人間良寛　渡邊三省著　風濤社　2002.8　479p　20cm　2667円　①4-89219-216-3

◇大雪越えて、四国遍路歩き旅　阿久津鯨六著　文芸社　2002.7　300p　19cm　1200円　①4-8355-4061-1
　内容　1 空海の道につながる北海道の屋根を行く　2 海底列車で青森～秋田、そして新潟・良寛さま托鉢の道を行く　3 富山、石川、そして福井・永平寺から京都への道をめざす　5 京都到着、年末・年始　6 ついに四国に渡る　7 お接待の心と修行の道場の正念場　8 横峰寺から石鎚山。高野山奥の院へ

◇法華転・法華讃全評釈―良寛さんの法の華　蔭木英雄著　新潟　考古堂書店出版部（製作）　2002.7　232p　26cm　3000円　①4-87499-982-4
　内容　法華転(開口　序　方便　譬喩品 ほか)　法華讃(開口　序品　方便品　譬喩品 ほか)

◇良寛のすべて　水上勉著　河出書房新社　2002.7　346p　22cm　（水上勉自選仏教文学全集 3）　3500円　①4-309-62153-8
　内容　良寛　良寛を歩く　蓑笠の人　解題（祖田浩一著）　良寛　良寛を歩く　蓑笠の人

◇道元・一遍・良寛—日本人のこころ　栗田勇著　増補新装版　春秋社　2002.6　240p　20cm　1800円　①4-393-13635-7
　内容　道元禅師との出逢い（眠られぬ夜に　正法の人　ほか）　一遍上人の念仏（混沌たる情念のなかで　二度の出家　ほか）　良寛さんのこころ（"良寛さん"と"良寛"のあいだ　修行する良寛　ほか）　放下、捨てこそ、任運—結びにかえて　付 奥の細道の芭蕉（「みちのく」の旅の始まり—白河の関　能因、西行、一遍の足跡　ほか）

◇良寛ものがたり—調査報告書（概要版）　新潟　新潟県総合政策部企画課　2002.3　54p　30cm

◇良寛と荘子—良寛の生き方の原点は荘子であった！　川内芳夫著　新潟　考古堂書店　2002.1　334p　20cm　2800円　①4-87499-966-2

◇良寛の読み方—日本人のこころのふるさとを求めて　栗田勇著　祥伝社　2001.9　284p　16cm　（祥伝社黄金文庫）　571円　①4-396-31268-7

◇良寛の四季　荒井魏著　岩波書店　2001.8　204, 5p　20cm　1600円　①4-00-025553-3

◇上州と良寛—その足跡と人間像　市川忠夫著　前橋　みやま文庫　2001.7　224p　19cm　（みやま文庫 163）

◇良寛さまと読む法華経　竹村牧男著　大東出版社　2001.7　310p　20cm　2300円　①4-500-00668-0
　内容　「序品」第一　「方便品」第二　「譬喩品」第三　「信解品」第四　「薬草喩品」第五　「授記品」第六　「化城喩品」第七　「五百弟子受記品」第八　「授学無学人記品」第九　「法師品」第十〔ほか〕

◇地球時代の良寛　延原時行著　新潟　考古堂書店　2001.5　110, 86p　19cm　2000円　①4-87499-590-X

◇良寛和尚　太田光一著　鳥影社　2000.12　239p　20cm　1600円　①4-88629-534-7

◇良寛乞食行脚—いま、良寛の心を生きる　松本市壽著　光文社　2000.12　219p　18cm　（カッパ・ブックス）　829円　①4-334-00697-3

◇袈裟のはなし　久馬慧忠著　普及版　京都　法藏館　2000.11　86p　19cm　1200円　①4-8318-6410-2
　内容 1 袈裟の成り立ち　2 袈裟の特長　3 袈裟の縫い方　4 袈裟功徳　5 袈裟にまつわる話　6 袈裟に関する大事な言葉

◇良寛—漢詩でよむ生涯　柳田聖山著　日本放送出版協会　2000.10　247p　16cm　（NHKライブラリー）　870円　①4-14-084120-6

◇良寛の愛語・戒語　谷川敏朗著　新潟　考古堂書店　2000.9　287p　22cm　3800円　①4-87499-580-2

◇良寛をめぐる人々とその魅力　齋藤廣作著　新潟　考古堂書店　2000.8　342p　19cm　1800円　①4-87499-579-9
　内容　先人と聖賢（良寛の写本『斉明紀童謡考』　布袋と良寛　南英謙宗禅師と良寛　ほか）　良寛と同時代の人々（良寛と寿婦由里方廬・鐘山・鵬斎　木食行者と良寛　ほか）　良寛を景仰した近代・現代の人（文人画家・富岡鉄斎　素園の「良寛伝」とその周辺—明治中期の一良寛像　外山重忠先生—良寛の心を心とした教育者　ほか）　随想（遺墨三題　良寛の対食観）

◇狂と遊に生きる——一休・良寛　久保田展弘著　中央公論新社　2000.6　270p　20cm　（仏教を生きる 12）　1600円　①4-12-490162-3
　内容　一休—格闘する風狂（内乱の時代に　教えの外にある禅　巷の地獄・巷の禅　虚実を超えた愛）　良寛—遊戯する行乞の人（苦悩するやさしさ　行乞者の眼　人恋しき歌びと）

◇良寛上人『法華讃』讃仰　武田寛弘著　溪声社　2000.6　323p　20cm　2300円　①4-7952-7537-8
　内容　法華を讃ずるも法華を謗る（法華讃開口）　度生已に了す未生の先（方便品第二）　情を尽くして斫却す月下の桂（譬喩品第三）　苦ろに救う涅槃一日の功（信解品第四）　記し去り記し来たって了期なし（授記品第五）　大家日に来たって普く看るを請う（化城喩品第七）　鼻孔は已に他の手裏に在り（五百弟子授記品第八）　甚麼に説くも半斤は八両（学・無学人記品第九）　両妻一賽金玉の声（法師品第一）　尽地変じて一仏土と作る（見宝塔品第11）〔ほか〕

仏教を支えた人々

◇遙かなる良寛―孤独なこころ　小島寅雄著　新潟　考古堂書店　2000.5　226p　22cm　2000円　④4-87499-572-1
◇良寛　松本市壽著　角川春樹事務所　2000.1　318p　16cm　（ハルキ文庫）760円　④4-89456-638-9
◇良寛入門―仏のモノサシ・人のモノサシ　久馬慧忠著　京都　法藏館　2000.1　170p　19cm　1800円　④4-8318-7250-4
◇良寛さまを旅する　紀野一義著　清流出版　1999.7　222p　21cm　1900円　④4-916028-57-0
◇わたしの良寛　榊莫山著　毎日新聞社　1999.7　85p　27cm　3000円　④4-620-60533-6
◇良寛の師大忍国仙禅師遺芳　柴口成浩編〔矢掛町（岡山県）〕　大通寺韜光文庫　1999.6　61p　21cm　非売品
◇良寛心眼　小山丁一著　倉敷　作陽学園出版部　1999.4　61p　21cm　（作陽ブックレット 04）　500円　④4-8462-0216-X
　内容　1 三つの転機（疑うことを知らない人　独自の世界をもつ偉人の一人　「愚鈍」なる良寛ほか）　2 真実をとらえる「目と耳」（魂に触れる手がかり　ものが見えるということ　肉眼を心眼に重ねる修行 ほか）　3 最期の良寛（木村家での晩年　暮らし難き候　町の暮らしの息苦しさ ほか）
◇良寛戒語　布施一喜雄版・画と文　新潟　考古堂書店　〔1999〕　1冊（ページ付なし）　19×26cm　（えちご草子 4）　1600円　④4-87499-558-6
◇ふりむけば良寛　小島寅雄著　春秋社　1998.12　235p　20cm　2000円　④4-393-44142-7
◇良寛と聖フランチェスコ―菩薩道と十字架の道　仏教とキリスト教の関係について　石上・イアゴルニッツァー・美智子著　新潟　考古堂書店　1998.6　239p　19cm　2500円　④4-87499-552-7
　内容　道元、良寛と聖フランチェスコ　キリシタン迫害と良寛　仏教とキリスト教の類似と相違　フランチェスコと良寛の生いたちと青少年時代　良寛の出家とフランチェスコの回心、その動機　良寛とフランチェスコの宗教活動　清貧と乞食　慈愛―菩薩道と十字架の道　慈愛の行為　お上に対して庶民を守る〔ほか〕
◇良寛和尚逸話選　禅文化研究所編著　京都　禅文化研究所　1998.5　219p　19cm　1800円　④4-88182-127-X
　内容　解良栄重　良寛禅師奇話（心広ければ体ゆたかなり　酒は割勘　タバコ好き ほか）　松嶋北渚　良寛伝（和尚は武士の出身？　女郎屋遊びの末に出家　泥棒に間違えられる ほか）　口伝篇（名主の昼行灯　蝶になるぞ　『論語』に読み耽る ほか）
◇良寛さん―花と空の人間学　中野東禅著　四季社　1998.5　135p　19cm　（チッタ叢書）　980円　④4-915894-68-1
　内容　第1章 良寛さんの人間味（人間良寛さんの逸話　てまり上人　自戒の人　真実の友と交わる）　第2章 良寛さんの生涯（家郷の人々　円通寺　諸国遍歴）　第3章 良寛さんの見た月と花（春は花　草堂雨やんで二三更）　第4章 老いと悟り（良寛さんの老境　良寛さんの悟り）
◇良寛の逸話　谷川敏朗著　恒文社　1998.5　238p　19cm　1800円　④4-7704-0964-8
　内容　第1章 幼少年期―誕生〜十八歳　第2章 仏道修行期―十八歳〜三十九歳　第3章 帰郷 各地住庵期―三十九歳〜四十八歳　第4章 五合庵定住期―四十八歳〜六十歳　第5章 乙子神社期―六十歳〜六十九歳　第6章 木村家庵室期―六十九歳〜七十四歳
◇道元と良寛に学ぶ人間学　境野勝悟著　致知出版社　1998.4　368p　20cm　（Chi chi・select）　2500円　④4-88474-541-8
　内容　第1講 自己を習う　第2講 生命の実物を知る　第3講 生命だけが光る　第4講 良寛の世界　第5講 悟っても悩む　第6講 天地いっぱいの歌
◇良寛禅師の悟境と風光　長谷川洋三著　大法輪閣　1997.12　317p　19cm　3500円　④4-8046-1138-X
　内容　第1章 良寛禅師の評価と理解　第2章 印可の偈をめぐって　第3章 悟境について　第4章 理解できる人がいない琴　第5章 托鉢行について　第6章 布施行と『十牛図』　第7章 現代における妙用　第8章 良寛禅師と戒律―比較宗教的見地からの洞察　第9章「清貧」の真相
◇良寛　山崎昇著　清水書院　1997.8　262p　19cm　（CenturyBooks）　700円　④4-389-41149-7
　内容　1 雪国の山河　2 修行の日々　3 騰々任運の人生　4 人は情の下に住む　5 山より下る　6 愛の絆　7 庇護者たち　8 良寛と

223

仁術医たち

◇良寛悟りの道　武田鏡村著　国書刊行会　1997.8　244p　19cm　1800円
①4-336-03985-2
[内容]出生の謎―出雲崎・佐渡　生家と修学―出雲崎・地蔵堂　儒学と遊興―地蔵堂・白根　地震・放蕩生活―三条・出雲崎・白根　出奔から参禅―新津・聖籠・紫雲寺　出家への旅立ち―新津・出雲崎　出家生活―玉島・円通寺　参禅修行―玉島円通寺・紫雲寺観音院　遍参行脚―土佐・長崎　風狂の系譜―長崎・佐賀・玉島〔ほか〕

◇良寛詩註解　須佐晋長著　復刻版　国書刊行会　1997.8　597p　21cm　7800円
①4-336-03979-8

◇良寛『法華讃』評釈―『法華経』の深旨を開く　竹村牧男著　春秋社　1997.7　407p　22cm　4500円　①4-393-13273-4
[内容]第1部　良寛『法華讃』のこころ(『法華経』とは何か　『法華讃』のこころ)　第2部　『法華讃』評釈

◇手毬つく良寛　高橋庄次著　春秋社　1997.4　308p　19cm　2800円
①4-393-44128-1
[内容]第1章　生家と生い立ち　第2章　放浪の少年時代　第3章　抒情詩人の壮年時代　第4章　修行時代の宗龍と国仙　第5章　父の自殺と兄弟　第6章　懺悔の帰郷　第7章　故郷の草庵時代　第8章　古代への回帰　第9章　最期場の島崎草庵

◇わたしの良寛さま―二合庵老春抄　小島寅雄著　中央公論美術出版　1997.4　247p　21cm　2800円+税
①4-8055-0335-1

◇良寛さまとお茶を―谷川敏朗の良寛茶話　谷川敏朗著　新潟　考古堂書店　1995.8　186p　21cm　1500円　①4-87499-525-X
[内容]文才を磨き合った兄弟や姉妹たち　興味深い幼いころの話　出家の原因は何か　光照寺で見たもの感じたもの　円通寺での厳しい修行　四国の土佐を旅するか　父の死と帰郷　帰国のあと郷本に住む　五合庵と原田鵲斎　国学者大村光枝との交流〔ほか〕

◇良寛の呼ぶ声　中野孝次著　春秋社　1995.6　238p　19cm　1751円
①4-393-44125-7
[内容]第1章　捨てるとはどういうことか　第2章　騰々任天真　第3章　吾詩はすなわち我なり　第4章　良寛の歌　第5章　良寛の漢詩　第6章　愛語と戒語

◇良寛のすべて　武田鏡村編　新人物往来社　1995.5　230p　20cm　2800円
①4-404-02213-1
[内容]良寛とその時代　良寛の青春と出家　良寛と道元　良寛と御風　良寛の五合庵乞食行　良寛と子ども　良寛とふたりの尼僧　良寛紀行　良寛の歌と書　良寛関係人名事典〔ほか〕

◇良寛禅師奇話　解良栄重著　三条　野島出版　1995.2　2冊(別冊とも)　23～24cm　全2000円　①4-8221-0146-0

◇良寛=魂の美食家　藤井宗哲著　講談社　1994.11　235p　18cm　(講談社現代新書)　650円　①4-06-149226-8
[内容]第1章　五合庵への道のり　第2章　山本家の人々　第3章　良寛出家まで　第4章　修行時代　第5章　虚空遍歴　第6章　草庵の贅沢　第7章　相聞の甘露

◇良寛のこころ―自在に生きた大愚の人とその哲学　河野亮著　広済堂出版　1994.9　234p　18cm　(Kosaido books)　800円　①4-331-00658-1
[内容]第1章　大愚良寛の哲学　第2章　幼・少年時代の良寛と父・以南　第3章　仏門に入っての求道修行時代　第4章　良寛流に生きる

◇良寛―寂寥の人　伊丹末雄著　改訂新版　恒文社　1994.9　328p　19cm　2500円
①4-7704-0810-2
[内容]良寛の生涯　良寛の人柄　良寛の生活　良寛の和歌　良寛の漢詩文　良寛の書　良寛をめぐる人々　良寛を慕った人々　良寛に学ぶもの　良寛妻帯説の全容

◇良寛―日本人のこころの原点　竹村牧男著　広済堂出版　1994.7　300p　18cm　(Refresh life series)　1000円
①4-331-00652-2
[内容]第1章　良寛という人(出家する良寛　行脚に命を賭ける良寛　故郷に帰る良寛)　第2章　良寛の暮らし(子供らと良寛　里人と良寛　良寛の社会意識　貞心尼との恋)　第3章　良寛の詩境(ひとり遊び　良寛と『寒山詩』　良寛と芭蕉　良寛詩の本質)　第4章　良寛の禅(良寛の禅修行　良寛の悟り　帰り来れば別事なし)　第5章　良寛の浄土教(浄土教とは何か　良寛と浄土教　良寛における禅と念仏)

◇良寛―その四十一像記考　畔柳英一著　〔安城〕　安城文化協会　1994.6　640p　22cm

◇野に良寛　三上和利著　コスモヒルズ　1994.5　213p　21cm　2200円

◇①4-87703-102-2
　[内容]何故に家を出でしと　われは出世の機にあらず　故郷へ行くや夜の雁　ひとり遊びぞわれはまされる　君なくてさびしかりけり　如実に自が心を知れ　俗にあらず沙門にあらず　いとど美し君の言の葉　うらを見せおもてを見せて散る紅葉　良寛略年譜
◇良寛の実像─歴史家からのメッセージ　田中圭一著　ZΩION社　1994.5　239p　20cm　2472円　①4-88708-158-8
　[内容]序章　私の良寛論　第1章　大人の童話「良寛さま」　第2章　光照寺入寺説の出現と動揺　第3章　栄蔵の出奔　第4章　母おのぶをめぐる波紋　第5章　放浪の日々　第6章　越後に帰ってきた良寛　第7章　良寛の生きた時代
◇風のこころ─良寛随想　円増治之著　新潟　考古堂書店　1994.4　196p　19cm　1500円　①4-87499-506-3
◇念仏と禅─一遍・道元・良寛　越智通敏著　松山　一遍会　1994.4　440p　21cm　(一遍会双書16)　1500円
◇わがこころの良寛　早坂暁, 杉本苑子, 栗田勇, 村上三島著　春秋社　1994.2　172p　19cm　1648円　①4-393-13619-5
　[内容]乳虎の隊　夢の世にかつまどろみて夢もまた─良寛と三人の女　騰々, 天真に任す　吾れと筆硯と何ぞ縁あらん─良寛と書
◇良寛の遺言　高橋芳彦著　国書刊行会　1994.1　262p　20cm　1800円　①4-336-03572-5
◇良寛詩集　入矢義高著　講談社　1994.1　327p　19cm　(禅入門12)　2900円　①4-06-250212-7
　[内容]良寛とその詩(五合庵　良寛の詩　羞恥の人　痴愚の人　ひとり遊び　任運騰々　その詩の破格さ)　現代語訳　良寛詩集
◇良寛禅師　村上博男著　日本図書刊行会　1993.12　200p　20cm　1800円　①4-7733-2442-2
　[内容]生家　廻国行脚　帰郷(父母の死)　五合庵(国上寺)　出雲崎, 与板　崇拝・外護者　寺泊, 弥彦, 岩室　三条市　乙子社　島崎・貞心尼　良寛さんと貞心尼の唱和
◇良寛に学ぶ愚直清貧のすすめ─心洗われる人間本当の生き方　小松正衛著　文化創作出版　1993.11　217p　20cm　(My book)　1450円　①4-89387-072-6
◇良寛の道　平沢一郎文・写真　東京書籍　1993.11　222p　21cm　1800円　①4-487-79153-7

◇良寛の魅力を語る─〈新潟良寛会〉記念講演集　第1集　新潟良寛会編　新潟　考古堂　1993.11　195p　20cm　1600円　①4-87499-198-X
◇良寛の魅力を語る─〈新潟良寛会〉記念講演集　第2集　新潟良寛会編　新潟　考古堂　1993.11　197p　20cm　1600円　①4-87499-199-8
◇禅における世阿弥と良寛　前田伴一著　錦正社　1993.10　185p　19cm　2060円　①4-7646-0107-9
　[内容]禅の思想から見た世阿弥─序破急と却来花を中心に　禅の思想から見た世阿弥─面白と無心を中心として　禅の思想から見た良寛　世阿弥自筆書簡と補厳寺
◇良寛さん　ひろさちや原作, 巴里夫漫画　鈴木出版　1993.10　153p　22cm　(仏教コミックス94)　1200円　①4-7902-1944-5
　[内容]1　みんな観音さま　2　出家　3　遊の禅僧　4　良寛のさとり　5　遊の教化　6　永遠の別れ　誰を先に助けるか?
◇良寛さんと玉島　森脇正之著　岡山　日本文教出版　1993.2　173p　15cm　(岡山文庫161)　750円　①4-8212-5161-2
◇もう一人の良寛　高見沢和夫著　新潟　考古堂　1992.11　199p　20cm　1500円　①4-87499-187-4
◇良寛をめぐる人々　斎藤広作著　新潟　考古堂　1992.10　245p　20cm　1500円　①4-87499-184-X
◇良寛禅師の真実相─人格から法格へ　長谷川洋三著　名著刊行会　1992.9　350p　20cm　(さみっと双書)　3500円　①4-8390-0265-7
　[内容]1章　その呼び方　2章　仏道衰微への歎き　3章　仏道受持の証明　4章　衣裡の明珠　5章　自受用三昧(悟りの作用)　6章　聖と俗の間　7章　道元禅師との相違　8章　「忘機」─「正位」を離れた自由な境地　9章　説法をしないで法を弘める　10章　托鉢は弘法であった　11章　慧能大鑑禅師との同質性　12章　手毬と数息観　13章　凩との入我我入　14章　「天上大風」の実相─これは五観の書である　15章　仏徳力による感化　16章　生と死は一合相　17章　禅師から学ぶこと　18章　細楷の実相と美学　19章　騰々天真に任す─後年の境地
◇蓮の露─良寛の生涯と芸術　ヤコブ・フィッシャー著, 近藤敬四郎, 若林節子訳

教育書籍 1992.5 253p 19cm 2800円 ⓒ4-317-60064-1
[内容]1子供 2夢 3出家 4夜明け 5嵐の声 6霧を通してもれる光 7人生の流れ 8透徹した自己 9安らぎと調和 10折々の気分 11もみじ葉

◇良寛巡礼 小林新一著 恒文社 1992.3 158p 24cm 4500円 ⓒ4-7704-0745-9
[内容]良寛の生きた道 故郷出雲崎にて 円通寺での修行 聖胎長養の四国路 赤穂・須磨・和歌の浦 伊勢・熊野・高野山 吉野・奈良より近江路へ 良寛越後に還る

◇禅門の異流―盤珪・正三・良寛・一休 秋月竜珉著 筑摩書房 1992.2 362p 19cm （筑摩叢書 363） 2600円 ⓒ4-480-01363-6
[内容]不生の仏心の説法・盤珪禅師語録 二王禅と在家仏法・正三道人『驢鞍橋』 わが詩は詩にあらず・良寛禅師詩集 風狂の禅と詩と・一休禅師『狂雲集』

◇良寛 吉本隆明著 春秋社 1992.2 237p 21cm 2000円 ⓒ4-393-33140-0

◇三千大千世界の仏法―良寛入門 久馬慧忠著 象山社 1991.10 192p 20cm 1500円 ⓒ4-87978-008-1
[内容]大自然に抱かれて―花無心招蝶 ただ月のみ―盗人に取りのこされし窓の月 父を想い母を想う―出家の歌 人の世は裏と表―うらを見せおもてを見せて散るもみぢ 雪いっぱいの宇宙―あわ雪の中に顕ちたる三千大千世界 真実の出家にだだ涙―読永平録 風まかせ―焚くほどは風がもて来る落葉かな 真っ正直に―「親をにらむと蝶になる」という話 兎の心―「月の兎」の物語 四国放浪の旅―若き日の胸中やいかん 〔ほか〕

◇無位の真人良寛 唐沢富太郎著 教育出版センター 1991.10 200p 22cm （研究選書 50） 2500円 ⓒ4-7632-3208-8
[内容]はじめに（無位の真人 "鍛え寂"の芸術 良寛研究の現代的意義） 第1章 生涯と修行 第2章 帰郷後草庵時代の厳しい修行 第3章 児童愛の世界 第4章 民衆の中の良寛 第5章 人生訓 第6章 良寛の戒語 第7章 良寛の芸術 第8章 良寛と貞心尼

◇良寛の詩と道元禅 竹村牧男著 大蔵出版 1991.7 317p 19cm 2000円 ⓒ4-8043-2507-7
[内容]「読永平録」考 芸術と境涯 無常と任運 生死即涅槃 道元・良寛の『法華経』観 良寛の禅思想 道元の言語観 『正法眼蔵』の理路 道元の修道論

◇ある日の良寛さま 森正隆著 京都 探究社 1991.5 281p 20cm ⓒ4-88483-256-6

◇良寛・玄透研究論集 吉川彰準著 新潟 考古堂書店 1991.5 300p 22cm 3000円 ⓒ4-87499-170-X

◇良寛のこころ―愛語のおしえから学ぶもの 松原哲明著 PHP研究所 1991.4 200p 19cm （New intellect 11） 1100円 ⓒ4-569-53050-8
[内容]良寛和尚略伝 出家と帰郷 子どもと遊び、酒とあそぶ 無心に生きる 愛語の思想 心のありかを探す旅 良寛の老いと死

◇良寛ひとり 津田さち子著 永平寺町（福井県） 大本山永平寺祖傘松会 1991.1 357p 20cm 2500円

◇良寛さばなしなら面白い 北川省一著 春秋社 1990.6 255p 19cm 1600円 ⓒ4-393-13711-6
[内容]第1章 良寛出家以前 第2章 円通寺修行時代 第3章 円通寺を出る、追放か退去か 第4章 帰郷―資生艱難な時期 第5章 五合庵定住時代 第6章 乙子神社脇草庵時代 第7章 晩年の光と影

◇良寛の旅 谷川敏朗著 恒文社 1990.6 246p 19cm 1600円 ⓒ4-7704-0606-1
[内容]長岡から島崎へ（長岡市 与板町 和島村） 出雲崎と寺泊（出雲崎町 寺泊町） 国上山の五合庵（分水町 吉田町） 弥彦・新潟・柏崎（弥彦村 岩室村 巻町 三条市 白根市 新潟市 豊栄市 柏崎市） 玉島など諸国遺跡（倉敷市 四国・近畿地方 中部・関東地方 糸魚川市 東北地方）

◇良寛和尚百五十回忌記念事業 矢掛町（岡山県） 岡山県曹洞宗青年会第一地区研修委員会良寛和尚百五十回忌記念事業実行委員会 1990.2 48p 26cm

◇道元・一遍・良寛―日本人のこころ 栗田勇著 春秋社 1990.1 216p 20cm 1400円 ⓒ4-393-13622-5
[内容]道元禅師との出逢い（眠られぬ夜に 正法の人 青春の弧独のなかで 雪中の梅華 遊行の求道者 永遠のいま 正法眼蔵を生きる） 一遍上人の念仏（混沌たる情念のなかで 2度の出家 熊野成道・念仏賦算 六字の名号 踊躍歓喜するこころ 捨て果てて） 良寛さんのこころ（"良寛さん"と"良寛"のあいだ 修行する良寛 大愚・正法眼

蔵との出逢い　騰々たる任運　菩薩行　死・自然そのもののなかに）　放下、捨ててこそ、任運―結びにかえて

◇良寛―米沢道中の目的は何であったか　川内芳夫著　新潟　考古堂書店　1989.10　364p　19cm　2800円　①4-87499-162-9

◇良寛　唐木順三著　筑摩書房　1989.10　281p　15cm　（ちくま文庫）　640円　①4-480-02355-0
　内容　1 生涯懶立身―良寛の生涯と境涯　2「捨てる」と「任す」　3 良寛の資性　4 良寛における詩　5 良寛の「戒語」と「愛語」　6 良寛における「聞く」　7 良寛における歌と書

◇良寛さん　栗田勇、小松茂美、小島正芳、長谷川四郎ほか著　新潮社　1989.9　128p　22×17cm　（とんぼの本）　1300円　①4-10-601974-4
　内容　第1部 名品を味わう　第2部 良寛みち　第3部 良寛と私　第4部 良寛似せ真似史　第5部 人間良寛を探る七話

◇良寛、法華聖への道　北川省一著　現代企画室　1989.4　245p　19cm　（PQ BOOKS）　1494円
　内容　師国仙の死　黄檗禅とは何か　円通寺時代の良寛　玄透即中と大愚良寛　円通寺を追われた良寛　追放前後の良寛の詩　父以南伝説―その桂川入水まで　帰らん哉、故郷へ　「資生艱難」な時代　法華聖への道　良寛の法華経観　良寛の死まで　良寛が大森子陽に学んだもの

◇良寛みやげ―越後ふるさと出雲崎　目崎徳衛ほか著　名著刊行会　1988.10　103p　19cm　1000円　①4-8390-0235-5
　内容　良寛のゆたかさ　ふるさと出雲崎　良寛肖像画あれこれ　良寛の書と出雲崎　良寛記念館の書　出雲崎の佐藤吉太郎翁　安田靫彦＝良寛敬慕の生涯　相馬御風と出雲崎　ふる里は良寛のまち　良寛の高い理想　良寛と出雲崎　出雲崎の町並みと歴史　バス道の良寛―長岡から出雲崎まで　良寛堂＝法息の庭　般若の丘＝良寛記念館より　良寛遺珠　良寛・出雲崎グラフィティ

◇良寛語釈大智偈頌訳　飯田利行著　大法輪閣　1988.9　283p　22cm　3300円　①4-8046-1085-5
　内容　前篇（仏誕生　仏成道3首　仏涅槃　出山相　達磨　魚籃　ほか）　後篇（大智禅師略伝と『大智偈頌』とのかかわり　良寛語釈大智偈頌について　森哲四郎翁略歴）

◇良寛―その生涯と書　宮栄二著　名著刊行会　1988.9　88p　21cm　1500円　①4-8390-1216-4
　内容　良寛の生涯（生い立ち―享年と出家　出家に関する諸説　修行から遍歴へ　帰郷―良寛における住まいの問題　五合庵の訪問者　晩年の良寛）　良寛の書について（良寛遺墨の性格　良寛書の基盤と構成　良寛書の特質　良寛の書簡）　良寛年表　良寛研究参考史料目録

◇野の良寛―『良寛禅師奇話』を読む　松本市寿著　未来社　1988.7　342p　19cm　2800円
　内容　良寛伝記と『良寛禅師奇話』　良寛の出家　修行時代　その風貌　子どもたちと国上山の五合庵　托鉢　托鉢余話　人づきあい　庵の四季　酒好き　健忘症　囲碁と銭　茶席と画幅　墨の曼荼羅　歌の持論　毀誉褒貶　処生観　良寛の死　『良寛禅師奇話』原文　良寛略年譜

◇良寛　紀野一義編　京都　法藏館　1988.4　188p　21cm　（思想読本）　1500円　①4-8318-2008-3
　内容　良寛その大愚の生涯（北川省一）　越後と良寛（宮城音弥）　騰々たる人生―良寛考（磯部忠正）　橘以南と良寛出家の遠因（佐藤昭雪）　良寛出家の動機並逸事（西郡久吾）　対談「仏教者良寛をめぐって」（水上勉・吉本隆明）　良寛の無常観（飯田利行）　良寛（武者小路実篤）　良寛和尚の宗教（石附勝龍）　良寛の禅思想（竹村牧男）　良寛―万葉調の系譜（上田三四二）　会津八一の良寛観（加藤僖一）　良寛の芸術（安田靫彦）　良寛の歌について（吉野秀雄）　良寛における詩（唐木順三）　良寛の詩（入矢義高）　現代語訳良寛の偈と正法眼蔵（中村宗一）　良寛年表　良寛ブックリスト

◇良寛の書簡集　谷川敏朗編　恒文社　1988.4　414p　21cm　5800円　①4-7704-0676-2

◇良寛と子どもたち―親と教師のために　北川省一著　現代企画室　1988.1　235p　19cm　（PQブックス）　1200円
　内容　「越州沙門良寛」とは　良寛、子どもたちに出会う　貧しさをのぼるうた　子を亡くした親の心　いざ子ども山べに行かん　放蕩息子たち　戒語　わが昔習いなど　追補（童子の戯れの偈　ツァラトウストラ、良寛を語る　大関文仲の『良寛禅師伝』）

◇良寛の法華転・法華讃の偈　中村宗一著　誠信書房　1987.9　391p　22cm　3800円　①4-414-10115-8

◇良寛の世界　宮柊二ほか著　〔新装版〕大修館書店　1987.6　248p　21cm　1800円　①4-469-29009-2
　内容　序 良寛の法華転・法華讃と正法眼蔵　法華転について　法華讃について　要旨　法華転　法華讃
　内容　良寛の人と歌　孤高の書　良寛雑記　宗学思想の中の良寛　仏徳をめぐって　対談　余白の美　良寛の伝記における一考察　道元と良寛　良寛道人の生死観　玉島の修行僧　教育の魂　座談会 伝統と良寛　座談会 現代と良寛

◇大島の良寛さん沙門丈道　井舟静水著　珠洲　昌樹寺内静水文庫　1987.2　84p　19cm

◇良寛―その出家の実相　田中圭一著　三一書房　1986.11　205p　20cm　1400円

◇良寛―物語と史蹟をたずねて　八尋舜右著　成美堂出版　1986.11　223p　19cm　950円　①4-415-06561-9
　内容　手鞠唄　学塾の日々　名主見習い　沙門良寛　祖師道元　以南の自殺　心さやぎて　索々たり五合庵　人間に下る〔ほか〕

◇良寛―その出家の実相　田中圭一著　三一書房　1986.11　205p　19cm　1400円
　内容　1 良寛をめぐる人々（良寛に愛をこめた世捨人　離縁した貞心尼）　2 良寛伝記の背景（巷説、出家の事情　父橘以南）　3 真実の発見（良寛の母おのぶの発見　円明院をたずねる　新津にいた新次郎　宗龍との出会い　宗龍・国仙・桂誉章）　4 虚像と実像（桂誉章と良寛　弟由之の遁世）

◇良寛優游―その大愚の境涯　北川省一著　大和書房　1986.10　248p　20cm　1900円　①4-479-70014-5
　内容　巻1 良寛は千の手で書き与えた　巻2 良寛は遊ぶ子供であった　巻3 良寛は法華経をおのが心とした　巻4 良寛は天女たちに慰められた

◇良寛―逸話でつづる生涯　安藤英男著　鈴木出版　1986.8　390p　19cm　1800円　①4-7902-1010-3

◇宮沢賢治と沙門良寛―北国の生んだ二人の法華者　北川省一著　現代企画室　1986.6　220p　19cm　（PQ Books）1200円
　内容　ふたりの生いたち　血のめざめ　反体制と漂泊　愚と拙　脱巣と帰巣　法華文学・山水経　『春と修羅』の世界　良寛の銀河の恋　農民の中へ　五合庵　激動前夜の農村詩人　「風がおもてで呼んでゐる」と「ブドリの伝記」　主な遺作・鑑賞　「丈夫ナカラダ」をもたなかった「デクノボー」　「人間に遊戯し了る」

◇良寛賛―いちねんの旅　鶴田忠義著　福岡　葦書房　1986.4　264p　20cm　1500円

◇良寛さんと道元禅師―生きる極意　板橋興宗著　光雲社　1986.4　260p　20cm　1500円　①4-7952-7262-X
　内容　道は単純でまっすぐがいい　「無駄」を堂々とやれる人　良寛さん　道元禅師　洞然として明白なり―迷いと悟り

◇富川潤一の水墨画による良寛賛歌―画集　新潟　考古堂書店　1986.3　59p　42×30cm　20000円

◇大愚良寛の生涯　北川省一著　恒文社　1985.12　350p　20cm　2500円　①4-7704-0633-9

◇良寛、法華経を説く　北川省一著　恒文社　1985.11　270p　20cm　2300円　①4-7704-0630-4

◇良寛の偈と正法眼蔵　中村宗一著　誠信書房　1984.10　375p　22cm　3800円

◇円通寺の良寛さん―良寛寂後百五十年祭記念　森脇正之著　〔倉敷〕　聖良寛奉賛会　1982.10　102p　22cm　800円

◇大忍国仙禅師伝―良寛の師　岡山県曹洞宗青年会編　〔矢掛町（岡山県）〕　岡山県曹洞宗青年会　1982.8　187p　22cm　非売品

◇大忍国仙禅師伝・大愚良寛禅師伝　矢吹活禅著　倉敷　倉敷文庫刊行会　1981.7　110p　18cm　1000円

◇晩年の良寛　和島村産業振興課編　〔和島村（新潟県）〕　和島村　1980.6　298p　27cm　非売品

◇良寛和尚の宗教―評釈法華転・法華讃　石附勝龍著　長岡　新潟県曹洞宗青年会　1980.5　184p　26cm

◇良寛の詩と道元禅　竹村牧男著　大蔵出版　1978.12　317p　20cm　（大蔵選書20）　2000円

◇良寛扇面画集―富川潤の水墨画による　富川潤著　新潟　考古堂書店　1978.7　図版10枚　64cm　10000円

◇伝良寛和韻大智偈頌　森哲四郎, 飯田利

行著　国書刊行会　1976.12　98p（図共）　27cm　3000円
◇良寛つれづれ　大場南北著　仏教書林中山書房　1975.10　315p　19cm　（水甕叢書 第300篇）
◇名僧列伝 2　禅者 2　紀野一義著　文芸春秋　1975　282p　20cm　1000円
　内容　良寛, 盤珪, 鈴木正三, 白隠
◇こころの良寛—こしの千涯画冊　こしの千涯著　新潟　考古堂書店　1973　257p（はり込み図25枚共）　41cm　38000円
◇こころの良寛—こしの千涯画冊　こしの千涯著, こしの千涯画冊編集委員会編　新潟　考古堂書店　1973　257p（おもに図）　40cm　8200円
◇良寛の書簡　良寛著, BSN新潟美術館編　新潟　BSN新潟放送　1967　226p（おもに図版）　37cm　5000円
◇良寛・桃水・草の詩　宮崎安右衛門著　関書院　1949　282p　19cm
◇良寛さま—偉人童話　大坪草二郎著, 福田豊四郎畫　光文社　1948.3　175p　19cm　（少年文庫）
◇良寛さま　吉田絃二郎著　愛育社　1946.11　188p　18cm　（愛育文庫 82）
◇良寛さま　續　相馬御風著　實業之日本社　1946.6　246p　19cm

良源　りょうげん

延喜12年（912年）9月3日～寛和元年（985年）1月3日　平安期の天台宗の僧。諡号は慈慧大師。通称は元三大師、角大師、御廟（みみょう）大師、豆大師。12歳で比叡山に登り理仙に師事して出家し、尊意に従って受戒。興福寺維摩会などで南都僧との論争を論破して有名になり、権力者藤原忠平・帥輔の後援を受ける。権律師、天台座主を経て、天元4年（981年）行基以来の大僧正となる。約20年間にわたり座主位にあって、延暦寺堂舎の再興や諸法会の整備に尽力し、比叡山横川の首楞厳院に住してこれを再興。比叡山中興の祖と仰がれた。良源により円仁の教えが受けつがれていった。しかし、摂関家の権勢を利用して荘園の拡大を行ったり、権門子弟の優遇による俗化や、比叡山の門徒との紛争で僧兵を組織するなど、比叡山の繁栄とゆがみを招いた。弟子に源信、覚運らがいる。

◇日本浄土教の形成と展開　浅井成海編　京都　法藏館　2004.1　594p　22cm　8000円　④4-8318-7563-5
　内容　1 浄土教の基本思想（慈慧大師良源の浄土教—『極楽浄土九品往生義』を中心として　十二光仏について ほか）　2 法然とその門下の思想（法然と親鸞—『歎異抄』をめぐって　法然と『観経疏』・私考—その出会いの必然性を求めて ほか）　3 親鸞教学の基本理念（十劫久遠論—親鸞聖人の仏陀観の一側面　親鸞思想にみる十念と一念 ほか）　4 日本浄土教の歴史的展開（『一遍聖絵』第四巻第一段の「狂惑」についての再検討—保存修理による図様変更の発見をてがかりに　浄土仏教の「神祇」論序説—法然・親鸞を承けて ほか）
◇天台仏教と平安朝文人　後藤昭雄著　吉川弘文館　2002.1　225p　19cm　（歴史文化ライブラリー 133）　1700円　①4-642-05533-9
　内容　漢詩文と仏教—プロローグ　最澄
珍　良源　橘在列＝尊敬—出家した文人（一）　慶滋保胤＝寂心—出家した文人（二）　性空　勧学会　讚
◇浄土仏教の思想　第6巻　新羅の浄土教　空也・良源・源信・良忍　梶山雄一ほか編　章輝玉著, 石田瑞麿著　講談社　1992.7　366p　20cm　4300円　④4-06-192576-8
　内容　新羅の浄土教（新羅浄土信仰の性格　新羅浄土教学の展開）　空也・良源・源信・良忍—叡山の浄土教（初期浄土教　空也　良源　源信　良忍）
◇良源　平林盛得著　吉川弘文館　1987.11　231p　19cm　（人物叢書 新装版）　1600円　①4-642-05097-3
　内容　第1 おいたちと修行　第2 藤原氏の後援　第3 良源独歩　第4 天台座主良源　第5 叡山中興の祖へ　第6 栄光と陰影　第7 良源の死　第8 大師信仰
◇女人成仏への開眼—おみくじ大師良源の物語　後藤宏行著　毎日新聞社

1984.10　270p　20cm　1300円
◇良源　平林盛得著　吉川弘文館　1976　231p 図　18cm　（人物叢書 日本歴史学会編纂）　800円

良忍
りょうにん

延久4年（1072年）1月1日～長承元年（1132年）2月1日

　平安末期の融通念仏の開祖。諡号は聖応大師、自らは大原上人と号した。延暦寺良賀に天台教学を、仁和寺永意に密教を学んだ。23歳で僧風の乱れた比叡山を下り、大原に移って念仏にひたすら励んだ。天仁2年（1190年）来迎院、浄蓮華院を創建し、円仁の請来した声明業を修め、大原声明として大成した。永久5年（1117年）阿弥陀仏如来より「自他融通の念仏（自他の念仏が融通しあう）」を示され、融通念仏宗を開いた。

＊　　＊　　＊

◇天台声明―天納傳中著作集　天納傳中著　京都　法藏館　2000.6　506p　22cm　13000円　①4-8318-6213-4
　内容 1 声明曲（魚山声明集古写本『二巻抄』優婆離唄の一考察　極楽声歌「倍臚」の復元　ほか）　2 音律論（兼好法師の音律論考　安然大徳の音律論考　声明楽理の変遷―五音呼様古今相違事　ほか）　3 伝承（良忍上人と魚山声明　天台声明の伝承　『両院僧坊歴代記』の一考察　ほか）　4 法会（禁中御懴法講―妙法院堯恕法親王の記録　禁中法要を伝承する大原三千院御懴法講―朝懺法・夕例時　舞楽法要庭儀曼荼羅供 ほか）
◇浄土仏教の思想　第6巻　新羅の浄土教　空也・良源・源信・良忍　梶山雄一ほか編　章輝玉著, 石田瑞麿著　講談社　1992.7　366p　20cm　4300円　①4-06-192576-8
　内容 新羅の浄土教（新羅浄土信仰の性格　新羅浄土教学の展開）　空也・良源・源信・良忍―叡山の浄土教（初期浄土教　空也　良源　源信　良忍）
◇日本仏教の心　8　良忍上人と大念仏寺　日本仏教研究所編　田代尚光著　ぎょうせい　1981.5　182p　29cm　5000円

蓮如
れんにょ

応永22年（1415年）2月25日～明応8年（1499年）3月25日　室町期に浄土真宗隆盛のもとを築いた僧。本願寺8世。号は信証院。明治15年（1882年）慧燈国師と追諡。存如の長男。17歳の時、広橋兼郷の猶子として青蓮院で得度し、長禄元年（1457年）父の没後に8世を継ぐ。寛正6年（1465年）延暦寺との関係が悪化し、比叡山衆徒による本願寺破却事件に遭い、文明3年（1471年）越前国吉崎に坊舎を建立。吉崎を中心に教化活動を行い、信徒の拡大とともに、加賀守護富樫氏と対立。越後国高田専修寺信徒に攻められて坊舎を失ない、同12年（1480年）京都山科に本願寺を建てる。教団はこのころ最大に達した。延徳元年（1489年）五男の実如に寺務を譲り、明応5年（1496年）大坂石山に坊舎を建立した。本願寺中興の祖と称される。

◇本願念仏の系譜―法然上人から蓮如上人へ　村上宗博, 足立幸子著　金沢　真宗興隆会　2008.7　340p　20cm　6500円
◇蓮如上人の筆跡―越中国五位庄の加茂郷　岩崎照栄執筆, 岩崎貞子編　〔出版地不明〕　〔岩崎照栄〕　2008.5　32p　26cm
◇蓮如上人の子どもたち　松岡秀隆著　福崎町（兵庫県）　松岡秀隆　2007.2　289p　19cm　2500円　①4-87787-331-7
◇蓮如上人の門弟の人々　松岡秀隆著　福崎町（兵庫県）　松岡秀隆　2006.9　275p　19cm　2300円　①4-87787-315-5
◇いま真宗信心を問う―蓮如から親鸞へ　森山義雄著　京都　永田文昌堂　2006.7　117p　19cm　1143円　①4-8162-6209-1
◇戦国期宗教思想史と蓮如　大桑斉著　京都　法藏館　2006.6　308, 12p　22cm　7500円　①4-8318-7467-1
◇蓮如上人の門弟の人々（稿）　松岡秀隆著　福崎町（兵庫県）　松岡秀隆　2006.5　271p　19cm　非売品
◇御再興のことば―蓮如上人御一代記聞書

仏教を支えた人々

◇を味わう　満井秀城著　京都　本願寺出版社　2005.10　114p　19cm　800円
①4-89416-268-7

◇蓮如上人・空善聞書　空善著, 大谷暢順全訳注　講談社　2005.3　354p　15cm（講談社学術文庫）　1100円
①4-06-159702-7
内容 空前聞書　蓮如の生涯　空善と『空善聞書』

◇蓮如の「御文」　大谷暢順著　京都　人文書院　2005.3　238p　20cm　2300円
①4-409-41078-4
内容 二帖目第一通　お浚えの章　一帖目第八通　吉崎建立の章　全篇四十八　全篇五十一・一　全篇五十八

◇こころの道標―浄土の真宗　柏女霊峰著　京都　ミネルヴァ出版企画　2005.1　129p　19cm　1000円　①4-623-04294-4
内容 序　お彼岸と浄土真宗　1 仏教の教え　2 親鸞聖人の生涯　3 親鸞聖人の教えと浄土真宗　4 正信偈、和讃に聴く親鸞聖人の教え　5 浄土真宗の歩みと真宗中興の祖・蓮如上人の生涯　6 御文に聴く浄土真宗　7 浄土真宗の教えと現代に生きる私たち

◇蓮如実伝　第2部 北陸編 下　辻川達雄著　京都　白川書院　2004.6　205p　21cm　2381円　①4-7867-0043-6

◇蓮如―民衆の導師　神田千里編　吉川弘文館　2004.5　228p　20cm（日本の名僧 13）　2600円　①4-642-07857-6
内容 1 錯綜する人物像　2 蓮如の生涯　3 本願寺教団の創造　4 民衆のなかの蓮如　5「御文」による伝道　6 政治権力と蓮如　7 親鸞と蓮如　8 蓮如と女性　9 蓮如伝承の生成と門徒の信仰

◇仏教を歩く　no.10　蓮如　朝日新聞社　2003.12　32p　30cm（週刊朝日百科）　533円

◇蓮如上人乱世の華　松林秀人著　京都　探究社　2003.9　218p　19cm　1900円
①4-88483-685-5

◇蓮如信仰の研究―越前を中心として　阿部法夫著　大阪　清文堂出版　2003.5　221p　22cm　3500円　①4-7924-0539-4
内容 第1部 蓮如信仰の一考察―福井県の事例を中心に（蓮如は"生き仏"だった!?　二つの「レンニョサン」　大谷派の「レンニョサン」　本願寺派の「レンニョサン」　穴馬における「順村」　穴馬の順村 その姿　穴馬の順村 歴史的考察　妙好人にみる蓮如信仰）　第2部 史料紹介―各地に残る『蓮如上人いろは歌』

◇蓮如伝説を歩く―史跡ガイド　和田重厚編　戎光祥出版　2003.4　135p　19cm　800円　①4-900901-33-4
内容 1 吉崎御坊跡を歩く　2 吉崎周辺に残る民話　3 福井・加賀の由緒寺院を訪ねて　4 山代・山中温泉への旅　5 小松から金沢への旅　6 越中五箇山へ　7 三河門徒と石山本願寺を訪ねて

◇真宗史料集成　第2巻　蓮如とその教団　柏原祐泉ほか編　堅田修編　再版　京都　同朋舎メディアプラン　2003.3　921p　23cm　①4-901339-76-1

◇蓮如上人の河内での『御文章』稲城選恵著　〔八尾〕　久宝寺御坊顕証寺　2003.3　249p　22cm　2700円
①4-8162-5045-X

◇仏道の創造者　紀野一義編　アートデイズ　2003.1　269p　20cm　1600円
①4-900708-96-8
内容 最澄（伝教大師）―能く行ひ能く言ふは国の宝なり。　空海（弘法大師）―其れ仏法遙かにあらず、心中にして即ち近し。　法然―ただ一向に念仏すべし。　栄西―大いなる哉、心や。　親鸞―親鸞は弟子一人も持たず候。　道元―さとりとは、まどひなきものと知るべし。　日蓮―臨終の事を習ふて後に他の事を学ぶべし。　一遍―生ぜしも一人なり。死するも一人なり。　蓮如―悪凡夫の、弥陀をたのむ一念にて仏になるこそ不思議なよ。　白隠―第一に死の字を参究し玉ふべし。

◇蓮如上人御一代記聞書讃話　第5巻　柳田智照著　京都　探究社　2002.10　274p　19cm　2800円　①4-88483-649-9

◇蓮如と信長　山折哲雄著　PHP研究所　2002.10　289p　15cm（PHP文庫）　533円　①4-569-57815-2

◇法然上人と蓮如上人　稲城選恵著　京都　永田文昌堂　2002.7　53p　19cm　700円　①4-8162-6168-0

◇蓮如―聖俗具有の人間像　五木寛之著　岩波書店　2002.7　195p　18cm（岩波新書）　700円　①4-00-430343-5
内容 蓮如という人　若き日の蓮如　時代の闇をみつめて　自由へのたたかい　疾走する蓮如　混沌の北陸をめざして　蓮如の女性観　この世の幻境、吉崎　伝承に生きる蓮如　現世へのメッセージ　噴火するエネ

仏教を支えた人々

ルギー 聖と俗のあいだに

◇御文に学ぶ―真宗入門　田代俊孝著　増補新版　京都　法藏館　2002.6　268p　19cm　2000円　Ⓘ4-8318-4042-4
　内容 念仏者は物忌みせず　浄土真宗の名告り　女性の救済　仏心と凡心と一体になる　南無阿弥陀仏の六字のいわれ　如来廻向の南無阿弥陀仏　宿善・無宿善　信心歓喜の世界　病気を喜ぶ念仏者　末法の凡夫の救い　信心をもって本とする　人間の浮生なる相　蓮如上人と現代

◇蓮如―戦略の宗教家　百瀬明治著　学習研究社　2002.6　229p　15cm　（学研M文庫）　620円　Ⓘ4-05-901139-8

◇蓮如上人遺徳記読解　大桑齊著, 真宗大谷派宗務所教育部編　京都　真宗大谷派宗務所出版部（東本願寺出版部）　2002.1　299p　22cm　4000円　Ⓘ4-8341-0288-2

◇蓮如上人全集　第5巻　補遺・索引篇　蓮如著, 大谷暢順編　中央公論新社　2001.12　504p　22cm　14000円　Ⓘ4-12-490145-3
　内容 補遺篇（第二巻補遺　第三巻補遺　第四巻補遺）　付録（蓮如上人年表　系図・人物解説　御文・書状一覧）　索引篇（一般語句索引　固有名詞索引）

◇親鸞・覚如・蓮如　千葉乘隆著　京都　法藏館　2001.9　472p　22cm　（千葉乘隆著作集　第1巻）　9800円　Ⓘ4-8318-3361-4
　内容 1 親鸞（親鸞の生涯）　2 覚如（覚如―『慕帰絵』とその作者）　3 蓮如（いまなぜ蓮如か　蓮如の生涯　蓮如裏書の種々相　蓮如のイコノクラスム）

◇名僧列伝　4　紀野一義著　講談社　2001.9　326p　15cm　（講談社学術文庫）　960円　Ⓘ4-06-159513-X
　内容 一遍　蓮如　元政　弁栄聖者

◇〈語る〉蓮如と〈語られた〉蓮如―戦国期真宗の信仰世界　稲城正己著　京都　人文書院　2001.4　348p　22cm　3200円　Ⓘ4-409-41070-9
　内容 中世仏教のテクスト・理論・実践―蓮如論の再構築をめざして　中世真宗のコスモロジーと蓮如の言葉―『蓮如上人一語記』と「非所有」の論理　「始まり」としての蓮如―蓮如の言説と蓮如の神話化　『御文』はどのように読まれたのか―中世社会におけるコミュニケーション　戦国期真宗寺院の歴史叙述と神話『本福寺由来記』と『本福寺明宗跡書』と『本福寺跡書』をめぐって）　戦国期真宗の儀礼とテクスト―「恵信尼書状」から『山科御坊事幷其時代事』へ

◇蓮如「御文」読本　大谷暢順著　講談社　2001.3　271p　15cm　（講談社学術文庫）　960円　Ⓘ4-06-159476-1
　内容 五帖目第十通―聖人一流の章　五帖目第十一通―御正忌の章　五帖目第十三通―无上甚深の章　五帖目第十五通―阿弥陀如来本願の章　五帖目第十六通―白骨の章　五帖目第十七通――切女人の章　五帖目第十八通―当流聖人の章　五帖目第十九通―末代悪人の章　五帖目第二十一通―経釈の明文の章

◇親鸞と蓮如の世界　今井雅晴著　〔土浦〕　筑波書林　2000.7　164p　19cm　1400円　Ⓘ4-900725-99-4

◇蓮如上人と尾張　名古屋　真宗大谷派名古屋教区教化センター　2000.4　199p　30cm　（真宗大谷派名古屋教区教化センター研究報告　第4集）

◇蓮如・人と教え―『蓮如上人御一代記聞書』に学ぶ　大谷大学真宗総合研究所編　京都　真宗大谷派宗務所出版部（東本願寺出版部）　2000.2　317p　21cm　1143円　Ⓘ4-8341-0272-6

◇新説真宗史―法然から蓮如まで　真宗史の通念を見なおす　佐々木英彰著　心泉社　2000.1　258p　20cm　2380円　Ⓘ4-916109-17-1

◇蓮如上人様のお通ーりー―合掌の道に念佛響く　後藤金三郎述　苫前町（北海道）　真宗大谷派広円寺　1999.11　64p　21cm　（広円寺教化冊子　no.1）

◇親鸞と本願寺一族―父と子の葛藤　今井雅晴著　雄山閣出版　1999.8　228p　20cm　2500円　Ⓘ4-639-01621-2
　内容 1 親鸞と善鸞・如信―鎌倉時代（親鸞―因果応報　長男善鸞―善絶はあったのか？　孫・如信―祖父と父の緩衝地帯）　2 覚如と存覚・従覚―鎌倉時代末期～南北朝時代（覚如―本願寺の創立　長男存覚―門徒との共存　次男従覚―父と兄の間を取り持つ）　3 蓮如と順如・実如―室町時代～戦国時代（蓮如―大教団への発展　長男順如―第一の後継者　五男実如―第二の後継者）　4 顕如と教如・准如―戦国時代末期～江戸時代初期（顕如―織田信長との十年戦争　長男教如―偽装の「義絶」？　三男准如―本願寺教団の再びの発展）

232

◇明智の源流へ―時代の黎明を呼ぶ十人　高橋佳子著　三宝出版　1999.3　256p　20cm　1800円　ⓘ4-87928-031-3
　内容　無私を貫く―最澄　宇宙と響き合う―空海　白い道を開く―法然、親鸞、蓮如　精神と形を結ぶ―道元　あるべきようを尋ねる―明恵　愚直に生きる―道宗　願いを具現する―鉄眼　天真に任す―良寛

◇蓮如上人御一代記聞書―浄土真宗聖典 現代語版　蓮如述, 浄土真宗教学研究所浄土真宗聖典編纂委員会編纂　京都　本願寺出版社　1999.3　275p　19cm　1200円　ⓘ4-89416-641-0

◇蓮如上人筆跡の研究　北西弘著　春秋社　1999.2　280, 17p　22cm　8000円　ⓘ4-393-16141-6
　内容　第1部　蓮如上人の筆跡（蓮如上人筆幼少の名号　蓮如上人と青蓮院尊応　蓮如上人の現存筆跡　蓮如上人御正楷書の六字名号　ほか）　第2部　蓮如上人真弟の筆跡（順超とその名号　本泉寺蓮悟筆六字名号　実従とその書状　蓮如上人と実如上人の六字名号　円如筆六字名号）

◇蓮如　源了圓著　大法輪閣　1999.1　254, 3p　20cm　（精読・仏教の言葉）　2400円　ⓘ4-8046-4101-7
　内容　1 蓮如の生涯　2 著作解説　3 蓮如のことばを解く（在家仏教の宣言　立宗の基本理念　教化　聴聞・念仏・往生　信心についての教義　信心（安心）の味わい　救済とたしなみ　人間観と極楽観（あの世観）　社会との接点）

◇蓮如上人全集　第1巻　五帖御文篇　蓮如著, 大谷暢順編　中央公論社　1998.12　499p　22cm　8800円　ⓘ4-12-490141-0, 4-12-490044-9

◇蓮如上人全集　第2巻　御文全篇　蓮如著, 大谷暢順編　中央公論社　1998.12　451p　22cm　7200円　ⓘ4-12-490142-9, 4-12-490044-9

◇蓮如上人全集　第3巻　諸文拾遺篇　蓮如著, 大谷暢順編　中央公論社　1998.12　210p　22cm　5100円　ⓘ4-12-490143-7, 4-12-490044-9
　内容　正信偈註　正信偈註釈　正信偈大意　蓮如上人旅がたり　蓮如上人和歌集

◇蓮如上人全集　第4巻　言行篇　蓮如著, 大谷暢順編　中央公論社　1998.12　434p　22cm　7400円　ⓘ4-12-490144-5, 4-12-490044-9

◇蓮如上人御一代記聞書　蓮如上人御一代記聞書類聚（天正三年記　第八祖御物語空善聞書　蓮如上人一語記（実悟旧記）　蓮如上人仰条々　蓮如上人御一期記　山科御坊事并其時代事　本願寺作法之次第　栄玄聞書　ほか）

◇蓮如のラディカリズム　大峯顯著　京都　法藏館　1998.12　227p　20cm　2200円　ⓘ4-8318-8138-4
　内容　仏教の「魂」論―自己とは誰か　イデアと浄土―地獄は一定すみぞかし　無戒仏教の創造―肉食妻帯の意義　蓮如のラディカリズム―宗教言語の革命　親鸞と蓮如　『蓮如上人御一代記聞書』を読む

◇蓮如上人のキーワード　天岸浄圓著　京都　本願寺出版社　1998.10　59p　19cm　400円　ⓘ4-89416-636-4

◇蓮師教学の背景　稲城選恵著　教育新潮社　1998.9　249p　19cm　（伝道新書18）　2000円　ⓘ4-7633-0004-0
　内容　1 時宗教義と『御文章』の関連性（時宗教義の概要　真宗教義と時宗教義の比較）　2 御文章と時宗教義（信心正因、称名報恩の背景　平生業成と平生往生　時宗と六字釈　ほか）　3 蓮師の六字釈について（六字釈ということ　善導大師の六字釈　宗祖の六字釈一行巻　ほか）

◇蓮如上人御一代記聞書―現代語訳　蓮如述, 瓜生津隆真著　大蔵出版　1998.9　446p　22cm　6800円　ⓘ4-8043-1048-7
　内容　元日の念仏　晨朝の勤行　聴讃お忘れ念声是一　本尊は掛やぶれ　南無とは　願生と覚善に仰せ　教賢と空覺に仰せ　聞きわけて、え信ぜぬもの　領解の心中　ほか

◇蓮如上人御一代記聞書　藤澤量正著　京都　本願寺出版社　1998.9　353p　22cm　（聖典セミナー）　3400円　ⓘ4-89416-626-7

◇蘇る蓮如―五百回忌　小倉正一郎著, 角田金次郎監修　金沢　中日新聞北陸本社　1998.6　189p　19cm　1900円

◇蓮如―本願寺王国を築いた巨人　大谷晃一著　学陽書房　1998.6　377p　15cm　660円　ⓘ4-313-75050-9
　内容　大阪再発見　母恋い　煩悩の淵　衆の中へ　念仏流浪　吉崎繁昌　一揆崩壊　山科再興　本願寺興隆　北の仏法国　聖と俗の間　巨人大往生

◇蓮如さまとお方さま　籠谷眞智子著　弘文出版　1998.6　215p　20cm　1700円

⓪4-87520-212-1
[内容] 1 蓮如さまの章(蓮如上人子守歌　蓮如さま幼少期のこと　後継者として ほか)　2 お方さまの章(如了さまのこと　蓮祐さまのこと　如円さまと嫁おどし ほか)　3 浄土真宗伝道の章(家庭のなかの浄土真宗　蓮如さまと女性教化　家族のありよう)

◇鉄人蓮如—混沌の時代を革新したイノベーター　世界文化社　1998.5　162p　26cm　(ビッグマンスペシャル)　1600円　⓪4-418-98118-7

◇蓮如　松原泰道著　東洋経済新報社　1998.4　243p　20cm　1400円　⓪4-492-06103-7
[内容] 序章 現代人と蓮如　第1章 誕生前夜　第2章 不幸な生い立ち　第3章 親鸞と蓮如　第4章 女人往生　第5章 本願寺を継ぐ　第6章 吉崎下向　第7章 吉崎での希望と絶望　第8章 一向一揆と晩年の蓮如　第9章 蓮如と一休　第10章 蓮如の名言

◇蓮如上人とともに—法話集　梯實圓ほか著　京都　本願寺出版社　1998.4　137p　19cm　800円　⓪4-89416-619-4

◇蓮如上人の風景　金龍静著　京都　本願寺出版社　1998.4　169p　21cm　1200円　⓪4-89416-621-6

◇蓮如の世界—蓮如上人五百回忌記念論集　大谷大学真宗総合研究所編　京都　文栄堂書店　1998.4　797p　22cm　10000円

◇蓮如名号の研究　同朋大学仏教文化研究所編　京都　法藏館　1998.4　174,19p　31cm　(同朋大学仏教文化研究所研究叢書1)　12500円　⓪4-8318-7842-1
[内容] 図版篇(草書体六字名号　楷書体六字名号　楷書体九字名号 ほか)　論文篇(墨書草書体六字名号について　蓮如自筆の楷書六字名号について　蓮如を中心とした九字・十字名号について ほか)　史料篇(蓮如名号関係史料　名号所在一覧)

◇図録蓮如上人余芳　本願寺史料研究所編纂　〔京都〕　浄土真宗本願寺派　1998.3　263p　31cm　⓪4-89416-615-1

◇蓮如上人　法藏館編集部編　京都　法藏館　1998.3　78p　21cm　476円　⓪4-8318-0151-8
[内容] インタビュー アニメ映画「蓮如物語」の見どころ　エッセイ(死から詩をいただく　愛する人との別れ　女性が救われていく道　蓮如ブームに沸く現代日本　歴史の潮境の時代)　蓮如さんのこころ　蓮如さんの生涯　蓮如さんと出会った人々　蓮如紀行　法話—蓮如上人に学ぶ

◇蓮如上人研究　蓮如上人研究会編　京都　思文閣出版　1998.3　480p　22cm　10000円　⓪4-7842-0961-1
[内容] 教学(蓮如上人教学の根本義　蓮如上人の他力論 ほか)　地域(蓮如上人と近江—特に堅田門徒と東近江衆について　蓮如上人と丹波真宗寺院 ほか)　伝記(蓮如上人と一向衆　赤尾道宗と蓮如上人 ほか)　社会(民俗からみた蓮如上人　「講」の機能と村落社会構造—北陸地方を中心として ほか)

◇蓮如上人私記—真実を求めて　西田真因著　京都　真宗大谷派宗務所出版部　1998.3　114p　19cm　(同朋選書21)　800円　⓪4-8341-0253-X

◇蓮如と本願寺—その歴史と美術 蓮如上人500回忌記念東西合同特別展覧会　京都国立博物館編　毎日新聞社　1998.3　286p　30cm

◇蓮如と真宗行事—能登の宗教民俗　西山郷史著　木耳社　1998.3　299p　19cm　1800円　⓪4-8393-7700-6
[内容] 1 蓮如と伝承(蓮如と蓮如伝承)　2 真宗行事(研究の現状と真宗行事　正月行事と御影巡回　コンゴウ参り)　3 真宗以前—薬師・アエノコト(能登半島の宗教風土　能登の薬師信仰　アエノコトの日)

◇講座蓮如　第6巻　浄土真宗教学研究所,本願寺史料研究所編　平凡社　1998.2　407p　22cm　5000円　⓪4-582-73616-5

◇蓮如教学の研究　林智康著　京都　永田文昌堂　1998.2　337,36p　22cm　7000円　⓪4-8162-3148-X

◇蓮如上人研究　教義編1　浄土真宗教学研究所編　永田文昌堂　1998.2　583p　22cm　9500円　⓪4-8162-3029-7
[内容] 蓮如上人と秘事法門(梯實圓著)　「たすけたまへとたのむ」についての真意とその思想背景(浅井成海著)　蓮如教学と本覚思想(徳永道雄著)　蓮如上人の神祇に関する教化(内藤知康著)　鎌倉時代の浄土真宗と時衆(今井雅晴著)　真宗教学史における「御文」の位置(細川行信著)　妙好人浅原才市と蓮如(源了圓著)　蓮如における無常観の特質(鍋島直樹著)　中世後期における仏光寺と本願寺の名号観(山田雅教著)　蓮如と浄土異流(那須一雄著)　蓮如上人の神祇観 その1(足立幸子著)　『十六問答記』の性格(普賢保之著)　宗教書としての『御文章』の文章形式(中村元著)　「御文」その

言説の成立(菅野隆一著)
◇蓮如上人研究 教義編2 浄土真宗教学研究所編 永田文昌堂 1998.2 308,54p 22cm 6200円 ⓣ4-8162-3030-0
内容 蓮如上人の「六字釈」の思想的意味(石田慶和著) 信心をとるということ(稲城選恵著) 蓮如上人と言葉(大峯顯著) 蓮如上人の異義批判(梯實圓著) 蓮如における「信心決定」の論理(武田龍精著) 蓮如上人と「正信偈」(林智康著) 蓮如上人の仮名づかい(福永静哉著) 蓮如上人の名号論(普賢晃壽著) 「御再興の上人」の意義について(村上速水著) 蓮如上人における無常の意味とその背景(矢田了章著) 蓮師における六字釈義とその背景(山田行雄著) 蓮如上人の無常観(霊山勝海著) 『安心決定鈔』英訳(廣田デニス著) 蓮如上人和歌英訳(稲垣久雄著)
◇蓮如上人と本願寺書院 長野隆法著 京都 本願寺出版社 1998.2 87p 19cm 400円 ⓣ4-89416-872-3
◇蓮如上人のことば—念仏の人生・月々の味わい 早島鏡正著 京都 本願寺出版社 1998.2 52p 19cm 300円 ⓣ4-89416-869-3
◇蓮如上人ものがたり 千葉乗隆著 京都 本願寺出版社 1998.2 347p 19cm 2000円 ⓣ4-89416-871-5
◇蓮如伝説への旅—越前・加賀から世界文化遺産の越中五箇山へ 和田重厚編 戎光祥出版 1998.2 126p 19cm 1200円 ⓣ4-900901-03-2
◇蓮如論—問いかける人権への視点 小森龍邦著 明石書店 1998.2 269p 19cm 2000円 ⓣ4-7503-1019-0
内容 第1章 蓮如の生い立ち 第2章 女人往生と「五障・三従」 第3章 後生の一大事 第4章 諸神・諸仏・菩薩への対応 第5章 信心為本と王法為本 第6章 一向一揆 第7章 蓮如の最晩年
◇蓮如—その思想と文化 論集 同朋大学仏教学会編 名古屋 同朋大学仏教学会〔1998〕 473p 22cm
内容 第一部:蓮如上人教学の基本的立場(寺倉襄著) 蓮如上人における聞(名)義の瞥見(宇治谷祐顕著) 『正信偈』と蓮如上人の教誡(浜田耕生著) 御文の教示(池田勇諦著) 『御文』における「六字のこころ」(田代俊孝著) 『御文』と教化と宗教性(加藤智見著) 蓮如教学管見(青木馨著) 「弥陀をたのめ」考(廣瀬惺著) 第二部:蓮如上人の詠歌(堅田修著) 蓮如の「時鳥」詠と『信証院法印御集』(渡辺信和著) 西蓮寺本『蓮如上人御絵伝』と『蓮如上人略伝』の成立(沙加戸弘著) 蓮如上人の絵伝と絵解き本(小山正文著) 行儀の確立とその推移(瀬尾顕證著) 「奉修復」裏書考(小島惠昭著) 蓮如と社会生活(中村薫著) 女身を厭悪する思想(菱木政晴著) 蓮如上人の権力観(尾畑文正著)

◇蓮如上人いまさずは 林暁宇著 辰口町(石川県) 具足舎 1997.12 48p 21cm (人はなぜ教えにあわねばならないか 7)
◇蓮如上人の総合的研究 德永大信編 京都 永田文昌堂 1997.12 317p 22cm ⓣ4-8162-3147-1
◇蓮如と信長 山折哲雄著 PHP研究所 1997.12 277p 20cm 1429円 ⓣ4-569-55897-6
◇講座蓮如 第5巻 浄土真宗教学研究所,本願寺史料研究所編 平凡社 1997.11 403p 22cm 5000円 ⓣ4-582-73615-7
内容 近世湖西地域における蓮如教団の形成と展開 三重県下における蓮如の教団 蓮如と大和—一五世紀後期吉野真宗門徒の成立 紀伊真宗の開教と展開—蓮如期を中心に 山城真宗教団史点描 播磨門徒の形成について 美作・備前・備中地域における真宗の移入と展開 安芸・備後地域における真宗の展開過程 鳥取・島根の真宗—山陰の真宗の伝播とその展開 周防・長門地域における真宗の発展過程 四国真宗教団の発展過程 九州地域五ヵ国の真宗—豊前・豊後・筑前・筑後・肥前国 肥後国・日向国・薩摩国における真宗の展開
◇浄土真宗がわかる本—親鸞聖人と蓮如上人 続 紅楳英顕著 教育新潮社 1997.11 151p 19cm (伝道新書 16) 1800円 ⓣ4-7633-0001-6
◇蓮如上人の歩んだ道 出雲路修他著 京都 真宗大谷派宗務所出版部 1997.11 416p 21cm (蓮如上人に学ぶ 1) 1714円 ⓣ4-8341-0247-5
◇新・蓮如への誤解 蓮如研究会編 京都 永田文昌堂 1997.10 233p 19cm 1600円 ⓣ4-8162-4127-2
◇蓮如—転換期の宗教者 山折哲雄,大村英昭編 小学館 1997.9 334p 20cm 2400円 ⓣ4-09-626120-3
内容 第1部 蓮如の人間像と信仰の世界(人

仏教を支えた人々

と思想　水際の上人　"信の世界"の建設者　蓮如の女性観・家族観 ほか）　第2部　蓮如の再発見（蓮如上人の信心　本地垂迹説と真宗信仰　民俗社会に生きる"蓮如さん"　親鸞のめがねを通して見た蓮如 ほか）

◇蓮如上人ご旧蹟ガイド―その生涯をたずねて　〔京都〕　真宗大谷派京都教区蓮如上人御遠忌お待ち受け推進委員会　1997.9　48p　21cm

◇蓮如と一休　田代俊孝著　京都　法藏館　1997.9　58p　19cm　571円　①4-8318-8648-3
[内容] 蓮如上人について　見玉尼の往生　白骨の御文　病患を楽しむ　後鳥羽上皇の「無常講式」　常住の国　生死不如意　一休の「骸骨」　ここを去ること遠からず　心は浄土に遊ぶ　幸せの青い鳥　一休と森女　蓮如上人と女性　執心のこころをやめて

◇蓮如―乱世に生きたオルガナイザー　菊村紀彦著　社会思想社　1997.8　221p　15cm　（現代教養文庫）　520円　①4-390-11616-9
[内容] 第1章　親鸞思想の荒廃のなかに　第2章　風雪の人生模様　第3章　オルガナイザーとコミュニケーション　第4章　女性観の精神革命　第5章　親鸞と蓮如と

◇蓮如　金龍静著　吉川弘文館　1997.8　207p　19cm　（歴史文化ライブラリー　21）　1700円　①4-642-05421-9
[内容] 蓮如論の課題―プロローグ　蓮如の前半生　一向宗の誕生　御文の地平　加賀の一向一揆　蓮如の家とその一族　教団組織の実態と原理　蓮如の最後―エピローグ

◇講座蓮如　第4巻　浄土真宗教学研究所，本願寺史料研究所編　平凡社　1997.7　381p　22cm　5000円　①4-582-73614-9

◇蓮如への誤解　続　川本義昭編　京都　永田文昌堂　1997.6　173p　19cm　1333円　①4-8162-4125-6

◇『月明』蓮如評伝　石田学著　京都　永田文昌堂　1997.5　217p　20cm　1900円　①4-8162-6127-3

◇講座蓮如　第3巻　浄土真宗教学研究所，本願寺史料研究所編　平凡社　1997.5　393p　22cm　5000円　①4-582-73613-0
[内容] 戦国期本願寺の開幕と蓮如の宗教活動　順興寺と枚方寺内町―一門一家寺院論への展望　鑓役と御堂衆の成立と展開―本願寺の場合　戦国期の本願寺の社会的位置―『天文日記』の音信・贈答から見た　戦国期の宗教と商業―本願寺教団の場合　寺内町における寺院と都市民―大坂石山を事例に　歴史地理学からの寺内町論　真宗の葬送儀礼　近世真宗教団論　近世民衆社会における真宗の存在意義　研究史・理解史の中の「蓮如」

◇講座蓮如　第2巻　浄土真宗教学研究所，本願寺史料研究所編　平凡社　1997.3　369p　22cm　5150円　①4-582-73612-2

◇白き道あり　続　井上雪著　金沢　北國新聞社出版局　1997.3　186p　20cm　（北国こころの本）　1800円　①4-8330-0970-6

◇蓮如―その教えと生き方　早島鏡正著　日本放送出版協会　1997.3　317p　16cm　（NHKライブラリー）　971円　①4-14-084051-X
[内容] 第1章　本願寺中興の祖・蓮如　第2章　南無阿弥陀仏の世界　第3章　信心獲得とその後の生活　第4章　掟と仏法　第5章　念仏者のすがた　第6章　たしなみの人生　第7章　布教の心とその工夫　第8章　御文章の心　第9章　蓮如を慕う人々

◇図説蓮如―一向南無阿弥陀仏の世界　河出書房新社編集部編　河出書房新社　1997.2　127p　22cm　1854円　①4-309-72560-0
[内容] 第1章　御文が語る蓮如の思想　第2章　蓮如の時代　第3章　蓮如の生涯　第4章　御文の世界　第5章　蓮如の言葉　第6章　蓮如伝説　第7章　蓮如事典

◇蓮如上人をお慕いして　細川行信著　京都　法藏館　1997.2　41p　19cm　388円　①4-8318-8644-0

◇蓮如上人の王法　大桑斉ほか著　京都　真宗大谷派宗務所出版部　1997.2　122p　21cm　（蓮如上人に学ぶ3）　800円　①4-8341-0244-0

◇現代の聖people蓮如上人御一代記聞書　細川行信ほか著　京都　法藏館　1996.12　433p　21cm　3296円　①4-8318-4036-X
[内容] 勧修寺の道徳　南無というは　加賀の願正　順讃御わすれ　念声是一　和讃の御法談　三河の教賢　ききわけて、え信ぜぬ仏心の蓮華　『正信偈』・『和讃』をよみて〔ほか〕

◇講座蓮如　第1巻　浄土真宗教学研究所，本願寺史料研究所編　平凡社　1996.12　393p　22cm　5150円　①4-582-73611-4
[内容] 総説　真宗の社会的基盤をめぐって―宗教と経済の関係について　蓮如の時代―

その社会と政治　飢饉と戦争からみた一向一揆　蓮如の実像　蓮如上人初期の教化　蓮如における王法の問題　本願寺蓮如の「教団」と戦国社会—御文を素材として　蓮如の女人往生論—文明五年の御文をめぐって　「語る」蓮如と「語られた」蓮如—戦国期真宗信仰のコスモロジー　近江金森一揆の背景　文明・長享期の加賀における「郡」について　永正三河大乱と一向一揆

◇光をかかげて—蓮如上人とその教え　梯實圓著　京都　本願寺出版社　1996.11　267p　19cm　1456円　①4-89416-665-8

◇蓮如大系　梯実円, 名畑崇, 峰岸純夫監修　京都　法蔵館　1996.11　5冊（セット）　21cm　51500円　①4-8318-4651-1
　内容　蓮如の生涯　蓮如の教学　蓮如と本願寺教団（上）　蓮如と本願寺教団（下）　蓮如と一向一揆

◇蓮如上人—その教えと生涯に学ぶ　梯實圓, 福間光超, 金龍静執筆, 浄土真宗教学研究所編　第5版　京都　本願寺出版社　1996.9　141p　21cm　583円　①4-89416-581-3

◇蓮如実伝　第2部　北陸篇　上　辻川達雄著　京都　本願寺維持財団　1996.9　258p　21cm　2427円　①4-87738-010-8
　内容　第1章 布教地模索の北陸巡錫　第2章 吉崎下向　第3章 吉崎道場　第4章 吉崎を取り巻く社会背景

◇蓮如と七人の息子　辻川達雄著　誠文堂新光社　1996.9　391p　20cm　2800円　①4-416-89620-4

◇蓮如上人—再興と伝道の生涯　今田法雄著　京都　永田文昌堂　1996.5　351p　19cm　3000円　①4-8162-4124-8

◇蓮如入門　加藤智見著　大法輪閣　1996.5　240p　19cm　1800円　①4-8046-1124-X
　内容　今、なぜ蓮如か　貧困の蓮如　自分を生かす アイデアの人　蓮如と女性　いじめと蓮如　蓮如の包容力　震災と心のケア　逃亡の蓮如　海になった蓮如〔ほか〕

◇蓮如　笠原一男著　講談社　1996.4　351p　15cm　（講談社学術文庫）　980円　①4-06-159224-6
　内容　第1章 生と死の知恵　第2章 史料で読む一揆と蓮如　第3章 蓮如の生涯　第4章 御文にみる蓮如の思想　第5章 真宗にみる罪と罰

◇蓮如の生涯　国書刊行会　1996.4　239p　19cm　1800円　①4-336-03825-2
　内容　序章 夢、幻の如く　第1章 若き日の蓮如　第2章 本願寺再興へ　第3章 念仏の花開く

◇蓮如上人—親鸞聖人の教えに生きた人　延塚知道ほか著　京都　真宗大谷派宗務所出版部　1996.3　158p　21cm　600円　①4-8341-0241-6

◇蓮如上人の母とその身内　平井清隆著　京都　永田文昌堂　1996.3　183p　20cm　1800円　①4-8162-7507-X

◇蓮如上人の目指した地平　金竜静ほか著, 真宗大谷派宗務所出版部編　京都　真宗大谷派宗務所出版部　1996.3　133p　21cm　（蓮如上人に学ぶ2）　800円　①4-8341-0239-4

◇蓮如実伝　第1部　近江篇　辻川達雄著　京都　本願寺維持財団　1995.11　246p　21cm　2500円　①4-87738-001-9
　内容　第1章 延暦寺の弾圧　第2章 再起の模索　第3章 本願寺と北陸

◇蓮如のすべて　早島鏡正編　新人物往来社　1995.11　215p　20cm　2800円　①4-404-02311-1
　内容　親鸞から蓮如へ　蓮如の生涯　室町という舞台装置—蓮如が生きた時代　蓮如の伝道と教義　蓮如語録に聞く　蓮如上人と『御文章』　蓮如と女人往生　現代に生きる蓮如　蓮如と北陸　本願寺略系図・蓮如の家族　蓮如関係略年表

◇蓮如畿内・東海を行く　岡村喜史著　国書刊行会　1995.10　224p　19cm　1800円　①4-336-03767-1

◇蓮如北陸路を行く　朝倉喜祐著　国書刊行会　1995.10　229p　19cm　1800円　①4-336-03768-X

◇人間蓮如　山折哲雄著　洋泉社　1995.9　278p　20cm　2000円　①4-89691-178-4
　内容　第1章 人と思想　第2章 蓮如の戦略　第3章 蓮如の救済論　第4章 晩年と臨終

◇実像の蓮如さん—蓮如さんと二人三脚の了西　三好智朗著　近代文芸社　1995.8　209p　20cm　2000円　①4-7733-4249-8

◇蓮如—大事業家の戦略　百瀬明治著　清流出版　1995.7　263p　20cm　1800円　①4-916028-11-2
　内容　序章 蓮如が変えた宗教地図—浄土真宗大発展の理由　第1章 雌伏の時を生きる蓮如—激動の時代を見つめ続けて　第2章 躍

仏教を支えた人々

動する蓮如―創業から全国制覇へといたる戦略とその分析　第3章　熟思する蓮如―繁栄の基礎を築いた組織の守成戦略　第4章　蓮如に学ぶ事業精神―不透明な時代をどう乗り越えるか

◇蓮如・一向一揆　笠原一男, 井上鋭夫校注　岩波書店　1995.5　706p　22cm（日本思想大系新装版）　5000円　ⓘ4-00-009064-X

◇蓮如への誤解　早川顕之編　京都　永田文昌堂　1995.4　156p　19cm　1300円　ⓘ4-8162-4122-1

◇蓮如上人―復興の生涯　特別展　安城市歴史博物館編　安城　安城市歴史博物館　1995.4　79p　30cm

◇蓮如上人ものがたり　青木馨著　京都　真宗大谷派宗務所出版部　1995.4　150p　19cm　1000円　ⓘ4-8341-0227-0

◇蓮如上人に学ぶ　川崎寅治著　近代文芸社　1995.3　256p　20cm　2000円　ⓘ4-7733-3832-6
　内容　仏法の縁と私　日常生活と心づかい　心の時代の教師　物に対する心　信をとれ　自己研鑽　よいことへの思い　門徒への思い　独覚心への慚愧　自己凝視〔ほか〕

◇蓮如教学の研究　2　宿善論　稲城選恵著　京都　法蔵館　1994.12　292p　22cm　8500円　ⓘ4-8318-7897-9

◇蓮如の生涯　東沢真静著　京都　法蔵館　1994.10　71p　21cm　600円　ⓘ4-8318-2302-3

◇真宗再興の人蓮如上人の生涯と教え　真宗大谷派教学研究所編　京都　真宗大谷派宗務所出版部　1994.9　209p　19cm　500円　ⓘ4-8341-0225-4

◇蓮如上人行実　真宗大谷派教学研究所編　京都　真宗大谷派宗務所出版部　1994.8　238, 13p　22cm　2500円　ⓘ4-8341-0224-6

◇蓮如上人御一代記聞書に学ぶ　井上善右衛門著　改訂　京都　永田文昌堂　1994.8　400p　22cm　4800円　ⓘ4-8162-3527-2

◇蓮如―聖俗具有の人間像　五木寛之著　岩波書店　1994.7　195p　18cm　（岩波新書）　620円　ⓘ4-00-430343-5
　内容　第1章　蓮如という人　第2章　若き日の蓮如　第3章　時代の闇をみつめて　第4章　自由へのたたかい　第5章　疾走する蓮如　第6章　混沌の北陸をめざして　第7章　蓮如の女性観　第8章　この世の幻境吉崎　第9章　伝承に生きる蓮如　第10章　現世へのメッセージ　第11章　噴火するエネルギー　第12章　聖と俗のあいだに

◇祖先中心から本尊中心へ―蓮如上人に学ぶ　池田勇諦著　名古屋　真宗大谷派名古屋別院教務部　1993.9　39p　19cm　（東別院伝道叢書　17）　250円　ⓘ4-915774-11-2

◇不滅の人・蓮如　笠原一男著　世界聖典刊行協会　1993.8　284p　19cm　1500円　ⓘ4-88110-126-9

◇蓮如五帖御文―現代の聖典　細川行信ほか著　京都　法蔵館　1993.7　338p　21cm　2900円　ⓘ4-8318-4028-9

◇蓮如とルター―宗教教団の原点　加藤智見著　京都　法蔵館　1993.6　324p　20cm　2900円　ⓘ4-8318-7204-0
　内容　第1部　蓮如の生涯と教団（自己形成　自己変革　思想形成と実践　教団の形成　教団の確立）　第2部　ルターの生涯と教団（自己形成　自己変革　思想形成と闘い　改革運動と教団　教団確立に向けて）　第3部　蓮如とルター―教団の一原点

◇人間蓮如　山折哲雄著　JICC出版局　1993.4　276p　20cm　1900円　ⓘ4-7966-0591-6
　内容　第1章　人と思想　第2章　蓮如の戦略　第3章　蓮如の救済論　第4章　晩年と臨終

◇親鸞と蓮如　朝日新聞社　1992.9　176p　29cm　2400円　ⓘ4-02-258519-6
　内容　1　親鸞―慈愛と本願の道　2　蓮如―強靱なる念仏者　3　真宗入門―人類の未来を開く他力思想

◇名僧百人一話―古寺名刹百物語　2　駒敏郎ほか著　青人社　1992.9　203p　21cm　1500円　ⓘ4-88296-106-7
　内容　穢土と浄土　名僧百人一話　古寺名刹百物語　時代の焦点（寺院と庭園　美しき仏たち―時代と様式の流れ　仏教と文学　遊行・漂泊と仏教思想　日常語となった仏教用語）

◇蓮如　石田充之著　第2版　京都　永田文昌堂　1992.7　163p　20cm　1400円

◇蓮如上人の生涯とその教え　稲城選恵著　京都　探究社　1992.5　128p　17cm　1000円　ⓘ4-88483-295-7

◇蓮如街道・合掌の旅―蓮如上人御影吉崎

◇御下向1991年度自由参加レポート　松岡満雄編　苫前町（北海道）　松岡満雄　1991.11　65p　26cm

◇蓮如上人遺文　蓮如著, 稲城昌丸編　京都　法蔵館　1990.10　753, 48p　22cm　15450円　①4-8318-7871-5

◇蓮如と真宗行事　西山郷史著　木耳社　1990.8　300p　19cm　（オリエントブックス）　1700円　①4-8393-7527-5
　内容　1 蓮如と伝承（蓮如と蓮如伝承）　2 真宗行事（序―研究の現状と真宗行事　正月行事と御影巡回　コンゴウ参り）　3 真宗以前―薬師・アエノコト（序―半島の宗教風土　能登の薬師信仰　アエノコトの日）

◇蓮如上人御一代記聞書讃仰　細川巌著, 真宗大谷派宗務所出版部編　京都　真宗大谷派宗務所出版部（東本願寺出版部）　1989.11　327p　22cm　1748円　①4-8341-0192-4

◇蓮如吉崎御坊と門徒　朝倉喜祐著　金津町（福井県）　金津町観光協会　1989.10　174p　19cm

◇蓮如上人御一代記聞書講話　蜂屋賢喜代著　京都　法蔵館　1989.9　553p　22cm　7004円　①4-8318-7880-4

◇ものがたり本願寺　東沢真静著　京都　法蔵館　1989.8　81p　21cm　650円　①4-8318-2306-6
　内容　親鸞聖人の御往生　本廟創立　覚如上人　東国門弟の願い　本願寺の公称　御影堂と本堂のこと　大谷破却　蓮如上人御往生　山科本願寺焼亡　石山本願寺城　東本願寺の設立　西本願寺の代々〔ほか〕

◇親鸞大系　歴史篇　第7巻　蓮如の生涯　柏原祐泉, 黒田俊雄, 平松令三監修　京都　法蔵館　1989.7　606p　22cm　①4-8318-4600-7

◇寂静の生　寺川俊昭著　弥生書房　1989.7　212p　20cm　（現代の真宗 1）　1700円　①4-8415-0634-9
　内容　清閑なる一道―親鸞・蓮如・満之　僧伽的人間　歎異の心　念仏申さんと思いたつ心　真実の探究者　南無阿弥陀仏の共同体

◇蓮如上人全集　言行篇　大谷暢順編　河出書房新社　1989.5　379, 125p　23cm　6000円　①4-309-23010-5
　内容　蓮如上人御一代記聞書　蓮如上人御一代記聞書類聚（天正三年記）　第八祖御物語空善聞書　蓮如上人一語記（実悟旧記）　蓮如上人仰条々　蓮如上人御一期記　山科御坊事并其時代事　本願寺作法之次第　栄玄聞書　蓮如上人遺言　蓮如上人御往生之奇端条々　拾塵記　蓮如上人塵拾鈔　赤尾道宗心得二十一箇条）　解説　蓮如上人史料諸本対照表

◇親鸞聖人と蓮如上人　稲城選恵著　教育新潮社　1989.4　208p　19cm　（伝道新書 10）　2060円

◇蓮如上人に学ぶ　池田勇諦著　京都　東本願寺出版部　1988.11　43p　18cm　（東本願寺伝道ブックス 25）　200円　①4-8341-0185-1

◇蓮如―乱世に生きたオルガナイザー　菊村紀彦著　鈴木出版　1988.10　222p　20cm　1500円　①4-7902-1021-9
　内容　第1章 親鸞思想の荒廃のなかに　第2章 風雪の人生　第3章 オルガナイザーとコミュニケーション　第4章 女性観の精神革命　第5章 親鸞と蓮如　蓮如に関する著作表　蓮如略年表

◇蓮如さん―門徒が語る蓮如伝承集成　加能民俗の会企画・編　金沢　橋本確文堂　1988.10　318p　21cm　2800円　①4-89379-010-2
　内容　蓮如さんの足跡（福井県　石川県　富山県）　蓮如さんの響き（福井県　石川県　富山県）

◇大実業家・蓮如―親鸞を継ぎ日本最大の組織を創った男　百瀬明治著　祥伝社　1988.3　250p　18cm　（ノン・ブック）　980円　①4-396-50012-2
　内容　序章 蓮如以前と蓮如以後―その一代で、本願寺はかくも大変貌を遂げた　1章 不幸な前半生、打たれ強い蓮如―充電期間の彼は、何を見、何を考えたか　2章 創業の蓮如・全国制覇への戦略―懸案の二大障害を、いかに乗り越えたか　3章 守成の蓮如・組織永続の戦略―今日にいたる隆盛の基盤は、いかに築かれたか　4章 大企業家・蓮如の功罪―そこから現代人が学ぶべきものは何か

◇蓮如上人のことば―わかりやすい名言名句　稲城選恵著　京都　法蔵館　1987.6　245p　19cm　1300円　①4-8318-2311-2

◇蓮如上人　宇野円空　国書刊行会　1987.2　494p　22cm　6500円
　内容　正信偈大意　和田徹城著. 御文章　小山法城. 領解文　岡部宗城著. 蓮如上人御一代聞書　泉道雄著. 蓮如上人遺徳記　好村春基. 実悟記　楠基道著. 反古裏書　宮崎円遵

仏教を支えた人々

著. 山科連署記 野村了本著. 歴代御消息集 伊藤義賢著

◇庶民と歩んだ僧たち　中尾堯編著　東京書籍　1986.10　264p　19cm　（日本人の仏教 8）　1500円
　内容　1 庶民仏教の元祖（行基　役小角　空也　性空　教信）　2 もう一つの鎌倉仏教（重源　貞慶　叡尊　忍性　無住）　3 乱世に生きた僧（一休　蓮如　日親）　4 民間の聖者（日奥　公慶　良寛　木食僧）　5 僧尼の群像

◇蓮如　笠原一男著　吉川弘文館　1986.8　322p　19cm　（人物叢書 新装版）　1800円　①4-642-05048-5

◇蓮如に出会う　丹羽文雄ほか著　旺文社　1986.5　333p　22cm　1800円　①4-01-071408-5
　内容　第1章 蓮如に迫る（蓮如の生き方　蓮如の言行　蓮如と現代　蓮如との対話　蓮如の思想）　第2章 蓮如を語る（乱世の社会運動家）　第3章 評伝（時代透察の視座）

◇蓮如　南御堂新聞編　大阪　難波別院　1986.4　272p　22cm

◇蓮如の生涯　東沢真静著　京都　法蔵館　1986.4　71p　21cm　500円

◇蓮如と大阪―大阪の町と蓮如上人展　難波別院, 朝日新聞大阪本社企画部編　〔大阪〕　朝日新聞大阪本社企画部　c1986　144p　26cm

◇日本の仏者　高崎哲学堂設立の会編　高崎　高崎哲学堂設立の会　1985.12　238p　19cm　1300円
　内容　聖徳太子（梅原猛）　聖徳太子再論（梅原猛）　最澄と空海（上山春平）　空海の思想（上山春平）　『歎異抄』から見た親鸞（笠原一男）　蓮如―乱世を生きる（笠原一男）　日蓮―法に生きた如来使（紀野一義）　道元―一寸座れば一寸の仏（紀野一義）

◇蓮如・現代と教団　北西弘著, 北西弘博士還暦記念刊行会編　金沢　北国出版社　1985.12　148p　22cm　2500円

◇蓮如文集　笠原一男校注　岩波書店　1985.7　253p　15cm　（岩波文庫）　450円

◇蓮如上人の教え　渡辺顕正著　京都　永田文昌堂　1985.5　43p　19cm　450円

◇蓮如上人の教学と歴史　木村武夫編　大阪　東方出版　1984.11　433p　21cm　3800円

◇蓮如―吉崎布教　辻川達雄著　誠文堂新光社　1984.10　255p　20cm　1700円　①4-416-88419-2

◇乱世の人間像―親鸞と蓮如　笠原一男述, 日本放送協会編　日本放送出版協会　1984.4　145p　21cm　（NHK市民大学）

◇名僧列伝　4　念仏者と唱題者　2　紀野一義著　角川書店　1983.5　280p　15cm　（角川文庫）　340円
　内容　一遍.蓮如.元政.弁栄聖者

◇蓮如上人遺文　稲葉昌丸編　京都　法蔵館　1983.5　753, 48p　22cm　12000円

◇日本名僧論集　第10巻　一休・蓮如　桜井好朗, 福間光超編　吉川弘文館　1983.4　496p　22cm　5800円
　内容　一休　一休和尚年譜の研究　平野宗浄著. 一休宗純皇胤説の再確認　玉村竹二著. 狂雲子一休とその時代　芳賀幸四郎著. 乱世の狂気―一休宗純における政治と美学　桜井好朗著. 一休宗純の「反動」と「頽廃」　市川白弦著. 一休「風流」の意味するもの　岡松和夫著. 一休論成立の前提　中本環著. 一休づかれ―今のところは馬祖道一　富士正晴著. 一休俗伝考―江戸時代の一休説話　岡雅彦著. 蓮如　蓮如とその時代　魚澄惣五郎著. 蓮如筆蹟の年代別研究―各種真蹟書写本を中心として　古田武彦著. 蓮如上人時代の異義思想とその批判　石田充之著.〔ほか〕

◇蓮如上人行実　稲葉昌丸編　京都　法蔵館　1983.3　423p　22cm　7000円
　内容　空善記―付兄弟中申定条々.蓮淳記.実悟旧記.実悟記―連々聞書及一期記抜萃.本願寺作法之次第―付山科御坊事並其時代之事.昔物語記.栄玄記.系図―日野一流系図　大谷一流系図　下間家系図.付録蓮如上人御一代聞書類の研究

◇蓮如上人御文　千葉乗隆, 堅田修編　京都　同朋舎出版　1982.10　222p　31×46cm　35000円　①4-8104-0297-5

◇蓮如上人御一代記聞書讃解　井上善右衛門著　京都　永田文昌堂　1982.8　388p　22cm　5500円

◇乱世を生きる―蓮如の生涯　笠原一男著　〔東村山〕　教育社　1981.5　301p　20cm　1500円

◇私の蓮如　真継伸彦著　筑摩書房　1981.4　184p　20cm　1100円

◇蓮如　森龍吉著　講談社　1979.8　211p

◇蓮如上人御一代記聞書講話　藤沢量正著　京都　永田文昌堂　1979.7　338p　22cm　5800円
◇人間蓮如　山折哲雄著　第2版　春秋社　1979.5　269p　19cm　1000円
◇蓮如上人御一代記聞書のこころ　永森文秀著　金沢　北国出版社　1978.11　178p　19cm　680円
◇名僧列伝　4　念仏者と唱題者　2　紀野一義著　文芸春秋　1978.10　293p　20cm　1000円
　[内容]　一遍.蓮如.元政.弁栄聖者
◇親鸞と蓮如—その行動と思想　笠原一男著　評論社　1978.4　302p　19cm　（日本人の行動と思想　40）　1500円
◇蓮如—その人と行動　菊村紀彦著　雄山閣出版　1975　225p　図　19cm　（雄山閣カルチャーブックス）　580円
◇蓮如と越前一向一揆　重松明久著　福井　福井県立図書館　福井郷土誌懇談会　1975　276p　17cm　（福井県郷土新書　2）　800円
◇蓮如上人—『御一代聞書』とその生き方　長田恒雄著　徳間書店　1972　238p　図　肖像　20cm　900円
◇現代人と仏教—親鸞・蓮如・新興宗教の七人の教祖たち　笠原一男著　評論社　1971　346p　図　19cm　（日本人の行動と思想　21）　890円
◇蓮如の旧跡と生涯　栗原行信著　京都　永田文昌堂　1971　124p　図　18cm　480円
◇人間蓮如　山折哲雄著　春秋社　1970　254p　20cm　650円
◇蓮如　服部之総著　福村出版　1970　255p　19cm
◇蓮如上人御一代記聞書入門　藤原教円著　京都　百華苑　1970　287p　図版　19cm　750円
◇火のひと蓮如　長田恒雄著　宝文館出版　1964　216p　図版　19cm
◇蓮如語録に聞く　大原性実著　教育新潮社　1964　247p　19cm
◇蓮如　笠原一男著　吉川弘文館　1963　322p　図版　18cm　（人物叢書　日本歴史学会編）

◇蓮如上人御一代記聞書—附現代語訳　梅原真隆訳註　角川書店　1959　274p　15cm　（角川文庫）
◇蓮如上人御一代記聞書講話　蜂屋賢喜代著　京都　法蔵館　1959　2版　553p　22cm
◇親鸞とその門弟　宮崎円遵著　京都　永田文昌堂　1956　265p　19cm
◇蓮如　服部之総著　理論社　1955　255p　18cm
◇日本仏教の創建者　森竜吉編　京都　大雅堂　1949　268p　19cm
　[内容]　得一・最澄・空海（三枝博音），法然・親鸞（藤谷俊雄），道元・栄西（前田一良），日蓮（森竜吉），蓮如（服部之聡）
◇蓮如　第1部　服部之総著　三陽社　1949　260p　19cm
◇蓮如　服部之総著　新地書房　1949　260p　19cm
◇蓮如上人の教学　稲葉秀賢著　京都　大谷出版社　1949　273p　22cm
◇蓮如　第1部　服部之総著　新地書房　1948　260p　18cm
◇蓮如上人遺文　稲葉昌丸編　京都　法蔵館　1948　753p　22cm
◇蓮如上人行実　稲葉昌丸編　京都　法蔵館　1948　423p　22cm
　[内容]　空善記，蓮淳記，実悟旧記，実悟記，本願寺作法之次第，昔物語記，栄玄記，日野一流系図，大谷一流系図，下間家系図　附録：蓮如上人御一代聞書類の研究（稲葉昌丸）
◇蓮如上人研究　竜谷大学編　京都　百華苑　1948　480p　図版　22cm
　[内容]　蓮如上人教学の概観（大原性実）他20篇
◇蓮如上人御文章　蓮如著，脇谷撝謙校註　4版　岩波書店　1948　244p　15cm　（岩波文庫）
◇蓮如上人御文章　脇谷撝謙校註　岩波書店　1948　244p　15cm　（岩波文庫）
◇蓮如上人御文章　脇谷撝謙校註　岩波書店　1948　244p　15cm　（岩波文庫　1322-1323）
◇蓮如上人伝序説　三品彰英著　京都　永田文昌堂　1948　172p　19cm
◇蓮如上人伝序説　三品彰英著　京都　永

田文昌堂　1948　172p　19cm
◇蓮如上人の生涯と思想　宮崎円遵, 神子
　上恵竜著　京都　永田文昌堂　1948
　165p　19cm
◇蓮如上人の生涯と思想　宮崎円遵, 神子
　上恵竜共著　京都　永田文昌堂　1948
　165p　19cm

良弁
ろうべん

持統3年(689年)〜宝亀4年(773年)閏11月24日　奈良期の華厳・法相宗の僧。義淵に師事して法相宗を学ぶ。天平5年(733年)金鐘寺(後の東大寺)に住し、天平12年(740年)同寺において、新羅僧審祥から華厳経学の講義を受ける。その教理に従い、天平勝宝4年(752年)東大寺を平城京の東に創建し、初代別当となる。中国仏教の受容にも努力し、天平勝宝6年(754年)には鑑真を迎えた。また近江国石山の石山寺造営にもあたって、称徳天皇の保良宮の祈願所とした。

　　　　＊　　＊　　＊

◇「図解」仏教宗派がよくわかる本―この一冊で各派のちがいが一目瞭然！　永田美穂監修　PHP研究所　2007.11　221p　21cm　1500円　①978-4-569-69580-8
　内容　序章 仏教の誕生とその教え―どうして宗派は興ったのか？　第1章 徹底比較一目でわかる宗派のちがい(宗派の数―いまの日本にはいくつ宗派がある？　時代―どんな時代にどんな宗派が流行ったのか？ ほか)　第2章 各宗派の教えの特徴(奈良仏教とは―奈良の都に咲いた六つの学問仏教「南都六宗」　法相宗の教え―世界のすべては心があらわしたもの「唯識思想」ほか)　第3章 教えを広めた人々(法相宗の宗祖―『西遊記』の主人公・三蔵法師の弟子「道昭」　華厳宗の宗祖―大鷲にさらわれ、東大寺開山の師となった「良弁」ほか)〔ほか〕

◇奈良の寺　14　大仏と大仏殿―東大寺　前田泰次ほか著　岩波書店　1993.4
　18p 図版48p　33cm　3200円
　①4-00-008314-7

◇学僧多忙　筒井寛秀著　学生社　1990.8
　244p　19cm　1800円　①4-311-20148-6
　内容　新春雑感　巷の教え　春を呼ぶお水取り　こもりの僧　法の道ありありと　無財の七施　良弁僧正と良弁杉　伏見文秀宮様と東大寺　羅漢さん　重源さん　天平産金の跡を訪ねて　俊乗房重源上人遺蹟をたずねて　東大寺の仁王像　二月堂宝物　大仏殿昭和大修理　紫香楽宮　先人に学ぶ　智慧の泉　学僧多忙　東大寺念仏堂地蔵菩薩像胎内墨書銘　実忠和尚覚書　良弁僧正の墓所について　東大寺の落書き　俊乗房重源と徳地　龍松院師資相承について　大喜院院師について　東大寺の拓影

◇東大寺　井上博道著　中央公論社　1989.5　198p　27×38cm　19000円
　①4-12-001797-4
　内容　華厳をめぐる話　東大寺の世界(迎春の大会―修正会・修二会に想う　東大寺の祖師講について　良弁僧正と俊乗房重源　華厳の美術　東大寺の年中行事の変遷)

仏教のはじめ

戒律
かいりつ

「戒」は仏教の信者が修行するときに、自発的に守るべき規則(戒め)をいい、「律」は出家者が仏教教団で生活する上の規定(決まり)をいう。戒の種類は、男女の別や年齢、あるいは修行の進み方で分けられている。初歩の戒が、出家していない在家信者のための五つの戒(五戒)である。また、二〇歳未満の在家の信者が、出家して修行を始めるときに受ける十戒がある。

　　　＊　　　＊　　　＊

◇破戒と男色の仏教史　松尾剛次著　平凡社　2008.11　207p　18cm　(平凡社新書)　720円　①978-4-582-85441-1
[内容]第1章 持戒をめざした古代(なぜ戒律が必要となったのか　待たれていた鑑真と国立戒壇　延暦寺戒壇の成立　戒をめぐる"現状")　第2章 破戒と男色の中世(守れなかった戒―宗性の場合　僧侶の間に広がった男色)　第3章 破戒と持戒のはざまで(中世日本に興った"宗教改革"　女性と成仏　戒律の復興を人々に広める　延暦寺系の戒律復興と親鸞)　第4章 近世以後の戒律復興

◇戒律概説―初期仏教から密教へ　遠藤祐純著　ノンブル社　2008.3　333p　22cm　9800円　①978-4-903470-31-3

◇大日本佛教全書　第105巻　戒律伝来記―外十一部　第2　仏書刊行会編纂　大法輪閣　2007.1　430p　22cm　8000円　①978-4-8046-1749-7

◇金田元成和尚著作集　金田元成著、西大寺編　大阪　東方出版　2006.12　454p　22cm　15000円　①4-86249-046-8, 4-86249-047-6
[内容]教学編(戒律管見　戒律の講習　要旨の筆記　真言律入門　真言律宗に就いて　真言律の意義　興正菩薩の信仰を知る文証　私の『真言律の意義』に対する奥義に答う　菩提心に就いて―心識・種子・薫習等)　法流編(四度加行伝授に就いて　西大寺許可並伝法灌頂教授用心　菩薩流聖教目録　西大寺菩薩流伝授記　冥授三昧耶戒灌頂印言口決略解　双円性海の秘奥略解)　雲伝神道編(雲伝神道伝授)

◇思想の身体　戒の巻　松尾剛次編著　春秋社　2006.8　214p　20cm　2000円　①4-393-33258-X
[内容]第1章 "戒"と日本仏教―破戒と持戒のはざまで　第2章 一神教と"戒"―ユダヤ教的特徴　第3章 "戒"と"律"―シャカムニの仏教　第4章 "戒"の現代的意味―仏教に見る　対論 日本人にとって"戒"とは何か

◇新国訳大蔵経　律部10　毘尼母経　三友量順校註　大蔵出版　2005.11　270p　23cm　9000円　①4-8043-8035-3

◇叡尊・忍性―持戒の聖者　松尾剛次編　吉川弘文館　2004.12　222p　20cm　(日本の名僧10)　2600円　①4-642-07854-1
[内容]1 叡尊・忍性の魅力　2 叡尊の生涯　3 戒律復興運動　4 叡尊の舎利信仰と宝珠法の美術　5 忍性の生涯　6 叡尊・忍性教団の考古学　7 忍性伝の諸問題

◇授戒―仏心を育てる　宮林昭彦著　青史出版　2002.5　166p　20cm　1500円　①4-921145-15-6

◇初期仏教教団の運営理念と実際　森章司著　国書刊行会　2000.12　511, 15p　22cm　9500円　①4-336-04300-0
[内容]序論に代えて 仏教における「経」と「律」の葛藤　第1章 「律蔵」の思想と「経蔵」の思想　第2章 「律蔵」と「経蔵」における懺悔　第3章 破和合僧と部派　第4章 初期仏教教団運営の理念　結論に代えて 「律蔵」の諸特性とインド文化

◇平川彰著作集　第10巻　律蔵の研究　2　平川彰著　春秋社　2000.2　382, 23p　22cm　8000円　①4-393-11160-5
[内容]第4章 波羅提木叉の研究〔ほか〕

◇感身学正記―西大寺叡尊の自伝　1　叡尊著, 細川涼一訳注　平凡社　1999.12　367p　18cm　(東洋文庫)　2900円

◇①4-582-80664-3
　内容 建仁元年(1201)一歳　建仁二年(1202)～建永元年(1206)二～六歳　承元元年(1207)七歳　承元二年(1208)八歳　承元三年(1209)九歳　承元四年(1210)十歳　建暦元年(1211)十一歳　建暦二年(1212)十二歳　建保元年(1213)十三歳　建保二年(1214)十四歳〔ほか〕

◇中世初期南都戒律復興の研究　蓑輪顕量著　京都　法藏館　1999.6　727, 30p　22cm　16000円　①4-8318-7530-9
　内容 第1章 官僧・遁世僧と論議における戒律　第2章 戒律復興運動初期の動向　第3章 俊芿の戒律理解　第4章 覚盛の通別二受の主張　第5章 良遍の戒律理解　第6章 南都律学の系譜　第7章 夢と好相と懺悔　第8章 叡尊門侶集団における構成員の階層——近事・近住と形同・法同沙弥　第9章 叡尊門侶集団における菩薩戒の授受——西大寺蔵『授菩薩戒用意聞書』と『授菩薩戒作法』を中心に　第10章 覚盛と叡尊の犯戒意識の相違　第11章 叡尊の思想と八斎戒とその信仰

◇平川彰著作集　第9巻　律蔵の研究 1　平川彰著　春秋社　1999.6　424, 18p　22cm　7500円　①4-393-11159-1

◇五戒の周辺——インド的生のダイナミズム　杉本卓洲著　京都　平楽寺書店　1999.2　290, 22p　22cm　5600円　①4-8313-1045-X

◇平川彰著作集　第13巻　比丘尼律の研究　平川彰著　春秋社　1998.6　701, 36p　22cm　12000円　①4-393-11163-X
　内容 序章 比丘尼律の研究資料　第1章 比丘尼戒経の研究資料について　第2章 比丘尼戒経の「戒序」　第3章 比丘尼波羅夷法の研究　第4章 比丘尼僧残法の研究　第5章 比丘尼捨堕法の研究　第6章 比丘尼波逸提法の研究　第7章 提舎尼と衆学法、七滅諍法

◇唐招提寺　唐招提寺編　新装版　学生社　1998.4　252p　20cm　1900円　①4-311-40806-4
　内容 1 序章　2 釈尊から鑑真和上まで　3 招提寺建立　4 南山律宗　5 戒と律　6 伽藍あれこれ　7 伝持の人々　8 唐招提寺の行事

◇戒律のはなし　ひろさちや原作, 森村たつお漫画　鈴木出版　1996.3　153p　22cm　(仏教コミックス 57)　1200円　①4-7902-1915-1
　内容 1 戒律ってなに?　2 戒律の制定　3 戒律の真の精神とは　4 大乗仏教の戒律観

◇人間として——戒のある生活　宮林昭彦著, 浄土宗出版室編　京都　浄土宗　1996.3　175p　19cm

◇平川彰著作集　第17巻　二百五十戒の研究 4　春秋社　1995.11　656, 28p　22cm　11845円　①4-393-11167-2
　内容 波羅提法の研究(続)　波羅提舎尼法の研究　衆学法の研究　七滅諍法について　二百五十戒の研究を終えるに当って

◇勧進と破戒の中世史——中世仏教の実相　松尾剛次著　吉川弘文館　1995.8　408, 8p　22cm　7828円　①4-642-02750-5
　内容 1 勧進と律僧(勧進の体制化と中世律僧——鎌倉後期から南北朝期を中心に　選経節「さんせう太夫」と勧進興行　室町幕府の禅・律対策——禅律方の考察を中心に　常陸三村寺結界石と称名寺結界絵図——結界の作法　西大寺末寺帳考——中世の末寺帳を中心に　恵鎮円観を中心とした戒律の「復興」——北嶺系新義律僧の成立)　2 日本古代・中世授戒制度史(官僧と遁世僧——鎌倉新仏教の成立と日本授戒制　延暦寺戒壇と鎌倉新仏教の成立　筑前観世音寺・下野薬師寺両戒壇の授戒制——官僧と新義律僧　中世延暦寺戒牒の古文書学的研究　尼への授戒——法華寺尼戒壇の成立)

◇女犯——聖の性　石田瑞麿著　筑摩書房　1995.4　218p　20cm　2400円　①4-480-84234-9
　内容 第1章 性の戒め　第2章 古代における僧の女犯　第3章 中世における僧の女犯　第4章 近世における僧の女犯

◇平川彰著作集　第16巻　二百五十戒の研究 3　春秋社　1994.11　635, 25p　22cm　11330円　①4-393-11166-4

◇律宗綱要——現代語訳　凝然大徳原著, 佐藤達玄著　大蔵出版　1994.7　374p　22cm　8500円　①4-8043-1023-1
　内容 第1部 教理篇(戒律の意義　三聚浄戒と三学　受戒の二相　三聚浄戒の典拠　三聚浄戒の異説　律宗の教相判釈　律宗所依の経論と宗の分斉　通別二受の教起　道宣の三観教　三聚浄戒——戒法・戒体　四分律蔵の所説　律宗の修行楷梯)　第2部 歴史篇(インド　中国　日本)　解説(凝然大徳の仏教研究の歩み　『律宗綱要』解題)

◇平川彰著作集　第15巻　二百五十戒の研究 2　春秋社　1993.11　607, 23p　22cm　10815円　①4-393-11165-6
　内容 第4章 不定法の研究　第5章 捨堕法の研究

◇戒律の世界　森章司編　渓水社　1993.5　886, 103p　22cm　20000円　①4-89287-089-7

[内容]第1総論篇(戒律概説　『律戒』の思想　仏教の戒律と世俗の法)　第2インド篇(インド諸宗教の戒律と仏教の戒律　律蔵と初期仏教教団の運営　大乗菩薩戒と大乗仏教教団　東南アジア・中央アジアの仏教と戒律)　第3中国〈韓国〉篇(仏教受容期における戒律　隋唐期仏教の戒律と律宗　禅と戒律　韓国の仏教と戒律)　第4日本篇(仏教受容期における戒律　平安仏教と戒律　鎌倉時代における戒律の復興　鎌倉新仏教と戒律　近世仏教における戒律)

◇平川彰著作集　第14巻　二百五十戒の研究　1　春秋社　1993.2　568, 16p　22cm　9270円　①4-393-11164-8

[内容]序章二百五十戒と波羅提木叉　第1章「戒序」の研究　第2章波羅夷法の研究　第3章僧残法の研究

◇鑑真戒律を伝えた僧　ひろさちや原作,芝地太郎漫画　鈴木出版　1992.4　153p　22cm　(仏教コミックス63)　1200円　①4-7902-1961-5

[内容]1 授戒の大師　2 遣唐使　3 唐の都　4 渡航計画　5 日本へ　6 平城京　ひろさちやのまんだら漫歩録—「奴隷になるな！自由人であれ！」

◇金沢文庫資料全書　第10巻　戒律篇　2　横浜　神奈川県立金沢文庫　1991.3　527p　27cm

◇金岡秀友選集　第7巻　三宝と十善　善本社　1990.5　233p　20cm　2400円　①4-7939-0231-6

[内容]第1章釈尊と根本教説(釈尊の言行　仏を観る　不変の道—法　仏教の行と信)　第2章釈尊の教団と戒律(釈尊の教団　十善戒の意義　身体の戒　口舌の戒　三毒と心中の戒)

◇金岡秀友選集　第9巻　五つの戒め　上　善本社　1990.5　250p　20cm　2400円　①4-7939-0233-2

[内容]第1章仏教の実践行(彼岸へ到る途　布施のこころ　蜘蛛の糸のゆくえ　仏教の戒)　第2章不殺生戒(生命の尊重　仏教の生命観　殺生問答　いのちあるもの)　第3章不偸盗戒(盗の分類　盗の基準)　第4章淫戒(淫戒の背景　淫戒の因縁　期待される者　行淫の対境)

◇金岡秀友選集　第10巻　五つの戒め　下　善本社　1990.5　p253～469　20cm　2400円　①4-7939-0234-0

[内容]第5章妄語戒　第6章不飲酒戒(飲酒の因縁　飲酒の三十五失　飲酒の三十六失)　第7章比丘尼の戒(比丘尼の八重罪　尼戒の背景)　第8章戒律余話(韓国仏教の現状　ラダックのラマ教探訪　ラマ僧の生活と戒律)

◇叡尊・忍性　和島芳男著　吉川弘文館　1988.2　215p　19cm　(人物叢書　新装版)　1500円　①4-642-05106-6

[内容]序章末法の世　第1西大寺叡尊　(戒律の復興　関東下向　西大寺流の発展　晩年の名望)　第2極楽寺忍性(その出家と東下　極楽寺の興隆　諸寺の経営　晩年の顕栄)　結語持戒の宗教

◇中国仏教における戒律の研究　佐藤達玄著　木耳社　1986.12　606, 21p　22cm　12000円　①4-8393-4424-8

[内容]第1章中国の仏教受容期における戒律の普及状態　第2章地域社会における律の普及状態　第3章戒律の浸透とその変容化　第4章道宣律師と唐代仏教　第5章道宣と戒壇　第6章道宣の懺悔観　第7章道宣のみた師弟道　第8章道宣と戒体　第9章四分律宗の形成と展開　第10章行事鈔研究の歩み　第11章中国における菩薩戒の展開　第12章三聚浄戒と受菩薩戒儀　第13章隋唐高僧の戒律観　第14章梵網戒とその実践　第15章禅宗教団と清規　第16章作務禅の展望　第17章道元禅師の禅戒一如観　第18章瑩山禅師の禅風と清規

◇日本仏教思想研究　第2巻　戒律の研究　下　石田瑞麿著　京都　法蔵館　1986.12　485p　22cm　8500円　①4-8318-3852-7

[内容]日本仏教における戒律の問題　三聚浄戒について　古代仏教と戒律　鑑真について　最澄と弟子光定　密教戒について　円戒と密教との交渉　平安中期における在家信者の受戒精神の展開　戒律復興と卓慶・高弁　最澄の戒律について　栄西　道元　日蓮初期の戒観　時宗の戒観について　無住一円とその戒律観　安楽律の紛争〔ほか〕

◇日本仏教思想研究　第1巻　戒律の研究　上　石田瑞麿著　京都　法蔵館　1986.9　491p　22cm　8500円　①4-8318-3851-9

[内容]1 鑑真渡来以前の戒律(第1節 仏教渡来後の戒律事情　第2節 鑑真渡来以前の受戒)　2 鑑真の戒律(第1節 鑑真の授戒伝律　第2節 鑑真の開会ستう)　3 最澄の戒律(第1節 最澄の円戒提唱　第2節 最澄の円戒　第3節 最澄以後の仮受小戒)　4 最澄の円戒(第1節 光定の円戒思想と『伝述一心戒文』　第2

節 円仁の円戒思想 第3節 円珍の円戒思想 第4節 安然の円戒思想 第5節 戒観念の変容) 5 鎌倉時代における戒律(第1節 法然の戒律観 第2節 南都戒の再興 第3節 南北2律と律宗復興)

◇仏教説話大系 27 戒律と規範 仏教説話大系編集委員会著 鈴木出版 1985.7 348p 22cm 3500円 ①4-7902-0027-2

◇インド・東南アジア仏教研究 1 戒律と僧伽 佐々木教悟著 京都 平楽寺書店 1985.4 341, 21p 22cm 8500円

◇草山元政和尚の戒律―仏教僧伽の前提 広上塔貫著 大和郡山 大慈林サンガ 1984.7 111p 22cm

◇日本名僧論集 第5巻 重源・叡尊・忍性 中尾堯, 今井雅晴編 吉川弘文館 1983.2 449p 22cm 5800円

◇戒律の研究 第2 土橋秀高著 京都 永田文昌堂 1982.11 326, 13p 22cm 5500円

◇戒律思想の研究 佐々木教悟編 京都 平楽寺書店 1981.10 628, 74p 22cm 9500円

◇戒律の研究 土橋秀高著 京都 永田文昌堂 1980.5 1166, 39p 22cm 25000円

◇アジアの仏教における戒律思想の展開に関する研究―研究報告 〔京都〕〔佐々木教悟〕 1980.3 63p 26cm

◇日本撰述律疏典籍における学術用語の研究―研究報告 駒沢大学大蔵経学術用語研究会 1980.3 58p 26cm

◇大日本仏教全書 第105冊 戒律伝来記―外十一部 仏書刊行会編纂 名著普及会 1979.8 430p 22cm

◇戒律とは何か 土橋秀高著 京都 永田文昌堂 1979.6 88p 19cm 500円

◇新羅仏教戒律思想研究 蔡印幻著 国書刊行会 1977.7 716, 16p 図 22cm 15000円

◇戒律の思想と歴史 上田天瑞著 〔高野町(和歌山県)〕 密教文化研究所 1976 435p 21cm

◇戒律の根本(比丘波羅提木叉)―巴・漢・和・対訳 長井真琴 国書刊行会 1975 91p 22cm 1200円

◇南方所伝仏典の研究 長井真琴著 国書刊行会 1975 390p 22cm 3800円

◇鑑真―その戒律思想 石田瑞麿著 大蔵出版 1974 346p 図 地図 20cm (大蔵選書) 1500円

◇国訳大蔵経 国民文庫刊行会編 第一書房 1974～1975 31冊 22cm 7000～9000円

◇アジア仏教史 インド編 6 東南アジアの仏教―伝統と戒律の教え 佼成出版社 1973 328, 17p 図 22cm 2000円

◇俊芿律師―鎌倉仏教成立の研究 石田充之編 京都 法蔵館 1972 425p 図 肖像 27cm 7500円

◇仏典講座 4 律蔵 佐藤密雄著 大蔵出版 1972 390p 20cm 1200円

◇大日本仏教全書 第30巻 古宗部 1 鈴木学術財団編 鈴木学術財団 1971 257p 27cm 10000円

内容 戒律再興願文(解脱上人) 律宗瓊鑑章1巻(残欠)(凝然述) 雲雨鈔1巻(凝然述) 唯識義12巻(真興撰) 一乗義私記3巻(真興集) 法苑義鏡6巻(善珠述)

◇世界の宗教 第8 戒律の救い 小乗仏教 石井米雄著 京都 淡交社 1969 254p (図版共) 21cm 750円

◇仏教における戒の問題 日本仏教学会編 京都 平楽寺書店 1967 356, 40p 22cm 2500円

内容 戒とその基盤(高橋堯昭) 戒律と僧伽(佐々木教悟) 有部の戒体(中川善教) 月燈三昧経における戒の問題(平野真元) 菩薩行と戒(荒牧典俊) 密教における戒律の特色(金岡秀友) 大乗戒と小乗戒(土橋秀高) 吉蔵における戒の精神(泰本融) 道宣の戒律観(宮林昭彦) 近世中国仏教における戒の変容(小川貫弌) 仏教の影響による道教戒の形成(吉岡義豊) 建徳六年の破仏について(野村耀昌) 自覚と戒(金治勇) 密教に於ける戒律(堀内寛仁) 弘法大師の三昧耶戒観(山崎泰弘) 禅戒の成立と円頓戒(鏡島元隆) 法然教学に於ける戒の意義(藤原了然) 日本の浄土教における戒について(浜田耕生)〔ほか〕

◇日本仏教における戒律の研究 石田瑞麿著 在家仏教協会 1963 559, 28p 22cm

◇律蔵の研究 平川彰著 山喜房仏書林 1960 791, 41p 22cm

◇仏教戒律の真髄―梵網経講話 長井真琴著 大蔵出版 1958 146p 図版 15cm

◇四分律比丘戒本講讃　西本竜山述　京都　西村為法館　1955　360p　22cm
◇大乗戒経の研究　大野法道著　理想社　1954　445p　22cm

修行
しゅぎょう

悟りに至るための手段をいい、乞食（こつじき）、坐禅（ざぜん）、念仏（ねんぶつ）などがある。たとえば乞食は、午前中に生きるために最低限の分を、貧富を選ばず強制しないという戒律によって食を乞うこと。

＊　　＊　　＊

◇唯識思想論考　袴谷憲昭著　大蔵出版　2001.8　840p　22cm　16000円
①4-8043-0549-1
内容　序論　インド仏教思想史におけるYogācāraの位置（インド仏教思想と教団　四依説と大乗非仏説論 ほか）　第1部　文献と伝承（瑜伽行派の文献　敦煌出土チベット語唯識文献 ほか）　第2部　文献研究（三乗説の一典拠—Akṣaraśi-sūtraとBahudhātuka-sūtra　Bhavasaṃkrāntisūtra—解説および和訳 ほか）　第3部　思想研究（Pūrvācārya考　滅尽定—唯識説におけるその歴史的意義 ほか）

◇唯識とは何か—『法相二巻抄』を読む　横山紘一著　新装　春秋社　2001.8　426,11p　20cm　2900円
①4-393-13247-5
内容　第1章　唯識　第2章　三性　第3章　百法　第4章　四分　第5章　種子　第6章　修行の階位

◇四度加行—傍訳　中巻　栗山秀純、福田亮成、布施浄慧監修、佐藤正伸編著　四季社　2001.7　303p　22cm　（秘密儀軌大系　平成版 3）　16000円
①4-88405-032-0

◇清貧辻説法　松原日治著　清流出版　2001.7　214p　20cm　1500円
①4-916028-89-9
内容　はじめに　黄金に輝く大伽藍は、心の中に建立しよう—小さな手作り寺、平等山福祉寺顛末記　第1章　思えば、思われる—心が通い合う人間関係は、相手を尊重することから生まれる　第2章　疑うから、信じられる—人生は不安だらけ。不安とじょうずに付き合う人間だけが幸福になれる　第3章　捨てれば、救われる—ないないづくしの貧乏寺、平等山福祉寺はこうやって生まれた　第4章　貧しいときは、半分こ—不安だから、お金にすがろうとする。だから、ますます不安が増大する　第5章　妬まず、ほしがらず、愚痴から—真の幸福は、慎ましい日々、小さな努力の積み重ねから生まれる〔ほか〕

◇禅の見方・禅の修行　鈴木大拙著　春秋社　2001.6　236p　20cm　（鈴木大拙禅選集 新版 新装版 第9巻）　2000円
①4-393-14269-1
内容　1　禅とは何か（禅の見方について　禅とは何か ほか）　2　禅と安心（禅と念仏　悟道と安心決定 ほか）　3　禅の修行（禅堂における作務教育　行脚の意義について ほか）　4　近代生活における禅堂の意義

◇『大乗荘厳経論』の修行道—第13・14章を中心として　岩本明美著、富士ゼロックス小林節太郎記念基金編　富士ゼロックス小林節太郎記念基金　2001.6　51p　30cm　非売品

◇ぼくの仏教入門　立松和平著　ネスコ　1999.10　252p　20cm　1700円
①4-89036-087-5
内容　第1章　インドで黄金の仏を見た（その日暮らしの日々　お産費用の貯金まで持ち出して ほか）　第2章　ぼくの仏教修行入門（歌僧・福島泰樹との縁　柳沢・妙蓮寺の寒行 ほか）　第3章　国破れて、山河は残った（戦争体験を語った親父の遺言　釈迦牟尼の体に帰還する ほか）　第4章　花に学び、鳥に学んで、真理を見る（流れる水は先を争わない　汽水域という生命の空間 ほか）　第5章　心がすべてを決める（砂漠は血液を浄化する　恐怖の海を軽やかに ほか）

◇初期仏教の修行道論　田中教照著　山喜房仏書林　1993.2　464,11p　22cm　16000円　①4-7963-0073-2

◇仏者たちはこうして修行した—わたくしの釈尊論　松濤誠達著、浄土宗出版室編　京都　浄土宗　1991.3　164p　17cm　（浄土選書 16）　①4-88363-716-6

◇仏教における修行とその理論的根拠　日本仏教学会編　京都　平楽寺書店　1980.10　472,46p　22cm　6800円
内容　インド哲学における知と行—jñānaとkarmanに関するYukti-dīpikāの議論　村上真完著ほか31編

◇仏道修行の用心—正法眼蔵随聞記〈懐奘〉唐木順三著　筑摩書房　1966　250p　図版　20cm　（日本の仏教 第11巻）

480円

◇仏教における行の問題　日本仏教学会編　京都　平楽寺書店　1965　394p　22cm
　内容 古代インド仏教における行の観念—Vijjacaranasampannaを中心とする考察(宮坂宥勝)初期仏教における行の形態(塚本啓祥)初期仏典にあらわれる「行」の語について(桜部建)阿含における称名行について(宇治谷祐顕)初期仏教における実践の性格—『ミリンダラ王の問い』を中心として(早島鏡正)ハリバドラにおける行論(真野竜海)新興大乗の実践原理(梶芳光運)蘇婆呼童子請問経における行の諸問題(高田仁覚)禅定道の考察—ヨーガ派と仏教の禅定道(花木泰堅)修行の場(芳村修基)菩薩行としての三聚浄戒について(勝又俊教)仏教における知と行の問題(藤吉慈海)〔ほか〕

仏教の流れ

仏教史

仏教史全体では、近年の傾向として、日本仏教史に関する研究がその多くを占めており、中国、インドの仏教史研究が続いている。その中で、中村元の研究・著作の幅広さがきわだっている。

＊　　＊　　＊

◇竹窓随筆―明末仏教の風景　雲棲袾宏著, 荒木見悟監修, 宋明哲学研討会訳注　福岡　中国書店　2007.6　547, 4p　27cm　6300円　①978-4-903316-02-4

◇仏教史　2　中国・チベット・朝鮮　玉城康四郎編　山川出版社　1983.11　417, 51p　20cm　（世界宗教史叢書 8）　2500円

◇仏教史　1　インド・東南アジア　奈良康明著　山川出版社　1979.12　504, 34p　20cm　（世界宗教史叢書 7）　1900円

◇インド仏教史　下巻　平川彰著　春秋社　1979.9　413, 41p　20cm　2500円

◇インド仏教碑銘目録　静谷正雄著　京都　平楽寺書店　1979.4　234p　27cm　7000円
　内容　インド仏教碑銘目録―グプタ時代以前の仏教碑銘.グプタ時代仏教碑銘目録.パーラ時代仏教碑銘目録.増補

◇韓国における仏教民俗文化財の調査―韓国浮屠の調査概報　元興寺文化財研究所編　奈良　元興寺文化財研究所　1979.3　21p　26cm

◇中国仏教思想史の研究―中国民衆の仏教受容　道端良秀著　京都　平楽寺書店　1979.3　455p　22cm　9000円

◇タイの僧院にて　青木保著　中央公論社　1979.2　344p　15cm　（中公文庫）　380円

◇韓国仏教書誌考　安春根著, 日韓文化情報センター訳　京都　同朋舎　1978.12　187p　22cm　2800円

◇スリランカの三宝　那谷敏郎著　平凡社　1978.12　144p　18cm　（平凡社カラー新書）　550円

◇中国仏教史　鎌田茂雄著　岩波書店　1978.9　362, 27p　19cm　（岩波全書 310）　1300円

◇小乗仏教史の研究―部派仏教の成立と変遷　静谷正雄著　京都　百華苑　1978.7　352p　22cm　3800円

◇インド仏教伝播史の文献学的研究　〔京都〕　〔井ノ口泰淳〕　1978.3　1冊　21cm

◇上代インド仏教思想史　渡辺楳雄著　増補改訂　大法輪閣　1978.3　212p　19cm　900円

◇中国高僧傳索引　第7巻　宋高僧傳索引下　大明高僧傳索引　牧田諦亮ほか編　京都　平楽寺書店　1978.3　p955～1582　22cm　15000円

◇仏教とその流れ　宮林昭彦著　浄土宗宗務庁　1978.2　183p　17cm　（浄土選書 4）

◇秘密仏教史―現代仏教名著全集第九巻より　栂尾祥雲著　隆文館　1977.12　197p　図　22cm　2000円

◇朝鮮仏教史の研究　江田俊雄著　国書刊行会　1977.10　481p　22cm　8000円

◇インド仏教史　龍山章真著, 桜部建補注　第3版　京都　法蔵館　1977.7　274, 35p　図　20cm　2000円

◇新羅仏教戒律思想研究　蔡印幻著　国書刊行会　1977.7　716, 16p　図　22cm　15000円

◇インド・中国・日本仏教通史　平川彰著　春秋社　1977.5　377, 15p　22cm　2500円

◇中国高僧伝索引　第6巻　宋高僧伝索引

仏教の流れ

中　牧田諦亮, 藤善真澄編　京都　平楽寺書店　1977.3　p499～954　22cm　9500円

◇南方仏教—その過去と現在　藤吉慈海著　京都　平楽寺書店　1977.3　462, 26p 図　22cm　7500円

◇中国高僧伝索引　第5巻　宋高僧伝索引　上　牧田諦亮, 藤善真澄編　京都　平楽寺書店　1976.3　498p　22cm　9500円

◇アジア仏教史　日本編 9　現代仏教—信教の自由と仏教　佼成出版社　1976　316, 8p 図　22cm　2800円

◇アジア仏教史　中国編 2　民衆の仏教—宋から現代まで　佼成出版社　1976　249, 13p 図　22cm　2800円

◇アジア仏教史　中国編 4　東アジア諸地域の仏教—漢字文化圏の国々　佼成出版社　1976　371, 57p 図　22cm　2800円

◇タイの僧院にて　青木保著　中央公論社　1976　334p 図　20cm　1350円

◇中国仏教の研究　第1　横超慧日著　京都　法蔵館　1976　381, 22p 図　22cm　5000円

◇仏教と儒教　道端良秀著　第三文明社　1976　210p　18cm　（レグルス文庫）　480円

◇仏教史入門　塚本啓祥著　第三文明社　1976　193, 9p 地図　18cm　（レグルス文庫 62）　480円

◇アジア仏教史　インド編 2　原始仏教と部派仏教—釈尊とその弟子　佼成出版社　1975　280, 17p 図　22cm　2000円

◇アジア仏教史　中国編 1　漢民族の仏教—仏教伝来から隋・唐まで　佼成出版社　1975　384, 24p 図　22cm　2000円

◇アジア仏教史　中国編 5　シルクロードの宗教—幻の寺院をたずねて　佼成出版社　1975　382, 22p 図　22cm　2000円

◇インド仏教思想史　三枝充悳著　第三文明社　1975　238, 7p 図　18cm　（レグルス文庫 46）　480円

◇上座部仏教の政治社会学—国教の構造　石井米雄著　創文社　1975　451, 9p　22cm　（東南アジア研究叢書 9）　5000円

◇中国高僧伝索引　第3巻　唐高僧伝索引　中　牧田諦亮, 諏訪義純編　京都　平楽寺書店　1975　380-867p　22cm　8500円

◇中国高僧伝索引　第4巻　唐高僧伝索引　下　牧田諦亮, 藤善真澄編　京都　平楽寺書店　1975　869-1389p　22cm　9000円

◇ビルマ仏教—その実態と修行　生野善応著　大蔵出版　1975　304p 図 地図　20cm　（大蔵選書 14）　1600円

◇明末中国仏教の研究—特に智旭を中心として　張聖厳著　山喜房仏書林　1975　239p　22cm　8500円

◇アジア仏教史　日本編 2　平安仏教—貴族と仏教　佼成出版社　1974　384, 16p 図　22cm　2000円

◇アジア仏教史　インド編 4　密教—最後の仏教　佼成出版社　1974　278, 16p 図　22cm　2000円

◇アジア仏教史　中国編 3　現代中国の諸宗教—民衆宗教の系譜　佼成出版社　1974　290, 11p 図　22cm　2000円

◇インド大乗仏教思想研究—カマラシーラの思想　芳村修基著, 芳村教授遺稿刊行会編　京都　百華苑　1974　605, 221p 肖像　22cm　8000円

◇インド仏教と法華経　岩本裕著　第三文明社　1974　196p　18cm　（レグルス文庫 32）　450円

◇インド仏教史　上巻　平川彰著　春秋社　1974　398, 34p 地図　20cm　2500円

◇印度仏教史　ターラナータ著, 寺本婉雅訳　国書刊行会　1974　406, 14, 18p 図　22cm　（西蔵伝仏典訳註仏教研究 第1輯）　5000円

◇于闐国仏教史の研究　寺本婉雅訳著　国書刊行会　1974　171p 図　22cm　1800円
　内容　于闐国史, 僧伽婆爾陀那の于闐懸記, 于闐国仏教史の研究（第一第二の解説）

◇三国七高僧伝図会　一禅居士編　国書刊行会　1974　1冊　22cm　4800円

◇支那仏教の研究　常盤大定著　名著出版　1974　3冊　22cm　20000円

◇シルクロードをゆく仏—インドから日本へ　並河亮著　新人物往来社　1974　216p 図　20cm　1300円

◇中国仏道年譜　矢嶋玄亮著　修訂増補　国書刊行会　1974　402,〔5〕, 24p　22cm　3800円
◇朝鮮仏教通史　李能和著　国書刊行会　1974　2冊　22cm　全21000円
◇西と東　田村円澄著　京都　永田文昌堂　1974　302p　19cm　1300円
◇ベトナム仏教体験シリーズ　吉岡棟一著　仙台　大法界閣出版販売　1974-1975　2冊　22cm　各1600円
　内容　上巻1黄色い椿,2脱走兵,3焼身菩薩　下巻4四百九十九枚の金貨,5ブロウ族の独立
◇アジア仏教史　インド編1　古代インドの宗教—インダスからガンジスまで　佼成出版社　1973　323, 21p 図　22cm　2000円
◇アジア仏教史　インド編3　大乗仏教—新しい民衆仏教の誕生　佼成出版社　1973　306, 16p 図　22cm　2000円
◇アジア仏教史　インド編5　インドの諸宗教—宗教のるつぼ　佼成出版社　1973　339, 13p 図　22cm　2000円
◇アジア仏教史　インド編6　東南アジアの仏教—伝統と戒律の教え　佼成出版社　1973　328, 17p 図　22cm　2000円
◇海東の仏教　中吉功編　国書刊行会　1973　1冊　27cm　10000円
　内容　海東の仏教（権相老藁著　中吉功訳註）海東仏教美術図彙（中吉功編）海東仏教年契（中吉功編）
◇新羅仏教研究　金知見,蔡印幻編　山喜房仏書林　1973　705, 36p　22cm　7500円　①4-7963-0054-6
　内容　韓国人の思惟方法と仏教について（中村元）宗学研究のあり方（水野弘元）新羅義寂とその『無量寿経述義記』（春日礼智）新羅大賢と『古迹記』について（蔡沢洙）新羅元暁の文学観（金彊模）新羅唯識学の典籍章疏（申賢淑）新羅における弥勒信仰の研究（趙愛姫）新羅浄土教の特色（源弘之）元暁大師『般若心経復元疏』（崔凡述）隆熙二年版南陽慧忠注『摩訶般若波羅蜜多心経』（古田紹欽）校注『法界図円通記』（金知見）曹渓慧能の『金剛般若経解義』について（関口真大）〔ほか〕
◇真説仏教変遷史　島居卓蔵著　田畑書店　1973　313p　20cm
◇寺社卍巴と唐草　三吉朋十著　仏教民俗学会（大正大学内）　1973　1冊　25cm
◇ソ連仏教会訪問記—平和と友好　ソ連仏教会訪問日本仏教平和友好使節団　1973　42p 図　25cm　300円
◇中国高僧伝索引　第2巻　唐高僧伝索引　上　牧田諦亮,諏訪義純編　京都　平楽寺書店　1973　379p　22cm　6500円
◇唐代仏教史論　滋野井恬著　京都　平楽寺書店　1973　286, 6p　22cm　3500円
◇東南アジアのナショナリズムと宗教　高橋保編　アジア経済研究所　1973　217p　25cm　（研究参考資料207）　950円
　内容　ベトナムにおけるナショナリズムの展開と土着宗教—カオダイ教およびホアハオ教について（高橋保）タイにおける仏教とナショナリズム（石井米雄）ウ・ヌーと仏教社会主義の成立（生野善応）インドネシアにおける宗教と国家—スカルノ＝ナッシール論争とその背景（間苧谷栄）フィリピン・ナショナリズムの展開における思想的側面（岩崎玄,谷川栄彦）
◇涅槃宗の研究　布施浩岳著　国書刊行会　1973　2冊　22cm　全8000円
◇仏教文化史研究　小川貫弌著　京都　永田文昌堂　1973　472, 19p　22cm　4800円
◇李朝仏教　高橋亨著　国書刊行会　1973　1062, 15p 図　22cm　7500円
◇支那仏教史蹟踏査記　常盤大定著　国書刊行会　1972　698, 9p 図32枚 地図　27cm　8000円
◇支那仏教精史　境野黄洋著　国書刊行会　1972　1008, 43p 肖像　22cm　5500円
◇中国高僧伝索引　第1巻　梁高僧伝索引　牧田諦亮編　京都　平楽寺書店　1972　390p　22cm　4500円
◇仏教の歴史　平川彰著　仏乃世界社　1972　268p　18cm　380円
◇五代宗教史研究　牧田諦亮編著　京都　平楽寺書店　1971　286, 45p　22cm　3500円
◇支那中世仏教の展開　山崎宏著　京都　法蔵館　1971　913, 14p　22cm　7500円
◇中国仏教思想の形成　第1巻　玉城康四郎著　筑摩書房　1971　590, 29p　23cm
◇仏教の起源　宮坂宥勝著　山喜房仏書林　1971　485, 85p 図 地図　22cm　7500円

◇インド仏教碑銘目録 続編2 パーラ時代仏教碑銘目録 静谷正雄著 京都 静谷正雄 1970 27p 26cm
◇中国仏教要史 布施浩岳著 山喜房仏書林 1970 77p 18cm 400円
◇中国仏教史の研究―仏教と社会倫理 道端良秀著 京都 法蔵館 1970 348p 22cm 3200円
◇東西仏教学者伝 鷹谷俊之著 宇部 華林文庫 1970 200p 図 肖像 22cm （華林仏教学叢書 第3） 2500円
◇北魏仏教の研究 横超慧日編 京都 平楽寺書店 1970 518, 22p 22cm 3800円
　内容 思想篇 北魏仏教の基本的課題（横超慧日）念仏往生と他力信仰（藤原幸章）北魏仏教における称名とその社会背景―特に曇鸞浄土教を中心として（藤堂恭俊）ダルマ禅とその背景（柳田聖山）北魏涅槃学と伝統と初期の四論師（安藤俊雄）浄影慧遠の仏性説（富貴原章信）維摩経の研究（安井広済）法滅思想の源流（雲井昭善）文化篇 世親の釈経論と菩提流支の訳業とについての一考察（桜部健）大乗菩薩戒と在家仏教―在家菩薩と国家菩薩（道端良秀）北朝における道仏二教の関係（窪徳忠）北魏の庶民経典について（牧田諦亮）北魏時代の洛陽寺院に関する若干の考察（滋野井恬）〔ほか〕
◇ボロブドールの建築 千原大五郎著 原書房 1970 238p 図版 地図 22cm 1800円
◇インドの仏跡 樋口隆康著 朝日新聞社 1969 図版160p 解説40p 22cm 850円
◇インド仏教碑銘目録 続編1 グプタ時代仏教碑銘目録 静谷正雄著 京都 平楽寺書店（発売） 1969 38p 26cm 300円
◇鎌倉仏教形成の問題点 日本仏教学会編 京都 平楽寺書店 1969 262p 22cm 2000円
　内容 鎌倉新仏教興起の因由―特に中古天台を中心としての一考察（西義雄）旧仏教における復古思想（納富常天）鎌倉仏教の歴史的評価（田村円澄）鎌倉仏教と体制イデオロギー（北西弘）鎌倉仏教の形成と戒律の問題（武田賢寿）高野山における鎌倉仏教（和多昭夫）鎌倉期における真言教学史上の問題点―頼瑜の位置とその思想（佐藤隆賢）解脱上人とその念仏（富貴原章信）明恵上人とその周辺（岡村圭真）鎌倉期に発揮された唯識説（山崎慶輝）日本中世における臨済禅の形成について（荻須純道）仏教思想史上における道元（玉城康四郎）道元禅師の禅法に就いて（中川孝）日蓮の宗教における一般性と特殊性（宮崎英修）〔ほか〕

◇支那仏教史研究 北魏篇 塚本善隆著 3版 清水弘文堂書房 1969 654, 28p 図版 地図 22cm 3800円
◇竹窓随筆 荒木見悟著 明徳出版社 1969 230p 20cm （中国古典新書） 800円
◇仏跡ボロブドール―ヒンズー・ジャワの建築芸術 千原大五郎著 原書房 1969 195p 図版 地図 22cm 1500円
◇周武法難の研究 野村耀昌著 東出版 1968 433, 13p 22cm 3500円
◇中国仏教思想史研究 鎌田茂雄著 春秋社 1968 425, 170, 16p（付録共） 22cm 3500円
◇中国仏教通史 第1巻 塚本善隆著 鈴木学術財団 1968 661p 22cm 3000円
◇仏教教団の研究 芳村修基編 京都 百華苑 1968 658, 151p 22cm 3700円
　内容 第1部 インド篇 形成途上の教団（中村元）原始仏教の教団理念（佐藤密雄）教団研究の課題（芳村修基）初期大乗仏教の戒学としての十善道（平川彰）第2部 中国篇 授戒儀礼の変遷（土橋秀高）宋元明清に於ける教団の構造―宋元仏教の僧尼制度（小川貫弌）モンゴル仏教教団の形成の中心課題（金岡秀友）第3部 日本篇 伝教大師の大乗僧団（佐藤哲英）真宗教団の理念（石田充之）親鸞と教団意識（普賢大円）真宗教団の本尊（神子上恵竜）真宗教団制度の史的研究―とくに掟条について（宮崎円遵, 千葉乗隆）第4部 教団形態の変遷 ビルマ仏教教団の構造（芳村修基等）仏塔と仏舎利の信仰（佐和隆研）民国三十年代の仏教寺院（芳村修基） 附録：律宗文献目録（徳田明本）
◇仏教と儒教倫理―中国仏教における孝の問題 道端良秀著 京都 平楽寺書店 1968 326p 19cm （サーラ叢書） 900円
◇隋唐仏教史の研究 山崎宏著 京都 法蔵館 1967 305p 22cm 2800円
◇中国仏教と社会福祉事業 道端良秀著 京都 法蔵館 1967 248p 20cm （アジアの宗教文化 1） 850円

◇仏教教団の成立と展開―佐藤密雄集　佐藤密雄著　教育新潮社　1967　286p（図版共）　19cm　（昭和仏教全集 第8部 4）600円
◇仏教史概説　インド篇　佐々木教悟等著　京都　平楽寺書店　1967　185p　地図　22cm　750円
◇支那に於ける仏教と儒教道教　常盤大定著　東洋文庫　1966　750p　27cm　（東洋文庫論叢 第13）　非売
◇初期仏教教団史の研究―部派の形成に関する文化史的考察　塚本啓祥著　山喜房仏書林　1966　586p　地図　22cm　5000円
◇インド仏教碑銘目録―グプタ時代以前の仏教碑銘　静谷正雄著　京都　平安学園教育研究会　1965　159p　25cm　1000円
◇釈氏疑年録―12巻　陳垣著　北京　新華書店北京発行所　1964　472, 38p　21cm
◇東洋思想の形成　増谷文雄著　富山房　1964　528, 32p 図版　地図　22cm
◇仏教思想史論集―結城教授頌寿記念　結城教授頌寿記念論文集刊行会編　大蔵出版　1964　811, 133p 図版　22cm
　内容　阿含に現われた経済観と経済圏の展開（梶芳光運）他52編
◇仏教における宗観念の成立　真野正順著　理想社　1964　392, 38p　22cm
◇漢―唐中国仏教思想論集　任継愈著　北京　新華書店　1963　250p　21cm
◇原始仏教教団の研究　佐藤密雄著　山喜房仏書林　1963　879, 19, 23p　22cm
◇往日雑稿　湯用彤著　北京　新華書店北京発行所　1962　124p　21cm
◇漢魏両晋南北朝仏教史　湯用彤著　台北　台湾商務印書館　1962　2冊　21cm　（仏学叢書）
◇新羅仏教〔ノ〕理念〔ト〕歴史　趙明基著　〔ソウル〕　新太陽社出版局　1962　269p　21cm
◇魏書釈老志の研究　塚本善隆著　京都　仏教文化研究所出版部　1961　544p　22cm
◇大乗仏教成立論序説　山田竜城著　京都　平楽寺書店　1959　592p　22cm

◇唐代仏教対政治之影響　黄声孚著　九竜天徳印務公司（印刷者）　1959　145p　19cm
◇明季滇黔仏教考　陳垣著　北京　科学出版社　1959　320p　21cm
◇金華万仏塔出土文物　浙江省文物管理委員会編　北京　新華書店　1958　86p（図版共）　19cm
◇剣川石窟　宋伯胤編著　北京　新華書店　1958　図版24枚　解説14p　19cm
◇中国仏教の研究　横超慧日著　京都　法蔵館　1958　381p　22cm
◇中国近世仏教史研究　牧田諦亮著　京都　平楽寺書店　1957　311p　22cm　（仏教文化研究所研究報告 第3）
　内容　中国における民俗仏教成立の過程，後周世宗の仏教政策，賛寧とその時代，趙宋仏教史における契嵩の立場，水陸会小考，「皇朝文海」方外部の仏教史料について「活閻羅断案」戾居土仏教における彭際清の地位，清末以後における廟産興学と仏教々団．附録：燉煌本蘆山遠公話
◇唐代仏教史の研究　道端良秀著　京都　法蔵館　1957　545p　22cm
◇東南アジアの仏教事情　国立国会図書館調査及び立法考査局文教課　1957　19p　25cm　（国図調立資料 B 第150）
◇日支仏教史論攷　岩井大慧著　東洋文庫　1957　544p　図版　22cm　（東洋文庫論叢 第39）
◇仏教のあゆみ　インド，中国篇　渡辺照宏著　大法輪閣　1957　365, 31p 図版　地図　19cm
◇仏教的友誼　中国仏教協会編　〔北京〕民族出版社　1957　図版160p　26cm
◇釈道安研究　宇井伯寿著　岩波書店　1956　201p（附共）　22cm
◇上代インド仏教思想史　渡辺楳雄著　青山書院　1956　189p　19cm
◇中国仏教史論集　章嘉等著　台北　中華文化出版事業委員会　1956 2版　3冊　19cm　（現代国民基本知識叢書 第4輯）
◇インド仏教史　竜谷大学編　京都　百華苑　1954　84p 図版　地図　21cm
◇仏教のあゆみ　浄土真宗本願寺派学校連合会編　京都　百華苑　1954 4版　99p　地図　21cm

◇仏教史概説―仏教史学会 中国編 塚本善隆等共著 京都 平楽寺書店 1954 147, 35p 地図 22cm

◇大石仏 塚本善隆著 弘文堂 1953 113p 図版7枚 19cm

◇中国仏教史 竜谷大学編 京都 百華苑 1953 86p（附録共）図版 21cm

◇般若思想史 山口益著 京都 法蔵館 1953 2版 202p 19cm

◇遼金の仏教 野上俊静著 京都 平楽寺書店 1953 313p 図版 22cm
　[内容] 遼代篇 遼朝と仏教, 遼代に於ける仏教研究, 「竜龕手鑑」雑考, 遼代社会に於ける仏教, 遼代燕京の仏教, 遼代の邑会について, 契丹人と仏教, 「遼代仏教」に関する研究の発展. 金代篇 全帝室と仏教, 金李屛山歿, 金の財政策と宗教々団, 「二税戸」歿, 「全真教」発生の一考察, 宋人の見た金初の仏教, 「金代の仏教」に関する研究について, 胡族国家と仏教

◇雲岡の石窟とその時代 水野清一著 創元社 1952 179p 図版 19cm （創元選書 第225）

◇中国仏教史論 高雄義堅著 京都 平楽寺書店 1952 288p 22cm

◇中国仏教史綱要 小笠原宣秀著 京都 平楽寺書店 1949 137p 22cm

◇仏教文化史概説 中野義照著, 高野山大学仏教通信講座部編 高野町（和歌山県） 高野山出版社 1949 126p 22cm

◇上代印度仏教思想史 渡辺楳雄著 宗教時報社 1948 209p 19cm

◇中国仏教史 道端良秀著 京都 法蔵館 1948 2版 302p 22cm

◇中国仏教史 道端良秀著 再版 京都 法蔵館 1948 330p 21cm

◇直柱の宗教 金子大栄著 京都 全人社 1948 146p 19cm

◇仏教及仏教史の研究 林屋友次郎著 喜久屋書店 1948 758p 22cm

◇六朝宗教史 宮川尚志著 弘文堂 1948 215p 19cm

◇仏道史観 金子大栄著 杜陵書房 1947 101p 19cm

大乗仏教　だいじょうぶっきょう

　紀元前1世紀から約200年の間に、現実離れした部派仏教を批判し、庶民の救済を目指す仏教改革の運動が起こった。釈迦の死後、その遺骨を納めた仏塔を中心に集まった在家の信者やその指導者たちは、釈迦そのものへの帰依、釈迦に対する信仰という分かりやすい教えを説いた。その基本は、命ある全てのもの（衆生）は仏になる可能性があると信じるべきと説き、仏になるための様々な修行が具体的に示された経典、大乗経典が作られた。大乗は、大きな乗物がもとの意味で、自己の悟り（自利）と他者の救済（利他）を目指すこといい、出家僧中心の部派仏教（大乗がわから小乗といった）よりも大きく、広いことからこのように呼ばれた。大乗経典は、初期仏教経典よりも分かりやすい言葉で書かれているとされる。

◇唯識―こころの仏教 楠淳證編 京都 自照社出版 2008.9 355p 19cm （龍谷大学仏教学叢書 1） 2400円
　①978-4-903858-22-7
　[内容] 第1章 唯識仏教における成仏道―インドから日本へ（インド唯識におけるヨーガの実践　中国唯識における悟りの構造　日本唯識における行道観と臨終思想）　第2章 唯識仏教と興福寺（唯識仏教の利他菩薩道　興福寺貞慶の『愚迷発心集』）　第3章 興福寺の法会と伝統芸能（中世興福寺の学侶教育と法会　南都の慈恩会―春日信仰と仏教儀礼・芸能　興福寺と日本の伝統芸能）　第4章 伝統芸術とこころ（安息の世界―聞香の「こころ」　寂静の世界―造仏の「こころ」）　第5章 こころの科学（唯識仏教と深層心理学　こころとカウンセリング　仏教カウンセリング）　特別講演 初期瑜伽行派における修行道の諸相

◇成唯識論―現代語訳・講義 巻第6 城福雅伸著 春秋社 2007.12 1511p 22cm 25000円　①978-4-393-11246-5
　[内容] 『成唯識論』巻第六（善　義別　六煩悩　六十二見　諸門分別（十煩悩諸門分別）　随

煩悩）　巻第六総大科　解説

◇大乗としての浄土─空・唯識から念仏へ　山口益著　大法輪閣　2007.2　220p　20cm　2300円　①978-4-8046-1249-2
　内容　大乗としての浄土―浄土とは（釈迦牟尼仏陀と現代人　仏伝における大乗の問題　龍樹とその根本中論　中論の帰敬偈　戯論寂滅＝縁起甚深　空性→空用→空義　十住毘婆沙論の説示する浄土　易行道の要項　世親の浄土論　唯識とその転依　ほか）　付篇1 仏陀・如来・念仏　付篇2 戦没された方々の追悼法会にちなんで

◇瑜伽論声聞地―サンスクリット語テキストと和訳　第2瑜伽処　大正大学綜合佛教研究所声聞地研究会編著　山喜房佛書林　2007.1　47, 387p　26cm　（大正大学綜合佛教研究所研究叢書 第18巻）　9500円　①978-4-7963-1000-0

◇菩提心論―現代語訳　福田亮成著　ノンブル　2006.11　158p　22cm　（弘法大師に聞くシリーズ 別巻）　4800円　①4-903470-09-1

◇「唯識三十頌」を読む　加藤弘二郎著, 武蔵野大学編　角川学芸出版　2006.11　231p　21cm　（仏典を読むシリーズ）　2000円　①4-04-651602-X

◇唯識ということ―『唯識二十論』を読む　兵藤一夫著　春秋社　2006.3　270p　20cm　（新・興福寺仏教文化講座 6）　2600円　①4-393-13538-5
　内容　第1章『唯識二十論』を読むにあたって（唯識と現代　仏教としての唯識思想　世親と彼の著作　『唯識二十論』について）　第2章『唯識二十論』を読む（論の目的─三界唯識の確立　経典における確かめ（教証）　理論的証明（理証）　結語）

◇『菩薩地』「真実義品」から「摂決択分中菩薩地」への思想展開─vastu概念を中心として　高橋晃一著　インド学仏教学叢書編集委員会　2005.12　230p　26cm　（インド学仏教学叢書 12）　7000円　①4-7963-1012-6

◇成唯識論―現代語訳・講義　巻第5　城福雅伸著　春秋社　2005.10　825p　22cm　15000円　①4-393-11245-8
　内容　受倶門（五受相応門）　三性門（三性分別門）　界繋門（界繋分別門）　起滅分位門　分位行相門　二教　六理証（六理）　第三能変　自性並行門（自性門と行相門）　三性門　心所相応門　受倶門（三受倶門）　遍行

別境

◇ダルマキールティの『認識批判』　ダルマキールティ著, 本多恵訳　京都　平楽寺書店　2005.8　636p　22cm　16000円　①4-8313-1087-5

◇究竟一乗宝性論講読―平成17(2005)年度安居講本　相馬一意著　〔京都〕　自照社出版　2005.7　222p　26cm　4000円　①4-921029-75-X

◇唯識の方法　2　角谷道仁著　碧南　原生社　2005.6　345p　21cm　1905円

◇『唯識三十頌』を読む　廣澤隆之著　大正大学出版会　2005.5　343, 35p　19cm　（TU選書 3）　1900円　①4-924297-30-5
　内容　『唯識三十頌』内容と解説（帰敬偈　総論（第一偈）　初能変―阿頼耶識の変容（第二偈〜第四偈）　第二能変―末那識の変容（第五偈〜第七偈）　第三能変―感覚・知覚の変容（第八偈〜第十六偈）　正弁唯識―唯識ということ（第十七偈）　心法生起―心の働きの起こり（第十八偈）　有情相続―生死と心のつながり（第十九偈）　三性―心に見える三種の存在形態（第二十偈〜第二十二偈）　三無性―空性である三種の存在形態（第二十三偈〜第二十五偈）ほか）　『唯識三十頌』を読んで

◇唯識の心理学　岡野守也著　改訂新版　青土社　2005.5　270p　20cm　2200円　①4-7917-6184-7
　内容　第1章 東と西の心理学　第2章 自我の否定と心の構造　第3章 生命情報の世界　第4章 深層自我識　第5章 意識と五感の世界　第6章 唯識の意味　第7章 世界認識の三様式　第8章 覚りへの五段階　追章 唯識の実践

◇唯識と論理療法―仏教と心理療法・その統合と実践　岡野守也著　佼成出版社　2004.10　261p　20cm　1800円　①4-333-02109-X
　内容　序 仏教の流れについて（日本仏教の流れ　ゴータマ・ブッダの教えの基本　大乗仏教の空思想）　第1部 唯識仏教の基本的な教え（ものの見方の三つのパターンの発見―三性説　心の仕組み―八識説　悩みの分析―煩悩論　ほか）　第2部 現代の方便・論理療法（唯識・仏教の修正点　なぜ、論理療法を選択するか　論理療法とは何か）　補足資料とコメント

◇唯識の方法　角谷道仁著　碧南　原生社　2004.9　274p　21cm　1905円

◇仏性思想論　2　小川一乗著　京都　法

藏館　2004.7　282, 15p　22cm　（小川一乗仏教思想論集 第2巻）　8800円
①4-8318-3375-4
[内容] 1 仏性思想の解明（仏性思想解明についての前提　仏性思想に対する問題提起　「悉有仏性」の意味　仏性思想の思想的意義　仏性思想における空性・仏性思想における四波羅蜜多　悉有仏性と一闡提　大乗としての悉有仏性）2 智慧から慈悲への動向（智慧から慈悲への動向―如来蔵（仏性）思想の本意　仏の業と仏性の業―『究竟一乗宝性論』における業　如来蔵思想と空　仏性思想における空性の問題　チベットに伝わる如来蔵思想）

◇摂大乗論講読　上田義文著　新装　春秋社　2004.6　307, 4p　22cm　5200円
①4-393-11219-9
[内容] 応知勝相品第二（相章第一　差別章第二　分別章第三　顕了意依章第四）学果寂滅勝相品第九　智差別勝相品第十

◇真諦の唯識説の研究　岩田諦静著　山喜房佛書林　2004.3　442, 18p　22cm　14000円　①4-7963-0149-6

◇世親　三枝充悳著　講談社　2004.3　381p　15cm　（講談社学術文庫）　1150円　①4-06-159642-X
[内容] 1 ヴァスバンドゥ（世親）の生涯（『婆藪槃豆伝』　ターラナータの伝えるヴァスバンドゥの伝記 ほか）2 ヴァスバンドゥの思想（『倶舎論』における思想　唯識論書における思想）3 ヴァスバンドゥの著作（『成業論』　『唯識二十論』 ほか）4 ヴァスバンドゥ以後（インドにおける発展　中国における発展 ほか）

◇仏性思想論　1　小川一乗著　京都　法藏館　2004.3　297, 13p　22cm　（小川一乗仏教思想論集 第1巻）　8800円
①4-8318-3374-6
[内容] 1 如来蔵・仏性の研究（『宝性論』における如来蔵・仏性―ダルマリンチェン造『宝性論釈疏』の解読（『宝性論』の内容―思想史的性格と思想体系　漢訳語「仏性」の原語について　如来蔵・仏性の三種義―「悉有仏性（如来蔵が有る）」と説かれた意味　「一切有情に如来蔵・仏性が有る、と説示する必要性」―ダルマリンチェン造『宝性論釈疏』の解読　「一切有情に如来蔵・仏性が有る、と説示する必要性」―ダルマリンチェン造『宝性論釈疏』の解読（和訳）　常楽我浄の四波羅蜜多について）　如来蔵・仏性の本意―結文としての試論（智慧から慈悲への動向　悉有仏性の意義――闡提不成仏について））2『宝性論』と『仏性論』―「悉有仏性」三種義を中心に

◇唯識入門　高崎直道著　新装版　春秋社　2003.10　231p　20cm　1800円
①4-393-13522-9
[内容] 序章 唯識思想の成り立ち　第1章 虚妄分別とはなにか　第2章 認識の構造　第3章 さとりのプロセス　第4章 識と縁起　第5章 識のはたらき　第6章 唯識の修行論

◇やさしい唯識―心の秘密を解く　横山紘一著　日本放送出版協会　2002.12　285p　16cm　（NHKライブラリー）　920円　①4-14-084156-7
[内容] 第1章　一人一宇宙　第2章　心が迷う　第3章　意識の働き　第4章 心は微細に働く　第5章 自我に執われてしまう人間　第6章 すべてのものは心が生み出す　第7章 新しい身体観　第8章 心の深層が作り出す自然　第9章 ヨーガの生活　第10章 さわやかな覚醒の朝を迎える　第11章 他者のために生きる　第12章 「唯識」をいまに生かす

◇インド後期唯識思想の研究　海野孝憲著　山喜房佛書林　2002.6　359p　22cm　16000円　①4-7963-0127-5
[内容] 序論 ラトナーカラシャーティは唯識論者（Vijnānavādin）である　本論 ラトナーカラシャーンティの唯識思想　第1章『Vijnaptimātratāsiddhi』の和訳解説　第2章『MADHYAMAKĀLAMKĀROPADEŚA』（『中観荘厳教示』）の和訳解説　第3章『PRAJNĀPĀRAMITOPADEŚA』（『般若波羅密多論』）の和訳解説

◇世親思想の研究―『釈軌論』を中心として　李鍾徹著　インド学仏教学叢書編集委員会　2001.11　252p　26cm　（インド学仏教学叢書 9）　7000円
①4-7963-1009-6
[内容] 1 世親研究のための予備的考察（世親の著作リスト　世親の“buddhavacana”（仏説）論　世親の解釈学的地平―密意（abhiprāya））2 縁起（pratītyasamutpāda）（「縁起」（pratītyasamutpāda）の語義考察　「～に縁りて」（pratītya）と縁（pratyaya）　縁起の二句（paryāyadavaya）をめぐって）3 縁起と識の生起（「我」と「作用主体」―『勝義空性経』の解釈　「認識主体」―経典所説「識は識る」の解釈　「三世実有説」の再検討 ほか）

◇安らぎを求めて―唯識が説く心のはたらき　松久保秀胤著　善本社　2001.11　213p　20cm　1500円　①4-7939-0414-9

内容 1 生きとし活けるもの(唯識教学の成り立ち DNA・有情命者・プドゥガラ アラヤ(阿頼耶)識—未来永劫に続きます マナ(末那)識—私が悪いのです アヌッサヤ(随眠)・サッカヤ(薩迦耶)—人間も動物も一緒です) 2 菩提を求めて(うゐのおくやまけふこえて 上求菩提と慈恩会 唯識とギリシャ哲学—那先比丘経・因明入正理論・大乗起信論を考える) 3 野菊の如く(草木の芽吹く頃 調和をはかる 仏名会—仏のみ名を称えよう ほか)

◇唯識初歩—心を見つめる仏教の智恵 松久保秀胤著 鈴木出版 2001.11 246p 20cm 1800円 ④4-7902-1103-7
内容 序章 法相宗の教え 第1章 心と世界 第2章 心の構成要素 第3章 外界にとらわれない心 第4章 心の正しい働き 第5章 心を変える 終章 日常生活を見る唯識

◇唯識の探究—『唯識三十頌』を読む 竹村牧男著 新装 春秋社 2001.10 310p 20cm 2800円 ④4-393-13249-1
内容 第1章 唯識とは何か(現代と唯識思想 『唯識三十頌』について) 第2章 『唯識三十頌』を読む(言語(意味)と現象 阿頼耶識について 末那識について ほか) 第3章 唯識の心理分析(遍行 別境 善 ほか)

◇唯識三十頌 結城令聞著 新装版 大蔵出版 2001.9 298p 19cm (佛典講座19) 3600円 ④4-8043-5437-9

◇唯識わが心の構造—『唯識三十頌』に学ぶ 横山紘一著 新装 春秋社 2001.9 344p 20cm (新・興福寺仏教文化講座1) 3200円 ④4-393-13248-3
内容 第1章 「唯識」の宣揚(唯識思想の特徴 唯識を説く目的) 第2章 心の分析(三種の心 阿頼耶識 ほか) 第3章 一切唯識の論証(心の二分化 生死輪廻の機構 ほか) 第4章 真理に到る道(修行の五段階 唯識思想の現代的意義)

◇「唯識」という生き方—自分を変える仏教の心理学 横山紘一著 大法輪閣 2001.7 221p 20cm 1800円 ④4-8046-1174-6
内容 第1章 いったい「なに」か(「自分」を追求する 「心」を観察する 「もの」の存在を問う) 第2章 「いかに」生きるか(他者との関係の中に生きる 現代の諸問題に立ち向かう)

◇『大乗荘厳経論』の修行道—第13・14章を中心として 岩本明美著, 富士ゼロックス小林節太郎記念基金編 富士ゼロックス小林節太郎記念基金 2001.6 51p 30cm 非売品

◇摂大乗論講究 小谷信千代著, 真宗大谷派宗務所教育部編 京都 真宗大谷派宗務所出版部(東本願寺出版部) 2001.5 315p 22cm 4000円 ④4-8341-0284-X

◇成唯識論要講—護法正義を中心として 玄奘三蔵訳 第4巻 太田久紀著 中山書房仏書林 2000.11 337, 19p 22cm 6000円 ④4-89097-229-3

◇唯識の読み方—凡夫が凡夫に呼びかける唯識 太田久紀著 新装版 大法輪閣 2000.9 596p 19cm 3700円 ④4-8046-1166-5
内容 第1章 仏教の人間学 第2章 心王(八識三能変)—凡夫を超える道(阿頼耶識 末那識 ほか) 第3章 心所有法(六位五十一の心所)(遍行 別境 ほか) 第4章 四分の教え 第5章 五位の修行(資糧位 加行位 ほか)

◇成唯識論要講—護法正義を中心として 玄奘三蔵訳 第3巻 太田久紀著 中山書房仏書林 2000.6 413, 6p 22cm 7000円 ④4-89097-218-8

◇成唯識論要講—護法正義を中心として 玄奘三蔵訳 第2巻 太田久紀著 中山書房仏書林 1999.12 473, 7p 22cm 7000円 ④4-89097-217-X

◇成唯識論要講—護法正義を中心として 玄奘三蔵訳 第1巻 太田久紀著 中山書房仏書林 1999.11 426, 6p 22cm 7000円 ④4-89097-216-1

◇唯識思想 結城令聞著 春秋社 1999.9 600, 9p 22cm (結城令聞著作選集 第1巻) 16000円 ④4-393-11114-1
内容 1 唯識入門(唯識学の中心思想 唯識思想の発達 ほか) 2 唯識の文献(『唯識二十論』の背景思想とその製作についての梗概 『転識論』と『唯識三十頌』との同本異訳関係を疑う ほか) 3 インジ唯識の思想(唯識学に至る種子説構成の経過と理由 『摂大乗論』に於ける正聞薫習論 ほか) 4 中国唯識の思想(唯識学に於ける真如論考察の三様の立場について 『成唯識論』を中心とせる唐代諸家の阿頼耶識論 ほか) 5 中国唯識の展開(敦煌文書による摂論宗義の研究 中国唯識学史上に於ける楞伽師の地位 ほか)

◇大乗仏教の深層心理学—『摂大乗論』を読む 岡野守也著 青土社 1999.4 281p 20cm 2200円 ④4-7917-5704-1

⟨内容⟩序章 ブッダからアサンガへ　第1章 心の深層にあるもの―アーラヤ識とは何か　第2章 世界を見る角度―「三性」とは何か　第3章 心の変容の方法―「唯識観」とは何か　第4章 菩薩になる方法―「六波羅蜜」とは何か　第5章 菩薩の発達段階論―「十地」とは何か　第6章 菩薩の三つの学び―「戒・定・慧」の三学とは何か　第7章 究極の自由―「無住処涅槃」とは何か　第8章 究極のアイデンティティ―「三種の仏身」とは何か

◇唯識の心理学　岡野守也著　新装版　青土社　1999.4　268p　20cm　2200円　①4-7917-5712-2
⟨内容⟩第1章 東と西の心理学　第2章 自我の否定と心の構造　第3章 生命情報の世界　第4章 深層自我識　第5章 意識と五感の世界　第6章 「唯識」の意味　第7章 世界認識の三様式　第8章 覚りへの五段階　追章 唯識の実践

◇瑜伽論声聞地―サンスクリット語テキストと和訳　第1瑜伽処　大正大学綜合佛教研究所声聞地研究会編著　山喜房佛書林　1998.11　35, 304p　26cm　(大正大学綜合佛教研究所研究叢書 第4巻)　8500円　①4-7963-0999-3

◇唯識のすすめ―仏教の深層心理学入門　岡野守也著　日本放送出版協会　1998.10　404p　16cm　(NHKライブラリー)　1120円　①4-14-084090-0
⟨内容⟩序章 唯識は二十一世紀の常識か？　第1章 唯識の来た道　第2章 唯識の全体像　第3章 空と宇宙意識―〇、一、二の話　第4章 迷いと悟り―三の話　第5章 心の仕組み―四と八の話　第6章 善と煩悩　第7章 悟りへの旅―五の話　第8章 心の方法―六の話　第9章 無住処涅槃―∞の話　第10章 深層心理学と唯識　第11章 トランスパーソナル心理学と仏教の習合　終章 唯識は二十一世紀の常識である

◇唯識三十論頌の解読研究　下　渡邊隆生著　京都　永田文昌堂　1998.7　306p　27cm　12500円　①4-8162-1128-4

◇瑜伽師地論に基づく梵蔵漢対照・蔵梵漢対照佛教語辞典　横山紘一, 廣澤隆之共著　山喜房佛書林　1997.7　901p　27cm　18000円　①4-7963-0892-X

◇認識と超越〈唯識〉服部正明, 上山春平著　角川書店　1997.6　362p　15cm　(角川文庫)　800円　①4-04-198504-8
⟨内容⟩第1部 瑜伽行としての哲学(唯識派の歴史と源流　実在論と唯識思想　識の変化　輪廻的存在の超越)　第2部 唯識論と空の思想―対談(服部正明　上山春平)　第3部 大乗の実践哲学(唯識思想の前提　唯識思想の特質　唯識と華厳　三性と十地　十地と五位　三性の論理と弁証法)

◇摂大乗論―現代語訳　岡野守也, 羽矢辰夫訳　コスモス・ライブラリー　1996.9　205p　20cm　2266円　①4-7952-2361-0

◇瑜伽師地論総索引―漢梵蔵対照　横山紘一, 広沢隆之共著　山喜房仏書林　1996.8　1138p　27cm　20600円　①4-7963-0028-7
⟨内容⟩Acknowledgements　Explanatory Notes　Index to the Yogācārabhūmi　List of Classification by Pinyin

◇わが心の構造―『唯識三十頌』に学ぶ　横山紘一著　春秋社　1996.5　344p　20cm　(新・興福寺仏教文化講座 1)　3296円　①4-393-13282-3
⟨内容⟩第1章 「唯識」の宣揚　第2章 心の分析　第3章 一切唯識の論証　第4章 真理に到る道

◇唯識三十論頌の解読研究　上　渡辺隆生著　京都　永田文昌堂　1995.7　202p　27cm　8500円　①4-8162-1124-1

◇わかる唯識　岡野守也著　水書坊　1995.2　247p　19cm　1500円　①4-943843-71-9
⟨内容⟩第1章 唯識はこうして日本に来た　第2章 ふつうの心は病気の心―「煩悩」の話　第3章 心にはいいところだってある―「善」の話　第4章 心の仕組みはこうなっている―「八識」の話　第5章 つい自分にこだわってしまう心―「マナ識」の話　第6章 どうしてもいのちにこだわっていまう心―「アーラヤ識」の話　第7章 ほんとうに健康で爽やかな人とは―「四智」の話　第8章 ものごとの見え方は三つ―「三性」の話　第9章 健康回復はステップをふんで―「五位」の話　第10章 健康になるにはこうすればいい―「六波羅蜜」の話　第11章 人間はここまでいける―「無住処涅槃」の話

◇「声聞地」における所縁の研究　釈恵敏著　インド学仏教学叢書編集委員会　1994.6　301p　26cm　(インド学仏教学叢書 5)　6695円　①4-7963-1005-3
⟨内容⟩序章 (「声聞地」の文献考察　所縁の課題)　第1章 所縁の周辺 (所縁の順序　所縁の選択　所縁に関する予備条件)　第2章 所縁の実践 (相称所縁　不浄所縁　慈愍所縁　阿那波那念所縁)　第3章 所縁の究極 (遍満

所縁　所縁清浄）
◇唯識三十頌要講―玄奘三蔵訳　太田久紀著　増補改訂　中山書房仏書林　1994.6　412, 10p　19cm　3689円
◇悟りへの道―『唯識三十頌』『頓悟要門』解読の足跡　森谷新一著　MBC21　1993.12　353p　20cm　2000円　①4-8064-0385-7
◇唯識の探究―『唯識三十頌』を読む　竹村牧男著　春秋社　1992.4　310p　20cm　2800円　①4-393-13240-8
　内容　第1章 唯識とは何か　第2章 『唯識三十頌』を読む　第3章 唯識の心理分析
◇唯識の心理学　岡野守也著　青土社　1990.12　262p　20cm　2200円　①4-7917-5118-3
　内容　第1章 東と西の心理学　第2章 自我の否定と心の構造　第3章 生命情報の世界　第4章 深層自我識　第5章 意識と五感の世界　第6章 〈唯識〉の意味　第7章 世界認識の3様式　第8章 覚りへの5段階　追章 唯識の実践
◇唯識三十頌要講―玄奘三蔵訳　太田久紀著　中山書房仏書林　1989.9　392p　19cm
◇宝性論　高崎直道著　講談社　1989.7　41, 415, 61p　20cm　（インド古典叢書）　5900円　①4-06-143785-2
　内容　第1章 如来像　第2章 菩提(身転清浄成菩提品第八)　第3章 仏徳(如来功徳品第九)　第4章 仏業(自然不休息仏業品第十)　第5章 功徳(校量信功徳品第十一)　漢訳『究竟一乗宝性論』偈本、「教化品第一」
◇初期唯識思想の研究　勝呂信静著　春秋社　1989.2　601, 22p　23cm　16480円　①4-393-11148-6
　内容　第1章 弥勒諸論の成立とその歴史的位置づけの問題　第2章 『瑜伽師地論』と『解深密経』の成立に対する考察　第3章 文献成立から見た『大乗荘厳経論』と『菩薩地』および『摂大乗論』教義の相互比較　第4章 『摂大乗論』と『瑜伽師地論』摂抉択分
◇「梵文唯識三十頌」の解明　上田義文著　第三文明社　1987.9　160p　22cm　4200円　①4-476-09012-5
　内容　第1部 梵文唯識三十頌の解明（梵文唯識三十頌の和訳　識転変の意味　唯識三十頌の構成　vijñaptiその他について―無着・世親の唯識説は観念論ではない）　第2部 仏教研究の方法論的反省
◇摂大乗論―和訳と注解　下　長尾雅人著　講談社　1987.4　490, 126p　20cm　（インド古典叢書）　6800円
　①4-06-143784-4
　内容　第3章 知らるべきものの相への悟入　第4章 悟入の因と果〔六波羅蜜多の行〕　第5章 因と果との修習の類別〔10地〕　第6章 高度の戒学〔菩薩戒〕　第7章 高度の心学〔禅定〕　第8章 高度の慧学〔無分別智〕　第9章 結果としての断除〔涅槃〕　第10章 結果としての智〔仏の三身〕
◇世親唯識の研究　下　結城令聞著　大蔵出版　1986.7　634, 7p　22cm　①4-8043-0512-2
◇世親唯識の研究　上　結城令聞著　大蔵出版　1986.3　500, 14p　22cm　①4-8043-0511-4
◇ネパール写本対照による大乗荘厳経論の研究　舟橋尚哉著　国書刊行会　1985.12　238, 19, 55p　22cm　8500円
◇深層意識の解明　仲野良俊著　京都　法蔵館　1985.9　299p　22cm　4500円
◇仏教における意識と心理　仲野良俊著　京都　法蔵館　1985.9　308p　22cm　5500円
◇凡夫が凡夫に呼びかける唯識　太田久紀著　大法輪閣　1985.5　596p　19cm　2900円　①4-8046-1075-8
◇二十唯識論解説―蔵漢和訳対校　明石恵達著　第一書房　1985.4　294, 18p　22cm　5000円
◇唯識論解説　深浦正文著　第一書房　1985.4　435, 22p　22cm　5800円
◇補導成唯識論　佐伯良謙補導　斑鳩町（奈良県）　良謙和上遺徳顕彰会　1985.3　6冊（別冊とも）　27cm
◇摂大乗論―和訳と注解　上　長尾雅人著　講談社　1982.6　440, 106p　20cm　（インド古典叢書）　4200円　①4-06-143782-8
◇西蔵文献による仏教思想研究　第2号　大乗荘厳経論釈疏―菩提品　2　西蔵文典研究会編　安慧造　西蔵文典研究会　1981.12　1冊　26cm　①4-7963-0032-5
◇瑜伽行唯識学の研究　武内紹晃著　京都　百華苑　1979.6　310, 16p　22cm　3500円
◇西蔵文献による仏教思想研究　第1号

仏教の流れ

◇大乗荘厳経論釈疏―菩提品 1 西蔵文典研究会編 安慧造 西蔵文典研究会 1979.3 1冊 26cm ①4-7963-0031-7
◇摂大乗論―漢訳四本対照 佐々木月樵著 改訂新版 京都 臨川書店 1977.11 112p 33cm 11000円
◇唯識三十論疏―梵蔵漢和四訳対照 安慧造, 寺本婉雅訳註 国書刊行会 1977.6 1冊 22cm （西蔵伝聖典訳註仏教研究 第3輯） 4200円
◇唯識二十論の対訳研究 佐々木月樵, 山口益訳著 国書刊行会 1977.6 1冊 22cm 3000円
◇如来蔵・仏性の研究―ダルマリンチェン造宝性論釈疏の解読 インド大乗仏教における 小川一乗著 改訂 京都 文栄堂書店 1974.9 224,14p 22cm
◇究竟一乗宝性論研究―梵漢対照 中村瑞隆著 山喜房仏書林 1971 61,220p 22cm 3000円
◇大乗仏教瑜伽行思想の発展形態 長沢実導著 智山勧学会 1969 330p 肖像 22cm
◇空観と唯識観―その原理と発展 田中順照著 京都 永田文昌堂 1968 322p 22cm 1500円
◇究竟一乗宝性論研究―蔵和対訳 中村瑞隆著 鈴木学術財団 1967 232,85p 27cm 3500円
◇摂大乗論研究 宇井伯寿著 岩波書店 1966 2冊（別冊共） 22cm 3000円
◇中辺分別論釈疏 安慧阿遮梨耶造, 山口益訳註 鈴木学術財団 1966 3冊 25cm 各1500円
◇唯識二十論講義 安井広済述 京都 安居事務所 1964 113p 21cm
◇世親の浄土論―無量寿経優波提舎願生偈の試解 山口益著 京都 法蔵館 1963 206p 22cm
◇大乗としての浄土 山口益著 理想社 1963 128p 図版 19cm
◇仏教に於ける空と識 田中順照著 京都 永田文昌堂 1963 203p 22cm
◇究竟一乗宝性論研究―梵漢対照 中村瑞隆著 山喜房仏書林 1961 220p 22cm

◇大乗荘厳経論研究 宇井伯寿著 岩波書店 1961 623,166p 22cm
◇菩薩地索引―梵漢対照 宇井伯寿著 西蔵大蔵経研究会 1961 592p 22cm
◇摂大乗論―漢訳四本対照 アサンガ（無著）原著, 佐々木月樵編著 日本仏書刊行会 1959 52,112p 33cm
◇宝性論研究 宇井伯寿著 岩波書店 1959 654,60p 22cm
◇陳那著作の研究 宇井伯寿著 岩波書店 1958 345p 22cm
◇瑜伽論研究 宇井伯寿著 岩波書店 1958 377,20p 22cm
◇大乗仏教瑜伽行の研究―解深密経聖者慈氏章及び疏の訳註 野沢静証著 京都 法蔵館 1957 435,138p 22cm

原始仏教
げんしぶっきょう

　釈迦の時代から約150年の間、部派に分裂する前にガンジス川流域で行われ、釈迦と直弟子（釈迦の実子も含まれている）の思想や行動が明らかにされている初期仏教。釈迦の教説が多く残っているとされる阿含（あごん）（伝承された教え）経典が資料としてあげられている。

* 　 * 　 *

◇原始仏教から大乗仏教へ 佐々木現順著 清水弘文堂 1978.10 353p 20cm （教養シリーズ） 1600円
◇世にいきる―原始仏教のこころ 中村元著 富山 富山県教育委員会 1977.2 81p 19cm （精神開発叢書 49） 非売品
◇根本仏教―シンポジウム仏教 金岡秀友編 佼成出版社 1976 273,13p 22cm 1900円
◇原始仏教の哲学 山本啓量著 山喜房仏書林 1973 384,28p 22cm 4500円
◇根本仏教と大乗仏教 増谷文雄著 佼成出版社 1971 192p 19cm 500円
◇原始仏教―その思想と生活 中村元著 日本放送出版協会 1970 218p 19cm （NHKブックス） 340円
◇原始仏教の実践哲学 和辻哲郎著 改版

岩波書店 1970 293p 22cm 850円
◇原始仏教思想の研究—縁起の構造とその実践 舟橋一哉著 改訂版 京都 法蔵館 1969 255p 22cm 1400円
◇原始仏教の研究—教団組織の原型 平川彰著 春秋社 1964 547, 23p 22cm
◇初期仏教と社会生活 早島鏡正著 岩波書店 1964 734, 102p 22cm
◇パーリ仏教を中心とした仏教の心識論 水野弘元著 山喜房仏書林 1964 951, 48p 22cm
◇原始仏教 水野弘元著 京都 平楽寺書店 1956 284p 19cm (サーラ叢書 第4)
◇原始仏教思想の研究—縁起の構造とその実践 舟橋一哉著 京都 法蔵館 1952 255p 22cm
◇原始仏教の実践哲学 和辻哲郎著 改訂11版 岩波書店 1948 461p 22cm

部派仏教・上座部　ぶはぶっきょう・じょうざぶ

釈迦の死後、原始仏教は分裂し始め、2～300年の間に約20の派に分裂して、これを部派仏教という。各派は伝承した原始仏教を研究して、論書のアビダルマをあらわし、議論を行った。この中に上座部(じょうざぶ)、大衆部(だいしゅぶ)などがある。各部派は、僧院にこもって論の研究に専念するあまり、布教活動が低迷したため、現実から離れていき宗教としての力を失っていった。
僧団の序列の上位にある僧を上座といい、男性出家者(比丘)を重んじ自己の悟りを得るためだけの保守的仏教。現在、アジア南方のタイ、ミャンマー、スリランカの仏教がその系統に当たる。

◇ウイグル文アビダルマ論書の文献學的研究 庄垣内正弘著 京都 松香堂 2008.2 750p 27cm 12400円
Ⓘ978-4-87974-611-5
◇倶舎論の原典研究—随眠品 小谷信千代, 本庄良文著 大蔵出版 2007.10 33, 288, 26p 22cm 7500円
Ⓘ978-8043-0570-7
内容 1 九十八随眠とは何か(随眠のはたらきと六随眠 七随眠 ほか) 2 九十八随眠の分類的考察(遍行・非遍行 有漏縁・無漏縁 ほか) 3 根本随眠余論(随眠の繋 三世実有説 ほか) 4 経にみえる諸煩悩(漏・暴流・軛・取の総説 漏 ほか) 5 煩悩の断滅(煩悩の滅と断惑の四因 四種の対治道 ほか)
◇倶舎論の原典研究—智品・定品 櫻部建, 小谷信千代, 本庄良文著 大蔵出版 2004.10 371, 28p 22cm 9000円
Ⓘ4-8043-0561-0
◇分別論註—vibhangatthakathaとvibhangamulatika 浪花宣明著 京都 平楽寺書店 2004.5 932p 22cm 11000円 Ⓘ4-8313-1075-1
◇阿毘達磨論の研究 木村泰賢著 大法輪閣 2004.3 430p 22cm (木村泰賢全集 第4巻) 7300円 Ⓘ4-8046-1629-2

◇倶舎概説 河村孝照著, 橘川智昭校訂 湖西 日本伝統文化研究所 2004.2 212, 75p 22cm 4000円
Ⓘ4-7963-0148-8
内容 第1章 諸法の分類 第2章 煩悩論 第3章 三界論 第4章 禅定論 第5章 断惑論 第6章 因果論
◇倶舎論 桜部建著 新装 大蔵出版 2002.9 398p 19cm (佛典講座 18) 5200円 Ⓘ4-8043-5441-7
◇アビダルマ教学—倶舎論の煩悩論 西村実則著 京都 法蔵館 2002.3 508, 2p 22cm 12000円 Ⓘ4-8318-7357-8
内容 第1章「五位七十五法」における心・心所法 第2章 心所法の分類 第3章 新しい一切法の影響 第4章『倶舎論』以前の煩悩論 第5章『倶舎論』の煩悩論 第6章 付論
◇阿毘達磨倶舎論—真諦譯對校 第3巻 世親著, 平川彰編, 沖本克己, 藤田正浩校訂 山喜房佛書林 2001.3 192p 27cm 10000円 Ⓘ4-7963-0091-0
◇アビダルマ仏教とインド思想—加藤純章博士還暦記念論集 加藤純章博士還暦記念論集刊行会編 春秋社 2000.10 6,

仏教の流れ

261

618p 23cm 27000円
Ⓘ4-393-11205-9
[内容]第1部 アビダルマ仏教(アビダルマ仏教における三十七菩提分法の体をめぐって アビダルマ仏教における菩薩論 有部の言語観─名の実在をめぐって ほか) 第2部 仏教学・インド思想(『法華経』と戒律 善巧方便と智慧─『中観心論』第十章「一切智品」にもとづく考察 『ブッダパーリタ中論註釈書』第十八章(「我と法との考察」)和訳 ほか)〔ほか〕

◇阿毘達磨倶舎論─真諦譯對校 第2巻 世親著,平川彰編,小林圓照,沖本克己,藤田正浩校訂 山喜房佛書林 1999.2 191, 104p 27cm 17850円 Ⓘ4-7963-0090-2

◇倶舎論の原典解明─賢聖品 櫻部建,小谷信千代訳 京都 法藏館 1999.1 465, 7p 22cm 17000円 Ⓘ4-8318-7356-X

◇阿毘達磨倶舎論─真諦譯對校 第1巻 世親著,平川彰編,小林圓照,沖本克己,藤田正浩校訂 山喜房佛書林 1998.2 211, 36p 27cm 17850円 Ⓘ4-7963-0089-9

◇存在の分析〈アビダルマ〉桜部建,上山春平著 角川書店 1996.10 338p 15cm (角川文庫) 800円 Ⓘ4-04-198502-1
[内容]第1部 無常の弁証(宇宙 人間 ダルマの体系 物 心 ほか) 第2部 インド思想とアビダルマ(服部正明 桜部建 上山春平) 第3部 仏教哲学の原型(宗教と哲学 アビダルマの課題 『倶舎論』の構成 有情の業 ダルマの体系 ほか)

◇「苦しみ(一切皆苦)」について─『倶舎論』を中心として 李鍾徹著,富士ゼロックス小林節太郎記念基金編 富士ゼロックス小林節太郎記念基金 1994.12 34p 26cm 非売品

◇古代ウイグル文阿毘達磨倶舎論実義疏の研究 3 庄垣内正弘著 京都 松香堂 1993.10 501p 26cm 20000円 Ⓘ4-87974-935-4

◇古代ウイグル文阿毘達磨倶舎論実義疏の研究 2 庄垣内正弘著 京都 松香堂 1993.2 414p 26cm 23000円 Ⓘ4-87974-931-1

◇倶舎論語義解明"善説の陽光" ブンタクスンパ著,大谷大学編 京都 臨川書店 1991.3 図版130枚 26×37cm (大谷大学所蔵西蔵蔵外文献叢書) 20000円 Ⓘ4-653-02180-5

◇古代ウイグル文阿毘達磨倶舎論実義疏の研究 1 庄垣内正弘著 京都 松香堂 1991.2 344p 26cm 22000円 Ⓘ4-87974-913-3

◇仏教心理学の研究─アッタサーリニーの研究 佐々木現順著 京都 法藏館 1990.5 652, 28, 8p 22cm 12000円 Ⓘ4-8318-7337-3

◇有部阿毘達磨論の研究 渡辺楳雄著 京都 臨川書店 1989.5 1冊 22cm 11330円 Ⓘ4-653-01855-3

◇倶舎論の原典解明 業品 舟橋一哉著 京都 法藏館 1987.6 538, 57p 22cm 13000円 Ⓘ4-8318-7327-6

◇倶舎論の原典解明 世間品 山口益,舟橋一哉著 京都 法藏館 1987.5 520, 16, 32p 22cm 10000円 Ⓘ4-8318-7326-8

◇アビダルマ思想 吉元信行著 京都 法藏館 1982.3 383, 22p 22cm 9800円

◇パーリ仏教を中心とした仏教の心識論 水野弘元著 改訂版 ピタカ 1978.3 951, 48, 14p 22cm 13000円

◇冠導阿毘達磨倶舎論 佐伯旭雅編 京都 法藏館 1978.1 3冊 22cm 全 21000円

◇倶舎教義 高木俊一著 誤植改正版 京都 臨川書店 1977.9 406, 10p 22cm 4500円

◇梵本蔵漢英和訳合璧阿毘達磨倶舎論本頌の研究─界品・根品・世界品 水田恵純等共著 京都 永田文昌堂 1977.4 649p 図 31cm 28000円

◇有部の仏陀論 河村孝照著 山喜房仏書林 1975 466p 22cm 6500円

◇阿毘達磨論書の資料的研究 河村孝照著 日本学術振興会 1974 499p 27cm 14200円

◇阿毘達磨倶舎論索引 第1部 平川彰等共著 大蔵出版 1973 437p 26cm 7500円

◇倶舎論の研究─界・根品 桜部建著 京都 法藏館 1969 420, 18p 22cm 3500円

◇仏教における心識説の研究 勝又俊教著

山喜房仏書林　1961　810, 35p　22cm
◇冠導阿毘達磨倶舎論　索引　舟橋水哉編, 舟橋一哉増補　京都　法藏館　1956　99p　28cm
◇倶舎論の原典解明―世間品　山口益, 舟橋一哉共著　京都　法藏館　1955　520, 16, 32p　22cm
◇有部阿毘達磨論の研究　渡辺楳雄著　平凡社　1954　591p　22cm

瑜伽行派
ゆがぎょうは

　4世紀ころの中北インドを根拠地として瑜伽(ゆが)を行じた師たちをいう。瑜伽はヨーガの音写で、精神を制御してある対象に集中する行をいう。この行法は、インドの宗教で広く行われてきた。釈迦が悟りを得たのもヨーガによるもの。

＊　　＊　　＊

◇瑜伽論声聞地―サンスクリット語テキストと和訳　第2瑜伽処　大正大学綜合佛教研究所声聞地研究会編著　山喜房佛書林　2007.1　47, 387p　26cm　(大正大学綜合佛教研究所研究叢書 第18巻)　9500円　⓵978-4-7963-1000-0
◇『菩薩地』「真実義品」から「摂決択分中菩薩地」への思想展開―vastu概念を中心として　高橋晃一著　インド学仏教学叢書編集委員会　2005.12　230p　26cm　(インド学仏教学叢書 12)　7000円　⓵4-7963-1012-6
◇究竟一乘宝性論講読―平成17(2005)年度安居講本　相馬一意著　〔京都〕　自照社出版　2005.7　222p　26cm　4000円　⓵4-921029-75-X
◇世親思想の研究―『釈軌論』を中心として　李鍾徹著　インド学仏教学叢書編集委員会　2001.11　252p　26cm　(インド学仏教学叢書 9)　7000円　⓵4-7963-1009-6
　[内容] 1 世親研究のための予備的考察(世親の著作リスト　世親の"buddhavacana"(仏説)論　世親の解釈学的地平―密意(abhiprāya)　2 縁起(pratītyasamutpāda) (「縁起」(pratītyasamutpāda)の語義考察　「～に縁りて」(pratītya)と縁(pratyaya)　縁起の二句(paryāyadavaya)をめぐって)　3 縁起

と識の生起(「我」と「作用主体」―『勝義空性経』の解釈　「認識主体」―経典所説「識は識る」の解釈　「三世実有説」の再検討 ほか)
◇瑜伽論声聞地―サンスクリット語テキストと和訳　第1瑜伽処　大正大学綜合佛教研究所声聞地研究会編著　山喜房佛書林　1998.11　35, 304p　26cm　(大正大学綜合佛教研究所研究叢書 第4巻)　8500円　⓵4-7963-0999-3
◇瑜伽師地論に基づく梵蔵漢対照・蔵梵漢対照佛教語辞典　横山紘一, 廣澤隆之共著　山喜房佛書林　1997.7　901p　27cm　18000円　⓵4-7963-0892-X
◇瑜伽師地論総索引―漢梵蔵対照　横山紘一, 広沢隆之共著　山喜房仏書林　1996.8　1138p　27cm　20600円
⓵4-7963-0028-7
　[内容] Acknowledgements　Explanatory Notes　Index to the Yogācārabhūmi　List of Classification by Pinyin
◇瑜伽行唯識学の研究　武内紹晃著　京都　百華苑　1979.6　310, 16p　22cm　3500円
◇大乗仏教瑜伽行思想の発展形態　長沢実導著　智山勧学会　1969　330p　肖像　22cm
◇動中静観　高木直衛著　弘前　高木直衛著作刊行会(青森県立弘前高等学校内)　1969　235p　図　22cm　1000円
◇ヨガと仏教　和田聖公著　霞ケ関書房　1967　196p(図版共)　17cm　250円
◇大乗仏教瑜伽行の研究―解深密経聖者慈氏章及び疏の訳註　野沢静証著　京都　法藏館　1957　435, 138p　22cm

263

日本の仏教の歩み

◆日本仏教史

◇中世瀬戸内海の仏教史―村上水軍の本拠地芸予諸島を主として　堤勝義著　広島　渓水社　2008.11　185p　19cm　1800円　①978-4-86327-039-8
　内容　中世瀬戸内海の要津尾道の仏教諸宗派について　村上水軍と真言宗・曹洞宗　石山本願寺戦争と村上水軍―中世の芸予諸島の浄土真宗　中世芸予諸島への仏通寺派の進出　中世の時代の瀬戸内と山間の禅宗―仏通寺派の笠木山高松寺と関係ある寺院と雪舟の死没寺院についても考える　中世瀬戸田の仏教　中世岩城島の仏教　中世芸予諸島の建造物・石塔―国宝・国の重要文化財

◇琉球仏教史の研究　知名定寛著　宜野湾　榕樹書林　2008.6　440, 18p　22cm　（琉球弧叢書 17）　6400円　①978-4-89805-128-3

◇近世仏教思想の独創―僧侶普寂の思想と実践　西村玲著　トランスビュー　2008.5　309, 7p　22cm　5800円　①978-4-901510-60-8
　内容　第1章 近世思想史における仏教の意義　第2章 僧侶普寂―その生涯（一七〇七―一七八一）　第3章 聖俗の反転―出定如来・富永仲基　第4章 現世の解体―須弥山説論争と普寂　第5章 教判を生きる―普寂の大乗仏説論　第6章 蚕の声―律僧の禁絹論　第7章 非布非絹―絹衣論の展開　第8章 不退の浄土―普寂の大乗論　第9章 檀林の定法―近世浄土教団における戒律観の変遷

◇中世の社寺と信仰―勧進と勧進聖の時代　太田直之著　弘文堂　2008.5　400, 7p　22cm　（久伊豆神社小教院叢書 6）　6000円　①978-4-335-16051-6

◇鎌倉仏教展開論　末木文美士著　トランスビュー　2008.4　318, 8p　22cm　3800円　①978-4-901510-59-2
　内容　鎌倉仏教をどう見るか　方法と概観（日本宗教史の中の仏教　鎌倉仏教の形成と展開）　鎌倉仏教の形成（本覚思想をめぐって　浄土教の思想　栄西における密と禅）　鎌倉仏教の展開（日蓮の真偽未決遺文をめぐって　密教から見た諸宗―頼瑜の諸宗観　無住の諸行並修思想　『夢中問答』にみる夢窓疎石の思想　仏教と中世神道論―神・仏・天皇論の展開）　中世から捉え返す思想史

◇日本的霊性　鈴木大拙著, 橋本峰雄校注　中央公論新社　2008.3　383p　18cm　（中公クラシックス J36）　1700円　①978-4-12-160102-5

◇平安期の願文と仏教的世界観　工藤美和子著　京都　佛教大学　2008.3　352, 8p　22cm　（佛教大学研究叢書 2）　6500円　①978-4-7842-1393-1
　内容　第1部 九世紀の願文にみる仏教的世界観（慙愧する天皇―九世紀における天皇の仏教的役割　摩頂する母―菅原道真の願文にみる母と子）　第2部 一〇～一一世紀の仏教的世界観(1)―願文を中心に（忠を以て君に事へ、信を以て仏に帰す――〇～一一世紀の願文と転輪聖王　現世の栄華のみでなく―藤原道長の願文とその仏教的世界　安養の院と親史の宮と―平安期の願文にみる浄土信仰）　第3部 一〇～一一世紀の仏教的世界観(2)―「空也誄」から『三宝絵』へ（王事と仏那と白楽天と―平安期の「池亭」をめぐる言説　「空也誄」と『三宝絵』の構造と差異―「スエノヨ」の仏教とは何か）　第4部 院政期の願文にみる仏教的世界観（未だ欲を離れざれば―『江都督納言願文集』にみる転輪聖王観　「禅定仙院」白河論　竜女・釈女の知恵を得む―『江都督納言願文集』にみる女性と即身成仏）

◇日本中世の仏教と東アジア　横内裕人著　塙書房　2008.2　593, 17p　22cm　11000円　①978-4-8273-1217-1
　内容　第1部 真言密教と中世王権（仁和寺御室考―中世前期における院権力と真言密教　仁和寺と大覚寺―御流の継承と後宇多院 ほか）　第2部 南都仏教と宗教権門（藤原頼長の因明研究と南都仏教―院政期小乗仏教試論　東大寺二月堂修二会と黒田荘―在地に刻まれた荘園支配 ほか）　第3部 東アジアにおける日本中世仏教（高麗続蔵経と中世日本―院政期の東アジア世界観　自己認識と

◇しての顕密体制と「東アジア」ほか）　特論　重源にみる社会変動期の政治と仏教（南都と密教―東大寺盧舎那大仏の変奏　重源の勧進と開発―志と公課のあいだ　ほか）

◇日本中世仏教史料論　上川通夫著　吉川弘文館　2008.2　319, 9p　22cm　9500円　①978-4-642-02873-8
　内容　仏教史と中世史像　第1部　聖教と文書（中世聖教史料論の試み　東寺文書の史料的性質について　文書様式の聖教について―杲宝筆範俊解写）　第2部　一切経（一切経と古代の仏教　一切経と中世の仏教）　第3部　仏書と仏事（往生伝の成立　東密六字経法の成立　如意宝珠法の成立）

◇日本的霊性　鈴木大拙著　新版　大東出版社　2008.2　322p　19cm　2000円　①978-4-500-00725-7

◇江戸の高僧伝説　堤邦彦著　三弥井書店　2008.1　347, 7p　20cm　2800円　①978-4-8382-9073-4

◇南部絵経の絵解きと生まれた謎に迫る　盛岡市文化振興事業団盛岡てがみ館編　〔盛岡〕　盛岡市文化振興事業団　2007.12　75p　図版11p　30cm

◇仏教の門―仏教・仏法・仏道　川口日空著　岩田書院　2007.11　338p　20cm　2300円　①978-4-87294-478-5

◇日本中世仏教形成史論　上川通夫著　校倉書房　2007.10　474p　22cm　（歴史科学叢書）　12000円　①978-4-7517-3900-6
　内容　序　研究史と課題設定（大乗戒主義仏教への基本視角　顕密主義仏教への基本視角）　第1部　六世紀から九世紀（ヤマト国家時代の仏教　律令国家形成期の仏教　古代仏教の歴史的性格）　第2部　十世紀から十二世紀（摂関期仏教成立の歴史的前提　ちょう然入宋の歴史的意義　中世仏教と「日本国」）　第3部　中世仏教と真言密教（中世寺院社会の構造と国家　平安中後期の東寺　院政と真言密教　中世の即位儀礼と仏教）　日本中世仏教形成の歴史的意義

◇中世仏教の原形と展開　菊地大樹著　吉川弘文館　2007.6　312, 25p　22cm　8000円　①978-4-642-02864-6
　内容　序章（中世宗教史と中世仏教　日本仏教史の成立　顕密体制論の継承と発展　思想的系譜論）　第1部　中世仏教の原形（持経者の原形と中世的展開　奈良時代の僧位制と持経者　往生伝・『法華験記』と山林修行　修験道と中世社会）　第2部　仏教と

持経者の活動（後白河院政期の王権と持経者　「文治四年後白河院如法経供養記」について―新出『定長卿記』の翻刻と研究　持経者と念仏者　中世東大寺の堂衆と持経者）

◇日本高僧傳要文抄　元亨釋書　宗性編，虎關師錬著　吉川弘文館　2007.6　92, 454, 26p　27cm　（國史大系　新訂増補　第31巻）　13000円　①978-4-642-04033-4

◇近世の地方寺院と庶民信仰　長谷川匡俊著　岩田書院　2007.5　374p　22cm　（近世史研究叢書 19）　8200円　①978-4-87294-460-0

◇日本の古代社会と僧尼　堅田理著　京都法藏館　2007.4　196p　20cm　（日本仏教史研究叢書）　2800円　①978-4-8318-6036-1

◇聖徳太子と飛鳥仏教　曾根正人著　吉川弘文館　2007.3　208p　19cm　（歴史文化ライブラリー 228）　1700円　①978-4-642-05628-1
　内容　飛鳥仏教への招待―プロローグ　飛鳥仏教史の課題　仏教の誕生と流伝　仏教公伝　推古朝の仏教と厩戸皇子　奈良仏教への道

◇日本古代国家の仏教編成　中林隆之著　塙書房　2007.2　425p, 15p　22cm　9500円　①978-4-8273-1210-2

◇在地社会と仏教　文化財研究所奈良文化財研究所編著　奈良　文化財研究所奈良文化財研究所　2006.12　195p　30cm　①4-902010-46-1

◇よみがえる鎌倉の学問―「称名寺聖教」重要文化財指定記念企画展　神奈川県立金沢文庫編　横浜　神奈川県立金沢文庫　2006.12　87p　30cm

◇平安仏教と末法思想　速水侑著　吉川弘文館　2006.10　345, 12p　22cm　10000円　①4-642-02453-0
　内容　1　浄土教とその周辺（浄土思想論―空也と源信　源信伝の諸問題　『源氏物語』と浄土思想　ほか）　2　密教受容の諸相（平安貴族と仏像―法勝寺にみる造像と信仰　三十三間堂の楊枝浄水供　鎌倉政権と台密修法―忠快・隆弁を中心として　ほか）　3　末法思想の形成と展開（平安仏教における末法思想と時機論　摂関期文人貴族の時代観―『三宝絵』を中心に　院政期仏教と末法思想　ほか）

◇祈りのかたち―中世南九州の仏と神　黎明館企画特別展　鹿児島県, 鹿児島県歴史

資料センター黎明館企画・編集 〔鹿児島〕「祈りのかたち」実行委員会 2006.9 219p 30cm

◇古代仏教をよみなおす 吉田一彦著 吉川弘文館 2006.9 249p 20cm 3400円 ⑭4-642-07961-0
　内容 1 古代仏教史をどうとらえるか（古代仏教史再考―総論　天皇制度の成立と日本国の誕生）　2 古代仏教の実像を求めて（近代歴史学と聖徳太子研究　『日本書紀』と道慈　行基と霊異神験　東アジアの中の神仏習合）　3 古代の女性と仏教（女性と仏教をめぐる諸問題　『日本霊異記』の中の女性と仏教）

◇権者の化現―天神・空也・法然 今堀太逸著 京都 佛教大学通信教育部 2006.9 300p 20cm （佛教大学鷹陵文化叢書 15） 2300円 ⑭4-7842-1321-X
　内容 第1部「天神」―日本国の災害と道真の霊（日本太政威徳天と道賢　醍醐天皇不予と清涼殿霹靂　北野廟堂の創建―鎮国と衆生守護　北の天満宮の神罰と霊験―『北野天神縁起』の成立　日本国の災害と善神捨国―日蓮と『選択集』）　第2部「空也」―六波羅蜜寺の信仰と空也（六波羅蜜寺と道俗貴賤　空也の生涯と活動　極楽往生―勧進と結縁　念仏の祖師空也）　第3部「法然」―浄土宗の布教と法然伝（女人教化譚の成立　老病と臨終の絵解き―東国布教と女性）

◇モダン都市の仏教―荷風と游と空外の仏教史 安食文雄著 鳥影社 2006.9 217p 19cm 1600円 ⑭4-86265-021-X
　内容 1 文人と仏教（永井荷風の東京仏教散策　川瀬一馬の学問と信仰ほか）　2 仏教と出版（仏教演説と仏教演説書の流行　浄土真宗本願寺派の女性誌『婦人』ほか）　3 教界と言論弾圧（書国と教界の統制―言論弾圧の周辺　『新仏教』と発禁問題ほか）　4 モダン都市と浄土教（二つの空中法要　富士川游の在家仏教運動とその周辺ほか）

◇奈良・平安仏教の展開 速水侑編 吉川弘文館 2006.8 311p 22cm 10000円 ⑭4-642-02451-4
　内容 1 奈良仏教とその背景（東アジアの『無垢浄光大陀羅尼経』受容と百万塔　道鏡と鑑真　宇佐八幡宮神託事件と称徳天皇ほか）　2 平安仏教の周縁（源為憲の世界―勧学会文人貴族たちの軌跡　延暦寺六月会・霜月会の成立について　『大日本国法華経験記』と越後）　3 平安仏教の中世的変容（仏厳房聖心とその周辺　『高野山往生伝』の成立について―高野山大伝法院方との関係をめ

ぐって　叡山の単受菩薩戒と道元の戒律観ほか）

◇中世南都の僧侶と寺院 追塩千尋著 吉川弘文館 2006.6 335, 13p 22cm 9000円 ⑭4-642-02856-0
　内容 第1部 摂関・院政期の南都僧（清範をめぐる諸問題　真範について　東大寺覚樹について　東大寺恵珍とその周辺）　第2部 南都寺院の動向（平安期の薬師寺　平安・鎌倉期における大安寺の動向　平安・鎌倉期広隆寺の諸相）　第3部 叡尊と西大寺流（叡尊と葉室定嗣および浄住寺　叡尊歿後の西大寺―二代長老信空とその周辺）

◇日本古代の写経と社会 宮崎健司著 塙書房 2006.5 425, 218p 22cm 18000円 ⑭4-8273-1203-6
　内容 序 日本古代の写経―奈良時代を中心として　第1部 奈良時代の写経と政治（大谷大学博物館蔵『判比量論』断簡の性格　年料多心経について　ほか）　第2部 奈良時代の写経と教学（東大寺の『華厳経』講説　光明子発願五月一日経の勘経　ほか）　第3部 日本古代の一切経（奈良時代の一切経の行方　法隆寺一切経と『貞元新定釈教目録』）　付編 日本古代写経関係資料

◇邪教/殉教の明治―廃仏毀釈と近代仏教 ジェームス・E.ケテラー著, 岡田正彦訳 ぺりかん社 2006.4 394p 22cm 5400円 ⑭4-8315-1129-3
　内容 第1章 異端の創出―徳川時代の排仏思想（迫害の解釈―王法・仏法　迫害の言語―排仏思想 ほか）　異端と殉教に関して―廃仏運動と明治維新（水戸―代表例として　薩摩―完全なる遂行 ほか）　第3章 儀礼・統治・宗教―大教の構築と崩壊（祭政一致　政教一致 ほか）　第4章 バベルの再召―東方仏教と一八九三年万国宗教大会（招待　大会での宗教概念 ほか）　第5章 歴史の創出―明治仏教と歴史法則主義（通宗派主義―『八宗綱要』　通国民主義―通仏教の構築 ほか）

◇中世の女性と仏教 西口順子著 京都 法藏館 2006.3 231p 20cm 2300円 ⑭4-8318-7469-8
　内容 1 「家」と尼（女性と亡者忌日供養　天皇家の尼寺―安禅寺を中心に）　2 性と血筋（巫女の炊事と機織り　性と血筋）　3 僧と妻（成仏説と女性―「女犯偈」まで　「恵信尼書状」について）　4 絵系図の人びと（絵系図に見る「家」の祭祀　中世後期仏光寺教団と村落―近江湖東地域を中心に）

◇図説あらすじで読む日本の仏教と経典 廣澤隆之監修 青春出版社 2006.2

111p　26cm　1080円　ⓣ4-413-00816-2
　内容 第1部 日本の宗派(飛鳥・奈良仏教　平安仏教　鎌倉仏教　江戸仏教)　第2部 仏教の経典(大乗経典　密教経典　原始経典)

◇日本仏教文化史　袴谷憲昭著　大蔵出版　2005.12　280p　19cm　2400円　ⓣ4-8043-0564-5
　内容 序 仏教伝来以前の文化　第1章 中国朝鮮の影響下の仏教文化　第2章 南都の学問仏教と民衆の文化　第3章 日本独自の文化形成と仏教観　第4章 中世の仏教信仰の確立と変容　第5章 近世と近代の社会文化と仏教　結 現代社会と仏教文化

◇マンガで悟る日本の仏教&開祖たち—七大宗派　多田一夫マンガ, 拓人社編集制作・DTP　双葉社　2005.12　262p　21cm　1300円　ⓣ4-575-29842-5
　内容 15分でわかる仏教の常識　第1章 天台宗と最澄　第2章 真言宗と空海　第3章 浄土宗と法然　第4章 浄土真宗と親鸞　第5章 臨済宗と栄西　第6章 曹洞宗と道元　第7章 日蓮宗と日蓮

◇すぐわかる日本の仏教—歴史・人物・仏教体験　大角修著　東京美術　2005.10　151p　21cm　1600円　ⓣ4-8087-0787-X
　内容 第1章 通史でとらえる日本の仏教(飛鳥・奈良・平安時代—仏のもとに平安であれ　鎌倉・室町・江戸時代—新仏教の誕生と広まり　明治〜現代—現代仏教への道)　第2章 祖師・高僧列伝(聖徳太子　鑑真　最澄 ほか)　第3章 仏教体験のすすめ(諸仏礼拝　ミニ修業ガイド

◇修験と念仏—中世信仰世界の実像　上田さち子著　平凡社　2005.9　317p　20cm　(平凡社選書 223)　2800円　ⓣ4-582-84223-2

◇日本中世の経典と勧進　稲城信子著　塙書房　2005.9　584, 19p　22cm　14000円　ⓣ4-8273-1194-3
　内容 第1部 大般若経の歴史的役割と流布(神仏習合資料としての大般若経　奈良県所在の大般若経奥書にみられる中・近世寺社—現存しない寺社を中心に　大般若経のテキストの形成と解体—特に興福寺僧・延玄校合の奥書から)　第2部 写経と勧進(大和における大般若経と勧進　興福寺宝蔵院書写の大般若経—池上内親王から円空へ　興福寺僧・良尊の一筆書大般若経と戦国期の南都　近世後期における眉間寺の勧進活動—奈良市十輪寺所蔵大般若経の奥書から)　第3部 写経から版経へ—南都における出版文化の誕生(鎌倉期における経典印刷と流布—春日版大般若経を中心に　興福寺四恩院住僧・心性の法華経開版—中世南都の出版文化について) 〔ほか〕

◇名僧たちの教え—日本仏教の世界　山折哲雄, 末木文美士編著　朝日新聞社　2005.9　317, 4p　19cm　(朝日選書 784)　1400円　ⓣ4-02-259884-0
　内容 第1章 仏教伝来とその広がり—飛鳥・奈良時代　第2章 密教の隆盛—平安時代　第3章 民衆に広がる仏教—鎌倉時代　第4章 権力に抗する仏教—室町・安土桃山時代　第5章 幕藩体制の中の仏教—江戸時代　第6章 新しい仏教をめざして—明治以降

◇日本の仏教を知る事典　奈良康明編著　新版　東京書籍　2005.8　460p　20cm　3500円　ⓣ4-487-80037-4
　内容 1 仏教の歴史　2 宗派と諸信仰　3 仏教経典とその思想　4 仏教の思想と実践　5 仏教の儀礼　6 仏教と社会・文化

◇中世仏教の思想と社会　大隅和雄著　名著刊行会　2005.7　321p　20cm　(歴史学叢書)　3000円　ⓣ4-8390-0326-2
　内容 第1部 序編(鎌倉仏教と民衆)　第2部 時代と仏教(古代末期における価値観の変動　鎌倉仏教とその革新運動)　第3部 女性と仏教(救済としての女人往生　女人と仏教 ほか)　第4部 『元亨釈書』と仏教(『元亨釈書』の仏法観　『元亨釈書』の僧伝について ほか)　第5部 仏教史の諸相(聖の宗教活動—組織と伝道の視点から　説話文学と仏教 ほか)

◇東寿院阿弥陀如来像内納入品資料　青木淳編　〔京都〕　人間文化研究機構国際日本文化研究センター　2005.3　170p　21×30cm　(日文研叢書 34)　ⓣ4-901558-24-2

◇律令国家仏教の研究　本郷真紹著　京都法藏館　2005.3　333, 11p　22cm　6600円　ⓣ4-8318-7465-5
　内容 第1篇 律令国家仏教の特質(古代寺院の機能　律令国家と僧尼集団—国家仏教から教団仏教へ)　第2篇 天平仏教の史的意義(国家仏教と宮廷仏教—宮廷女性の役割　天平期の神仏関係と王権　『元興寺縁起』の再検討—仏教公伝戊午年説をめぐって　古代北陸の宗教文化と交流)　第3篇 奈良末・平安初期の展開(宝亀年間に於ける僧綱の変容　内供奉十禅師の成立と天台宗　光仁・桓武朝の国家と仏教—早良親王と大安寺・東大寺)　第4篇 律令国家仏教の成立と展開

◇仏教伝来と六郷満山閻魔と葬送供養　牧野豊陽著　〔大分〕　〔牧野豊陽〕　2005.2　88p　22cm　非売品
◇日本仏教源流章　朝枝善照著　〔京都〕自照社出版　2004.12　168p　19cm　1905円　ⓘ4-921029-67-9
◇仏教入門―名僧たちが辿りついた目ざめへの路　松原泰道著　祥伝社　2004.12　284p　16cm　（祥伝社黄金文庫）　571円　ⓘ4-396-31365-9
　内容　1 釈尊―仏教の元祖　2 聖徳太子―日本仏教の祖　3 最澄―天台宗開祖　4 空海―真言宗開祖　5 法然―浄土宗開祖　6 親鸞―浄土真宗開祖　7 道元―曹洞宗開祖　8 日蓮―日蓮宗開祖　9 白隠―臨済宗中興の祖
◇奈良仏教と在地社会　根本誠二,サムエル・C.モース編　岩田書院　2004.11　348p　22cm　8900円　ⓘ4-87294-344-9
◇幕藩権力と寺檀制度　朴澤直秀著　吉川弘文館　2004.10　358,10p　22cm　10000円　ⓘ4-642-03392-0
◇仏教と女の精神史　野村育世著　吉川弘文館　2004.9　215p　20cm　2000円　ⓘ4-642-07935-1
　内容　1 説話の中の女たち（涅槃図に描かれた老女について　母の力―『沙石集』に観る神がかりと女性観　日本におけるシーターの「貞操」）　2 女性の心性を探る（鎌倉時代の女性たちの仏教認識　室町後期に普及した女性差別観―北陸の寄進札を中心に　女の穢と男の不浄）
◇大教院の研究―明治初期宗教行政の展開と挫折　小川原正道著　慶應義塾大学出版会　2004.8　240,8p　22cm　3800円　ⓘ4-7664-1090-4
◇梅原猛、日本仏教をゆく　梅原猛著　朝日新聞社　2004.7　306,19p　20cm　1400円　ⓘ4-02-257928-5
　内容　1 仏教の伝来　2 神と仏の融合　3 仏教の革命　4 仏教と芸術　5 禅の展開　6 近代の仏教者
◇葬式仏教　圭室諦成著　大法輪閣　2004.7　291p　18cm　3500円　ⓘ4-8046-1639-X
◇聖徳太子の仏法　佐藤正英著　講談社　2004.6　242p　18cm　（講談社現代新書）　720円　ⓘ4-06-149722-7
◇仏教を歩く　no.28　大谷光瑞・河口慧海　朝日新聞社　2004.5　32p　30cm　（週刊朝日百科）　533円
◇仏教を歩く　no.29　女性の仏教者　朝日新聞社　2004.5　32p　30cm　（週刊朝日百科）　533円
◇仏教を歩く　no.30　近代の仏教者たち　朝日新聞社　2004.5　36p　30cm　（週刊朝日百科）　533円
◇日本仏教史イラスト付ノート　鷹野良宏著　日本図書刊行会　2004.4　148p　19cm　1400円　ⓘ4-8231-0765-9
　内容　日本の六～八世紀は、大きなお寺の建築ブームでした　こうした大寺院を、世間一般の人々はどのように眺めたのでしょう　実は奈良時代の寺院は、今日の国立総合大学だったのです　それにしても人々には、仏さまと神様の違いがわかりにくい　お釈迦さまは言いました　カンジーザイボーサツ、ギョウジンハンニャーハラミタジー、ショウケンゴオンカイクー　釈迦の死後、「釈迦」という単語が集合名詞にも拡大しました　密教のブロックサインと、マントラと護摩　仏像さまざま　大乗仏教のバリエーションと、あの世に憧れ〔ほか〕
◇仏教を歩く　no.24　日親と「日蓮信仰」　朝日新聞社　2004.4　32p　30cm　（週刊朝日百科）　533円
◇仏教を歩く　no.25　隠元・白隠　朝日新聞社　2004.4　32p　30cm　（週刊朝日百科）　533円
◇仏教を歩く　no.26　雪舟利休　朝日新聞社　2004.4　32p　30cm　（週刊朝日百科）　533円
◇仏教を歩く　no.27　運慶・円空　朝日新聞社　2004.4　32p　30cm　（週刊朝日百科）　533円
◇鎌倉新仏教　違見陽一著　日本文学館　2004.3　210p　19cm　1200円　ⓘ4-7765-0214-3
　内容　1 法然の人と思想（法然の生涯　法然の思想）　2 親鸞の人と思想（親鸞の生涯　親鸞の思想）　3 一遍の人と思想（一遍の生涯　一遍の思想）　4 道元の人と思想（道元の生涯　道元の思想）　5 日蓮の人と思想（日蓮の生涯　日蓮の思想）
◇西洋からの仏教を耕した人―明治維新と宗教、そして増谷文雄博士　荒木稔惠著　風濤社　2004.3　301p　20cm　2200円　ⓘ4-89219-249-X
　内容　第1部 明治維新の宗教をたずねて（プロローグ―明治維新について、その一遠景

明治維新と仏教―廃仏毀釈をたずねて　明治維新とキリスト教―浦上キリシタン流配事件をたずねて　明治維新と神道―その尊皇思想の源流をたずねて）　第2部　西洋からの仏教を耕した人々―増谷文雄博士とその業績（プロローグ―「西洋からの仏教」について、その一遠景　増谷文雄博士の近代仏教『阿含経典』について　増谷文雄博士の『仏教とキリスト教の比較研究』について）

◇南都仏教史の研究　遺芳篇　堀池春峰著、東大寺監修　京都　法藏館　2004.3　752, 54p 22cm　9800円
①4-8318-7540-6
内容　第1章 東大寺史の研究（婆羅門菩提僧正とその周辺　観音信仰と修二会 ほか）　第2章 南都寺院史の研究（平城京東山中の寺社　石川年足と山田寺 ほか）　第3章 仏教と日本文化（奈良時代に於ける浄土思想　鑑真大和上東征の意義 ほか）　第4章 寺院資料からみた信仰と行学（仏典と写経　大般若経信仰とその展開 ほか）

◇仏教を歩く　no.20　一休　朝日新聞社　2004.3　32p　30cm　（週刊朝日百科）　533円

◇仏教を歩く　no.21　覚鑁と「真言密教」　朝日新聞社　2004.3　32p　30cm　（週刊朝日百科）　533円

◇仏教を歩く　no.22　天海と「江戸仏教」　朝日新聞社　2004.3　32p　30cm　（週刊朝日百科）　533円

◇仏教を歩く　no.23　沢庵と「武士道」　朝日新聞社　2004.3　32p　30cm　（週刊朝日百科）　533円

◇鎌倉佛教―親鸞・道元・日蓮　戸頃重基著　中央公論新社　2004.2　203p　21cm　（中公文庫ワイド版）　3300円
①4-12-551494-1

◇仏教を歩く　no.15　夢窓疎石と「五山文化」　朝日新聞社　2004.2　32p　30cm　（週刊朝日百科）　533円

◇仏教を歩く　no.16　役小角と「修験道」　朝日新聞社　2004.2　32p　30cm　（週刊朝日百科）　533円

◇仏教を歩く　no.17　行基と「東大寺」　朝日新聞社　2004.2　32p　30cm　（週刊朝日百科）　533円

◇仏教を歩く　no.18　円仁円珍　朝日新聞社　2004.2　32p　30cm　（週刊朝日百科）　533円

◇仏教を歩く　no.19　空也・源信　朝日新聞社　2004.2　32p　30cm　（週刊朝日百科）　533円

◇北海道仏教史の研究　佐々木馨著　札幌　北海道大学図書刊行会　2004.2　665, 18p 22cm　10000円　①4-8329-6461-5
内容　第1部 中世仏教の伝播（中世仏教の歴史的前提―古代北奥羽と夷島　鎌倉幕府と夷島　蠣崎政権の成立前後　中世仏教の伝播と展開）　第2部 近世仏教の成立と展開（近世仏教の歴史的背景―松前藩の成立　近世前期の松前藩と仏教　幕府の蝦夷地直轄と蝦夷三官寺　近世後期の松前藩と仏教　松前藩における本末制と檀家制の実態　東西両本願寺の近世仏教）　第3部 近現代仏教の展開（明治期における函館の宗教界　都市寺院の成立　大正・昭和戦中期における函館の宗教界　道南地域の宗教界　戦後復興と北海道宗教界）

◇仏教を歩く　no.12　一遍　朝日新聞社　2004.1　32p　30cm　（週刊朝日百科）　533円

◇仏教を歩く　no.13　聖徳太子　朝日新聞社　2004.1　32p　30cm　（週刊朝日百科）　533円

◇仏教を歩く　no.14　鑑真　朝日新聞社　2004.1　32p　30cm　（週刊朝日百科）　533円

◇仏教を歩く　no.8　栄西　朝日新聞社　2003.12　32p　30cm　（週刊朝日百科）　533円

◇仏教を歩く　no.9　西行　朝日新聞社　2003.12　32p　30cm　（週刊朝日百科）　533円

◇仏教を歩く　no.10　蓮如　朝日新聞社　2003.12　32p　30cm　（週刊朝日百科）　533円

◇仏教を歩く　no.11　明恵　朝日新聞社　2003.12　32p　30cm　（週刊朝日百科）　533円

◇仏教を歩く　no.3　道元　朝日新聞社　2003.11　32p　30cm　（週刊朝日百科）　533円

◇仏教を歩く　no.4　日蓮　朝日新聞社　2003.11　32p　30cm　（週刊朝日百科）　533円

◇仏教を歩く　no.5　親鸞　朝日新聞社　2003.11　32p　30cm　（週刊朝日百科）　533円

◇仏教を歩く no.6 法然 朝日新聞社 2003.11 32p 30cm （週刊朝日百科） 533円

◇仏教を歩く no.7 良寛 朝日新聞社 2003.11 32p 30cm （週刊朝日百科） 533円

◇日中仏教交流戦後五十年史 額賀章友著 里文出版 2003.10 393p 22cm 3800円 ①4-89806-199-0
　内容 第1章 友好と平和を求めて（一九五二年 - 一九六六年）（中国から友好と平和を願う仏像渡来 中国人俘虜殉難者慰霊実行委員会の設立 ほか） 第2章 試練を越えて（一九六七年 - 一九七七年）（中国に文化大革命起こる 日中友好宗教者懇話会の創立 ほか） 第3章 友好交流、年々発展へ（一九七八年 - 一九八六年）（中国仏教協会代表団が来日する 日中友好臨黄協会が設立される ほか） 第4章 黄金の絆をめざして（一九八七年 - 二〇〇二年）（比叡山宗教サミットが開催される 穂高山荘清談 ほか）

◇仏教を歩く no.1 弘法大師空海 朝日新聞社 2003.10 38,11p 30cm （週刊朝日百科） 457円

◇仏教を歩く no.2 最澄 朝日新聞社 2003.10 32p 30cm （週刊朝日百科） 533円

◇平安文人の思想と信仰 中尾正己著 日本図書センター 2003.10 203p 22cm （学術叢書） 3000円 ①4-8205-8022-1

◇廃仏毀釈百年―虐げられつづけた仏たち 佐伯恵達著 改訂版 宮崎 鉱脈社 2003.7 355p 19cm （みやざき文庫20） 2000円 ①4-86061-060-1
　内容 序章 仏教国の仏教ぎらい 第1章 前史―廃仏毀釈への道 第2章 薩摩の一向宗弾圧と宮崎 第3章 廃仏毀釈―何が行われたのか（その一） 第4章 廃仏毀釈―何が行われたのか（その二） お寺を毀して神社を建てた宮崎県 第5章 仏教弾圧と国家神道の百年

◇奈良時代写経史研究 栄原永遠男著 塙書房 2003.5 509,22p 22cm 11000円 ①4-8273-1178-1
　内容 序 正倉院文書研究の動向と個別写経事業研究の意義 第1部 天平年間の写経事業（福寿寺と福寿寺大般若経 百部法華経の写経事業 千経一千巻の写経事業 ほか） 第2部 天平宝字年間の写経事業（光明皇太后没前の写経事業群 奉写大般若経所の写経事業と財政 御願大般若経の写経事業 ほか） 第3部 宝亀年間の写経事業（奉写一切経所の写経事業 奉写一切経所の財政）

◇日本仏教34の鍵 大久保良峻ほか編著 春秋社 2003.5 299p 19cm 1800円 ①4-393-13508-3
　内容 1 古代篇（仏教伝来と聖徳太子 経典の伝来と写経 ほか） 2 中世篇（神仏習合論 新仏教と顕密体制論 ほか） 3 近世篇（幕藩体制と仏教 天海と日光東照宮 ほか） 4 近代篇（神仏分離 肉食妻帯 ほか）

◇古代・中世の女性と仏教 勝浦令子著 山川出版社 2003.3 93p 21cm （日本史リブレット16） 800円 ①4-634-54160-2
　内容「女性と仏教」という視点 1 古代の女性と仏教（仏教の伝来と東アジアの尼たち 善信尼らの誕生 古代の僧寺と尼寺 ほか） 2 女性の信心・男性の信心（行基集団と女性 平安期女性の仏道修行と家事 出家女性の生活 ほか） 3 中世の女性と仏教（尼寺の復興 中世の尼と坊守たち 尼五山と中世後期の尼寺 ほか）

◇日本仏教の近世 大桑斉著 京都 法藏館 2003.3 232p 20cm 1800円 ①4-8318-7480-9
　内容 日本仏教の近世 日本近世の聖なるもの―徳川王権と都市 思ふこと叶はねばこそうき世なれ 江戸の真宗―研究状況と課題 いつとなしの救済―江戸真宗の救済と信仰 ある真宗門徒の幕末 民衆思想史の真宗―『蓮如上人遺徳記』と応化の観念

◇日本仏教の射程―思想史的アプローチ 池見澄隆、斎藤英喜編著 京都 人文書院 2003.3 289p 21cm 2300円 ①4-409-41073-3
　内容 はじめに 日本仏教のパースペクティブ―面（スペース）を軸として 古代（神仏習合のはじまり 特論「神仏習合のはじまり」の隣で―『唐大和上東征伝』から浮かび上がる問題 ほか） 中世（中世寺院の転換と鎌倉仏教の成立 鎌倉仏教の土着性と国際性 ほか） 近世（仏教思想が近世に生み出したもの―煩悩即菩提論と王権仏授説 古への問いと心の思想 ほか） 近代（近代日本の思想史と「宗教」「仏教」「信仰」 特論 近代日本の仏教とその諸相 ほか）

◇仏教土着―論集 大桑斉編 京都 法藏館 2003.3 408p 22cm 7400円 ①4-8318-7534-1
　内容 1 真宗土着（聖地―「権化の清流」は「霊場」へ―「反古裏書」に読む戦国期真宗僧の論理 都市―貝塚寺内・願泉寺の由緒

をめぐって ほか) 2 身体と霊異(生身仏―叡尊の行基信仰　霊験譚―縁起・伝承をめぐる寺社と民衆の葛藤　『清水寺縁起絵巻』における田村麻呂伝承の展開を中心に ほか) 3 世俗の中で(支配―無住『雑談集』が描く支配と解放　護持僧―中世醍醐寺における法身院と満済に関する一考察 ほか) 4 土着主義運動(反耶蘇教―『顕順師殉難録』再考―反耶蘇反対一揆としての越前護法一揆　国民国家―土着主義運動と井上毅「人身教導」構想 ほか)

◇日本仏教思想史　池見澄隆, 斎藤英喜編著　京都　佛教大学通信教育部　2003.2　296p　21cm　非売品

◇仏法の文化史　大隅和雄編　吉川弘文館　2003.1　292p　22cm　7000円　①4-642-02818-8
　内容 1 寺院とその内部(摂津国総持寺と藤原山蔭・摂関家・浄土寺　中世醍醐寺と三論宗 ほか) 2 中世寺院と僧の活動(中世前期の寺院数に関する覚書　「時衆」について ほか) 3 仏法と政治(聖武天皇出家攷―「三宝の奴と仕へ奉る天皇」と「太上天皇沙弥勝満」　二つの出家譚―『大鏡』の花山院と顕信 ほか) 4 仏法の展開(中世の宗論に関する一考察　蓮如教学の形成と戦国期社会―「王法為本」・「称名報恩」・「平生業成」の意味 ほか)

◇鎌倉仏教の思想と文化　中尾堯編　吉川弘文館　2002.12　358p　22cm　8500円　①4-642-02816-1
　内容 1 古代仏教の継承と展開(院政期の写経とその儀礼　平安・鎌倉期の大安寺の動向　白河天皇による神事と仏事 ほか) 2 仏教思想の特質とその継承(日蓮のエゾ認識とその歴史的意義　日蓮の神祇観　親鸞思想の倫理性について ほか) 3 経典と聖教の創出と享受(中世醍醐寺の教相と論義　『大乗院寺社雑事記』に見える記録の構造　『呪賊経』流伝 ほか)

◇中世の寺院体制と社会　中尾堯編　吉川弘文館　2002.12　321p　22cm　8000円　①4-642-02817-X
　内容 1 寺院体制の構造と機能(鎌倉幕府と延暦寺　中世律僧とは何か―興福寺大乗院と西大寺末寺　創建時山科本願寺の堂舎と土塁について ほか) 2 信仰の特性と儀礼(一遍の引き問うた門弟、時衆について　中世の生身信仰と仏像の霊性―重源の仏舎利信仰を中心に　貞慶像の形成―戒律実践の真相 ほか) 3 鎌倉仏教の展開と社会(常陸国奥郡における中世の浄土真宗の展開　親鸞に関する「造悪無碍」研究の変遷　山門延暦寺からみた天文法華の乱 ほか)

◇鎌倉佛教―親鸞・道元・日蓮　戸頃重基著　中央公論新社　2002.11　203p　16cm　(中公文庫)　781円　①4-12-204126-0
　内容 1 日本仏教の夜明け(古代仏教の終焉　末法悪世に生きて ほか) 2 信仰の証を求めて(自力と他力と共力　念仏の救いについて ほか) 3 さとりと愛欲の相剋(人生の恩愛をめぐって　業から自由へ ほか) 4 法灯のゆくえ(浄土教の夢と現実　本願寺教団の末路 ほか)

◇古寺探訪と其の背景　下巻　埜村忠雄著〔塩山〕〔埜村忠雄〕　2002.10　740p　22cm

◇日本仏教の形成と展開　伊藤唯真編　京都　法藏館　2002.10　683p　22cm　13000円　①4-8318-6218-5
　内容 1 古代(法隆寺一切経と『貞元新定釈教目録』　甲賀宮・甲賀寺と近江国分寺 ほか) 2 中世前期(鎌倉における顕密仏教の展開　重源・鑁阿と勧進の思想 ほか) 3 中世後期(中世の浄華院と金戒光明寺　地域権力と寺社―陣所を訪ねる人々 ほか) 4 近世・近代(檀家制度の成立過程―熊本藩領を中心として　徳川王権始祖神話の論理と性格―『松平崇宗開運録』の論理 ほか)

◇ブッダから日蓮まで　近藤正輝著　文芸社　2002.10　594p　19cm　1300円　①4-8355-4260-6
　内容 神様と仏様　釈迦と仏教　哲学からの信仰へ　初期の仏教　古代仏教　中世の仏教

◇「お坊さん」の日本史　松尾剛次著　日本放送出版協会　2002.9　199, 4p　18cm　(生活人新書)　660円　①4-14-088041-4
　内容 第1章 日本仏教の特徴　第2章 古代仏教の担い手たち―官僧　第3章 鎌倉新仏教の担い手―遁世僧　第4章 室町時代の仏教　第5章 近世の仏教者たち―江戸幕府の「官僧」　第6章 近代と日本仏教

◇20世紀の仏教メディア発掘　安食文雄著　鳥影社　2002.8　221p　19cm　1600円　①4-88629-688-2
　内容 第1章 教界メディア人国記　第2章 追跡「近現代仏教資料蒐集事業」　第3章 政財界の爆弾男、野依秀市が発行した破天荒な仏教雑誌　第4章 友松円諦と増谷文雄が路線問題で決別した、人間臭い信仰ドラマ「全日本真理運動」　第5章 「人生創造」教

日本の仏教の歩み

の伝道師、石丸梧平が残した伝道誌　第6章　高田道見が主宰した国権主義の教界紙『通俗仏教新聞』　第7章　戦後教団改革の発火点となった『真人』　第8章　二〇世紀仏教の宝庫『大法輪』の戦前と戦後　第9章『大法輪』在家仏教運動から「在家仏教会」開法運動への変質

◇近代日本の仏教家と戦争─共生の倫理との矛盾　栄沢幸二著　専修大学出版局　2002.7　316p　19cm　2800円
①4-88125-132-5
　[内容]第1章　近代日本の生かされる論理と倫理(生かされる論理の種々相　仏教家の生かされる論理と倫理 ほか)　第2章　椎尾弁匡の共生思想(共生の思想　共生の原理の政治的適用 ほか)　第3章　伊藤証信の思想(日露戦争後大正初期の思想　無我愛の修正 ほか)　第4章　西田天香の思想(天香の思想的覚醒と一灯園　一灯園の精神 ほか)　第5章　大谷光瑞や他の仏教家の政治的言説(大谷の政治的言説の特色　大正期の政治的言説 ほか)

◇中世仏教の展開とその基盤　今井雅晴編　大蔵出版　2002.7　352p　22cm　10000円　①4-8043-1055-X
　[内容]1中世仏教の展開（親鸞の六角堂の夢告について　密教儀礼と顕密仏教─明恵房高弁の入滅儀礼をめぐって　道元の修証論 ほか）　2 武士社会と仏教(関東武士団と氏寺について　荘園社会における武士の宗教的位置─陸奥国好島荘における寺社の基礎的考察　一向一揆と古河公方）　3 中世人の心の深奥（天狗と中世における"悪の問題"　末法の世における穢れとその克服─童子信仰の成立　源頼朝の怨霊観 ほか）

◇信心の世界、遁世者の心　大隅和雄著　中央公論新社　2002.3　294p　20cm　（日本の中世 2）　2400円
①4-12-490211-5

◇奈良仏教の地方的展開　根本誠二, 宮城洋一郎編　岩田書院　2002.2　237p　21cm　2800円　①4-87294-231-0
　[内容]東晋期中国江南における「神仏習合」言説の成立─日中事例比較の前提として　天武朝の仏教政策についての覚書　『日本霊異記』下巻第四縁の一考察　律令制下における毛野氏の変遷─東北地方への仏教布教の一側面　行基と薬師信仰　東国における仏教関連遺跡─様相と予察　奈良仏教研究文献目録　The Hossō School and Image- Making In Ninth Century Japan

◇佛法東漸─シルクロードから古都奈良、そして現代へ　龍谷大学短期大学部仏教科編　京都　自照社出版　2001.12　393p　19cm　2000円　①4-921029-35-0
　[内容]1 古都奈良への道　2 薬師寺と法会　3 薬師寺と唯識仏教　4 唐招提寺と戒律仏教　5 現代社会に響く仏の声

◇日本古代の国家と仏教　井上光貞著　岩波書店　2001.9　406, 9p　20cm　（岩波モダンクラシックス）　3600円
①4-00-026671-3
　[内容]前篇　律令国家と仏教(憲法十七条と三経義疏　律令的国家仏教の形成　大乗仏教の社会的実践　律令的国家仏教の変革）　中篇　王朝国家と仏教(天台浄土教と王朝貴族社会　説話集からみた平安朝の民間仏教　別所念仏の思想と集団)　後篇　鎌倉仏教と国家（専修念仏と念仏停止　鎌倉仏教と復古主義）

◇中世の寺社と信仰　上横手雅敬編　吉川弘文館　2001.8　267p　22cm　7500円
①4-642-02804-8
　[内容]顕密仏教と権門体制：源頼朝の宗教政策(上横手雅敬著)　中世前期の戒律復興(下間一頼著)　天皇即位秘儀説の形成について(寺井光著)　平泉澄と権門体制論(今谷明著)　寺社権門と所領：黒田荘と境絵図(横内裕人著)　中世熱田大宮司の発給文書(藤本元啓著)　大覚寺統管領寺院の再編(金井静香著)　仏教の伝播と交流:『元興寺縁起』の再検討(本郷真紹著)　重源の入宋とその周辺(堀越光信著)　琵琶湖東岸地域における本願寺門徒団と寺院開創伝承(中野和之著)「一遍聖絵」と伊予国岩屋寺(山内譲著)

◇日本人の心と日本仏教の流れ　藤原草人著　平群町（奈良県）　篠澤隆夫　2001.8　752p　22cm

◇蒙古襲来と鎌倉仏教─特別展　神奈川県立金沢文庫編　横浜　神奈川県立金沢文庫　2001.8　63p　30cm

◇新・八宗綱要─日本仏教諸宗の思想と歴史　大久保良峻編著　京都　法藏館　2001.6　346p　22cm　3400円
①4-8318-7370-5
　[内容]律宗　法相宗　天台宗　華厳宗　真言宗（密教）　禅宗　浄土教（浄土宗　浄土真宗）　日蓮宗

◇中世の勧進聖と舎利信仰　中尾堯著　吉川弘文館　2001.3　283, 5p　22cm　7500円　①4-642-02800-5
　[内容]第1章　重源の信仰と勧進活動(古代仏教の継承と勧進活動　重源の宗教的系譜　重源における作善の意義　重源の勧進活動と

神祇　重源の地域認識　勧進聖集団の組織かと定着）　第2章生身仏信仰と舎利信仰（仏舎利と生身仏をめぐる儀礼と造形　叡尊にみる生身仏の信仰　備州における律僧の勧進活動）〔ほか〕

◇日本古代の僧尼と社会　勝浦令子著　吉川弘文館　2000.11　416, 13p　22cm　9000円　①4-642-02353-4
　内容　1 日本古代の僧と尼（八世紀における僧と尼—僧尼の公的把握の構造的差異　僧尼の俗位と俗名）　2「家」と僧尼（古代の「家」と僧尼—八世紀の中央貴族層の公的「家」を中心に　八世紀の内裏仏事と女性—「仏名会」前身仏事を手がかりに　古代宮廷女性組織と性別分業—宮人・巫女・尼の比較を通じて）　3 東アジアにおける尼の比較研究（東アジアの尼の成立事情と活動内容　東アジアの尼の地位と役割　法華滅罪之寺と洛陽安国寺法華道場）　4 尼天皇と仏教（称徳天皇の「仏教と王権」—八世紀の「法王」観と聖徳太子信仰の特質　孝謙・称徳天皇による『宝星陀羅尼経』受容の特質—正倉院文書にみえる王権の間写経の一考察）〔ほか〕

◇日本仏教の研究法—歴史と展望　京都法藏館　2000.11　312p　22cm　（日本の仏教 第2期 第2巻）　3200円　①4-8318-0288-3
　内容　1 仏教史学の歴史と方法（古代　中世　近世　近現代）　2 仏教諸潮流の研究史と方法（南都　天台　真言　禅 ほか）　3 関連諸学の研究史と方法（仏教民俗学　仏教文学　仏教美術　仏教建築）　結び—仏教史を超えて　4 文献一覧

◇古代仏教界と王朝社会　曾根正人著　吉川弘文館　2000.9　284, 12p　22cm　6800円　①4-642-02351-8
　内容　国史学における仏教研究の動向と課題　第1部 日本仏教の経典受容（「法華滅罪之寺」と提婆品信仰　中国日本仏教界の偽経受容—『像法決疑経』解釈の形成とその継受 ほか）　第2部 南都仏教界と国家仏教（平安初期南都仏教と護国体制　中世初期戒律復興運動の戒律観とその背景）　第3部 平安新仏教と国家仏教（平安京の仏教　最澄と国家仏教—『請入唐請益表』について）　第4部 王朝社会と仏教（『栄花物語』の定子記述と後宮　藤原道長の下品下生往生—『栄花物語』における二つの浄土信仰 ほか）

◇古代東国への仏法伝来—古墳の中の仏教文物を中心として　増田修著　石岡崙書房出版茨城営業所　2000.8　115p　18cm　（ふるさと文庫 174）　800円　①4-8455-0174-0
　内容　小金銅仏　仏像鏡　銅水瓶・銅匙・銅鋺　蛇行状鉄器　特異な人物埴輪　古代東国への仏法伝来　「古代東国への仏法伝来」研究・参考文献目録

◇中世の仏教と社会　大隅和雄編　吉川弘文館　2000.7　210p　22cm　6500円　①4-642-02796-3
　内容　1 公家社会と仏教（九条家の祈禱僧—智詮を中心に　中世興福寺と菩提山僧正信円　「門跡」と門跡）　2 中世仏教の思想と行動（「捨てられた」国・日本—明恵、日蓮そして虎関師錬　一遍の宗教覚書—特にその名前をめぐって）　3 中世仏教とその周辺（金沢文庫資料にみる鎌倉時代の茶　禅病について　近世仏教における肉食妻帯論）

◇日本高僧傳要文抄　元亨釋書　宗性編，黒板勝美編輯，虎関師錬著，黒板勝美編輯　新装版　吉川弘文館　2000.5　92, 454, 26p　23cm　（國史大系 新訂増補 第31巻）　7600円　①4-642-00334-7

◇中世瀬戸内の仏教諸宗派—広島県備後地方　堤勝義著　京都　探究社　2000.2　194p　22cm　2000円　①4-88483-583-2

◇日本仏教史年表　平岡定海, 圭室文雄, 池田英俊編　雄山閣出版　1999.12　321p　22cm　5800円　①4-639-01660-3
　内容　古代・中世　近世　近代

◇論集日本仏教史　第10巻　日本仏教史年表　平岡定海, 圭室文雄, 池田英俊編　雄山閣出版　1999.12　321p　22cm　5800円　①4-639-01624-7, 4-639-00552-0
　内容　古代・中世　近世　近代　付録（将軍一覧　寺社奉行一覧）

◇日本仏教史辞典　今泉淑夫編　吉川弘文館　1999.11　1117, 112p 図版34枚　27cm　20000円　①4-642-01334-2

◇日本史の中の女性と仏教　光華女子大学・光華女子短期大学真宗文化研究所編, 吉田一彦, 勝浦令子, 西口順子著　京都　法藏館　1999.11　217p　20cm　2600円　①4-8318-7525-2
　内容　第1章 女性と仏教をめぐる諸問題　第2章 『日本霊異記』を題材に　第3章 古代の尼と尼寺　第4章 女性の出家と家族関係　第5章 尼と「家」　第6章 真宗史のなかの女性

◇日本仏教の史的展開　薗田香融編　塙書房　1999.10　540p　22cm　12000円　①4-8273-1158-7

◇葬式と檀家　圭室文雄著　吉川弘文館　1999.7　231p　19cm　（歴史文化ライブラリー 70）　1700円　④4-642-05470-7

◇古代日本の国家と仏教—東大寺創建の研究　田村圓澄著　吉川弘文館　1999.5　589, 28p　22cm　13000円　④4-642-02337-2
　内容　第1編 盧舎那仏の造立（盧舎那仏造立と聖武天皇　八幡大神の仏教帰依　盧舎那仏造立着工　唐・新羅・日本の華厳経 ほか）　第2編 東大寺の創建（東大寺の建立　盧舎那仏の造立　東大寺盧舎那仏開眼供養会　新羅王子金泰廉の東大寺参拝 ほか）

◇聖徳太子と日本人の宗教心　古田紹欽著　春秋社　1999.5　204p　20cm　2000円　④4-393-11901-0
　内容　1 聖徳太子の十七条憲法を読む　2 日本人の宗教意識　3 教育の中の拈華微笑　4 日本の仏教文化の淵源

◇日本のミイラ信仰　内藤正敏著　京都　法藏館　1999.5　275p　20cm　3200円　④4-8318-7244-X
　内容　序章 即身仏とミイラ　第1章 平安時代の即身仏と空海入定伝説　第2章 中国古代の化学と高野山の水銀　第3章 近世の土中入定伝説と即身仏　第4章 湯殿山即身仏信仰を生みだしたもの　第5章 羽黒山と湯殿山　第6章 武士殺し伝説と隠された一揆

◇鎌倉仏教の様相　高木豊, 小松邦彰編　吉川弘文館　1999.3　463p　22cm　12000円　④4-642-02774-2
　内容　鎌倉仏教の展開（「鎌倉新仏教」という名辞　「宗」のゆくえ—覚憲・明恵・凝然の歴史意識　安居院聖覚の言説をめぐる　栄西における兼修禅の性格 ほか）　日蓮のなかの鎌倉仏教（中世天台僧の学習—青春の日蓮と重ね合わせて　日蓮誕生論—鎌倉新仏教における人権思想の萌芽　日蓮撰『注法華経』の一考察　『法華取要抄』の成立 ほか）

◇遣迎院阿弥陀如来像内納入品資料　青木淳著・撮影　〔京都〕　国際日本文化研究センター　1999.3　226p　21×30cm　（日文研叢書 第19集）

◇西行から最澄へ—日本文化と仏教思想　栗田勇著　岩波書店　1999.3　245p　20cm　2300円　④4-00-000904-4

◇仏教近代化の諸相—伝統とその再評価　大正大学「仏教近代化の諸相」研究会編　大正大学学術研究助成委員会　1999.3　301p　20cm　2300円　④4-938487-38-1

◇本地垂迹信仰と念仏—日本庶民仏教史の研究　今堀太逸著　京都　法藏館　1999.2　468, 13p　22cm　8700円　④4-8318-7488-4
　内容　第1部 中世の鎮守神信仰と天神・太子（北野天神縁起にみる本地垂迹信仰の展開　中世の太子信仰と神祇—醍醐寺蔵『聖徳太子伝記』を読む）　第2部 疫病と本地垂迹信仰の展開（牛頭天王と蘇民将来の子孫）　第3部 法然の念仏の展開（法然上人『伝法絵流通』と関ame—仏法王法の興隆と法然の念仏　近江湖東における親鸞門流の展開—史実と伝承）　第4部 村の生活と信仰（村落寺院の諸相—滋賀県神崎郡五個荘町を事例として）　第5部 近代の仏教教団と国家・民衆（浄土宗の時局特別伝道—「特命巡教」の発足）

◇奈良時代の僧侶と社会　根本誠二著　雄山閣出版　1999.1　232, 10p　22cm　4500円　④4-639-01577-1
　内容　第1章 奈良仏教者の内的世界（沙弥・尼と比丘・尼　師僧と弟子僧　奈良仏教者と知識結）　第2章 奈良仏教者の内と外（奈良仏教者と貴族層　玄昉の内と外　道鏡の内と外）　第3章 奈良仏教者と奈良仏教者の変容（行基と大仏　行基と智光）

◇鎌倉新仏教の成立—入門儀礼と祖師神話　松尾剛次著　新版　吉川弘文館　1998.10　345, 7p　20cm　（中世史研究選書）　3200円　④4-642-02672-X
　内容　第1 官僧僧団の得度制（国家的度縁制　年分度者制　官僧僧団の得度儀式 ほか）　第2 官僧僧団の授戒制（東大寺戒壇での授戒制　延暦寺戒壇での授戒制　国家的授戒制の機能（南都・北嶺戒壇体制） ほか）　第3 遁世僧僧団の入門儀礼システム（新義律僧僧団の入門儀礼システム　法然門下の入門儀礼システム　五山禅僧の入門儀礼システム ほか）　第4 祖師神話と遁世僧僧団の救済活動（祖師絵伝の成立と「個人」救済　遁世僧僧団に

よる非人救済・女人救済　個人宗教と共同体宗教）

◇仏教と出会った日本　京都　法蔵館　1998.8　268p　22cm　（日本の仏教　第2期　第1巻）　3000円　①4-8318-0287-5
[内容]「日本の思想」の開花―近世の展開（キリシタンと仏教　近世儒教と仏教―闇斎学派を中心に　国学の展開と仏教　ほか）「日本の思想」のゆくえ（仏教論争史―仏教の再生のために　日本の仏教と科学）　総論（『仏教と出会った日本』と出会った私）

◇仏教史から見る東海の古寺　白井伸昂著　名古屋　風媒社　1998.8　246p　19cm　1700円　①4-8331-0516-0
[内容] 1 奈良時代まで　2 平安時代前期　3 平安時代後期　4 鎌倉時代　5 南北朝・室町時代　6 戦国時代　7 江戸時代

◇応響雑記と仏教―応響雑記仏教関係史料目録　森越博編　富山　桂書房　1998.7　173p　26cm　3000円

◇天皇制仏教批判　ジョアキン・モンテイロ著　三一書房　1998.7　289p　22cm　3800円　①4-380-98292-0
[内容] 第1章 日本仏教と天皇制　第2章 戦後仏教学における天皇制の問題　第3章 近現代の日本の親鸞論　第4章 親鸞の思想を問題にする前提　第5章 日本仏教思想史における親鸞の位置　第6章 近代天皇制仏教批判・清沢満之の思想を中心に

◇日本の文化をよみなおす―仏教・年中行事・文学の中世　大隅和雄著　吉川弘文館　1998.7　308p　20cm　3000円　①4-642-07746-4
[内容] この世とあの世―日本人の因果と輪廻　1 平安仏教と鎌倉仏教―仏教の日本化（平安仏教の歩み―日本化への模索　鎌倉仏教の展開―寺院内の教学から外へ、民衆へ）　2 年中行事と儀礼（年中行事の原点　仏教の儀礼と信仰）　3 古典と歴史（古典に聴く中世のざわめき　史実と架空のあいだ）

◇日本仏教史　中世　大隅和雄, 中尾堯編　吉川弘文館　1998.7　309, 15p　20cm　2400円　①4-642-06752-3
[内容] 1 中世仏教の特質と課題　2 古代仏教の継承　3 政治体制と仏教　4 仏教文化の創出　5 仏教の革新運動　6 仏教と一揆　7 仏教文化の多元的創出と伝播　8 近世仏教への胎動

◇法然と明恵―日本仏教思想史序説　袴谷憲昭著　大蔵出版　1998.7　405p　20cm　4800円　①4-8043-0538-6
[内容] 第1章 二つの仏教（問題提起　往生と成仏　他力主義と自力主義　キリスト教と仏教）　第2章 二つの夢―古代から中世への日本仏教（古代から中世への社会状況　法然の夢と明恵の夢の相違　法然の夢と他力主義の革命　明恵の夢と自力主義の復活）

◇鎌倉仏教形成論―思想史の立場から　末木文美士著　京都　法蔵館　1998.5　418, 7p　22cm　5800円　①4-8318-7372-1
[内容] 序章 鎌倉仏教への視座　1 顕と密　2 法然とその周辺　3 明恵とその周辺　4 本覚思想の形成　結章 仏教の民衆化をめぐって

◇日本古代仏教の文化史　竹居明男著　吉川弘文館　1998.5　332, 11p　22cm　7300円　①4-642-02329-1
[内容] 第1 吉野寺と『日本書紀』　第2 元興寺の浄人―古代寺院と清掃　第3 東大寺の阿弥陀堂―同寺蔵『阿弥陀悔過料資財帳』の一考察　第4 神宮寺と仏舎利信仰　第5 嘉祥寺と貞観寺　第6 近江関寺と藤原道長　第7 寺院の宝蔵（経蔵）と院政期の文化　第8 聖徳太子と尺八　第9 道昌と仁明朝の宮廷　第10 明達伝の諸問題　第11 解脱上人貞慶と春日信仰

◇院政期の仏教　速水侑編　吉川弘文館　1998.2　448p　22cm　7600円　①4-642-06761-2
[内容] 第1章 院政期における仏教の特質（院政期仏教と末法思想　日本仏教における戒律への関心と中国の禅宗　ほか）　第2章 院政期における僧侶の活動（無度縁宣旨・一身阿闍梨・僧都直任　守覚法親王と院政期の仏教文化　ほか）　第3章 院政期仏教の周辺（古代における僧尼と音楽　古代から中世への神祇信仰の展開）　第4章 院政期仏教の展開（論義と聖教　叡尊歿後の西大寺　ほか）

◇近現代仏教の歴史　吉田久一著　筑摩書房　1998.2　321p　20cm　3200円　①4-480-84702-2
[内容] 序章「近現代仏教の歴史」について　1章 近世藩藩体制下の仏教（近代仏教史理解のために）　2章 明治維新と仏教　3章 近代国家の確立と仏教の「革新」　4章 帝国主義国家への出立と仏教近代化の形成　5章 大正デモクラシーと仏教　6章 社会的危機＝過渡期と仏教　7章 日中戦争・太平洋戦争と仏教　8章 戦後の仏教　9章 高度経済成長期と仏教（低成長期を含む）　10章 20世紀末社会と仏教

◇聖徳太子と玉虫厨子―現代に問う飛鳥仏教　石田尚豊著　東京美術　1998.2

315p 図版11枚 22cm 3800円 ⓘ4-8087-0648-2
内容 第1部 玉虫厨子は語る(捨身飼虎図供養図 施身聞偈図 須弥山図 霊鷲山図 宮殿部と本尊) 第2部 聖徳太子とその時代(太子をめぐる飛鳥仏教 飛鳥仏教基本史料) 第3部 聖徳太子の思想と現代的意義(飛鳥仏教思想 玉虫厨子絵の三つの問い 飛鳥仏教の現代的意義)

◇地獄と浄土 山折哲雄著 徳間書店 1998.1 267p 16cm (徳間文庫) 514円 ⓘ4-19-890828-1
内容 里への行脚―空也 浄土の観想―源信 平安貴族と地獄 親鸞の罪意識

◇仏と女 西口順子編 吉川弘文館 1997.11 256p 20cm (中世を考える) 2400円 ⓘ4-642-02706-8

◇「日出国新聞」における仏教関係記事―明治36年1月～明治37年12月 川口高風編 〔日進〕 愛知学院大学教養部内川口高風研究室 1997.8 259p 26cm

◇阿波宗教史論集 三好昭一郎著 藍住町(徳島県) 阿波宗教史論集刊行会 1997.7 276p 22cm

◇中世の精神世界―死と救済 池見澄隆著 増補改訂版 人文書院 1997.6 299p 22cm 3200円 ⓘ4-409-41067-9

◇中世仏教と鎌倉幕府 佐々木馨著 吉川弘文館 1997.6 429,11p 22cm 8500円 ⓘ4-642-02756-4
内容 第1部 中世仏教の基本構造(中世仏教と神祇 中世仏教の三つの思想空間―「体制仏教」「反体制仏教」「超体制仏教」 中世仏教の構造的展開) 第2部 鎌倉幕府と中世仏教(「禅密主義」の成立―「武家の体制仏教」の基盤 鎌倉幕府と日蓮の蝦夷観 中世東国と仏教 「禅密主義」の東国蚕食) 第3部 日蓮と鎌倉幕府(日蓮の体制志向とその転回 日蓮の幕政批判―「禅密主義」との対決)

◇「日出国新聞」における仏教関係記事―明治35年1月―12月 川口高風編 〔日進〕 愛知学院大学教養部内川口高風研究室 1997.6 443p 26cm

◇中世寺院の権力構造 稲葉伸道著 岩波書店 1997.5 498,15p 22cm 9400円 ⓘ4-00-001380-7

◇仏教宗派の常識―"わが家の宗教"をもっとよく知るために 山野上純夫,横山真佳,田原由紀雄共著 改装版 大阪 朱鷺書房 1997.4 254,15p 19cm 1500円 ⓘ4-88602-171-9
内容 第1部 日本仏教のあゆみ(仏教の渡来―飛鳥と奈良の都で 平安仏教の展開―花咲く密教文化 万民を救う念仏―弥陀の手にすがる 新しい波、禅と法華―たえざる自己向上への願い ほか) 第2部 日本の仏教宗派(奈良の南都六宗―現世の栄えを謳歌 天台宗―幅広い"総合大学" 真言宗―あくまでも奥深く 浄土宗―末法の世のともしび ほか)

◇「日出国新聞」における仏教関係記事―明治34年3月～12月 川口高風編 〔日進〕 愛知学院大学教養部内川口高風研究室 1997.4 270p 26cm

◇中世村落と仏教 石田善人著 京都 思文閣出版 1996.12 430,36p 22cm (思文閣史学叢書) 9064円 ⓘ4-7842-0920-4
内容 中世村落と仏教 都鄙民衆の生活と宗教 惣について 室町時代の農民生活について―南北朝内乱の成果 郷村制の形成 甲賀郡中惣と伊賀惣国一揆について 甲賀郡中惣と大原同名中惣について 畿内の一向一揆について―その構造論を中心として 畿内真宗教団の基盤について 飯貝本善寺所蔵葬中陰記 旧仏教の中世的展開 瀬戸内地域における新旧仏教の相克と展開 将軍塚信仰の意味するもの

◇日本仏教改革論 松濤弘道著 雄山閣出版 1996.12 222p 19cm 2266円 ⓘ4-639-01410-4
内容 第1章 日本仏教のさまざまな問題点(日本人は今、何が問われているか 私たちの宗教とのかかわりあい 日本仏教はどこへ行く ほか) 第2章 今、日本仏教は…(寺院の存在価値について 僧侶の存在価値について 死ぬ間際の人間的な悟りと救い ほか) 第3章 どうすれば日本仏教は再生するか(寺院住職はどう生きたらよいか 檀家はどう生きたらよいか 仏教教団はどう生きたらよいか ほか) 第4章 これからの日本仏教(わが国の進歩と調和に寄与する仏教 日本仏教の功罪 現代思潮に対する仏教の立場 ほか)

◇図説日本仏教の歴史 近代 池田英俊編 佼成出版社 1996.11 165p 21cm 2000円 ⓘ4-333-01754-8
内容 維新仏教の諸問題 近代仏教成立の背景 教会結社の結成と庶民の信仰誕生 在俗仏教者の活躍 国粋主義と新仏教運動 近代

社会と信仰復活運動　大正デモクラシーと仏教文芸運動

◇図説日本仏教の歴史　江戸時代　圭室文雄編　佼成出版社　1996.11　149p　21cm　2000円　ⓘ4-333-01753-X
[内容]江戸幕府と仏教　伊勢参宮と高野山参詣　浅草観音と江戸の民衆　増上寺と関東十八檀林　近世の寺院建築　近世の修験道

◇観音・地蔵・不動　速水侑著　講談社　1996.10　227p　18cm　（講談社現代新書）　660円　ⓘ4-06-149326-4
[内容]第1章　西から来た神（ホトケという名の神々　観音の登場）　第2章　観音・地蔵・不動—尊名の由来と役割（菩薩と明王　現当二世の利益—観音菩薩　ほか）　第3章　王朝貴族の願いに応えて（密教と浄土教　六道抜苦の主—六観音の誕生　ほか）　第4章　武士の時代の新たな展開（武士社会と不動法　身代わり地蔵　ほか）　第5章　近世民衆の守護神（葬式仏教と賽の河原　三十三所巡礼の民衆化　ほか）

◇図説日本仏教の歴史　鎌倉時代　高木豊著　佼成出版社　1996.10　158p　21cm　2000円　ⓘ4-333-01751-3
[内容]鎌倉仏教の胎動　僧宝の再建　新しい仏教の展開　教えの継承と確立　朝鮮・中国仏教との再会　信仰の広がり

◇図説日本仏教の歴史　室町時代　竹貫元勝編　佼成出版社　1996.10　157p　21cm　2000円　ⓘ4-333-01752-1
[内容]幕府と五山　義満と義政　戦国大名と仏教　一向一揆　京都町衆と法華信仰　信長の叡山焼き打ち

◇図説日本仏教の歴史　飛鳥・奈良時代　田村円澄著　佼成出版社　1996.9　157p　21cm　2000円　ⓘ4-333-01749-1
[内容]異国の神＝仏と国神　豪族と仏教—法興寺の創建　大唐学問僧と学問　舒明大王と「宮廷仏教」　「聖徳太子」信仰と法隆寺　神と仏　行基と東大寺大仏　「国家仏教」の終焉

◇図説日本仏教の歴史　平安時代　速水侑編　佼成出版社　1996.9　157p　21cm　2000円　ⓘ4-333-01750-5
[内容]新しい都、新しい仏教　貴族と寺院　浄土の救い　末法到来　往生伝の世界　別所と霊場巡礼

◇日本仏教史—思想史としてのアプローチ　末木文美士著　新潮社　1996.9　412p　15cm　（新潮文庫）　560円　ⓘ4-10-148911-4
[内容]第1章　聖徳太子と南部の教学　第2章　密教と円教　第3章　末法と浄土　第4章　鎌倉仏教の諸相　第5章　近世仏教の思想　第6章　神と仏　終章　日本仏教への一視角

◇近世仏教と勧化—募縁活動と地域社会の研究　鈴木良明著　岩田書院　1996.8　356,8p　22cm　（近世史研究叢書1）　8137円　ⓘ4-900697-58-3
[内容]第1章　御免勧化と近世寺社政策—円覚寺御免勧化について　第2章　助成勧化と助力勧化の関係　第3章　御免勧化と寺社の格合　第4章　御免勧化と村方—近世後期武蔵国橘樹郡羽沢村の事例を通して　第5章　高野山高室院の勧化と高座郡村方の対応　第6章　近世西宮戎信仰の地域的展開　第7章　江嶋弁財天信仰と御師—近世後期岩本院の檀家分布から　第8章　江嶋の神仏分離と望地弁財天像　第9章　江嶋弁財天の開帳と浮世絵　第10章　鎌倉寺社の開帳と勧化　第11章　鎌倉絵図と在地出版

◇日本の仏教　第6号　論点・日本仏教　日本仏教研究会編　京都　法蔵館　1996.8　235p　21cm　2800円　ⓘ4-8318-0286-7
[内容]1「討論」日本仏教とアニミズム　2「討論」日本における密教の役割—思想と実践の受容と展開　3「討論」遁世と遊行—中世の魅力　4「討論」異端の系譜—隠者・女人・神祇　5「討論」仏教と葬式との関わりを見直す—「葬式仏教」の歴史的・民俗的再考

◇日本の仏教　第5号　ハンドブック日本仏教研究　日本仏教研究会編　京都　法蔵館　1996.4　227p　21cm　2800円　ⓘ4-8318-0285-9
[内容]1　資料・史料をどう扱うか　2　仏教文化の研究法　3　考古遺物の見方　4　コンピュータを駆使する　5　経典の読み方　6　文庫めぐり・史料めぐり

◇日本の仏教　第4号　近世・近代と仏教　日本仏教研究会編　京都　法蔵館　1995.12　283p　21cm　3000円　ⓘ4-8318-0284-0

◇時代を変えた祖師たち—親鸞、道元から蓮如まで　百瀬明治著　清流出版　1995.11　212p　20cm　1800円　ⓘ4-916028-18-X
[内容]第1章　末法の仏教観—説話の中の聖たち　第2章　親鸞と恵信尼—お互いを観音の化身と信じて　第3章　道元—苦行専心の道　第4章　日蓮—「雑草的」たくましさの魅力　第5章　一遍—凡夫の苦悩を生きた行者　第6

277

章　蓮如―宗教界の織田信長
◇日本人と浄土　山折哲雄著　講談社
1995.11　298p　15cm　（講談社学術文
庫）　840円　④4-06-159205-X
　内容　1 日本人の浄土信仰　2 山岳信仰と山
中浄土　3 密教と修験道　4 鴨長明の浄土
5 親鸞聖人の浄土

◇仏教の受容と古代国家―日本古代国家の
成立を探る・3　泉南　泉南市　1995.11
100p　26cm

◇鎌倉新仏教の誕生―勧進・穢れ・破戒の
中世　松尾剛次著　講談社　1995.10
201p　18cm　（講談社現代新書）　650円
④4-06-149273-X
　内容　第1章 官僧と遁世僧　第2章 白衣と黒
衣―袈裟の色のシンボリズム　第3章 勧進
の世紀　第4章 非人救済　第5章 葬送の論理
―死者の救済　第6章 女人救済　第7章 鎌倉
新仏教の思想―新鸞と叡尊　第8章 中世都
市の成立と「個」の自覚

◇近世仏教の思想　柏原祐泉，藤井学校注
岩波書店　1995.9　586p　22cm　（日本
思想大系新装版）　4800円
④4-00-009065-8
　内容　三彝訓（大我）　僧分教誡三罪録（徳竜）
総斥排仏弁（竜温）　妙好人伝（仰誓　僧純）
宗義制法論（日奥）　妙正物語（伝日典）　千
代見草（伝日遠）

◇大仏再建―中世民衆の熱狂　五味文彦著
講談社　1995.9　270p　19cm　（講談社
選書メチエ 56）　1500円
④4-06-258056-X

◇日本仏教論―東アジアの仏教思想3　高
崎直道，木村清孝編　春秋社　1995.9
388p　22cm　（シリーズ・東アジア仏教
第4巻）　3914円　④4-393-10134-0
　内容　序章 日本仏教のエートス　日本における
仏教受容の問題　大乗戒思想の展開　本
覚思想　中世南都系仏教の実践思想―明恵
と叡尊　神仏習合論　「日本文化論」と仏
教〔ほか〕

◇鎌倉旧仏教　鎌田茂雄，田中久夫校注
岩波書店　1995.8　576p　22cm　（日本
思想大系新装版）　4800円
④4-00-009063-1
　内容　解脱上人戒律興行願書（貞慶）　愚迷発
心集（貞慶）　興福寺奏状（貞慶）　摧邪輪巻
上（高弁）　却癈忘記（高弁長円記）　法相二
巻抄（良遍）　禅宗綱目（証定）　興正菩薩御
教誡聴聞集（叡尊）　華厳法界義鏡（凝然）

◇勧進と破戒の中世史―中世仏教の実相
松尾剛次著　吉川弘文館　1995.8　408,
8p　22cm　7828円　④4-642-02750-5
　内容　1 勧進と律僧（勧進の体制化と中世律
僧―鎌倉後期から南北朝期を中心に　選経
節「さんせう太夫」と勧進興行　室町幕府
の禅・律対策―禅律方の考察を中心に　常
陸三村寺結界石と称名寺結界絵図―結界の
作法　西大寺末寺帳考―中世の末寺帳を中
心に　恵鎮円観を中心とした戒律の「復興」
―北嶺系新義律僧の成立）　2 日本古代・中
世授戒制度史（官僧と遁世僧―鎌倉新仏教の
成立と日本授戒制　延暦寺戒壇と鎌倉新仏
教の成立　筑前観世音寺・下野薬師寺両戒
壇の授戒制―官僧と新義律僧　中世延暦寺
戒牒の古文書学的研究　尼への授戒―法華
寺尼戒壇の成立）

◇金沢文庫資料の研究　稀覯資料篇　納富
常天著　京都　法蔵館　1995.7　738p
22cm　32000円　④4-8318-7600-3

◇日本の仏教　第3号　神と仏のコスモロ
ジー　日本仏教研究会編　京都　法蔵館
1995.7　253p　21cm　2800円
④4-8318-0283-2

◇日本仏教の思想―受容と変容の千五百年
史　立川武蔵著　講談社　1995.6　230p
18cm　（講談社現代新書）　650円
④4-06-149254-3
　内容　プロローグ アニミズムの風土の中へ
第1章 人も自然も仏性をもつ―日本仏教の
キーワード　第2章 日本仏教の誕生　第3章
日本仏教史の巨人、最澄と空海　第4章 民
衆の中へ―鎌倉仏教という展開　第5章 世
俗化する室町仏教　第6章 国民皆仏教徒―
江戸幕府の統制　第7章 再び世界の構造を
求めて　エピローグ 仏教に何を期待するか

◇女の信心―妻が出家した時代　勝浦令子
著　平凡社　1995.5　286p　20cm　（平
凡社選書 156）　2575円
④4-582-84156-2

◇論集奈良仏教　第5巻　奈良仏教と東ア
ジア　中井真孝編　雄山閣出版　1995.5
280p　22cm　4800円　④4-639-01243-8
　内容　1 東アジアからみた奈良仏教　2 中国
仏教と奈良仏教　3 朝鮮仏教と奈良仏教　4
諸宗教と奈良仏教　5 解説

◇女犯―聖の性　石田瑞麿著　筑摩書房
1995.4　218p　20cm　2400円
④4-480-84234-9
　内容　第1章 性の戒め　第2章 古代における
僧の女犯　第3章 中世における僧の女犯　第

4章 近世における僧の女犯
◇大河は花を浮かべて 津田さち子著 永平寺町(福井県) 大本山永平寺祖山傘松会 1995.3 308p 20cm 2500円
◇日本古代の祭祀と仏教 佐伯有清先生古稀記念会編 吉川弘文館 1995.3 602p 22cm 11330円 ⓘ4-642-02282-1
内容 殺牛祭神と魚酒 義江明子著. 古代日本の供犠に関する一考察 椎野若菜著. 古代の笛と「笛吹」について 荻美津夫著. 賀茂斎院の再検討 三宅和朗著. 信楽殿壊運所について 大橋信弥著. 道慈伝の成立と大安寺 星野良史著. 『日本後紀』における僧侶の卒伝に関する基礎的考察 小山田和夫著. 三善清行『善家秘記』の新出佚文 後藤昭雄著.『今昔物語集』における霊場参詣勧進説話の形成 速水侑著.「救世観音」の成立について 藤井由紀子著. 平安・鎌倉期広隆寺の諸相 追塩千尋著. 仏師院助と院政期における造仏界の動向 清水真澄著. 文治元年の後白河院政 小原仁著. 鎌倉幕府の宗教政策とその基調 佐々木馨著. 豊城入彦命墓の指定運動 外池昇著 殺牛祭神と魚酒―性別分業と経営の観点より(義江明子) 古代日本の供犠に関する一考察(椎野若菜) 古代の笛と「笛吹」について(荻美津夫) 賀茂斎院の再検討(三宅和朗) 信楽殿壊運所について―天平末年の石山寺造営の背景(大橋信弥) 道慈伝の成立と大安寺(星野良史) 『日本後紀』における僧侶の卒伝に関する基礎的考察(小山田和夫) 三善清行『善家秘記』の新出佚文(後藤昭雄) 『今昔物語集』における霊場参詣勧進説話の形成(速水侑) 「救世観音」の成立について(藤井由紀子) 〔ほか〕
◇日本の仏教 第2号 アジアの中の日本仏教 日本仏教研究会編 京都 法藏館 1995.3 254p 21cm 2400円 ⓘ4-8318-0282-4
内容 アジアの中の日本仏教 日本仏教の位置―比較宗教史の構想 海を渡った『法華経』―入唐(隋)求法の幻想 特別討論 アジアから仏教を問う 仏教東漸史観の再検討―渡来人とその系統の人々のアイデンティティー 戒律論 浄土教思想の展開 『法華経』の中心思想と中国・日本における思想的展開 日本禅宗の成立について 日朝文化交流と五山禅林―詩画軸を中心に〔ほか〕
◇中世の南都仏教 追塩千尋著 吉川弘文館 1995.2 333,10p 22cm 7004円 ⓘ4-642-02744-0
内容 第1部 平安期南都仏教の諸相(道昌をめぐる諸問題 子島寺真興の宗教的環境 実範と関係寺院 ほか) 第2部 叡尊をめぐる諸問題(初期叡尊の宗教的環境 叡尊における密教の意義 叡尊における圖と教団規律 ほか)
◇仏教365日大事典 仏教365日大事典編纂委員会編 渓水社 1995.2 790,4p 27cm 29890円 ⓘ4-89287-099-4
◇平安初期仏教思想の研究―安然の思想形成を中心として 末木文士著 春秋社 1995.2 829,8,11p 23cm 35000円 ⓘ4-393-11186-9
◇論集奈良仏教 第4巻 神々と奈良仏教 曽根正人編 雄山閣出版 1995.2 316p 22cm 4800円 ⓘ4-639-01242-X
内容 1 神仏習合への路 2 神仏関係の諸相 3 山岳仏教論
◇本地垂迹 村山修一著 吉川弘文館 1995.1 390,16p 20cm (日本歴史叢書 新装版) 3193円 ⓘ4-642-06605-5
内容 大陸における本地垂迹説の起源と仏教の習合的発展 仏教の日本伝来初期における歴史的情勢 律令国家完成期に至る神仏両思想と陰陽道の関係 奈良朝における神仏習合の進展 八幡神の習合的成長 御霊会の発生と成立 祇園社の御霊神的発展〔ほか〕
◇鎌倉仏教 佐藤弘夫著 第三文明社 1994.11 246p 18cm (レグルス文庫 218) 800円 ⓘ4-476-01218-3
内容 第1章 法然の旅 第2章 聖とその時代 第3章 異端への道 第4章 世法と仏法 第5章 理想と現実のはざまで 第6章 檻褸の旗 第7章 熱原燃ゆ 第8章 文化史上の鎌倉仏教
◇朝鮮と日本の古代仏教 中井真孝著 大阪 東方出版 1994.10 209p 20cm 2300円 ⓘ4-88591-401-9
内容 仏教の伝来と朝鮮三国 七世紀の日朝仏教交渉 渡来系氏族と仏教―鞍作氏を中心に 難波の古代仏教 朝鮮仏教の歴史的展開〔ほか〕
◇日本の仏教 第1号 仏教史を見なおす 日本仏教研究会編 京都 法藏館 1994.10 236p 21cm 2400円 ⓘ4-8318-0281-6
内容 特別討論(鎌倉仏教の再検討) 論文(官僧・遁世僧体制モデル 中世王権と仏教 現実肯定思想―本覚思想と台密教学 批判仏教と本覚思想 律令仏教論批判〔ほか〕) 研究の歩み・学問の道(わが仏教研究の道 日本仏教史研究の道)

◇女人往生—女が地獄に堕ちるとき　奈良元興寺文化財研究所　1994.10　22p　26cm

◇仏教史散歩　田村円澄著　山喜房仏書林　1994.10　221p　19cm　3090円　①4-7963-0416-9

◇民衆と信仰—来世への救いをもとめた人々　特別展　千葉県立総南博物館編〔千葉〕　千葉県社会教育施設管理財団　1994.10　37p　26cm　（特別展示解説書）

◇論集奈良仏教　第1巻　奈良仏教の展開　速水侑編　雄山閣出版　1994.10　300p　22cm　4800円　①4-639-01241-1
　内容　1 奈良仏教学の基本的性格　2 法相と三論　3 華厳、その他の学図

◇論集奈良仏教　第2巻　律令国家と仏教　朝枝善照編　雄山閣出版　1994.7　334p　22cm　4800円　①4-639-01229-2

◇中世寺院と法会　佐藤道子編　京都　法蔵館　1994.5　504p　22cm　13905円　①4-8318-7553-8
　内容　悔過会中世への変容　佐藤道子著．教化二考　新井弘順著．中世醍醐寺の桜会　土谷恵著．醍醐寺における布薩と仏堂　藤井恵介著．南北朝期法隆寺の僧団と法会　山岸常人著．「二月堂」の成立と本尊　川村知行著．同聚院木造不動明王像と法性寺五大堂本尊　副島弘道著．「法会」と「文書」　永村真著．鎌倉期における興福寺学衆の法会出仕　林文子著．史料紹介　田中家旧蔵本『醍醐雑事記』巻第一　安達直哉著

◇論集奈良仏教　第3巻　奈良時代の僧侶と社会　根本誠二編　雄山閣出版　1994.4　324p　22cm　4800円　①4-639-01196-2
　内容　1 奈良仏教者論（奈良時代の政治と道徳　大宝、養老年間における僧綱の機能について　古代における僧位）　2 僧尼令と戒律（告密規定論序説—僧尼令・賊盗律・闘訟律を中心として　行信厭魅事件における法の運用　東大寺法進の教学について　大安寺道璿の註梵網経について　日本古代の戒律受容—善珠『本願薬師経鈔』をめぐって　『扶桑略記』と授戒）　3 僧伝論（玄昉法師の死—寧楽仏教史考覚書　漆部直伊波と染屋時忠—良弁伝研究の一助として　行基と古代天皇制—行基の霊異験験と天皇カリスマの危機　行基菩薩門弟雑考—大僧正記に就て　資料紹介『行基菩薩講式』—解説と翻刻）　4 解説

◇飛鳥・白鳳仏教史　上　田村円澄著　吉川弘文館　1994.2　291p　20cm　2800円　①4-642-07417-1
　内容　序章「聖徳太子」の変転　1 飛鳥仏教（仏教の伝来　奉仏と反仏　「伽藍仏教」の開幕　推古大王と仏教　厩戸王と仏教　舒明大王と仏教　難波京の仏教　斉明大王・天智大王と仏教）

◇飛鳥・白鳳仏教史　下　田村円澄著　吉川弘文館　1994.2　283p　20cm　2800円　①4-642-07418-X
　内容　2 白鳳仏教史（天武天皇と仏教　天武天皇の仏教信仰　「国家仏教」の成立と展開　持統天皇と仏教　「都市」の寺と「山」の寺　経典と学衆　律令体制と仏教　神仏習合　行基の足跡—「民衆仏教」の開幕）

◇東アジアをめぐる古代仏教文化—日本海文化共同研究シンポジウム報告書　金沢　石川県立歴史博物館　1994.2　116p　26cm

◇明治仏教教会・結社史の研究　池田英俊著　刀水書房　1994.2　446p　22cm　10000円　①4-88708-163-4
　内容　序章　教会・結社史研究の課題と方法　第1章　維新期仏教の新教団形成への胎動（維新期仏教の当面した課題　鴻雪爪の活躍と政教問題　慈雲の戒律思想にみる雲伝神道）　第2章　教会・結社の成立と新教団の再編（大内青巒の教化思想と教会・結社への影響　教会・結社の成立　北海道教団の形成と寺院の成立　真宗大谷派旭川別院の開教をめぐる諸問題）　第3章　曹洞宗の教会・結社の形成と教化思想の展開（「曹洞宗教会条例」と信心箇条　曹洞扶宗会の成立と教化思想の展開）　第4章　知識と信仰をめぐる問題（教学論争とその課題　近代仏教における知識と信仰との葛藤）〔ほか〕

◇地獄と浄土　山折哲雄著　春秋社　1993.12　211p　20cm　1803円　①4-393-13626-8
　内容　里への行脚—空也　浄土の観想—源信　平安貴族と地獄　親鸞の罪意識

◇筑波山麓の仏教—その中世的世界　開館十五周年企画展　真壁町歴史民俗資料館編　真壁町（茨城県）　真壁町歴史民俗資料館　1993.10　114p　25cm

◇日本の神秘思想　金岡秀友著　講談社　1993.8　236p　15cm　（講談社学術文庫）　760円　①4-06-159087-1
　内容　第1部　日本の精神的風土（日本の自然・日本人の自然観　日本仏教の自然観）　第2

◇不動信仰　田中久夫編　雄山閣出版　1993.8　360p　22cm　（民衆宗教史叢書　第25巻）　6000円　ⓘ4-639-01182-2

◇仏教の日本的土着　古田紹欽著　京都　思文閣出版　1993.8　310p　20cm　3000円　ⓘ4-7842-0791-0
　内容　世俗倫理と仏教思想（日本文化と仏教　『日本国現報善悪霊異記』―現実的な日本版世俗仏教戒書として　仏教の世俗倫理への志向―奈良・平安の仏教に見る所有権の問題にからんで）　時機と個（時機観のなかの個　一遍　自力と他力　さとり）　中世の禅林（中世禅林の一断面　禅宗教団成立の諸問題　圜悟克勤と永平道元との間）　近世の仏教思想（中沢道二の心学　近世における百姓　重商主義と近世仏教）　禅の思想（禅の思想と行動・修行　『無門関』の思想）

◇古代日本佛教における韓國佛教の役割　洪潤植述　京都　国際日本文化研究センター　1993.7　66p　21cm　（日文研フォーラム　第38回）

◇仏教民俗学　山折哲雄著　講談社　1993.7　342p　15cm　（講談社学術文庫）　960円　ⓘ4-06-159085-5
　内容　彼岸と常世　花祭りと灌仏会　除夜と節分　地獄と冥土　極楽と浄土　お盆と施餓鬼　葬法とお墓　先祖崇拝と供養　地蔵と道祖神　観音信仰と不動信仰　巡札と遍路　仏教宇宙と民俗世界〔ほか〕

◇鎌倉時代文化伝播の研究　大隅和雄編　吉川弘文館　1993.6　435p　22cm　8800円　ⓘ4-642-02645-2

◇日本仏教思想史論考　末木文美士著　大蔵出版　1993.4　485p　22cm　6800円　ⓘ4-8043-0525-4
　内容　1 方法と視座　2 日本仏教の形成　3 日本仏教の展開

◇鎌倉の仏教―中世都市の実像　貫達人，石井進編　横浜　有隣堂　1992.11　233p　18cm　（有隣新書）　980円　ⓘ4-89660-108-4
　内容　1 浄土宗　2 日蓮　3 禅宗　4 律宗　5 時宗　6 六浦の文化と上行寺東遺跡　7 鎌倉の仏教を語る

◇日本中世の社会と仏教　平雅行著　塙書房　1992.11　517, 15p　22cm　10300円　ⓘ4-8273-1092-0

◇仏教民俗学大系　8　俗信と仏教　宮田登，坂本要編　名著出版　1992.11　420p　22cm　5800円　ⓘ4-626-01457-7
　内容　1 穢れ・祟り・占い（死骸観念について　赤不浄と仏教　御霊と無縁仏　呪文と呪符―呪い、その信仰の世界と系譜　祭文と祓い―瞽女と盲僧の伝承を中心にして　護法童子―近世肥後における信仰の展開　堂巡りと神憑け―美作のヤゼゴセについて　龍神信仰とシャーマニズム―新潟市を事例として　七福神と招福　元三大師とおみくじ）　2 諸天・諸仏・祖師信仰（吉祥悔過と毘沙門天　龍と観音　荼吉尼天と観音　荼吉尼天と稲荷信仰―近世における稲荷信仰の勧進聖と荼吉尼天信仰を中心に　千躰荒神の民俗　おビンズル信仰　烏枢沙摩明王と厠神　後戸の神　大師と犬と農耕　聖徳太子と職人　日蓮・日親伝説と民俗信仰）　「念仏＝呪術論争」再考

◇仏教思想とその展開―日本・中国　三崎良周編　山喜房仏書林　1992.10　352p　22cm　7000円　ⓘ4-7963-0070-8
　内容　青蓮院吉水蔵『法華別帖』より見た慈円の密教思想　三崎良周著．天台行位説の形成に関する考察　青木隆著．三密行をめぐって　大久保良峻著．叡山・園城戒壇論争　窪田哲正著．日蓮の唱題思想と壇那流の灌頂玄旨口伝　花野充昭著．蒲州栖巌寺の浄土教　成瀬隆純著．元暁の浄土教思想について　梯信暁著．初期本願寺における浄土宗諸派との交流　山田雅教著．中世後期浄土宗における無量寿経の講談　間島由美子著．一遍の念仏観　早田啓子著．『頓悟真宗金剛般若修行達彼岸法門要決』と荷沢神会　伊吹敦著．道元の『正法眼蔵』と伝瑩山紹瑾の『伝光録』　五十嵐達郎著

◇日本仏教史―思想史としてのアプローチ　末木文美士著　新潮社　1992.7　291p　22cm　3800円　ⓘ4-10-386401-X
　内容　第1章 聖徳太子と南都の教学　第2章 密教と円教　第3章 末法と浄土　第4章 鎌倉仏教の諸相　第5章 近世仏教の思想　第6章 神と仏　終章 日本仏教への一視角

◇新鸞　覚如　才市　新保哲著　京都　晃洋書房　1992.3　231, 7p　22cm　2900円　ⓘ4-7710-0561-3

◇日本仏教史　第10巻　近世篇之四　辻善之助著　岩波書店　1992.3　497, 28p　22cm　7000円　ⓘ4-00-008700-2
　内容　第10章 江戸時代（排仏論　仏教の衰微と僧侶の堕落）　結語

◇京都の仏教史　千里文化財団編　平河出版社　1992.2　273p　20cm　2800円

①4-89203-209-3
　内容 序章 仏教の誕生と拡延　第1章 仏教の渡来（新しい宗教 飛鳥の仏教 大仏開眼）　第2章 平安の仏教（最澄と空海 浄土の世界 平安貴族の信仰）　第3章 庶民仏教への道（新しい求道者—鎌倉新仏教・旧仏教 仏教の大衆化 宗教の闘い）　第4章 近世京都の仏教（仏教寺院の回復 幕府の仏教統制 門前のにぎわい）　第5章 近代化と仏教（廃仏毀釈 仏教界の再編 新しい仏教の波）

◇日本仏教史　第9巻　近世篇之三　辻善之助著　岩波書店　1992.2　644p　22cm　8000円　①4-00-008699-5

◇親鸞聖人の太子信仰の研究　武田賢寿著　名古屋　文光堂書店　1992.1　316p　22cm

◇日本仏教史　第8巻　近世篇之二　辻善之助著　岩波書店　1992.1　492p　22cm　6400円　①4-00-008698-7
　内容 第10章 江戸時代（江時代に於ける仏教の復興 金地院崇伝 南光坊天海 寺院法度の制定 寺院整理 後水尾天皇の御信仰 沢菴と将軍家光）

◇松本の仏教—松本仏教和合会の歩み　松本仏教和合会会誌刊行委員会編　松本　松本仏教和合会会誌刊行委員会　1992　314p　22cm

◇鎌倉新仏教の研究　今井雅晴著　吉川弘文館　1991.12　266,11p　22cm　5300円　①4-642-02639-8
　内容 第1章 法然の戒観と浄土宗の展開　第2章 親鸞と東国　第3章 一遍の布教と時宗の展開　第4章 日蓮宗の思想と常陸国　第5章 臨済宗と曹洞宗の展開

◇日本仏教史　第7巻　近世篇之一　辻善之助著　岩波書店　1991.12　426p　22cm　6200円　①4-00-008697-9

◇古代中世寺と仏教　鶴岡静夫著　渓水社　1991.11　313p　22cm　11000円　①4-89287-195-8
　内容 序章 課題と方法　第1章 飛鳥時代における神と仏　第2章 古代寺院における所有権観念の発達　第3章 山田寺造営と毎家作仏舎の詔　第4章 『出雲風土記』に見える新造院　第5章 行基伝説の発展　第6章 最澄の宗教の全体的考察　第7章 末法の世　第8章 「漢訳」法華経の思想的受容　第9章 親鸞の思想　第10章 『雑談集』よりみた鎌倉仏教の総合的考察　第11章 法華寺と本妙寺—中山法華経寺の成立

◇日本仏教史　第6巻　中世篇之五　辻善之助著　岩波書店　1991.11　372, 72p　22cm　6200円　①4-00-008696-0

◇日本仏教史研究　第6巻　日本仏教史論集 下　辻善之助著　岩波書店　1991.11　517p　22cm　7900円　①4-00-008726-6

◇日本仏教史　第5巻　中世篇之四　辻善之助著　岩波書店　1991.10　458p　22cm　6200円　①4-00-008695-2

◇日本仏教史研究　第5巻　日本仏教史論集 上　辻善之助著　岩波書店　1991.10　340p　22cm　6000円　①4-00-008725-8

◇古代の寺を考える—年代・氏族・交流　〔奈良〕　帝塚山考古学研究所　1991.9　169p　26cm

◇日本仏教史　第4巻　中世篇之三　辻善之助著　岩波書店　1991.9　466p　22cm　6200円　①4-00-008694-4
　内容 第8章 吉野室町時代（後醍醐天皇の御信仰 吉野朝廷に対する寺院の響背 臨済禅の隆盛 五山制度 五山文学）

◇日本仏教史　第3巻　中世篇之二　辻善之助著　岩波書店　1991.8　443p　22cm　6200円　①4-00-008693-6
　内容 第七章 鎌倉時代（法華宗 臨済宗 禅宗の宮廷接近 曹洞宗 新旧諸宗の衝突 密教興隆 鎌倉時代地方文化の発達と仏教）

◇行基と古代仏教　中井真孝著　京都　永田文昌堂　1991.7　321p　20cm　2500円

◇日本仏教史　第2巻　中世篇之一　辻善之助著　岩波書店　1991.7　455p　22cm　6200円　①4-00-008692-8
　内容 第7章 鎌倉時代（頼朝の宗教政策 頼朝以後鎌倉幕府の宗教政策 仏教界の革新 旧仏教の復興 僧侶の社会事業 浄土宗 親鸞と本願寺 時宗）

◇福島県仏教史　吉岡棟一著　〔福島〕〔吉岡棟一〕　1991.7　227p　20cm　非売品

◇奈良仏教と行基伝承の展開　根本誠二著　雄山閣出版　1991.6　268p　22cm　5000円　①4-639-01038-9
　内容 第1章 奈良仏教者の世界　第2章 奈良仏教の戒律　第3章 奈良仏教の僧侶像　第4章 奈良仏教の増侶と知識　第5章 行基とその集団の形成　第6章 行基伝承の形成　第7章 行基伝承の展開

◇日本古代仏教制度史の研究　中井真孝著　京都　法藏館　1991.6　446, 18p　22cm　1300円　④4-8318-7341-1
　内容　序論　国家仏教の成立と展開　本論　古代国家と寺院・僧尼の法制（仏教統制機関の成立　寺院制度の展開　僧尼身分の法制）付論　古代仏教受容の諸様相（仏教伝来と国際関係　共同体と仏教　神仏習合論序説）

◇日本仏教史　第1巻　上世篇　辻善之助著　岩波書店　1991.6　920p　22cm　9800円　④4-00-008691-X

◇越中における中世信仰史の展開　久保尚文著　増補　富山　桂書房　1991.5　244p　22cm　2884円

◇歴史にみる日本人と仏教　速水侑, 小栗純子編著　放送大学教育振興会　1991.2　205p　21cm　（放送大学教材　1990）2160円　④4-595-11080-4

◇史料日本仏教史　中巻　二葉憲香編　改訂増補版　京都　永田文昌堂　1990.10　532p　22cm　12000円

◇神祇信仰の展開と仏教　今堀太逸著　吉川弘文館　1990.10　279, 10p　20cm（中世史研究選書）　2800円　④4-642-02661-4
　内容　第1部　専修念仏と神祇（談義本にみられる神祇信仰　神社の信仰について）第2部　神祇信仰の展開（神社と悪人往生―諏訪信仰の展開　「大明神」号の成立と展開）第3部　法然の絵巻と遊女（「伝法絵」の展開と遊女　『琳阿本』『古徳伝』『九巻伝』と遊女）

◇泉州路中世寺院の探訪　辻井季三郎著　貝塚　摂河泉文庫（印刷）　1990.10　342p　22cm

◇中世仏教思想史研究　家永三郎著　改訂増補　京都　法藏館　1990.10　249p　22cm　5000円　④4-8318-7591-0

◇日本仏教の風景―明仏教　仲尾俊博著　京都　永田文昌堂　1990.10　164p　20cm　1500円

◇仏教文化の伝来―薩摩国分寺への道　展示図録　鹿児島県歴史資料センター黎明館企画・編集　鹿児島　鹿児島県歴史資料センター黎明館　1990.9　96p　26cm

◇日本仏教史　近代　柏原祐泉著　吉川弘文館　1990.6　342, 10p　20cm　2600円　④4-642-06754-X
　内容　1　維新政治の成立と仏教　2　明治社会の発展と仏教　3　大正デモクラシーの展開と仏教　4　昭和国家主義の進展と仏教　5　戦後現代社会の形成と仏教

◇日本の社会と仏教―千葉乗隆博士古稀記念　日本仏教史の研究会編　京都　永田文昌堂　1990.5　23, 757p　22cm　15000円
　内容　蓮如のイコノクラスム　千葉乗隆著. 飛鳥寺創建以前　藤井利章著. 戒師招請の発議と元興寺隆尊　直林不退著. 大野寺の土塔復原　岡本敏行著. 華飭と澹泊と藤原正己著. 桓武朝における郊天祭祀に関する歴史地理学的考察　神英雄著. 弘法大師伝と万農池・綜芸種智院　宮城洋一郎著. 千日講の基礎的考察　竜口恭子著. 大般若経と勧進　稲城信子著. 親鸞と「いなかの人びと」　高橋事久著. 日本の中世社会と親鸞の思想　島津恵正著. 本願寺教団文書の研究　大喜直彦著. 戦国期の本願寺と天満宮　高島幸次著. 加賀藩の宗門改めについて　浜岡伸也著. 薩摩藩の封建支配体制の特異性　星野元貞著.〔ほか〕

◇図説日本の仏教　第5巻　庶民仏教　辻惟雄責任編集　新潮社　1990.4　381p　29cm　10300円　④4-10-602605-8
　内容　序章　仏教と庶民の生活　思想　近世仏教の思想　第1章　江戸幕府の宗教統制　第2章　伽藍の荘厳と造仏　第3章　近世禅とその造形　第4章　仏教の世俗化と芸能　第5章　現世利益と民間信仰　終章　庶民信仰と個性　特集（立川流　廻国聖の信仰と文学　仏塔と墓　庶民信仰と疫病）　グラフ特集（巡礼　浅草寺　石にさざまれた信仰）

◇東国における仏教諸宗派の展開　内山純子著　そしえて　1990.1　230p　22cm　5000円

◇図説日本の仏教　第6巻　神仏習合と修験　田辺三郎助責任編集　新潮社　1989.12　381p　29cm　10300円　④4-10-602606-6
　内容　序章　仏教の東漸と習合現象　思想　神と仏　第1章　神仏習合の精神と造形　第2章　神仏習合の実態　第3章　山の仏教とその造形　第4章　修験道の歴史と現状　終章　神仏分離　特集（和歌即陀羅尼観の展開　インドの神々　悔過会とおこない　天神信仰と祇園祭　各地の霊山とその遺物　大峯奥駈修行記）　グラフ特集（豊後の石仏　社寺参詣　曼荼羅　熊野詣へのみち　白山と北陸修験）

◇近代化の仏教思想　芹川博通著　大東出版社　1989.11　340, 10p　19cm　2800円

◇シリーズ女性と仏教　3　信心と供養　大隅和雄, 西口順子編　平凡社　1989.10　258p　20cm　2730円　①4-582-47219-2
内容　新宗教に見る女性の活動―立正佼成会の場合　坊守以前のこと―夫と妻、真宗史における女性の属性　墓地祭祀と女性―平安前期における貴属層　女人往生者の誕生―『中右記』の女性をめぐって　女院論　皇后から女帝へ―則天武后と変成男子の論理　「国家仏教」と「宮廷仏教」―宮廷女性の役割　「女性と仏教」をめぐる覚え書き―「信心と供養」をめぐって

◇仏教の聖地　中尾堯ほか著　佼成出版社　1989.9　237p　20cm　（仏教文化選書）　1650円　①4-333-01398-4
内容　1　最澄と比叡山　2　空海と高野山　3　日蓮と身延・七面山　4　道元と永平寺

◇シリーズ女性と仏教　1　尼と尼寺　大隅和雄, 西口順子編　平凡社　1989.8　290p　20cm　2730円　①4-582-47217-6
内容　尼削ぎ攷―髪型からみた尼の存在形態　中国における尼僧教団の成立と発展　光明子の仏教信仰―その仏教的環境と国分寺・国分尼寺創建への関与について　平安時代初頭の仏教と女性　淳和太后正子内親王と淳和院　願主と尼―醍醐寺の女性　中世の尼寺と尼　「女性と仏教」をめぐる覚え書き―「尼と尼寺」をめぐって

◇図説日本の仏教　第3巻　浄土教　浜島正士責任編集　新潮社　1989.7　381p　29cm　10300円　①4-10-602603-1
内容　序章　浄土信仰と法華経信仰　第1章　比叡山の念仏と天台浄土教　第2章　貴族社会の浄土信仰　第3章　浄土・法華信仰の諸仏と行堂　第4章　浄土宗の成立と祖師信仰　終章　浄土と鎌倉新仏教　特集本　覚見想　往生の香り・死の臭い　光明と白道　装飾経講式　女人と仏教　法衣　浄土教と儀礼）グラフ特集（変相図の源流　みちのくの極楽浄土　融通念仏縁起）

◇図説日本仏教の世界　別巻　暮らしのなかの仏事・仏教百科　上原昭一他著　集英社　1989.7　197p　27cm　2880円　①4-08-193101-1
内容　日本仏教の流れと宗派　葬儀と法要について知っておきたいこと　仏像の見分け方　霊場めぐり　日本仏教のおもな経典　知っておきたい仏教用語　仏教年中行事

◇日本人の仏教史　五来重著　角川書店　1989.7　332p　19cm　（角川選書 189）　1300円　①4-04-703189-5

内容　神と仏　聖徳太子と夢殿　奈良の聖たち　山岳仏教と密教　慈覚大師と山の念仏　理源大師と大峯修験道　空也と茶筅　橋の観進　物詣と巡礼　熊野信仰と阿弥陀如来　勧進聖、西行と重源　能声の念仏と法然・親鸞　明恵上人と華厳縁起絵巻　法燈国師の念仏と虚無僧　円覚上人道御と壬生狂言　一遍の遊行と踊念仏　日蓮の神性と人間性　南北朝史と山伏　室町時代の仏教と神道　一休禅師と『狂雲集』　真盛上人と常念仏　中世の禅宗と放下・暮露　弾誓上人の仏頭伝授　袋中上人と『琉球神道記』　お国歌舞伎と念仏踊　円空と庶民の仏教　本喰行道の島渡り　神仏分離と庶民信仰

◇シリーズ女性と仏教　4　巫と女神　大隅和雄, 西口順子編　平凡社　1989.6　312p　20cm　2730円　①4-582-47220-6
内容　神に追われる女たち―沖縄の女性司祭者の就任過程の検討　〈女依ヒメ〉再考―『妹の力』批判　〈玉女〉の成立と限界―『慈鎮和尚夢想記』から『親鸞夢記』まで　神と血筋　女人禁制と推参　高野山麓苅萱堂の発生と機能―特に千里御前の巫女の性格について

◇図説日本仏教の世界　8　観音・地蔵・不動―民衆のねがい　上原昭一他著　集英社　1989.6　177p　27cm　2880円　①4-08-193008-2
内容　庶民信仰のかたち　寺社縁起と霊験説話　観音信仰　観音霊場　地蔵信仰　地蔵説話の世界　不動信仰　不動明王と修験道　現世利益と民衆の信仰

◇図説日本の仏教　第2巻　密教　関口正之責任編集　新潮社　1989.5　381p　29cm　10300円　①4-10-602602-3

◇図説日本仏教の世界　7　聖と救済―無名の僧たち　山折哲雄他著　集英社　1989.5　177p　27cm　2880円　①4-08-193007-4
内容　ほほえむ仏　山中修行―なぜ山の中で修行するのか　聖の系譜―民衆へ布教した聖たち　聖の霊場―霊場のはじまりと聖たちの活動　聖たちの布教と説経―聖と説経イメージと伝達者としての聖たち―聖と絵画　遊行造像僧―円空・木食・目定の足跡　空也と一遍―念仏聖の変容

◇論集日本仏教史　第1巻　飛鳥時代　川岸宏教編　雄山閣出版　1989.5　393p　22cm　6000円　①4-639-00852-X, 4-639-00552-0
内容　1　仏教の流伝と仏教文化の形成（飛鳥時代概観　仏教東漸の国際的環境　仏教摂取

の過程と意義　聖徳太子の仏教　思想・文化としての仏教）　2 飛鳥時代における仏教の諸問題（飛鳥時代における神と仏　天寿国繡帳と飛鳥仏教　『勝鬘経』の受容　『維摩経義疏』の成立について　飛鳥仏教と政治　中央豪族の仏教受容とその史的意義　白鳳期地方寺院論　飛鳥時代の造像銘）

◇シリーズ女性と仏教　2　救いと教え　大隅和雄, 西口順子編　平凡社　1989.4　252p　20cm　2570円　①4-582-47218-4

◇図説日本仏教の世界　6　禅と無の境地―心に安らぎを　山折哲雄他著　集英社　1989.4　177p　27cm　2880円　①4-08-193006-6

内容　禅の美術―書画・庭園にみる禅文化　鎌倉仏教の発生―新仏教の時代と宗祖たち　栄西・道元の禅と生涯―禅の思想　五山の僧と中国文化―五山文学と禅　禅宗と供養―葬送儀礼のはじまり　生きることと死ということ―禅と死生観　瞑想と空間―坐る文化

◇日本の仏教宗派　仏教伝道協会　1989.4　137p　19cm

◇大屋徳城著作選集　第5巻　日本仏教史論攷　国書刊行会　1989.3　405p　22cm　7500円

◇図説日本の仏教　第1巻　奈良仏教　平田寛責任編集　新潮社　1989.3　381p　29cm　10000円　①4-10-602601-5

内容　序章 奈良仏教の生成　思想 聖徳太子と南都の教学　第1章 飛鳥仏教（飛鳥寺の建立　聖徳太子の寺々　飛鳥の四大寺併立）　第2章 寧楽仏教（平城遷都と天平寺院　東大寺の成立　唐招提寺と西大寺）　第3章 南都仏教（南都七大寺　南円堂以後　南都の復興造営　南都仏教の収束）　終章 奈良仏教の持続　特集（仏像の伝来と朝鮮半島　『日本霊異記』の世界　薬師信仰と素木像　南都の法会　奈良仏教と写経　太子伝と太子信仰）　グラフ特集（玉虫厨子を見る　ひろがる仏教）

◇図説日本仏教の世界　2　鎮護国家と呪術―日本仏教の始まり　上原昭一他著　集英社　1989.3　177p　27cm　2800円　①4-08-193002-3

内容　天平文化と造像―平城京と唐文化　道昭・行基とその集団―律令時代の官・民の僧は何をしたか　僧尼令と呪術―仏教政策と呪術の流布　仏教思想の源流と南都六宗―学問としての仏教　国家仏教の展開―国分寺と聖武天皇の政治　3人の入唐僧と古密教―奈良時代の留学僧　御霊会と祭り―霊魂への信仰と祭りのはじまり

◇泉州路の古寺を探る―その歴史と仏像・信仰　辻川季三郎著　〔泉大津〕〔大栄出版〕1989.3　379p　22cm

◇日本近世の思想と仏教　大桑斉著　京都法蔵館　1989.3　444p　22cm　9270円　①4-8318-7330-6

◇図説日本仏教の世界　1　古墳からテラへ―仏教が来たころ　上原昭一他著　集英社　1989.2　177p　27cm　2800円　①4-08-193001-5

内容　祖霊信仰―東アジア世界と先祖観　テラとヤシロ―カミとホトケが出会ったころ　飛鳥・白鳳の仏たち―造仏のはじまりと日本の初期仏像　聖徳太子と太子信仰―聖徳太子の仏教と太子信仰の流れ　仏教受容前後の宗教者たち―役行者と優婆塞　外来文化の吸収と同化―日本人はどう仏教を受けいれたか

◇大系仏教と日本人　3　密儀と修行―仏教の密儀性とその深層　湯浅泰雄編　春秋社　1989.2　369p　20cm　2500円　①4-393-10703-9

内容　修行と修法の歴史心理学　仏教修行と解脱の構造　密教修行の方法と思想―その基底にあるもの　即身成仏の身体論―スピードと超越　悪霊祓いの儀礼、悪霊の物語―怨霊信仰の一断面　往生伝における生死　仏教と医学　都市型新宗教の心なおし―ひとのみち教団の心理療法的救済信仰

◇図説日本仏教の世界　3　法華経の真理―救いをもとめて　宮次男他著　集英社　1989.1　177p　27cm　2800円　①4-08-193003-1

内容　法華経信仰　『法華経』の美術―法華信仰とその造形　天台思想の展開―日本仏教の宗派と天台思想　罪とその解決―法華信仰と滅罪　比叡山の宗教伝統―比叡山1200年の歴史　バイブルとしての『法華経』―日本仏教の基本経典

◇図説日本仏教の世界　4　曼荼羅の宇宙―密教の神秘　金岡秀友ほか著　集英社　1988.12　177p　27cm　2800円　①4-08-193004-X

内容　曼荼羅絵解き　日本の密教美術―密教世界を象徴する造形（頼富本宏）　真言密教と空海―人間空海の多面性（金岡秀友）　天台の密教―比叡山と最澄・円仁・円珍の密教（木内堯央）　即身成仏と念仏―覚鑁の密教（金岡秀友）　大師入定信仰―民衆のなか

に生きる弘法大師像（北村敏）　主要経典としての『理趣経』と『宿曜経』―現実を肯定する思想と仏教の占星術（山折哲雄）　真言立川流―成仏と性の大楽を追求する（山折哲雄）

◇仏教と神々　大法輪編集部編　大法輪閣　1988.12　274p　19cm　（大法輪選書21）　1200円

◇仏教史のなかの女人　高木豊著　平凡社　1988.12　307p　20cm　（平凡社選書126）　2100円　Ⓘ4-582-84126-0
　内容　第1章 最初の出家者たち　第2章 国分尼寺の建立　第3章 法華寺の雛の会　第4章 現報の世界の女人　第5章 入中僧の母たち　第6章 法体の女帝

◇論集日本仏教史　第4巻　鎌倉時代　高木豊編　雄山閣出版　1988.12　328p　22cm　4800円　Ⓘ4-639-00785-X, 4-639-00552-0
　内容　鎌倉仏教の歴史過程（高木豊）　末法・末代観の歴史的意義（平雅行）　鎌倉仏教と中国仏教（川添昭二）　中世仏教における正統と異端（佐藤弘夫）　鎌倉仏教の勧進活動（細川涼一）　鎌倉仏教における神と仏（今堀太逸）　鎌倉時代の寺院機構（土谷恵）　鎌倉仏教説話の世界（小峯和明）　絵巻にみる縁起と僧伝（宮次男）

◇大屋徳城著作選集　第6巻　仏教史の諸問題　国書刊行会　1988.11　320, 9, 83p　22cm　7000円

◇図説日本の仏教　第4巻　鎌倉仏教　三山進責任編集　新潮社　1988.11　381p　29cm　10000円　Ⓘ4-10-602604-X
　内容　序章 鎌倉仏教の諸相　思想 中世の思想　第1章 阿弥陀信仰と念仏　第2章 禅宗の世界　第3章 日蓮と曼荼羅本尊　第4章 釈迦追慕と弥勒信仰　終章 鎌倉仏教の展開　特集（仏教と一揆　法語文学の解読　中世都市鎌倉　中世武士たちの祈り　社寺縁起絵）　グラフ特集（東西本願寺　夢窓国師と庭園）　付録（年表　鎌倉仏教の寺院と行事）

◇図説日本仏教の世界　5　地獄と極楽―浄土へのあこがれ　金岡秀友他著　集英社　1988.10　177p　27cm　2800円　Ⓘ4-08-193005-8

◇大系仏教と日本人　7　芸能と鎮魂―歓楽と救済のダイナミズム　守屋毅編　春秋社　1988.9　296p　20cm　2500円　Ⓘ4-393-10707-1
　内容　総論―仏教と浄土と芸能（守屋毅）　修正会の変容と地方伝播（山路興造）　神楽と鎮魂―荒神祭祀にみる神と人（鈴木正崇）　異界と夢幻能（堀口康生）　聖俗のたわむれとしての芸能―遊女・白拍子・曲舞の物語をめぐりて（阿部泰郎）　重層的時空論―中世から近世へ（松田修）　秘伝の思想（熊倉功夫）

◇論集日本仏教史　第6巻　戦国時代　中尾堯編　雄山閣出版　1988.9　346p　22cm　4800円　Ⓘ4-639-00768-X, 4-639-00552-0

◇鎌倉新仏教の成立―入門儀礼と祖師神話　松尾剛次著　吉川弘文館　1988.7　303, 13p　20cm　（中世史研究選書）　2700円　Ⓘ4-642-02659-2
　内容　第1 官僧の得度制（国家的度縁制　年分度者制）　第2 官僧の授戒制（東大寺戒壇での授戒制　延暦寺戒壇での授戒　国家的授戒制の機能）　第3 遁世僧の入門儀礼システム（新義律僧僧団の入門儀礼システム　法然門下の入門儀礼システム　五山禅僧の入門儀礼システム　道元門下の入門儀礼システム　親鸞門下の入門儀礼システム　日蓮門下の入門儀礼システム）　第4 遁世僧の救済活動と祖師絵伝

◇日本古代の菩薩と民衆　吉田靖雄著　吉川弘文館　1988.7　344, 9p　22cm　5800円　Ⓘ4-642-02214-7
　内容　第1部 菩薩仏教の成立と展開（菩薩僧と化主層の実体　行基と三階級の関係　行基と菩薩思想　『日本霊異記』の行基と文殊菩薩　『日本霊異記』と三階教の関係）　第2部 民衆的仏教信仰の諸相（密教信仰と現世利益　捨身行の展開とその思想　文殊信仰の展開　民衆と仏像）　第3部 文献上の諸問題（「妄説罪福梵天経」の考察　王仁の系譜の考察　『西琳寺縁起』所引「天平十五年帳」の諸問題）

◇大屋徳城著作選集　第9巻　仏教古板経の研究　国書刊行会　1988.6　473p　22cm　8000円

◇カミとヒトの精神史―日本仏教の深層構造　中村生雄著　京都　人文書院　1988.6　269p　20cm　2000円　Ⓘ4-409-41037-7
　内容　序 カミとヒトと自然―古代日本の〈聖なるもの〉　1 仏像の発生―初伝期仏教の〈聖なるかたち〉　2 法然のヴィジョン―病の彼方から照らす〈聖なる光〉　3 法然と親鸞―〈聖なるテクストとイコン〉の書写と伝授　4 親鸞の夢―救済の回路としての〈聖なる夢〉　5 親鸞と聖徳太子―再生する古代の〈聖王〉

◇中世国家の宗教構造―体制仏教と体制外仏教の相剋　佐々木馨著　吉川弘文館　1988.6　332,8p　20cm　（中世史研究選書）　2800円　⑭4-642-02657-6

[内容]鎌倉仏教研究の歩みと本書の視角（鎌倉新仏教研究における3つのアプローチ　鎌倉仏教の総体的把握　いわゆる「顕密体制」論をめぐって　本書の視角）　鎌倉時代における3つの思想空間（古代における「体制仏教」と「超体制仏教」　鎌倉時代における「体制仏教」「反体制仏教」の誕生　「超体制仏教」の中世的転生　3つの思想空間の相剋）　南北朝期における思想空間の転換（「体制仏教」の展開　「反体制仏教」の価値観の転換　「超体制仏教」の消滅）　室町・戦国期における2つの思想空間の攻防（「公家的制体仏教」と「武家的体制仏教」の融合　「反体制仏教」の再生そして終焉）

◇論集日本仏教史　第9巻　大正・昭和時代　孝本貢編　雄山閣出版　1988.6　324p　22cm　4800円　⑭4-639-00724-8, 4-639-00552-0

[内容]大正・昭和期の国家・既成仏教教団・宗教運動（国民教化政策と宗教　既成仏教教団の陥穽　宗教運動の興隆　十五年戦争体制と仏教教団　信教自由・政教分離と仏教）　宗教運動の諸相（既成仏教改革運動の意味するところ―光明会を中心に　大日本仏教済世軍の性格　北海道開拓地における真言宗寺院と新四国霊場の成立　日蓮主義の展開と日本国体論　霊友会系新宗教運動の発生　新宗教における天皇観と世直し観―神政龍神会の場合　天皇制国家体制における新宗教弾圧　都市化・核家族化と現代宗教　都市のシャーマニズム　東回りの西洋布教）

◇大屋徳城著作選集　第7巻　高麗続蔵雕造攷　国書刊行会　1988.4　1冊　37cm　17500円

◇大系仏教と日本人　10　民衆と社会―変革の理念と世俗の倫理　村上重良編　春秋社　1988.3　326p　20cm　2500円　⑭4-393-10710-1

[内容]総論―民衆宗教の系譜（村上重良）　菩薩行と社会事業―古代から中世へ（中井真孝）　鎌倉時代の民衆宗教―祖師信仰の伝統（中尾堯）　一揆の表現と行動――揆・連歌・会所（松岡心平）　廃仏毀釈と民衆―越後弥彦山阿弥陀如来像守護行動（奈倉哲三）　天理教の神話と民衆救済（村上重良）　民俗化した菩薩・虚空蔵菩薩（佐野賢治）　新宗教の体験主義―初期霊友会の場合（島薗進）

◇大屋徳城著作選集　第4巻　日本仏教史の研究　3　国書刊行会　1988.2　590,89p　22cm　9800円

◇仏教と部落差別―その歴史と今日　柏原祐泉著　大阪　部落解放研究所　1988.2　107p　21cm　（人権ブックレット9）　520円

◇大屋徳城著作選集　第3巻　日本仏教史の研究　2　国書刊行会　1988.1　615p　22cm　9000円

◇論集日本仏教史　第8巻　明治時代　池田英俊編　雄山閣出版　1987.12　339p　22cm　4800円　⑭4-639-00693-4, 4-639-00552-0

[内容]1　近代的開明思潮と仏教（時代の特徴　維新仏教の性格　絶対主義と仏教の覚醒　国粋主義の台頭と仏教の革新　仏教思想近代化の諸相）　2　新教団形成期における仏教史の諸問題（明治維新廃仏毀釈の地方的展開とその特質について　海外教状視察の歴史的意義　明治維新期における日蓮宗の動向　明治初期における僧侶と教育とを繞る諸相　明治中期の排耶論　曹洞宗教団論―宗意表詮の近代化をめぐって　近代における浄土観の推移　近代真宗団と慈善　明治期対外戦争に対する仏教の役割―真宗両本願寺派を例として　明治知識人と仏教―夏目漱石をめぐって　仏教の世俗倫理への対応―井上円了の修身教会設立をめぐって　北海道村落社会と宗教集団の形成）

◇鎌倉の仏教　納富常天著　鎌倉　かまくら春秋社　1987.10　301p　19cm　（鎌倉叢書　第21巻）

◇日本古代の宗教と思想　田村円澄著　山喜房仏書林　1987.10　423p　22cm　8500円

◇大屋徳城著作選集　第2巻　日本仏教史の研究　1　国書刊行会　1987.9　500p　22cm　7300円

◇日本仏教思想の源流　山折哲雄著　講談社　1987.9　317p　15cm　（講談社学術文庫）　780円　⑭4-06-158803-6

[内容]1　空海―密教の世界　2　覚鑁―密教の内臓認識　3　道元―白楽天との二人三脚　4　日蓮―危機認識の構造　5　一休―虚構と真実

◇大屋徳城著作選集　第1巻　寧楽仏教史論　国書刊行会　1987.8　727p　22cm　10000円

◇女の力―古代の女性と仏教　西口順子著　平凡社　1987.8　260p　20cm　（平凡社選書110）　2200円　⑭4-582-84110-4

内容 第1章 仏法と忌み(女性の忌み 神斎と仏事 咎と祓—同衾の忌み 血の忌みと山 仏法と忌み 出産と僧) 第2章 骨のゆくえ(死と葬送と墓 女性開基の寺) 第3章 山・里・女人(女性の出家 女人禁制 里坊の営み 尼の止住) 第4章 僧の「家」(僧の妻帯と世襲 寺家と妻 息子の僧) 第5章 王朝の巫女(巫女と僧 妖言の罪 巫女の託宣 巫女と王朝仏教)

◇仏教と神祇 日本仏教学会編 京都 平楽寺書店 1987.8 381,99p 22cm 7600円
　内容 現代スリランカにおける仏と神々—仏教の二重構造 前田恵学著 ほか30編

◇江戸幕府の仏教教団統制 宇高良哲著 東洋文化出版 1987.7 380,23p 22cm 7000円 ①4-88676-079-1

◇大屋徳城著作選集 第8巻 寧楽刊経史 国書刊行会 1987.7 1冊 22cm 6500円

◇大系仏教と日本人 2 国家と天皇—天皇制イデオロギーとしての仏教 黒田俊雄編 春秋社 1987.7 353p 20cm 2500円 ①4-393-10702-0
　内容 総論—王法仏法相依論の軌跡(黒田俊雄) 僧の呪師化と王の祭司化—仏教と王制との結びつきに関する一試論(佐々木宏幹) 浄穢の中の王権(山折哲雄) 非人救済と聖朝安穏—律僧叡尊の宗教活動(大石雅章) 神国思想の中世的展開(佐々木馨) 霊と近代—靖国のこちら側を考える(小沢浩) 三国仏教史観と粟散辺土(佐々木令信) 近代ナショナリズムと仏教—日蓮宗と真宗を例として(佐藤弘夫)

◇徳川家康と関東仏教教団 宇高良哲著 東洋文化出版 1987.7 368,22p 22cm 7000円 ①4-88676-078-3

◇近代仏教史研究 小室裕充著 京都 同朋舎出版 1987.6 313p 22cm 5000円 ①4-8104-0588-5

◇日本宗教の近代性 中村元著 春秋社 1987.6(第5刷) 280,10p 20cm (中村元選集 第8巻) ①4-393-31108-6

◇日本古代仏教文化史論考 石村喜英著 山喜房仏書林 1987.5 458,22p 27cm 18000円

◇日本仏教史話 相葉伸著 永田書房 1987.5 298p 20cm 2500円

◇日本中世の国家と仏教 佐藤弘夫著 吉川弘文館 1987.3 273,11p 20cm (中世史研究選書) 2600円 ①4-642-02648-7
　内容 第1 中世仏教への道(古代寺院から中世寺院へ 仏法王法相依論の成立 荘園制支配と仏神 聖の宗教活動 教学の動向) 第2 専修念仏の成立(鎌倉仏教研究の現状と課題 法然の宗教の成立 法然と反法然 法然門下の教学) 第3 改革運動の展開(院政期の旧仏教 改革運動の展開 日蓮の登場 中世仏教における正統と異端) 第4 中世後期における国家と仏教(旧仏教の動向 禅の勃興 新仏教教団の展開) 第5 中世仏教の終焉(一向一揆と統一権力 中世仏教とは何か)

◇日本仏教思想研究 第5巻 仏教と文学 石田瑞麿著 京都 法藏館 1987.3 466p 22cm 8500円 ①4-8318-3855-1
　内容 1 中世仏教説話の考察(『宝物集』雑考—三つの問題 長明ノート—『方丈記』と『発心集』 『閑居友』覚え書き 遁世者の理想—『撰集抄』の世界 説話に収められた法然伝—『私聚百因縁集』が意味するもの) 2 仏教と文学の交渉(遁世者の理想像 玄賓 和歌陀羅尼論について—空海の『声字実相義』と関連して 『往生要集』の念仏と文学 『往生要集』における文学との接触 説話のなかの源信 静照の『極楽遊意』 『今昔物語』『梁塵秘抄』にみる仏教思想 長明の念仏 『歎異鈔』と親鸞の書簡 『海道記』の宗教 『とはずがたり』の宗教) 3 仏教の思想とことば(日本文学に現われた恩の思想 中世仏教思想と文学 『雑談集』出典考 日本文学における主要な仏教術語 仏教術語の理解について) 付篇 歴代天皇御製と信仰

◇仏教民俗史の研究 佐々木孝正著, 佐々木孝正先生著作刊行会編 名著出版 1987.3 420p 22cm 7800円 ①4-626-01292-2

◇沖縄の仏教100のナゾ 比嘉朝進著 浦添 沖縄総合図書 1987.2 224p 18cm 1000円

◇日中仏教友好二千年史 道端良秀著 大東出版社 1987.2 330p 20cm (大東名著選 14) 2700円 ①4-500-00514-5
　内容 1章 仏教伝来以前の日中交流(秦の始皇帝と徐福 邪馬台国と卑弥呼の問題) 2章 仏教の日本伝来 3章 聖徳太子の三宝興隆と遣隋使 4章 奈良・平安朝の日唐交流(遣唐使の派遣 憧れの唐の都長安 我が国分寺と隋唐の官寺 東大寺大仏の源流) 5

章 宋代文化と入宋僧（日宋文化の交流 源信僧都と北宋仏教 南宋の仏教と我が入宋僧） 6章 鎌倉時代の渡来僧 7章 元の仏教と彼我の交流 8章 明の仏教と彼我の交流 9章 清朝の仏教と彼我の往来 10章 明治大正における日中仏教の交流（民国革命以後の中国仏教 日本仏教徒の仏蹟巡礼 中国からの留学生 東京大震災と中国仏教の救援活動 東京の東亜仏教大会開催〔ほか〕

◇日本仏教史 近世 圭室文雄著 吉川弘文館 1987.1 362,6p 20cm 2700円 ①4-642-06753-1
内容 1 幕藩制成立期の仏教 2 寛文～元禄期の仏教 3 江戸中期の仏教教団 4 江戸後期の仏教 5 江戸幕府の寺院統制―江戸中・後期を中心として

◇日本仏教思想研究 第2巻 戒律の研究 下 石田瑞麿著 京都 法藏館 1986.12 485p 22cm 8500円 ①4-8318-3852-7
内容 日本仏教における戒律の問題 三聚浄戒について 古代仏教と戒律 鑑真について 最澄と弟子光定 密教戒について 円戒と密教との交渉 平安中期における在家信者の受戒精神の展開 戒律復興と卓慶・高弁 叡尊の戒律について 栄西 道元 日蓮初期の戒観 時宗の戒観について 無住一円とその戒律観 安楽律の紛争〔ほか〕

◇大系仏教と日本人 9 民俗と儀礼―村落共同体の生活と信仰 宮家準編 春秋社 1986.11 335p 20cm 2500円 ①4-393-10709-8
内容 総論―共同体の伝承とコスモロジー 「村」の神と「家」の神 葬制からみた霊塊観・死後観 社寺縁起の世界―巨視的に 仏教受容の基層民俗―生業形態からの視角 生産儀礼と仏教―稲虫送りと斎藤実盛 講と霊場参詣―巡礼講をめぐって

◇仏教民俗学大系 2 聖と民衆 萩原竜夫,真野俊和編 名著出版 1986.11 465p 22cm 5200円 ①4-626-01288-4
内容 1 勧進の聖（信濃の勧進聖 木食僧の系譜―観海・行道・観正 四国遍路の聖―中務茂兵衛） 2 修行の聖（焼身・火定と土中入定 近世念仏聖の信仰と修行―浄土宗念仏信仰史の視点から 巡礼の行者―その宗教的達成 六十六部聖） 3 鎮魂の聖（毛坊主と村の道場 近世三昧聖考） 4 唱導の聖（説経聖の系譜 熊野比丘尼と絵解き 廻国の比丘尼） 5 まじないの聖（憑物使いと聖「主観的世界」における聖 日蓮宗の祈祷師と祈禱講 肥後琵琶伝承誌―盲僧・山鹿良之氏の「琵琶」人生）

◇日本仏教史論叢―二葉憲香博士古稀記念 二葉憲香博士古稀記念論集刊行会編 京都 永田文昌堂 1986.10 778,2p 23cm 18000円
内容 国家仏教の形成 二葉憲香著 ほか27編. 付：主要参考文献・二葉憲香年譜・著作目録

◇論集日本仏教史 第7巻 江戸時代 圭室文雄編 雄山閣出版 1986.10 386p 22cm 5800円 ①4-639-00610-1, 4-639-00552-0
内容 1 幕藩体制と仏教―キリシタン弾圧と檀家制度の展開（寛永期のキリシタン弾圧と島原の乱 類属戸籍帳の作成と檀家制度の確立） 2 江戸時代における仏教の展開（日蓮宗不受不施派初期の動き 英彦山修験（山伏）と信仰圏の実態 諸山諸社参詣先達職をめぐる山伏と社家―吉田家の諸国社家支配化への序章 近世九州における日蓮教団の展開―いわゆる大村法難を中心に 近世初期仏教思想史における心性論―雪窓宗崔『禅教統論』をめぐって 幕府の都市寺院支配―近世堺を中心に 近世真宗遺跡巡拝の性格 近世の浄土宗仏者雲説と七日別行百万遍 西中国地方における真宗的特質についての考察〔ほか〕

◇史料日本仏教史 上巻 二葉憲香編 改訂増補版 京都 永田文昌堂 1986.9 487p 22cm 9800円

◇日本仏教思想研究 第1巻 戒律の研究 上 石田瑞麿著 京都 法藏館 1986.9 491p 22cm 8500円 ①4-8318-3851-9
内容 1 鑑真渡来以前の戒律（第1節 仏教渡来後の戒律事情 第2節 鑑真渡来以前の受戒） 2 鑑真の戒律（第1節 鑑真の授戒伝律 第2節 鑑真の開会戒） 3 最澄の戒律（第1節 最澄の円戒提唱 第2節 最澄の円戒 第3節 最澄以後の仮受小戒） 4 最澄後の円戒（第1節 光定の円戒思想と『伝述一心戒文』 第2節 円仁の円戒思想 第3節 円珍の円戒思想 第4節 安然の円戒思想 第5節 戒観念の変容） 5 鎌倉時代における戒律（第1節 法然の戒律観 第2節 南都戒の再興 第3節 南北2律と律宗復興）

◇大系仏教と日本人 4 因果と輪廻―行動規範と他界観の原理 大隅和雄編 春秋社 1986.8 344p 20cm 2500円 ①4-393-10704-7
内容 因果と輪廻をめぐる日本人の宗教意識 輪廻の前史 つみ・けがれ・たたり 因果応報思想の受容と展開 宿業観の系譜 因果の理法と勧善懲悪 聖者崇拝と祖師信仰

近世仏教の庶民教化
◇論集日本仏教史　第5巻　室町時代　山本世紀編　雄山閣出版　1986.8　298p　22cm　4800円　①4-639-00583-0, 4-639-00552-0
　内容 1 室町時代の社会と仏教(時代の特徴　室町幕府と仏教　鎌倉新仏教の展開　旧仏教の動き　神道界の動き　庶民信仰の発展) 2 室町時代の仏教をめぐる諸問題(足利義詮の禅宗信仰とその態度　日本禅宗史における夢窓疎石の位置　林下教団における地方寺院の成立とその動向　越中における禅宗の展開　遊行上人と物語　蓮如の同朋思想　中世後期の関東天台　室町時代における真言宗の展開　室町期における宗教の風流化と寺社参詣)

◇〈宗派別〉日本の仏教・人と教え　7　曹洞宗　今枝愛真編　小学館　1986.6　318p　19cm　1200円

◇日本仏教思想研究　第3巻　思想と歴史　石田瑞麿著　京都　法藏館　1986.6　499p　22cm　8500円
　内容 慈悲救済の理念—聖徳太子と『維摩経義疏』を通して　ほか33編

◇論集日本仏教史　第3巻　平安時代　平岡定海編　雄山閣出版　1986.6　335p　22cm　4800円　①4-639-00575-X, 4-639-00552-0
　内容 1. 平安仏教の成立と変遷　2. 平安時代仏教の諸問題(空海と最澄との交わり　最澄と国家仏教　『顕戒論』十住心教判の意義　円仁と円珍との関係　本地垂迹説の成立　四国寺考　藤原実資の仏教信仰　白河御願寺小論　南都北嶺の悪僧について　末法思想の展開とその歴史的背景　法然和歌の文学性)

◇大系仏教と日本人　6　遊行と漂白—定住民とマレビトの出会い　山折哲雄編　春秋社　1986.5　349p　20cm　2500円　①4-393-10706-3
　内容 総論—遊行と漂泊のトポロジー(山折哲雄)　山林修行者の系譜—飛鳥・奈良時代を中心に(宮家準)　隠遁者とその周辺(佐藤正英)　遊行の宗教者(今井雅晴)　流離性と罪—貴種流離譚をめぐって(岩崎武夫)　歩きと巡りの宗教性—西国巡礼と四国遍路(星野英紀)　歌枕のコスモロジー(藤井貞和)　霊の漂泊—崇り信仰と仏教(波平恵美子)

◇〈宗派別〉日本の仏教・人と教え　6　臨済宗　西村恵信編　小学館　1986.4　318p　19cm　1200円　①4-09-581006-8

　内容 《総論》臨済禅の人と教え(西村恵信)　応・燈・関—己事を究明する純禅の系譜(水上勉)　一休—おのれへの誠実を貫いた人(入矢義高)　盤珪—仏心のままに生きる(小林圓照)　白隠—近世臨済禅の創始(鎌田茂雄)　釋宗演—同時代の課題に取り組む(兵藤正之助)　臨済宗・黄檗宗小事典

◇日本仏教思想研究　第4巻　浄土教思想　石田瑞麿著　京都　法藏館　1986.4　461p　22cm　8000円
　内容 『往生要集』—悲しき者の救い.源信　空也と源信.源信と『往生要集』.源信の観想念仏.臨終正念の実践者.源信撰の『往生十念』について.法然　法然と人生観.法然の戒律観.法然における二つの性格.法然と親鸞.親鸞　わが研究課題—親鸞を中心に.親鸞における初期の己証.本願の歴程.親鸞研究の方法論における一、二の問題—『歎異抄』信仰への根本批判.中世浄土教思想と親鸞.親鸞と末法思想.親鸞とその子供たち.善鸞事件をめぐる書簡.『教行信証』入門.『歎異抄』に対する異端的考察.師弟の情誼

◇日本仏教史の研究—木村武夫先生喜寿記念　日本仏教史の研究会編　京都　永田文昌堂　1986.4　876p　23cm　18000円
　内容 元興寺縁起の誓願文の一考察　日野昭著　ほか29編．木村武夫略歴及び著作目録(抄)：p5〜20

◇大系仏教と日本人　11　近代化と伝統—近世仏教の変質と転換　安丸良夫編　春秋社　1986.3　338p　20cm　2500円　①4-393-10711-X
　内容 総論—歴史のなかでの葛藤と模索(安丸良夫)　近世における祖先崇拝—民衆思想・イデオロギーと仏教(大桑斉)　近世における仏教と西洋自然観との出会い(吉田忠)　国体神学と教団仏教の模索(福嶋寛隆)　近代日本と霊魂の行方—生活思想と仏教(川村邦光)　親鸞と近代日本(高史明)　真宗信仰と地域民衆(米村龍治)　如来教の宗教思想(神田秀雄)

◇仏教伝来と古代日本　田村円澄著　講談社　1986.3　296p　15cm　(講談社学術文庫)　780円　①4-06-158725-0
　内容 第1章 仏教伝来の道　第2章 聖徳太子と半跏思惟像　第3章 古代朝鮮の弥勒信仰　第4章 宇佐八幡の誕生　第5章 神仏習合とその源流　第6章 日本古代国家と宗教

◇明治仏教思想資料集成　別巻〔5〕　興隆雑誌　明治仏教思想資料集成編集委員会編　京都　同朋舎出版　1986.3　357p　23cm　14000円　①4-8104-0498-6

290

◇論集日本仏教史　第2巻　奈良時代　速水侑編　雄山閣出版　1986.3　308p　22cm　4800円　㊐4-639-00553-9, 4-639-00552-0
[内容]1 律令国家と仏教(速水侑)　2 律令国家をめぐる諸問題　僧尼令の運用と効力(吉田一彦)　奈良時代の得度制度(中井真孝)　道鏡政権下の僧綱制について(牛山佳幸)　奈良時代の師僧(根本誠二)　戒師招請をめぐる問題(佐久間竜)　郡寺と国分寺(井上薫)　行基の活動と畿内の民間仏教(勝浦令子)　奈良朝の浄土信仰(速水侑)　奈良朝山岳寺院の実相(逵日出典)　神仏習合の進展(白山俊介)　奈良時代の道教と仏教(新川登亀男)

◇日本の仏教と奈良　岩城隆利著　明石書店　1986.2　190p　19cm　1000円

◇日本仏教史　古代　速水侑著　吉川弘文館　1986.2　300, 16p　20cm　2300円　㊐4-642-06751-5

◇明治仏教思想資料集成　別巻〔4〕　共存雑誌　明治仏教思想資料集成編集委員会編　京都　同朋舎出版　1986.2　410p　23cm　15000円　㊐4-8104-0493-5

◇〈宗派別〉日本の仏教・人と教え　1　天台宗　薗田香融編　小学館　1986.1　334p　19cm　1200円　㊐4-09-581001-7

◇中世仏教と真宗　北西弘先生還暦記念会編　吉川弘文館　1985.12　526p　22cm　8800円　㊐4-642-02611-8

◇日本古代仏教運動史研究　宮城洋一郎著　京都　永田文昌堂　1985.12　336, 8, 8p　22cm　5500円

◇〈宗派別〉日本の仏教・人と教え　5　日蓮宗　高木豊編　小学館　1985.11　310p　19cm　1200円　㊐4-09-581005-X

◇日本仏教思想論序説　山折哲雄著　講談社　1985.11　320p　15cm　（講談社学術文庫）　840円　㊐4-06-158710-2

◇鬼子母神信仰　宮崎英修編　雄山閣出版　1985.10　373p　22cm　（民衆宗教史叢書　第9巻）　4800円　㊐4-639-00519-9, 4-639-00211-4

◇〈宗派別〉日本の仏教・人と教え　2　真言宗　松長有慶編　小学館　1985.10　318p　19cm　1200円　㊐4-09-581002-5

◇日本仏教宗史論集　第1巻　聖徳太子と飛鳥仏教　田村円澄, 川岸宏教編　吉川弘文館　1985.10　482p　22cm　5800円　㊐4-642-06741-8

◇〈宗派別〉日本の仏教・人と教え　3　浄土宗・時宗　伊藤唯真編　小学館　1985.7　334p　19cm　1200円　㊐4-09-581003-3

◇〈宗派別〉日本の仏教・人と教え　4　浄土真宗　真継伸彦編　小学館　1985.7　326p　19cm　1200円　㊐4-09-581004-1

◇日本の庶民仏教　五来重著　角川書店　1985.6　252p　19cm　（角川選書 160）　960円　㊐4-04-703160-7

◇日本仏教宗史論集　第8巻　道元禅師と曹洞宗　河村孝道, 石川力山編　吉川弘文館　1985.6　447p　22cm　5800円　㊐4-642-06748-5

◇日本仏教宗史論集　第3巻　伝教大師と天台宗　塩入良道, 木内堯央編　吉川弘文館　1985.5　412p　22cm　5800円　㊐4-642-06743-4

◇日本仏教宗史論集　第6巻　親鸞聖人と真宗　千葉乗隆, 幡谷明編　吉川弘文館　1985.4　457p　22cm　5800円　㊐4-642-06746-9

◇国家仏教変容過程の研究―官僧体制史上からの考察　舟ケ崎正孝著　雄山閣出版　1985.3　361p　22cm　8800円　㊐4-639-00464-8

◇日本仏教宗史論集　第7巻　栄西禅師と臨済宗　平野宗浄, 加藤正俊編　吉川弘文館　1985.3　453p　22cm　5800円　㊐4-642-06747-7

◇中世の精神世界―死と救済　池見澄隆著　京都　人文書院　1985.2　299p　22cm　2400円　㊐4-409-41028-8

◇日本仏教宗史論集　第5巻　法然上人と浄土宗　伊藤唯真, 玉山成元編　吉川弘文館　1985.2　431p　22cm　5800円　㊐4-642-06745-0

◇古代朝鮮と日本仏教　田村円澄著　講談社　1985.1　265p　15cm　（講談社学術文庫）　680円　㊐4-06-158669-6

◇日本仏教宗史論集　第2巻　南都六宗　平岡定海, 山崎慶輝編　吉川弘文館　1985.1　449p　22cm　5800円　㊐4-642-06742-6

◇日本仏教宗史論集　第4巻　弘法大師と真言宗　和多秀乗, 高木訷元編　吉川弘文館　1984.12　424p　22cm　5800円

①4-642-06744-2
◇日本仏教宗史論集　第10巻　一遍上人と時宗　橘俊道, 今井雅晴編　吉川弘文館　1984.12　401p　22cm　5800円
①4-642-06750-7
◇越中における中世信仰史の展開　久保尚文著　富山　桂書房　1984.10　193p　22cm　1900円
◇埼玉の仏教文化―写経と古文書　埼玉県立文書館編　浦和　埼玉県立文書館　1984.10　56p　26cm
◇日本仏教宗史論集　第9巻　日蓮聖人と日蓮宗　中尾堯, 渡辺宝陽編　吉川弘文館　1984.10　428p　22cm　5800円
①4-642-06749-3
◇日本仏教の源流―仏教伝来から日蓮まで　島村喬著　波書房　1984.9　290p　19cm　980円　①4-8164-1191-7
◇日本仏教の心　6　道元禅師と永平寺　日本仏教研究所編　秦慧玉著　ぎょうせい　1984.9　198p　29cm　5000円
◇近世遊行聖の研究―木食観正を中心として　西海賢二著　三一書房　1984.7　361p　23cm　6500円
◇日本古代仏教史の研究　二葉憲香著　京都　永田文昌堂　1984.6　420, 64p　22cm　8000円
◇新稿日本仏教思想史　大野達之助著　吉川弘文館　1984.5　460, 36p　20cm　3000円　①4-642-07044-3
◇大乗教教団史―70年の歩み　教団史編集委員編　名古屋　大乗教総務庁　1984.5　194p　31cm
◇日本仏教の心　11　聖徳太子と大安寺　日本仏教研究所編　河野清晃著　ぎょうせい　1984.5　204p　29cm　5000円
◇仏教史散策　田村円澄著　山喜房仏書林　1984.5　351p　19cm　2500円
◇日本仏教史研究　第6巻　日本仏教史論集　下　辻善之助著　岩波書店　1984.4　517p　22cm　7000円
◇日本仏教の心　1　聖徳太子と法隆寺　日本仏教研究所編　間中定泉著　ぎょうせい　1984.3　181p　29cm　5000円
◇日本仏教史研究　第5巻　日本仏教史論集　上　辻善之助著　岩波書店　1984.3　340p　22cm　5600円
◇中世仏教の基礎知識　大橋俊雄著　東京美術　1984.2　232p　19cm　（東京美術選書37）　1200円　①4-8087-0202-9
◇日本仏教史　石田瑞麿著　岩波書店　1984.2　345, 24p　19cm　（岩波全書337）　1800円
◇日本仏教史研究　第4巻　日本仏教史之研究　続編　下　辻善之助著　岩波書店　1984.2　435p　22cm　6500円
◇日本仏教史研究　第3巻　日本仏教史之研究　続篇　上　辻善之助著　岩波書店　1984.1　393p　22cm　6200円
◇民衆と仏教　古代・中世編　二葉憲香編　京都　永田文昌堂　1984.1　248p　22cm　（日本仏教史研究5）　3000円
◇日本仏教史研究　第2巻　日本仏教史之研究　正篇　下　辻善之助著　岩波書店　1983.12　288p　22cm　5000円
◇日本仏教史　別巻　法然上人伝　田村円澄著　京都　法蔵館　1983.11　305, 38p　22cm　6800円
◇日本仏教史研究　第1巻　日本仏教史之研究　正篇　上　辻善之助著　岩波書店　1983.11　331p　22cm　5500円
◇日本仏教史　5　浄土思想　田村円澄著　京都　法蔵館　1983.10　366p　22cm　6800円
◇日本仏教史　2　奈良・平安時代　田村円澄著　京都　法蔵館　1983.9　438p　22cm　6800円
◇明治仏教思想資料集成　第7巻　明治12年（1879）～明治13年（1880）　明治仏教思想資料集成編集委員会編　京都　同朋舎出版　1983.8　449p　23cm　12000円　①4-8104-0349-1
◇東国の仏教―その原型を求めて　由木義文著　山喜房仏書林　1983.7　220p　19cm　2200円
◇日本仏教の心　3　伝教大師と比叡山　日本仏教研究所編　山田恵諦著　ぎょうせい　1983.7　213p　29cm　5000円
◇日本仏教史　4　百済・新羅　田村円澄著　京都　法蔵館　1983.7　442p　22cm　6800円
◇入宋僧奝然の研究―主としてその随身品

日本の仏教の歩み

と将来品　木宮之彦著　〔静岡〕〔木宮之彦〕　1983.6　217p　20cm　2500円

◇明治仏教思想資料集成　別巻〔3〕　仏教演説集誌　明治仏教思想資料集成編集委員会編　京都　同朋舎出版　1983.6　271p　23cm　7800円　①4-8104-0332-7

◇日本仏教の心　10　聖徳太子と叡福寺　日本仏教研究所編　近藤本昇著　ぎょうせい　1983.5　182p　29cm　5000円

◇女人往生　笠原一男編著　〔東村山〕教育社　1983.5　217p　18cm　（教育社歴史新書　日本史 183）　800円

◇日本古代僧伝の研究　佐久間竜著　吉川弘文館　1983.4　307, 17p　22cm　5500円

◇日本仏教史　3　鎌倉時代　田村円澄著　京都　法蔵館　1983.3　403p　22cm　6800円

◇明治仏教思想資料集成　別巻〔2〕　報四叢談　明治仏教思想資料集成編集委員会編　京都　同朋舎出版　1983.2　236p　23cm　6500円　①4-8104-0294-0

◇大地の仏者　大桑斉, 福島和人著　金沢　能登印刷出版部　1983.1　208p　19cm　1500円　①4-89010-010-5

◇雪片友梅と画僧愚中　小野勝年著　〔奈良〕〔小野勝年〕　1982.12　64p　22cm　非売品

◇日本仏教史　1　飛鳥時代　田村円澄著　京都　法蔵館　1982.11　428p　22cm　6800円

◇鎌倉新仏教成立論　大野達之助著　吉川弘文館　1982.10　210, 14p　20cm　2000円

◇古代東国の甍—仏教文化の夜明けをさぐる　特別展　大宮　埼玉県立博物館　1982.10　89p　26cm

◇写経より見たる奈良朝仏教の研究　石田茂作著　東洋書林　1982.8　1冊　27cm　12000円　①4-562-01282-X

◇鎌倉仏教史研究　高木豊著　岩波書店　1982.7　343, 16p　22cm　3800円

◇金沢文庫資料の研究　納富常天著　京都　法蔵館　1982.6　612, 85p　22cm　14000円

[内容] 東国仏教と金沢文庫.金沢文庫の稀覯資料.中世の学山金沢称名寺.湛睿の研究.文庫資料をめぐる諸問題

◇南都仏教史の研究　下　諸寺篇　堀池春峰著　京都　法蔵館　1982.4　732, 19p　22cm　12000円

◇日本仏教の心　12　覚山尼と東慶寺　日本仏教研究所編　井上禅定著　ぎょうせい　1982.4　221p　29cm　5000円

◇明治仏教思想資料集成　第6巻　明治11年（1878）～明治12年（1879）　明治仏教思想資料集成編集委員会編　京都　同朋舎出版　1982.3　455p　23cm　12000円　①4-8104-0272-X

[内容] 教導弁要・空拳夜話　服部鑛海著．領解文問対　遠藤玄寵著．説教譬喩因縁談　花生空観説　大高文進記．葬儀心得大意　水谷立五郎，南場宗利編．遺訓消息　釈則如著．口称念仏勧誘記　岩田荘三郎誌．須弥山略説　福田行誡編．教導基本問題十逵翼　長善玄朗編．真言宗浄土門秘要　上田照遍編．原道要史　ジュリー著　相良尚辰抄訳　大内青巒関評．弾僧侶妻帯論　有安道人著．教場要論　大崎行智述．曹洞教会説教大意并指南（初編）・曹洞教会説教指南　第2編・第3編　辻顕高著．説教彙纂　安田信庸編．説教帷中策　初編〜第8編　岸上恢嶺著．解題　和多秀乗ほか著

◇鎌倉仏教雑考　田中久夫著　京都　思文閣出版　1982.2　656p　20cm　9800円

◇明治仏教思想資料集成　別巻　教義新聞　明治仏教思想資料集成編集委員会編　京都　同朋舎出版　1982.1　546p　23cm　12000円　①4-8104-0262-2

◇海よりの使者—普陀洛渡海の謎　小島英男著　前橋　煥乎堂　1981.11　108p　20cm　1300円

◇日本仏教史　大隅和雄, 速水侑編著　松戸　梓出版社　1981.10　249, 10p　22cm　2700円

◇平安仏教の研究　薗田香融著　京都　法蔵館　1981.8　382, 18p　22cm　6800円

◇図説日本仏教史　第3巻　国民仏教への道　高取正男ほか編集　京都　法蔵館　1981.7　275p　31cm　13500円

◇美山仏教誌　阜一秀編　美山町（京都府）　阜一秀　1981.7　249p　22cm　非売品

◇古代日本と仏教の伝来　雄山閣出版　1981.6　151p　23cm　（歴史公論ブックス 2）　1200円　①4-639-00069-3, 4-639-00068-5

293

◇日本仏教の成立と鎌倉時代　雄山閣出版　1981.6　131p　23cm　（歴史公論ブックス 3）　1200円　①4-639-00070-7, 4-639-00068-5

◇仏教のこころ─日本仏教の源流を求めて　仏教伝道協会編　広済堂出版　1981.6　253p　20cm　1300円
内容 仏教のこころ 花山勝友著. 空海のこころ 金岡秀友著. 最澄のこころ 木村周照著. 法然のこころ 松濤弘道著. 道元のこころ 奈良康明著. 日蓮のこころ 紀野一義著. 親鸞のこころ 松野純孝著

◇日本仏教の心　8　良忍上人と大念仏寺　日本仏教研究所編　田代尚光著　ぎょうせい　1981.5　182p　29cm　5000円

◇日本人の仏教　増谷文雄著　角川書店　1981.5　217p　19cm　（角川選書 124）　840円

◇明治仏教思想資料集成　第5巻　明治10年（1877）　明治仏教思想資料集成編集委員会編　京都　同朋舎出版　1981.5　534p　23cm　10000円　①4-8104-0228-2
内容 密宗安心鈔 釈良基述. 喇嘛教沿革 小栗栖香頂編. 説教良材集 児玉寛淵著. 余身帰 伊達自得著. 真言宗大意 小栗栖香頂著. 随意説教 岸上恢嶺述. 教示章解 石川舜台註解. 教導基本問題十説 長善玄明編. 問対略記─附教義略答 干河岸貫一録.〔ほか〕

◇図説日本仏教史　第1巻　仏教との出会い　高取正男ほか編集　京都　法蔵館　1981.1　287p　31cm　13500円

◇明治仏教思想資料集成　第4巻　明治8年（1875）～明治9年（1876）　明治仏教思想資料集成編集委員会編　京都　同朋舎出版　1980.12　614p　23cm　10000円

◇図説日本仏教史　第2巻　日本仏教の成立　高取正男ほか編集　京都　法蔵館　1980.11　287p　31cm　12000円

◇罪と罰─日本民衆信仰史　笠原一男編著　〔東村山〕　教育社　1980.9　220p　18cm　（教育社歴史新書）　800円

◇平安初期仏教史研究　朝枝善照著　京都　永田文昌堂　1980.7　302p　22cm　4500円

◇古代朝鮮仏教と日本仏教　田村円澄著　吉川弘文館　1980.6　217p　20cm　1900円

◇明治仏教思想資料集成　第2巻　明治2年（1869）～明治6年（1873）　明治仏教思想資料集成編集委員会編　京都　同朋舎出版　1980.6　444p　23cm　8000円
内容 論示梗概・誘俗仏道大意 無所得子著. 寺院制法 京都府発布. 笑耶論・弁道書目 杞憂道人著. 時得抄 原坦山著. 大蔵輔国集 瑕丘宗興著. 天恩広大 小栗栖香頂著. 王法政論経験註 福田義導著. 曹洞宗原問対. 諸宗大意. 仏法不可斥論・十二問答 杞憂道人著. 神敵二宗論弁妄. 啓蒙随録 大雲著. 布教三章弁 雷雨著. 諸宗説教要義 大教院教典局編. 教諭凡・教諭凡道案内 佐田介石著. 説教訓導道志留倍 吉永良祐述. 三条弁解 細谷環渓著. 心性実験録 原坦山著. 説教問答 東条信耕著. 三則私言 佐原秦岳述. 十一兼題私考 倉谷智勇述. 解題 中尾尭ほか著

◇比良山系における山岳宗教調査報告書　元興寺文化財研究所編　奈良　元興寺文化財研究所　1980.5　320p　図版30枚　26cm

◇鎌倉仏教　田中久夫著　〔東村山〕　教育社　1980.3　235p　18cm　（教育社歴史新書）　600円

◇明治仏教思想資料集成　第1巻　慶応4年・明治元年（1868）　明治仏教思想資料集成編集委員会編　京都　同朋舎出版　1980.3　421p　23cm　6000円

◇日本仏教民俗基礎資料集成　第7巻　元興寺極楽坊　7 総説　中央公論美術出版　1980.2　161,5p　図版10枚　28cm　12000円

◇日本仏教思想史　由木義文著　世界聖典刊行協会　1979.10　214p　20cm　（パープル叢書）　2000円

◇日本仏教民俗基礎資料集成　第6巻　元興寺極楽坊　6 こけら経・経典・祭文・和讃・暦　中央公論美術出版　1975.3　122,3p　図版50枚　28cm

◇各宗概論　真野竜海ほか著　京都　浄土宗務庁教学局　1965.7（第4刷：1990.3）　121p　21cm

◇聖徳太子傳暦摘解─太子信仰と親鸞聖人　小島叡成述, 安居事務所編　京都　安居事務所　1965.7　98p　21cm

仏教伝来　ぶっきょうでんらい

日本に仏教が伝来した時期は、欽明天皇13年(552年)と宣化天皇3年(538年)の2説があり、最近では、おおむね後者が支持されている。しかし、朝鮮半島からの渡来人にはそれより早く仏教が信仰されていたといわれ、百済から仏教が伝来した当初は、朝廷内で仏教受容の是非が問題となったが、聖徳太子と蘇我氏とが政権を担って、仏教を奨励し国内に広まっていった。

◇仏教の智恵が身につく本　田中治郎著　中経出版　2007.8　255p　15cm　(中経の文庫)　552円　①978-4-8061-2793-2
　内容　第1章 仏教の誕生(悟りへの道　お釈迦さまのつくった仏教)　第2章 お釈迦さま入滅後の仏教(受け継がれていった教え　大乗仏教への広がり)　第3章 日本の仏教(仏教伝来からしだいに拡大するまで　庶民へ浸透した近世以降の仏教)

◇民衆救済と仏教の歴史　上巻　中屋宗寿著　郁朋社　2006.10　367p　22cm　2500円　①4-87302-360-2
　内容　第1章 仏教興隆を支えた都市文明と交易(古代交易は情報伝達・文化発展の礎　古代交易は情報伝達・文化発展の礎―中国の交易　インド古代王朝と仏教関係略史　ブッダの出家・教育者集団の育成―健康情報集積・病気治療の仏教関係略史　「三従の教え」の影響と日本人の観念・慣習形成の起源　日本の古代交易と情報伝達・文化発展)　第2章 民衆絶望の歴史は特異な日本歴史の反映(日本の文字習得の歴史　仏教公伝までの日本の宗教と庶民　思想家と民衆救済略史・日本と中国　王朝交代の無い日本の歴史/人材登用欠如の歴史　人材登用制度・科挙は古代中国の産業発展・雇用増大に貢献

◇平山郁夫の旅―「仏教伝来」の道―シルクロード　平山郁夫画, 谷岡清編　日本経済新聞社　2006.7　113p　26×27cm　2800円　①4-532-12403-4
　内容　インド　パキスタン　アフガニスタン　砂漠を行く　中国　日本

◇日本仏教文化史　袴谷憲昭著　大蔵出版　2005.12　280p　19cm　2400円　①4-8043-0564-5
　内容　序 仏教伝来以前の文化　第1章 中国朝鮮の影響下の仏教文化　第2章 南都の学問仏教と民衆の文化　第3章 日本独自の文化形成と仏教観　第4章 中世の仏教信仰の確立と変容　第5章 近世と近代の社会文化と仏教　結 現代社会と仏教文化

◇仏教伝来と六郷満山閻魔と葬送供養　牧野豊陽著　〔大分〕　〔牧野豊陽〕　2005.2　88p　22cm　非売品

◇梅原猛著作集　9　三人の祖師―最澄・空海・親鸞　梅原猛著　小学館　2002.6　710p　20cm　4800円　①4-09-677109-0
　内容　第1部 仏教伝来(求法の道(東洋篇　日本篇)　日本仏教の創成―最澄以前)　第2部 最澄(最澄瞑想　最澄と天台本覚思想)　第3部 空海(空海の再発見―密教の幻惑　人間弘法大師を説く十章)　第4部 親鸞(親鸞は日本人の精神的「故郷」である　『歎異抄』と本願寺教団　思索の人・親鸞と実践の人・蓮如)　第5部 歎異抄を読む(梅原猛の『歎異抄』入門　誤解された『歎異抄』)　現代語訳『歎異抄』

◇日本の宗教文化　上　逵日出典編　高文堂出版社　2001.2　232p　21cm　(宗教文化全書2)　2571円　①4-7707-0662-6
　内容　第1章 渡来人と宗教文化の形成(狩猟採集社会と死/再生の信仰―縄文時代の宗教　稲作農耕の開始と青銅器祭祀―弥生時代の宗教 ほか)　第2章 仏教の受容と奈良・平安仏教(仏教伝来　蘇我氏の仏教受容 ほか)　第3章 山岳修行者の活動と神仏習合の展開(古代神祇祭祀の基本形態　神仏習合の素地形成と山岳修行 ほか)　第4章 宗教美術の成立と展開(飛鳥時代の美術　白鳳時代の美術 ほか)　第5章 巡礼の成立と展開(巡礼の分類と形式　西国巡礼の成立と発展 ほか)

◇継体・欽明朝と仏教伝来―古代を考える　吉村武彦編　吉川弘文館　1999.12　269p　20cm　2600円　①4-642-02191-4
　内容　1 継体・欽明朝の歴史的位置　2 新しい王統の成立　3 筑紫と武蔵の反乱　4 ミヤケと国造　5 蘇我氏の登場　6 継体・欽明朝の「内乱」　7 六世紀前半における東アジアの動向と倭国　8 最後の前方後円墳―古墳文化の転機　9 群集墳とヤマト政権　10 仏教伝来

◇世界のなかの宗教　新保哲編　京都　晃洋書房　1999.4　296p　21cm　3600円

①4-7710-1094-3
[内容]第1部 世界の宗教(キリスト教 ヒンドゥー教と仏教(特にインド)) 第2部 日本の宗教(神道 仏教)

◇上代の浄土教 大野達之助著 吉川弘文館 1996.6 336, 12p 20cm (日本歴史叢書 新装版) 3090円
①4-642-06639-X
[内容]第1 浄土教の源流 第2 仏教伝来期の浄土教 第3 奈良時代の浄土教 第4 平安時代の浄土教 第5 平安貴族の浄土信仰

◇仏教伝来 part 1 広報編集委員会編 京都 大谷大学 1995.10 120p 26cm

◇仏教伝来 鎌田茂雄著 講談社 1995.10 300p 20cm (Kodansha philosophia) 2300円 ①4-06-207635-7
[内容]第1章 熱沙の伝道 第2章 灼熱の求法 第3章 石窟の浄土 第4章 南朝四百八十寺 第5章 末法到来 第6章 天台の聖地 第7章 華厳の風光 第8章 密教の水源 第9章 禅の源流 第10章 仏教東漸 終章 東アジアの仏教交流

◇物語日本の歴史—その時代を見た人が語る 第1巻 聖徳太子と仏教 笠原一男編 木耳社 1993.9 206p 20cm 1500円 ①4-8393-7553-4
[内容]1 仏教伝来と聖徳太子 2 大化の改新 3 壬申の乱 4 律令国家の繁栄のなかで 5 青丹よし奈良の都 6 崩れゆく律令国家 7 仏教の盛隆

◇仏教の歴史 日本1 ひろさちや原作, 阿部高明漫画 鈴木出版 1993.4 153p 22cm (仏教コミックス 72) 1200円
①4-7902-1949-6
[内容]1 仏教伝来 2 日本仏教の祖聖徳太子 3 南都に咲いた仏教 4 真の仏教を求めて

◇仏教伝来 日本篇 梅原猛ほか著 プレジデント社 1992.11 265p 20cm 1500円 ①4-8334-1468-6
[内容]求法の道—日本篇 聖徳太子の深き闇 鑑真 盲いてなお「渡日弘法」に挑む 最澄「万人成仏」への道 空海 高野山に築く「真言密教の王国」 円仁 人唐求法の旅 道元「苦行専心」が道を拓く 栄西 二度の渡海求法の道 仏教伝来・日本篇「関連年譜」

◇日本古代仏教制度史の研究 中井真孝著 京都 法蔵館 1991.6 446, 18p 22cm 1300円 ①4-8318-7341-1
[内容]序論 国家仏教の成立と展開 本論 古代国家と寺院・僧尼の法制(仏教統制機関の成立 寺院制度の展開 僧尼身分の法制) 付論 古代仏教受容の諸様相(仏教伝来と国際関係 共同体と仏教 神仏習合論序説)

◇平山郁夫全集 第4巻 仏教伝来 2 講談社 1991.5 133p 38cm 8500円
①4-06-193414-7
[内容]図版 スケッチ 解説 仏教伝来の跡をたどって(平山郁夫) アルバム 図版目録

◇聖徳太子日本仏教の祖 ひろさちや原作, 芝城太郎漫画 鈴木出版 1991.1 153p 22cm (仏教コミックス 76) 1030円
①4-7902-1976-3
[内容]1 和をもって貴しとなす 2 あつく三宝を敬え 3 一大乗 4 凡夫のみ 5 太子ありき ひろさちやのまんだら漫歩録—凡夫の知恵・ほとけの知慧

◇平山郁夫全集 第3巻 仏教伝来 1 講談社 1991.1 127p 38cm 8500円
①4-06-193413-9

◇日本古代の精神世界—歴史心理学的研究の挑戦 湯浅泰雄著 名著刊行会 1990.10 414p 19cm (さみっと双書) 3800円 ①4-8390-0249-5
[内容]序論 日本宗教史の歴史心理学的構造 第1章 古代国家と神道(日本神話の歴史心理学 古代神道の基本的性格 清明心の道徳と美意識 天皇理念と国家体制) 第2章 仏教と古代国家(聖徳太子と仏教伝来 日本仏教の制度的特質 国家仏教と民衆仏教 戒律論争と山岳信仰 仏性論争と国家理念) 第3章 古代的世界像の確立(山岳修行の心理学 空海の哲学の基本的性格 日本的形而上学への道 神道と仏教の交流) 第4章 王朝の秋(古典古代の心理世界 和魂の世界 美的浄土信仰 末法到来)

◇仏教伝来と古代日本 田村円澄著 講談社 1986.3 296p 15cm (講談社学術文庫) 780円 ①4-06-158725-0
[内容]第1章 仏教伝来の道 第2章 聖徳太子と半跏思惟像 第3章 古代朝鮮の弥勒信仰 第4章 宇佐八幡の誕生 第5章 神仏習合とその源流 第6章 日本古代国家と宗教

◇日本仏教の源流—仏教伝来から日蓮まで 島村喬著 波書房 1984.9 290p 19cm 980円 ①4-8164-1191-7

◆飛鳥・奈良時代

神仏習合 しんぶつしゅうごう
　外来の仏教と日本古来の神とを融合調和させるための教説。仏教伝来の初期には、古来神の信仰と衝突もあったが、次第に仏教が国家的な宗教となるに従い、神を仏教の守護神とするようになった。平安期には、仏、菩薩はこの世の救済のためにかり（権　ごん）に神として現れたものという本地垂迹（ほんちすいじゃく）の考えが現れた。たとえば八幡大菩薩のように神に菩薩号をつけて権現（ごんげん）とよぶようになり、寺院と神社が共立して明治初期の神仏分離まで続いた。

◇鎌倉仏教展開論　末木文美士著　トランスビュー　2008.4　318,8p　22cm　3800円　①978-4-901510-59-2
　内容　鎌倉仏教をどう見るか　方法と概観（日本宗教史の中の仏教　鎌倉仏教の形成と展開）　鎌倉仏教の形成（本覚思想をめぐって　浄土教の思想　栄西における密と禅）　鎌倉仏教の展開（日蓮の真偽未決遺文をめぐって　密教から見た諸宗―頓瑜の諸宗観　無住の諸行並修思想　『夢中問答』にみる夢窓疎石の思想　仏教と中世神道論―神・仏・天皇論の展開）　中世から捉え返す思想史

◇にっぽん心の仏像100選　下　ぬくもりの仏　NHK「にっぽん心の仏像」プロジェクト編　日本放送出版協会　2008.3　126p　23cm　1600円　①978-4-14-081276-1
　内容　第1部　すべてを受け入れてくれる如来像（釈迦三尊像―法隆寺（奈良県）　釈迦如来坐像（飛鳥大仏）―飛鳥寺（奈良県）ほか）　第2部　人間を叱咤激励する天部・明王像（阿修羅像―興福寺（奈良県）　四天王立像―東大寺（奈良県）ほか）　第3部　日本の地域、歴史を語る仏像（徳一菩薩像―勝常寺（福島県）　薬師如来坐像―天台寺（岩手県）ほか）　第4部　日本人の神々―神仏習合（蔵王権現立像―三佛寺（鳥取県）　蔵王権現像―金峯山寺（奈良県）ほか）

◇日本仏教と神祇信仰　菅原信海著　春秋社　2007.10　248,8p　22cm　5000円　①978-4-393-19108-8
　内容　日本人の宗教心　日本仏教と神祇信仰　最澄と『法華経』の教え　日本における法華経信仰　日本天台と諸宗派　山王神道と本地垂迹　神仏共存の京都の寺社　九州における神仏習合　神仏習合雑考　山王一実神道と天海　天海大僧正の日光山経営と下野の仏教地図　公現法親王（北白川宮能久親王）略年譜　敦煌本『解夢書』について　占

筮書

◇古代仏教をよみなおす　吉田一彦著　吉川弘文館　2006.9　249p　20cm　3400円　①4-642-07961-0
　内容　1　古代仏教史をどうとらえるか（古代仏教史再考―総論　天皇制度の成立と日本国の誕生）　2　古代仏教の実像を求めて（近代歴史学と聖徳太子研究　『日本書紀』と道慈　行基と霊異神験　東アジアの中の神仏習合）　3　古代の女性と仏教（女性と仏教をめぐる諸問題　『日本霊異記』の中の女性と仏教）

◇目からウロコの修験道　伊矢野美峰監修・著　学習研究社　2006.3　239p　20cm　（わたしの家の宗教シリーズ）　1500円　①4-05-402988-4
　内容　1　修験道とは何か　2　修験道の祈禱と修法　3　修験道の修行　入峰修行　4　神仏習合の世界観　5　修験道の神仏　6　全国の霊山・霊場ガイド

◇日本中世の経典と勧進　稲城信子著　塙書房　2005.9　584,19p　22cm　14000円　①4-8273-1194-3
　内容　第1部　大般若経の歴史的役割と流布（神仏習合資料としての大般若経　奈良県所在の大般若経奥書にみられる中・近世寺社―現存しない寺社を中心に　大般若経のテキストの形成と解体―特に興福寺僧・延玄校合の奥書から）　第2部　写経と勧進（大和における大般若経と勧進　興福寺宝蔵院書写の大般若経―池上内親王から円空へ　興福寺僧・良尊の一筆書写大般若経と戦国期の南都　近世後期における眉間寺の勧進活動―奈良市十輪寺所蔵大般若経の奥書から）　第3部　写経から版経へ―南都における出版文化の誕生（鎌倉期における経典印刷と流布―春日版大般若経を中心に　興福寺四恩院住僧・心性の法華経開版―中世南都の出版文化について）〔ほか〕

◇神仏習合像の研究―成立と伝播の背景　長坂一郎著　中央公論美術出版　2004.12　270p　22cm　9000円　④4-8055-0495-1
　内容　神仏習合と神仏習合像についての研究史　神仏習合像の成立と伝播の意味　神仏習合の推進者と神仏習合像の制作　神仏習合像制作の主体　神仏習合像の変容　神仏習合の推進者と木彫像の制作

◇日本の宗教―その諸様相　岸根敏幸著　京都　晃洋書房　2004.4　196p　19cm　2300円　④4-7710-1519-8
　内容　第1章　日本神話の神々―『古事記』を中心に　第2章　八幡信仰の展開　第3章　『霊異記』にみる因果応報の観念　第4章　怨霊と御霊―霊魂の宗教思想　第5章　神と仏の邂逅―「神仏習合」という現象　第6章　地獄の表象―『往生要集』の地獄描写　第7章　キリスト教伝来とキリシタンの誕生

◇霊験寺院と神仏習合―古代寺院の中世的展開　八田達男著　岩田書院　2003.12　340p　22cm　（御影史学研究会歴史学叢書 3）　7900円　④4-87294-301-5

◇日本人と神たち仏たち　菅原信海著　春秋社　2003.11　223p　19cm　2000円　④4-393-13513-X
　内容　1 日本人と宗教（日本の宗教　日本人の宗教観　仏たちの浄土）　2 神仏習合思想と宗教交渉（日本仏教史上の神仏習合思想　中世日本の神と仏―神仏習合思想の展開　キリスト教とイスラム教との出会い―宗教交渉史の一断面）　3 日光山と神仏信仰（世界遺産と日光山の信仰　日光信仰と文芸　家光公の堂社造営　日光山輪王寺宮と徳川将軍家）

◇修験教団の形成と展開　鈴木昭英著　京都　法藏館　2003.10　383p　22cm　（修験道歴史民俗論集 1）　9500円　④4-8318-7537-6
　内容　1 古代修験道と神仏習合（役小角伝承における韓国連広足　神宮寺の成立　神仏習合と山岳修行者　蔵王権現と仏教）　2 修験道教団の形成と展開（本山派の教団形成と組織　当山派の教団形成　当山派の教団組織と入峰　当山先達衆と醍醐寺三宝院　当山先達大和松尾寺の修験道　当山方別派の熊野方）　3 修験道霊山と山麓集落の生活（大峯修験道と天川村）

◇日本仏教の射程―思想史的アプローチ　池見澄隆, 斎藤英喜編著　京都　人文書院　2003.3　289p　21cm　2300円　④4-409-41073-3

　内容　はじめに　日本仏教のパースペクティブ―面（スペース）を軸として　古代（神仏習合のはじまり　特論「神仏習合のはじまり」の隣で―『唐大和上東征伝』から浮かび上がる問題　ほか）　中世（中世寺院の転換と鎌倉仏教の成立　鎌倉仏教の土着性と国際性　ほか）　近世（仏教思想が近世に生み出したもの―煩悩即菩提論と王権仏授説　古への問いと心の思想　ほか）　近代（近代日本の思想史と「宗教」「仏教」「信仰」　特論　近代日本の仏教とその諸相　ほか）

◇八幡宮寺成立史の研究　逵日出典著　続群書類従完成会　2003.3　443, 13p　21cm　12000円　④4-7971-0740-5
　内容　研究史の動向と課題　第1編　前提としての基礎研究（宇佐に於ける原初信仰―宇佐御許山に見る信仰　八幡神顕現伝承考―その系統と変遷を中心に　八面山信仰と三角池―鷹社（大貞八幡）成立前史考）　第2編　八幡神の成立（豊国に於ける新羅神の東進―香春神から「ヤハタ」神へ　辛嶋氏系八幡神顕現伝承に見る大和神幸―応神霊の付与をめぐって　八幡神鷹居社創祀とその背景―大神・辛嶋両氏合同祭祀の実現　僧法蓮と「豊国」―法蓮伝承の検討を中心に）　第3編　宮寺としての発展（八幡神宮寺の成立　初期八幡放生会と行幸会　八幡神職団宇佐氏の成立　八幡神の大安寺・薬師寺への勧請）　第4編　補論（初期神仏習合と神宮寺及び八幡神）　各考察を通して

◇神仏習合　義江彰夫著　岩波書店　2002.11　224p　18cm　（岩波新書）　740円　④4-00-430453-9
　内容　序　巫女の託宣―誰が平将門に新皇位を授けたか　第1章　仏になろうとする神々　第2章　雑密から大乗密教へ　第3章　怨霊信仰の意味するもの　第4章　ケガレ忌避観念と浄土信仰　第5章　本地垂迹説と中世日本紀　結　普遍宗教と基層信仰の関係をめぐって

◇奈良仏教の地方的展開　根本誠二, 宮城洋一郎編　岩田書院　2002.2　237p　21cm　2800円　④4-87294-231-0
　内容　東晋期中国江南における「神仏習合」言説の成立―日中事例比較の前提として　天武朝の仏教政策についての覚書　『日本霊異記』下巻第四縁の一考察　律令制下における毛野氏の変遷―東北地方への仏教布教の一側面　行基と薬師信仰　東国における仏教関連遺跡―様相と予察　奈良仏教研究文献目録　The Hossō School and Image-Making In Ninth Century Japan

◇禅宗相伝資料の研究　下巻　石川力山著　京都　法藏館　2001.5　p523-1083, 18

22cm 18000円　①4-8318-7637-2
[内容] 第2篇 中世曹洞宗における切紙資料の成立・相伝と分類(室内／嗣法・三物・血脈)関係切紙 参話(宗旨・公案・口訣)関係切紙) 第3篇 中世後期における切紙相伝とその社会的機能(中世曹洞宗における授戒儀礼一種々の授戒儀礼指南書の発生とその社会的機能 中世禅宗と神仏習合一霊山信仰と曹洞宗の地方展開 中世禅宗と陰陽道 美濃妙応寺所蔵切紙の資料的価値 ほか)

◇闇の修験道 関裕二著 ベストセラーズ 2000.12 262p 19cm 1400円
①4-584-18571-9
[内容] 第1章 歴史の闇と修験道(明治政府の修験道潰し 山の信仰と「死」ほか) 第2章 役小角の正体(修験道の開祖 役行者の妖しさ ほか) 第3章 安倍晴明の奇跡(希代の陰陽師 日本に影響を及ぼした陰陽道 ほか) 第4章 葛城の祟り(国家神道の誕生 歴史から抹殺された血 ほか) 第5章 反骨の修験道誕生(神道の崩壊を放置した真相 神仏習合の政治的必要性 ほか)

◇神と仏―仏教受容と神仏習合の世界 桜井好朗編 新装版 春秋社 2000.9 357p 20cm 2500円　①4-393-29148-4
[内容] 総論―神仏習合史への視座 異郷論―神話の他界と仏教の他界 信仰における寺社―教化のイデオロギー 神祇不拝と民間信仰 兄妹婚姻譚の行方―カミとホトケのはざまから 現代からの証言―いまわの花・淵源の白闇から 外部の分節―記紀の神話論理学 神道曼荼羅の構造と象徴世界

◇変成譜―中世神仏習合の世界 山本ひろ子著 新装版 春秋社 2000.9 396, 8p 19cm 3000円　①4-393-29147-6
[内容] 1 苦行と救済・中世熊野詣の宗教世界―浄土としての熊野へ(葬送としての熊野詣 聖地と救済の構造) 2 擬死と再誕・大神楽「浄土入り」―奥三河の霜月神楽をめぐって(大神楽の宗教思想 「御神楽日記」を読む 浄土入りの装置 浄土への旅立ち 浄土での行い 「注連の本戒」を読む) 3 本覚の弁証法・龍女の成仏―「法華経」龍女成仏の中世的展開(幻の「龍畜経」を求めて―「平家物語」「灌頂巻」から 龍女の原像―「提婆品」の彼方へ成仏のドラマトゥルギー) 4 人獣の交渉・異類と双身―中世王権をめぐる性のメタファー(双身の神智学 辰狐のイコノグラフィー)

◇アマテラスの変貌―中世神仏交渉史の視座 佐藤弘夫著 京都 法藏館 2000.8 227p 19cm 2400円　①4-8318-7129-X

[内容] プロローグ 神仏交渉論への視座 第1章 祟る神から罰する神へ 第2章 "日本の仏"の誕生 第3章 コスモロジーの変容 第4章 変貌するアマテラス 第5章 日本を棄て去る神 エピローグ ある個人的な回想

◇日本多神教の風土 久保田展弘著 PHP研究所 1997.8 235p 18cm (PHP新書) 657円　①4-569-55672-8
[内容] 第1章 風土に生まれる神 第2章 霊魂信仰と神仏習合 第3章 海と山の宗教が語るもの 第4章 日本人の自然観・宗教観 第5章 アジアのなかの日本の神と仏 第6章 宗教のゆくえ・生死のゆくえ

◇仏教美術史の研究 清水善三著 中央公論美術出版 1997.4 411p 26cm 20000円+税　①4-8055-0321-1
[内容] 仏教美術史の方法論―現状の整理と問題点 釈迦像形式の展開―施無畏・与願印の成立 数値よりみた藤原彫刻―方法の限界と可能性 肖像彫刻における「写実」の多様性―重源上人像を中心として 仏像の「場」 来迎図の展開―来迎の「場」 鎌倉彫刻における「宋風」について―序論的考察 鎌倉彫刻における「宋風」について―本論 延暦寺における天台美術の展開 出雲地方の彫刻―中央様式の摂取 神仏習合の実態とその美術 覚禅抄における各巻の構成とその成立過程

◇竹田聴洲著作集 第4巻 近世村落の社寺と神仏習合―丹波山国郷 竹田聴洲著 国書刊行会 1997.3 433p 22cm 14000円　①4-336-03434-6

◇仏教文学講座 第5巻 物語・日記・随筆 伊藤博之ほか編 勉誠社 1996.4 355p 22cm 6180円　①4-585-02063-2
[内容] 因果応報―日本霊異記を中心にして 宿世と諦念―源氏物語の場合 愛欲と出離―蜻蛉日記と源氏物語を軸に 怨霊 仏法と王法 末法濁世―鴨長明を中心として 鎮魂と供犠―琵琶語りのトポロジー 発心と偽悪―『発心集』の玄賓と増賀 無常の自覚―兼好の著作を通して〔ほか〕

◇神仏習合思想の展開 菅原信海編 汲古書院 1996.1 582p 21cm 16000円
①4-7629-2488-1
[内容] 第1部 神仏習合理論の形成と発展 第2部 各教団における神観念の諸相 第3部 疑偽経典の受容と展開 第4部 思想文化の諸相

◇日本思想と神仏習合 菅原信海著 春秋社 1996.1 360, 16p 21cm 9270円

299

ⓐ4-393-19105-6
[内容] 序論 中世の神仏習合思想 応神朝儒学伝来説新考 神宮寺の成立とその諸相 伊勢神宮寺とその信仰 仏神本迹関係における釈迦 『本朝神仙伝』撰述に関する疑問 『本朝神仙伝』慈覚大師伝の考察 『陽勝仙人伝』の形成 平安末の日光山と額田僧都寛伝 三輪流神道における二大系譜〔ほか〕

◇本地垂迹 村山修一著 吉川弘文館 1995.1 390, 16p 20cm （日本歴史叢書 新装版） 3193円 ⓐ4-642-06605-5
[内容] 大陸における本地垂迹説の起源と仏教の習合的発展 仏教の日本伝来初期における歴史的情勢 律令国家完成期に至る神仏両思想と陰陽道の関係 奈良期における神仏習合の進展 八幡の習合的成長 御霊会の発生と成立 祇園社の御霊神的発展〔ほか〕

◇鏡像と懸仏展―神仏習合の中で生まれた造形美 島根県立博物館編 松江 島根県立博物館 1995 71p 30cm

◇わかりやすい仏教ガイド 小沼貞三著 日本図書刊行会 1994.8 196p 20cm 1500円 ⓐ4-7733-3265-4
[内容] 第1編 仏教（釈尊の一生 仏教の教え） 第2編 日本の仏教（仏教の伝来 聖徳太子 奈良仏教 平安仏教 神仏習合 本地垂迹説 浄土信仰 日本の宗教改革、鎌倉新仏教 宗派）

◇岩波講座日本文学と仏教 第8巻 仏と神 今野達ほか編 岩波書店 1994.7 284p 22cm 3800円 ⓐ4-00-010588-4
[内容] 第1部 日本人にとっての神と仏 第2部 神仏習合（伊勢 寺社縁起 本地物語の基層 神道集 琉球神道記―キンマモンと外来の神仏 雷神信仰―先行信仰としての在地信仰） 第3部 切支丹と近世日本人（仏キ論争―初期キリシタン宣教師の仏教理解と論破 鬼利至端破却論伝―島原の乱と反キリシタンの文学） 第4部 キリスト教と近代日本人 第5部 新興宗教に見る仏と神（神と仏を超えて―生長の家の救済思想の生成）

◇飛鳥・白鳳仏教史 下 田村円澄著 吉川弘文館 1994.2 283p 20cm 2800円 ⓐ4-642-07418-X
[内容] 2 白鳳仏教史（天智天皇と仏教 天武天皇の仏教信仰 「国家仏教」の成立と展開 持統天皇と仏教 「都市」の寺と「山」の寺 経典と学衆 律令体制と仏教 神仏習合 行基の足跡―「民衆仏教」の開幕）

◇神仏習合 逵日出典著 京都 臨川書店 1993.3 220p 19cm 1400円 ⓐ4-653-02528-2
[内容] はじめに 聖林寺十一面観音のこと 第1章 神と仏が習合する素地 第2章 習合現象のはじまり 第3章 仏が根本で神は仮の姿 第4章 習合現象は各面におよぶ 第5章 展望―思想の逆転と動じぬ大衆

◇竹田聴洲著作集 第1巻 民俗仏教と祖先信仰 上 国書刊行会 1993.2 696p 22cm 18000円 ⓐ4-336-03431-1
[内容] 序章 研究の視角と方法 前編 寺伝から見た民間浄土宗寺院の一般的成立（資料解説 寺伝における寺院の開創と中興 寺院開創事例の地域分布と年代分布 寺院の開創契機とその資料） 開創檀越（開創檀越の諸類型 習合現象は菩提所・牌所・墓所・葬所 開創動機無銘事例とその意味 菩提所系以外の開創動機 開創檀越の類型と寺院の開創年代 2次開創とその前史的形態） 開山僧（開山としての非正規僧 寺院の前身としての堂庵の創興 隠居寺の析出 ヒジリ的生態とその脱化定住 宗教的名士の伝説の開山） 非宗旨的諸契機（寺仏における前代宗旨の異同 異宗旨前代の年代観 前代宗旨の存在形態 前代異宗形態の後代的遺伴 神仏習合 俗信的契機〔ほか〕

◇日本美術全集 第5巻 密教寺院と仏像―平安の建築・彫刻1 大河直躬ほか編 水野敬三郎ほか編著 講談社 1992.8 241p 37cm 7500円 ⓐ4-06-196405-4
[内容] 平安時代前期の彫刻 観心寺如意輪観音像の風景 密教の空間 檀像の概念と栢木の意義 神仏習合の造像 平安時代前期の仏塔 密教の世界を表わす仏像

◇密教と神祇思想 三崎良周著 創文社 1992.6 353, 22p 22cm 5665円 ⓐ4-423-27012-9
[内容] 中国・日本における密教の展開 中国仏教史における密教の位置 敦煌の密教文献―特に仏頂尊勝陀羅尼経と諸星母陀羅尼経について 成尋阿闍梨と北宋の密教 奈良時代の密教における諸問題 中国・日本の密教における道教的要素 唐代における安鎮法の成立と日本への流伝 中世神祇思想の一側面 園城寺と尊星王法 山王神道と一字金輪仏頂 神仏習合思想と悲華経 鎌倉期の南都仏教における穢土思想と春日明神 鎮将夜叉法について 虎関師錬の密教思想

◇世界の諸宗教 新保哲編著 京都 晃洋書房 1992.2 436, 17p 21cm 4800円 ⓐ4-7710-0558-3
[内容] 第1章 日本古代の神観 第2章 神仏習

合思想の成立　第3章 平安仏教　第4章 平安仏教　第5章 鎌倉新仏教　第6章 現代の念仏者の生き様　第7章 江戸時代の民間信仰の一面　第8章 道教とは何か　第9章 中国禅宗史　第10章 禅宗の清規　第11章 ブッダ以前のインドの思想　第12章 原始仏教　第13章 インド仏教の発展　第14章 イスラームの成立　第15章 シャリーア（イスラーム法）　第16章 イスラームと近代化　第17章 キリスト教の啓示論　第18章 キリスト教の弁証と宣教　第19章 シュライエルマッハーの宗教論　第20章 マックス・シェーラーの宗教論　第21章 近代社会と宗教

◇講座仏教の受容と変容　3　チベット・ネパール編　立川武蔵編, 立川武蔵ほか著　佼成出版社　1991.12　324p　20cm　2500円　①4-333-01419-0

[内容] チベット編（チベット前伝期仏教と異宗教　ゲルク派小史　仏教教団と宗教生活　魔神信仰—チベットにおける「神仏習合」の一断面　仏教の尊格の受容と変容—守護尊と護法尊を中心にして）　ネパール編（仏教儀礼の受容と変容—ネパールの密教儀礼グルマンダラ供養　バリ供養と聖なるもの　カトマンドゥにおける百八観自在　十忿怒尊のイメージをめぐる考察）

◇日本古代仏教制度史の研究　中井真孝著　京都　法蔵館　1991.6　446, 18p　22cm　1300円　①4-8318-7341-1

[内容] 序論 国家仏教の成立と展開　本論 古代国家と寺院・僧尼の法制（仏教統制機関の成立　寺院制度の展開　僧尼身分の法制）　付論 古代仏教受容の諸様相（仏教伝来と国際関係　共同体と仏教　神仏習合論序説）

◇神祇信仰の展開と仏教　今堀太逸著　吉川弘文館　1990.10　279, 10p　20cm（中世史研究選書）　2800円　①4-642-02661-4

[内容] 第1部 専修念仏と神祇（談義本にみられる神祇信仰　神社の信仰について）　第2部 神祇信仰の展開（神社と浄人往生—諏訪信仰の展開　「大明神」号の成立と展開）　第3部 法然の絵巻と遊女（「伝法絵」の展開と遊女　『琳阿本』『古徳伝』『九巻伝』と遊女）

◇真宗信仰の思想史的研究—越後蒲原門徒の行動と足跡　奈倉哲三著　校倉書房　1990.4　354p　22cm（歴史科学叢書）　7210円　①4-7517-2010-4

[内容] 第1章 真宗優勢地帯の習俗的信仰（西蒲原地方の習俗的信仰　教団体制と真宗門徒）　第2章 本願寺門跡体制下の特質的信仰（文政6年東本願寺門跡下向　文政11年西本願寺御書供奉僧下向　特質的信仰の思想史的位置）　第3章 弥彦山の神仏習合と親鸞説（弥彦山の神仏習合と確執　弥彦山の親鸞伝説と真宗門徒）　第4章 廃仏毀釈と真宗門徒（廃仏と抵抗　焼却阻止の力と思想史上の意義）

◇図説日本の仏教　第6巻　神仏習合と修験　田辺三郎助責任編集　新潮社　1989.12　381p　29cm　10300円　①4-10-602606-6

[内容] 序章 仏教の東漸と習合現象　思想 神と仏　第1章 神仏習合の精神と造形　第2章 神仏習合の実態　第3章 山の仏教とその造形　第4章 修験道の歴史と現状　終章 神仏分離　特集（和歌即陀羅尼観の展開　インドの神々　悔過会とおこない　天神信仰と祇園祭　各地の霊山とその遺物　大峯奥駈修行記）　グラフ特集（豊後の石仏　社寺参詣曼荼羅　熊野詣へのみち　白山と北陸修験）

◇歴史の中の鹿島と香取　宮井義雄著　春秋社　1989.12　301, 7p　21cm　5700円　①4-393-48221-2

[内容] 第1章 前景　第2章 東国民衆の原始信仰　第3章 律令貴族藤原氏の信仰　第4章 神代史上の武神への道　第5章 神仏習合および鎌倉新仏教との交渉

◇仏教行事歳時記　2月　節分　第一法規出版　1988.11　221p　23cm　2500円　①4-474-10152-9

[内容] カラー特集（廬山寺の鬼踊り　千本釈迦堂おかめ節分　鍐河寺の追儺　宝仙寺僧兵行列　壬生寺炮烙奉納　滝山寺の鬼祭り　近江寺の鬼　長谷寺だだおし　節分の鬼　節分と追儺の儀礼　修二会　岡山県の会陽　星供・星祭り　カラー特集（出行会　五大力さん　針供養　能安寺百万遍念仏　無動寺の棒叩き）　出行会　五大力さん　針供養　能安寺の百万遍念仏　無動寺の五日祭り　カラー特集（黒石寺蘇民祭　谷汲踊り　田楽・田遊び）　黒石寺蘇民祭　谷汲踊り　春迎えの芸能　フォト紀行 国束の風土と鬼会　2月の行事　おもな寺院　用語解説

◇修験道・実践宗教の世界　久保田展弘著　新潮社　1988.5　258p　19cm（新潮選書）　850円　①4-10-600343-0

[内容] 1 実践宗教としての修験道　2 大峯山の修験道—全長200キロの〈奥駈け修行〉　3 出羽三山の修験道—秋の峯入り修行—死から生へ　4 比叡山の修験道　5 修験道—実践が生む思考世界

◇関東古代寺院の研究　鶴岡静夫著　増訂版　弘文堂　1988.3　590, 4p　22cm

8500円　①4-335-25018-5
[内容]序章 研究の課題と方法　第1章 奈良朝寺院の研究（浅草寺の創建　下野薬師寺の創立　関東諸国分寺の研究　日光山中禅寺の開山と神仏習合）　第2章 平安朝寺院の研究（慈光寺の創立と発展　日向薬師の研究）　第3章 観音系寺院の研究（杉本寺　岩殿寺　海光山長谷寺〈長谷観音〉・白岩山長谷寺〈白岩観音〉　星谷寺　弘明寺　千葉寺　蓮蔵院〈引田の観音〉　大谷寺　補陀落信仰の成立）　第4章 関東古代寺院における行基草創伝説　第5章 坂東観音札所の成立　終章 総括と結語　増補篇（浅草寺の創立　創建時の武蔵国分寺　武蔵国分寺の関係氏族と寺域・伽藍仏像　知識と下総国分寺　関東古代寺院概観）　附録 日向薬師の発見

◇神・仏と日本人　望月信成著　學生社　1987.6　173p　19cm　1400円
[内容]1 神道の崇拝の対象　2 仏教伝来と神道との信仰関係　3 加持祈禱と日常生活　4 極楽浄土へのあこがれ　5 大衆信仰と法然、親鸞　6 禅思想ととわび精神

◇西国33ヵ所巡拝　小林茂著　大阪　ナンバー出版　1986.4　149p　19cm（NUMBER GUIDE）　1000円
[内容]西国巡礼の歴史　仏教とのふれあい　お寺のはじまり　伽藍配置のうつり変り　塔のはなし　石塔について　寺院のおもな建物　寺院建築物の名称　仏像の種類　仏像グループ　仏像の姿勢について　仏像の材質と技法　台座と光背　印相・持物について　曼荼羅について　般若心経についてお釈迦様の生涯　観音様は男か女か　観音信仰について　阿弥陀信仰について　薬師信仰について　地蔵信仰について　弥勒信仰について　不動信仰について　六道について　仏教伝来と聖徳太子について　神仏習合のはなし　廃仏毀釈の思いつくまま　日本庭園について　枯山水　古墳のみちしるべ

◇仏教伝来と古代日本　田村円澄著　講談社　1986.3　296p　15cm（講談社学術文庫）　780円　①4-06-158725-0
[内容]第1章 仏教伝来の道　第2章 聖徳太子と半跏思惟像　第3章 古代朝鮮の弥勒信仰　第4章 宇佐八幡の誕生　第5章 神仏習合とその源流　第6章 日本古代国家と宗教

◇論集日本仏教史　第2巻 奈良時代　速水侑編　雄山閣出版　1986.3　308p　22cm　4800円　①4-639-00553-9, 4-639-00552-0

[内容]1 律令国家と仏教（速水侑）　2 律令国家をめぐる諸問題　僧尼令の運用と効力（吉田一彦）　奈良時代の得度制度（中井真孝）　道鏡政権下の僧綱制について（牛山佳幸）　奈良時代の師僧（根本誠二）　戒師招請をめぐる問題（佐久間竜）　郡寺と国分寺（上薫）　行基の活動と畿内の民間仏教（勝浦令子）　奈良朝の浄土信仰（速水侑）　奈良朝山岳寺院の実相（逵日出典）　神仏習合の進展（白山俊介）　奈良時代の道教と仏教（新川登亀男）

◇大系仏教と日本人　1 神と仏―仏教受容と神仏習合の世界　桜井好朗編　春秋社　1985.11　357p　20cm　2500円　①4-393-10701-2

◇神と仏の対話―神仏習合の精神史　西田正好著　工作舎　1980.9　283p　20cm　1600円

◇神祇信仰の展開と日本浄土教の基調　第3巻 地方庶民から見た上代の神仏習合と浄土教　宮井義雄著　成甲書房　1979.5　507p　22cm　5500円

◇新羅と飛鳥・白鳳の仏教文化　田村円澄, 洪淳昶編　吉川弘文館　1975　360p 図　22cm　3800円
[内容]象徴的表現を通して見たる七・八世紀新羅及び日本の仏国土思想（李箕永）　半跏思惟像と聖徳太子信仰（田村円澄）　白鳳彫刻の新羅的要素（毛利久）　日本における壇上積基壇の成立と初期の新羅系要素（北野耕平）　新羅及び日本古代の神仏習合に就いて（金宅圭）　七・八世紀における新羅と日本との関係―仏教文化との関係を中心とした（洪淳昶）

◇近世村落の社寺と神仏習合―丹波山国郷　竹田聴洲著　京都　法蔵館　1972　400p　図 地図　22cm　（仏教史学研究双書）　4800円

◇日本浄土教史の研究　藤島達朗, 宮崎円遵編　京都　平楽寺書店　1969　673p　22cm　4500円

◇仏教文学研究　第7集　仏教文学研究会編　京都　法蔵館　1969　289p　19cm　1200円
[内容]仏教と仏教文学（藤田清）　宣命における神仏習合思想について（佐竹大鑑）　源語作者の仏教知識（淵江文也）　更級日記における宗教的自覚過程（鶯山樹心）　死をみつめる心（小林保治）　観念と浄土の文学（小川賢真）　『悲華経』の無諍念本生について（香川孝雄）　超絶主義と東洋思想（水戸修）　近世の密教者たち（岡村圭真）　『太陽』と月の歌（山内

清吾）
◇神仏習合思潮　村山修一著　京都　平楽寺書店　1957　246p　19cm　（サーラ叢書 第6）

東大寺大仏　とうだいじだいぶつ

聖武天皇が天平15年（743年）に発した大仏建立の詔により、約10年を費やして完成した毘盧遮那仏（びるしゃなぶつ）。聖武天皇は、藤原氏の政治進出とこれに対する橘氏、大友氏らの政争の中にあり、都を転々と移さざるを得なかった。また、天災、飢饉、疫病の流行など混乱した社会に対し、民心を鎮めて国家の安泰を得、天皇の権威を示すために、大仏の建立を命じたといわれている。当時、急速に民間信者を集め始めた私度僧（非公認の出家者）行基を公認し、大仏建立の勧進役を命じた。しかし行基の没後、社会の混乱が再発。大仏建立に地方豪族の協力が必要となり、宇佐八幡神の造営協力の託宣が都にもたらされて、それを促す契機となった。宇佐八幡神の起源は諸説があるものの、しばしば託宣を下しており、護国的な面が強かった。これが、神仏習合の画期といわれる。

◇東大寺の歴史と教学―論集　GBS実行委員会編　奈良　東大寺　2003.12　210p　30cm　（ザ・グレイトブッダ・シンポジウム論集 第1号）　2000円
[内容]華厳思想セクション：華厳経から華厳宗へ（木村清孝著）　善友・善知識思想の展開とその日本的受容（小林圓照著）　華厳の浄土（中村薫著）　法蔵教学の形成と展開（吉津宜英著）　日本における華厳思想の受容（蓑輪顕量著）　朝鮮華厳の特質（石井公成著）　歴史学・考古学セクション：紫香楽から大養徳へ（栄原永遠男著）　大養徳国金光明寺（吉川真司著）　大仏と王権（ジョウーン・ピジョウー著）　頭塔の系譜と造立事情（岩永省三著）　東大寺と頭塔（古尾谷知浩著）　東大寺式軒瓦について（山崎信二著）　東大寺境内の発掘調査成果（平松良雄著）　美術史学・建築史学セクション：アジア的視点から見た大仏の造立（宮治昭著）〔ほか〕

◇見直された聖域東大寺大仏史　田所弘著　文芸社　2001.11　387p　20cm　1400円　①4-8355-2512-4

◇仏像と人の歴史発見―タイムカプセルが開かれて　清水眞澄著　里文出版　1999.2　226p　20cm　2300円　①4-89806-090-0
[内容]聖徳太子と天寿国―法隆寺釈迦三尊像 飛鳥時代　甦った白鳳の美―興福寺仏頭 白鳳時代　国家鎮護の御仏―東大寺大仏（毘盧遮那仏）天平時代　三国伝来と五臓六腑の謎―清凉寺釈迦如来像 北宋時代　薬師経の発見から―興福寺薬師如来像 平安時代　現世に極楽浄土を観る―平等院阿弥陀如来像 平安時代　藤原三代の葬堂―中尊寺金色堂尊像 平安時代　運慶の東国造像を追って―浄楽寺阿弥陀三尊像 鎌倉時代　院派仏師と比叡山の僧―宝積寺十一面観音像 鎌倉時代　裸の地蔵菩薩像と春日信仰―新薬師寺地蔵菩薩像 鎌倉時代　毛利季光の運命―天州寺聖徳太子像 鎌倉時代　鶴岡八幡宮部楽師の祈願―鶴岡八幡宮弁才天像 鎌倉時代〔ほか〕

◇家永三郎集　第2巻　家永三郎著　岩波書店　1997.12　334p　22cm　4800円　①4-00-092122-3
[内容]神代紀の文章に及びたる仏教の影響に関する考証　東大寺大仏の仏身をめぐる諸問題　国分寺の創建について　末法灯明記を中心とする諸問題―最澄の宗教と宝亀延暦朝の仏教政策との聯関について　法成寺の創建　更及日記を通して見たる古代末期の廻心―日本思想史における彼岸と此岸との問題　六道絵とその歴史　親鸞の宗教の成立に関する思想史的考察　道元の宗教の歴史的性格　日蓮の宗教の成立に関する思想史的考察　日本仏教の今後の姓名　歴史上の人物としての聖徳太子　歴史上の人物としての親鸞

◇東大寺大仏の研究―歴史と鋳造技術　前田泰次ほか著　岩波書店　1997.2　2冊　32cm　全32000円　①4-00-008068-7

◇図説日本仏教の歴史　飛鳥・奈良時代　田村円澄著　佼成出版社　1996.9　157p　21cm　2000円　①4-333-01749-1
[内容]異国の神＝仏と国神　豪族と仏教―法興寺の創建　大唐学問僧と学問　舒明大王と「宮廷仏教」　「聖徳太子」信仰と法隆寺　神と仏　行基と東大寺大仏　「国家仏教」の終焉

◇続々日本絵巻大成―伝記・縁起篇 6 東大寺大仏縁起 二月堂縁起 小松茂美編 芝琳賢画、後奈良天皇ほか書写、小松茂美執筆、亮順画、三条西公条ほか著、武井実執筆 中央公論社 1994.8 189p 36cm 50000円 ④4-12-403216-1

◇よみがえる鴟尾―大仏殿昭和大修理あれこれ 福田静男著 奈良 大仏奉賛会 1989.3 193p 19cm 1200円 ④4-7940-0050-2
[内容] なぜ大仏がつくられたか 大仏殿炎上と鎌倉時代の再建 江戸時代の被災と再々建 明治の大修理 昭和の大修理はじまる 大修理の工費と募財 昭和の落慶供養 落慶供養異聞 「秘宝公開」をめぐって 「展覧会」余話 付録―「東大寺展」出陳リスト

◇日本寺院史の研究 中世・近世編 平岡定海著 吉川弘文館 1988.11 827, 10p 22cm 12000円 ④4-642-01063-7
[内容] 第1章 鎌倉時代に於ける寺院の成立と構造(南都寺院の復興 大和国の神宮寺 興福寺の法隆寺への進出 達磨寺と放光寺) 第2章 園城寺の成立と戒壇問題 第3章 地方寺院の成立と構造(筑前国観世音寺の成立とその性格 周防国阿弥陀寺の成立 出雲国鰐淵寺の成立と構造) 第4章 室町時代に於ける寺院の成立と構造(尾張国真福寺の成立 尾張国妙興寺の成立とその寺領) 第5章 安土桃山時代の寺院の成立―万広寺の成立とその性格 第6章 江戸時代の寺院の変遷(東大寺大仏殿の再建 新井白石と南都戒和上相論) 史料(承明門院御忌中諸僧啓白指示抄 大仏殿再興発願以来諸興隆略記)

◇日中仏教友好二千年史 道端良秀著 大東出版社 1987.2 330p 20cm (大東名著選14) 2700円 ④4-500-00514-5
[内容] 1章 仏教伝来以前の日中交流(秦の始皇帝と徐福 邪馬台国と卑弥呼の問題) 2章 仏教の日本伝来 3章 聖徳太子の三宝興隆と遣隋使 4章 奈良・平安朝の日唐交流(遣唐使の派遣 憧れの唐の都長安 我が国分寺と隋唐の官寺 東大寺大仏の源流) 5章 宋代文化と入宋僧(日宋文化の交流 源信僧都と北宋仏教 南宋の仏教と我が入宋僧) 6章 鎌倉時代の渡来僧 7章 元の仏教と彼我の交流 8章 明の仏教と彼我の交流 9章 清朝の仏教と彼我の往来 10章 明治大正における日中仏教の交流(民国革命以後の中国仏教 日本仏教徒の仏蹟巡礼 中国からの留学生 東京大震災と中国仏教の救援活動 東京の東亜仏教大会開催)〔ほか〕

◇新修国分寺の研究 第1巻 東大寺と法華寺 角田文衞編 吉川弘文館 1986.7 383p 27cm 9800円 ④4-642-07636-0
[内容] 第1. 東大寺の規模 第2. 東大寺の寺領 第3. 正倉院と万葉集 第4. 造東大寺司の沿革 第5. 東大寺大仏の造営 第6. 法華寺の沿革 第7. 盧舎那仏鋳造 附録1. 東大寺別当次第 附録2. 文献目録

◇論叢仏教美術史 町田甲一先生古稀記念会編 吉川弘文館 1986.6 623p 22cm 9800円 ④4-642-07245-4
[内容] サーンチー第2塔欄楯柱浮彫の改作時期について(秋山光文) インドにおける弥勒図像の変遷(宮治昭) 金剛ターラーの観想法(立川武蔵) ヒンドゥー教の護世神(石黒淳) 龍門造像記の書法(角井博) 唐代における仏陀伽耶金剛座真容像の流行について(肥田路美) 天龍山唐朝窟編年試論(鈴木潔) 中国の木彫像について(田辺三郎助) 韓国国立中央博物館(旧総督府博物館)蔵金銅半跏思惟像について(岩崎和子) 松林寺のガラス製舎利容器(谷一尚) 阿弥陀・弥勒信仰の実態と図像(大西修也) 藤原京薬師寺造営考(大橋一章) 天平彫刻にみる捻塑的技法に関する一考察(西川杏太郎)〔ほか〕

◇国宝東大寺金堂(大仏殿)修理工事報告書 奈良県文化財保存事務所編 奈良 東大寺大仏殿昭和大修理修理委員会 1980.9 3冊 30cm 非売品

◇東大寺大仏蓮弁拓本 求竜堂 1973 図20枚 解説1冊 62cm(解説:42cm) 70000円

◇大日本仏教全書 第84巻 寺誌部 2 鈴木学術財団編 鈴木学術財団 1972 396p 27cm 10000円

◇大日本仏教全書 第49巻 威儀部 1 鈴木学術財団編 鈴木学術財団 1971 344p 図 27cm 10000円

太子信仰
たいししんこう

聖徳太子の死後まもなく、太子を日本の釈迦、観音の化身などと神格化した伝説が次々に生まれ、太子信仰として流行した。親鸞は日本の仏教の開祖とし、和国の教主とよんだ。現在も太子堂が残されて地名になっているところがある。

＊　　　＊　　　＊

◇太子信仰 蒲池勢至編 雄山閣出版

1999.10　353p　21cm　（民衆宗教史叢書 32）　5800円　①4-639-01622-0
[内容]第1篇 太子信仰の展開　第2篇 真宗と太子信仰　第3篇 太子信仰と民俗　第4篇 説話・絵解きと太子信仰　第5篇 太子信仰の研究成果と課題
◇親鸞聖人の太子信仰の研究　武田賢寿著　名古屋　文光堂書店　1992.1　316p　22cm
◇太子信仰の研究　林幹弥著　吉川弘文館　1980.2　493, 21p　22cm　5600円
◇太子信仰―その発生と発展　林幹弥著　評論社　1972　280p　肖像　19cm　（日本人の行動と思想 13）　790円

氏寺・鎮護国家・僧尼令　うじでら・ちんごこっか・そうにりょう

氏寺は、飛鳥、奈良期以降、氏族一門が帰依する寺をいう。最も古い例として蘇我氏の元興寺、山田氏の山田寺、中臣（なかおみ）氏の中臣寺、紀氏の紀寺がある。以後、藤原氏の興福寺、和気（わけ）氏の神護寺、菅原氏の道明（どうみょう）寺などが有名であり、平安期以降は、菩提寺（家族が所属し、先祖代々の遺骨を安置する寺院）に変わっていく。鎮護国家は、仏教によって国の平安を保ち守ること。この考え方は、7世紀中葉の天武朝より起こったといわれ、8世紀の奈良期に行われた国分寺造立、大仏造営、東大寺建立がその象徴といえる。僧尼令は、奈良期、律令国家として8世紀半ばに出された僧尼を統制する法令。国家が公認する得度制や寺院定住など、僧侶として守るべき事項と違反した場合の罰則が記されている。僧尼を国家の秩序内に囲い込むため、仏教の民間布教を堅く禁止した。

◇鎮護国家の大伽藍・武蔵国分寺　福田信夫著　新泉社　2008.12　93p　21cm　（シリーズ「遺跡を学ぶ」）　1500円　①978-4-7877-0932-5
[内容]第1章「国華にふさわしい好処」に建つ（曠遠なる国の国分寺　国分寺造営の背景）　第2章 江戸時代に始まる探究（江戸時代の地誌ブーム　科学的調査の出発点）　第3章 武蔵国分寺を掘る（発掘調査が始まる　大伽藍の範囲　尼寺跡の調査　東山道武蔵路）　第4章 大伽藍の威容とその変遷（寺跡の構造　武蔵国分寺の変遷　武蔵国分寺の規模　付属諸院　武蔵国分寺の古瓦）　第5章 歴史のまち国分寺（歴史公園　僧寺跡の保存整備）
◇国家と宗教　保坂俊司著　光文社　2006.10　229p　18cm　（光文社新書）　700円　①4-334-03373-3
[内容]第1章 キリスト教と政治（キリスト教とローマ帝国　中世における宗教と国家 ほか）　第2章 イスラームと政治（イスラームにおける世俗権力の変遷　政教一元：タウヒードの政治思想 ほか）　第3章 仏教と政治（イデオロギーとしての仏教　ゴータマ・ブッダの政治思想 ほか）　第4章 日本宗教と政治（仏教と鎮護国家　天皇と仏教 ほか）
◇日本古代社会と仏教　吉田一彦著　吉川弘文館　1995.11　332p　22cm　7004円　①4-642-02290-2
[内容]第1部 古代国家と仏法（国家仏教論批判　僧尼令の運用と効力）　第2部 古代社会と仏教信仰（寺と古代人　僧尼と古代人　日本古代の三宝）
◇論集奈良仏教　第3巻　奈良時代の僧侶と社会　根本誠二編　雄山閣出版　1994.4　324p　22cm　4800円　①4-639-01196-2
[内容]1 奈良仏教者論（奈良時代の政治と道徳　大宝、養老年間における僧綱の機能について　古代における僧位）　2 僧尼令と戒律（告密規定論序説―僧尼令・賊盗律・闘訟律を中心として　行信厭魅事件における法の運用　東大寺法進の教学に就て　大安寺道璿の註梵網経について　日本古代の戒律受容―善珠『本願薬師経鈔』をめぐって　『扶桑略記』と授戒）　3 僧伝論（玄昉法師の死―寧楽仏教史考覚書　漆部直伊波と染屋時忠―良弁伝研究の一助として　行基と古代天皇制―行基の霊異神験と天皇カリスマの危機　行基菩薩門弟雑考―大僧正記に就て　資料紹介『行基菩薩講式』―解説と翻刻）　4 解説
◇東大寺物語―名刹歳時記　加藤楸邨ほか編　世界文化社　1989.7　127p　31cm

3950円　①4-418-89403-9
[内容]東大寺へのいざない　四季もよう　東大寺讃歌　随想・東大寺周辺　大いなるみ仏　東大寺の年中行事　聖域をめぐる　随想・東大寺の講堂跡　境内絵図(巨大な仁王がかまえる南大門　鎌倉彫刻の名作がまつられる俊乗堂　観音の立つ舞台造が美しい二月堂　天平の威容を礎石でしのぶ講堂跡　重源が再建工事を指図した指図堂　鑑真の戒律の精神を伝える戒壇院　人類文化の貴重な宝庫正倉院　ほか)　天平の仏たち・その心　随想・聖武天皇の威力　天平の仏たち　鎮護国家と東大寺　華厳のおしえ　東大寺の歴史と人びと　大仏と歩んだ東大寺の歴史　歴史をいろどった群像　拝観のために　参拝のルート—1日モデル

◇図説日本仏教の世界　2　鎮護国家と呪術—日本仏教の始まり　上原昭一他著　集英社　1989.3　177p　27cm　2800円　①4-08-193002-3
[内容]天平文化と造像—平城京と唐文化　道昭・行基とその集団—律令時代の官・民の僧は何をしたか　僧尼令と呪術—仏教政策と呪術の流布　仏教思想の源流と南都六宗—学問としての仏教　国家仏教の展開—国分寺と聖武天皇の政治　3人の入唐僧と古密教—奈良時代の留学僧　御霊会と祭り—霊魂への信仰と祭りのはじまり

◇論集日本仏教史　第2巻　奈良時代　速水侑編　雄山閣出版　1986.3　308p　22cm　4800円　①4-639-00553-9, 4-639-00552-0
[内容]1　律令国家と仏教(速水侑)　2　律令国家をめぐる諸問題　僧尼令の運用と効力(吉田一彦)　奈良時代の得度制度(中井真孝)　道鏡政権下の僧綱制について(牛山佳幸)　奈良時代の師僧(根本誠二)　戒師招請をめぐる問題(佐久間竜)　郡寺と国分寺(井上薫)　行基の活動と畿内の民間仏教(勝浦令子)　奈良朝の浄土信仰(速水侑)　奈良朝山岳寺院の実相(逵日出典)　神仏習合の進展(白山俊介)　奈良時代の道教と仏教(新川登亀男)

◇日本宗教史研究　第2　布教者と民衆との対話　日本宗教史研究会編　京都　法蔵館　1968　235p　22cm　1500円

◇藤原氏の氏寺とその院家　奈良　奈良国立文化財研究所　1968　149p　図版　地図　30cm　(奈良国立文化財研究所学報　第19冊)

国分寺　こくぶんじ

8世紀半ばの奈良期、全国68か所に建立された寺院の総称で、僧寺を「金光明四天王護国寺」、尼寺(国分尼寺)を「法華滅罪之寺」と名付けた。各寺には護国思想が書かれた「金光明経」「法華経」「金光明最勝王経」が納められ、法会の読経や写経が行われた。平安京に都が移ってからは、衰退してしまった。

◇鎮護国家の大伽藍・武蔵国分寺　福田信夫著　新泉社　2008.12　93p　21cm　(シリーズ「遺跡を学ぶ」)　1500円　①978-4-7877-0932-5
[内容]第1章「国華にふさわしい好処」に建つ(曠遠なる国の国分　国分寺造営の背景)　第2章　江戸時代に始まる探究(江戸時代の地誌ブーム　科学的調査の出発点)　第3章　武蔵国分寺を掘る(発掘調査が始まる　大伽藍の範囲　尼寺跡の調査　東山道武蔵路)　第4章　大伽藍の威容とその変遷(寺跡の構造　武蔵国分寺の変遷　武蔵国分寺の規模　付属諸院　武蔵国分寺の古瓦)　第5章　歴史のまち国分寺(歴史公園　僧寺跡の保存整備)

◇信濃国分寺薬師堂再建御免勧進帳　長野県地名研究所編　上田　「信濃国分寺薬師堂再建御免勧進帳」刊行会　2006.10　5冊　31cm　9800円

◇周防国分寺展—歴史と美術　平成大修理完成記念　山口県立美術館編　山口　山口県立美術館　2004.6　167p　30cm

◇遠江国分寺フォーラム—古代建物の復原を考える　資料集　磐田市教育委員会文化財課編　〔磐田〕　磐田市教育委員会文化財課　2003.11　35p　30cm
[内容]基調講演：古代の建物の復原(内田昭人著)　整備事例紹介：上野国分寺跡(前沢和之著)　上総国分尼寺跡(宮本敬一著)　讃岐国分寺跡(松本忠幸著)

◇武蔵国分寺のはなし—見学ガイド　国分寺市教育委員会編　改訂　国分寺　国分寺市教育委員会　2002.1　112p　21cm

◇国分寺の石造物　社寺奉納物・碑・その他編　関口渉著　国立　関口渉　2000.11　84p　30cm

◇国分寺—天平時代の国家と仏教　津山　津山郷土博物館　2000.10　63p　26cm（津山郷土博物館特別展図録　第14冊）

◇国分寺の石造物　石仏編　関口渉著　国立　関口渉　2000.6　90p　30cm

◇志摩国分寺—1998年調査　〔大阪〕　竹中工務店　1999.4　193p　30cm

◇聖武天皇と国分寺—在地から見た関東国分寺の造営　関東古瓦研究会編　雄山閣出版　1998.5　244p　22cm　4000円
①4-639-01532-1

◇新修国分寺の研究　第7巻（補遺）　角田文衞編　吉川公文館　1997.11　730p　27cm　33000円　①4-642-07643-3

◇わが心の国分寺—巡訪事典　玉手英四郎著　里文出版　1997.6　397p　21cm　2800円　①4-89806-057-9
内容　概要　総国分寺　畿内　東海道　東山道　北陸道　山陽道　山陰道　南海道　西海道　島分寺

◇国分寺の中世的展開　追塩千尋著　吉川弘文館　1996.11　266, 6p　22cm　6180円　①4-642-02753-X

◇全国国分寺跡探訪記　高井貢著　近代文芸社　1996.9　135p　20cm　1400円　①4-7733-5712-6

◇釈迦堂遺跡—下野国分尼寺跡伽藍南西隣接地点確認調査報告　国分寺町〔栃木県〕国分寺町教育委員会　1996.3　109p　26cm　（国分寺町埋蔵文化財調査報告　平成5年度）

◇新修国分寺の研究　第6巻　総括　角田文衞編　吉川弘文館　1996.3　600, 139p　27cm　27810円　①4-642-07642-5
内容　国分寺の創設　国分寺の創設と東大寺の草創　国府研究と今後の課題—国分寺とも関連して　国府・国分寺関係の神社　国分寺跡の規模と建物　国師と講師　筑紫観世音寺の沿革　創建後の国分寺の動向　ローマ帝国の州分寺　前漢の郡国廟—特に設置の意義について　国分寺と隋唐の仏教政策並びに官寺　附録1 周防国分寺文書　附録2 薩摩国分寺文書

◇東国の国分寺—国家鎮護の寺々　上田市立信濃国分寺資料館編　上田　上田市立信濃国分寺資料館　1995.7　66p　26cm

◇渡来人と仏教信仰—武蔵国寺内廃寺をめぐって　柳田敏司, 森田悌編　雄山閣出版　1994.6　221p　22cm　2950円
①4-639-01237-3
内容　第1章　寺内廃寺をめぐって（「武蔵・寺内廃寺」の発掘調査　花寺と壬生吉志）　第2章　花寺周辺の古代寺院（入間・比企の古代寺院　荒川北岸の古代寺院）　第3章　武蔵古代寺院の内外（武蔵国分寺、その機能をめぐって　武蔵国における仏教信仰の展開　東国の中の武蔵古代寺院　朝鮮の古代寺院跡について—伽藍遺跡を中心に）　付　関東地方の古代寺院一覧

◇重要文化財備中国分寺五重塔保存修理工事報告書　文化財建造物保存技術協会編　〔岡山〕　重要文化財備中国分寺五重塔修理委員会　1994.3　84p 図版84枚　30cm

◇石岡市立図書館所蔵国分寺関係資料目録〔石岡〕　〔石岡市立図書館〕　1992.4　1冊（頁付なし）　26cm

◇全国国分寺関係資料目録　石岡市立図書館編　〔石岡〕　〔石岡市立図書館〕〔1992〕　31p　26cm

◇新修国分寺の研究　第2巻　畿内と東海　角田文衞編　吉川弘文館　1991.11　399p　27cm　12000円
①4-642-07637-9
内容　第1　山城　第2　伊賀　第3　伊勢　第4　志摩　第5　遠江　第6　駿河　第7　甲斐　第8　相模　第9　武蔵　第十　安房　第11　上総　第12　下総

◇天平の巨大プロジェクト国分寺—第7回特別展展示図録　亀岡市文化資料館編　亀岡　亀岡市文化資料館　1991.10　40p　26cm

◇輝かしき古代の国分寺—国分寺データベース　三村光広著　横浜　万年青書房　1991.8　247p　27cm

◇新修国分寺の研究　第3巻　東山道と北陸道　角田文衞編　吉川弘文館　1991.8　375p　27cm　12000円
①4-642-07638-7

◇新修国分寺の研究　第4巻　山陰道と山陽道　角田文衞編　吉川弘文館　1991.5　383p　27cm　12000円
①4-642-07639-5

◇国分寺関係資料目録—海老名市立図書館特別コレクション　平成2年6月30日現在

海老名市立図書館編　海老名　海老名市立図書館　1990.11　61p　26cm

◇三河国分寺跡―史跡三河国分寺跡伽藍・寺域の確認発掘調査報告書　豊川　豊川市教育委員会　1989.3　62p　図版46, 27p　26cm

◇武蔵国分寺のはなし―見学ガイド　国分寺市教育委員会編　国分寺　国分寺市教育委員会　1989.3　112p　21cm

◇周防国分寺歴史資料目録　山口県教育委員会文化課編　山口　山口県教育委員会　1988.3　283p　26cm　(山口県歴史資料調査報告書　第5集)

◇新修国分寺の研究　第5巻 上　南海道　角田文衞編　吉川弘文館　1987.5　401p　27cm　10000円　①4-642-07640-9
　内容 第1 紀伊　第2 淡路　第3 阿波　第4 讃岐　第5 伊予　第6 土佐　第7 南海道古瓦の系譜

◇新修国分寺の研究　第5巻 下　西海道　角田文衞編　吉川弘文館　1987.3　524p　27cm　14000円　①4-642-07641-7
　内容 第1 筑前　第2 筑後　第3 肥前　第4 肥後　第5 豊前　第6 豊後　第7 日向　第8 大隅　第9 薩摩〔ほか〕

◇新修国分寺の研究　第1巻　東大寺と法華寺　角田文衞編　吉川弘文館　1986.7　383p　27cm　9800円　①4-642-07636-0
　内容 第1. 東大寺の規模　第2. 東大寺の寺領　第3. 正倉院と万葉集　第4. 造東大寺司の沿革　第5. 東大寺大仏の造営　第6. 法華寺の沿革　第7. 盧舎那仏鋳造　附録1. 東大寺別当次第　附録2. 文献目録

◇角田文衞著作集　第2巻　国分寺と古代寺院　京都　法藏館　1985.10　393p　22cm　7000円

◇相模国分寺志　中山毎吉, 矢後駒吉共著　名著出版　1985.7　249p　図版10枚　22cm　①4-626-01234-5

◇武蔵国分寺跡遺物整理報告書　昭和31・33年度　日本考古学協会仏教遺跡調査特別委員会編　日本考古学協会　1984.3　133p　図版49p　26cm

◇国分寺二百年史　馬場朗著　新人物往来社　1982.8　241p　20cm　1800円

◇重要文化財陸奥国分寺薬師堂修理工事報告書　文化財建造物保存技術協会編〔仙台〕　陸奥国分寺　1979.2　14p　図版21枚　30cm

南都六宗
なんとろくしゅう

　平城京遷都の後、唐から帰国した留学生(るがくしょう)によって、仏教教学を重視する学派仏教がもたらされ、法相(ほっそう)宗、倶舎(くしゃ)宗、成実(じょうじつ)宗、三論(さんろん)宗、華厳(けごん)宗、律宗の6派が成立した。仏教研究を意味する教学が中心であるため、一人の僧侶が二宗以上兼学し、寺院は複数の宗を教える道場であり自由に交流することができた。現在でいえば仏教研究大学のような存在であり、拠点を、大安寺、元興寺、興福寺、東大寺、西大寺、法隆寺、薬師寺の7寺院においた。なお、当時の宗派は教学の学派を指し、現在用いられる宗派とは、内容が異なっている。

　　　　＊　　　＊　　　＊

◇中世初期南都戒律復興の研究　蓑輪顕量著　京都　法藏館　1999.6　727, 30p　22cm　16000円　①4-8318-7530-9
　内容 第1章 官僧・遁世僧と論議における戒律　第2章 戒律復興運動初期の動向　第3章 俊芿の戒律理解　第4章 覚盛の通別二受の主張　第5章 良遍の戒律理解　第6章 南都律学の系譜　第7章 夢と好相と懺悔　第8章 叡尊門侶集団における構成員の階層―近事・近住と形同・法同沙弥　第9章 叡尊門侶集団における菩薩戒の授受―西大寺蔵『授菩薩戒用意聞書』と『授菩薩戒作法』を中心に　第10章 覚盛と叡尊の犯戒意識の相違　第11章 叡尊の思想と八斎戒とその信仰

◇日本の仏教と奈良　岩城隆利著　明石書店　1986.2　190p　19cm　1000円
　内容 第1章 仏教のおこりとその流伝　第2章 仏教の伝来、氏族と国家の寺々(飛鳥・白鳳時代)　第3章 七大寺と南都六宗(奈良時代)　第4章 密教にゆれ動いた大和の寺院(平安時代前期)　第5章 強大になった興福寺(平安時代中期)　第6章 観音信仰、南都の浄土教(平安時代後期)　第7章 南都復興と新仏教(鎌倉時代)　第8章 庶民の仏教信仰と南都(室町時代)　第9章 政治権力と奈良の寺院(安土桃山・江戸時代)　第10章 仏教の受難と近代寺院の生き方(近代)

◇日本仏教宗史論集　第2巻　南都六宗　平岡定海, 山崎慶輝編　吉川弘文館　1985.1　449p　22cm　5800円　①4-642-06742-6

◆平安時代

比叡山 ひえいざん
比叡山は、最澄が東大寺で受戒した後、籠ったところで、延暦7年(788年)に日枝山寺を建てて、薬師像を安置し一乗止観院と名付けたことに始まる。

◇神と仏の風景「こころの道」―伊勢の神宮から比叡山延暦寺まで 廣川勝美著 集英社 2008.8 206p 18×11cm (集英社新書) 700円 ①978-4-08-720456-8
内容 第1章 画期的な「神仏霊場 巡拝の道」の誕生(おおらかな神仏共存と、明治初期の「神仏分離」 「綾戸大明神」の法要、大祭 ほか) 第2章 江戸時代の「お伊勢参り」が聖地巡礼のモデル(伊勢参宮の旅は、数百万人の大移動だった 伊勢参宮の旅に四国遍路まで組みこむ ほか) 第3章 神と仏の聖地「山岳」の苦行と功徳(天地が共感し、自然が調和する聖地 山岳宗教の一大霊場「熊野三山」 ほか) 第4章 自然のうちに共存する「古都」の神と仏(古都に生きた人びとの祈りや願い 神々の原風景は「青山四周」の「美地」である ほか)

◇比叡山諸堂史の研究 武覚超著 京都 法藏館 2008.3 352, 25p 図版13枚 22cm 9000円 ①978-4-8318-7373-6

◇比叡山仏教の研究 武覚超著 京都 法藏館 2008.3 330, 12p 22cm 8000円 ①978-4-8318-7374-3

◇週刊原寸大日本の仏像 no.27(延暦寺/千手観音と比叡山) 講談社 2007.12 35p 30cm 552円

◇伝教大師最澄の寺を歩く 比叡山延暦寺監修 JTBパブリッシング 2007.4 127p 21cm (楽学ブックス) 1600円 ①978-4-533-06708-2

◇比叡山と東海の至宝―天台美術の精華 天台宗開宗1200年記念特別展 名古屋市博物館編 〔名古屋〕 名古屋市博物館 2006.10 183p 30cm

◇ただ自然に―比叡山・千日回峯行 酒井雄哉画賛集 酒井雄哉著, 寺田みのる画 小学館 2006.6 153p 15cm (小学館文庫) 552円 ①4-09-418703-0

◇比叡山―日本仏教の母山 天台宗開宗千二百年記念 平凡社 2006.4 184p 29cm (別冊太陽) 2400円

①4-582-94496-5

◇なぜ歩く なぜ祈る―比叡山千日回峰行を撮る! 根本順善著 風人社 2005.8 227p 19cm 2100円 ①4-938643-23-5
内容 第1章 北嶺・比叡山へ登る前に(仏と縁がなかったころ 北極圏の祈り ほか) 第2章 比叡山(伝教大師・最澄 最澄のあとを継いだ高僧たち ほか) 第3章 比叡山の行(解行双修の山 論湿寒貧 ほか) 第4章 千日回峰行(四万キロを歩く 満行までの道のり ほか) 第5章 他人のために祈る(僧都と母尼 いのちの繋がり ほか)

◇仏教文学の叡山仏教 渡邊守順著 大阪 和泉書院 2005.7 258p 22cm 8500円 ①4-7576-0330-4
内容 古典文学の比叡山 日本仏教文学の天台大師 『日本霊異記』の天台 『源氏物語』の天台 『狭衣物語』の天台 『多武峰少将物語』の天台 『宝物集』の天台 『古事談』の天台 『発心集』の天台 『閑居友』の天台〔ほか〕

◇比叡山仏教説話研究―序説 松田宣史編著 三弥井書店 2003.11 537, 6p 22cm 12000円 ①4-8382-3127-X

◇比叡山麓の仏像―企画展 大津市歴史博物館編 大津 大津市歴史博物館 2003.10 80p 30cm

◇ただ自然に―比叡山・千日回峯行 酒井雄哉画賛集 酒井雄哉著, 寺田みのる画 小学館 2001.11 152p 22cm 1700円 ①4-09-386081-5

◇比叡山と天台仏教の研究 村山修一編 名著出版 2000.11(第7刷) 436p 21cm (山岳宗教史研究叢書 2) 4500円 ①4-626-01586-7
内容 総説 比叡山の歴史的概観 第1篇 原始信仰の起源と日吉信仰の発展 第3篇 天台と修験道 第4篇 天台の守護神と神道 史料篇(回峯手文 比叡山主要史料目録 比叡山略年表)

◇比叡山延暦寺―世界文化遺産 渡辺守順

著　吉川弘文館　1998.12　222p　19cm　（歴史文化ライブラリー 55）　1700円
①4-642-05455-3
[内容]日本文化と比叡山―プロローグ　世界文化遺産と比叡山―延暦寺から　比叡山の歴史　叡山の堂塔と仏たち　比叡の文学と伝説　千古の法儀と行事　叡山の修行と教え　比叡山を歩く

◇比叡山歴史の散歩道―延暦寺から、日吉大社を歩く　講談社編　講談社　1995.10　127p　21cm　（講談社カルチャーブックス 101）　1500円
①4-06-198105-6

◇生かされて生きる―比叡山の心豊かな人間学　山田恵諦著　向日　佐川出版　1994.9　263p　19cm　1500円
①4-914935-06-6

◇劇画　比叡山千日回峰　梶原学原作, 滝沢忠義脚本, 蛭田充作画　京都　京都新聞社　1994.8　286p　21cm　1500円
①4-7638-0359-X
[内容]第1章　比叡山延暦寺　第2章　伝教大師最澄　第3章　円仁と相応和尚　第4章　千日回峰行　第5章　暗夜の歩行禅　第6章　墓場の酒宴　第7章　堂入り　第8章　赤山苦行と京都大廻り　第9章　飯室回峰の復活　第10章　比叡の三大行　第11章　日本仏教の母なる山　歴史年表　千日回峰行歴代大行満一覧

◇比叡山史―闘いと祈りの聖域　村山修一著　東京美術　1994.2　333, 33p　22cm　4120円　①4-8087-0607-5
[内容]比叡の神々　比叡山大乗仏教の誕生　三塔の形成と顕密仏教の確立　密教万能　比叡山謳歌　教団の分裂と権門化　源平争乱と比叡山　山を下りた求法者たち　回峯行者と山村民　公武対立に揺れる山門　教団の頽廃と崩壊への道　比叡山の復活と余光

◇比叡山三塔諸堂沿革史　武覚超著　大津　叡山学院　1993.3　278p　21cm

◇最澄を歩く　菊池東太写真, 吉沢健吉文　佼成出版社　1992.2　158p　21cm　（写真紀行日本の祖師）　2000円
①4-333-01549-9
[内容]比叡山仏教と伝教大師の精神　カラー　最澄を歩く　解説　最澄を歩く（中国天台と『法華経』　生涯と足跡　最澄の弟子たち　比叡山と鎌倉の祖師たち　「願文」にみる精神の純潔　『山家学生式』の教育論　国宝としての菩薩僧　現代に生きる最澄の精神）

◇比叡山と高野山　ひろさちや原作, 森村たつお漫画　鈴木出版　1991.10　153p　22cm　（仏教コミックス 105）　1200円
①4-7902-1967-4
[内容]1 1200年の時空を越えて　2 出会いと決別　3 比叡山延暦寺　4 最澄の誓願　5 天台の系譜　6 高野の峰　7 高野の伽藍　8 一の橋から御廟まで

◇いきいきと生きよ―比叡山のやさしい人間学　山田恵諦著　大阪　出版文化社　1990.8　260p　19cm　1500円
①4-7952-3162-1
[内容]第1章　仕事（忘己利他　力を集める　ほか）　第2章　人生（どれほど愚かな人でも　自然に順応した生活を　ほか）　第3章　平和（21世紀への準備　日本人と宗教性　ほか）　第4章　随観（失敗と成功　読書の秋　ほか）　第5章　運命（忠臣蔵のさだめ　流れを大切に考える　ほか）

◇比叡山　大津　比叡山延暦寺　1989.4　65p　21cm

◇伝灯―最澄と叡山　比叡山開創一千二百年記念史鑑　比叡山開創一千二百年記念写真集刊行会　1988.2　3冊　43cm　全70000円

◇比叡山　渡辺守順ほか著　京都　法蔵館　1987.5　333p　20cm　2400円
①4-8318-8032-9
[内容]序　日本大乗仏教発祥の霊山　1 伝教大師の生涯と思想　2 日本天台の源流（慈覚大師円仁　智証大師円珍　慈恵大師良源　恵心僧都源信）　3 比叡山の教学　4 天台の密教　5 比叡山の行　6 比叡山の諸堂と霊跡　7 天台の門跡（滋賀院門跡　妙法院門跡　青蓮院門跡　三千院門跡　毘沙門堂門跡　曼殊院門跡　東叡山輪王寺門跡　日光山輪王寺門跡）　付録　比叡山延暦寺の年中行事

◇比叡山　2　瀬戸内寂聴ほか著　大阪　大阪書籍　1986.12　268p　19cm　（朝日カルチャーブックス 69）　1200円
①4-7548-1069-4
[内容]第1章　伝教大師伝（瀬戸内寂聴）　第2章　最澄の思想（梶山雄一）　第3章　伝教大師のことば（池山一切円）　第4章　叡山の教育（池山一切円）　第5章　天台大師の思想（佐藤哲英）　第6章　千日回峰行（光永澄道）　第7章　叡山の浄土思想（西村冏紹）　第8章　釈ъ尊と比叡山―法のともしび（雲井昭善）　第9章　比叡山のこころ―現代短歌を通してみる（葉上照澄）　第10章　最澄と現代（梅原猛）

◇比叡山　梶原学著, 菊池東太写真　佼成出版社　1986.11　238p　19cm　1300円

①4-333-01158-2
[内容]1 千古の歴史が息づく―東塔 2 霧にけむる杣道―西塔 3 高僧と文学の風光―横川 4 四季折々の中に佇む―大原・坂本

◇北嶺のひと―比叡山・千日回峰行者内海俊照 Photo-mandala はやしたかし著 佼成出版社 1986.11 150p 21cm 1600円 ①4-333-01247-3

◇比叡山延暦寺1200年 後藤親郎他著 新潮社 1986.5 119p 22cm （とんぼの本） 1100円 ①4-10-601934-5
[内容]「比叡」への道（瀬戸内寂聴） 千日回峰行（光永澄道） 延暦寺の歴史（武覚円）

◇比叡山―1200年の歩み 1 景山春樹ほか著 大阪 大阪書籍 1986.3 270p 19cm （朝日カルチャーブックス 60） 1200円 ①4-7548-1060-0
[内容]第1章 比叡山の地主神と護法神（景山春樹） 第2章 最澄のめざしたもの―比叡山寺から延暦寺へ（池山一切圓） 第3章 円仁・求法の旅人（牧田諦亮） 第4章 回峰修験史（村山修一） 第5章 円珍と園城寺（清田寂雲） 第6章 中興の祖・良源（村井康彦） 第7章 門跡寺院誕生（福山敏男） 第8章 中世の比叡山（千葉乗隆） 第9章 門前町・坂本（木村至宏） 第10章 天下人と比叡山（邦光史郎）

◇比叡山開創―最澄と円仁 山野上純夫著 大阪 朱鷺書房 1986.3 246p 19cm 1200円
[内容]一番星・最澄（虚空蔵尾 近江国分寺 一乗止観院 比叡山寺 客星・空海 大唐天台山 本覚門・始覚門 比叡山寺 宮中金光明会 下僧最澄 山城・乙訓寺 再び高雄山寺 糟粕・瓦礫 権教・実教 照于一隅 巨星残影） 二番星・円仁（俗姓壬生 横川開創 揚州開元寺 文登県赤山村 赤山法華院 五台山大華厳寺 長安城春明門 長楽坡頭惜別 赤山法華院再見 乳山長淮浦 灌頂会始修 理同事勝 東塔無動寺谷 葛川明王院 法印大和尚 限りなき星座）

◇比叡山と天台の美術―比叡山開創1200年記念 東京国立博物館ほか編 朝日新聞社 c1986 419p 25cm

◇行道に生きる―比叡山千日回峰行者酒井雄哉 島一春聞き書き 佼成出版社 1983.10 222p 20cm 1300円 ①4-333-01132-9

◇北嶺のひと―比叡山・千日回峰行者内海俊照 はやしたかし,村上護著 佼成出版社 1983.9 190p 29cm 8500円

①4-333-01131-0
◇日本仏教の心 3 伝教大師と比叡山 日本仏教研究所編 山田恵諦著 ぎょうせい 1983.7 213p 29cm 5000円

◇日本の聖域 第1巻 最澄と比叡山 西川勇,田中日佐夫著 佼成出版社 1982.1 141p 31cm 3500円 ①4-333-01041-1

◇比叡山延暦寺座主山田恵諦法話集 平凡社 1980.10 259p 22cm 2000円

◇比叡山と高野山 景山春樹著 〔東村山〕 教育社 1980.3 287p 18cm （教育社歴史新書） 600円

◇阿闍梨誕生―比叡山千日回峰行・ある行者の半生 和崎信哉著 講談社 1979.11 209p 22cm 1300円

◇比叡山寺―その構成と諸問題 景山春樹著 京都 同朋舎 1978.5 386p 27cm 9800円

◇比叡山寺 〔大津〕 滋賀県文化財保護協会 1977.3 1冊 26cm （文化財教室シリーズ 12）

◇比叡山回峰行 白洲正子文,後藤親郎写真 京都 駸々堂出版 1976.9 129p （おもに図） 30cm 4800円

◇比叡山 景山春樹著 角川書店 1975 252p 図 19cm （角川選書） 720円

◇比叡山と天台仏教の研究 村山修一編 名著出版 1975 436p 図 22cm （山岳宗教史研究叢書 2） 4500円

◇比叡山―その宗教と歴史 景山春樹,村山修一著 日本放送出版協会 1970 219p 地図 19cm （NHKブックス） 340円

◇比叡山延暦寺 今東光文,山本建三写真 京都 淡交社 1969 256p（図版共） 22cm 900円

◇比叡山 景山春樹著 角川書店 1966 243p 地図 18cm （角川新書） 270円

◇比叡山 関口真大,森定慈紹共著 社会思想社 1963 206p（図版共） 16cm （現代教養文庫）

◇比叡山延暦寺 山口光円著 教育新潮社 1963 215p（図版共） 19cm （日本のお寺シリーズ 5）

◇伝教大師―比叡山の開祖 今堀文一郎著

愛隆堂　1962　120p 図版　19cm
◇比叡山と高野山—最澄と空海を中心として　勝野隆信著　至文堂　1959　246p 図版　19cm　（日本歴史新書）
◇天台宗総本山比叡山延暦寺綜覧　大津　比叡山延暦寺綜覧出版部　1955　172p 図版79枚　30cm
◇比叡山—その歴史と文化　叡山文化綜合研究会編　京都　星野書店　1954　92p 図版　26cm　（叡山文化綜合研究報告書）
　内容　叡山綜合研究序説（中村直勝）位置に関する考察（小牧実繁）声明音律の古伝と現代に於ける実唱に就いての序説（中山玄雄）山門領の裁判—天明二年百姓吟味記の紹介（井ケ田良治）慈恵大師の信仰に就いて（村山修一）摩多羅信仰とその遺寶（景山春樹）叡山彫像拾遺（毛利久）山王院の山王神像に就いて（村山修一）叡山文庫所蔵の文殊楼建築図の二三に就いて（近藤豊）西明寺二天門造営年代考（鈴鹿雅正）叡山文化綜合研究会調査日誌

台密
だいみつ

　台密は、日本天台宗の最澄、円仁、円珍らによって大成された密教をいい、真言宗の東密に対する。真言宗では、台密を東密より劣るとするが、台密では両者は等しい世界にあるとする。

＊　　＊　　＊

◇台密思想形成の研究　水上文義著　春秋社　2008.8　699, 13, 15p　22cm　18000円　①978-4-393-11272-4
　内容　第1篇 仏身論に見る円密一致思想の形成（初期日本天台における仏身論の源流と展開　慈覚大師円仁の仏身論　智証大師円珍の仏身論　五大院安然の仏身論）　第2篇 中世日本天台「偽疑書」に見る円密一致思想—『蓮華三昧経』とその周縁（『蓮華三昧経』と「本覚讃」の概要　安然以前に『蓮華三昧経』を「引用」した文献の検討　伝・良助親王撰『与願金剛地蔵菩薩秘記』考—もうひとつの『蓮華三昧経』　『蓮華三昧経』の基礎的考察　良助親王の神道説をめぐって）　第3篇 台密の教相と事相（台密事相とその伝承—三種悉地法を中心に　法華曼荼羅と円密一致思想の「曼荼羅」　『書写山真言書』について　台蜜における『瑜祇経』の解釈と伝承〔ほか〕

◇宝篋印陀羅尼経広本の日本成立に関する一試論—平安末期台密所伝の諸本の分析　中野隆行著　〔中野隆行〕　2006.10　34p　21×30cm
◇台密教学の研究　大久保良峻著　京都　法藏館　2004.1　358, 27p　22cm　8000円　①4-8318-7369-1
　内容　1 台密教学の基盤と展開（『大日経義釈』の教学と受容　台密の三密論　三密行についてほか）　2 台密教学の特色（台密教判の問題点　日本天台における法身説法思想　台密の行位論ほか）　3 台密教学に関わる諸問題（安然と空海　信証と台密　台密の機根論に関する一問題ほか）
◇台密の理論と実践　三崎良周著　創文社　1994.9　388, 16p　22cm　7004円　①4-423-27014-5
◇密教—インドから日本への伝承　松長有慶著　中央公論社　1989.5　278p　16cm　（中公文庫）　440円　①4-12-201613-4
　内容　密教の世界（秘密の教え　密教の展開）　密教の相承（インド密教の相承　真言密教の相承　天台密教の相承）　真理の具現者（大毘盧遮那如来　金剛薩埵）　神話的な伝承をもつ開祖（龍猛菩薩　龍智菩薩）　金剛頂経の相承（金剛智三蔵　不空三蔵）　大日経の相承（善無畏三蔵　一行禅師）　両部の相承（恵果和尚　真言と台密）
◇台密諸流伝法全集成　補遺　大森真応相承，森定慈紹浄書校訂　大阪　東方出版　1988.7　157p　27cm　①4-88591-167-2
◇台密の研究　三崎良周著　創文社　1988.6　661, 36, 12p　22cm　12000円　①4-423-27011-0
　内容　第1編 台密の基礎的諸問題（古雑密と陀羅尼　天台における「秘密」義　五大院安然における「秘密」義　阿字木不生と法身説法　四種三昧と密教　仏頂系の密教　純密と雑密）　第2編 三部の密教とその形成（伝教大師最澄と密教　大日経義釈と天台義　胎蔵界と念誦儀軌と曼荼羅　金剛頂経とその註疏　金剛界の儀軌　金剛界曼荼羅の様態と諸説　蘇悉地の源流と展開　東密における蘇悉地）
◇台密諸流伝法全集成　第5巻　大森真応相承，渋谷慈鎧浄書校訂　大阪　東方出版　1987.9　p1733〜2084　27cm
◇台密諸流伝法全集成　第6巻　大森真応相承，渋谷慈鎧浄書校訂　大阪　東方出

版　1987.9　p2087〜2444　27cm
　　内容　蓮華流.葉上流.華山流.小山流.持明院流.岡部流.四家密印.法性房流.山本流.三井流
◇台密諸流伝法全集成　別巻　大森真応相承,渋谷慈鎧浄書校訂　大阪　東方出版　1987.9　143p　27cm
◇台密諸流伝法全集成　第3巻　大森真応相承,渋谷慈鎧浄書校訂　大阪　東方出版　1987.7　p867〜1300　27cm
　　内容　谷流.穴太流
◇台密諸流伝法全集成　第4巻　大森真応相承,渋谷慈鎧浄書校訂　大阪　東方出版　1987.7　p1303〜1730　27cm
　　内容　法曼流
◇台密諸流伝法全集成　第1巻　大森真応相承,渋谷慈鎧浄書校訂　大阪　東方出版　1987.4　390p　27cm
　　内容　山家御流.石泉流.梨本流.三昧流
◇台密諸流伝法全集成　第2巻　大森真応相承,渋谷慈鎧浄書校訂　大阪　東方出版　1987.4　p393〜864　27cm
　　内容　大原流.双厳流.川流
◇天台密教の形成―日本天台思想史研究　木内堯央著　渓水社　1984.4　428p　22cm　12000円
◇国訳聖教大系　台密部　国書刊行会　1975　4冊　27cm　全20000円
◇天台密教の成立に関する研究　清水谷恭順著　文一出版　1972　434, 16p 図　22cm　3500円

高野山　こうやさん

高野山は、空海が修禅の道場として光仁2年(816年)に開いた山。その後、勅許を得ると、空海独自の構想で密教世界を具現しようと伽藍建設を始めた。承和2年(835年)に空海が没したため、完成は9世紀末だった。一山全体を総称して金剛峯寺という。

◇弘法大師伝承と史実―絵伝を読み解く　武内孝善著　大阪　朱鷺書房　2008.7　304p 図版8p　21cm　2800円
①978-4-88602-200-4
　　内容　第1章 ご誕生と若き日の修行　第2章 入唐求法　第3章 大師の書とその霊異　第4章 高野山の開創　第5章 入定信仰　第6章 大師伝説と絵伝の成立
◇高野山の名宝―第29回高野山大寶蔵展　高野山霊宝館編　高野町(和歌山県)　高野山霊宝館　2008.7　41p　30cm
◇高野山・勧学院文書―訳注　松田文夫編〔和歌山〕〔松田文夫〕　2008.2　22, 187p　23cm　2700円
◇紀伊国高野山・興山寺文書　松田文夫編〔和歌山〕〔松田文夫〕　2007.10　97p　23cm　2000円
◇新・高野百景　其の2　世界遺産・高野山の歴史と美しさにふれる　藤原重夫画,山口文章文　教育評論社　2007.7　143p　21×18cm　1600円
①978-4-905706-17-5
　　内容　丹生都比売神社―麓の天野にあり、紀ノ川南岸地区の地主神を祭祀する神社　慈尊院―弘法大師の母・玉依御前の廟所であり「女人高野」の名で知られる高野詣の玄関口　神谷黒石―長坂街道の宿場街・神谷地区にある日本最後の仇討の地　六角経蔵―美福門院が鳥羽天皇菩提のため創建された美麗な経蔵　西塔―世界最古の本格的密教伽藍の中心的存在　壇上伽藍の修行僧―真言密教の聖地を代表する風物詩のひとつ　三鈷の松―高野山開創にまつわる伝説の名木　大塔節分析禱会―インド占星術を起源とする密教特有の祈禱法　大塔の鐘(高野四郎)―平安時代前期から時を刻み続けてきた山上一の名鐘　蓮池と善女龍王―平安京の祈雨伝説にまつわる竜王を祭祀する高野山最大の池〔ほか〕
◇世界遺産高野山の歴史と秘宝　井筒信隆著　山川出版社　2007.4　177p　26cm　2000円　①978-4-634-59062-5
◇高野山の伝統と未来　静慈圓編　小学館スクウェア　2006.12　159p　27cm（高野山大学選書 第4巻）　2857円　①4-7979-8681-6
　　内容　高野山の伝統と未来　高野山の使命　高野山の宗教活動　高野山の学道　密教の曼荼羅と図像　法具と密教工芸　入定信仰と浄土信仰　高野山の伝説　高野山大学の

313

歴史と活動

◇高野山と密教文化　山陰加春夫編　小学館スクウェア　2006.9　159p　27cm　（高野山大学選書 第1巻）　2857円　①4-7979-8678-6
　内容　高野山と密教文化／山陰加春夫著. 高野山の歴史／山陰加春夫著. 高野山の年中行事／藤田光寛著. 信仰の文化財／井筒信隆著. 密教寺院の特徴／山岸常人著. 高野山の山内空間と建築／藤川昌樹著. 巡礼聖地生成論の試み／星野英紀著. 高野山と文学／下西忠著

◇近代高野山の学問—遍照尊院栄秀事績考　三輪正胤著　新典社　2006.8　223p　19cm　（新典社選書 18）　1600円　①4-7879-6768-1
　内容　第1章 栄秀事績考証（栄秀の生誕と遷化及び生涯　遍照尊院の歴史　栄秀の蔵書　栄秀の授受した真言諸流 ほか）　第2章 栄秀年譜　第3章 翻刻資料編（神道（御流）伝授聞書　雲伝神道聞書　栄秀の和歌　栄秀蔵書目録）

◇高野山真言宗寺族婦人必携　高野山真言宗布教研究所編　〔高野山（和歌山県）〕　高野山真言宗教学部　2006.3　107p　26cm　（布教資料 生かせいのち 39）

◇山岳霊場と絵解き—「日本の絵解き」サミット報告集　人間文化研究機構連携研究「日本とユーラシア：交流と表象」報告書　林雅彦編著　〔出版地不明〕　人間文化研究機構連携研究「日本とユーラシア：交流と表象」「唱導文化の比較研究」班　2006.3　144p　26cm

◇高野山上の宿坊寺院　松田文夫編　〔和歌山〕　〔松田文夫〕　2005.9　148p　23cm　2700円

◇女人禁制の高野山と女人参詣の熊野三山　松田文夫編　〔和歌山〕　〔松田文夫〕　2005.8　116p　23cm　2300円

◇高野山の名宝—密教曼荼羅・コスモスの世界 第26回高野山大寶蔵展　高野山霊宝館編　高野町（和歌山県）　高野山霊宝館　2005.7　40p　30cm

◇高野山・金剛三昧院史　松田文夫編　〔和歌山〕　〔松田文夫〕　2004.8　134p　23cm　2300円

◇世界遺産吉野・高野・熊野をゆく—霊場と参詣の道　小山靖憲著　朝日新聞社　2004.8　182p　19cm　（朝日選書 758）　1000円　①4-02-259858-1

　内容　1 吉野・高野・熊野の歴史と文化　2 紀伊山地の霊場（吉野・大峯　高野　熊野三山）　3 参詣道を歩く（大峯奥駈道　高野山町石道　熊野参詣道（紀伊路と伊勢路 中辺路 ほか））

◇高野浄土への憧れ—第二十五回高野山大寶蔵展　高野山霊宝館編　〔高野町（和歌山県）〕　高野山霊宝館　2004.7　103p　30cm

◇阿波の僧侶と高野山　庄野光昭著　大阪　朱鷺書房　2004.4　235p　20cm　2400円　①4-88602-190-5
　内容　第1章 阿波国仏教史概観（阿波国仏教のはじまり　奈良時代の寺院 ほか）　第2章 高野山関係僧侶一覧（『諸院家析負輯』にみられる阿波僧侶　明治以後の僧侶一覧）　第3章 阿波の僧侶の動向（高野山検校職と阿波の僧侶　学侶、行人、聖と阿波の僧侶 ほか）　第4章 近代の阿波僧侶（閑々子　泉智等和尚 ほか）

◇高野山—弘法大師空海の聖山　井筒信隆監修　平凡社　2004.4　158p　29cm　（別冊太陽）　2400円　①4-582-94465-5

◇絵本高野山　山陰石楠絵と文　大阪　アド南海　2004.3　90p　21cm

◇高野山に入道の人々　松田文夫編　〔和歌山〕　〔松田文夫〕　2003.11　166p　24cm　2600円

◇空海と高野山—弘法大師入唐一二〇〇年記念　京都国立博物館ほか編　〔大阪〕　NHK大阪放送局　2003.4　349p　30cm

◇院政期高野山と空海入定伝説　白井優子著　同成社　2002.8　267p　22cm　7000円　①4-88621-255-7
　内容　第1章 入定伝説の拡大（奉見伝説の形成　「寛治年中感得門文」の流布　聖棺飛来伝説の形成）　第2章 納骨霊場としての高野山（貴族社会にみる納骨　葬送追善供養の変化）　第3章 高野山浄土をめぐる信仰の軌跡（覚鑁聖人の活動　学侶・検校の動向）　第4章 入定伝説の展開（平清盛告示伝説の形成　平氏追善と高野山）

◇高野山の国宝—壇上伽藍と奥之院—第二十二回高野山大寶蔵展　高野山霊宝館編　〔高野町（和歌山県）〕　高野山霊宝館　2001.7　187p　30cm

◇週刊古寺をゆく　15 高野山　小学館　2001.5　35p　30cm　（小学館ウイークリーブック）　533円

◇高野山と真言密教の研究　五来重編　名著出版　2000.11（第7刷）　491p　21cm（山岳宗教史研究叢書 3）　4500円　Ⓘ4-626-01587-5
[内容] 総説 高野山の山岳信仰　第1篇 高野山の山岳信仰と弘法大師　第2篇 高野山の密教　第3篇 高野聖と行人　第4篇 高野山の荘園　第5篇 醍醐の修験道　史料篇（高野山関係史料　史料目録　高野山略年表　高野山関係地図）

◇高野山真言宗北海道開教事始め　資延憲英著　〔深川〕　〔資延憲英〕　1999.11　256p　20cm　2000円

◇高野山三派史料―高野山の学侶・行人・聖　松田文夫編　〔和歌山〕　〔松田文夫〕　1999.3　14, 171p　23cm　2700円

◇中世高野山縁起集　京都　臨川書店　1999.3　388, 12p　23cm　（真福寺善本叢刊 第9巻（記録部2））　10600円　Ⓘ4-653-03470-2, 4-653-03466-4

◇高野山密教曼荼羅―空海の世界 写真集　櫻井恵武写真, 小椋佳詩　コスミックインターナショナル　1999.2　189p　30cm　4762円　Ⓘ4-88532-729-6
[内容]「祈りの彼方を」（小椋佳）　まえがきにかえて（水谷八重子）　般若心経　密教とは　曼荼羅とは何か　大日如来とは　仏像の種類　「君と遊ぶ時」（小椋佳）　生身供（奥之院）　御幣納めと除夜の鐘〔ほか〕

◇高野山, 超人・空海の謎―真言密教と末法思想の源流とは　百瀬明治著　祥伝社　1999.1　354p　16cm　（祥伝社文庫）　638円　Ⓘ4-396-31110-9

◇中世高野山史の研究　山陰加春夫著　大阪　清文堂出版　1997.1　321p　22cm　Ⓘ4-7924-0428-2

◇高野山四季の祈り―伝灯の年中行事　矢野建彦写真, 日野西真定文　佼成出版社　1995.6　158p　21cm　2500円　Ⓘ4-333-01748-3

◇高野山阿弥陀聖衆来迎図―夢見る力　須藤弘敏著　平凡社　1994.5　113p　25cm　（絵は語る 3）　3200円　Ⓘ4-582-29513-4

◇高野山仏涅槃図―大いなる死の造形　泉武夫著　平凡社　1994.3　117p　25cm（絵は語る 2）　3200円　Ⓘ4-582-29512-6

◇高野山の現状を憂う―蘇れ〈祖山〉第二次申し入れ書　田村順三著　〔彦根〕　〔田村順三〕　〔1994〕　158p　21cm

◇新校高野春秋編年輯録　日野西真定編集・校訂　増訂版　名著出版　1991.5　470, 124p　23cm　18800円　Ⓘ4-626-01407-0

◇高野山第二世伝灯国師真然大徳伝　真然大徳記念出版編纂委員会編纂　〔高野町（和歌山県）〕　高野山第二世伝灯国師真然大徳千百年御遠忌大法会事務局　1990.9　435p　22cm　非売品

◇巡礼高野山　永坂嘉光ほか著　新潮社　1990.7　119p　22cm　（とんぼの本）　1300円　Ⓘ4-10-601984-1
[内容] 巡礼高野山　高野山の歴史と年中行事　坊の四季　高野山―巨大なる混沌　高野山を訪ねる人のために

◇高野山民俗誌　奥の院編　日野西真定著　佼成出版社　1990.2　222p　20cm　（仏教文化選書）　1550円　Ⓘ4-333-01405-0
[内容] 奥の院の構成（一の橋 大渡橋　中の橋 手水橋　御廟橋 無明橋）　奥の院の諸堂（燈籠堂 拝殿）　主な石塔（墓塔の構成　崇源院殿の墓塔 一番石　持明院墓地の六角宝塔 高麗陣敵味方供養塔　『南山奥之院諸大名石塔記』）　拝殿の燈明信仰（燈明信仰　奥の院の浄火）　その他の民俗（蛇柳　玉川　弥勒石　天鳥）

◇高野山千年―永坂嘉光写真集　永坂嘉光著　ぎょうせい　1989.10　247p　38×27cm　26000円　Ⓘ4-324-01853-7
[内容] 真言密教の聖地・高野　霊山高野　密教浄土を具現する高野　高野山の歴史　霊峯高野山とその法要　深遠なる霊場高野

◇高野山物語―名刹歳時記　加藤楸邨ほか編　世界文化社　1989.9　127p　31cm　3950円　Ⓘ4-418-89404-7
[内容] 霊峯高野山　四季めぐり　高野山へのあこがれ　伽藍と霊域をたずねる　空海の肖像　曼荼羅の宇宙　歴史散歩　拝観のために

◇高野山大宝蔵展　第9回　高野山霊宝館編　〔高野町（和歌山県）〕　高野山霊宝館　1988.8　94p　26cm

◇高野山真言宗宗規類集　高野山真言宗宗務所編　高野町（和歌山県）　高野山真言宗宗務所　1988.4　598p　19cm　非売品

◇心のコンパス―高野山本山布教師法話集　高野山本山布教師会編　大阪　朱鷺書房

1987.6 431p 19cm 1500円 ①4-88602-097-6

[内容]三業の一致(石坪哲真) ギャテイ・ギャテイ一般若心経その心(新居祐政) 弘法大師の思想(田辺観応) 子供たちのために御宝号念誦の功徳を(矢城義宥) 拝みましょう、そして教えを聞きましょう(安室舜海) 生命科学と宗教(渡慈秀) 密教の祈り(松長有慶) 遙かなるモンテンルパ(岩見龍昇) 信仰の一週間(加藤成範) お大師さまと水(藤田義海) 菩薩の道(佐伯信行) 相互供養・相互礼拝(国司禎相) 灰色の時代とマンダラ(吉田明弘)〔ほか〕

◇空海伝説の形成と高野山—入定伝説の形成と高野山納骨の発生 白井優子著 同成社 1986.12 458p 22cm 12000円 ①4-88621-042-2

[内容]第1部 入定伝説の形成(史料となるおもな弘法大師空海伝 初期空海伝説と真言宗—地方布教を中心に 紀伊国高野山と丹生神—11世紀初頭の高野山の動向と伊覩郡の豪族 入定伝説の形成—11世紀初頭の空海伝説について) 第2部 空海伝説の拡大—真言宗と関連して(雨僧正仁海と空海入定伝説 空海伝説の地域的展開) 第3部 空海入定伝説の展開—高野山納骨霊場(伝説からみた院政期高野山の変遷 経塚造営の変質と霊場—永久2年高野山奥之院尼法薬の経塚について 高野山霊場と納骨の発生—院政期貴族社会の葬礼に関して)

◇高野山 山田耕二著 大阪 保育社 1986.11 228p 19cm (日本の古寺美術 9) 1600円 ①4-586-72009-3

[内容]1 高野山の概容—今と昔 2 空海と密教 3 高野山金剛峯寺の歴史 4 高野山の美術

◇高野山の美術—中世・近世の名宝 高野山霊宝館編 〔高野町(和歌山県)〕 高野山霊宝館 1986.8 1冊(頁付なし) 26cm

◇弘法大師と高野山—新高野物語 宮川良彦著 大法輪閣 1986.2 310p 19cm 2000円 ①4-8046-1079-0

[内容]密教修行の旅 高野山開創前後 奥ノ院発掘石仏 地上石仏 七百年前の町石卒都婆 奥ノ院有名人墓碑 千百五十年遠忌建造物 岩影の空海

◇源平の時代と高野山 高野山霊宝館編 〔高野町(和歌山県)〕 高野山霊宝館 1985.9 1冊(頁付なし) 26cm

◇高野山の地蔵様 中川善教著 〔田辺 吉田弥左衛門〕 1985.9 27p 7×10cm (田奈部豆本 第24編) 2500円

◇仰光—高野山摩尼宝塔創建二十周年記念誌 摩尼宝塔奉賛会編 高野山(和歌山県) 高野山摩尼宝塔奉賛会 1985.7 341, 10p 27cm 非売品

◇全集日本の古寺 第16巻 高野山と吉野・紀伊の古寺 下出積与ほか著 集英社 1985.4 159p 28cm 3200円 ①4-08-593016-8

◇高野山年表 昭和篇2 山口耕栄編著 高野町(和歌山県) 報恩院 1985.2 121, 48p 21cm

◇高野山史 宮坂宥勝、佐藤任著 新版 心交社 1984.9 305p 22cm 6500円 ①4-915567-05-2

◇高野山秘宝大観 高野山文化財保存会, 金剛峯寺高野山霊宝館編集 奈良 フジタ 1984.5 314p 43cm 63000円 ①4-89349-001-X

◇高野山町石道 大阪 南海電気鉄道事業部営業促進課 1984.3 84p 21cm

◇高野の三大宝 森本龍偉著 京都 臨川書店 1984.1 296p 22cm 4700円 ①4-653-00952-X

◇高野山—その歴史と文化 松長有慶ほか著 京都 法蔵館 1984.1 338p 20cm (法蔵選書 27) 1800円

◇高野山—弘法大師の信仰に生きる 上山春平ほか著 講談社 1983.11 142p 31cm 5800円 ①4-06-200371-6

◇高野山伽藍草創の構想と理念 中川善教著 〔高野町(和歌山県)〕 高野山大学仏教学研究室 1983.6印刷 55p 21cm

◇高野山古絵図集成 日野西真定編・著 大阪 清栄社 1983.2-1988.2 2冊(別冊とも) 43cm

◇高野の石仏たち 多田学写真と文 大阪 清栄社 1980.3 147p 22cm 1800円

◇重要文化財金剛峯寺山王院本殿他八棟修理工事報告書 和歌山県文化財研究会編 〔高野町(和歌山県)〕 高野山文化財保存会 1980.3 124p 図版70枚 30cm

◇比叡山と高野山 景山春樹著 〔東村山〕 教育社 1980.3 287p 18cm (教育社歴史新書) 600円

◇高野山　永坂嘉光写真, 阿部野竜正ほか解説　毎日新聞社　1980.1　317, 9p　37cm　35000円
◇高野百仏　宮川良彦著　文一総合出版　1979.9　243p　19cm　1200円
◇高野山院跡考　山口耕栄編著〔高野町(和歌山県)〕　高野山大学　1979.2　178, 6p　22cm
◇守屋多々志高野山金剛峯寺障屏画展―弘法大師御入定千百五十年御遠忌大法会記念　日本経済新聞社編　日本経済新聞社〔1979〕　1冊(頁付なし)　24×25cm
◇重要文化財金剛峰寺奥院経蔵修理工事報告書　和歌山県文化財研究会編〔高野町(和歌山県)〕　高野山文化財保存会　1978.12　73p　図版38枚　30cm
◇高野山年表　明治大正篇　山口耕栄編〔高野町(和歌山県)〕　高野山大学出版部　1977.3　152p　図　21cm
◇高野の石仏　宮川良彦著　文一出版　1976　202p　19cm　980円
◇高野山と真言密教の研究　五来重編　名著出版　1976　491p　図　22cm（山岳宗教史研究叢書 3）　4500円
◇高野山年表　昭和篇　山口耕栄著〔高野町(和歌山県)〕　高野山大学出版部　1976　365p　図　21cm
◇日本の美術　47　高野山　山本智教著　小学館　1976　217p(図共)　20cm（ブック・オブ・ブックス）　930円
◇高野山金剛峰寺　堀田真快著　学生社　1972　282p　図　19cm（日本の寺院 1）　780円
◇高野山　大山公淳著, 三栗参平撮影　社会思想社　1963　218p(図版共)　15cm（現代教養文庫）
◇高野山　佐和隆研, 田村隆照共著　大坂保育社　1963　153p(図版 解説共)　15cm（カラーブックス）
◇高野山霊寶大観　堀田真快著　高野町(和歌山県)　金剛峯寺　1962　図版49枚(解説共)　はり込原色図版3枚　37cm
◇高野山史　宮坂宥勝編著　高野山文化研究会　1962　282p　図　19cm
◇高野山　毎日新聞社編　毎日新聞社　1961.6　248p　19cm

◇高野山金剛峯寺　坂田徹全編著　札幌教育新潮社　1961　216p(図版共)　19cm（日本のお寺シリーズ 第1）
◇比叡山と高野山―最澄と空海を中心として　勝野隆信著　至文堂　1959　246p　図版　19cm（日本歴史新書）
◇高野山の中院を繞る四渓の今昔　水原堯栄著〔高野町(和歌山県)〕　高野山出版社　1956　56p　図版　19cm
◇秘密仏教高野山中院流の研究　大山公淳著　高野町(和歌山県)　大山教授記念出版後援会　1956　597, 25p　22cm
◇霊宝高野　高野町(和歌山県)　高野山出版社　1956　図版80p(解説共)　19cm
◇高野山中院御坊竜光院名宝図録　高野町(和歌山県)　竜光院　1948　図版50丁　44cm
◇高野山霊宝大観　堀田真快著　高野町(和歌山)　金剛峯寺　1948　図版48枚　39cm
◇高野山―美術行脚　佐和隆研著　京都便利堂　1947　221p　図版21枚　19cm

東密
とうみつ

　東密は、東寺(教王護国寺)を根本道場として伝える密教のことで、空海の開いた真言宗所伝の密教をいう。

　　　　＊　　　＊　　　＊

◇空海をめぐる人物日本密教史　正木晃著　春秋社　2008.10　295p　19cm　2200円
①978-4-393-17281-0
内容 第1章 空海以前―役行者・玄昉・道鏡(黎明　役行者―民衆レヴェルの密教, 修験道の開祖　奈良密教 ほか)　第2章 空海―日本密教の創造者(若き日の謎　秘法の実践　密教の本場, 唐へ渡る ほか)　第3章 空海以後―台密と東密の展開(空海を継ぐ人々　中世の密教僧　近世・近代の密教僧)
◇東密諸法流印信類聚　別巻 2　和田大円相承, 野沢諸法流印信類聚刊行会編　大阪　東方出版　1991.7　348p　27cm
①4-88591-196-6, 4-88591-197-4
内容 三十六流印信類聚鈔.諸法流灌頂秘蔵鈔.諸法流
◇東密諸法流印信類聚　首巻 総目録　和田

大円相承, 野沢諸法流印信類聚刊行会編
大阪　東方出版　1991.7　364p　27cm
①4-88591-196-6, 4-88591-197-4
[内容]野沢諸法流印信類聚総目録.和田大円伝授聞書(付・伝授資料)東密諸法流印信類聚校訂・補遺

◇東密諸法流印信類聚　第19巻　伝授目録4 広沢流　和田大円相承, 野沢諸法流印信類聚刊行会編　大阪　東方出版
1990.9　514p　27cm　①4-88591-195-8, 4-88591-197-4
[内容]御流.西院流.保寿院流.華蔵院流.忍辱山流.伝法院流.持明院流.常喜院.御作次第目録(高野山西谷中照院蔵書)

◇東密諸法流印信類聚　別巻1　和田大円相承, 野沢諸法流印信類聚刊行会編　大阪　東方出版　1990.9　300p　27cm
①4-88591-195-8, 4-88591-197-4
[内容]諸法流印信 決.付法実録

◇東密諸法流印信類聚　第17巻　伝授目録2 小野流1　和田大円相承, 野沢諸法流印信類聚刊行会編　大阪　東方出版
1990.6　453p　27cm　①4-88591-194-X, 4-88591-197-4
[内容]中流流.小島流.観修寺流.随心院流.安祥寺流.1 新安流

◇東密諸法流印信類聚　第18巻　伝授目録3 小野流2　和田大円相承, 野沢諸法流印信類聚刊行会編　大阪　東方出版
1990.6　621p　27cm　①4-88591-194-X, 4-88591-197-4
[内容]安祥寺流2 古安流

◇東密諸法流印信類聚　第15巻　別冊6 広沢流2　和田大円相承, 野沢諸法流印信類聚刊行会編　大阪　東方出版
1990.3　315p　27cm　①4-88591-193-1, 4-88591-197-4
[内容]伝法院

◇東密諸法流印信類聚　第16巻　伝授目録1 醍醐流　和田大円相承, 野沢諸法流印信類聚刊行会編　大阪　東方出版
1990.3　362p　27cm　①4-88591-193-1, 4-88591-197-4
[内容]三宝院流報恩方.三宝院流地蔵方.三宝院流意教方.松橋流.西大寺流.金剛王院流.理性院流

◇東密諸法流印信類聚　第13巻　別冊4 小野流2　和田大円相承, 野沢諸法流印信類聚刊行会編　大阪　東方出版

1989.12　334p　27cm
①4-88591-192-3, 4-88591-197-4
[内容]安祥寺流

◇東密諸法流印信類聚　第14巻　別冊5 広沢流1　和田大円相承, 野沢諸法流印信類聚刊行会編　大阪　東方出版
1989.12　294p　27cm
①4-88591-192-3, 4-88591-197-4
[内容]御流.観音院流.西院流.保寿院流.華蔵院流.忍辱山流

◇東密諸法流印信類聚　第11巻　別冊2 醍醐流2　和田大円相承, 野沢諸法流印信類聚刊行会編　大阪　東方出版
1989.9　485p　27cm　①4-88591-191-5, 4-88591-197-4
[内容]金剛王院流.理性院

◇東密諸法流印信類聚　第12巻　別冊3 小野流1　和田大円相承, 野沢諸法流印信類聚刊行会編　大阪　東方出版
1989.9　316p　27cm　①4-88591-191-5, 4-88591-197-4
[内容]中院流.小島流.勧修寺流.随心院流

◇東密諸法流印信類聚　第9巻　本冊9 広沢流　和田大円相承, 野沢諸法流印信類聚刊行会編　大阪　東方出版　1989.6
531p　27cm　19570円
①4-88591-190-7, 4-88591-197-4
[内容]御流.西院流.保寿院流.華蔵院流.忍辱山流.伝法院流.持明院流.三輪流.常喜院流

◇東密諸法流印信類聚　第10巻　別冊1 醍醐流1　和田大円相承, 野沢諸法流印信類聚刊行会編　大阪　東方出版
1989.6　365p　27cm　19570円
①4-88591-190-7, 4-88591-197-4
[内容]三宝院流報恩院方.三宝院流地蔵院方.三宝院流意教方.西大寺流

◇東密諸法流印信類聚　第7巻　本冊7 小野流1　和田大円相承, 野沢諸法流印信類聚刊行会編　大阪　東方出版
1989.3　451p　27cm　19000円
①4-88591-189-3, 4-88591-197-4
[内容]中院流.小島流.勧修寺流1

◇東密諸法流印信類聚　第8巻　本冊8 小野流2　和田大円相承, 野沢諸法流印信類聚刊行会編　大阪　東方出版
1989.3　547p　27cm　19000円
①4-88591-189-3, 4-88591-197-4
[内容]勧修寺流2.随心院流.安祥寺流

◇東密諸法流印信類聚　第5巻　本冊 5
醍醐流 5　和田大円相承, 野沢諸法流印
信類聚刊行会編　大阪　東方出版
1988.12　359p　27cm　19000円
①4-88591-197-4
内容 松橋流.西大寺流
◇東密諸法流印信類聚　第6巻　本冊 6
醍醐流 6　和田大円相承, 野沢諸法流印
信類聚刊行会編　大阪　東方出版
1988.12　426, 7p　27cm　19000円
①4-88591-197-4
内容 金剛王院流.理性院流
◇東密諸法流印信類聚　第3巻　本冊 3
醍醐流 3　和田大円相承, 野沢諸法流印
信類聚刊行会編　大阪　東方出版
1988.9　308p　27cm　①4-88591-197-4
内容 三宝院流願行意教方 2.三宝院流証道意
教方.三宝院流義能意教方.三宝院御流意教方
◇東密諸法流印信類聚　第4巻　本冊 4
醍醐流 4　和田大円相承, 野沢諸法流印
信類聚刊行会編　大阪　東方出版
1988.9　335p　27cm　①4-88591-197-4
内容 三宝院流慈猛意教方
◇東密諸法流印信類聚　第1巻　本冊 1
醍醐流 1　和田大円相承, 野沢諸法流印
信類聚刊行会編　大阪　東方出版
1988.6　396p　27cm　①4-88591-197-4
内容 三宝院流報恩院方.三宝院流地蔵院方 1
◇東密諸法流印信類聚　第2巻　本冊 2
醍醐流 2　和田大円相承, 野沢諸法流印
信類聚刊行会編　大阪　東方出版
1988.6　510p　27cm　①4-88591-197-4
内容 三宝院流地蔵院方 2.三宝院流光宝方.
別相承.三宝院流願行意教方 1
◇国訳聖教大系東密部総目次総索引　福田
亮成ほか編　国書刊行会　1984.9　167p
27cm　5000円
◇国訳聖教大系　東密部　国書刊行会
1974　7冊　27cm　全30000円

聖
ひじり

　平安中期以後に寺院仏教の体制外にある布教
者や修行者を指していうが、高徳の僧を指すこ
ともある。阿弥陀信仰を広める阿弥陀聖、諸国
を勧進してまわる勧進聖、高野山が本拠地の高
野聖など、様々な形をとって発展した。

僧兵
そうへい

　武装した僧侶のことで、僧徒、僧衆ともいう。
「僧兵」は江戸期以降の呼方である。寺院自衛
のために寺領の荘園の兵士を徴発したり、僧侶
を乱造して武装僧侶の集団ができた。僧兵は、こ
とに延暦寺、園城寺、興福寺、東大寺などで相互
の勢力争いに使われ、朝廷や、幕府に強訴して
要求を通そうとした。戦国時代に織田信長、豊
臣秀吉らの寺院焼打ち、寺領削減などによって
消滅した。

＊　　＊　　＊

◇東大寺　東大寺編　新装版　学生社
1999.4　266p　20cm　2200円
①4-311-40807-2
内容 1 東大寺の創建と大仏開眼　2 東大寺
と華厳教学　3 東大寺の僧たち　4 別当・学
侶・堂衆・僧兵　5 東大寺の伽藍と仏像　6
東大寺の荘園と金堂の修理　7 年中行事の
変遷　8 お水取り　9 現在の行事の数々
◇日本仏教史之研究　続篇 上　辻善之助著
岩波書店　1991.8　393p　21cm　（日本
仏教史研究 第3巻）　6700円
①4-00-008723-1
内容 聖徳太子慧思禅師後身説に関する疑
僧兵の起源　神木入洛と公家武家思想の対
照　教行信証後序問題　道元と時頼　鎌倉
時代の復古思想と新宗教の興隆　後宇多天
皇の御信仰と朝幕関係　両統対立の反映と
して三宝院流嫡庶の争　都鄙和睦と禅僧の
居中斡旋　浄土教の宮廷への接近　足利時
代に於ける日蓮宗の宮延への接近　黒衣の
宰相金地院崇伝
◇金岡秀友選集　第5巻　仏教の旅　日本
篇 下　善本社　1989.1　221p　20cm
2400円　①4-7939-0223-5
内容 第1章 永平寺―渡宋・叡山・越前　第
2章 身延山久遠寺―蓮長から立正大師まで
第3章 宇治万福寺―最後の来日僧・最後の
立宗　第4章 西大寺・四天王寺―仏教と社
会事業　第5章 興福寺―官寺と私寺　第6章
東寺―教王・護国の寺　第7章 三井寺―僧
兵と鐘の音
◇仏教行事歳時記　2月　節分　第一法規
出版　1988.11　221p　23cm　2500円
①4-474-10152-9
内容 カラー特集(廬山寺の鬼踊り　千本釈
迦堂おかめ節分　鑁河寺の追儺　宝仙寺僧

兵行列　壬生寺炮烙奉納　滝山寺の鬼祭り　近江寺の鬼　長谷寺だだおし）　節分の鬼　節分と追儺の儀礼　修二会　岡山県の会陽　星供・星祭り　カラー特集(出行会　五大力さん　針供養　能安寺百万遍念仏　無動寺の棒叩き)　出行会　五大力さん　針供養　能安寺の百万遍念仏　無動寺の五日祭り　カラー特集(黒石寺蘇民祭　谷汲踊り　田楽・田遊び)　黒石寺蘇民祭　谷汲踊り　春迎えの芸能　フォト紀行　国東の風土と鬼会　2月の行事　おもな寺院　用語解説

◇良源　平林盛得著　吉川弘文館　1987.11　231p　19cm　（人物叢書 新装版）　1600円　①4-642-05097-3
　内容　第1 おいたちと修行　第2 藤原氏の後援　第3 良源独歩　第4 天台座主良源　第5 叡山中興の祖へ　第6 栄光と陰影　第7 良源の死　第8 大師信仰

末法思想　まっぽうしそう

釈迦の入滅後、時代が経つに従い仏教や寺院が衰え、乱世がくるという、仏教の歴史観。日本では、永承7年(1052年)から末法に入る説が広まった。平安後期は、疫病が流行し、武士や寺社勢力の横暴や長谷寺が焼失するなど末法と社会状況が酷似したため貴族を始め社会全体にこの考えが広まり、無常観や厭世観から浄土に往くことを願う浄土教信仰が盛んになった。同時に末法の世を救うという鎌倉新仏教誕生の契機となった。

◇選択本願念仏集―法然の教え　法然著、阿満利麿訳・解説　角川学芸出版　2007.5　286p　15cm　（角川文庫）　667円　①978-4-04-406801-1
　内容　標章　道綽禅師が、仏教を「聖道」と「浄土」に分け、「聖道」を捨てて「浄土」に帰せよ、と説く文。　引文第一　道綽禅師の『安楽集』上には…　私釈　宗派の根拠/「浄土宗」の立場/さまざまな分類/「浄土宗」の師資相承　標章　善導和尚が浄土往生のための行を「正」・「雑」の二つに分けて、「雑」行を捨てて「正」行に帰依するように勧めている文。　引文第一　善導はその著『観経疏』の第四において…　私釈　正・雑二行の得失　引文第二　善導の『往生礼讃』は…　私釈　標章　阿弥陀如来は称名以外の行をもって往生の本願となしたまわず。ただ念仏をもって往生の本願となしたまえる、という文。　引文第一　『無量寿経』の上に…　[ほか]

◇平安仏教と末法思想　速水侑著　吉川弘文館　2006.10　345, 12p　22cm　10000円　①4-642-02453-0
　内容　1 浄土教とその周辺(浄土思想論―空也と源信　源信伝の諸問題　『源氏物語』と浄土思想 ほか)　密教受容の諸相(平安貴族と仏像―法勝寺にみる造像と信仰　三十三間堂の楊枝浄水供　鎌倉政権と台密修法―忠快・隆弁を中心として ほか)　3 末法思想の形成と展開(平安仏教における末法思想と時機論　摂関期文人貴族の時代観―『三宝絵』を中心に　院政期仏教と末法思想 ほか)

◇仏教の研究―日本人のくらしと仏教　林田康順監修　ポプラ社　2001.4　47p　29cm　（調べ学習日本の歴史10）　3000円　①4-591-06737-8, 4-591-99371-X
　内容　日本人と仏教　仏教の誕生―釈迦の生涯と教え　上座部仏教と大乗仏教　中国・朝鮮に伝わった仏教　日本に仏教が伝来する　奈良時代の仏教―国家鎮護と南都六宗　平安時代の仏教―最澄と空海　末法思想と浄土信仰―空也と源信　神と仏が結びついた神仏習合　鎌倉時代の仏教―法然と親鸞 [ほか]

◇高野山、超人・空海の謎―真言密教と末法思想の源流とは　百瀬明治著　祥伝社　1999.1　354p　16cm　（祥伝社文庫）　638円　①4-396-31110-9

◇法然対明恵―鎌倉仏教の宗教対決　町田宗鳳著　講談社　1998.10　232p　19cm　（講談社選書メチエ 141）　1500円　①4-06-258141-8
　内容　第1章 浮かび上がる二つの軌跡(相似形の生い立ち　乖離していく二人の軌跡　両極に立った改革思想)　第2章 明恵―「生の座標軸」(実践哲学としての華厳思想　ひたすらに愛する人　世界はありのままで美しい　末法思想の超克)　第3章 法然―「死の座標軸」(絶望の時代に投げこまれて　救いの発見　濁世の革命家)　第4章 交叉する座標軸(対決の構図　身体化する思想　重なり合う座標軸　日本仏教の再生へ)

◇院政期の仏教　速水侑編　吉川弘文館　1998.2　448p　22cm　7600円　①4-642-06761-2
[内容]第1章 院政期における仏教の特質（院政期仏教と末法思想　日本仏教における戒律への関心と中国の禅宗 ほか）　第2章 院政期における僧侶の活動（無度縁宣旨・一身阿闍梨・僧都直任　守覚法親王と院政期の仏教文化 ほか）　第3章 院政期仏教の周辺（古代における僧尼と音楽　古代から中世への神祇信仰の展開）　第4章 院政期仏教の展開（論義と聖教　叡尊歿後の西大寺 ほか）

◇正法神理の世界―超宗教の客観的な死生観　菊地信一著　日本図書刊行会　1996.10　161p　19cm　1400円　①4-89039-062-6
[内容]自分のものさしと人生　理想論と方法論　末法思想と光明思想　自力信仰と他力信仰　法の理解と人生　人生と心の生活　神理知識と人生　自己確立と神の法　自分の人生を生きる　正法神理と人生〔ほか〕

◇善導浄土教の研究　三枝樹隆善著　大阪　東方出版　1992.11　326p　22cm　8000円　①4-88591-321-7
[内容]善導浄土教研究序説　善導における末法思想と罪悪意識　善導浄土教の概要―凡入報土と指方立相　善導『観経疏』の研究　善導『観経疏』の訳註心得　善導における戒の意義　善導の宗教理念と実践　善導と宗教儀礼―『法事讃』儀礼の構造　善導像―半金色の善導　法然の宗教的立場―「偏依善導」の意味　法然と『観経疏』　鎮西聖光と善導教学―『念仏名義集』をめぐって

◇道元　百瀬明治著　京都　淡交社　1990.11　149p　19cm　（京都・宗祖の旅）　880円　①4-473-01144-5
[内容]1 道元の生涯と教え（道元の出生　無常に思いをひそめ　末法思想と最後の審判　出家への道 ほか）　2 京都・道元の旅（木幡山荘跡と誕生寺　比叡山横川　建仁寺　安養院跡と欣浄寺　興聖寺　六波羅蜜寺　示寂の地）　付録（道元略年表　宗派と宗祖　各寺院の住所と交通）　地図（京都市内略図　比叡山略図　道元禅師中国遍歴図）

◇白米一俵御書に学ぶ　上　静岡県青年部編　聖教新聞社　1990.8　274p　19cm　650円
[内容]序章 研究の視点と課題　第1章 白米一俵御書の概要（背景と対告衆　供養について　本抄の構成と展開）　第2章 白米一俵御書と末法（末法と末法思想　日蓮大聖人における末法　末法の中の「志ざし」）

◇思想と歴史　石田瑞麿著　京都　法蔵館　1986.6　499p　21cm　（日本仏教思想研究 3）　8500円
[内容]慈悲救済の理念　慈悲と救済　六波羅蜜の実践　さとりの世界　仏教と剃髪　日本仏教における法華思想　日本における末法思想　説話のなかの不動信仰　国家仏教の展開　行基論　行基の社会救済事業　大仏建立と行基　天平の戒師・鑑真　鑑真来朝のもたらしたもの　学問僧と諸宗の学　最澄の叡山遁身について　最澄と密教　比叡山史にみる名僧・宗教　天台宗における名僧輩出の背景　天台宗教団発展過程における抵抗と妥協　初期口伝法門文献の成立　口伝法門文献の成立年代について　一念義と口伝法門　幸西の四捨行について　『末法灯明記』について　開会について　中国の浄土思想　四種三昧の本尊について　念仏と見仏　中道論　日本の阿弥陀信仰　信の系譜　一念義の周辺　金沢文庫における浄土教典籍

◇論集日本仏教史　第3巻 平安時代　平岡定海編　雄山閣出版　1986.6　335p　22cm　4800円　①4-639-00575-X, 4-639-00552-0
[内容]1. 平安仏教の成立と変遷　2. 平安時代仏教の諸問題（空海と最澄との交わり　最澄と国家仏教　『顕戒論』の成立　十住心教判の意義　円仁と円珍との関係　本地垂迹説の成立　四円寺考　藤原実資の仏教信仰　白河御願寺小論　南都北嶺の悪僧について　末法思想の展開とその歴史的背景　法然和歌の文学性）

◇浄土教思想　石田瑞麿著　京都　法蔵館　1986.4　461p　21cm　（日本仏教思想研究 第4巻）　8500円
[内容]1「往生要集」（1『往生要集』の成立　2 迷いの世界　3 浄土へのねがい　4 正しい念仏　5 悲しき者の救い）　2源信（空也と源信　源信と『往生要集』　源信の観想念仏　臨終正念の実践者　源信撰の『往生十念』について）　3法然（法然と人生観　法然の戒律観　法然における二つの性格　法然と親鸞）　4親鸞（わが研究課題　親鸞における初期の己証　本願の歴程　親鸞研究の方法論における1、2の問題　中世浄土教思想と親鸞　親鸞と末法思想　親鸞とその子供たち　善鸞事件をめぐる書簡　『教行信証』入門　『歎異抄』に対する異端的考察　師弟の情誼）

◇日本仏教思想研究　第4巻 浄土教思想　石田瑞麿著　京都　法蔵館　1986.4　461p　22cm　8000円

内容 『往生要集』―悲しき者の救い．源信 空也と源信．源信と『往生要集』．源信の観想念仏．臨終正念の実践者．源信撰の『往生十念』について．法然 法然と人生観．法然の戒律観．法然における二つの性格．法然と親鸞．親鸞 わが研究課題―親鸞を中心に．親鸞における初期の己証．本願の歴程．親鸞研究の方法論における一、二の問題―『歎異抄』信仰への根本批判．中世浄土教思想と親鸞．親鸞と末法思想．親鸞とその子供たち．善鸞事件をめぐる書簡．『教行信証』入門．『歎異抄』に対する異端的考察．師弟の情誼

◇仏教思想 2 悪 仏教思想研究会編 京都 平楽寺書店 1976.11 410p 22cm 4300円
内容 悪（中村元）善悪応報の思想―インド一般思想として（雲井昭善）原始仏教における悪の観念（藤田宏達）善悪一如（田村芳朗）悪の肯―タントリズムを中心として（松長有慶）密教における「悪」（金岡秀友）華厳教学における善と悪（鎌田茂雄）日蓮を中心としてみたる悪の超克（浅井円道）道元の悪（玉城康四郎）親鸞における悪の自覚（田中教照）インド仏教の末法思想（雲井昭善）中国における末法思想（道端良秀）日本における末法思想（石田瑞麿）社会悪（水野弘元）

◆鎌倉時代

鎌倉仏教　かまくらぶっきょう

平安末期、末法思想による乱世を救済しようと新しく諸宗が生まれ、仏教の革新運動が行われた。鎌倉新仏教の担い手の多くは、比叡山で修学した僧侶であり、奈良期より仏教研究の場として寺院が存在した伝統は、比叡山にも受け継がれていた。なお、鎌倉新仏教の研究は、明治以降に奈良仏教を旧仏教として行われてきたが、最近では、新旧に区別することに対して疑問が出されている。

◇鎌倉仏教展開論 末木文美士著 トランスビュー 2008.4 318, 8p 22cm 3800円 ①978-4-901510-59-2
内容 鎌倉仏教をどう見るか　方法と概観（日本宗教史の中の仏教　鎌倉仏教の形成と展開）　鎌倉仏教の形成（本覚思想をめぐって　浄土教の思想　栄西における密と禅）　鎌倉仏教の展開（日蓮の真偽未決遺文をめぐって　密教から見た諸宗―頼瑜の諸宗観　無住の諸行並修思想　『夢中問答』にみる夢窓疎石の思想　仏教と中世神道論―神・仏・天皇論の展開）　中世から捉え返す思想史

◇鎌倉仏教の思想と文化 中尾堯編 吉川弘文館 2002.12 358p 22cm 8500円 ①4-642-02816-1
内容 1 古代仏教の継承と展開（院政期の写経とその儀礼　平安・鎌倉期の大安寺の動向　白河天皇による神事と仏事 ほか）　2 仏教思想の特質とその継承（日蓮のエゾ認識とその歴史的意義　日蓮の神祇観　親鸞思想の倫理性について ほか）　3 経典と聖教の創出と享受（中世醍醐寺の教相と論議　『大乗院寺社雑事記』に見える記録の構造　『呪賊経』流伝 ほか）

◇日本の歴史 中世1-7 鎌倉仏教 新訂増補 朝日新聞社 2002.7 p198-228 30cm （週刊朝日百科7）　476円

◇鎌倉仏教と魂―日蓮・道元 時間数と周期波動で説く　田上晁彩著　たま出版 2002.2 239p 19cm 1400円 ①4-8127-0149-X
内容 図説（鎌倉期の西暦年数と十二支の見方　玉結びの見方 ほか）　序創（自然の中に仏法がある　仏法の原点をみつめる ほか）　第1部 鎌倉仏教を大手術する（なぜ年紀を西暦年数で読むのか　天台法華とタマ思想 ほか）　第2部 道元の「道」と時観（道元の誕生年と日蓮の誕生年　道元の誕生年から命運を解く ほか）

◇蒙古襲来と鎌倉仏教―特別展 神奈川県立金沢文庫編 横浜 神奈川県立金沢文庫 2001.8 63p 30cm

◇鎌倉仏教の様相 高木豊, 小松邦彰編 吉川弘文館 1999.3 463p 22cm 12000円 ①4-642-02774-2
内容 鎌倉仏教の展開（「鎌倉新仏教」という名辞　「宗」のゆくえ―覚憲・明恵・凝然の歴史意識　安居院聖覚の言説をめぐる　栄西における兼修禅の性格 ほか）　日蓮のなかの鎌倉仏教（中世天台僧の学問―青春の日蓮と重ね合わせて　日蓮誕生論―鎌倉新仏教における人権思想の萌芽　日蓮撰『注

法華経』の一考察　『法華取要抄』の成立ほか）

◇法然対明恵―鎌倉仏教の宗教対決　町田宗鳳著　講談社　1998.10　232p　19cm（講談社選書メチエ 141）　1500円
①4-06-258141-8
[内容]第1章 浮かび上がる二つの軌跡（相似形の生い立ち　乖離していく二人の軌跡　両極に立った改革思想）　第2章 明恵―「生の座標軸」（実践哲学としての華厳思想　ひたすらに愛する人　世界はありのままで美しい　末法思想の超克）　第3章 法然―「死の座標軸」（絶望の時代に投げこまれて　救いの発見　濁世の革命家）　第4章 交叉する座標軸（対決の構図　身体化する思想　重なり合う座標軸　日本仏教の再生へ）

◇鎌倉仏教形成論―思想史の立場から　末木文美士著　京都　法藏館　1998.5　418, 7p　22cm　5800円
①4-8318-7372-1
[内容]序章 鎌倉仏教への視座　1 顕と密　2 法然とその周辺　3 明恵とその周辺　4 本覚思想の形成　結章 仏教の民衆化をめぐって

◇図説日本仏教の歴史　鎌倉時代　高木豊著　佼成出版社　1996.10　158p　21cm　2000円　①4-333-01751-3
[内容]鎌倉仏教の胎動　僧宝の再建　新しい仏教の展開　教えの継承と確立　朝鮮・中国仏教との再会　信仰の広がり

◇鎌倉仏教　佐藤弘夫著　第三文明社　1994.11　246p　18cm（レグルス文庫 218）　800円　①4-476-01218-3
[内容]第1章 法然の旅　第2章 聖とその時代　第3章 異端への道　第4章 世法と仏法　第5章 理想と現実のはざまで　第6章 檻褸の旗　第7章 熱原燃ゆ　第8章 文化史上の鎌倉仏教

◇鎌倉仏教―高僧とその美術 特別展　奈良国立博物館編　奈良　奈良国立博物館　1993.4　262p　26cm

◇鎌倉の仏教―中世都市の実像　貫達人,石井進編　横浜　有隣堂　1992.11　233p　18cm（有隣新書）　980円　①4-89660-108-4
[内容]1 浄土宗　2 日蓮　3 禅宗　4 律宗　5 時宗　6 六浦の文化と上行寺東遺跡　7 鎌倉の仏教を語る

◇鎌倉仏教への新しい視点―道元・親鸞・日蓮と現代　津田剛著　真世界社　1987.10　126p　21cm　1000円
①4-89302-122-2
[内容]1 鎌倉仏教への新しい視点―その世界史的意味　2 鎌倉仏教の人間学―道元・親鸞・日蓮と現代　3 明治知識人の見た日蓮―内村鑑三と姉崎正治の場合　4 大正知識人と日蓮―宮沢賢治と石原莞爾の場合　5 日蓮と近代日本を繋ぐもの―宗教改革者田中智学

◇鎌倉仏教史研究　高木豊著　岩波書店　1982.7　343, 16p　22cm　3800円

◇鎌倉仏教雑考　田中久夫著　京都　思文閣出版　1982.2　656p　20cm　9800円

◇鎌倉仏教　田中久夫著　〔東村山〕　教育社　1980.3　235p　18cm（教育社歴史新書）　600円

◇アジア仏教史　日本編 3　鎌倉仏教 1　民衆と念仏　佼成出版社　1972　277, 11p 図　22cm　2000円

◇アジア仏教史　日本編 4　鎌倉仏教 2　武士と念仏と禅　佼成出版社　1972　290, 18p 図　22cm　2000円

◇アジア仏教史　日本編 5　鎌倉仏教 3　地方武士と題目　佼成出版社　1972　323, 19p 図　22cm　2000円

◇俊芿律師―鎌倉仏教成立の研究　石田充之編　京都　法藏館　1972　425p 図 肖像　27cm　7500円

◇鎌倉仏教形成の問題点　日本仏教学会編　京都　平楽寺書店　1969　262p　22cm　2000円

◇鎌倉仏教―親鸞と道元と日蓮　戸頃重基著　中央公論社　1967　191p　18cm（中公新書）　200円

◇封建・近代における鎌倉仏教の展開　笠原一男編　京都　法藏館　1967　450p　22cm　3200円

◇鎌倉仏教の研究　続　赤松俊秀著　京都　平楽寺書店　1966　498, 22p 図版　22cm　2800円

◇日蓮の思想と鎌倉仏教　戸頃重基著　富山房　1965　577p 図版 地図　22cm

◇鎌倉仏教の研究　赤松俊秀著　京都　平楽寺書店　1957　355, 15p 図版　22cm
[内容]親鸞をめぐる諸問題, 一遍について, 慈円と未来記

◇日本仏教の開展とその基調―日本天台と鎌倉仏教 上　硲慈弘著　三省堂出版　1948　346p　21cm

北条氏・鎌倉五山　ほうじょうし・かまくらござん

　北条政子が道元に帰依し、源頼朝の一周忌を道元により寿福寺で行ったことなどで、北条氏には禅宗に帰依するものが多く出た。中でも執権時宗は、生涯を蒙古軍との戦いに終始させたが、禅学にいそしみ、無学祖元に師事して円覚寺を建立した。弘安7年（1284年）に出家したが、その当日に没した。鎌倉五山は、鎌倉後期に北条氏が住持を任命した鎌倉の禅宗の5寺をいう。至徳3年（1386年）に寺院の序列を、建長寺、円覚寺、寿福寺、浄智寺、浄妙寺とした。その後、建武政権により京都中心に改められて6か寺となり、さらに室町幕府が改めて7～8か寺としたため、5寺の意味が失われて最高の寺格をもつ禅寺の称号となった。

◇今日、一途に―鎌倉名利・浄智寺、老僧の独白譚　朝比奈宗泉著　実業之日本社　2003.4　208p　20cm　1700円　①4-408-32175-3
　内容　第1章 人生を振り返って―鎌倉、浄智寺、父のこと（浄智寺は、鎌倉五山の第四位に定められた古い禅寺　浅草で生まれて、すぐに飯能へ　ほか）　第2章 春は花―ただ自然の赴くままに（春は浄智寺境内が最も華やぐ季節　円覚寺の門を叩いた、五十五歳の春　ほか）　第3章 夏時鳥―古き日本に懐かしむ（六月は北鎌倉が最も賑わう紫陽花の季節　父の日にみる、昨今の親子関係　ほか）　第4章 秋は月―竹林にて耽る（秋は節目の季節　「老い」と向き合う敬老の日　ほか）　第5章 冬は雪―無のしを知る（昔は池が凍るほど寒かった冬の鎌倉　人はみんなサラリーマン　ほか）

◇日蓮教学教団史論叢―渡邊寳陽先生古稀記念論文集　渡邊寳陽先生古稀記念論文集刊行会編　京都　平楽寺書店　2003.3　749p　23cm　15000円　①4-8313-1077-8

◇日蓮とその教団　高木豊, 冠賢一編　吉川弘文館　1999.3　543p　22cm　14000円　①4-642-02775-0
　内容　日蓮遺文書誌の諸問題（日蓮遺文『録外御書』の書誌学的考察　『某殿御返事』（折紙）の位置とその伝来―新発見の日蓮真蹟書状をめぐって　日蓮遺文『諫暁八幡抄』の曽存真蹟　ほか）　日蓮教学の諸問題（法華円教と一念三千　執権北条氏と『立正安国論』　転換点としての佐渡―台密批判との関連において　ほか）　日蓮教団の諸問題（直弟による日蓮聖人の尊称　重須談所の教育史的考察　古版の身延山図　ほか）

◇金沢北条氏と称名寺　福島金治著　吉川弘文館　1997.9　312, 8p　22cm　6900円　①4-642-02761-0

◇禅寺に游ぶ―身近な禅寺全国ガイド　石川潔著　二期出版　1997.9　238p　19cm　（シリーズ週末の達人）　1400円　①4-89050-331-5
　内容　序章 週末は禅寺へ　第1章「禅」とは何か　第2章 禅寺を歩く　第3章 坐禅に親しむ　第4章 精進料理を食べる　第5章 禅僧たちの生き方を知る　終章 禅寺に游ぶための知識と情報

◇私の鎌倉古寺巡礼　安川秋一郎著　国分寺　新風舎　1996.3　177p　19cm　1300円　①4-88306-673-8
　内容　第1部 鎌倉古寺巡礼（龍ノ口法難霊跡龍口寺　義経ゆかりの腰越満福寺　『極楽寺』と『長谷寺』　慈顔におわす長谷の大仏　北条氏終焉の地『東勝寺』跡と『宝戒寺』　『永福寺』跡と『頼朝墓所』　ほか）　第2部 鎌倉つれづれの記（鎌倉昨今　鎌倉の初夏のころ　七里が浜迎春　鎌倉の海　廉恥と真勇の碑　尾張野恋しも）

◇中世禅林成立史の研究　葉貫磨哉著　吉川弘文館　1993.2　399, 7p　22cm　9800円　①4-642-02644-4
　内容　序章 禅宗の受容と経過　第1章 平安仏教と黄竜派の発展　第2章 北条氏の純粋禅への帰嚮　第3章 唐様（禅宗様）建築の遺構と虎関師錬　第4章 禅林の統制と外交使節　第5章 禅宗の地方発展　第6章 地方発展と接化の手段　結章 禅宗の受容と限界

◇探訪日本の古寺　3　東京・鎌倉　第2版　小学館　1991.3　179p　27cm　2000円　①4-09-377103-0
　内容　浅草寺（浅草観音）　題経寺（柴又帝釈天）　寛永寺　増上寺　泉岳寺　護国寺　本門寺　平間寺（川崎大師）　総持寺　深大寺　武蔵国分寺跡　正福寺　金剛寺（高幡不動）

観音寺(塩船観音) 有喜寺(薬王院) 武蔵野の古寺 鎌倉五山 鎌倉のみほとけ 鎌倉古刹の四季 鎌倉の石造物 称名寺 霊山寺(日向薬師) 大山寺(大山不動) 清浄光寺(遊行寺) 最乗寺(道了寺) 早雲寺 名僧列伝日蓮 古寺探訪(将軍慶喜の蟄居―寛永寺 江戸へのタイム・スリップ―浅草寺 武蔵野追想―深大寺・武蔵国分寺 江ノ電にのって―高徳院・長谷寺・極楽寺 松風吹く禅刹―建長寺・円覚寺 勤行蟬の森―早雲寺) 全国古寺めぐり東京・鎌倉〔ほか〕

◇慈円 多賀宗隼著 吉川弘文館 1989.5 231p 19cm (人物叢書 新装版) 1650円 ①4-642-05153-8
　[内容]第1 生涯と事蹟(出家と修業 世間的活動 座主就任 宮廷を中心として 隠棲と静観 活躍の時代 承久の変をめぐって 晩年と入寂) 第2 思想と信仰(真俗二諦 歴史と政治 祈禱 信仰) 自草の記録文書 系図 略年譜

◇太平記の説話文学的研究 谷垣伊太雄著 大阪 和泉書院 1989.1 270p 22cm (研究叢書 66) 7500円
①4-87088-330-9
　[内容]第1章 尊良親王配流譚を中心に(尊良親王配流譚をめぐって 『袖貝の記』考 『小袖貝のゆかり』 『太平記』と『淡路常磐草』・『淡路国名所図絵』 一宮・妙法院配流譚の一考察) 第2章 『太平記』の展開と方法(巻一における"対の方法" 虚像としての後醍醐天皇 楠正成の説話的人物像 巻

◆室町・安土桃山時代

四をめぐる諸本の構想と構成 呉越合戦説話の表現と方法 北条氏滅亡の予兆と大塔宮熊野遍歴 巻六「赤坂合戦事付人見本間抜懸事」について 巻十二における天神説話) 第3章 『太平記』(日本古典文学大系) 年表索引

◇禅とは何か―それは達磨から始まった 水上勉著 新潮社 1988.6 296p 19cm (新潮選書) 900円 ①4-10-600345-7
　[内容]第1章 それは達磨から始まった 第2章 臨済禅を築いた祖師たち(鎌倉五山と京都五山 大応国師の「日常心是道」 大燈国師五条橋下の20年 関山慧玄と妙心寺) 第3章 反時代者道元希玄の生き方(長翁如浄に至る曹洞山脈 『正法眼蔵』の厳しい道) 第4章 曹洞大教団の誕生 第5章 一休宗純の風狂破戒 第6章 三河武士鈴木正三の場合 第7章 沢庵宗彭体制内からの視線 第8章 雲渓桃水と白隠禅師の自由自在 第9章 日本禅の沈滞を破る明国からの波(盤珪永琢を刺激した明僧 隠元隆琦の禅と念仏との合体) 第10章 大愚良寛「無住の住」の生涯 終章 民衆が純禅を支える

◇鎌倉 花の寺 藤原健三郎著 大阪 保育社 1988.2 149p 15cm (カラーブックス) 500円 ①4-586-50749-7

◇鎌倉の五山―建長寺・円覚寺・寿福寺・浄智寺・浄明寺 杉本寛一著 京浜急行電鉄三浦古文化研究会 1956 30p 25cm

民衆仏教　みんしゅうぶっきょう

　鎌倉期に新仏教が開かれ、禅宗は武士を中心に信仰を集め、浄土宗系、日蓮宗は教団として全国的に広まっていった。浄土宗は、鎌倉を中心に関東地方に勢力を伸ばして京都への進出を果たした。浄土真宗は、京都の東山大谷の親鸞廟を中心にして教団の統一を図ろうとしたが、覚如がこれに失敗し地方へ分裂した。日蓮宗は、南関東から東海地方へ信者を増やし、室町期には全国に展開した。とくに京都の日蓮宗は、商工業者が帰依し勢力が強大化した。一遍の時宗は、遊行とお札を配る賦算(ふさん)で民衆に広まり、踊り念仏が民間芸能へ変化し始めた。また、仏教の信仰が庶民の生活習慣の中に取り入れられ、葬送や先祖供養と結びつくようになった。仏像や仏画も庶民に広まり、五輪塔、板碑(いたび)などがさかんに造られた。

◇「浅草寺社会事業」の歴史的展開―地域社会との関連で 大久保秀子著 ドメス出版 2008.11 293p 21cm 3800円

①978-4-8107-0711-3
　[内容]序章 本研究の意義と目的 第1章 浅草寺社会事業前史―民衆仏教信仰の拠点とし

て　第2章 浅草寺社会事業成立期―臨時救護所からの出発　第3章 浅草寺社会事業展開期―本格的な活動展開期　第4章 浅草寺社会事業縮小期―戦後の再出発　終章 考察と今後の課題

◇日本古代の精神世界―歴史心理学的研究の挑戦　湯浅泰雄著　名著刊行会　1990.10　414p　19cm　(さみっと双書)　3800円　①4-8390-0249-5
　内容　序論 日本宗教史の歴史心理学的構造　第1章 古代国家と神道(日本神話の歴史心理学　古代神道の基本的性格　清明心の道徳と美意識　天皇理念と国家体制)　第2章 仏教と古代国家(聖徳太子と仏教伝来　日本仏教の制度的特質　国家仏教と民衆仏教　戒律論争と山岳信仰　仏性論争と国家理念)　第3章 古代的世界像の確立(山岳修行の心理学　空海の哲学の基本的性格　日本的形而上学への道　神道と仏教の交流)　第4章 王朝の秋(古典古代の心理世界　和魂の世界　美の浄土信仰　末法到来)

◇仏教と部落差別―その歴史と今日　柏原祐泉著　大阪　部落解放研究所　1988.2　107p　21cm　(人権ブックレット 9)　520円
　内容　日本仏教の差別的体質　民衆仏教の発達と変質　近世の真宗と部落差別　近代の解放運動と仏教　資料(仏教教団の部落問題へのとりくみ状況　同宗連および各府県同宗連の加盟教団一覧)

◇板碑源流考―民衆仏教成立史の研究　千々和実著　吉川弘文館　1987.9　372p　22cm　7800円　①4-642-02619-3
　内容　石造文化財に取りくむ　第1編 板碑の発生(板碑源流考　初期の笠塔婆　平安時代の経幢　初期五輪石塔の資料3題)　第2編 板碑文化の展開(中世民衆仏教普及の実態　板碑に見る中世仏像表現　板碑工作と中世商品の供給源の一考察)　第3編 地方の板碑と石造物(中世諸地域における諸仏信仰の比率　上野の板碑について　国東の石造文化財　仏教文化の北限をさぐる)　第4編 板碑の消滅(板碑商減考　本門寺古石塔に見る江都の成立)

◇日本仏教史　近世　圭室文雄著　吉川弘文館　1987.1　362, 6p　20cm　2700円　①4-642-06753-1
　内容　1 幕藩制成立期の仏教　2 寛文〜元禄期の仏教　3 江戸中期の仏教教団　4 江戸後期の仏教　5 江戸幕府の寺院統制―江戸中・後期を中心として

五山文化　ござんぶんか

　室町幕府は、禅宗の五山十刹(じっせつ)の官寺制度を整え僧録制度を確立し、五山派の全寺院を官寺とする機構をつくった。将軍義満のころには、禅宗寺院の官寺への昇格や住持就任には高額の銭を徴収した。五山派に対し、曹洞宗と臨済宗の他派は、林下(りんか)とよばれ室町後期に盛んとなる。また、京都五山派の禅僧が活躍した文化を五山文化といわれ、漢詩文や儒教が武家の教養とされるようになるなど、武家の生活に様々な影響を与え、芸能の世界にも茶の湯、立花、能などとして取り入れられた。

◇仏教を歩く　no.15　夢窓疎石と「五山文化」　朝日新聞社　2004.2　32p　30cm　(週刊朝日百科)　533円

◇日本文化と仏教、東洋思想　古館晋著　大阪　JDC　2000.4　280p　20cm　2000円　①4-89008-264-6
　内容　第1章 仏教と人間、宇宙　第2章 わび、さびの世界とみやび、はんなりの世界　第3章 飛鳥、白鳳、天平文化　第4章 平安文化の光と影　第5章 鎌倉時代文化の3つの潮流　第6章 室町、禅、五山文化　第7章 江戸時代文化の華、元禄文化　第8章 日本文化総集と明治の歴史改ざん

◇悟りを開いた60人―聖徳太子から良寛まで　竹内均著　同文書院　1993.10　232p　19cm　1300円　①4-8103-7166-2
　内容　第1章 人間界の因果律の発見と仏法伝来　第2章 日本の大地に仏教の種をまいた僧(法相宗)　第3章 日本に真の戒律を伝えた僧(律宗)　第4章 焼け落ちた東大寺を再興した僧(華厳宗)　第5章 一切衆生悉皆成仏の教えを確立させた僧(天台宗)　第6章 大日如来の生命界に参入した僧(真言宗)　第7章 専修念仏による救いを唱えた僧(浄土宗)　第8章 悪人の絶対的救いを唱えた僧(浄土真宗)　第9章 禅宗をもたらし、五山文化を築いた僧(臨済宗)　第10章 性別による差は仏

法にないと主張した僧（曹洞宗）　第11章 法華経を信じ、迫害に耐えた僧（日蓮宗）　第12章 念仏と禅に新しい世界を開いた僧（時宗・黄檗宗）

◇地球物理学者竹内均の知恵の書　3　名僧の知恵を読む―地球は見えざる経である　竹内均著　同文書院　1989.3　232p　20cm　（DBS cosmos library）　1500円
①4-8103-7010-0
内容　第1章 人間界の因果律の発見と仏法伝来　第2章 日本の大地に仏教の種をまいた僧―法相宗　第3章 日本に真の戒律を伝えた僧―律宗　第4章 焼け落ちた東大寺を再興した僧―華厳宗　第5章 一切衆生悉皆成仏の教えを確立した僧―天台宗　第6章 大日如来の生命界に参入した僧―真言宗　第7章 専修念仏による救いを唱えた僧―浄土宗　第8章 悪人の絶対的救いを唱えた僧―浄土真宗　第9章 禅宗をもたらし、五山文化を築いた僧―臨済宗　第10章 性別による差は仏法にないと主張した僧―曹洞宗　第11章 法華経を信じ、迫害に耐えた僧―日蓮宗　第12章 念仏と禅に新しい世界を開いた僧―時宗・黄檗宗

茶の湯　ちゃのゆ

茶は最澄が延暦24年（805年）に唐から薬用としてもたらし、畿内中心に栽培したことに始まる。嗜好用としては、栄西が建久2年（1191年）に、禅とともに宋から九州に伝えたものを、明恵が山城栂尾（やましろとがのお）に移植し、醍醐や宇治、後に駿河、武蔵にまで広まった。室町期には、武士世界に浸透した禅宗から、茶の湯が生まれた。禅宗寺院には、茶礼（ちゃれい）といわれる茶を喫する作法があり、仏祖に献ずる儀礼的なものと、全ての修行僧に定期的に供され、結束を強めるためのものがある。鎌倉期に抹茶が伝えられ、武士や僧侶の間に広まった。室町期に入って茶の作法などが定められ、東山期には将軍家を中心に茶の湯が始まり、室町末期になると大徳寺の一休宗純に参禅した村田珠光が佗び茶を始め、武野紹鷗、千利休によって茶の湯が大成した。江戸期には町人にも流行して家元制度ができ、現在にいたっている。

◇禅と悟り、さて？―中国の禅・日本の禅、芸道・武道・近現代における悟り　芳村築郎著　中央公論事業出版（製作・発売）　2008.8　362p　20cm　1800円
①978-4-89514-309-7
内容　第1章 「悟り」とは（反・悟り　中国の禅と悟り）　第2章 日本の禅における悟り（近世まで）（日本の禅の流れ　隠元（黄檗宗）、白隠（臨済宗）、道元（曹洞宗））　第3章 芸道における悟り（近世まで）（茶の湯　和歌・連歌・俳諧、禅画、禅庭、能）　第4章 武道における悟り（近世まで）（剣術者　大名・武家 他）　第5章 近現代における悟り（西田幾多郎・鈴木大拙　現代宇宙論他）

◇禅とその周辺学の研究―竹貫元勝博士還暦記念論文集　竹貫元勝博士還暦記念論文集刊行会編　京都　永田文昌堂　2005.1　905p　23cm　20000円
①4-8162-1018-0

◇歴史と佛教の論集―日野照正博士頌寿記念論文集　日野照正編　京都　自照社出版　2000.10　456, 87p　22cm　8000円

①4-921029-20-2

◇禅に生きる　福富雪底著　春秋社　1999.6　197p　20cm　1700円
①4-393-14396-5
内容　第1章 禅の人生―私の半生（出家―父母のことなど　戦争の影のもとで―私の学生時代 ほか）　第2章 禅の修行と悟り（禅堂の生活　坐禅に飢える ほか）　第3章 禅と茶の湯（禅寺の茶・利休の茶　茶の文化と朝鮮 ほか）　第4章 禅と日本人（二度のガン体験　生老病死の苦しみ ほか）

◇必携茶の湯禅語便利帳　主婦の友社編　主婦の友社　1999.6　271p　19cm　1900円　①4-07-226260-9
内容　第1章 禅語解説（一字　二字　三字　四字　五字　六字　七字　八字　十字）　第2章 資料編（禅宗法系略譜　禅僧世譜　禅僧略伝）

◇禅と茶の湯　有馬頼底著　春秋社　1999.2　223p　20cm　1800円
①4-393-14395-7
内容　第1部 禅と茶について（禅と茶の湯

禅宗の成立　見性禅の発展　臨済禅の誕生　禅と茶のかかわり）　第2部　禅語の意味とその味わい（無準師範墨蹟「坐」　牧谿「柿図」無学祖元墨蹟「与長楽寺一翁偈語」（国宝）無学祖元、高峰顕日「問答語」（重文）　一山一寧墨蹟「諸仏不出世」ほか）

◇茶席の禅語早わかり　有馬頼底著　主婦の友社　1994.12　175p　15cm　（茶の湯ハンドブック6）　1000円
①4-07-215440-7

◇茶の湯絵画資料集成　赤井達郎ほか編　平凡社　1992.4　343p　31cm　42000円
①4-582-20641-7

◇京の美術と芸能―浄土から浮世へ　赤井達郎著　京都　京都新聞社　1990.12　379p　20cm　1800円　①4-7638-0268-2
内容　京の輪郭　京の仏たち　鳳凰堂の荘厳　洛北の浄土　木喰―京の足跡　生活と絵画―鑑賞史試論　町衆の茶の湯　祇園会と日吉山王祭　かぶきの世界　角倉素庵―嵯峨本の世界　中村内蔵助と光琳　上方の浮世絵とその周辺　京の浮世絵―祐信と井特　東山の書画展観　銅版画における江戸と上方　京菓子

◇禅と日本人　栗田勇著　河出書房新社　1989.6　229p　20cm　1900円
①4-309-00540-3
内容　名僧との出逢い　一遍上人から道元禅師へ―天台本覚論をめぐって　旅の思索者―一遍上人　誓願寺の周辺―一遍上人とばさら大名京極道誉　西行から一遍へ―吉野・熊野より　日本人と禅　禅の風景　禅と茶の湯　茶の湯と座の思想　座の思想について―歌あわせ物あわせと茶　なぜ、いま、マンダラなのか　神護寺の影　私の名僧図十選　自分と出逢う　言葉とともに　雪月花・花鳥風月　良寛の素朴と寡黙　寺泊にて　わたしと芭蕉　赤城山柴雲洞の尼僧　川の傍にて―矢田部六人衆殉教碑　即身の山　妙好人について

◇禅の芸文を考える　古田紹欽著　春秋社　1989.5　222p　20cm　2200円
①4-393-13621-7

内容　序　禅―その歴史を今に　禅と茶のあいだ　「墨蹟」私観　『喫茶往来』を読む　「茶の湯は禅宗なり」の源流を辿って　田中与四郎から利休居士まで　利休の茶会記から―古渓宗陳の「春風一陣」の墨蹟に関連して　「不審菴」の3文字　五山と林下　円爾の禅とその門派法脈　この書に学ぶ―『夢中問答』のこと　一休宗純を考える　海北友松筆・沢菴宗彭賛「達磨図」に寄せて　寒山と良寛　仏教と文学―芭蕉と良寛との間　俳諧僧丈草の貪欲さと脱酒と　白隠の禅とその芸術を考える

◇無韻筆録―山本辰一遺稿集　山本辰一著　〔山本辰一〕　1985.7　263p　22cm　非売品
内容　高野山赤不動尊図の製作年代と作者の研究.九州日田の森家と画僧五岳.英一蝶の洋風画―浮絵の起源.珠光の茶の湯精神.池大雅に関する考察.沢庵和尚に関する考察.菊池容斎の作画精神.宇喜多一蕙の揮灑精神.丸山応挙に関する考察.松花堂昭乗に関する考察.吉野太夫の感情精神美

◇近世仏教の諸問題　圭室文雄, 大桑斉編　雄山閣出版　1979.12　397p　22cm　4800円
内容　政治と仏教　幕藩制国家の仏教統制―新寺禁止令をめぐって　大桑斉著.近世寺檀制度の成立について―幕府法令を中心に　西脇修著.近世日蓮教団の本末関係―肥後六条門流を中心にして　池上尊義著.近世曹洞宗の本末制度について　山本世紀著.近世曹洞宗僧録寺院の成立過程―遠江可睡斎の場合　広瀬良弘著.近世大坂の真宗寺院―都市寺院の形態と町人身分　上場顕雄著.近世における大徳寺教団―延享の末寺帳を中心として　竹貫元勝著.近世の時宗について―中世との対比を中心に　梅谷繁樹著.民衆と仏教　近世浄土宗における理想的僧侶像　長谷川匡俊著.二十四輩考―覚如・蓮如の東国布教と二十四輩巡りについて　中根和浩著.〔ほか〕

◇茶禅閑話―茶の湯十二話　青山俊董著　中山書房仏書林　1978.10（14版：2002年）　133p　19cm　830円
①4-89097-047-9

安国寺・利生塔　あんこくじ・りしょうとう

　安国寺は、延元3年（1338年）ころから、無窓疎石の勧めにより、鎌倉幕府の滅びた元弘の乱以後の戦死者を弔うため、足利尊氏、直義兄弟が全国に1か寺ずつ建てた寺をいう。足利尊氏、直義兄弟が全国に建てた安国寺には、それぞれ塔が建てられ、利生塔（りしょうとう）と名付けられ、朝廷からは仏舎利が収められた。また、尊氏は、後醍醐天皇の冥福を祈るために天龍寺を建立し、無窓疎石を

開山とした。

◇日本中世の禅と律　松尾剛次著　吉川弘文館　2003.10　252, 28p　22cm　7000円　①4-642-02830-7
　内容　中世仏教史研究の歩み―官僧・遁世僧（白衣・黒衣）体制モデル　1 律宗の世界（中世律僧とは何か―興福寺大乗院と西大寺末寺　叡尊の思想―釈迦信仰と悉有仏性説を中心に　夢記の一世界―好相日記と自誓受戒　西大寺叡尊像に納入された「授菩薩戒弟子交名」と「近住男女交名」）　2 禅宗の世界（渡来僧の世紀―建長寺開山蘭渓道隆　中世都市鎌倉と建長寺絵図の世界　いわゆる尾張国富田庄絵図をめぐって―絵図制作のなぞと絵図に見る宗教世界　安国寺・利生塔再考　ほか）

◇中世の寺院体制と社会　中尾堯編　吉川弘文館　2002.12　321p　22cm　8000円　①4-642-02817-X
　内容　1 寺院体制の構造と機能（鎌倉幕府と延暦寺　中世律僧とは何か―興福寺大乗院と西大寺末寺　創建時山本本願寺の堂舎と土塁について　ほか）　2 信仰の特性と儀礼（一遍の引き連れた門弟、時衆について　中世の生身信仰と仏像の霊性―重源の仏舎利信仰を中心に　貞慶像の形成―戒律実践の真相　ほか）　3 鎌倉仏教の展開と社会（常陸国奥郡における浄土真宗の展開　親鸞に関する「造悪無碍」研究の変遷　山門延暦寺からみた天文法華の乱　ほか）

◇安国寺風土記―日本再発見　全国安国寺会編　文芸社　2002.4　211p　19cm　1300円　①4-8355-2413-6
　内容　西海道　南海道　山陽道　山陰道　北陸道　東海道　東山道

◇金宝寺の謎に迫る―備後安国寺の仏像内納入文書（重文）を読む　福山市鞆の浦歴史民俗資料館友の会編　福山　福山市鞆の浦歴史民俗資料館活動推進協議会　2002.1　121p　26cm

◇中世禅宗史の研究　今枝愛真著　東京大学出版会　2001.1　516p　21cm　（東大人文科学研究叢書）　6400円　①4-13-020024-0
　内容　第1章 鎌倉仏教と禅宗の独立（栄西の新仏教活動―禅と天台教団との関係　道元教団の成立とその北越出山　清規の伝来と流布）　第2章 中世禅林機構の成立と展開（安国寺・利生塔の設立　中世禅林の官寺機構―五山・十刹・諸山の展開　禅律方と鹿苑僧録　中世禅林における住持制度の諸問題　ほか）　第3章 中世禅林と武家社会（足利直義の等持寺創設　斯波義将の禅林に対する態度―とくに春屋妙葩との関係について　足利義満の相国寺創建　曹洞宗宏智派の発展と朝倉氏　ほか）

◇日本仏教史之研究　正篇 下　辻善之助著　岩波書店　1991.7　288p　21cm　（日本仏教史研究　第2巻）　5500円　①4-00-008722-3
　内容　9 足利尊氏の信仰　10 夢窓国師　11 安国寺利生塔考　12 戦国時代の仏教　13 織田信長と仏教　14 安土宗論の真相　15 慶長13年浄土日蓮宗論について　16 史学上より観たる日光廟　17 一糸和尚と朝幕関係　18 沢庵和尚と将軍家光

◇丹波の安国寺　綾部　安国寺　1991.2　88p　18cm

◇心眼をひらく　稲葉心田著　春秋社　1986.10　271p　20cm　1800円　①4-393-14368-X
　内容　第1章 一人の自覚（心眼をひらく　一無位の真人　不二のこころ　一人の自覚　雪峯尽大地　本来の面目）　第2章 禅のこころ（達磨大師に学ぶ　国泰寺開山禅師の高徳を仰ぐ　趙州の石橋　祖師西来意　再建利生塔発願　新始めの式　難民慰問行）　第3章 衆生無辺誓願度

◇心田御老師御賛禅語滴々集　森天赤解説　福光町（富山県）　国泰寺利生塔再建協力天赤会　1982.8　33枚　13×20cm

墨跡
ぼくせき

　一般には書跡全般をいうが、日本では禅宗（ことに臨済宗）の高僧の書いたものを墨跡といって、通常の文人、書家の筆跡とは区別している。書風や巧拙よりも僧侶の人がら、禅風などの強く表れている書が珍重され、茶の湯の流行と共に観賞用の掛け軸として欠かせないものとなった。

　　　　　＊　　　＊　　　＊

◇禅と茶の湯　有馬頼底著　春秋社　1999.2　223p　20cm　1800円　①4-393-14395-7
　内容　第1部 禅と茶について（禅と茶の湯

禅宗の成立　見性禅の発展　臨済禅の誕生　禅と茶のかかわり）　第2部　禅語の意味とその味わい（無準師範墨蹟「坐」　牧谿「柿図」　無学祖元墨蹟「与長楽寺一翁偈語」（国宝）　無学祖元、高峰顕日「問答偈」（重文）　一山一寧墨蹟「諸仏不出世」ほか）

◇一休和尚全集　別巻　一休墨跡　一休著，平野宗浄監修，寺山旦中編著　蔭木英雄訳注　春秋社　1997.7　119p　31cm　18000円　①4-393-14106-7

◇茶席の禅語　上　西部文浄著　橘出版　1994.5　294p　16cm　（タチバナ教養文庫）　980円　①4-88692-401-8
[内容]禅語解説（諸悪莫作衆善奉行　天上天下唯我独尊　宝所在近更進一歩　直心是道場　無説無聞是真般若　拈花微笑　空手把鋤頭歩行騎水牛人従橋上過橋流水不流　無功徳　廓然無聖　不識　ほか）

◇NHK国宝への旅　第13巻　宮城　瑞巌寺.金沢　石川県立美術館　仁清・色絵雉香炉.奈良　当麻寺　当麻曼荼羅.京都　大徳寺　大灯国師墨跡　NHK取材班著　日本放送出版協会　1988.10　142p　24cm　1800円　①4-14-008592-4

◇明暗双々集―行学一体の人柴野恭堂の墨跡及び講演集とその生涯　藤井桃石編　京都　同朋舎出版　1987.5　200p　31cm　10000円　①4-8104-0584-2

◇日本美術全集　第14巻　禅宗の美術―墨跡と禅宗絵画　木下政雄編集　学習研究社　1979.10　224p　38cm　4600円

◇南都名僧墨跡・肖像画展目録　〔奈良〕東大寺図書館　1957　29p　26cm

立花　りっか・たてばな

室町期の華道（花道）の呼び名。仏教行事の仏に花をささげる供華（供花くげ）がみなもと。京都六角堂の池坊に住した専慶、専応らが鑑賞用の飾り花を発展させ、茶の湯の流行とあいまって、江戸期を通していけ花として発達し、現在に至っている。

天文法華の乱　てんぶんほっけのらん

天文法難ともいって、天文5年（1536年）、日蓮宗徒に問答で負けた延暦寺僧とこれに加担した人々によって、京都市内の日蓮宗寺院がことごとく破壊された事件。これに先立つ天文元年（1532年）ころ、細川晴元が一向一揆を利用して政権奪取を意図したが、一向一揆の勢力を恐れた晴元は、京都町衆を日蓮宗徒とし、最盛期にあった法華一揆に支援を仰いでしのいだ。しかし、日蓮宗徒の勢いが増したため、延暦寺僧らはこれを排除しようとして、京都市内の日蓮宗寺院を全て焼き払い、京都外へ宗徒を追放した。

◇中世の寺院体制と社会　中尾堯編　吉川弘文館　2002.12　321p　22cm　8000円　①4-642-02817-X
[内容]1　寺院体制の構造と機能（鎌倉幕府と延暦寺　中世律僧とは何か―興福寺大乗院と西大寺末寺　創建時山科本願寺の堂舎と土塁について　ほか）　2　信仰の特性と儀礼（一遍の引き連れた門弟、時衆について　中世の生身信仰と仏像の霊性―重源の仏舎利信仰を中心に　貞慶像の形成―戒律実践の真相　ほか）　3　鎌倉仏教の展開と社会（常陸国奥郡における中世の浄土真宗の展開　親鸞に関する「造悪無碍」研究の変遷　山門延暦寺からみた天文法華の乱　ほか）

一向一揆　いっこういっき

戦国期に浄土真宗門徒が起こした一揆の総称。寛正6年（1465年）に延暦寺による真宗本願寺門徒への攻撃に対して起った一揆が最初といわれる。8世蓮如の時代に勢力が急伸し、加賀国一向一揆で守護富樫氏を追放した後、約100年間も加賀の支配権を握った。1500年代には、畿内にも勢力を広げたが、細川晴元の日蓮

宗への反転で、山科本願寺が焼かれ大坂石山に本願寺を移した。永禄7年(1564年)三河一向一揆にそれまで苦しめられていた徳川家康がこれを破ったため、本願寺は、織田信長と石山合戦を始める。天正2年(1572年)信長に伊勢長島の一向一揆が破られると、各地の一揆も負け始め、勅命により天正8年(1580年)に信長と和睦。

◇大系真宗史料　文書記録編11　一向一揆　真宗史料刊行会編　京都　法藏館　2007.10　453p　22cm　10000円　①978-4-8318-5070-6

◇戦国期宗教思想史と蓮如　大桑斉著　京都　法藏館　2006.6　308, 12p　22cm　7500円　①4-8318-7467-1

◇真宗教団の構造と地域社会　大阪真宗史研究会編　大阪　清文堂出版　2005.8　397p　22cm　8500円　①4-7924-0589-0
　内容　1部　真宗教団の構造（初期本願寺と天台門跡寺院　了源上人の教化と興正寺の建立　戦国期本願寺の堂衆をめぐって―大坂本願寺時代を中心に　戦国期真宗御坊の空間構造　大坂退城後の坊主衆の動向―六通の起請文からみた顕如・教如対立の一断面　本願寺東西分派史論―黒幕の存在　近世における歎異抄に関する覚書—その使用と公)　2部　真宗教団と地域社会（大和平野南部における興正寺教線の伸展　戦国期小浜の真宗　大坂本願寺戦争をめぐる一揆と地域社会　雑賀一揆と雑賀一向一揆　近世初期の都市大坂と真宗寺院　『大坂惣末寺衆由緒書』の分析を通じて　近世河内真宗寺院の葬送とその存立基盤）

◇一向一揆論　金龍静著　吉川弘文館　2004.12　430, 9p　22cm　8500円　①4-642-02835-8

◇蓮如―民衆の導師　神田千里編　吉川弘文館　2004.5　228p　20cm　（日本の名僧 13）　2600円　①4-642-07857-6
　内容　1　錯綜する人物像　2　蓮如の生涯　3　本願寺教団の創造　4　民衆のなかの蓮如　5「御文」による伝道　6　政治権力と蓮如　7　親鸞と蓮如　8　蓮如と女性　9　蓮如伝承の生成と門徒の信仰

◇真宗史料集成　第3巻　一向一揆　柏原祐泉ほか編　北西弘編　再版　京都　同朋舎メディアプラン　2003.3　81, 1258p　23cm　①4-901339-76-1

◇一向一揆余話　出口治男著　京都　方丈堂出版　2002.9　203p　20cm　（方丈叢書 2）　1905円　①4-89480-002-0

◇中世仏教の展開とその基盤　今井雅晴編　大蔵出版　2002.7　352p　22cm　10000円　①4-8043-1055-X
　内容　1　中世仏教の展開（親鸞の六角堂の夢告について　密教儀礼と顕密仏教―明恵房高弁の入滅儀礼をめぐって　道元の修証論　ほか）　2　武士社会と仏教（関東武士団と氏寺について　荘園社会における武士の宗教的位置―陸奥国好島荘における寺社の基礎的考察　一向一揆と古河公方）　3　中世人の心の深奥（天狗と中世における「悪の問題」　末法の世における穢れとその克服―童子信仰の成立　源頼朝の怨霊観　ほか）

◇日本の歴史と真宗―千葉乗隆博士傘寿記念論集　千葉乗隆著　京都　自照社出版　2001.11　498p　22cm　8000円　①4-921029-34-2
　内容　親鸞の一切経校合（千葉乗隆著）　新知見の親鸞真蹟道綽伝について（平松令三著）　恵信尼の下妻での夢に関する考察（今井雅晴著）　一向一揆門徒と融即律的考察（北西弘著）　御文三帖目の思想史（大桑斉著）　蓮如教団の構造と戦国社会（遠藤一著）　中世一向宗の善知識感（金龍静著）　名号本尊の一事例（小山正文著）　石川の太子信仰と真宗（濱岡伸也著）　下間頼慶の笠袋・鞍覆許可をめぐって（木越祐馨著）　本願寺本「私心記」について（大原実代子著）　天文の畿内一向一揆ノート（神田千里著）　中世における誓詞の一形態（大喜直彦著）　本願寺教如の教化伝道について（青木馨著）　近世寺内町の一様相（岡村喜史著）〔ほか〕

◇すぐわかる日本の宗教―縄文時代-現代まで　山折哲雄監修, 川村邦光著　東京美術　2000.10　143p　21cm　1600円　①4-8087-0692-X
　内容　第1章　素朴な信仰―縄文〜奈良時代（縄文人の祈り―アニミズムの世界　農耕儀礼と祭り―豊穣への祈り　ほか）　第2章　国家と宗教―古墳〜平安時代（仏教の伝来―百済より贈られた仏像・経典　聖徳太子と仏教―仏法の興隆　ほか）　第3章　救いと悟り―平安〜室町時代（空也と念仏―聖と踊り念仏　源信と浄土教―浄土への往生　ほか）　第4章　宗教統制と民衆―鎌倉〜江戸時代（神道思想―理論化されていく神道　蓮如と一向一揆

―仏法を守るための戦い ほか）第5章 宗教の現在―明治期〜現代（王政復古と神仏分離―廃仏毀釈と護法一揆 明治とキリスト教―ロシア正教会とプロテスタント ほか）

◇実如判五帖御文の研究 研究篇上 同朋大学仏教文化研究所編 京都 法藏館 2000.3 343p 22cm （同朋大学仏教文化研究所研究叢書3） 14000円
①4-8318-7844-8
内容 実如判五帖御文翻刻校合 蓮如の世法観の視座 念仏者にとっての現実の意義―「蓮如と一向一揆」の考察を通して 実如期の本願寺教団と御文の聖教化 実如の生涯 本願寺と白川伯家―中世の真宗における神の観念ノート 実如判一冊本『御文』とその新出「行順寺本」について―『五帖御文』の成立過程をうかがう上で 御文と門徒伝承―御文から御消息へ

◇蓮如 松原泰道著 東洋経済新報社 1998.4 243p 20cm 1400円
①4-492-06103-7
内容 序章 現代人と蓮如 第1章 誕生前夜 第2章 不幸な生い立ち 第3章 親鸞と蓮如 第4章 女人往生 第5章 本願寺を継ぐ 第6章 吉崎下向 第7章 吉崎での希望と絶望 第8章 一向一揆と晩年の蓮如 第9章 蓮如と一休 第10章 蓮如の名言

◇蓮如論―問いかける人権への視点 小森龍邦著 明石書店 1998.2 269p 19cm 2000円 ①4-7503-1019-0
内容 第1章 蓮如の生い立ち 第2章 女人往生と「五障・三従」 第3章 後生の一大事 第4章 諸神・諸仏・菩薩への対応 第5章 信心為本と王法為本 第6章 一向一揆 第7章 蓮如の最晩年

◇蓮如 金龍静著 吉川弘文館 1997.8 207p 19cm （歴史文化ライブラリー21） 1700円 ①4-642-05421-9
内容 蓮如論の課題―プロローグ 蓮如の前半生 一向宗の誕生 御文の地平 加賀の一向一揆 蓮如の家とその一族 教団組織の実態と原理 蓮如の最後―エピローグ

◇蓮如―乱世を生きる知恵 笠原一男監修, 原田満子著 木耳社 1997.6 274p 22cm 2800円 ①4-8393-7677-8
内容 第1部 蓮如―いじめに耐え勝ち天下人になった人（貧しさといじめ 忘れ得ぬいじめへの思い 子達が語るいじめの実態 いじめに耐え勝った蓮如） 第2部 真宗史における念仏者の理想像―政治と宗教の「表の顔」（理想的な念仏とは 親鸞における政治と宗教 蓮如における政治と宗教 江戸時代の政治と宗教 結論） 第3部 一向一揆―政治と宗教の「裏の顔」（戦国乱世の民衆と蓮如 蓮如の思想 政治と宗教 戦国大名と天下人と本願寺 政治優先の限界 結語にかえて）

◇講座蓮如 第1巻 浄土真宗教学研究所, 本願寺史料研究所編 平凡社 1996.12 393p 22cm 5150円 ①4-582-73611-4
内容 総説 真宗の社会的基盤をめぐって―宗教と経済の関係について 蓮如の時代―その社会と政治 飢饉と戦争からみた一向一揆 蓮如の実像 蓮如上人初期の教化 蓮如における王法の問題 本願寺蓮如の「教団」と戦国社会―御文を素材として 蓮如の女人往生論―文明五年の御文をめぐって 「語る」蓮如と「語られた」蓮如―戦国期真宗信仰のコスモロジー 近江金森一揆の背景 文明・長享期の加賀における「郡」について 永正三河大乱と一向一揆

◇中世村落と仏教 石田善人著 京都 思文閣出版 1996.12 430, 36p 22cm （思文閣史学叢書） 9064円
①4-7842-0920-4
内容 中世村落と仏教 都鄙民衆の生活と宗教 惣について 室町時代の農民生活について―南北朝内乱の成果 郷村制の形成 甲賀郡中惣と伊賀惣国一揆について 甲賀郡中惣と大原同名中惣について 畿内の一向一揆について―その構造論を中心として 畿内真宗教団の基盤について 飯貝本善寺所蔵葬中陰記 旧仏教の中世的展開 瀬戸内地域における新旧仏教の相克と展開 将軍塚信仰の意味するもの

◇蓮如大系 梯実円, 名畑崇, 峰岸純夫監修 京都 法藏館 1996.11 5冊（セット） 21cm 51500円 ①4-8318-4651-1
内容 蓮如の生涯 蓮如の教学 蓮如と本願寺教団（上） 蓮如と本願寺教団（下） 蓮如と一向一揆

◇図説日本仏教の歴史 室町時代 竹貫元勝編 佼成出版社 1996.10 157p 21cm 2000円 ①4-333-01752-1
内容 幕府と五山 義満と義政 戦国大名と仏教 一向一揆 京都町衆と法華信仰 信長の叡山焼き打ち

◇蓮如・一向一揆 笠原一男, 井上鋭夫校注 岩波書店 1995.5 706p 22cm （日本思想大系新装版） 5000円
①4-00-009064-X

◇人間蓮如 山折哲雄著 JICC出版局 1993.4 276p 20cm 1900円

①4-7966-0591-6
内容 第1章 人と思想　第2章 蓮如の戦略　第3章 蓮如の救済論　第4章 晩年と臨終

◇光華会宗教研究論集—親鸞と人間　第2巻　光華会編　京都　永田文昌堂　1992.4　328, 83p　22cm　9000円
内容 世親浄土論における十七種仏国土荘厳について 武内紹晃著．真宗初期教団の礼拝対象 千葉乗隆著．浄土真宗の独自性 野村伸夫著．近代の信仰 中島秀憲著．近代真宗と福沢諭吉 藤原正信著．悟りの基盤としてのアーラヤ識 松下了宗著．『歎異抄』第十三条をめぐって 気多雅子著．親鸞における夢告と後世 清基秀紀著．蓮如と文明六・七年一向一揆 遠藤一著．近世の西本願寺学林と「穢僧」左右田昌幸著．還相回向と常行大悲の益 普賢保之著．阿弥陀仏と般舟三昧 能仁正顕著．エーヴォラ版「日本書簡集」邦訳について 東光博英著．『顕揚聖教論』の無自性説 毛利俊英著．「老い」の生きる時間 毛利猛著．〔ほか〕

◇真宗の風景—北陸一揆から石山合戦へ　北国新聞社編　京都　同朋舎出版　1990.10　230p　21cm　2500円
①4-8104-0912-0
内容 北越一揆　豊かな実り生んだ門徒の国　北陸の闇を照らした蓮如　宗教と政治—私の蓮如観　一向一揆と信長　報恩講の日，先達の心を思う

◇現代社会と浄土願生思想—浄土と地獄について　長納円信著　勁草書房　1989.12　115p　19cm　1400円
①4-326-93163-9
内容 社会の価値観の変化と教団　現代社会と真宗　信仰の更新（迷信，俗言の打破）　伝統的教義と現代社会　具象的象徴表現　信心の対象　厭離穢土　浄土願生，現生正定聚　御同朋御同行　自律的世俗的生活の展開　一向一揆と現代社会

◇親鸞大系　歴史篇第8巻　戦国期の真宗教団　柏原祐泉，黒田俊雄，平松令三監修　京都　法藏館　1989.7　506p　22cm
①4-8318-4600-7

◇悪人親鸞　寺尾五郎著　徳間書店　1989.3　314p　16cm　（徳間文庫）　500円　①4-19-598723-7
内容 第1章 中世の革命と鎌倉仏教　第2章 親鸞の思想の革命性　第3章 闘う親鸞と思想の深化　第4章 下克上から一向一揆へ

◇蓮如さん—門徒が語る蓮如伝承集成　加能民俗の会企画・編　金沢　橋本確文堂　1988.10　318p　21cm　2800円
①4-89379-010-2
内容 蓮如さんの足跡（福井県　石川県　富山県）　蓮如さんの響き（福井県　石川県　富山県）

◇南無阿弥陀仏は人間を変えられるか　大谷暢順著　はまの出版　1988.3　252p　18cm　850円　①4-89361-043-0
内容 1部 蓮如の布教成功の極意（不遇の前半生から，日本最大の教団指導者に　強烈な使命感が，教勢拡大のエネルギー源　蓮如の成功は，宗教史上でも画期的なもの　蓮如の布教の総決算——一向一揆の成功）　2部 蓮如に学ぶ信仰の善び（時と方便を心得ることが大切　「頼む」ということの本当の意味　報恩と感謝　感動はすべての出発点　開くことが心を高める　「極楽」の意味　師匠と弟子　身を捨てて生きるのが信仰者）

◇日本中世の国家と仏教　佐藤弘夫著　吉川弘文館　1987.3　273, 11p　20cm　（中世史研究選書）　2600円
①4-642-02648-7
内容 第1 中世仏教への道（古代寺院から中世寺院へ　仏法王法相依論の成立　荘園制支配と仏神　聖の宗教活動　教学の動向）　第2 専修念仏の成立（鎌倉仏教研究の現状と課題　法然の宗教の成立　法然と反法然　法然門下の教学）　第3 改革運動の展開（院政期の旧仏教　改革運動の展開　日蓮の登場　中世仏教における正統と異端）　第4 中世後期における国家と仏教（旧仏教の動向　禅の勃興　新仏教教団の展開）　第5 中世仏教の終焉（一向一揆と統一権力　中世仏教とは何か）

◇本願寺百年戦争　重松明久著　京都　法藏館　1986.9　290p　20cm　2400円
①4-8318-8554-1
内容 第1章 蓮如、吉崎へ進出（1 大谷本願寺の受難　2 東山時代の蓮如　3 近江教団と蓮如）　第2章 吉崎時代の蓮如（1 蓮如、吉崎に来る　2 吉崎における布教）　第3章 北陸型一向一揆の勃発（1 一向一揆と蓮如　2 長享年間の一向一揆）　第4章 本願寺主導型一向一揆の蜂起（1 永正・享禄年間の一向一揆　2 天文・弘治年間の一向一揆）　第5章 近世封建政権の樹立と一向一揆（1 三河一向一揆の蜂起　2 元亀年間の本願寺教団の動向　3 天正年間の一向一揆）　第6章 一向一揆の終結（1 越前一向一揆の終末　2 石山合戦の敗北）

◇本願寺と一向一揆　辻川達雄著　誠文堂新光堂　1986.2　253p　19cm　1800円

333

①4-416-88601-2
[内容]一向一揆のあらまし　蓮如と一向一揆　実如と一向一揆　証如と一向一揆　顕如と一向一揆　歴代法主と一向一揆

◇真宗史料集成　第3巻　一向一揆　北西弘編　京都　同朋舎　1979.10　1258p　23cm　18000円

◇蓮如と越前一向一揆　重松明久著　福井　福井県立図書館　福井郷土誌懇談会　1975　276p　17cm　（福井県郷土新書2）　800円

◇真宗王国―富山の仏教　青雲乗芳等著　富山　巧玄出版　1974　281p　図　19cm　1300円
[内容]現代の展望　総論越中真宗の流れ（梅原隆章）真宗教団の分析と在り方（青雲乗芳等）真宗寺院の諸問題（津山昌）歴史の重み　秘事法門―信仰の中に入りこんだ密教思想（桑名観宇）一向一揆――世紀に渡る宗徒の政治支配（奥田淳爾）中学轍―尺伸堂・空華の学問の系譜（青雲乗芳）廃仏毀釈―変革期に合寺を断行した富山藩（栗三直隆）民俗的考察―農を土台に昇華した報恩講（能坂利雄）越中真宗年表：p.265-281

◇変革期の宗教　丸山照雄著　現代ジャーナリズム出版会　1972　298p　19cm　（伝統と現代叢書）　860円
[内容]現代にとってなぜ宗教なのか（浅野順一）個に立脚する宗教（浅野順一氏インタビュー　質問者丸山照雄氏）宗教的主体の形成―根源的「独立者」の世界（里村暁洋）民衆の宗教意識と変革のエネルギー－近世末から近代にいたる民衆宗教を軸に（瀬戸美喜

雄）鎌倉時代と日本仏教の展開（森竜吉）一向一揆論―宗教的理念の崩壊と教団の成立（北西弘）近世末動乱期の宗教（高木豊）日本近代と新興宗教運動（高木宏夫）近代日蓮主義の展開と国家主義（渡辺宝陽）日本宗教の受難―とくに「かくれ題目、かくれ念仏、かくれキリシタン」について（戸頃重基）出口王仁三郎論（出口栄二）金光大神論―退避と休息の軌跡（福島義次）〔ほか〕

◇真宗史の研究―宮崎博士還暦記念　宮崎円遵博士還暦記念会編　京都　永田文昌堂　1966　859,22p　図版　22cm　4000円

◇革命の宗教――一向一揆と創価学会　笠原一男著　人物往来社　1964　375p　19cm

◇封建社会における真宗教団の展開　真宗史研究会編　山喜房仏書林　1957　368,25p　図版　22cm
[内容]教行信証の成立（笠原一男）親鸞の寿像「鏡御影」私考（宮崎円遵）大小一揆論（井上鋭夫）本泉寺蓮悟について（谷下一夢）東北大名と一向衆（誉田慶恩）石山戦争に於ける紀州一揆の性格（結城範子）飛騨の毛坊主（森岡清美）嶋地黙雷の宗教自由論の前提と大教院分離運動（吉田久一）金沢御堂の草創について（北西弘）戦後における浄土宗史の研究（重松明久）親鸞をめぐる諸問題（松野純孝）中世末期本願寺と一向一揆（井上鋭夫）近世近代真宗史研究の問題点（柏原祐泉）戦後十一年間真宗史関係文献目録

◇真宗の発展と一向一揆　笠原一男著　京都　法蔵館　1951　155p　19cm　（法蔵新書　第7）

◆江戸時代

寺院法度・寺請制度・宗門人別改帳・本末制度
じいんはっと・てらうけせいど・しゅうもんにんべつあらためちょう・ほんまつせいど

　寺院法度は江戸幕府の仏教諸宗派に対する法制度の総称。慶長6年（1601年）に高野山に出したものが最初で、寛文5年（1665年）に各宗に共通する9か条の諸宗寺院法度が出された。制定には、以心崇伝があたり、本末寺制度、僧侶の任命法、僧侶の階級の厳守などが主な内容。寺請制度は、江戸期に寺院の住職が、その檀家がキリシタンや日蓮宗不受不施派（法華経を信仰しない者や他宗の僧には供養しないとして豊臣秀吉、徳川家康らの命に従わず禁教となった宗派）などではないことを保証した制度。この制度は、寛永12年（1635年）ころから全国的に実施され、寛文11年（1671年）宗門人別改帳が制度化されて以降、寺院が記載された領民に対して、請印（うけいん）を押した寺請証文を戸籍の変動のあるごとに作成し、身分証明とした。宗門人別改帳（別称は宗門改帳・宗旨人別帳・人別

帳など)は、江戸幕府がキリスト教の禁止徹底のために、寺院に対し檀家がキリシタンでないことを証明させた書類。その後、作成者が名主(庄屋)に移り、戸籍の原簿として機能した。本格的な宗門改めは、寛永12年(1635年)から行われ、延宝元年(1673年)に全国的調査があった後、明治4年(1871年)の廃止まで、毎年戸籍移動の調査をした。本末制度は平安中期以降、中央の大寺に対して、地方の寺院が末寺、末山と称し、寺領の年貢などを納めて政治、経済的な関係を結ぶようになった。鎌倉、室町期には、各宗派の僧侶の師弟関係による本寺、末寺の関係ができた。江戸幕府は、寺院法度によって、一宗派一本山と決め、末寺との関係に階層的な序列をつくった。さらに、幕府は、寛永8年(1631年)各宗派に最初の末寺帳の提出を命じ、延享2年(1745年)に最終的な本末制度が確立し、宗教政策の基礎とした。本山側はこれを利用し、末寺の住職の任免権などを握って支配した。

◇お坊さんが困る仏教の話　村井幸三著　新潮社　2007.3　190p　18cm　(新潮新書)　680円　①978-4-10-610208-0
　内容　第1章 人は死んでどうなるの(そもそも「戒」とは　従来の死生観が通用しなくなってきた ほか)　第2章 仏教がやって来た(祖霊まします我が山河　宗教心の源にあるもの ほか)　第3章 大乗仏教は釈迦仏教にあらず(「悟り」から「慈悲」へ　仏教と葬儀は無関係だった ほか)　第4章 あの世という世界(浄土教と西方浄土　往生と成仏はどう違うのか ほか)　第5章 葬式仏教に徹すべし(江戸幕府の寺請制度　戒名はこうして作る ほか)

◇天海・崇伝—政界の導者　圭室文雄編　吉川弘文館　2004.7　241p　20cm　(日本の名僧 15)　2600円　①4-642-07859-2
　内容　天海(天海の魅力　天海の生涯　山王一実神道と天海　徳川家康の葬儀と天海の役割　東叡山寛永寺の成立と展開　東照宮信仰の広がり　将軍の墓　「天海」を読む)　崇伝(崇伝の魅力　崇伝の生涯　法度の起草—寺院法度・禁中並公家諸法度・武家諸法度　伴天連追放令の起草　外交官としての崇伝—異国日記を中心として　林下禅の隆盛　崇伝と大坂の陣　紫衣勅許事件)

◇上野国における禅仏教の流入と展開　山本世紀著　刀水書房　2003.8　362p　22cm　7800円　①4-88708-321-1
　内容　第1章 臨済禅の中世的展開(上野国への臨済禅の流入と展開　初期禅宗系寺院の成立と展開　地方五山派寺院の成立と檀越)　第2章 曹洞禅の中世的展開(上野国への曹洞禅の流入と展開　中世上野国における曹洞宗寺院の成立と展開　地方武士団の曹洞禅受容　戦国初期における禅僧の倫理思想)　第3章 仏教の近世的展開(寛永の諸宗末寺帳(曹洞宗)について　近世曹洞宗の本末制度について—武蔵国龍穏寺と上野国補陀寺の争論を例に　寺院本末総論と裁定基準—上野国龍華院と相模国清源院の争論を例に)　第4章 近代化と仏教(群馬県仏教界の復興運動　高崎仏教慈善会の慈善活動—田辺鉄定の高崎育児院経営)

◇真宗の組織と制度　千葉乗隆著　京都　法藏館　2001.12　493p　22cm　(千葉乗隆著作集 第3巻)　9800円　①4-8318-3363-0
　内容　1 真宗教団の組織と制度(真宗教団の成立　教団構成と制度創設　教団制度の確立　本末制度と触頭制度　近代真宗の伝道組織—真宗教会　結социальная教団の近代化)　2 本願寺の別院・寺内町・学林(本願寺別院の推移　近世本願寺寺内町の構造　本願寺学林の成立と能化の資質　学林と学匠—僧樸の生涯)

◇真宗史の研究　福間光超著　京都　永田文昌堂　1999.7　481p　22cm　①4-8162-4034-9

◇入門仏教史—釈尊から現代までの2500年　山野上純夫著　大阪　朱鷺書房　1993.12　273p　19cm　1648円　①4-88602-164-6
　内容　第1章 釈尊の時代(釈尊はいつ誕生したか　釈尊の成道　釈尊の悟り　釈尊の説法　釈尊教団の分裂　悲劇をめぐるナゾ　釈尊の涅槃)　第2章 仏教の発展("釈尊後"の仏教　部派仏教　大乗仏教　密教の誕生　仏まんだら)　第3章 中国に根づく(シルクロード　鳩摩羅什と法顕　菩提達磨　"教相判釈"の時代　玄奘の旅、十七年　密教、中国を通過　仏教が生んだ王朝　タイ仏教に学ぶ)　第4章 "仏教国"日本(聖徳太子の時代　平安仏教　末法思想と浄土教信仰　鎌倉仏教の祖師　寺請制度　平成危機—二十一世紀をどう迎えるか)

◇日本仏教史　第8巻　近世篇之二　辻善之助著　岩波書店　1992.1　492p　22cm　6400円　①4-00-008698-7
　内容　第10章　江戸時代（江時代に於ける仏教の復興　金地院崇伝　南光坊天海　寺院法度の制定　寺院整理　後水尾天皇の御信仰　沢菴と将軍家光）

◇近世仏教の諸問題　圭室文雄, 大桑斉編　雄山閣出版　1979.12　397p　22cm　4800円
　内容　政治と仏教　幕藩制国家の仏教統制—新寺禁止令をめぐって　大桑斉著. 近世寺檀制度の成立について—幕府法令を中心に　西脇修著. 近世日蓮教団の本末関係—肥後六条門流を中心にして　池上尊義著. 近世曹洞宗の本末制度について　山本世紀著. 近世曹洞宗僧録寺院の成立過程—遠江可睡斎の場合　広瀬良弘著. 近世大坂の真宗寺院—都市寺院の形態と町人身分　上場顕雄著. 近世における大徳寺教団—延享の末寺帳を中心として　竹貫元勝著. 近世の時宗について—中世との対比を中心に　梅谷繁樹著. 民衆と仏教　近世浄土宗における理想的僧侶像　長谷川匡俊著. 二十四輩考—覚如・蓮如の東国布教と二十四輩巡りについて　中根和浩著.〔ほか〕

◇近世仏教の諸問題　圭室文雄, 大桑斉編　雄山閣出版　1979.12　397p　22cm　4800円
　内容　政治と仏教　幕藩制国家の仏教統制—新寺禁止令をめぐって　大桑斉著. 近世寺檀制度の成立について—幕府法令を中心に　西脇修著. 近世日蓮教団の本末関係—肥後六条門流を中心にして　池上尊義著. 近世曹洞宗の本末制度について　山本世紀著. 近世曹洞宗僧録寺院の成立過程—遠江可睡斎の場合　広瀬良弘著. 近世大坂の真宗寺院—都市寺院の形態と町人身分　上場顕雄著. 近世における大徳寺教団—延享の末寺帳を中心として　竹貫元勝著. 近世の時宗について—中世との対比を中心に　梅谷繁樹著. 民衆と仏教　近世浄土宗における理想的僧侶像　長谷川匡俊著. 二十四輩考—覚如・蓮如の東国布教と二十四輩巡りについて　中根和浩著.〔ほか〕

◇豊後国東半島における真宗法度　酒井富蔵著　太田村（大分県西国東部）　国東半島文化研究所　1965　98p　19cm

檀家制度　だんかせいど

　檀家は本来、寺院の経済的な支援者を意味するが、日本では、特定の寺院に属する家と家族をいう。江戸初期に寺請制度が成立して以来、戸籍代わりの寺請証文の作成に寺院の住職が関わった。檀家制度は、寺院経済の安定に利用するため、住職が檀家を組織化した制度のことで、現在まで続いている。近世中期に寺院が定めた檀家の義務は、寺院の建物の修繕、新築の費用負担、住職が本山から僧階を受けるときの費用負担、住職の生活費負担、仏祖忌・宗祖忌・盂蘭盆会・彼岸会の寺詣り、先祖供養に自宅へ僧侶を招く、仏事などは他の寺の僧を頼まない、墓を必ず建て墓参を必ずすることなど、檀家の意志には関係なくこまごまと決められた。

◇知っておきたいわが家の宗教　瓜生中著　角川学芸出版　2008.10　206p　15cm　（角川ソフィア文庫）　476円　①978-4-04-406409-9
　内容　第1章　わが家の宗教の基礎知識（人口を大きく上回る日本の宗教人口　日本にはどんな宗教があるのか？　ほか）　第2章　仏教編（奈良時代から続く三大宗派　天台宗　ほか）　第3章　神道とキリスト教（神道とは何か？　キリスト教の歴史）　第4章　実践編（戒名とは　戒名のつけ方　ほか）

◇中国が隠し続けるチベットの真実—仏教文化とチベット民族が消滅する日　ペマ・ギャルポ著　扶桑社　2008.6　207p　18cm　（扶桑社新書）　720円　①978-4-594-05683-4
　内容　序章　北京オリンピックとチベット騒乱（チベット人たちが抱く中国政府への反発　メディアを使った情報戦　ほか）　第1章　チベット問題とはなにか（「チベット」とはどこなのか？　寺と檀家の関係（チュ・ユン関係）ほか）　第2章　ダライ・ラマ—転生活仏というシステム（ダライ・ラマ制度　ダライ・ラマ法王の継承方法　ほか）　第3章　中国はなぜチベットを欲しがるのか（中国がチベットを支配する4つの理由　青蔵鉄道　ほか）

◇坊主白書—仏教も坊主も嫌いなあなたのための日本仏教入門　井上暉堂著　社会

評論社　2006.8　207p　19cm　1700円　①4-7845-1457-0

[内容] 0 はじめに—坊主は勝手気ままな商売なのか？　1 坊主と寺院の基礎知識　2 檀家制度・宗教法人・ガバナンス　3 葬式仏教と葬祭業者　4 お墓はどこへ？　5「本末転倒」した本山—末寺構造　6 十三宗五十七派・堕落する既存仏教教団　7 現在の仏教体制を変えるオルタナティブ　8 仏教界は変わらなければ生き延びられない　9 おわりに—私の仏教論

◇お寺の奥さんうちあけ話　細川要子著　実業之日本社　2005.7　221p　19cm　1400円　①4-408-10634-8

[内容] 第1章 禅寺に生まれ、禅寺に嫁ぐ　第2章 禅寺の一日、そして一年　第3章 檀家さんと寺との上手なつき合い方とは　第4章 巣立った六十人の書生さんとの思い出　第5章 寺庭として、妻として、母として　第6章 私流おすすめの精進料理

◇お寺の経済学　中島隆信著　東洋経済新報社　2005.3　233p　19cm　1500円　①4-492-31345-1

[内容] 序章 今なぜお寺なのか　第1章 仏教の経済学　第2章 すべては檀家制度からはじまった　第3章 お寺は仏さまのもの　第4章 お坊さんは気楽な稼業か　第5章 今どきのお寺は本末転倒　第6章 お寺はタックス・ヘイブンか　第7章 葬式仏教のカラクリ　第8章 沖縄のお寺に学ぶ　第9章 お寺に未来はあるか

◇葬送墓制研究集成　第4巻　墓の習俗　最上孝敬編　名著出版　2004.2（第5刷）425p　21cm　5500円　①4-626-01686-3

◇北海道仏教史の研究　佐々木馨著　札幌　北海道大学図書刊行会　2004.2　665,18p　22cm　10000円　①4-8329-6461-5

[内容] 第1部 中世仏教の伝播（中世仏教の歴史的前提—古代北奥羽と夷島　鎌倉幕府と夷島　蠣崎政権の成立前後　中世仏教の伝播と展開）　第2部 近世仏教の成立と展開（近世仏教の歴史的背景—松前藩の成立　近世前期の松前藩と仏教　幕府の蝦夷地直轄と蝦夷三官寺　近世後期の松前藩と仏教　松前藩における本末制と檀家制の実態　東西両在の近世仏教）　第3部 近現代仏教の展開（明治期における函館の宗教界　都市寺院の成立　大正・昭和戦中期における函館の宗教界　道南地域の宗教界　戦後復興と北海道宗教界）

◇仏教はじめて物語—知っておきたい35話　インド・中国編、日本編、行事編　大法輪閣編集部編　大法輪閣　2000.9　162p　19cm　（やさしい仏教）　1400円　①4-8046-8106-X

[内容] インド・中国編（仏教のはじまり　初めての説法　初めての尼僧　戒律のはじまり　ほか）　日本編（日本への仏教初伝　最初の僧　初めてのお寺　最初の仏師　ほか）　行事編（施餓鬼会のはじまり　お盆のはじまり　彼岸会のはじまり　花まつりのはじまり）

◇葬式と檀家　圭室文雄著　吉川弘文館　1999.7　231p　19cm　（歴史文化ライブラリー 70）　1700円　①4-642-05470-7

◇近世仏教と勧化—募縁活動と地域社会の研究　鈴木良明著　岩田書院　1996.8　356, 8p　22cm　（近世史研究叢書 1）　8137円　①4-900697-58-3

[内容] 第1章 御免勧化と近世寺社政策—円覚寺御免勧化について　第2章 助成勧化と助力勧化の関係　第3章 御免勧化と寺社の格合　第4章 御免勧化と村方—近世後期武蔵国橘樹郡羽沢村の事例を通して　第5章 高野山高室院の勧化と高座郡村方の対応　第6章 近世西宮戎信仰の地域的展開　第7章 江嶋弁財天信仰と御師—近世後期岩本院の檀家分布から　第8章 江嶋の神仏分離と望地弁財天像　第9章 江嶋弁財天の開帳と浮世絵　第10章 鎌倉寺社の開帳と勧化　第11章 鎌倉絵図と在地出版

◇京都の歴史　4　伝統の生成　仏教大学編　京都　京都新聞社　1995.7　235p　20cm　1900円　①4-7638-0381-6

[内容] 近世の学問と教育　差別の諸相　本山と檀家　京の芸能誌—花都戯場暫探索　京都の再生—近代の出発　明治の京都が目ざしたもの　大正の京都—都市改造事業の展開と特別市制運動　京都と小学校　伝統と革新—「京都論」の展開

◇仏教の歴史　日本 4　ひろさちや原作, 阿部高明漫画　鈴木出版　1994.1　153p　22cm　（仏教コミックス 75）　1200円　①4-7902-1940-2

[内容] 1 京にそびえる五山　2 中興の祖師たちの活躍　3 天下統一と仏教弾圧　4 幕藩制のなかの仏教　ひろさちやのまんだら漫歩録—客として来たわたしたち

◇宗門問題を考える—檀家制度と僧俗の関係　小林正博著　第三文明社　1991.12　194p　19cm　1000円　①4-476-06060-9

[内容] 第1章 日本仏教の特質　第2章 鎌倉時代の仏教儀礼　第3章 檀家制度の成立　第4章 江戸期大石寺の動向　資料（富士五山本

末帳 「御条目宗門檀那請合之掟」)
◇仏教と神道―どう違うか50のQ&A ひろさちや著 新潮社 1987.10 191p 19cm (新潮選書) 700円
①4-10-600335-X
[内容]第1部 民族宗教と世界宗教 第2部 お経と祝詞は同じか 第3部 合掌の沈黙、柏手の音 第4部 親鸞の愛、宜長の道 第5部 鳥居と卍の意味 第6部 檀家の義務、氏子の責任 第7部 生活の中の「仏教」と「神道」 第8部 神前の結婚、仏式の葬儀の国

◇論集日本仏教史 第7巻 江戸時代 圭室文雄編 雄山閣出版 1986.10 386p 22cm 5800円 ①4-639-00610-1, 4-639-00552-0
[内容]1 幕藩体制と仏教―キリシタン弾圧と檀家制度の展開(寛永期のキリシタン弾圧と島原の乱 類属戸籍帳の作成と檀家制度の確立) 2 江戸時代における仏教の展開(日蓮宗不受不施派初期の動き 英彦山修験(山伏)と信仰圏の実態 諸山諸社参詣先達職をめぐる山伏と社家―吉田家の諸国社家支配化への序章 近世九州における日蓮教団の展開―いわゆる大村法難を中心に 近世初期仏教思想史における心性論―雪窓宗崔『禅教統論』をめぐって 幕府の都市寺院支配

―近世堺を中心に 近世真宗遺跡巡拝の性格 近世の浄土宗念仏者雲説と七日別行百万遍 西中国地方における真宗的質についての考察〔ほか〕

寺社奉行
じしゃぶぎょう

寛永12年(1635年)に、江戸幕府の主要職制の一つとして置かれ、寺社および寺社領の訴訟の裁断が主な職務であった。初め、老中の所管だったが、寛文2年(1662年)に将軍の直轄となり、町奉行、勘定奉行と並び三奉行とよばれて幕府の宗教政策の中心だった。最初の寺社奉行は、鎌倉幕府で置かれ、室町期を経て江戸末期まで続いた。

＊　＊　＊

◇論集日本仏教史 第10巻 日本仏教史年表 平岡定海, 圭室文雄, 池田英俊編 雄山閣出版 1999.12 321p 22cm 5800円 ①4-639-01624-7, 4-639-00552-0
[内容]古代・中世 近世 近代 付録(将軍一覧 寺社奉行一覧)

妙好人
みょうこうにん

浄土真宗の篤い信者の呼称。この語は、唐の善導が浄土教念仏者の褒め言葉として用いたことによる。江戸末期に6巻の「妙好人伝」が刊行されて以来、浄土真宗信者の褒め言葉になった。そこには自分の罪悪生死(しょうじ)を自覚し、阿弥陀如来に対し絶対的に帰依する農民を中心とした多くの庶民の伝記が書かれている。彼らの多くは、親孝行や正直ものとして領主から褒められており、現在では篤い信仰の持ち主を指していう。

◇妙好人と生きる―親鸞の他力信心の要をつかんだ人々 亀井鑛著 大法輪閣 2008.10 270p 19cm 1800円
①978-4-8046-1276-8
[内容]1 因幡の源左(「ようこそ、ようこそ」「偽になりゃもうええだ」ほか) 2 石見、有福の善太郎(「善太が出ました」「おはずかしや、おありがたや」ほか) 3 三河、田原のお園(「落ちればこそ」「お差支えなし、ご注文なし」ほか) 4 讃岐の庄松(「兄貴、覚悟はよいか」「そんなこと聞いて何にする」ほか) 5 浅原の才市(「あさましや、ありがたや」「虚空もわしもみな仏」ほか)

◇仏のモノサシ―良寛と妙好人の世界 久馬慧忠著 京都 法藏館 2007.11 115p 19cm 1500円
①978-4-8318-5645-6
[内容]大愚良寛 妙好人 塩の澤七三郎 赤尾の道宗 因幡の源左 田原のおその 讃岐の庄松 大和の清九郎 六連島のおかる 浅原才市 良寛さま

◇妙好人の詩 菊藤明道著 京都 法藏館 2005.11 164p 20cm 1600円
①4-8318-2315-5

◇おカル同行抄伝―長州六連島の妙好人 安藤敦子著 〔奈良〕〔安藤敦子〕 2004.7 83p 21cm

◇妙好人伝の研究　菊藤明道著　京都　法蔵館　2003.10　433p　22cm　8000円　①4-8318-2314-7
　[内容]第1章 江戸時代の『妙好人伝』と妙好人　第2章 明治以降の『妙好人伝』及び「妙好人」関係の書物　第3章 『妙好人伝』の諸問題　第4章 「妙好人」の倫理観とエートス　第5章 親鸞の妙好人観と真宗の倫理　第6章 新出・妙好人「摂州さよの信心の歌」について　第7章 浄土仏教と環境倫理

◇仏教と芸能―親鸞聖人伝・妙好人伝・文楽　土井順一著, 林智康, 西野由紀編　京都　永田文昌堂　2003.1　375p　22cm　7500円　①4-8162-1134-9

◇今をよろこべる心―妙好人と真宗の教え　梯實圓, 久堀弘義著　京都　自照社出版　2001.10　102p　19cm　800円　①4-921029-33-4

◇親鸞と妙好人の信心　楠恭著, 津田和良監修　青森　曾田秀明　2000.11　110p　22cm　1000円

◇讃岐の妙好人願船さん―山地願船法師追慕の記　千葉崇憲著　京都　探究社　2000.3　149p　19cm　1500円　①4-88483-588-3

◇妙好人を語る　楠恭著　日本放送出版協会　2000.1　310p　16cm　（NHKライブラリー）　970円　①4-14-084111-7
　[内容]第1章 妙好人とは　第2章 妙好人浅原才市　第3章 妙好人讃岐の庄松　第4章 妙好人因幡の源左　第5章 旅で出会った善知識　第6章 現代の妙好人

◇妙好人浅原才市集　浅原才市著, 鈴木大拙編著　新装版　春秋社　1999.11　465, 56p　23cm　9500円　①4-393-16705-8

◇妙好人源左さん―仏教マンガ　下（後半生）　藤木てるみ著　京都　探究社　1998.11　221p　21cm　1500円　①4-88483-535-2

◇妙好人源左さん―仏教マンガ　上（前半生）　藤木てるみ著　京都　探究社　1998.2　213p　21cm　1500円　①4-88483-509-3

◇妙好人伝基礎研究　続　朝枝善照著　永田文昌堂　1998.2　578, 18p　22cm　10000円　①4-8162-4129-9

◇日日妙好　本田節子著　熊本　熊本出版文化会館　1997.2　237p　20cm　1200円　①4-915796-24-8

　[内容]第1章 朝（あした）には紅顔ありて（いつはずしますか　意識できない死期　ほか）　第2章 妙好人考（妙好人とは？　無垢の信仰　ほか）　第3章 他力への道（救いの実感を求めて　"生死をかけた"九十日間　ほか）　第4章 仏智不思議（日野の里・法界寺　庶民のこころ捕らえた教え　ほか）　第5章 原点を訪ねて（インド・王舎城と釈尊の出家　インド・釈尊悟りの証明　ほか）　第6章 お慈悲が聞こえる（『歎異抄』信じるすさまじさ　生かされているいのち　ほか）

◇妙好人お園　久我順光著　京都　法蔵館　1993.5　74p　19cm　800円　①4-8318-8606-8

◇妙好人の世界　楠恭, 金光寿郎著　京都　法蔵館　1991.11　238p　20cm　2000円　①4-8318-8603-3
　[内容]妙好人の世界　物種吉兵衛　因幡の源左　浅原才市　三戸独笑　榎本栄一

◇妙好人お軽―六連島の灯　安藤敦子著　京都　法蔵館　1991.7　134p　19cm　1200円　①4-8318-8586-X

◇妙好人物種吉兵衛語録　楠恭編著　京都　法蔵館　1991.5　359, 5p　19cm　2000円　①4-8318-8583-5

◇柳宗悦妙好人論集　寿岳文章編　岩波書店　1991.2　307p　15cm　（岩波文庫）　570円　①4-00-331697-5
　[内容]仏教に帰す　徳川時代の仏教を想う　真宗素描　真宗の説教　仏教と悪　地蔵菩薩のことなど　色紙和讃について　妙好人　妙好人の存在　妙好人の入信　信者の答え　宗教と生活　弥陀信仰　源左の一生　信女おその　受取り方の名人　「応無所在」の話　馬鹿で馬鹿でない話　妙好人の辞世の歌　『市太郎語録』紹介　奴　凡人と救い

◇新妙好人伝　近江・美濃篇　高木実衛編著　京都　法蔵館　1990.12　155p　19cm　1700円　①4-8318-8582-7

◇妙好人・才市さんの世界　本願寺出版社編　再版　京都　本願寺出版社　1990.2　259p　19cm

◇妙好人のことば―わかりやすい名言名句　梯実円著　京都　法蔵館　1989.11　275p　19cm　1500円　①4-8318-2313-9

◇ヨーロッパの妙好人ハリー・ピーパー師　国際仏教文化協会研究会編　京都　国際仏教文化協会　1988.12　87p　21cm　（IABCパンフレットシリーズ 2）　800円

◇定本妙好人才市の歌　浅原才一著, 楠恭編　京都　法蔵館　1988.4　1冊　20cm　8500円　①4-8318-8563-0

◇妙好人伝研究　朝枝善照編著　京都　永田文昌堂　1987.12　500p　22cm　8000円

◇妙好人随聞　楠恭著　光雲社　1987.2　340p　20cm　2700円　①4-7952-7268-9
　内容　浄土真宗と妙好人　近代の代表的妙好人・浅原才市・念仏の詩人　求道の出発点　避けて通れない人間深化への道　自力無効の自覚　蓮如上人の五劫思惟のお文　向こうから鳴り出る念仏　三河のおその妙好人の空念仏　物種吉兵衛妙好人の念仏観　妙好人讃岐の庄松の話　才市の念仏生活　大信心者浅原才市〔ほか〕

◇妙好人赤尾の道宗　岩倉政治著　京都　法蔵館　1986.7　70p　21cm　600円　①4-8318-2351-1

◇妙好人大和の清九郎　平川了大著　京都　法蔵館　1986.7　80p　21cm　600円　①4-8318-2352-X

◇妙好人伝の周辺　朝枝善照著　京都　永田文昌堂　1984.10　148p　20cm　1600円

◇新撰妙好人列伝　藤秀璻著　京都　法蔵館　1984.7　286p　19cm　1600円

◇妙好人の世界　花岡大学著　弥生書房　1984.3　220p　20cm　1500円

◇妙好人伝基礎研究　朝枝善照著　京都　永田文昌堂　1982.11　440p　22cm　7800円

◇妙好人伝の研究―新資料を中心として　土井順一著　京都　百華苑　1981.3　231, 16p　22cm　3000円

◇妙好人―庶民の信仰生活の歴史1　郷土史講座テキスト　足立実著　〔養父町(兵庫県)〕　〔足立実〕　〔1981〕　72p　26cm

◇妙好人おなつ　足立実編　〔養父町(兵庫県)〕　〔足立実〕　1980.11　156p　21cm　非売品

◇小さな妙好人―続ここに阿弥陀さまがいらっしゃる　三木恵照編　京都　永田文昌堂　1980.3　93p　19cm　600円

◇妙好人有福の善太郎　菅真義著　増補3版　京都　百華苑　1980.2　182p　19cm　1200円

◇妙好人才市の歌　2　浅原才市著, 楠恭編　京都　法蔵館　1977.11　258, 16p　20cm　2200円

◇妙好人　鈴木大拙著　京都　法蔵館　1976　293p　肖像　20cm　2200円

◇妙好人とかくれ念仏―民衆信仰の正統と異端　小栗純子著　講談社　1975　186p　17cm　(講談社現代新書)　350円

◇妙好人物種吉兵衛語録　楠恭編著　文一出版　1974　360, 6p　肖像　20cm　1500円

◇日々を新たに―妙好人集　筑摩書房　1972　287p　19cm　(現代を生きる心 9　編集・解説：梅原猛, 紀野一義)

◇妙好人―その精神医学的考察　小西輝夫著　京都　百華苑　1972　223p　19cm　600円

◇新選妙好人伝　富士川游著　改訂新版　大蔵出版　1971　318p　20cm　(大蔵選書)　900円

◇妙好人浅原才市集　鈴木大拙編著　春秋社　1967　465, 56p 図版　23cm　2800円

◇因幡の源左―妙好人　柳宗悦編　京都　百華苑　1960　221p 図版　19cm

◇妙好人ものがたり―源通寺和尚遺訓　第2輯　中沢南水著　京都　永田文昌堂　1960　88p 図版　19cm

◇妙好人　永田文昌堂編輯部編　京都　永田文昌堂　1958　366p　18cm

◇妙好人宇右衛門翁　宇翁遺徳顕彰会編　京都　永田文昌堂　1957　76p 図版　19cm

◇妙好人善太郎翁　菅真義著　増訂版　国府町(島根県)　光現寺　1956　51p 図版　19cm

◇妙好人新集　藤永清徹著　京都　永田文昌堂　1955　160p　19cm

◇妙好人と倫理　大洲彰然著　京都　百華苑　1955　65p　19cm　(百花文集)

◇新選妙好人伝　上巻　富士川游著　大蔵出版　1954　356p　19cm

◇妙好人源左同行物語　羽栗行道著　京都　百華苑　1954 3刷　274p 図版　19cm

◇妙好人　鈴木大拙著　京都　大谷出版社　1949　401p 図版　19cm

◇妙好人清九郎　三品彰英,高木智共著　京都　永田文昌堂　1949　152p　19cm

◆明治時代以降

神仏分離令と廃仏毀釈　しんぶつぶんりれいとはいぶつきしゃく

神仏分離令は慶応4年(1868年)3月、明治新政府が出した、神道の国教化政策によるもので、それまでの神仏習合をやめ、寺院から神社を分離独立させる政策。各神社の別当、社僧の還俗(げんぞく)や、神社にある仏像、仏具を取り除くことなどを命じた(神仏判然令)。このため、全国で寺院と神社の争いが起き、神官を中心に廃仏毀釈の運動となって、各宗の本山や大寺院が標的となり破壊され大きな打撃を受けた。新政府は、翌月に神仏分離が廃仏毀釈ではないという布告を出したが、廃仏毀釈を止めることは出来なかった。さらに、明治5年(1872年)僧侶に対して肉食妻帯解禁の布告が出されるなど、仏教界は危機的状況に陥って、明治中期ごろから仏教改新運動が起こる。

◇近代皇室と仏教―国家と宗教と歴史　石川泰志著　原書房　2008.11　507p　21cm　（明治百年史叢書）　15000円　①978-4-562-04177-0
内容　第1部 釈雲照―近代皇室と仏教再興(釈雲照―廃仏毀釈に抗して　十善会の発足と活動　釈雲照と日露戦争 ほか)　第2部 村雲日榮尼―皇族出身尼僧の活躍(日榮尼と京都の廃仏毀釈　日榮尼―皇室と仏教を結ぶ絆　日榮尼―明治四十年代から大正期の活動 ほか)　第3部 近代の神道―その混迷と弾圧(近代における平田国学の盛衰と弾圧　神社合祀―廃神毀社とその歴史的背景　神社合祀―廃神毀社・その終焉)

◇釈尊―仏法と世界平和　斉藤喜八郎著　東京図書出版会　2006.7　176p　19cm　1500円　①4-86223-059-8
内容　第1部 釈尊 仏法と世界平和(一国民の経験から見た靖国神社と仏教の本質　仏教とキリスト教、ユダヤ教とイスラム教　仏法と仏教　釈尊とインドアーリア人 ほか)　第2部 仏教の歴史的推移(仏典の編纂、論蔵と大乗経典の出現(大乗仏教の始まり)　ヒンズー教の巻き返しと仏教の推移　現代日本の思想混乱の原因である明治政府の一部役人と神官の廃仏毀釈　蘇生する仏教界と新興宗教の胎動　仏法とイスラム論、キリスト論との違い)

◇知っておきたい日本宗教の常識―日本宗教の変遷からその教えまで　小池長之著　日本文芸社　2006.5　229p　18×11cm　（パンドラ新書）　838円　①4-537-25390-8
内容　1 今も生きている宗教行事―日本人の死生観や自然への信仰と"想い"がわかる　2 奈良仏教はどんな宗教か―仏教の始まりと日本の仏教受容の源流がわかる　3 平安仏教はどんな宗教か―"日本仏教"の確立と厄除・願望成就の習俗がわかる　4 修験道とはどんな宗教か―道教・儒教・神道が混淆した日本仏教の展開の側面がわかる　5 阿弥陀信仰とはどんな宗教か―地獄と極楽、地蔵や大黒天などのルーツや仏教行事の意味がわかる　6 鎌倉新仏教とはどんな宗教か―浄土宗、日蓮宗、臨済宗、曹洞宗など日本仏教の独自な発展がわかる　7 室町～江戸期の宗教―墨絵、茶道…日本文化の源とキリスト教と日本との関わりなどがわかる〔ほか〕

◇邪教/殉教の明治―廃仏毀釈と近代仏教　ジェームス・E.ケテラー著、岡田正彦訳　ぺりかん社　2006.4　394p　22cm　5400円　①4-8315-1129-3
内容　第1章 異端の創出―徳川時代の排仏思想(迫害の解釈―王法・仏法　迫害の言語―排仏思想 ほか)　異端と殉教に関して―廃仏運動と明治維新(水戸―代表例として　薩摩―完全なる遂行 ほか)　第3章 儀礼・統治・宗教―大教の構築と崩壊(祭政一致　政教一致 ほか)　第4章 バベルの再召―東方仏教と一八九三年万国宗教大会(招待　大会での宗教概念 ほか)　第5章 歴史の創出―明治仏教と歴史法則主義(通宗派主義―『八宗綱要』　通国民主義―通仏教の構築 ほか)

◇近代日本の仏教者たち　田村晃祐著　日本放送出版協会　2005.8　393p　16cm　（NHKライブラリー 197）　1120円　①4-14-084197-4

◇明如上人抄―西本願寺第二十一代門主 幕末明治期の仏教を救った男・大谷光尊 丹波元著 PHP研究所 2004.8 285p 20cm 1500円 ①4-569-63738-8

内容 第1章 明治の仏教弾圧事件 第2章 仏教の本質を求めて 第3章 原語習得の苦難 第4章 宗派の教学の新展開 第5章 研究条件の整備 第6章 思想家の仏教観 第7章 結び

◇明如上人抄―西本願寺第二十一代門主 幕末明治期の仏教を救った男・大谷光尊 丹波元著 PHP研究所 2004.8 285p 20cm 1500円 ①4-569-63738-8

内容 戊辰の役 本願寺隊 本願寺の勤王 禁門の変 神道の反撃 大坂遷都 京ご発輦 本山改革 廃仏の嵐 新門主誕生〔ほか〕

◇西洋からの仏教を耕した人―明治維新と宗教、そして増谷文雄博士 荒木稔恵著 風濤社 2004.3 301p 20cm 2200円 ①4-89219-249-X

内容 第1部 明治維新の宗教をたずねて(プロローグ―明治維新について、その一遠景 明治維新と仏教―廃仏毀釈をたずねて 明治維新とキリスト教―浦上キリシタン流配事件をたずねて 明治維新と神道―その尊皇思想の源流をたずねて) 第2部 西洋からの仏教を耕した人々―増谷文雄博士とその業績(プロローグ―「西洋からの仏教」について、その一遠景 増谷文雄博士の近代仏教『阿含経典』について 増谷文雄博士の『仏教とキリスト教の比較研究』について)

◇廃仏毀釈百年―虐げられつづけた仏たち 佐伯恵達著 改訂版 宮崎 鉱脈社 2003.7 355p 19cm (みやざき文庫20) 2000円 ①4-86061-060-1

内容 序章 仏教国の仏教ぎらい 第1章 前史―廃仏毀釈への道 第2章 薩摩の一向宗弾圧と宮崎 第3章 廃仏毀釈―何が行われたのか(その一) 第4章 廃仏毀釈―何が行われたのか(その二)お寺を毀して神社を建てた宮崎県 第5章 仏教弾圧と国家神道の百年

◇日本宗教の常識100―意外と知らない日本宗教の変遷と教え 小池長之著 日本文芸社 2001.12 229p 18cm (日文新書) 686円 ①4-537-25079-8

内容 1 今も生きている宗教行事―日本人の死生観や自然への信仰と"想い"がわかる 2 奈良仏教はどんな宗教か―仏教の始まりと日本の仏教受容の源流がわかる 3 平安仏教はどんな宗教か―"日本仏教"の確立と厄除・願望成就の習俗がわかる 4 修験道とはどんな宗教か―道教・儒教・神道が混淆した日本仏教の展開の側面がわかる 5 阿弥陀信仰とはどんな宗教か―地獄と極楽、地蔵や大黒天などのルーツや仏教行事の意味がわかる 6 鎌倉新仏教とはどんな宗教か―浄土宗、日蓮宗、臨済宗、曹洞宗など日本仏教の独自な発展がわかる 7 室町～江戸期の宗教―墨絵、茶道…日本文化の源とキリスト教と日本との関わりなどがわかる〔ほか〕

◇禅と戦争―禅仏教は戦争に協力したか ブライアン・アンドルー・ヴィクトリア著, エィミー・ルィーズ・ツジモト訳 光人社 2001.5 317p 20cm 2600円 ①4-7698-1000-8

内容 廃仏毀釈運動 初期に見られる仏教側の社会的目覚め 内山愚童―革新的曹洞禅僧 既成仏教教団による革新的社会活動の拒絶 軍部政策に吸い込まれた仏教(1913-30) 軍国主義に対する仏教側の反抗 禅、その暗殺者たち 皇道仏教の誕生 皇道禅、そして軍人禅の登場 戦時に協力した禅の指導者たち 戦後における皇道仏教、皇国禅、あるいは軍人禅への反応 戦後日本における企業禅の登場

◇すぐわかる日本の宗教―縄文時代‐現代まで 山折哲雄監修, 川村邦光著 東京美術 2000.10 143p 21cm 1600円 ①4-8087-0692-X

内容 第1章 素朴な信仰―縄文～奈良時代(縄文人の祈り―アニミズムの世界 農耕儀礼と祭り―豊穣への祈り ほか) 第2章 国家と宗教―古墳～平安時代(仏教の伝来―百済より贈られた仏像・経典 聖徳太子と仏教―仏法の興隆 ほか) 第3章 救いと悟り―平安～室町時代(空也と念仏―聖と踊り念仏 源信と浄土教―浄土への往生 ほか) 第4章 宗教統制と民衆―鎌倉～江戸時代(神道思想―理論化されていく神道 蓮如と一向一揆―仏法を守るための戦い ほか) 第5章 宗教の現在―明治期～現代(王政復古と神仏分離―廃仏毀釈と護法一揆 明治とキリスト教―ロシア正教会とプロテスタント ほか)

◇近代日本の宗教と文学者 小川和佑著 経林書房 1996.2 159p 19cm 1800円 ①4-7673-0531-4

内容 近代の神々とその漂流―まえがきにかえて 新しき神の歌声 宗教歌から浪曼詩へ 漂流する近代の神仏たち 信仰と革命の思想 美しい日本に詩と真実を求めて

◇現代仏教思想入門 吉田久一編・解説 筑摩書房 1996.2 312p 22cm 3500円 ①4-480-84241-1

内容 解説と問題・現代仏教思想入門 1 現代仏教思想の系譜 2 現代仏教思想の伝統と革新 3 現代信仰の諸相 4 現代仏教の

社会思想

◇鬼窟の単―近代禅僧の生と死　岸田絹夫著　京都　淡交社　1994.9　237p　19cm　1600円　①4-473-01342-1
[内容] 釈越渓(守謙)天資純孝の一生貫く　今北洪川(宗温)進歩的な独自の考え　荻野独園(承珠)廃仏毀釈に立ち向う　関鐡嶺(道契)信念と道行の実行肌　由理滴水(宜牧)天下の"鬼僧堂"を開く　中島泰龍(文彙)自己滅却の作務の中で〔ほか〕

◇京都の仏教史　千里文化財団編　平河出版社　1992.2　273p　20cm　2800円　①4-89203-209-3
[内容] 序章 仏教の誕生と拡延　第1章 仏教の渡来(新しい宗教 飛鳥の仏教 大仏開眼)　第2章 平安の仏教(最澄と空海 浄土の世界 平安貴族の信仰)　第3章 庶民仏教への道(新しい求道者―鎌倉新仏教・旧仏教 仏教の大衆化 宗教の闘い)　第4章 近世京都の仏教(仏教寺院の回復 幕府の仏教統制 門前のにぎわい)　第5章 近代化と仏教(廃仏毀釈 仏教界の再編 新しい仏教の波)

◇真宗信仰の思想史的研究―越後蒲原門徒の行動と足跡　奈倉哲三著　校倉書房　1990.4　354p　22cm　(歴史科学叢書)　7210円　①4-7517-2010-4
[内容] 第1章 真宗優勢地帯の習俗的信仰(西蒲原地方の習俗的信仰 教団体制と真宗門徒)　第2章 本願寺跡体制下の特質的信仰(文政6年東本願寺跡下向 文政11年西本願寺御書供奉跡下向 特質的信仰の思想史的位置)　第3章 弥彦山の神仏習合と親鸞説(弥彦山の神仏習合と確執 弥彦山の親鸞伝説と真宗門徒)　第4章 廃仏毀釈と真宗門徒(廃仏と抵抗 焼却阻止の力と思想史上の意義)

◇消えた寺院考察―泉藩領廃仏毀釈　水沢松次著　〔いわき〕　〔水沢松次〕　1989.2　143p　22cm

◇宗教と国家　安丸良夫,宮地正人校注　岩波書店　1988.9　593p　21cm　(日本近代思想大系 5)　4900円　①4-00-230005-6
[内容] 1 国家神道への道(祭政一致運動との転換 教部省政策以後の模索 国家神道確立にむけて)　2 宗教政策と地域の動向(廃仏毀釈 教化活動 諸事件)　3 仏教側の対応と「信教の自由」論(護法論 「信教の自由」論の展開 ジャーリズムの論調)　4 キリスト教をめぐる葛藤(キリシタン問題 異宗と伝統社会)　神教組織物語(常世長胤)　宗教関係法令一覧　解説(近代転換機における宗教と国家　国家神道形成過程の問題点)

◇大系仏教と日本人 10　民衆と社会―変革の理念と世俗の倫理　村上重良編　春秋社　1988.3　326p　20cm　2500円　①4-393-10710-1
[内容] 総論―民衆宗教の系譜(村上重良)　菩薩行と社会事業―古代から中世へ(中井真孝)　鎌倉時代の民衆宗教―祖師信仰の伝統(中尾堯)　一揆の表現と行動―一揆・連歌・会所(松岡心平)　廃仏毀釈と民衆―越後弥彦山阿弥陀如来像守護行動(奈倉哲三)　天理教の神話と民衆救済(村上重良)　民俗化した菩薩・虚空蔵菩薩(佐野賢治)　新宗教の体験主義―初期霊友会の場合(島薗進)

◇廃仏毀釈百年―虐げられた仏たち　佐伯恵達著　宮崎　鉱脈社　1988.2　366p　19cm　(鉱脈叢書 16)　1600円

◇論集日本仏教史　第8巻　明治時代　池田英俊編　雄山閣出版　1987.12　339p　22cm　4800円　①4-639-00693-4, 4-639-00552-0
[内容] 1 近代的開明思潮と仏教(時代の特徴 維新仏教の性格 絶対主義と仏教の覚醒 国粋主義の台頭と仏教の革新 仏教思想近代化の諸相)　2 新教団形成期における仏教史の諸問題(明治維新廃仏毀釈の地方的展開とその特質について 海外教状視察の歴史的意義 明治維新期における日蓮宗の動向 明治初期における僧侶と教育とを繞る諸相 明治中期の排耶論 曹洞宗教団論―宗意詮の近代化をめぐって 近代における浄土観の推移 近代真宗団と慈善 明治期対外戦争に対する仏教の役割―真宗両本願寺派を中心として 明治知識人と仏教―夏目漱石をめぐって 仏教の世俗倫理への対応―井上円了の修身教会設立をめぐって 北海道村落社会と宗教集団の形成)

◇仏教はこのままでよいか―現代人のための仏教入門　原田三夫著　知道出版　1987.9　237p　19cm　(宗教の見かた・考え方 2)　1300円　①4-88664-010-9
[内容] 第1章 釈迦の実像と虚像(釈迦の実像を探る 仏典にみる釈迦の虚像)　第2章 釈迦の教えと仏教の宗派(仏教成立の問題点と阿含経 法華経と天台宗,日蓮宗 浄土三部経と浄土宗,浄土真宗 般若経と禅宗・真言宗 維摩経と法相宗,その他の宗派)　第3章 釈迦の教えと仏教の教理(仏教とはなにか 仏教の不合理と矛盾)　第4章 わかりやすい日本仏教史(仏教伝来から廃仏毀釈まで釈迦を忘れた日本の仏教)

◇明治維新の東本願寺―日本の最大の民衆宗教はいかに激動の時代を生きぬいたか

343

日本の仏教の歩み

嵐のなかの法城物語　奈良本辰也, 百瀬明治著　河出書房新社　1987.8　512p　20cm　3900円　④4-309-22132-7

[内容]幕末の東本願寺と蝦夷地布教（北辺に目を向ける　蝦夷地の布教いっせいに始まる　斎聖寺徳善あり　厳如父子、江戸下向）神仏分離始末　明治初年の護法と排耶　大教院離脱問題（厳如上人の東上　現如新門の洋行　分離運動の進展）現如新門と北海道開拓（箱館戦争　現如新門の出発　札幌本府の建設）両堂再建（再建事業のスタート　厳如上人の譲席　両堂落慶）

◇「法隆寺日記」をひらく―廃仏毀釈から100年　高田良信著　日本放送出版協会　1986.9　215p　19cm　（NHKブックス510）　750円　④4-14-001510-1

[内容]1章 昭和の大法要　2章 廃仏毀釈の嵐の中から　3章 再興にむかって（法隆寺会設立にむけて　岡倉天心氏の発案　聖徳太子奉賛会ついに設立　佐伯定胤師の情熱と法隆学問寺　大西良慶師と法隆寺）　4章 法隆寺に魅せられた人びと（フェノロサとビゲロー　平子鐸嶺氏と鉄斎氏の絵　子規氏と会津八一氏　ラングドーン・ウォーナー）　5章 昭和大修理はじまる　6章 大戦前後の法隆寺　7章 金堂炎上　8章 信仰と秘法の間で　9章 昭和の資財帳づくりへ　終章 寺の生活から（わが師佐伯良謙管主のこと）

◇神々の明治維新―神仏分離と廃仏毀釈　安丸良夫著　岩波書店　1979.11　215p　18cm　（岩波新書）　320円

◇廃仏毀釈　柴田道賢著　公論社　1978.4　204, 5p　20cm　（公論社教養）　1500円

◇真宗王国―富山の仏教　青雲乗芳等著　富山　巧玄出版　1974　281p 図　19cm　1300円

[内容]現代の展望 総論中真宗の流れ（梅原隆章）真宗教団の分析と在り方（青雲乗芳等）真宗寺院の諸問題（津山昌）歴史の重み秘事法門―信仰の中に入りこんだ密教思想（桑名観字）一向一揆――一世紀に渡る宗徒の政治支配（奥田淳爾）中学黌―尺伸堂・空華の学問の系譜（青雲乗芳）廃仏毀釈―変革期に寺を断ել た富山藩（栗三直隆）民俗的考察―農を土台に昇華した報恩講（能坂利雄）越中真宗年表：p.265-281

◇本願寺教団―親鸞は現代によみがえるか　上原専禄, 真継伸彦他著　学芸書林　1971　384p　20cm　880円

[内容]親鸞認識の方法（上原専禄）親鸞のきりひらいた地平（二葉憲香）本願寺教団の成立とその展開（北西弘）維新政権の成立と廃仏毀釈（福島寛隆）浩々洞の成立とその挫折（寺川俊昭）独立者の共同体（里村暁洋）本願寺教団とその血のよどみ（山折哲雄）親鸞への回帰（丸山照雄）本願寺と現代ラディカリズム（梅原正紀）親鸞と現代（真継伸彦, 阿満利麿）本願寺年表（柏原祐泉）

◇講座近代仏教　第2巻 歴史編　法蔵館編集部編　京都　法蔵館　1961　260p　22cm

[内容]日本の近代化と仏教（家永三郎）社会変革と仏教（堀一郎）廃仏毀釈と護法一揆（宮崎円遵）「信教自由」の問題（小沢三郎）絶対主義の宗教政策（梅原隆章）明治仏教と社会主義思想（船山信一）近代日本における仏教とキリスト教との交渉（宮崎彰）石川舜台と東本願寺（多屋頼俊）明如とそれをめぐる人々（二葉憲香）行誡と徹定（牧田諦亮）明治の禅僧たち（篠原寿雄）在家仏教徒の活動（友松円諦）明治仏教の再建と居士の活躍（大久保道舟）山岡鉄舟（海音寺潮五郎）

仏教運動　ぶっきょううんどう

　神仏分離令について、明治5年(1872年)に出された肉食妻帯許可の布告は、破戒に繋がるため仏教界の大きな問題となり、仏教復興の運動が起った。仏教の教えを堅持するという護法思想による戒律復興運動もその一つであり、浄土真宗教団による仏教の原典研究も行われた。井上円了は仏教を哲学的に研究し、キリスト教も不完全であり、仏教の一部でしかないと主張し、村上専精は仏教史研究の道を開いた。

◇モダン都市の仏教―荷風と游と空外の仏教史　安食文雄著　鳥影社　2006.9　217p　19cm　1600円　①4-86265-021-X

[内容]1 文人と仏教（永井荷風の東京仏教散策　川瀬一馬の学問と信仰 ほか）　2 仏教と出版（仏教演説と仏教演説書の流行　浄土真宗本願寺派の女性誌『婦人』ほか）　3 教界と言論弾圧（書国と教界の統制―言論弾圧

の周辺　『新仏教』と発禁問題 ほか）　4 モダン都市と浄土教（二つの空中要要　富士川游の在家仏教運動とその周辺 ほか）

◇岩波講座　宗教　第6巻　絆　池上良正, 小田淑子, 島薗進, 末木文美士, 関一敏, 鶴岡賀雄編　岩波書店　2004.6　295p　21cm　3400円　Ⓢ4-00-011236-8

内容　絆―共同性を問い直す 序論　1 切れる絆、結ばれる絆（信仰共同体の今―変質しつつある絆　聖空間における絆の生成　異人の眼差しのもとに）　2 絆の近代（家郷社会の変貌　近代日本の在家仏教運動にみる絆――九二〇年代の国柱会の明治節制定運動と「新国民運動」　平等原理の現在―バングラデシュ農村における喜捨の慣行と物乞い）　3 絆のゆくえ（韓国における祖先崇拝の歴史と現状―男児選好の問題を中心に　隠蔽される身体と"絆"の所在―制度宗教の表象とタイ仏教危機論　宗教はあたらしい絆をつくりだせるか）　読書案内 現代世界の絆―スピリチュアリティの諸相を描く

◇20世紀の仏教メディア発掘　安食文雄著　鳥影社　2002.8　221p　19cm　1600円　Ⓢ4-88629-688-2

内容　第1章 教界メディア人国記　第2章 追跡「近現代仏教資料蒐集事業」　第3章 政財界の爆弾男、野依秀市が発行した破天荒な仏教雑誌　第4章 友松円諦と増谷文雄が路線問題で決別した、人間臭い信仰ドラマ「全日本真理運動」　第5章 「人生創造」教の伝道師、石丸梧平が残した伝道誌　第6章 高田道見が主宰した国権主義の教界紙『通俗仏教新聞』　第7章 戦後教団改革の発火点となった『真人』　第8章 二〇世紀仏教の宝庫『大法輪』の戦前と戦後　第9章 『大法輪』在家仏教運動から「在家仏教会」聞法運動への変質

◇日本宗教史物語　鈴木範久著　聖公会出版　2001.4　159p　19cm　1300円　Ⓢ4-88274-118-0

内容　宗教と人生　宗教とは何か　世界の宗教　日本の古信仰　仏教とその伝来　山の仏教と里の仏教　新仏教の創唱　キリスト教の伝来と禁制　儒教と「イエ」の宗教　神道と排仏運動　キリスト教の再来と新仏教運動　戦争と宗教　新時代の宗教

◇国家と仏教―自由な信仰を求めて　平凡社　2000.5　344p　22cm　（現代日本と仏教 第2巻）　4200円　Ⓢ4-582-73618-1

内容　序編 政教分離と仏教　本編 仏教と政教関係（明治初期における政教関係　経済・教育と仏教　明治・大正・昭和期に興った仏教思想運動　帝国主義と仏教の海外布教　戦後の宗教法制と新仏教運動

◇図説日本仏教の歴史　近代　池田英俊編　佼成出版社　1996.11　165p　21cm　2000円　Ⓢ4-333-01754-8

内容　維新仏教の諸問題　近代仏教成立の背景　教会結社の結成と庶民の信仰誕生　在俗仏教者の活躍　国粋主義と新仏教運動　近代社会と信仰復活運動　大正デモクラシーと仏教文芸運動

◇吉田久一著作集　4　日本近代仏教史研究　川島書店　1992.9　509, 4p　22cm　6800円　Ⓢ4-7610-0482-7

内容　序章 日本近代仏教の潮流　第1章 明治初年の宗教一揆―三河菊間藩一揆について　第2章 大教院分離運動について―島地黙雷を中心に　第3章 明治中期の国粋主義勃興期における仏教とキリスト教の衝突―「教育と宗教の衝突事件」を中心に　第4章 精神主義運動の社会的意義　第5章 新仏教運動と20世紀初頭社会の諸問題　第6章 幸徳事件と仏教

◇明治の新仏教運動　池田英俊著　吉川弘文館　1976　317, 16p　22cm　（日本宗教史研究叢書 笠原一男監修）　3800円

◇明治の仏教―その行動と思想　池田英俊著　評論社　1976　250p　19cm　（日本人の行動と思想 31）　1400円

◇日本における社会と宗教　笠原一男編　吉川弘文館　1969　344p　22cm　2000円

内容　令制下における仏教の地方的受容（菅原征子）　光明真言と初期浄土教（速水侑）　中世初頭における情況把握の変質―『平家物語』の夢の説話を手がかりに（菅原昭英）　忍性の社会事業について（吉田文夫）　武家社会における鎌倉仏教の展開―日蓮の宗教の受容と定着過程（池上尊義）　下総における日蓮の周辺（中尾堯）　水戸藩の宗教統制（圭室文雄）　天理教における価値観と権力観―天理教の発展と政治権力（小栗純子）　明治の新興仏教運動と世俗倫理（池田英俊）　城下町における基督教の受容―群馬県安中教会を中心に（大浜徹也）

◇近代日本の法華仏教　望月歓厚編　京都平楽寺書店　1968　633, 21, 35p　23cm　（法華経研究 2）　4500円

内容　法華仏教の特質 仏教学と法華経（宮本正尊）　宗教学からみた法華思想（石津照璽）　法華経と日蓮教学（望月歓厚）　近代法華仏教運動の展開　近代日蓮教団の展開（影山堯雄,

345

日本の仏教の歩み

渡辺宝陽, 浅井円道) 近代法華仏教の諸信仰(里見泰穏, 野村耀昌) 近代法華仏教思想の展開 日蓮教学の展開(執行海秀等) 日蓮論の展開(高木豊, 塚本啓祥, 上田本昌) 近代における法華経研究 法華経文献の研究(金倉円照, 坂本幸男, 丸山孝雄) 法華経解釈の諸問題(勝呂信静等) 巻末 英文要旨(村野宣忠)

◇日本宗教史研究　第2　布教者と民衆との対話　日本宗教史研究会編　京都　法蔵館　1968　235p　22cm　1500円

内容 古代における宗教的実践(二葉憲香) 仏教の民間浸透と僧尼令(橋本政良) 空也出現をめぐる諸問題(速水侑) 平安末期における布教者と民衆との対話(菅原征子) 仏教の庶民化と葬祭(中尾堯) 念仏と神祇信仰(伊藤唯真) 日蓮にみる布教者と民衆との対話(池上尊義) 『発心集』の思想史的位置(桜井好朗) 近世的宗教における実践(千葉乗隆) 葬祭から祈禱へ(圭室文雄) 厭離穢土から欣求浄土へ(大桑斉) 近代における庶民の仏教受容(柏原祐泉) 明治における在家仏教運動(池田英俊) キリスト者と民衆の確執(大浜徹也) 近代における宗教者と民衆との対話(瀬戸美喜雄) 天理教における布教者と民衆との対話(小栗純子)

アジアとその他の仏教

アジアの仏教

原始仏教を重視する上座仏教が、スリランカ、ネパールには紀元前3世紀、タイには3世紀に、ミャンマーには3〜4世紀に伝えられ、カンボジア、ラオスなどにも伝わった。上座仏教によるこれらの国では、釈迦の教えを忠実に伝える経・律・論を初めとする多くのパーリ語文献がもたらされており、戒律が重んじられ、僧侶はサンガ（僧団）に入って教義と実践を中心に修行をする。ベトナムには、インドから3世紀に仏教が、6世紀に中国から大乗仏教の禅が伝えれらた。チベットには、7世紀に大乗仏教がインドから伝わった。

◇仏教の死生観と基層信仰　金永晃編　勉誠出版　2008.3　337p　22cm　（大正大学綜合佛教研究所叢書 第21巻）　8000円　①978-4-585-03180-2
　内容　1 インド・中国・韓国（古典にみる南方表象―法華経を中心として　水陸画に見える牡丹夫人　韓国弥勒信仰の民俗学的展開―龍信仰を中心として）　2 日本（我、現身にして補陀落山へ帰参せん―"補陀落渡海"のシンクレティズム　両部大経相承の密教伝説―『大日経』と『金剛頂経』をめぐって　空海の思想の基層と自然との瑜伽観　弥勒浄土から阿弥陀浄土への展開―鎌倉仏教による救いのイメージの簡略化への模索　死者と生者の関わり―日航機事故被災者への慰霊から）

◇アジアと仏教　池上彰著　岩崎書店　2006.4　47p　29cm　（国際関係がよくわかる宗教の本 4）　2800円　①4-265-06540-6
　内容　1 仏教について知ろう（仏教ってどんな宗教？　仏教のものの見方・考え方）　2 いろいろな国、いろいろな仏教（アジア各地へ広まるブッダの教え　北へ伝わった大乗仏教　南へ伝わった上座部仏教）　3 日本の宗教についてもっと知ろう（日本の宗教、神道について　日本人の宗教に対する考え方）

◇仏教の来た道　鎌田茂雄著　講談社　2003.3　305p　15cm　（講談社学術文庫）　1050円　①4-06-159590-3
　内容　第1章 熱沙の伝道　第2章 灼熱の求法　第3章 石窟の浄土　第4章 南朝四百八十寺　第5章 末法到来　第6章 天台の聖地　第7章 華厳の風光　第8章 密教の水源　第9章 禅の源流　第10章 仏教東漸　終章 東アジアの仏教交流

◇東アジア仏教―その成立と展開　木村清孝博士還暦記念論集　木村清孝博士還暦記念会編　春秋社　2002.11　790p　23cm　28500円　①4-393-11216-4
　内容　1 東アジア仏教の形成と展開（詳論・原坦山と「印度哲学」の誕生―近代日本仏教史の一断面　竺法護の経典漢訳の特徴について　漢訳仏典研究序説―真諦訳『宝行王正論』をめぐって ほか）　2 東アジア仏教の起源とその周辺（原始仏教と初期仏教　初期仏教における暴力の問題―シュミットハウゼン教授の理解に対して　一切諸法の彼岸とは？）〔ほか〕

◇東アジア仏教思想の基礎構造　木村清孝著　春秋社　2001.3　721p　22cm　18000円　①4-393-11208-3
　内容　序説（東アジア仏教とその研究課題　「東アジア仏教史」をどう捉えるか）　1 漢訳仏典とその解釈法（ヴァイローチャナ仏の語義解釈―中国における梵語解釈の一例として　李通玄の風神観 ほか）　2 東アジア仏教と中国伝統思想の間（儒教における愛の対比と交渉　中国仏教における「孝」の倫理の受容 ほか）　3 疑偽仏典の成立と展開（『像法決疑経』の思想史的性格　偽経『仏説法句経』再考 ほか）　4 東アジア仏教思

想への哲学的視座（汎‐東アジアの思想　人間とその本質　ほか）　5　外国語論文
◇東アジア仏教の諸問題──聖厳博士古稀記念論集　中華佛学研究所聖厳博士古稀記念論集刊行会編　山喜房佛書林　2001.3　326, 229p　22cm　15000円　①4-7963-0102-X
◇ブッダ大いなる旅路　3　救いの思想大乗仏教　石田尚豊監修, NHK「ブッダ」プロジェクト編　日本放送出版協会　1998.11　231p　22cm　（NHKスペシャル）　2000円　①4-14-080373-8
[内容] 第1章　仏像誕生の謎　第2章　「色即是空」と「空即是色」　第3章　無常の仏・バーミヤン　第4章　中国にみる仏教の変容　第5章　現世利益と観音信仰　第6章　台湾・新しき仏国土　第7章　大乗仏教の日本的展開
◇ブッダ大いなる旅路　2　篤き信仰の風景・南伝仏教　石井米雄監修, NHK「ブッダ」プロジェクト編　日本放送出版協会　1998.9　231p　22cm　（NHKスペシャル）　2000円　①4-14-080372-X
[内容] 第1章　黄金のパゴダの国　ミャンマー　第2章　輪廻と宇宙観　第3章　徳を積む人々の暮らし　第4章　引き継がれる伝統的宗教儀礼　タイ　第5章　生きている「民衆の信仰」　第6章　仏教の救済と癒し　第7章　東南アジア諸国の上座仏教
◇ブッダ大いなる旅路　1　輪廻する大地　仏教誕生　高崎直道監修, NHK「ブッダ」プロジェクト編　日本放送出版協会　1998.6　231p　22cm　（NHKスペシャル）　2000円　①4-14-080371-1
[内容] 第1章　人間ブッダの誕生伝説　第2章　ブッダ心の葛藤　第3章　ブッダ悟りと説法　第4章　ブッダ生涯の旅路の果てに　第5章　ブッダ入滅後のインド仏教の行方
◇ブッダ大いなる旅路　月報─1-3　〔日本放送出版協会〕　1998.6-11　1冊　19cm
◇新仏教の興隆──東アジアの仏教思想2　高崎直道, 木村清孝編　春秋社　1997.5　406p　22cm　（シリーズ・東アジア仏教　第3巻）　4200円+税　①4-393-10133-2
[内容] 序章　新仏教の成立と展開　天台・法華系の仏教　華厳系の仏教　浄土系の仏教　禅系の仏教　民衆仏教の位相─偽経の命運をたどって　中国仏教儀礼の現在とその思想背景─水陸会をめぐって　特論（隠逸と出家　「格義仏教」考　「南宗禅」の誕生　ほか）
◇仏教の東漸──東アジアの仏教思想1　高崎直道, 木村清孝編　春秋社　1997.2　316p　22cm　（シリーズ・東アジア仏教　第2巻）　3914円　①4-393-10132-4
[内容] 序章　仏教の受容と変容　東アジアの受容したアビダルマ系論書─『成実論』と『倶舎論』の場合　般若・中観思想の受容と変容　唯識系の仏教　如来蔵系の仏教　密教系の仏教　特論（羅什と玄奘　東アジアに流布した『涅槃経』─仏性の背景にある世界　求法と戒律　戒律の伝来と流布─中国から韓国、そして日本へ）
◇東アジア社会と仏教文化　高崎直道, 木村清孝編　春秋社　1996.2　314p　22cm　（シリーズ・東アジア仏教　第5巻）　3605円　①4-393-10135-9
[内容] 序章　漢訳仏典と漢字文化圏─翻訳文化論　国家による仏教統制の過程─中国を中心に　仏教受容期の国家と仏教─朝鮮・日本の場合　東アジア仏教の相互交流─10・11世紀の韓・中仏教の交流関係　仏教教団の経済倫理─中国禅宗教団の場合　仏教美術の東アジアへの伝播　漢訳仏典の漢language音写語の問題　東アジアの仏教文学　地獄への大航海─明代小説『西洋記』の愉快な地獄絵図　三教図への道─中国近世における心の思想　サムイェーの宗論─中国禅とインド仏教の対決　敦煌の密教─チベット語文献と絵画から見た西域密教のクロノロジー
◇仏教伝来　鎌田茂雄著　講談社　1995.10　300p　20cm　（Kodansha philosophia）　2300円　①4-06-207635-7
[内容] 第1章　熱沙の伝道　第2章　灼熱の求法　第3章　石窟の浄土　第4章　南朝四百八十寺　第5章　末法到来　第6章　天台の聖地　第7章　華厳の風光　第8章　密教の水源　第9章　禅の源流　第10章　仏教東漸　終章　東アジアの仏教交流
◇東アジア仏教とは何か　高崎直道, 木村清孝編　春秋社　1995.4　316p　22cm　（シリーズ・東アジア仏教　第1巻）　3605円　①4-393-10131-6
[内容] 総論・東アジア仏教　仏教の中国伝来　東アジア仏教の仏陀観　東アジア仏教の経典観─中国を中心として　東アジア仏教の修道論─禅定思想の形成と展開　東アジア仏教の教団　東アジア的思惟と仏教─民衆の信仰に見る　特論　ベトナムの仏教─徐道行と仏跡山天福寺を中心として　特論　敦煌の社会と仏教19・10世紀の莫高窟と三所禅窟と敦煌仏教教団　特論　仏教と道教の交流　特論　チベットの仏教と東アジア仏教─その交渉関係を近藤重蔵著『喇嘛考』を通じ

て考える
◇アジアの仏教　斎藤昭俊著　近代文芸社　1994.11　403p　20cm　3000円
①4-7733-3122-4
[内容]韓国事情　中国への想い　タイの仏教　スリランカの仏教　インドの仏蹟　日本の宗教事情

◇南方上座部仏教儀式集　ウ・ウェーブッラ著　中山書房仏書林　1986.9　108p　19cm　1500円
◇仏教のきた道―東アジア仏教の旅　鎌田茂雄著　原書房　1985.8　259p　20cm　1600円　①4-562-01625-6

中国仏教

中国に仏教が伝わったのは紀元前後の漢の時代で、隋を経て唐時代に最盛期をむかえ、中国独自の禅が作られて、宋時代に定着した。唐時代にはインド仏典の漢訳が盛んに行われた。中国仏教は儒教や道教の習俗と融合し、盂蘭盆会などの仏教行事を生み、浄土教、禅、観音信仰、地蔵信仰などとともに、日本に伝来した仏教は中国仏教であった。

◇中国近世以降における仏教思想史　安藤智信著　京都　法藏館　2007.1　234,14p　22cm　7000円
①978-4-8318-7431-3
◇中国仏教研究入門　岡部和雄, 田中良昭編　大蔵出版　2006.12　327p　22cm　8000円　①978-4-8043-0566-0
◇中国民間仏教派の研究　Daniel L.Overmyer著, 林原文子監訳, 伊藤道治監修　研文出版　2005.2　338p　22cm　5500円　①4-87636-243-2
◇隋唐時代の仏教と社会―弾圧の狭間にて　藤善眞澄著　白帝社　2004.10　253p　19cm　（白帝社アジア史選書 5）　1600円　①4-89174-699-8
[内容]第1章 北周の廃仏　第2章 海西の菩薩天子　第3章 隋より唐へ―革命期の仏教　第4章 盛唐仏教の光と影　第5章 武周政権と仏教　第6章 安史の乱と仏教界　第7章『入唐求法巡礼行記』の彼方　終章 落日の余映
◇中国北方仏教文化研究における新視座　嵩満也編　京都　龍谷大学国際社会文化研究所　2004.3　156p　22cm　（龍谷大学国際社会文化研究所叢書 3）　5000円
①4-8162-1311-2
[内容]中央アジア出土資料と仏教文化研究（上山大峻著）『賢愚経』研究における諸問題（三谷真澄著）　對旅順博物館藏大谷探險隊收集品及其整理研究的評述（王宇著）　鮮卑諸燕与北魏営州佛教略述（董高著）　北朝期仏伝彫刻に見られる仏教美術中国化の様相（李静杰著）　考古学から見る高句麗の仏教文化（徐光輝著）　朝陽北塔発掘調査報告書

から見る遼代仏教の特色（嵩満也著）
◇老荘と仏教　森三樹三郎著　講談社　2003.9　299p　15cm　（講談社学術文庫）　1150円　①4-06-159613-6
[内容]老荘思想―中国的世界観　老荘思想と仏・道二教　道教の発生と展開　中国知識人の仏教受容　中国思想における超越と内在　中国における空の思想　思想史における善導の地位　『無量寿経』三訳にみる「自然」　死の象徴としての阿弥陀仏
◇清末仏教の研究―楊文会を中心として　陳継東著　山喜房佛書林　2003.2　663,3p　22cm　24000円　①4-7963-0136-4
◇漢字文化圏の座標　福井文雅著　五曜書房　2002.9　550,134p　22cm　16500円
①4-89619-741-0
◇二諦と三諦をめぐる梁代の仏教思想　池田宗譲著　山喜房佛書林　2002.6　260p　22cm　8500円　①4-7963-0133-X
◇中國佛教社會史研究　竺沙雅章著　増訂版　京都　朋友書店　2002.1　560, 15, 132p　22cm　12000円
①4-89281-083-5
◇新中国仏教史　鎌田茂雄著　大東出版社　2001.7　312p　21cm　2500円
①4-500-00667-2
[内容]後漢の仏教　魏晋の仏教　五胡十六国の仏教　東晋の仏教　南朝の仏教　北朝の仏教　隋の仏教　唐の仏教　仏典の翻訳と撰述　隋唐の諸宗　仏教芸術の発展　宋の仏教　宋代の諸宗　遼金の仏教　元の仏教　明の仏教　清の仏教　中華民国の仏教　中

華人民共和国の仏教
◇宋元佛教文化史研究　竺沙雅章著　汲古書院　2000.8　603, 13p　22cm　（汲古叢書 25）　15000円　ⓘ4-7629-2524-1
　内容　第1部 宋元仏教の北流とその影響（宋元時代の慈恩宗　宋元時代の杭州寺院と慈恩宗　宋代における東アジア仏教の交流　新出資料よりみた遼代の仏教 ほか）　第2部 宋元版大蔵経の系譜（漢訳大蔵経の歴史—写経から刊経へ　契丹大蔵経小考　『開宝蔵』と『契丹蔵』　元版大蔵経概観）　第3部 宋代の社会と宗教（宋初の政治と宗教　宋元仏教における庵堂　白蓮宗について　宋代仏教社会史について ほか）

◇北朝隋唐中国仏教思想史　荒牧典俊編著　京都　法藏館　2000.2　596p　22cm　16500円　ⓘ4-8318-7424-8
　内容　序章 北朝後半期仏教思想史序説　第1章 南朝仏教思想から北朝仏教思想へ　第2章 石窟寺院と北朝仏教　第3章 隋唐仏教思想　第4章 北朝隋唐仏教と儒家と道教　第5章 インド仏教における『成実論』　終章 南宗禅から宋学の成立へ

◇隋唐の仏教と国家　礪波護著　中央公論社　1999.1　288p　16cm　（中公文庫）　648円　ⓘ4-12-203333-0
　内容　隋唐時代の中国と日本の文化（日出づる国からの使節　隋の文帝、仏教を復興　遣隋使・遣唐使が将来した文化）　唐初の仏教・道教と国家—法琳の事跡にみる（傅奕の排仏論の背景　法琳の護法活動　遺教経施行勅の発布 ほか）　唐中期の仏教と国家（写経跋にみえる浄土信仰と国家　造像銘に現れた唐代　玄宗朝の仏教政策 ほか）　唐代における僧尼拝君親の断行と撤回（礼敬問題の研究小史　隋唐初における不拝君親運動　玄宗による僧尼拝君親の断行 ほか）

◇中国仏教史　第6巻　隋唐の仏教　下　鎌田茂雄著　東京大学出版会　1999.1　848, 26p　22cm　18000円　ⓘ4-13-010066-1
　内容　第1章 唐代仏教の社会的発展（仏教儀礼の種々相　仏教徒の社会活動 ほか）　第2章 玄奘の大翻訳事業（玄奘の伝記資料　玄奘の生涯と求法の旅 ほか）　第3章 訳経と仏教文献（翻経院の成立　隋代の訳経 ほか）　第4章 隋唐の諸宗（三論宗　天台宗 ほか）

◇中国天台山諸寺院の研究—日本僧侶の足跡を訪ねて　斎藤忠著　第一書房　1998.12　325p　27cm　20000円　ⓘ4-8042-0684-1

◇中国五台山竹林寺の研究—円仁（慈覚大師）の足跡を訪ねて　斎藤忠著　第一書房　1998.6　183p　27cm　19000円　ⓘ4-8042-0141-6

◇中国南朝仏教史の研究　諏訪義純著　京都　法藏館　1997.5　369, 6p　22cm　12000円　ⓘ4-8318-7423-X
　内容　東晋南朝の仏教史概観　梁武帝仏教関係事蹟年譜考　『梁書』武帝紀の一記載について—梁武帝の八斎戒の奉持　梁天監十八年勅写「出家人受菩薩戒法巻第一」について　「出家人受菩薩戒法巻第一序—」について—智顗述・灌頂記『菩薩戒義疏』との関連を中心として　天台疏の制旨本について　梁武帝の「酒肉を断つ文」提唱の文化史的意義—南北朝隋唐の僧侶たちの動向から〔ほか〕

◇中国佛教史　下　山口修著　京都　佛教大学通信教育部　1997.5　212p　21cm　非売品

◇中国佛教史　上　山口修著　京都　佛教大学通信教育部　1997.2　232p　21cm　非売品

◇秘められた仏たち—中国の仏教遺跡を訪ねて　鎌田茂雄著　京都　中外日報社　1997.1　205p　19cm　1545円　ⓘ4-7952-8937-9
　内容　中国寺院の防災対策　全国重点文物保護単位に指定された十一石窟寺　中国各省の仏教協会成立を祝す　秘められたシルクロードの仏たち—須弥山石窟と隴東石窟群　四川石窟群の重要性　『上海近代仏教簡史』の刊行を祝す　日中仏教交流に尽くした隠れた日本僧—潭柘寺住持となった無初禅師　秘められたシルクロードの仏たち—河西石窟群の役割　実態調査の必要性—華厳行者と陝西省の石窟群　楽山大仏水難救助の悲願の下〔ほか〕

◇現代中国の仏教　末木文美士, 曹章祺著　平河出版社　1996.8　447p　20cm　3605円　ⓘ4-89203-277-8
　内容　序章 現代中国仏教への視点　第1章 現代中国仏教の背景　第2章 組織と活動　第3章 教育、文化事業　第4章 宗教生活　第5章 寺院と聖地

◇中国仏教石経の研究—房山雲居寺石経を中心に　気賀沢保規編　京都　京都大学学術出版会　1996.3　506p　23cm　6500円　ⓘ4-87698-031-4
　内容　第1章 緒論—「房山石経」新研究の意味　第2章 唐代房山雲居寺の発展と石経事

アジアとその他の仏教

業　第3章　ガンダーラ弥勒信仰と隋唐の末法思想　第4章　契丹仏教政治史論　第5章　応県木塔所出「契丹蔵経」と房山石経遼金刻経　第6章　高麗山蔵経と契丹大蔵経について　第7章　四川における唐宋時期の石刻造像・石経事業　第8章　敦煌本『大智度論』の整理　第9章　房山石経における華厳典籍について

◇五台山　日比野丈夫, 小野勝年著　平凡社　1995.9　410p　18cm　（東洋文庫593）　3296円　①4-582-80593-0
　内容　五台山—その歴史と現状（聖境の黎明　五台仏教の最盛期　宋元時代の五台山　ほか）　五台山紀行（北京から太原へ　驢馬とトラックほか）　入唐求法巡礼行記「五台山之巻」訳注（行途—趙州より　入台—竹林寺　大華厳寺　ほか）

◇仏教の中国伝来　エーリク・チュルヒャー著, 田中純男ほか訳　せりか書房　1995.2　484, 16p　22cm　7931円　①4-7967-0188-5
　内容　第1章　序論　第2章　歴史概観—1世紀～4世紀初頭　第3章　建康、南東部の仏教（おおよそ320～420年）　第4章　襄陽・江陵・廬山—北方仏教の影響　第5章　「信仰の護持」—4世紀、5世紀初頭の反僧侶主義と護教　第6章　化胡—仏教の初期闘争史

◇定本中国仏教史　3　任継愈主編, 丘山新ほか訳　柏書房　1994.12　797p　22cm　18500円　①4-7601-1134-4
　内容　第1章　南北朝時代の社会と仏教　第2章　南北朝の経典翻訳と主な仏典の紹介　第3章　南北朝時代の仏教学派　第4章　南北朝時代の仏教著作　第5章　民間における仏教信仰の流行　第6章　南北朝時代の仏教技術

◇中国仏教史　第5巻　隋唐の仏教　上　鎌田茂雄著　東京大学出版会　1994.6　571, 19p　22cm　13390円　①4-13-010065-3

◇定本中国仏教史　2　任継愈主編, 丘山新ほか訳　柏書房　1994.6　732p　22cm　17500円　①4-7601-1088-7
　内容　第1章　西晋時代の仏教（西晋の社会と仏教　西晋時代の仏典の翻訳　竺法護の翻訳仏典　仏教の『般若経』思想と玄学）　第2章　東晋十六国時代の北方社会と仏教（後趙政権と仏図澄　釈道安と釈道安の弟子、およびその布教活動　六家七宗　鳩摩羅什とその訳経　初期仏教の基本経典『阿含経』の伝訳　鳩摩羅什訳の仏教典籍における中心思想　『法華経』の思想　鳩摩羅什の弟子と僧叡、僧肇）〔ほか〕

◇中国仏教の墓碑・塔銘・墓誌銘資料目録—北魏より元まで　八木宣諦編　〔八木宣諦〕　〔1994〕　22p　30cm

◇六朝仏教思想の研究　小林正美著　創文社　1993.12　410, 27p　22cm　（東洋学叢書）　7210円　①4-423-19242-X
　内容　第1章　大乗仏教の受容における儒教の役斑　第2章　廬山慧遠の仏教思想　第3章　竺道生の仏教思想　第4章　宗炳の神不滅の思想　第5章　顔延之の儒仏融合論　第6章　智顗の儀法の思想

◇明清仏教教団史研究　長谷部幽蹊著　京都　同朋舎出版　1993.4　641p　22cm　23000円　①4-8104-1081-1
　内容　序章　元末の戦乱と仏寺の廃興　第1章　王法と仏法　第2章　僧徒の内政および外交補弼　第3章　教団組織の基本問題と社会倫理　第4章　律苑の授戒より禅門叢林の授戒へ　第5章　結制授戒と戒期　第6章　禅律両宗の関係と兼宗　第7章　明清仏教の宗派性　第8章　叢林寺院の性格と実態　第9章　宗派の基盤確立への動き　第10章　明代における燈録の編述印行　第11章　清初における燈録の編述印行　第12章　禅門伝燈の統合と分化　附録（万峰伝の構造分析と明清時代成立諸燈録との考較　ほか）

◇定本中国仏教史　1　任継愈主編, 丘山新ほか訳　柏書房　1992.10　566p　22cm　13500円　①4-7601-0827-0
　内容　第1章　仏教伝来以前、秦・漢時代の中国社会で流行した宗教的迷信と方術　第2章　仏教の中国への伝来　第3章　後漢・三国時代の仏教　第4章　後漢時代に漢訳された重要な仏典とその思想　第5章　三国時代に漢訳された重要な仏典とその思想

◇中国仏祖蹟紀行—道念の旅　古田紹欽著　春秋社　1992.7　300p　20cm　2600円　①4-393-13625-X
　内容　韶関から大庾嶺を行く　雲門山大覚寺に詣でる　杭州から径山、天目山に　風狂の禅者を追慕して　寧波、普陀山から阿育王山・天童山　冬の北京・仏寺を訪ねて房山に至る　北京から河北、河南の地区を行く　大同・太原の仏寺を訪ねる　鎮江・揚州から南京へ　屯渓から九江へ　南京から南昌へ　燉煌への往還路を辿る　終南山の至相道場、百塔寺へ　成都とその周辺、ついで峨眉山を巡る

◇中国仏教の批判的研究　伊藤隆寿著　大蔵出版　1992.5　462p　22cm　6400円　①4-8043-0523-8
　内容　序にかえて　中国仏教の底流　序論（中

351

アジアとその他の仏教

国における仏教受容の基盤―道・理の哲学 孔子の道―道・理の哲学に対峙するもの） 本論（格義仏教考―初期中国仏教の形成 鳩摩羅什の仏教思想―妙法と実相 竺道生の思想と"理の哲学" 梁武帝『新明成仏義』の考察―神不滅論から起信論への一視点 僧肇と吉蔵―中国における中観思想受容の一面 三論教学の根本構造―理と教 禅宗と"道・理の哲学" 教禅一致説と肇論 道元の中国仏教批判）

◇雲居寺石経山簡介　北川政次訳　長田屋商店　1991.10　55p　19cm

◇中国仏教四大名山図鑑―五台山・峨眉山・普陀山・九華山　秦孟瀟主編, 邱茂訳　柏書房　1991.10　287p　33cm　18500円　①4-7601-0660-X
　内容　中国仏教四大名山位置図　五台山　峨眉山　普陀山　九華山

◇中国仏教制度史の研究　諸戸立雄著　平河出版社　1990.11　588, 12p　22cm　15000円　①4-89203-187-9
　内容　第1章 道僧格の研究（道僧格の制定年代について　道僧格の復旧　北魏の僧制・西魏の教団制規と道僧格　唐初における仏教教団の統制―道僧格の規定を通して　僧尼令に現われた僧綱について―道僧格の継受に関して　唐王朝の創業と図識―道僧格の「妖言惑衆」の規定との関連において　道僧格の施行状況） 第2章 度僧制度の諸問題（中国における度牒初授の年代について　南北朝・隋・唐・五代の童行と度牒の制　唐代における度僧制について―公度制の確立と売度・私度問題を中心として） 第3章 仏教教団と土地税役制度（北魏均田制と仏教教団　唐代僧道・寺観への給田問題について〔ほか〕

◇敦煌仏教の研究　上山大峻著　京都法蔵館　1990.3　647, 22p 図版12枚　22cm　19570円　①4-8318-7333-0

◇魏書釈老志　魏収著, 塚本善隆訳注　平凡社　1990.2　338p　18cm（東洋文庫515）　2575円　①4-582-80515-9
　内容　仏教伝来以前　秦景憲、仏経を受く　浮屠と仏陀と浄覚　仏とは釈迦文　釈迦の生涯　道安と鳩摩羅什　太宗の崇仏、法顕の求法と仏陀跋陀羅の訳業　平城の新仏像　孝文帝の仏教教団規制　宣武帝の崇仏　東魏の仏教　太祖の崇道　寇謙之の道教〔ほか〕

◇中国仏教史　第4巻　南北朝の仏教 下　鎌田茂雄著　東京大学出版会　1990.2　462, 17p　22cm　10300円　①4-13-010064-5
　内容　第1章 南朝の訳経（宋・斉の訳経　梁・陳の訳経） 第2章 真諦三蔵―唯識仏教の伝来（真諦の生涯　真諦三蔵の翻訳活動　『大乗起信論』の訳出をめぐる諸問題） 第3章 北朝の訳経（竺仏念―小乗経論の訳出　北魏の訳経） 第4章 中国的仏教の萌芽―疑経の成立（南朝の疑経　北朝の疑経　六世紀成立の疑経　道教および俗信関係の偽経　護国経典の成立―仁王般若波羅蜜経　戒律関係の疑経　観音信仰と疑経の出現） 第5章 諸学派の興起と展開（道生の頓悟説とその系譜　涅槃学派　成実学派　毘曇学派　地論学派　摂論学派）

◇中国仏教史研究　第3　牧田諦亮著　大東出版社　1989.10　434p　22cm　9600円

◇中国の仏教と文化―鎌田茂雄博士還暦記念論集　鎌田茂雄博士還暦記念論集刊行会編　大蔵出版　1988.12　905p　22cm　20600円　①4-8043-0516-5
　内容　我が研究の回顧と展望　鎌田茂雄著 ほか34編. 鎌田茂雄略年譜・著作目録：p3～42

◇中国中世仏教史研究　諏訪義純著　大東出版社　1988.5　325, 11p　22cm（学術叢書・禅仏教）　8000円　①4-500-00484-X

◇五台山の寺々―日中仏教交流の源泉をたずねて　二橋進著　中山書房仏書林　1986.8　191p　18cm　1900円

◇中国山西省聖地五台山　山口厚編著　国書刊行会　1986.6　127p　31cm　4800円

◇仏教聖地・五台山―日本人三蔵法師の物語　NHK取材班, 鎌田茂雄著　日本放送出版協会　1986.3　235p 図版16枚　22cm　1800円　①4-14-008476-6
　内容　1 五台山への道（敦煌・莫高窟の謎　雲仙という僧　二等列車の旅　三蔵法師誕生） 2 聖地・五台山（中国最古の木造寺院　五百頭のラバ・馬市　破壊された文殊寺　文殊菩薩の里・台懐鎮　雲仙は何処へ） 3 よみがえった仏教（寺院再建　仏教音楽の故郷　残っていた仏教音楽） 4 霊境寺を探して―雲仙の足跡を追う（古鐘の手がかり　秘教伝授―金閣寺の修行　毒殺された三蔵法師） 5 五台山―その歴史と展開（五台山と文殊信仰　五台山の寺々を訪ねて　五台山の盛衰　東アジアの聖地・五台山）

◇老荘と仏教　森三樹三郎著　京都　法蔵館　1986.1　236p　20cm　(法蔵選書36)　1600円

◇中国仏教思想史の研究　佐藤成順著　山喜房仏書林　1985.11　422p　22cm　8500円

◇中国仏教史全集　道端良秀著　書苑　1985.11　11冊　22cm　全88000円　①4-915125-36-X

◇雲棲袾宏の研究　荒木見悟著　大蔵出版　1985.7　222p　20cm　2500円　①4-8043-1014-2

◇仏教聖地五台山の旅　中国人民美術出版社編　京都　美乃美　1984.12　159p　19cm　(中国カラー文庫 17)　1500円

◇中国仏教史　第3巻　南北朝の仏教　上　鎌田茂雄著　東京大学出版会　1984.11　547, 19p　22cm　12000円　①4-13-010063-7

◇中国仏教史研究　第2　牧田諦亮著　大東出版社　1984.11　374p　22cm　7500円　①4-500-00467-X

◇中国仏教社会経済史の研究　道端良秀著　京都　平楽寺書店　1983.9　465p　22cm　9800円

◇中国仏教集　塚本善隆編　町田　玉川大学出版部　1983.8　452p　22cm　(仏教教育宝典 6)　4500円

◇中国仏蹟見聞記　第4集　第四次中国仏教史蹟参観団編　駒沢大学中国仏教史蹟参観団事務局　1983.8　119p　26cm　非売品

◇中国仏教史　第2巻　受容期の仏教　鎌田茂雄著　東京大学出版会　1983.6　469, 15p　22cm　9000円

◇中国の寺・日本の寺　鎌田茂雄著　東方書店　1982.9　203p　19cm　(東方選書 10)　980円　①4-497-00098-2

◇中国仏蹟見聞記　第3集　第三次中国仏教史蹟参観団編　駒沢大学中国仏教史蹟参観団事務局　1982.8　105p　26cm　非売品

◇支那に於ける仏教と儒教道教　常盤大定著　東洋書林　1982.7　750, 28p　22cm　9500円

◇契丹仏教文化史考　神尾弌春著　第一書房　1982.5　181, 6p 図版11枚　22cm　3500円

◇中国仏教社会史研究　竺沙雅章著　京都　同朋舎出版　1982.2　560, 15p　22cm　(東洋史研究叢刊 34)　10500円　①4-8104-0273-8

◇仏教と中国社会　ケネス・K.S.チェン著、福井文雅, 岡本天晴編訳　金花舎　1981.12　322p　22cm　(叢書/仏教文化の世界)　7800円

◇中国仏蹟見聞記　第2集　駒沢大学中国仏教史蹟参観団編　駒沢大学中国仏教史蹟参観団事務局　1981.10　162p　26cm　非売品

◇中国仏教史辞典　鎌田茂雄編　東京堂出版　1981.9　450p　19cm　4500円

◇中国仏教史研究　第1　牧田諦亮著　大東出版社　1981.5　436p　22cm　9700円　①4-500-00466-1

◇中国の佛教　結城令聞ほか編　改訂4版　大藏出版　1981.4　278p　22cm　(講座佛教　第4巻)　①4-8043-5604-5

◇中国仏教・文化史の研究　山崎宏著　京都　法蔵館　1981.4　311, 15p　22cm　7500円

◇中国仏教の旅　第5集　蘭州・麦積山・炳霊寺・酒泉・嘉峪関・敦煌・吐魯蕃・烏魯木斉・庫車・大足・承徳・雲居寺　中国仏教協会, 日中友好仏教会編集　京都　美乃美　1981.2　192p　26cm　2500円

◇中国仏教の旅　第4集　桂林・南昌・廬山・景徳鎮・福州・泉州・寧波・杭州・天台山・臨済塔　中国仏教協会, 日中友好仏教会編集　京都　美乃美　1980.12　216p　26cm　2500円

◇中国の仏教を訪ねて　北海道仏教研究者友好訪中国記念誌編集委員会編　札幌　北海道仏教研究者友好訪中国事務局　1980.11　62p　26cm

◇日支仏教史論攷　岩井大慧著　原書房　1980.10　544, 32, 33p　22cm　8500円　①4-562-01086-X

◇中国仏教の旅　第3集　大同・鄭州・開封・成都・新都・昆明　中国仏教協会, 日中友好仏教会編集　京都　美乃美　1980.9　200p　26cm　2500円

◇中国史における仏教　アーサー・F.ライト著, 木村隆一, 小林俊孝共訳　第三文明

アジアとその他の仏教

353

アジアとその他の仏教

社　1980.8　172, 4p　22cm　2800円
◇中国仏教の旅　第2集　上海・蘇州・南京・揚州・鎮江・曲阜・泰安　中国仏教協会, 日中友好仏教協会編集　京都　美乃美　1980.6　198p　26cm　2500円
◇中国仏教と社会との交渉　道端良秀著　京都　平楽寺書店　1980.5　318p　22cm　6500円
◇中国仏教の旅　第1集　北京・太原・西安・洛陽　中国仏教協会, 日中友好仏教協会編集　京都　美乃美　1980.4　210p　26cm　2000円
◇中国仏教思想史　木村清孝著　世界聖典刊行協会　1979.11　219p　20cm　(パープル叢書)　2000円
◇中国仏教の研究　第3　横超慧日著　京都　法藏館　1979.11　254, 27p　22cm　6500円
◇中国仏教史籍要説　上巻　林伝芳著　京都　永田文昌堂　1979.10　286, 103p　22cm　6500円
◇中国仏教通史　第1巻　塚本善隆著　春秋社　1979.9　701, 25p　23cm
◇中国般若思想史研究―吉蔵と三論学派　平井俊栄著　春秋社　1976.3　702, 41p　23cm

朝鮮仏教

朝鮮半島の高句麗, 百済, 新羅に, 中国から仏教が伝わったのは4世紀の後期で, 高麗王朝時代が最盛期であった。14世紀末に成立した李朝は, 儒教を重視したため廃仏を行い, 20世紀初頭の日韓併合まで続いた。

＊　＊　＊

◇新羅元暁研究　福士慈稔著　大東出版社　2004.2　474, 12p　22cm　12000円　①4-500-00694-X
[内容]第1章　序論　第2章　元暁伝の再検討　第3章　元暁著述の再検討　第4章　中国仏教章疏にみられる元暁著述の受容　第5章　韓国仏教章疏にみられる元暁著述の受容　第6章　日本仏教章疏にみられる元暁著述の受容　第7章　結語
◇親日仏教と韓国社会　申昌浩述　京都　国際日本文化研究センター　2003.1　29p　21cm　(日文研フォーラム　第146回)
◇高麗寺院史料集成　斎藤忠編著　大正大学綜合仏教研究所　1997.10　783, 16p　23cm　16500円　①4-8042-0134-3
◇朝鮮仏教史―河村道器和尚遺稿　資料編1　河村道器著, 梅田信隆監修　大阪　棱伽林　1995.3　651p　27cm　非売品
◇新羅仏教史序説　鎌田茂雄著　東京大学東洋文化研究所　1988.2　494p　22cm　(東京大学東洋文化研究所報告)　非売品
◇朝鮮仏教史　鎌田茂雄　東京大学出版会　1987.2　307, 11p　20cm　(東洋叢書1)　2400円　①4-13-013031-5
[内容]序　朝鮮仏教の歴史的性格　第1章　古代三国の仏教(仏教の朝鮮伝播　高句麗の仏教　百済の仏教　新羅の仏教)　第2章　統一新羅の仏教(諸王と仏教　仏教教学の隆盛　実践仏教の展開)　第3章　高麗の仏教(諸王と仏教　寺院と法会　高麗大蔵経　教宗の発展　禅宗の発展)　第4章　李朝の仏教(諸王の仏教政策　高僧の活躍　教団制度の変遷)　第5章　韓国の仏教(韓国仏教の現状　韓国の仏教美術　韓国の仏教儀礼　韓国の寺利)
◇韓国弥勒信仰の研究　金三竜著　教育出版センター　1985.2　296p　図版55枚　23cm　(史学叢書5)　12000円
◇半跏像の道　田村円澄著　学生社　1983.2　256p　19cm　2000円
◇朝鮮仏教の寺と歴史　鎌田茂雄著　大法輪閣　1980.10　263p　19cm　1900円
◇韓国仏教の研究―高麗・普照国師を中心として　李鍾益著　国書刊行会　1980.6　589p　22cm　13000円

チベット仏教・密教・ラマ教

7世紀中ごろにもたらされた北伝仏教といわれる密教色の強い大乗仏教。かつてチベット仏教をラマ教といったが, 密教の秘儀を直伝する高徳の僧をラマといい, その呪力が尊崇されていることに由来する偏見による呼び方として, 現在

は使われない。

◇チベット仏教常用経軌集　チベット仏教普及協会編著　チベット仏教普及協会　2008.10　91p　21cm　（ポタラ・カレッジチベット仏教叢書 3）　2000円
①978-4-903568-03-4

◇ダライ・ラマゾクチェン入門　ダライ・ラマ14世テンジン・ギャツォ著, 宮坂宥洪訳　新装版　春秋社　2008.8　331, 9p　20cm　2800円　①978-4-393-13376-7

◇古代の洞窟―チベット少年僧の不思議な物語　T.ロブサン・ランパ著, 野村安正訳　普及版　中央アート出版社　2008.7　315p　19cm　2000円
①978-4-8136-0485-3

◇慈雨の光彩オンマニペメフン―チベット仏教観世音菩薩成就法　林久義著　岐阜　ダルマワークス　2008.7　251p　19cm　1800円　①978-4-434-11995-8
内容 第1部 仏道の基盤（三宝帰依　菩提心）　第2部 仏の道 大乗の観世音菩薩（観音様のマントラ　六道輪廻を塞ぐ聖音）　第3部 仏の道 密教の観世音菩薩（仏教瞑想の基盤　「キェーリム」生起次第―観世音菩薩の観想法その一　「ゾグリム」究意次第―観世音菩薩の瞑想法その二）　第4部 観世音菩薩を観る（慈雨の光彩　成就の印）

◇僧侶と哲学者―チベット仏教をめぐる対話　ジャン=フランソワ・ルヴェル, マチウ・リカール著, 菊地昌実, 高砂伸邦, 高橋百代訳　新装版　新評論　2008.7　364p　21cm　3800円
①978-4-7948-0776-2
内容 科学研究から精神の探究へ　宗教なのか、哲学なのか？　ブラックボックスの幽霊　精神の科学？　仏教の形而上学　世界への働きかけと自己への働きかけ　仏教と西洋　宗教的精神性と脱宗教的精神性　暴力はどこから生まれるか？　知恵、科学、政治　世界の屋根の上の赤旗　仏教―衰退と再興　信仰、儀礼、迷信　仏教と死　個人が王様　仏教と精神分析　文化の影響力と精神の伝統　進歩と新しさについて　僧侶が哲学者に質問する　哲学者の結論　僧侶の結論

◇チベット密教　ツルティム・ケサン, 正木晃著　増補　筑摩書房　2008.5　261p　15cm　（ちくま学芸文庫）　950円
①978-4-480-09143-7

内容 第1部 歴史篇（チベット密教とはなにか　チベット密教の歴史　ツォンカパの生涯）　第2部 修行篇（ゲルク派の密教修行　秘密集会聖者流　カギュー派・サキャ派・ニンマ派の修行法）　補遺 チベット密教のマンダラ世界

◇聖ツォンカパ伝　石濱裕美子, 福田洋一著　大東出版社　2008.2　299p　22cm　3800円　①978-4-500-00726-4
内容 第1部『私の目指したことは素晴らしい』（ツォンカパ=ロサンタクパ著）（帰敬偈　諸師について仏教の様々な教えを学ぶ ほか）　第2部『偉大なる聖師ツォンカパの素晴らしき未曾有のご事績、信仰入門』（ケドゥプジェ=ゲレクペルサンボ著）（幼少期出家 ほか）　第3部『宝のごとく貴き師の秘密の伝記、宝石の穂』（ケドゥプジェ=ゲレクペルサンボ著）（師ウマパ伝　ウマパを介しての文殊との対話 ほか）　第4部『尊者ツォンカパの大いなる伝記の補遺、善説拾遺』（トクデンパ=ジャムペルギャムツォ著）（生地と父母について　父の夢 ほか）〔ほか〕

◇多田等観全文集―チベット仏教と文化　多田等観著, 今枝由郎監修・編集　白水社　2007.9　395, 27p　20cm　6200円
①978-4-560-03047-9
内容 第1章 一般　第2章 仏教・ボン教　第3章 大蔵経　第4章 歴史　第5章 旅行・地誌　第6章 風俗・習慣・食べ物　第7章 人物　第8章 書評　第9章 回顧　第10章 英文論文

◇八つの詩頌による心の訓練　ゲシェー・ソナム・ギャルツェン・ゴンタ著　チベット仏教普及協会　2007.8　295p　19cm　（ポタラ・カレッジチベット仏教叢書 2）　3000円　①978-4-903568-02-7

◇解脱の宝飾―チベット仏教成就者たちの聖典『道次第・解脱荘厳』ガムポパ著, ツルティム・ケサン, 藤仲孝司訳　京都　UNIO　2007.7　445p　21cm　3048円
①978-4-434-10810-5
内容 序論（カダムの教え―『菩提道次第』大印契―秘密真言の教え　ガムポパの生涯とその「大印契」ほか）　参考資料（ガムポパの伝記―ゴ・ショーヌペル著『青史』「自在主大翻訳師マルパから伝承したタクポ・カギュといって知られたものの章」より　タクポ・カギュ派について―『青史』「自在主大翻訳師マルパから伝承したタクポ・カギュと

355

いって知られたものの章」より　ゴ・ショーヌペル著『宝性論の註釈』より　レーチェン・クンガーギャルツェン著『カダム派の歴史・学者の意を奪うもの』より　カダム派と秘密真言—『青冊の註釈』よりほか）　本文和訳（因の善逝蔵　依処の人身の宝　縁の善知識への親近 ほか）　本文訳註

◇ヒューマン・バリュー—人間の本当の値打ちとは　ダライ・ラマ著、宮坂宥洪編訳、マリア・リンツェン原訳　四季社　2007.7　127p　19cm　（チッタ叢書）1280円　①978-4-88405-527-1

内容　第1章 やさしい心—健康と幸福の鍵（日本人の可能性について　私も悪しき感情を持っています　すばらしい人間の素質 ほか）　第2章 慈悲—仏教徒からの世界平和と人権救済のメッセージ（同じ釈尊の弟子として　どんな生物でも苦しみたくない　嫉妬をなくしていく ほか）　質疑応答（守護霊は存在するか—仏教徒なら気にすることはありません　人生の選択に迷ったときは一心の平安に努めてください　どうして人は人を殺すのか—育て方次第だったのではないでしょうか ほか）

◇現代人のための「チベット死者の書」　ロバート・A.F.サーマン著、鷲尾翠訳　朝日新聞社　2007.5　444p　19cm　2300円　①978-4-02-250288-9

◇仏教的生き方入門—チベット人に学ぶ「がんばらずに暮らす知恵」　長田幸康著　ソフトバンククリエイティブ　2007.5　214p　18cm　（ソフトバンク新書）　700円　①978-4-7973-3870-6

内容　第1章 天性の「忘却力」で前向きに生きる　第2章 腹八分目でシンプルに生きる　第3章 愛があるから魚は食べない　第4章 心の自己修復機能　第5章 たまには逃げたっていいじゃないか　第6章 身は飾っても、心は飾らない

◇西蔵仏教宗義研究　第8巻　トゥカン『一切宗義』序章「インドの思想と仏教」　川崎信定、吉水千鶴子編著　東洋文庫　2007.3　202p　26cm　（Studia Tibetica no.43）　非売品

◇内モンゴル自治区フフホト市シレート・ジョー寺の古文書—ダー・ラマ＝ワンチュクのコレクション　楊海英、雲廣編　風響社　2006.12　125p　26cm　（モンゴル学研究基礎資料1）　1200円　①4-89489-871-3

◇ツォンカパの中観思想—ことばによることばの否定　四津谷孝道著　大蔵出版　2006.11　389p　22cm　9500円　①4-8043-0565-3

内容　ことばによることばの否定　否定対象の把握　正理のはたらき　中観論者における主張の有無　プラサンガ論法　対論者に極成する推論　自立論証批判

◇14人のダライ・ラマ—その生涯と思想　上　グレン・H.ムリン著、田崎國彦、渡邉郁子、クンチョック・シタル訳　春秋社　2006.10　604p　22cm　6800円　①4-393-13725-6

内容　序章 ダライ・ラマ一世以前の転生譜—観音と観音の化身の連なり　第1章 ダライ・ラマ一世—「ダライ・ラマ転生譜」のはじまり　第2章 ダライ・ラマ二世—確立された「転生の連なり」　第3章 ダライ・ラマ三世—ギャムツォからダライへ　第4章 ダライ・ラマ四世—チンギス・ハンの子孫　第5章 ダライ・ラマ五世—ダライ・ラマ政権と近代チベットの誕生

◇14人のダライ・ラマ—その生涯と思想　下　グレン・H.ムリン著、田崎國彦、渡邉郁子、クンチョック・シタル訳　春秋社　2006.10　565p,97p　22cm　7000円　①4-393-13726-4

内容　第6章 ダライ・ラマ六世—チベット人の永遠の恋人　第7章 ダライ・ラマ七世—学僧、密教の修行者、転輪聖王として　第8章 ダライ・ラマ八世—簡素な僧侶として　第9章 ダライ・ラマ九世〜十二世—静かなる時代　第10章 ダライ・ラマ十三世—学僧、密教の修行者、改革の政治家として　第11章 ダライ・ラマ十四世—インド亡命からノーベル賞受賞まで　エピローグ—乗り越えられた予言、実現された予言　付録

◇敦煌出土チベット文『生死法物語』の研究—古代チベットにおける仏教伝播過程の一側面　今枝由郎著　大東出版社　2006.10　167, 12p　図版49p　22cm　8000円　①4-500-00713-X

◇ダライ・ラマとパンチェン・ラマ　イザベル・ヒルトン著、三浦順子訳　ランダムハウス講談社　2006.9　461p　15cm　950円　①4-270-10054-0

◇ラムリム伝授録　1　ゲシェー・ソナム・ギャルツェン・ゴンタ、藤田省吾共著　チベット仏教普及協会　2006.7　361p　21cm　（ポタラ・カレッジチベット仏教叢書1）　3500円　①4-903568-00-8

◇ラムリム伝授録　2　ゲシェー・ソナム・

ギャルツェン・ゴンタ,藤田省吾共著　チベット仏教普及協会　2006.7　321,27p　21cm　（ポタラ・カレッジチベット仏教叢書1）　3500円　①4-903568-01-6

◇菩提道次第大論の研究　ツォンカパ著,ツルティム・ケサン,藤仲孝司共訳　京都　文栄堂書店　2005.9　466p　27cm　18000円　①4-89243-101-X

◇チベット密教　立川武蔵,頼富本宏編　新装版　春秋社　2005.8　287p　22cm　（シリーズ密教2）　3000円　①4-393-11252-0
内容　序論―チベット密教とは何か　第1部　チベットの密教（歴史篇　思想篇　図像篇　美術篇　実践儀礼篇）　第2部　ネパールの密教（カトマンドゥ盆地のネパール密教　スヴァヤンブーの年中行事　ネパール密教の儀礼―供養と護摩）

◇悟りへの階梯―チベット仏教の原典『菩提道次第論』ツォンカパ著,ツルティム・ケサン,藤仲孝司訳　京都　UNIO　2005.6　415p　21cm　2800円　①4-7952-8890-9
内容　序説（『菩提道灯論』の著作　『菩提道次第論』の典拠　『道次第』著作の縁と註釈類　『道次第』の導きの流れ・伝授の流れ　『道次第』の伝統の次第について　カダム派の盛衰　道次第の伝統への祈願文類）　本文和訳（道以前の基礎　小士と共通した道の次第　中士と共通した道の次第　大士の道の次第）　付録

◇実践・チベット仏教入門　クンチョック・シタル,ソナム・ギャルツェン・ゴンタ,齋藤保高著　新装　春秋社　2005.4　316p　21cm　3200円　①4-393-13532-6
内容　第1章 チベット仏教の教え（帰敬　道次第の特長と聴聞の心構え ほか）　第2章 六加行法（道場の浄化と尊像の安置　清浄なる供養 ほか）　第3章 勤行次第（観自在菩薩成就法　二十一尊ターラ礼賛経 ほか）　第4章 瞑想実修（瞑想の基礎知識　出離と発菩提心 ほか）　第5章 チベット密教概観（顕教と密教　密教の経典 ほか）

◇西チベット仏教史・仏教文化研究　則武海源著　山喜房佛書林　2004.11　590,18p　27cm　25000円　①4-7963-0160-7

◇活仏―高僧菩薩の生まれかわり　チベットわが回想の10年　水原渭江著　大阪　新風書房　2004.6　204p　図版32p　19cm　1500円　①4-88269-555-3

◇すべてがうまくいかないとき―チベット密教からのアドバイス　ペマ・チュードゥン著,ハーディング祥子訳　めるくまーる　2004.6　221p　20cm　1600円　①4-8397-0116-4
内容　恐怖と仲良くなる　すべてがうまくいかないとき　今という瞬間は完璧な教師　そのままでリラックスしなさい　けっして遅すぎることはありません　害を及ぼさない　望みのなさと死　世間八法　六種類の孤独　存在への好奇心　非暴力と四つのマーラ　大人になる　慈悲の輪を回す　死ぬことのない愛　気持ちに逆らって　平和の僕　自分の意見　秘密の口伝　混乱に向き合う三つの方法　選択なしというトリック　サムサーラの輪を逆転させる　道程こそがゴール

◇チベットの死者の書―バルド・トドル　おおえまさのり訳編　改訂版　講談社　2004.3　278p　18cm　1800円　①4-06-212150-6
内容　第1巻（死の瞬間のバルド　存在の本性を経験している）　第2巻（死後の世界　再誕生の過程）

◇チベット仏教文殊菩薩の秘訣　ゲシェー・ソナム・ギャルツェン・ゴンタ解説　京都　法藏館　2004.2　208p　20cm　2300円　①4-8318-5636-3
内容　第1部 ツォンカパ大師の『道の三要訣』（『ラムツォ・ナムスム』の背景にある教えと学び方　『ラムツォ・ナムスム』の序文の解説　「出離」についての解説　「菩提心」についての解説　「正見」についての解説 ほか）　第2部 『サパンが著した「四つの捕われから離れる秘訣」』（「四つの捕われから離れる秘訣」の背景と学び方　『サパンが著した「四つの捕われから離れる秘訣」』の解説　日常生活の中での実践のしかた）

◇掌の中の無限―チベット仏教と現代科学が出会う時　マチウ・リカール,チン・スアン・トゥアン著,菊地昌実訳　新評論　2003.11　415p　22cm　3800円　①4-7948-0611-6
内容　道の交わるところで　存在と非存在―宇宙に始まりはあるか　大いなる時計職人を求めて―組織者原理は存在するか　一粒の砂の中の宇宙―現象の相互依存と全体性　現実という蜃気楼―素粒子の存在について　夏雲を貫く稲妻のように―現実の中心にある非恒常性（無常）　生き物ごとに違う現実―知の雪が溶けるとき　私たちを生みだす行為―個人の運命と集団の運命　時間の問

アジアとその他の仏教

題 カオスとハーモニー──原因から結果へ〔ほか〕

◇チベット密教修行の設計図 齋藤保高著 春秋社 2003.10 237p 20cm 2200円 ①4-393-13511-3
[内容] 1 チベット仏教とは何か(なぜ仏教をチベット仏教の特色 ほか) 2 密教篇(究極の理想の境地─仏陀とは何か? 「死と再生」を浄化して仏の境地へ─光明と幻身 ほか) 3 大乗仏教篇(色即是空とは?─空性と縁起の理解 精神集中の瞑想─止 ほか) 4 基礎仏教篇(苦しみからの解放を求めて─出離 三悪趣への道を断つ─因果と十不善 ほか)

◇図説マンダラ瞑想法─チベット密教 ツルティム・ケサン,正木晃共著 ビイング・ネット・プレス 2003.8 323, 10p 19cm (実践講座 4) 2200円 ①4-434-02814-6

◇チベットのモーツァルト 中沢新一著 講談社 2003.4 332p 15cm (講談社学術文庫) 1050円 ①4-06-159591-1

◇性と呪殺の密教─怪僧ドルジェタクの闇と光 正木晃著 講談社 2002.12 254p 19cm (講談社選書メチエ) 1500円 ①4-06-258257-0
[内容] 第1章 チベット密教誕生への道(密教をどうとらえるか 密教への道 後期密教とは何か チベット密教の歴史) 第2章 ドルジェタク登場(行者の息子 修業と挫折 秘法の成就 荒れ狂う呪殺の嵐) 第3章 光と闇(仏教者としてのドルジェタク 性のヨーガ 女犯と肉食の倫理 殺の倫理) 第4章 ドルジェタク以降(ドルジェタクの最期 ツォンカパ以前 ツォンカパ以後) 第5章 チベット仏教の最終解答(ツォンカパの解答 ドルジェタクとは何だったのか オウム真理教)

◇シャマルパ・リンポチェの講義録─チベット仏教カルマ・カギュ派 シャマルパ・リンポチェ述,葉正鴻訳 ノンブル 2002.11 254p 20cm 2500円 ①4-931117-63-5

◇叡智の鏡─チベット密教・ゾクチェン入門 ナムカイ・ノルブ著,永沢哲訳 大法輪閣 2002.9 230p 20cm 2300円 ①4-8046-1187-8
[内容] 第1部 見解(すべての現象の真実のありよう 顕教と密教 ゾクチェン─自然解脱の道 ほか) 第2部 血脈(ロンデ 埋蔵教─伝授の甦り) 第3部 修行(師匠と弟子 三

つの聖なる原理 死の教え)

◇チベットの般若心経 ゲシェー・ソナム・ギャルツェン・ゴンタ,クンチョック・シタル,齋藤保高著 春秋社 2002.4 279, 50p 20cm 3200円 ①4-393-13280-7
[内容] 第1章 般若心経とは何か(『般若心経』の解題 『般若心経』の明らかな義と隠れた義 ほか) 第2章 般若心経の明らかな義─空性と縁起(舎利弗尊者の問い 観自在菩薩の答え─五蘊皆空) 第3章 般若心経が説く教え(色即是空─甚深四句の法門 不生不滅─甚深八句の法門 ほか) 第4章 般若心経の隠れた義─五道と十地(資糧道 加行道 ほか) 第5章 般若心経と密教(顕教と密教 本尊瑜伽と空性の修習 ほか)

◇心の迷妄を断つ智慧─チベット密教の真髄 チュギャム・トゥルンパ著,宮坂宥洪訳 春秋社 2002.3 277p 20cm 2500円 ①4-393-13334-X
[内容] 第1部 ナーローパの生涯その一(ナーローパと私たち 真性の狂気とポップアート 麻酔なしの手術 とても楽しみなこと) 第2部 ナーローパの生涯その二(痛みと失望 知性の誕生 選択なき認識 空性を超えてマハームドラー マハームドラーの階梯)

◇西蔵仏教基本文献 第7巻 東洋文庫 2002.3 148p 26cm (Studia Tibetica no.42) 非売品

◇チベット仏教の神髄 チベット・ハウス編,小林秀英訳 日中出版 2002.3 427p 19cm 4200円 ①4-8175-1255-5
[内容] 1 四つの執着からの解脱─キャプゴン・サキャ・ティチェン・リンポチェ師による講義(教えを受けるために 前行─最初の修行 ほか) 2 四種の観法─キャプジェ・ヨンズィンリン・リンポチェ師の講義(師僧を仏陀と観ずる観法 輪廻の世界を捨離する観法 ほか) 3 覚者の心の宝─キャプジェ・ディンゴ・ケンツェ・リンポチェ師の講義(仏法の実践 堕落した時代の錯誤 ほか) 4 瞑想による安らぎと悟り─キャプジェ・カルー・リンポチェ師の講義(心の本質 チベット仏教の教え ほか)

◇チベットの生きる魔法─苦しみも怒りも「喜び」に変えて心安らかに暮らす知恵 ペマ・チョドロン著,えのめ有実子訳 はまの出版 2002.2 230p 20cm 1500円 ①4-89361-343-X

◇チベット密教・成就の秘法─ニンマ派総本山ミンドゥルリン寺制定・常用経典集 田中公明訳註 大法輪閣 2001.11

314p　20cm　2700円　Ⓓ4-8046-1177-0
　内容　第1部 常用経典集講義（常用経典とは何か　タイトルについて　礼拝と着座　帰依と発心、四無量心　ほか）　第2部 常用経典集『二種類の成就をかなえる』―チベット語原本の影印（『ニンマ派常用経典集』の構成　影印）

◇チベットわが祖国―ダライ・ラマ自叙伝　ダライ・ラマ著、木村肥佐生訳　改版　中央公論新社　2001.11　437p　16cm　（中公文庫）　1048円　Ⓓ4-12-203938-X

◇高僧の生まれ変わりチベットの少年　イザベル・ヒルトン著、三浦順子訳　世界文化社　2001.9　430p　20cm　2200円　Ⓓ4-418-01516-7

◇シャンバラ―勇者の道　チョギャム・トゥルンパ著、澤西康史訳　めるくまーる　2001.6　241p　20cm　1600円　Ⓓ4-8397-0107-5
　内容　第1部 勇者になる（目覚めた社会を築く　基本的な善良さを見つける　悲しみの純粋なハート　ほか）　第2部 聖なるもの―勇者の世界（いまについて　魔法を見つける　魔法を呼び起こす　ほか）　第3部 真正な存在（世界の支配者　真正な存在　シャンバラの系譜）

◇西蔵図像聚成　頼富本宏、宮坂宥明監修　四季社　2001.5　651p　27cm　28000円　Ⓓ4-88405-085-1
　内容　第1章 チベット仏教伝来　第2章 ショロ版『八千頌般若経』図像集について（チベット仏教美術の現状　チベット仏教美術とその図像　チベット仏教図像集の研究　『八千頌般若経』とは何か？　『八千頌般若経』図像集の解析）　第3章 八千頌般若経全図（巻頭の三尊　『大般若経』所説の十二仏　八大菩薩　八大弟子　付法七祖　ほか）

◇古代の洞窟―チベット少年僧の不思議な物語　T.ロブサン・ランパ著、野村安正訳　中央アート出版社　2001.2　315p　20cm　2300円　Ⓓ4-88639-999-1
　内容　1章 ラマ・ミンギャール・ドンダップ　2章 ポタラ宮　3章 国家神託　4章 隠者・老ウーシー　5章 古代の洞窟　6章 スパイ事件　7章 幽体脱離　8章 医学ラマ　9章 性と宗教　10章 夫婦　11章 色　12章 日本僧の死

◇チベット仏教世界の歴史的研究　石濱裕美子著　東方書店　2001.2　383p　22cm　6000円　Ⓓ4-497-20103-1
　内容　序論 チベット仏教世界の王権像の原型　第1章 パクパの仏教思想に基づいたフビライの王権像　第2章 『アルタン=ハン伝』に見る一七世紀モンゴルの歴史認識　第3章 ダライラマ五世の権威確立に菩薩王思想が果した役割　第4章 ダライラマがモンゴル王侯に授与した称号の意味と評価〔ほか〕

◇ダライ・ラマの密教入門―秘密の時輪タントラ灌頂を公開する　ダライ・ラマ十四世テンジン・ギャムツォ著、石濱裕美子訳　光文社　2001.1　297p　16cm　（知恵の森文庫）　571円　Ⓓ4-334-78071-7

◇チベット死者の書―ゲルク派版　ヤンチェン・ガロ撰述、ラマ・ロサン・ガンワン講義、平岡宏一訳　学習研究社　2001.1　277p　15cm　（学研M文庫）　620円　Ⓓ4-05-901032-4
　内容　死の章―死に至る過程　中有の章―中有を成就する過程　生の章―再生への過程

◇チベット密教心の修行　ゲシェー・ソナム・ギャルツェン・ゴンタ著、藤田省吾訳　法藏館　2000.12　339p　20cm　2800円　Ⓓ4-8318-5622-3
　内容　序章 称賛と誓約　第1章 前行　第2章 世俗の菩提心　第3章 悟りへの道　第4章 五つの力　第5章 学びの基準　第6章 十八の誓約　第7章 二十四の教誡　第8章 勝義の菩提心

◇夢の修行―チベット密教の叡智　ナムカイ・ノルブ著、永沢哲訳　京都　法藏館　2000.12　212p　20cm　2400円　Ⓓ4-8318-5623-1
　内容　1 英語版編者による序文（科学と夢の現象　夢と深層心理学　伝統的な文化における夢作業　夢の自覚を成長させることほか）　2 夢の執着を断つ・根本テキスト　3 夢の修行（夢の本質と種類　夜の修行　マラティカへの巡礼）　4 ノルブ・リンポチェとのインタビュー　5 訳者解説（ニンマ派における九つの乗りもの　ゾクチェンの哲学　夢のヨーガ　埋蔵教の伝統）

◇心の治癒力―チベット仏教の叡智　トゥルク・トンドゥップ著、永沢哲訳　地湧社　2000.7　311,6p　20cm　2500円　Ⓓ4-88503-154-0
　内容　第1部 癒しの道（癒しの土台　心の治癒力　出発　ほか）　第2部 癒しの実践（癒しの瞑想　肉体的な不調和を癒す　自然のエネルギーによる癒し　ほか）　第3部 仏教の瞑想―空性への道（静寂と洞察の瞑想　信仰の癒しの瞑想　内なる無限の癒しのエネルギーを目覚めさせる　ほか）

◇チベット密教の祖パドマサンバヴァの生涯　W.Y.エヴァンス=ヴェンツ編，加藤千晶，鈴木智子訳　春秋社　2000.7　197p　20cm　2000円　ⓐ4-393-13279-3
[内容]第1章 不可思議な出生　第2章 青年時代　第3章 出家と修行　第4章 仏弟子アーナンダ　第5章 密教修行の深化と調伏　第6章 布教活動　第7章 埋蔵経典　第8章 チベットへの旅

◇チベット密教の瞑想法　ナムカイ・ノルブ著，永沢哲訳　京都　法藏館　2000.5　255p　20cm　2800円　ⓐ4-8318-7242-3
[内容]1 英語版訳者による序文（ゾクチェンの起源と特徴　ゾクチェンと仏教の九つの乗り物 ほか）　2 昼と夜のサイクル・根本テキスト　3 註釈（帰依と礼拝の言葉「導師に帰依いたします」　前行 ほか）　4 はじまりの叡智（青空の瞑想　ア字の真実義）

◇活仏たちのチベット―ダライ・ラマとカルマパ　田中公明著　春秋社　2000.4　210p　19cm　1700円　ⓐ4-393-13278-5

◇秘密集会安立次第論註釈―チベット密教の真髄　ツォンカパ著，北村太道，ツルティム・ケサン共訳　京都　永田文昌堂　2000.4　229p　22cm　（チベット密教資料翻訳シリーズ no.3）　4200円　ⓐ4-8162-1833-5

◇チベットの「死の修行」　ツルティム・ケサン，正木晃著　角川書店　2000.1　241p　19cm　（角川選書 312）　1600円　ⓐ4-04-703312-X
[内容]秘密集会聖者流とは何か　師の選び方・灌頂（師と弟子　灌頂）　ツォンカパ『吉祥秘密集会成就法清浄瑜伽次第』による四十九の修行のプロセス　四十九の修行のプロセス（修行にふさわしい地を選ぶ真実　みずからが贓金剛となり、教令輪身を生成する真実　障碍の魔をプルパで打ちのめす真実　勝義の防護を固める真実 ほか）

◇チベット密教　ツルティム・ケサン，正木晃著　筑摩書房　2000.1　222p　18cm　（ちくま新書）　660円　ⓐ4-480-05830-3
[内容]第1部 歴史篇（チベット密教とはなにか　チベット密教の歴史　ツォンカパの生涯）　第2部 修行篇（ゲルク派の密教修行　秘密集会聖者流　カギュー派・サキャ派・ニンマ派の修行法）

◇チベット・メディテーション―チベット仏教の瞑想法　キャサリーン・マクドナルド著，ペマ・ギャルポ，鹿子木大士郎共訳　新版　日中出版　1999.10　253p　19cm　（チベット選書）　2500円　ⓐ4-8175-1247-4

◇チベット密教　立川武蔵，頼富本宏編　春秋社　1999.8　287p　22cm　（シリーズ密教 2）　3000円　ⓐ4-393-11212-1
[内容]第1部 チベットの密教（歴史篇　思想篇　図像篇　美術篇　実践儀礼篇）　第2部 ネパールの密教（カトマンドゥ盆地のネパール密教　スヴァヤンブーの年中行事　ネパール密教の儀礼―供養と護摩）

◇夢ヨーガ―チベット仏教至宝の瞑想　タルタン・トゥルク著，林久義訳　岐阜　ダルマワークス　1999.4　157p　19cm　1500円　ⓐ4-7952-4927-X
[内容]序文 ダルマを真に求める日本の仏道修行者へ　第1章 生きた教え　第2章 口伝の瞑想　第3章 悟りの味　第4章 空性の広がり　第5章 夢ヨーガ　第6章 ヴィジョン

◇西蔵仏教基本文献　第4巻　東洋文庫チベット研究室編　東洋文庫　1999.3　137p　26cm　（Studia Tibetica no.36）　非売品

◇僧侶と哲学者―チベット仏教をめぐる対話　ジャン=フランソワ・ルヴェル，マチウ・リカール著，菊地昌実，高砂伸邦，高橋百代訳　新評論　1998.10　364p　22cm　3800円　ⓐ4-7948-0418-0
[内容]科学研究から精神の探究へ　宗教なのか、哲学なのか？　ブラックボックスの幽霊　精神の科学？　仏教の形而上学　世界への働きかけと自己への働きかけ　仏教と西洋　宗教的精神性と脱宗教的精神性　暴力はどこから生まれるか？　知恵、科学、政治〔ほか〕

◇西蔵仏教基本文献　第3巻　東洋文庫チベット研究室編　東洋文庫　1998.3　70p　26cm　（Studia Tibetica no.35）　非売品

◇チベット仏教哲学　松本史朗著　大蔵出版　1997.11　446p　22cm　7000円　ⓐ4-8043-0536-X
[内容]序章 チベット仏教史概説　第1章 仏教綱要書　第2章『見解の区別』における中観理解　第3章 瑜伽行中観派について　第4章 ツォンカパの中観思想について　第5章 タクツァンパのツォンカパ批判　第6章 離辺中観説について　第7章 ツォンカパにおける言説有の設定　第8章 ツォンカパの自立論証批判　第9章 ツォンカパ哲学の根本的立場　第10章 ツォンカパと離辺中観説　む

すび チベット仏教哲学の意義
◇密教の可能性―チベット・オウム・神秘体験・超能力・霊と業　正木晃著　大法輪閣　1997.11　290p　19cm　2333円　①4-8046-1137-1
[内容]負の極としてのオウム真理教　チベット人の生活信条「サキャ・レクシェー」　チベットから見た日本仏教　悟りと超能力　霊と業　魂・身体・援助交際　滅亡か再生か現在形の密教を！

◇チベット仏教弘通のすがた　成田　成田山新勝寺成田山仏教研究所　1997.10　160p　26cm

◇チベット魔法の書―宇宙の糸に紡がれて「秘教と魔術」永遠の今に癒される生き方を求めて Synchronized journey　アレクサンドラ・デビッドニール著、林陽訳　徳間書店　1997.8　333p　19cm　1700円　①4-19-860746-X

◇智恵の言葉―『サキャ・レクシェー』の教え　ツルティム・ケサン, 正木晃著　角川書店　1997.7　158p　20cm　1800円　①4-04-883490-8
[内容]智恵の言葉―『サキャ・レクシェー』の教え　サキャ派とサキャ・パンディタ

◇知恵の遙かな頂　ラマ・ケツン・サンポ著, 中沢新一編訳　角川書店　1997.7　286p　20cm　1900円　①4-04-883485-1

◇瞑想と悟り―チベット仏教の教え　ダライ・ラマ十四世著、柴田裕之訳　日本放送出版協会　1997.7　229p　20cm　1500円　①4-14-080278-2
[内容]第1章 教え　第2章 師　第3章 機会　第4章 死　第5章 転生　第6章 帰依　第7章 カルマ　第8章 四聖諦　第9章 理想の菩薩像　第10章 菩薩行

◇西蔵仏教基本文献　第2巻　東洋文庫チベット研究室編　東洋文庫　1997.3　357p　26cm　(Studia Tibetica no.34)　非売品

◇チベット密教の神秘―謎の寺「コンカルドルジェデン」が語る 快楽の空・智慧の海　正木晃, 立川武蔵著　学習研究社　1997.3　135p　24cm　(Gakken graphic books deluxe 5)　2000円　①4-05-400684-1
[内容]第1章 謎のコンカルドルジェデン　第2章 姿をあらわしたイダム〔霊的空間への序章―南壁　父タントラの道―西壁　母タントラの道―東壁　至高の霊的空間―北壁〕　第3章 ヘーヴァジュラ・マンダラの観想法〔準備としての観想法　器としてのマンダラの観想　中尊ヘーヴァジュラの観想　身体マンダラとしての宇宙〕

◇神秘！チベット密教入門―超常パワーが目覚める！驚異の実践トレーニング！　高藤聡一郎著　学習研究社　1996.10　267p　18cm　(Mu super mystery books)　870円　①4-05-400695-7
[内容]第1章 チベット密教を包み込む神秘的空間　第2章 現代チベットに生きつづけるホン教の魔術世界　第3章 謎のセクト・ホン教の秘められた教義を明かす！　第4章 どのようにしてチベット密教を学んだらいいのか　第5章 初歩の人のための実践チベット密教入門　第6章 チベット密教のより高い段階へ進むための行

◇三万年の死の教え―チベット『死者の書』の世界　中沢新一著　角川書店　1996.6　186p　15cm　(角川文庫)　470円　①4-04-198101-8
[内容]第1部『死者の書』のある風景　第2部 三万年の死の教え　第3部 カルマ・リンパの発見

◇チベット密教の瞑想法　ゲシェー・ソナム・ギャルツェン・ゴンタ著　金花舎　1996.5　209, 47p　20cm　2800円　①4-87396-020-7
[内容]第1章 瞑想とは何か　第2章 帰依の瞑想法　第3章 菩提心の瞑想法〔ほか〕

◇西蔵仏教基本文献　第1巻　東洋文庫チベット研究室著　東洋文庫　1996.3　160p　26cm　(Studia Tibetica no.33)　非売品

◇ダライ・ラマの密教入門―秘密の時輪タントラ灌頂を公開する　ダライ・ラマ十四世テンジン・ギャムツォ著, 石浜裕美子訳　光文社　1995.12　283p　20cm　1700円　①4-334-97112-1

◇秘伝！チベット密教奥義―「超人」が目覚める！奇跡の行法の全貌！　高藤聡一郎著　学習研究社　1995.12　289p　18cm　(Mu super mystery books)　870円　①4-05-400480-6
[内容]第1章 謎めいたチベット密教とその学び方　第2章 六法をはじめて学ぶ人のための準備段階の行　第3章 チャンダリニーの火を制御する内火の行　第4章 奇怪な実体が出現する幻身修法　第5章 頭頂から抜け

でる秘法・転識の行　第6章 輪廻転生からの脱出テクニック・中有の行

◇吉祥秘密集会成就法清浄瑜伽次第―チベット密教実践入門　ツォンカパ著、北村太道、ツルティム・ケサン共訳　京都　永田文昌堂　1995.11　96p　22cm　（チベット密教資料翻訳シリーズ No.2）　3000円　①4-8162-1832-7

◇チベット死者の書―仏典に秘められた死と転生　河邑厚徳、林由香里著　日本放送出版協会　1995.11　365p　16cm　（NHKライブラリー）　1100円　①4-14-084006-4

◇空と縁起―人間はひとりでは生きられない　十四世ダライ・ラマ著、大谷幸三訳　京都　同朋舎出版　1995.10　199p　20cm　1800円　①4-8104-2244-5
　内容　第1章 人生と生き方について　第2章 死と正しい死に方　第3章 感情を統御する方法　第4章 与えること、受け入れること　第5章 相互依存、相互関連、実存の法則　第6章 真の人間性の獲得に向けて

◇チベットの生と死の書　ソギャル・リンポチェ著、大迫正弘、三浦順子訳　講談社　1995.10　629p　19cm　2500円　①4-06-206689-0
　内容　第1部 生きるということ　第2部 死ぬということ　第3部 死と転生　第4部 結び

◇実践・チベット仏教入門　クンチョック・シタルほか著　春秋社　1995.9　316p　22cm　3296円　①4-393-13272-6
　内容　第1章 チベット仏教の教え　第2章 六加行法　第3章 勤行次第　第4章 瞑想実修　第5章 チベット密教概観

◇チベット奇跡の転生　ヴィッキー・マッケンジー著、山際素男訳　文芸春秋　1995.9　367p　20cm　2000円　①4-16-350830-9

◇西蔵仏教宗義研究　第7巻　トゥカン『一切宗義』ゲルク派の章　立川武蔵、石濱裕美子、福田洋一著　東洋文庫　1995.3　117p　26cm　（Studia Tibetica no.31）　非売品　①4-8097-0075-5

◇ダライ・ラマの仏教入門―心は死を超えて存続する　ダライ・ラマ十四世テンジン・ギャムツォ著、石浜裕美子訳　光文社　1995.1　226p　20cm　1700円　①4-334-97096-6
　内容　序章 一切の苦しみから解かれるために　第1章 縁起と空の思想―人はなぜ輪廻するのか　第2章 「悟り」への道―菩薩の慈悲心の実践　第3章 「仏陀の境地」へ―空を悟る意識　第4章 生死の意味―心は死を超えて存続する

◇超密教時輪タントラ　田中公明著　大阪　東方出版　1994.12　242p　22cm　3200円　①4-88591-409-4
　内容　序章 『時輪タントラ』とは何か　第1章 曼荼羅の生成理論　第2章 コスモロジーと曼荼羅　第3章 神秘のモノグラム―ナムチュワンデン　第4章 シャンバラ伝説―隠された王国と最終戦争　第5章 曼荼羅の身体論　第6章 密極における受胎と胎児論の歴史的展開―『時輪タントラ』の内呂を中心にして　第7章 密教におけるイニシエイションの二重構造　第8章 ミクロコスモスとマクロコスモスの完全なる対応―身口意具足時輪曼荼羅　第9章 密教における絶対者のイメージ―守護尊カーラチャクラの姿　第10章 臨死体験と曼荼羅―『秘密集会』の「五相」と『時輪』の「夜と昼のヨーガ」を中心として〔ほか〕

◇チベットの地底王国シャンバラの謎　秋月菜央著　二見書房　1994.11　214p　17cm　（サラ・ブックス）　850円　①4-576-94171-2

◇チベットの聖者ミラレパ　エヴァ・ヴァン・ダム著、中沢新一訳・解説　京都　法蔵館　1994.7　92p　23cm　1500円　①4-8318-7149-4

◇チベットの死者の書―サイケデリック・バージョン　ティモシー・リアリーほか著、菅靖彦訳　八幡書店　1994.4　235p　21cm　1800円　①4-89350-319-7
　内容　『チベットの死者の書』　サイケデリック・セッションについてのいくつかの技術的な助言　サイケデリック・セッションの最中に用いる教訓　付録 CD『バルド・ソドル』のテキスト

◇秘められた自由の心―カリフォルニアのチベット仏教　タルタン・トゥルク著、林久義訳　岐阜　ダルマワークス　1994.4　156p　19cm　1500円　①4-7952-8282-X

◇ゾクチェンの教え―チベットが伝承した覚醒の道　ナムカイ・ノルブ著、永沢哲訳　地湧社　1994.3　197p　20cm　1854円　①4-88503-112-5
　内容　第1部 ゾクチェンとは何か（日常次元からの出発―からだ、言葉、心　放棄の道と変化の道―顕教と密教　自己解脱の道―

アジアとその他の仏教

ゾクチェンの教え　虹の身体—伝授の重要性）　第2部　覚醒の境地のカッコー（六行の金剛の詩　存在の根本的土台　修行の方法　生きた悟りの境地へ—結果と行為）

◇チベット死者の書—ゲルク派版　われわれは何処から来て何処へ行くのか　ヤンチェン・ガロ撰述、ラマ・ロサン・ガンワン講義、平岡宏一訳　学習研究社　1994.3　236p　20cm　（Esoterica selection）　1800円　④4-05-400454-7

◇チベットの死者の書99の謎　おおえまさのり著　二見書房　1994.2　250p　15cm　（二見wai wai文庫）　490円　④4-576-94026-0

内容　序章　死後の世界のガイドブック　第1章　死の瞬間、魂はどこへ向かうのか　第2章　七日間つづく「平和の神々と光」の幻影　第3章　さらに七日間つづく「忿怒の神々」の幻影　第4章　それでも解放されない死者の魂への教え　第5章　死後四十九日までつづく「再誕生」への導き　第6章『死者の書』の旅は、はたして真実か　第7章『死者の書』を現代にどう生かすか　終章「死」に照らし出されて輝く「生」

◇チベット死者の書—仏典に秘められた死と転生　河邑厚徳、林由香里著　日本放送出版協会　1993.11　270p　20cm　（NHKスペシャル）　1700円　④4-14-080121-2

◇三万年の死の教え—チベット「死者の書」の世界　中沢新一著　角川書店　1993.9　190, 8p　22cm　2400円　④4-04-883342-1

◇チベットの死者の書—原典訳　川崎信定訳　筑摩書房　1993.6　243p　15cm　（ちくま学芸文庫）　820円　④4-480-08067-8

内容　第1巻　チカエ・バルドゥ（死の瞬間の中有）とチョエニ・バルドゥ（存在本来の姿の中有）　第2巻　シパ・バルドゥ（再生へ向かう迷いの状態の中有）　第3巻　付属の祈願の文書

◇改稿虹の階梯—チベット密教の瞑想修行　中沢新一、ラマ・ケツン・サンポ著　中央公論社　1993.5　633p　16cm　（中公文庫）　860円　④4-12-201994-X

内容　1　共通の加行（心がまえ　人に生まれる無常　輪廻　因と果　心の解放と精神の導師）　2　密教の加行（帰依　発菩提心　金剛薩埵の瞑想　マンダラをささげる　チュウグル・ヨーガ）　3　ポワ（ポワ—意識を移し変える身体技法）　付（30の心からなる戒め遍智甚深の道）

◇チベット密教　田中公明著　春秋社　1993.4　247, 23p　22cm　2987円　④4-393-13266-1

内容　序章　チベット密教とは何か　第1章　歴史・人物篇　第2章　文献・教理篇　第3章　尊格・美術篇　第4章　儀礼・実践篇

◇西蔵仏教宗義研究　第6巻　トゥカン『一切宗義』チョナン派の章　谷口富士夫著　東洋文庫　1993.3　69p　26cm　（Studia Tibetica no.26）　非売品

◇ラダックにおけるチベット仏教の展開　矢崎正見著　大東出版社　1993.3　261, 30p　22cm　8500円　④4-500-00591-9

◇智慧の女たち—チベット女性覚者の評伝　ツルティム・アリオーネ著、三浦順子訳　春秋社　1992.12　357p　20cm　（ヒーリング・ライブラリー）　2800円　④4-393-13312-9

内容　はじめに　私の霊的探求の道　序論　チベット仏教における女性の霊的探求　1　死から甦った女—ナンサ・ウーブム　2　チベット最大の女性覚者—マチク・ラプドゥン　3　埋蔵書を発掘した女—チョモ・メンモ　4　六波羅蜜を体現した女—マチク・オンジョ　5　神通自在の超能力者—テンチェン・レーマ　6　20世紀のダーキニー—アユ・カンド

◇チベット・メディテーション—チベット仏教の瞑想法　キャサリーン・マクドナルド著、ペマ・ギャルポ、鹿子木大士郎訳　日中出版　1992.10　254p　19cm　（チベット選書）　2470円　④4-8175-1207-5

内容　第1章　心と瞑想　第2章　瞑想修行の確立　第3章　心についての瞑想　第4章　分析的瞑想　第5章　観想法　第6章　献身＝信仰の修行

◇チベット密教の真理—その象徴体系の研究　アナガリカ・ゴヴィンダ著、山田耕二訳　工作舎　1992.7　481p　22cm　3914円　④4-87502-192-5

◇静寂と明晰—チベット仏教ゾクチェン修習次第　ラマ・ミパム著、タルタン・トゥルク解説、林久義訳　岐阜　ダルマワークス　1992.6　228p　22cm　2800円　④4-7952-8281-1

内容　1部「分析修習の輪」　2部「中観による視点の教え」　3部「要訣を得た三句の教え」

◇虹と水晶—チベット密教の瞑想修行　ナ

363

アジアとその他の仏教

ムカイ・ノルブ著,永沢哲訳 京都 法蔵館 1992.2 242p 20cm 2800円 ①4-8318-7173-7
> 内容 第1章 私の誕生、幼年時代、教育 そして、いかにして根本ラマに出逢ったか 第2章 ゾクチェンの教えとチベット文化 第3章 いかにして、私のラマだったチャンチュプ・ドルジェが直接的導き入れの真の意味を私に示してくれたか 第4章 ゾクチェンとほかの仏教の教え 第5章 ゾクチェンのラマだったふたりの叔父たちとともに 第6章 土台 第7章 道 第8章 結果 ゾクチェンの三つ組のグループを理解するための鍵 補遺(鏡―覚醒と知恵に関する教誡 著者の伝記的スケッチ ロンデの部)

◇蒙古学問寺 長尾雅人著 中央公論社 1992.2 346p 図版12枚 16cm (中公文庫) 640円 ①4-12-201881-1
> 内容 第1 蒙古学問寺(ラマ廟の分布と存在形態 学問寺の組織内容 阿巴嘎貝子廟(アパガベイズミャオ) 五当召広覚寺 ラマ廟の生活形態) 第2 ラマ廟の建築様式 第3 ラマ教尊像について 第4 スンバケンポの全集その他

◇パンチェン・ラマ伝 ジャンベン・ギャツォ著,池上正治訳 平河出版社 1991.3 349p 20cm 2500円 ①4-89203-194-1
> 内容 1 転世した聡明な悪童 2 大陸に留まるか、台湾に行くか 3 成長する少年活仏 4 再び故郷シガツェへ 5 十六歳で国家の指導者に 6 忘れがたいラサの盛会 7 良師益友の陳毅 8 苦難のなかで成長 9 反乱の発生した時 10 許しがたい「左」の誤り 11 気もそぞろの「逍遙遊」 12 またしても異常な「春」 13「七万言」の直諫書 14 批判された李維漢、習仲勳 15 逆境のなかの九年八カ月 16 鉄格子のなかで苦労をなめつくす 17 普通の北京市民として 18 一代の宗師の風格 19 生命の最後の閃光 資料 チベット仏教にみる活仏の転世制度 歴代のパンチェン・ラマ略歴

◇チベット死者の書―マンガ 桑田二郎著 コミックス 1991.1 227p 20cm (講談社コミックス) 1200円 ①4-06-313318-4
> 内容 第1章〈死の瞬間の中陰〉チカエ・バルドゥ 第2章〈霊的本質としての中陰〉チョエニ・バルドゥ 第3章〈再誕生へと向う迷いの状態〉シパ・バルドゥ

◇チベットわが祖国―ダライ・ラマ自叙伝 ダライ・ラマ著,木村肥佐生訳 中央公論社 1989.9 464p 16cm (中公文庫) 660円 ①4-12-201649-5
> 内容 農夫の息子 悟りを求めて 心の平和 隣人・中国 侵略 共産中国との出会い 弾圧のもとで インド巡礼の旅 決起 ラサの危機 脱出 亡命、海外流浪へ 現在と将来

◇チベットの死者の書―原典訳 川崎信定訳 筑摩書房 1989.5 214p 19cm (こころの本) 1440円 ①4-480-84200-4
> 内容 第1巻 チカエ・バルドゥ〈死の瞬間の中有〉とチョエニ・バルドゥ〈存在本来の姿の中有〉(『チカエ・バルドゥ〈死の瞬間の中有〉における光明のお導き』〈チョエニ・バルドゥ〈存在本来の姿の中有〉〉) 第2巻 シパ・バルドゥ〈再生へ向かう迷いの状態の中身〉(〈輪廻する迷いの存在 再生のプロセス〉 第3巻 付属の祈願の文書(『諸仏・諸菩薩による守護を祈願する文』『バルドゥの根本詩句〈六詩句〉』『バルドゥの難関からの脱出を祈願する文』『バルドゥの恐怖からの守護を祈願する文』)

◇チベットに生まれて―或る活仏の苦難の半生 チョギャム・トゥルンパ著,武内紹人訳 京都 人文書院 1989.1 332p 20cm ①4-409-41040-7
> 内容 第1章 生誕と即位 第2章 スルマン僧院の設立 第3章 デュツィテイルとナムギェルツェ 第4章 デュツィテイルでの子供時代 第5章 第10代トゥルンパの足跡 第6章 わが尊師のもとへ 第7章 死・義務・ヴィジョン 第8章 多方面にわたる訓練 第9章 ダライラマの訪問 第10章 カムパの決起 第11章 孤独な使命 第12章 身を隠す 第13章 脱出 第14章 インドへ 第15章 前進する難民たち 第16章 苦しい旅 第17章 危険にさらされた日々 第19章 ヒマラヤを越えて

◇マンダラ探険―チベット仏教踏査 佐藤健著 中央公論社 1988.10 405p 16cm (中公文庫) 580円 ①4-12-201555-3
> 内容 マンダラへの旅立ち 峠を越えて(ラダック) リンチェンサンポの足跡 失われゆく寺々 未踏の奥地へ ザンスカール王国の人々 秘境に息づくマンダラ さらばザンスカール マンダラの宝庫

◇チベット・インド学集成 第2巻 チベット篇 2 羽田野伯猷著 京都 法蔵館 1987.12 379p 22cm 11000円 ①4-8318-3252-9
> 内容 チベットの仏教受容の条件と変容の原理の一側面.チベット大蔵経縁起 1 ナルタ

ン大学問寺の先駆的事業をめぐって.チベット大蔵経縁起 2 デルゲ版大蔵経.永楽刻チベット蔵経おほえ書.蔵外チベット聖典目録編纂について.チベット大蔵経おほえがき.大谷大学図書館所蔵西蔵文献目録.解説 磯田煕文著

◇スピティの秘仏 成田 新勝寺成田山仏教研究所 1987.9 122p 24cm 3000円

◇活きているチベット—華麗なる仏たち 山本哲士著 大津 行基メディカルユニオン 1987.8 310p 27cm （日本チベット文化協会シリーズ 1）

◇蒙古ラマ廟記 長尾雅人著 中央公論社 1987.7 258p 16cm （中公文庫） 380円 ①4-12-201440-9

◇チベット・インド学集成 第3巻 インド篇 1 羽田野伯猷著 京都 法藏館 1987.5 280p 22cm 8500円 ①4-8318-3253-7

[内容] タントラ仏教におけるカーラチャクラ（時輪）の位置.インド教仏教交渉の一断面—回教対策を目的とする時輪の形成における.時輪タントラ成立に関する基本的課題.秘密集タントラにおけるジュニャーナパーダ流について.Tantric Buddhismにおける人間存在.〔ほか〕

◇西蔵仏教宗義研究 第5巻 トゥカン『一切宗義』カギュ派の章 立川武蔵著 東洋文庫 1987.3 229p 26cm （Studia Tibetica no.13） 非売品

◇チベット・メディテーション—チベット仏教の瞑想法 キャサリーン・マクドナルド著, ペマ・ギャルポ, 鹿子木大士郎訳 日中出版 1987.2 254p 19cm （チベット選書） 2300円 ①4-8175-1146-X

[内容] 第1章 心と瞑想 第2章 瞑想修行の確立 第3章 心についての瞑想 第4章 分析的瞑想 第5章 観想法 第6章 献身＝信仰的修行

◇チベット・インド学集成 第1巻 チベット篇 1 羽田野伯猷著 京都 法藏館 1986.12 363p 22cm 11000円

[内容] チベット仏教形成の一課題.チベット仏教学の問題.カーダム派史—資料篇.十六羅漢のチベット流伝について.カーダム派（Bkah-gdams-pa）について—Vinayadharaとの交渉.カムの仏教とそのカーダム派並びに衛蔵の仏教に与えた影響について.Kasmiramahapandita "Sakyasribhadra"－チベット

近世仏教史・序説.チベット人の仏教受容について—Rwa翻訳官とVajrabhairavatantraの〈度脱〉をめぐって.チベットにおける仏教観の形成について—菩提道灯・サンプ仏教学・カーダム宝冊等をめぐって.〔ほか〕

◇チベットの仏教と社会 春秋社 1986.11 745, 53, 4p 23cm 19000円 ①4-393-11127-3

◇西蔵仏教宗義研究 第4巻 トゥカン『一切宗義』モンゴルの章 福田洋一, 石浜裕美子著 東洋文庫 1986.3 207p 26cm （Studia Tibetica no.11） 非売品

◇大谷大学図書館所蔵西蔵文献目録索引 大谷大学真宗総合研究所西蔵研究班編 京都 大谷大学真宗総合研究所 1985.11 255p 26cm

◇チベットのモーツァルト 中沢新一著 せりか書房 1984.6 321p 20cm 2500円

◇マンダラ群舞 加藤敬写真, 塚本佳道, ツプテン・パルダン解説 平河出版社 1984.5 205p 31cm 9800円 ①4-89203-076-7

◇チベットの僧院生活—ゲシェー・ラプテンの半生 ゲシェー・ラプテン, アラン・ウォレス共著, 小野田俊蔵訳 平河出版社 1984.3 219p 20cm 1800円 ①4-89203-002-3

◇高野山大学チベット仏教文化調査団報告書 第4回 チベット仏教文化研究会編 高野町（和歌山県） チベット仏教文化研究会 1983.3 74p 26cm 非売品

◇忿怒と歓喜—秘境・ラダックー密教の原像 花沢正治写真集 花沢正治著 平凡社 1983.3 147p 37cm 9800円

◇ラマ教沿革—新注 小栗栖香頂原著, 群書編集部注解 群書 1982.11 369p 19cm 4200円

◇チベット密教の研究—西チベット・ラダックのラマ教文化について インド・チベット研究会編著 改訂増補 京都 永田文昌堂 1982.9 533p 27cm 18000円

◇Labrang（拉卜楞・拉布郎）—李安宅の調査報告 李安宅著, 中根千枝編集 東京大学東洋文化研究所附属東洋学文献センター 1982.8 121p 26cm （東洋学文献センター叢刊 別輯 5）

◇西蔵仏教宗義研究　第3巻　トゥカン『一切宗義』ニンマ派の章　平松敏雄著　東洋文庫　1982.3　213p　25cm　(Studia Tibetica no.5)　非売品

◇虹の階梯—チベット密教の瞑想修行　ラマ・ケツン・サンポ, 中沢新一共著　平河出版社　1981.7　296, 43p　20cm　1600円

◇マンダラ探険—チベット仏教踏査　佐藤健著　京都　人文書院　1981.6　321p　20cm　1800円

◇ミラレパ—チベットの偉大なヨギー　おおえまさのり訳編　めるくまーる社　1980.8　403p　19×19cm　2000円

◇ヒマラヤに神をもとめて—ブターン・西チベット　八田幸雄著　東洋文化出版　1980.7　296p　19cm　2200円

◇ラダック調査団報告書　第2回 (1979)　種智院大学第2回ラダック調査団編　京都　種智院大学密教学会インドチベット研究会　1980.6　122p　26cm　非売品

◇高野山大学チベット仏教文化調査団報告書　第3回　チベット仏教文化研究会編　高野町 (和歌山県)　チベット仏教文化研究会　1980.3　98p　26cm　非売品

◇チベット文献蔵外資料の研究研究報告〔京都〕　〔大谷大学図書館〕　1980.3　185p　26cm

◇第三の目—あるラマ僧の自伝　ロブサン・ランパ著, 白井正夫訳　講談社　1979.7　237p　20cm　1200円

◇ラダック調査団報告書　第1回 (1978)　種智院大学第1回ラダック調査団編　京都　種智院大学密教学会インド・チベット研究会　1979.3　106p　26cm　非売品

◇高野山大学チベット仏教文化調査団報告書　第2回　チベット仏教文化研究会編　高野町 (和歌山県)　チベット仏教文化研究会　1979.2　90p　26cm　非売品

◇西蔵仏教宗義研究　第2巻　トゥカン『一切宗義』シチェ派の章　西岡祖秀著　東洋文庫　1978.3　75p　25cm　(Studia Tibetica no.4)　非売品

◇高野山大学ラマ教文化調査団報告書　第一回　高野町 (和歌山県)　高野山大学インド・ネパール学術調査事務局　1978.2　55p　27cm　非売品

◇チベット仏教の概要　ダライ・ラマ著, 日高一輝訳　チベット文化研究会　1978.1　28p　18cm　(チベット文化シリーズ 2)

◇リンチェンテルズ目録　東洋文庫チベット研究委員会編　東洋文庫　1977.6　1冊 (頁付なし)　26cm　非売品

◇ミラレパ—チベットの偉大なヨギー　おおえまさのり訳編　国立　オームファンデーション　1976　401p　19×19cm　2800円

◇ラマ僧十年　続　加藤清也著　南明社　1975　366p 図　19cm　1500円

◇西蔵仏教研究　長尾雅人著　岩波書店　1974　446, 56p　22cm　2200円

◇西蔵仏教宗義研究　第1巻 (トゥカン『一切宗義』サキャ派の章　立川武蔵著　東洋文庫　1974　166p　25cm　(Studia Tibetica no.3)　非売品

◇チベット密教教理の研究　1　秘密集会竜樹系　酒井真典著　修訂増補　国書刊行会　1974　232, 16, 29p　22cm　2500円
　内容　生起次第, 究竟次第

◇ラマ僧十年　加藤清也著　太陽社　1974　200p 図　18cm　1000円

◇大谷大学図書館所蔵西蔵文献目録　大谷大学図書館編　〔京都〕　大谷大学図書館　1973.3　660p　26cm

◇三階教之研究　矢吹慶輝著　岩波書店　1973　792, 415, 31p 図15枚　27cm　14000円

◇清門考源　陳国屏著　香港　香港遠東図書公司　1965　315p 図版　19cm　(中国社会史料叢刊)

◇アガルタ—虹の都　R.E.ディクホフ著, 石川匡祐訳　守口　密教科学社　1961　195p 図版　20cm

◇西蔵の仏教—観音の選べる仏教　E.Schlagintweit著, 楠基道訳　京都　永田文昌堂　1958　109p 地図　18cm　(東楠文庫　第2)

◇チベット密教教理の研究　酒井真典著　高野町 (和歌山県)　高野山遍照光院歴世全書刊行会　1956　232p　22cm　(遍照光院歴世全書　第1巻)

◇西蔵聖者米拉日巴的一生　乳畢堅金著,

王沂暧訳　上海　商務印書館　1955　188p　18cm
◇西蔵仏教研究　長尾雅人著　岩波書店　1954　446p　22cm
◇蒙古学問寺　長尾雅人著　京都　全国書房　1947　341p　図版30p　22cm
◇蒙古学問寺　長尾雅人著　京都　全国書房　1947　341p　図版　21cm
◇蒙古喇嘛廟記　長尾雅人著　京都　高桐書院　1947　265p　図版　19cm

インド仏教

紀元前5世紀に成立した仏教は、前3世紀のアショーカ王の時代に最盛期を迎えた。紀元前後に大乗仏教が、7世紀には密教が生まれた。その後、13世紀にイスラム教徒の侵入により主な寺院が破壊され、仏教は衰えた。

＊　＊　＊

◇菩薩の願い―大乗仏教のめざすもの　丘山新著　日本放送出版協会　2007.4　273p　16cm　(NHKライブラリー 220)　920円　①978-4-14-084220-1
　内容　仏教のめざすもの　インド文化の基本的色彩　ゴータマ・ブッダの宗教的目覚め　大乗仏教の誕生　大乗経典の創作と流伝　般若経―空と利他行　維摩経―在家の菩薩　法華経―永遠に働きつづける如来　浄土経典―浄土への願い　華厳経―壮大なる世界と求道の物語　涅槃経―如来常住と仏性　私たちの願い
◇まんが大乗仏教―中国編　塚本啓祥監修, 瓜生中脚本, 芝城太郎作画　佼成出版社　2006.9　246p　22cm　1524円　①4-333-02216-9
　内容　仏教伝来　格義仏教　道安の来朝　鳩摩羅什の招聘　国家による仏教の保護と破仏・廬山の慧遠　菩提達磨　達磨と慧可　禅宗の系譜　玄奘三蔵　訳経・四大翻訳家　諸宗派の成立と発展　華厳宗　天台宗　密教の伝播と系譜　浄土教の隆盛
◇原始佛教聖典の成立史研究　前田惠學著　山喜房佛書林　2006.5(第8刷)　812, 18, 42p　22cm　(前田惠學集 別巻1)　15000円　①4-7963-0174-7
◇菩薩の願い―大乗仏教のめざすもの　丘山新著　日本放送出版協会　2005.10　226p　21cm　(NHKシリーズ)　760円

①4-14-910561-8
◇仏教講義―根本仏教と大乗仏教の会通を語る　増谷文雄著　佼成出版社　2005.1　219p　20cm　1600円　①4-333-02120-0
　内容　1 仏教の原点を求める(会通という思想的作業　根本仏教とはなにか　ほか)　2 ブッダ・ゴータマが説いた道(この課題を考えるためには　「ブッダに帰れ」ということ　ほか)　3 根本仏教の基本的性格(仏教は"智慧の道"として出発した　「自己の依りどころは自己のみである」ほか)　4 大乗仏教の基本的性格(根本仏教の制限をふまえて　すべてが仏とならねばならぬ　ほか)　5 人間完成の道としての仏教(新しい課題のまえにたって　人間存在の矛盾を考える　ほか)
◇原始仏教思想論　木村泰賢著　大法輪閣　2004.3　490p　22cm　(木村泰賢全集 第3巻)　7800円　①4-8046-1628-4
◇小乗仏教思想論　木村泰賢著　大法輪閣　2004.3　758p　22cm　(木村泰賢全集 第5巻)　10000円　①4-8046-1630-6
◇大乗仏教思想論　木村泰賢著　大法輪閣　2004.3　558p　22cm　(木村泰賢全集 第6巻)　8400円　①4-8046-1631-4
◇大乗仏教概論　鈴木大拙著, 佐々木閑訳　岩波書店　2004.1　437p　20cm　6300円　①4-00-023759-4
　内容　序論　仏教の一般的特性　大乗仏教の歴史的性格　思索的大乗仏教(実践と思索　知識の分類　ほか)　実践的仏教(法身　三身説(仏教の三位一体説)　ほか)　付録　大乗賛歌
◇まんが大乗仏教―インド編・西域編　塚本啓祥監修, 瓜生中脚本, 芝城太郎作画　佼成出版社　2003.2　263p　22cm　1524円　①4-333-00637-6
　内容　第1部 インド編(入滅　第一結集　第二結集　アショーカ王と仏教　ほか)　第2部 西域編(アレクサンドロス大王　メナンドロス王　クシャーナ王朝と仏像の誕生　カニシュカ王と仏教　ほか)
◇仏教の源流―インド　長尾雅人著　中央公論新社　2001.7　241p　16cm　(中公文庫)　762円　①4-12-203867-7
　内容　第1章 仏教とは何か　第2章 釈迦の生涯　第3章 『仏伝』が教えるもの　第4章 釈迦の人間像　第5章 根本仏教の教理　第6章 何が空なのか―空の哲学　第7章 菩薩の思想
◇大乗とは何か　三枝充悳著　京都　法藏館　2001.6　319, 14p　20cm　3800円

①4-8318-5605-3
 内容 1 大乗諸仏と私(観音・観世音の心　極楽浄土へ　経典をめぐって　ほか) 2 大乗の展開(世界思想における仏教　般若経―空の世界　般若波羅蜜をめぐって　ほか) 3 大乗の諸相(経の定義・成立・教理　ボサツ　ハラミツ・六ハラミツ　ほか)

◇歎異抄に学ぶ大乗仏教入門　本多静芳著　国書刊行会　1998.4　415p　21cm　2000円　①4-336-04067-2
 内容 第1部 仏教とはどのような宗教か(私たち自身の宗教意識　宗教・仏教理解の分類―大乗仏教の学びの基本姿勢　日本の宗教状況の実態から仏教を考える　ほか)　第2部 親鸞の言葉『歎異抄』―現実生活と共にある仏教(大乗仏教と『歎異(異なりを歎く)抄』　阿弥陀仏の誓願(本願)不思議とは　他力念仏の信心とは　ほか)

◇大乗仏教の思想　副島正光著　清水書院　1996.12　207p　19cm　(Century books)　700円　①4-389-41132-2
 内容 1 大乗仏教に至るまでの仏教の流れ(ゴータマと原始仏教　部派仏教) 2 大乗仏教の思想―般若経典を中心に(般若経典　人生論　ほか) 3 大乗仏教の展開(般若経典とその後の大乗仏教　さまざまな大乗経典　ほか)

◇講座・大乗仏教　第9巻　認識論と論理学　平川彰ほか編集　春秋社　1996.4　368p　22cm　3296円　①4-393-10149-9

 内容 1 仏教知識論の形成　2 ディグナーガの認識論と論理学　3 ダルマキールティの認識論　4 ダルマキールティの論理学　5 刹那滅論証　6 有神論批判　7 一切智者の存在論証　8 概念と命題

◇講座・大乗仏教　第10巻　大乗仏教とその周辺　平川彰ほか編　春秋社　1996.4　291p　22cm　3296円　①4-393-10150-2
 内容 1 総説 大乗仏教の「周辺」　2 インド社会と大乗仏教　3 インド思想と大乗仏教　4 チベットと大乗仏教　5 東南アジアと大乗仏教　6 中国社会と大乗仏教　7 中国思想と大乗仏教　8 西洋思想と大乗仏教　9 西洋人の大乗仏教研究史　10 大乗仏教の美術

◇講座・大乗仏教　10　大乗仏教とその周辺　平川彰ほか編　春秋社　1985.8　291p　22cm　2800円
 内容 総説 大乗仏教の〈周辺〉―補論 大乗非仏説論の諸資料 高崎直道著. インド社会と大乗仏教 奈良康明著. インド思想と大乗仏教 服部正明著. チベットと大乗仏教 川崎信定著. 東南アジアと大乗仏教 佐々木教悟著. 中国社会と大乗仏教 岡部和雄著. 中国思想と大乗仏教 福井文雅著. 西洋思想と大乗仏教 峰島旭雄著. 西洋人の大乗仏教研究史 湯山明著. 大乗仏教の美術―大乗仏教美術の初期相 肥塚隆著

◇インド仏教―思想と経典をたどる　雲井昭善著　平河出版社　1984.4　373p　20cm　1600円　①4-89203-024-4

仏教遺跡　ぶっきょういせき

インドのアジャンター(紀元前後の前期と5〜7世紀の後期)、アフガニスタンのバーミヤン(4〜7世紀)、中国の敦煌(4〜14世紀)が石窟寺院遺跡として、インドネシアのボロブドゥール(8〜9世紀に建てられたが、メラピ山の大噴火で火山灰と密林に埋もれ、1814年にイギリス人が発見)、カンボジアのアンコールワット(9世紀)なども寺院遺跡として知られている。なお、釈迦にまつわる聖地として、誕生の地ルンビニー、悟りの地ブダガヤ、最初の説法の地サールナート、入滅の地クシナガラを四大仏跡という。

◇日本仏足石探訪見学箚記　加藤諄著　雄山閣　2007.2　355p　22cm　5000円　①978-4-639-01963-3

◇巡禮―迷いを越える旅 インド仏跡に思う　大谷徹奘文, 山下芳彦写真　イースト・プレス　2006.6　69p　22cm　1429円　①4-87257-690-X

◇仏教考古学事典　坂詰秀一編　雄山閣　2003.5　467p　22cm　6800円　①4-639-01797-9

◇ブッダの歩いたインド―イラストで読む仏跡巡礼　菅原篤著　佼成出版社　2003.2　238p　19cm　1500円　①4-333-01997-4
 内容 ルンビニー　カピラヴァットゥ(カピラ城)　パトナ(パータリプッタ)　ラージ

ギール（王舎城）　ギッジャクータ（霊鷲山）　ブッダガヤー　ヴァーラーナシー（ベナレス）　サールナート（鹿野苑）　竹林精舎　祇園精舎　ナーランダー　ヴァイシャーリー　コーサム（コーサンビー）　クシーナガル（クシナラー）　アジャンター・マトゥラー・サーンチ

◇遙かなる仏教の旅　松原哲明著　佼成出版社　2002.10　190p　21cm　1714円　①4-333-01981-8
[内容]仏教遺蹟地図　プロローグ　インド編　ガンダーラ編　シルクロード編　中国編　韓国編　日本編　旅行ガイド

◇北の仏教・南の仏教　塔のある風景　遠藤祐純著　ノンブル　2002.2　285p　20cm　2800円　①4-931117-59-7
[内容]北の仏教・南の仏教（仏教の伝播　仏宝　法宝　僧宝）　塔のある風景（ルンビニー園　ブッダガヤ　迎仏塔・ダメーク塔　王舎城への道　王舎城　ほか）

◇仏陀から道元への道—インド・ネパール仏蹟巡礼記　東隆眞著　国書刊行会　2000.8　295p　19cm　1800円　①4-336-04260-8
[内容]第1章「仏生迦毘羅」　第2章「成道摩掲陀」　第3章「説法波羅奈」〔ほか〕

◇釈迦の故城を探る—推定カピラ城跡の発掘　中村瑞隆著　雄山閣出版　2000.7　117p　20cm　1500円　①4-639-01693-X

◇佛跡を訪ねて—カンボジア編　菊池伸之著　米沢　よねざわ豆本の会　1999.5　84p　9.0×9.0cm　（よねざわ豆本　第68輯）

◇アミダ仏の源流をたずねて—車イスの旅一〇〇日　向坊弘道著　国立　樹心社　1998.12　202p　20cm　1800円　①4-7952-2479-X
[内容]1　アミダ仏の話（二十一世紀は今　いろいろな仏さま　二通りに説かれるアミダ仏）　2　車イスの旅一〇〇日（身障者と孤児の自立めざして—フィリピン「日本人身障者の家」　旅行の情報収集をはかる—バンコク　全体が公園のような国—シンガポール　よく見ると人間のアゴの骨—カンボジア　旅の真ん中で—三度目のバンコク　貧しい暮らしと超ハイテク—カルカッタ　ほか）

◇インド佛跡巡礼　前田行貴著　大阪　東方出版　1998.12　261p　19cm　1500円　①4-88591-587-2
[内容]ダルマ・ヤートラ（聖地巡礼）　仏跡巡礼の先駆者達　カルカッタとインド博物館　ブッダガヤー（成道の地）　ラージギル（王舎城）　ナーランダ　パトナ　ヴァイシャーリー　ヴァーラーナシー　サールナート〔ほか〕

◇釈尊の道はるかなり—智慧を学ぶインド仏跡の旅　赤根祥道著　佼成出版社　1994.5　246p　19cm　1500円　①4-333-01692-4
[内容]序章　釈尊に会いたい—今、インドの大地に立つ　1章　今日のいのち、ありがたし—誕生の聖地ルンビニー　2章「人生の意味」を求めて—出家の聖地カピラヴァストゥ　3章　安らかに生きる真の智慧—成道の聖地ブッダガヤー　4章　悟りの光に包まれて—初転法輪の聖地サールナート　5章　だれもが仏になれる—説法の聖地ラージャグリハ　6章　自分も他人も愛しむ—説法の聖地シュラーヴァスティー　7章　自らを灯とし、努力せよ—入滅の聖地クシナガラ　終章　ありがとう、インドの大地—インドの心ヴァーラーナシーとデリー

◇仏跡をたずねて—インド・スリランカ・中国　里吉力雄著　春秋社　1994.5　158p　31cm　8240円　①4-393-95312-6
[内容]インド（ヴァイシャーリ　ナーランダー　ボードガヤ　サールナート　アーグラ　サーンチー　アジャンタ　エローラ　バナーラス　ラジギール）　スリランカ（アヌラーダプラ　ミヒンタレ　ポロンナルワ　シギリヤ　ダンブラ　キャンディ　マータレー）　中国（双塔寺　崇善寺　懸空寺　上華厳寺　南禅寺　仏光寺　金閣寺　ほか）

◇印度仏蹟昨日今日　徳岡亮英撮影　向日　徳岡亮英　1992.6　88p　31cm　5000円

◇図説世界の仏足石—仏足石から見た仏教　丹羽基二著　名著出版　1992.3　264,150p　22cm　9880円　①4-626-01432-1

◇インドの仏蹟—大唐西域記の旅　高田好胤著,副島泰写真　講談社　1990.12　158p　25cm　3000円　①4-06-205179-6
[内容]釈尊生誕の地ルンビニー　成道の地仏陀伽耶　初転法輪の地鹿野苑　王舎城　玄奘三蔵修学の地ナーランダ　唯識教学のふるさとコーサンビー　祈りと布施アラハバードのクンブ・メーラー　薬師経所説の地ヴァイシャーリー　祇園精舎　涅槃の地クシナガラ

◇親鸞教徒の仏跡参拝　松井憲一著　京都　白馬社　1990.3　70p　19cm　650円　①4-938651-02-5

◇ブッダの道　コマ文庫　1989.8　57p

◇アジアの仏教名蹟　アジア民族造形文化研究所編　雄山閣出版　1988.12　260p　20cm　(アジア民造研叢書1)　2000円　①4-639-00788-4
[内容]インドの石窟寺院(佐藤宗太郎)　ガンダーラ(桑山正進)　敦煌遺跡(東山健吾)　朝鮮の寺院建築(片桐正夫)　飛鳥から奈良へ(木下正史)　スコータイ(藤木良明)　ボロブドゥール(千原大五郎)　アンコール・ワット(石沢良昭)

◇心の旅―インド仏跡　藤吉慈海, 平野仁司共著　東洋文化出版　1987.5　219p　20cm　1200円　①4-88676-075-9

◇天竺への旅　学習研究社　1983.4　2冊　29cm　各2000円　①4-05-004704-7
[内容]第1集 ブッダの生涯をたずねて 奈良康明編著 丸山勇撮影 第2集 仏像の源流をたずねて 肥塚隆編著 丸山勇撮影

◇仏足跡をたずねる　森貞雄著　神戸　仏足跡研究所　1983.1　299p　22cm　8000円

◇仏足石のために―日本見在仏足石要覧　加藤諄編著　築地書館　1980.12　333p　23cm　6900円

◇遺跡にみる仏陀の生涯　福田徳郎著　三学出版　1980.11　438, 9p　19cm　3300円

◇信濃の仏足跡　田中義郎著　〔塩尻〕〔田中義郎〕　1980.10　40p　21cm

◇ほとけのふるさと―仏蹟巡拝余談　福井周道著　大東出版社　1974.9　247p　19cm

その他の仏教

19世紀末に、浄土真宗本願寺派が北米大陸に日系移民のために仏教を伝え、同時期にハワイにも伝えた。ブラジルには、20世紀初期に浄土真宗本願寺派が光明寺を建てて活動を始めている。第2次大戦中は布教が中断されたが、戦後いち早く活動が復活し、真宗大谷派、曹洞宗、浄土宗、日蓮宗、真言宗、仏教系新宗教などが布教を続けている。なおヨーロッパでは、19世紀に仏教を研究対象とするようになり、パーリ語や梵語の仏典資料が送られて、盛んに研究され多くの仏教学者が生まれている。またヨーロッパでは、瞑想を重視する禅、チベット仏教、上座仏教がキリスト教信仰と共存している。

◇浄土真宗本願寺派アジア開教史　浄土真宗本願寺派国際部, 浄土真宗本願寺派アジア開教史編纂委員会編　京都　本願寺出版社　2008.3　372p　21cm　2340円　①978-4-89416-652-3

◇アメリカへの真宗伝道―宗教教育の新しいかたち　山岡誓源著, 粕川壽裕訳　京都　永田文昌堂　2005.6　445p　22cm　5714円　①4-8162-3156-0
[内容]第1部 教育プロセスの適用と解釈(適用例 第三者の評価)　第2部 教育プロセスの教義的基礎と展開(二十一世紀、浄土真宗の宗教教育に必要なもの　キリスト教および仏教における宗教教育　浄土真宗宗教教育研究の原点　教育プロセスの開発　浄土真宗の教義の構造　六相の導入による真宗信心の敷衍　「実生活の六位相」の開発　「六相、六位相」と行動科学)

◇『法縁』抄―勝如上人の九十年　大谷光照著　京都　本願寺出版社　2002.7　393p　22cm　2000円　①4-89416-991-6
[内容]第1部 国内巡教(巡教の開始　新しい時代を駆け巡る　伝道の地平を目指して)　第2部 海外巡教(北米巡教　ハワイ巡教　カナダ巡教　南米巡教　台湾・インド・スリランカ巡教　ヨーロッパ巡教)

◇アメリカ仏教の誕生―二〇世紀初頭における日系宗教の文化変容　守屋友江著　現代史料出版　2001.12　286, 6p　22cm　(阪南大学叢書 74)　3800円　①4-87785-081-3

◇浦潮本願寺記念誌　浦潮本願寺記念碑建立を支援する会事務局企画編集　京都　浦潮本願寺記念碑建立を支援する会事務局　2001.11　64p　30cm

◇念仏西漸―欧州念仏伝播小史　国際仏教文化協会編　増補改訂版　京都　国際仏教文化協会　2000.9　153p　21cm　2400円　①4-8162-5991-0

◇21世紀を救う宗教―親鸞・蓮如で心を癒し生まれ変ろう　紅楳三男丸著　日本図書刊行会　1998.5　147p　20cm　1000円　①4-8231-0148-0
　内容　第1章　生活の中の仏教と迷信　第2章　ホラそこに仏の心が　第3章　生まれ変るために　第4章　心の時代　第5章　やすらぎの愛につつまれて―20世紀の暗やみからの脱出
◇いのちの夜明け―ブラジル・念仏布教の旅　江本忍著　国立　樹心社　1998.4　246p　20cm　2000円　①4-7952-2475-7
　内容　1章　ブラジルからの手紙　2章　如来様のご催促　3章　暁方の一番星　4章　ブラジルの大地を踏む　5章　み国の旅を共にせん　6章　ひとたび太陽がのぼれば　7章　言葉を超えた世界へ　8章　赤い大地に念仏の花よ咲け　9章　大きなお育てをありがとう　付　一つの世界に生きて
◇親鸞とアメリカ―北米開教伝道の課題と将来　武田竜精編著　京都　竜谷大学仏教文化研究所　1996.3　290p　26cm　（研究叢書「親鸞思想と現代世界」1）　6000円　①4-8162-3051-3
◇アジアの開教と教育　小島勝, 木場明志編著　京都　竜谷大学仏教文化研究所　1992.3　325p　22cm　（竜谷大学仏教文化研究叢書 3）　6900円　①4-8318-7892-8
◇教学と運動―なぜ御同朋の社会か　藤田徹文執筆, 教学研究所編　再版　京都　本願寺出版社　1989.6　159p　18cm　（教学シリーズ no.3）　500円
◇同朋運動史資料　3　浄土真宗本願寺派同朋運動変遷史編纂委員会編　京都　浄土真宗本願寺派出版部　1989.4　486p　27cm
◇親鸞思想と解放運動　広瀬杲著　大阪　難波別院　1987.6　160p　19cm　（御堂叢書 1）　1000円
◇響流　真宗大谷派名古屋別院教務部編　名古屋　真宗大谷派名古屋別院教務部　1987.3　73p　18cm　（東別院テレホン法話 2）　400円
◇四海の内みな兄弟　広小路亭ほか著　名古屋　真宗大谷派名古屋別院教務部　1986.7　170p　18cm　（東別院伝道叢書 9）　800円　①4-88519-035-5
◇悲願―アメリカ開教秘話　松浦忍夫人の手記と追憶文集　松浦忍著, 稲垣久雄編　増補版　〔京都〕　「悲願」刊行会　1986.7　312p　19cm　2000円
◇同朋運動史資料　2　浄土真宗本願寺派同朋運動変遷史編纂委員会編　京都　浄土真宗本願寺派出版部　1986.3　724p　27cm
◇他力の生活　長川一雄ほか著　名古屋　真宗大谷派名古屋別院教務部　1984.7　149p　18cm　（東別院伝道叢書 8）
◇はじめのお母さん―生命の根源を求める叫び　児玉暁洋著　3版　名古屋　真宗大谷派名古屋別院教務部　1984.7　47p　18cm　（東別院伝道叢書 4）
◇同朋運動史資料　1　西本願寺教団と同和問題　浄土真宗本願寺派同朋運動変遷史編纂委員会編　京都　浄土真宗本願寺派出版部　1983.8　890p　27cm
◇浄土の人民　米沢英雄ほか著　名古屋　真宗大谷派名古屋別院教務部　1983.3　126p　18cm　（東別院伝道叢書 6）
◇いきいきと生きる　菊地祐恭ほか著　名古屋　真宗大谷派名古屋別院教務部　1981.11　127p　18cm　（東別院伝道叢書 5）
◇米国開教日誌　薗田宗恵著, 薗田香勲編　京都　法蔵館　1975　206p　肖像　20cm　1600円
　内容　米国開教日誌, 滞欧日誌, インド紀行. 薗田宗恵略年譜及び著作目録（薗田香融編）
◇現代の布教資料　八雲円成著　京都　百華苑　1957　226p　19cm
◇現代布教教案　八雲円成著　京都　百華苑　1954　292p　19cm

仏教の研究書・辞典・事典

仏教研究

専門研究者の図書が中心であり、チベット（西蔵）、中国、朝鮮半島、モンゴル、インドおよび東南アジアの仏教研究を初めとして、経典や教学に関する研究が行われている。

＊　＊　＊

◇仏教と福祉―共済主義と共生主義　芹川博通著　北樹出版　2008.9　377p　22cm　（芹川博通著作集　第7巻）　6000円　①978-4-7793-0146-9
　内容　第1部 仏教福祉の原理論序説（仏教福祉の原理と歴史　共済主義と共生主義―仏教福祉の理念）　第2部 渡辺海旭にとって仏教社会事業とは何か（渡辺海旭の事蹟　渡辺海旭の宗教思想―「大乗仏教の精神」を中心として　渡辺海旭と仏教研究―近代仏教学の先駆者　渡辺海旭と仏教社会事業）　第3部 矢吹慶輝と社会事業思想（無能と琳堂と良慶と　矢吹慶輝の生涯と事蹟　矢吹慶輝の宗教学　矢吹慶輝の社会事業思想）　第4部 仏教福祉の思想と実践（颯田本真の布施行　長谷川良信の社会事業　浅野研真における仏教社会学と仏教社会事業）〔ほか〕

◇大般若経の風光―インド仏跡随想　山崎照義編　成田　大本山成田山新勝寺成田山仏教研究所　2008.8　140p　26cm

◇近現代仏教思想の研究―伝統と創造　芹川博通著　北樹出版　2008.6　383p　22cm　（芹川博通著作集　第6巻）　6000円　①978-4-7793-0145-2
　内容　第1部 近代化の仏教思想（普寂の浄土教思想―『願生浄土義』を中心として　大乗非仏説論―姉崎正治と村上専精　ほか）　第2部 近現代仏教思想の諸相（厳・密一致の思想―鳳潭　正法律と十善戒―慈雲　ほか）　第3部 近代の法然論（社会主義者の法然論―木下尚江　矢吹慶輝の法然論と浄土信仰　ほか）　第4部 現代世界に発信する仏教思想（社会参加仏教　アヒンサーの思想と仏教―平和思想のいしずえ　ほか）

◇仏教が好き！　河合隼雄, 中沢新一著　朝日新聞出版　2008.6　302p　15cm　（朝日文庫）　600円　①978-4-02-261568-8
　内容　仏教への帰還　ブッダと長生き　仏教と性の悩み　仏教と「違うんです！」　幸福の黄色い袈裟　大日如来の吐息―科学について

◇成田街道いま昔―『成田参詣記』の世界をたずねる　成田山開基一〇七〇年記念　湯浅吉美著　成田　大本山成田山新勝寺成田山仏教研究所　2008.4　324p　19cm　（成田山選書 14）

◇不動忿怒676要鈔―訓下・加注　浄厳著, 松本照敬訓下・加注　成田　大本山成田山新勝寺成田山仏教研究所　2008.4　522, 172p　23cm

◇仏事の常識と仏教の基礎知識完全ガイド―お釈迦さま誕生から日本各宗派のしきたりまで 日本人なら知っておきたい！　田代尚嗣著　佼成出版社　2008.4　249p　21cm　1400円　①978-4-333-02326-4
　内容　第1章 葬儀とお墓がわかる　第2章 法事や仏教行事がわかる　第3章 日本の各宗派の教えと仏事、葬儀のやり方がわかる　第4章 お釈迦さまと、その教えがわかる　第5章 日本の仏教がわかる　第6章 仏像がわかる

◇仏教へのイントロダクション―仏教徒としての生き方の解説　ゲシェ・ケルサン・ギャッツォ著　〔大阪〕　タルパジャパン　〔2008〕　180p　20cm

◇仏教の人間観　大正大学綜合仏教研究所「仏教的人間学」研究会編　北樹出版　2007.11　286p　22cm　（大正大学綜合仏教研究所叢書 17巻）　3200円　①978-4-7793-0113-1
　内容　第1部 仏教を中心にした新たな人間観（研究会の目指す人間観）　第2部 東西思想における人間観（東洋編　西洋編）　第3部 仏教の人間観論集（仏教的人間学の可能性　キルケゴールと親鸞　実存哲学から華厳思想へ―土井虎賀壽研究　現代仏教学者にお

ける人間観―玉城・上田両博士の方法論を軸として 唯識思想における主体の問題―三性説との関係を中心として 体験の共通性から見た仏教の公益性 中国出家僧にみる人間観 高神覚昇と仏教的人間学)

◇21世紀仏教への旅 日本・アメリカ編 五木寛之著 講談社 2007.9 246p 20cm 1700円 ⓘ978-4-06-280206-2
[内容]第1章 親鸞の海に向かって(人生の指針としての「他力」 比叡山という山 ほか) 第2章 浮かびあがる「他力」(全世界、全宇宙のなかで 「悪人正機」という光 ほか) 第3章 アメリカの心の穴(厳重な警備のなかで『TARIKI』が結んだ縁 ほか) 第4章 自由なる仏教徒へ(「人生は苦」への反論 人間は偉大な存在なのか ほか)

◇牧師が読みとく般若心経の謎 大和昌平著 実業之日本社 2007.7 286p 19cm 1500円 ⓘ978-4-408-10694-6
[内容]第1章 日本人はなぜ、「般若心経」を愛するのか? 第2章 キリスト教の「救い」と仏教の「覚り」 第3章 「智慧の完成」で、人は別人のように変わる 第4章 玄奘は「観自在菩薩」を、どうしても登場させたかった 第5章 「五蘊皆空」に迷う心 第6章 欲得を捨てて「諸法空相」の世界へ 第7章 「縁起菩提」は救済と覚りへの道 第8章 掲帝掲帝の「マントラ」に込められた智慧 終章 智慧の完成は修行であり、修行こそが完成である

◇21世紀仏教への旅 ブータン編 五木寛之著 講談社 2007.6 253p 20cm 1700円 ⓘ978-4-06-280205-5
[内容]第1章 風の国へ(ヒマラヤ山中の国ブータンに呼ばれて 旅立つ前の、二つの目標 高山病の対処法 くねる山道と近代化 昼間の犬と夜の犬 異国のなつかしい風景 マツタケ三昧 開国による変化の波 環境と命を守る) 第2章 チベット密教の化身(密教への違和感 「第二の仏」「化身」とはなにか? 化身への篤い信仰 要石と小鳥たち 化身の母の思い 寄宿生活の少年僧たち かつての城郭、ゾン マニ車の祈り ある農家の仏壇 墓を持たない理由 高僧が語る慈悲) 第3章 ブータン仏教の幸福(ブータンと日本の関係 似ているようで対照的 日本が失ったもの 死の本質をめぐって つながりから幸福へ 他力の広がり〔ほか〕

◇空海及び白楽天の著作に係わる注釈書類の調査研究 太田次男著 勉誠出版 2007.6 3冊(セット) 21cm 40000円 ⓘ978-4-585-03165-9

[内容]上巻 本編(平安末写三教指帰敦光注について―解題と飜印 秘蔵宝鑰鈔平安末写零本について 尊経閣文庫蔵三教勘注抄について ほか) 中巻 本編(承前)(『聾瞽指帰』を拝読して―料紙及び筆者を繞って 『聾瞽指帰』と『三教指帰』との本文の吟味―附・『聾瞽指帰』の翻字及び校注 『聾瞽指帰』と『三教指帰』の本文について ほか) 下巻 附編(東国特に鎌倉に於ける不動明王信仰資料について 成田山仏教研究所所蔵白氏文集巻三・四元禄写本について―附・同巻四の翻印 成田山仏教研究所所蔵白氏文集巻三・四元禄写本について(承前)―附・同巻三の翻印 ほか)

◇中世仏教の原形と展開 菊地大樹著 吉川弘文館 2007.6 312,25p 22cm 8000円 ⓘ978-4-642-02864-6
[内容]序章(中世宗教史と中世仏教 日本仏教史の成立 顕密体制論の継承と発展 思想的系譜論) 第1部 中世仏教の原形(持経者の原形と中世的展開 奈良時代の僧位制と持経者 往生伝・『法華験記』と山林修行 修験道と中世社会) 第2部 中世仏教と持経者の活動(後白河院政期の王権と持経者 「文治四年後白河院如法経供養記」について―新出『定長卿記』の翻刻と研究 持経者と念仏者 中世東大寺の堂衆と持経者)

◇仏教 仏教史編纂委員会著 ぶんか社 2007.6 191p 15cm (ぶんか社文庫) 571円 ⓘ978-4-8211-5103-5
[内容]第1章 仏教の基本的な教え 第2章 釈迦の生涯と初期仏教の思想 第3章 大乗仏教 第4章 中国の仏教 第5章 日本の仏教 第6章 現代の仏教

◇仏教「超」入門 白取春彦著 PHP研究所 2007.6 220p 15cm (PHP文庫) 514円 ⓘ978-4-569-66834-5
[内容]第1章 人生の苦しみについて 第2章 「縁起」を知り、「空」を知る―これが悟りだ 第3章 煩悩から自由になる 第4章 愛と慈悲について 第5章 ここがおかしいぞ、日本の仏教 付録 輪廻思想について考える

◇21世紀仏教への旅 中国編 五木寛之著 講談社 2007.4 261p 20cm 1700円 ⓘ978-4-06-280204-8
[内容]第1章 中国禅の玄関口で(栄西、道元の港 禅仏教の源流へ ほか) 第2章 六祖慧能(「禅は広州にあり」 中国仏教の大転換 ほか) 第3章 日本の禅と「気づき」(慧能から栄西、道元へ 武士たちの禅 ほか) 第4章 禅からZENへ(一九六八年の残影 五月革命と禅 ほか)

仏教の研究書・辞典・事典

◇若い読者のための仏教　フランク・ライナー・シェック, マンフレート・ジェルゲン著, 中山典夫訳　中央公論美術出版　2007.3　270p　22cm　3600円　①978-4-8055-0531-1
　内容　1 ブッダ以前　2 ブッダの登場　3 早い時代の教え　4 ヒーナヤーナ—小乗仏教　5 マハーヤーナ—大乗仏教　6 タントラヤーナ密教　7 チベット仏教　8 東アジアの仏教　9 仏教の造形　10 西洋における仏教

◇21世紀仏教への旅　朝鮮半島編　五木寛之著　講談社　2007.2　245p　20cm　1700円　①978-4-06-280203-1
　内容　第1章 日本仏教のふるさとへ（最初の記憶、論山の地へ　日本仏教の"ふるさと"ほか）　第2章 半島が育んだ仏教（慶州への車窓から　新羅と白木村　ほか）　第3章 朝鮮半島への思い（体にしみこんだ韓国語　ヌクテの鳴く寒村で ほか）　第4章 すべてはつながっている（自分だけの信仰　『無所有』の僧侶との出会い ほか）

◇図解雑学これだけは知っておきたい三大宗教　武光誠著　ナツメ社　2007.2　239p　19cm　1400円　①978-4-8163-4256-1
　内容　第1章 仏教の起こりと教義　第2章 仏教の歴史と文化　第3章 キリスト教の起こりと教義　第4章 キリスト教の歴史と文化　第5章 イスラム教の起こりと教義　第6章 イスラム教の歴史と文化

◇瑜伽論声聞地—サンスクリット語テキストと和訳　第2瑜伽処　大正大学綜合佛教研究所声聞地研究会編著　山喜房佛書林　2007.1　47, 387p　26cm　（大正大学綜合佛教研究所研究叢書　第18巻）　9500円　①978-4-7963-1000-0

◇いちばんやさしい！世界の三大宗教がわかる本—仏教・キリスト教・イスラム教—校舎社会研究会編著　永岡書店　2006.12　255p　15cm　486円　①4-522-47585-3

◇中国仏教研究入門　岡部和雄, 田中良昭編　大蔵出版　2006.12　327p　22cm　8000円　①978-4-8043-0566-0

◇中国仏教研究入門　岡部和雄, 田中良昭編　大蔵出版　2006.12　327p　21cm　8000円　①4-8043-0566-1
　内容　1 総論（中国仏教の概要とその特色　格義と三教交渉　訳経・経録・偽経　敦煌の仏教　大蔵経の開版　中国仏教と周辺諸国）　2 各論（漢魏両晋時代の仏教　南北朝時代の仏教　隋唐時代の仏教　宋代と遼・金の仏教　元明清代における中国仏教研究の動向）

◇21世紀仏教への旅　インド編 上　五木寛之著　講談社　2006.11　222p　20cm　1700円　①4-06-280201-5
　内容　第1章 最後の旅のはじまり（ブッダが瞑想した"鷲の峰"　「最後の旅」への決意　ブッダの苦しみ　インドに呼ばれない人　仏教への疑問 ほか）　第2章 旅の途上（北へ行く理由　死後の教団のゆくえ　林間に住む喜捨のこころ　「俗にありて俗に染まず」ほか）

◇21世紀仏教への旅　インド編 下　五木寛之著　講談社　2006.11　237p　20cm　1700円　①4-06-280202-3
　内容　第3章 最後の言葉（ブッダの死とその前後の事件　人生の苦　輪廻を断ちきる　死後を語る　世界宗教としての想像 ほか）　第4章 甦るブッダの教え（仏教への改宗劇　根深く残るカースト制　「見ても汚れる」　インドで闘う、日本人僧侶　賛否両論の「否」ほか）

◇「図解」世界の三大宗教—比べてみるとよくわかる！　常識として知っておきたいキリスト教、イスラム教、仏教の基礎知識　加藤智見監修　PHP研究所　2006.11　95p　26cm　952円　①4-569-65750-8
　内容　第1章 徹底比較三大宗教の基礎知識（開祖　教え　教典　信仰対象　戒律）　第2章 キリスト教の教え（歴史—度重なる迫害を乗り越えて世界最大の宗教に成長　三大宗派—カトリック、プロテスタント、東方正教会の三大勢力を比較 ほか）　第3章 イスラム教の教え（歴史—開祖の死後、正統カリフ時代から拡大するイスラム国家　スンニ派とシーア派—多数派で現実主義のスンニ派と少数派で理想主義のシーア派 ほか）　第4章 仏教の教え（仏教の伝播—ブッダ入滅後に分裂するも世界に広がった仏教の教え　十二縁起—苦しみの原因の追求から生まれた仏教の根幹をなす考え）〔ほか〕

◇ブッダの教えがわかる本—仏教を学ぶ　服部祖承著　大法輪閣　2006.9　223p　19cm　1400円　①4-8046-1219-X
　内容　序章 仏教を学ぶということ　第1章 ブッダの生涯と悟り　第2章 ブッダの大切な教え　第3章 仏教の実践・修行　第4章 仏教の重要なことば　第5章 仏教が説く「心」のあり方　第6章 日々を生きる心得　第7章 仏教に学ぶ「人生の指針」

仏教の研究書・辞典・事典

◇知識ゼロからの仏教入門　長田幸康著　幻冬舎　2006.7　220p　21cm　1300円　①4-344-90085-5
　内容　第1章 すべての始まり、お釈迦さま—「仏教」を発明したインドのプリンス　第2章 仏教デビュー—意外と知らない基本中の基本　第3章 メイド・イン・ジャパンの仏教—「うちは何宗?」がわかる　第4章 名僧WHO'S WHO—仏教世界のスター列伝　第5章 仏像からのメッセージ—寺めぐりの楽しみ方　第6章 毎日が仏教びより—コレって仏教だったんだ!?　第7章 お葬式とお墓—私たちが仏教を意識するとき

◇日本人なら知っておきたい仏教—経典、宗派、儀式、寺院、仏像…「日本仏教」の真の姿が見えてくる　武光誠著　河出書房新社　2006.7　207p　18cm　（Kawade夢新書）　720円　①4-309-50318-7
　内容　プロローグ 仏教が私たちに教える「生きる道しるべ」とは　1章 仏教の開祖「釈尊」の悟りとその生涯—シャカ族の王子は、なぜ地位を捨て、どのように教えを説いたか　2章 仏教の教えと経典の世界—諸行無常、涅槃寂静…。人々を諭し、慈しむ愛のことば　3章 輪廻転生の考え方と極楽浄土の世界—極楽はどこか? 地獄とは何か? 死後の風景から見えてくるもの　4章 仏教の分裂と宗派の誕生—仏教がアジアで発展し、受け継がれていった軌跡　5章 仏教の日本伝来と各宗派の歩み—平安から鎌倉期に開花した「日本仏教」の開祖の教えとは〔ほか〕

◇この一冊ですべてがわかる世界の三大宗教—キリスト教・イスラム教・仏教 常識として身につけたい基礎知識 オール図解　井上順孝監修　日本文芸社　2006.6　111p　26cm　952円　①4-537-25381-9
　内容　第1章 世界三大宗教の歴史（宗教とは何か?　世界三大宗教 ほか）　第2章 世界三大宗教の違い（仏教の開祖ブッダ　イエス・キリスト ほか）　第3章 仏教を知る（『仏様』の概念　上座仏教・大乗仏教 ほか）　第4章 キリスト教を知る（旧約聖書と新約聖書　教会の東西分裂 ほか）　第5章 イスラム教を知る（コーランについて　聖地エルサレム ほか）

◇よくわかる仏教　廣澤隆之監修　PHP研究所　2006.6　157p　21cm　1350円　①4-569-64969-6
　内容　第1章 仏教のエッセンスがわかる八つのキーワード　第2章 仏教の祖、釈尊とはどんな人？　第3章 身近なところから仏教にふれてみよう　第4章 拝観が一〇倍楽しくなるお寺と仏像の見方　第5章 新しい時代をつくってきた僧と人物　第6章 国や地域によってがらりと変わる仏教の顔

◇イラストでわかるやさしい仏教　大角修監修　成美堂出版　2006.5　255p　22cm　1500円　①4-415-03580-9
　内容　第1章 ブッダの生涯と教え（ブッダの祖釈迦1 誕生—天と人に待ち望まれた王子　仏教の祖釈迦2 出家—修行への旅立ち ほか）　第2章 ブッダ その後の仏教（ブッダ入滅後の教団1 第一結集—経典の作成　ブッダ入滅後の教団2 第二結集—根本分裂へ ほか）　第3章 日本の仏教 伝来から平安時代まで（仏教の伝来 海を渡って来た異国の神　聖徳太子1 日本仏教の開祖の登場 ほか）　第4章 日本の仏教 鎌倉時代以降（鎌倉仏教 個人の救いを目指す宗教の始まり　法然と浄土宗1 比叡山を降りて浄土宗を開く ほか）　第5章 仏教基礎知識（仏像の種類 日本で祀られる多様な仏像　仏像の見方 姿形と眼差し ほか）

◇常識として知っておきたい世界の三大宗教—仏教・キリスト教・イスラム教 歴史・神・教義…その違いがひと目でわかる図解版　歴史の謎を探る会編　河出書房新社　2006.5　95p　26cm　838円　①4-309-65034-1
　内容　第1章 宗教の誕生と、その発展を知る—「開祖」はどんな人物でいかに教えを広めたか　第2章 仏教経典、聖書、コーランの要旨を知る—「聖典・経典」には、そもそも何が書かれているのか　第3章 神とは何か、人間とは何かを知る—三大宗教は私たちにどんな「教え」を説いているか　第4章 日本人が不案内の戒律や習慣を知る—「イスラム教」の信仰と生活その具体的な姿とは　第5章 天地創造からモーセの十戒までを知る—「キリスト教」の原点旧約聖書の世界とは　第6章 独自の発展を遂げた日本仏教を知る—日本人は「仏教」とどうかかわってきたか

◇『モンゴル佛教史』研究 2　窪田新一監修, 大正大学綜合佛教研究所モンゴル佛典研究会訳　ノンブル　2006.5　248p　22cm　（大正大学綜合佛教研究所叢書 第16巻）　9800円　①4-903470-03-2

◇六巻本『金剛頂瑜伽中略出念誦法』の研究 別本「東寺観智院本・石山寺本」翻刻篇　大正大学綜合佛教研究所金剛頂経研究会編著　ノンブル　2006.5　382p　22cm　（大正大学綜合佛教研究所研究叢書 第13巻）　11500円　①4-903470-02-4

375

◇私と仏教―仏教の変貌と周辺の宗教　辻井和一郎著　京都　北斗書房　2006.5　123p　21cm　①4-89467-140-9

◇仏教学概論　仏教学概論編纂会編著　京都　佛教大学通信教育部　2006.4　226p　21cm　1048円　①4-86154-296-0

◇原点への回帰　4　平岡德三著　〔三重町（大分県）〕　初期仏教研究会　2006.3　279p 図版16枚　21cm　1500円

◇《良賁撰》凡聖界地章　大正大学綜合佛教研究所凡聖界地章翻刻研究会編著　ノンブル　2006.3　350,12p　22cm　（大正大学綜合佛教研究所研究叢書 第14巻）　9700円　①4-903470-01-6

◇この人を見よ―ブッダ・ゴータマの生涯　増谷文雄名著選　ゴータマの弟子たち―増谷文雄名著選　増谷文雄著　佼成出版社　2006.2　629p　22cm　3700円　①4-333-02193-6
　内容　この人を見よ―ブッダ・ゴータマの生涯　ブッダ・ゴータマの弟子たち

◇核の時代における平和と共生―ほか　前田惠學著　山喜房佛書林　2005.12　394,15p　22cm　（前田惠學集 第6巻）　9000円　①4-7963-0143-7

◇神様の功徳を引き出す本―親鸞上人の生きざまに学ぶ　深見東州著　たちばな出版　2005.11　104p　19cm　1000円　①4-8133-1907-6
　内容　親鸞と日蓮は、どちらが過激か？　親鸞と日蓮の志　百日間の大祈願　死の予告を受けた親鸞上人　悩み事は神様に投げろ　神仕組を担っていた親鸞と日蓮　神仏の功徳を引き出す法則　弘法大師、白隠禅師に学べ　とりあえずの目標を立てよ　守護霊を動かす方法〔ほか〕

◇知識ゼロからの世界の三大宗教入門　保坂俊司著　幻冬舎　2005.11　180p　21cm　1300円　①4-344-90077-4
　内容　第1章 三大宗教のはじまりを押さえる―誕生と教え　第2章 神と人を結ぶ信仰を探る―信仰の象徴　第3章 世界宗教へ発展した歴史をのみこむ―歴史と宗派　第4章 生活に根づいた宗教行事に触れる―生活習慣　第5章 優れた宗教芸術を味わう―文化と芸術　第6章 世界の「今」をキーワードで解く―現代と三大宗教

◇仏教力テスト　此経啓助著　日本放送出版協会　2005.11　202p　18cm　（生活人新書 162）　660円　①4-14-088162-3
　内容　第1章 ブッダの生涯　第2章 ブッダの教え　第3章 大乗・小乗・密教　第4章 仏教の世界展開　第5章 日本仏教の始まり　第6章 鎌倉新仏教の教え　第7章 現代仏教への変容　第8章 仏教文化の拡がり

◇エリアーデ仏教事典　Joseph M.Kitagawa, Mark D.Cummings編，中村元日本語版監修，木村清孝，末木文美士，竹村牧男編訳　京都　法藏館　2005.10　677p　22cm　12000円　①4-8318-7030-7

◇仏教知識論の原典研究―瑜伽論因明, ダルモッタラティッパナカ, タルカラハスヤ　矢板秀臣著，成田山新勝寺成田山仏教研究所編　成田　成田山新勝寺成田山仏教研究所　2005.10　479p　26cm　（モノグラフ・シリーズ 4）

◇はじめての仏教入門―仏教の？がわかる　田代尚嗣著　新星出版社　2005.8　207p　19cm　1200円　①4-405-07572-7
　内容　第1章 なるほど！お釈迦さま　第2章 なるほど！密教・禅　第3章 なるほど！浄土思想　第4章 なるほど！「あの世の風景」　第5章 なるほど！お経　第6章 なるほど！宗派　第7章 なるほど！仏像

◇はじめて知る仏教　白取春彦著　講談社　2005.6　202p　18cm　（講談社+α新書）　838円　①4-06-272323-9
　内容　第1章 仏道とは命を愛すること（本来仏教はシンプルなものだった　変哲もない和歌に秘められた仏教 ほか）　第2章 この世に生きながら仏となる（非社会的なものが人間を生かす　世間を超越しているのが仏道 ほか）　第3章 失われた仏の歴史（「ブッダ」とは悟りを得た人　無視された遺志 ほか）　第4章 知性と信心（正法とは何か　いかにして煩悩を乗り越えるか ほか）

◇仏教の謎を解く　宮元啓一著　鈴木出版　2005.6　197p　19cm　1600円　①4-7902-1115-0
　内容　第1章 仏の謎（死者を「仏」と呼ぶわけ　仏はすべてをお見通し？　仏の慈悲と地下鉄サリン事件 ほか）　第2章 法の謎（無我は気分が大切　「掲帝…」を唱えるとどうなる？　極楽を生んだ力 ほか）　第3章 僧の謎（戒名代は高い？　お寺は世襲制？　五重塔でもっとも大切な部分は？ ほか）

◇あっと驚く仏教語　霊元丈法著　四季社　2005.5　189p　19cm　1280円　①4-88405-324-9

仏教の研究書・辞典・事典

|内容|第1章 あっと驚く仏教語(赤の他人　がたぴし ほか)　第2章 こんなにあった深い意味(あうん　ありがとう ほか)　第3章 ことばに隠れた仏さま(あっけらかん　あまのじゃく ほか)　第4章 禅語で見方をかえる(あいさつ　足を洗う ほか)

◇釈迦の教えが面白いほどわかる本　田中治郎著　中経出版　2005.5　207p　21cm　1300円　①4-8061-2216-5
|内容|第1章 お釈迦さまをどう感じ、理解したらいいのか(お釈迦さまってほんとうにいたの？　お釈迦さまってどんな人？ ほか)　第2章 お釈迦さまは、現実を「苦しみ」だと悟った(まず、苦の中身を知ることから始まる　四苦八苦 ほか)　第3章 お釈迦さまの悟った真理(関係の中で生きる―縁起　すべては移ろっていく―諸行無常 ほか)　第4章 お釈迦さまの教えの展開(お釈迦さま入滅後の教団の分裂　仏教の布教に貢献したアショーカ王 ほか)　第5章 大乗仏教に花開いたお釈迦さまの思想(空の思想　「空」の概念で"0"を発見したインド人 ほか)

◇仏教―ブッダの教えを「超整理」！　末木文美士監修, PHP研究所編　PHP研究所　2005.5　223p　19cm　(雑学3分間ビジュアル図解シリーズ)　1200円　①4-569-64193-8
|内容|第1章 仏教について考える　第2章 釈迦〜部派仏教　第3章 大乗仏教　第4章 中国仏教　第5章 日本 伝来〜古代　第6章 日本 鎌倉時代　第7章 日本 室町以後　第8章 世界の仏教(現代)

◇仏教思想へのアプローチ　鳥海輝久著　朱鳥社　2005.5　271p　19cm　1200円　①4-434-06130-5
|内容|第1章 仏教を産み出した土壌(問いかけ方と答え方　アーリア人 ほか)　第2章 原始仏教(シャカ・ムニ　出家 ほか)　第3章 大乗仏教(教団の分裂　仏陀観の変化 ほか)　第4章 仏教の伝播(インドでの仏教　東南アジアの仏教 ほか)　第5章 日本人と仏教(古代日本人と仏教　奈良時代の仏教 ほか)

◇動く仏教、実践する仏教―仏教とユング心理学 シンポジウム　同朋大学大学院文学研究科編　京都　法藏館　2005.3　118p　20cm　1200円　①4-8318-2406-2
|内容|1 講演(ユングと仏教　仏教研究とカウンセリング―ユング派の分析家として　仏教の教化とその展開)　2 シンポジウム(動く仏教、実践する仏教)

◇仏教　保坂俊司監修, 青木滋一文　ポプラ社　2005.3　47p　29cm　(国際理解を深める世界の宗教 1)　2800円　①4-591-08490-6
|内容|仏教ってどんな宗教？　仏教を開いたブッダはどんな人だった？　ブッダのあとの仏教の広がり　仏教の教えと経典(聖典)　上座部仏教が伝わった国ぐに　大乗仏教が伝わった国ぐに　日本に伝えられた大乗仏教　日本で変わった仏教　新しい仏教を開いた最澄と空海　鎌倉時代、仏教を開いた人びと　日本の寺院ではどんな修行をしている？　日本の仏教の祭りや行事　現代の世界に生きる仏教

◇常識として知っておきたい世界の三大宗教―仏教・キリスト教・イスラム教　歴史の謎を探る会編　河出書房新社　2005.2　220p　15cm　(Kawade夢文庫)　514円　①4-309-49567-2
|内容|1 宗教の誕生と、その発展を知る―「開祖」はどんな人物でいかに教えを広めたか　2 仏教経典、聖書、コーランの要旨を知る―「聖典・経典」には、そもそも何が書かれているのか　3 神とは何か、人間とは何かを知る―三大宗教は私たちにどんな「教え」を説いているのか　4 多様化する宗教の歩みを知る―どんな「宗派」がありその違いはどこにあるのか　5 終末観・死生観の要点を知る―「死後の世界」はどう考えられているか　6 日本人が不案内の戒律や習慣を知る―「イスラム教」の信仰と生活その具体的な姿とは　7 天地創造からモーセの十戒までを知る―「キリスト教」の原点 旧約聖書の世界とは　8 独自の進展をとげた日本仏教を知る―日本人は「仏教」とどうかかわってきたか

◇目で見る仏教小百科―完全図解　村越英裕, 藤堂憶斗著　鈴木出版　2005.2　270p　21cm　1700円　①4-7902-1114-2
|内容|第1章 お釈迦さまがわかる(お釈迦さまの生涯―出家を決意するまで　お釈迦さまの生涯―悟りを開いてブッダとなる ほか)　第2章 仏教の教えがわかる(仏教　四諦 ほか)　第3章 死後の世界がわかる(仏教の世界観―三界(地獄・餓鬼・畜生・人・天)はどうなってる？　死んだらどうなる？―生まれ変わるまでの時間)　第4章 仏像がわかる(仏像誕生―日本に仏像がやってくるまで　如来グループ―修行を完成し悟りを開く ほか)　第5章 日本の宗派がわかる(仏教の歴史―インドから中国、そして日本へ　天台宗―最澄(伝教大師)の生涯と教えのポイント ほか)

◇玄奘のシルクロード―心を求めて仏を求めず　松原哲明著　講談社　2005.1

377

仏教の研究書・辞典・事典

252p　20cm　1800円　①4-06-212755-5
|内容|第1章 玄奘の旅立ち(生いたちの記　玄奘、長安へ ほか)　第2章 砂上の旅人(また砂上の人に　屈支国にて ほか)　第3章 苦難を越えて(カニシカ王物語　健陀邏国へ ほか)　第4章 心のありどころ(釈尊の誕生地　生母のこと ほか)　第5章 インドからの帰還(那爛陀寺での生活　那爛陀寺での仏教研究 ほか)

◇仏教　ブラッドリー・K.ホーキンズ著，瀧川郁久訳　春秋社　2004.11　185, 10p　20cm　(シリーズ21世紀をひらく世界の宗教)　1800円　①4-393-20311-9
|内容|第1章 仏教の世界へ―三つのスケッチ　第2章 仏教の源流　第3章 仏教の歴史的展開　第4章 仏教の現在―悟りへ向かうさまざまな道　第5章 仏教と現代社会の課題　第6章 二一世紀の仏教―古いブドウ酒を新しい皮袋に

◇現代上座仏教の世界　1　前田惠學著　山喜房佛書林　2004.10　525, 15p　22cm　(前田惠學集 第3巻)　10000円　①4-7963-0140-2

◇なるほど仏教入門　瓜生中著　毎日新聞社　2004.10　254p　17cm　(大雑学 2)　1000円　①4-620-72092-5
|内容|第1章 仏教のやってきた道　第2章 お経は豊かな智慧の宝庫　第3章 宗派の由来と成り立ち　第4章 高僧と聖人にまつわる物語　第5章 寺院の壮麗な伽藍　第6章 境内と仏具の謎を解く　第7章 仏像鑑賞の楽しみ　第8章 仏教行事の起源と来歴　第9章 仏事の常識と勘どころ　第10章 お墓と仏壇のなるほど情報　第11章 仏教をめぐる言葉と故事ことわざ

◇仏教　マドゥ・バザーズ・ワング著，宮島磨訳　改訂新版　青土社　2004.9　184, 10p　20cm　(シリーズ世界の宗教)　2200円　①4-7917-6089-1
|内容|1 現代の仏教世界　2 ブッダの生涯　3 仏教の伝播　4 仏教の諸派　5 仏教の文献　6 美術と仏教　7 仏教の暦年　8 現代の仏教

◇やさしい仏教入門　インデックス編集部編著　インデックス　2004.9　189p　19cm　(やさしい入門シリーズ 1)　952円　①4-87257-488-5
|内容|第1章 仏教の起源　第2章 日本への仏教伝来　第3章 宗派別基礎知識　第4章 仏壇・仏具の知識　第5章 仏像の見分け方　第6章 祈りの旅・巡礼　第7章 仏教を知るワンポイント　第8章 仏像を知るワンポイント

◇よくわかる仏教入門―知っておきたい「仏・法・僧」の常識　田中治郎著　佼成出版社　2004.7　270p　19cm　1400円　①4-333-02077-8
|内容|序章 今、なぜ仏教が必要なのか(平成という重い時代　戦後が生み育てたニヒリズム ほか)　第1章 仏―ブッダ(そもそも「ブッダ」とはなにものか　ブッダから仏へ ほか)　第2章 法―ダルマ(私たちが生きる六道の世界　解脱と涅槃と菩提 ほか)　第3章 僧―サンガ(ダルマを継承するサンガ　サンガの意味 ほか)

◇近代日本と仏教　末木文美士著　トランスビュー　2004.6　382p　20cm　(近代日本の思想・再考 2)　3200円　①4-901510-25-8
|内容|1 近代思想と仏教(日本の近代はなぜ仏教を必要としたか　内への沈潜は他者へ向かいうるか―明治後期仏教思想の提起する問題　京都学派と仏教　阿闍世コンプレックス論をめぐって)　2 解釈の地平(和辻哲郎の原始仏教論　丸山真男の仏教論―「原型=古層」から世界宗教へ　『歎異抄』の現代―山折哲雄『悪と往生』に寄せて)　3 仏教研究への批判的視座(仏教史を超えて　批判仏教の提起する問題　日本における禅学の展開と展望　アカデミズム仏教学の展開と問題点―東京(帝国)大学の場合)　4 アジアと関わる(近代仏教とアジア―最近の研究動向から　日中比較によりみた近代仏教　大川周明と日本のアジア主義)

◇中学生にもわかる仏教　小暮満寿雄著　PHPエディターズ・グループ　2004.6　205p　21cm　1400円　①4-569-63593-8
|内容|第1章 "日常"について考える―禅と空　第2章 十二歳の悩み―ブッダの生涯1　第3章 "声と言葉"について考える―法華経と日蓮　第4章 三十五歳の決断―ブッダの生涯2　第5章 "宇宙の存在"について考える―密教と空海　第6章 八十歳の旅立ち―ブッダの生涯3　第7章 "あの世"について考える―念仏と浄土信仰　第8章 仏教のはじまり―ブッダの生涯4

◇仏教「超」入門　白取春彦著　すばる舎　2004.6　206p　19cm　1500円　①4-88399-366-3
|内容|第1章 人生の苦しみについて　第2章 縁起を知り、空を知る―これが悟りだ　第3章 煩悩から自由になる　第4章 愛と慈悲について　第5章 ここがおかしいぞ、日本における仏教　付録 輪廻思想について考える

◇仏教学概論　教科書改訂検討委員会編

新訂　京都　浄土宗　2004.6　164, 16p　21cm　①4-88363-205-9

◇仏典のことば―現代に呼びかける知恵　中村元著　岩波書店　2004.6　285p　15cm　（岩波現代文庫 学術）　1000円　①4-00-600124-X

内容　仏法と人間―プロローグ（無常変遷のうちに道理を見る　道理を見るとは自己を実現すること）　1 経済的行為の意義―仏教と経済倫理（禁欲的精励の精神　施与の道徳 ほか）　2 政治に対する批判―仏教と政治倫理（現代の荒廃を予言する　「サンガ」の建設と理想的国家 ほか）　3 理想社会をめざして―人生の指針（慈悲と奉仕のこころ　万人の友となる ほか）

◇〈異説〉親鸞・浄土真宗ノート　玉川信明著　社会評論社　2004.4　306p　20cm　2600円　①4-7845-1438-4

内容　第1部 親鸞は半僧半俗の二重人格者だ（勤労意欲のない探究者・親鸞　国連保守党の位置による社会姿勢　苦悩者救済が親鸞の真意であった ほか）　第2部 多極から他極に移った浄土真宗―インドの和尚への架空インタビュー（神は擬人格ではなく存在性である　この世に信念・信仰・信心は不必要だ　念仏は自己同一化のための自己催眠 ほか）　第3部 仏教研究諸家による浄土教批判（浄土教は菩提心を捨てている―明恵『摧邪論』（現代語訳）の要約　旧浄土教から新浄土教への革命―野々村直太郎『浄土教批判』（現代語訳）の要約　哲学的に完徹せざる浄土真宗―田辺元「他力仏教とキリスト教との異同」改訂 ほか）

◇悟りと救い―求道の果てに　藤井圭子著　和光　一粒社　2004.3　172p　19cm　1300円　①4-87277-073-0

◇智光明荘嚴經―梵藏漢対照　大正大学綜合佛教研究所梵語佛典研究会編　大正大学出版会　2004.3　202p　26cm　①4-924297-18-6, 4-924297-19-4

◇中村元が説く仏教のこころ　中村元著, 保阪俊司補説　〔柏〕　麗澤大学出版会　2004.3　157p　19cm　1000円　①4-89205-475-5

内容　第1章 仏教はなぜ生まれたのか　第2章 釈尊は何を悟ったのか　第3章 初期仏教者の修行　第4章 原始仏教の考え方　第5章 大乗仏教はなぜ興ったのか　第6章 大乗仏教の思想　第7章 東アジアへの進展

◇仏教　アニータ・ガネリ著, 佐藤正英監訳　ゆまに書房　2004.3　46p　30cm　（世界宗教の謎）　2400円　①4-8433-1065-4

内容　仏教とは何か？　若い頃の釈迦仏　悟りの模索　教え　悟りの後　僧と寺院での生活　仏教の分裂と広がり　経典　スリランカの仏教　仏像と仏塔　神と女神　東南アジアの仏教　日本と朝鮮半島の仏教　仏教の実践　チベット仏教　仏教徒の行事　西洋の仏教

◇仏教入門　袴谷憲昭著　大蔵出版　2004.3　264p　19cm　2200円　①4-8043-3062-3

内容　入門の前　第1章 仏教伝播の地誌　第2章 仏教伝播の歴史　第3章 仏教と信仰体系　第4章 仏教の基本思想　第5章 仏教思想の展開　入門の後

◇仏教のなかの男女観―原始仏教から法華経に至るジェンダー平等の思想　植木雅俊著　岩波書店　2004.3　432p　22cm　7000円　①4-00-024622-4

内容　序章 「仏教とジェンダー」研究の略史　第1章 仏教の基本思想と女性の平等　第2章 原始仏教の溌剌たる女性たち　第3章 ヒンドゥー社会の女性蔑視　第4章 部派分裂で加速する女性軽視　第5章 大乗仏教による女性の地位回復　第6章 「変成男子」の意味すること　第7章 不軽菩薩の振舞に見る男女平等　第8章 善男子・善女人に見る男女平等　第9章 平等の根拠としての一仏乗　第10章 結論、および今後の課題

◇『維摩經』『智光明莊嚴經』解説　大正大学綜合佛教研究所梵語佛典研究会編　大正大学出版会　2004.3　122p　26cm　①4-924297-16-X, 4-924297-19-4

◇維摩經―梵藏漢対照　大正大学綜合佛教研究所梵語佛典研究会編　大正大学出版会　2004.3　511p　26cm　①4-924297-17-8, 4-924297-19-4

◇仏教概説　三枝充悳著　京都　法藏館　2004.2　449, 12p　22cm　（三枝充悳著作集 第1巻）　13000円　①4-8318-3366-5

内容　仏教入門（インド仏教史　インド仏教の思想史　各地の仏教）　インド仏教思想史　インド思想　仏教思想

◇原点への回帰　3　平岡徳三著　〔三重町（大分県）〕　初期仏教研究会　2003.12　253p 図版16枚　21cm　1500円

◇仏教とは何か、仏教学いかにあるべきか　前田惠學著　山喜房佛書林　2003.12　499, 11p　22cm　（前田惠學集 第2巻）　9000円　①4-7963-0139-9

|内容| 仏教とは何か、仏教学いかにあるべきか　現代仏教研究への志向　仏教とは何か（最終講義）　仏教とは何か（在家仏教会講演）　中国仏教を見直して全仏教を論定する　北京・河北に「念仏打七」を訪ねて　仏教要説　日本仏教をいかにとらえるか　仏教における文化摩擦の問題　日本とアジアにおける仏教的エートスの問題　韓国においてはじめて学術大会をソウルで開催して　仏教研究の方法論をめぐって　『禅の友、風鐸』より

◇仏教とは何か―ブッダ誕生から現代宗教まで　山折哲雄著　新座　埼玉福祉会　2003.11　413p　21cm　（大活字本シリーズ）　3300円　①4-88419-232-X

◇大乗仏教入門　竹村牧男著　佼成出版社　2003.10　226p　20cm　1500円　①4-333-02028-X
|内容| 1 大乗仏教とは何か（ええっ新宗教　釈尊の新しいかたち　菩薩という喜び　大乗運動のめざすもの）　2 大乗仏教のこころ（空の哲学　私とあなた　如来を宿す私たち）　3 菩薩という人生（六つの扉を開く　こころとからだの良薬　菩薩が仏になるとき）　4 本当の幸せ（自分とは何か　大きな悲しみ　平凡のなかの非凡　いのちのつながり）

◇仏教入門　平川彰著　新装版　春秋社　2003.10　250p　20cm　1800円　①4-393-13525-3
|内容| 第1章 仏教の基本的立場とは（般若の教説　般若の意味）　第2章 釈尊と仏陀（三宝の成立　三帰依の種類　ほか）　第3章 釈尊の悟った法（帰依法の法　『初転法輪経』の説くこと　ほか）　第4章 僧伽―教えを継ぐ人々（僧伽と四衆　原始仏教時代の教団　ほか）

◇日本人のための仏教ガイド　永田美穂著　大法輪閣　2003.8　221p　19cm　1400円　①4-8046-1198-3
|内容| 第1章 お釈迦さまの伝記　第2章 仏教のおしえ　第3章 お経ものしり　第4章 仏弟子ものがたり　第5章 仏教のひろがり―インドから日本まで　第6章 宗派はどうして生まれたか　第7章 仏像の知識　第8章 お寺と仏教用具　第9章 仏教が生んだ文化

◇空と中観　江島惠教著　春秋社　2003.7　628, 19p　22cm　20000円　①4-393-11231-8
|内容| 空とニヒリズム　空・ことば・論理　空思想と論理学　中観派　空思想家たち　仏教と仏教研究　インド思想における輪廻　大乗仏教における時間論　経と論　中観派の展開〔ほか〕

◇シルクロードとチベット仏教寺院―アムド地方のチベット仏教寺院　成田　成田山新勝寺成田山仏教研究所　2003.7　198p　26cm

◇私だけの仏教―あなただけの仏教入門　玄侑宗久著　講談社　2003.5　197p　18cm　（講談社+α新書）　880円　①4-06-272197-X
|内容| 第1章 「仏教」とは？（はじめの弁解―ヴァイキングで作る「私だけの仏教」　一冊で仏教が分かる本はありませんか？―正統なき「八百万」的日本仏教　ほか）　第2章 ヴァイキングの実際（空腹の自覚―「苦」と「信」　席の確保―家の宗教との「含みながら超える」関係　ほか）　第3章 食事の際の心得（一所懸命の危うさ　食べる姿勢としての「四無量心」　ほか）　第4章 食後に思うこと（求められる仏教的パラダイム　読経の功徳、そして色と空の相補性　ほか）

◇悪を哲学する　大正大学綜合仏教研究所『悪の問題』研究会編　北樹出版　2003.4　268p　22cm　（大正大学綜合仏教研究所叢書 13巻）　3500円　①4-89384-900-X
|内容| 1 悪論の試み（悪論について―悪の哲学は可能か　"悪＝苦痛"論　悪人の悪性について　ほか）　2 西洋思想史における悪の問題（キリスト教における悪の問題―原罪論　カントの道徳哲学における善と悪　ヘーゲルと悪―悪の否定から是認（神義論）へ　ほか）　3 自由と罪と煩悩と（根源的自由と悪の問題　日本人、悪の意識から罪の意識へ、そして救い―遠藤周作『海と毒薬』小論　煩悩と悪）

◇仏教おもしろ話題事典　間中進著　ぎょうせい　2002.12　366p　21cm　2857円　①4-324-06996-4

◇仏教の生活・質問帳　続　若林隆壽著　中山書房仏書林　2002.12　197p　18cm　900円　①4-89097-071-1

◇図解仏教のことが面白いほどわかる本―2時間でわかる　田中治郎著　中経出版　2002.9　335p　21cm　1500円　①4-8061-1662-9
|内容| 第1章 仏教の誕生（仏教をつくったお釈迦さま　お釈迦さま入滅後の仏教）　第2章 仏教の展開（外国に渡った仏教　中国と朝鮮の仏教　日本の仏教）　第3章 仏教についての一問一答

◇仏教の常識がわかる小事典―歴史から教義、宗派まで　松濤弘道著　PHP研究所　2002.7　271p　18cm　（PHP新書）

仏教の研究書・辞典・事典

780円　①4-569-62288-7
[内容]序章 日本人にとって仏教とはなにか　第1章 仏教という大河の流れ（開祖・釈迦とはどんな人か？ 仏教の基本的な教えとは？ インドから日本への仏教の流れ ほか）　第2章 日本仏教の各宗派（南都六宗のあらまし 天台宗系のあらまし 真言宗系のあらまし ほか）　第3章 仏教と信仰のあり方（ほんものの宗教と疑似宗教の見分け方 日本仏教宗派の行方）

◇辯顕密二教論の解説—索引付　那須政隆著　改訂版　成田　大本山成田山新勝寺成田山仏教研究所　2002.7　256, 41p　21cm　3000円

◇梅原猛著作集　9　三人の祖師—最澄・空海・親鸞　梅原猛著　小学館　2002.6　710p　20cm　4800円　①4-09-677109-0
[内容]第1部 仏教伝来（求法の道〈東洋篇 日本篇〉 日本仏教の創成—最澄以前）　第2部 最澄（最澄瞑想 最澄と天台本覚思想）　第3部 空海（空海の再発見—密教の幻惑 人間弘法大師を説く十章）　第4部 親鸞（親鸞は日本人の精神的「故郷」である 『歎異抄』と本願寺教団 思索の人・親鸞と実践の人・蓮如）　第5部 歎異抄を読む（梅原猛の『歎異抄』入門 誤解された『歎異抄』 現代語訳『歎異抄』）

◇『モンゴル佛教史』研究　1　窪田新一監修, 大正大学綜合佛教研究所モンゴル佛典研究会訳　ノンブル　2002.6　494p　22cm　（大正大学綜合佛教研究所叢書 第8巻）　12500円　①4-931117-61-9

◇3日でわかる仏教　ひろさちや監修, 藤井正史著　ダイヤモンド社　2002.3　221p　19cm　（知性のbasicシリーズ）　1400円　①4-478-92036-2
[内容]第1章 日本人にとって仏教って何だろう？—宗教音痴の日本人へ宗教を知ることは世界の常識だ　第2章 お坊さんでなくてもわかる仏教の教え—釈尊の生涯から生まれた仏教のエッセンスを知ろう　第3章 こんなに種類がある仏教の宗派—歴史とともに変化した仏教の流れを読み解く　第4章 仏教を伝えた個性的な人たち—釈尊の弟子や僧侶たちのひと味変わった生涯を読む　第5章 読んでみると意外とおもしろいお経—お葬式の時に眠気を誘うお経にもいろいろなエピソードがある　第6章 私たちの身近にある仏教—お葬式だけが仏教ではない日本文化と仏教の関係を見る　第7章 これがわかれば仏像鑑賞が楽しくなる—どれも同じように見えた仏像のポイントをズバリ解説

◇明解「仏教」入門　城福雅伸著　春秋社　2002.3　308p　20cm　2200円　①4-393-13250-5
[内容]第1章 仏教のめざすもの　第2章 苦の発生の構造、三道・輪廻のメカニズム　第3章 智慧の獲得構造、三学—悟りへのシステム　第4章 仏教の基本姿勢と釈尊の教法　第5章 四諦—仏教の教えの集約　第6章 大乗仏教の修行—六波羅蜜　第7章 仏教の哲学—縁起と空　第8章 三法印

◇原点への回帰　2　平岡徳三著　〔三重町（大分県）〕　初期仏教研究会　2002.2　297p　21cm　1500円

◇図解雑学仏教　廣澤隆之著　ナツメ社　2002.2　303p　19cm　1400円　①4-8163-3152-2
[内容]第1章 釈尊の生涯　第2章 仏教教団の展開　第3章 釈尊の思想とその継承　第4章 大乗仏教の歴史と思想　第5章 中国の仏教　第6章 日本の仏教　第7章 仏教と日本の民間信仰

◇奈良仏教の地方的展開　根本誠二, 宮城洋一郎編　岩田書院　2002.2　237p　21cm　2800円　①4-87294-231-0
[内容]東晋期中国江南における「神仏習合」言説の成立—日中事例比較の前提として　天武朝の仏教政策についての覚書　『日本霊異記』下巻第四縁の一考察　律令制下における毛野氏の変遷—東北地方への仏教布教の一側面　行基と薬師信仰　東国における仏教関連遺跡—様相と予察　奈良仏教研究文献目録　The Hossō School and Image-Making In Ninth Century Japan

◇成田山仏教研究所年報　第2号　成田　大本山成田山新勝寺成田山仏教研究所　2002.1　32p　26cm

◇日本仏教の文献ガイド　京都　法藏館　2001.12　249p　22cm　（日本の仏教 第3期第3巻）　3200円　①4-8318-0289-1
[内容]阿娑縛抄　吾妻鏡　一遍聖絵　往生要集　奥の細道　御文（御文章）　北野天神絵巻　狂雲集　教行信証　教時問答〔ほか〕

◇仏教をいかに学ぶか—仏教研究の方法論的反省　日本仏教学会編　京都　平楽寺書店　2001.10　246, 240p　22cm　①4-8313-1060-3

◇仏教思想を読む—仏教の基本を知るために　大法輪閣編集部編　大法輪閣　2001.9　255p　19cm　2000円　①4-8046-4204-8

仏教の研究書・辞典・事典

　　内容 第1部 仏教の基本(仏とは　仏の種類　過去・未来の仏 ほか)　第2部 心の探求(釈尊が説いた心と煩悩　唯識で説く心　煩悩とは何か―根本煩悩 ほか)　第3部 大乗仏教の基礎(大乗仏教と仏性・如来蔵思想　菩薩の思想と実践　空の思想と実践 ほか)

◇校註解説・現代語訳 麗気記　1　大正大学綜合仏教研究所神仏習合研究会編著　京都　法蔵館　2001.8　557p　21cm　(大正大学綜合仏教研究所叢書 第6巻)　16000円　①4-8318-5675-4
　　内容 書下し文・現代語訳・註釈(二所大神宮麗気記　神天上地下次第　降臨次第麗気記　天地麗気記　天照皇大神宮鎮座次第　豊受皇太神鎮座次第)　校本・校異　解説(『麗気記』の成立　『麗気記』の諸本　中世における『麗気記』註釈　近世における『麗気記』　『麗気記』研究史　「神体図」との関連について)

◇輪廻の世界　大正大学綜合仏教研究所輪廻思想研究会編　青史出版　2001.8　421p　22cm　(大正大学綜合仏教研究所叢書 9)　9500円　①4-921145-10-5
　　内容 第1部 輪廻をめぐる諸問題　第2部 輪廻の諸相(インド編　中国編　日本編　西洋編)　第3部 誌上トーキング 輪廻の世界を巡り歩いて

◇仏教入門　下　大白蓮華編集部著　第三文明社　2001.7　208p　19cm　1200円　①4-476-06172-9
　　内容 1 アショーカ王　2 ミリンダ王　3 カニシカ王　4 釈迦教団の展開　5 大乗仏教の興起

◇仏教入門　上　大白蓮華編集部著　第三文明社　2001.5　222p　19cm　1200円　①4-476-06171-0
　　内容 1 釈尊の生涯(「悟った人」＝ブッダ　自由思想家・沙門の登場 ほか)　2 釈尊の弟子たち(舎利弗と目連は「弟子の中の度なり、量なり」　「舎利弗は生母」「目連は養者」と称賛 ほか)　3 仏典結集(師・釈尊の入滅を喜んだ愚かな老比丘　正法護持のため仏典結集の急務を訴える ほか)　4 初期仏教の教理(縁起＝業による生命流転の実相を悟る　諸行無常・諸法無我＝変転常なき現実を超えるものへの視座 ほか)

◇仏教思想へのいざない　芹川博通ほか著　増補版　北樹出版　2001.4　190p　20cm　2200円　①4-89384-814-3
　　内容 1 ブッダの生涯―人と思想　2 初期仏教　3 大乗仏教　4 中国仏教　5 日本仏教　6 仏教思想と現代

◇インド仏教における虚像と実像　塚本啓祥著　山喜房佛書林　2001.3　268p　22cm　3900円　①4-7963-0036-8
　　内容 第1章 プロローグ 仏教研究への誘い―視点と方法　第2章 碑銘は真実を語る―インド仏教碑銘　第3章 正統派教団はどのように変わったか―部派仏教の実体　第4章 教えの担い手たち―教法の伝持者　第5章 悟りはどのように捉えられたか―上座得達の階位　第6章 崇拝のかたちはどのように変わったか―仏塔崇拝の変遷　第7章 教えはどのように弘まったか―仏教伝播史の諸問題　第8章 民衆は教えをどのように捉えたか―大乗仏教の実体　第9章 エピローグ 共生はなぜ社会に必要であったか―ガンダーラにおける東西文化の融合

◇わが家の仏教なるほど事典　丸山照雄監修　実業之日本社　2001.2　262p　19cm　1400円　①4-408-39469-6
　　内容 第1章 これだけは知っておきたい―仏教と宗派のやさしい基礎知識　第2章 仏教の根本思想と経典―よくわかる釈迦の教え　第3章 宗派の本山、本尊、経典、その教え―知ってるつもりのわが家の宗旨　第4章 開祖たちは何を実践したか―知られざる祖師たちの素顔　第5章 日本の仏教重大事件―知っておどろく仏教の歴史　第6章 教科書にはのらない―名僧・高僧・怪僧・列伝　第7章 心得ておきたい・これは常識―通夜、葬式の正しいつき合い方

◇面白いほどよくわかる仏教のすべて―釈迦の生涯から葬式まで〜仏教早わかり事典　金岡秀友監修　日本文芸社　2001.1　270p　19cm　(学校で教えない教科書)　1300円　①4-537-25024-0
　　内容 第1章 お釈迦様の教えとその流れ　第2章 仏教の世界観　第3章 日常生活のなかのあの世　第4章 密教と禅　第5章 日本の仏教　第6章 般若心経の基礎知識　第7章 お寺の知識早わかり　第8章 仏像の知識早わかり　第9章 葬儀の基礎知識　第10章 法事の基礎知識　第11章 仏教行事の基礎知識　第12章 お墓の基礎知識

◇日本仏教の研究法―歴史と展望　京都　法蔵館　2000.11　312p　22cm　(日本の仏教 第2期 第2巻)　3200円　①4-8318-0288-3
　　内容 1 仏教史学の歴史と方法(古代　中世　近世　近現代)　2 仏教諸潮流の研究史と方法(南都　天台　真言　禅 ほか)　3 関連諸学の研究史と方法(仏教民俗学　仏教文学

仏教の研究書・辞典・事典

◇三論教学と仏教諸思想―平井俊榮博士古稀記念論集　平井俊榮博士古稀記念論文集刊行会編　春秋社　2000.10　11, 705p　23cm　28000円　①4-393-11203-2
[内容]鳩摩羅什の中観思想―『青目釈中論』を中心に　鳩摩羅什訳『中論』「観法品第十八」覚え書き　吉蔵の毘曇批判―『三論玄義』を中心として　三論宗と『成実論』に関する一考察　吉蔵の成実批判―その思想的な意味　吉蔵の二河義　吉蔵における「有所得」と「無所得」―有所得は無所得の初門　吉蔵の法華経観　吉蔵『観無量寿経疏』と浄土思想〔ほか〕

◇古代仏教界と王朝社会　曾根正人著　吉川弘文館　2000.9　284, 12p　22cm　6800円　①4-642-02351-8
[内容]国史学における仏教研究の動向と課題　第1部 日本仏教の経典受容(「法華滅罪之寺」と提婆品信仰　中国日本仏教界の偽経受容―『像法決疑経』解釈の形成とその継受 ほか)　第2部 南都仏教界と国家仏教(平安初期南都仏教と護国体制　中世初期戒律復興運動の戒律観とその背景)　第3部 平安新仏教と国家仏教(平安京の仏教　最澄と国家仏教―『請入唐請益表』について)　第4部 王朝社会と仏教(『栄花物語』の定子記述と後宮　藤原道長の下品下生往生―『栄花物語』における二つの浄土信仰 ほか)

◇対注註維摩詰経　大正大学綜合佛教研究所注維摩詰経研究会編著　山喜房佛書林　2000.7　799, 12p　27cm　（大正大学綜合佛教研究所叢書 第5巻）　13000円　①4-7963-0096-1

◇仏教用語の基礎知識　山折哲雄編著　角川書店　2000.6　317p　19cm　（角川選書 317）　1400円　①4-04-703317-0
[内容]1 仏教とは何か　2 仏教の歴史と人物　3 諸仏・諸尊　4 霊地・霊場　5 葬儀・法会　6 経典　7 仏教芸能と文芸　8 お寺の知識　9 祖先とホトケ

◇仏教の思想と現代　伊藤瑞叡著　改訂増補　隆文館　2000.4　406p　19cm　2500円　①4-89747-310-1

◇〈マンガ〉仏陀入門―仏教の開祖・釈尊の生涯　松原泰道監修, 白取春彦原作, 笹沼たかし画　サンマーク出版　2000.4　251p　15cm　（サンマーク文庫）　505円　①4-7631-8094-0
[内容]第1章 仏陀以前の宗教環境　第2章 仏陀の出家と修行　第3章 樹下のさとりと伝道　第4章 四諦と縁起の法

◇現代の課題に応える仏教講義　ひろさちや著　京都　法藏館　2000.3　224p　20cm　1800円　①4-8318-7256-3
[内容]何のために仏教を学ぶのか―世間とは違う価値観　ほとけの物差しを身につける―その実践方法　自由に生きて幸福になる―「わたし主義」のすすめ　仏教の本当の教えとは―どの仏教解釈が正しいか　釈迦は人間ではない―宇宙仏と分身仏　宗教の恐ろしさ―仏教原理主義のすすめ　いのちはなぜ尊いか―仏教の人間観・生命観　いのちは誰のものか―現代医学の誤りについて　死をどう考えるか―いのちの布施　浄土とは何か―仏教の死後の世界観　業とは何か―共業と不共業　仏教の見方革命―大乗仏教の根本

◇仏教入門―釈尊と法然上人の教え　佛教大学仏教学科編　学術図書出版社　2000.3　274p　21cm　1700円　①4-87361-496-1

◇仏陀のいいたかったこと　田上太秀著　講談社　2000.3　250p　15cm　（講談社学術文庫）　800円　①4-06-159422-2
[内容]1 インドにも「諸子百家」がいた　2 釈尊の立場と伝道　3 過去の因習を超える　4 日常生活に根ざした教え　5 男女平等を説く　6 国家・国王との関係　7 俗世と出家　8 霊魂を否定し, 無我を唱える　9 ブッダになることを教える　10 出家者の正しい生活態度　11 釈尊後の仏教　12 大乗仏教の誕生　13 意識下の世界を見る　14 ブッダになるために

◇仏教がわかる。　朝日新聞社　2000.2　176p　26cm　（アエラムック no.56）　1200円　①4-02-274106-6

◇原点への回帰―仏教探求の旅　平岡徳三著　〔三重町(大分県)〕　読書と創作を楽しむ会　2000.1　283p　21cm　1500円

◇仏教早わかり百科―完全図解　ひろさちや監修　主婦と生活社　1999.12　399p　23cm　1900円　①4-391-12395-9
[内容]お釈迦さまはどんな人だったか？　これが仏教の根本思想　仏教の死後の世界はどんなところ？　仏教宗派のいろいろ　お経とは何か？　名僧のプロフィール37　禅をやさしく知る　仏像の種類と見分け方　寺院・仏塔の基礎知識　早わかり仏教ことわざと仏教語　お葬式と法要の進め方　仏教

383

仏教の研究書・辞典・事典

◇武内義範著作集　武内義範著, 長谷正当, 石田慶和, 気多雅子, 薗田坦, 藤田正勝編　京都　法藏館　1999.11　5冊セット　21cm　59000円　①4-8318-3581-1
　内容 教行信証の哲学　親鸞の思想と歴史　原始仏教研究　宗教哲学・宗教現象学　日本の哲学と仏教・随想

◇寺族の風景―知っておきたいお寺の裏側と本当の仏教　秋月佳光著　鳥影社　1999.10　201p　20cm　1400円　①4-88629-434-0
　内容 1 寺族の風景（万作和尚と稲子　東堂和尚とその子供たち　豊年寺の娘　ある尼僧の暮らし　本音と建て前 ほか）　2 本当の仏教（檀家制度について　生前に戒名をつけよう　本当の仏教ってなんだろう　お経について　霊魂と仏教の関係 ほか）

◇ひろさちやの最新仏教なるほど百科　ひろさちや監修　世界文化社　1999.10　351p　21cm　（別冊家庭画報）　1200円　①4-418-99142-5

◇仏教の世界　田上太秀著　三修社　1999.8　220p　21cm　2800円　①4-384-01124-5
　内容 第1章 仏教の起り　第2章 釈尊は人間か　第3章 ブッダについて　第4章 何が人間の迷いの原因か　第5章 仏教の修行について　第6章 禅とヨーガ　第7章 念仏と坐禅　第8章 仏教の世界観いろいろ　第9章 般若心経を読む

◇宮本正尊博士の世界―人と思想　宮本正尊著, 宮本正尊先生を偲ぶ会編　宮本正尊先生を偲ぶ会　1999.6　924p　22cm　25000円

◇仏教思想へのいざない　芹川博通ほか著　北樹出版　1999.4　190p　20cm　2200円　①4-89384-716-3
　内容 1 ブッダの生涯―人と思想　2 初期仏教　3 大乗仏教　4 中国仏教　5 日本仏教　6 仏教思想と現代

◇瑜伽論声聞地―サンスクリット語テキストと和訳　第1瑜伽処　大正大学綜合佛教研究所声聞地研究会編　山喜房佛書林　1998.11　35, 304p　26cm　（大正大学綜合佛教研究所研究叢書 第4巻）　8500円　①4-7963-0999-3

◇知られざる仏教　菊村紀彦著　愁飛社　1998.10　255p　20cm　2000円　①4-946448-53-5
　内容 序章 異国の青年の疑問　第1章 信者密殺の「蓮華往生」　第2章 男女嬉合が解脱と説く「理趣経」　第3章 「源氏物語」作者の謎　第4章 犯罪を抑止する地獄の発想　第5章 「般若心経」を読む　第6章 柔軟の人生哲学とは　第7章 「仏」とは何か　第8章 「無常観」こそ仏教の真髄　第9章 「香光」の秘密

◇仏教と出会った日本　京都　法藏館　1998.8　268p　22cm　（日本の仏教 第2期 第1巻）　3000円　①4-8318-0287-5
　内容 「日本の思想」の開花―近世の展開（キリシタンと仏教　近世儒教と仏教―闇斎学派を中心に　国学の展開と仏教 ほか）　「日本の思想」のゆくえ（仏教論争史―仏教の再生のために　日本の仏教と科学）　総論（『仏教と出会った日本』と出会った私）

◇仏典のことば―現代に呼びかける知慧　中村元著　岩波書店　1998.6　272p　16cm　（同時代ライブラリー）　1200円　①4-00-260345-8
　内容 仏法と人間―プロローグ（無常変遷のうちに道理を見る　道理を見るとは自己を実現すること）　1 経済的行為の意義―仏教と経済倫理（禁欲的精励の精神　施与の道徳 ほか）　2 政治に対する批判―仏教と政治倫理（現代の荒廃を予言する　「サンガ」の建設と理想的国家 ほか）　3 理想社会をめざして―人生の指針（慈悲と奉仕のこころ　万人の友となる ほか）

◇〈マンガ〉仏教入門―仏教2500年の流れ　紀野一義監修, 白取春彦原作, 篠崎佳久子画　サンマーク出版　1998.5　253p　15cm　（サンマーク文庫）　500円　①4-7631-8045-2

◇成田参詣記―現代語訳　中路定俊, 中路定得著, 太田次男監修, 若杉哲男, 湯浅吉美編　成田　大本山成田山新勝寺成田山仏教研究所　1998.4　630p　22cm

◇大乗仏教入門　平川彰著　第三文明社　1998.2　282p　18cm　（レグルス文庫）　900円　①4-476-01226-4
　内容 1 大乗仏教のこころ（大乗仏教　大乗の仏陀　大乗の教団　般若の智慧　大乗の縁起 ほか）　2 仏教随想（中道を歩む　智慧の完成　仏教の人間観　縁によって起こる平安の世界 ほか）

◇ブッダの夢―河合隼雄と中沢新一の対話　河合隼雄, 中沢新一著　朝日新聞社　1998.2　237p　19cm　1300円

仏教の研究書・辞典・事典

①4-02-257240-X
内容 仏教と癒し 宗教と科学は対立しない 箱庭療法の宗教性 アメリカ・インディアン神話の潜在力 善悪をこえる倫理 汎神論風夢理論のこね方

◇マザー・テレサと菩薩の精神—仏教の倫理観を求めて 植木雅俊著 京都 中外日報社 1997.12 308p 19cm 1500円 ①4-7952-8944-1
内容 第1章 マザー・テレサと菩薩の振舞 第2章 中村元博士と足利学校 第3章 東方研究会創設30年を祝う 第4章 今こそ『日本人の思惟方法』を読み直そう 第5章 鑑真和上とコスモポリタニズム 第6章 六百年ぶりに再開される敦煌芸術の創作 第7章 インターネット社会と仏教研究の在り方 第8章 人の名誉と人権の価値 第9章 死刑廃止を考える 第10章 忘れまじ八月六日！ 第11章「沖縄の心」と「靖国」 第12章 日蓮の供養観 第13章 日蓮の謗法観

◇まんが仏教語辞典 ひろさちや原作, 阿部高明ほか漫画 鈴木出版 1997.12 153p 22cm （仏教コミックス 別巻） 1165円 ①4-7902-1891-0
内容 1 仏教を知るための基本仏教語（愛 安心 因果 ほか） 2 仏教に由来することわざ（会うは別れの始め 朝題目に夕念仏 嘘も方便 ほか）

◇高麗寺院史料集成 斎藤忠編著 大正大学綜合仏教研究所 1997.10 783, 16p 23cm 16500円 ①4-8042-0134-3

◇チベット仏教弘通のすがた 成田 成田山新勝寺成田山仏教研究所 1997.10 160p 26cm

◇仏教の道を語る—対談 中村元, 奈良康明著 東京書籍 1997.5 294p 20cm 1600円 ①4-487-75459-3
内容 第1章 道を歩む 第2章 道を忘れず 第3章 自己を求める 第4章 自己を省みる 第5章 天地に生気あり 第6章 我いまだ生を知らず 第7章 至要の道 第8章 向上の一路 第9章 慈しみの海 第10章 彼岸に到る

◇仏教は, 心の革命—いま, なぜ仏教的生き方が求められているのか 東京国際仏教塾著 ごま書房 1997.5 233p 20cm 1300円 ①4-341-17130-5
内容 第1章 仏教は, 心の革命 第2章 心の心棒を持つ 第3章 行なうことに意味がある 第4章 今日をどう生きるか 第5章 仏教にふれる

◇宇宙のダルマ ダライ・ラマ十四世著, 永沢哲訳 角川書店 1996.11 230p 20cm 1400円 ①4-04-791255-7
内容 1 顕教のおしえ（乗物の分類 初転法輪 第二転法輪：空の教え ほか） 2 利他的なものの見方と生き方（利他主義の利益 内なる敵を知る 怒りと憎しみの克服 ほか） 3 密教のおしえ（密教の特徴 タントラの分類 灌頂：力の伝達 ほか）

◇仏教—いま, 語りかけるもの 石上善応編 大正大学出版部 1996.9 244p 20cm （大正大学選書 15） 2060円 ①4-8042-0108-4
内容 1 仏教のあゆみ（インド 中国 日本） 2 仏教の思想・信仰・生活—生きている仏教語の表層と基層（仏教の考えと実践 宇宙観と神々 日常生活 仏教のあらわれ） 3 仏教名句集—真理のはなびら

◇仏教の教えがよくわかる本 藤原東演著 PHP研究所 1996.9 175p 19cm 1250円 ①4-569-55213-7
内容 第1章 よく生きるとはどうすることか 第2章 宗教の「教え」とは何か 第3章 宗教は「願い」をかなえてくれるか 第4章 人は死んだらどうなるか 第5章 仏教における修行と戒律

◇仏教のしおり 小川吉男著 近代文芸社 1996.9 351p 20cm 2000円 ①4-7733-5022-9
内容 釈尊 経典の成立 原始仏教と原始経典 大乗仏教と小乗仏教 大乗経典 補遺—十二縁起・法・無我・空 等 密教と密教経典 仏像 等 後期密教 仏教の世界観—輪廻転生 インド仏教の消滅とヒンズー教 中国とチベットの仏教 日本の仏教 日本仏教の宗派 大乗仏教の消長 補遺—寺院・本尊・仏像彫刻 等 日本の文化・芸能への影響 科学の進歩と仏教

◇仏教の知識百科—よくわかる 主婦と生活社 1996.9 243p 23cm 1300円 ①4-391-11922-6
内容 釈迦とは, どういう人だったのか 仏教の説く世界観・宇宙観 "日本式仏教"の特徴 あなたの家は何宗ですか？ 各宗派の教え 名僧・高僧—プロフィールとその思想 霊と"死後の世界" 密教と"超能力"の謎にせまる 禅の意味するものとは？ 仏像の知識—早わかりガイド こんなとき, どうしたらよいか お葬式—遺族・世話役・弔問客, それぞれの対応法

◇日本の仏教 第6号 論点・日本仏教 日本仏教研究会編 京都 法蔵館 1996.8 235p 21cm 2800円 ①4-8318-0286-7

仏教の研究書・辞典・事典

[内容] 1「討論」日本仏教とアニミズム 2「討論」日本における密教の役割—思想と実践の受容と展開 3「討論」通世と遊行—中世の魅力 4「討論」異端の系譜—隠者・女人・神祇 5「討論」仏教と葬式との関わりを見直す—「葬式仏教」の歴史的・民俗的再考

◇仏教聖典を語る—光をたずねて 仏教名著選 岡本かの子著 潮文社 1996.8 211p 20cm 1751円 ④4-8063-1040-9
[内容] 仏教の新研究 仏教聖典を語る(般若心経より 修義集より 碧巌集より 法華経方便品より 涅槃経より 歎異鈔よりほか) 仏教研究に進む人の為に 上人覚者の詩歌

◇講座・大乗仏教 第10巻 大乗仏教とその周辺 平川彰ほか編 春秋社 1996.4 291p 22cm 3296円 ④4-393-10150-2
[内容] 1 総説 大乗仏教の「周辺」 2 インド社会と大乗仏教 3 インド思想と大乗仏教 4 チベットと大乗仏教 5 東南アジアと大乗仏教 6 中国社会と大乗仏教 7 中国思想と大乗仏教 8 西洋思想と大乗仏教 9 西洋人の大乗仏教研究史 10 大乗仏教の美術

◇日本の仏教 第5号 ハンドブック日本仏教研究 日本仏教研究会編 京都 法蔵館 1996.4 227p 21cm 2800円 ④4-8318-0285-9
[内容] 1 資料・史料をどう扱うか 2 仏教文化の研究法 3 考古遺物の見方 4 コンピュータを駆使する 5 経典の読み方 6 文庫めぐり・史料めぐり

◇仏教を知る辞典 菊村紀彦著 東京堂出版 1996.4 279,23p 19cm 2266円 ④4-490-10422-7
[内容] 第1章 現代に生きる仏教語 第2章 真理としての仏教語 第3章 寺ことば集 第4章 仏教行事集 第5章 逆転した仏教語 第6章 地獄 第7章 極楽 第8章 数字としての仏教思想 第9章 仏教の歩み—瞑想と安らぎ 第10章 随感後記—いま安らぎを

◇基礎教育仏教 久下陛著 京都 仏教大学通信教育部 1996.3 222p 21cm 非売品

◇気の伝統—調息法を中心として 鎌田茂雄著 京都 人文書院 1996.2 211p 20cm 2060円 ④4-409-41062-8

◇大乗の至極浄土真宗—国際真宗学会第6回大会報告 大谷大学真宗総合研究所国際仏教研究班編 京都 大谷大学真宗総合研究所 1995.12 303p 26cm ④4-900707-02-3

◇日本の仏教 第4号 近世・近代と仏教 日本仏教研究会編 京都 法蔵館 1995.12 283p 21cm 3000円 ④4-8318-0284-0

◇仏教入門 1 小乗仏教の思想 小松賢寿著 本の友社 1995.12 125p 21cm 2000円 ④4-89439-017-5
[内容] 第1章 仏教の歴史(原始教団の歴史 部派教団の歴史 大乗仏教の発生) 第2章 小乗仏教(四諦の真理 十二因縁) 第3章 大乗仏教(小乗仏教の菩薩 大乗仏教の発生)

◇梵語仏教文献の研究 大正大学総合仏教研究所声聞地研究会・密教聖典研究会編 山喜房仏書林 1995.11 349p 27cm 15450円 ④4-7963-0057-0

◇たんシロップ—単舎利別 稲川路子著〔稲川路子〕 1995.10 414p 21cm 1800円 ④4-89514-111-X

◇和文仏教聖典 仏教伝道協会 1995.9 309p 19cm 1000円

◇日本の仏教 第3号 神と仏のコスモロジー 日本仏教研究会編 京都 法蔵館 1995.7 253p 21cm 2800円 ④4-8318-0283-2

◇大乗と小乗の世界—ブッダの最初の垂訓・四つの真理と八正道 那智たかし著 大阪 MBC21大阪南支局・ゆめいろ出版 1995.3 239p 20cm 1600円 ④4-8064-0455-1
[内容] 第1部 仏教の成立とブッダの歩み 第2部 大乗 第3部 悟り 第4部 ブッダの心 第5部 名僧にきく

◇日本の仏教 第2号 アジアの中の日本仏教 日本仏教研究会編 京都 法蔵館 1995.3 254p 21cm 2400円 ④4-8318-0282-4
[内容] アジアの中の日本仏教 日本仏教の位置—比較宗教史の構想 海を渡った『法華経』—入唐(隋)求法の幻想 特別討論 アジアから仏教を問う 仏教東漸史観の再検討—渡来人とその系統の人々のアイデンティティー 戒律論 浄土教思想の展開 『法華経』の中心思想と中国・日本における思想的展開 日本禅宗の成立について 日朝文化交流と五山禅林—詩禅軸を中心に〔ほか〕

◇ブッダの生涯 ジャン・ボワスリエ著, 富樫瓔子訳 大阪 創元社 1995.2

◇210p 18cm （「知の再発見」双書 45）
1400円 ⓣ4-422-21095-5
[内容]第1章 ブッダの時代 第2章 菩薩―ブッダの前身 第3章 悟りとはじめての説法 第4章 布教と遍歴 第5章 入滅 第6章 ブッダ入滅後の布教

◇仏教青年読本―研修テキスト版 川瀬清著 改訂版 中主町(滋賀県) 錦織寺教学伝導部 1994.11 98p 19cm 非売品

◇仏教入門―インドから日本まで 瓜生中著 創元社 1994.11 281p 19cm 1600円 ⓣ4-422-14020-5
[内容]1 釈迦 2 大乗仏教 3 日本仏教 4 仏教と習俗

◇日本の仏教 第1号 仏教史を見なおす 日本仏教研究会編 京都 法蔵館 1994.10 236p 21cm 2400円 ⓣ4-8318-0281-6
[内容]特別討論(鎌倉仏教の再検討) 論文(官僧・遁世僧体制モデル 中世王権と仏教 現実肯定思想―本覚思想と台密教学 批判仏教と本覚思想 律令仏教論批判〔ほか〕) 研究の歩み・学問の道(わが仏教研究の道 日本仏教史研究の道)

◇仏教を知る―21世紀を生きる人たちのために 水谷幸正著, 浄土宗出版編 京都 浄土宗 1994.10 201p 18cm （浄土選書 22） ⓣ4-88363-722-0

◇論集奈良仏教 第1巻 奈良仏教の展開 速水侑編 雄山閣出版 1994.10 300p 22cm 4800円 ⓣ4-639-01241-1
[内容]1 奈良仏教学の基本的性格 2 法相と三論 3 華厳、その他の学団

◇新仏教読本 阿達永堂著 日本図書刊行会 1994.7 191p 20cm 1500円 ⓣ4-7733-3155-0
[内容]神と仏 科学と宗教 神社の祭神 仏法 仏法 大乗 仏典 戒律 ヨーガ 密教 禅 三昧 坐禅 輪廻 彼岸 正・像・末〔ほか〕

◇律宗綱要―現代語訳 凝然大徳原著, 佐藤達玄著 大蔵出版 1994.7 374p 22cm 8500円 ⓣ4-8043-1023-1
[内容]第1部 教理篇（戒律の意義 三聚浄戒と三学 受戒の二相 三聚浄戒の典拠 三聚浄戒の異説 律宗の教相判釈 律宗所依の経論と宗の分斉 通別二受の教起 道宣の三観教 三聚浄戒―戒法・戒体 四分律蔵の所説 律宗の修行楷梯） 第2部 歴史篇（インド 中国 日本） 解説(凝然大徳の仏教研究の歩み 『律宗綱要』解題)

◇仏教 マドゥ・バザーズ・ワング著, 宮島磨訳 青土社 1994.5 183, 10p 20cm （シリーズ世界の宗教） 2200円 ⓣ4-7917-5302-X
[内容]1 現代の仏教世界 2 ブッダの生涯 3 仏教の伝播 4 仏教の諸派 5 仏教の文献 6 美術と仏教 7 仏教の暦年 8 現代の仏教

◇仏教 上 仏陀 ベック著, 渡辺照宏訳 岩波書店 1994.4 177, 6p 19cm （ワイド版岩波文庫） 800円
ⓣ4-00-007133-5

◇仏教 下 教理 ベック著, 渡辺照宏, 渡辺重朗訳 岩波書店 1994.4 168, 10p 19cm （ワイド版岩波文庫） 800円
ⓣ4-00-007134-3

◇和文仏教聖典 仏教伝道協会 1994.3 332p 15cm 480円 ⓣ4-89237-005-3

◇仏教と人間―主体的アプローチ 奈良康明著 東京書籍 1993.10 281p 19cm （東書選書 136） 1400円
ⓣ4-487-72236-5
[内容]第1章 仏教とは何か 第2章 自己を見つめる―欲望 第3章 かかわりのなかの存在―縁起 第4章 知ることと観ること―無常 第5章 オレをたてない世界からオレのたたない世界へ―無我 第6章 存在の「いのち」―空 第7章 善悪の問題―中道 第8章 信の構造―帰依 第9章 自・他の関係―慈悲 第10章 生活のなかの悟り―智慧

◇仏教語源散策辞典 藤井宗哲著 創拓社 1993.9 392, 9p 18cm 2200円
ⓣ4-87138-157-9

◇仏教への道 松本史朗著 東京書籍 1993.6 266p 19cm （東書選書 134） 1400円 ⓣ4-487-72234-9
[内容]1 仏になる教え 2 中道―釈尊の歩んだ道 3 八正道―釈尊の説いた道 4 菩薩の道―おおいなる乗りもの 5 成仏への道―仏の乗りもの 6 念仏―信仰とことば 7 唱題―法華経のいのち 8 禅―仏性の教え 9 信仰と社会―方便を究竟となす

◇「仏教の常識」がよくわかる本―大きく考えて、のびやかに生きる知恵 ひろさちや著 大和出版 1993.6 222p 19cm 1350円 ⓣ4-8047-5543-8
[内容]序章 朝、目覚めるごとに "新しき人" であれ 第1章 「先入観を打ち破る」ための仏教の常識・12 第2章 「柔軟に生きる」

◇ためa仏教の非常識・10 第3章 「核心で考える」ための仏教の論理・9 第4章 「自分を深く知る」ための仏教の奥義・7 終章 解決がつかないから"仏教的"に生きねばならない

◇仏教とは何か—ブッダ誕生から現代宗教まで 山折哲雄著 中央公論社 1993.5 212p 18cm （中公新書） 680円 ①4-12-101130-9
　[内容] 1章 ブッダの人生 2章 ブッダと現代 3章 仏教思想のキーワード 4章 日本仏教の個性 5章 民俗仏教の背景 6章 現代との接点

◇日本仏教思想史論考 末木文美士著 大蔵出版 1993.4 485p 22cm 6800円 ①4-8043-0525-4
　[内容] 1 方法と視座 2 日本仏教の形成 3 日本仏教の展開

◇ひろさちやの日本仏教を読む—ビジネスマンのための生き方入門 ひろさちや著 主婦の友社 1993.4 222p 20cm 1500円 ①4-07-939556-6
　[内容] 第1部 とらわれない生き方（大乗仏教の意味 高度経済成長がもたらした結果主義 少欲知足のこころ 『般若心経』の教え—「空」とは何か 自業自得の世界 「精進」「禅定」とはほか 第2部 この世をどう生きる（聖徳太子の仏教観 『法華経』の教え 仏をまねて生きるのが密教 宗教のパラドックス 戒名の本来の意味は？ 仏だから、修行ができる ほか）

◇海外における仏教研究の方法と課題 海外仏教研究班編 京都 大谷大学真宗総合研究所 1993.3 337p 21cm ①4-900707-01-5

◇釈摩訶衍論 那須政隆編, 福田亮成補訂 成田 大本山成田山新勝寺 1992.12 536p 23cm

◇釈摩訶衍論講義 那須政隆著, 福田亮成編集補注 成田 大本山成田山新勝寺 1992.12 853p 23cm

◇仏教入門 平川彰著 春秋社 1992.11 250p 20cm （仏教・入門シリーズ） 1900円 ①4-393-13256-4
　[内容] 第1章 仏教の基本的立場とは（般若の教説 般若の意味） 第2章 釈尊と仏陀（三宝の成立 三帰依の種類 釈尊と仏陀 仏陀観の発達 浄土） 第3章 釈尊の悟った法（帰依法の法 『初転法輪経』の説くこと 苦楽中道説 四諦三転十二行法輪 五蘊無我説） 第4章 僧伽—教えを継ぐ人々（僧伽と四衆 原始仏教時代の教団 大乗仏教の教団）

◇仏教入門—人間学としての宗教 藤井正治著 潮文社 1992.11 334p 19cm 1500円 ①4-8063-1243-6
　[内容] 第1章 仏教とはどんな宗教か 第2章 釈尊の背景とその生涯 第3章 釈尊の教え 第4章 経典について 第5章 釈尊入滅後の展開 第6章 中国の仏教 第7章 日本の仏教 第8章 仏像について

◇仏教がわかる本 相馬一意著 教育新潮社 1992.9 230p 19cm （伝道新書 13） 2000円

◇仏教入門 趙樸初著, 円輝訳 京都 法藏館 1992.9 226p 20cm 1600円 ①4-8318-8059-0
　[内容] 第1章 仏陀と仏教の成立 第2章 仏教の基本的内容と仏教経典 第3章 僧伽と仏弟子たち 第4章 インドにおける仏教の発展・衰滅・復興 第5章 中国における仏教の伝播・発展・変遷

◇マックス・ヴェーバーとインド—甦るクシャトリヤ 前川輝光著 未来社 1992.9 349, 7p 20cm 3914円 ①4-624-01112-0
　[内容] 第1章 ヴェーバー・ルネサンス 第2章 『バガヴァッド・ギーター』論 第3章 原始仏教論 第4章 「ヒンドゥー教と仏教」研究の現状—ヴォルフガンク・シュルフター編『マックス・ヴェーバーのヒンドゥー教と仏教研究—解釈と批判』を中心に

◇ブッダから道元へ—仏教討論集 東京書籍 1992.5 426p 22cm 3200円 ①4-487-75307-4
　[内容] 1 文献と解釈—無明とはなにか 2 宗教体験と言葉—悟りとはなにか 3 釈尊と真理—法が先か仏が先か 4 禅と仏教—中国禅とはなにか 5 道元と本覚思想—仏性とはなにか 6 修行と悟り—身心脱落とはなにか 7 道元と『正法眼蔵』—12巻本とはなにか 8 宗義と葬送儀礼—在家宗学は成立するか 9 宗学と教化—教化学は成立するか 10 曹洞宗と『修証義』—宗門の安心とはなにか 11 業と差別—仏教はなにをなしたか 12 仏教人類学の提唱—教義と儀礼は矛盾しないか

◇ひろさちやの仏教なるほど百科 世界文化社 1992.4 287p 25cm （別冊家庭画報） 2000円

◇欧文雑誌目録, 1992年2月現在. 京都 大谷大学真宗総合研究所 1992. 7 p. 26 cm.

◇仏教の基礎入門　北畠典生著　京都　永田文昌堂　1991.12　189p　20cm　1700円

◇寂聴の仏教入門　瀬戸内寂聴、久保田展弘著　講談社　1991.10　256p　15cm（講談社文庫）　420円　①4-06-185001-6
　内容　1 身近な仏教について知りたいこと（いま、仏教ブーム？　仏壇・戒名について　先祖供養と神さま仏さま　いろいろある仏教宗派とお経　お寺の発生と僧服の色　死者のゆくえ　巡礼ブームとそのいわれ　ご真言の意味、坐禅の意味　ほか）　2 お釈迦さまの仏教から日本仏教へ（もっと仏教を易しく　霊の祟りと仏教　お釈迦さまが気付いたこと、説いたこと　お釈迦さまの出家と女性観　苦行から得た平等の思想　生命の肯定とご真言　生命エネルギーを貰う　千日回峰行者のお加持　ほか）

◇仏教聖典——和英対照　第702版　仏教伝道協会　1991.10　609p　19cm

◇仏教を学ぶために　筑紫女学園大学・短期大学宗教教育部編　学術図書出版社　1991.9　162p　21cm　1700円

◇釈迦回帰の仏教物語——やさしい仏教小事典　原田三夫著　東明社　1991.8　298p　19cm　1500円　①4-8095-0045-4
　内容　釈迦の正伝　釈迦の虚伝　経典と宗派　仏教論（仏教とは　誤られた仏教）　日本仏教史　新興宗教

◇日本宗教の現世利益　日本仏教研究会編著　新装版　大蔵出版　1991.7　480p　20cm　①4-8043-2508-5
　内容　1 古代（古代民衆の現世利益観　古代民衆仏教の現世利益　平安仏教と現世利益　ほか）　2 中世（法然と現世利益　禅宗系と現世利益　日蓮の現世利益　中世知識人の信仰観　ほか）　3 近世（祈禱寺院の性格　神社と現世利益　修験道と現世利益　民間信仰と現世利益　ほか）　4 近・現代（廃仏毀釈と国益活動　国家神道と現世利益　キリスト教と現世利益　信仰治療の意味　ほか）

◇真仏教入門　藤井妙法著　大阪　東方出版　1991.4　263p　20cm　1500円　①4-88591-263-6
　内容　仏教歴史編（インド仏教　中国仏教　日本仏教）　仏教思想編（仏　白法　法号　成仏　輪廻転生　宿命転換　総合仏教としての真仏教）　付記　真仏教5つのQアンドA（真仏教と医療　真仏橋と他宗　真仏教と慣習　真仏教と奇跡　真仏教と宗旨）

◇仏教に道を求めて　長田孝著　小田原　長田マサ子　1990.10　460p　20cm

◇あなたを活かす仏の教え　森田邦三著　エム・ビー・シー21　1990.9　365p　20cm　1800円

◇遊行・在京日鑑　第2巻　高野修編　府中（東京都）　仏教研究所　1990.9　484p　22cm

◇仏教質問箱——いざというとき役に立つ　市川智康著　水書坊　1990.8　318p　19cm　1600円　①4-943843-57-3
　内容　通夜と葬儀に関すること　墓と仏壇あれこれ　法事とお経についての心得　先祖供養と仏教行事　寺と歴史と民間信仰

◇仏教の思想と現代　伊藤瑞叡著　隆文館　1990.8　328p　19cm　2300円　①4-89747-310-1
　内容　今の世界と宗教的精神　釈尊の生涯とその時代　仏陀釈尊の自覚内容と実践哲学　科学・哲学・宗教と仏教　哲学より見た仏教思想　仏教思想の根本原理——唯心ということ　日本文化としての仏教史の課題　日本仏教における法華経の受容と展開　本尊研究の現代的方法　曼荼羅本尊の哲学的意義　法華仏教での開眼供養の理念と論理

◇仏教　アンリ・アルヴォン著、渡辺照宏訳　白水社　1990.7　123,1p　18cm　（文庫クセジュ 707）　880円　①4-560-05707-9
　内容　第1章 仏教以前のインド（ヴェーダ教とバラモン教　宗教的基礎）　第2章 仏教（仏陀の生涯　仏陀の教理　教団）　第3章 仏教の歴史（三乗　インド仏教とその南アジアへの進展　チベットとモンゴルとの仏教　中国の仏教　日本の仏教　仏教と西洋）

◇パーリ文化学の世界——水野弘元博士米寿記念論集　水野弘元博士米寿記念会編　春秋社　1990.6　468p　23cm　14000円　①4-393-11172-9
　内容　言語・文献研究　パーリ語辞典の編纂　雲井昭善著．パーリ語文献の翻訳　上土善応著．新しいパーリ語文献の展望　橘堂正弘著．注釈文献の種類と資料的価値　森細道著．仏教文献学の方法試論　湯山明著．文化研究　パーリ文化圏の展望　前田恵学著．「出世間」と「世間」　奈良康明著．パーリ文化と美術　杉本卓洲著．最近における上座部仏教の社会科学的研究について　石井米雄著．仏教人類学　片山一良著．教理研究　研究の回顧　水野弘元著．パーリ・アビダルマ研究　桜部建著．パーリ仏教研究とジャイナ教研究　長崎法潤著．歴史研究　パーリ語文献による古代史研究　山崎元一著．〔ほか〕

仏教の研究書・辞典・事典

◇仏教の心を語る　中村元, 奈良康明対談　東京書籍　1990.6　318p　20cm　1600円　①4-487-75282-5
　[内容] 第1章 開かれた心　第2章 中道を歩む　第3章 汝自身を知れ　第4章 3つのおごり　第5章 毒矢のたとえ　第6章 飛ぶ鳥に迹なし　第7章 我深く汝等を敬う　第8章 今を生きる　第9章 苦を抜き楽を与える　第10章 山色清浄身　第11章 人間の願い

◇愛と非暴力—ダライ・ラマ仏教講演集　ダライ・ラマ十四世著, 三浦順子訳　春秋社　1990.4　318p　20cm　1800円　①4-393-13311-0
　[内容] 1 自由と平和のために　2 自己と他者を超えて　3 チベットの神々　4 仏教精神の源へ

◇仏教の教えなぜなぜ問答　大法輪閣編集部編　大法輪閣　1990.4　196p　19cm　（やさしい仏教）　1300円　①4-8046-8105-1
　[内容] なぜ世を苦と見るのですか　煩悩とは何ですか　愛はなぜ悪いのですか　縁起とは何ですか　なぜ自業自得というのですか　中道とは何ですか　なぜ出家するのですか　なぜ大乗仏教・小乗仏教というのですか　草木はなぜ成仏するというのですか　みんな仏の子というのはなぜですか　唯識とは何ですか　なぜ自分より先に他人を救うのですか　方便とは何ですか　回向とは何ですか　なぜ仏さまを拝むのですか　なぜ形あるものを空とか無というのですか　涅槃とは何ですか　浄土はどこにあるのですか　本願とは何ですか　なぜお経はたくさんあるのですか　なぜ宗派がたくさんあるのですか〔ほか〕

◇安慧護法 唯識三十頌釈論　宇井伯寿著　岩波書店　1990.3　364, 62p　21cm　（大乗仏教研究 5）　3800円　①4-00-008785-1
　[内容] 唯識三十頌安慧釈、護法釈　唯識三十頌安慧釈について　唯識三十頌の翻訳及び注記　重要術語の意味

◇四訳対照 唯識二十論研究　宇井伯寿著　岩波書店　1990.3　240, 21p　21cm　（大乗仏教研究 4）　2800円　①4-00-008784-3
　[内容] 第1 四訳対照唯識二十論　第2 唯識二十頌　第3 唯識論序　第4 唯識二十論註記　第5 本論に於ける唯識説

◇釈道安研究　宇井伯寿著　岩波書店　1990.3　214, 8p　21cm　（大乗仏教研究 8）　2400円　①4-00-008788-6
　[内容] 第1章 道安伝（出生と幼時　学業時代　仏図との関係　教化時代　襄陽に於ける道安　長安時代　道安の入寂　道安の弟子）　第2章 道安の著作（道地経序　陰持入経序　安般注序　人本欲生経序　了本生死経序　十二門経序　大十二門経序　十法句義経序　比丘大戒序　鼻奈耶序　道行経序　合放光光讃随略解序　摩訶鉢羅若波羅蜜経抄序　阿毘曇序　婆須蜜集経序　僧伽羅刹経序　増一阿含序　道安年譜）

◇陳那著作の研究　宇井伯寿著　岩波書店　1990.3　360, 14p　21cm　（大乗仏教研究 7）　3500円　①4-00-008787-8
　[内容] 第1 観所縁論　第2 解捲論　第3 取因仮設論　第4 仏母般若波羅密多円集要義論　第5 観総相論頌及び三分説

◇大乗荘厳経論研究　宇井伯寿著　岩波書店　1990.3　637, 166p　21cm　（大乗仏教研究 3）　6400円
　[内容] 序論（著者と訳者及び訳文　学説一斑）　大乗荘厳経論シナ択、和訳

◇大乗仏典の研究　宇井伯寿著　岩波書店　1990.3　927, 110p　21cm　（大乗仏教研究 1）　8000円　①4-00-008781-9
　[内容] 第1部 金剛般若経和訳（金剛経の梵本、漢訳、其の他　摧破具としての金剛経）　第2部 金剛般若経釈論研究（解題　金剛般若経釈論の合糅国訳　金剛般若波羅蜜経論の合糅国訳　金剛般若経頌　金剛般若波羅蜜経破取著不壊仮名論国訳）　第3部 雑録（弥勒菩薩と弥勒論師　荘厳経論並びに中辺論の著者問題　六門教授習定論　成唯識宝生論研究　菩薩、仏の音訳について　鳩摩羅什法師大義　仏国記に在する音訳語の字音）

◇批判仏教　袴谷憲昭著　大蔵出版　1990.3　382p　20cm　2884円　①4-8043-0519-X
　[内容] 批判仏教序説—「批判の哲学」対「場所の哲学」　第1部（京都学派批判　批判としての学問　小林秀雄「私の人生観」批判）　第2部（アメリカ仏教事情瞥見—アメリカのある若き仏教研究者の発表に向けて　真如・法界・法性　「和」の反仏教性と仏教の反戦性　偽仏教を排す　和辻博士における「法」と「空」理解の問題点）　付録（如実知見—『死にいたる病』を読みながら　唯識と無我—僕の只管打坐）

◇宝性論研究　宇井伯寿著　岩波書店　1990.3　665, 60p　21cm　（大乗仏教研究 6）　5800円　①4-00-008786-X

◇究竟一乗宝性論研究（本論の品目と本頌　本論の註釈的研究　本論引用の諸経論　他の経論との関係）　梵文邦訳　宝性分別大乗究竟要義論（三宝品　如来蔵品　菩提品　功徳品　仏業品）

◇瑜伽論研究　宇井伯寿著　岩波書店　1990.3　406, 19　21cm　（大乗仏教研究2）　3800円　①4-00-008782-7
　内容　訳出と梵本、チベット訳　瑜伽論の組織　瑜伽論研究の跡付け　瑜伽師地論の梵名　瑜伽論の傅来　菩薩地と大乗荘厳経論　菩薩地桂決択分と解深密経　三性三無性　声聞地　声聞地決択分と無種性　瑜伽論の立場　諸識論序　阿頼耶識の在する場所　阿頼耶識存在の論証　阿頼耶識の働き　末那識　16種の異論　惑業苦　五明処　小乗経資料の寛例　修慧　独覚　二涅槃　声聞と菩薩

◇仏教の基本を解く　大法輪編集部編　大法輪閣　1990.2　237p　19cm　（大法輪選書22）　1300円　①4-8046-5022-9
　内容　第1篇　仏教の基本的な考え方（仏陀とは　仏となることとは　如来と菩薩　仏たちの願い　お経とは　教えの基本　教えの展開　仏教の生き方　戒律とは　僧と俗）　第2篇　各宗派の教えの基本（天台宗　真言宗　浄土宗　浄土真宗　融通念仏宗　臨済宗　曹洞宗　日蓮宗　時宗　法相宗　華厳宗）

◇如来大悲門　巻8　経妙如是我聞講述、他　井上清純著述　新潟　井上清純遺著刊行会　1989.10　345p　21cm　非売品

◇如来大悲門　巻9　国史の回顧、他　井上清純著述　新潟　井上清純先生遺著刊行会　1989.10　315p　21cm　非売品

◇如来大悲門　巻10　日本文化と仏教、他短篇　井上清純著述　新潟　井上清純先生遺著刊行会　1989.10　365p　21cm　非売品

◇道教・仏教研究論集　吉岡義豊著　五月書房　1989.9　478, 14p　21cm　（吉岡義豊著作集　第2巻）　15450円　①4-7727-0085-4
　内容　道教と密教（三教指帰の成立について　三教指帰と五輪九字秘釈の道教思想　密教と道教　ほか）　道教と中国文学・思想（帰去来の辞について　遊山慕仙詩とその思想的背景　老子河上公本と道教　ほか）　道教と戒律（敦煌本十戒経について　仏教の影響による道教戒の形式　ほか）　道教と日本の庚申信仰（明応8年の庚申供養輪廻塔について　青面金剛と庚申信仰　ほか）　総論（道教教団の系譜　道教的思惟形態の特質）　資料紹介（近世日本に於ける道教思想の受容　韓国の道教資料）

◇仏典のことば—現代に呼びかける知慧　中村元著　サイマル出版会　1989.9　260p　19cm　（Ishizaka lectures 9）　1700円　①4-377-40822-4
　内容　仏法と人間—プロローグ（無常変遷のうちに道理を見る　道理を見るとは自己を実現すること）　1　経済的行為の意義—仏教と経済倫理（禁欲的精励の精神　施与の道徳　財の意義　生産の問題　ほか）　2　政治に対する批判—仏教と政治倫理（現代の荒廃を予言する　「サンガ」の建設と理想的国家　戦争と平和　日本の伝統的精神　ほか）　3　理想社会をめざして—人生の指針（慈悲と奉仕のこころ　万人の友となる　師弟の心がけ　家族の倫理　ほか）

◇縁起と空—如来蔵思想批判　松本史朗著　大蔵出版　1989.7　372p　22cm　5562円　①4-8043-0518-1
　内容　如来蔵思想は仏教にあらず　縁起について　仏教と神祇—反日本主義的考察　実在論批判—津田真一氏に答えて　『般若経』と如来蔵思想　『勝鬘経』の一乗思想について　空について

◇遊行・在京日鑑　第1巻　高野修編　府中(東京都)　仏教研究所　1989.4　422p　22cm

◇憶念の日々　榎村稔著, 榎村順雄編　府中(東京都)　榎村順雄　1989.2　462p　22cm

◇仏教なぜなぜ事典　大法輪閣編集部編　大法輪閣　1989.2　146p　19cm　（やさしい仏教）　980円　①4-8046-8103-5
　内容　仏像に関して（市川智康）　寺に関して（中根和浩）　僧に関して（松原哲明）　行に関して（内藤正敏）　仏具に関して（奈良弘元）　仏事に関して（由木義文）

◇おもしろ仏教ゼミナール—賢く率直に生きるための仏の"道理と教え"　今成元昭著　山海堂　1988.12　229p　19cm　（アポロ・シリーズ）　1200円　①4-381-07256-1
　内容　第1章　面白い人生を　第2章　お釈迦さまの出家と悟り　第3章　中道を悟った　第4章　仏教と輪廻の思想　第5章　因縁には秩序がある　第6章　人生苦の根源は無明にある　第7章　悟りへの道のり　第8章　人生を誤らせるもの　第9章　お釈迦さまの懐は深

◇寂聴の仏教入門　瀬戸内寂聴, 久保田展弘著　講談社　1988.12　242p　20cm　1000円　④4-06-204124-3
[内容]1 身近かな仏教について知りたいこと（いま、仏教ブーム？　仏壇・戒名について　先祖供養と神さま仏さま　いろいろある仏教宗派とお経　お寺の発生と僧服の色　死者のゆくえ ほか）　2 お釈迦さまの仏教から日本仏教へ（もっと仏教を易しく　霊の崇りと仏教　お釈迦さまが気付いたこと、説いたこと　お釈迦さまの出家と女性観　苦行から得た平等の思想　生命の肯定とご真言　千日回峰行者のお加持 ほか）

◇仏教早わかりエッセンス事典—いまだから求められる　現代仏教を考える会著　草輝出版　1988.11　334p　19cm　1500円　④4-88273-006-5
[内容]"日本式仏教"は独特である　すべては「釈迦」からはじまった　各「宗派」ごとに特色がある　仏教では"霊"は祟らない！　『般若心経』にこそ真髄がある　"密教"は壮大な宇宙観がある　「お葬式」オール・ガイド　「法事」についての全常識　「お墓」にも正しい建て方がある　まちがいだらけの「仏壇」「仏具」　御利益のあるほとけ様と民間信仰　キリスト教・神道とはこう違う　"坐禅"入門

◇仏教あれこれ　百瀬泰著　あずさ書店　1988.8　131p　19cm　700円
④4-900354-15-5

◇エーウソーホントー—仏教と稲荷信仰のあれこれ　大石一句著　高松　大石一句　1988.7　343p　21cm

◇中世国家の宗教構造—体制仏教と体制外仏教の相剋　佐々木馨著　吉川弘文館　1988.6　332, 8p　20cm　中世史研究選書　2800円　④4-642-02657-6
[内容]鎌倉仏教研究の歩みと本書の視角（鎌倉新仏教研究における3つのアプローチ　鎌倉仏教の総体的把握　いわゆる「顕密体制」論をめぐって　本書の視角）　鎌倉時代における3つの思想空間（古代における「体制仏教」と「超体制仏教」　鎌倉時代における「体制仏教」「反体制仏教」の誕生　「超体制仏教」の中世的転生　3つの思想空間の相剋）　南北朝期における思想空間の転換（「体制仏教」の展開　「反体制仏教」の価値観の転換　「超体制仏教」の消滅）　室町・戦国期における2つの思想空間の攻防（「公家的体制仏教」と「武家的体制仏教」の融合　「反体制仏教」の再生そして終焉）

◇如来大悲門　巻7　仏法の真実（根本）と方便（応用）、他　井上清純著述　新潟　井上清純遺著刊行会　1988.5　311p　21cm　非売品

◇智慧の眼　第十四世ダライ・ラマ著, 菅沼晃訳　けいせい出版　1988.4　324, 14p　20cm　2500円　④4-87444-366-4
[内容]知慧の眼を開く（法ダルマ　再生　二つの真理—真諦と俗諦　五つの聚り・十二の領域・十八の要素　ブッダのことばの三つの収集〔三蔵〕　三蔵の実践・三学〈1〉最高の徳行の実践　三蔵の実践〈2〉最高の禅定の実践　三種の実践〈3〉最高の知慧の実践　さとりへの道　ブッダの身体と徳性）空の哲学　チベット仏教の歴史

◇日本人の仏教　8　庶民と歩んだ僧たち　奈良康明編　中尾堯編著　東京書籍　1988.3　264p　20cm　1500円
④4-487-75168-3
[内容]1 庶民仏教の元祖（行基　役小角　空也　性空　教信）　2 もう一つの鎌倉仏教（重源　貞慶　叡尊　忍性　無住）　3 乱世に生きた僧（一休　蓮如　日親）　4 民間の聖者（日奥　公慶　良寛　木食僧）　5 僧尼の群像（尼僧　修験者　高野聖　乞食僧）

◇日本人の仏教　6　仏教の歩んだ道　2　奈良康明編　石上善応編著　東京書籍　1988.2　237p　20cm　1500円
④4-487-75166-7
[内容]1 文化の接触と受容—序にかえて　2 国を護る仏教　3 さとりから救いへ　4 救済から葬送へ　5 仏教統制　6 仏教の世俗化　7 近代における仏教　8 仏教と他宗教との対応　9 仏教と日本文化

◇日本人の仏教　5　仏教の歩んだ道　1　奈良康明編　岡部和雄著　東京書籍　1988.1　241p　20cm　1500円
④4-487-75165-9
[内容]1 仏教発展の構造・序にかえて　2 釈尊のさとりと教団の成立　3 インド社会における伝統的仏教　4 大乗仏教の成立と発展　5 海の道—スリランカから東南アジアへ　6 シルクロード—中央アジアから中国へ　7 仏教の中国化　8 中国社会における仏教　9 朝鮮仏教から日本仏教へ　10 現代世界における仏教

◇インド・東南アジア仏教研究　3　インド仏教　佐々木教悟著　京都　平楽寺書店　1987.12　309, 16p　22cm　8300円

◇日本人の仏教　9　寺院の歴史と伝統

仏教の研究書・辞典・事典

奈良康明編　中尾堯編著　東京書籍　1987.12　272p　20cm　1500円　①4-487-75169-1
[内容] 1 寺院—仏教世界の表象　2 インドと中国の寺々　3 日本の寺—多様な寺の姿　4 古寺への訪れ（青丹よし—都の官寺　山林修行—山岳寺院　現世の祈り—祈禱寺院　来世の祈り—菩提寺　一族の永遠—氏寺　庶民の生活と寺—町寺と村寺　聖者の足跡—霊跡寺院　観音巡礼—旅の寺々）

◇如来大悲門　巻4　立正大師の大恩、他　井上清純著述　新潟　井上清純先生遺著刊行会　1987.12　258p　21cm　非売品

◇如来大悲門　巻5　如来寿量品講讃、他　井上清純著述　新潟　井上清純遺著刊行会　1987.12　266p　21cm　非売品

◇如来大悲門　巻6　仏教と菩薩行、他　井上清純著述　新潟　井上清純遺著刊行会　1987.12　297p　21cm　非売品

◇日本人のための仏教ガイド　永田美穂著　増補　展転社　1987.11　272p　19cm　150円　①4-88656-036-9
[内容] 釈尊の伝記　仏教のおしえとその特徴　お経ものしり　十大弟子ものがたり　仏教伝来（インドから日本まで）　上陸した仏教（日本での流れ）　宗派はどうして生れたか　仏像の知識　お寺と仏教用具　仏教が生んだ文化　付　密教入門（教義・経典編　仏像・マンダラ編）

◇日本人の仏教　10　仏教の儀礼　奈良康明編　藤井正雄編著　東京書籍　1987.11　291p　20cm　1500円　①4-487-75170-5
[内容] 1 教義と儀礼—序にかえて　2 修行の儀礼　3 報恩の儀礼　4 葬送の儀礼　5 回向の儀礼　6 生活のなかの儀礼　7 祈願の儀礼　8 祈禱の儀礼

◇「仏教の常識」がよくわかる本—大きく考えて、のびやかに生きる知恵　ひろさちや著　大和出版　1987.11　222p　19cm　1000円　①4-8047-2059-6

◇鎌倉仏教への新しい視点—道元・親鸞・日蓮と現代　津田剛著　真世界社　1987.10　126p　21cm　1000円　①4-89302-122-2
[内容] 1 鎌倉仏教への新しい視点—その世界史的意味　2 鎌倉仏教の人間学—道元・親鸞・日蓮と現代　3 明治知識人の見た日蓮—内村鑑三と姉崎正治の場合　4 大正知識人と日蓮—宮沢賢治と石原莞爾の場合　5 日

蓮と近代日本を繋ぐもの—宗教改革者田中智学

◇日本人の仏教　4　仏と菩薩　奈良康明編　石上善応編著　東京書籍　1987.10　241p　20cm　1500円　①4-487-75164-0
[内容] 1 仏の世界と宇宙観　2 仏教パンテオン—仏・菩薩の世界（仏　阿弥陀仏　観世音菩薩　弥勒　帝釈天）　3 象徴と具象の輪—密教の世界（曼荼羅　華厳の世界・思想としての曼荼羅　『大日経』における密教的実践　『金剛頂経』の曼荼羅の構造とその意味　タントラ仏教の展開）　4 輪廻と救い—六道の世界（六道輪廻　阿修羅と畜生道　餓鬼の世界　地獄の世界　閻魔・十王・三途の川・賽の河原　地獄の存在）

◇仏教入門百科—実践早わかり　主婦と生活社　1987.10　319p　26cm　（主婦と生活生活シリーズ 87）　1980円

◇観音信仰入門—慈悲に生きる　前田孝道著　大阪　朱鷺書房　1987.9　221p　19cm　980円　①4-88602-100-X
[内容] 1 観音さまに祈る　2 観音さまと観音経　3 生き方としての菩薩道　4 合掌のこころ　5 信仰と生活　6 観音信仰入門Q&A

◇座右の仏教名言　由木義文著　講談社　1987.9　242p　20cm　1200円　①4-06-203316-X

◇スピティの秘仏　成田　新勝寺成田山仏教研究所　1987.9　122p　24cm　3000円

◇日本人の仏教　2　仏教の実践　奈良康明編　奈良康明編著　東京書籍　1987.9　281p　20cm　1500円　①4-487-75162-4
[内容] 1 仏になる教え　2 中道—釈尊の歩んだ道　3 八正道—釈尊の説いた道　4 菩薩の道—大いなる乗りもの　5 成仏への道—仏の乗りもの　6 念仏—信仰とことば　7 禅定—自我否定の二つの道　8 唱題—法華経のいのち　9 信仰と社会—方便を究意となす

◇比較思想から見た仏教—中村元英文論集　中村元著,春日屋伸昌編訳　大阪　東方出版　1987.9　222p　19cm　（翻訳シリーズ 1）　1800円

◇仏教の世界　田上太秀著　三修社　1987.9　220p　22cm　2600円　①4-384-00515-6
[内容] 第1章 仏教の起り　第2章 釈尊は人間か　第3章 ブッダについて　第4章 何が人間の迷いの原因か　第5章 仏教の修行について　第6章 禅とヨーガ　第7章 念仏と坐禅

仏教の研究書・辞典・事典

第8章 仏教の世界観いろいろ　第9章 般若心経を読む
◇仏教はこのままでよいか——現代人のための仏教入門　原田三夫著　知道出版　1987.9　237p　19cm　（宗教の見かた・考え方 2）　1300円
◇「梵文唯識三十頌」の解明　上田義文著　第三文明社　1987.9　160p　22cm　4200円　①4-476-09012-5
内容 第1部 梵文唯識三十頌の解明（梵文唯識三十頌の和訳　識転変の意味　唯識三十頌の構成　vijñaptiその他について——無着・世親の唯識説は観念論ではない）　第2部 仏教研究の方法論的反省
◇日本人の仏教　3　仏教の経典　奈良康明編　田上太秀編著　東京書籍　1987.8　273p　20cm　1500円　①4-487-75163-2
内容 1 お経とはなにか——序にかえて　2 阿含経——原始仏典について　3 般若心経——空の真理　4 浄土三部経——阿弥陀仏の世界　5 法華経——永遠のほとけ　6 華厳経——無尽荘厳としての世界　7 維摩経——菩薩道の実践　8 観音経——限りなき救済の教え　9 陀羅尼経典——仏教と呪術的心性　10 密教経典——加持の世界
◇日本人の仏教　7　日本仏教の宗派　奈良康明編　田村晃祐編著　東京書籍　1987.7　292p　20cm　1500円　①4-487-75167-5
内容 1 宗派のなりたち　2 奈良の仏教——仏教教学の受容　3 天台宗——すべての人の成仏　4 真言宗——心とことばと身体の秘密　5 浄土宗——開かれた念仏の教え　6 真宗——仏にまかせきった生活　7 臨済宗——闊達に生きる禅の系譜　8 曹洞宗——坐禅がそのままさとり　9 日蓮宗——永遠のいのちに生きる　10 時宗——決定している救い
◇仏教入門——これだけは知っておきたい仏教の知識　ひろさちや編著　池田書店　1987.7　263p　19cm　1000円　①4-262-14931-5
内容 第1章 仏教を知り、仏教に生きる　第2章 お釈迦さま　第3章 お経のはなし　第4章 仏像の知識　第5章 わが国の仏教　第6章 仏教のおしえ　第7章 仏教にかかわる諸知識
◇仏教のわかる本　2　松濤弘道著　広済堂出版　1987.7　253p　16cm　（広済堂文庫）　400円　①4-331-65025-1
◇日本人の仏教　1　仏教の教え　奈良康明編　奈良康明著　東京書籍　1987.6　260p　20cm　1500円　①4-487-75161-6
内容 1 仏教とはなにか　2 欲望　3 縁起　4 無常　5 無我　6 空　7 業（カルマ）と輪廻　8 帰依　9 慈悲　10 解脱
◇〈弁顕密二教論〉の解説　那須政隆著　成田　新勝寺成田山仏教研究所　1987.6　256p　21cm　2000円
◇如来大悲門　巻1　大乗本生心地観経、他　井上清純著述　新潟　井上清純先生遺著刊行会　1987.5　244p　21cm　非売品
◇如来大悲門　巻2　日本国と法華経、他　井上清純著述　新潟　井上清純先生遺著刊行会　1987.5　252p　21cm　非売品
◇如来大悲門　巻3　人生観と仏法、他　井上清純著述　新潟　井上清純先生遺著刊行会　1987.5　299p　21cm　非売品
◇仏教ものしり小百科　春秋社編集部編　春秋社　1987.5　282p　19cm　1400円　①4-393-13236-X
内容 Part1 仏教の名句　Part2 仏教のたとえ　Part3 仏教の名句　Part4 修行と瞑想　ア・ラ・カルト
◇釈迦とソクラテス　斎藤吉之助著　〔新潟〕　〔斎藤吉之助〕　1987.4　62p　19cm
◇ひと目でわかる現代人のための仏教の知識百科　真尾栄編　主婦と生活社　1987.4　399p　26cm　（主婦と生活生活シリーズ 72）　1980円
◇仏教——〈不安〉の時代の羅針盤　武田鏡村著　新曜社　1987.4　207p　19cm　（ワードマップ）　1300円
◇仏教研究の諸問題——仏教学創刊十周年記年特輯　平川彰編　山喜房仏書林　1987.4　268p　22cm　5500円
内容 縁起と界 平川彰著.『アビダルマディーパ』の作者 三友健容著. 大乗起信論成立の重層性とその思想の包容性 吉津宜英著. 僧稠について——初期禅宗史をめぐる一視点 沖本克己著. 釈摩訶衍論の成立に関する諸資料 中村正文著. 三経義疏撰述の問題 田村晃祐著. 天台本覚思想研究の諸問題 末木文美士著.『歎異抄』のはらむ問題点 石田充之著. 本地身説法と加持身説法 吉田宏哲著.『根本中論』チベット訳批判 斎藤明著. アビサマヤ論書の真偽 磯田熙文著
◇日本中世の国家と仏教　佐藤弘夫著　吉川弘文館　1987.3　273,11p　20cm　（中世史研究選書）　2600円

ⓘ4-642-02648-7
内容 第1 中世仏教への道（古代寺院から中世寺院へ　仏法王法相依論の成立　荘園制支配と仏神　聖の宗教活動　教学の動向）　第2 専修念仏の成立（鎌倉仏教研究の現状と課題　法然の宗教の成立　法然と反法然法然門下の教学）　第3 改革運動の展開（院政期の旧仏教　改革運動の展開　日蓮の登場　中世仏教における正統と異端）　第4 中世後期における国家と仏教（旧仏教の動向　禅の勃興　新仏教教団の展開）　第5 中世仏教の終焉（一向一揆と統一権力　中世仏教とは何か）

◇仏教がわかる事典—日本人の心と人生を支える仏教のすべて　鈴木尚編著　日本実業出版社　1987.3　302p　19cm　1300円　ⓘ4-534-01235-7
内容 第1章 仏教は現代とどうかかわっているか　第2章 仏教の思想をやさしく知る　第3章 お釈迦さまの一生と教え　第4章 仏教の誕生と広まり　第5章 日本の仏教にはどんな宗派があるか　第6章 仏教世界のヒーロー列伝　第7章 さまざまな仏たち　第8章 お経のいろいろとそのエッセンス　第9章 僧侶の修行から日常生活まで　第10章 お寺の中に入ってみると…　第11章 仏教の行事あれこれ　第12章 日本の古寺・名刹ガイド　第13章 日常使っている仏教語から仏教を知る

◇仏教に親しむ　松本照敬著　成田　新勝寺成田山仏教研究所　1986.12　256p　19cm　（成田山選書6）　1500円

◇仏教の言説戦略　橋爪大三郎著　勁草書房　1986.12　266, 21p　20cm　2500円　ⓘ4-326-15184-6
内容 1〈言語ゲーム〉論のあとさき（ゲームと社会　法の記号論　喩としての貨幣　フーコーの微分幾何学—権力分析の文体論）　2 宗教の言説戦略（仏教の言説戦略—言説ゲーム・ルール・テキスト　大乗教試論—基本ゲーム・部分ゲーム・拡大ゲーム　イスラム教の言説戦略）　3 来るべき機械主義（にっぽん一記号の王国論　法とことばとその源泉　来るべき機械主義）

◇仏教信仰の原点　山折哲雄著　講談社　1986.10　254p　15cm　（講談社学術文庫）　680円　ⓘ4-06-158760-9
内容 1 仏教信仰の原点　2 密教儀礼と空海　3 都市と心霊信仰　4 東北女始のこころ　5 死との交わり—三つの型　6 親鸞と道元

◇心と行い—釈迦が説いた真実の心の行い　村上宥快著　観音寺出版局　1986.9　222p　18cm　750円　ⓘ4-7952-4503-7

内容 第1章 心の行い—生まれ、生きることの本当の意味　第2章 生・老・病・死を考える—"生"を説かない現代宗教への提言　第3章 真実の教え四諦八正道—日々の生活の中にある真実の教え　第4章 神の存在と霊的証明—次元を超えた世界との関連

◇仏教の宇宙　大橋俊雄著　東京美術　1986.9　176p　19cm　（東京美術選書47）　1200円　ⓘ4-8087-0347-5
内容 仏教天文学の歩み　須弥山説　仏教の宇宙—須弥界　須弥世界　三千大千世界　私たちの住む世界　太陽と月の説話　地球　経典と時代　災害について　地球における大の三災　地球の再成　壊滅と生成

◇仏教の真髄　水野弘元著　春秋社　1986.9　285, 21p　20cm　2000円　ⓘ4-393-13208-4
内容 外教との関係　釈尊の悟りと教化　教化の方法と悟り　仏教の実質的内容としての法　仏教と文化　釈尊の説法　原始仏教における仏の説法態度　原始仏教から部派仏教へ　部派仏教から大乗仏教へ　菩薩思想について　仏教の究極目的

◇インド・東南アジア仏教研究　2　上座部仏教　佐々木教悟著　京都　平楽寺書店　1986.8　290, 21p　22cm　8000円

◇インド文化研究史論集—欧米のマハーバーラタと仏教の研究　J.W.ドゥ・ヨング著、塚本啓祥訳　京都　平楽寺書店　1986.7　309, 25p　22cm　7600円
内容 マハーバーラタ研究の概観.近年の仏教研究—一九七三〜一九八三.ギリシア人によるインドの発見.ドゥ・ヨング著述目録:p249〜289

◇仏教のわかる本　松濤弘道著　広済堂出版　1986.7　254p　16cm　（広済堂文庫）　400円

◇ルポ仏教—雲水になった新聞記者　佐藤健著　佼成出版社　1986.7　253p　19cm　1100円　ⓘ4-333-01228-7
内容 1. 禅の世界を歩く　2. マンダラの宇宙を歩く　3. 仏教の源流を歩く　4. 中国仏教史を歩く　5. 宗教の地下水を歩く

◇観音信仰と私　小野原三雄著　〔仙台〕〔小野原三雄〕　1986.6　197p　19cm

◇アクティブ仏教のすすめ—仏教するためのガイドブック　青山央著　グリーンアロー出版社　1986.5　237p　18cm　（グリーンアロー・ブックス）　760円

◇真仏教論—真実の仏教とは　藤井妙法著

仏教の研究書・辞典・事典

大阪　東方出版　1986.5　276p　20cm　1500円

◇仏教ものしり事典―子どもの疑問に答える　無着成恭,上村映雄編著　チャイルド本社　1986.4　259p　18cm　1000円　①4-8054-9145-0

◇大乗仏教入門　竹村牧男著　佼成出版社　1986.2　219p　19cm　1100円　①4-333-01218-X
[内容] 大乗仏教の成り立ち　大乗仏教のみ教え　菩薩の修行と人生　大乗仏教の心

◇円歌の「仏教」がわかる本―主な宗派の特徴から仏事・法要のしきたりまで　三遊亭円歌著　日本文芸社　1986.1　215p　18cm　（Rakuda books）　680円　①4-537-01096-7

◇真理への道・転法輪経―無限の可能性への挑戦　宍戸幸輔著　マネジメント社　1985.12　244p　19cm　1200円　①4-8378-0160-9

◇絵図入り仏教入門　大法輪編集部編　大法輪閣　1985.11　227p　19cm　（大法輪選書18）　980円　①4-8046-5018-0

◇仏教の霊的基盤―霊学＝神秘学の観点からの仏教の本質と未来の探求　西川隆範著　日本人智学協会宗教研究会　1985.11　83p　19cm　1000円　①4-7952-7173-9

◇『吽字義』の解説　那須政隆著　成田新勝寺成田山仏教研究所　1985.10　209p〔27〕枚　21cm　1500円

◇調和への道―心の存在を自覚するために　村上宥快著　観音寺出版局　1985.10　285p　18cm　700円　①4-7952-4502-9

◇仏教の事典―お釈迦さまから日常語まで　瀬戸内寂聴編著　三省堂　1985.10　238p　19cm　（Sun lexica 28）　1000円　①4-385-15514-3

◇色は匂へど　佐伯恵達著　宮崎　鉱脈社　1985.8　314p　22cm　1800円

◇講座・大乗仏教　10　大乗仏教とその周辺　平川彰ほか編　春秋社　1985.8　291p　22cm　2800円
[内容] 総説　大乗仏教の〈周辺〉―補論　大乗非仏説論の諸資料　高崎直道著．インド社会と大乗仏教　奈良康明著．インド思想と大乗仏教　服部正明著．チベットと大乗仏教　川崎信定著．東南アジアと大乗仏教　佐々木教悟著．中国社会と大乗仏教　岡部和雄著．中国思想と大乗仏教　福井文雅著．西洋思想と大乗仏教　峰島旭雄著．西洋人の大乗仏教研究史　湯山明著．大乗仏教の美術―大乗仏教美術の初期相　肥塚隆著

◇信州の仏事　信州仏教研究会編著　長野　銀河書房　1985.8　291, 21p　22cm　1800円

◇仏陀からキリストへ　ルドルフ・シュタイナー著, 西川隆範編訳　風の薔薇　1985.7　184p　20cm　（神秘学叢書）　2000円　①4-7952-7172-0

◇仏教を理解する―日本文化の背景を知るために　上　及川幸四郎著　横浜　福音社　1985.6　256p　18cm　（福音社ブックス）　1200円　①4-89222-172-4

◇インド・東南アジア仏教研究　1　戒律と僧伽　佐々木教悟著　京都　平楽寺書店　1985.4　341, 21p　22cm　8500円

◇念仏の思想　児玉暁洋著　毎日新聞社　1985.4　290p　20cm　1500円

◇仏教概論　水谷幸正著　京都　仏教大学通信教育部　1985.4　69, 11p　21cm　非売品

◇仏教聖典―和英対照　〔昭和60年改訂版〕　仏教伝道協会　1985.4　609p　19cm　1800円　①4-89237-251-X

◇原始仏典を読む　中村元著　岩波書店　1985.3　369p　19cm　（岩波セミナーブックス 10）　2100円　①4-00-004880-5

◇日本人のための仏教入門―あなたの"常識"は正しいか？　ひろさちや著　大和出版　1985.3　222p　18cm　（グリーン・ブックス）　690円　①4-8047-2059-6

◇現代に生きる仏教　中濃教篤著　白石書店　1984.11　215p　20cm　2700円

◇21世紀への仏教―昭和の選択　木村春之著　京都　探究社　1984.9　341p　18cm　850円

◇日本仏教の心　6　道元禅師と永平寺　日本仏教研究所編　秦慧玉著　ぎょうせい　1984.9　198p　29cm　5000円

◇仏教研究入門　平川彰編　大蔵出版　1984.6　382p　22cm　3800円　①4-8043-0506-8

◇仏教の常識―日本人なら知っていてほしい　ひろさちや著　講談社　1984.6　230p　20cm　1200円　①4-06-201223-5

◇日本仏教の心 11 聖徳太子と大安寺 日本仏教研究所編 河野清晃著 ぎょうせい 1984.5 204p 29cm 5000円

◇仏教入門―釈尊と法然上人の教え 仏教大学仏教学科編 大阪 東方出版 1984.5 187, 18p 21cm 1500円

◇読む仏教百科 菊村紀彦著 河出書房新社 1984.5 269, 23p 15cm （河出文庫） 480円

◇日本仏教の心 1 聖徳太子と法隆寺 日本仏教研究所編 間中定泉著 ぎょうせい 1984.3 181p 29cm 5000円

◇法華経一仏乗の思想―インド初期大乗仏教研究 苅谷定彦著 大阪 東方出版 1983.12 417, 34p 22cm 8000円

◇仏教学と密教学 金岡秀友著 京都 人文書院 1983.11 275p 20cm 2200円

◇日本仏教の心 4 弘法大師と高野山 日本仏教研究所編 高峰秀海著 ぎょうせい 1983.10 202p 29cm 5000円

◇日本人の仏教 奈良康明編集 東京書籍 1983.10 10冊 20cm 各1500円
　[内容] 1 仏教の教え 奈良康明著 2 仏教の実践 奈良康明編著 3 仏教の経典 田上太秀編著 4 仏と菩薩 石上善応編著 5 仏教の歩んだ道 1 阿部和雄著 6 仏教の歩んだ道 2 石上善応編著 7 日本仏教の宗派 田村晃祐編著 8 庶民と歩んだ僧たち 中尾堯編著 9 寺院の歴史と伝統 中尾堯編著 10 仏教の儀礼 藤井正雄編著

◇仏陀のいいたかったこと 田上太秀著 講談社 1983.9 221p 20cm 1800円 ①4-06-200519-0

◇今、仏教を思う 井上真六著 春秋社 1983.7 254p 19cm 1600円

◇日本仏教の心 3 伝教大師と比叡山 日本仏教研究所編 山田恵諦著 ぎょうせい 1983.7 213p 29cm 5000円

◇ビジネスマンのための仏教がわかる本 永田美穂著 日東書院 1983.7 223p 19cm （Nitto business series） 880円

◇仏教入門 高崎直道著 東京大学出版会 1983.6 268, 8p 20cm 1600円

◇日本仏教の心 10 聖徳太子と叡福寺 日本仏教研究所編 近藤本昇著 ぎょうせい 1983.5 182p 29cm 5000円

◇ビジネスマンのための仏教入門―英文付 花山勝友著 大蔵出版 1983.1 149, 55p 19cm 1200円 ①4-8043-2032-6

◇仏教の生き方考え方 田上太秀著 三修社 1982.12 213p 20cm 1200円 ①4-384-06713-5

◇《声字実相義》の解説 那須政隆著 成田 新勝寺成田山仏教研究所 1982.11 133p 21cm 1000円

◇日本名僧論集 第9巻 日蓮 中尾堯, 渡辺宝陽編 吉川弘文館 1982.10 444p 22cm 5800円
　[内容] 日蓮の宗教の成立及び性格―鎌倉仏教研究序説 川添昭二著. 最澄と日蓮との宗教体験の類似点 浅井円道著. 日蓮聖人教学と智証教学の思想的連関 小松邦彰著. 中古天台教学より日蓮聖人の教学への思想的展開 執行海秀著. 日蓮の宗教における一般性と特殊性 宮崎英修著. 日蓮聖人伝の特徴 鈴木一成著. 日蓮聖人の神祇観―天照大神・八幡大菩薩を中心として 上田本昌著. 日蓮の人と文学 今成元昭著. 日蓮における十羅刹女信仰の位置 池上尊義著. 法華専修の成立について 藤井学著. 日蓮教学における「教」の位置と構造 茂田井教亨著. 日蓮聖人の本尊について 望月歓厚著. 日蓮聖人の本尊 塩田義遜著.〔ほか〕

◇仏教入門―人間学としての宗教 藤井正治著 潮文社 1982.8 316p 20cm 1300円 ①4-8063-1107-3

◇携帯寺院参拝 野村徳子著 国際情報社 1982.4 188p 19cm 980円 ①4-89322-157-4

◇日本仏教の心 12 覚山尼と東慶寺 日本仏教研究所編 井上禅定著 ぎょうせい 1982.4 221p 29cm 5000円

◇日本仏教の心 2 聖徳太子と四天王寺 日本仏教研究所編 出口常順著 ぎょうせい 1981.12 212p 29cm 5000円

◇成田不動霊験記―市川団十郎と名優たち 旭寿山著 成田 成田山新勝寺成田山仏教研究所 1981.10 180p 19cm （成田山選書 5） 1300円

◇成田山大聖不動明王 高津親義撰 成田 成田山仏教研究所 1981.9 141p 22cm 非売品

◇日本仏教の心 7 日蓮聖人と身延山 日本仏教研究所編 望月日滋著 ぎょうせい 1981.9 206p 29cm 5000円

◇日本仏教の心 9 一遍上人と遊行寺

仏教の研究書・辞典・事典

日本仏教研究所編　寺沼琢明著　ぎょうせい　1981.8　204p　29cm　5000円

◇日本仏教の心　8　良忍上人と大念仏寺　日本仏教研究所編　田代尚光著　ぎょうせい　1981.5　182p　29cm　5000円

◇行の中道実践哲学―根本仏教縁起観　寺本婉雅著　国書刊行会　1981.4　602, 94p　22cm　（西蔵聖典訳註仏教研究　第4輯）　9800円

◇日本仏教の心　5　栄西禅師と建仁寺　日本仏教研究所編　竹田益州著　ぎょうせい　1981.4　198p　29cm　5000円

◇仏説無量寿経・仏説阿弥陀経―蔵漢和三体合璧　寺本婉雅訳　国書刊行会　1981.4　1冊　22cm　（西蔵伝聖典訳註仏教研究　第2輯）　4500円

◇生きた佛教　飯島貫實著　〔第3版〕　山喜房佛書林　1981.3　373p　22cm　①4-7963-0738-9

◇《即身成仏義》の解説　那須政隆著　成田　大本山成田山新勝寺成田山仏教研究所　1980.12　205p　21cm　1500円

◇秘境ラダック―西チベットにラマ教を訪ねて　成田　成田山新勝寺成田山仏教研究所　1980.12　120p　24cm　2500円

◇仏教聖典―和西対照　仏教伝道協会　1980.12　611p　19cm

◇中国の仏教を訪ねて　北海道仏教研究者友好訪中団記念誌編集委員会編　札幌　北海道仏教研究者友好訪中団事務局　1980.11　62p　26cm

◇現代仏教入門　増谷文雄著　角川書店　1980.10　258p　19cm　（角川選書 117）　880円

◇仏陀のおしえ　友松円諦著　講談社　1980.7　303p　15cm　（講談社学術文庫）　580円

◇ビジネスマンのための仏教入門―発想をやわらかくする"釈迦の教え"　永田美穂著　日東書院　1980.4　223p　18cm　580円

◇仏教学への道しるべ　大谷大学仏教学会編　京都　文栄堂書店　1980.2　315, 50p　19cm　2500円

◇重文四天王寺蔵細字法華経　望月一憲編集　日本仏教研究所　1979.9　3冊（別冊とも）　27cm　全80000円

◇仏教のすべて　松濤弘道著　広済堂出版　1979.5　447p　20cm　（新しい百科全書）　1500円

◇日本人のための仏教ガイド　永田美穂著　三学出版　1978.7　251p　19cm　980円

◇唯識三十頌疏―梵蔵漢和四訳対照　安慧造, 寺本婉雅訳註　国書刊行会　1977.6　1冊　22cm　（西蔵伝聖典訳註仏教研究　第3輯）　4200円

◇仏教　下　第2部　教理　ベック著, 渡辺照宏, 渡辺重朗訳　岩波書店　1977.3　168, 10p　15cm　（岩波文庫）　200円

◇南無大師遍照金剛　渡辺照宏著　成田　成田山新勝寺成田山仏教研究所　1976　210p　18cm　（成田山選書 2）　800円

◇仏教研究論集　橋本博士退官記念仏教研究論集刊行会編　大阪　清文堂出版　1975　992p　肖像　22cm　9000円

◇印度仏教史　ターラナータ著, 寺本婉雅訳　国書刊行会　1974　406, 14, 18p　図　22cm　（西蔵伝仏典訳註仏教研究　第1輯）　5000円

◇西蔵仏教研究　長尾雅人著　岩波書店　1974　446, 56p　22cm　2200円

◇梵漢独対校西蔵文和訳中論無畏疏　竜樹造, 寺本婉雅訳　国書刊行会　1974　54, 580, 30p　22cm　（西蔵伝聖典訳註仏教研究　第5輯）　6000円

◇新羅仏教研究　金知見, 蔡印幻編　山喜房仏書林　1973　705, 36p　22cm　7500円　①4-7963-0054-6

[内容] 韓国人の思惟方法と仏教について（中村元）宗学研究のあり方（水野弘元）新羅義寂とその『無量寿経述義記』（春日礼智）新羅大賢と『古迹記』について（蔡沢洙）新羅元暁の文学観（金彊模）新羅唯識学の典籍章疏（申賢淑）新羅における弥勒信仰の研究（趙愛姫）新羅浄土教の特色（源弘之）元暁大師『般若心経復元疏』（崔凡述）隆熙二年版南陽慧忠注『摩訶般若波羅蜜多心経』（古田紹欽）校注『法界図円通記』（金知見）曹渓慧能の『金剛般若経解義』について（関口真大）〔ほか〕

◇仏教文学研究　第12集　仏教文学研究会編　京都　法蔵館　1973　215, 26p　19cm　1700円

[内容] 特集　仏教文学とは何か　日本の仏教文学（多屋頼俊）仏教文学とは何か（久松潜一）仏教文学の原点（小林智昭）仏教文学とは何

仏教の研究書・辞典・事典

か―対象の方法の問題について（川口久雄）仏教文学とそうでないもの（井手恒雄）漠然とした期待（阿部秋生）仏教的創作論（藤田清）仏教文学の形成―中世に焦点をあてて（菊地良一）仏教文学をこう考える―大唐西域記の宇津保物語への投影など（目加田さくを）「仏教文学とは」の問いに答えて（渥美かをる）禅林文学について（荻須純道）仏教文学とは何か―禅宗系のものについて（嶺光雄）仏教文学とは何か―法然の和歌を通して（榊泰純）我が国に於ける仏教文学（広田徹）〔ほか〕

◇仏教の生活・質問帳　若林隆光著　中山書房仏書林　1972.7（22刷：1999.8）195p　18cm　880円　①4-89097-042-8
◇日本宗教の現世利益　日本仏教研究会編　大蔵出版　1970　480p　20cm　（大蔵選書）　1200円
◇根本仏教縁起観及生命実相論　寺本婉雅著　富山　石尾すが　1967.9　284p　22cm
◇佛教概論　水谷幸正著　京都　浄土宗　1965.7（第11刷：1998.3）　111, 12p　21cm
◇仏教の人間像　全国青少年教化協議会　1965　10版　122p　18cm
◇密教学密教史論文集　密教学密教史論文集編集委員会編　高野山町（和歌山県）高野山大学　1965　438, 428p　22cm　4000円
　内容　弘法大師空海の密教観（勝又俊教）空海思想の目指すもの第1（玉城康四郎）弘法大師の空観―即身成仏義を中心として（田中順照）空海と最澄の決別について（赤松俊秀）弘法大師と東大寺（平岡定海）大師信仰について（田中千秋）遍照発揮性霊集第7巻末の三つの作品について（稲谷祐宣）我国の神仏関係（大山公淳）金剛峯寺座主世代について〔和多昭夫〕富永仲基と慈雲飲光―近世密教の一動向（岡村圭真）浄土真宗に於ける秘事法門の問題（古田紹欽）東密と台密の美術（佐和隆研）〔ほか〕
◇華厳孔目章解説　高峯了州著　奈良　南都仏教研究会　1964　235p　図版　26cm
◇仏教入門　岩本裕著　中央公論社　1964　201p　地図　18cm　（中公新書）
◇講座近代仏教　第1巻　概説編　法蔵館編集部編　京都　法蔵館　1963　281p　22cm
　内容　近代仏教への胎動（柏原祐泉）近代仏教の形成（吉田久一）近代仏教の発展と課題（森竜吉）二十世紀の漢訳仏教圏（塚本善隆）南方仏教の現況（佐々木教悟）海外における仏教研究の動向（藤吉慈海等）

◇新稿仏教研究法　深浦正文著　誠信書房　1963　430, 36p　19cm
◇教養仏教　第1　序説　武邑尚邦著　京都　百華苑　1962　127p　22cm
　内容　序章, インド文化と仏教文化, 釈尊の教えと現代への課題性
◇仏教　上第1部　仏陀　ベック著, 渡辺照宏訳　岩波書店　1962　177p　15cm（岩波文庫）
◇仏教学序説　山口益ほか著　京都　平楽寺書店　1961.5（22刷：1995.5）　444, 42, 7p　22cm　①4-8313-0046-2
◇宗教とはなにか―仏教の立場から　古田紹欽著　社会思想研究会出版部　1961　206p　16cm　（現代教養文庫）
◇現代仏教入門　増谷文雄著　角川書店　1957　250p　18cm　（角川新書）
◇仏教　星野元豊, 森竜吉共著　青木書店　1957　241p　19cm　（現代哲学全書　第8）
◇仏教とは何か　マララセーカラ著, 近藤徹称訳　弘文堂　1957　136p　19cm（アテネ新書）
　内容　仏教とは何か, 仏教, 第32回仏教徒会議における議長マララセーカラ博士の講演―1951
◇仏教の全貌　高嶋米峰著　学風書院　1957　244p　19cm　（誰でもの修養　第1）
◇基督教より仏教へ　E.C.バプティスト著, 村野宣忠訳　東成出版社　1956　138p　18cm
◇華厳と禅との通路　高峯了州著　奈良　南都仏教研究会　1956　276p　22cm
◇仏教入門　高嶋米峰著　学風書院　1956　244p　17cm　（学風書院思索新書）
◇生きた仏教　飯島貫実著　東成出版社　1955　374p　22cm
◇現代仏教講座　第3-5巻　上原専禄等編　角川書店　1955　3冊　21cm
◇重源上人の研究　奈良　南都仏教研究会　1955　380p　図版　22cm
　内容　南都仏教の興隆（柴田実）重源上人と

399

法然上人(田村円澄)東大寺炎上と現報思想の推移(平岡定海)重源上人と天竺様(大岡実)播磨浄土寺浄土堂考(山本栄吉)祖師像制作の意義と二尊院の浄土五祖像(蓮実重康)東大寺の紺紙金泥華厳経その見返絵(近藤喜博)東大寺復興における重源と奈良仏師(毛利久)鎌倉期の宋人石工とその石彫遺品について(西村貞)俊乗房重源上人と東大寺再興(堀池春峰)周防国と俊乗房重源(三坂圭治)高野山における俊乗房重源上人(五来重)伊賀新別所新大仏寺に就いて(村治円次郎)備前国にかける重源遺跡(藤井駿)重源上人略年譜(新藤晋海)

◇仏教 古田紹欽著 春秋社 1955 204p 19cm

◇仏教とはどんなものか 高嶋米峰著 学風書院 1955 244p 19cm (誰にもわかる宗教講座 第1)

◇仏教の話 籠含雄著 京都 大谷出版社 1955 145p 18cm (大谷選書)

◇誰にもわかる仏教の解説 野依秀市著 世界仏教協会 1954 283p 19cm

◇西蔵仏教研究 長尾雅人著 岩波書店 1954 446p 22cm

◇仏教学研究法 竜谷大学仏教学会編 京都 百華苑 1954 286, 36p 22cm
内容 仏教学研究法総論(深浦正文)仏教学研究法(福原亮厳)思想研究の立場と方法(武邑尚邦)サンスクリット原典の正確性と巴利語原典並に諸訳仏教聖典(明石恵達)チベット仏教の研究法(芳村修基)西蔵仏典研究法(月輪賢隆)印度仏教に対する研究態度と資料取扱(工藤成性)文献考証法について(佐藤哲英)仏教史の研究法(禿氏祐祥)中国仏教史学について(小笠原宣秀)真宗学研究法(桐溪順忍)真宗学研究の私見(石田充之)仏教研究法紹介(薗典生)欧米における仏教の研究文献(井ノ口泰淳)

◇佛教概要 教化研究所編 京都 法蔵館 1953.5(第11刷：1986.3) 350p 22cm
①4-8318-9101-0

◇遼金の仏教 野上俊静著 京都 平楽寺書店 1953 313p 図版 22cm
内容 遼代篇 遼朝と仏教,遼代に於ける仏教研究,「竜龕手鑑」雑考,遼代社会に於ける仏教,遼代燕京の仏教,遼代の邑会について,契丹人と仏教,「遼代仏教」に関する研究の発展.金代篇 全帝室と仏教,金李屛山攷,金の財政策と宗教々団,「二税戸」攷,「全真教」発生の一考察,宋人の見た金初の仏教,「金代の仏教」に関する研究について,胡族国家と仏教

◇仏教と人生―仏教入門 加藤咄堂著 東南書房 1952 226p 19cm (現代人の教養 第8)

◇仏教 友松円諦著 中央公論社 1949 236p 21cm

◇平和の発見につづく 野依秀市著 芝園書房 1949 283p 19cm

◇をしへの実現 福島政雄著 京都 百華苑 1948 258p 19cm (百華選書)

◇新日本と仏教 クリスマス・ハンフレーズ著,緒方宗博訳 大蔵出版 1948 284p 19cm

◇上代仏教思想史研究 家永三郎著 目黒書店 1948 426p 21cm

◇中国仏教史 道端良秀著 再版 京都 法蔵館 1948 330p 21cm

◇直柱の宗教 金子大栄著 京都 全人社 1948 146p 19cm

◇日本仏教の開展とその基調 上 硲慈弘著 三省堂 1948 348p 21cm

◇日本仏教の宗教性と歴史性 相葉伸著 目黒書店 1948 154p 16cm (目黒学術普及叢書 史学之部)

◇日本仏教の新生 布施浩岳著 非凡閣 1948 214p 19cm

◇日本仏教史概説 辻善之助著 好学社 1948 261p 21cm

◇仏教及仏教史の研究 林屋友次郎著 喜久屋書店 1948 758p 21cm

◇仏教概論 江部鴨村著 京都 百華苑 1948 305p 19cm

◇仏教思想論集 第1 三省堂 1948 207p 21cm
内容 仏と吾々(宇井伯寿)無の思想の系統論的研究―知見の為に(川田熊太郎)仏教文献(論文)目録集(昭和20年以後)

◇仏教思潮論 宇井伯寿著 喜久屋書店 1948 378p 31cm

◇仏教入門 友松円諦著 真理運動本部 1948 166p 19cm (かんだでら叢書 第4)

◇仏教入門 加藤咄堂著 東南書房 1948 226p 19cm

◇仏教の諸問題 金子大栄著 岩波書店

◇1948　475p　21cm
◇仏教の全貌　高嶋米峰著　竜行社　1948　244p　19cm
◇仏教汎論　上,下巻　宇井伯寿著　岩波書店　1948-49　2冊　22cm
◇私の人生観　金子大栄著　京都　全人社　1948　130p　19cm
◇中世仏教思想史研究　家永三郎著　法蔵館　1947　180p　22cm
◇日本仏教思潮　相葉伸著　大日本雄弁会講談社　1947　271p　図版　19cm
◇日本仏教論　森竜吉著　京都　法蔵館　1947　277p　図版　16cm　（学生叢書 文化科学編 38）
◇日本仏教史　上世篇,中世篇之1-2　辻善之助著　岩波書店　1947-24　3冊　21cm
◇仏教入門　増谷文雄著　青山書院　1947　298p　19cm　（青山選書）
◇仏教の大意　鈴木大拙著　京都　法蔵館　1947　136p　19cm
◇仏道史観　金子大栄著　杜陵書房　1947　101p　19cm
◇光明　酒井月峯述　3版　〔富山県〕酒井月峯　1946　38p　19cm
◇光明　酒井月峰著　南加積村（富山県中新川郡）　酒井月峯　1946　38p　19cm
◇雑萃録　金子大栄著　創元社　1946　138p　18cm　（百花文庫 9）
◇歴史と宗教　田村円澄著　京都　永田文昌堂　1946　75p　19cm　（東山叢書）
◇燉煌出土積翠軒本絶観論　鈴木大拙編,古田紹欽校　弘文堂　1945　37p　26cm

仏教辞典・事典

最近の辞典・事典類は、一般向けの用語解説を中心にしたものが増えており、昭和50年代（1970年代後半）の仏教ブームといわれるころから、仏教の概説書も出版されるようになった。京・奈良・鎌倉などの古社寺巡り、博物館や美術館の仏像展や寺院展にも多くの参観者が来場し、一般人の仏教への興味は現在も続いているようだ。戦後出版された仏教辞典・事典類の点数が200点近くになっていることもその表れであろう。

＊　　＊　　＊

◇仏教がわかる四字熟語辞典　森章司,小森英明編　東京堂出版　2008.8　316,16p　20cm　3300円　①978-4-490-10741-8
◇新・佛教辞典　中村元監修,石田瑞麿,大類純,金山正好,紀野一義,塩入良道,田村芳朗,中村修三,山口瑞鳳編集・執筆　第3版　誠信書房　2006.5　686p　22cm　4800円　①4-414-10502-1
◇知ってびっくり！仏教由来の日本語212　草木舎編著　アーツアンドクラフツ　2006.4　174p　19cm　1700円　①4-901592-32-7
◇なるほど仏教400語　宮元啓一著　春秋社　2005.7　268, 23p　19cm　1500円　①4-393-13536-9
◇仏教比喩例話辞典　森章司編著　国書刊行会　2005.6　643p　22cm　9500円　①4-336-04712-X
◇織田佛教大辞典　織田得能著,芳賀矢一,高楠順次郎,南條文雄,上田萬年監修,大佛衞,和田徹城,宮坂哲宗補修　補訂縮刷版　大藏出版　2005.3　1冊　22cm　25000円　①4-8043-0017-1
◇石仏使用語辞典　加藤政久著　国書刊行会　2005.3　237p　22cm　3200円　①4-336-04690-5
◇仏教日常辞典　増谷文雄,金岡秀友著　新装　太陽出版　2005.3　596, 103p　20cm　5000円　①4-88469-412-0
◇総合佛教大辞典　総合佛教大辞典編集委員会編　京都　法藏館　2005.2　1508, 181, 264p　27cm　28000円　①4-8318-7070-6
◇わかりやすい仏教用語辞典　大法輪閣編集部編　新装版　大法輪閣　2004.10（第5刷）　238p　19cm　（大法輪選書）　1400円　①4-8046-5009-1
◇仏教大辞典　第1冊（アーシカク）　織田得能著　名著普及会　2004.3　888p　27cm
◇仏教大辞典　第2冊（シカケーン）　織田得能著　名著普及会　2004.3　p889-1874　27cm
◇仏教大辞典　第3冊（索引）　織田得能著　名著普及会　2004.3　240p　27cm

仏教の研究書・辞典・事典

◇日英佛教語辞典　稲垣久雄著　5版　京都　永田文昌堂　2003.3　534p　20cm　7500円　Ⓘ4-8162-0201-3

◇岩波仏教辞典　中村元ほか編　第2版　岩波書店　2002.10　1246p　20cm　7000円　Ⓘ4-00-080205-4

◇仏教用語集　竹下博編著　〔大阪〕　かんぽう　2001.10　214p　21cm　1500円　Ⓘ4-900277-06-1

◇広説佛教語大辞典　中村元著　東京書籍　2001.6　4冊（別巻とも）　27cm　Ⓘ4-487-73176-3, 4-487-73153-4

◇仏教哲学大辞典　仏教哲学大辞典編纂委員会編　第3版　創価学会　2000.11　2054p　23cm　4762円

◇仏教法数辞典　宮元啓一著　鈴木出版　2000.6　346, 148p　22cm　9800円　Ⓘ4-7902-1098-7
　内容　本書を読まれる前に（インド仏教史　インド思想全般とのかかわり）　仏教法数辞典

◇仏教用語事典　須藤隆仙著　コンパクト版　新人物往来社　1999.7　424p　20cm　4800円　Ⓘ4-404-02818-0

◇翻訳名義大集―梵蔵漢和四訳対校　榊亮三郎, 西尾京雄編　復刻版　京都　臨川書店　1998.10　2冊（梵・蔵索引とも）　22cm　全15000円　Ⓘ4-653-03561-X, 4-653-03517-2

◇現代仏教家人名辞典　現代仏教家人名辞典刊行会編　東出版　1997.9　662, 12p　22cm　（辞典叢書 33）　18000円　Ⓘ4-87036-054-3

◇例文仏教語大辞典　石田瑞麿著　小学館　1997.3　1147p　22cm　5800円　Ⓘ4-09-508111-2

◇佛教漢梵大辞典　平川彰編　霊友会　1997.1　1450p　27cm　Ⓘ4-266-00042-1

◇仏教故事名言辞典―コンパクト版　須藤隆仙著　新人物往来社　1995.4　514p　22cm　4000円

◇仏教学辞典　多屋頼俊ほか編　新版　京都　法蔵館　1995.4　470, 143p　20cm　5600円　Ⓘ4-8318-7009-9

◇逆引仏教語辞典　逆引仏教語辞典編纂委員会編著　柏書房　1995.2　296, 247, 28p　27cm　18540円　Ⓘ4-7601-1105-0

◇仏教日常辞典　増谷文雄, 金岡秀友著　太陽出版　1994.12　596, 103p　20cm　4500円　Ⓘ4-88469-111-3

◇古典にみる仏教語解説辞典　倉部豊逸編著　国書刊行会　1994.9　361, 21p　22cm　9800円　Ⓘ4-336-03641-1

◇仏教民俗辞典―コンパクト版　仏教民俗学会編著　新人物往来社　1993.11　406p　20cm　3800円　Ⓘ4-404-02046-5

◇暮らしに生きる仏教語辞典　山下民城編　国書刊行会　1993.5　465p　19cm　4800円　Ⓘ4-336-03485-0

◇仏教用語事典　須藤隆仙著　新人物往来社　1993.4　424p　22cm　13000円　Ⓘ4-404-01994-7

◇仏教語ものしり事典　斎藤昭俊著　新人物往来社　1992.5　220p　20cm　（宗教とくらし選書）　1800円　Ⓘ4-404-01911-4

◇仏教いわく・因縁故事来歴辞典　大久保慈泉著　国書刊行会　1992.4　718p　19cm　3000円

◇日本仏教人名辞典　日本仏教人名辞典編纂委員会編　京都　法蔵館　1992.1　887, 117p　26cm　25000円　Ⓘ4-8318-7007-2

◇教訓仏教語辞典　栗田順一編　東京堂出版　1991.9　192p　20cm　1600円　Ⓘ4-490-10298-4

◇国語のなかの仏教語辞典　森章司著　東京堂出版　1991.9　361p　20cm　2800円　Ⓘ4-490-10301-8

◇仏教用語豆事典100　パート2　辻本敬順著　京都　本願寺出版社　1991.7　207p　15cm　Ⓘ4-89416-532-5

◇仏教語読み方辞典　有賀要延編著　縮刷版　国書刊行会　1991.6　1153p　19cm　6500円　Ⓘ4-336-03257-2

◇寛永十年版釈氏要覧―本文と索引　蔵中進, 蔵中しのぶ編　大阪　和泉書院　1990.11　456p　22cm　（索引叢書 23）　9270円　Ⓘ4-87088-432-1

◇暮しに生かす仏教成語辞典　寺内大吉, 栗田順一編　東京堂出版　1990.9　166p　20cm　1200円　Ⓘ4-490-10276-3

◇岩波仏教辞典　中村元ほか編　岩波書店　1989.12　978p　20cm　5800円　Ⓘ4-00-080072-8

仏教の研究書・辞典・事典

◇仏教文化事典　菅沼晃,田丸徳善編　佼成出版社　1989.10　981, 281p　図版48枚　27cm　①4-333-01355-0
◇仏教名言辞典　奈良康明編著　東京書籍　1989.10　919p　22cm　9800円　①4-487-73157-7
　内容 人間の実態　自己の確立・主体性　他と生きる　人生の理　人間関係　教育・学問　仏教と社会　ことばと芸術、自然と人間　信仰に生きる　仏教の世界観
◇仏教辞典　大東出版社　1989.7　1148p　27cm　20600円
◇仏教日用小辞典　由木義文著　大蔵出版　1989.7　215p　19cm　1751円　①4-8043-0011-2
◇仏教語読み方辞典　有賀要延編著　国書刊行会　1989.4　1153p　27cm　28000円
◇新訂翻訳名義大集—Sanskrit-Tibetan-Mongolian dictionary of Buddhist terminology　石濱裕美子, 福田洋一著　東洋文庫　1989.3　460p　26cm　(Studia Tibetica no.16)　非売品
◇東洋仏教人名事典　斎藤昭俊, 李載昌編　新人物往来社　1989.2　425p　22cm　8800円　①4-404-01591-7
◇仏教大事典　小学館　1988.7　1111, 30p　27cm　18000円　①4-09-508101-5
◇日本仏教語辞典　岩本裕著　平凡社　1988.5　856p　27cm　20000円　①4-582-13001-1
◇図説仏教語大辞典　中村元編著　東京書籍　1988.2　760p　27cm　22000円　①4-487-73155-0
◇総合仏教大辞典　総合仏教大辞典編集委員会編　京都　法蔵館　1988.1　3冊(別冊とも)　27cm　全53000円　①4-8318-7060-9
◇明解仏教事典　永畑恭典編　2版　本の友社　1988.1　452, 21p　27cm　18540円
◇仏教比喩例話辞典　森章司編　東京堂出版　1987.6　643p　22cm　9500円　①4-490-10227-5
◇仏教400語おもしろ辞典　宮元啓一著　春秋社　1987.6　268, 23p　19cm　1500円　①4-393-13237-8

◇仏教・インド思想辞典　高崎直道ほか編　春秋社　1987.4　546p　23cm　9300円　①4-393-10102-2
◇インド仏教人名辞典　三枝充悳編, 三枝充悳ほか執筆　京都　法蔵館　1987.3　274, 52p　22cm　6000円　①4-8318-7006-4
◇仏教民俗辞典　仏教民俗学会編著　新人物往来社　1986.8　406p　22cm　8000円　①4-404-01357-4
◇仏教「早わかり」事典——一家に一冊暮らしの仏教常識287項目　日本文芸社　1986.5　308p　19cm　1200円　①4-537-02014-8
　内容 第1章 お釈迦さまがわかる　第2章 み仏の教えがわかる　第3章 お経がわかる　第4章 宗派がわかる　第5章 お坊さんがわかる　第6章 お寺がわかる　第7章 仏像がわかる　第8章 葬儀がわかる　第9章 法事がわかる　第10章 仏教行事がわかる　第11章 仏壇・仏具がわかる　第12章 お墓がわかる　第13章 仏教語がわかる　第14章 ことわざがわかる
◇釈氏要覧　釈氏要覧刊行会編　釈氏要覧刊行会　1985.12　380p　27cm
◇仏教哲学大辞典　創価学会教学部編　新版　聖教新聞社　1985.11　1940p　27cm　8000円
◇現代仏教情報大事典　現代仏教情報研究会編著　名著普及会　1985.9　645p　27cm　23000円　①4-89551-212-6
◇くらしの中の仏教用語事典　沖本克己編著　京都　淡交社　1985.7　229, 24p　19cm　1300円　①4-473-00915-7
◇日英仏教語辞典　稲垣久雄著　京都　永田文昌堂　1984.9　473p　20cm　7500円
◇仏像仏典解説事典——昭和新纂国訳大蔵経解説部　昭和新纂国訳大蔵経編輯部編　名著普及会　1984.8　1冊　20cm　12000円
◇仏教用語豆事典100　辻本敬順著　京都　本願寺出版社　1984.7　153p　15cm　①4-89416-362-4
◇わかりやすい仏教用語辞典　大法輪編集部編　大法輪閣　1983.3　238p　19cm　(大法輪選書9)　980円　①4-8046-5009-1

仏教の研究書・辞典・事典

◇仏教故事名言辞典　須藤隆仙著　新人物往来社　1982.8　514p　22cm　6800円

◇仏教思想辞典　武邑尚邦著　教育新潮社　1982.4　518, 53p　19cm　4500円

◇仏教道語辞典—日蓮宗の痩辞　中村錬敬編　鎌倉新書　1982.4　133p　22cm　3500円

◇仏教大辞典　織田得能著　名著普及会　1981.8　1874, 240p　27cm　16000円

◇仏教語大辞典　中村元著　東京書籍　1981.5　1冊　22cm　18000円

◇コンサイス仏教辞典　大東出版社　1980.9　1148p　18cm　3800円

◇新・仏教辞典　中村元監修、石田瑞麿ほか編集・執筆　増補　誠信書房　1980.3　（第26刷：2004.2）　1冊　19cm　3700円　①4-414-10501-3

◇日本仏教史辞典　大野達之助編　東京堂出版　1979.9　544p　19cm　3800円

◇仏教語大辞典　中村元著　東京書籍　1975　3冊　27cm　全48000円

◇仏教大辭彙　第4巻　シチカジヨウーセンレン　竜谷大学編　2版　富山房　1974　2253-3044p　図　27cm　8800円

◇仏教大辭彙　第5巻　ソーハツセ　竜谷大学編　2版　富山房　1974　3045-3864p　図　27cm　8800円

◇仏教大辭彙　第6巻　ハツセンーワンレイ　竜谷大学編　2版　富山房　1974　3867-4632p　図　27cm　8800円

◇仏教大辭彙　第2巻　キヨウジウーコンロンコク　竜谷大学編　2版　富山房　1973　715-1464p　図13枚　27cm　8800円

◇仏教大辭彙　第3巻　サーシチカクブン　竜谷大学編纂　2版　富山房　1973　1465-2252p　図　地図　27cm　8800円

◇仏教大辭彙　第7巻　索引　富山房編集部編纂　富山房　1973　340, 306, 28p　27cm　8800円

◇日常仏教語　岩本裕著　中央公論社　1972　244, 7p　18cm　（中公新書）

◇仏教大辭彙　第1巻　アーキヨウシウ　竜谷大学編　2版　富山房　1972　714p　図　地図　27cm　8800円

◇仏教哲学大辞典　第5巻　創価学会教学部編　創価学会　1969　1224p　27cm　5000円

◇仏教哲学大辞典　第4巻　創価学会教学部編　創価学会　1968　1134p　27cm　5000円

◇印度仏教固有名詞辞典　原始期篇　赤沼智善編　京都　法蔵館　1967　888p　表　22cm　9500円

◇日英仏教辞典　早島鏡正等編　大東出版社　1965　383p　28cm　6000円

◇仏教哲学大辞典　第2-3巻　創価学会教学部編　創価学会　1965-1967　2冊　27cm　各5000円

◇仏教学辞典　多屋頼俊、横超慧日、舟橋一哉編　京都　法蔵館　1965 4版　465, 58, 12p　19cm　1500円

◇仏教哲学大辞典　第1巻　創価学会教学部編　創価学会　1964　1061p　27cm

◇望月仏教大辞典　第9巻　補遺　第1　望月信亨著、塚本善隆増訂　京都　世界聖典刊行協会　1963　569p　図版52p　27cm

◇望月仏教大辞典　第10巻　補遺　第2　望月信亨著、塚本善隆増訂　京都　世界聖典刊行協会　1963　571-1208, 34p　図版55p　27cm

◇新・仏教辞典　石田瑞麿等著　誠信書房　1962　555, 46, 22p　地図　19cm

◇翻訳名義大集—梵蔵漢和四訳対校　榊亮三郎著　鈴木学術財団　1962　2冊（別冊梵蔵索引共）　22cm　（複刊叢書）

◇仏教辞典—翻訳名義大集　梵漢対訳　荻原雲来著　改版　山喜房仏書林　1959　1冊　22cm

◇望月仏教大辞典　第7巻　索引　望月信亨著、塚本善隆増訂　京都　世界聖典刊行協会　1958 2版　192, 15, 49p　26cm

◇望月仏教大辞典　第8巻　補遺冊　望月信亨著、塚本善隆増訂　京都　世界聖典刊行協会　1958　1冊　26cm

◇望月仏教大辞典　第6巻　大年表　望月信亨著、塚本善隆増訂　増訂版　京都　世界聖典刊行協会　1956 4版　458p　26cm

◇仏教学辞典　多屋頼俊、横超慧日、舟橋一哉編　京都　法蔵館　1955　465, 12, 58p　19cm

仏教の研究書・辞典・事典

◇望月仏教大辞典　第2巻　コーシ　望月信亨著，塚本善隆増訂　増訂版　京都　世界聖典刊行協会　1955　984p 図版30枚　26cm
◇織田仏教大辞典　織田得能著　補訂版　大蔵出版社　1954　1冊　22cm
◇望月仏教大辞典　第1巻　アーケ　望月信亨著，塚本善隆増訂　増訂版　京都　世界聖典刊行協会　1954　1011p 図版37枚　26cm
◇望月仏教大辞典　第3-5巻　望月信亨著，塚本善隆増訂　増訂版　京都　世界聖典刊行協会　1954　3冊　26cm
◇仏教新辞典　増谷文雄著　理想社　1953　515p　16cm
◇仏教辞典　宇井伯寿監修，蓮沢成淳等編　東成出版社　1953　1148p 19cm

仏教思想・仏教教理

　仏教思想、教理が扱う範囲は仏教全般といっても差支えないほどに広い。具体的には、仏教概論から大乗仏教、悟り、功徳、布施などの各論まで論究されている。

＊　　＊　　＊

◇サンカーラ（行）とダンマ（法）を観察する―心の安らかさを得るための釈尊の教え　木南秀雄著　広島　きなみ小児矯正歯科研究所　2008.6　431p　22cm　3000円　①978-4-9904005-0-7
◇仏教思想へのいざない―釈尊からアビダルマ・般若・唯識まで　横山紘一著　大法輪閣　2008.5　323, 9p　19cm　2100円　①978-4-8046-1270-6
　内容　第1章 仏教の基本的思想（我の否定　因果法則の重視 ほか）　第2章 部派仏教の思想（こころの分析―アビダルマ思想1　物質の分析―アビダルマ思想2）　第3章 大乗仏教の思想（飽くことなき否定の運動―般若思想　一大唯心論の出現―唯識思想）　第4章 仏教思想の現代的意義（無我・縁起・菩薩の教えに学ぶ）
◇お布施ってなに？―経典に学ぶお布施の話　藤本晃著　国書刊行会　2007.1　172p　19cm　1500円　①978-4-336-04837-0
　内容　1 お布施ってなに？（仏教ではお布施もしっかり定義されている　出家はお布施を語らない　バラモンたちもお釈迦さまに尋ねた ほか）　2 お布施にかかわる三者（お布施する人（施主）　お布施を受ける人　お布施されるもの（施物））　3 お布施の疑問あれこれ（「三輪清浄」のお布施って何？　寄付もお布施？　ダマされてもお布施になる？ ほか）　4 お布施で「自我」の殻を破ろう
◇功徳はなぜ廻向できるの？―先祖供養・施餓鬼・お盆・彼岸の真意　藤本晃著　国書刊行会　2006.8　156p　19cm　1200円　①4-336-04805-3
　内容　先祖供養って意味あるの？　仏教以外の輪廻・死生観はあやふや　仏教が説く輪廻は確認された事実　仏教的に正しい先祖供養の仕方　仏教には先祖供養の話もいっぱい　仏教には施餓鬼供養の話もいっぱい　功徳廻向のメカニズム　じゃ、お盆も施餓鬼供養で先祖供養で功徳廻向なの？　じゃ、彼岸会供養も功徳廻向ね？　でも、中陰は…？　ついでに、年回忌法要やお葬式は？　お釈迦さまや祖師たちの命日や誕生会法要は？　先祖供養や功徳廻向の意義を知って
◇廻向思想の研究―餓鬼救済物語を中心として　藤本晃著　浜松　国際仏教徒協会　2006.6　23, 368p　26cm　（ラトナ仏教叢書1）　5000円　①4-9903148-0-8
◇思想としての仏教入門　末木文美士著　トランスビュー　2006.6　206, 15p　22cm　2400円　①4-901510-41-X
　内容　1 いまなぜ仏教か　2 歴史的概観　3 テキストの森　4 解釈のパラダイム　5 苦悩としての存在　6 言語と存在　7 象徴としての世界　8 心の深層　9 他者と関わる　10 コミュニティの形成　11 超脱の道　12 来世と救済　13 楽観論の陥穽　14 差別と平等　15 思想史の中の仏教
◇宗教を問う―本来の仏教と日本人の心　菅谷章著　原書房　2006.6　406p　22cm　2800円　①4-562-03989-2
　内容　前編 仏教（仏教の伝来とその受容　仏教思想の特質を読み解く　大乗仏教の経典と重要な仏教用語の意味　科学と仏教）　後編 一神教の唯一絶対神の世界を考える（一神教はどのような宗教か　イスラム教はどのような宗教か）
◇仏教の倫理思想―仏典を味読する　宮元啓一著　講談社　2006.4　206p　15cm　（講談社学術文庫）　800円　①4-06-159760-4
　内容　1 ただ独り―『スッタニパータ』「犀の角」　2 高貴な道―『法華経』「方便品」よ

405

仏教の研究書・辞典・事典

り 3 無執著―『金剛般若波羅蜜経』より
◇マンダラという世界 立川武蔵著 講談社 2006.4 212p 19cm (講談社選書メチエ 358) 1500円 ①4-06-258358-5
[内容]第1章 世界に対する態度 第2章 自己空間と他者 第3章 世界の中にあること 第4章 縁起と世界 第5章 自然と神 第6章 行為と存在の弁証法 第7章 『旧約聖書』における世界 第8章 『新約聖書』における世界 第9章 インド思想における世界 第10章 仏教の世界観 第11章 世界としてのマンダラ

◇純粋仏教―セクストスとナーガールジュナとウィトゲンシュタインの狭間で考える 黒崎宏著 春秋社 2005.11 209p 20cm 2300円 ①4-393-32315-7
[内容]序論 セクストスとナーガールジュナ 第1部 セクストスの『概要』(懐疑主義 判断保留に至る方式―ドグマティズム批判 規準 ほか) 第2部 ナーガールジュナの『中論』(原因と結果―不一不異 運動の不在―不生・不住・不滅 認識主体の不在―反要素主義 ほか) 第3部 純粋仏教―セクストスとナーガールジュナとウィトゲンシュタインの狭間で考える(八不 純粋仏教 世俗諦と勝義諦) 結語 いかに生きるべきか 付論 ナーガセーナと人間機械論批判

◇少年少女の仏教―生きるって、なに? 土屋昭之著 新装版 朝日新聞社 2005.10 150p 20cm 952円 ①4-02-250063-8
[内容]第1章 いきいきと生きる("人間"に生まれた! わたしは"宇宙" ほか) 第2章 仏教って、なんだ?("仏教"ということ 仏教を開いた人は? ほか) 第3章 わずらいや悩みは、真理に出会う扉("苦"の源は、わたしの中に潜んでいる お釈迦さまの思索―四苦八苦のなかで生きる ほか) 第4章 仏教の"根っこ"(人を見て法を説く 「壽・いのち」が仏教の"根っこ" ほか)

◇図解運命は変えられる―セルフ・コントロールのパワー 目からウロコの編集部運命研究班編 第三文明社 2005.9 96p 26cm (目からウロコのさんぷん図解) 1000円 ①4-476-13009-7

◇中村元―仏教の教え人生の知恵 河出書房新社 2005.9 199p 21cm (Kawade道の手帖) 1500円 ①4-309-74004-9
[内容]エッセイ(生涯現役の学徒(日野原重明) 大樹・中村元先生(梅原猛) ほか) 対談 偉大な学者 偉大な人間―インド学から世界思想への道(奈良康明 峰島旭雄) 論考(中村先生の個性とその仏教学の永遠に反駁を許さぬ存在意義について(津田眞一) この巨大な思考(松枝到) ほか) 中村元コレクション(アメリカ精神と仏教思想 靖国問題と宗教 ほか) はじめての人のための中村学入門(中村元先生のインド古代史研究について(辛島昇) 中村元先生と近・現代インド思想(山口泰司) ほか)

◇ブッダ論理学五つの難問 石飛道子著 講談社 2005.7 210p 19cm (講談社選書メチエ 335) 1500円 ①4-06-258335-6
[内容]序論 論理の語り方 第1章 現代論理学は一切を語れるわけではない―一切を知る者であるとブッダが言ったこと 第2章 ブッダ難問に答える(なぜ西洋論理学では因果を語ることができないか―生ずる性質のものは滅する性質のものである ブッダはどのようにして一切を語るのか―討論を通じてともに語るにふさわしい人は 語りえぬものには沈黙せねばならないか―ただ感受されたもの、渇愛にいたるもの、悩みもだえだけのものである 因果の道を行くものはなぜ愚か者であってはならないのか―自己を愛し求めるものは他を害してはならない 因果の理法によって生きる者には自己は語りえないか―「尊師よ、誰かが識別作用という食べ物を食べるのですか」「正しい問いではない」と尊師は言った)

◇初歩唯識入門―仏教における「こころ」と「からだ」 岩田諦靜著 山喜房佛書林 2005.5 151p 19cm 2200円 ①4-7963-0122-4

◇バウッダ 三枝充悳著 京都 法藏館 2004.12 477, 13p 22cm (三枝充悳著作集 第3巻) 13000円 ①4-8318-3368-1
[内容]バウッダ(阿含経典―釈尊の教え 大乗経典―諸仏・諸菩薩の教え 経典読誦のすすめ) インド仏教史の時代区分とブッダ観(インド仏教史の三分割 「原始仏教」を「初期仏教」に インド仏教史の時代区分とブッダ観の展開 ブッダと諸仏) ブッダ総論(釈尊と人間形成 ブッダ総論)

◇ブッダが考えたこと―これが最初の仏教だ 宮元啓一著 春秋社 2004.11 216p 20cm 1800円 ①4-393-13520-2
[内容]第1章 輪廻思想と出家の出現―仏教誕生の土壌 第2章 苦楽中道―ゴータマ・ブッダは何を発見したのか 第3章 経験論とゴータマ・ブッダの全知者性 第4章 修行完成者

の生き方―ゴータマ・ブッダのプラグマティズム　第5章 苦、無常、非我　第6章 非人情、すなわち哲学

◇少年少女の仏教―生きるって、なに？　土屋昭之著　〔三島〕　土屋昭之　2004.9　150p　19cm　600円
①4-02-100092-5
[内容]第1章 いきいきと生きる（"人間"に生まれた！　わたしは"宇宙"　死から生）　第2章 仏教って、なんだ？（"仏教"ということ　仏教を開いた人は？　仏教が伝来した理由　仏教とは、どんな教え？）　第3章 わずらいや悩みは、真理に出会う扉（"苦"の源は、わたしの中に潜んでいる　お釈迦さまの思索―四苦八苦のなかで生きる　わたしの「出家」　わずらいや悩みを「軽微―かるく」する）　第4章 仏教の"根っこ"（人を見て法を説く　「寿・いのち」が仏教の"根っこ"　経典における「壽」　人身受け難し、いますでに聞く。）

◇運命は変えられる―セルフ・コントロールのパワー　川田洋一著　第三文明社　2004.6　199p　19cm　1000円
①4-476-06195-8

◇初期仏教の思想　三枝充悳著　京都　法藏館　2004.6　729, 8, 15p　22cm　（三枝充悳著作集　第2巻）　19000円
①4-8318-3367-3
[内容]序論第1 古ウパニシャッドと初期仏教（従来の研究　形而上学と無記―両者の根本的立場　ブラフマンと梵天　アートマンと無我）　序論第2 初期仏教思想研究の方法論（初期仏教の定義に関連して　資料の扱いについて―中村元博士説の紹介と検討　初期仏教思想研究の方法論―資料の扱いに関する私見）　本論 初期仏教の思想（基本的立場　こころ　苦　苦の本質　無常　無我　四諦　八正道　縁起説　ニルヴァーナ）　付篇第1 相応部の経の数について　付篇第2 雑阿含経の経の数について

◇仏教思想論　上　松本史朗著　大蔵出版　2004.4　497p　22cm　10000円
①4-8043-0559-9
[内容]第1章 仏教の批判的考察（仏教解明の方法―中村元説批判　苦行と禅―無執着主義　『スッタニパータ』の非仏教性―苦行者文学ほか）　第2章 瑜伽行派とdhātu-vāda（dhātu-vādaの仮説について　本性住種姓について　『宝性論』における"prakrti"の基体性　ほか）　第3章 アーラヤ識に関する一考察―ātma-bhāvaとālaya-vijñāna（『解深密経』「心意識相品」中心部分の考察　ātma-bhāvaの意味

◇仏教の唯識に学ぶ―科学者が説く倫理喪失時代の哲学　泉美治著　学会出版センター　2004.4　162p　19cm　1800円
①4-7622-3024-3
[内容]1章 禅と日本文化、そして創造を考える　2章 釈迦の覚とガリレオの発見―仏教とは　3章 縁あっての存在　4章 唯識とは―三界唯心　5章 言葉のかかわる脳の機能―意識（第六識）と心所、阿頼耶識（第八識）　6章 本能がかかわる認識機能―末那識（第七識）　7章 創造と唯識　8章 科学・宗教・倫理　9章 死生観　10章 生命倫理について　11章 節度ある創造的科学時代に

◇フィーリング・ブッダ―仏教への序章　デイビッド・ブレイジャー著, 藤田一照訳　四季社　2004.2　365p　20cm　（世界からの仏教2（イギリス篇））　1900円
①4-88405-252-8
[内容]第1部 智慧の誕生（中に砂粒がなければ真珠はできない　あたりまえの人生を生きる勇気　ほか）　第2部 生きる苦難（人生から学ぶ　苦聖諦に関するいくつかの問題点　ほか）　第3部 感情（感情を持つ自由　助けを求めること　ほか）　第4部 品性（炎を飼い馴らす　形而上学に拠らない精神　ほか）　第5部 道（方向を見出す　大きな物語　ほか）

◇ゴータマ・ブッダの仏教　羽矢辰夫著　春秋社　2003.12　224p　20cm　2000円
①4-393-13514-8
[内容]第1章 ブッダの真理と沈黙　第2章 ブッダの不死とダンマ　第3章 ブッダのさとりと縁起　第4章 ブッダの苦しみと因縁　第5章 ブッダの無常と非我　第6章 ブッダの三つの眼　第7章 ブッダの統合と超越

◇現代の無我論―古典仏教と哲学　槻木裕著　京都　晃洋書房　2003.11　277, 4p　22cm　2900円　①4-7710-1475-2
[内容]無我の境地という文化的理想と個我の問題　第1部 空とことばと矛盾律と（説一切有部の存在論　空という理念と日常言語　空へと至る基本的論理　空の境地といわゆる「無」について）　第2部 行為主体の問題と無我論（反照的自己意識と自己同一性の問題から仏教へ　自己とは何か？）　第3部 生活のなかの汎因果論（不条理と不安定な自己理解―カミュの『異邦人』から　自由の問題と汎因果論の位置）

◇露現と覆蔵―現象学から宗教哲学へ　井上克人著　吹田　関西大学東西学術研究所　2003.2　369p　22cm　（関西大学東西学術研究所研究叢刊20）　4800円

407

仏教の研究書・辞典・事典

①4-87354-370-3
◇あなたも"釈迦"になれる―日本の「仏教」は真の仏教ではなかった　宗像純著　碧天舎　2002.10　179p　19cm　1000円
①4-88346-126-2
[内容]第1章 ゴータマ・シッダルタはどう生きたか　第2章 日本伝来の仏教は釈迦の教えではなかった　第3章 人間観の基本としての釈迦十二縁起説　第4章 釈迦に辿り着こうとした人びと　第5章 親子と死における時間的忍耐と努力　第6章 死とは何か？死後に何があるか？　第7章 釈迦の価値観とはどんなものなのか？　第8章 生老病死、愛別離苦、求不得苦、怨憎会苦　第9章 見るため、知るために旅の心を忘れるな

◇ブッタと合理論　波戸英明著　新風舎　2002.10　144p　19cm　(Shinpûbooks)　1400円　①4-7974-2269-6
[内容]第1章 哲学の逆転と失われた理性(梵)開拓　第2章 哲学・世界観の「大原則」と客観的認識及び仏国土の関係　第3章 此の世は闇か？　第4章 釈迦の悟りとニルヴァナ　第5章 生老病死の四苦　第6章 四法印と清浄行　第7章 成道の平等と逆さ弊害　第8章「現実」(＝理想)化時代と合理

◇元曉佛学思想研究　金勲著　八尾　大阪経済法科大学アジア研究所　2002.5　258p　22cm　(大阪経済法科大学アジア研究所研究叢書 10)　3500円
①4-87204-111-9
[内容]第1章 元曉の生涯と著述　第2章 一心無心　第3章 仏乗無乗　第4章 往生無生　第5章 帰一心源　第6章 元曉不羈　第7章 和靜無諍　第8章 会三帰一　第9章 東アジア仏教史における元曉の位置　結論 無諍の世界を目指して

◇ダルマの実践―現代人のための目覚めと自由への指針　スティーブン・バチェラー著, 藤田一照訳　四季社　2002.5　279p　20cm　(世界からの仏教 1(アメリカ篇))　1900円　①4-88405-132-7
[内容]第1部 ダルマの実践の基盤となるもの(目覚め　不可知主義　苦悩 ほか)　第2部 ダルマの実践がたどる道(気づき　生成　空 ほか)　第3部 ダルマの実践の結実(自由　構想力　文化)

◇仏教のコスモロジー　W.ランドルフ・クレツリ著, 瀧川郁久訳　春秋社　2002.5　267,9p　20cm　2500円
①4-393-11210-5
[内容]第1章 仏教の思想と宇宙論　第2章 須弥山世界の宇宙論―単一の世界　第3章「千の宇宙論」――一から多へ、多から一へ　第4章「千の宇宙論」のドラマと「道」　第5章「無数の宇宙論」と光の教え　第6章「無数の宇宙論」の終末論―ガンガー河の砂の数ほどのブッダたち　第7章 結論―運動と光明

◇だれにでもわかる永遠の生命―なぜ人間は死ぬのか　川田洋一著　第三文明社　2001.11　189p　18cm　1000円
①4-476-06153-2

◇仏教思想の世界化　矢野宗深著, 三浦明子訳　但東町(兵庫県)　仏教プロジェクトセンター　2001.11　23p　22×22cm

◇はじめての唯識　多川俊映著　春秋社　2001.10　272p　20cm　1800円
①4-393-13504-0
[内容]第1章 唯識ということ　第2章 心の構造　第3章 心のはたらき　第4章 経験の蓄積―心の潜在的な領域1　第5章 ものごとの生起　第6章 利己性にうごめく深い自己―心の潜在的な領域2　第7章 さまざまに判断する心　第8章 五感の作用　第9章 私はだれか　第10章 仏との距離　終章 唯識と現代

◇仏教における「こころ」と「からだ」―初歩唯識入門　岩田諦靜著　山喜房佛書林　2001.9　120p　19cm　2200円
①4-7963-0122-4

◇無我の悟り　渡辺中著　藤沢　武田出版　2001.9　266p　21cm　1400円
①4-434-01204-5
[内容]第1章 無我の悟り　第2章 無我に接近した西洋の哲学者　第3章 ゴータマの悟った無我　第4章 ゴータマの悟った無我を闡明にしたナーガールジュナ　第5章 仏典の混乱を正す　第6章 空の悟り　第7章「宗教」と相容れない覚者の悟り　第8章 解脱・涅槃(ニルヴァーナ)　第9章 理解から悟り及び解脱・涅槃へ、いかに修行するか

◇唯識思想　高崎直道編　春秋社　2001.9　301p　20cm　3200円　①4-393-10154-5
[内容]1 瑜伽行派の形成　2 瑜伽行派の文献　3 唯識説の体系の成立　4 世親の識転変　5 唯識の実践　6 無相唯識と有相唯識　7 中観と唯識　8 瑜伽行唯識から密教へ　9 地論宗・摂論宗・法相宗

◇なぜ悟りを目指すべきなのか―無常を知って無限の自由を獲得する　アルボムッレ・スマナサーラ監修, 日本テーラワーダ仏教協会出版広報部編　日本テーラワーダ仏教協会　2001.8　187p

18cm （シリーズ心を育てる本 23） 750円 Ⓘ4-902092-03-4

◇唯識思想論考 袴谷憲昭著 大蔵出版 2001.8 840p 22cm 16000円 Ⓘ4-8043-0549-1
[内容] 序論 インド仏教思想史におけるYogācaraの位置(インド仏教思想と教団 四依説と大乗非仏説論 ほか) 第1部 文献と伝承(瑜伽行派の文献 敦煌出土チベット語唯識文献 ほか) 第2部 文献研究(三乗説の一典拠—Aksarāśi- sūtraとBahudhātuka-sūtra Bhavasamkrāntisūtra—解説および和訳 ほか) 第3部 思想研究(Pūrvācārya考 滅尽定—唯識説におけるその歴史的意義 ほか)

◇唯識の構造 竹村牧男著 新装 春秋社 2001.8 226p 20cm 2200円 Ⓘ4-393-13246-7
[内容] 序章 ニヒリズムと唯識 第1章 唯識ということ 第2章 言語と存在 第3章 存在の科学 第4章 実存と唯識 第5章 修道の理路 第6章 一真法界の哲学

◇生命は永遠か—「生も歓喜・死も歓喜」の哲学 川田洋一著 第三文明社 2001.4 205p 18cm 950円 Ⓘ4-476-06162-1

◇仏教からみた往生思想 小川一乗著 京都 法藏館 2001.3 84p 19cm 952円 Ⓘ4-8318-8659-9

◇仏教思想 末木文美士著 改訂版 放送大学教育振興会 2001.3 163p 21cm （放送大学教材 2001） 1800円 Ⓘ4-595-55114-2

◇仏教的ものの見方—仏教の原点を探る 森章司著 国書刊行会 2001.3 215, 7p 21cm 1500円 Ⓘ4-336-04277-2
[内容] 序章 仏教の原点を探る 第1章 仏教的ものの見方の基礎 第2章 仏教の人間観 第3章 仏教の仏・菩薩観 第4章 仏教の世界観 第5章 仏教の人生観 結章 仏教的ものの見方・生き方

◇中道の倫理的価値 2 猿渡貞男著 岐阜 愛和印刷 2000.12 207p 22cm 2300円

◇煩悩—百八つの怒り・欲望・悩みはこんなにも奥深い！ 松原哲明著 すばる舎 2000.12 236p 19cm 1500円 Ⓘ4-88399-099-0
[内容] 其の0 煩悩諸説 其の1 貪 其の2 瞋 其の3 痴 其の4 慢 其の5 疑 其の6 見 其の7 六根・六入

◇法と行の思想としての仏教 小谷信千代著 京都 文栄堂書店 2000.8 288, 89p 22cm 6200円

◇論義の研究 智山勧学会編 青史出版 2000.3 374p 22cm 8500円 Ⓘ4-921145-04-0

◇生死観と仏教—人の死とは何か 平凡社 2000.2 331p 22cm （現代日本と仏教 第1巻） 4200円 Ⓘ4-582-73617-3

◇刹那滅の研究 谷貞志著 春秋社 2000.2 760p 23cm 28000円 Ⓘ4-393-11117-6

◇迷いから悟りへの十二章 田上太秀著 日本放送出版協会 1999.12 363p 16cm （NHKライブラリー） 1070円 Ⓘ4-14-084110-9
[内容] はじめに 釈尊の教え・四つの真理 第1章 世間は燃えている 第2章 因果に私なし 第3章 無明の酒に酔う 第4章 浮き世は夢のごとし 第5章 解脱は一味なり 第6章 世間は心の産物 第7章 この身は不浄の皮袋 第8章 仏も昔は凡夫なり 第9章 垢も身のうち 第10章 薬もすぎれば毒となる 第11章 情けは人の為ならず 第12章 ひたすらゆだねる

◇仏教とはなにか—その思想を検証する 大正大学仏教学科編 大法輪閣 1999.6 309p 21cm 1800円 Ⓘ4-8046-1154-1
[内容] 第1章 古代インドの思想 第2章 大乗仏教の思想 第3章 大乗経典の成立と展開 第4章 大乗仏教思想の展開 第5章 日本仏教を形作った思想家たち 第6章 その他の国々の仏教思想

◇釈迦の教え—Gotama buddism—は、文献的にどう成立しているか。 永野武著 〔町田〕 宗教でないシャカを学ぶ会 1998.12 152p 26cm 非売品

◇アーラヤ的世界とその神—仏教思想像の転回 津田眞一著 大蔵出版 1998.7 418p 22cm 7000円 Ⓘ4-8043-0539-4
[内容] 1 釈迦の仏教学からプルシャの仏教学へ—山折哲雄(国際日本文化センター)教授との対談より 2 縁起説のさらなる根拠について—法(dharma)の構造とその思想的意味 3『般若経』から『華厳経』へ—大乗仏教の世界観とその思想的制約 4 無明とは何か—奈良康明博士『仏教討論集・ブッダから道元へ』より 5「開放系の思想」と「大地」の意義—日本密教学会第二十三回学

仏教の研究書・辞典・事典

術大会記念シンポジウム「密教と自然」より　6 dhātuの本質と構造—有の仏教学から神の仏教学へ

◇仏教の考え方　村上真完著　国書刊行会　1998.6　323, 63p　21cm　2700円　ⓘ4-336-04069-9
[内容]序章　仏教とインド思想　第1章　初期仏教の思想　第2章　大乗仏教の思想　第3章　日本仏教の思想　終章　余論（回顧と展望）

◇ブッダの哲学—現代思想としての仏教　立川武蔵著　京都　法藏館　1998.6　227p　20cm　2600円　ⓘ4-8318-7236-9
[内容]第1章　現代仏教の問題　第2章　浄土とマンダラ　第3章　自己を問うこと　第4章　死の考察—自己の死と向き合う　第5章　宗教的決断における意志と時間　第6章　自己空間と行為の基準　第7章　縁起と時間　第8章　自己空間と縁起　第9章　自然と縁起—日本仏教における自然　第10章　縁起という哲学—キリスト教的伝統からの問いに答える

◇根本仏教の教理と実践　宮地廓慧著　京都　永田文昌堂　1997.8　396p　22cm　10000円　ⓘ4-8162-1127-6

◇仏教思想　末木文美士著　放送大学教育振興会　1997.3　162p　21cm　（放送大学教材 1997）　1600円　ⓘ4-595-87604-1

◇仏教教理研究　水野弘元著　春秋社　1997.2　445, 28p　22cm　（水野弘元著作選集　第2巻）　12000円　ⓘ4-393-11137-0
[内容]原始仏教における生命観　原始仏教における心　原始仏教および部派仏教における般若について　原始仏教におけるさとり証悟について　業について　業に関する若干の考察　根 Indriyaについて　心性本浄の意味　無我と空〔ほか〕

◇「さとり」と「廻向」—大乗仏教の成立　梶山雄一著　京都　人文書院　1997.1　214p　20cm　2266円　ⓘ4-409-41065-2
[内容]仏教の終末論　序　心の三角形　1　ブッダとイエス　2　仏伝・福音書比較研究の衰微と復権　3　西アジアとインド　4　大乗仏教の出現　5　廻向の宗教　6　「空」のさとり

◇仏教思想の根本問題—縁起と空　菅谷章著　原書房　1997.1　268, 13p　22cm　3400円　ⓘ4-562-02889-0
[内容]第1部　仏教を正しく理解するために　第2部　釈尊の生涯と仏典の成立　第3部　仏教思想の特質　第4部　縁起と空　第5部　仏道の実践

◇知恵と慈悲〈ブッダ〉増谷文雄, 梅原猛著　角川書店　1996.12　349p　15cm　（角川文庫）　800円　ⓘ4-04-198501-3

◇ゆずれば無我か　横山紘一著　佼成出版社　1996.11　205p　19cm　1359円　ⓘ4-333-01831-5
[内容]第1章　無我とはなにか（我他彼此の世界　雪の波紋　釈尊の説いた無我　ほか）　第2章　無我の境地（ことばを離れる　末那職を削る　無心と無我　ほか）　第3章　どうすれば無我になれるか（息を吐き尽くす　表層からの自己改革　視点を変える無我の行　ほか）　第4章　無我のすすめ（教育の中の自己発見　無構えの対話授業　吼える会　ほか）

◇Gotama Buddhism—四つの真理・八正道・縁起　永野武著　木津町（京都府）ゴータマブディズムの会　1996.10　61p　26cm　非売品

◇知の体系—迷いを超える唯識のメカニズム　竹村牧男著　佼成出版社　1996.6　238p　20cm　1800円　ⓘ4-333-01804-8
[内容]序章　現代社会と仏教　第1章　唯識の歴史　第2章　唯識思想の眼目　第3章　影像門の唯識　第4章　縁起門の唯識　第5章　三性門の唯識　第6章　法相門の唯識　第7章　仏果門の唯識　第8章　修道門の唯識　まとめ　唯識の意義

◇仏教入門　1　小乗仏教の思想　小松賢寿著　浦和　桜書房　1996.6　123p　20cm　2000円　ⓘ4-916119-02-9

◇仏教入門　2　大乗仏教の思想　小松賢寿著　浦和　桜書房　1996.6　133p　20cm　2000円　ⓘ4-916119-03-7

◇バウッダ—仏教　中村元, 三枝充悳著　小学館　1996.4　486p　16cm　（小学館ライブラリー）　1200円　ⓘ4-09-460080-9

◇現代仏教思想入門　吉田久一編・解説　筑摩書房　1996.2　312p　22cm　3500円　ⓘ4-480-84241-1
[内容]解説と解題・現代仏教思想入門　1　現代仏教思想の系譜　2　現代仏教思想の伝統と革新　3　現代信仰の諸相　4　現代仏教の社会思想

◇仏教読本—釈尊と十大弟子との対話より　ドイツ「恵光」日本文化センター建立奉讃　1996.2　191p　18cm

◇Gotama Buddhism—四諦・八正道・縁起　永野武著　鎌倉　平安会　1996.1

仏教の研究書・辞典・事典

103p　26cm　非売品
◇輪廻のはなし　ひろさちや原作, 吉森みき男漫画　鈴木出版　1995.9　153p　22cm　（仏教コミックス 14）　1200円
①4-7902-1921-6
◇仏教の大意　鈴木大拙著　京都　法蔵館　1995.8　126p　20cm　1500円
①4-8318-7111-7
◇実在という概念　小川ルリ子著　近代文芸社　1995.5　268p　20cm　1500円
①4-7733-4182-3
　内容　プラグマティズムの格率と仏教　第1章　実在という概念　第2章「根本的経験論」と社会的自己（「根本的経験論」と社会的自己　仏教的自他　カントとベルクソン　「魂」と「自我自体」）　第3章　仏教的自他　第4章　禅における論理の否定　第5章　宗教論, 物自体, 人権について　第6章　虚構とそうでないもの
◇原始仏教から阿毘達磨への仏教教理の研究　森章司著　東京堂出版　1995.3　703, 22p　22cm　16000円
①4-490-20264-4
◇初期仏教の思想　上　三枝充悳著　第三文明社　1995.3　220p　18cm　（レグルス文庫 211）　900円　①4-476-01211-6
　内容　序論　初期仏教と古ウパニシャッド（従来の諸研究　形而上学と無記—両者の根本的立場　ブラフマンと梵天　アートマンと無我）　本論　初期仏教の思想（基本的立場　こころ）
◇初期仏教の思想　中　三枝充悳著　第三文明社　1995.3　p221〜490　18cm　（レグルス文庫 212）　1000円
①4-476-01212-4
　内容　苦　苦の本質　無常　無我
◇初期仏教の思想　下　三枝充悳著　第三文明社　1995.3　768, 9, 34p　18cm　（レグルス文庫 213）　1000円
①4-476-01213-2
◇仏教思想の現在　峰島旭雄, 芹川博通編著　北樹出版　1994.6　286p　20cm　2600円　①4-89384-362-1
　内容　序説（仏教とは何か—比較思想の視座から　仏教思想と論理—西洋の論理との対比）　1 ブッダと初期仏教の思想（ブッダの生涯と初期仏教の特色　四諦八正道　十二縁起—人間存在の関係性　三法印　戒律の思想　アビダルマの思想）　2 大乗仏教の思想（大乗仏教とは何か　般若・中観の思想　唯

識瑜伽行派の思想　如来蔵の思想　菩薩道の思想　密教の思想）　3 中国・日本の仏教思想（中国・日本への仏教の展開　天台の思想　禅の思想　華厳の思想　真言の思想　浄土の思想）
◇チベット論理学研究　第6巻　正しい認識手段についての論理の宝庫—第五章「シニフィエとシニフィアン」テキスト・和訳・注解　サキャ・パンディタ著, 福田洋一訳　東洋文庫　1994.3　57p　26cm　（Studia Tibetica no.29）　非売品
◇現代語仏教聖典　第1輯（釈尊篇）　第18版　日本仏教文化協会　1994.2　395p　15cm
◇仏教と儒教　荒木見悟著　新版　研文出版　1993.11　435, 21p　22cm　9785円
①4-87636-114-2
　内容　序論　本来性と現実性　第1章　華厳経の哲学　第2章　円覚経の哲学　第3章　朱子の哲学　第4章　王陽明の哲学
◇チベット論理学研究　第5巻　正しい認識手段についての論理の宝庫—第四章「〈顕現〉と〈他者の排除〉」テキスト・和訳・注解　2　チベット論理学研究会著　サキャ・パンディタ著, 福田洋一ほか訳　東洋文庫　1993.3　88p　26cm　（Studia Tibetica no.27）　非売品
◇仏教教育学序説　太田清史著　京都　同朋舎出版　1993.3　244p　22cm　4000円　①4-8104-1299-7
　内容　仏教思想　仏教教育の目標　現代の検証　仏教教育の実践—宗教的人格の解明
◇仏教における心と形　日本仏教学会編　京都　平楽寺書店　1992.10　280, 90p　22cm　6800円　①4-8313-1006-9
　内容　浄土教における心と形—特に来迎と帰来迎について　真俗二諦管見　その1—浄土真宗の真諦（信心）と俗諦（世法）　真宗の本尊について　本願の仏道　曇鸞から道綽へ—五念門と十念　月輪に見る心の形容　日蓮における観心法門の有相化　法相と唯識観　証空の事相教旨　日本天台における有相三密方便説—「兼存有相説」の解釈をめぐって　禅における仏心の参究とその具象的表現の様式　禅林墨蹟　唯識説における心と身体について　起りしものの滅びの論理　インド後期密教における教理と造形—devatāとそのイコンをめぐって　密教儀礼におけるイメージの重層性　マンダラと八大菩薩　密教の尊像と三昧耶形〔ほか〕
◇ブッダの世界　玉城康四郎, 木村清孝著

411

仏教の研究書・辞典・事典

日本放送出版協会　1992.10　219p　19cm　（NHKブックス 633）　830円　①4-14-001633-7
[内容]仏教の全体像　さまざまな仏典　1 智慧海の如く　2 苦しみを超えて　3 信は功徳の母たり　4 深き恵みの露　5 無量のたから　6 我を照らすもの　7 智慧の完成　8 限りなき因縁　9 菩薩の道　10 永遠のいのち　11 黄金の釘

◇仏教の思想　下巻　梅原猛著　角川書店　1992.6　370p　15cm　（角川文庫）　600円　①4-04-181505-3
[内容]第1章 死の哲学から生の哲学へ―生命の哲学としての密教　第2章 親鸞と『教行信証』　第3章 道元の人生と思想　第4章 日蓮の人生と思想

◇仏教思想　11　信　仏教思想研究会編　京都　平楽寺書店　1992.5　463p　22cm　6600円　①4-8313-1003-4
[内容]「信」の基本的意義 中村元著．原始仏教における信 藤田宏達著．初期大乗経典にあらわれた信 勝呂信靜著．大乗菩薩行と信 小谷信千代著．如来蔵説と唯識説における信の構造 袴谷憲昭著．古典インドにみる信仰 松濤誠達著．スリランカ仏教における信仰形態 橘堂正弘著．華厳教学における信 吉津宜英著．曇鸞浄土教における信 藤堂恭俊著．天台の信 田村晃祐著．真言宗の信仰 頼富本宏著．浄土宗の信仰 高橋弘次著．真宗の信仰 細川行信著．臨済禅における信と信仰 平野宗淨著．曹洞宗の信仰 桜井秀雄著．日蓮の法華信仰 浅井円道著

◇仏教の思想　上巻　梅原猛著　角川書店　1992.5　383p　15cm　（角川文庫）　600円　①4-04-181504-5
[内容]第1章 仏教の現代的意義（現代と仏教―新しい思想原理の創造　生死の問題―ソクラテス、キリスト、釈迦の死の違い　慈悲とは何か―キリスト教の愛との比較　業について―新しい歴史観）　第2章 三国伝来の仏教（インドの劇詩―法華経　中国の思弁哲学―天台智顗　日本の内面道徳―最澄）　第3章 絶対自由の哲学（厭世観の克服―『大乗起信論』　価値の世界を越えて―『六祖壇経』　深淵上の自由自在―『臨済録』　ユーモアと論理―『碧巌録』と『無門関』）　第4章 仏教のニヒリズムとロマンティシズム（鳩摩羅什―煩悩の聖者　曇鸞―ユートピアの創造　道綽、善導―浄土の欣求）

◇科学者の説く仏教とその哲学―創造と国際化のために　泉美治著　学会出版センター　1992.4　258p　20cm　3800円　①4-7622-4671-9
[内容]愛の創造と悲の創造―日本人の心　神無月―人の心と宗教　鯨の笑いと牛の涙―国際性とは　釈迦の覚　仏教とわが国　仏教哲学とは―存在の分析　コップとは何か？―倶舎とは　再びコップとは何か？―唯識とは　複素数の哲学―ダルマについて　唯識の世界―四分三類境　感覚機能―前五識　言葉で働く脳の機能―第六識〔ほか〕

◇チベット論理学研究　第4巻　正しい認識手段についての論理の宝庫―第四章「〈顕現〉と〈他者の排除〉」テキスト・和訳・注解　1　チベット論理学研究会著　サキャ・パンディタ著, 福田洋一ほか訳　東洋文庫　1992.3　85p　26cm　（Studia Tibetica no.25）　非売品

◇唯識入門　高崎直道著　春秋社　1992.3　231p　20cm　（仏教・入門シリーズ）　1900円　①4-393-13253-X
[内容]序章 唯識思想の成り立ち　第1章 虚妄分別とはなにか　第2章 認識の構造　第3章 さとりのプロセス　第4章 識と縁起　第5章 識のはたらき　第6章 唯識の修行論

◇一切智思想の研究　川崎信定著　春秋社　1992.2　548p　23cm　16000円　①4-393-11180-X

◇宗教経験の哲学―浄土教世界の解明　気多雅子著　創文社　1992.2　276, 11p　22cm　4120円　①4-423-23016-X
[内容]第1章 宗教哲学の可能性　第2章 宗教における個体性と普遍性　第3章 言葉と宗教経験―名号の場合　第4章 非僧非俗　第5章 悪と救済　第6章 浄土―救済する世界

◇チベット論理学研究　第3巻　正しい認識手段についての論理の宝庫―第三章「普遍と特殊」テキスト・和訳・注解　チベット論理学研究会著　サキャ・パンディタ著, 福田洋一ほか訳　東洋文庫　1991.3　85p　26cm　（Studia Tibetica no.21）　非売品

◇本覚思想の源流と展開　浅井円道編　京都　平楽寺書店　1991.1　474, 21p　23cm　（法華経研究 11）　12360円

◇新しい仏教の探求―ダンマに生きる　玉城康四郎著　大蔵出版　1990.10　205p　20cm　1854円　①4-8043-2011-3
[内容]第1部 宇宙のなかの仏教（ヒトから宇宙の始まりへ　仏道の展開　大乗の諸経典）　第2部 新教相判釈〈新教判〉の根拠（ブッダの解説　小乗から大乗へ、そして永遠に　旧

仏教の研究書・辞典・事典

教判の回顧　新教判の必然性　新教判の根拠　根拠への道すじ―すべての行道を煮つめていく　新教判の1つの瞥見）　第3部 仏教と現代の問題(物への偏重の多重構造　仏教と現代の生命観　仏教と科学）

◇菩提心の研究　田上太秀著　東京書籍　1990.9　537p　22cm　8500円
①4-487-74654-X
[内容]第1章 原始経典における「菩提心」　第2章 阿毘達磨仏教における菩提心の問題　第3章『大事』における菩提心の用語　第4章 ボーディチッタ(bodhicitta)の漢訳語とその用例　第5章 菩提心の大乗的性格と機能　第6章 大乗経典における菩提心思想　第7章 大乗仏教論書における菩提心思想　第8章 密教における菩提心思想　付録 原始仏教教団における出家の諸様相について

◇仏教の生命観　日本仏教学会編　京都　平楽寺書店　1990.8　370, 68p　22cm　7000円

◇空と無我―仏教の言語観　定方晟著　講談社　1990.5　203p　18cm　(講談社現代新書)　550円　①4-06-148997-6
[内容]1 自分とはなにか　2 自我から無我へ　3 ほかのたとえ―無我と輪廻　4 存在の研究―アビダルマ　5 空の思想　6 ナーガルジュナの『中論』　7 行くものは行かず　8 二つの真理　9 唯識思想の誤謬　10 空思想は神秘主義にあらず　11 無我の実践

◇チベット論理学研究　第2巻 正しい認識手段についての論理の宝庫―第二章「意識」テキスト・和訳・注解　チベット論理学研究会　サキャ・パンディタ著, 福田洋一ほか訳　東洋文庫　1990.3　100p　26cm　(Studia Tibetica no.19)　非売品

◇本覚思想批判　袴谷憲昭著　大蔵出版　1990.2　420p　22cm　5974円
①4-8043-0517-3

◇仏教思想の発見―仏教的ものの見方　森章司著　渓水社　1990.1　272p　20cm　2500円　①4-89287-186-9
[内容]序章 仏教の味わい方―うまいものの味　第1章 仏教の真実観―眼横鼻直　第2章 仏教の人間観―盲亀浮木　第3章 仏教の仏陀観―譬如甘蔗稲麻叢林　第4章 仏教の世界観―因陀羅網　第5章 仏教の人生観―如種苦種　結章 仏教的ものの見方――文不知尼入道

◇輪廻の思想　梶山雄一著　京都　人文書院　1989.11　266p　20cm　1947円

①4-409-41045-8
[内容]輪廻の思想―インド・中国・日本　仏塔信仰と大乗仏教　菩薩の平和思想　ブッダとイエス　本願力ということ　親鸞の仏陀願　親鸞における信心の深化　マングース物語　人と猿と神　仏教における非神話化　不老長寿　蚕と蜘蛛―追悼 抱石庵 久松真一先生　海外の三人の師　無相さんと私　木村無相『念仏詩抄』　山頭火と私　〔ほか〕

◇四諦の教え―仏道のキィー・ポイント　西嶋和夫著　金沢文庫　1989.9　264p　19cm　(仏道講話2)　1200円
①4-87339-021-4
[内容]四諦の教え　掛橋となる「四諦の教え」　苦諦の教え　集諦の教え　滅諦の教え　道諦の教え

◇仏教の思考構造　湯田豊著　鈴木出版　1989.6　253p　22cm　2575円
①4-7902-1027-8
[内容]プロローグ 仏教の学び方　小乗仏教(生きることは苦しみである　再生の原因としての渇き　縁起―輪廻の基礎理論　解脱への道　快楽原理としての涅槃　本来的自己の否定)　大乗仏教の基本教理(二つの仏教―その相違点および共通点　大乗仏教の基本教理　解脱から大乗への道)　大乗仏教哲学学派(中観の体系　唯識の体系　密教および東アジアの仏教)　エピローグ 回顧と眺望

◇仏陀さとりへの道―自明灯の秘力を解く　西垣広幸著　同友館　1989.5　188p　19cm　1500円　①4-496-01512-9
[内容]悟りは至福への道　悟りの道は冒険の道　苦行は無駄ではない　仏陀の教えの四諦　仏陀の教えを実践する　エネルギーの温存と超越

◇哲学の力―諸論・資料集　松原澄子編著　日本哲学研究所　1989.4　244p　22cm　3000円

◇唯識十章　多川俊映著　春秋社　1989.4　254p　20cm　1700円　①4-393-13239-4
[内容]唯識ということ　心の構造　心のはたらき　経験の蓄積―心の潜在的な領域〈1〉　ものごとの生起　利己性にうごめく深い自己―心の潜在的な領域〈2〉　さまざまに判断する心　五感の作用　私はだれか　仏との距離

◇チベット論理学研究　第1巻 正しい認識手段についての論理の宝庫―第一章「対象」テキスト・和訳・注解　チベット論理学研究会著　サキャ・パンディタ著,

413

仏教の研究書・辞典・事典

福田洋一ほか訳 東洋文庫 1989.3 113p 26cm （Studia Tibetica no.17） 非売品

◇仏道は実在論である 西嶋和夫著 金沢文庫 1989.3 183p 19cm （仏道講和 1） 980円 ①4-87339-020-6
　内容 仏教と仏道 三帰戒 仏とは何か 釈尊 明治維新以降の日本仏教思想 現実を知る 最初の説法(初転法論) その後の教化 入滅 諸仏 日常生活における仏 坐禅をしている人 法とは何か 仏教思想

◇釈迦仏陀の宇宙観 桜井保之助著 〔伊勢原〕〔桜井保之助〕〔1989〕 1冊 26cm

◇仏教思想 10 死 仏教思想研究会編 京都 平楽寺書店 1988.9 546p 22cm 5900円
　内容 死をいかに解するか？ 中村元著. 原始仏典にみる死 藤田宏達著. 死と永遠―〈涅槃〉の意義をめぐって 高崎直道著. 生死即涅槃―中論、特にプラサンナパダーを中心にして 丹治昭義著. 死後の世界―輪廻・他界 雲井昭善著. 中国人における死と冥界―地獄をデザインするまで 中野美代子著. 日本人の死生観 相良亨著. 鎌倉新仏教における生死観 田村芳朗著. 西洋思想における死生観 臼木淑夫著. 死をめぐっての医学と仏教―安楽死・尊厳死・死をめぐる医学的判定 川畑愛義著. 「死」の覚え書 玉城康四郎著

◇仏教における心識説の研究 勝又俊教著 山喜房仏書林 1988.5 818, 35, 8p 22cm 8500円

◇空思想と論理 泰本融著 山喜房仏書林 1987.12 606p 22cm 18000円
　内容 比較思想とインド論理学 『比較想論』をめぐる諸問題（覚書）ほか26編. 付：参考文献 付：泰本融略歴・著作目録

◇原始仏典 2 人生の指針 中村元著 東京書籍 1987.10 253p 19cm （こころを読む 2） 1100円
①4-487-75092-X
　内容 第1部 人生の指針（ブッダのことば―『スッタニパータ』 真理のことば―『ダンマパダ』 生きるにがまえ―『サンユッタ・ニカーヤ』 人間関係―『シンガーラへの教え』 ジャータカ物語） 第2部 後世における発展（アショーカ王のことば―『岩石詔勅』 ギリシア思想との対決―『ミリンダ王の問い』）

◇原始仏典 1 釈尊の生涯 中村元著 東京書籍 1987.9 193p 19cm （ここ ろを読む 1） 1100円 ①4-487-75091-1
　内容 序章 原始仏教へのいとぐち 第1章 誕生と求道―『スッタニパータ』 第2章 悪魔の誘惑―『サンユッタ・ニカーヤ』 第3章 最後の旅―『大パリニッバーナ経』 第4章 仏弟子の告白・尼僧の告白―『テーラガーター』『テーリーガーター』

◇仏教思想の求道的研究 続 増田英男著 創文社 1987.7 302p 22cm 4800円

◇在家仏教の研究 浪花宣明著 京都 法蔵館 1987.6 441, 13p 22cm 9500円 ①4-8318-7328-4

◇新・仏教思想入門 金岡秀友著 春秋社 1987.6 272p 20cm （金岡秀友仏教講座 2） 1800円 ①4-393-13212-2
　内容 第1講 釈尊の生涯と思想 第2講 神と仏 第3章 マンダラの世界 第4講 仏教の人間観 第5講 仏教の生死観 第6講 仏教の来世観 第7講 仏教の歴史哲学 第8講 仏教の教団 第9講 仏教の社会観

◇バウッダ―仏教 中村元, 三枝充悳著 小学館 1987.3 354p 23cm 2800円 ①4-09-558001-1
　内容 第1部 三宝―全仏教の基本 第2部 阿含経典―釈尊の教え（阿含経とは何か 阿含経のテクスト 阿含経の思想） 第3部 大乗経典―諸・仏菩薩の教え（大乗仏教の成立 菩薩 第乗経論とその思想） 第4部 「宗教」と「哲学」の意義 第5部 経典読誦のすすめ

◇仏教の基本概念および術語の比較思想的研究―研究成果報告書 〔桜村（茨城県）〕〔三枝充悳〕 1987.3 81p 26cm

◇「さとり」の方法―解脱（平安）への道 "私とは何か" と自問して、「私」を発見する 永野武著 産業能率大学出版部 1987.2 207p 21cm 1800円 ①4-382-04927-X
　内容 第1 無常（古いBuddhism Gotama Buddhaのさとり） 第2 縁起（Information の循環 〈法説〉というお経 二縁起 6つのお経） 第3 我・無我 第4 貧瞋痴 第5 正念 第6 法と観 第7 受想滅 第8 自覚 第9 平安

◇背理の思想―解脱と空 馬田亮著 〔明石〕〔馬田亮〕 1987.2 267p 22cm 非売品

◇仏教の思想―三枝充悳対談集 三枝充悳ほか著 春秋社 1986.4 385p 20cm 2800円 ①4-393-13233-5
　内容 インド思想と仏教（原実 三枝充悳）

◇仏教の思想（高崎直道　三枝充悳）　空の哲学（矢島羊吉　三枝充悳）　仏教学の確立（中村元　三枝充悳）　南方パーリ仏教の世界（水野弘元　三枝充悳）　中国仏教をめぐる諸問題（結城令聞　三枝充悳）　日本仏教における諸問題（古田紹欽　三枝充悳）

◇依存心と仏心　渡辺清美著　近代文芸社　1986.2　216p　20cm　1500円　①4-89607-481-5
    内容　瑜伽唯識論の心身医学的考察（唯識論の概要　唯識論と脳機能　唯識論と心身医学）　依存心と仏心　春洛陽の

◇仏教倫理思想史　和辻哲郎著　岩波書店　1985.12　396p　22cm　3200円　①4-00-001996-1

◇仏教の思想　別巻　対談集　玉城康四郎著　京都　法蔵館　1985.10　314p　20cm　2500円

◇唯識の構造　竹村牧男著　春秋社　1985.10　226p　20cm　2000円

◇古典生命の再表現—毎田周一先生の遺されたもの　田中健一著　三修社　1985.9　631p　22cm　5500円　①4-384-04223-X
    内容　釈尊の心.教行信証と簡素論の対応.悠の宗教と正法眼蔵仏性の対応.現代の親鸞・道元

◇地獄　石田瑞麿著　京都　法蔵館　1985.9　274p　20cm　（法蔵選書 33）　1600円

◇仏教の思想　1　原始仏教　玉城康四郎著　京都　法蔵館　1985.9　248p　20cm　2500円

◇仏教の思想　5　仏教と西洋思想　玉城康四郎著　京都　法蔵館　1985.8　306p　20cm　2500円

◇仏教の教育思想　朴先栄著　国書刊行会　1985.7　251p　22cm　4800円

◇仏教の思想　4　禅仏教　玉城康四郎著　京都　法蔵館　1985.7　225p　20cm　2500円

◇仏教思想の諸問題—平川彰博士古稀記念論集　平川彰博士古稀記念会編　春秋社　1985.6　23, 846, 5p　23cm　20000円
    内容　縁起思想の諸問題　縁起思想の源流　平川彰著 ほか46編. 付:平川彰略歴・著作目録

◇仏教の思想　2　大乗仏教　玉城康四郎著　京都　法蔵館　1985.6　254p　20cm　2500円

◇仏教の思想　3　日本仏教　玉城康四郎著　京都　法蔵館　1985.6　252p　20cm　2500円

◇東と西永遠の道—仏教哲学・比較哲学論集　北山淳友著, 峰島旭雄監訳　北樹出版　1985.3　460, 18p　22cm　6000円

◇仏教認識論の研究—法称著『プラマーナ・ヴァールティカ』の現量論　下巻　戸崎宏正著　大東出版社　1985.2　268p　22cm　5800円　①4-500-00495-5

◇仏教の歴史と思想—壬生台舜博士頌寿記念　壬生台舜博士頌寿記念論文集刊行会編　大蔵出版　1985.2　14, 1082p　22cm　25000円　①4-8043-0508-4
    内容　法華経における「如来寿量品」の位置　平川彰著 ほか55編. 付:壬生台舜略年譜・研究業績一覧

◇解脱之門　釈雲照著　群書　1984.11　238p　19cm　3000円
    内容　解脱之門.四大白説.六和敬弁. 解説. 雲照律師略歴：p235～236

◇仏教思想　9　心　仏教思想研究会編　京都　平楽寺書店　1984.10　648p　22cm　6900円
    内容　心の反省　中村元著. 原始仏教における心　水野弘元著. 部派仏教における心—心・心所の関係を中心として　塚本啓祥著. 唯識と唯識　舟橋尚哉著. 自性清浄心・発菩提心・度衆生心・発願心—如来蔵説と心性論をめぐって　水谷幸正著. チベット仏教における心の本質—カギュ派の大印契説を中心に　立川武蔵著. 中国古代における心及びそれに連なる諸概念　伊東倫厚著. 天台教学における心　池田魯参著. 華厳宗の心識説—ことに智儼の心識説について　伊藤瑞叡著. 中国浄土教と心の問題—『観経』「是心作仏、是心是仏」理解　柴田泰著. 中国禅よりみたる心　沖本克己著. 法然・親鸞と心—その仏道と人間理解をめぐって〔ほか〕

◇仏教における時機観　日本仏教学会編　京都　平楽寺書店　1984.10　467p　22cm　7900円

◇真言陀羅尼の解説　伊藤古鑑著　日本仏教新聞社　1984.7　190p　19cm　2000円

◇阿闍世のすくい—仏教における罪と救済　定方晟著　京都　人文書院　1984.4　246p　20cm　1700円

◇原始仏教の生活倫理　中村元著　春秋社

1984.4（第4刷） 493, 23p 20cm （中村元選集 第15巻）

◇仏教思想へのいざない 横山紘一著 大明堂 1984.4 265p 18cm 1600円 ①4-470-20022-0

◇正覚に就いて―釈尊の仏教 富永半次郎著，詫摩元成ほか編 富永半次郎「正覚に就いて―釈尊の仏教」刊行会 1984.3 350p 22cm 非売品

◇仏教の源流―現代仏教学に続くその源流の根源は何か 渡辺貞男著 金沢 北国出版社 1984.2 239p 18cm 980円

◇わが思うブッダと平和への道 小松智光著 京都 法蔵館 1984.2 2冊 22cm 全5500円

◇菩薩ということ 梶山雄一著 京都 人文書院 1984.1 194p 20cm 1300円

◇仏教活論入学 井上円了著，仏教学懇談会編 群書 1983.12 301p 19cm 2900円

◇「さとり」と「廻向」―大乗仏教の成立 梶山雄一著 講談社 1983.11 209p 18cm （講談社現代新書） 420円 ①4-06-145711-X

◇仏教思想史 湯田豊著 北樹出版 1983.10 245p 22cm （現代思想選書） 2500円

◇仏教における存在と知識 梶山雄一著 紀伊国屋書店 1983.10 203p 22cm 2800円

◇私の信受する仏教―真言密教にいたる道 加藤純隆著 世界聖典刊行協会 1983.10 150, 10p 20cm （パープル叢書） 1700円 ①4-88110-108-0

◇仏教思想―仏教十八章 壬生台舜著 大正大学出版部 1983.6 221p 20cm （大正大学選書 7） 1800円

◇竜樹教学の研究 壬生台舜編 大蔵出版 1983.2 514p 22cm 7500円 ①4-8043-2033-4

内容 竜樹空思想の特質 壬生台舜著．経典思想上の『中論』玉城康四郎著．竜樹教学における涅槃（nirvana）について 安井広済著．『十住毘婆沙論』における在家と出家 平川彰著．『十住毘婆沙論』の難一切智人 川崎信定著．竜樹における般若経の理解 真野竜海著．竜樹の戒学思想 宮林昭彦著．インド文学よりみた大智度論の説話内容―尸毘

説話の背景としての施与の思想 松濤誠達著．浄土教における竜樹の影響 石上善応著．密教学における竜樹の影響―特に大日経・大日経疏を中心として 勝又俊教著．天台教学における竜樹の影響 竹田暢典著．吉蔵における中論解釈の特質―三段分科について 佐藤成順著．〔ほか〕

◇仏教思想 8 解脱 仏教思想研究会編 京都 平楽寺書店 1982.10 630p 22cm 6500円

内容 解脱の思想 中村元著．原始仏教における解脱 雲井昭善著．パーリ仏教における解脱思想 渡辺文麿著．阿羅漢への道―説一切有部の解脱 加藤純章著．空観と解脱―『中観荘厳論』第六七～九〇偈の研究 一郷正道著．唯識学における修道と証果 武内紹晃著．如来蔵と解脱 中村瑞隆著．初期密教の解脱観 氏家覚勝著．ウパニシャッドの解脱観 松本照敬著．ニヤーヤ，ヴァイシェーシカ両派の解脱観 宮元啓一著．認識から解脱への筋道―サーンクヤ哲学における 村上真完著．ジャイナ教の解脱論 長崎法潤著．華厳学派の解脱思想 木村清孝著．禅定と解脱―中国の禅宗を中心として 藤吉慈海著．〔ほか〕

◇新校仏教心理学 井上円了著，太田治校注 群書 1982.9 185p 19cm 2300円

◇仏教教理の研究―田村芳朗博士還暦記念論集 田村芳朗博士還暦記念会編 春秋社 1982.9 649p 23cm 12000円

内容 仏教教理の研究―試論 田村芳朗著 ほか42篇．付：田村芳朗博士略歴・著作目録

◇仏教思想 7 空 下 仏教思想研究会編 京都 平楽寺書店 1982.4 p417～1015 22cm 5900円

内容 原始仏教における空 藤田宏達著．アビダルマにおける「空」の語の用例 桜部建著．般若波羅蜜と空・メモランダム―『大品般若』の所述にしたがって 奥住毅著．中観派における空 瓜生津隆真著．唯識思想の空 横山紘一著．如来蔵思想と空 小川一乗著．密教と空 津田真一著．空と老荘思想の無 蜂屋邦夫著．六朝時代における無為の思想 中嶋隆蔵著．三論思想における空観 平井俊栄著．天台思想における空観―円融三諦としての空を中心に 福島光哉著．華厳学派の空思想 鍵主良敬著．空病の問題 柳田聖山著．空をめぐる論争―インド 中村元著．中国における空についての議論 森三樹三郎著．〔ほか〕

◇釈尊の譬喩と説話 田上太秀著 第三文明社 1981.12 220p 18cm （レグルス文庫 142） 680円 ①4-476-01142-X

◇仏教思想 6 空 上 仏教思想研究会編 京都 平楽寺書店 1981.12 414p 22cm 5000円
◇戒律思想の研究 佐々木教悟編 京都 平楽寺書店 1981.10 628, 74p 22cm 9500円
　内容 インドおよび東南アジアの仏教における戒律思想 佐々木教悟著. バラモン法典と社会的背景の考察 雲井昭善著. ジャイナ教の戒律―仏教の戒律との関係を中心にして 長崎法潤著. 龍樹における菩薩思想と戒 瓜生津隆真著. 中観説における戒律―月称造『入中論釈』第二章「戒波羅密多」の解読研究 小川一乗著. 瑜伽行学派における戒―摂大乗論上戒学分 武内紹晃, 芳村博実著. 中央アジア出土の律典 井ノ口泰淳著. インド・チベットの真言密教における戒律 高田仁覚著. ツォンカパ教学における戒律(その序説)―菩薩戒を中心として 釈舎幸紀著. ラオス, 東北タイの慣習法に見られる仏教戒律 吉川利治著. 〔ほか〕
◇仏教における生死の問題 日本仏教学会編 京都 平楽寺書店 1981.10 518, 15p 22cm 6900円
◇仏教教理之研究 赤沼智善著 京都 法蔵館 1981.5 560, 24p 22cm 8500円
◇講座・教学研究 1 東洋哲学研究所 1980.10 183p 21cm 800円
◇仏教と心の問題 平川彰編 山喜房仏書林 1980.10 311, 20p 22cm 5800円
◇仏教の真・善・美・聖 吉田宏晢編 朝日出版社 1980.10 217p 19cm (エピステーメー叢書) 880円
◇坂本幸男論文集 坂本幸男論文集刊行会編集 大東出版社 1980.9-1981.11 3冊 22cm 3500～10000円
①4-500-00405-X
　内容 第1 阿毘達磨の研究 第2 大乗仏教の研究 第3 仏教論理と実践
◇仏教思想 5 苦 仏教思想研究会編 京都 平楽寺書店 1980.8 484p 22cm 5600円
　内容 苦の問題 中村元著. 原始仏教における苦の考察 玉城康四郎著. 苦の伝統的解釈―アビダルマ仏教を中心として 藤田宏達著. 時代・社会苦―末法と苦 雲井昭善著. 中国における末法の自覚とその克服 鎌田茂雄著. 人生苦と念仏 坂東性純著. 代受苦―菩薩と苦 田村芳朗著. 地獄苦 石田瑞麿著. 受苦と苦滅の分水嶺―「山越阿弥陀図」の画因をめぐって 山折哲雄著. インド哲学と苦観の問題 山口恵照著. 中国思想における「苦」について 佐藤一郎著. 苦から無常と罪へ 湯浅泰雄著. 西洋諸思想の苦観と仏教の「苦」 峰島旭雄著

◇仏教の思想 下 梅原猛著 角川書店 1980.6 317p 20cm 1200円
◇仏教の哲学的理解 佐藤慶二著 京都 平楽寺書店 1980.6 297p 19cm (サーラ叢書 25) 2500円
◇仏教の思想 上 梅原猛著 角川書店 1980.5 327p 20cm 1200円
◇仏教術語の起源とその用法 〔田村芳朗〕 1980.3 73p 26cm
◇仏教と事的世界観 広松渉, 吉田宏哲著 朝日出版社 1979.12 185p 19cm (エピステーメー叢書) 800円
◇悟りと救い―その理念と方法 日本仏教学会編 京都 平楽寺書店 1979.8 376, 48p 22cm 5400円
◇行道仏教学 釘宮武雄著 京都 思文閣出版 1979.7 415p 23cm 5500円
◇チベットの学問仏教 ツルティムケサン著, 新井慧誉訳 山喜房仏書林 1979.5 80p 21cm (寿徳寺文庫 2) 1500円
◇仏教の比較思想論的研究 玉城康四郎編 東京大学出版会 1979.2 945p 22cm 9800円
　内容 ブッダとキリスト・パウロ―ダンマとプネウマを軸として 玉城康四郎著. 信仰の動態―浄土信仰と福音信仰の対比において 土居真俊著. 原始仏教の比較思想論的考察 中村元著. 五蘊観の人間学的考察―クラーゲスの哲学と根本仏教との比較研究において 千谷七郎著. 般若と理性 西谷啓治著. カントの認識論と唯識思想―先験的統覚とアーラヤ識を中心として 玉城康四郎著. シャーンタラクシタの批判哲学 梶山雄一著. 因明における誤謬論 末木剛博著. 仏教思想の道教的改変 鎌田茂雄著. 禅と創造性 恩田彰著. エックハルトと禅―「無と真人」をめぐって 上田閑照著. 浄土と禅 藤吉慈海著. 〔ほか〕
◇仏教の無神論とわが国の仏教 青木喜作著 宝文館出版 1979.2 238, 22p 22cm 3000円
◇仏教思想 4 恩 仏教思想研究会編 京都 平楽寺書店 1979.1 347p 22cm 4500円

◇[内容]「恩」の思想 中村元著. 原始仏教における恩の思想 雲井昭善著. 初期大乗経典にあらわれた恩 藤田宏達著. 儒教倫理と恩 道端良秀著. 恩思想からみた『盂蘭盆経』と『父母恩重経』の関係 新井慧誉著. 四恩説の成立 岡部和雄著. 日本文学に現われた恩の思想 石田瑞麿著. 封建社会における恩の思想とその構造 今井淳著. 親鸞における獲信と報恩 広瀬杲著. 法華経信仰における報恩 勝呂信靜著. 禅宗における恩 水野弘元著. 密教と恩の思想 川崎信定著. 仏教とキリスト教における「恩恵」とその構造 八木誠一著. 社会福祉と報恩行 守屋茂著

◇仏教のことば 奈良康明編 日本放送出版協会 1978.10 353p 19cm （放送ライブラリー 23） 1100円

◇初期仏教の思想 三枝充悳著 東洋哲学研究所 1978.7 671, 42p 22cm 10000円

◇釈迦と地獄極楽 藤本克己著 三原 藤本克己 1978.5 169p 18cm

◇十八不共法の研究 藤井専蔵著 西宮 新日本文化研究所 1978.4 88p 26cm

◇仏教思想 3 因果 仏教思想研究会編 京都 平楽寺書店 1978.2 518p 22cm 5800円
[内容]因果 中村元著. 業因業果と無因無縁論 雲井昭善著. 原始仏教における因果思想 藤田宏達著. アビダルマ仏教の因果論 桜部建著. 中観哲学と因果論―ナーガールジュナを中心として 梶山雄一著. インド仏教唯識学における因果 武内紹晃著. 如来蔵思想と縁起 高崎直道著. インド密教における因果の問題―鬼子母神話を通して 金岡秀友著. 中国天台における因果の思想 新田雅章著. 華厳教学における因果の問題 木村清孝. 中国浄土教における因果に関する諸問題 藤堂恭俊著. 日本霊異記にあらわれた因果応報思想 白土わか著. 日本文学にあらわれた因果思想―往生要集 坂東性純著.〔ほか〕

◇仏教の実践原理 関口真大編 山喜房仏書林 1977.12 660, 2, 2p 22cm

◇仏の研究―玉城康四郎博士還暦記念論集 玉城康四郎博士還暦記念会編 春秋社 1977.11 697p 23cm 9000円
[内容]仏教における仏の根源態 玉城康四郎著 ほか40篇. 付：玉城康四郎博士略歴・著作目録

◇現代人の仏教思想 後藤隆一著 第三文明社 1977.10 176p 18cm 580円

◇仏陀の観たもの 鎌田茂雄著 講談社 1977.8 162p 15cm （講談社学術文庫） 260円

◇人は死んだらどうなるか―地獄と極楽の思想 花山勝友著 徳間書店 1977.3 287p 18cm （Tokuma books） 630円

◇仏教における法の研究―平川彰博士還暦記念論集 平川彰博士還暦記念会編 春秋社 1977.3 664p 23cm 8000円
[内容]原始仏教における法の意味 平川彰著 ほか26編 平川彰博士著作目録

◇仏性論研究 武邑尚邦著 京都 百華苑 1977.2 373, 150, 8p 22cm 6000円

◇仏教思想 2 悪 仏教思想研究会編 京都 平楽寺書店 1976.11 410p 22cm 4300円
[内容]悪（中村元）善悪応報の思想―インド一般思想として（雲井昭善）原始仏教における悪の観念（藤田宏達）善悪一如（田村芳朗）悪の肯―タントリズムを中心として（松長有慶）密教における「悪」（金岡秀友）華厳教学における善と悪（鎌田茂雄）日蓮を中心としてみたる悪の超克（浅井円道）道元の悪（玉城康四郎）親鸞における悪の自覚（田中教照）インド仏教の末法思想（雲井昭善）中国における末法思想（道端良秀）日本における末法思想（石田瑞麿）社会悪（水野弘元）

◇仏教における三昧思想 日本仏教学会編 京都 平楽寺書店 1976.11 405, 48p 22cm 4800円
[内容]禅定と念仏（宮地廓慧）ほか26編

◇新訳仏教聖典 木津無庵編 改訂新版 大法輪閣 1976.9 720p 図 20cm 3200円

◇仏教の原像を求めて―原始仏教と禅 西洋思想からの解明 M.O'C.ウォールシュ著, 中込道夫訳 恒文社 1976.9 262p 図 20cm 1300円

◇中道の倫理的価値 猿渡貞男著 大阪 啓林館 1975.4 338p 22cm 2500円

◇阿毘達磨仏教の研究―その真相と使命 西義雄著 国書刊行会 1975 662, 30p 22cm 8000円

◇講座仏教思想 第2巻 認識論・論理学 編集：三枝充悳 理想社 1975 400p 22cm 2500円
[内容]認識論 原始仏教の認識論（平川彰）初期大乗仏教の認識論（三枝充悳）中期大乗仏教の認識論（服部正明）後期大乗仏教の認識

論（戸崎宏正）論理学 中期大乗仏教の論理学（北川秀則）後期インド仏教の論理学（梶山雄一）シナ・日本の因明思想（武邑尚邦）比較論理学序説（泰本融）

◇講座仏教思想 第3巻 倫理学・教育学 編集：三枝充悳 理想社 1975 379p 22cm 2500円
[内容] 倫理学 原始仏教の倫理思想（藤田宏達）大乗仏教の倫理―大乗戒を中心として（勝又俊教）如来蔵・仏性思想（高崎直道）天台性具思想―智顗における人間悪の構造とその超克（新田雅章）空観の性格（平川彰）教育学 インド仏教における教育思想（藤謙敬）禅における教育論（桜井秀雄）日本の民衆教育と仏教（中内敏夫）仏教カウンセリング（藤田清）

◇講座仏教思想 第4巻 人間論・心理学 編集：三枝充悳 理想社 1975 413p 22cm 2500円
[内容] 人間論 仏教における人間論（中村元）シナ仏教における人間論（塩入良道）浄土教の人間論（結城令聞）禅における人間論の形成（柳田聖山）即身成仏の思想―空海密教を中心として（宮坂宥勝）心理学 原始仏教・アビダルマにおける心理学―心識論（水野弘元）大乗仏教における心理学―唯識（勝呂信静）仏教における心と深層心理―分析心理学的にみた仏陀の成道（目幸黙僊）禅の心理学（秋重義治）

◇講座仏教思想 第7巻 文学論・芸術論 編集：三枝充悳 理想社 1975 354p 図 22cm 2500円
[内容] 文学論 インド・東南アジアのパーリ仏教文学思想（前田恵学）死後の世界―アヴァダーナ文学を中心として（奈良康明）禅文学（古田紹欽）仏教思想と国文学（永井義憲）芸術論 仏教の芸術論―佗び茶の形式と禅（成川武夫）仏像の理念とその図像の展開（町田甲一）仏教の音楽論（片岡義道）民衆芸能と仏教（西山松之助）

◇仏教思想 1 愛 仏教思想研究会編 京都 平楽寺書店 1975 397p 22cm 3500円
[内容]「愛」の理想と現実（中村元）原始仏教に現われた愛の観念（雲井昭善）初期大乗経典にあらわれた愛（藤田宏達）唯識哲学における愛（勝又俊教）密教における愛（川崎信定）古代インドの愛（原実）ヒンドゥー教における愛の観念―ラーマクリシュナを中心として（奈良康明）儒教における愛の対比と交渉（木村清孝）親鸞における愛（早島鏡正）日蓮における愛の弁証（田村芳朗）日本思想における愛の観念（田村芳朗）愛に関する新約聖書と原始経典（玉城康四郎）

◇仏教と汎神論―ある老経済学者の思想遍歴 後編 正井敬次著 吹田 関西大学出版・広報部 1975 329p 19cm 1200円

◇仏教人間学 青江舜二郎著 公論社 1975 235p 20cm 1600円

◇仏法と医学 川田洋一著 第三文明社 1975 192p 18cm （レグルス文庫 44）480円

◇煩悩の研究 佐々木現順編著 清水弘文堂 1975 572, 4p 22cm 6000円

◇無常法―仏教思想研究 矢島羊吉著 以文社 1975 221p 20cm 1300円

◇講座仏教思想 第1巻 存在論・時間論 編集：三枝充悳 理想社 1974 360p 22cm 2300円
[内容] 存在論 原始仏教・アビダルマにおける存在の問題（桜部建）大乗仏教における存在論（長尾雅人）法界縁起と存在論（鎌田茂雄）密教の存在論―六大縁起を中心として（吉田宏哲）時間論 原始仏教・アビダルマにおける時間論（平川彰）大乗仏教における時間論（江島恵教）道元の時間論（玉城康四郎）末法思想（石田充之）各章末：参考文献

◇講座仏教思想 第6巻 人生観 編集：三枝充悳 理想社 1974 363p 22cm 2500円
[内容] 最澄（壬生台舜）空海（勝又俊教）法然（石田瑞麿）親鸞（松野純孝）栄西（山内舜雄）道元（杉尾玄有）日蓮（浅井円道）富永仲基（増原良彦）

◇釈迦の予言 菊村紀彦著 雄山閣出版 1974 235p 図 19cm （雄山閣カルチャーブックス）580円

◇仏教における時間論の研究 佐々木現順著 清水弘文堂 1974 321, 10p 22cm 2800円

◇仏教の思想―その原形をさぐる 上山春平, 梶山雄一編 中央公論社 1974 200p 18cm （中公新書）360円

◇霊魂論 妻木直良著 国書刊行会 1974 354, 21p 22cm 2500円

◇山口益仏教学文集 下 春秋社 1973.5 509p 22cm

◇山口益仏教学文集総索引 春秋社 1973.5 102p 22cm

仏教の研究書・辞典・事典

- ◇須弥山と極楽—仏教の宇宙観　定方晟著　講談社　1973　193p　18cm　（講談社現代新書）　250円
- ◇生命哲学入門　川田洋一著　第三文明社　1973　185p　18cm　（レグルス文庫）　390円
- ◇仏教のこころ　金子大栄著　潮文社　1973　263p　図　肖像　20cm　680円
- ◇阿毘達磨思想研究　佐々木現順著　清水弘文堂　1972　603, 46, 29p　22cm　3800円
- ◇仏性の研究　常盤大定著　国書刊行会　1972　590, 12p　22cm　4000円
- ◇山口益仏教学文集　上　春秋社　1972　349, 86p　22cm　3800円
- ◇宇井伯寿著作選集　第4巻　三論解題.国訳中論.中之頌—梵文邦訳　大東出版社　1971.9　75, 261, 65p　22cm
- ◇宇井伯寿著作選集　第5巻　国訳百論.国訳十二門論.空の論理　大東出版社　1971.9　128, 48, 125p　22cm
- ◇仏教の大意　鈴木大拙著　京都　法蔵館　1971　136p　20cm　390円
- ◇仏教教育学研究叙説　大谷時中著　京都　三和書房　1970　398p　22cm　2200円
- ◇仏教における実践の展開—現代人の仏教理解をめぐって　早島鏡正著　富山　富山県教育委員会　1970　121p　19cm　（精神開発叢書8）　非売
- ◇仏教の宇宙性　寺本尊美著　仏教書林中山書房　1970　254p　19cm　680円
- ◇仏教の根本真理—仏教における根本真理の歴史的諸形態　宮本正尊編　3版　三省堂　1970　1228, 34, 12p　22cm　5000円
- ◇仏教の思想　第4巻　認識と超越〈唯識〉　塚本善隆編　服部正明, 上山春平著　角川書店　1970　283p　図版　20cm
- ◇仏教の思想　第5巻　絶対の真理〈天台〉　塚本善隆編　田村芳朗, 梅原猛著　角川書店　1970　331p　図版　20cm
- ◇仏教の思想　第10巻　絶望と歓喜〈親鸞〉　塚本善隆等編　増谷文雄, 梅原猛著　角川書店　1970　343p　図版　20cm
- ◇木村泰賢全集　第1巻　印度哲学宗教史　木村泰賢全集刊行委員会編　大法輪閣　1969　438p　図版　22cm　1300円
- ◇仏教に於ける時の研究　中山延二著　改版　京都　百華苑　1969　398p　22cm　2500円
- ◇仏教の思想　第2巻　存在の分析〈アビダルマ〉塚本善隆編　桜部建, 上山春平著　角川書店　1969　277p　図版　20cm
- ◇仏教の思想　第3巻　空の論理〈中観〉塚本善隆編　梶山雄一, 上山春平著　角川書店　1969　336p　図版　20cm　580円
- ◇仏教の思想　第6巻　無限の世界観〈華厳〉塚本善隆編　鎌田茂雄, 上山春平著　角川書店　1969　282p　図版　20cm
- ◇仏教の思想　第7巻　無の探求〈中国禅〉塚本善隆等編　柳田聖山, 梅原猛著　角川書店　1969　322p　図版　20cm
- ◇仏教の思想　第11巻　古仏のまねび〈道元〉塚本善隆等編　高崎直道, 梅原猛著　角川書店　1969　309p　図版　20cm
- ◇仏教の思想　第12巻　永遠のいのち〈日蓮〉塚本善隆等編　紀野一義, 梅原猛著　角川書店　1969　292p　図版　20cm
- ◇宇井伯寿著作選集　第7巻　仏教哲学の根本問題.仏教経典史　大東出版社　1968.2　196, 204p　22cm
- ◇木村泰賢全集　第2巻　印度六派哲学　木村泰賢全集刊行委員会編　大法輪閣　1968　558p　図版　22cm　1500円
- ◇木村泰賢全集　第3巻　原始仏教思想論　木村泰賢全集刊行委員会編　大法輪閣　1968　490p　図版　22cm　1300円
- ◇木村泰賢全集　第4巻　阿毘達磨論の研究　木村泰賢全集刊行委員会編　大法輪閣　1968　430p　図版　22cm　1300円
- ◇木村泰賢全集　第5巻　小乗仏教思想論　木村泰賢全集刊行委員会編　大法輪閣　1968　758p　図版　22cm　1800円
- ◇分別論としての仏教思想　藤本智董著　宗像町（福岡県）　福岡教育大学　1968　250p　26cm
- ◇仏教思想入門　山口益著　理想社　1968　236p　図版　19cm　650円
- ◇仏教哲理　佐藤通次著　理想社　1968　374p　22cm　1400円
- ◇仏教とその哲学　山口諭助著　大蔵出版　1968　276p　20cm　600円

◇仏教の思想　第1巻　知恵と慈悲〈ブッダ〉塚本善隆編　増谷文雄, 梅原猛著　角川書店　1968　303p 図版　20cm
◇仏教の思想　第8巻　不安と欣求〈中国浄土〉塚本善隆等著　塚本善隆, 梅原猛著　角川書店　1968　302p 図版　20cm
◇仏教の思想　第9巻　生命の海〈空海〉塚本善隆等編　宮坂宥勝, 梅原猛著　角川書店　1968　310p 図版　20cm
◇仏教文献の研究―佐藤教授停年記念　竜谷大学仏教学会編　京都　百華苑　1968　365p 図版　22cm　2200円
◇仏教論理学の研究―知識の確実性の論究　武邑尚邦著　京都　百華苑　1968　351p 22cm　2000円
◇宇井伯寿著作選集　第6巻　唯心の実践.縁起と業.信仰仏教　大東出版社　1967.11　209, 42, 84p　22cm
◇宇井伯寿著作選集　第3巻　仏教思潮論　大東出版社　1967.3　492p　22cm
◇木村泰賢全集　第6巻　大乗仏教思想論　木村泰賢全集刊行委員会編　大法輪閣　1967　558p 図版　22cm　1500円
◇近代の仏教者―出定後語〈富永仲基〉我が信念〈清沢満之〉脇本平也著　筑摩書房　1967　280p 図版　20cm　（日本の仏教　第14巻）　480円
◇仏教哲学　椎尾弁匡著　三康文化研究所　1967　353, 27p　22cm　非売
◇宇井伯寿著作選集　第2巻　シナ仏教史.日本仏教史.大乗起信論　大東出版社　1966.10　201, 54, 123p　22cm
◇宇井伯寿著作選集　第1巻　仏教論理学　大東出版社　1966.7　337, 16p　22cm
◇人生的解脱与仏教思想　木村泰賢著, 巴壺天, 李世傑合訳　台北　協志工業叢書出版股份有限公司　1966 2版　229p　18cm　（協志工業叢書）
◇仏教思想研究　宇井伯寿著　岩波書店　1966　733p　22cm　2300円
◇仏教思想の求道的研究　増田英男著　創文社　1966　275p　22cm　1200円
◇仏教思想の基礎　宇井伯寿著　大東出版社　1963　450p　22cm
◇印度部派仏教哲学史　李世傑著　台北　孫心源　1961　26, 274p　19cm

◇仏教の思想　成川文雅著　宝文館　1961　250p　19cm
◇仏教心理学の研究―アッタサーリニーの研究　佐々木現順著　日本学術振興会　1960　652, 28, 10p　22cm
◇仏教の根本思想　坂本幸男述　大東急記念文庫　1959.10　32p　21cm　（文化講座シリーズ　第3回　第6巻）
◇大乗起信論講読　武邑尚邦著　京都　百華苑　1959　311p　22cm
◇仏教の学的解説　阿部芳春著　飯山　臥月庵　1959　298p　27cm
◇仏法―わかりやすい仏教の真理　岡崎真一著　京都　百華苑　1959　280p 図版　19cm
◇万人の仏教学　飯島貫実著　日本教文社　1959　214p　20cm
◇阿毘達磨思想研究―仏教実在論の歴史的批判的研究　佐々木現順著　弘文堂　1958　603, 46p　22cm
◇仏教の宇宙性　寺本尊美著　国民図書刊行会　1958　154p　19cm
◇仏教と哲学　川田熊太郎著　京都　平楽寺書店　1957　289p　19cm　（サーラ叢書　第7）
◇仏教の理論と歴史　伊藤康安著　淡路書房新社　1957　414p　22cm
◇解脱への道―大乗的精神　木村泰賢著　鷺の宮書房　1956　335p　19cm
◇般若経―般若思想の現代への展開　市川白弦著　京都　三一書房　1956　200p　18cm　（三一新書）
◇仏教の根本真理―仏教における根本真理の歴史的諸形態　宮本正尊編　三省堂　1956　1228, 34p　22cm
◇仏陀の智慧―華厳経講話　坂本幸男著　京都　平楽寺書店　1956　172p　19cm　内容　華厳経講話　他4篇
◇孔子から釈迦へ―孔門一落第生の手紙　山下政治著　〔山下政治〕　〔1955〕　18p　27cm
◇世親教学の体系的研究　工藤成性著　京都　永田文昌堂　1955　332p　22cm
◇なぜ人生に宗教が必要か―新らしき仏教入門　深浦正文著　京都　永田文昌堂　1955　245p　18cm　（永田新書）

仏教の研究書・辞典・事典

◇仏教哲学・仏教道徳　鈴木大拙著　春秋社　1955　175p 図版　19cm
◇開悟成仏を目標として全仏教の批判的研究　原田秀泰著　中郷村（新潟県中頸城郡）　浄土教研究所　1953　265, 37p　23cm
◇原始仏教に於ける般若の研究　西義雄著　横浜　大倉山文化科学研究所　1953　585p　22cm　（大倉山紀要　第8）
◇仏教概論　江部鴨村著　京都　百華苑　1953 3刷　305p　19cm
◇仏教入門　スヴドラ著, 佐々木現順訳　京都　あそか書林　1953　171p　19cm
◇仏教の大意　鈴木大拙著　京都　法蔵館　1953　136p　19cm
◇仏陀と人間　雲井昭善著　京都　平楽寺書店　1953　147p　19cm
◇仏教の根本原理—仏教の何ものかを知らざる知識人のために　高楠順次郎著　東成出版社　1952　95p　15cm（仏教文庫 第15）
◇仏教思想の基礎　宇井伯寿著　東成出版社　1951　450p　22cm
◇仏陀—新しき世界への出発　武邑尚邦著　百華苑　1951　135p　18cm（百華文庫 第4）
◇宗教における思索と実践　中村元著　毎日新聞社　1949　258p　18cm（毎日選書）
◇慈悲　中村元著　雄山閣　1949　224p　19cm（哲学新書）
◇彼岸の世界　金子大栄著　京都　全人社　1949　338p　22cm
◇仏教　友松円諦著　中央公論社　1949　236p　21cm
◇仏教に於ける有の形而上学　佐々木現順著　弘文堂　1949　174p　19cm
◇仏教汎論　上巻　宇井伯寿著　再版　岩波書店　1949　549p　22cm
◇仏教汎論　下巻　宇井伯寿著　再版　岩波書店　1949　684p　22cm
◇悪—仏教の新考察　1　山口諭助著　三省堂出版　1948　275p　19cm
◇開業医の手になる根本仏教　金子巍則著　長野　石橋智達　1948　127p　19cm
◇空観哲学　常本憲雄著　清水書房　1948　430p　18cm
◇原始仏教の実践哲学　和辻哲郎著　改訂版　岩波書店　1948　461p　21cm
◇根本仏教の研究　増永霊鳳著　市川　風間書房　1948　429p　21cm
◇宗教と唯物弁証法　戸頃重基著　白揚社　1948　324p　22cm
◇信仰仏教　宇井伯寿著　要書房　1948　133p　19cm
◇真智の探究　伊藤和男著　京都　河原書店　1948　274p　19cm
◇上代印度仏教思想史　渡辺楳雄著　宗教時報社　1948　209p　19cm
◇絶対主体道　久松真一著　弘文堂書房　1948　207p　21cm
◇直柱の宗教　金子大栄著　京都　全人社　1948　146p　19cm
◇人間と自覚　香川義昌著　創元社　1948　208p　22cm
◇彼岸の世界　金子大栄著　改版　京都　全人社　1948　338p　21cm
◇仏教思想の基礎　宇井伯寿著　再版　大東出版社　1948　450p　22cm
◇仏教思想論集　第1　仏と吾々　無の思想系統的研究　宇井伯寿著, 川田熊太郎著　三省堂　1948　182, 25p　22cm
◇仏教思潮論　宇井伯寿著　喜久屋書店　1948　378p　22cm
◇仏教の根本思想　高楠順次郎著　3版　大蔵出版　1948　243p　19cm
◇仏教の諸問題　金子大栄著　5版　岩波書店　1948　475p　21cm
◇仏教汎論　下巻　宇井伯寿著　岩波書店　1948　684p　22cm
◇印度の論理学　松尾義海著　弘文堂書房　1947　161p　18×11cm（教養文庫）
◇哲理の宗教　山口諭助著　大蔵出版　1947　156p　19cm
◇仏教概論　金子大栄著　改訂版　京都　全人社　1947　436p　22cm
◇仏教哲学の根本問題　宇井伯寿著　大東出版社　1947　177p　22cm
◇仏教哲学の根本問題　宇井伯寿著　大東

出版社　1947　177p　21cm
◇仏教の根本思想　高楠順次郎著　大蔵出版　1947　243p　19cm
◇和国の救主―三経義疏の哲学的私観　田中順照著　京都　永田文昌堂　1947　221p　19cm
◇新文化原理としての仏教　高楠順次郎著　大蔵出版　1946　418p　19cm
◇初期大乗仏教の研究　西義雄著　大東出版社　1945　436, 30p　22cm

インド思想

中村元、三枝充悳らの仏教学者の論述が中心だが、ヨーロッパの著作の翻訳も行われており、インド思想の研究は日本にとどまらない広がりを見せている。

　　　＊　　　＊　　　＊

◇仏教の盛衰に何を学ぶか―平成19年度教化活動委員会研修会講義録　保坂俊司,相国寺教化活動委員会編　京都　相国寺教化活動委員会　2008.6　225p　21cm
◇実年のいち市井人が学んだ、インド古代略史とインドでの仏教盛衰　服部康一編著　習志野　服部企画＆プロダクツ　2006.6　153p　26cm
◇インド・スリランカ上座仏教史―テーラワーダの社会　リチャード・F.ゴンブリッチ著,森祖道,山川一成訳　春秋社　2005.3　358, 31p　20cm　3800円　①4-393-11220-2
　　内容　第1章 序論　第2章 ゴータマ・ブッダをめぐる問題状況　第3章 ブッダの教法　第4章 僧団の修行　第5章 古代インドにおける仏教と社会の調和　第6章 スリランカにおける仏教の伝統　第7章 改革仏教　第8章 最近の動向と新たな問題
◇龍樹―空の論理と菩薩の道　瓜生津隆真著　大法輪閣　2004.10　374p　20cm　3000円　①4-8046-1212-2
　　内容　序章 大乗菩薩としてのナーガールジュナ　第1章 その生涯　第2章 著作の概要　第3章 空の世界　第4章『中論』の思想と論理　第5章 菩薩の道　終章 智慧と慈悲の実践者
◇印度佛教史　ターラナータ著,寺本婉雅訳　出雲崎町（新潟県）　うしお書店　2004.9　1冊　22cm　（寺本婉雅著作選集 第5巻）
◇インド仏教はなぜ亡んだのか―イスラム史料からの考察　保坂俊司著　改訂版　北樹出版　2004.5　206p　20cm　2100円　①4-89384-962-X
　　内容　第1章 宗教とは何か　第2章 インド仏教衰亡説の検証　第3章 イスラム史料『チャチュ・ナーマ』とは　第4章『大唐西域記』と『チャチュ・ナーマ』の対照研究　第5章 西インド社会と仏教　第6章 イスラム教のインド征服と仏教　第7章 最初期のインドのイスラム教　第8章 他地域における仏教の衰亡　第9章 比較文明論からの考察　第10章 社会変革の手段としての改宗　第11章 アメリカの社会と宗教　第12章 結論
◇インド仏教の歴史―「覚り」と「空」　竹村牧男著　講談社　2004.2　301p　15cm　（講談社学術文庫）　1000円　①4-06-159638-1
　　内容　第1章 仏教の原点―ゴータマ・シッダッタの目覚め　第2章 部派仏教の展開―アビダルマの迷宮　第3章 大乗仏教の出現―仏教の宗教改革　第4章 空の論理―中観派の哲学　第5章 唯識の体系―瑜伽行派の哲学　第6章 その後の仏教―「空」の思想の行方
◇仏教とヨーガ　保坂俊司著　東京書籍　2004.2　230p　19cm　1600円　①4-487-79855-8
　　内容　序 仏教ヨーガの提唱　第1章「宗教」と宗教観　第2章 ヨーガの諸相　第3章 インドにおけるヨーガの歴史　第4章 ゴータマ・ブッダとヨーガ　第5章『ヨーガ・スートラ』の教え　第6章 仏教の展開とヨーガ　第7章 日本におけるヨーガ
◇インド仏教はなぜ亡んだのか―イスラム史料からの考察　保坂俊司著　北樹出版　2003.5　206p　20cm　2100円　①4-89384-912-3
　　内容　宗教とは何か　インド仏教衰亡説の検証　イスラム史料『チャチュ・ナーマ』とは　『大唐西域記』と『チャチュ・ナーマ』の対照研究　西インド社会と仏教　イスラム教のインド征服と仏教　最初期のインドのイスラム教　他地域における仏教の衰亡　比較文明論からの考察　社会変革の手段としての改宗　アメリカの社会と宗教　結論
◇インド仏教碑銘の研究　3　塚本啓祥著　京都　平楽寺書店　2003.2　647p　27cm　20000円　①4-8313-1074-3
　　内容　パキスタン北方領域の刻文
◇仏教教団史論　袴谷憲昭著　大蔵出版

2002.7　456p　22cm　9000円　①4-8043-0550-5
　　内容　第1部 仏教思想史と仏教教団史（問題群と問題設定　思想と習慣と教団分裂　作善主義の基本理論　大乗仏教成立論　伝統的仏教教団と思想）　第2部 悪業払拭の儀式と作善主義の考察（問題の所在　Śikṣāsamuccayaおよび平川彰博士言及の諸経典　通インド的悪業払拭の儀式と仏教　大乗仏教の成立状況に関する作業仮説的提言　大乗仏教成立状況の解明に資する文献ほか）

◇龍樹　中村元著　講談社　2002.6　459p　15cm　（講談社学術文庫）　1400円　①4-06-159548-2
　　内容　1 ナーガールジュナ（龍樹）の生涯（『龍樹菩薩伝』　プトンの伝えるナーガールジュナの生涯　ターラナータの伝えるナーガールジュナの伝記　結語）　2 ナーガールジュナの思想—『中論』を中心として（大乗仏教の思想　空観はニヒリズムか　論争の相手　空の論理　論争の意義　縁起　空の考察　否定の論理の実践）　3 ナーガールジュナの著作（『中論』　『大乗についての二十詩句篇』　『大智度論』　『十住毘婆沙論』『親友への手紙』）　4 ナーガールジュナ以後（ナーガールジュナの思想の流れ　比較思想からみたナーガールジュナ）

◇インド仏教思想史　S.ラーダークリシュナン著, 三枝充悳, 羽矢辰夫訳　新装版　大蔵出版　2001.7　406p　19cm　5500円　①4-8043-1051-7

◇インド仏教における虚像と実像　塚本啓祥著　山喜房佛書林　2001.3　268p　22cm　3900円　①4-7963-0036-8
　　内容　第1章 プロローグ 仏教研究への誘い—視点と方法　第2章 碑銘は真実を語る—インド仏教碑銘　第3章 正統派教団はどのように変わったか—部派仏教の実体　第4章 教えの担い手たち—教法の伝持者　第5章 悟りはどのように捉えられたか—上座得達の階位　第6章 崇拝のかたちはどのように変わったか—仏塔崇拝の変遷　第7章 教えはどのように弘まったか—仏教伝播史の諸問題　第8章 民衆は教えをどのように捉えたか—大乗仏教の実体　第9章 エピローグ 共生はなぜ社会に必要であったか—ガンダーラにおける東西文化の融合

◇『入菩提行論細疏』における二真理論の研究　1　劉思妙著, 富士ゼロックス小林節太郎記念基金編　富士ゼロックス小林節太郎記念基金　2001.2　33p　30cm　非売品
　　内容　唯識思想をめぐるPrajnakaramatiの世俗の立場

◇インド仏教変移論—なぜ仏教は多様化したのか　佐々木閑著　大蔵出版　2000.11　418p　22cm　8000円　①4-8043-0545-9
　　内容　第1章 研究方法　第2章 アショーカ王の分裂法勅　第3章 破僧定義の転換　第4章『摩訶僧祇律』の構造　第5章 和合布薩と2種の破僧　第6章 仮説の提示　第7章 Dipavamsa　第8章『阿毘達磨大毘婆沙論』と『舎利弗問経』

◇インドの文化と論理—戸崎宏正博士古稀記念論文集　赤松明彦編　福岡 九州大学出版会　2000.10　734p　22cm　15000円　①4-87378-646-0

◇大乗仏教興起時代インドの僧院生活　グレゴリー・ショペン著, 小谷信千代訳　春秋社　2000.7　325, 9p　20cm　3500円　①4-393-11202-4
　　内容　序章 インドと中国における仏教の展開—並行・先後関係の不在　第1章 根本説一切有部律の位置づけ　第2章 僧院史における経済の意味　第3章 人間とはその持ち物のことである—所有物と僧院での地位　第4章 僧の仕事, 生活のための労働

◇ブッダの世界　中村元編著, 奈良康明, 佐藤良純著, 丸山勇撮影　新編　学習研究社　2000.4　509p　31cm　9800円　①4-05-401143-8
　　内容　序章 ブッダの根本思想とその人類史的意義　第1章 ブッダの大地—インド仏教の文化的背景　第2章 釈尊の生涯—悟りへの道, 涅槃への道　第3章 仏教教団の確立—仏教サンガと教法の伝持　第4章 インド仏教の展開—仏教サンガの社会的定着　第5章 仏教徒の生活文化—教理と実践の相剋　第6章 大乗仏教とグプタ期以降の仏教—インド仏教の爛熟と衰退　特論1 インド仏教における聖地・霊場　特論2 仏伝の諸事件とそれを記述する文献　特論3 仏像崇拝の諸相—文献による検討　特論4 新発見の阿弥陀仏像台座銘文とその意義

◇原典で読む原始仏教の世界　中村元監修, 阿部慈園編　東京書籍　2000.3　358p　22cm　3000円　①4-487-79535-4
　　内容　第1部 原始仏教の根本思想（原始仏教の実践論　原始仏教の煩悩論　原始仏教の認識論　原始仏教の真理観　ほか）　第2部 原始仏教と隣接宗教（原始仏教とバラモン教　原始仏教とウパニシャッド思想　原始仏

仏教の研究書・辞典・事典

とジャイナ教　原始仏教とアージーヴィカ教　ほか）
◇般若思想史―ワイド版　山口益著　京都　法藏館　1999.11　202p　22cm　3400円　①4-8318-7310-1
[内容]1 印度古代精神文化の輪廓　2 仏陀とその覚証―十二因縁と四聖諦　3 仏教の阿毘達磨的展開　4 龍樹に中観説―空と仮　5 無著・世親の瑜伽唯識―空への道の設定確立　6 如来蔵思想―空・法性の歴史的実践　7 中観瑜伽の歴史的交渉―付・清弁の教系　8 プラーサンギカ中観派　9 スワータントリカ派と瑜伽唯識　10 中観思想の密教化
◇ブッダとサンガ―〈初期仏教〉の原像　三枝充悳著　京都　法藏館　1999.8　224, 6p　20cm　2800円　①4-8318-7130-3
[内容]1 インド仏教史の時代区分とブッダ観（インド仏教史の三分割　「原始仏教」を「初期仏教」に　インド仏教史の時代区分とブッダ観の展開　ブッダと諸仏）　2 初期仏教聖典について（「三蔵」「九分経・十二分経」について　「仏伝」について　仏教教団とその成立　パーリ『律蔵』「大品」を読む）
◇インド仏教碑銘の研究　2　塚本啓祥著　京都　平楽寺書店　1998.4　23, 491p　27cm　15000円　①4-8313-1044-1
[内容]索引　図版　インド仏教年表
◇インドの聖地　ひろさちや原作，巴里夫漫画　鈴木出版　1997.12　153p　22cm　（仏教コミックス 10）　1165円　①4-7902-1893-7
[内容]1 出国、カルカッタへ　2 ルンビニーへ　3 ブッダガヤーへ　4 サールナートへ　5 ラージギルへ　6 クシナガラへ　7 デリー、そして帰国
◇龍樹・親鸞ノート　三枝充悳著　増補新版　京都　法藏館　1997.3　428, 12p　20cm　5000円　①4-8318-7147-8
[内容]第1部 龍樹ノート　第2部 親鸞ノート　第3部 中観研究ノート　付論（初期大乗仏教とくにナーガールジュナ（龍樹）の認識論「縁起」と「一即一切」）
◇インド仏教碑銘の研究　1　塚本啓祥著　京都　平楽寺書店　1996.2　1068p　27cm　30000円　①4-8313-1024-7
[内容]Text, note、和訳
◇仏教誕生　宮元啓一著　筑摩書房　1995.12　205p　18cm　（ちくま新書）　680円　①4-480-05653-X

[内容]第1章 仏教前夜　第2章 釈尊の生涯　第3章 最初期の仏教の考え方
◇インド学密教学論考　宮坂宥勝著　京都　法藏館　1995.11　575, 15p　22cm　20600円　①4-8318-7618-6
◇インド仏教教学―体系と展相　武邑尚邦著　法藏館　1995.9　402p　22cm　12000円　①4-8318-7346-2
◇仏教メソポタミア起源説　R.パール著，佐藤任訳　大阪　東方出版　1995.4　210p　22cm　3800円　①4-88591-430-2
[内容]原著者の書信　西アジアのゴータマ＝ブッダ　ヴェーダのルドラと聖書のニムロデ　ディオドトス一世はアショーカ王　ゴータマはブッダ　メソポタミアのラーマ礼拝堂　インドと西アジア
◇印度仏教史―学習の手引　小野田俊蔵著　京都　仏教大学通信教育部　1995.1　21p　21cm
◇仏教要説―インドと中国　前田惠學著　訂正版　山喜房佛書林　1994.5　134p　21cm　1300円　①4-7963-0037-6
◇アショーカ王物語　ひろさちや原作，森村たつお漫画　鈴木出版　1994.4　153p　22cm　（仏教コミックス 59）　1200円　①4-7902-1937-2
[内容]1 仏教の中心地マガダ　2 土の布施　3 マウリヤ王朝　4 アショーカ即位　5 残忍ギリカ　6 仏教への帰依　7 最後の布施　ひろさちやのまんだら漫歩録―"非暴力主義"と"無抵抗主義"
◇インド学密教学研究―宮坂宥勝博士古稀記念論文集　宮坂宥勝博士古稀記念論文集刊行会編　京都　法藏館　1993.7　2冊　22cm　全36000円　①4-8318-7617-8
◇原始仏教教団の研究　佐藤密雄著　山喜房仏書林　1993.5　879, 23, 19p　22cm　12360円
◇インド性愛文化論　定方晟著　春秋社　1992.4　237p　22cm　2600円　①4-393-13264-5
◇「覚り」と「空」―インド仏教の展開　竹村牧男著　講談社　1992.1　272p　18cm　（講談社現代新書）　650円　①4-06-149082-6
[内容]第1章 仏教の原点―ゴータマ・シッダッタの目覚め　第2章 部派仏教の展開―アビダルマの迷宮　第3章 大乗仏教の出現―仏教の宗教改革　第4章 空の論理―中観派の

425

仏教の研究書・辞典・事典

哲学　第5章　唯識の体系―瑜伽行派の哲学　第6章　その後の仏教―「空」の思想の行方
◇インド・タイの仏教　藤吉慈海著　大東出版社　1991.5　280p　22cm　4800円　①4-500-00578-1
◇仏教入門　三枝充悳著　岩波書店　1990.1　236, 15p　18cm　（岩波新書）550円　①4-00-430103-3
　内容　第1部　インドの仏教史（初期仏教　中期仏教　後期仏教）　第2部　インド仏教の思想史（初期仏教　部派仏教　初期大乗仏教　中期・後期大乗仏教）　第3部　各地の仏教（南伝仏教　北伝仏教）
◇古代仏教の世界　宮元啓一著　光文社　1989.10　197p　16cm　（光文社文庫）510円　①4-334-71036-0
　内容　第1部　変容していく仏教の世界　第2部　古代仏教謎事典（ブッダ編　教義編　修業編）
◇王舎城の悲劇と救い　五十嵐明宝著　弥生書房　1989.4　189p　20cm　1900円　①4-8415-0632-2
◇インド仏教思想史　下　ひろさちや著　大法輪閣　1988.2　385p　19cm　2000円　①4-8046-1084-7
　内容　第5章　初期大乗仏教の思想展開（大乗仏教の成立と経典　山林に隠棲した行者たち　大乗仏教の二大源流　『般若経』と「空」　六波羅蜜―大乗仏教の実践論　『法華経』の仏陀観　宇宙仏と分身仏　阿弥陀仏信仰の起源　理想のサンガとしての極楽世界　天上に設定された三宝）　第6章　龍樹から無着・世親へ（二つの真理―真諦と俗諦　般若の智慧と分別の智慧　仏性―仏になる可能性　「空」と「諸法実相」　凡夫の世界の実現　凡夫の世界・ほとけの世界　認識の構造）　第7章　密教化した仏教（救済の三つの道　宇宙仏の直接説法　三密加持―成仏の理論　マンダラの基本精神　インド仏教の終焉）
◇インド・東南アジア仏教研究　3　インド仏教　佐々木教悟著　京都　平楽寺書店　1987.12　309, 16p　22cm　8300円
◇インド仏教思想史　上　ひろさちや著　大法輪閣　1987.10　339p　19cm　1800円　①4-8046-1081-2
◇インド学仏教学論集―高崎直道博士還暦記念論集　高崎直道博士還暦記念会編　春秋社　1987.10　838p　23cm　①4-393-11143-5

◇原始仏教の思想　下　中村元著　春秋社　1987.2（第6刷）　494, 38p　20cm　（中村元選集　第14巻）　①4-393-31114-0
◇インド・東南アジア仏教研究　2　上座部仏教　佐々木教悟著　京都　平楽寺書店　1986.8　290, 21p　22cm　8000円
◇インド仏教の再生―少年留学僧サンガラトナの歩み　堀沢祖門著　郁朋社　1986.8　237p　20cm　1600円　①4-900417-14-9
◇原始仏教の思想　上　中村元著　春秋社　1986.7（第7刷）　512p　20cm　（中村元選集　第13巻）　①4-393-31113-2
◇イスラーム・ルネサンス　五十嵐一著　勁草書房　1986.4　223p　19cm　2000円　①4-326-15168-4
　内容　1　イスラームの核心へ（頷かぬ神　神の道での努力　ジハードの内的構造　イン・シャーラーの理論と倫理　コーランにおける創造観　変心の神秘）　2　イスラームの核心から（秤の学　幻想と現実　アッラーの神西の音、東の音　イスラーム・ルネサンス論）
◇原始仏教の成立　中村元著　春秋社　1986.4（第7刷）　467, 31p　20cm　（中村元選集　第12巻）　①4-393-31112-4
◇インド仏教史論　増田慈良著, 大正大学出版部編　大正大学出版部　1986.3　241p　22cm　非売品
　内容　瑜伽行派の無我思想.初期インド仏教部派の起源および教義〈異部宗輪論〉英訳ならびに註.初期インド仏教部派について.梵文〈持世陀羅尼経〉.梵文〈七百頌般若〉（文殊師利所説般若経）
◇インド仏教思想史　S.ラーダークリシュナン著, 三枝充悳, 羽矢辰夫訳　大蔵出版　1985.12　406p　20cm　5000円　①4-8043-2501-8
◇アショーカ王とインド思想　木村日紀著　教育出版センター　1985.6　245p　20cm　（以文選書26）　2800円　①4-7632-3900-7
◇インド・東南アジア仏教研究　1　戒律と僧伽　佐々木教悟著　京都　平楽寺書店　1985.4　341, 21p　22cm　8500円
◇仏教文化の原郷をさぐる―インドからガンダーラまで　西川幸治著　日本放送出版協会　1985.2　227, 9p　19cm　（NHKブックス473）　750円　①4-14-001473-3

◇インド仏教文化の学際的研究　春日井真
　也著　京都　百華苑　1984.10　406p
　22cm　8000円
◇インド仏塔の研究―仏塔崇拝の生成と基
　盤　杉本卓洲著　京都　平楽寺書店
　1984.2　1冊　27cm　18000円
◇インドと日本―その光と影と　春日井真
　也著　京都　百華苑　1984.1　681p
　20cm　6000円
◇龍樹・親鸞ノート　三枝充悳著　京都
　法蔵館　1983.7　372, 12p　20cm
　4800円
◇仏教の原点を訪ねて　仏陀最後の旅路と
　カピラ城踏査団編　京都　文栄堂書店
　1983.3　335, 20p　20cm　2800円
◇アショーカ王伝　定方晟著　京都　法蔵
　館　1982.1　228, 7p　20cm　（法蔵選書
　9）　1600円
◇ブッダの世界　中村元編著, 奈良康明, 佐
　藤良純著, 丸山勇撮影　学習研究社
　1980.7　509p　36cm　32000円
◇初期仏教教団史の研究―部派の形成に関
　する文化史的考察　塚本啓祥著　改訂増
　補　山喜房仏書林　1980.2　727, 8p
　23cm　12000円
◇インド思想および仏教　第1　湯田豊, 伊
　藤瑞叡共著　錦正社　1972　360p
　22cm　1800円
　　内容 インド思想（湯田豊）仏教（伊藤瑞叡）
◇印度学仏教学論集―宮本正尊教授還暦記
　念論文集　花山信勝ほか編　三省堂出版
　〔1954〕　618p　22cm　非売品
　　内容 バーシュカラ・マントラ・ウパニシャッ
　ドについて 辻直四郎著 ほか46編

事項名索引

事項名索引

【あ】

愛国護法運動　→前田慧雲……204
暁烏敏…………………………1
阿含　→原始仏教…………260
朝題目夕念仏　→円仁………21
アジアの仏教………………347
足利尊氏　→安国寺・利生塔…328
足利直義　→安国寺・利生塔…328
足利基氏　→義堂周信………28
足利義昭　→織田信長………22
足利義政　→足利義満・足利義政…3
足利義満　→足利義満・足利義政…3
アジャンター　→仏教遺跡…368
飛鳥　→飛鳥・奈良時代…297
安土桃山時代　→室町・安土桃山時代…325
阿弥陀聖　→聖……………319
雨ニモマケズ　→宮澤賢治…207
安国寺　→安国寺・利生塔…328
アンコールワット　→仏教遺跡…368
生仏　→祐天………………218
池上本門寺　→日朗………184
遺骨　→釈迦・ブッダ………58
石山合戦　→顕如……………51
石山寺　→良弁……………242
伊勢長島　→一向一揆……330
一乗止観院　→比叡山……309
市聖　→空也…………………46
一休宗純………………………4
一向一揆……………………330
一切経(天海版)　→天海…142
一遍……………………………7
井上円了……………………12
印可　→一休宗純……………4
隠元隆琦……………………14
インド思想…………………423
インド仏教…………………367
宇井伯寿……………………15
宇佐八幡　→東大寺大仏…303
氏寺　→氏寺・鎮護国家・僧尼令…305
雲谷庵　→雪舟等楊………125
叡尊…………………………18

永平寺　→道元……………144
恵運…………………………19
恵果　→空海………………32
恵心僧都　→源信…………48
江戸時代……………………334
円覚寺　→北条氏・鎌倉五山…324
円光大師　→法然源空……193
円珍…………………………19
円爾…………………………20
円仁…………………………21
王義之　→鑑真……………26
往生要集　→源信…………48
応仁の乱　→足利義満・足利義政…3
黄檗山万福寺　→隠元隆琦…14
大友氏　→東大寺大仏……303
大原声明　→良忍…………230
織田信長……………………22
踊り念仏　→民衆仏教……325
親孝行　→妙好人…………338
園城寺　→僧兵……………319

【か】

海蔵和尚　→虎関師錬………52
戒壇　→鑑真…………………26
戒律…………………………243
戒律復興　→仏教運動……344
覚者　→釈迦・ブッダ………58
覚如…………………………23
覚鑁…………………………24
鎌倉五山　→北条氏・鎌倉五山…324
鎌倉時代……………………322
鎌倉仏教……………………322
元興寺　→氏寺・鎮護国家・僧尼令…305
元三大師　→良源…………229
鑑真…………………………26
勧進聖　→聖………………319
観音信仰　→中国仏教……349
桓武天皇……………………27
観無量寿経疏　→法然源空…193
北山第　→足利義満・足利義政…3
喫茶養生記　→明庵栄西…211
紀寺　→氏寺・鎮護国家・僧尼令…305

431

事項名索引

義堂周信 ……………………………… 28
旧仏教 →鎌倉仏教 ……………………322
狂雲集 →一休宗純 …………………… 4
教王護国寺 →空海 …………………… 32
教学 →南都六宗 ……………………308
行基 …………………………………… 28
清沢満之 ……………………………… 29
金閣寺 →足利義満・足利義政 ……… 3
銀閣寺 →足利義満・足利義政 ……… 3
空海 …………………………………… 32
空也 …………………………………… 46
苦行 →釈迦・ブッダ ………………… 58
供華 →立花 …………………………330
クシナガラ →仏教遺跡 ………………368
倶舎宗 →南都六宗 …………………308
瑩山紹瑾 ……………………………… 47
桂昌院 →祐天 ………………………218
契沖 …………………………………… 48
敬田院 →忍性 ………………………185
華厳寺 →鳳潭 ………………………192
華厳宗 →南都六宗 …………………308
元弘の乱 →安国寺・利生塔 ………328
原始仏教 ……………………………260
源信 …………………………………… 48
玄宗皇帝 →玄昉 ……………………… 51
還俗 →神仏分離令と廃仏毀釈 ……341
建長寺 →蘭渓道隆 …………………218
顕如 …………………………………… 51
建仁寺 →道元 ………………………144
玄昉 …………………………………… 51
興教大師 →覚鑁 ……………………… 24
孝謙天皇 →鑑真 ……………………… 26
浩々洞 →清沢満之 …………………… 29
興福寺 →氏寺・鎮護国家・僧尼令 …305
弘法大師 →空海 ……………………… 32
高野山 ………………………………313
高野聖 →聖 …………………………319
五戒 →戒律 …………………………243
虎関師錬 ……………………………… 52
国学 →契沖 ………………………… 48
国分寺 ………………………………306
国分尼寺 →国分寺 …………………306
五山文化 ……………………………326

五山文学 →義堂周信 ………………… 28
戸籍 →寺院法度・寺請制度・宗門人
　　　別改帳・本末制度 ……………334
五大虚空蔵菩薩像 →恵運 …………… 19
後醍醐天皇 →安国寺・利生塔 ………328
ゴータマ・シダールタ →釈迦・ブッダ 58
乞食 →修行 …………………………247
護法思想 →仏教運動 ………………344
後水尾天皇 →隠元隆琦 ……………… 14
権現 →神仏習合 ……………………297
金剛峯寺 →空海 ……………………… 32
金光明経 →国分寺 …………………306
金光明最勝王経 →国分寺 …………306
金光明四天王護国寺 →国分寺 ……306
根本道場 →東密 ……………………317

【さ】

在家信者 →戒律 ……………………243
西大寺 →南都六宗 …………………308
最澄 …………………………………… 53
嵯峨天皇 →空海 ……………………… 32
座主 →円仁 ………………………… 21
坐禅 →修行 …………………………247
サールナート →仏教遺跡 ……………368
サンガ →アジアの仏教 ……………347
三教指帰 →空海 ……………………… 32
三筆 →空海 ………………………… 32
三論宗 →南都六宗 …………………308
寺院法度 →寺院法度・寺請制度・宗
　　　門人別改帳・本末制度 ………334
紫衣事件 →沢庵宗彭 ………………126
慈覚大師 →円仁 …………………… 21
慈眼大師 →天海 ……………………142
寺社奉行 ……………………………338
時衆 →一遍 ………………………… 7
慈照寺 →足利義満・足利義政 ……… 3
地蔵信仰 →中国仏教 ………………349
四天王寺 →聖徳太子 ………………… 71
私度僧 →東大寺大仏 ………………303
釈迦 →釈迦・ブッダ ………………… 58
釈迦牟尼 →釈迦・ブッダ …………… 58
社僧 →神仏分離令と廃仏毀釈 ……341

432

宗旨人別帳　→寺院法度・寺請制度・宗門人別改帳・本末制度 …… 334	鈴木大拙 …… 111
宗派　→南都六宗 …… 308	捨聖　→一遍 …… 7
宗門改め　→寺院法度・寺請制度・宗門人別改帳・本末制度 …… 334	精神界　→清沢満之 …… 29
	聖明王 …… 125
宗門改帳　→寺院法度・寺請制度・宗門人別改帳・本末制度 …… 334	世襲門跡　→顕如 …… 51
	摂関家　→良源 …… 229
宗門人別改帳　→寺院法度・寺請制度・宗門人別改帳・本末制度 …… 334	雪舟等楊 …… 125
	説法　→釈迦・ブッダ …… 58
修行 …… 247	専応　→立花 …… 330
儒教　→中国仏教 …… 349	禅画　→白隠慧鶴 …… 185
綜芸種智院　→空海 …… 32	専慶　→立花 …… 330
寿福寺　→北条氏・鎌倉五山 …… 324	選択本願念仏集　→法然源空 …… 193
聖一国師　→円爾 …… 20	善導　→妙好人 …… 338
正直　→妙好人 …… 338	僧衆　→僧兵 …… 319
成実宗　→南都六宗 …… 308	宋朝禅　→蘭渓道隆 …… 218
聖者　→釈迦・ブッダ …… 58	僧徒　→僧兵 …… 319
小乗　→大乗仏教 …… 254	僧尼令　→氏寺・鎮護国家・僧尼令 …… 305
浄智寺　→北条氏・鎌倉五山 …… 324	僧兵 …… 319
成道　→釈迦・ブッダ …… 58	蘇我氏　→聖徳太子 …… 71
浄土教信仰　→末法思想 …… 320	
聖徳太子 …… 71	【た】
称徳天皇　→桓武天皇 …… 27	大安寺　→南都六宗 …… 308
浄土宗　→法然源空 …… 193	大覚禅師　→蘭渓道隆 …… 218
浄土真宗　→親鸞 …… 74	太子信仰 …… 304
浄土真宗本願寺派　→前田慧雲 …… 204	太子堂　→太子信仰 …… 304
浄土真宗大谷派　→顕如 …… 51	大乗戒壇　→最澄 …… 53
正法眼蔵　→道元 …… 144	大乗仏教 …… 254
浄妙寺　→北条氏・鎌倉五山 …… 324	大僧正　→行基 …… 28
聖武天皇　→東大寺大仏 …… 303	大徳寺　→一休宗純 …… 4
承陽大師　→道元 …… 144	大日本仏教史　→村上専精 …… 216
初転法輪　→釈迦・ブッダ …… 58	大日本仏教全書　→望月信亨 …… 217
自利　→大乗仏教 …… 254	台密 …… 312
神護寺　→氏寺・鎮護国家・僧尼令 …… 305	大和上　→鑑真 …… 26
真言宗　→空海 …… 32	高雄山寺　→空海 …… 32
真言律宗　→叡尊 …… 18	沢庵宗彭 …… 126
真宗大学　→南条文雄 …… 159	太政大臣禅師　→道鏡 …… 143
神仏習合 …… 297	橘逸勢　→空海 …… 32
神仏判然令　→神仏分離令と廃仏毀釈 …… 341	ダライラマ …… 135
神仏分離令　→神仏分離令と廃仏毀釈 …… 341	達磨 …… 129
親鸞 …… 74	檀家制度 …… 336
真理金針　→井上円了 …… 12	歎異抄　→暁烏敏 …… 1
鈴木正三 …… 107	智証大師　→円珍 …… 19

433

事項名索引

チベット仏教　→チベット仏教・密教・ラマ教 …………………………354
茶の湯 ……………………………………327
茶礼　→茶の湯 …………………………327
中国仏教 …………………………………349
朝鮮仏教 …………………………………354
鎮護国家　→氏寺・鎮護国家・僧尼令 ‥305
哲学堂　→井上円了 ……………………12
寺請証文　→寺院法度・寺請制度・宗門人別改帳・本末制度 ……………334
寺請制度　→寺院法度・寺請制度・宗門人別改帳・本末制度 ……………334
天海 ………………………………………142
伝教大師　→最澄 ………………………53
天台声明　→円仁 ………………………21
伝東国師　→道元 ………………………144
伝灯大法師　→円仁 ……………………21
天文法華の乱 ……………………………330
天龍寺　→夢窓疎石 ……………………214
東叡山寛永寺　→天海 …………………142
東海寺　→沢庵宗彭 ……………………126
道鏡 ………………………………………143
道教　→中国仏教 ………………………349
東求堂　→足利義満・足利義政 ………3
道元 ………………………………………144
東照宮　→天海 …………………………142
唐招提寺　→鑑真 ………………………26
東大寺大仏 ………………………………303
東福寺　→円爾 …………………………20
東密 ………………………………………317
道明寺　→氏寺・鎮護国家・僧尼令 …305
東洋哲学会　→井上円了 ………………12
徳川家綱　→隠元隆琦 …………………14
徳川家光　→沢庵宗彭 …………………126
徳川家康　→一向一揆 …………………330
徳川光圀　→契沖 ………………………48
得度制　→氏寺・鎮護国家・僧尼令 …305
徳本 ………………………………………158
敦煌　→仏教遺跡 ………………………368

【な】

内道場　→玄昉 …………………………51

奈良時代　→飛鳥・奈良時代 …………297
南条文雄 …………………………………159
南条目録　→南条文雄 …………………159
南都六宗 …………………………………308
肉食妻帯　→神仏分離令と廃仏毀釈 …341
西本願寺　→前田慧雲 …………………204
日奥 ………………………………………160
日蓮 ………………………………………161
日蓮宗　→日蓮 …………………………161
日朗 ………………………………………184
日系移民　→その他の仏教 ……………370
日興 ………………………………………184
日泰寺　→釈迦・ブッダ ………………58
入唐八家　→恵運 ………………………19
にほひくさ叢書　→暁烏敏 ……………1
日本黄檗宗　→隠元隆琦 ………………14
日本山妙法寺　→藤井日達 ……………191
日本曹洞宗　→道元 ……………………144
日本天台宗　→最澄 ……………………53
如来　→釈迦・ブッダ …………………58
忍性 ………………………………………185
念仏　→修行 ……………………………247

【は】

廃仏毀釈　→神仏分離令と廃仏毀釈 …341
白隠慧鶴 …………………………………185
白隠禅　→白隠慧鶴 ……………………185
バーミヤン　→仏教遺跡 ………………368
原坦山 ……………………………………190
比叡山 ……………………………………309
日枝山寺　→比叡山 ……………………309
東本願寺　→南条文雄 …………………159
東山山荘　→足利義満・足利義政 ……3
東山文化　→足利義満・足利義政 ……3
比丘　→部派仏教・上座部 ……………261
聖 …………………………………………319
悲田院　→忍性 …………………………185
風信帖　→空海 …………………………32
フェノロサ　→清沢満之 ………………29
賦算　→民衆仏教 ………………………325
藤井日達 …………………………………191
富士大石寺　→日興 ……………………184

434

事項名索引

不受不施派　→日奥	160
藤原広嗣　→玄昉	51
藤原氏　→東大寺大仏	303
不断念仏　→円仁	21
仏教遺跡	368
仏教運動	344
仏教活論序編　→井上円了	12
仏教教理　→仏教思想・仏教教理	405
仏教研究　→仏教思想・仏教教理	405
仏教史	249
仏教思想　→仏教思想・仏教教理	405
仏教辞典・事典	401
仏教史林　→村上専精	216
仏教大辞典　→望月信亨	217
仏教伝来	295
仏教統一論　→村上専精	216
仏慈禅師　→瑩山紹瑾	47
仏陀　→釈迦・ブッダ	58
ブッダガヤー　→釈迦・ブッダ	58
部派仏教　→部派仏教・上座部	261
平安時代	309
平城天皇　→空海	32
法王　→道鏡	143
法興寺　→聖徳太子	71
北条高時　→夢窓疎石	214
北条時宗　→蘭渓道隆	218
北条時頼　→円爾	20
北条政子　→北条氏・鎌倉五山	324
北条氏　→北条氏・鎌倉五山	324
鳳潭	192
法然源空	193
法然上人全集　→望月信亨	217
法隆寺　→聖徳太子	71
墨跡	329
北伝仏教　→チベット仏教・密教・ラマ教	354
法華経　→国分寺	306
菩薩　→神仏習合	297
細川晴元　→天文法華の乱	330
菩提寺　→氏寺・鎮護国家・僧尼令	305
法華滅罪之寺　→国分寺	306
法相宗　→南都六宗	308
ボロブドゥール　→仏教遺跡	368

本覚国師　→虎関師錬	52
本願寺　→覚如	23
梵語　→南条文雄	159
本地垂迹　→神仏習合	297
本能寺　→織田信長	22

【ま】

前田慧雲	204
末法思想	320
万葉代匠記　→契沖	48
源頼家　→明庵栄西	211
源頼朝　→北条氏・鎌倉五山	324
身延山　→日蓮	161
宮澤賢治	207
明庵栄西	211
明恵	213
妙好人	338
妙心寺　→白隠慧鶴	185
妙本寺　→日朗	184
民衆仏教	325
無常観　→末法思想	320
夢窓疎石	214
村上専精	216
室町時代　→室町・安土桃山時代	325
明治時代　→明治時代以降	341
木食上人　→徳本	158
望月信亨	217

【や】

薬師寺　→南都六宗	308
山科本願寺　→一向一揆	330
山田寺　→氏寺・鎮護国家・僧尼令	305
融通念仏宗　→良忍	230
祐天	218
瑜伽行派	263
遊行　→釈迦・ブッダ	58
遊行上人　→一遍	7

435

【ら】

来迎図　→源信 ……………… 48
ラマ教　→チベット仏教・密教・ラマ
　　教 ……………………………… 354
蘭渓道隆 ………………………… 218
利生塔　→安国寺・利生塔 …… 328
利他　→大乗仏教 ……………… 254
律宗　→南都六宗 ……………… 308
立正安国論　→日蓮 …………… 161
良寛 ……………………………… 219
良源 ……………………………… 229
良忍 ……………………………… 230
林下　→五山文化 ……………… 326
臨済宗　→明庵栄西 …………… 211
ルンビニー　→仏教遺跡 ……… 368
蓮如 ……………………………… 230
良弁 ……………………………… 242
朗門の九鳳　→日朗 …………… 184
鹿苑寺　→足利義満・足利義政 … 3
六波羅蜜寺　→空也 …………… 46

【わ】

和気清麻呂　→道鏡 …………… 143

【仏教基本用語集】

悪魔　あくま
マーラの音写。仏教の修行を妨害し、人の善行を害するもの。魔の文字は、はじめ摩であったが魔の文字を作ったといわれている。

アビダルマ（阿毘達磨）
三蔵（経、律、論）の中の論を指し、仏教教理の研究と研究書をいう。5世紀に世親（せしん、バスバンドゥ）の著した「阿毘達磨倶舎論」は現在も仏教研究の必読書とされている。

位牌　いはい
死者の戒名（法名）を記したもの。その起源は、儒教の位版（いはん）や神道の霊代（たましろ）に基づくといわれ、禅僧が日本にもたらし、江戸時代に庶民にまで普及した。

縁起　えんぎ
ものごとがある原因と条件で存在するという、仏教の基本思想。因縁、因果と同じ。

戒名・法名　かいみょう・ほうみょう
戒は修行者の守るべき決まり（戒律）をいい、戒律を守る誓いの儀式である受戒を受けたものにのみ与えられる名をいう。日本では、平安時代末期ごろから在家の男女が死後、僧から与えられるようになった。

合掌　がっしょう
手のひらを合わせること。インドの敬礼の一つ。手、指で悟りの内容を示した。

伽藍　がらん
サンガーラーマの音写、僧伽藍摩の略語。もとは比丘の集まるところをいったが、のちに寺院の建物の総称になった。

灌頂　かんじょう
頭に水を注ぐこと。インドの国王の即位式で四方の海水を頭に注ぎ、世界の掌握を象徴した。これが仏教で、仏の位をつぐ意味に使われた。特に密教では、教法を伝えるための重要な儀式とされる。

観音　かんのん
アヴァローキテーシュヴァラの漢字訳、観世音をいい、世の衆生が救いを求める声をきくとすぐに救済するという。観自在ともいい、世のすべての姿を自由に見通せること。「法華経の観世音菩薩普門品（ふもんほん）」では様々に姿を変えて人々を救済する観音を三十三観音と説き、これが西国三十三か所の観音札所などを生んだ。

供養　くよう
三宝（仏とその教えである法、およびそれを奉じる人々の集団である僧を宝にたとえた）・父母・師長・死者に対して、真心から花・香・灯明・飲食（おんじき）・資材などの供物をささげること。

袈裟　けさ
僧侶の着る衣服。暑いインドでは肌に直接着る布であった。日本では、衣服（ころも）の上に着ける装飾的なものになった。

解脱　げだつ
もとは何かの束縛から自由になることをいい、仏教で苦しみの輪廻から脱すること。

極楽　ごくらく
極楽浄土の略、阿弥陀仏がいるとされる西方の理想世界。

諡号　しごう
死後にその功績をたたえて贈る称号。おくりな、贈名、追号ともいう。

地獄　じごく
生前、罪を犯したものが死後に責め苦を受けるところ。

四天王　してんのう
仏教世界の中央にある須弥山（しゅみせん）の四方に住んで仏国を守る、持国天（東）、増長天（南）、広目天（西）、多門天（北）をいう。のち、日本の平安期には多門天を最強の神とする信仰が生まれ、毘沙門天と呼ばれた。

衆生　しゅじょう
この世の命あるすべての生き物をいう。

精舎　しょうじゃ
僧院のこと。釈迦の生前に作られた代表的な精舎は、竹林精舎、祇園精舎がある。

浄土　じょうど
　清らかな世界。日本では、死者の往くあの世をいう。

卒塔婆　そとば
　本来は、仏舎利（釈迦の遺骨）を安置し、報恩・供養のために、土石や木材を組み合わせて作られた建築物。日本では、死者供養のために墓に立てる細長い板を言い、上部に塔の形の切込みを入れる。

檀那　だんな
　ダーナの音写。寺院を経済的に支える人。また、布施（ふせ）の意味。

檀林　だんりん
　江戸幕府の宗学奨励による僧侶養成所。

中観　ちゅうがん
　存在の実体性を否定し、無我（主体がないこと）である空（くう）の考えによって、存在のありのままの姿を知れば、現実の真の姿が見えてくるという教え。

道号　どうごう
　僧侶が自己の願いや得た内容を表してつける名をいい、主に禅宗で行われた。のち、あざな（字）と同義語となった。たとえば、臨済宗の夢窓疎石の道号は、夢窓である。

如来　にょらい
　仏と同意語で、修行を完成した人をいう。原語は「タターガタ」で、如（真理）の世界にいたった者、あらゆる存在の真の姿（真如しんにょ）を体現して現れ（来る）、衆生を教え導くことをいい、釈迦を指す。

念仏　ねんぶつ
　仏を思念すること。本来どの仏を念じてもかまわなかったが、浄土信仰と結びつき、阿弥陀仏を対象として「南無阿弥陀仏」と口に称える称名（しょうみょう）念仏を意味するようになった。

菩薩　ぼさつ
　ボーディサットヴァの音写、菩提薩埵の略語。悟りを求める人をいう。釈迦の前世を菩薩という。大乗仏教では、悟りを求めて修行する人の全てをいい、在家者も含んでいる。また、民衆の救済にかかわる象徴として、観音、地蔵などの諸菩薩が信仰の対象になった。

菩提　ぼだい
ボーディの音写。漢字訳では、覚、智、知。様々な苦悩を克服した「悟り」、煩悩を絶って得た「涅槃（ねはん）」、苦しみの輪廻から脱した「解脱（げだつ）」と同意語。日本では、死者の冥福を「菩提を弔う」として使われる。

煩悩　ぼんのう
欲望や執着の貪（とん）、怒りや憎悪、恨みの瞋（じん）、無知や愚かさの痴（ち）の三毒をはじめとする心の迷いをいう。

曼荼羅　まんだら
仏・菩薩を一定の形で配置し、宇宙の真理を表現した図絵。

明王　みょうおう
ヒンドゥー教の神々を密教修行者の守護神として迎えたもので、不動明王などの五大明王、降三世（ごうさんぜ）明王などの八大明王が知られている。

無常　むじょう
この世に存在するすべてのものは、生滅・変化して永遠なものはないという認識。

唯識　ゆいしき
精神の統一をはかるためのヨーガ（禅の実践）によって、心のほかに存在するものを考えないとする教え。識は心の作用をいう。

羅漢　らかん
アルハンの音写、阿羅漢の略語。修行が完成したものをさす。初期仏教や上座仏教で、学ぶべきものがない人をいい、とくに釈迦の直弟子を指す。禅宗では、直弟子の修行を理想化し、羅漢図や羅漢像が作られた。

輪廻　りんね
すべての人が生前の行いの結果によって生死を繰り返すこと。

仏教を知る本 ①人と歴史
——人物、仏教史

2009年4月27日 第1刷発行

発 行 者／大高利夫
編集・発行／日外アソシエーツ株式会社
　　　　　〒143-8550 東京都大田区大森北1-23-8 第3下川ビル
　　　　　電話(03)3763-5241(代表)　FAX(03)3764-0845
　　　　　URL http://www.nichigai.co.jp/

発 売 元／株式会社紀伊國屋書店
　　　　　〒163-8636 東京都新宿区新宿3-17-7
　　　　　電話(03)3354-0131(代表)
　　　　　ホールセール部(営業)　電話(03)6910-0519

電算漢字処理／日外アソシエーツ株式会社
印刷・製本／株式会社平河工業社

不許複製・禁無断転載　　　《中性紙H-三菱書籍用紙イエロー使用》
〈落丁・乱丁本はお取り替えいたします〉
ISBN978-4-8169-2174-2　　　Printed in Japan, 2009

本書はディジタルデータでご利用いただくことが
できます。詳細はお問い合わせください。

事典 日本の地域ブランド・名産品

A5・470頁　定価9,975円(本体9,500円)　2009.2刊

大間まぐろ、天童将棋駒、久米島紬など、特許庁登録「地域団体商標」、経済産業大臣指定の国の伝統的工芸品など、日本の地域ブランドや歴史ある伝統的な名産品2,400件のデータブック。各品には来歴などの解説も掲載。

事典・日本の観光資源
　　　　　　　　　――○○選と呼ばれる名所15000

A5・590頁　定価8,400円(本体8,000円)　2008.1刊

「名水百選」など全国から選ばれた名数選や「かながわの公園50選」など地方公共団体による名数選、計15,000件を収録。広く知られた観光名所だけでなく、知られざる意外な観光スポットも一目でみつかる。

新訂　全国地名駅名よみかた辞典
　　　　　　　　　――平成の市町村大合併対応

A5・1,390頁　定価7,770円(本体7,400円)　2006.10刊

全国の市区町村名、郡名、町域名(町名、大字)など118,900件の地名と、JR・私鉄・公営鉄道線の駅名9,000件の読みかたを収録。町(まち・ちょう)、村(むら・そん)の区別も万全。「頭字音訓ガイド」「検字表」付き。

日本経済史事典――トピックス1945-2008

A5・660頁　定価14,490円(本体13,800円)　2008.12刊

戦後から現代まで63年間にわたる、日本経済に関する出来事を年月日順に一望できる記録事典。経済政策から法令、企業合併や財界人事まで、8,281件のトピックを収録。

日本国際交流史事典――トピックス1853-2008

A5・760頁　定価14,800円(本体14,095円)　2009.1刊

日本の国際交流史を年表形式で一望できる記録事典。開国、西洋文化の移入、移民から、著名人の来日、国際条約締結、貿易動向、日本文化の紹介まで、黒船来航から155年間の様々な分野のトピック7,713件を収録。

データベースカンパニー
日外アソシエーツ　〒143-8550　東京都大田区大森北1-23-8
TEL.(03)3763-5241　FAX.(03)3764-0845　http://www.nichigai.co.jp/